Das Buch

Nach hundertfünfzig Jahren moderner Bibelwissenschaft stehen wir, theologisch betrachtet, vor einem Fiasko. Die historisch-kritische Methode konnte zwar die «Ungeschichtlichkeit» der meisten biblischen Texte aufhellen, ging aber in fataler Weise am innersten Wesen dieser Texte vorbei. Drewermann stellt in seiner Untersuchung fest, daß die Exegese seelenlos geworden ist und so mitgeholfen hat, die Wurzeln der Religiosität selbst zu zerstören. Aus diesem Grund bedarf die Exegese der Tiefenpsychologie, um die unhistorischen, traumnahen und daher überzeitlichen Überlieferungen der Bibel zu erfassen. Es sind die Erfahrungen der Seele, wie sie sich in Mythen und Märchen, in Sagen und Legenden manifestieren, die die Menschen aller Zeiten und Zonen bewegt haben und uns heute noch in unseren Träumen zugänglich sind und ursprüngliches Leben in uns wachrufen können. «Drewermann besticht dadurch, daß dies alles klar, wissenschaftlich fundiert, praktisch ausprobiert und systematisch geordnet dargeboten wird.» (Josef Sudbrack in «Geist und Leben».)

Der Autor

Eugen Drewermann, 1940 in Bergkamen bei Dortmund geboren, studierte Philosophie in Münster, Theologie in Paderborn, Psychologie in Göttingen und habilitierte sich in katholischer Theologie. Er war Priester und Dozent in Paderborn, bis er wegen seiner grundlegenden Kirchenkritik in Auseinandersetzung mit der katholischen Amtskirche geriet. Er ist seitdem als Schriftsteller und Therapeut tätig. Veröffentlichungen u.a.: «Das Markusevangelium» (2 Bände 1987–1988), «Kleriker» (1989), «Das Matthäusevangelium» (1992), «Lieb Schwesterlein, laß mich herein» und «Rapunzel, Rapunzel, laß dein Haar herunter» (Märcheninterpretationen 1992), «Giordano Bruno oder: Der Spiegel des Unendlichen» (1992), «Glauben in Freiheit» (1993).

Eugen Drewermann:
Tiefenpsychologie und Exegese 1
Die Wahrheit der Formen
Traum, Mythos, Märchen, Sage und Legende

Deutscher
Taschenbuch
Verlag

dtv

Von Eugen Drewermann
sind im Deutschen Taschenbuch Verlag erschienen:
Kleriker (30010)
Lieb Schwesterlein, laß mich herein (35050)
Rapunzel, Rapunzel, laß dein Haar herunter (35056)

Ungekürzte Ausgabe
Oktober 1993
Deutscher Taschenbuch Verlag GmbH & Co. KG, München

ISBN 3-530-16852-1
Umschlaggestaltung: Dieter Brumshagen unter Verwendung
eines Gemäldes von Hieronymus Bosch
Satz: Digital Type & Picture AG, Wiedlisbach, Schweiz
Druck und Bindung: C.H. Beck'sche Buchdruckerei, Nördlingen
Printed in Germany • ISBN 3-423-30376-X

Keiner Erklärung bedarf die Heilige Schrift.
Wer wahrhaft spricht,
ist des ewigen Lebens voll,
und wunderbar verwandt mit echten Geheimnissen
dünkt uns seine Schrift,
denn sie ist ein Akkord aus des Weltalls Symphonie.
Novalis: Die Lehrlinge zu Sais, 1. Kap.

Inhalt

Vorwort und Einführung

Seid nachsichtig, wenn ihr uns vergleicht
Mit denen, die die Vollendung der Ordnung waren.
Wir, die wir überall das Abenteuer suchen,
Sind nicht euere Feinde.
Wir wollen euch weite und seltsame Bereiche eröffnen,
Wo blühendes Wunder auf den wartet, der es pflücken will.
Apollinaire

«Für mich ist der Mensch eine ungeheure Schöpfung, ein unfaßbarer Gedanke. Der Mensch ist alles, vom Höchsten bis zum Niedrigsten, wie das Leben. Der Mensch wiederum ist das Ebenbild Gottes, und Gott ist alles, alles, eine gewaltige Energie, und es entstanden Teufel und Heilige, Propheten und Dunkelmänner, Künstler und Bilderstürmer. Gleichzeitig, nebeneinander, alles sich wechselseitig durchdringend. Wie riesige Muster, die sich ständig verändern... Daher muß es auch unendlich viele Wirklichkeiten geben, nicht nur die Wirklichkeit, die wir mit unseren stumpfen Sinnen erfassen, sondern Legionen von Wirklichkeiten, die unauflöslich miteinander verschmolzen sind. Wir glauben doch nur aus Angst, und weil wir es in der Schule so gelernt haben, an irgendwelche Grenzen. *Es gibt keine Grenzen.* Nicht für den Gedanken, nicht für die Gefühle. Die Angst setzt die Grenzen... Es ist so wie mit Jesus. Er sprengte die Gesetze und die Grenzen durch ein völlig neues Gefühl, von dem man vorher nie etwas gehört hatte: die Liebe. Natürlich reagierten die Menschen mit Angst und Wut, so, wie sie immer mit Angst reagieren und fliehen wollen, wenn sie von einem großen Gefühl überwältigt werden, obwohl sie sich vor Sehnsucht nach ihren kümmerlichen und abgestorbenen Gefühlen fast verzehren.»

So beschreibt der schwedische Filmregisseur I. BERGMAN in seinem Film «Herbstsonate»[1] den Protest gegen die neuzeitliche Einschnürung des Menschen in eine immer besser funktionierende und immer seelenloser werdende

[1] I. BERGMAN: Herbstsonate, 36–37.

Denk- und Gedankenmaschine inmitten einer grauen und kalten Welt der Angst. Vollkommen zu Recht erfaßt er als das einzig wesentliche Thema der Religion die Überwindung der menschlichen Angst und erkennt richtig, daß jeder Reduktionismus auf eine einseitige und erstarrte Lebensform und Wirklichkeitsbetrachtung in tiefstem Sinne *Sünde* ist – ein Attentat der Angst gegen die Freiheit des Geistes und die Weite des menschlichen Herzens, ein Widerspruch zum Wesen jeder Religion.

Wir hätten keinen Grund, in der vorliegenden Arbeit die Bibelexegese in ihrer monopolisierten Form als historisch-kritische Methode der Schriftauslegung von der Tiefenpsychologie her einer gründlichen Revision zu unterziehen, wenn nicht diese auf fast allen Lehrstühlen der Bibelwissenschaften als einzige etablierte Form des Umgangs mit den Grundtexten der jüdischen und christlichen Glaubensüberlieferung zutiefst ein Ausdruck eben jener Geisteshaltung wäre, die in der rationalistischen Verstandeseinseitigkeit des 19. Jh. vom Menschen und seiner Geschichte allein die Welt der objektiven Fakten als historisch wirklich gelten lassen mochte. In ihrer Abgetrenntheit vom Gefühl, in ihrer Isolation vom Subjekt, in ihrer Unfähigkeit, die innere, psychische Realität für unendlich wirklicher zu nehmen als die Ebene der äußeren «Tatsachen», ist diese Form von «Exegese» prinzipiell gottlos, sooft sie auch den Namen «Gott» in ihrem Munde führen mag. In ihrer Konzentration auf das «Wort» ist sie außerstande, die Welt der Bilder und Träume, der alle wahrhaft religiösen Worte ihren Ursprung verdanken, in adäquaten Sprach- und Handlungsgebärden im eigentlichen Sinne zur «Sprache» zu bringen, und selbst dort, wo sie von dem «Ereignis» Gottes in der Geschichte des Menschen spricht, kann sie dies nicht anders tun als in der historischen Distanz zu einer vergangenen Anschauung, an der wir Heutigen, getrennt durch den Staub der Jahrtausende, gerade nicht mehr teilzuhaben vermögen. Fragt man indessen nach dem Geheimnis dieser existentiell so überaus beruhigten Sprechweise von «Gott» und «Göttlichem» im Gewande einer derartigen Scheintheologie, so wird man alsbald finden, daß es die Angst ist, die sie in ihr selbstgewähltes Getto führte.

Noch ehe die historisch-kritische Bibelauslegung um 1840 ihren geistesgeschichtlich damals wohl unaufhaltsamen Siegeszug begann, wies der letzte wirkliche Prophet des neuzeitlichen Christentums, der dänische Religionsphilosoph SÖREN KIERKEGAARD, mit aller ihm vergönnten Unruhe und Leidenschaft auf den drohenden Bankrott der historisierenden Art einer «wissenschaftlichen» Bibelauslegung hin. Er erinnerte sich, auf der Suche nach einem passenden Vergleich, wie er als Student einmal mit einem Korb Wäsche durch die Straßen von Kopenhagen ging und schließlich einen Laden fand, an dem geschrieben stand: «Hier wird Wäsche gewaschen und gebügelt.» KIERKEGAARD trat ein und stellte seinen Korb auf die Theke, als zu seiner Überraschung das ihn bedienende Mädchen lächelnd sagte: «Sie irren sich, mein Herr, dies hier ist keine Wäscherei, dies hier ist eine Fabrik für Schilder; hier wird nicht Wäsche gewaschen und gebügelt, hier werden Schilder hergestellt, auf denen steht: ‹Hier wird Wäsche gewaschen und gebügelt›.» Ebenso, meinte S. KIERKEGAARD, sei dieses «objektive», historisch-kritische Sprechen von Gott: es sei ein äußerst geschicktes Verfahren, auf eine Weise von Gott zu sprechen, daß man sich dabei die Wirklichkeit Gottes stets vom Leibe halten könne, – eine Schilderfabrik ähnlich einer Falschmünzerwerkstatt, in der immer neue ungedeckte Banknoten in Umlauf gebracht werden, bis daß am Ende der gesamte Kurs in Verfall geraten muß, weil bei dem mühelosen Herstellen der papierenen Noten niemals nach dem erarbeiteten Wert des Geldes gefragt wird[2]. Auf die gleiche Weise, meinte KIERKEGAARD, muß eine Exegese, die einzig an der Historie interessiert ist, mit ihrer Inflation im Reden von der «Offenbarung» «Gottes» geradewegs verhindern, daß man selber an die Stelle tritt, an der eine solche Offenbarung sich ernstlich noch ereignen kann. KIERKEGAARDS Entweder-Oder ist in diesem Punkte ein absoluter Scheideweg: entweder es ist die Aufgabe des Theologen, möglichst viel an historischem Wissen über Jesus Christus aufzuhäufen, dann besaß ein jeder der Pharisäer zur Zeit Jesu einen unendlichen Vorsprung, oder es ist einzig erfordert, gerade kein Pharisäer zu werden und ohne geschichtliches Vorwissen in *existentiellem* Sinne ein Gleichzeitiger zu sein[3]. Eine Auslegung religiöser Texte, die in der historischen Distanz des gelehrten Bildungswissens stehen bleiben möchte, während es einzig darum geht, in unmittelbarer Ergriffenheit ein Gleichzeitiger zu werden, ist in ihrem ganzen Wesen unreligiös und, schlimmer noch, in theologischer Verkleidung Heuchelei und Mummenschanz. In religiösem Sinne kommt es einem Verrat gleich, das Zeugnis einer Religion so zu «interpretieren», wie man auch sonst ein profanes Fundstück der Antike interpretieren würde, und dabei von vornherein den unendlichen Abstand zu nivellieren, der zwischen der ewigen Gegenwärtigkeit des Religiösen und der ständig wachsenden Vergangenheit des Profanen besteht. Religiös ist eine Auslegung religiöser Texte nur legitim, wenn sie innerlich ist; alles Historische aber ist äußerlich. An ihr Ziel gelangt, ist die historisch-kritische Methode in der Bibelauslegung selber die vollendete Veräußerlichung der Innerlichkeit; was sie bietet, ist statt Verinnerung Erinnerung, statt Wissen «Wissen-

[2] Vgl. S. KIERKEGAARD: Einübung im Christentum, 53.
[3] S. KIERKEGAARD: Einübung im Christentum, 71–74; DERS.: Der Augenblick, 503–509.

schaft», statt Ergriffensein[4] ein äußeres Begriffenhaben. Man kann es nicht klar genug sagen: die historisch-kritische Methode der Bibelauslegung ist eine durchaus unreligiöse Methode, und wenn es als ihr Ziel ausgegeben wird, eine religiöse Aussage auszulegen, so erreicht sie dieses Ziel als *Methode* wissentlich und absichtlich niemals.

Um der KIERKEGAARDSCHEN Forderung der Gleichzeitigkeit des Verstehens zu entsprechen, ist gerade umgekehrt dort anzuknüpfen, wo jede religiöse Erfahrung ihren Ursprung hat: nicht in der Welt der äußeren Tatbestände, sondern im inneren Erfahrungsraum seelischer Zustände.

Jede Religion steht vor der Frage, wie sie das Verhältnis zu ihrem Ursprung bestimmen will. Ihre Mitglieder gleichen einem Volksstamm, der von einem Brunnen zu einer Wüstenwanderung aufbrechen muß und, je weiter er kommt, sich immer aussichtsloser von der Quelle seines Lebens zu entfernen droht. Das nächstliegende Verfahren, den wachsenden Abstand zum Brunnen zu überbrücken, besteht vorderhand darin, in Abständen von je einer Tagesmarschstrecke Wasserdepots anzulegen; aber der Radius der Entfernung wird bei diesem Vorgehen maximal nicht mehr als ein paar hundert Kilometer betragen können, und so reichlich am Anfang auch immer die nötige Vorsorge getroffen worden sein mag, so wird die transportierbare Wassermenge doch immer spärlicher und muß schließlich ganz versiegen. Spätestens dann geht es nicht mehr an, sich weiter am Erstaustritt des Wassers zu versorgen; wenn ein weiterer Vormarsch gelingen soll, wird man selber Bohrungen niederbringen müssen, um die wasserführenden Tiefenschichten aufzusuchen, aus denen auch jener Brunnen am Anfang gespeist wurde.

Nun mag ein wandernder Volksstamm unter Umständen die Wahl haben, in überschaubarem Abstand in der Nähe des Brunnens zu verbleiben oder sich durch eigene Brunnenbohrungen einen größeren Bewegungsspielraum zu verschaffen; eine Religion verfügt nicht über eine solche Möglichkeit der Wahl. Unaufhaltsam wird sie durch den Druck der Geschichte von ihrer Quelle getrennt. Wohl wird auch eine bestehende Religion als erstes versuchen, durch ein ausgeklügeltes Transportsystem und durch die Bildung bestimmter Versorgungsknoten den lebenswichtigen Kontakt zu ihrem historischen Ursprung aufrechtzuerhalten: Tradition und Dogmenbildung stellen das zunächst unerläßlich scheinende Verfahren zu diesem Zwecke dar. Aber je länger die Zeitstrecke sich dehnt, desto mehr entschwinden ihr die Ausgangserfahrungen der

[4] Vgl. K. KERÉNYI: Ergriffenheit und Wissenschaft (1936), in: Apollon und Niobe, 56–63, der alle Schöpfungen der Kultur von der Ergriffenheit her zu verstehen suchte. «‹Ergriffen› – sagt GOETHE – ‹fühlt man tief das Ungeheuere.› All die Möglichkeiten, die bis zur Erkenntnis und Verehrung einer Gottheit führen, liegen hier in einem Keim verborgen.»

Gründerzeit, und dann ist der Augenblick gekommen, wo sie entweder durch die Äußerlichkeit einer rein historischen Vermittlung zu ihrem Ursprung sich selbst dazu verurteilt, von der Vergänglichkeit alles Historischen eingeholt zu werden, oder wo sie entdecken muß und kann, daß jenes Brunnengeschenk des Anfangs nicht nur die Bedingung ihres Lebens, sondern vor allem ein Vorbild, eine Anleitung zum Leben darstellt: es zeigt, in welche Tiefen man selber hinabsteigen muß, um das Wasser des Lebens zu finden: während am Tage sich die Wüstenei der Zeit trennend zwischen das Damals und Heute schiebt, lagern zweihundert Meter unterhalb der Sahara aus den Niederschlägen vor 10000 Jahren reichlich Wassermengen, aus denen auch jener erste «Brunnen» sich speiste, und man muß nur tief genug schürfen, um unterirdisch mit seiner Strömung verbunden zu sein. In der Tiefe fällt die Entfernung vom Brunnen dahin – *ursprünglich* gelangt man an jeder Stelle der Wüste zum «Wasser».

Wie also kann aus einer rein historisch interessierten Exegese ein Verfahren zur «Tiefenbohrung» werden? Dies ist die eigentliche Frage gegenwärtiger Hermeneutik.

In den nachstehenden Untersuchungen soll zu einer Transformation der historisch-kritischen Exegese die Tiefenpsychologie dienen, und dies nicht zufällig. Selber entstanden aus dem Bemühen, die neurotischen Absperrungen der Angst und die gefühlsfeindlichen Verstandeseinseitigkeiten der neuzeitlichen Bewußtseinseinstellung durch das Vertrauen eines ursprünglichen Träumens zu überwinden, hat gerade die Tiefenpsychologie sich zu einem geeigneten Instrument herangebildet, um in die Tiefenschichten der menschlichen Psyche vorzudringen. Selber zunächst biographisch-historisch orientiert, ging es ihr doch um den diagnostischen und prognostischen Wert der Traumerinnerungen, und indem sie das «Vergangene» in den Träumen als symbolischen Ausdruck der Persönlichkeit zu verstehen lernte, wies sie selbst den Weg zum Verständnis auch der eigentümlichen Zeitlosigkeit der religiösen Überlieferungen.

Wohl mußte die Psychoanalyse in ihrer Anfangszeit zunächst noch so viel an neurotischen Mechanismen aufdecken und beiseite räumen, daß ihre anfängliche Theoriebildung durch S. FREUD notgedrungen auch die faktischen Erscheinungsformen des Religiösen nur als eine zwangsneurotische Massenveranstaltung deuten konnte, – der dezidierte Atheismus der Psychoanalyse entsprach notgedrungen der faktischen Seelenlosigkeit der Theologie und der von ihr reflektierten Form von Religiosität. Aber der Weg, der die Psychoanalyse FREUDS zur komplexen Psychologie C.G. JUNGS führte, spiegelt geistesgeschichtlich im großen wider, was sich im Verlauf einer jeden gelungenen Psychotherapie en miniature zu ereignen pflegt: daß die Traumbilder neurotischer Angst kraft eines wachsenden Vertrauens durch Symbole ersetzt werden, die im Leben des Einzelnen wie im Leben der Völker in archetypischer Weise den Weg der Heilwerdung des menschlichen Daseins ausdrücken und ermöglichen und somit durch sich selber religiöse Qualität besitzen.

Es geht daher nicht einfach nur darum, die Überzeugung sowohl der Bibel wie aller antiken Kulturen wieder in ihr Recht zu setzen, nämlich daß Gott sich wesentlich auch im *Traum* dem Menschen zu erkennen gebe, es geht vor allem darum, die Exegese insgesamt vom Kopf wieder auf die Füße zu stellen. Von der Psychoanalyse und ihrer Hochschätzung des Traumes her muß jede Auslegung religiöser Texte lernen, daß man nicht länger das Pferd am Schwanz aufzäumen kann, indem man

> die Worte für wichtiger nimmt als die Bilder,
> die Handlungen für wichtiger als die Gefühle und
> die literarische Form der Überlieferung für wichtiger als die Erlebnisse und Erfahrungen, aus denen die einzelnen Formen erwachsen.

Gegen die Logozentrik der Exegese gilt es, dem einfachen Tatbestand Rechnung zu tragen, daß die Religion früher ist als die Sprache und daß Jahrhunderttausende vergangen sind, in denen die menschliche Psyche in Bildern und Symbolen dachte, ehe der Spracherwerb, vermutlich aus Ritus und Musik, als Späterfolg der Hominisation zustande kam[5]. Die träumende Imagination,

[5] E. DREWERMANN: Von der Zerstörung der religiösen Rede, in: Paderborner Studien, 4/1982, 23. Rein hirnanatomisch setzt die menschliche Sprache das Zusammenwirken dreier Zentren auf der Oberfläche einer Gehirnhälfte voraus: des BROCASCHEN *Zentrums,* das die Motorik des Sprechens steuert, des WERNICKESCHEN *Zentrums,* das die Sensorik, die Wortwahl steuert und mit dem Brocaschen Zentrum durch das Bogenbündel verbunden ist, sowie des *Gyrus angularis,* der die Signale von Augen, Gehör und Tastsinn miteinander assoziiert. Nur durch die Tätigkeit des Gyrus angularis ist es möglich, einen Gegenstand, den man sieht oder fühlt, mit einem bestimmten Wort zu verbinden. Demgegenüber werden die Ausdrucksbewegungen von Furcht und Freude, von Aggression oder sexueller Erregung nach fertigen Mustern vom limbischen System gesteuert, das der wortlosen Kommunikation dient und die «Gefühlsregion» des Gehirns darstellt. Diesen Umstand sowie die Tatsache, daß Kinder erst von ca. vier Jahren an ihre Gefühle sprachlich mitteilen, hat man gegen die Annahme geltend gemacht, daß die menschliche Sprache sich aus dem menschlichen Ausdrucksverhalten entwickelt habe. Tatsächlich ist Sprechen etwas anderes als Schreien, Weinen oder Lächeln; aber folgt daraus schon, daß der Ursprung der Sprache einfach im worthaften Bezeichnen von Gegenständen, also in kommunikativen Informationssignalen über Beutetiere, Geländebedingungen u.ä. liege sowie im Aussprechen von Wünschen, analog zu den Zweiwortsätzen der Kinder («Baby Milly» u.a.)? So etwa E. WHITE – D. BROWN: Die ersten Menschen, 99–117. Dagegen aber vgl. E. W. COUNT: Kommunikation zwischen Tieren und die anthropologischen Wissenschaften, in: I. Schwidetzky (Hrsg.): Über die Evolution der Sprache, 165–225, der sehr breit die Funktion des limbischen Systems (S. 191–195) von den Amphibien bis zu den Menschen untersucht und die einzelnen Großhirnkorrelate und -zentren beschreibt (S. 206–210), das menschliche Sprechen aber aus dem angeborenen Lallen und dem entsprechenden Aufforderungscharakter an die Umwelt zu verstehen sucht. «Die perzeptiv-kognitive Fähigkeit und die Motivation zu einer entsprechenden lautlichen Codierung sind zwei ganz verschiedene Dinge. Das gilt auch für das höchste menschliche Niveau; auf dem Schimpansenniveau steht die Fähigkeit zur lautlichen Codierung offenbar in keinem Verhältnis zur Fähigkeit, Begriffe zu bilden.» (S. 222) Also ist es nicht richtig, das Sprechen aus rein intellektuellen Formen der Kommunikation und der Denotation, der Bezeichnung von Gegen-

nicht das begriffliche Denken bestimmt die Grunderfahrungen des Religiösen, und stets ist der Gedanke später und oberflächlicher als das Bild. Von den Traumbildern ist daher auszugehen, um die Bilder der Erlösung auch in der Bibel in ihrer bleibenden Gültigkeit von innen heraus zu verstehen. Während in der historisch-kritischen Methode einzig das Wort, dann die Sprache der historischen Fakten, dann aber, nach dem Leitmaßstab der historischen Kritik, nur noch die wachsende Abweichung von der Historie in den Sagen und Legenden bis hin zum Mythos zum Gegenstand der Untersuchung gemacht wird, kommt es unter Anleitung psychoanalytischer Einsichten gerade umgekehrt darauf an, den Traum zur Grundlage aller weiteren Betrachtungen zu erheben: aus ihm erst entwickelt und versteht sich der Mythos, aus ihm das Märchen und, an der Grenze zum Historischen, die Sage und Legende. Erst von den Traumsymbolen des Unbewußten her begreift man die Symptomatologie und Psychosomatik der Krankheiten und ihre Überwindung in den Wundererzählungen. Vom Traum her geben sich die Erscheinungs- und Berufungsgeschichten zu verstehen, und erst ganz spät, an den Gefrierzonen des Religiösen, in den Erstarrungsformen gelebter Religiösität, in den Fakten der bloßen Historie gewinnt die historisch-kritische Methode ihre Berechtigung und Notwendigkeit. Dort, wo das Lebenswasser der Religion verrinnt, beginnt die

ständen, ableiten zu wollen. – S.K. Langer: Philosophie auf neuem Wege, 130–137, wendet, in Übereinstimmung mit J. Donavans alter Theorie, gegen die utilitaristische Theorie der Sprachentstehung ein, daß die Sprache nicht so sehr aus der Mitteilung von Wünschen als vielmehr aus der Formulierung und dem Ausdruck von Vorstellungen hervorgeht; ihr Ursprung liege in dem zweckfreien Lall-Instinkt sowie in der Projektion von Gefühlen in Gegenstände als der ersten Form des Symbolisierens. «Die Transformation von Erfahrung im Begriffe, nicht die Ausbildung von Signalen und Symptomen (sc. Anzeichen, d. Vf.) ist der Beweggrund der Sprache. Unser Sprechen ist durch und durch symbolisch, nur gelegentlich dient es der Anzeichenfunktion. Jeder Versuch, es … einzig aus dem Kommunikationsbedürfnis abzuleiten, muß in jenem rätselhaften Dunkel münden» (130). Ferner wehrt sie sich gegen den «genetischen Trugschluß» der historischen Methode der Philosophie: «Es ist der Irrtum, die Genesis einer Sache mit ihrem Sinngehalt zu verwechseln, die Sprache auf ihre primitivste Form zurückzuverfolgen und sie dann als ‹bloß› archaisch zu bezeichnen. Besonders fatal ist dieser Fehler in einer Philosophie des Symbolismus, da ja alle elementaren symbolischen Formen ihren Ursprung in etwas anderem als ihrem Symbolcharakter haben. Sinnhaltigkeit ist immer ein erst hinzugekommener Wert. Worte erklangen wahrscheinlich längst schon im Ritus, bevor sie ihren kommunikativen Zweck erlangten; das heißt aber nicht, daß die Sprache jetzt nicht ‹wirklich› ein Mittel der Kommunikation ist, sondern ‹in Wirklichkeit› ein bloßer Restbestand spontaner Erregungsäußerungen von Primitiven» (243). In vorbildlicher Weise hat W.F. Otto: Die Musen und der göttliche Ursprung des Singens und Sagens (1955), S. 33–35, auf den musischen bzw. musikalischen Ursprung der Sprache in ihrer Grundform als Mythos (nicht als Logos) hingewiesen, an deren Klang auch Zikaden und Bienen, Delphine und Schweine teilhaben (S. 59–61). Zur Herleitung der Sprache aus der Musik vgl. auch J.G. Herder: Abhandlung über den Ursprung der Sprache (1772) 1966, 51–52, der die Sprache aus den Naturlauten, dem «Gesang» der Natur ableiten mochte. – Die eigenartige «Entbindung des Begriffs aus der Sprache» bis hin zur Zerstörung des ursprünglichen Sinngefüges speziell und ausschließlich in der indogermanischen Sprachgeschichte zeigt J. Lohmann: Die Sprache als das Fundament des Menschseins, in Gadamer: Philos. Anthropologie, II 216–217.

staubige Mühsal der hypothetischen Rekonstruktionsversuche in Archäologie und Religionsgeschichte und, im Verein mit diesen, in der Exegese historisch-kritischer Provenienz.

Gewiß wird manch ein Theologe gerade von KIERKEGAARD (und dem gesamten protestantischen Ansatz) her das theologische Ausgehen vom Traum a priori als «Heidentum» und «Gnostizismus» verdächtigen. Ein solcher *dogmatischer* Einwand gegen die hier vorgeschlagene tiefenpsychologische Hermeneutik ist fundamental, und wir werden am Ende dieser zweibändigen Arbeit ausführlich darauf zu antworten haben. Aber gerade in dogmatischem Interesse kann man jetzt schon konstatieren, daß die unglückselige Entzweiung von Exegese und Dogmatik, die in der katholischen Kirche mit einem gewissen Recht zu einem jahrhundertelangen Verbot jeder «freien» Bibelauslegung im Sinne der historisch-kritischen Methode geführt hat, erst unter Rekurs auf die archetypischen Bilder in den Tiefenschichten der menschlichen Psyche wirklich zu überwinden ist. Im Grunde stellt die vorliegende Arbeit nur den Dritteil einer Art trojanischer Troika dar, eines umfassenden Versuches nämlich, die Seelenlosigkeit der Theologie mitsamt ihren verkehrten Frontstellungen, gewaltsamen Zwängen und strukturellen Ängsten durch eine Vertiefung in den drei Hauptdisziplinen: in Exegese, Dogmatik und Moraltheologie mit Hilfe der Tiefenpsychologie in ihren eigenen Mauern zu überwinden und somit in Erkennen, Glauben und Handeln zu einer ursprünglicheren Einheit zurückzufinden. Bereits in *«Psychoanalyse und Moraltheologie»* (3 Bde., Mainz 1982/84) haben wir gezeigt, wie die Kategorien der sittlichen Beurteilung menschlichen Verhaltens sich von den unbewußten Mechanismen der Angstverarbeitung her aus ihrer unverständigen Starre befreien lassen; in der Arbeit über *«Strukturen des Bösen».* Die jahwistische Urgeschichte in exegetischer, psychoanalytischer und philosophischer Sicht (3 Bde., Paderborn [4]1982) haben wir eine Methode entworfen, in der Exegese, Psychoanalyse und Dogmatik die Zentraldiagnose des menschlichen Unheils in der Lehre von der Erbsünde integral vom Phänomen der Angst her interpretieren können. Im folgenden nun wollen wir methodologisch zeigen, wie die Exegese selber eine Form der Interpretation gewinnen kann, in der sie sich im Felde eines tieferen Vertrauens zum Symbolismus der Dogmatik hin zu öffnen vermag, wofern nur die Dogmatik ihrerseits darauf verzichtet, sich in der schon im 2. Jh. begründeten Manier eher von der (griechischen) Philosophie als von den Tiefenerfahrungen der menschlichen Psyche her zu verstehen[6]. Speziell für die Exegese wird die

[6] Vgl. A. v. HARNACK: Vom Wesen des Christentums, 122–135; vgl. E. DREWERMANN: Strukturen des Bösen, III 514–533; andererseits ist das Christentum seit dem 3. Jh. eine durchaus synkretistische Religion, vgl. A. v. HARNACK: Die Mission und Ausbreitung des Christentums,[4] (verb.) 1924, 324–331.

vorliegende Arbeit dabei zeigen, daß die historisch-kritische Methode sich selbst um den Gewinn ihres größten Verdienstes bringt, solange sie in einer nur historischen Fragestellung gefangen bleibt.

Der unbestreitbare Wert der historisch-kritischen Methode liegt in der Entdeckung, daß die mündlichen und schriftlichen Traditionen der Bibel (und der heiligen Bücher anderer Hochreligionen) sich aus sehr unterschiedlichen Formen zusammensetzen, die ihre Herkunft bestimmten Erzählanlässen und somit bestimmten gesellschaftlichen Gegebenheiten verdanken. Diese Erkenntnis ist fundamental, und jede tiefenpsychologische Deutung biblischer Überlieferungen müßte sich in der Tat dem verdienten Vorwurf der Willkür und Charlatanerie aussetzen, die, wie es leider bislang noch die Regel zu sein scheint, ohne jede Rücksicht auf die jeweilige Erzählform nebst ihrem literarischen und sozialen Kontext sich unvermittelt auf den Symbolismus gewisser Motive und Motivgruppen stürzt[7]. Gegenüber solchen «wilden» Exegesen ist zu sagen, daß es hinter das 19. Jh. und damit auch hinter die historisch-kritische Exegese in der Tat kein Zurück mehr gibt. Aber es besteht auch kein Grund, gegen Ende des 20. Jh. immer noch so zu tun, als wenn wir zwischen 1880 und 1920 lebten. Selbst im Rahmen der klassischen Philologie wird man heute die Mythen der Dionysosreligion ungleich tiefer bezüglich der Mysterien des «unzerstörbaren Lebens» interpretiert finden, als es von seiten der historisch-kritischen Methode etwa für die biblische Passionsgeschichte heute noch möglich zu sein scheint[8].

Die Differenz entsteht dadurch, daß die historisch-kritische Methode als Verfahren außerstande ist zu sehen, daß die einzelnen Erzählformen in sich selber ihre psychische Wahrheit und Notwendigkeit besitzen. Da sie alle psychologischen Gesichtspunkte kategorisch glaubt vernachlässigen zu müssen, ist sie einzig an der *bewußten* Aussageabsicht des jeweiligen Tradenten sowie derjenigen Redaktoren interessiert, die in Komposition und Variation des Traditionsgutes eine bestimmte Auffassung des jeweiligen Materials zum Ausdruck bringen. Selbstredend ist die Frage nach der bewußten Aussageabsicht unter historischem Gesichtspunkt wichtig und berechtigt; aber in der Schule der historisch-kritischen Methode ignoriert man methodisch konsequent die tiefenpsychologische Erkenntnis, daß die Mythen, Märchen, Legenden, Wundererzäh-

[7] Vgl. als Beispiel etwa CH. MEVES: Die Bibel antwortet uns in Bildern, 1973, oder: O. GRAF WITTGENSTEIN: Märchen, Träume, Schicksale, 253–276, der die jahwistische Urgeschichte «auslegt», indem er mit ihr ohne jede methodische Besinnung oder Disziplin macht, was ihm einfällt. – Nicht viel gründlicher W. KÜHNHOLZ – G. JORK: Eine uralte Geschichte, in: Spiegel: Doppeldeutlich, 35–55.

[8] Vgl. z. B. K. KERÉNYI: Dionysos, 1976, und daneben die üblichen Analysen zur Passionsgeschichte und den Osterberichten in der historisch-kritischen Exegese.

lungen, kurz: alle Zeugnisse wirklicher Gottesbegegnung unendlich tiefer und weiter sind, als es mit den Mitteln bewußter Reflexion zu irgendeiner Zeit gesagt werden kann. Gerade weil bestimmte Erfahrungen bewußt *nicht* gesagt werden können, bedienen sich die Tradenten und Redaktoren der religiösen Menschheitsüberlieferungen notwendigerweise symbolischer Darstellungen, und selbst dort, wo sie Geschichte zu erzählen scheinen, tauchen sie diese doch mit Vorliebe in die Aura mythenhafter und mythennaher Gestaltung.

Die historisch-kritische Methode nun, statt die existentielle Wahrheit der jeweiligen Symbole tiefenpsychologisch zu erhellen, hält mit Verbissenheit an ihrem Dogma fest, daß nur die bewußte Aussageabsicht einer Traditionsschicht einer wissenschaftlichen Analyse zugänglich sei. Auf diese Weise reduziert sich ihr die Frage nach der Bedeutung eines bestimmten mythischen Motivs oder eines traumnahen Symbols auf die Frage, aus welchen Quellen es religionshistorisch stammen könnte und welche Funktion es als Aussage*mittel* für den jeweiligen Redaktor besitzen mag. In beiden Richtungen, in der historisch-kausalen Herkunft wie in der finalen Absicht der Verwendung, entgeht der historisch-kritischen Methode, was ein einzelnes Motiv oder die entsprechende Erzählform in sich selbst bedeuten kann[9]. Diese Entfernung der Bedeutung in sich höhlt die Formen der religiösen Überlieferung aus und läßt am Ende nur noch ein willkürliches Spiel mit skelettierten Traditionsstücken übrig. Von diesem Moment an wird aus der Exegese ein glaubensloses Puzzlespiel historisch vergangener Vorstellungen, die sich naturgemäß einer religiösen Aneignung in der Gegenwart grundsätzlich widersetzen müssen.

In Wahrheit hingegen besitzen die Symbole eines Traums oder die Motive eines Mythos (und der von ihnen abgeleiteten Erzählformen) nur in der Abtrennung von jeglichem Gefühl und Erleben die mumienartige Existenzform, die ihnen in der historisch-kritischen Methode zugeschrieben wird. An sich hat man es in Gestalt der Traumsymbole, der Mythenmotive und der archetypischen Bilder gerade mit den Bausteinen und Grundmustern psychischen Erlebens und psychischer Selbstdarstellung zu tun, die von sich aus, wie die Gene im Zellkern, über die Tendenz verfügen, bestimmte Stoffe auf eine Weise um sich herum anzulagern, daß ein ihnen gemäßer lebendiger Organismus daraus zu entstehen vermag, und eben dieser autonome Prozeß der Selbstorganisation bestimmter Stoffe im Unbewußten aus gewissen Erlebnisverdichtungen zu bestimmten religiösen Ausdruckssymbolen ist ungleich wichtiger als der enge

[9] Vgl. dazu am Beispiel des weltweit verbreiteten Schlangensymbols in Gen 3,1–7 die methodologischen Überlegungen bei E. DREWERMANN: Strukturen des Bösen, I², S. LXIV–XCI; DERS.: Von der Ergänzungsbedürftigkeit der historisch-kritischen Exegese am Beispiel der Schlangensymbolik von Gen 3,1–7, in: Bibel und Kirche, 3/1983, 91–105.

Spielraum bewußter Aussagemöglichkeiten. Um es pointiert zu sagen: die bewußte Aussageabsicht des «Endredaktors», dieser ganze Stolz oder vielmehr dieses stets unerreichbare Phantom der historisch-kritischen Methode, ist für ein wirkliches Verständnis der «unhistorischen» Erzählungen religiöser Überlieferung so relativ oder nebensächlich wie die bewußte Selbsteinschätzung eines Analysanden in der Traumanalyse: an jeder Stelle seiner Traumerzählung darf man voraussetzen, daß die Bilder seines Traumes weit mehr über ihn selbst besagen, als er im Bewußtsein von sich wissen kann. Eben deshalb dauert es für gewöhnlich Jahre, um einen Traum zu verstehen, der vor langer Zeit am Anfang der Analyse geträumt wurde, und eben deshalb verfügen auch die Überlieferungen der Menschheitsreligionen über Bilder, welche die Menschheit beschäftigen müssen, solange sie existiert. Die Seher, nicht die Theologen stehen im Zentrum religiöser Erfahrung, und nur im Mitvollzug solcher Erfahrung durch die Überzeugung eines neuen Sehens sind ihre vielschichtigen Bilder «einsichtig».

Was also ist zu tun? Im Grunde stellt sich die Aufgabe, die Theologie christlich-abendländischer Prägung insgesamt aus dem Getto ihrer Verstandeseinseitigkeit herauszuführen. Insbesondere die Exegese in ihrer Mittelstellung zwischen «Quelle» und «Wüstenwanderung» soll im folgenden von einem historisierenden «Transportsystem» mit Hilfe der Tiefenpsychologie in ein Instrument zur «Tiefenbohrung» umgewandelt werden. Aber naturgemäß wird dies nur schrittweise gelingen. Um den Aufriß der vorliegenden Arbeit zu skizzieren: wir werden im ersten Teil nach einer Art «Lagebesprechung» über den Standort der historisch-kritischen Methode zunächst der Frage nachgehen müssen, unter welchen Voraussetzungen überhaupt eine historisch überlieferte Erzählung bzw. eine historisch einmalige Begebenheit eine überzeitliche Bedeutung erlangen kann. Wir werden dann sehen, daß dies nur im Sinne einer *Typologie* möglich ist, und von daher werden wir wie von selbst zu einem Verständnis des archetypischen Sprechens im *Mythos* gelangen. Um die Eigenart des Mythos tiefenpsychologisch zu verstehen, werden wir jedoch als erstes die Bedeutung des *Traumes* zu bestimmen haben, um dann zu fragen, wie sich die traumnahe Erzählweise des Mythos zur Geschichte verhält. Von dort läßt sich dann die Eigenart auch der weiteren archetypischen Erzählformen in Märchen, Sage und Legende bestimmen. In einem zweiten Band dieser Untersuchungen werden wir, darauf aufbauend, sodann das Feld der virtuell oder real «historischen» Erzählungen in Gestalt der Wundererzählungen, Berufungsgeschichten sowie der Wortüberlieferungen betreten. Entsprechend den einzelnen Formen wird naturgemäß der Stellenwert und die Aufgabenstellung einer (tiefen-)psychologischen Deutung variieren, und es muß uns vordringlich darum zu tun sein, gerade diese Unterschiede zu ermitteln und zu beschreiben. Schließlich ist zu prüfen, welch einen historischen Ort die Tiefenpsychologie im Dienste religiöser Hermeneutik generell einnimmt, – die im Grunde «dogmatischen» Fragen theologischer Hermeneutik werden hier zu erörtern sein, und auch die Tiefenpsychologie wird dann in ihrer Bedeutung relativiert werden müssen. Auch sie ist eine Methode, die eines Tages vergehen wird, nicht anders als heute schon die historisch-kritische Methode im Grunde der Vergangenheit angehört. Aber man sollte doch wünschen, daß die Aufhebung bestimmter hermeneutischer Verfahren durch wachsende Vertiefung der religiösen Erfahrung, durch eine Art vertiefter Meditation, und nicht durch weitere Aushöhlung des religiösen Kerns durch eine weitere Historisierung des Bewußtseins geschieht. Einzig in Richtung einer solchen integralen Form von Religiosität jedenfalls liegt das Ziel der vorliegenden Untersuchungen.

Wem diese Arbeit gewidmet ist? All denen zunächst, die in vielen Einzelgesprächen, Predigten, Vorlesungen und Seminarbesuchen mir den Mut gemacht haben zu glauben, daß der vorgeschlagene Weg gangbar und nützlich ist, – viele der Texte, die wir vor Jahren gemeinsam erarbeitet haben, dienen jetzt als Beispiel und Anschauung. Dann aber all denen, die in Lehre und Verkündigung von der historisch-kritischen Methode nach vielen Jahren ihres Studiums sich praktisch im Stich gelassen fühlen, – ihnen eine neue Unmittelbarkeit zum Textverständnis zu vermitteln, ist das Hauptziel dieses Buches. Und ganz besonders denen, die auf den theologischen Lehrstühlen und Kathedern das Bewußtsein dafür nicht verloren haben, daß das Wort Jesu zu allen Zeiten und für alle Menschen gilt: «Gott ist kein Gott der Toten, sondern der Lebenden» (Mk 12,17): daß man von Gott nicht anders sprechen kann als in der existentiellen Gegenwart, in dem, was KIERKEGAARD als «Augenblick» bezeichnete, bildet die Grundüberzeugung alles Folgenden. Im übrigen geht es mit dem Wort Gottes und der Theologie nicht anders zu, als es der griechische Sklavenphilosoph EPIKTET zum Ausdruck brachte: «Auch die Schafe zeigen ja den Hirten nicht, wieviel sie gefressen haben, indem sie das Gras zum Vorschein bringen, sondern sie verdauen inwendig das Futter und bringen außen Wolle und Milch hervor.»[10]

[10] EPIKTET: Handbüchlein der Ethik, Kap. 46.

I. Philosophische Bausteine theologischer Hermeneutik

«Und was wissen die Nagelschmiede oder die Brettschneider
von der Majestät des Schiffes?
Ganz ohne Zweifel:
Wenn es einen gibt, der klarer sieht,
so ist es der Mann, der die Tiere zur Tränke führt,
oder die Frau, die niederkommt,
oder jener Sterbende;
nicht aber der Gelehrte,
nicht der Verkümmerte mit Tintenfingern, denn
... sie dienen nichts Wesentlichem...»
A. de Saint-Exupéry: Die Stadt in der Wüste, Nr. 189

1. Vom religiösen Irrweg der historisch-kritischen Methode – eine Standortbestimmung

Das vorliegende Buch ist geschrieben worden, weil es in der Bibelauslegung – und in manchen anderen Gebieten der Theologie – so wie bisher offensichtlich nicht mehr weiter geht. Daß die historisch-kritische Methode ein theologisches Auslegungsverfahren der Bibel weder ist noch sein kann, weiß jeder, aber zu wenig geschieht, die Einseitigkeit dieser Methode zu überwinden. Seit mehr als 100 Jahren gilt das Bemühen der besten Köpfe in der Interpretation der Hl. Schrift einer einzigen Frage: was in der Bibel an historischer Wirklichkeit in den einzelnen Überlieferungen und redaktionellen Zusammenfügungen zum Ausdruck kommt und welche historischen Bedingungen die jeweiligen Aussageabsichten geformt haben. Es ist dies die äußerlichste und oberflächlichste aller Fragen, die man an einen religiösen Text stellen kann, aber es ist die einzige Frage, die methodisch zugelassen wird. Seit der Mitte des 19. Jh. hat die Bibelwissenschaft ein äußerstes getan, den historischen Werdegang der Text- und Geistesgeschichte der Bibel soweit als irgend möglich zu rekonstruieren. Die inzwischen geleistete Arbeit verdient den höchsten wissenschaftlichen Respekt, und dennoch zeigt sich, je weiter sie fortschreitet, daß hier ein

Weg eingeschlagen wurde, der hermeneutisch als äußerst verkürzt und theologisch als geradezu falsch bezeichnet werden muß.

Zwar ist es richtig, daß die Vorstellungen von Gott, verstanden als Offenbarungen Gottes im menschlichen Bewußtsein, sich je nach den kulturellen und sozialen Bedingungen eines Volkes und einer Zeit bis zur Widersprüchlichkeit wandeln können und gewandelt haben, und es ist daher unerläßlich, diese Wandlungen und Abhängigkeiten historisch zu erforschen. Aber die Hervorhebung des historisch Einmaligen legt notgedrungen nur ein Zeugnis für die Vergangenheits-, nicht für die Gegenwartsbedeutung eines Textes ab, und vor allem betont sie lediglich die Bedingtheit und Relativität der jeweiligen Glaubensvorstellungen; sie führt gerade nicht zu einer theologischen Einsicht in die bleibende Bedeutung eines Textes. Die rapide Vermehrung des bloß historischen Wissens um die Bibel mußte daher zwangsläufig einhergehen mit der fortschreitenden Auflösung der biblischen Theologie in altorientalische Religionsgeschichte. Auch wenn der einzelne Exeget subjektiv von dem gläubigen Bestreben nach einem tieferen Verstehen der Hl. Schrift getragen sein mochte, – als «Wissenschaftler» hatte er sich in das Prokrustesbett einer rein historischen Methode zu pressen, die allein erforschen wollte, was – vor Gott? – *war,* und daher niemals erforschen konnte, was vor Gott *ist.* Gerade nicht verbindlicher Glaube, sondern zeitbedingte Glaubensvorstellungen hatten den «Gegenstand» exegetischer Forschungen zu bilden, und der Interpret selbst mußte mit seiner eigenen Existenz immer mehr hinter der «Objektivität» seiner hypothetischen historischen Rekonstruktionen zurücktreten; er mußte das Unmögliche versuchen: ein Verständnis des angeblich lebendigen Gotteswortes unter Ausklammerung seines eigenen Lebens und seiner eigenen Existenz[1].

Das aufgeschichtete Resultat geschichtlicher Untersuchungen in der Bibel ist, religiös betrachtet, nach mehr als 100 Jahren von einer monströsen Inhaltslosigkeit. Der Eindruck, den ein Theologiestudent schon in den Anfangssemestern beim ersten Kontakt mit der gegenwärtigen Bibelwissenschaft gewinnt, trügt nicht: er wird die Fragen, die er um seiner selbst willen an den Text richten möchte und die ihn zum Studium der Hl. Schrift wesentlich motivieren, innerhalb der historisch-kritischen Methode nicht nur unbeantwortet lassen müssen, er wird sie überhaupt völlig zu vergessen haben. Historische Hypo-

[1] Vgl. dazu die sehr berechtigte Kritik bei M. KASSEL: Biblische Urbilder, 47–53. – Vor allem W. WINK: Bibelauslegung als Interaktion, 9, resümiert sehr zu Recht: «Die historisch-kritische Methode hat die Bibel zum toten Buchstaben reduziert. Unsere Huldigung der Auslegungstechniken ließ die Bibel steril und machte uns leer. Je größere Fortschritte unsere Analysen aufweisen, desto weiter entschwindet das Ziel unseren Blicken.» Insbesondere sei der «Objektivismus» der Bibelexegese eine voreingenommene Ideologie, die letztlich nur die Tendenzen der Säkularisation auch auf die Bibelauslegung ausgedehnt habe.

thesen über das mutmaßliche Zustandekommen bestimmter Ansichten über «Gott», – sich damit zu begnügen, ist das oberste Gesetz der ihm zugemuteten wissenschaftlichen Askese; sie zu verlassen, wird geächtet mit dem Exil unwissenschaftlicher Willkür. Sagen wir es offen: auf diese Weise werden Menschen, die Gläubige und Theologen sein möchten, unfehlbar zu Schriftgelehrten und Religionswissenschaftlern herangebildet, die im Status ihrer Vollendung eigentlich nur noch aus Traditionsgründen in der Theologie anwohnen und ehrlicherweise besser in der altorientalistischen oder gesellschaftswissenschaftlichen Abteilung untergebracht wären.

Eben deshalb geht es so wie bisher in der Exegese nicht mehr weiter. Denn was soll eine Bibelauslegung, die selbst kein einziges wirkliches Gefühl, keine einzige tiefere Erkenntnis, nichts wirklich Wesentliches in sich enthält, ja die es geradezu verbietet, überhaupt noch eigene Empfindungen und Gefühle, innere Spannung und persönliches Fragen bei der Interpretation der Hl. Schrift miteinzubringen? Wie soll es möglich sein, etwas von Gott in der Schrift zu vernehmen, wenn als methodische Bedingung das Postulat erhoben wird, sich ausschließlich – statt um Gott und die eigene Person – um das Zustandekommen bestimmter religiöser Ansichten in bestimmten sozialen Gruppierungen längst vergangener Zeiten zu bekümmern? Eine solche Exegese führt bei der Lektüre der Hl. Schrift einen Menschen weder zu Gott noch zu sich selbst, und die eigentliche religiöse Beschäftigung mit der Hl. Schrift bleibt unter solchen Umständen entweder ein unerreichbares Desiderat oder eine unwissenschaftliche, als subjektivistisch verdächtigte, in jedem Falle objektiv irrelevante Mußebeschäftigung. Nur: wenn die Bibel, wie man allerorten betont, als «Botschaft» und «Verkündigung» geschrieben wurde, wie kann man dann glauben, sie richtig auszulegen, wenn man bei ihrer Interpretation eine Methode zugrunde legt, die geradezu darauf abzielt, den Empfänger dieser «Verkündigung» nur ja nicht in der Gegenwart zu suchen?

«Die biblischen Geschichten», schrieb M. Buber schon 1936, «sind nur zum geringen Teil chronikartige Niederschrift, in den meisten lebt noch die aufrufende, zeitenverbindende, vorbildweisende oder warnende Stimme der Erzähler. ...Dafür ist nicht dies das Wichtige, sich von den Historikern sagen zu lassen, wann, wo, unter welchen Umständen dieser oder jener Text entstanden sei; die Historiker, auch die bauenden und deutenden, sind ins Mittelbare gebannt und auf seine Beihilfe angewiesen; das Wichtige ist, sich von dem einzelnen Text über seine besondere Situationsbindung sagen zu lassen, was er und nur er darüber zu sagen vermag.»[2]

[2] M. Buber: Die Schrift und ihre Verdeutschung, in: Werke, II 1185.

Eben für dieses Wichtige aber sollte es keine wissenschaftlich brauchbare Methode geben? Eben dies Entscheidende sollte von der einzig zur Zeit akkreditierten Methode der Schriftauslegung zu Recht diskreditiert oder mit windigen Lippenbeteuerungen ins Abseits gestellt werden dürfen?

«All diese Erzählungen und Gesänge, Sprüche und Weisungen», schrieb M. BUBER an anderer Stelle weiter, «... sind, offenkundig über sich hinausweisend, Berichte von Begegnungen. Diese Gesänge sind Klagen um das Ausgeschlossenwerden von der Gnade der Begegnung, Bitten um ihre Wiederkehr, Dank für ihr Geschenk. Diese Weissagungen sind Anrufe zur Umkehr des verlaufenen Menschen an den Ort der Begegnung und Verheißungen der Neuknüpfung zerrissenen Bandes. Wenn Zweifelsaufschreie in dem Buch stehn, so ist es der schicksalhafte Zweifel des Menschen, der nach der Nähe die Ferne zu kosten bekommt und von ihr lernt, was nur sie lehren kann.» – «Was die Geschlechter dem Buch entgegenbringen, ist keineswegs immer Botmäßigkeit und Hörbereitschaft, oft ist es Ärgernis und Empörung, aber immer befassen sie sich lebensmäßig damit, stellen sich ihm im Raum der Wirklichkeit.»[3] In der Tat: so müßte es sein, wenn es um die Auslegung der Hl. Schrift gehen soll: «lebensmäßig» müßte sie sein, oder es ist nicht die Hl. Schrift, die man liest.

Wie sehr uns indessen der Instinkt für alles Lebendige, für die Gefühlswerte und Gefühlsunterschiede in der Bibel aufgrund eigener Gefühlsverarmung und seelischer Auszehrung abhanden gekommen ist, darauf hat besonders F. NIETZSCHE, dieser große Kritiker der Gefühlsangst christlicher Theologie, in «Jenseits von Gut und Böse»[4] hingewiesen: «Im jüdischen ‹Alten Testament›», schrieb er, «dem Buche von der göttlichen Gerechtigkeit, gibt es Menschen, Dinge und Reden in einem so großen Stile, daß das griechische und indische Schrifttum ihm nichts zur Seite zu stellen hat. Man steht mit Schrecken und Ehrfurcht vor diesen ungeheueren Überbleibseln dessen, was der Mensch einstmals war, und wird dabei über das alte Asien und sein vorgeschobenes Halbinselchen Europa, das durchaus gegen Asien den ‹Fortschritt des Menschen› bedeuten möchte, seine traurigen Gedanken haben. Freilich: wer selbst

[3] M. BUBER: Der Mensch von heute und die jüdische Bibel, in: Werke; II 849. – In ähnlicher Weise meinte M. Bubers Freund SCH. BEN CHORIN: Paulus, 10–11, statt nach der historischen «Wahrheit» zu fragen, komme es vielmehr darauf an zu fragen: «Was ist Wirklichkeit?», und erklärte: «Bestimmt nicht nur das äußere Geschehen, das der fleißige Historiker registrieren und rekonstruieren kann. Wirklichkeit ist mehr als dies, denn die emotionellen Kräfte, die seelischen Triebkräfte, die latent gegebenen Stimmungen handelnder und leidender Menschen sind nicht minder Realität als die äußere Wirklichkeit. Sie bestimmen und verwandeln sie, determinieren das Geschehen, das ohne diese innere Wirklichkeit eine Anhäufung von Sinnlosigkeit und Zufall wäre. Oft aber vermag der Historiker um so weniger, je genauer er ist, diesen inneren Kern der Wirklichkeit zu erfassen.»

[4] F. NIETZSCHE: Jenseits von Gut und Böse, Nr. 52.

nur ein dünnes zahmes Haustier ist und nur Haustier-Bedürfnisse kennt (gleich unseren Gebildeten von heute, die Christen des ‹gebildeten› Christentums hinzugenommen –), der hat über jenen Ruinen weder sich zu verwundern, noch gar sich zu betrüben – der Geschmack am Alten Testament ist ein Prüfstein in Hinsicht auf ‹groß› und ‹klein› –, vielleicht, daß er das Neue Testament, das Buch von der Gnade, immer noch eher nach seinem Herzen findet (in ihm ist viel von dem rechten, zärtlichen, dumpfen Betbrüder- und Kleinen-Seelen-Geruch). Dieses Neue Testament, eine Art Rokoko des Geschmacks in jedem Betrachte, mit dem Alten Testament zu *einem* Buche zusammengeleimt zu haben, als ‹Bibel›, als ‹das Buch an sich›: das ist vielleicht die größte Verwegenheit und ‹Sünde wider den Geist›, welche das literarische Europa auf dem Gewissen hat.»

Es sei dahingestellt, inwieweit die Gefühlsaskese, die Verdummung des Menschlichen zu Gedanken und Fakten, der Verlust der Natur[5], den wir heute bei der Interpretation der Bibel beklagen, nicht wirklich bereits in der Bibel selbst, vor allem im Neuen Testament begonnen hat. Aber daran ist kein Zweifel, daß die objektivierende Distanz, die emotionale Nonchalance, das existentielle Phlegma, kurz: die demonstrativ-monströse Unbeteiligtheit der Schriftauslegung historisch-kritischer Provenienz außerstande ist, auch nur die psychologischen, geschweige denn die religiösen Wahrheiten der Bibel zu erfassen. Und eben das ist jetzt die Frage: wie kann man die sog. historisch-kritische Methode von ihrem Auslegungsmonopol erlösen? Wie läßt sich eine Methode der Schriftauslegung finden, die nach der zweifellos notwendigen historischen Absicherung die eigentlich theologische Auslegung begründet und bestimmt? Wie läßt sich ohne «Subjektivismus» das Subjekt, der Leser, wieder verbindlich in die Schriftlektüre einbeziehen? Und wie ist ohne «Willkür» wieder die Lebendigkeit, die Poesie, die Intensität, die Angst und das Vertrauen, die Verzweiflung und die Hoffnung, wie sind die Höhen und Tiefen in der Auslegung zu erhalten bzw. wiederzugewinnen, die die Bibel – mit Ausnahme weniger schriftgelehrter und priesterlich-trockener Seiten auch hier – durchgehend auszeichnen? «Der Tod einer Wissenschaft», schrieb 1923 O. SPENGLER, «besteht darin, daß sie niemandem mehr Ereignis wird.» Und er fügte hinzu: «... zweihundert Jahre Orgien der Wissenschaftlichkeit – dann hat man es satt. Nicht der Einzelne, die Seele der Kultur hat es satt. Sie drückt das aus, indem sie ihre Forscher, die sie in die geschichtliche Welt des Tages hinaufsendet, immer kleiner, enger, unfruchtbarer wählt.»[6]

[5] Vgl. zur Verdrängung der äußeren wie der inneren Natur in der Bibel E. DREWERMANN: Der tödliche Fortschritt, 67–78; 133–142; DERS.: Der Krieg und das Christentum, 184–194; 242–254.
[6] O. SPENGLER: Der Untergang des Abendlandes, I 548.

Uns geht es nicht um Anti-Wissenschaft, wohl aber um ein wissenschaftlich begründetes Auslegungsverfahren, das wieder «Seele» und «Weite» besitzt und daher fähig wird, das *Ereignis* der Hl. Schrift zu vermitteln und nicht nur davon zu reden.
Um eine solche Methode neuer Unmittelbarkeit zu finden, müssen wir uns zunächst Rechenschaft über die Gründe geben, die zu der unglaublichen Verengung, zu dem «Tod» der Bibelexegese in der Substanz bei einer Bienenfleißigkeit im Äußeren geführt haben. Denn gerechtigkeitshalber ist zu sagen, daß diese Gründe nicht der Exegese selbst anzulasten sind – diese selbst ist nur das emsige und gehorsame Kind von Gedanken, die in der Geistesgeschichte des 19. und schon des 18. Jahrhunderts begründet liegen; und diese wieder sind die späten Ausläufer einer Einstellung, die bereits in den Anfängen des Christentums selbst enthalten ist. Dies gilt es, etwas näher zu betrachten.
Wir können uns dabei, was die philosophische Seite des Problems anlangt, an dieser Stelle mit Hinweisen begnügen, indem wir zunächst lediglich Gedanken referieren, die wir bereits an anderer Stelle[7], vor allem im 3. Bd. der *«Strukturen des Bösen»* (S. 514–539), dargelegt haben und die wir jetzt auf die Frage nach der Stellung der exegetischen Hermeneutik anwenden müssen. Indem wir zeigen, welchen geistesgeschichtlichen Hintergründen die historisch-kritische Exegese ihre Entstehung zu verdanken hat, wird zugleich deutlich werden, was für Konflikte sich aus dieser Methode ergeben müssen und welche Chancen und Gefahren in der Weiterentwicklung des historisch-kritischen Ansatzes gelegen sind. Wie von selbst wird sich dann aus der Betrachtung der Einseitigkeiten und Gefährdungen, die mit der historisch-kritischen Methode gegeben sind, auch eine erste Einsicht in die notwendigen Bedingungen und Postulate für eine Ergänzung, Korrektur oder Überwindung der Denkvoraussetzungen der historisch-kritischen Exegese erschließen.

2. Wie es dazu kam und wie es weitergeht – Anamnese und Prognose der historisch-kritischen Methode

Die historisch-kritische Exegese basiert in ihrer Ausschließlichkeit auf drei schwerwiegenden erkenntnistheoretischen Präjudizien, die sie von sich aus um so weniger in Frage stellen oder überwinden kann, als sie sich diesen methodi-

[7] E. DREWERMANN: Strukturen des Bösen, III 514–533.

schen Axiomen in der Mitte des vergangenen Jahrhunderts einfach wie selbstverständlich angeschlossen hat, und erst eine vertiefte philosophische Reflexion vermag den Engpaß, in den sie damit geraten ist, wieder aufzusprengen. Diese drei Präjudizien lauten in Anlehnung an die Erkenntnistheorie I. KANTS:

a) alle Erkenntnis, wofern nicht selbst transzendental, ist wissenschaftlich nur als Erkenntnis in Raum und Zeit, mithin nur als historische möglich: *das Gesetz der historischen Restriktion;*

b) alle Geschichte als Abfolge von Ereignissen in der Zeitreihe ist so zu betrachten, daß das zeitlich Spätere als verursacht durch das Frühere erscheint: *das Gesetz der kausalen Reduktion* der geschichtlichen Ereignisse auf zeitlich frühere, «determinative» Ereignisse, bzw. *das Erkenntnisprinzip der evolutiven Kohärenz der Geschichte;*

c) alle Wirklichkeit, die Gegenstand wissenschaftlicher Erkenntnis sein kann, ist Wirklichkeit in der «Welt», mithin Teil des kausal bestimmten Insgesamt aller Erscheinungen innerhalb des Raum-Zeit-Kontinuums; alle wissenschaftlich erkennbare Wirklichkeit ist also sinnlich erfahrbar und verständig (= kausal) begründbar; daraus folgt: *das Gesetz der Rationalität und der «Objektivität»,* mithin die *Reduktion* der Erkenntnis *auf die äußere,* in Raum und Zeit erscheinende *Realität*[8].

Diese drei erkenntnistheoretischen Grundlagen, die am klarsten in der Philosophie des frühen Deutschen Idealismus ausgesprochen wurden, dienten ursprünglich nur dem Zweck, die Bedingungen der Möglichkeit *naturwissenschaftlicher* Erkenntnis zu formulieren; sie fanden aber sehr bald als erkenntnistheoretische Prinzipien grundlegender Art Eingang auch in die Geisteswissenschaften. Und so konnte es nicht ausbleiben, daß in der Bibelwissenschaft gleichfalls die drei genannten methodischen Voraussetzungen: Erforschung der geschichtlichen Tatsachen, die Konstruktion einer logisch-kausalen Ablaufreihe der historischen Fakten und die Ausschaltung von allem Subjektiven und irgendwie «Irrationalen», einen undiskutierten Vorrang einnahmen.

So fruchtbar nun diese methodischen Axiome in der klassischen Philologie, in der Philosophie und in anderen Wissenschaftszweigen sich auswirken konnten, so einseitig waren sie zugleich und so irreführend mußten sie vor allem in der Bibelauslegung werden. Der notwendige theologische Irrtum nämlich ergab sich aus den zwei folgenden Bedingungen, die im Grunde bereits in die KANTISCHE Erkenntnistheorie Eingang gefunden hatten.

[8] Zur Erkenntnistheorie I. Kants vgl. die Darstellung bei E. DREWERMANN: Strukturen des Bösen, III 1–3.

a) Die verhängnisvolle Ausklammerung des Unbewußten und der Gegensatz von Exegese und Dogmatik

Zum einen hatte das Christentum selbst, wie anderenorts gezeigt, bereits in seinen Anfängen mit dem erfolgreichen Kampf gegen den heidnischen Mythos eine innere Einstellung grundgelegt, die allein die Kräfte des Bewußtseins (Verstand und Wille) gelten ließ[9]: die triebnahen Kräfte der menschlichen Psyche, denen die Mythen der Völker entstammten: Traum, Phantasie, Gefühl, Intuition, wurden demgegenüber als ungöttlich und gefährlich betrachtet; und indem dieser innere psychische Bereich ängstlich gemieden wurde, galt als «wirklich» nur die äußere, dem Bewußtsein zugängliche Realität; nur in ihr konnte daher auch Gott dem Menschen erfahrbar sein.

Es war unvermeidlich, daß dieser Ansatz theologisch mit dem Beginn der Neuzeit in ein unausweichliches Dilemma führte: der Glaube, ursprünglich betrachtet als «ein Akt des Verstandes, befohlen vom Willen», wurde seit der Aufklärung gerade vom menschlichen Verstand abgelehnt; die gesamte äußere Realität wurde als Erscheinungsort Gottes in Frage gestellt, und Gott konnte, wie I. KANT wiederum am eindringlichsten hervorhob, nur noch als ein subjektives Postulat des moralischen Willens akzeptiert werden. Übrig blieb eine aufgeklärte Vernunft, die in prinzipiellem Widerspruch zu allem «Irrationalen», «Unbewußten», «Unbeweisbaren», zu allem nicht mit den Sinnen Erfahrbaren stand und daher jeder Art von «Glauben» den Kampf ansagen mußte; übrig blieb ein Wille, der – wie bei KANT – nur noch rein formal und inhaltslos ins Leere griff oder – wie bei SCHOPENHAUER und NIETZSCHE – als etwas metaphysisch Letztes und Irreduzierbares nur noch sich selbst und die Macht seiner absurden Durchsetzung wollte; übrig blieb im erkennenden Subjekt eine dämonisierte und verschreckte Psyche, die in immer neuen Konvulsionen sich der Fesseln ihrer jahrhundertelangen Unterdrückung und heuchlerischen Verleugnung zu entledigen suchte. M.a.W.: es entstand das Bild eines Menschen, der im Namen der Religion sich selbst entfremdet fühlte und sich gedrängt sah, die Wahrheit seiner selbst stets außerhalb seiner selbst zu suchen, – losgelöst von sich selber und an Gott vorbei.

Die Bibelexegese, indem sie sich die Ablehnung des Unbewußten, die einseitige Fixierung auf die äußere Realität, die radikale Verengung auf rein histori-

[9] Vgl. hierzu und zum Folgenden: E. DREWERMANN: Strukturen des Bösen, III 514–533; DERS.: Der Krieg und das Christentum, 195–215; bereits das Alte Testament ist mit seinem mythenfeindlichen Monotheismus *wesentlich* intolerant und gewalttätig, worauf bes. N. SÖDERBLOM: Der lebendige Gott im Zeugnis der Religionsgeschichte, 276–305, hingewiesen hat. – Bes. den Katholizismus deutete schon O. PFISTER: Das Christentum und die Angst, 274–295, als Reaktionsbildung gegen die Triebherrschaft.

sche Fragestellungen zu eigen machte, konnte methodisch gar nicht anders, als dem KANTISCHEN Programm der «Reduktion des Religiösen auf das Moralische» im Verlauf von weniger als einem halben Jahrhundert mit großem Eifer, wenngleich oft gegen den Willen des einzelnen Exegeten, in vollem Umfang nachzukommen, indem all die «wunderbaren», «mythischen», «legendären», «märchenhaften», im Grunde all die eigentlich theologischen Züge aus der Hl. Schrift als unhistorisch eliminiert werden mußten, so daß, jenseits des «dogmatischen» Inhaltes des Glaubens, nur formale Glaubensvollzüge bzw. Nachahmungen moralischer Weisungen und Beispiele im privaten und öffentlichen Leben übrig bleiben konnten.

Die Kluft zwischen Dogmatik und Exegese, die fortan immer wieder aufbrechen mußte, erscheint auf diesem Hintergrund keinesfalls als eine bloße Methodendivergenz zweier verschiedener Wissenschaftszweige der Theologie; sie ist vielmehr das Ergebnis der außerordentlich tiefen Zerrissenheit, die den Bereich des Verstandes, mithin der *äußeren* Realität, von der Welt der *psychischen* Realität, des Unbewußten, des Gefühls, trennt; und die hölzerne, staubige Trockenheit, mit der die Bibelexegese in der Gegenwart sich präsentiert, ist nicht ein bloßes Gebrechen der schriftstellerischen Ausdrucksmöglichkeiten des speziellen Berufszweiges der Schriftausleger, sondern das geradezu notwendige Indiz für die Veräußerlichung, für die Lebensferne, für die unvermeidliche religiöse Nichtigkeit, mit der die historisch-kritische Methode ihrer ganzen Natur nach durch die Ausklammerung des Unbewußten geschlagen sein muß.

b) Die protestantische Geschichtskritik und die Entgegensetzung von Gott und Mensch

Dieses theologisch verheerende Resultat nach anderthalb Jahrhunderten historisch-kritischer Bibelwissenschaft besitzt eine zweite spezifisch protestantische Voraussetzung. Denn es ist nicht zufällig, daß gerade in der protestantischen Theologie die historisch-kritische Methode der Bibelexegese erwachsen konnte und dort ihre größten Triumphe feierte, während sie im katholischen Raum nach langen Abwehrkämpfen nur zögernd rezipiert und gewissermaßen bloß aus Verlegenheit und in Ermangelung eines umfassenderen eigenen Auslegungsverfahrens in ihrer Einseitigkeit belassen wurde.

Die Forderung, daß man historisch denken müsse, um ein historisches Schriftstück auszulegen, hätte an sich in den beiden christlichen Konfessionen seit dem Beginn des 19. Jh. einen undiskutierbaren Gemeinplatz einnehmen können, wäre nicht das Verhältnis zur Historie in Protestantismus und Katholizismus auf charakteristische Weise verschieden. Der Katholizismus ist trotz seiner Ablehnung der Mythen und der mythenbildenden Kräfte des Unbewußten vor allem durch den Reichtum seiner dogmatischen und rituellen Symbole in einem gewissen Maße mit der Welt des Unbewußten auf matriarchalische Weise verbunden geblieben[10]; dennoch steht er der «Natur» des Menschen merkwürdig zwiespältig gegenüber, indem er diese, – statt einer wirklichen Integration – lediglich moralisch niederzuhalten sucht und ihr gerade deshalb, wie die Kirchengeschichte zeigt, phasenweise fast hilflos ausgeliefert ist. Eben in dem Protest gegen die mögliche Auslieferung des Christentums an die Welt der «unchristlichen Natur», die den Katholizismus vor allem in der Renaissance-Zeit völlig zu korrumpieren drohte, entstand und erstarkte der Protestantismus, indem er aus dem Christentum alle «fremden», nicht-göttlichen, heidnischen Beimischungen zu eliminieren suchte. Als Offenbarung Gottes konnte jetzt nur anerkannt werden, was der Mensch von sich aus gerade nicht zu entdecken vemochte, was ihn als Sünder anklagte und was in gewissem Sinne sogar seiner ganzen Natur entgegengesetzt zu sein schien[11].

Diese dogmatische Entgegensetzung von Gott und Mensch in der protestantischen Theologie führte zu einer eigentümlichen Dialektik der Geschichtsbetrachtung: die gesamte Geschichte der Kirche, eineinhalbtausend Jahre christlicher Lehre und Frömmigkeit, standen in dem Verdacht, eine einzige Fehlentwicklung und Verfälschung der Wahrheit ins Heidnische, Vorchristliche, Mythische darzustellen; umgekehrt mußte es einen einzigen Augenblick der ursprünglichen, reinen Offenbarung gegeben haben, und dieser konnte bei der offensichtlichen Schlechtigkeit des Menschen nur in der reinen Historizität eines von außen gesetzten Faktums gelegen sein. Da indessen auch die menschlichen Zeugnisse über diesen einen Augenblick der ungetrübten Wahrheit vor allem in Gestalt des Neuen Testaments Irrtümer und Fehler, Jüdisches, Kirchliches, schlechterdings «Katholisches» nicht ausschlossen, konnte die protestantische Bibelexegese schon aus theologischen Gründen nur «historisch kritisch» sein: ihr Bemühen mußte sich darauf richten, das eigentliche

[10] Vgl. E. FROMM: Das Christusdogma, VI 68. – Zu dem Zwiespalt, mit dem im 3. Jh. n. Chr. die frühe Kirche den Mythenreligionen begegnet, indem sie diese teils bekämpft, teils ihre Bilder zur eigenen Selbstauslegung benutzt, vgl. H. RAHNER: Griechische Mythen in christlicher Deutung, 47–49, der freilich dabei bleibt, daß das christliche Dogma mit den archetypischen Bildern der Mythen weder historisch noch wesenhaft etwas gemein habe.

[11] Vgl. E. DREWERMANN: Strukturen des Bösen, III 526–532; DERS.: Der Krieg und das Christentum, 349–368; W. DILTHEY: Weltanschauung und Analyse des Menschen seit Renaissance und Reformation, Werke II 512, weist vor allem darauf hin, daß «im ursprünglichen Christentum... ein universales Element» enthalten gewesen sei, das an die Mysterienkulte und die leitenden Ideen der Zeit anknüpfen konnte.

Gotteswort im Neuen Testament, also das historisch von Jesus Gesagte und Getane, aus den Trübungen menschlicher Verstellungen herauszufiltern. Als Hauptkriterium für dieses Eigentliche und Ursprüngliche aber mußte vor allem *der Widerspruch zum Menschlichen,* die Unableitbarkeit aus den Zusammenhängen menschlicher Geschichte, mithin die Isoliertheit, Fremdheit und Paradoxität der Lehre und Person Jesu betrachtet werden[12].

Alle eigentlich dogmatischen Inhalte des Glaubens mußten auf diese Weise natürlich ausgeschaltet werden. Der «protestantische Standpunkt», schrieb 1952 C. G. JUNG, «... hat offenbar die Fühlung mit den gewaltigen archetypischen Entwicklungen in der Seele des Einzelnen wie der Masse und mit jenen Symbolen... verloren. Er scheint einem rationalistischen Historizismus verfallen zu sein und das Verständnis für den Heiligen Geist, der im Verborgenen der Seele wirkt, eingebüßt zu haben. Er kann daher eine weitere Offenbarung des göttlichen Dramas weder begreifen noch zugeben.»[13]
Inzwischen ist das einseitige Bemühen um die historische Urgestalt der Wahrheit im Neuen und im Alten Testament, entgegen der ursprünglichen Zielsetzung, in eine vollständige Sackgasse geraten. Bereits durch das Fiasko der Leben-Jesu-Forschung[14] sah man sich zu der Einsicht genötigt, daß man jenseits der Überlieferung des Neuen Testamentes nur die Phantasmagorien der eige-

[12] Zur Begründung dieser These vgl. E. DREWERMANN: Strukturen des Bösen, III 514–533; vgl. auch W. KAYSER: Die Wahrheit der Dichter, 103, der JEAN PAUL zitiert: «Das Christentum vertilgte, wie ein Jüngster Tag, die ganze Sinnenwelt mit allen ihren Reizen, drückte sie zu einem Grabeshügel... zusammen... Die Dämonologie wurde die eigentliche Mythologie der Körperwelt... Der Geist stieg in sich und seine Nacht und sah Geister.»

[13] C. G. JUNG: Antwort auf Hiob, Werke XI 496–497. – Den Standpunkt der protestantischen Exegese sieht sehr zu Recht G. WEHR: Wege zu religiöser Erfahrung, 14–19, von dem Versuch der dialektischen Theologie und der Existentialtheologie beherrscht, die «Religion» insgesamt zugunsten der «Christus-Offenbarung» abzulehnen. Man kann ihm nur zustimmen, wenn er sagt: «Existentialtheologie weiß zwar um den Ernst der Lage des heutigen Menschen, der angesichts seines gewandelten Weltverständnisses nach einem neuen Zugang zur biblischen Botschaft sucht. Bultmann selbst und die Diskussion mit seinen zahlreichen Schülern zeigt jedoch, daß der eine, durchaus wichtige Aspekt des Existenzbezuges absolut gesetzt wird, was einer Reduktion der Fülle urchristlicher Botschaft gleichkommt. Es wird christlich-spirituelle Substanz preisgeben. Zurück bleibt ein Torso» (14). Was Wehr nicht sieht, ist freilich im Wesen des Protestantismus selbst gelegen: der Kampf gegen alles «Heidnische» und die absolute Reduktion des Religiösen auf das «Christliche», das unter diesen Umständen immer wurzelloser werden muß. Wohl ist es wahr, daß es von AUGUSTINUS über LUTHER bis hin zu S. KIERKEGAARD geradezu «ein bewußtes theologisches Programm» der «Begegnung von Theologie und Psychologie» gibt, wie H. HARSCH: Psychologische Interpretation biblischer Texte, in: Spiegel: Psychoanalytische Interpretation biblischer Texte, 50, richtig hervorhebt; aber die Brücke von Theologie und Psychologie liegt hier allein in der Dynamik der Angst und der Notwendigkeit des Glaubens; sie gründet nicht in den *Bildern* des Unbewußten, in denen die Angst wie der Glaube sich zu Unheil und Heil verdichten, und man erkennt vor allem nicht, daß die Verleugnung der «heidnischen» Bilder den Faktor der Angst ins Unendliche steigern muß.

[14] Vgl. A. SCHWEITZER: Geschichte der Leben-Jesu-Forschung, II 620–630.

nen Vorurteile bestätigen konnte; und so blieb nichts anderes übrig, als die Suche nach dem «historischen Jesus» aufzugeben und rein fideistisch bzw. positivistisch dem Zeugnis der Hl. Schrift als einem Buch der Kirche selbst Wahrheit zuzuerkennen. Dennoch änderte sich die Grundüberzeugung der Exegese nicht: daß Verstehen nur durch historische Reduktion und Rekonstruktion möglich sei und daß dabei letztlich eine äußere Begebenheit in Raum und Zeit angenommen und mit allen Mitteln aufgefunden werden müsse.

Die Dialektik, die sich aus diesem Ansatz entwickeln mußte, war theologisch geradezu bizarr: alles, was in der Bibel nicht als einfache Historie berichtet wurde, mußte als uneigentliche Entstellung der Historie aufgefaßt werden; die so rekonstruierte Geschichte aber war natürlich eine rein «menschliche» Geschichte, und wenn sie etwas mit «Gott» zu tun haben sollte, dann nur, indem man sie *in ihrer Gesamtheit* als von Gott gewirkt betrachtete. Das «Wunderbare», «Übernatürliche», «Göttliche», das an jeder einzelnen Stelle der Schrift aus methodischen Gründen geleugnet werden mußte, wurde also rein abstrakt und leer ins Allgemeine, in das Vorzeichen der Geschichte gerettet; aber es war klar, daß man eigentlich nur aus Gründen der Herkunft und der Pietät eine Geschichte noch «göttlich» nennen konnte, die – gemäß dem Grundsatz von der Historizität der Ereignisse in Raum und Zeit – durchaus nichts Göttliches mehr in sich enthalten durfte; derartige Gründe der Herkunft und Pietät aber waren im Christentum und Judentum die gleichen wie in jeder Hochreligion[15]: eine jede hatte ihre Hl. Schrift. Die religionsgeschichtliche Relativität der Hl. Schrift und der biblischen Religion insgesamt war mithin das eigentliche und ganz und gar konsequente Ergebnis der historisch-kritischen Bibelauslegung: mit historischen Mitteln war die absolute theologische Bedeutung der Hl. Schrift, die man ursprünglich hatte begründen wollen, durchaus nicht zu erweisen.

Gleichwohl schien es für dieses Problem zunächst noch einen *dogmatischen* Ausweg zu geben. Die Gottesvorstellung der Bibel mochte, *historisch* betrachtet, etwas Relatives sein; *theologisch* aber ließen sich immer noch plausible Argumente dafür vortragen, daß die Religion der Bibel sich absolut z. B. durch ihren *Personalismus,* durch ihr prophetisches Element, durch die Transzendenz ihrer Gottesvorstellung u. a. m. von allen anderen Religionen unterschied.

Wie sehr man indes mit solchen Überlegungen am Ernst der Fragestellung vorbeiging, zeigte sich in der historischen Relativität, in dem historischen Auseinanderfallen der jeweiligen Gottesvorstellungen in den einzelnen Überlieferungsgeschichten der Bibel selbst. Das Gottesbild der Bibel, daran ist hi-

[15] H. v. Glasenapp: Glaube und Ritus der Hochreligionen, 156–157.

storisch kein Zweifel, ist alles andere als in sich geschlossen und einheitlich. Welche Unterschiede liegen z. B. zwischen dem Schöpfungsbericht des Jahwisten und dem Schöpfungsbild der Priesterschrift, welche Gegensätze zwischen dem Propheten Jeremia und dem Propheten Haggai, zwischen dem Nationalismus Joels und der inneren Weite des Jonabüchleins, welche Kontroversen bestehen zwischen der Sicherheit der Weisheitspsalmen und der Brüchigkeit des Ijob, welche Spannungen zwischen Paulus und dem Jakobusbrief!

Aber was soll nun daraus folgen? – Rein historisch betrachtet, bedeutete die Pluralität der Konfessionen und der theologischen Aussagen in der Hl. Schrift, daß die Art der Gottesvorstellung von Fall zu Fall verschieden ist und offenbar sein muß. Mithin führte kein Weg daran vorbei, die Historizität *aller* Aussagen über Gott, auch und gerade in der Bibel, ausnahmslos anzuerkennen. Wie aber soll es dann noch eine theologische Wahrheit geben? Wie will man unter diesen Umständen dem Eindruck völliger Beliebigkeit entrinnen? Zudem führt der historische Reduktionismus zu einer schlimmen Desillusionierung aller Glaubenssymbole, die ihren Ursprung außerhalb der Bibel zu besitzen scheinen. An dieser Stelle gerät die Exegese in ihrer historisch-kritischen Ausrichtung erneut in einen verhängnisvollen Widerspruch zu der Möglichkeit von Theologie und Dogmatik überhaupt: das Historizitätsprinzip ihrer Auslegung führt notwendig in die Sackgasse der Historisierung und der Relativierung aller geistig verbindlichen Inhalte der Bibel. Von daher steht die Exegese als rein historische Wissenschaft in *prinzipiellem* Gegensatz zur Dogmatik.

Niemand hat diese Zerstörungsarbeit des Historischen am Religiösen klarer gesehen als erneut F. NIETZSCHE, den man an dieser Stelle gar nicht ausführlich genug zitieren kann. «Der historische Sinn», schrieb NIETZSCHE in den «Unzeitgemäßen Betrachtungen», «... entwurzelt die Zukunft, weil er die Illusionen zerstört und den bestehenden Dingen ihre Atmosphäre nimmt, in der sie allein leben können... Eine Religion zum Beispiel, die in historisches Wissen, unter dem Walten der reinen Gerechtigkeit, umgesetzt werden soll, eine Religion, die durch und durch wissenschaftlich erkannt werden soll, ist am Ende dieses Weges zugleich vernichtet. Der Grund liegt darin, daß bei der historischen Nachrechnung jedesmal so viel Falsches, Rohes, Unmenschliches, Absurdes, Gewaltsames zutage tritt, daß die pietätvolle Illusions-Stimmung, in der alles, was leben will, allein leben kann, notwendig zerstiebt: nur in Liebe aber, nur umschattet von der Illusion der Liebe, schafft der Mensch, nämlich nur im unbedingten Glauben an das Vollkommene und Rechte. Jedem, den man zwingt, nicht mehr unbedingt zu lieben, hat man die Wurzeln seiner Kraft abgeschnitten: er muß verdorren, nämlich unehrlich werden. In solchen Wirkungen ist der Historie die Kunst entgegengesetzt: und nur, wenn die Historie es erträgt, zum Kunstwerk umgebildet, also reines Kunstgebilde zu werden, kann sie vielleicht Instinkte erhalten oder sogar wecken. Eine solche Geschichtsschreibung würde aber durchaus dem analytischen und unkünstlerischen Zuge unserer Zeit widersprechen, ja von ihr als Fälschung empfunden werden... Eine gute Zeit lang zwar kann man sich wohl mit der Historie völlig harmlos und unbedachtsam beschäftigen, als ob es eine Beschäftigung so gut wie jede andere wäre; insbesondere scheint die neuere Theologie sich rein aus Harmlosigkeit mit der Geschichte eingelassen zu haben, und jetzt noch will sie es kaum merken, daß sie damit, wahrscheinlich sehr wider Willen, im Dienste des VOLTAIRESCHEN écrasez steht. Vermute niemand dahinter neue kräftige Bau-Instinkte; man müßte denn den sogenannten Protestanten-Verein als Mutterschoß einer neuen Religion... gelten lassen.»[16]

Spricht man statt von «Dichtung» und «Kunst» von dem *Mythos,* in den die Geschichte und Geschichtsschreibung sich verwandeln muß, um als Gegenstand der *Liebe* schöpferisch zu sein, so steht man vor dem entscheidenden Problem: wie es möglich ist, der antiken bzw. der biblischen Geschichtsschreibung ihre gefühlsmäßige, lebendige und religiöse Wahrheit zurückzugeben, die darin liegt, Geschichte gerade nicht in objektivierender Distanz als ein Sammelsurium von ein für allemal geschehenen Fakten zu überliefern, sondern sie in Gestalt mythischer und mythennaher Erzählungen als etwas sich stets Wiederholendes und menschheitlich Gegenwärtiges zu schildern. Wohl meinte F. NIETZSCHE an anderer Stelle, es sei «das Los jedes Mythus, allmählich in die Enge einer angeblich historischen Wirklichkeit hineinzukriechen und von irgendeiner späteren Zeit als einmaliges Faktum mit historischen Ansprüchen behandelt zu werden»; aber er fügte sehr mit Recht hinzu, dies sei «die Art, wie die Religionen abzusterben pflegen: wenn nämlich die mythischen Voraussetzungen einer Religion unter den strengen, verstandesmäßigen Augen eines rechtgläubigen Dogmatismus als eine fertige Summe von historischen Ereignissen systematisiert werden und man anfängt, ängstlich die Glaubwürdigkeit der Mythen zu verteidigen, aber gegen jedes natürliche Weiterleben und Weiterwuchern derselben sich zu sträuben, wenn also das Gefühl für den Mythus abstirbt und an seine Stelle der Anspruch der Religion auf historische Grundlagen tritt.»[17] Gerade diese Einstellung, die bereits im Griechentum und im Alten Testament zu beobachten ist, hat auch das Christentum trotz seiner Überfülle dogmatischer Symbole weiterzuführen versucht; aber erst in der Selbstauslegung der christlichen Glaubensurkunden durch die historisch-kriti-

[16] F. NIETZSCHE: Unzeitgemäße Betrachtungen, 112–113; vgl. auch die Darstellung des Historizismus und seiner Probleme bei M. ELIADE: Die Sehnsucht nach dem Ursprung, 69–73.
[17] F. NIETZSCHE: Die Geburt der Tragödie aus dem Geist der Musik, 71.

sche Exegese wird in letzter Konsequenz deutlich, wie sehr die rationalistische Reduktion des Mythos auf die Historie die Wurzeln der Religiösität selbst zerstören muß.

Das Problem und die Aufgabe einer Verbindung von Exegese und Dogmatik stellt sich infolgedessen jetzt so: entweder gelingt es, eine Hermeneutik zu begründen, die jenseits der historischen Vermittlung eine neue Unmittelbarkeit und Absolutheit in die Auslegung der Hl. Schrift hineinträgt und demgemäß die historisch-kritische Methode der Bibelauslegung selbst als etwas Historisch-Relatives begrenzt, – oder es muß die historisch-kritische Methode ihrerseits in einer solchen Ausschließlichkeit weiterbestehen, daß sie sich als Grundlegung eines theologischen Relativismus und Historizismus unmittelbar und prinzipiell gegen jede Art von Dogmatik, von theologisch verbindlicher Erkenntnis überhaupt richtet; m.a.W.: entweder gelingt es, die historisch-kritische Exegese durch eine umfassendere Methode religiösen Verständnisses zu ersetzen, die die Möglichkeit von Dogmatik nicht nur nicht ausschließt, sondern positiv begründet und fordert, – oder es gibt keinen Halt mehr gegenüber dem Erdrutsch des Historismus, indem sich Religion in historische Religionswissenschaft, Glauben in Glaubenskunde, Theologie in Archäologie verwandelt. Dieselbe geistesgeschichtliche Bewegung, die die historisch-kritische Methode der Schriftauslegung in ihrer Einseitigkeit entstehen ließ, bedroht heute die Substanz der Religiösen insgesamt.

Um so mehr ist es notwendig, eine Hermeneutik zu erstellen, die gerade auf die «unhistorischen», «göttlichen», «mythischen» Erzählungen auch der Bibel ein entscheidendes Gewicht legt und von daher eine Brücke auch zum Verständnis der sakramentalen und rituellen Praxis der Kirche sowie der zahlreichen Symbole ihrer Dogmatik schlägt. Ehe wir diese Aufgabe bearbeiten können, müssen wir indessen zunächst schildern, welche Ansätze die historisch-kritische Methode selbst besitzt, um das Dilemma des historischen Relativismus, in das sie unausweichlich geraten mußte, von sich her zu lösen, und welche Konsequenzen sich daraus ergeben werden.

c) Läßt sich der Historismus durch eine soziologische Totalanschauung überwinden?

Es ist, rückblickend, höchst erstaunlich, wie das Problem des Historismus in der Philosophie des 19. Jh. bereits gestellt und in einer gewissen Weise auch gelöst werden konnte, längst ehe die geistige Krise der historischen Relativität aller menschlichen Wahrheitssuche in ihrem vollen Umfang zum Durchbruch kam, und vor allem: längst ehe die Bibelexegese in vollkommener philosophischer Ahnungslosigkeit zu übernehmen begann, was in den verwandten Sparten der Geisteswissenschaften sich inzwischen als gängige Methode eingebürgert hatte.

Die historische Relativität der Wahrheit läßt sich behaupten *und* überwinden, wenn man, wie die Philosophie G. W. F. HEGELS es vorbildlich gezeigt hat, die Relativität des Historischen als *Erscheinungsform,* als Phänomenologie einer an sich seienden Wahrheit versteht. Der philosophiegeschichtliche Ansatz HEGELS, der zur Überwindung der KANTISCHEN Verstandeskritik der christlichen Dogmatik dienen sollte, trug vor allem zu einer dialektischen Vermittlung zwischen der Absolutheit der Wahrheit und der Relativität des Historischen bei.

Indem HEGEL nämlich die Geschichte als die Rückkehr des Absoluten (der Idee) aus ihrem Anderssein (der Natur) zu sich selbst deutete und die einzelnen Völker, Kulturen und Geschichtsepochen als Stufen einer schrittweisen Realisierung und Totalisierung der an sich seienden Wahrheit betrachtete, konnte er den einzelnen chronologischen Abschnitten der Geschichte ihre besondere Wahrheit und Notwendigkeit in der Hervorbringung des Geistes zuerkennen und doch zugleich die offenkundige Unterschiedlichkeit und Widersprüchlichkeit der geistigen Inhalte der einzelnen Kulturen in Kunst, Religion und Philosophie durch den Gedanken der dialektischen Entwicklung begründen und vermitteln[18]. Das Problem der Historizität und Relativität der Wahrheit, in das eine nur historische Betrachtung der menschlichen Geistesgeschichte notwendigerweise hineinführt, läßt sich demnach lösen, wenn man die *Historie als ganze* zum logischen Prozeß der Selbstentfaltung der Wahrheit erklärt.

Obwohl HEGEL den Begriff «Gott» – im Gegensatz zur Theologie – in dem Gedanken der dialektischen Entwicklung offensichtlich nicht als Grund, sondern nur als Resultat der menschlichen Geschichte verstand[19], stellte seine Philosophie mit ihrer panrationalistischen Fortschrittsgläubigkeit dennoch bis in die Gegenwart hinein eine merkwürdige Versuchung und Herausforderung der christlichen Theologie dar. Ja, es scheint, als werde gerade die Bibelexegese angesichts ihres historischen Dilemmas unter veränderten Voraussetzungen in

[18] Vgl. E. DREWERMANN: Strukturen des Bösen, III 69–75. – Zu dem Einfluß, den HEGEL auf J. WELLHAUSEN und die alttestamentliche Exegese der Jahrhundertwende besaß, vgl. die ausgezeichnete methodologische Übersicht bei W. F. ALBRIGHT: Von der Steinzeit zum Christentum, 74–80, wo auch der Gang der Theologie zur Soziologie beschrieben wird.

[19] Vgl. F. W. J. SCHELLING: Philosophie der Offenbarung; Anhang I; 358.

der Gegenwart förmlich wie von selbst in die Richtung der HEGELSCHEN «Lösung» gedrängt.
Um dies zu verstehen, braucht man sich nur einen kurzen Überblick über die Auswirkungen des HEGELSCHEN Denkansatzes auf die Frage der geschichtlichen Hermeneutik zu verschaffen; und zu diesem Zweck sind ein paar Worte insbesondere über die MARXISTISCHE Geschichtshermeneutik und deren Einfluß auf die soziologischen Geschichtstheorien der Gegenwart unerläßlich.
Bereits HEGEL, indem er die Geschichte als Rückkehr der Vernunft zu sich selbst beschrieb, hatte in seinen Vorlesungen über die «Vernunft in der Geschichte» von der Bedeutung der natürlichen Gegebenheiten, wie Landschaft, Bodenschätze, Handelswege etc., für das Verständnis wirklicher Geschichte gesprochen[20]. Ließ man, wie K. MARX, den logischen bzw. ideologischen Überbau HEGELS fort[21], so konnte man die Methode seiner Geschichtsbetrachtung gleichwohl unverändert beibehalten; man konnte, wie HEGEL, von den äußeren empirischen Bedingungen her aufzeigen, wie eine bestimmte geschichtliche Epoche sich geistig organisiert und organisieren mußte. Allerdings gab es dann keine «Idee an sich» mehr, die in der Geschichte erschien, vielmehr wurde der geistige Inhalt einer geschichtlichen Epoche als Antwort und in Funktion der äußeren Umstände betrachtet; die Notwendigkeit der geschichtlichen Entwicklung entsprang nicht mehr einer vorgängigen dialektischen Onto-Logik der Vernunft, sondern entstammte *wesentlich* den Bedingungen der materiellen Produktion. «In der gesellschaftlichen Produktion ihres Lebens», schrieb K. MARX daher in dem berühmten Vorwort zur «Kritik der Politischen Ökonomie», «gehen die Menschen bestimmte, notwendige, von ihrem Willen unabhängige Verhältnisse ein, Produktionsverhältnisse, die einer bestimmten Entwicklungsstufe ihrer materiellen Produktivkräfte entsprechen. Die Gesamtheit dieser Produktionsverhältnisse bildet die ökonomische Struktur der Gesellschaft, die reale Basis, worauf sich ein juristischer und politischer Überbau erhebt und welcher bestimmte gesellschaftliche Bewußtseinsformen entsprechen. Die Produktionsweise des materiellen Lebens bedingt den sozialen, politischen und geistigen Lebensprozeß überhaupt. Es ist nicht das Bewußtsein der Menschen, das ihr Sein, sondern umgekehrt ihr gesellschaftliches Sein, das ihr Bewußtsein bestimmt.»[22]
Statt des komplizierten und gewaltsamen Versuchs HEGELS, die Stadien der Logik mit der Chronologie des Eintretens bestimmter Völker in die – ihm be-

[20] G. W. F. HEGEL: Die Vernunft in der Geschichte; Anhang, 187–241.
[21] Vgl. K. MARX: Die deutsche Ideologie, MEW III 20–27.
[22] K. MARX: Kritik der Politischen Ökonomie, MEW XIII 8–9.

kannte – Geschichte zu identifizieren[23], lieferten jetzt die jeweiligen Produktionsmethoden ein klares Gliederungssystem der Geschichte, die MARX in «groben Umrissen» in «asiatische, antike, feudale und modern bürgerliche Produktionsweisen» unterteilte[24] und denen er später die prähistorischen «archaischen Gesellschaften» voranstellte[25]. Die Geistesgeschichte wurde demnach methodisch als Ableitung aus der Sozialgeschichte verstanden, und deren Längsschnitt stellte sich als ein gesetzmäßiger dreistufiger Fortschritt von der «Urkommune» zur «Klassengesellschaft» und zum «Sozialismus» dar.

Eben dieser Fortschrittsglaube ist es, der, verbunden mit der kausalen Rationalität der Betrachtungsweise, naturgemäß heute die größte Anziehungskraft auf die gegenwärtige Theologie und insbesondere auf die Bibelexegese ausüben muß. Denn nicht nur das Problem des historischen Relativismus scheint durch die Annahme einer durchgängigen Kausalität der geistigen Inhalte einer jeweiligen Kultur beseitigt zu werden, – mit Hilfe dieses Ansatzes scheint die Bibelauslegung vor allem ihre so sehr vermißte Verbindlichkeit zurückgewinnen zu können; ja, sie scheint diese sogar noch durch eine überraschende gesellschaftliche und politische Relevanz steigern zu können. Die «ökonomische Theorie der Gesellschaft und der Geschichte ist», wie M. HORKHEIMER bereits 1933 hervorhob, ja «nicht aus rein theoretischen Motiven, sondern aus dem Bedürfnis entstanden, die gegenwärtige Gesellschaft zu begreifen... Im Zusammenhang damit bildet sich auch die Vorstellung einer besseren Wirklichkeit, welche aus der heute herrschenden hervorgeht, und dieser Übergang wird zum Thema der gegenwärtigen Theorie und Praxis.»[26]

Die Exegese könnte mithin dem Dilemma des Historismus, des Relativismus und der Gefahr einer kompletten geistigen und gefühlsmäßigen Belanglosigkeit entrinnen, wenn sie sich auf die Basis eines (mindestens) *methodischen Materialismus der Geschichtsbetrachtung* begeben würde. Die historisch-kritische Methode der Exegese erschiene dann nicht mehr als eine bloße Sackgasse, – man hätte sie nur noch nicht umfassend und konsequent genug angewandt und vor allem noch nicht auf die «richtigen» Objekte bezogen: statt um die historischen Verschiebungen des Gottesbildes sollte sie sich fortan primär um die sozialen und politischen Verhältnisse des alten Israels bekümmern. Statt sich ihre Nähe zur Archäologie von der Dogmatik weiterhin vorwerfen zu lassen, sollte sie vielmehr selber viel intensiver Archäologie betreiben, und zwar

[23] Vgl. die schematische Darstellung bei E. DREWERMANN: Strukturen des Bösen, III 69–75.
[24] K. MARX: Kritik der Politischen Ökonomie, MEW XIII 9.
[25] K. MARX: 3. Entwurf einer Antwort auf den Brief von V. I. Sassulitsch, MEW XIX 403; vgl. H. FLEISCHER: Zur Analytik des Geschichtsprozesses bei Marx, in: Historische Prozesse, 173.
[26] M. HORKHEIMER: Materialismus und Metaphysik, in: Kritische Theorie, I 66.

mit der Akribie und Zielverschiebung, die als erster ROBERT J. BRAIDWOOD 1950 bei der Ausgrabung von Dscharmo in die Archäologie eingebracht hat: nicht mehr die Königspaläste und Tempel sind seit den drei Jahrzehnten der Ausgrabungen BRAIDWOODS das aufschlußreichste «Material» der archäologischen Forschung, sondern die Abfallhaufen und Kloaken dörflicher Ansiedlungen, aus deren Rückständen, im Verein mit Botanikern, Geologen und Zoologen, sich Anbau- und Nahrungsgewohnheiten, Lebensstandard und Sozialgefüge, Handelswege und Einkommensverteilung auf das beste erschließen lassen[27]. Statt über ihre Entfernung von der «Theologie» bekümmert zu sein, sollte die historisch-kritische Bibelauslegung, wenn es so steht, fürderhin mit gründlicher Entschlossenheit sich gerade jenen ökonomischen und sozialen Faktoren zuwenden, die es allererst erlauben, die geistigen Verschiebungen an der Oberfläche auch der biblischen Überlieferungen zu verstehen. Erst dann erhielte die Exegese die Möglichkeit, den historischen Positivismus und Relativismus der bloßen Kenntnisnahme geistesgeschichtlicher Fakten zu überwinden; der Eindruck der Unverbindlichkeit und der historischen Zufälligkeit der von ihr erhobenen Daten wiche dann einer rationalen Gesetzmäßigkeit, die als solche ohne weiteres auch zur Deutung gegenwärtiger gesellschaftlicher Prozesse herangezogen werden könnte. Und damit endlich erhielten die Ergebnisse der Bibelexegese ihre so lang entbehrte Aktualität und Normativität zurück, indem sie die religiösen Vorstellungen von Exodus und Reich Gottes zur «prozeßhaften *Sinnperspektive*... auf das utopische Omega... unserer Immanenz» wegweisend ausgestalten könnten[28].

Die vermißte Religiosität der Exegese ließe sich unter diesen Voraussetzungen als «transzendierende Hoffnung» neu begründen, und so würde der Kreis sich zu HEGEL hin schließen, der es als erster wagte, nach dem «Tode Gottes»[29] die menschliche Geschichte an die Stelle des theistischen Gottesbildes zu setzen und das «Oben» der Frömmigkeit in ein «Vornhinein» geschichtlichen Handelns umzuprägen. Der «Gott» der Bibel, der bei der reinen Beschäftigung mit der Vergangenheit verlorenging, könnte dann als Ermöglichungsgrund von Zukunft und als Maßstab politisch verantwortlicher Aktion wiedergewonnen werden.

Wir sagen dies in allem Ernst: Folgt die Exegese in ihrer gegenwärtigen Gestalt weiter ohne innere Korrektur den geistigen Grundlagen, die sie unreflek-

[27] Vgl. R. J. BRAIDWOOD – B. HOWE: Prehistoric investigations in Iraqi Kurdistan, in: Studies in Ancient Oriental Civilization, No. 31, 1960; R. J. AND. BRAIDWOOD: The earliest village communities of Southwestern Asia, in: Journal of world history, Vol. 1, 278–310 (1953).

[28] E. BLOCH: Atheismus im Christentum, 251.

[29] G. W. F. HEGEL: Glauben und Wissen, 123.

tiert in sich aufgenommen hat, so bleibt ihr heute offensichtlich nur noch dieser MARXISTISCH-HEGELSCHE Ausweg aus ihrer hilflosen Verzettelung in historische Belanglosigkeiten übrig. Dieser Ausweg muß gesucht werden durch eine konsequente Historisierung aller religiösen Inhalte auf der Grundlage einer noch zu erarbeitenden Sozialgeschichte des Alten Orients sowie durch eine Umprägung der biblischen Erzählungen in Vorbilder eines noch ausständigen, zukünftigen «Humanum»[30].

Tatsächlich wird die Exegese – eine solche Prognose kann man gegenwärtig bereits wagen – in diese Richtung vor allem durch den *wachsenden Druck der außerbiblischen Geschichtswissenschaften* gedrängt werden, in denen zunehmend marxismusnahe Sozialtheorien sich ausbreiten. Desgleichen wird die *Preisgabe der «werkimmanenten Textinterpretation»* in den benachbarten Zweigen der Philologie sowie der starke Sog der Literatursoziologie und der funktionalen Betrachtungsweise von Literatur und Dichtung innerhalb bestimmter Gesellschaftsbedingungen ein übriges tun, um die Exegese weiter in die genannte geistesgeschichtliche Strömung hineinzuziehen. Die Gefahr dazu ergibt sich wie von selbst,

a) weil die Exegese niemals von sich aus neue Wege der Auslegung erschlossen, sondern stets nur bereits erprobte Verfahren von außen übernommen hat und es daher ein Wunder wäre, wenn sie jetzt nicht erneut dem Zug der Zeit folgen würde;

b) weil die Exegese sich in den letzten 100 Jahren gegenüber philosophischen Reflexionen nach Möglichkeit verschlossen hat und sie in dem Bemühen, von ideologischer Befangenheit zu historischer Unvoreingenommenheit hinzufinden, in Wahrheit gerade besonders anfällig ist für alle möglichen philosophischen Strömungen, die ihr im Gewand einer verbesserten Hermeneutik angetragen werden;

c) weil die Exegese den gerade vorgezeichneten Weg eigentlich ohne jede Kurskorrektur, ja sogar in einfacher geistiger Konsequenz ihrer eigenen methodischen Grundsätze nur unbeirrt weitergehen müßte und der Mut zur Folgerichtigkeit durch dick und dünn, auch der Mut zum Widerspruch gegen bestimmte dogmatische Lehrtraditionen immer noch unendlich viel leichterfällt als der Mut, sich über eine lange Zeitstrecke hin folgenschwere Irrtümer nicht nur in einzelnen Details, sondern in der gesamten Grundeinstellung der Methode einzugestehen;

[30] Vgl. allerdings kritisch zu dieser Umfunktionierung der Religion in einen utopischen Sozialismus bei Bloch F. WAGNER: Universalgeschichte und Gesamtgeschichte, in: Kulturanthropologie, 216–217; E. DREWERMANN: Der Krieg und das Christentum, 342–344.

d) weil insbesondere der «Rationalismus» der Exegese mit ihrem evolutiv-kausalen Denkansatz die Bibelauslegung geradezu «reif» gemacht hat für den heraufziehenden Totalanspruch der Soziologie; die Ausklammerung des Unbewußten, des Irrationalen, die Vernachlässigung der Welt des Gefühls in der Textauslegung ließ vom Menschen nur noch den Bereich von «Verstand» und «Willen», die Sphäre der «Ideen» und der äußerlich erfaßbaren Umstände, der rational kalkulierbaren Zielsetzungen und Absichten gelten; die rein pragmatische oder auch dogmatische *Ablehnung jeder Art von Anthropologie,* ob empirischer oder philosophischer, die aus der Mißachtung aller «angeborenen», «naturhaften» Bestimmungen des Menschen folgen mußte, reduziert notwendig das historische Verständnis vom Menschen auf die *Soziologie* und verleiht dieser mithin die Funktion einer anthropologischen Ersatzwissenschaft mit dem entsprechenden Monopol- und Totalanspruch. Nachdem, wie eingangs gesagt, die Exegese als eine rein historisch-kritische Methode schon seit langem in der Gefahr steht, von einer Abteilung der Theologie zu einer Sparte der Altorientalistik zu werden, steht ihr nunmehr die erweiterte Metamorphose in Richtung reiner Religionssoziologie bevor.

Indessen wird man, wenn von Theologie zur inneren und äußeren Legitimation auch weiterhin noch die Rede sein soll, das MARXISTISCHE Schema von «Basis» und «Überbau» natürlich nur in modifizierter Form beibehalten können, und hier scheint vor allem die MARXISMUSinterpretation von E. BLOCH bereits einen vielversprechenden Weg eröffnet zu haben. Bei BLOCH hat man durchaus den Eindruck, daß nach seiner Überzeugung die *Hoffnung* des Menschen nicht erst eine Reaktionsbildung auf die niederdrückenden sozialen und politischen Gegebenheiten eines bestimmten gesellschaftlichen Systems darstellt, sondern umgekehrt auf ein «Humanum» vorgreift, das jeder menschlichen Gemeinschaftsbildung zugrunde liegt, gerade indem es diese transzendiert. Wenn E. BLOCH anerkennt: «... wo Hoffnung ist, ist auch Religion»[31], so liegt es nahe, auch von der Religion so zu denken wie von der Hoffnung: daß sie dem Menschen fundamentaler ist als bestimmte ökonomische Verhältnisse der gesellschaftlichen Basis, daß sie also nicht – entsprechend der MARXISTISCHEN Opium-Theorie – wie ein Krankheitssymptom aus einer inhumanen Gesellschaftsordnung bzw. aus einem falschen Verhältnis des Menschen zu sich selbst und zur umgebenden Natur entsteht[32], sondern daß sie vielmehr selbst zum Menschen gehört und durch die gesellschaftlichen Umstände nur *modifiziert* wird. Daraus folgt, daß die gesellschaftlichen Bedingungen zwar

[31] E. BLOCH: Atheismus im Christentum, 251.
[32] Vgl. L. FEUERBACH: Grundsätze der Philosophie der Zukunft, § 6–9; III 249–256.

nicht zum Verständnis der Religion als solcher dienen können, wohl aber kausal zur Erklärung der jeweiligen Gestalt einer bestimmten Religion herangezogen werden (müssen). In gewissem Sinne muß man daher von der MARXISTISCHEN Überbau-Theorie abrücken, ohne doch den methodischen Grundansatz der Geschichtsphilosophie von K. MARX aufgeben zu müssen. Zum Verständnis auch des Christentums und der alttestamentlichen Religion wird man allerdings unter diesen Umständen eher die Kategorien der Soziologie M. WEBERS als die Dialektik des MARXISMUS heranziehen; und um die große Bedeutung gerade M. WEBERS in der gegenwärtigen Theologie zu verstehen, sind die Konsequenzen seiner Gedanken für eine geschichtliche Hermeneutik kurz ein Stück weit zu erörtern.

Es war M. WEBERS großes Verdienst, daß er soziologisch «den Begriff ‹Erklärung› in eine noch grundsätzlich idealistische Auffassung» der Geschichte einführte[33]. Die Einzigartigkeit historischer Phänomene, die nach dem ARISTOTELISCH-scholastischen Satz: de individuis non est scientia (vom Singulären gibt es keine Wissenschaft) jede Erklärbarkeit ausschloß, erlaubte nach WEBER vor allem durch «das Element der Zweckgerichtetheit» des Verhaltens einer Gesellschaft bei der zweckrationalen Verfolgung ihrer Ziele ein hohes Maß an Kalkulierbarkeit[34]. Dazu bedurfte es allerdings bestimmter präziser Kategorien[35], mit deren Hilfe es möglich ist, die immanente Logik zu beschreiben, die bestimmte soziale Zusammenschlüsse bzw. bestimmte ökonomische und politische Organisationen dazu anleitet, eine größtmögliche Wirksamkeit in Richtung auf einen bestimmten Zweck zu entfalten. «Zweck» bedeutet für WEBER dabei «die Vorstellung eines *Erfolges,* welche *Ursache* einer Handlung wird»[36]. Im Rahmen dieses Zweckbegriffs ließ sich auch die gesellschaftsverändernde Funktion des Individuums erfassen und, statt der aprioristischen Zweiteilung von Basis und Überbau bei MARX, das *Wechselspiel* zwischen materiellen Prozessen (wie Technik und Wirtschaft) und geistigen Phänomenen (wie Religion, Ethik und Recht) beschreiben[37]. Freilich: um bestimmte empirische Vorgänge der Historie kausal einem Handlungsträger (einem Einzelnen oder einer Gruppe) zurechnen zu können, bedarf es «rationaler, je nachdem empirisch-

[33] G. G. IGGERS: Neue Geschichtswissenschaft, 40.

[34] A. a. O., 40.

[35] Vgl. M. WEBER: Über einige Kategorien der verstehenden Soziologie, in: Gesammelte Aufsätze zur Wissenschaftslehre, 427–474.

[36] M. WEBER: Die «Objektivität» sozialwissenschaftlicher und sozialpolitischer Erkenntnis, in: Gesammelte Aufsätze zur Wissenschaftslehre, 183.

[37] Vgl. bes. M. WEBER: Die protestantische Ethik und der Geist des Kapitalismus, in: Gesammelte Aufsätze zur Religionssoziologie, I 163–205; DERS.: Die Wirtschaftsethik der Weltreligionen, Einleitung, in: a. a. O., I 237–275; DERS.: Theorie der Stufen und Richtungen religiöser Weltablehnung, in: a. a. O., I 536–573.

technischer oder auch logischer Konstruktionen, welche auf die Frage antworten: wie bei absoluter rationaler, empirischer und logischer ‹Richtigkeit› und ‹Widerspruchslosigkeit› ein Sachverhalt, möge er einen äußeren Zusammenhang des Handelns oder etwa ein Gedankengebilde (z. B. ein philosophisches System) darstellen, aussehen (oder ausgesehen haben) *würde*»[38].

Die Bildung eines solchen rationalen *«Idealtypus»* will natürlich nicht besagen, daß die historische Wirklichkeit ganz und gar aus zweckrationalen Handlungen zusammengesetzt sei, – WEBER erkannte die «Sphäre des ‹Irrationalen›» ausdrücklich an[39], aber WEBER führte den Begriff des «Idealtypus» ein, um «die empirische Wirklichkeit mit ihm zu ‹vergleichen›, ihren Kontrast oder ihren Abstand von ihm oder ihre relative Annäherung an ihn festzustellen, um sie so mit *möglichst eindeutig verständlichen Begriffen* beschreiben und kausal zurechnend verstehen und erklären zu können»[40]. In der Exegese des Neuen Testamentes war (und ist) z. B. bei R. BULTMANN «die Gemeinde» ein solcher Idealtypus, nur ein sehr undifferenzierter, empirisch (archäologisch) wenig belegter und heuristisch nur bedingt tauglicher.

Eine historische Sozialwissenschaft WEBERSCHER Prägung könnte zunächst, wie man sieht, in der Tat für die Exegese einen Ausweg aus dem Dilemma ihres Historismus und Relativismus (bzw. ihres «theologischen» Positivismus) darstellen: ohne mit der Tradition der letzten 150 Jahre ihrer Wissenschaftsgeschichte zu brechen, könnte sie zeigen, wie, mit M. WEBER gesprochen, «der uns allen in irgendeiner Form innewohnende *Glaube* an die überempirische Geltung letzter und höchster Wertideen, an denen wir den Sinn unseres Daseins verankern», zugleich «die unausgesetzte Wandelbarkeit der konkreten Gesichtspunkte» umschließt, «unter denen die empirische Wirklichkeit Bedeutung erhält»[41]; sie könnte durch Erweiterung der Methoden historischen Verstehens und Erklärens die verschiedenen geistigen Inhalte der Bibel als Reflex *und* Wirkungsfaktor bestimmter sozialer Gegebenheiten interpretieren und mithin *unter Beibehaltung ihres kausal-rationalen Erklärungsbedürfnisses* die jeweiligen Veränderungen des religiösen Bewußtseins in der Bibel durch formulierbare Gesetzmäßigkeiten erklären.

An die Stelle des evolutiven (diachronen) Gedankens müßte unter diesen Um-

[38] M. WEBER: Der Sinn der «Wertfreiheit» der soziologischen und ökonomischen Wissenschaften, in: Gesammelte Aufsätze zur Wissenschaftslehre, 534–535.

[39] M. WEBER: Der Sinn der «Wertfreiheit» der soziologischen und ökonomischen Wissenschaften, in: Gesammelte Aufsätze zur Wissenschaftslehre, 534–535.

[40] M. WEBER: Der Sinn der «Wertfreiheit», 304; vgl. H.-D. KITTSTEINER: Objektivität und Totalität, in: Objektivität und Parteilichkeit, 161.

[41] M. WEBER: Die «Objektivität» sozialwissenschaftlicher und sozialpolitischer Erkenntnis, in: Gesammelte Aufsätze zur Wissenschaftslehre, 213.

ständen heute allerdings stärker der systemtheoretische, funktionale (synchrone) Aspekt treten. Jedoch schließen beide Betrachtungsweisen sich nicht aus. Vor allem am Beispiel T. PARSONS' läßt sich dies zeigen. T. PARSONS hat am entschiedensten versucht, die evolutive und die komparative Betrachtungsweise von Geschichte und Gesellschaft miteinander zu vereinen, indem er die Zusammengehörigkeit von Höherentwicklung und Formenreichtum betonte. Denn wie «die organische Evolution, so schritt auch die sozialkulturelle Evolution durch Variation und Differenzierung von einfachen zu immer komplexeren Formen fort», «jedoch nicht in einer einzigen, scharf definierbaren Linie», sondern in einer breiten «Vielfalt verschiedener Formen und Typen» «auf jeder Stufe»[42]. So unterschied PARSONS (schärfer noch als MAX WEBER) zwischen sozialen und kulturellen Systemen. Welche gesellschaftlichen Bedingungen dazu beitragen, daß kulturelle Neuerungen entstehen können, hat T. PARSONS selbst am Beispiel des alten Israel gezeigt[43].

Worauf aber soll es jetzt ankommen? Solange die Exegese den Zweck verfolgt, den historischen Werdegang der Bibel nicht nur positiv zu rekonstruieren, sondern vor allem kausal zu erklären, wird sie sich in den nächsten Jahrzehnten methodisch von einer Altertumswissenschaft zu einer Sozialwissenschaft umwandeln müssen, und vieles spricht, wie sich gezeigt hat, dafür, daß sie sich auf diesen Weg begeben wird. Denn nur auf diese Weise gelangt die Exegese als historische Wissenschaft zu einem Wissen um die Vergangenheit, das in sich selbst mehr ist als nur historisches Wissen. Wenn bereits am Anfang der kritischen Geschichtsforschung im Abendland THUKYDIDES durch das Studium des Peloponnesischen Krieges nicht allein «das Gewesene klar erkennen» wollte, sondern auch «das Künftige, das wieder einmal, nach der menschlichen Natur, gleich oder ähnlich sein wird»[44], so ist in der Tat allein die Kenntnis der *kausalen Determinanten* eines geschichtlichen Prozesses imstande, über das Historisch-Einmalige hinaus belehrend zu wirken; ansonsten bliebe man dazu verurteilt, die Geschichte willkürlich als einen Steinbruch beliebiger Beispielsammlungen für die Gegenwart zu mißbrauchen[45].
Das theologische Ziel ernsthafter an der Soziologie orientierter Erkenntnisbemühungen wäre unter den angenommenen Voraussetzungen erreicht, wenn es gelänge, eine Art soziologischen Transformationssystems zu erstellen, das es

[42] T. PARSONS: Gesellschaften, 10–11.
[43] T. PARSONS: Gesellschaften, 151–160.
[44] THUKYDIDES: Geschichte des Peloponnesischen Krieges, I 22.
[45] Vgl. K. G. FABER: Zur Instrumentalisierung historischen Wissens in der politischen Diskussion, in: Objektivität und Parteilichkeit, 281–282.

erlaubte, das, mit MAX SCHELER zu sprechen, «Ewige im Menschen»[46] innerhalb der verschiedenen sozio-kulturellen Bedingungen einer historischen Gruppe in seinen Abwandlungen, in den Bedingtheiten und Besonderheiten seiner Erscheinung, mithin in seinen diachronen und komparativ-synchronen Gegensätzlichkeiten zu beschreiben und zu begründen. Wie in der Syntaxtheorie NOAM CHOMSKYS bestimmte formale Universalien der menschlichen Sprache und Logik angenommen werden, die allen Sprachen zugrunde liegen und als eine Art DESCARTESSCHER ideae innatae die Bedingungen einer jeden generativen Grammatik darstellen[47], so wäre das Religiöse im Menschen als eine Wesensmitgift zu verstehen, die – wie die menschliche Sprache – nur vermittels bestimmter differenzierender Transformationsgesetze in Erscheinung treten könnte. Erst die Kenntnis solcher generativen Gesetze der Soziologie, die es erlauben, historisch das System einer Religion in ein anderes zu überführen, würde der Exegese unter den bisherigen methodischen Voraussetzungen ein wirkliches Verständnis des Werdegangs auch der biblischen Religion erlauben[48]. Erst die Vollendung der historisch-kritischen Exegese als Religionssoziologie würde ihr den Schritt zur Theologie als einer Form der Gesellschaftswissenschaft erlauben und ihr im Rahmen der Soziologie eine (vorwiegend politische) Relevanz zurückgeben.
Nun ist eine solche soziologische «Transformationsgrammatik» des Religiösen natürlich in sich eine transzendente Wissenschaft; aber auch wenn sie als «Totalanschauung» in JASPERSSCHEM Sinne aus erkenntnistheoretischen Gründen für ein utopisches Ziel, ja für eine prinzipielle Anmaßung gelten muß[49], so ist doch zuzugeben, daß gegenwärtig das Bemühen um geschichtliches Verstehen auch die Bibelexegese in die Richtung gerade solch einer soziologischen Totalanschauung historischen Wissens und Erkennens drängt – wobei die Exegese in ihrer historischen Ausrichtung wohl nur der erste Dominostein einer zu fordernden oder schon beabsichtigten Umwälzung der gesamten Theologie, inklusive und vor allem der Dogmatik, darstellt.

[46] M. SCHELER: Vom Ewigen im Menschen, 261–264.
[47] N. CHOMSKY: Aspekte der Syntax-Theorie, 46–47.
[48] Zur Methode eines entsprechenden Vorgehens in der Linguistik vgl. H. GÖHRING: Generative Grammatik und Kulturanthropologie, Anthropos 62, 1967, 802–814.
[49] Vgl. K. JASPERS: Vom Ursprung und Ziel der Geschichte, 255; DERS.: Einführung in die Philosophie, 57, wo er den gleichen Vorwurf auch an die Kirche richtet: «Die Priester verwechseln Gehorsam gegen Gott mit dem Gehorsam gegen in der Welt vorkommende Instanzen der Kirche, der Bücher und Gesetze, die als direkte Offenbarung gelten.»

3. Von der Notwendigkeit einer typologischen Geschichtshermeneutik

«Nur wer die Gesetze kennt, die den Wandel der religiösen Anschauungen in verschiedenen Menschengruppen bedingen, vermag über die Religion selbst zu urteilen.» – Dies ist das erste und wichtigste Argument, wenn es um die Begründung einer an der Soziologie orientierten Theologie geht. Und: «Nur wer die unterschiedlichen Rollen kennt, in denen die Religion in bestimmten Gesellschaften auftreten *kann,* vermag zu sagen, welch eine Rolle sie zu einer bestimmten Zeit spielen *sollte.*» – Dies ist das zweite Argument. Das erste bezieht sich auf das religiöse *Sein,* letzteres auf das religiöse *Handeln.* Beide hängen zusammen. Treffen sie zu, so muß die Exegese – zusammen mit anderen theologischen Fächern – in der Tat um ihrer selbst willen den vorgezeichneten Weg einer geschichtssoziologischen Hermeneutik mit aller Energie weitergehen. Vieles, wie gesagt, deutet bereits heute darauf hin, daß dieser Weg beschritten werden wird. Noch mehr allerdings deutet ebenfalls schon heute darauf hin, daß dieser Weg theologisch ein Irrweg sein wird. Freilich muß man sich dazu eine gewisse Vorstellung darüber verschaffen, was man unter «Religion» verstehen will und worin vor allem jenseits des soziologisch und historisch Wandelbaren das eigentliche Gültige und Bleibende der Religion liegen soll.

Es ist wahr: dem *Nomaden* der Steppe wird Gott am ehesten als eine wegweisende Mondgottheit oder als ein überlegener Himmelsvater erschienen sein; der *Ackerbauer* mußte die Erde als Leben und Tod spendende Muttergottheit auffassen; der *Jäger* der Tundren oder des Urwaldes mußte im Bären[50] oder im Jaguar seine Gottheit verehren[51]. Oder noch differenzierter: je nach den Anbauprodukten wurde in Mittelamerika der Mais[52], in Ägypten der Weizen (im Osiriskult), in der Südsee die Banane[53], in Kreta der Wein, in Mexiko der Pulque-Saft der Agave[54] u. a. m. als Erscheinungsform der Gottheit betrachtet. Ob der leibhaftige Hunger in Gestalt der vampirhaften Dämonin Sedna bei den Eskimos[55] oder der Gewittersturm in Gestalt des Blitze schleudernden Thor bei den Germanen das religiöse Interesse auf sich lenkte, ergab sich ohne Zweifel aus den geographischen Bedingungen des jeweiligen Volkes und den

[50] Vgl. E. DREWERMANN: Strukturen des Bösen, II 198–261. – Zu den Wandlungen des Gottesbildes vor allem in Israel vgl. W. F. ALBRIGHT: Von der Steinzeit zum Christentum, 243–271.

[51] Vgl. den Kult des Jaguars bei den Olmeken: C. BURLAND: Völker der Sonne, 20–21.

[52] Vgl. W. KRICKEBERG: Märchen der Azteken, 15.

[53] Vgl. E. DREWERMANN: Strukturen des Bösen, II 605: Die Geschichte der Mulua Saténe auf Ceram.

[54] Vgl. die Göttin Mayauel bei den Azteken: W. KRICKEBERG: Märchen der Azteken, 15–16.

[55] Vgl. H. BARÜSKE: Eskimo-Märchen, 65–66.

sozialen Einrichtungen, durch die es im Rahmen dieser Bedingungen überlebte. Die Art, wie man in Memphis oder Heliopolis von der Weltschöpfung berichtete, folgte ganz und gar den gesellschaftlichen Verhältnissen in den betreffenden Nil-Oasen[56]; und ob man sich die Gottheit als Vater oder Mutter vorstellte, besaß und besitzt ganz sicherlich unmittelbare Auswirkungen auf die moralischen Vorstellungen vom Verhalten und der Stellung der Geschlechter zueinander[57]. – Dies alles ist zuzugeben, aber es ist nur ein Teil der Wahrheit. Nirgendwo kommt Religion chemisch rein vor, und hier liegt das Recht und die Notwendigkeit einer soziologischen Untersuchung der jeweiligen Religionsform. Dennoch ist die Religion selbst im gesellschaftlich bedingten Wechsel ihrer Erscheinungsformen unverwechselbar daran zu erkennen, daß sie an *allen* Orten, wie M. ELIADE betont hat, mit der «Entdeckung des Heiligen»[58] das gesamte öffentliche wie private Leben ergreift und ihm die gleichen Ingredienzien, die gleichen Themen und Empfindungen, das überall gleiche Sentiment beimischt, indem sie die gesellschaftlichen und zeitbedingten Fragen aus ihrer Enge heraushebt und den Menschen anredet auf die ewigen Fragen von Herkunft und Ziel, von Geburt und Tod, von Angst und Vertrauen, von Sinn und Enttäuschung, von Verzweiflung und Hoffnung, von Schuld und Vergebung. «Es ist tatsächlich schwierig», urteilte daher M. ELIADE, «sich vorzustellen, wie der menschliche Geist ohne die Überzeugung funktionieren könnte, daß es eine unauflösliche Wirklichkeit in der Welt gibt, und es ist unmöglich, sich vorzustellen, wie Bewußtsein entstehen konnte, ohne daß man dem Streben und den Erlebnissen des Menschen einen Sinn gegeben hätte.» M. ELIADE nannte diese «unauflösliche Wirklichkeit» des Religiösen «das Heilige», und er betonte mit Entschiedenheit, «daß das ‹Heilige› ein Element in der Struktur des Bewußtseins ist und keine Stufe in der Geschichte des Bewußtseins», m. a. W., daß die «Religion» als «Erlebnis des Heiligen» zum menschlichen Bewußtsein selbst gehört, also nicht ein Produkt, sondern ein Konstitutiv aller menschlichen Geschichte darstellt[59]. Ganz entsprechend hob G. VAN DER LEEUW in seiner großen «Phänomenologie der Religion»[60] her-

[56] Vgl. E. TOPITSCH: Vom Ursprung und Ende der Metaphysik, 33–39; vgl. T. JACOBSEN: Mesopotamien, in: Frankfort: Alter Orient – Mythos und Wirklichkeit, 148–149.

[57] Vgl. z. B. L. SÉJOURNÉ: Altamerikanische Kulturen, 143–146.

[58] M. ELIADE: Geschichte der religiösen Ideen, 7.

[59] M. ELIADE: Die Sehnsucht nach dem Ursprung, 9; vgl. DERS.: Kosmos und Geschichte, 130; vgl. E. DREWERMANN: Strukturen des Bösen, III, S. XXXIX–XL.

[60] G. VAN DER LEEUW: Phänomenologie der Religion, 686; in gleichem Bemühen, die Gegenwartsbedeutung der Religion herauszuarbeiten und dabei eine interpretative Synthese von existentialer Ontologie und Tiefenpsychologie zu versuchen, ist das ausgezeichnete Werk von U. MANN: Theogonische Tage, Stuttgart 1970, 106–111; 121–131. – Die philosophisch-theologischen Aspekte der Mytheninterpretation erörtern wir im 2. Bd. der vorliegenden Arbeit.

vor, daß der Theismus, den er als «Religion der Unruhe», als Bekenntnis zu einem Gott, «der weder schläft noch schlummert» (Ps 121,4), versteht, «ein Element jeder historischen Religion ist».

Mithin kommt es, um das eigentlich Religiöse in einer Religion zu verstehen, entscheidend darauf an, dieses Ewig-Gültige, Überzeitliche *hinter* den Variationen und Modifizierungen durch die jeweiligen sozialen und kulturellen Faktoren einer bestimmten Zeit und Gesellschaft rein in sich selbst herauszuarbeiten. Will man eine bestimmte Religion *theologisch* auslegen, so gilt es daher gerade, die sozialen Faktoren ihrer spezifischen Eigengestalt zu *vernachlässigen* und diejenigen Elemente ihrer Selbstdarstellung freizulegen, die auf die wesentlichen Grundfragen des menschlichen Lebens Antwort geben. Die notwendige Kenntnis der sozialen Faktoren bei der Gestaltung einer bestimmten geschichtlichen Religion darf, wenn es um eine theologische Untersuchung gehen soll, also gerade nicht *interpretativ,* sondern muß *diakritisch* genutzt werden: *das Soziologische ist nicht als das Wesentliche, sondern als das Verhüllende, Vordergründige zu betrachten* und dementsprechend aus der Betrachtung *auszuscheiden.* Will man nicht, wie É. DURKHEIM, Religion und Gesellschaft einfachhin miteinander identifizieren – also miteinander verwechseln –, so als sei «Gott» nur ein anderes Wort für das Selbsterleben der «sozialen Gruppe», des «Clans» etc. – so setzt das theologische Verständnis einer bestimmten Religion gerade die Abstraktion von der Frage nach ihrer Funktion im Rahmen der sie umgebenden Gesellschaft voraus. «Religion ist kein... ‹Merkmal› von Gesellschaft im DURKHEIMSCHEN Sinne. Sie ist ein konstitutiver Bestandteil menschlichen Bewußtseins: als kognitive Suche nach der Struktur der ‹allgemeinen Ordnung› menschlicher Existenz, als emotionales Bedürfnis, Rituale zu entwickeln und sie zu heiligen; als Urbedürfnis nach Beziehung zu anderen Menschen oder zu einem Ensemble von Sinngehalten, das dem Selbst eine transzendentale Antwort gibt; schließlich als existentielles Bedürfnis nach Konfrontation mit Leid und Tod.»[61]

Statt nach den historischen Faktoren und Bedingungen bei der Hervorbringung einer gegebenen Religion zu fragen, beginnt das eigentlich theologische Verständnis der Religion mithin gerade dort, wo jenseits der historischen Besonderheiten die bleibende Wahrheit, die ewige Gültigkeit, die Nie-Vergangenheit ihrer Lehren in Erscheinung tritt. «Alle Religionen stimmen überein in dem, was das Wesen einer Religion ausmacht: in der Überzeugung, daß

[61] D. BELL: Die Zukunft der westlichen Welt, 202. – Manches hat nach wie vor die alte Auffassung für sich, die H. USENER: Götternamen, 280ff., entwickelte, daß die Götter in ihrer ursprünglichen Form als *«Augenblicksgötter»* der vollen Unmittelbarkeit des Erlebens einer «Kraftwirkung, die uns überrascht», entstiegen; der bevorzugte Ort solchen Erlebens ist der Ritus, aber das Erleben selbst ist «älter» als der Ritus.

sich die Wirklichkeit nicht in der materiellen Welt erschöpft, sondern daß über und hinter ihr überirdische Mächte walten.»[62] Nur eine Methode, die hinter die äußere Wirklichkeit vorzudringen vermag, wird die Ausdrucksformen der Religionen in der Vergangenheit als etwas bleibend Gültiges verstehen können.

Man muß also sehr darauf achthaben, daß man das Problem des historischen Relativismus und die Schwierigkeit, etwas Verbindliches, Gegenwartsrelevantes in die Betrachtung einer historischen Religion hineinzubekommen, nicht durch eine falsche Identität löst. Die Relevanz einer vergangenen Religion, die Notwendigkeit ihres Auftretens, der Wahrheitsanspruch ihrer Lehre liegt nicht darin, daß ihre Erscheinungsform nach denselben gesellschaftlichen Gesetzen geprägt worden wäre, die sich auch anderswo, insbesondere in der eigenen gegenwärtigen Kultur, wiederfinden; und nicht durch die Auffindung bestimmter gleichartiger soziologischer Funktionsabläufe gewinnt man ein theologisches Verständnis vergangener Religionen. Vielmehr ergibt sich die Relevanz einer vergangenen Religion gerade aus dem Unvergänglichen, das in ihr lebt.

Um es paradox zu sagen: die Religionsgeschichte und Religionssoziologie besitzt theologisch erst dann Sinn, Berechtigung und Notwendigkeit, wenn sie zeigt, daß Religion niemals nur Geschichte, niemals nur Vergangenheit und niemals nur etwas Gesellschaftsabhängiges ist. In der Transzendenz des Soziologischen, des historisch Bedingten liegt das theologisch Relevante – oder es ist nicht. Nur in dieser Anordnung des Problems vermeidet man es, die Religion zum Teilobjekt einer soziologischen Totalanschauung zu erklären, und hält ihr die Stelle offen, an der sie Ausdruck und Manifestation dessen sein kann, was K. JASPERS als «das Umgreifende» bezeichnet hat[63].

Bereits eine einfache logische Überlegung lehrt, daß es ein Irrtum wäre – und für die Exegese werden müßte –, wollte man die Frage des religionshistorischen Relativismus in Richtung soziologischer *Erklärungen* des Religiösen suchen. Die erklärenden Gesetzmäßigkeiten mögen in einer gegenwärtigen Kultur genauso auftreten wie in einer altorientalischen oder präkolumbianischen Kultur – sie sind gleichwohl doch nur das Trennende, nie das Verbindende.

Man wähle, um dies zu verdeutlichen, ein Beispiel aus der Biologie. Verwandt

[62] H. VON GLASENAPP: Glaube und Ritus der Hochreligionen, 156.

[63] K. JASPERS: Der philosophische Glaube, 17. – Tatsächlich ist für das mythische Denken die «Soziologie» selbst nur die Konsequenz aus der «Mythologie», wie es W. MÜLLER: Indianische Welterfahrung, 72–73, am Beispiel der Dakota-Indianer sehr anschaulich geschildert hat: «Die anschauende Durchdringung (sc. der mythischen Weltsicht, d. V.) ist kein Selbstzweck, sie besitzt eine eminent lebenspraktische Seite in ihrem *Aufeinander-Eingespieltsein von Mensch und Kosmos*. Die Dualitäten antworten sich, sie entsprechen sich, getrieben von der nie endenden Bereitschaft, den Menschen einzupassen in den Makrokosmos.»

miteinander sind der murmeltierähnliche Klippschliefer und der Elefant, aber diese Verwandtschaft kann nur jemand bemerken, der eine gewisse Kenntnis der Evolutionsgesetze besitzt; allein die Identität bestimmter biologisch-kausaler Gesetze zeigt ihm, daß zwei äußerlich völlig verschiedene Tierarten evolutiv miteinander verwandt sind; aber die gleichen Gesetze, die erkenntnismäßig die Verwandtschaft des scheinbar Unzusammengehörigen begründen, haben in der Wirklichkeit gerade bewirkt, daß das ursprünglich miteinander Identische sich im Verlauf der geschichtlichen Entwicklung voneinander mehr und mehr entfernt hat. – Ebenso werden unterschiedliche Religionen – bzw. verschiedene Kulturen – durch die Gleichheit gewisser sozialer Wirkungsgesetze zwar kausal miteinander vereinigt, aber in ihrem Phänotyp gerade voneinander getrennt.

Die Kenntnis der sozialen Gesetzmäßigkeiten ermöglicht es mithin u. U., eine bestimmte Religion oder eine bestimmte Kultur in ihrer Eigenart zu «erklären»; sie trägt außerdem wesentlich mit zu dem Eindruck bei, daß auch damals «Menschen» in der Geschichte wirksam waren, – Menschen, die unter den gleichen Gesetzen standen, die auch heute, bei gleicher Ausgangslage, in etwa zu dem gleichen Resultat führen müßten; aber diese Gemeinsamkeit des Menschlichen wird eben durch die Gleichheit der sozialen Gesetze an unterschiedlichen Punkten der Historie *aufgelöst,* und es bleibt rein soziologisch von der «Gemeinsamkeit des Menschlichen» inhaltlich nichts Bestimmtes mehr übrig als die Vorstellung einer Identität gesellschaftlicher Gesetzmäßigkeiten überhaupt. Schon um zu verstehen, wie die Identität der gleichen Gesetze, die man kultur- und religionssoziologisch zur Erklärung bestimmter geschichtlicher Gebilde heranzieht, überhaupt möglich ist, muß man über das Substrat dieser Gesetze, muß man über den Menschen weit mehr wissen, als die Soziologie vom Menschen wissen kann.

Die soziologische Erklärung der bestimmten historischen Gestalt einer Religion vermag daher wohl die Gefahr des Relativismus der religiösen Erkenntnis zu verbannen, indem sie das Religiöse als Phänomen bzw. als Produkt übergeordneter Gesetzmäßigkeiten deutet; die soziologische Betrachtung zeigt aber mit der Präsenz ihrer Gesetze nur die endgültige *Vergangenheit des Vergangenen* an; sie verbannt die Wahrheit einer bestimmten Religion gerade durch ihre Rückführung auf bestimmte unwiederholbare historische Konstellationen in das Getto eben dieser sozialen Bedingungen. Eine so «erklärte» Religion ist in sich selbst ein bloßer Gegenstand toten Wissens, ein versteinerter Demonstrationsfall allgemeiner Gesetzmäßigkeiten, – sie hat über sich hinaus nichts mehr zu sagen und ist damit ein für allemal *nur* historisch. Kein Anspruch auf irgend etwas in der Gegenwart Gültiges oder Verbindliches geht von ihr aus.

Ihre «Wahrheit» liegt außerhalb ihrer selbst, nämlich in der Gültigkeit der Notwendigkeiten ihrer Entstehung; unabhängig davon ist sie nichts – eine historische Luftblase, erklärt nach den allgegenwärtigen Gesetzen historischer Thermodynamik. – Zum Verständnis der Religion trägt die Soziologie daher gerade nicht bei.

Andererseits ergibt sich jetzt eine andere Gefahr. Wenn es darauf ankommt, die Religion *jenseits* ihrer soziokulturellen Differenzierungen zu betrachten, so wird man zwar zu dem allgemeinen Inhalt und Themenkreis der Religion gelangen: – statt um die Angst vor der Ohnmacht gegenüber *bestimmten Mächten der Natur oder der Gesellschaft,* z. B. dem «Kapitalismus»[64], wird es jetzt um die Ohnmacht und *Kontingenz des Daseins überhaupt* gehen, die lediglich in den unterschiedlichen Kulturen und Religionen an verschiedenen Stellen erfahren und artikuliert wird[65]; die Betrachtung der Religion gewinnt so an Tiefe und Bedeutung, indem sie auf Fragen stößt, die dem Menschen zu allen Zeiten eigentümlich sind. Aber der Preis dafür ist offensichtlich zu hoch: die einzelnen Religionsformen erscheinen jetzt zwar nicht mehr als Beispielsammlungen zur Illustration soziologischer Theorien und Gesetze, aber sie werden abstrakt zu bloßen Erscheinungsweisen *des* Religiösen herabgesetzt; *ihr konkreter Inhalt* bleibt nach wie vor etwas rein historisch Bedingtes, das mit den Bedingungen seiner Zeit wie eine Welle im Ozean zugrunde geht und mithin in sich selber keine Wahrheit hat. Die Unvergänglichkeit *des* Religiösen, das in *allen* Religionen anzutreffen ist, löst also durchaus noch nicht das Problem der scheinbaren Vergänglichkeit der *einzelnen* Religion und ihrer besonderen Gestaltungen.

Die Frage ist daher vor allem, ob die einzelne Gestaltung des Religiösen nur ein sozial determiniertes Phänomen darstellt oder ob sich in ihm etwas ausdrückt, das *in seiner besonderen* Gestalt im Menschen selbst grundgelegt bzw. angelegt ist, so daß es von den sozialen Komponenten einer bestimmten Kultur und Gesellschaft lediglich auf den Plan gerufen, nicht aber «verursacht» wird. Nur wenn es für die *besonderen* Ausdrucksgestalten der Religion zusätzlich zu den sozialanalytischen Gesetzmäßigkeiten *anthropologische Konstanten* des Empfindens und Vorstellens gibt, die sich in ihnen aussprechen und darstellen, kann ein einzelnes Dogma oder Ritual, etwa der ägyptischen oder aztekischen oder auch der christlichen Religion, eine Wahrheit besitzen, der in sich selber eine überzeitliche, gegenwärtige Aktualität und Geltung zukommt.

Wenn es etwas Bleibendes und Gültiges in einer bestimmten Religion geben

[64] Vgl. W. I. LENIN: Über das Verhältnis der Arbeiterpartei zur Religion, in: A. W., XI 400–411.
[65] Vgl. N. LUHMANN: Funktion der Religion, Frankfurt 1977.

soll, so muß mithin ein Auslegungsverfahren gewählt werden, in dem die *kausale* und die *essentielle,* die soziologische und die anthropologische Betrachtungsweise nicht isoliert einander gegenübergestellt werden, sondern in dem eine Religion *in ihrer unvertauschbaren historischen Bedingtheit und Einmaligkeit* einen grundlegenden Sinn und eine die Zeit überdauernde Bedeutung für den Menschen aller Zeiten und Zonen erhält und behält.
Mit dieser Erkenntnis und Forderung nähern wir uns unmittelbar der zentralen Bedingung zur Lösung des Problems des historischen Relativismus. Denn etwas, das in seiner bedingten Gestalt eine unbedingte Bedeutung besitzt, und zwar nicht so, daß es nur die an sich beliebige Erscheinungsform einer ihm selbst transzendenten Wahrheit darstellt, die an sich auch unter ganz anderen Bedingungen und in ganz anderer Weise erscheinen könnte, sondern so, daß es eine bleibende Wahrheit gerade in der Unwiederholbarkeit seiner Form auf wesentliche, gültige Weise ausdrückt, – so etwas kann nur als *Bild,* als *Typos* einer Wahrheit verstanden werden, die zum Menschen selbst gehört und in ihm grundgelegt ist. Um die bleibende Gültigkeit einer Religion zu verstehen, bedarf es mithin einer *typologischen,* weder rein kausalen noch rein essentiellen, weder rein erklärenden noch rein spekulativen, sondern einer *verstehenden* und *vergleichenden* Betrachtungsweise, deren Interesse gerade denjenigen Merkmalen gewidmet ist, die in ihrer Besonderheit etwas Vorbildhaftes, Typisches über den Menschen selbst aussagen und den Schluß zulassen, daß sie *in ihrer bestimmten Gestalt* im Menschen selbst verankert sind.
Tatsächlich ist der Weg einer typologischen Geschichtsbetrachtung wiederholt beschritten worden, und zwar im vergangenen Jahrhundert insbesondere von demjenigen Philosophen, der das Problem des Relativismus am frühesten und schärfsten erkannt hat: von W. DILTHEY. DILTHEY war der erste, der daranging, hermeneutisch die einzelnen Kulturepochen der Geschichte als Ausdrucksgestalten des einen und allen gemeinsamen menschlichen Wesens zu verstehen. «Menschenrassen, Nationen, gesellschaftliche Klassen, Berufsformen, geschichtliche Stufen, Individualitäten: all dies sind», schrieb DILTHEY, «Abgrenzungen der individuellen Unterschiede innerhalb der gleichförmigen Menschennatur.»[66] Nach DILTHEY kommt es also darauf an, die fixierten Lebensäußerungen einer Kultur, ihre Objektivationen in Kunst, Wissenschaft, Gesetzgebung, Religion und Verfassung, von innen her, letztlich *aufgrund der inneren Erfahrung am eigenen Erleben,* als Ausdruck eines in sich einheitlichen lebendigen seelischen Zusammenhanges *nachzuempfinden* und auszulegen. Das *Erlebnis* der inneren Beziehungen, der Struktur, des Lebenszusammenhanges ei-

[66] W. DILTHEY: Ideen über eine beschreibende und zergliedernde Psychologie, in: Ges. Schriften, V 236.

ner geschichtlichen Kultur ermöglicht nach DILTHEY die zu jeder Erkenntnis notwendige Identität von Bewußtsein und Gegenstand über den historischen Abstand der Zeit hinweg; das «Erlebnis» allein «ist unmittelbare Gewißheit»[67]. Die «Möglichkeit des Verstehens» von Geschichte ergibt sich mithin «aus der Gleichartigkeit der Menschennatur»[68], und die Aufgabe und Würde des Historikers liegt vor allem in der Fähigkeit, sich selbst in der Fremdheit einer anderen Kultur wiederzuentdecken. «Historisches Bewußtsein ist (sc. bei DILTHEY, d. V.) eine Weise der Selbsterkenntnis.»[69]
Allerdings enthält diese Geschichtshermeneutik DILTHEYS eine zentrale Schwierigkeit: es sind nur geschichtliche *Individuen,* die die Geschichte formen und verstehen können; der geistige Zusammenhang einer Kultur oder einer geschichtlichen Epoche aber ist überindividuell; der «Lebenszusammenhang» einer Zeit wird mithin von keinem Einzelnen wirklich erlebt; m. a. W.: es ist «nötig, an die Stelle wirklicher Subjekte ‹logische› Subjekte zu setzen»[70]. Der «Lebenszusammenhang» ist daher trotz der antiidealistischen Einstellung DILTHEYS eine im Grunde idealtypische Konstruktion vergleichbar dem Sinne, den MAX WEBER diesem Begriff gegeben hat (s. o. S. 45).
In gewissem Sinne näherte sich DILTHEY damit wieder der HEGELSCHEN Lehre an, daß eine bestimmte historische Zeit als Ausdruck einer in sich geschlossenen geistigen Einstellung begriffen werden müsse. Was DILTHEY aber von HEGEL gerade unterscheidet, ist die Umwandlung von Chronologie in Typologie.
Die Bedeutung dieser Differenz für die Lösung des Problems der Geschichtshermeneutik hat vor allem JACOB BURCKHARDT gesehen, der in seiner Geschichtsphilosophie den typologischen Ansatz DILTHEYS am konsequentesten aufgegriffen hat[71]. Wem es um eine typologische Geschichtsbetrachtung zu tun ist, der wird mithin gerade bei J. BURCKHARDT wichtige Einsichten und Anregungen dafür finden, und zwar wiederum in entschiedener und entscheidender Abkehr vom HEGELSCHEN Systemdenken.
Die eigentliche Aufgabe geschichtlichen Verstehens leitet sich zufolge der HEGELSCHEN Idealchronologie, wie wir gesehen haben, aus der Annahme ab, «die Weltgeschichte sei die Darstellung, wie der Geist zu dem Bewußtsein dessen komme, was er an sich bedeute» – nämlich «eine Entwicklung zur Freiheit…, indem im Orient *einer,* dann bei den klassischen Völkern *wenige* frei gewesen

[67] H. G. GADAMER: Wahrheit und Methode, 209.
[68] A. a. O., 219.
[69] A. a. O., 221.
[70] A. a. O., 211.
[71] Vgl. J. RÜSEN: Die Uhr, die die Stunde schlägt, in: Historische Prozesse, 204.

und die neuere Zeit *alle* frei mache»[72]. Demgegenüber hielt J. BURCKHARDT ein solches System des weltgeschichtlichen Fortschritts in chronologischer Kulturenabfolge, wie es HEGEL – und, modifiziert, auch K. MARX – vorschwebte, für eine irrige Prämisse. Tatsächlich ergab sich diese Prämisse bei HEGEL ja auch nicht aus der Betrachtung der Geschichte selbst, sondern aus der Verweltlichung des christlichen Glaubens an die Vorsehung Gottes durch eine säkularisierte Fortschrittsideologie der stufenweisen Verwirklichung des Geistes[73]. «Wir sind», meinte dazu J. BURCKHARDT als Historiker, «nicht eingeweiht in die Zwecke der ewigen Weisheit»[74], und so forderte er selbst statt des vorgeblich göttlichen Wissens die *Betrachtung des Menschen:* «*Unser* Ausgangspunkt», sagte er, «ist der vom einzigen bleibenden und für uns möglichen Zentrum, vom duldenden, strebenden und handelnden Menschen, wie er ist und immer war und sein wird.»[75]
Ähnlich wie bei DILTHEY wurde daher auch für J. BURCKHARDT die Geschichte zur *Typologie des Ewig-Menschlichen.* «Die Geschichtsphilosophen», sagte er, «betrachten das *Vergangene* als Gegensatz und Vorstufe zu uns als Entwickelte; – wir betrachten das *sich Wiederholende, Konstante, Typische* als ein in uns Anklingendes und Verständliches.»[76] Die Bedeutung einer einzelnen Kultur oder Zeit lag daher für BURCKHARDT gerade darin, etwas von diesem Typisch-Menschlichen zum Ausdruck gebracht zu haben. Ganz besonders galt dies für ihn von den Religionen: sie sind nach ihm zu betrachten als «der Ausdruck des ewigen und unzerstörbaren metaphysischen Bedürfnisses der Menschennatur»[77].
Von diesem Ansatz DILTHEYS – und BURCKHARDTS – her erscheint es mithin als die oberste Aufgabe der Geschichtswissenschaft, «sich derjenigen menschlichen Bestimmungen zu versichern, welche dem Menschen ohne Rücksicht auf Zeit und Ort zukommen»[78]. Diese Konstituenten und Konstanten des Menschlichen sind es eigentlich, die «ein sonst unzugängliches historisches Phänomen verstehbar» machen[79], indem sie gleichermaßen in demjenigen bestimmend sind, der «die Geschichte erforscht», und in demjenigen, «der die Geschichte macht»[80]. Der Mensch, der bestimmte geschichtliche Kultursyste-

[72] J. BURCKHARDT: Weltgeschichtliche Betrachtungen, 26.
[73] Vgl. K. LÖWITH: Weltgeschichte und Heilsgeschehen, 60.
[74] J. BURCKHARDT: Weltgeschichtliche Betrachtungen, 26.
[75] A. a. O., 27.
[76] A. a. O., 27.
[77] A. a. O., 49.
[78] A. HEUSS: Zum Problem einer geschichtlichen Anthropologie, in: Kulturanthropologie, 162.
[79] A. a. O., 163.
[80] W. DILTHEY: Der Aufbau der geschichtlichen Welt in den Geisteswissenschaften, in: Ges. Schriften, VII 278.

me erforscht, versteht dieselben, indem er sich selbst als ein Wesen entdeckt, das «auf diese Kultursysteme angelegt»[81] und «so gebaut» ist, «daß er sich in die verschiedenen Sinndimensionen erstreckt»[82]. «... ohne die Sinndimensionalität kommt der Mensch gar nicht erst zustande. Sie haftet ihm an wie dem Tier die Ausstattung mit den Instinkten. An dieser Stelle hat deshalb auch die Freiheit des Menschen ein Ende, d. h., sie wird, wenn sie die Sinndimensionalität abwirft, sinnlos und nicht mehr vorstellbar.»[83]

Um etwas von der menschlichen Geschichte zu verstehen, ist es mithin notwendig, sich selbst als Menschen zu verstehen und darin zugleich sich selbst in den Ereignissen der Geschichte als etwas Identisches wiederzuentdecken. Dazu gehört, daß die einzelnen geschichtlichen Kulturen und Epochen als Facetten ein und desselben menschlichen Wesens erscheinen, das sich in ihnen auslegt und nur in ihnen seiner selbst ansichtig werden kann, so daß die Selbsterkenntnis als Teil geschichtlichen Verstehens und die geschichtliche Hermeneutik als Teil der Selbsterkenntnis begriffen werden muß.

Dieses erkenntnistheoretische Identitätsgesetz einer typologischen Geschichtsauslegung gilt natürlich nicht nur für das Studium der Profangeschichte, sondern a fortiori für die Religionsgeschichte, die es per definitionem mit dem Ewigen, und nicht nur mit dem Zeitlichen zu tun hat. Von DILTHEY kann daher insbesondere die Bibelexegese lernen, daß es zum Verständnis historischer Texte durchaus nicht genügt, sich in die vermeintliche Objektivität philologischer Textanalysen zu flüchten. Denn nicht einmal die historische Seite der Bibel wird auf diese Weise «verstanden», bestenfalls, daß eine Anzahl stupender «Fakten» ermittelt und aneinandergereiht wird, – ganz zu schweigen von der religiösen Bedeutung, die den Erzählungen der Bibel theologisch zukommen soll und die der eigentliche «Gegenstand» der exegetischen Bemühungen sein müßte.

Dem Gesagten zufolge darf, um einen biblischen Text zu verstehen, das eigene Erleben, das subjektive Empfinden, die eigene Existenz gerade nicht methodisch ausgeschaltet werden; im Gegenteil; das Subjektive ist als die wesentliche Erkenntnisquelle, als das entscheidende Organ zum Verständnis des Vergangenen zu betrachten. Die vermeintliche «Objektivität» der geschichtlichen Erkenntnis, die man durch Eliminierung aller subjektiven Beimischungen, durch Reduktion auf eine reine analytische Textbetrachtung zu gewinnen hofft, führt, das lernen wir von DILTHEY, nicht zu einem tieferen Verstehen, sondern kann *als Methode* in der Tat nur zu dem gelangen, was als Ergebnis von mehr als 100 Jahren historisch-kritischer Bemühungen heutigentags vor

[81] A. HEUSS: Zum Problem einer geschichtlichen Anthropologie, in: Kulturanthropologie, 163.
[82] A. a. O., 164.
[83] A. a. O., 166.

Augen liegt: statt eines Tempels ein unübersehbarer Haufen von Steinen der verschiedensten Herkunft und Bearbeitung. Ein Wissenschaftler dieser Art, meinte bereits vor 35 Jahren warnend A. DE SAINT-EXUPÉRY, «erzielt einen Überraschungseffekt, indem er die Statue zerschlägt, um dich durch ihre Stükke zu ergötzen; denn dir erschien dieser Tempel als Andacht und Schweigen, er ist aber nur Schutt und nicht wert, daß man für ihn sterbe. Und wenn er dich dieses Verfahren gelehrt hat, das die Götter tötet, bleibt dir nichts mehr zum Atmen und zum Leben.»[84]

Eben dieses Zertrümmerungsverfahren ist im Rahmen der historisch-kritischen Methode seit langer Zeit jedoch die Pflicht für einen jeden, der die Bibel «exegetisch» lesen will. In Wahrheit liest er so die Bibel gerade nicht, und eben deshalb müssen wir jetzt fragen, wie eine Methode beschaffen sein muß, in der *das Vergangene als Typos einer gegenwärtigen (unvergänglichen) Wahrheit* gedeutet werden kann. Diese gesuchte Methode ist in sich selbst zunächst natürlich nicht theologisch, sondern allgemein menschlich; aber für die Theologie ist sie unerläßlich, um auf dem Boden der Bibel die eigentlich religiöse Tiefenschicht wiederzuentdecken.

4. Die Gleichzeitigkeit der Erkenntnis und die Notwendigkeit einer archetypischen Hermeneutik im Widerspruch zu der Einseitigkeit gegenwärtiger Bewußtseinseinstellung

Eine Hermeneutik der Geschichte (und damit der Bibel als eines geschichtlichen Buches) setzt, wie sich gezeigt hat, voraus, daß man – gegen HEGEL – nicht die *Notwendigkeit,* wohl aber das *Typische* einer geschichtlichen Situation begreift und daß man die Geschichte nicht als ein notwendiges Vorstadium der Gegenwart, wohl aber als ein Bild des Immer-Gegenwärtigen betrachtet. Die Kunst der Interpretation der Vergangenheit liegt folglich darin, dieses Gegenwärtige zugleich in sich selbst und in dem anderen der Geschichte aufzufinden. Man versteht m.a.W. das Historische nur, wenn man seine Wiederkehr *in* der Gegenwart, mithin seine Relevanz *für* die Gegenwart aufweist, und umgekehrt: man versteht das Historische nur, wenn man sich selbst in den Gestaltungen der Vergangenheit wiederentdeckt. Mit DILTHEY gesprochen: «Die Auslegung (sc. der Historie bzw. eines historischen Textes, d.V.) wäre un-

[84] A. DE SAINT-EXUPÉRY: Die Stadt in der Wüste, Nr. 93; Schriften II, 283–284.

möglich, wenn die Lebensäußerungen gänzlich fremd wären. Sie wäre unnötig, wenn in ihnen nichts fremd wäre. Zwischen diesen beiden äußersten Gegensätzen liegt sie also.»[85] Im Verstehen der Geschichte wird mithin das Vergangene *gleichzeitig* zur Gegenwart, und der Verstehende selbst wird *gleichzeitig* zur Vergangenheit.

Eben dies ist nun die Bestimmung, die S. KIERKEGAARD als die entscheidende Kategorie des *Glaubens* hervorhob, die aber, wie sich jetzt zeigt, für jede Art geistiger, innerlicher Erkenntnis eines vergangenen Geschehens Geltung besitzt.

Unter dem Begriff der «Gleichzeitigkeit» des Erkennenden mit dem Geschichtlichen verstand KIERKEGAARD, ganz im Sinne der «romantischen» Hermeneutik, gerade nicht das historische Dabeisein oder Dabeigewesensein, die sinnliche Präsenz in der Zeit, sondern er betrachtete sie als geistige Einheit mit dem Geschehenen selbst. Je nach der Art der äußeren (historischen) oder der inneren (geistigen) «Gleichzeitigkeit» entscheidet es sich nach KIERKEGAARD, ob ein geschichtliches Ereignis «nur eine historische Begebenheit gewesen» ist oder «die Veranlassung dazu, daß er (der Verstehende, d.V.) sich selbst verstand»[86].

Angewandt auf die Frage, wie die Bibel als ein historisches Buch zu lesen sei, bedeutet die Forderung der Gleichzeitigkeit, daß eine Methode der Auslegung, die nicht wesentlich ein neues *Selbstverständnis des Lesers* vom Text her ermöglicht und beabsichtigt, sondern nur historische Begebenheiten rekonstruieren und sammeln möchte, niemals zu einem wirklichen Verstehen des Historischen gelangen kann. Vor allem ein Exeget, ein Theologe also, der nur «Historiker» sein will, statt ein «Gleichzeitiger» zu werden, verurteilt sich methodisch zwangsläufig dazu, den zeitlichen Abstand zwischen sich und der geschichtlichen Begebenheit als letztlich unüberwindbar zu bedauern und die «Zeitgenossen» des Ereignisses um ihre vermeintlich besseren Erkenntnismöglichkeiten zu beneiden. Für denjenigen indessen, der aus Anlaß des Historischen zu sich selbst gelangen will, wird die äußere vergangene Begebenheit etwas an sich Unwichtiges, «ein zufälliges und historisches Wissen, eine Sache des Gedächtnisses»[87], während vom anderen Ende her gilt: «Soll das Historische... das Entscheidende sein, so muß jeder Tüttel unendlich urgiert werden, und da sich dies nur approximando erreichen läßt, befindet sich das Individuum in dem Widerspruch, seine ewige Seligkeit daran zu knüpfen, das heißt

[85] W. DILTHEY: Der Aufbau der geschichtlichen Welt in den Geisteswissenschaften, Ges. Schriften VIII 225.

[86] S. KIERKEGAARD: Philosophische Brosamen, 73–74.

[87] A.a.O., 74.

knüpfen zu wollen, und nicht dazu kommen zu können, weil die Approximation niemals fertig wird.»[88]

Es wird späterhin noch zu erörtern sein, wie sich die Selbsterkenntnis als Bedingung *historischen* Verstehens vom Glauben als Bedingung *theologischen* Verstehens unterscheidet und worin sich mithin die Lektüre der Bibel gerade im Sinne KIERKEGAARDS von der Auslegung irgendeines anderen historischen Textes entfernt; um so wichtiger aber ist bereits hier die Feststellung, daß eine Exegese der Bibel, die nur historisch sein will, nicht einmal den Anforderungen eines historischen, geschweige denn eines religiösen Verstehens Genüge leistet und sich lediglich in der geist- und nutzlosen «Approximation» von «unendlich zu urgierenden Tütteleien» verschleißt. Was dabei herauskommt, ist ein Krebsschaden am Leben wie am Glauben. «Was man am Christentum lernen kann», schrieb bereits 1874 kein Geringerer als FRIEDRICH NIETZSCHE – nämlich «daß es unter der Wirkung einer historisierenden Behandlung blasiert und unnatürlich geworden ist, bis endlich eine vollkommen historische... Behandlung es in reines Wissen um das Christentum auflöst und dadurch vernichtet, das kann man an allem, was Leben hat, studieren: daß es aufhört zu leben, wenn es zu Ende seziert ist, und schmerzlich und krankhaft lebt, wenn man anfängt, an ihm die historischen Sezierübungen zu machen»[89].

Die Bibelexegese, das wagen wir nach dem Gesagten unumwunden zu behaupten, ist als historisch-kritische das Symptom der geistigen Krankheit des Christentums, wo nicht das wirksamste Instrument der gewollten oder ungewollten Selbstzerstörung desselben, und jeder, dem am Glauben des Christentums oder am Leben kommender Generationen auch nur das Geringste gelegen ist, kann nur von Herzen wünschen, daß die Überfremdung und Unnatur einer solchen rein «historischen Wissenschaft» in Gestalt der Exegese möglichst bald selbst der Historie überantwortet wird.

Indessen läßt sich gegen die von DILTHEY und KIERKEGAARD stammende Hermeneutik der «Identität» und der «Gleichzeitigkeit» des geschichtlichen Verstehens sowie gegen die Forderung einer typologischen Auslegung der Geschichte an dieser Stelle noch ein wichtiger Einwand erheben, der nur durch eine Vertiefung des typologischen Ansatzes selbst aufzulösen ist. Dieser Einwand bezieht sich erneut auf die soeben (s. o. S. 55) erwähnte objektive *Schwierigkeit einer idealtypischen Rekonstruktion der Historie,* und er ist am klarsten wohl von M. HORKHEIMER formuliert worden.

[88] S. KIERKEGAARD: Unwissenschaftliche Nachschrift, 173.

[89] F. NIETZSCHE: Vom Nutzen und Nachteil der Historie für das Leben, in: Unzeitgemäße Betrachtungen, 114.

M. HORKHEIMER erkannte, anders als manche «orthodoxe» MARXISTEN, den Wert der DILTHEYSCHEN Studien für eine «den Bedürfnissen der Geschichtsforschung entgegenkommende Psychologie» wohl an, bezweifelte aber, «daß den Kultursystemen einer Epoche ein einheitlicher seelischer Zusammenhang zugrunde liege und daß gar dieser seelische und durchgehend verständliche Zusammenhang eine Seite des totalen Menschenwesens darstelle»[90]. Der Irrtum der DILTHEYSCHEN Annahme, meinte HORKHEIMER, beruhe vor allem auf einer (idealistischen) Verwechslung von Sein und Bewußtsein, als sei der Mensch «wesentlich identisch mit dem, als was er sich selbst ansieht... Was für die Individuen gilt, gilt auch für die Menschheit im allgemeinen: wenn man wissen will, was sie sind, darf man nicht dem glauben, was sie von sich halten.»[91] Statt also «Geschichte an irgendeiner Stelle aus dem einheitlichen Seelenleben einer allgemeinen Menschennatur begreifen zu wollen»[92], kommt es HORKHEIMER vielmehr darauf an (ganz im Sinne der materialistischen Geschichtskonzeption von K. MARX, wenngleich ohne die daraus abgeleitete dogmatische Metaphysik), «die Dialektik zwischen den verschiedenartigen in der Auseinandersetzung mit der Natur wachsenden menschlichen Kräften und veralteten Gesellschaftsformen als Motor der Geschichte» zu erkennen[93].

Man wird HORKHEIMER gewiß zustimmen können, daß es äußerst problematisch ist, Geschichte nach der Vorstellung DILTHEYS aufgrund der Lebenszeugnisse bestimmter Persönlichkeiten, die als Repräsentanten einer geschichtlichen Epoche gelten können, verstehen zu wollen; in der Tat ist es eines, was für ein Mensch jemand ist, und ein anderes, als was jemand sich selbst betrachtet; und ganz verschieden davon ist zum dritten die noch wichtigere Frage, inwieweit jemand als Einzelner die psychische Grundgestalt einer Epoche in den Besonderheiten seines individuellen Charakters repräsentiert. Aber obwohl das Instrumentarium, das DILTHEY bei seinen Untersuchungen zur Verfügung stand, eine befriedigende Durchführung seiner Vorhaben im Grunde (noch) nicht zuließ, so ist doch sein Grundansatz, wie man heute wissen kann, nicht so aussichtslos verkehrt, wie HORKHEIMER es darstellte; im Gegenteil ermöglichen es die psychologischen Sozialisationstheorien seit langem, sowohl dem Anliegen DILTHEYS als auch den Forderungen HORKHEIMERS zu entsprechen, wenngleich Theorien dieser Art nur um so eindringlicher auf die Notwendigkeit einer nicht-soziologischen Anthropologie und Psychologie verweisen.

[90] M. HORKHEIMER: Geschichte und Psychologie, in: Kritische Theorie, I 28.

[91] A. a. O., 29.

[92] A. a. O., 29.

[93] A. a. O., 16.

Bereits gegen Ende des 2. Weltkrieges hat A. KARDINER gezeigt, daß es – der Sache nach gerade unter Berücksichtigung der HORKHEIMERSCHEN Dialektik, freilich ohne ausdrücklichen Bezug darauf – durchaus möglich ist, «ein Modell der Wechselbeziehungen zwischen dem Institutionensystem einer Kultur und der Persönlichkeitsstruktur des Einzelnen» zu erstellen und auf diese Weise den gemeinsamen sozial-kulturellen Aspekt als «basale Persönlichkeitsstruktur» einer Gesellschaft herauszufinden[94]. KARDINER ging vom FREUDSCHEN Symbolverständnis aus, wonach das Symbol als das Uneigentliche, Verhüllende, als das Symptomatische betrachtet werden muß, und seine Frage war es daher, bezogen auf die Sozialpsychologie, welche Triebe durch welche Institutionen unterdrückt werden. Im Sinne FREUDS entwickelte er eine psychoanalytische Sozialpsychologie, die das Beobachtungsfeld der klassischen Psychoanalyse: die Wechselwirkungen im Eltern-Kind-Verhältnis, erheblich erweiterte, indem er die Eltern nicht nur als individuelle Personen, sondern zugleich als Träger und Vermittler einer sozial-kulturellen Persönlichkeitsstruktur auffaßte. Auf diese Weise gelang es KARDINER, die Beziehung zwischen Institutionen und Personen zu beschreiben, wobei er zwischen *primären* Institutionen, wie Familienorganisation, Verwandtschaftsbeziehungen, Erziehung auf der oralen, analen und genitalen Phase u. a., und den *sekundären* Institutionen unterschied, die er als «Auswirkung der primären Einrichtungen auf die basale Persönlichkeitsstruktur» verstand[95]; zu den sekundären Institutionen zählte er insbesondere Religion, Ritual, Sagenbildung, die Techniken des Denkens u. a., und er hielt diesen Bereich für ein Ensemble von Projektionen und Objektivationen der basalen Persönlichkeitsstruktur, die auf illusionäre Weise die Frustrationen des Vitalbereiches kompensieren und ein fundamentales Sicherheitsbedürfnis erfüllen sollten. – A. KARDINERS Theorie hat besonders E. H. ERIKSON in seiner berühmten Arbeit «Kindheit und Gesellschaft» fortgeführt[96], wenngleich er darin im Unterschied zu KARDINER mehr die Chancen als die Versagungen der Kultur hervorgehoben hat.

Das Ergebnis derartiger Studien zeigt, daß es, gegen HORKHEIMERS Zweifel und sogar unter den Bedingungen seines Denkens, sehr wohl möglich ist, eine repräsentative Psychologie zum Verständnis der Kultur zu entwickeln, vorausgesetzt, daß man diese nicht willkürlich an das einzelne Ich und sein Selbstverständnis, sondern an die zumeist unbewußten sozio-kulturellen Inhalte dessen bindet, was S. FREUD als «Über-Ich» bezeichnete, und dessen Einwirkung auf das «Es» in seinen verschiedenen Entwicklungsstadien eingehend genug unter-

[94] P. FÜRSTENAU: Soziologie der Kindheit, 44.

[95] A. KARDINER: The individual and his society, 345; vgl. P. FÜRSTENAU: Soziologie der Kindheit, 45.

[96] E. H. ERIKSON: Kindheit und Gesellschaft, 1965.

sucht. Die entscheidende Frage ist nur, woher die kulturspezifischen Inhalte der «basalen Persönlichkeitsstruktur» selbst stammen. Im Sinne der Gruppentheorie von G. C. HOMANS müßte man sie als «inneres System» deuten und als Antworten auf das Problem verstehen, wie eine Gruppe unter den Anforderungen des «äußeren Systems» lebensfähig bleibt; innerhalb des «äußeren Systems» käme dann auch den ökonomischen Bedingungen des Überlebens eine wichtige, wenn auch nicht eine ausschließliche Rolle zu[97].

Es ist indessen wichtig hervorzuheben, daß Analysen dieser Art auf einem lediglich höheren Niveau der Reflexion und eines erheblich verfeinerten Rasters der Beobachtung und theoretischen Zuordnung letztlich wiederum, und zwar unvermeidlich, erneut zu dem alten Problem des Relativismus zurückführen, das mit jeder ausschließlich soziologischen Arbeitsweise und sozialisationstheoretischen Anwendung der Psychoanalyse gegeben ist; mit Hilfe dieser Methoden kann man prinzipiell nur beschreiben, «*wie* das Wesen des Menschen von gesellschaftlichen Verhältnissen bestimmt ist» und sich das einzelne «*Verhalten*... als Niederschlag zwischenmenschlicher *Verhältnisse*» darstellt[98]. Setzt man die Soziologie und die Psychoanalyse (im Sinne einer bloßen Sozialisationstheorie) absolut, so erscheint, um mit K. MARX zu sprechen, «das Wesen des Menschen» notwendigerweise stets nur als «das Ensemble der gesellschaftlichen Verhältnisse»[99].

Was der Mensch ist bzw. was er zu sein glaubt, variiert unter diesen methodischen Prämissen von Gesellschaft zu Gesellschaft. Eine solche Annahme aber kann unmöglich ausreichend sein, um den Menschen in irgendeinem Stück seiner Geschichte wirklich zu verstehen, es sei denn, man wollte das Problem des historischen Relativismus zusätzlich noch durch die Absurdität einer psychischen Tabula-rasa-Anthropologie vergrößern. Um zu begreifen, in welcher Weise bestimmte sozio-kulturelle Bedingungen einer Gesellschaft auf die Psyche des Menschen zurückwirken, bedarf es in Wahrheit immer schon einer vorausgesetzten Kenntnis des Menschen, wie sie S. FREUD z. B. aus der Biologie und der Metapsychologie seiner Triebtheorie zu gewinnen hoffte. Die Analyse selbst der einfachsten Wechselbeziehungen von Individuum und Gesellschaft setzt immer schon gewisse Einsichten in die innere Natur des Menschen im Sinne bestimmter biologischer und psychologischer Konstanten voraus, und es ist sehr wichtig, sich diese Notwendigkeit einer antriebsorientierten Anthropologie für alle psychologischen und soziologischen Theoriebildungen

[97] G. C. HOMANS: Theorie der sozialen Gruppe, 107–111.

[98] A. LORENZER: Die Wahrheit der psychoanalytischen Erkenntnis, 229.

[99] K. MARX: Thesen über Feuerbach, in: MEW III 6; vgl. A. LORENZER: Die Wahrheit der psychoanalytischen Erkenntnis, 7.

hinreichend klarzumachen; erst dann wird auch die Bedeutung der Religion und die Möglichkeit eines religiösen Verständnisses von Geschichte deutlich werden.

Wenn KARDINER z. B. dem sog. «sekundären System» u. a. die Funktion zuerkennt, das menschliche *Sicherheitsbedürfnis* zu befriedigen, so läßt er damit natürlich die Hauptfrage noch offen, welche Erwartungen eigentlich das Sicherheitsbedürfnis des Menschen präformieren; und diese Frage ist selbstredend nicht mehr mit soziologischen Methoden zu beantworten. In gewissem Umfang läßt sie sich allenfalls *empirisch* mit Hilfe der Paläoanthropologie durch die Rückführung auf bestimmte *Urszenen* menschlicher Angst klären[100]; darüber hinaus aber läßt sich *philosophisch* zeigen, daß die eigentliche Angst und mithin das Sicherheitsbedürfnis des Menschen zentral nicht von diesen äußeren Situationen herrührt, sondern dem menschlichen Bewußtsein selbst entstammt[101]. Das Bedürfnis nach einer absoluten Sicherheit angesichts der Nichtigkeit und Kontingenz des Daseins ist offensichtlich dem Denken und Empfinden des Menschen selbst *wesenseigen;* es wird nicht von bestimmten Bedingungen einer Gesellschaft hervorgebracht, mit denen zugleich es zugrunde gehen könnte, sondern es bedient sich lediglich der gesellschaftlichen Bedingungen, um in bedingter Form eine unbedingte Antwort auf die totale Infragestellung des Menschen selbst zu geben. Eben diese unbedingte Antwort auf die radikale Kontingenz (und Angst) des menschlichen Daseins ist die Religion, und gerade so muß sie jenseits der Soziologie auch verstanden werden.

Von daher hat L. FEUERBACH gegenüber K. MARX in diesem Punkt unendlich recht, daß er die Religion als Ausdruck und Bedürfnis des menschlichen *Wesens* selbst interpretieren wollte; lediglich in der Annahme täuschte er sich, es werde das menschliche Bedürfnis nach Sicherheit sich bereits damit beruhigen lassen, daß ihm die Religion als Reflex einer falschen Einstellung des Menschen zu der Unendlichkeit seines eigenen Wesens erklärt und «Gott» mithin als Substitut für die «menschliche Gattung» vorgestellt werde, so als sei Theologie lediglich eine mißverstandene Soziologie[102].

HORKHEIMER, der mit MARX alle Metaphysik und Wesenslehre ablehnte und im Gegenteil betonte: «es existiert nichts, was nicht entsteht und vergeht»[103], war immerhin ehrlich und hellsichtig genug, den abgrundtiefen Pessimismus und den puren Relativismus einer rein soziologischen Betrachtungsweise

[100] Vgl. E. DREWERMANN: Strukturen des Bösen, II 221–235.

[101] E. DREWERMANN: Strukturen des Bösen, III 235–238; DERS.: Der Krieg und das Christentum, 74–75.

[102] L. FEUERBACH: Gedanken über Tod und Unsterblichkeit, in: Werke, I 198; DERS.: Das Wesen des Christentums, in: Werke, V 32.

[103] M. HORKHEIMER: Geschichte und Psychologie, in: Kritische Theorie I 15.

menschlicher Geschichte zu erkennen und anzuerkennen. Denn nicht nur die Religion, sondern in gleichem Maße wie sie und in direktem Zusammenhang mit ihr steht der gesamte Inhalt dessen auf dem Spiel, was heute als «Menschsein» und «Menschlichkeit» gilt und bezeichnet wird.

In seiner Arbeit über die «Dialektik der Aufklärung» bereits hatte HORKHEIMER dargestellt, was aus dem Menschen wird, wenn in Erfüllung der 6. These von K. MARX über FEUERBACH wirklich der Einzelne nur noch als «Ensemble gesellschaftlicher Verhältnisse» existiert oder, besser, vegetiert: als sozialisiertes Individuum wird der Einzelne, HEGEL zum Trotz, nur noch, dressiert wie ein Haushund, von einem allmächtigen Verwaltungsapparat nach Maßgabe seiner zweckrationalen Verwertbarkeit hervorgebracht und ausgehalten werden, – und zwar zu Recht, wenn das «Wesen» des Menschen selbst nur ein sozialhistorisch bedingtes Produkt ist. Mit dem ihm eigenen fatalen Mut zur Konsequenz betrachtete HORKHEIMER die wesentlichen geistigen Eigenschaften, «die der Mensch dem Tiere voraus hat», rein soziologisch als «Phänomene des Übergangs», und er zählte darunter insbesondere «Kultursphären wie Religion, Achtung der großen Tradition, Philosophie»; «in der verwalteten Welt der Zukunft», diagnostizierte er, würden diese «ihre Funktion verlieren», ja «als infantil erscheinen». Dieser Analyse ist nichts hinzuzufügen. Voll und ganz muß man HORKHEIMER insbesondere auch darin zustimmen, daß er vor allem die «eilige Liberalisierung der Theologie, die Wendung des Ästhetischen zum Abstrakten, die Auffassung der Philosophie als antiquierter Disziplin der Wissenschaft» bereits heute schon als Symptome einer vollständigen Umwandlung des Menschen von einem freien in ein termitenhaft organisiertes Wesen betrachtete[104]. Ganz richtig erkannte HORKHEIMER vor allem, daß die «Ideen, die solche Erfahrung (sc. die Erfahrung, nur in Funktion und als Produkt der Gesellschaft zu existieren, d. V.) zu relativieren vermögen, ... letztlich unablösbar von Theologie» sind und daß «mit ihrem Rückgang ... die Welt der Nummern schlechthin gültig wird»[105].

Aber daran eben hängt jetzt alles: ob der Glaube an Gott als an eine absolute Person und, damit aufs engste verbunden, der Glaube an die unveräußerliche Würde des Einzelnen eine Wahrheit ausspricht, die im Menschen selber angelegt ist und – einmal in dem, was JASPERS die «Achsenzeit» nannte, in Erscheinung getreten – zum Menschen unabtrennbar gehört[106], oder ob es sich dabei um eine vorübergehende Form der Selbstreflexion des menschlichen Bewußt-

[104] M. HORKHEIMER: Schopenhauers Denken im Verhältnis zu Wissenschaft und Religion, in: Sozialphilosophische Studien, 153.

[105] M. HORKHEIMER: Bedrohungen der Freiheit, in: Zur Kritik der instrumentalen Vernunft, 352.

[106] Vgl. K. JASPERS: Ursprung und Ziel der Geschichte, 14.

seins unter bestimmten sozialgeschichtlichen Bedingungen handelt, die ebenso vergänglich und relativ ist wie alle sozialen Gegebenheiten der menschlichen Geschichte sonst. Entweder ist der Mensch ein Ensemble der Gesellschaft, dann wird der Einzelne als Träger von Freiheit, Verantwortung und Geschichte durch das Kollektiv als Träger und Gegenstand der «objektiven Vernunft» inmitten einer den erreichten Status quo fixierenden Verwaltung abgelöst – oder der Mensch ist seiner Geschichte vor- und übergeordnet, dann lautet entscheidend die Frage, welche Wahrheiten, welche Gegebenheiten wesenhaft zu ihm gehören und lediglich unter den Bedingungen einer gegebenen sozialen Struktur in bestimmten Modifikationen in Erscheinung treten.

Damit kommen wir zu dem bereits formulierten Stand der Problematik geschichtlicher Hermeneutik zurück. Soll es etwas Wesenhaft-Verbindliches in der Geschichte geben, soll es, gemäß der DILTHEYSCHEN Geschichtsauslegung, möglich sein, aufgrund der Geschichte etwas vom Wesen des Menschen selbst zu erkennen, so muß es im Menschen etwas geben, das in den geschichtlichen Gestaltungen für sich selbst zur Anschauung kommt und sich durch alle sozialen Modifikationen und kulturellen Metamorphosen gleichbleibt. Diese empirisch erscheinende Außenseite dessen, was im Menschen liegt, muß, wie DILTHEY richtig meinte, *psychologisch* erforscht werden. Zuzugeben ist DILTHEY vor allem, «daß psychische Strukturen sich in der Geschichte ausdrücken» und der Mensch «nicht von der Gesellschaft her erklärt werden» dürfe[107]. Die psychischen Strukturen, die sich geschichtlich manifestieren, müssen allerdings von anderer Art sein als diejenigen Strukturen, die z. B. in der soeben skizzierten psychoanalytischen Sozialisationstheorie KARDINERS untersucht wurden; es darf sich nicht um bloße *Reaktionsweisen* der menschlichen Psyche auf bestimmte soziokulturelle Umstände handeln. Die psychischen Strukturen, die wir als identische Konstanten der geschichtlichen Wirklichkeit suchen, müssen vielmehr in strengem Sinne Strukturen der menschlichen Psyche vorab zu allen sozialen Bedingtheiten sein. Allgemeiner formuliert: soll die menschliche Geschichte nicht nur als Kette von «Tatsachen» erzählt, sondern als Einheit des Menschlichen von innen her verstanden werden, so müssen im Menschen selbst vor aller Geschichte «Strukturen» des Erlebens gefunden werden, die den «Strukturen» des geschichtlichen Auftretens des Menschen zugrunde liegen und in ihnen zum Ausdruck kommen.

Diese Folgerung ist für die Frage geschichtlicher Hermeneutik von größter Bedeutung; sie besagt: *eine typologische Hermeneutik der Geschichte verlangt eine archetypische Hermeneutik der menschlichen Psyche;* nur unter der Voraussetzung,

[107] M. HORKHEIMER: Psychologie und Soziologie im Werk Wilhelm Diltheys, in: Kritische Theorie, II 277.

daß es vorgängig zum historischen Auftreten des Menschen bestimmte Gestalten des Erlebens und Vorstellens im Menschen gibt, in denen der Mensch sich selbst und seine Welt wahrnimmt, können dem Menschen bestimmte Gestaltungen der Historie als Ausdruck und Sinnbild seines eigenen Wesens wiedererscheinen.

Erst von daher gelangt der DILTHEYSCHE Ansatz zu seiner Berechtigung und hermeneutischen Gültigkeit. Eine Hermeneutik der Geschichte vermittels einer typologischen Psychologie der Geschichte, wie DILTHEY sie vorschlug, setzt im Grunde eine apriorische Typologie des Psychischen voraus, wie sie vom Deutschen Idealismus ganz entsprechend in Form der apriorischen Kategorien des Verstandes für das Denken vorausgesetzt wurde. Ohne einen solchen Idealismus des *Psychischen* müßte die Soziologie tatsächlich die einzige wesentliche Wissenschaft vom Menschen bleiben, und ihre Erklärung einzelner geschichtlicher Prozesse würde mit dem Wesen des Menschen nicht nur die Kontinuität geschichtlichen Verstehens zerstören, sondern zugleich damit auch die Voraussetzungen von Geschichte überhaupt eskamotieren.

Wie aber läßt sich eine solche apriorische Typologie des Psychischen erstellen?

Um bestimmte *apriorische Typen der Vorstellung,* wie wir sie zur Deutung von Geschichte und geschichtlicher Überlieferung voraussetzen müssen, in der menschlichen Psyche aufzufinden, ist von zwei Voraussetzungen auszugehen. Als allgemeinmenschheitliche Strukturen des Psychischen dürfen die *Archetypen,* wie wir die geforderten Grundformen des Erlebens und Denkens mit der komplexen Psychologie C. G. JUNGS benennen können, nicht der Individualpsyche angehören; vielmehr müssen wir so etwas wie eine menschheitliche *Kollektivpsyche* annehmen, deren Existenz sich wesentlich in Form eben dieser «Archetypen» kundtut. Zum anderen können die Archetypen nicht ein Gegenstand sozialer Hervorbringung sein, ja sie dürfen überhaupt nicht der Sphäre des Ichs, des Bewußtseins, des rationalen Wissens und Planens, die M. WEBER zum Gegenstand der Soziologie gemacht hat, zugerechnet werden.

Die letztere Feststellung ist nicht nur hermeneutisch von Belang, sie hat auch unmittelbare Auswirkungen auf die gegenwärtige Form der Psychoanalyse. Eigentümlicherweise sind nämlich heutigentags gerade von der Tiefenpsychologie, wofern sie nicht in den Bahnen C. G. JUNGS denkt, erhebliche Einwände gegenüber dem Versuch einer tiefenpsychologischen Anthropologie bzw. einer archetypischen Kategorienlehre der menschlichen Psyche zu erwarten. Es zählt zu den Haupterschwernissen einer *archetypischen Hermeneutik* von Geschichte und geschichtlicher Überlieferung, daß die einzige hermeneutische Methode, die eine Einsicht in die unbewußten archetypischen Strukturen der menschlichen Psyche erlaubt, eben die Psychoanalyse, in den letzten Jahrzehnten unter dem Einfluß der Soziologie und insbesondere der Lerntheorie E. SKINNERS eine Wendung genommen hat, welche die großen Einsichten und die innere Entwicklung der tiefenpsychologischen Theoriebildungen S. FREUDS zugunsten einer bloßen Sozialisationstheorie verleugnete. Von der großen «Symphonie des Weltgeschehens» griff man damit wieder einmal lediglich «ein paar kulturelle Obertöne» heraus[108], und nicht einmal die eindrucksvollen Ergebnisse der *Verhaltensforschung,* die Entdeckung zahlreicher angeborener auslösender Mechanismen bei Mensch und Tier[109], nicht einmal die Einsicht in die Bedingtheit menschlichen Verhaltens durch bestimmte präformierte Reaktionsabläufe in Urszenen der evolutiven Herkunft des Menschen[110], auch nicht die bereits von FREUD angestrebte Rekonstruktion der menschlichen Prähistorie durch das Studium der menschlichen Triebe[111] vermochten die kurzschlüssige Reduktion der Psychoanalyse auf das simple Dreierschema Kind – Eltern – Gesellschaft im Rahmen der lerntheoretischen Alternative von Anpassung (Sozialisationsforschung) und Widerstand (Konfliktforschung) zu verhindern[112].

In gewissem Umfang ist dieser Gesinnungswandel in der Einstellung der Psychoanalyse natürlich von der momentanen Bewußtseinslage her begreiflich, wenngleich er dadurch in sich nicht weniger bedenklich wird. Die raschen sozialen Veränderungen, bedingt vor allem durch das schwindelerregende Bevölkerungswachstum, die damit verbundene Zerstörung der Umwelt, die ständig eskalierende Spirale von Rüstung und Abschreckung sowie die neuen Verteilungs- und Verwaltungsprobleme zwischen Unterernährung und Überproduktion haben gegenwärtig die alten biologischen Grundkräfte des Menschen: Hunger (Oralität), Aggression (Analität) und Sexualität (Genitalität) als Hauptgefahren des «Fortschritts» deutlich erkennbar werden lassen; daher lag und liegt die Versuchung nahe, das Studium der psychischen Prägungen des Menschen aus den Jahrhunderttausenden seines Lebens als Wildbeuter und Sammler und den Jahrmillionen seiner Herkunft aus der Tierreihe als etwas Rückwärtsgewandtes, «Regressives», zugunsten der Faktoren: «Lernen», «Re-

[108] S. FREUD: Zur Geschichte der psychoanalytischen Bewegung, X 108.

[109] K. LORENZ: Über die Bildung des Instinktbegriffes, in: Ges. Abhandlungen, Bd. I, 283–342.

[110] R. BILZ: Biologische Radikale, in: Paläoanthropologie, I 111–122.

[111] Vgl. S. FREUD: Die Traumdeutung, II/III 554; vgl. D. MORRIS: Der nackte Affe, 19–74; DERS.: Der Menschenzoo, 13–56; L. TIGER-R. FOX: Das Herrentier, 13–38; W. WICKLER: Die Biologie der Zehn Gebote, 58–74; P. OVERHAGE: Der Affe in dir, 299–361; O. KOENIG: Verhaltensforschung und Kultur, in: Altner: Kreatur Mensch, 102–159, u. a.

[112] Vgl. E. DREWERMANN: Tiefenpsychologie als anthropologische Wissenschaft, in: Strukturen des Bösen, II², XXXV–L.

form» und «Fortschritt» beiseitezustellen. Insbesondere in Deutschland galt in Abwehr der biologistischen Ideologie des Nationalsozialismus jeder Versuch, die menschliche Psyche mit der Erfahrung der Verhaltensforschung und der Prähistorie in Verbindung zu setzen, vielfach generell als «faschistoid», «konservativ» oder «reaktionär». Wenn man jedoch statt von «Volk» nur noch von «Gesellschaft», statt von «Biologie» nur noch von «Soziologie», statt von «Geschichte» nur noch von «synchroner Struktur» und «System» spricht, so kann vom Menschen wirklich nur noch die Chimäre eines rein sozial bedingten Wesens im Sinne der 6. FEUERBACH-These von K. MARX übrigbleiben. Eben darin liegt die Hauptgefahr einer Absolutsetzung soziologischer Methoden in der Geschichtshermeneutik und einer methodischen Vernachlässigung bzw. völligen Ausklammerung von Anthropologie, archetypischer Psychologie und philosophischer Ontologie.
Die von uns geforderte hermeneutische Hinwendung zur Welt der Archetypen muß sich demgegenüber auch heute noch – und wieder! – gegen dieselben Kräfte zur Wehr setzen, die von Anfang an der Psychoanalyse im Wege standen und die in der Gegenwart die wohl größte Krise des menschlichen Geistes und der menschlichen Psyche heraufbeschwören. Die angstvolle, wesentlich vom Christentum geformte Verdrängung des Unbewußten, Mythennahen und Irrationalen hat, wie gesagt (s. o. S. 30), in den Jahrhunderten abendländischer Geistesgeschichte einen Menschentypus heraufgeführt, der in seiner Zerrissenheit und Bewußtseinseinseitigkeit wie ein Kranker die Psychoanalyse in gleichem Maße benötigt wie ablehnt und sie in jedem Falle stets erst dann und nur insoweit akzeptiert, als er selbst nicht mehr ein noch aus weiß. Die Überwindung dieses Menschentyps einer vereinseitigten Rationalität scheint in einer einzigen Generation oder auch nur in wenigen Jahrzehnten überhaupt nicht möglich zu sein, es sei denn, daß Erschütterungen, noch schrecklicher und gefährlicher als die beiden Weltkriege und die zahlreichen revolutionären Umschichtungen dieses Jahrhunderts, eine Gesinnungsänderung erzwingen würden. Vorerst scheint alles nach noch mehr Veräußerlichung, noch mehr Rationalisierung, noch mehr Vermassung und Planung, nach noch mehr Aktionismus und Pragmatismus, nach noch mehr «Fortschritt» im Sinne von Naturaneignung und technischem Herrschaftswissen zu drängen. Nicht die innere Erneuerung, sondern die äußere Veränderung des Menschen, nicht die psychische bzw. religiöse, sondern die soziale bzw. politische «Lösung» der anstehenden Probleme drängt sich dem gegenwärtigen Bewußtsein auf. Die stufenweise Ersetzung der Theologie erst durch Philosophie (bei HEGEL), dann durch Psychologie (bei FEUERBACH) und schließlich durch Soziologie und Politologie (bei MARX) haben innerhalb weniger Jahrzehnte des vergangenen Jahr-

hunderts geistig das furiose Finale schon vorweggenommen, auf das die Gegenwart in immer rascherem Lauf de facto zuzustürzen droht.
Die Forderung nach einer archetypischen, dem Soziologischen und Rationalen vorgegebenen Hermeneutik des Unbewußten richtet sich daher unmittelbar gegen ein Menschenbild, wie es in einem großartigen Bild die *germanische Mythologie* in der Gestalt des Riesen Hrungnir beispielhaft portraitiert hat. Hrungnir, der mit seinem Schleifstein gegen den Gott Thor ankämpft, hat ein Herz und einen Kopf aus Stein, und weil man ihm gemeldet hat, Thor werde ihn von der Tiefe her angreifen, legt er seinen Schild auf die Erde und riegelt sich so nach unten hin ab; ihm zur Seite aber steht ein Riese aus Lehm, Mökkurkalfi, der vor Angst zittert und bebt[113]. – Ganz so erscheint der heutige Mensch: aus lauter Angst bekämpft er das Göttliche in sich, indem er sein Gefühl und sein Denken in einer steinernen Vernünftigkeit abhärtet; gegen den Gott, der «von unten», aus dem Unbewußten, sein Scheinriesentum bedroht, sucht er sich abzuschirmen und zieht gegen ihn mit Hilfe des «Schleifsteins», mit Hilfe seines Intellekts zu Felde. Aber das Ergebnis ist dementsprechend: Thor überwindet die Riesen «von oben», vom Himmel her, – ihr eigenes Denken fällt auf sie selbst herab; der Gott indes behält der Mythe nach einen Splitter von Hrungnirs Schleifstein in seiner Stirn zurück und wird derart von dem Fuß des niederstürzenden Riesen zu Boden gedrückt, daß erst seinem drei Tage alten Sohn Magni die Befreiung gelingt[114].
Es bedarf also, scheint diese Mythe zu sagen, eines gefahrvollen und sehr bescheidenen Neuanfangs, um das Göttliche im Menschen nach seinem drohenden Untergang in einer verjüngten Gestalt, in einer Art Wiedergeburt, wenn auch für immer verwundet, wieder «auferstehen» zu lassen. Die Unlebendigkeit und Trockenheit der Exegese in ihrer einseitig historisch-kritischen Ausrichtung jedenfalls ähnelt sehr dem Schleifstein des Riesen Hrungnir, – sie zu korrigieren, setzt eine Korrektur der Bewußtseinseinseitigkeit des gesamten christlich-abendländischen Menschenbildes voraus. Die Frage nach einer archetypischen Hermeneutik des Menschen und der menschlichen Geschichte gilt daher zugleich der Rückgewinnung der Tiefenschichten der menschlichen Psyche, ja sie hat diese zu ihrer unabdingbaren Voraussetzung. Für die Theologie, insbesondere für die Exegese, bedeutet die Einsicht in die Notwendigkeit eines derartigen Auslegungsverfahrens, daß sie endlich sich gegenüber der Gefahr einer seelenlosen Äußerlichkeit und, damit verbunden, einer sozialhistorischen Auflösung des Religiösen energisch widersetzen muß. *Denn nur in den*

[113] E. MUDRAK: Die Sagen der Germanen, 49.
[114] R. DEROLEZ: Götter und Mythen der Germanen, 124.

Archetypen und in den Gefühlen liegt das Einende und Verbindende zwischen den Kulturen und Religionen aller Zeiten und Zonen, während die Sprache, die Ratio, die Kategorientafel der moralischen Wertsetzungen sich als sehr zeitgebunden und voneinander trennend erweist. Auch die Religion, in Gedanken gefaßt, ist je nach Volk und Kulturkreis verschieden, aber ihre Wahrheit, niedergelegt und dargestellt in ihren ebenso verhüllenden wie enthüllenden Riten und Symbolen, ist überall die gleiche. In allen Menschen lebt ein unbewußtes Wissen um ein Absolutes, das in allen Menschen gegenwärtig ist und aus dem alles Bewußte hervorgeht, und nur auf dieser Ebene des Archetypischen ist eine hermeneutische Verbindung über die zeitliche Distanz von Jahrtausenden hinweg denkbar und möglich. Auf der Ebene der Archetypen allein zeigt sich wie in einer lingua franca aller Menschen die Gemeinsamkeit aller starken Gefühle von Freude und Traurigkeit, die Erfahrung von Geburt und Tod, Jugend und Alter, Krankheit und Heilung, die Empfindungen von Scham und Ekel, Liebe und Zärtlichkeit, die Tendenz zu Rangdemonstration und Revierverteidigung, die Vielzahl präformierter Reaktionen in Notfallsituationen usw. An dieses Ensemble ist anzuknüpfen, um die ewige Gültigkeit auch der religiösen Riten und Symbole zu verstehen.
Nachdem wir somit die vielfache Notwendigkeit, aber auch die mannigfaltigen Widerstände gegenüber einer archetypischen Hermeneutik der Geschichte bzw. geschichtlicher Überlieferungen aufgezeigt haben, stehen wir jetzt vor der ersten Hauptaufgabe dieser Arbeit: zu zeigen, wie eine derartige archetypische Hermeneutik beschaffen ist und wie sie sich zu der traditionellen historisch-kritischen Exegese verhält.

II. Die Wahrheit der Formen

A Sonnet is a moment's monument –
Memorial from the Soul's eternity
To one dead deathless hour.
Dante Gabriel Rossetti

1. Das mißachtete Erbe der Romantik

Es zählt zu den großen Paradoxien der historisch-kritischen Methode, daß sie selber durch die Entdeckung der *Formgeschichte* den Schlüssel zu einer archetypischen Hermeneutik in der Hand hatte, nur um ihn gewissermaßen sogleich in das falsche Schloß zu stecken und ihn dann mit Gewalt, weil sich die Tür nicht öffnete, von Grund auf zu verbiegen.

Nachdem die *Romantik* mit ihrer Hinwendung zum Gefühl, zu den unverstellten Quellen der Imagination und zur Religiösität in den tieferen Schichten der menschlichen Psyche in scharfem Protest zu der Verstandeseinseitigkeit des Deutschen Idealismus ihre Aufmerksamkeit den Überlieferungen des einfachen Volkes zugewandt hatte, war man auf eine Vielzahl volkstümlicher Traditionsformen gestoßen, die in ihrer poetischen Kraft und geistigen Tiefe der höchsten Wertschätzung würdig schienen. In Abscheu vor den gelehrten Vernünfteleien der Philosophen wandte man sich, wie zur geistigen Erholung, voll Dankbarkeit den Liedern und Gesängen, Märchen und Mythen, Sagen und Legenden, Parabeln und Anekdoten, Sprichwörtern und Weisheitserzählungen des Volkes zu, in denen man den Ausdruck unverstellten Fühlens und originären Dichtens wiederzufinden meinte. All diese Zeugnisse reicher Volksüberlieferung besaßen nur selten einen «Verfasser»; sie gaben sich nicht als bewußte, absichtsvoll gestaltete Aussagen eines Einzelnen zu erkennen; in ihnen schien der Geist des Volkes selbst auf unverfälschte Weise sich auszusprechen. Insbesondere die gemüthafte Wärme, die präzise Beobachtungsschärfe, die geschliffene Knappheit der Sprache sowie die strenge Gliederung des Aufbaus nötigten den Entdeckern der Volksüberlieferungen im 18.–19. Jh.

die größte Bewunderung ab. Gewiß irrten die BRÜDER GRIMM und große Teile der naturmythologischen Schulen, die sich auf sie beriefen, wenn sie in den Volksüberlieferungen, vor allem in den Märchen, auch in historischem Sinne *altes,* unverfälschtes Überlieferungsgut anzutreffen glaubten[1]; – die Romantik unterschätzte sehr die Abhängigkeit auch der Volksliteratur von den Schöpfungen einzelner, wenngleich namenloser Dichter, und sie trug dem ständigen Kreislauf zwischen «Kunstpoesie» und «Volkspoesie», etwa im Bereich des Märchens und der Sage, ohne Zweifel nicht genügend Rechnung. Aber sie erkannte doch, daß es möglich und notwendig sei, die breite Vielfalt volkstümlicher Dichtung von innen her nachzuempfinden und nachzugestalten, und bald schon gingen Leute wie LUDWIG TIECK[2] oder CLEMENS BRENTANO[3] daran, selber nach dem Vorbild und im Sinne der Volksüberlieferungen Lieder und Märchen zu dichten und zu erzählen.

Sehr zu Hilfe kam ihnen dabei das Religionsverständnis von NOVALIS und SCHLEIERMACHER, die auf die Grenzenlosigkeit der menschlichen Psyche als eines universellen Verständnisorgans hinwiesen, wenn man das Prinzip des Verstehens nur nicht im Äußeren, sondern einzig im Inneren suchen wollte; «nach Innen geht der geheimnisvolle Weg. In uns, oder nirgends ist die Ewigkeit mit ihren Welten – die Vergangenheit und Zukunft», schrieb NOVALIS[4], und F. SCHLEIERMACHER forderte kategorisch, daß man die Äußerungen des Religiösen nicht als etwas Fremdes, sondern Seeleneigenes, im eigenen Subjekt Anzutreffendes betrachten müsse. «Verständen sie sich auf die Religion», meinte er, «so würden sie aus ihrem eigenen Gefühl wissen, daß jene symbolischen Handlungen, von denen ich gesagt habe, daß sie der wahren religiösen Geselligkeit wesentlich sind, ihrer Natur nach nichts sein können als Zeichen der Gleichheit des in Allen hervorgegangenen Resultats, Andeutung der

[1] Bereits 1859 machte die Bearbeitung der indischen Märchensammlung *Pantschatantra* durch BENFEY deutlich, daß die Märchenmotive auch der deutschen Märchen *gewandert* sind und nicht einer nationalen, sondern universellen, menschheitlichen Vorstellungswelt entstammen; vgl. E. BETHE: Mythus, Sage, Märchen, 11–12, gegen J. GRIMM: Deutsche Mythologie, 1. Bd., S. XII–XIV, wo die Einbeziehung der Märchen und Sagen in die Quellentexte der deutschen Volkskunde und alten Mythologie klassisch ausgesprochen wurde. – Zur Leistung des Dichters und Erzählers in der Volksüberlieferung vgl. W. ALY: Volksmärchen, Sage und Novelle bei Herodot und seinen Zeitgenossen 1921, 11; M. LÜTHI: Das europäische Volksmärchen, 92.

[2] L. TIECK: Der blonde Eckbert (1796); DERS.: Der gestiefelte Kater, 1797; DERS.: Vom getreuen Eckart, 1799. Zu den Märchendichtungen der Romantik vgl. M. THALMANN: Das Märchen und die Moderne (1961), 35–58 (zu Tieck), 59–77 (zu Brentano) und 78–103 (zu Hoffmann).

[3] C. BRENTANO: Märchen, begonnen 1820; vgl. auch W. HAUFF: Märchen-Almanach auf das Jahr 1826 für Söhne und Töchter gebildeter Stände, in: S. v. STEINSDORFF (Hrsg.): W. Hauff: Märchen – Novellen, 1976, 9, wo «Märchen» von der Königin zu den Kindern, ihren Lieblingen, auf die Welt gesandt wird, nebst ihren Brüdern, den Träumen.

[4] NOVALIS: Blütenstaub (1797–1798), Nr. 17, in: G. Schulz (Hrsg.): Novalis Werke, 326.

Rückkehr zum gemeinschaftlichen Mittelpunkt, nichts als das vollstimmigste Schlußchor nach allem, was Einzelne rein und kunstreich mitgeteilt haben.»[5]
Nicht der historische Rekurs in die Vergangenheit, sondern der psychische Rekurs in den wesentlichen Ursprung der menschlichen Seele bildete nach dieser Auffassung das fundamentale Prinzip jeder verstehenden Hermeneutik.
Vollends als J. G. HERDER die Formen der Volksdichtung auch in der Bibel wiederentdeckte und die Schöpfungsgeschichte als einen dichterischen Mythos auslegte[6], hätte nichts näher gelegen, als sich sein *Est Deus in nobis* hermeneutisch zunutze zu machen, das er seiner Schrift «Vom Erkennen und Empfinden in der Menschlichen Seele» (1778) voranstellte[7]. In seiner Schrift «Vom Geist der ebräischen Poesie»[8] hatte HERDER zudem gezeigt, wie man, um Exeget zu sein, zugleich Dichter und Philosoph sein muß. Nicht zuletzt hatte die romantische Hermeneutik auch auf die fast verlorene, ja im abendländischen Denken geradezu mutwillig zerstörte Einheit des Menschen mit der ihn umgebenden Natur hingewiesen[9] und damit wichtige Aussageebenen von Mythos und Märchen wiederentdeckt. – Heute, nach mehr als 150 Jahren, ist es kaum abzuschätzen, welch eine Fülle an religiöser Einsicht und poetischer Anregung uns durch die sträfliche Mißachtung des hermeneutischen Ansatzes der Romantik verlorengegangen ist.
Denn tatsächlich übten die Gedanken der «Romantiker» zur Theologie und Schriftauslegung auf die Fachexegese einen nur geringen, ja im Grunde gar keinen methodisch wirksamen Einfluß aus. Es wäre an sich nur konsequent und richtig gewesen, die bahnbrechende Entdeckung der Formenvielfalt der «Kleinliteratur» in der Volkspoesie, die durch die Hinwendung der Romantik zu den gemüthaften, dichterischen Kräften der «Volksseele» ermöglicht worden war, auch im Geiste der Romantik aufzugreifen und mit einer neuen Hochschätzung der *psychischen Wahrheit* den jeweiligen Erzählformen zu verbinden. Aber statt in den Mythen und Märchen, in den Sagen und Legenden Erzählungen zu erblicken, die einzig in ihrer jeweiligen Gestalt zutreffend auszusagen vermögen, was an Vorstellungen und Empfindungen in der menschlichen Psyche dazu drängt, sich in eben diesen Bildern und Symbolen mitzuteilen, griff die auf den theologischen Kathedern offiziös gelehrte Exegese lediglich die Entdeckung der mündlichen Tradition volkstümlicher «Kleinlitera-

[5] F. SCHLEIERMACHER: Über die Religion, 132–133.
[6] J. G. HERDER: Älteste Urkunde des Menschengeschlechts, 1774; 1776.
[7] J. G. HERDER: Vom Erkennen und Empfinden in der Menschlichen Seele, 1778.
[8] J. G. HERDER: Vom Geist der ebräischen Poesie, 1782. – Zu dem Begriff der dichterischen Wahrheit bei HERDER und NOVALIS vgl. W. KAYSER: Die Wahrheit der Dichter, 83–84; 100–101.
[9] Vgl. E. DREWERMANN: Der tödliche Fortschritt, 90–101.

tur» in der Bibel an sich auf, und zwar ausschließlich unter dem Gesichtspunkt, der sie einzig beschäftigte: unter der Fragestellung nicht nach der psychischen, mithin nach der ebenso religiösen wie dichterischen Wahrheit der unterschiedlichen Erzählformen, sondern allein unter dem Aspekt der historisch-kritischen Forschung. Im Grunde scheiterte der romantische Protest gegen den Intellektualismus professoraler Gelehrsamkeit an eben den gelehrten Professoren auf den theologischen Lehrstühlen selbst, die nicht nur um ihre Reputation, sondern mehr noch um die «Objektivität» ihrer «wissenschaftlichen» Erkenntnis fürchteten. Das uralte, bereits von den Apologeten im 2. Jh. verfestigte Vorurteil, daß nur die historische Realität die Grundlage des christlichen Glaubens bilden könne[10], errichtete zusammen mit der gleichermaßen in der christlichen Theologie tief verwurzelten Überbetonung der «Vernunft» ein stabiles Bollwerk gegen die «romantische» Verklärung der «einfachen», «unverstellten» Wahrheit, die in den tieferen Schichten, soziologisch: des Volkes, und psychologisch: der Seele, lebendig sei.

Der Kontrast konnte unter diesen Umständen nicht grotesker geraten: während gerade noch E. T. A. HOFFMANN in seinen Erzählungen den Leser in das verwirrende, erregende, verführerische und unheimliche Schattenkabinett der hintergründigen Wünsche und Ängste des Unbewußten einzuführen suchte und mit seinem «Fräulein von Scuderi» die Grundlagen der eigentlichen «Kriminalgeschichte» schuf[11], blieben die Gelehrtenzimmer der Bibelausleger von all den Problemen der Zerspaltenheit, der Angst und der Tragödie, aber auch von den Glücksgefühlen der Ekstase, der Musikalität und der Rauschhaftigkeit der menschlichen Psyche, man kann nicht sagen: in Seelenruhe, vielmehr in erhabener Gedankenstarre vollkommen unberührt. Mochte L. FEUERBACH den Gefühlshintergrund der christlichen Dogmen wiederentdecken, mochte A. SCHOPENHAUER den gesamten Weltengrund als irrationalen Willen interpretieren, mochte F. NIETZSCHE das dionysische Erleben zur Quelle der Poesie und Inspiration erklären – die Fundamente der Bibelexegese gerieten durch all das in ihrer hermetischen Isolation nicht ins Wanken. Nicht Sinn, Gefühl, Erfahrung und Erleben war ihr Ziel; ihr Ideal verkörperte L. VON RANKES Vorstellung exakter Geschichtsschreibung[12], – und einzig im Dienste seiner Quellenkritik griff man auch die Entdeckung der unterschiedlichen Erzählformen in der Volkspoesie auf: man benutzte sie, um quellenkritisch der historischen Wahrheit durch Wahrscheinlichkeitsrekonstruktionen der faktischen Wirk-

[10] Vgl. E. DREWERMANN: Strukturen des Bösen, III 521–524.

[11] E. T. A. HOFFMANN: Das Fräulein von Scuderi, in: Die Serapionsbrüder, 1819–1821; vgl. die Interpretation bei E. DREWERMANN: Strukturen des Bösen, III 291–294.

[12] L. VON RANKE: Weltgeschichte, 1881–1888.

lichkeit *hinter* den Verschleierungen der Volksüberlieferung mit ihren lästigen Mythen-, Sagen- und Legendenbildungen näherzukommen. Statt die psychische Wahrheit *in* den einzelnen Erzählformen zu würdigen, setzte man die einzelnen Erzählweisen von vornherein als phantastische *Abweichungen* von der «wahrheitsgetreuen» Faktenmitteilung im RANKESCHEN Sinne ins Unrecht. Aus der *Entdeckung der Formen* wurde die *Formgeschichte* – ein Verfahren, durch welches die einzelnen Erzählformen nach dem Grad ihres historischen Wahrheitswertes gestaffelt wurden und, in einer Art negativer Evolution, in wachsender Entfernung von der Historie auseinander*entwickelt* wurden.

Besonders charakteristisch muß dabei die widersprüchliche und doch einhellige Stellungnahme der beiden großen kirchlichen Konfessionen zur Frage nach der Historie im Rückblick erscheinen: die katholische Kirche, angesichts der historischen Kritik zu Recht aufs äußerste besorgt um den Bestand ihrer Glaubenslehren, verbot kurzerhand jede freie Erforschung der historischen Entstehung der biblischen Schriften und erklärte kategorisch, daß alle Texte von dogmatischem Belang ohne jede Rücksicht auf ihre formalen Eigenarten in *historischem* Sinne wahr seien; die protestantische Theologie ging gleichermaßen vom Primat des Historischen aus, mußte dann aber erleben, wie ihr die gesuchte historische Wirklichkeit gerade an den entscheidenden theologischen Stellen in Nichts zerrann. Die Exegeten beider Konfessionen zeigten sich außerstande, Begriffe wie Märchen, Mythos, Legende, Sage etc. anders als «historisch-kritisch», d.h. anders als in rein pejorativem Sinne zu verstehen – als Abweichungen von der einzigen Wirklichkeit, die man sich bereit fand, als wirklich anzuerkennen: der historischen Welt der nachprüfbaren Fakten; und beide Konfessionen mußten fortschreitend erleben, wie ihr Umgang mit der Bibel, so oder so, den Quell des Glaubens zum Versiegen brachte: der katholische Dogmatismus setzte an die Stelle der freien Zustimmung des Glaubens nunmehr die Nötigung, zur Begründung der «Vernünftigkeit» des Glaubens mit historischen Mitteln den Nachweis zu führen, daß (und wie!) die Schlange im Paradies gesprochen habe, die Kinder Israels das Rote Meer durchschritten und die Jungfrau Maria das Jesuskind jungfräulich in Bethlehem zur Welt gebracht habe; alles, was dabei herauskam, war eine geradezu monströse Travestie historischer Forschung, ein gewaltsames credo, quia absurdum. Protestantischerseits aber zwang man sich umgekehrt mit einer bewundernswerten Wahrheitsliebe, den Boden der Bibel, als historisches Dokument verstanden, selbst zu unterhöhlen.

Schon um 1906 resümierte von daher A. SCHWEITZER: «Unser Verhältnis zum historischen Jesus muß zugleich ein wahrhaftiges und freies sein. Wir geben der Geschichte ihr Recht und machen uns von seinem Vorstellungsmaterial frei.» Aber er ergänzte richtig: «Im letzten ist unser Verhältnis zu Jesus mystischer Art. Keine Persönlichkeit der Vergangenheit kann durch geschichtliche Betrachtung oder durch Erwägungen über ihre autoritative Bedeutung lebendig in die Gegenwart hineingestellt werden. Eine Beziehung zu ihr gewinnen wir erst, wenn wir in der Erkenntnis eines gemeinsamen Wollens mit ihr zusammengeführt werden.»[13] Vollkommen richtig hätten diese Worte sein können, wäre nicht auch A. SCHWEITZER gezwungen gewesen, sogar den Begriff der Mystik im Sinne eines ethischen Voluntarismus zu verengen. Eine mystische Verschmelzung mit einer «Persönlichkeit der Vergangenheit», wie er sie ganz zutreffend beschwor, müßte in Wahrheit sich an die gleiche Stelle begeben, an der gerade die Mythen und Legenden, diese ewigen Traumbilder des Religiösen, zur Deutung und Mitteilung ihrer Ursprungserfahrung geboren wurden, und tatsächlich lief A. SCHWEITZERS historisches Resümee auf eine völlig neue Einstellung zur Exegese hinaus.

Wie wahr konnte A. SCHWEITZER etwa über Jesus von Nazaret sagen: «Als ein Unbekannter und Namenloser kommt er zu uns, wie er am Gestade des Sees an jene Männer, die nicht wußten, wer er war, herantrat. Er sagt dasselbe Wort: Du aber folge mir nach!, und stellt uns vor die Aufgaben, die er in unserer Zeit lösen muß. Er gebietet. Und denjenigen, welche ihm gehorchen, Weisen und Unweisen, wird er sich offenbaren in dem, was sie in seiner Gemeinschaft an Frieden, Wirken, Kämpfen und Leiden erleben dürfen, und als ein unaussprechliches Geheimnis werden sie erfahren, wer er ist...»[14] Nur daß eben, um dieses «unaussprechliche Geheimnis» religiöser Erfahrung jenseits der engen Grenzen kategorialen Sprechens *bildhaft* zur Sprache zu bringen, gerade die *symbolhaltigen* Erzählungen der Mythen, Märchen, Sagen und Legenden *notwendig* und *unerläßlich* sind! Als Bilderzählungen besitzen sie keine historische Wahrheit im Sinne bloßer Sachaussagen und Faktenmitteilungen; aber sie enthalten die Wahrheit religiöser Erfahrung und sagen aus, was die äußere Welt der Fakten *innerlich* bedeutet. Die großen Symbole in den Bilderzählungen religiöser Überlieferung wurden nicht «erfunden», um eine bestimmte theologische Aussage zu verdeutlichen – sie sind keine didaktischen «Gleichnisse» –, und noch weniger sind sie Aussage-«mittel», die rein äußerlich übernommen worden wären, um sich dem Zeitgeist oder bestimmten folkloristischen Vorstellungen anzupassen. Sie sind vielmehr Bilder, die sich, wie die Bilder eines Traumes zur Verarbeitung der rezenten Tageseindrücke, spontan aufdrängen, um die psychische Realität der äußeren Fakten zu reflektieren;

[13] A. SCHWEITZER: Geschichte der Leben-Jesu-Forschung, 628; 629.
[14] A. a. O., 630.

und wenn man in der katholischen Kirche von den *Sakramenten* sagt, daß sie, unter dem Gewand heilsamer Zeichen, im Vollzug *bewirkten,* was sie *bezeichneten,* so sind in eben diesem sakramentalen Sinne die großen Symbole der Mythen und der Märchen, der Sagen und Legenden darin *wirklich,* daß sie auf unmittelbare Weise religiöse Erfahrungen *vermitteln,* indem sie diese ausdrücken. Alles kommt daher auf die Frage an, wie man im Erbe und in Anknüpfung an die «romantische» Hermeneutik den «unhistorischen» Erzählformen der Bibel ihre psychische Wahrheit im Rahmen einer psychologischen Auslegung zurückgeben kann.

2. Die Vielfalt der Erzählformen und ihre Zuordnung in der traditionellen Formgeschichte

Um sich dieser Aufgabe zu nähern, ist es von großem Nutzen, vorweg die Analyse zu durchmustern, die jene «unhistorischen» Erzählformen in Gestalt der Märchen, Mythen, Sagen und Legenden in der traditionellen Formgeschichte historisch-kritischer Provenienz gefunden haben. Vor allem die berühmte Schrift von MARTIN DIBELIUS aus dem Jahre 1919 über «Die Formgeschichte des Evangeliums» kann dabei als Leitfaden gelten, darf sie doch bis heute, trotz zahlreicher Einwände und Vorbehalte, als klassisches Werk über das gesamte Problemgebiet gelten[15]. Zudem macht die Charakterisierung, die M. DIBELIUS den einzelnen Erzählformen zuerteilte, im Grunde die Notwendigkeit der von uns geforderten psychologischen Auslegung der Texte besonders eklatant, und es scheint auch von daher richtig, die Darlegungen aus DIBELIUS' Formgeschichte an dieser Stelle pars pro toto etwas ausführlicher zu referieren, um vorweg das Spektrum der Themenstellung zu beleuchten. Nebenbei gesagt, ist ein solcher Rückgriff gerade auf die Anfangsliteratur aus der Entdeckerzeit einer bestimmten geisteswissenschaftlichen Methode immer von besonderem Reiz und Gewinn; denn geistesgeschichtlich sprechen sich neue Einsichten und Entdeckungen gerade zu Beginn in größtmöglicher Klarheit im Kampf gegen überlebte Überzeugungen und in kraftvoller Begeisterung und Siegesgewißheit aus. Anders als in der Naturgeschichte, wo die Anfänge neuer Gestaltungen als unfertige Versuche später ganz zurücktreten oder überhaupt verschwinden, sind in der Geistesgeschichte gerade die Entdecker, die Pioniere, die eigentlichen Genies, betrachtenswert; gemessen an ihnen ist alles andere zumeist nur Kommentar, Anwendung – Schülerwerk. Daß wir uns in

[15] Vgl. H. ZIMMERMANN – K. KLIESCH: Neutestamentliche Methodenlehre, 129–130.

der Auseinandersetzung mit DIBELIUS im folgenden (zunächst) auf die Formgeschichte nur des Neuen Testaments beschränken, hat seinen Grund nicht nur in einer gewissen didaktischen Übersichtlichkeit, sondern vor allem darin, daß auf dem Boden des Neuen Testaments die theologische Bedeutung aller Fragen exegetischer Hermeneutik sofort evident zu machen ist.

DIBELIUS ging davon aus, daß im Neuen Testament «Geschichtstradition und Worttradition... nicht dem gleichen Gesetz» der Überlieferung unterlegen waren[16]. Da die *Halakha,* die «Tradition von Lebens- und Kultusregeln»[17], absolut im Vordergund des theologischen Interesses gestanden habe, müsse sie historisch weit ernster genommen werden als die *«Haggada»,* die Überlieferung von geschichtlichen Stoffen, «die oft von Zufällen und von der Brauchbarkeit einer haggadischen Überlieferung für die Halakha» abhängig gewesen sei[18]. Die *Wortüberlieferung* muß daher nach DIBELIUS den Ausgangspunkt aller historischen Bemühungen bilden, die haggadische Tradition hingegen stellt für ihn nur eine Art Verdeutlichung und Erweiterung der Wortüberlieferung dar. Als Faustregel gilt demnach: je weiter eine Erzählform sich von der Wortüberlieferung entfernt, desto mehr wächst ihr Abstand von der historischen Glaubwürdigkeit[19].

Näherhin unterschied DIBELIUS u.a. zwischen Paradigma, Novelle, Legende und Mythos bezüglich der erzählenden Literatur, und wenn wir zunächst auch allein an den «unhistorischen», archetypischen Erzählungen in der Nähe zum Mythos interessiert sind, und uns erst im zweiten Band der vorliegenden Arbeit dem Paradigma und der Novelle zuwenden werden, so verdienen doch alle vier Formen bereits an dieser Stelle besprochen zu werden.

a) Paradigma

Bereits das *«Paradigma»* ergab sich nach DIBELIUS aus der Propaganda der Gemeinde für den Glauben und stellte keinesfalls eine Art historischen Protokolls dar, obwohl es dem Wort und damit der Historie relativ am nächsten steht. DIBELIUS sah im «Paradigma» eine Erzählart, der jeder Ausdruck individueller Empfindung fernliegt, die aber in hohem Grade «sachlich», nämlich an der Verkündigungsabsicht, interessiert ist[20]. Das Paradigma weist daher eine Stili-

[16] M. DIBELIUS: Die Formgeschichte des Evangeliums, 26.
[17] A.a.O., 26.
[18] A.a.O., 26.
[19] Vgl. a.a.O., 58.
[20] A.a.O., 34.

sierung ins «Erbauliche» auf. Entstanden aus dem Missionswerk, diente es als fertig übernommenes und weitergegebenes Rednermaterial, als Predigtbeispiel (daher «Paradigma»), das, je nachdem, mit Rücksicht auf die Hörer variiert werden konnte, aber doch in den Hauptzügen feststand. «Unter modernen Verhältnissen», meinte DIBELIUS, «würden solche Texte den Vermerk tragen ‹Nur zur persönlichen Information› oder ‹Als Manuskript gedruckt›.»[21] Diese Art von Kleinliteratur sei mithin ohne Analogien zur großen Literatur.

Formal gibt nach DIBELIUS das Paradigma, über die Erbaulichkeit hinaus, sich durch die folgenden Merkmale zu erkennen:

– es ist in sich isoliert (weil es für sich eine selbständige Existenz geführt hat) und weist infolgedessen eine äußere Rundung auf[22]; es bedarf keines Anschlusses nach vorn und hinten;

– es ist von großer Kürze und Einfachheit, denn: «Nur kurze Stücke können der Predigt eingeführt werden.»[23] «Die liebevolle Ausarbeitung von Einzelheiten um ihrer selbst willen, die Charakterisierung von Personen und die Schilderung ihrer Umwelt aus Freude an der Darstellung – dies alles muß dem Paradigma fehlen.»[24] Es fehlt jedes Porträt der Personen; geschildert wird nur, wie Jesus auf die Begegnung mit bestimmten Menschen reagiert;

– im Paradigma treten die Worte Jesu deutlich hervor; sie bilden meist den Schluß der Perikope und besitzen als Regeln für den Glauben oder für das Gemeindeleben eine allgemeine und unmittelbare Beziehung, die dann in der Predigt weiter entfaltet werden konnte[25];

– in jedem Falle klingt das Paradigma in einem für die Predigt brauchbaren Gedanken aus, «sei es in einem allgemeinen Wort, sei es in einer beispielhaften Handlung Jesu, sei es endlich in einem die Tat preisenden Ausruf des Chores»[26].

Diese Merkmale können nicht ausschließlich gelten, aber sie verdeutlichen in ihrer Gesamtheit das Wesen des Paradigmas[27].

Insofern die Formwerdung des Paradigmas «nicht durch Schriftsteller, sondern durch Prediger zustande gekommen» ist, vollzieht sie sich «nicht nach individuellen Wünschen und Kräften, sondern gemäß den Notwendigkeiten der Predigt, also nach überindividuellen Gesetzen, die sich aus dem Sein der ur-

[21] A. a. O., 36.
[22] A. a. O., 41–42.
[23] A. a. O., 46.
[24] A. a. O., 46.
[25] A. a. O., 54.
[26] A. a. O., 55.
[27] A. a. O., 56.

christlichen Gemeinden ergeben»[28]. Daraus folgerte DIBELIUS, daß die formgeschichtliche Betrachtung notwendigerweise «eine soziologische Fragestellung» einschließe[29]. Was die historische Zuverlässigkeit angeht, so ergibt sich nach DIBELIUS aufgrund der Nähe des Paradigmas zur Predigt, daß hier lediglich die Interessen der Verkündigung walten: das Paradigma ist relativ glaubwürdig, weil es noch keine eigenen Erzählinteressen in sich aufgenommen hat; aber seine erbauliche, predigtmäßige Stilisierung und seine propagandistische Absicht schließen natürlich historische Objektivität aus[30]. Immerhin sei gerade diese Eigenart der Paradigmen ein Zeichen dafür, daß hier alte und relativ gute Tradition vorliege[31]. Denn: «Neutrale Berichte wären... von vornherein verdächtig»[32].

Als typische Paradigmen zählte DIBELIUS im Neuen Testament auf[33]:
Die Heilung des Gelähmten, Mk 2,1 ff.
Die Fastenfrage, Mk 2,18 ff.
Das Ährenraufen, Mk 2,23 ff.
Die Heilung der gelähmten Hand, Mk 3,1 ff.
Die Verwandten Jesu, Mk 3,31 ff.
Die Segnung der Kinder, Mk 10,13 ff.
Der Zinsgroschen, Mk 12,13 ff.
Die Salbung in Bethanien, Mk 14,3 ff.
Als Paradigmen «minder reinen Typs» betrachtete DIBELIUS:
Die Heilung in der Synagoge, Mk 1,23 ff.
Die Berufung des Levi, Mk 2,13 ff.
Jesus in seiner Vaterstadt, Mk 6,1 ff.
Der Reiche, Mk 10,17 ff.
Die Zebedaiden, Mk 10,35 ff.
Der Blinde von Jericho, Mk 10,46 ff.
Die Tempelreinigung, Mk 11,15 ff.
Die Sadduzäerfrage, Mk 12,18 ff.
Die ungastlichen Samariter, Lk 9,51 ff.
Der Wassersüchtige, Lk 14,1 ff.

[28] A. a. O., 57.
[29] A. a. O., 57.
[30] A. a. O., 58–59.
[31] A. a. O., 59.
[32] A. a. O., 59.
[33] A. a. O., 40.

b) Novelle

Eine eigentliche Literaturform, die DIBELIUS daher auch mit einem literarischen Namen – allerdings aus der Moderne – bezeichnete, ist die *Novelle.* Er verstand unter einer «Novelle» eine Erzählung mit folgenden Eigenschaften:
– sie ist ebenfalls eine in sich geschlossene Einzelgeschichte;
– sie weist – im Unterschied zum Paradigma – eine ausgesprochene Breite der Darstellung auf, die nicht rein erbaulich ist, sondern mit durchaus profanen Motiven einen lebendigen Realismus liebt; die «Farbengebung ist nicht gedämpft durch die Rücksicht auf einen zu wahrenden heiligen Stil»[34];
– daraus folgt, daß die erbaulichen Motive fehlen und auch alle Worte Jesu von allgemeiner Geltung zurücktreten. Die Worte in den Novellen, die zum Glauben auffordern, «meinen nicht den Glauben, den die Missionare den Gemeinden predigen, sondern das Zutrauen zu der Macht des Wundertäters. Inhalt des Glaubens ist in solchem Zusammenhang nicht die Überzeugung, daß durch Jesus Gottes Ruf an die Menschheit ergangen ist, sondern das Zutrauen, daß Jesus, der größte Wundertäter, alle anderen Thaumaturgen überragt»[35];
– im Mittelpunkt steht daher das Wunder, die außerordentliche Begebenheit (daher «Novelle»);
– die Novellen enden dementsprechend mit der Feststellung der Realität des Wunders;
– es herrscht ein besonderes Interesse an der Technik, an dem Wie des Wunders, – an den Worten, Gesten, Formeln des Meisters, die oft in Aramäisch wiedergegeben werden;
– die Novellen arbeiten mit einer Topik, die sich von den antiken Heilungsgeschichten (etwa von Epidauros) bis hin zu den Wundererzählungen von Lourdes überall gleicht: eine Krankengeschichte schildert die Aussichtslosigkeit des Leidens und die Erfolglosigkeit aller Heilversuche, damit die Heilung auf diesem düsteren Hintergrund um so wunderbarer und strahlender erscheint; es besteht also eine gewisse Artverwandtschaft zwischen den evangelischen Novellen und nichtchristlichen «Wundererzählungen», wie sie im volkstümlichen Schrifttum der Antike verbreitet waren[36].

Die Novellen, meinte DIBELIUS daher, sind «nicht wesentlich von den Gedanken der Heilspredigt bestimmt, sie behandeln nicht die Frage, wie der Mensch zu Gott stehe, welcher Mensch in das Reich Gottes gelange, welches die wahre Forderung Gottes sei. Sie sind vielmehr geleitet von dem Bestreben, die Größe

[34] A. a. O., 74.
[35] A. a. O., 75.
[36] A. a. O., 90.

des Wunders sichtbar zu machen, die Unmöglichkeit menschlicher Hilfe zu erweisen und die Art des Eingreifens Jesu zu schildern.»[37] Gleichwohl sind die Novellen nicht unreligiös. Wenn sie schildern, daß Jesus seine Wunder im verborgenen tut, so nicht des «Messiasgeheimnisses» wegen[38], sondern weil der Wundertäter «ein Gesandter und Offenbarer Gottes ist, der sein Tun, das ist aber Gottes Tun, nicht von profanen Augen beschauen läßt»[39]. Das Wunder wird hier zur Epiphanie, zur Erscheinung des Göttlichen auf Erden.

Aus dieser Eigenart ergibt sich für DIBELIUS auch der eigentliche *Zweck der Novellen* in der urchristlichen Missionstätigkeit: «Mit ihnen konnte man weder die Heilspredigt erläutern, noch die Heilserkenntnis mehren. Wohl aber konnte man durch die Erzählung solcher Novellen die Überlegenheit des Herrn Jesus erweisen und die Konkurrenz aller anderen Kultgötter aus dem Felde schlagen.»[40]

Die Novellen ersetzen gewissermaßen den Göttermythos durch die Wundergeschichte und verwischen dadurch die Grenze zwischen Gott und gottgesandtem Menschen; sie folgen damit einer Tendenz, die auch in der hellenistischen Religionsgeschichte spürbar ist. Der *geschichtliche Wert* der Novellen hängt an der Art ihrer Entstehung: manche Novellen sind Weiterbildungen «der kurzen Paradigmen zu längeren Erzählungen durch Einfügung einer reicheren Wundertopik»[41]; sie entfernen sich damit von dem noch relativ zuverlässigen Paradigma, indem sie «das Übliche an die Stelle des Einmaligen» setzen[42]; die neuen Elemente haben aber auch eine gewisse Wahrscheinlichkeit an sich, denn «das Schema der Heilungsberichte», meinte DIBELIUS, «wäre schließlich nicht entstanden, wenn nicht immer wieder der Thaumaturg diese Praxis (der Namensbefragung, der Handauflegung) angewendet hätte, wenn nicht immer wieder die Kranken sich in dieser Weise verhalten hätten»[43]. In einer Fußnote an der gleichen Stelle fügte DIBELIUS noch hinzu, daß in diesem Sinne die Angaben aus der modernen psychiatrischen Literatur ihre Geltung hätten[44]; – wir werden auf diese wichtige Feststellung im zweiten Band der vorliegenden Arbeit noch ausführlich zurückkommen. Der Einbau des «Üblichen» erlaubte es aber auch, bereits fertige Wunderberichte aus dem jüdischen oder heidnischen Bereich auf Jesus zu übertragen: «Judenchristliche Erzähler machten Jesus

[37] A. a. O., 90.
[38] Vgl. W. WREDE: Das Messiasgeheimnis in den Evangelien, Göttingen 1901.
[39] M. DIBELIUS: Die Formgeschichte des Evangeliums, 91.
[40] A. a. O., 93.
[41] A. a. O., 96.
[42] A. a. O., 96.
[43] A. a. O., 96–97.
[44] A. a. O., 97, Anm. 1.

zum Helden von bekannten Propheten- oder Rabbinen-Legenden, heidenchristliche Novellisten gaben Geschichten von Göttern, Heilanden und Wundertätern umgeprägt auf den christlichen Heiland weiter.»[45] In diesem Falle, wie z. B. in Mk 5,1–17 (der Besessenen-Heilung) oder in Joh 2 (der Hochzeit zu Kana), liegt nach DIBELIUS natürlich gar kein historischer Kern mehr vor. Insgesamt zählte DIBELIUS zu den Novellen[46]:

Der Aussätzige, Mk 1,40–45
Der Seesturm, Mk 4,35–41
Der Dämonische und die Schweine, Mk 5,1–20
Die Tochter des Jairus und die Blutflüssige, Mk 5,21–43
Die Speisung der Fünftausend, Mk 6,35–44
Das Seewandeln, Mk 6,45–52
Der Taubstumme, Mk 7,32–37
Der Blinde von Bethsaida, Mk 8,22–26
Der epileptische Knabe, Mk 9,14–29

Sodann die johanneischen Wundererzählungen:

Die Hochzeit zu Kana, Joh 2,1 ff.
Der Sohn des königlichen Beamten, Joh 4,46 ff.
Der Lahme am Teich Bethzatha, Joh 5,1 ff.
Der Blindgeborene, Joh 9,1 ff.
Die Erweckung des Lazarus, Joh 11,1 ff.

Als bearbeitete Novelle erwähnte DIBELIUS noch:

Die Erweckung des Jünglings zu Naim, Lk 7,11 ff.

Insofern die Novellen u. a. auch Epiphaniegeschichten sind, wirkt in ihnen ein gewisser Einfluß des Kultes nach; dennoch sind die Novellen nicht für den Kult geschaffen und nehmen sich mit ihrer profanen Darstellungsweise geradezu fremd im Gottesdienst aus. Hingegen liegt in den novellistischen Motiven und dem Stück «Welt», das durch sie in die christliche Verkündigung eindringt, nach DIBELIUS «die Anziehungskraft begründet, die diese novellistische Erzählweise auch heute auf den Leser ausübt»[47].

c) Legende

Als eine dritte in sich geschlossene Gattung stellte DIBELIUS die *«Legende»* heraus, die er als eine fromm-erbauliche Erzählung betrachtete, die von einer heili-

[45] A. a. O., 97–98.
[46] A. a. O., 68.
[47] A. a. O., 100.

gen Person oder einer heiligen Sache handelt, an deren Schicksal und Herkunft man Interesse hat. «Legende» meint hier wörtlich «das – am Festtag eines Heiligen – zu Lesende». Je nach dem Inhalt ist nach DIBELIUS zwischen der ätiologischen Kultlegende und der Personallegende zu unterscheiden[48], wobei in jedem Fall der ätiologische Zweck im Vordergrund stehe. Eine Kultlegende sei z. B. die Leidensgeschichte Jesu, die begründen wolle, warum die Christen Grund hätten, das Leiden Jesu kultisch zu feiern; erst allmählich sei daraus, bes. bei Lukas, eine Personallegende geworden[49]. Im Mittelpunkt der Personallegende, die bei den Synoptikern nur einen bezeichnend kleinen Raum einnimmt, «stehen Taten und Erfahrungen eines Menschen, der ob seiner Frömmigkeit und Heiligkeit von Gott eines besonderen Schicksals gewürdigt wird; der Wunder tut, Feinde versöhnt und Tiere bezähmt, dem auch Nöte und Gefahren zum Heil ausgehen und der noch als Märtyrer von göttlichen Gnadenerweisen umgeben ist»[50]. Am bezeichnendsten ist im Sinne dieser Kennzeichnung Lk 2,41–49, die Geschichte vom 12jährigen Jesus im Tempel, die das verbreitete Legendenmotiv von der Frühreife des Helden aufgreift und wohl aus Kreisen stammt, denen Jesus als Lehrer und Messias galt und die im Evangelium die Vollendung von Tempelkult und Halakha sahen. Die Vorstellung der Legenden vom Leben heiliger Menschen liegt dabei so fest, daß sie sich allerorten gleichbleibt und DIBELIUS daher von einem «Gesetz der biographischen Analogie» sprechen konnte[51]: der Heilige «kann weder geboren werden noch sterben, ohne daß die Bedeutung des Ereignisses vom Himmel her kundgetan wird; sein künftiger Beruf kündigt sich schon in der Jugend an; ebenso wirft aber auch sein Ende seine Schatten voraus; göttliche Gewalten sind stets bereit, seinen Nöten abzuhelfen und seine Verdienste zu verkünden. Viele Übereinstimmungen zwischen Buddha-Legenden[52] und Jesus-Legenden, aber auch zwischen christlichen Apostel- und Heiligen-Legenden beruhen nicht auf Entlehnung, sondern auf immer wieder erneuter Formung nach diesem Gesetz der biographischen Analogie.»[53] Das bedeutet natürlich nicht, daß jeder Einzelzug einer Legende von vornherein unhistorisch sein muß, aber es ist doch deutlich, daß der Legende nicht an historischen Feststellungen liegt.

Das Legendenschema kann auch zur Umformung von Erzählungen dienen, die

[48] A. a. O., 101.
[49] A. a. O., 102.
[50] A. a. O., 102.
[51] A. a. O., 106.
[52] Vgl. z. B. die Weissagung des greisen Simeon über das Jesus-Kind mit den Weissagungen des Sehers Asita in der Buddha-Legende: E. WALDSCHMIDT: Die Legende vom Leben des Buddha, 48–53, oder das Motiv der jungfräulichen Empfängnis, a. a. O. 29–38.
[53] M. DIBELIUS: Die Formgeschichte des Evangeliums, 106.

selbst nach anderen Stilgesetzen entstanden sind: die Nazaret-Perikope z. B. in Mk 6,1–6 ist noch ein Paradigma, sie wird aber in Lk 4,16–30 zu einer Legende ausgestaltet. Desgleichen wird in Lk 7,36–50 die Gestalt der salbenden Frau legendär ausgemalt. Überhaupt ist es der Hauptzweck der evangelischen Legenden, mehr von den heiligen Männern und Frauen im Umkreis Jesu und auch von der Person Jesu selbst wissen zu wollen. Besonders Petrus wird zum Gegenstand legendären Interesses der frühen Kirche, wie die Erzählung vom Seewandeln in Mt 14,28–33 beweist[54]. Legenden sind auch die Erzählungen vom Ende des Judas in Mt 27,3–8, wo eine ursprüngliche Ortslegende vom «Blutacker» mit Judas zusammengebracht wird. Eine vollständige Personallegende ist Lk 19,1–10, die Erzählung vom Zöllner Zakchäus; auch Lk 17,12–19, die Erzählung von den dankbaren Samaritern, gehört hierher. Legendäre Züge bezeugen auch Mt 27,19 (die Frau des Pilatus), Joh 1,45–51 (die Nathanael-Erzählung), Joh 4,1–42 (die Frau am Jakobsbrunnen) und Lk 10,38–42 (Maria und Martha). *Kultlegenden* sind die Geschichten von der Findung des Abendmahlssaales (Mk 14,12–16) und des Reittieres für den Einzug in Jerusalem (Mk 11,1–7).

Ein Problem für sich bilden die *Kindheitslegenden*. Das Kindheitsevangelium bei Lukas besteht aus vier Teilen: Lk 1,5–25, die Legende von der Geburt des Täufers, die in Lk 1,57–66 zum Abschluß kommt; Lk 1,26–38, die Jungfrauenlegende; Lk 2,1–19, die Verkündigungslegende; und Lk 2,22–38, die Geschichte von Simeon und Hanna, die ebenfalls in der buddhistischen Legende von dem Weisen Asita eine Parallele hat[55]. – In der Kindheitsgeschichte von Mt 2 existiert die Magier-Geschichte als echte Personallegende von dem künftigen Helden. Auch das Motiv von der Rettung des Heldenkindes aus Gefahr ist ein weitverbreitetes legendäres Schema[56].

Insgesamt, meinte DIBELIUS, seien es die Nebendinge und Nebenpersonen, die in den Legenden ausgeschmückt würden; nur wenige, wie die Geschichte von Maria und Martha oder der Sünderin, stünden im Zusammenhang mit der Predigt, oder, wie die Hirten- und Simeonlegenden, im Zusammenhang mit dem Kult; im Grunde verrieten die Legenden eine Frömmigkeit, die Jesus gerade bekämpft habe[57].

[54] Vgl. die buddhistische Legende vom Seewandel Buddhas am Flusse Nairandschana, bei: E. WALDSCHMIDT: Die Legende vom Leben des Buddha, 205.

[55] Vgl. E. WALDSCHMIDT: Die Legende vom Leben des Buddha, 48–53.

[56] Zum Motiv der Heldengeburt und seiner psychoanalytischen Deutung vgl. E. DREWERMANN: Strukturen des Bösen, II 337–348.

[57] M. DIBELIUS: Die Formgeschichte des Evangeliums, 129.

d) Mythos

Obwohl «die Geschichte Jesu nicht mythischen Ursprungs» ist[58], enthält sie doch eine Reihe mythischer Erzählungen und mythischer Anschauungen. *Mythos* meint dabei «Geschichten..., die in irgendeiner Weise beziehungsvolles Handeln von Göttern erzählen.» – «Nicht jede Erzählung», meinte DIBELIUS, ist ein Mythus, sondern nur eine solche, die eines besonderen Sinnes voll ist, die auf einer besonderen Beziehung beruht, sei's daß sie das Urbild zu einem Ritus berichtend darstellt, sei's daß sie Vorgänge der Weltentstehung, des gestirnten Himmels, der Vegetation oder des Menschenschicksals nach dem Tode schildert, sei's daß sie eines Gottes Wesen in Form der Erzählung zu typischer Erscheinung bringt – irgendeine solche Beziehung gibt der Göttergeschichte Sinn und Wert für die Kultgemeinde, die sie erzählt: dann ist die Geschichte ein Mythus.»[59] Was demgegenüber «die Gemeinden sich zur Lehre und Regel an Worten ihres Meisters aufbewahrt haben, das zeigt», nach DIBELIUS, «nicht eines Gottes, sondern eines Lehrers Art»[60]. Und doch mußte die Gemeinde «in jener Zeit religiöser Romantik»[61], um den Gott zur Epiphanie zu bringen und seinen Kult zu predigen, auf den Mythos zurückgreifen. Der Christus-Mythos, der mit der Überlieferung vom Leben Jesu «nicht ohne weiteres» gestützt werden konnte, erzählte «die Geschichte von dem Gottessohn, der seine kosmische Mittlerstellung aufgab, im Gehorsam gegen Gottes Auftrag ein Menschenschicksal erduldete bis zum Tode am Kreuz und endlich durch Gottes Macht aus tiefster Erniedrigung zur Würde des ‹Herrn› erhoben wurde, dem alle Welt kultische Verehrung schuldet, bis daß er kommt, seine Feinde zu besiegen und sein Reich zu beherrschen. Das Erdenleben dieses Gottessohnes ist nur eine Etappe; *daß* er dies Leben in Knechtgestalt auf sich nahm, ist wichtiger zu wissen als *wie* es im einzelnen verlief. Die Begebenheiten seines Erdenalltags sind unwesentlich neben den großen kosmischen Stationen seiner Bahn; zuerst in göttlicher Gestalt – dann niedergefahren zur Erden – endlich erhöht zu neuer Himmelsherrlichkeit. Die irdischen Gegenspieler verschwinden neben den dämonischen, neben der Sünde, die zu besiegen er auf die Erde kommt, neben den Mächten und Gewalten, die Jesus ans Kreuz bringen, die aber der Auferstandene durch seine Erhöhung überwindet. Es hat in diesem mythischen Zusammenhang zunächst kein sonderliches Interesse, zu beobachten, wie auch das Menschenleben des Gottessohnes der Segenskräfte

[58] A. a. O., 265.
[59] A. a. O., 265–266.
[60] A. a. O., 266.
[61] A. a. O., 267.

voll ist. Wer dem mythischen Gang des Christus vom Himmel zum Himmel nachdenkt, wird nicht darin das Wunder sehen, daß der Gottessohn die Menschen überragt, sondern darin, daß er ihnen gleich ist.»[62]

Bemerkenswert war es nun für DIBELIUS, daß innerhalb der evangelischen Überlieferung der Christus-Mythos durchweg von der menschlichen Überlieferung der Erdentage des Herrn getrennt bleibt und lediglich zur Rahmung bzw. zur Ausgestaltung der geschichtlichen Überlieferung herangezogen wird: selbst die Marienlegende in Lk 1,26–38 berichtet nicht eigentlich eine mythische Theogamie, und auch von der Auferstehung Jesu fehlt bis zum Petrus-Evangelium 35–49[63] jedes Zeugnis. Wohl aber stellen echte Mythentradition dar:

Die Szene vom Taufwunder (Mk 1,9–11)
Die Versuchungsszene (Mt 4,1–11)
Die Verklärung Jesu (Mk 9,2 ff.)

Eine mythische Überfremdung christlicher Überlieferung durch außerchristliche Mythenmotive findet sich beim:

Seewandel Jesu (Mk 6,45–51) und beim
Seewandel Petri (Mt 14,24–33).

Aber auch manche novellistischen Züge, wie in der Erzählung von der Heilung des epileptischen Knaben, können mythisch umformt sein; so z. B. in Mk 9,19, als der Herr sich als ein verhüllter Gott in Menschengestalt zu erkennen gibt.

Vor allem aber ist das *Markus-Evangelium,* laut DIBELIUS, seinem Gepräge nach ein durch und durch mythisches Buch, das den Gottessohn zeigt, wie er in irdischer Verborgenheit die von Dämonen gefangengehaltene Welt für Gott freikämpft. Vollends aber das *Johannes-Evangelium* als das zuletzt entstandene Evangelium des Neuen Testamentes verrät das «Bedürfnis, den mythischen Christus reden zu lassen, ..., und zwar grundsätzlich, nicht nur wie bei den Synoptikern in Novellen und Offenbarungsworten, die (wie Mt 11,25 ff. oder Mt 28,18 ff., d. V.) zwischen den anderen Stücken der Überlieferung wie Fremdlinge stehen. Im Johannes-Evangelium redet überall der Postexistente, ...hier wird das Wirken Jesu wirklich erzählt als die Geschichte des Gottessohnes, die voll ist von heiligen und geheimnisvollen Beziehungen zu Glauben und Kult; hier ist alles Mythus.» Im Johannes-Evangelium ist die Tradition mithin selber in den Mythos eingegangen. «Die Entwicklung der zwei Größen, Tradition und Mythus, aufeinander hin war hier zu einem Abschluß ge-

[62] A. a. O., 267–268.
[63] Vgl. E. HENNECKE: Neutestamentliche Apokryphen, I 122–123.

kommen. Beide Größen hatten sich verbunden, und diese Verbindung war… notwendig und zukunftskräftig.» – «Diesem Buche (sc. dem Johannes-Evangelium, d. V.) gehört die Zukunft.»[64]

Mit diesen Worten gibt DIBELIUS also selber ausdrücklich zu, daß die Entwicklung des Christentums *wesentlich* an den Christusmythos gebunden war und ist. Aber statt nun diese in der Tat entscheidende Synthese von Mythos und Geschichte im Christentum theologisch und religionspsychologisch in ihrer Wahrheit zu würdigen und zu bestätigen, trifft dieser große Exeget seine Feststellungen nur als *Historiker*. In gerade dem Moment, wo er auf das Wesen des christlichen Glaubens stößt, macht es ihm der Zwang der historisch-kritischen Fragestellung zur Pflicht, die gefundene Synthese von Mythos und Geschichte in der Bibelüberlieferung, die geheime Quelle ihrer eigentlichen Wirksamkeit, sogleich wieder zu zerschlagen und im Mythos nur eine Verunreinigung der geschichtlich einzig glaubwürdigen Jesus-Tradition zu sehen. Daß er damit notwendigerweise das Neue Testament *gegen* den Gang seiner eigenen Entwicklungs- und Wirkungsgeschichte auslegen mußte, war DIBELIUS natürlich jederzeit bewußt, es stellte aber weder für ihn noch für irgendeinen seiner Schüler später einen hinreichenden Grund dar, an der Gewalttätigkeit ihrer einseitig historisch interessierten Interpretationsgrundlage auch nur einen Deut zu korrigieren. Im Gegenteil, es mußte nunmehr als ein geradezu theologisches Anliegen gelten, wie vormals die katholische Kirche, so nun auch die Bibel von ihren mythischen, also heidnischen Beimengungen zu reinigen und zu ihrem unverfälschten Ursprung in der Gestalt des historischen Jesus von Nazareth zurückzuführen, von dem sich einzig sicher sagen ließ, daß er an den zeitbedingten Widerständen gegen die Botschaft vom Reich Gottes auf tragische Weise scheitern mußte[65].

Neben einer solchen historischen Minimalhypothese ist innerhalb der historisch-kritischen Methode nur eine endlose Diskussion um die Historizität der jeweiligen Einzelstellen möglich – KIERKEGAARDS «approximando» der historischen «Tüttel» –; und die Resignation über den negativen Ausgang der «Leben-Jesu-Forschung» auch Jahrzehnte über A. SCHWEITZER hinaus läßt sich nur zum Schein mit der Fülle von «Glaubensaussagen» überlagern, die, oftmals in Widerspruch zueinander, in den verschiedenen Schriften des Neuen Testamentes über die Wahrheit des «Christus» oder des «Menschensohnes» zu

[64] M. DIBELIUS: Die Formgeschichte des Evangeliums, 286–287.

[65] Vgl. den Rekonstruktionsversuch bei M. DIBELIUS: Jesus, 1960, 3. Aufl., mit einem Nachtrag von W. G. KÜMMEL; oder bei G. BORNKAMM: Jesus von Nazareth, 1956; oder bei R. BULTMANN: Jesus, Tübingen 1926; München 1964, der in Jesus, vorbildlich für die gesamte Einstellung dieser exegetischen Richtung, eine Gestalt des radikalen Gottesgehorsams erblickte (53–62).

eruieren sind[66]: das Festhalten an «Glaubensaussagen» ohne eine historische Glaubensbegründung wird solange zwielichtig bleiben müssen, als man sich nicht dazu bequemt, gerade in den *mythischen* Bildern der Christusüberlieferung, entgegen der historischen Veräußerlichung, die innere Wahrheit der Religion zu erkennen; unabhängig davon wird man niemals darüber hinaus gelangen, in der Bibel ein Sammelsurium religionsgeschichtlicher Ansichten und Meinungen ohne innere Evidenz und Verbindlichkeit zu analysieren[67]. Im Rahmen der historisch-kritischen Methode läßt sich der «Christus-Mythos» nebst den daraus abgeleiteten bibeltheologischen Folgerungen nicht positiv verständlich machen, und der Versuch, jenseits der historischen Kritik noch an der «Glaubensbotschaft» des Neuen Testamentes festhalten zu wollen, kommt unter solchen Voraussetzungen im Grunde einer voluntaristischen Setzung, einer geistigen Verzweiflungstat gleich. Niemand hat dies besser gewußt als der Begründer der heute vorherrschenden methodischen Einstellung im exegetischen Umgang mit dem Neuen Testament, – als M. DIBELIUS. Indem er den historisch-kritischen Ansatz in der Auslegung antiker Texte auch auf das Neue Testament ausdehnte, mußte ein theologischer Korrosionsprozeß ohnegleichen beginnen, bei dem fortschreitend an die Stelle des Glaubens die Wahrheitsliebe des Historikers treten mußte – ein letzter in sich nur konsequenter Akt der Säkularisation, der, nunmehr im Herzen des Christentums, sich nur überwinden ließe, wenn man die Einseitigkeit eines rein historischen Wirklichkeitsverständnisses von Grund auf korrigieren würde.

Betrachtet man demgegenüber den Aufbau der historischen Entwicklung, welche die neutestamentliche Tradition nach DIBELIUS genommen hat, so läßt sich leicht ersehen, daß – in getreuer Widerspiegelung der protestantischen Grundposition – einzig dem Wort eine gewisse religiöse Verbindlichkeit und historische Glaubwürdigkeit zukommt; die Erzähltradition, je weiter sie sich vom reinen Wort entfernt, steht in dem Verdacht einer fortschreitenden Entfernung auch von der historischen Wahrheit. Ja, es läßt sich zwischen dem Faktor der Zeit (der historischen Entfernung) und der wachsenden Ungeschichtlichkeit der Überlieferung eine Korrelation erstellen, die sich in einer linearen Graden zur Verbindung der verschiedenen formgeschichtlichen Gattungen ausdrückt.

Wir werden später noch sehen, daß in diesem Schema neben der Legende die *Sage* und neben dem Mythos das *Märchen* angesiedelt werden müßte (s.u.

[66] Vgl. z.B. F. HAHN: Christologische Hoheitstitel, ^{2}1964, 13–53 (zum Menschensohn-Titel) oder 133–225 (zum Christus-Titel).

[67] So geschieht es sogar und gerade in an sich hervorragend gearbeiteten Büchern, wie z.B. bei E. SCHWEIZER: Jesus Christus, 55–92.

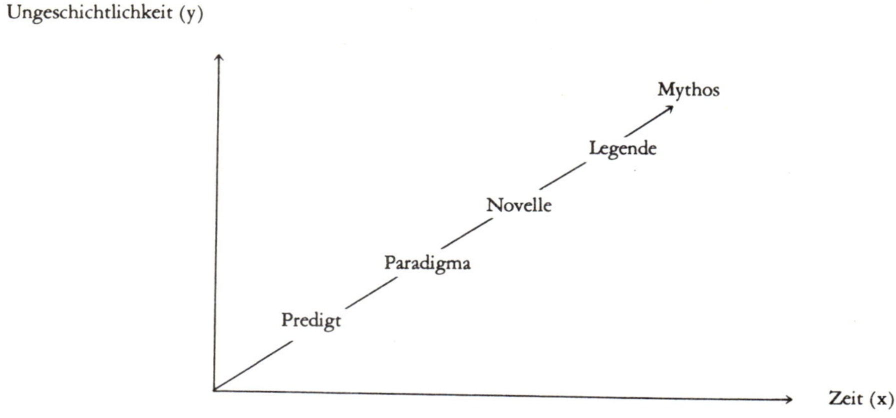

S. 141; 146). Dieses Themengebiet konnte von DIBELIUS bei der formgeschichtlichen Betrachtung des Neuen Testamentes aber mit Recht vernachlässigt werden, da eigentliche Märchen- und Sagenstoffe in der Bibel relativ selten anzutreffen sind; vor allem eigentliche Heldensagen finden sich in der biblischen Überlieferung kaum – daß *Gott* wirkt ist der eigentliche Inhalt der biblischen Erzählungen[68]. Gleichwohl sind Sagen- und Märchenmotive auch in der Bibel vorhanden[69], wenngleich nur in den an sich unterdrückten Kreisen der Volksüberlieferung. Dennoch ist die Frage nach einer adäquaten Auslegung gerade der «unhistorischen» Überlieferungen in der Bibel ebenso wie in der Religionsgeschichte nur zusammen mit den Sagen und den Märchen zu erörtern, die schon thematisch sich auf das engste an die Stoffe der Mythen und Legenden anlehnen (s. u. S. 393–413).

Fürs erste freilich genügt es, die aufgeworfene Problematik zunächst auf dem Boden der neutestamentlichen Exegese weiterzudiskutieren, da diese für die christliche Theologie natürlich eine zentrale Bedeutung besitzt und deshalb zu Recht exemplarisch behandelt werden kann. Denn für die christliche Theologie ist die Frage nach dem Verständnis der Person und nach dem Wirken Jesu zweifellos unendlich viel wichtiger als die Frage nach den historischen Umständen z. B. der Moses- oder Eliastradition. Zudem hat es oft den Anschein,

[68] C. WESTERMANN: Gott sprach zu Abraham, 27.

[69] Vgl. die gründliche Sammlung bei H. GUNKEL: Das Märchen im Alten Testament, 1917, der allerdings betont: «Der hohe und strenge Geist der biblischen Religion hat das Märchen als solches fast in keinem Punkte ertragen, und diese seine beinahe vollständige Ausrottung aus der heiligen Überlieferung gehört mit zu den großen Taten der biblischen Religion» (13). Gleichwohl finden sich in der Volksüberlieferung de facto zahlreiche Relikte alter Märchentradition.

als genüge es für die historisch-kritische Exegese bereits, eine bestimmte Evangelienperikope als «Erfüllung» eines alttestamentlichen Vorbildes «verstanden» zu haben, statt sich zu fragen, was gewisse Motive an hoffender oder glaubender Erfahrung in sich selbst bedeuten können. Auch zur Überwindung dieser speziell in der neutestamentlichen Exegese vorherrschenden Schriftgelehrsamkeit ist es gut, die Voraussetzungen der historisch-kritischen Methode gerade auf dem Boden des Neuen Testamentes am Beispiel der von DIBELIUS entworfenen formgeschichtlichen Methodik in ihrem Für und Wider vorerst noch ein Stück weit ausführlicher zu erörtern.

3. Die Umkehrung des Standpunktes: mit dem Traum, nicht mit dem Wort ist zu beginnen

Die Darstellung der formgeschichtlichen Methode bei M. DIBELIUS hat gezeigt, daß die einzelnen Erzählformen sich gattungsgeschichtlich um so weiter von der Historizität entfernen, je mehr sie sich vom *Wort* entfernen (wobei Ausnahmen natürlich möglich sind – eine legendäre Erzählung wie Lk 10,38–42, die Geschichte von Maria und Martha z. B., kann sehr wohl historische Momente in sich schließen).

Der Gerechtigkeit halber ist freilich anzumerken, daß dieser recht radikale protestantische Ansatz von Dibelius auch innerhalb der historisch-kritischen Methode nicht unwidersprochen geblieben ist[70]. Allerdings wurde die Grundposition niemals im Kern, stets nur in Nuancen korrigiert, und vor allem das Hauptprinzip: die absolute Dominanz des Wortes, des Logos, vor dem Bild, dem Mythos, wurde niemals wirklich angezweifelt.

Es erübrigt sich an dieser Stelle, die weitere Entwicklung der historisch-kritischen Methode, vor allem der Formgeschichte, über bestimmte Grundfragen hinaus näher zu beleuchten. Der Gesichtspunkt, auf den es uns hier ankommt, ist die vollkommene Sackgasse, in welche die historisch-kritische Methode sich bei ihrer einseitig historischen Fragestellung selbst theologisch hineinmanövriert hat, und zwar im vollen Bewußtsein ihres Dilemmas.

Der Standpunkt von DIBELIUS wurde im Grunde nicht widerlegt, sondern eher ergänzt, als R. BULTMANN 1921 seine Schrift über «Die Geschichte der synoptischen Tradition» veröffentlichte. DIBELIUS hatte letztlich eine konstruktive Methode verfolgt, indem er von der Situation der Urkirche her das

[70] H. ZIMMERMANN – K. KLIESCH: Neutestamentliche Methodenlehre, 131 f.

Überlieferungsmaterial der Evangelien sichtete; BULTMANN ging umgekehrt vor, indem er mit seiner analytischen Methode von den Erzählgattungen her die Situation der Gemeinde, vor allem in der Differenz der palästinensischen und hellenistischen Gemeinde, zu rekonstruieren versuchte und dabei den Einfluß der Urkirche auf die Formung auch der Wortüberlieferung noch weit höher veranschlagte. Beide, BULTMANN, aber auch DIBELIUS, wußten indessen, «daß es sich bei der formgeschichtlichen Arbeit um einen *Zirkel* handelt. Aus den Formen der literarischen Überlieferung soll auf die Motive des Gemeinschaftslebens zurückgeschlossen werden, und aus dem Gemeinschaftsleben heraus sollen die Formen verständlich gemacht werden.»[71]

Gegen diesen Zirkelschluß beider Forscher hat inzwischen besonders die skandinavische Schule Stellung bezogen, vorneweg die Schule von K. STENDHAL[72] mit der hervorragenden, wenngleich umstrittenen Arbeit von B. GERHARDSSON: Memory and Manuscript (1961)[73].

B. GERHARDSSON ging davon aus, daß die Alternative: historisches Interesse *oder* Verkündigungsinteresse, zu vereinfacht sei[74], und er suchte, statt bloßer Hypothesen über die Urgemeinde, den Nachweis zu führen, daß die Apostel sich als Mittler des «Wortes des Herrn», des *logou tou Kyriou* verstanden[75], der für sie die mündliche Thora der jüdischen Überlieferung, also die Halakha und Haggada, ersetzt habe; nicht allein, daß die Urkirche die Zweigliedrigkeit der «Überlieferung der Alten» in Wort- und Erzähltradition von den Rabbinen übernahm, – sie übernahm, wie GERHARDSSON gezeigt hat, vor allem die Techniken der Schulung und Ausbildung, der Überlieferungskontrolle und der autoritativen Absicherung der Tradition. Die Überlieferung der Evangelien besaß nach GERHARDSSONS Meinung für die frühe Kirche die gleiche Bedeutung, die im Judentum die Mishna besaß, während die Predigt, die Lehre und die norminativen Weisungen der Apostel selbst als Talmud, als mündliche Interpretation der Urkirche, gelten müssen[76]. Die Überlieferungstreue der Urkirche ist für GERHARDSSON daher mindestens so historisch glaubwürdig wie die Traditionen der Rabbinen[77].

Aber selbst wenn man unterstellt, daß diese Kritik der skandinavischen Schule zu Recht besteht, so ändert sich dadurch für das Gesamtproblem nicht viel. Die Darlegungen GERHARDSSONS nötigen sicher dazu, die radikale Skepsis der

[71] R. BULTMANN: Die Geschichte der synoptischen Tradition, 5.

[72] K. STENDHAL: The School of St. Matthew and its Use of the Old-Testament, 1954, 20.

[73] B. GERHARDSSON: Memory and Manuscript, 1961, 22.

[74] A. a. O., 209.

[75] A. a. O., 210.

[76] A. a. O., 295.

[77] Vgl. H. ZIMMERMANN – K. KLIESCH: Neutestamentliche Methodenlehre, 131–132.

frühen Formgeschichte einzuschränken; und vor allem ist dem Argument GERHARDSSONS zuzustimmen, daß es auf einen theologischen Doketismus hinausläuft, wenn man zur Grundlage der historischen Forschung eine Maxime erhebt, die E. STAUFFER am klarsten ausgesprochen hat: daß nur das Unjüdische, Antipharisäische, Antimosaische als autochthones Jesuswort gelten könne[78]. Aber andererseits ist die Erkenntnis an sich nicht mehr rückgängig zu machen, daß es im Neuen Testament – und ebenso im Alten Testament – in der Tat zahlreiche Erzählungen gibt, die sich bereits durch ihre Form als Mythen, Legenden und Novellen in historischem Sinne «verdächtig» machen und ein Material enthalten, das zahlreiche Analogien zu anderen Religionen aufweist und jedenfalls viel zu schematisiert ist, als daß es in dieser Weise ein wirkliches historisches Geschehen wiederzugeben vermöchte. Indem man die Motive begreift, aus denen Erzählungen dieser Art entstanden sind, kann man wohl verstehen, daß sie *in der Antike* geeignet sein mochten, Glauben zu begründen oder zu wecken; aber in dem gleichen Maße verlieren sie für den *heutigen* Leser jede Art von Glaubwürdigkeit; – sie müssen ihm aufgrund seines veräußerlichten Wirklichkeitsverständnisses als bloße Phantasieprodukte gelten, die man in einer Umwelt, die an Götter und Göttersöhne, an Wunder und Wundertäter glaubte, sich erzählen mochte, um auf Christus hinzuweisen; aber wem unter den Heutigen will man derartiges nahebringen?
Die formgeschichtliche Einsicht läuft theologisch konsequenterweise denn auch darauf hinaus, daß Geschichten dieser Art nicht in sich selbst, sondern nur als Hinweise auf das «Eigentliche» der Botschaft zu verstehen seien; sie sind nicht in sich selber Gegenstand des Glaubens, sie sind nur Medien, den Glauben an Christus auszusagen. Und damit beginnt der Boden der Theologie insgesamt ins Wanken zu geraten.
Denn die christliche Dogmatik, wenn es so steht, beruht nach dieser Auffassung letztlich auf einem Mißverständnis, indem sie Sprechweisen, die das frühe Christentum verwandte, um sich außerhalb des Christentums verständlich zu machen, selber mit dem Kern des Christentums verwechselte. An die Jungfrauengeburt, den Seewandel Petri, die wunderbare Brotvermehrung, die Totenauferweckung des Jünglings von Naim u. ä. zu glauben, liefe unter diesen Umständen auf den gleichen Irrtum hinaus, wie man ihn beging, als man z. B. wegen der Sündenfallerzählung in Gen 3,1–7 noch vor etwa 30 Jahren die Abstammungslehre DARWINS meinte leugnen zu müssen: man verwechselte ein historisch bedingtes Aussagemittel mit der dogmatischen Aussage selbst.

[78] E. STAUFFER: Die Botschaft Jesu, 9; s. o. S. 33; dagegen: GERHARDSSON: Memory and Manuscript, 325, Anm. 1.

Es ist sehr wichtig, noch einmal zu betonen, daß man hier vor einem Entweder-Oder steht, solange man dabei stehenbleibt, daß allein die historische Wirklichkeit zum Maßstab der Wahrheit einer Erzählung erhoben werden könne. Gibt man diese Prämisse zu, so kann in der Tat allenfalls noch die Absicht, auf Christus hinzuweisen, in zahlreichen neutestamentlichen Erzählungen vom Glauben her anerkannt werden; in sich selbst hingegen stellen derartige Erzählungen einen unwahren, rein zeitbedingten Kompromiß mit der heidnischen Umwelt dar – etwas, das heute den Glauben eher verstellt als fördert und von der eigentlichen Botschaft des Evangeliums, von dem, was DIBELIUS im protestantischen Erbe die «Predigt» nannte, schon aus Gründen der historischen Ehrlichkeit als antiquierte Verpackung und Verkleidung abgetrennt werden muß. Für Geschichten solcher Art ist denn auch die weitere Untersuchungsrichtung vorgezeichnet: wenn schon nicht mehr dem christlichen Glauben, so können sie doch dem Historiker dazu dienen, Auskünfte darüber einzuholen, wie die frühe Kirche sich mit der jüdischen und heidnischen Umwelt auseinandergesetzt hat, welche Gruppen und Parteiungen es in ihr gab, welche Interessen sich in ihr verkörperten, kurz: die Symbole des Glaubens, soweit sie an entsprechende Erzählungen im Neuen Testament gebunden sind, müssen zerfallen, und an ihre Stelle treten Erkenntnisse antiker Soziologie.

Wieder sind wir damit bei der Feststellung angelangt, daß die einseitige historische Fragerichtung der Exegese, gewollt oder ungewollt, aus der Bibelauslegung ein Instrument macht, um den christlichen Glauben in einen Abriß antiker Sozialgeschichte (und deren Folgewirkungen) aufzulösen.

Gegen diese Entwicklung gibt es nur ein einziges Mittel: statt der äußeren Wirklichkeit mittels historischer und soziologischer Untersuchungen nachzuspüren, muß es, jedenfalls wenn das Ziel Theologie und Glaube sein soll, entscheidend darum gehen, die innere Wirklichkeit der jeweiligen *unhistorischen,* mythischen, legendären, sagenhaften oder märchenähnlichen Erzählungen *psychologisch* zu untersuchen und der Frage nachzugehen, inwieweit in der Psyche des Menschen selbst zu allen Zeiten Wahrheiten lebendig sind, die überhaupt nur in der Weise etwa des Mythos, des Märchens, der Sage oder der Legende mitgeteilt werden können. Nur dann ist der Mythos oder die Legende, die Sage und das Märchen mehr als ein zeitbedingtes Aussage- und Hinweismittel, mehr als ein bloßer Bedeutungsindikator, wenn sich zeigen läßt, daß sie nicht allein in Anbetracht einer bestimmten zeitgeschichtlichen Situation notwendig *waren,* sondern in Anbetracht der menschlichen Psyche für alle Zeiten notwendig *sind;* nur dann auch können sie in sich selber etwas bedeuten, das bleibend gültig ist und von dem her sie in ihrer Aussagegestalt unabtrennbar sind.

Wie man sieht, ist es für die Theologie eine alles entscheidende Frage, inwieweit sie von der eigenen Dogmatik her die Bilder und Symbole, an die sie glaubt, psychologisch im Menschen begründen und rechtfertigen kann. Die historisch-kritische Methode hatte darin vollkommen recht, die Mythen und Legenden in ihrer *äußeren* Gestalt auch in der Bibel zu zerstören, indem sie ihre mangelnde Historizität nachwies; ein *äußeres* Festhalten an den Themen der Mythen und Legenden in einem mißverstandenen *historischen* Sinne liefe in der Tat auf eine bornierte Starre, auf eine krampfhafte Verleugnung der besten Einsichten des 19. Jh. hinaus – ein aussichtsloses Bemühen, das mehr mit Angst als mit Glauben und mehr mit innerkirchlichem Zwang als mit Freiheit und Einsichtsfähigkeit zu tun hätte. Aber das 19. Jh. hat nicht nur die historische Forschung und die Soziologie hervorgebracht. Der Monopolanspruch der *historisch-kritischen* Exegese in der Bibelauslegung greift aus dem reichen Erbe des eigenen Ursprungs diesbezüglich, wie wir sahen, nur einen Teil, und zwar den für den Glauben unwichtigeren Teil, heraus und setzt ihn gegen die Aussagerichtung der Bibel selber auf eine gewaltsame Weise absolut. Es ist dabei ein schwacher Trost, daß diese Monopolisierung der historisch-kritischen Exegese inzwischen auch von der katholischen Theologie übernommen wurde und schon so etwas wie eine Art ökumenischer Gemeinsamkeit darstellt.

Wir haben bereits früher schon darauf hingewiesen, daß vor allem die *protestantische* Theologie sich gegen die Verbindung der Offenbarung Gottes mit den anthropologischen Voraussetzungen im Menschen von vornherein inhaltlich wie methodisch verwahren mußte (s. o. S. 32), und so war es absolut notwendig und verständlich, daß *ihre* Exegese eine Form annahm, in der alle Elemente der religiösen Überlieferung, die keine historische Grundlage besaßen und zudem zahlreiche Gemeinsamkeiten mit außerbiblischen Erzählungen aufwiesen, aus dem Bestand des christlichen Glaubens ausgeschieden wurden. Aber wenn wir vorhin erörtert haben, daß es *psychologisch* überhaupt keine innere Reifung und Individuation gibt, die sich nicht in ubiquitären Traumsymbolen und archetypischen Bildsequenzen mitteilen würde, so steht der Protestantismus eigentlich vor dem Problem, zeigen zu müssen, wie von Erlösung die Rede sein soll, wenn all die präformierten Bilder der Erlösung im Menschen angeblich um der Wahrheit eines bilderlosen Gottes willen beiseitegetan werden müssen; es ist von der Psychologie her die Frage an den Protestantismus zu stellen, wie er das Wasser des Lebens aus dem Brunnen ins Dorf bringen will, nachdem er zuvor alle Töpfe und Krüge mutwillig zerstört hat.

Aber statt daß nun die *katholische* Dogmatik ihrerseits die Herausforderung durch die Formgeschichte zum Anlaß genommen hätte, ihren eigenen Wirklichkeitsbegriff psychologisch zu vertiefen, klammerte auch sie sich verzweifelt an die Bastion der *äußeren* Realität. Sie, die in ihrer eigenen Lehre die Verbindung von Natur und Gnade zum entscheidenden Punkt ihres Selbstverständnisses erhoben hatte, trennte damit nicht nur den Glauben von den emotionalen Grundlagen des Menschen ab, wie es bereits zu Beginn des Christentums geschehen war (s. o. S. 30), sondern sie brachte jetzt den Glauben auch noch in Gegensatz zum geistigen Bewußtsein und zu dem immer weiter anwachsenden positiven historischen Wissen. Damit verurteilte sie sich selbst zu einem absurden Voluntarismus des Glaubens, zu einer unmenschlichen Lehre des Zwangs und zu wissenschaftlicher Belanglosigkeit. All diese Opfer ging sie ein, um, wohlgemerkt, die *Realität* der Glaubenssymbole zu retten, und nachdem ihre Abwehrkraft nach mehr als einem Jahrhundert sich von innen her erschöpfte und sie in der Bibelwissenschaft die Einseitigkeit der historisch-kritischen Methode notgedrungen akzeptieren mußte, ist sie selbst einer fortschreitenden und unaufhaltsamen Selbstzerstörung ausgesetzt, gegen die sie nur ankommen wird, wenn sie ihren eigenen Wirklichkeitsbegriff ändert und sich zurückbesinnt auf die Psyche des Menschen.

Um der christlichen Glaubenslehre willen muß es infolgedessen eine andere Auslegung der Bibel geben als die gegenwärtige. Eine solche erweiterte und veränderte Auslegung der Schrift darf und kann die Ergebnisse der historisch-kritischen Forschung nicht ignorieren oder verleugnen, aber sie muß die Fragestellung, mithin die Funktion des historischen Denkens sowie die Folgerungen, die aus dem historischen Befund jeweils zu ziehen sind, radikal verändern. Es sollte klar sein, daß man einen Text nur dann verstehen kann, wenn man herausarbeitet, was der Text selbst zu sagen hat, und ihn nicht mit Fragestellungen konfrontiert, die ihm seiner ganzen Art nach fremd sind. In der Redaktionsgeschichte anerkennt die historisch-kritische Exegese durchaus dieses Prinzip, ja sie rechtfertigt ihre weitläufigen Bemühungen theologisch zumeist einzig mit dem Argument, daß man die Aussageabsicht eines Verfassers nur verstehen könne, wenn man seine eigenständigen Eingriffe in die vorgegebene Überlieferung zu erkennen und zu bewerten vermöge. Dem ist natürlich begrenzt zuzustimmen; aber schon der Umstand, daß die meisten biblischen «Autoren» im Grunde *nur* Redaktoren sind, die durch ihre Art der Komposition und gewisser (meist geringfügiger) Modifikation die ihnen zugänglichen Traditionen interpretieren, zeigt deutlich, daß die Proportionen von «Inhalt» und «Verpackung», von Aussage und Aussagemittel nicht mehr stimmen können, wenn die historisch-kritische Methode die Ebene des tradierten Materials zum bloßen Aussageinstrument (um nicht zu sagen: zum bloßen Propagandamittel) verkommen läßt. Die Ehrfurcht und der Respekt, den die biblischen

Autoren vor der Tradition besaßen, wird jedenfalls sträflich zerschlagen, wenn in der Menge des tradierten Materials immer wieder nur Verfälschungen der historischen Wahrheit gesehen werden. Daß hingegen die biblischen Autoren in einer solchen Fülle gerade an den Stellen, die ihnen theologisch am wichtigsten sind, auf *unhistorisches,* d.h. mythisches bzw. mythennahes Material zurückgreifen, zeigt deutlich genug, daß sie sich ihrer Vorlagen durchaus nicht nur «bedienen», sondern in ihnen leben und buchstäblich darin «aufgehen». Wenn es schon feststeht, daß besonders die *mythische* Darstellung des Lebens Jesu im Neuen Testament die religiös entscheidende «Sicht» des christlichen Glaubens enthält, – oder wenn man, im gleichen Sinne, sagen kann, daß im Alten Testament etwa die Exodustradition voll ist von *mythischen* Motiven (s.u. S. 317), wenn es mithin gerade um der *religiösen* Dimension der geschichtlichen Erfahrung willen immer wieder in der Überlieferung der Alten unerläßlich scheint, das historisch Einmalige in den zeitlosen Bildern des Mythos zu verdichten, dann kann es nicht dem Verständnis derartiger Texte dienen, wenn man diesen Prozeß der religiösen Verdichtung als unhistorische Phantasterei oder als eine Art von Allerweltstypologie behandelt und auf die Sprache der historischen Fakten reduziert. Nur fiktiv mag man sich dabei einreden, auf solche Weise der *bewußten* Aussageabsicht des «Redaktors» näherzukommen. Vielmehr gehen die biblischen Tradenten oder Redaktoren nur sehr selten mit dem übernommenen mythischen oder mythennahen Material im Sinne reiner *Aussagemittel* um, zumeist gehört für sie das mythische Material unmittelbar zur Aussage.

Der Unterschied ist eklatant. – Ein (rein ästhetisches) Aussagemittel z.B. bilden die Göttererzählungen der Vorzeit etwa für OVID, wenn er in seiner *«Liebeskunst»*[79] sich auf frivole und oft zynische Weise der alten Geschichten bedient, um seinen erotischen Spaß damit zu treiben, oder wenn er in den *«Metamorphosen»*[80] das mythische und legendäre Überlieferungsmaterial aufgreift, nicht um die Wahrheit dieser Erzählungen zu erweisen, sondern um daran seine dichterische Virtuosität zu bewähren. In ähnlicher Weise können die Psalmen etwa Vorstellungen der Baalsliturgie auf Jahwe übertragen[81], ohne an diese Bilder selber noch zu glauben. Aber wenn die biblische Überlieferung mitten in ihren Zentralaussagen sich nachweislich immer wieder mythischer bzw. mythennaher Motive bedient, um das ihr Wichtige mitzuteilen, so kann man daraus doch nur den Schluß ziehen, daß es offenbar keinen wahreren und ange-

[79] OVID: Liebeskunst, 2. n. Chr.

[80] OVID: Metamorphosen, 8. n. Chr.

[81] Vgl. z.B. Ps 29,3–10; J. GRAY: Mythologie des Nahen Ostens, 118–120.

messeneren Weg des religiösen Ausdrucks für sie gab, als die archetypischen Bilder aus den Tiefenschichten der menschlichen Psyche aufzugreifen und auf diese Weise *bildhaft* zu sagen, was sich in der Sprache der Fakten und Begriffe gerade nicht aussagen läßt.

L. WITTGENSTEINS vielzitierter Satz: «Wovon man nicht sprechen kann, darüber muß man schweigen»[82], hat zwar viel dazu beigetragen, die neokantianische Religionskritik mit sprachphilosophischen Argumenten zu untermauern, und er hat mittelbar auch auf die Exegese einen starken Einfluß ausgeübt; aber man vergißt zumeist, daß WITTGENSTEIN die Wirklichkeit durchaus nicht auf die kategorial aussprechbare Welt beschränken wollte. «Es gibt allerdings Unaussprechliches», erklärte er, und fügt hinzu: «Dies *zeigt* sich, es ist das Mystische.»[83] Dieses «Mystische» aber, das in Begriffen des Verstandes nicht auszusprechen ist, *zeigt* sich gerade in den archetypischen Bildern und Symbolen, und ihrer muß daher die Religion zu allen Zeiten und Zonen sich notwendigerweise bedienen, indem sie an die Stelle des Begriffes die Ergriffenheit durch das Symbol setzt.

Um der Eigenart religiöser Überlieferung inner- wie außerhalb der Bibel gerecht zu werden, ist es von daher unumgänglich, zentral nicht vom «Wort», sondern vom «Bild» auszugehen und nicht primär auf die Übereinstimmung einer Erzählung mit der *äußeren* (historischen) Wirklichkeit zu achten, sondern ihren symbolischen Ausdrucksgehalt gemäß der *inneren* Wirklichkeit der menschlichen Psyche in den Mittelpunkt der Untersuchung zu stellen[84]. Wenn man dem religiösen Gehalt der biblischen Erzählungen näherkommen will, so ist also gerade umgekehrt vorzugehen, als es M. DIBELIUS, richtungweisend für die historisch-kritische Methode, in der «Formgeschichte» klassisch beschrieben hat: nicht die *Predigt* ist der eigentliche Ort des Religiösen, sondern das bildhaft-wortlose Erleben in den Tiefenschichten der menschlichen Psyche, der *Traum,* bildet den Ausgangspunkt zum Verständnis religiöser Überlieferung[85]. Statt entlang dem Maßstab der schwindenden Historizität die Entfernung der einzelnen religiösen Erzählungen vom Wort, vom *Logos,* zu erforschen, ist es ungleich richtiger und wichtiger, die einzelnen «unhistori-

[82] L. WITTGENSTEIN: Tractatus logico philosophicus, Nr. 7; S. 115.

[83] A. a. O., Nr. 6, 522; S. 115. – Nicht unähnlich zu dieser Auffassung war der Begriff, den J. W. v. GOETHE dem *Symbol* und der *Dichtung* als Ausdruck von Wahrheit zuerkannte. «Er bezeichnete das im Symbol ahnbar Werdende als Wahrheit.» «Die Stellen des Symbolischen oder, allgemeiner gesagt, die Stellen, da eine höhere Wahrheit ahnbar wird, sind Kontaktstellen zwischen Wirklichkeit und Dichtung.» W. KAYSER: Die Wahrheit der Dichter, 53; 54.

[84] W. MÜLLER: Indianische Welterfahrung, 73–74; 98 z. B. hat dies an der Religion der nordamerikanischen Indianer deutlich gemacht.

[85] A. a. O., 65–75.

schen» Erzählungen symbolisch zu lesen und zu untersuchen, wie *der Traum* sich in den *Mythos* übersetzt[86] und der Mythos sich seinerseits über die Zwischenstufen des Märchens, der Sage und der Legende überhaupt erst in die Gestaltung und Überlieferung geschichtlicher Daten hineinverlängert; selbst in den Erzählungen, die wir im zweiten Band dieser Studie untersuchen werden – in den Wundererzählungen, in den Berufungs- und Erscheinungsgeschichten, in den Prophetien und Apokalypsen, den Paradigmen und Gleichniserzählungen –, wird sich die Kraft des *Symbols* als die Grundlage der unvergänglichen religiösen Wahrheit der jeweiligen Erzählungen erweisen.
Im folgenden haben wir also zunächst den Ursprung allen symbolischen Erlebens, den *Traum,* in seiner religionsgeschichtlichen und religionspsychologischen Bedeutung zu würdigen, wenn wir zu einem rechten Verständnis der religiösen Bedeutung gerade der «unhistorischen» Erzählungen im Umkreis des Mythos gelangen wollen. Ausgehend von der Traumpsychologie als dem Universalschlüssel zum Verständnis aller wichtigen religiösen Phänomene werden wir hernach als erstes die Eigenart mythischen Redens untersuchen müssen und dabei vor allem *die Verwandtschaft des Mythos mit dem Märchen* hervorheben; es lassen sich dann eine Reihe von Regeln ableiten, die für die Interpretation von Mythen und Märchen insgesamt Geltung finden und sich im exegetischen wie homiletischen Umgang mit der Bibel bewähren dürften.
Fassen wir die Ebene der Mythen und der Märchen unter dem Titel der *archetypischen* Erzählungen zusammen, so werden wir sodann am Übergang zwischen innerer und äußerer Wirklichkeit, zwischen Traum und Historie, *die Sagen und Legenden* untersuchen, für welche sich bestimmte zusätzliche Interpretationsregeln formulieren lassen.
Damit ist der weitere Gang der Untersuchung im folgenden skizziert, und es ist deutlich, daß wir im Grunde eine vollständige Umkehrung der bisherigen Sichtweise der historisch-kritischen Methode anstreben. Vor allem die zentrale Bedeutung des Traumes für die Religion gilt es jetzt als erstes unter Beweis zu stellen, denn sie stellt für Exegeten historisch-kritischer Provenienz zweifellos zunächst eine vollkommen bizarre Hypothese dar.

[86] A. a. O., 51.

4. Der Traum als Grundlage archetypischer Erzählungen

A) Der Traum als Gottesoffenbarung in der Bibel

Ja, Ipalnemoa...! Es gibt Träume,
in denen Du, unser Freund, redest,
an die unser Herz glaubt.
Wahr und mit Absicht redet der Gott.
L. Schultze-Jena: Alt-Aztekische Gesänge, I 65.

Zunächst: was sagt die Bibel selber von den Traumerfahrungen und -bildern? Man hätte eine Vielzahl exegetischer Probleme nicht, würde man würdigen, was im Buch Ijob geschrieben steht:

«Durch eins spricht Gott und durch zwei,
Du beachtest es nur nicht.
Im Traum, im Nachtgesicht,
Im Schlummer auf dem Lager.
Dann öffnet er der Menschen Ohr
Und schreckt sie durch ihre Verwarnung.»

Mit diesen Worten aus Ijob 33,14ff. spricht auch das Alte Testament noch den menschheitlichen Glauben aus, der bei allen antiken Völkern ebenso verbreitet war wie bei den sogenannten Primitivkulturen der Gegenwart: daß der Traum eine wesentliche Form, ja sogar *die* zentrale Form der Gotteserfahrung darstellte. Wohl rechnet jenes Zitat aus dem Buche Ijob bereits damit, daß die ursprüngliche Wertschätzung des Traumes der üblichen Mißachtung anheimgefallen ist, nach welcher Träume nichts als Schäume sind; aber der Mensch schädigt sich nach Meinung dieser Bibelstelle durch die Verachtung seiner Träume selbst – er überhört Gott, wenn er auf seine Träume nicht mehr hört! Besonders auffallend ist an dieser Stelle aus dem Buche Ijob, daß der Traum durchaus nicht, wie man erwarten sollte, das *Auge* des Schlafenden öffnet, sondern das *Ohr*. Auch das «Hören» Gottes ist m.a.W. nach dem Zeugnis dieser Stelle im Grunde ein Sehen in der Tiefe der unbewußten Seelenkräfte, und was sich dort, weit unterhalb der bewußten Verstandestätigkeit, dem Träumenden mitteilt, führt ihn, wenn er es annimmt, zu einem tieferen «Gehorsam» und «Begreifen» seines Lebens, als es ihm in bewußter Reflexion jemals vergönnt sein würde. Nicht das worthafte, verbale Vernehmen, sondern das «Schauen» gilt hier als eigentliches Hören Gottes. – Höher läßt sich der Traum religiös nicht einschätzen.

Und das Buch Ijob steht damit nicht allein. Es zählt mit zu den Hoffnungen Israels für ein wirkliches Leben (für die «Endzeit»), daß die Unmittelbarkeit religiöser Traumerfahrung eines kommenden Tages wieder allen Menschen zugänglich sein möge. Wenn die Religion ihr Ziel erreicht (am «Ende der Tage»), verheißt der Prophet Joel (3,1), wird es so sein: «Eure Greise werden Träume haben und euere Jünglinge Gesichte schauen.» Wo irgend Gott den Menschen nahe ist, bzw. wo Menschen mit sich selbst und ihrem Ursprung einig sind – so wird man dieses Wort verstehen dürfen –, da leben sie zuinnerst aus den Träumen. Nicht äußerliche Wortauslegung und Belehrung, sondern die Evidenz innerer Schau zeigt ihnen dann, daß ihre Religiösität nicht bloße Sehnsucht ist.

Ganz entsprechend schildert denn auch das Neue Testament, wie die Ankunft des Erlösers sich durch Erscheinungen und Träume vorbereitet. Die «Träume um die Geburt Christi» z. B.[1] bezeugen durch sich selbst, daß es nach der Erstarrung des Spätjudentums, nach dem Ersterben prophetischer Gesichte, wieder möglich ist, Gott in den Weisungen der eigenen Seele zu erfahren; und die Traumgesichte des Kornelius und Petrus (Apg 10; 11,5) später markieren geradezu den Wendepunkt der frühen Kirche aus der Enge der jüdischen Gesetzesreligion hin zur Botschaft für alle Völker, und ebenso wird die Mission des Paulus an entscheidenden Stellen von Traumgesichten geleitet (Apg 16,9; 18,9). – Von solchem Rang also ist theologisch für die Bibel der Traum.

Aber dieses Urteil gilt nicht einhellig und bedarf der Differenzierung. Näherhin kennt die Bibel *drei Arten* von (zukunftweisenden) Träumen[2].

Es gibt die *reinen Träume,* in denen die Traumbilder «in klarer, unmißverständlicher Weise»[3] anzeigen, was sie bedeuten, und in denen unmißverständliche Worte den Sinn der Traumbilder erläutern. Die obskuren Mittel z. B., mit denen Jakob durch Sympathiezauber seine Herden vermehrt, werden ihm durch einen Traum mitgeteilt (Gen 31,10), und als Laban sich an seinem Schwiegersohn rächen will, wird ihm dies durch einen Traum verboten (Gen 31,24). Auch die Weisungen, die in der Geburtsgeschichte Jesu von Fall zu Fall an Josef und die «Könige» ergehen, sind in diesem Sinne «reine Träume» (Mt 1,20–24; 2,12.13–14.19–21), – sie enthalten nichts, was sie nicht selbst ausdrücklich sagen.

Schwieriger indessen sind die *«allegorischen Träume»* zu verstehen[4], in denen,

[1] Vgl. H. Hark: Der Traum als Gottes vergessene Sprache, 88–127.

[2] Vgl. zum Folgenden A. Jirku: Materialien zur Volksreligion Israels, 132–145.

[3] A. a. O., 133.

[4] A. a. O., 134–140; der Traum Nebukadnezars in Dan 2,4 z. B. hat freilich nicht nur einen politisch-allegorischen Sinn, sondern läßt sich psychoanalytisch auch als «echter Traum» lesen, vgl. T. Crisp: Träume sind mehr als Träume, 210–212. – Zu den Träumen des Pharao in Gen 40,9–19 vgl. E. Lorenz: Die Träume des

anders als in den «reinen Träumen», keinerlei Worte zur Deutung mehr bereitstehen und die Bilder oft so bizarr anmuten, daß sie nur von spezialisierten Traumdeutern richtig zu verstehen sind. Die Träume des ägyptischen Josef z. B. in Gen 37,5–11 sind immerhin noch so durchsichtig, daß seine Brüder den verborgenen Überlegenheitsanspruch ihres Jüngsten darin ohne weiteres erkennen und den hochmütigen Träumer tödlich dafür hassen; aber die Träume, die der Mundschenk und der Bäckermeister des Pharao im Gefängnis träumen (Gen 40,1–23), oder die Träume des Pharaos selbst von den fetten und mageren Kühen und Ähren sind von solcher Art, daß man ihren Sinn nur noch durch eine recht gewagte Allegorie erraten kann (Gen 41,1–7.17–24.25–36); ja, das Geheimnis der Traumbotschaft selbst ist in den allegorischen Träumen so verschlüsselt, daß es allein bei Gott steht, ihren Sinn zu enthüllen (Gen 41,16). Andere allegorische Träume finden sich in Ri 7,13 ff., wo Gideon einen midianitischen Soldaten belauscht, der in einer Vision die Zerstörung des Häuptlingszeltes wahrnimmt, und in Dan 2; 4, in den Traumvisionen Nebukadnezars vom Untergang seines Reiches.

In all dem fällt auf, daß die allegorischen Träume des Alten Testamentes samt und sonders bei fremden Völkern – in Ägypten, Babylonien und bei den Midianitern – spielen. «Diese Erscheinung legt uns mit vollem Recht den Schluß nahe, daß die allegorische Traumdeutung nicht ein in Israel heimischer Brauch war, sondern auf ausländische Einflüsse zurückzuführen sein wird»[5], während die «reinen Träume» auch in Israel heimisch waren. Tatsächlich verfügte *das alte Babylon* über ein äußerst kompliziertes Wahrsageritual[6] – schon Gilgamesch, der Herrscher von Uruk, muß sich in drei Träumen auf seinen Kampf gegen den Walddämon Chumbaba vorbereiten[7]. Und wenngleich *im alten Ägypten* die Träume keine allzu große Rolle spielten[8], so werden doch in der Lehre für König Meri-ka-re «Träume in der Nacht wie am Tage» als eine Gabe Gottes neben die Waffen des Zaubers gestellt, um unheilvolle Geschehnisse abzuwehren[9]. Die allegorische Traumdeutung der Ägypter arbeitete mit einer Reihe assoziativer Verknüpfungen: «Wer sich selbst als Toten sieht, der wird ein langes Leben haben, wer träumt, daß ihm die Zähne ausfallen, dem

Pharao, des Mundschenken und des Bäckers (1930), in: Spiegel: Psychoanalytische Interpretationen biblischer Texte, 99–111, der in den Träumen neben den offensichtlichen oralen Anspielungen gewisse (ödipale) Schuldgefühle wegen der Beseitigung des Herrschers z. Z. der Hyksos vermutete.

[5] A. Jirku: Materialien zur Volksreligion Israels, 139.

[6] Vgl. H. Zimmer: Beiträge zur Kenntnis der babylonischen Religion, 1901, 96–121; vgl. B. Meissner: Die babylonisch-assyrische Literatur, Potsdam 1927, 53–58.

[7] A. Schott: Gilgamesch-Epos, 5. Tafel II 20.24; III 33–43; IV 8–22. – Vgl. G. Furlani: Das Gilgamesch-Epos als Hymnus auf die Freundschaft, in: K. Oberhuber: Das Gilgamesch-Epos, 228–232.

[8] Vgl. A. Erman: Die Religion der Ägypter, 312.

[9] A. Erman: Die Literatur der Ägypter, 119.

stirbt ein Verwandter, und wer sich selbst im Spiegel sieht, das ist schlecht, das bedeutet eine zweite Frau. Wer von einer großen Katze träumt, der wird eine große Ernte haben, wer auf den Mast klettert, den wird sein Gott erheben, wer aber träumt, dass er Gurken ißt, der bekommt Streit; träumt er, daß er Feigen und Weintrauben ißt, so bedeutet das Krankheit.»[10] Im ganzen aber stellte die Traumdeutung der Ägypter nur einen Teil der Wahrsagekunst dar, die besonders in dem mythisch begründeten *«Loskalender»*, in der sogenannten «Tagwählerei», zum Ausdruck kam, die das Alte Testament (Lev 19,26; Dtn 18,9–11) auf Jahrhunderte hin leidenschaftlich bekämpfte[11].

Die Wichtigkeit der Traumbotschaft an sich unterstreicht indessen eine dritte Form des Traumes, die auch in Israel bekannt war: *die Inkubation.* Im Unterschied zum «reinen» und «allegorischen» Traum setzt die Inkubation voraus, daß der Mensch sich mit einer bestimmten Frage in den Schlaf begibt, die er an seinen Gott richten will[12]. 1 Sam 28,6 z.B. erwähnt, wie sehr der von Depression und Erfolglosigkeit gequälte Saul im Traum auf eine göttliche Antwort wartet, ohne sie zu erhalten; die Traumbotschaft wird hier ausdrücklich neben der Prophetie und dem Losorakel (den Urim und Tummim, vgl. Esra 2,63; Neh 7,65) erwähnt. – Eine Botschaft im Inkubationstraum ergeht indes an Bileam, denn Num 22,9 («Gott kam zu Bileam») wird man gewiß nur vom Traumerleben her verstehen können. Auch 1 Sam 3,1 ff., die Erzählung von der Berufung des Samuel, gibt offenbar einen Inkubationstraum wieder; denn die Weisung des greisen Heli, der Knabe Samuel solle sich schlafen legen und antworten: «Hier bin ich», wenn Gott ihn anrufe, läßt sich nur verstehen, wenn man die Praxis der Inkubation voraussetzt, in welcher der Einzelne selbst die Gottheit um eine Traumantwort in einer bestimmten Lebensfrage bittet.

Aber es genügte offenbar nicht allein der Wunsch, eine Traumbotschaft von Gott zu empfangen, um sie auch wirklich zu erhalten. Anders als in der endzeitlichen Weissagung des Joel ist es unter den bestehenden Umständen keineswegs selbstverständlich, daß Gott sich im Traum dem Menschen zu erkennen gibt. Daher scheinen mitunter Opfer notwendig gewesen zu sein, um die Gottheit zur Traumoffenbarung zu bewegen. So muß Salomo tausend Brandopfer darbringen, ehe Gott ihm zu Gibeon im Traum erscheint und ihm die Gabe der Weisheit verleiht (1 Kön 3,4 ff.). Auch Abraham wird zuerst angewiesen, einen eigentümlichen Opferritus zu erfüllen, ehe Jahwe ihm im Tiefschlaf, im Gottesschrecken, die Zukunft weissagt (Gen 15,7–21). «Es scheint, als ob hier Abraham erst von Gott in die Handhabung einer bislang ihm unbe-

[10] A. ERMAN: Die Religion der Ägypter, 312.
[11] E. BRUNNER-TRAUT: Mythos im Alltag, in: Gelebte Mythen, 18–33.
[12] A. JIRKU: Materialien zur Volksreligion Israels, 140.

kannten Orakelart eingeführt wird.»[13] Ein ähnlicher Brauch liegt wohl auch in Gen 46,1–7 vor, wo Jakob erst «dem Gott seines Vaters Isaak» Opfer darbringt, ehe Gott den betagten Patriarchen zur Übersiedlung nach Ägypten auffordert. Mitunter aber genügen offenbar auch Gebete, um der Traumbotschaft bzw. ihrem Verständnis näherzukommen. Als z. B. Daniel den Traum des babylonischen Königs empfangen hat, flehen er und seine Gefährten um Erbarmen, und im Nachtgesichte werden ihnen die Geheimnisse der königlichen Vision anvertraut (Dan 2,17–23).

Die schönste Bezeichnung für die Praxis der Inkubation und zugleich ein Ausdruck für die hohe Wertschätzung, die der Traum auch in Israel genoß, findet sich in 1 Sam 21,8: als David auf der Flucht vor Saul zum Priester Ahimelech nach Nob kommt, ist dort im Heiligtum der Oberste der Hirten Sauls, Doeg mit Namen, ein Edomiter, wie es sehr schön hieß: «eingeschlossen vor dem Herrn». Offenbar ist hier an einen Tempelschlaf zum Zwecke des Traumempfangs zu denken – das hebräische Wort für «eingeschlossen vor Jahwe» deutet auf einen Akt religiöser Hingabe[14]; das Träumen selbst wird demnach als ein absolutes Geschehen vor Gott empfunden, an einem Ort, an dem nichts auf den Menschen einzuwirken vermag, als was in seiner Seele lebt und leben möchte. Freilich, daß es sich bei Doeg um einen *Edomiter* handelt, der den Ritus der Inkubation pflegt, dürfte auch hier den Schluß nahelegen, daß die religiöse Achtung des Traumes eher «heidnischen» als ursprünglich biblischen Quellen zuzuschreiben ist.

Diese Folgerung muß jedenfalls trotz der dem Traum gegenüber sehr aufgeschlossenen Einzelstellen aus dem Gesamtbefund gezogen werden. Die Bibel kennt und anerkennt wohl, wie wichtig Träume sind, um göttliche Weisung zu empfangen, – das hat sich gezeigt; aber sie verrät dabei doch eine starke Tendenz, das «heidnische» Kolorit, das den Traum umgibt, monotheistisch abzuschatten. Nicht Orakelpriester und Magier, allein Gott selbst offenbart den Sinn der Träume, die er schenkt, – das beweist die Danielerzählung ebenso wie die Geschichte von Josef in Ägypten. Ähnlich wie die «heidnische» Mythologie, die mit den Traumerfahrungen auf das engste zusammenhängt, nimmt die Bibel auch die Vorstellung von der Gottesoffenbarung im Traum nur mit großer Vorsicht auf, um den Glauben an die absolute Einheit und Ausschließlichkeit Jahwes nicht zu gefährden.

Damit mag es zusammenhängen, daß die Träume, die die Bibel überliefert, ausnahmslos literarisch fingiert wirken. Psychologisch «echten» Traumerfah-

[13] A. a. O., 143.

[14] nʿṣr – «eingeschlossen» ist verwandt mit ʿṣrh – «Festversammlung»; A. JIRKU: Materialien zur Volksreligion Israels, 145.

rungen begegnet man allein an jenen wenigen Stellen, an denen die Bibel den Mut hat, die Überlieferungen fremder Religionen relativ unverfälscht zu übernehmen. Jakobs «Traum» in Bethel z. B. (Gen 28,10–22), der wohl auf eine kanaanäische Kultlegende des Steinheiligtums des Ortes zurückgeht[15], verrät eine Fülle uralter mythischer Vorstellungen, die einem ursprünglichen Traumerleben entstammen könnten: die Heiligkeit des Steines (der Menhire), die Vorstellung der Himmelsleiter, die Salbung des Steines u. a. m. (besonders in der elohistischen Überlieferung Gen 28,11.12.17.18.19b.20–22). Im ganzen aber bleibt von der biblischen Einstellung zum Traum fast nur noch die Erinnerung an die Bedeutsamkeit des Traums an sich erhalten; im konkreten verblaßt diese Überzeugung mehr zu einer literarischen Manier, statt als gelebte Wirklichkeit zu überzeugen. Von daher ist es kein Wunder, daß in der Wirkungsgeschichte der Bibel die Traumerfahrung mehr und mehr aus dem religiösen Bewußtsein geschwunden ist und speziell im Christentum so gut wie ganz verlorengegangen ist.

Um sich die fundamentale Bedeutung des Traumes für das rechte Verständnis gerade der «unhistorischen» (mythischen und mythennahen) Erzählungen auch in der Bibel verständlich zu machen, darf man in der Frage nach der religiösen Wertschätzung des Traumes die Untersuchung mithin prinzipiell nicht auf den engen, historisch vorgegebenen Umkreis der Bibel beschränken. Vielmehr muß es darum gehen, über den religionshistorischen Befund der Bedeutung des Traums in der Bibel hinaus zu fragen, welch eine Rolle *religionspsychologisch* der Traum vor allem für das *mythische Denken in den Religionen der Menschheit* spielt; erst auf dem Hintergrund eines solchen erweiterten Horizontes wird man auch die recht fragmentarischen Vorstellungen der Bibel über den Traum würdigen können. Eben dazu bedarf es neben der Religionsgeschichte vor allem der Tiefenpsychologie. Denn naturgemäß ist es uns nicht mehr möglich, ohne weiteres zu dem «einfachen» Glauben der Antike und der Primitivkulturen zurückzukehren, der Traum sei ipso facto eine Manifestation des Göttlichen; wir können dies so wenig, wie wir in den Phänomenen der äußeren Natur, etwa in Blitz und Donner, an sich schon eine Erscheinung

[15] H. GUNKEL: Genesis, 321–322. – Zu den Träumen Jakobs vgl. O. RANK: Das Inzestmotiv in Dichtung und Sage, 1912, 362, der in der Himmelsleiter ein koitales Symbol erblickt. – Religionsgeschichtlich dient die Himmelsleiter im Schamanismus als Verbindung zwischen den drei Welten; M. ELIADE; Schamanismus und archaische Ekstasetechnik, Frankfurt 1975, 452ff. – Die archetypische Verbreitung dieses Symbols zeigen besonders eindrucksvoll die mittelamerikanischen Bilderhandschriften; vgl. K. A. NOWOTNY: Tlacuilolli 1961, Tafel 52 (Codex Vindobonensis I 48); A. G. MILLER: The Codex Nuttall, New York 1975, 18; 19. – Zur theologischen und psychologischen Interpretation des Traumes Jakobs vgl. H. HARSCH – R. RIESS: Gottes-Bilder, in: Spiegel: Doppeldeutlich, 79–98, wo vor allem die Thematik von Ambivalenz und Regression hervorgehoben wird.

göttlicher Mächte zu erkennen vermögen. Die einzige Methode aber, die imstande ist, die Gesetzmäßigkeiten der Traumpsychologie zu verstehen und von daher auch eine Brücke zu den religiösen Überlieferungen der Völker zu schlagen, verdanken wir der Psychoanalyse. Was *sie* über das Wesen des Traumes zu sagen hat, muß uns also jetzt am meisten interessieren.

B) Psychologische Kennzeichnung des Traumes

Die eigentliche psychoanalytische Einstellung zum Traum unterscheidet sich fundamental von der unreflektiert religiösen Traumdeutung der Antike, und doch kann man nur von der gewissermaßen «atheistischen» Psychoanalyse her lernen, wieviel Berechtigung die Anschauung der Alten besaß, im Traum stünden die göttlichen Mächte dem Menschen besonders nahe und wiesen ihm mahnend und warnend, helfend und heilend seinen Weg in die Zukunft. So wie die moderne Naturwissenschaft durch eine vertiefte Kenntnis der Natur zwar die Identifikation des Göttlichen mit bestimmten Naturkräften zerstört, dafür aber die Dankbarkeit und die demütige Ehrfurcht vor der Weisheit der äußeren Natureinrichtungen im ganzen ins Unendliche gesteigert hat, so muß auch eine genauere Kenntnis von den Gesetzen und Mechanismen des Unbewußten im Traum den unmittelbaren Glauben an die Erscheinung von Geistern und Dämonen oder an die Weltjenseitigkeit gewisser Traumerlebnisse untergraben; zugleich aber führt gerade die Psychoanalyse zu Einsichten, die sehr wohl geeignet sind, die religiöse Ehrfurcht und Wertschätzung der Alten gegenüber dem Traum auf einer tieferen Ebene zu begründen, zu rechtfertigen und zu erneuern.

Eine außerordentliche Wertschätzung erfuhr der Traum bereits im vergangenen Jahrhundert bei allen Autoren, die der «Romantik» in weitestem Sinne nahestanden, indem sie auf die großartigen und unheimlichen Seiten im Unbewußten hinwiesen. Stellvertretend für diese Einstellung sei E. A. Poe, der «Erfinder» des Kriminalromans, zitiert, der in der Einleitung zu seiner Kurzgeschichte «Eleonora» die Frage nach dem Verhältnis von Genie und Wahnsinn aufgriff und sie zu Recht am Erleben des Traumes festmachte: «Ich entstamme», schrieb er, «einem Geschlecht, das berufen ist ob der Stärke seiner Fantasie und der Glut seiner Leidenschaft. Manche Leute haben mich verrückt genannt; aber die Frage ist so ausgemacht noch nicht, nach ja oder nein, ob es sich beim Wahnsinn nicht etwa um die luftig-stolzeste Mentalität handeln – ob vieles, das glorreich – ob alles, was profund ist – nicht vielleicht doch nur dem angegriffenen Denken entspringen könnte – Geisteszustände, wo eine einzelne *Stimmung* auf Kosten des gesamten psychischen Apparates mächtig übersteigert ist. Sie, die bei Tage träumen, haben Kenntnis von manchen Dingen, welche denen entgehen, die nur bei Nacht zu träumen pflegen. In ihren Visionen dämmergrau werden ihnen Ausblicke in die Ewigkeit, und erwachend erkennen sie, bebend vor Entzücken, daß sie in die Außenränder des Großen Geheimnisses eingedrungen waren. So lernen sie, in unregelmäßigen Abständen, ein weniges von der Weisheit, die aus dem Guten stammt, und mehr von jenem bloßen Hirnwissen, das vom Übel ist. Sie wagen sich, ob noch so steuer- und kompaßlos, hinaus in den weiten Ozean des lux ineffabilis (des unaussprechlichen Lichtes, d. V.), und das gleiche, wie für die Abenteuer des Nubischen Geographen, gilt auch für sie: ‹agressi sunt mare tenebrarum, quid in eo esset exploraturi› (Sie haben das Meer der Finsternis durchfahren, mit dem Ziel, herauszufinden, was darin enthalten sei, d. V.).»[16] – Der Traum als Ahnung und Entzücken an der Ewigkeit, als Eintritt in das Große Geheimnis, als Kraft der Genies und als Dämon der Scheiternden – tiefer und schöner läßt sich vom Traum nicht sprechen. Aber es bleibt in der Romantik mit solchen und ähnlichen Ausführungen bei dichterischen Ahnungen, die erst von der Psychoanalyse wissenschaftlich gewürdigt und begründet werden konnten. Eigenartigerweise ist die wissenschaftliche Beschäftigung mit den Traumerfahrungen – wie freilich beinahe alles im Bereich der Naturwissenschaften, das dann für mehr als eineinhalb Jahrtausende vom Christentum überlagert wurde – bereits von den Griechen vorbereitet worden.

Die eigentliche Wende zu einer psychologischen Traumanalyse wurde schon formuliert in dem berühmten Satz des ARISTOTELES, den S. FREUD zu Recht in seiner «Traumdeutung» aufgegriffen hat: «Das Träumen ist offenbar das Seelenleben während des Schlafes.»[17] Es geschah bei ARISTOTELES in dieser Ausdrücklichkeit das erste Mal, daß der Traum nicht mehr in sich selbst der Einwirkung von göttlichen und dämonischen Einflüssen zugeschrieben wurde, sondern als ein rein psychisches Phänomen gelten durfte[18]. Damit war eine

[16] E. A. POE: Eleonora, in: Werke, II 674. – Von daher ist es unerläßlich zu betonen, daß vom *Traum* hier und im folgenden in der Weise die Rede ist, wie es dem Erleben der *Schamanen* entspricht: als Teilhabe an der Zeit und den Urkräften der Schöpfung und als Erlebnis eines überaus schöpferischen Zustandes. Vgl. A. LOMMEL: Schamanen und Medizinmänner, 208. Statt von «Traum» könnte man daher auch von «*elementarem Erleben*» sprechen, wofern damit eine Intensität von Gefühl und Vorstellung gemeint ist, in der das Ich die eigenen Erlebnisinhalte als objektive Mächte und Eigenschaften der Welt erfährt und auf mystische Weise mit dem Weltganzen in Verbindung tritt.

[17] S. FREUD: Vorlesungen zur Einführung in die Psychoanalyse, 1916–1917, XI 84; vgl. DERS.: Die Traumdeutung, 1900, II/III 3.

[18] B. BÜCHSENSCHÜTZ: Traum und Traumdeutung im Altertum, 1861; ARISTOTELES: Über Träume und Traumdeutungen, 1855; DERS.: Schlafen und Wachen, 1924; vgl. C. A. MEIER: Die Bedeutung des Traumes,

Weichenstellung eingeleitet worden, die erst in der Psychoanalyse an ihr Ziel gelangen konnte. Denn das Problem war natürlich mit der genialen Definition des ARISTOTELES allein nicht gelöst, wie man die Traumbilder in ihrer konkreten Gestalt psychologisch verstehen könnte, und nach der Zerstörung der unmittelbar religiösen Deutung des Traumerlebens sank die Bedeutung des Traumes zunächst für Jahrhunderte auf ein Niveau ab, auf welches auch sonst die überwundenen heidnischen Mythen- und Göttergestalten im Christentum hinabgestoßen wurden: der Traum galt, je nachdem, als etwas Gespenstisches und Unheimliches, das sich einer vernünftigen Aufklärung widersetzte, oder als etwas schlechthin Unsinniges, über das man als ein ernstzunehmender Mensch sich nur recht und schlecht amüsieren konnte.

«Trotz der Tatsache», schrieb C. G. JUNG, «daß die Kirche die Herkunft gewisser Träume von Gott anerkennt, ist sie jeder ernsthaften Beschäftigung mit Träumen abgeneigt, ja sie wendet sich positiv dagegen, obwohl sie zugesteht, daß einige eine unmittelbare Offenbarung enthalten könnten. So ist die Veränderung der geistigen Haltung, die sich in den letzten Jahrhunderten vollzogen hat, wenigstens von diesem Gesichtspunkt aus, der Kirche nicht ganz unwillkommen, weil dadurch die frühere introspektive Einstellung, welche einer ernsten Beachtung der Träume und inneren Erfahrungen günstig war, wirksam entmutigt wurde.»[19]

In Wahrheit jedoch ist die Verarmung des Traumerlebens im christlichen Abendland ein sicherer Gradmesser für den Niedergang der Intensität der religiösen Erfahrung selbst, und man kann nur zutiefst bedauern, daß erst nach fast zweieinhalb Jahrtausenden der Mißachtung des Traumes die Psychoanalyse schrittweise und in bezeichnendem Widerspruch zum Christentum zu Erkenntnissen zurückführte, die vor allem in der PYTHAGOREISCHEN und ORPHISCHEN Religion der Antike lebendig gewesen waren. Daß heute der Traum insgesamt, statt von der Theologie, von der Psychologie her gedeutet wird, macht jedenfalls wie nichts sonst die Zerrissenheit und Seelenlosigkeit des christlichen Menschenbildes deutlich, deren verhängnisvolle Folgen sich notgedrungen auch in den veräußerlichenden Interpretationsversuchen der Bibelauslegung niederschlagen mußten. Tatsächlich eröffnet gerade der Traum den wichtigsten Zugang zum Verständnis so gut wie aller wichtigen religiösen Phänomene und religiösen Überlieferungen.

1972, 78–80, der die prophetische Traumdeutung bei Aristoteles betont und meint, daß Aristoteles, indem er die Träume auf das Wirken von Dämonen zurückführte, «eine allgemeine Abwertung des Traumes» begründet habe.

19 C. G. JUNG: Psychologie und Religion, XI 21.

a) Der Schlaf – Endokrinologie, Rhythmen und Aufgaben

Die ersten Feststellungen, die sich heute von seiten der Medizin und der Psychologie über den Traum machen lassen, können nur bestätigen, was ARISTOTELES als das «Seelenleben während des Schlafes» beschrieb, und wir tun gut daran, auch die physiologische Seite des Traums an dieser Stelle kurz zu erläutern.

Tierversuche mit Ziegen[20] haben ergeben, daß aus Liquor und Hirngewebe übermüdeter Tiere sich schlafinduzierende Fraktionen, wohl Peptide, gewinnen lassen, die nach Reizung des Schlafzentrums im Thalamus den Schlaf herbeiführen. Eine episodische Sezernierung der Hypophysenhormone während des 24stündigen Schlaf-Wach-Zyklus ergibt ein zeitliches Muster, das für jedes hormonale System charakteristisch ist und mit bestimmten im EEG feststellbaren Schlafstadien korreliert. In den ersten Schlafstunden, also in den Schlafstadien III und IV (Tiefschlaf, langsame Wellen im EEG), steigen das Prolaktin sowie das somatotrope Hormon (STH, Wachstumshormon) auf einen Höhepunkt, während das adrenocorticotrope Hormon (ACTH) stark abfällt, um erst in den letzten Stunden während der REM-Phasen (rapid eye movement, Traumphasen) rasch zu einem Maximum anzusteigen. Nur eine geringe Rhythmizität zeigen beim Erwachsenen hingegen die Gonadotropine LH (Luteotropes Hormon) und FSH (Follikelstimulierendes Hormon); allerdings wird während der Pubertät von Knaben und Mädchen LH während der ganzen Schlafphase deutlich mehr ausgeschüttet als im Wachzustand[21].

Der psychologische und biologische Sinn dieses hormonalen Verteilungsmusters während des Schlafes liegt offenbar darin, den Organismus während des Schlafes soweit als möglich von inneren und äußeren Reizen abzuschirmen und erst nach einer Phase optimaler Regeneration wieder zu willkürlichen Reaktionen auf die Einflüsse der Außenwelt zu befähigen. Indem die Traumphasen sich vor allem auf die letzten Schlafstunden verteilen, repräsentieren sie einen psychischen Zwischenzustand, in dem die Außenwelt noch nicht mit wachen Sinnen wahrgenommen wird, die psychische Arbeit aber bereits begonnen hat.

Aus dieser Stellung des Traums zwischen Schlaf und Wachen ergibt sich seine Aufgabe: den Schlaf mit psychischen Mitteln solange als möglich vor all den Störungen zu bewahren, die aus äußeren (objektiven) wie aus inneren (organischen) Leibreizen ebenso wie aus rein psychischen Reizquellen hervorgehen

[20] J. R. PAPPENHEIMER: The Sleep Factor, in: Scientific American, 8/1976, p. 24–29.

[21] H. L. FEHM u. K. H. VOIGT: Psychoneuroendokrinologie, in: Uexküll: Lehrbuch der Psychosomatischen Medizin, 1981, 156–157.

können[22]. Der Traum erfüllt diese Aufgabe als «Wächter des Schlafes»[23], indem er die veschiedenen inneren und äußeren, psychischen wie physischen Reize ausblendet, in Abrede stellt oder in ihrem Sinn so verändert, daß noch ein Weiterschlafen möglich scheint – es ist, meinte FREUD, im Traum, wie in W. SHAKESPEARES «Romeo und Julia», immer die Nachtigall und nicht die Lerche. Der erholsame Charakter von Schlaf und Traum basiert psychisch auf dem Phänomen der Regression: zum Schlafen wird ein Zustand aufgesucht, der einer Rückkehr zum fötalen Ruhezustand vor der Geburt gleichkommt: die Umgebung muß reizarm, weich, warm und dunkel sein[24], der Erwachende selbst erlebt sich nach einem tiefen Schlaf wie «neugeboren», und der Traum selbst kommt einer Regression zu dem emotionalen Zustand gleich, den ein Säugling empfindet, der an der Brust seiner Mutter einschläft. Die Mutterbrust stellt eine Art «Traumleinwand» dar, auf die der zumeist visuelle Trauminhalt projiziert wird[25].

b) Die Psychodynamik des Unbewußten

Die Aufhebung der Ichkontrolle

Der regressive Charakter des Traumes bringt es mit sich, daß die Traumtätigkeit alle Merkmale des «abaissement du niveau mental»[26] aufweist: «die logische Diskontinuität, das Fragmentarische, die Analogiebildungen, die oberflächlichen Assoziationen, die Irrationalität des Ausdrucks, das Verworrene usw.»[27]. Im Unterschied zum bewußten Denken bilden sich die Traumgedanken und -vorstellungen nicht unter der Steuerung des Ich, vielmehr ist der Traum ein autonomer Prozeß, dessen Zuschauer das Ich ist: die Bilder und Gedanken des Traumes kommen zum Ich als in sich selbständige Gestalten von geheimnisvoller Macht; wie in der Psychose ist das Ich im Traum außerstande, zwischen innerer und äußerer Wirklichkeit zu unterscheiden, und die einzel-

[22] So die Lehre von den «Traumquellen»: S. FREUD: Die Traumdeutung, 1900, II/III 23; vgl. H. NAGERA (Hrsg.): Psychoanalytische Grundbegriffe, 1974, 241–253; vgl. C. A. MEIER: Die Bedeutung des Traumes, 1972, 34–49, zu den somatischen Traumquellen.

[23] S. FREUD: Die Traumdeutung, 1900, II/III 239; vgl. A. MAEDER: Über die Funktion des Traumes, in: Jahrbuch IV, 1912, 695–696.

[24] S. FREUD: Vorlesungen zur Einführung in die Psychoanalyse, 1916–1917, XI 85; zur Deutung von Schlaf und Traum als Formen einer Totalregression vgl. H. P. BORRERO u. M. WENCELBLAT DE RASCOVSKY: Schlaf und Traum in funktionellem Zusammenhang mit der Fötalregression, in: Rascovsky: Die vorgeburtliche Entwicklung, 122–134.

[25] B. D. LEWIN: Sleep, the Mouth and the Dream Screen, 1946, Psychoanal. Quart. 15.

[26] P. JANET: L'Automatisme psychologique, Paris 1889.

[27] C. G. JUNG: Die transzendente Funktion (1916), VIII 89.

nen Komplexe der Psyche führen während des Traums ein geisterhaftes Eigenleben.

Archaisches Vorstellen

Durch die psychische Regression des Traumzustandes wird nicht nur die Außenwelt ausgeblendet und die Ichkontrolle des Bewußtseins aufgehoben, sondern es wird zugleich damit eine Stufe psychischer Tätigkeit aktiviert, die phylogenetisch wie ontogenetisch als archaisch gelten muß. Ihre wichtigsten Charakteristika sind:

Bilder statt Gedanken

Das Traumerleben ist wesentlich visuell und entstammt entwicklungsgeschichtlich einer Zeit noch vor dem Spracherwerb. Während das Denken des Bewußtseins an das Wort gebunden ist, sind die Traumgedanken nur in Bildern darstellbar: allein was sich bildlich ausdrücken läßt, kann Inhalt eines Traumes sein. Oft genug ergibt sich deshalb die Bedeutung eines einzelnen Traumbildes dadurch, daß in ihm nach Art einer Bilderschrift bestimmte Worte oder Redewendungen ausgedrückt sind. Indessen sind die Traumbilder oft auch ein symbolischer Ausdruck bestimmter Wünsche und Gefühle; und nicht selten spiegeln sich in ihnen, zumeist verdichtet, Erinnerungen an bestimmte Szenen der Vergangenheit wider[28]. Logische Verbindungen werden im Traum meist als Gleichzeitigkeit wiedergegeben, Kausalbeziehungen als Nacheinander, die Alternative Entweder-Oder durch Nebeneinanderstellung, Ähnlichkeiten als Identifikationen[29].

Frühkindliche Situationen und archetypische Szenen

Die Regression zu der bildhaften Vorstellungsweise des Traumes bestimmt aber nicht nur die formale Struktur, sondern zum Teil auch den Inhalt des Traumes: mit Vorliebe greift der Traum längst vergangene Situationen auf, in denen Stichworte des gegenwärtigen Erlebens sich mit Reminiszenzen aus frühen Kindertagen mischen. Mehrere Lebensjahre können dabei in einer einzigen Traumszene nach Art einer «Deckerinnerung»[30] zusammengefaßt sein, die ihrerseits zum Vorbild des gegenwärtigen Erlebens wird. Die Art des individuellen Erlebens ist indessen vorgeprägt von den archetypischen Szenen aus der Erinnerung der kollektiven Entwicklungsgeschichte der Menschheit, und die

[28] S. Freud: Die Traumdeutung, 1900, II/III 346.

[29] A. a. O., II/III 319–326; zur Darstellung der Kausalität im Mythos als Vorher-Nachher vgl. E. Cassirer: Philosophie der symbolischen Formen, II 129ff.

[30] S. Freud: Über Deckerinnerungen, 1899, I, 529–554; s. u. S. 350ff.

Bilder, in denen der Einzelne seine eigene Geschichte träumt, sind dieselben, in denen die Mythen und Sagen der Völker ihren Werdegang und ihr Schicksal darzustellen suchen. In den archetypischen Szenen verbinden sich von Urzeit her Trieb und Umwelt, Biologisches und Psychisches, Instinkt und auslösender Reiz[31]. Im Traum verschmilzt das Material des individuellen Unbewußten mit dem kollektiven Erfahrungsschatz der menschlichen Psyche, und zwischen beiden Ebenen findet ein ständiger Austausch statt. Erfahrungen mit Gegebenheiten der Natur, die sich dem Unbewußten der Art eingeprägt haben und durch bestimmte Instinktreaktionen mit gewissen Triebbedürfnissen nach Halt, Geborgenheit, Wärme, Schutz und Nahrung verbunden sind, wie Baum[32], Höhle, Sonne, Mond, Schlange[33] u. a., werden in der Individualentwicklung vor allem an den Personen von Mutter und Vater erneuert; die Bilder der äußeren Natur werden somit zu archetypischen Symbolen psychischer Sachverhalte, und umgekehrt projizieren sich psychische Sehnsüchte in die Gegenstände der Natur hinein.

Die Aufhebung von Raum und Zeit

Die Verschmelzung von individuellem und kollektivem Erleben hängt auf das engste mit der Zeitlosigkeit im Traum zusammen. Es gibt im Unbewußten «nichts, was der Zeitvorstellung entspricht, keine Anerkennung eines zeitlichen Ablaufs und... keine Veränderung des seelischen Vorgangs durch den Zeitablauf»[34]. Die Inhalte des Unbewußten, seine Affekte, Wünsche und Ängste sind schlechterdings zeitlos; selbst nach Jahrzehnten können die ins Unbewußte abgesunkenen oder verdrängten Erlebnisse im Traum wie unmittelbar gegenwärtig werden und mit der unverändert gleichen Intensität wiedererscheinen. Der Faktor der Zeit kann wohl auf archaische Weise durch räumliche Entfernung dargestellt werden[35], wie denn das Zeiterleben zweifellos einen späteren Erwerb der Evolution darstellt als die Orientierung im Raum; umgekehrt aber dienen die räumlichen Beziehungen im Traum oft als symbolische Darstellungen der psychischen Topographie: unterirdische Räume oder schwer zugängliche Lokalitäten eignen sich als Bilder des Unbewußten der Psyche, das «oben» Befindliche kann geistige Sachverhalte ausdrücken, ein mittlerer Weg einen Kompromiß andeuten usw. Wenn es zutrifft, daß die Denkvorgänge des Bewußtseins aus einer Verinnerlichung räumlichen Such-

[31] C. G. JUNG: Theoretische Überlegungen zum Wesen des Psychischen, 1946, VIII 229–237.
[32] E. DREWERMANN: Strukturen des Bösen, 3 Bde., [3](erw.) 1981–82, 2. Bd., 56–69.
[33] A. a. O.: 2. Bd., 69–124.
[34] S. FREUD: Neue Folge der Vorlesungen zur Einführung in die Psychoanalyse, 1932, XV 80.
[35] A. a. O.: XV 27.

verhaltens entstanden sind[36] (alles «Überlegen» bedient sich räumlicher Sprachbilder), so deutet auch die symbolische Aufhebung der realen räumlichen Distanz im Traum auf die archaische Struktur des Traumzustandes hin.

c) Psychische Erneuerung und Heilungsvorgänge im Traum

Für die Ökonomie der psychischen Energie besitzt die Tatsache der Regression in sich bereits die Wirkung der Kräfteeinsparung, mithin der Erholung und des Ausgleichs. Gleichwohl ist die eigentliche Bedeutung des Traumes für den Haushalt der Psyche, weit mehr noch als in den energetischen, vor allem in den inhaltlichen Prozessen zu sehen, die durch die regressive Wiederbelebung des unbewußten Materials in Gang gesetzt werden.

Unbewußte Lösungswege
Bei der Regression der psychischen Energie im Schlaf bzw. im Traum wird zwar die Realität der Außenwelt aufgehoben, die innere Auseinandersetzung mit den unbewältigten Konflikten des Alltags aber setzt sich auf der Ebene des Unbewußten um so intensiver fort. Lösungsansätze, die im Bewußtsein aufgrund bestimmter Verdrängungen nicht auftauchen konnten, treten im Traum an das Ich des Schlafenden heran; indem der Traum infolge der Zeitlosigkeit eine Brücke zur Vergangenheit schlägt, weist er nicht selten auf die Entstehung und den Werdegang der bestehenden Schwierigkeiten hin, die, soweit psychischen Ursprungs, auf das engste mit der Persönlichkeitsstruktur des Träumenden zu tun haben; zudem kann der Traum zeigen, welche Chancen und Gefahren die alten Ich-Einstellungen und Verarbeitungsmechanismen schon in der Zeit ihrer Entstehung in der frühen Kindheit besessen haben.

Die kompensatorische Funktion des Traumes – Schatten und anima
Insbesondere aber ist die Regression des Traumes dazu bestimmt, die Einseitigkeiten des Bewußtseins sichtbar zu machen und durch die Gegenwelt des Unbewußten zu ergänzen und auszugleichen. Durch die psychische Regression werden Schichten der Seele wiederbelebt, die bislang von der Entwicklung ausgeschlossen oder als unbrauchbar, wo nicht gefährlich beiseitegelassen wurden. Indem durch die regredierende psychische Energie gerade diese Schichten der Psyche im Traum zugänglich werden, entsteht die Möglichkeit einer Er-

[36] A. GEHLEN: Der Mensch. Seine Natur und seine Stellung in der Welt, Frankfurt-Bonn, [8]1966, 263–266.

neuerung des Lebens[37]. Näherhin geht es dabei um die Auseinandersetzung mit den verdrängten oder undifferenziert gebliebenen Inhalten des persönlichen Unbewußten, die in den typischen Traumgestalten des «Schattens»[38] oder des «Hintergängers»[39] auftreten, sowie mit den Gestalten von anima und animus[40], die als Gegenbilder der Außenanpassung an die Berufserwartungen und Rollenvorschriften der Gesellschaft dem kollektiven Unbewußten angehören und der Berufsmaske, der «persona», komplementär sind.

Diagnostischer und prognostischer Wert der Träume

Die Träume dienen somit nicht allein der Aufrechterhaltung des Schlafes und damit der physischen Erholung, – ihr Hauptwert liegt darin, das in ihnen eine Art spontaner Selbstheilung des Unbewußten bzgl. derjenigen Konflikte eingeleitet, ermöglicht oder sogar durchgeführt wird, die vom Bewußtsein entweder nicht gelöst werden können oder durch die Isolation des Bewußtseins von den tieferen Schichten der Psyche geradezu verursacht sind. Ähnlich wie der physische Organismus über eine Vielzahl von Heilungsmöglichkeiten verfügt, die sich der Kenntnis des Verstandes nach wie vor entziehen, so besitzt auch die Psyche aus dem Kollektivgedächtnis der Art einen Erfahrungsschatz an Lebenskunst und Weisheit, der dem Urteil des Verstandes unendlich überlegen ist. Die symbolischen Szenen des Traumes liefern durch ihre Hinweise auf unbewußt gebliebene oder verdrängte traumatische Situationen der frühen Kindheit ein unschätzbares Material zur Analyse und zum Verständnis der Psychogenese des Träumenden; sie zeigen seine unbewußten Ängste, Wünsche und Erwartungen an sich selber und die Menschen seiner Umgebung auf; sie machen deutlich, inwieweit Gefühle der Kindheit, die ursprünglich den Gestalten von Vater und Mutter galten, introjiziert wurden bzw. auf fremde Personen übertragen werden; die Formen der Konfliktbearbeitung, vornehmlich die Abwehrmechanismen der Gegenbesetzung, Projektion, Identifikation, Verharmlosung, Verleugnung, der Umlenkung von Affekten auf die eigene Person u. a.[41], können in den Bildern des Traums wertvolle Einsichten in Psychodynamik und Charakterstruktur der Persönlichkeit des Träumenden vermitteln.
Das Material der Träume ist differentialdiagnostisch mithin von überragender Bedeutung, indem es, wie nichts sonst, offenbar macht, welche geistigen Ge-

[37] C. G. JUNG: Symbole der Wandlung, 1912; 1952, V 517; DERS.: Vom Wesen der Träume, VIII 330–331, der den Traum als Kompensationsversuch, als «Entwicklungsvorgang der Persönlichkeit» deutet; DERS.: Allgemeine Gesichtspunkte zur Psychologie des Traumes, VIII 290–293.
[38] C. G. JUNG: Über die Psychologie des Unbewußten, 1943, VII 58.
[39] L. SZONDI: Lehrbuch der experimentellen Triebdiagnostik, 1. Bd. [2](völlig umgearb.) 1960, 119–120.
[40] C. G. JUNG: Die Beziehungen zwischen dem Ich und dem Unbewußten, 1928, VII 207–232.
[41] Vgl. A. FREUD: Das Ich und die Abwehrmechanismen, 1936.

stalten und Einflüsse unbewußt das Ich seit den Tagen der Kindheit zu Heil oder Unheil auf schicksalhafte Weise bestimmen und lenken. Desgleichen lassen die Träume erkennen, welche Lösungsansätze in die Zukunft hinein das Unbewußte des Träumenden bereithält, und ihr prognostischer Wert wird wohl durch nichts besser bestätigt als durch die nicht selten zu ersehende Tatsache, daß Menschen, oft genug nach Jahren, gerade so zu handeln sich veranlaßt oder gezwungen sehen, wie sie es schon damals voller Furcht oder Hoffnung im Traume vor sich sahen[42].

C) Die Bedeutung der Träume in der Religionsgeschichte

Erst von der überragenden psychologischen Bedeutung der Träume her versteht man das große Gewicht, das in den Religionen der Antike ebenso wie in den «primitiven» Stammesreligionen dem Erleben des Traumes zuerkannt wird, und die Traumpsychologie selber zeigt, mit welchem Recht die Alten in den Träumen eine Offenbarung göttlicher Mächte erkannten.

Nicht nur, daß zahlreiche Vorstellungen über Geister und Dämonen, Magie und Ritus, Wunderheilung und Prophetie vom Traumerleben her ihre Erklärung finden, es werden vor allem auch die entsprechenden Erzählformen: die Mythen und Märchen, die Sagen und Legenden, die Wundererzählungen und Prophetien, die Apokalypsen und Visionsberichte, ja selbst das breite Feld der Dichtung in den Gleichniserzählungen der Bibel erst vom Traumerleben her zu ihrer Wahrheit finden. Weit davon entfernt, das Zeugnis bloßer «Phantasie» zu sein, legen gerade diese Erzählungen ein Zeugnis für die Wirklichkeit und Wirksamkeit der seelischen Kräfte in den Tiefenschichten der menschlichen Psyche ab. Zudem erscheinen vom Ansatz des Traumes her gerade die «ungeschichtlichen» bzw. archetypischen Erzählformen in einer weit engeren Einheit und Zusammengehörigkeit, als sie ihnen in historischer Betrachtung zugeschrieben werden kann.

Auch hier wird man Entscheidendes, wenngleich Vergessenes, von F. NIETZSCHE lernen können, wenn er von der Geburt der Götter und aller großen philosophischen Ideen aus dem Traumerleben sprach. «Im Traum», meinte NIETZSCHE, «traten zuerst, nach der Vorstellung des LUKRETIUS, die herrlichen Göttergestalten vor die Seele der Menschen, im Traum sah der große Bildhauer den entzückenden Gliederbau übermenschlicher Wesen, und der

[42] Zu den prophetischen und telepathischen Träumen vgl. W. STEKEL: Die Sprache des Traumes, 1927, 417 ff.

hellenische Dichter, um die Geheimnisse der poetischen Zeugung befragt, würde ebenfalls an den Traum erinnert... haben... Der schöne Schein der Traumwelten, in deren Erzeugung jeder Mensch voller Künstler ist, ist die Voraussetzung aller bildenden Kunst, ja auch... einer wichtigen Hälfte der Poesie. Wir genießen im unmittelbaren Verständnisse der Gestalt, alle Formen sprechen zu uns, es gibt nichts Gleichgültiges und Unnötiges. Bei dem höchsten Leben dieser Traumwirklichkeit haben wir doch noch die durchschimmernde Empfindung ihres *Scheins*... Der philosophische Mensch hat sogar das Vorgefühl, daß auch unter dieser Wirklichkeit, in der wir leben und sind, eine zweite ganz andere verborgen liege, daß also auch sie ein Schein sei; und SCHOPENHAUER bezeichnet gerade die Gabe, daß einem zuzeiten die Menschen und alle Dinge als bloße Phantome oder Traumbilder vorkommen, als das Kennzeichen philosophischer Befähigung. Wie nun der Philosoph zur Wirklichkeit des Daseins, so verhält sich der künstlerisch erregbare Mensch zur Wirklichkeit des Traumes; er sieht genau und gern zu: denn aus diesen Bildern deutet er sich das Leben, an diesen Vorgängen übt er sich für das Leben. Nicht etwa nur die angenehmen und freundlichen Bilder sind es, die er mit jener Allverständlichkeit an sich erfährt: auch das Ernste, Trübe, Traurige, Finstere, die plötzlichen Hemmungen, die Neckereien des Zufalls, die bänglichen Erwartungen, kurz die ganze ‹göttliche Komödie› des Lebens, mit dem Inferno, zieht an ihm vorbei... und vielleicht erinnert sich mancher, gleich mir, in den Gefährlichkeiten und Schrecken des Traumes sich mitunter ermutigend und mit Erfolg zugerufen zu haben: ‹Es ist ein Traum! Ich will ihn weiterträumen!› Wie man mir auch von Personen erzählt hat, die die Kausalität eines und desselben Traumes über drei und mehr aufeinanderfolgende Nächte hin fortzusetzen imstande waren: Tatsachen, welche deutlich Zeugnis dafür abgeben, daß unser innerstes Wesen, der gemeinsame Untergrund von uns allen, mit tiefer Lust und freudiger Notwendigkeit den Traum an sich erfährt.»[43]

Nicht also nur unser tieferes Wesen begegnet uns im Traum und enthüllt dort seine dichterische, wahrheitstiftende Kraft, – die Götter selbst entsteigen nach NIETZSCHES Meinung dem Traum. Man nennt gerade NIETZSCHE einen Atheisten, und er selber nannte sich den Antichristen; aber es scheint, als ob gerade die Traumlosigkeit des Christentums den Protest NIETZSCHES überhaupt erst herausgefordert hätte, und jedenfalls kann man seine Lehren nur überwinden, wenn Vision und Glaube, wenn Denken und Gefühl, wenn Dionysos und Apoll wieder in der Tiefe zusammenfinden.

[43] F. NIETZSCHE: Die Geburt der Tragödie aus dem Geist der Musik, 20–21. – Zum Zusammenhang von Traum und Lied vgl. die indianische Vorstellung von den Traumliedern, die der Einzelne bei der Visionssuche geschenkt bekommt; F. HETMANN: Eulenruf und Geistertanz, 80–81.

a) Ahnenkult, Seelenwanderung und Geisterglaube

Das erste und vielleicht wichtigste religionsgeschichtliche Phänomen, das sich wesentlich vom Traum her verstehen läßt, ist der Glaube an Geister und Seelen, an Ahnen und Gespenster. Auch die Bibel kennt Vorstellungen dieser Art, etwa wenn Saul zur Hexe von Endor geht, um in der tiefsten Stunde seiner Verzweiflung den Geist Samuels aus der Unterwelt zu rufen (1 Sam 28,1–25); indessen zeigt gerade eine solche Stelle, daß derartige «heidnische» Vorstellungen von Geistern und den Seelen der Verstorbenen sich zwar im Volk und sogar bis hinauf zu den Beratern der Könige sehr wohl halten konnten, daß sie aber von der offiziellen Theologie bereits der Bibel auf das entschiedenste verworfen wurden: es ist eben der verworfene Saul, der sich in seiner Ausweglosigkeit eines Geisterorakels bedient, und wenn die Geschichte von der Hexe zu Endor auch durchaus mit der Existenz von Totengeistern rechnet, so untersagt sie es doch streng, sich ihrer zu bedienen; nur «Gott allein» soll verehrt werden, – dieses monotheistische Zentralanliegen Israels verbot es scheinbar kategorisch, Geister zu beschwören, und so gebrochen wie dem Traum selber steht die Bibel auch einer der Hauptwirkungen des Traumerlebens: dem Seelenglauben, gegenüber. Dabei ist es von der Traumpsychologie her nach dem Gesagten gut verständlich, welche Erfahrungen hinter den Seelenvorstellungen der antiken Religionsformen stehen und wie man psychologisch die Erzählungen verstehen muß, die von entsprechenden Erscheinungen und Beschwörungen berichten. Für die Vorstellung der «VORARISTOTELISCHEN» Traumtheorie läßt sich der Grundsatz aufstellen, daß alles im Traum Erlebte als eine an sich seiende Wirklichkeit zu betrachten ist. Diese metaphysische oder idealrealistische Auffassung des Traumgeschehens nahm die Traumerlebnisse in sich selbst für objektiv wirklich; sie sah in ihnen nicht Manifestationen des Unbewußten als vielmehr das Auftreten bestimmter Geistermächte, die gänzlich unabhängig von der Psyche des Träumenden, wenngleich auf der Bühne seines Schlafbewußtseins, ihr (Un-)Wesen trieben. Die ARISTOTELISCHE Definition des Traumes als einer psychischen Aktivität während des Schlafzustandes mußte demgegenüber eine solche «Traummetaphysik» zerstören; aber das bedeutet keinesfalls, daß die Alten völlig in die Irre gingen, wenn sie im Traumerleben eine Wirklichkeit zu sehen vermeinten, die vom subjektiven Wollen, vom Ich unabhängig ist und in der Tat eine «objektive» Wahrheit besitzt, nur daß diese Wahrheit und Objektivität zunächst nicht metaphysischer, sondern psychischer Natur ist.

Für das unmittelbare Erleben der alten Religion ist und war es evident, daß Verstorbene nicht tot sein können, wenn sie in den Träumen der Nacht flehend oder hilfreich, drohend oder fragend, rächend oder bestärkend dem Träumenden gegenübertreten, und immer wieder mögen Menschen durch die Traumerscheinungen ihrer Angehörigen zu Maßnahmen veranlaßt worden sein, die dem Tun jenes Ägypters glichen, der in rührender Weise seine verstorbene Gattin bat, ihn doch nun endlich in Ruhe zu lassen, da er doch jede nur erdenkliche Pflicht an ihr bereits zu Lebzeiten verrichtet habe[44].

Das Bedürfnis, sich vor den schädigenden Einflüssen der Toten zu schützen und ihren Rat in Krisenzeiten einzuholen, machte es notwendig, mittels bestimmter Praktiken und des Wirkens bestimmter Medien die Ahnengeister zu beschwören und in sichtbarer Gestalt aus der Unterwelt herbeizurufen. Religionspsychologisch kommen die Beschwörungsriten einer künstlichen Herabsetzung des Bewußtseins gleich, die, wie wir soeben sahen, gerade den Traumzustand kennzeichnet, und die «Unterwelt», der die Ahnengeister entsteigen, ist deutlich genug als das Unbewußte der betreffenden Person zu erkennen: noch heute wird die Technik der Beschwörung von Familienangehörigen in spiritistischen Séancen mit mehr oder minder großem Erfolg geübt[45].

[44] Zu den Briefen an die Toten vgl. R. BRIER: Zauber und Magie im alten Ägypten, 226–234, der zu Recht meint: «zumindest auf magische Weise blieben Diesseits und Jenseits eine Einheit auf ewig» (234); die Frage ist natürlich, inwieweit die «Magie» objektive Wahrheit ist. Zur Stelle vgl. A. ERMAN: Die Religion der Ägypter, 1934, 240–241. – Zur Herleitung des Seelenglaubens vom Traumerleben vgl. W. WUNDT: Völkerpsychologie, IV 1, 70; 80–82; vor allem die «Schattenseele» ist eine Vorstellung, die den Traumerfahrungen entstammen dürfte. Bezeichnenderweise aber werden in der Antike die Träume im «Land der Träume» lokalisiert, das nach HOMER: Odyssee XXIV 11ff, in der Gegend des Okeanos, nicht weit von der Asphodeloswiese, also ganz im Westen liegt. «Jedenfalls handelt es sich in allen Fällen, wo die Träume irgendwo lokalisiert werden, um die Nähe des Totenlandes, in welcher bezeichnenderweise bei Ovid der Somnus haust.» J. HUNDT: Der Traumglaube bei Homer, 75. Dem ganzen Wesen nach steht der Traumglaube somit in Verbindung mit den «Dämonenvorstellungen einer frühen Stufe des Seelenglaubens (a. a. O., 77). – Andererseits ist die von E. B. TYLOR vertretene animistische Theorie von der Entstehung des Seelenglaubens aus dem Traumerleben *historisch* betrachtet gewiß einseitig, wo nicht falsch; vgl. H. MÜLLER-KARPE: Geschichte der Steinzeit, 248–261, der (255) die «animistischen» und «magischen» Rekonstruktionen der Religionsgeschichte wohl zu Recht kritisiert und meint (248): «Ausschlaggebend ist hier (sc. beim Umgang mit dem Tod und mit dem Toten, d. V.) vielmehr das angesichts eines Toten in besonderer Intensität zum Bewußtsein kommende Erleben dessen, was man Ewigkeit nennt.» Dieses wurzele tiefer als die Entfaltung eines rationalen Intellektes. Ähnlich ist die Kritik bei W. F. OTTO: Die Manen oder von den Urformen des Totenglaubens, 96–99, der wohl anerkennt, daß Traumerlebnisse den Seelenglauben bestätigen können, aber meint, vor allem die «Veränderlichkeit» der Traumgestalten verbiete es, den Traum zur Begründung des Seelenglaubens heranzuziehen. Andererseits greift Otto selbst auf die Vorstellung von L. LÉVI BRÜHL: Die geistige Welt der Primitiven, 49–54, zurück, der den Seelenglauben mit der mystischen Verbundenheit der Verstorbenen mit den Lebenden zu erklären suchte; diese mystische Verbundenheit ist selbst eine Erfahrung, die im Unbewußten wurzelt und sich im Traum bzw. in traumähnlichen Erlebnissen am deutlichsten ausspricht. – Beispiele von Träumen vom Tod und von Toten aus dem *indianischen* Raum finden sich bei I. A. OTTO: Der Traum als religiöse Erfahrung untersucht und dargestellt am Beispiel der Irokesen, 110–113.

[45] C. G. JUNG: Zur Psychologie und Pathologie sogenannter okkulter Phänomene, 1902, I 3–98; DERS.: Die psychologischen Grundlagen des Geisterglaubens (1919), VIII 343–346, der den Geisterglauben auf die Erlebnisse von Vision, Traum, psychogenen Krankheiten und Psychosen zurückführt.

In all diesen Fällen tritt die Imago der Eltern (oder anderer Angehöriger) als eine eigenständige Macht auf, die insofern «wirklich» «lebt», als ihr Wirken in hypnoiden Zuständen von den Setzungen des Ichs gänzlich unabhängig ist.

Aber mehr noch: leben die Verstorbenen fort, so können die Lebenden im Tod nicht wirklich sterben; – das Traumerleben selbst mußte der metaphysischen Auffassung des Traumes wie ein schlüssiger Beweis dieser Überzeugung erscheinen. Im Traum scheint die Seele den Körper zu verlassen; infolge der Raum- und Zeitlosigkeit des Unbewußten findet sie sich an Orten vor, die sie noch nie oder doch nur in ferner Vergangenheit betreten hat; in den Flugträumen erhebt sie sich, ohne des Körpers zu bedürfen, ja befreit von der Schwere der irdischen Hülle, aus der Enge des Leibes, des Schlafgemachs, des Wohnortes und schwebt, scheinbar nur dem eigenen Willen gehorchend, über Orte und Landschaften hinweg ihren entlegenen Zielen entgegen[46], oder sie taucht in unterirdische Gefilde ein, deren Gefahren sie zumeist nur mit Mühe und Not entkommt.

Beide Erlebnisse, der *Himmels-* wie der *Unterweltreise,* im Traum oder in traumähnlichen Zuständen scheinen zu bestätigen, daß die Seele des Menschen, gleich dem Ba-Vogel der Ägypter[47] oder dem göttlichen Schmetterling der mittelamerikanischen Indianer[48], ein körperunabhängiges Eigenleben besitzt, das an sich über die Begrenzungen der irdischen Existenz erhaben ist. Darüber hinaus scheint der Trauminhalt der Himmelsreisen und Unterweltfahrten einen entscheidenden Anhaltspunkt dafür zu bieten, welcher Art das Schicksal sein wird, wenn die Seele erst einmal gänzlich vom Körper getrennt sein wird. Besonders die *Totenbücher* der Ägypter[49] und Tibeter[50] stellen eine hochentwikkelte Form der Systematisierung des Jenseitsweges des Verstorbenen dar, in der die Unmittelbarkeit des Traumerlebens zwar oftmals durch die Eigengesetzlichkeit priesterlicher Logik und Ordnungsliebe überlagert, die ursprüngliche Typik der Motive aber niemals aufgehoben wird.

[46] Vgl. die Traumreise des Ogalalla-Schamanen Schwarzer Hirsch, in: SCHWARZER HIRSCH: Ich rufe mein Volk, 1965, 30–54; 209–214; zum *magischen Flug bzw. zur Himmelsreise der Schamanen* vgl. M. ELIADE: Mythen, Träume und Mysterien, 144–159, der auch die «magische Flucht» aus entsprechenden Traumerfahrungen deutet (a. a. O., 168–169).

[47] G. ROEDER (Übers.): Zauberei und Jenseitsglauben im Alten Ägypten, 1961, 157; 247; 250; 351 (Abb.).

[48] W. KRICKEBERG: Altmexikanische Kulturen, 328–329; 356; 364. – Die *nordamerikanischen* Indianer hatten die Vorstellung, daß die «Seele... sich vom lebenden Körper entfernen und in jedes Objekt eintreten oder zu jedem Platz gehen» kann, «um Wissen zu erlangen und es bei ihrer Rückkehr dem Menschen in Träumen und Visionen zu enthüllen.» I. A. OTTO: Der Traum als religiöse Erfahrung, 64. Diese Vorstellung, die offenbar bestimmten Traumerfahrungen entstammt, drückt sich auch in dem Glauben aus, die Seele wandere im Tod «westwärts zur untergehenden Sonne, zum Reich der Geister» (a. a. O., 65).

[49] E. HORNUNG: Ägyptische Unterweltsbücher, 1972.

[50] W. Y. EVANS-WENTZ (Hrsg.): Das Tibetanische Totenbuch oder die Nachtod-Erfahrungen auf der Bardo-Stufe, [10]1971.

Noch weiter vom Traum entfernt und dennoch zutiefst von seinen Bildern und Erfahrungen geprägt ist nicht zuletzt die *apokalyptische* Literatur, deren Weltuntergangsphantasien aus dem Erleben der schizophrenen und depressiven Psychosen, also aus Wachträumen, die die Wirklichkeit ersetzen, stammen dürften[51] und deren Bilderwelt die Beschreibung des Schicksals der Seele des Einzelnen in den «Jenseitsbüchern» in kosmische Dimensionen hineinprojiziert.

Hier wie dort wird der psychische Weg der Lebenserneuerung, von dem der Traum Kunde gibt, als eine metaphysische Gegebenheit an sich betrachtet, nur daß die «Jenseitsbücher» stets zu einem guten Ende führen, während die Apokalyptik, entsprechend dem iranischen Dualismus ihrer Herkunft, mit einer absoluten Trennung und Verewigung der psychischen Spannungspole von Gut und Böse, Bewußtsein und Unbewußtem, Göttlichem und Widergöttlichem endet[52]. Zu den Jenseitswegen der Seele zählen schließlich auch die Vorstellungen der *Seelenwanderung* im Sinne der Inder, der ORPHIKER und der PYTHAGOREER[53], deren philosophische Grundlage (die Vorstellung von der dynamischen Einheit allen Lebens und der Verwandlungsfähigkeit aller Gestaltungen ineinander) gleichermaßen ihre wichtigste Stütze im Erleben des Traumes und traumähnlicher Zustände haben dürfte.

Im Traum erscheint indessen nicht nur die Seele sich selber wie eine eigene Wesenheit jenseits der Grenzen von Raum und Zeit, es werden ihr nicht nur die introjizierten Gestalten der frühkindlichen Bezugspersonen wie leibhaft gegenwärtig, – es treten im Traum (ähnlich wiederum wie im psychotischen Erleben) vor allem die abgespaltenen, zum wachen Bewußtsein bisher nicht zugelassenen Teile der Seele in personifizierter Gestalt als Feen und Hexen, Engel und Dämonen, Götter und Teufel gegenüber. Nicht selten lassen sich in den Geistern und Dämonen überhöhte Nachfahren der Vater- oder Mutterimago erkennen[54], in denen die Kleinheit und Ohnmacht des frühkindlichen Ichs auf das krasseste zu der übermächtigen Allgewalt der Elterngestalten kon-

[51] Zu den Weltuntergangsvorstellungen der Psychotiker vgl. H. SCHULTZ-HENCKE: Das Problem der Schizophrenie. Analytische Psychotherapie und Psychose, 1952, 84–85. – V. BROCKHOFF: Botschaft aus Träumen, 37–54, erzählt und analysiert einen Unterweltstraum des assyrischen Kronprinzen Assurbanipal, dem der Unterweltsgott Nergal das Vernichtungsurteil spricht; möglicherweise ist der Traum drogeninduziert.

[52] Vgl. hierzu C. G. JUNG: Antwort auf Hiob, 1952, XI 482–492.

[53] K. KERÉNYI: Pythagoras und Orpheus, 1938, in: Humanistische Seelenforschung, 1966, 15–51.

[54] E. DREWERMANN: Der Teufel im Märchen, in: Archiv für Religionspsychologie, 1982, Bd. 15, 93–128; vgl. E. DREWERMANN – I. NEUHAUS: Das Mädchen ohne Hände, 1982, 35–38; zum Teufel als Umprägung germanischer Gottheiten im Märchen vgl. J. GRIMM: Deutsche Mythologie, 1943, 534–557. – Zur Herleitung des Dämonenglaubens aus Angstträumen und Krankheitsanfällen vgl. W. WUNDT: Völkerpsychologie, 4. Bd.: Mythus und Religion, 1. Teil, 196–218.

trastiert; aber noch weit «unheimlicher»[55] müssen die personifizierten Inhalte des Unbewußten aus dem Bereich des Schattens und der anima wirken: in ihnen verdichtet sich alles, was man, wie in dem Grimmschen Märchen vom «Geist im Glas» (KHM 99)[56], sein Leben lang hat unter Verschluß halten wollen und was nun aufsteht, um die Enge des seelischen Gefängnisses aufzusprengen.

Es ist keine Frage, daß unter den Voraussetzungen des metaphysischen Traumverständnisses besonders diese Traumerscheinungen und psychotischen Visionen den Grundstock des Geister- und Dämonenglaubens sowie bestimmter Gottesvorstellungen bilden mußten[57] und daß man versuchte, wie die Geister der Verstorbenen so auch diese quasi autonomen Mächte des Unbewußten als göttliche Wesen mit den nämlichen Mitteln der Beschwörung – der künstlichen Versenkung im Unbewußten – nach Möglichkeit günstig zu stimmen und ihr Walten zum Guten zu lenken.

b) Magie und Ritus, Orakel und Wunderheilung

Vom Traum her ergibt sich auch ein Zugang zum Verständnis all jener Erzählungen, die von wunderbaren Begebenheiten, von Wunderheilungen und Wahrsagungen, von magischen Prozeduren und geheimnisvollen Riten zu berichten wissen. Im Grunde haben wir es hierbei mit dem Zeugnis von dem Wirken und den Wirkungen gewisser Seelenkräfte zu tun, die dem Bewußtsein bislang verborgen waren und sich nunmehr in Form bestimmter Symptom- oder Symbolbildungen zum Heil oder Unheil einzelner Personen geltend machen. Wir werden den Zusammenhang der entsprechenden Erzählgattungen mit der Traumpsychologie im 2. Bd. der vorliegenden Arbeit noch ausführlicher zu untersuchen haben; an dieser Stelle indessen genügen ein paar hinweisende Bemerkungen über den Verständniszusammenhang, in den die Wundererzählungen in der biblischen und außerbiblischen Tradition vom Traumerleben her einzuordnen sind.

Ein solcher Zusammenhang ergibt sich wie von selbst, wenn man bedenkt,

[55] Vgl. S. FREUD: Das Unheimliche, 1919, XII 227–268.

[56] Zur Interpretation dieses Märchens vgl. die allerdings sehr spekulative, der Anthroposophie nahestehende Deutung bei R. GEIGER: Märchenkunde, 1982, 194–213.

[57] Zu der Manifestation der Götter im Traum in der ägyptischen Religion vgl. E. HORNUNG: Der Eine und die Vielen, 1973, 119–120. – Zu dem Glauben an Dämonen und Totengeister in Israel vgl. A. JIRKU: Die Dämonen und ihre Abwehr im Alten Testament, 1–21.

daß das symbolische Denken und Vorstellen im Traum der Nacht zwar am «reinsten» «zu Tage» tritt, sich aber keineswegs auf den Schlafzustand beschränkt; seiner affektiven Bedeutsamkeit wegen besetzt es vielmehr alle wesentlichen Verbindungsstellen zwischen dem psychischen Erleben des Einzelnen und dem Leben der Sozietät, ja es liefert die zentralen Interpretationsschemata auch zur «magischen» bzw. «animistischen» Deutung der Naturvorgänge und bestimmt von daher zugleich die Grundeinstellung des mythischen Denkens zur umgebenden Natur.

«Animismus» und objektive Harmonie

Zu den wunderbarsten Fähigkeiten der menschlichen Psyche gehört es, alle Wesen ringsum projektiv zu beseelen und menschenförmig zu erleben sowie umgekehrt sich mit allen Dingen ringsum per Identifikation gleichsetzen bzw. sich zu ihnen in eine Beziehung innerer Verwandtschaft setzen zu können. Man hat in der religionsgeschichtlichen Forschung die religiösen Überzeugungen, die sich auf den Glauben an die Beseelung und Wesensgemeinschaft aller Dinge gründeten, als «Animismus» und «Totemismus» bezeichnet und in ihnen, innerhalb des evolutiven Denkens des 19. Jh., den Ursprung aller Religionen erkennen wollen[58]. Tatsächlich ist diese Theorie so ganz verkehrt nicht, wenn man den Begriff des «Animismus» nicht, wie üblich, in einem rein pejorativen Sinne verwendet, sondern damit eine Einstellung bezeichnet, die unmittelbar dem Erleben traumhafter bzw. traumähnlicher Zustände ent-

[58] E. B. TYLOR: Primitive Culture, 1871; dt. 1873; zur Kritik an der Animismus-Theorie vgl. G. VAN DER LEEUW: Phänomenologie der Religion, [4]1977, 77–86. Noch W. DILTHEY: Weltanschauungslehre, VIII 44, konnte erklären: «Diese Neigung, aus dem Unbekannten Einzelkräfte nach gewissen Kriterien als Träger unfaßlicher Wirkungen auszusondern: ist im Grunde das, was als Fetischismus bezeichnet worden ist...; dies aber ist nicht für sich eine Form primärer Religiösität, sondern nur ein Grundzug oder eine Eigenschaft derselben.» Tatsächlich ist in der «primitiven» Psychologie die Grenze zwischen Traumerleben und Wirklichkeitserfassung fließend. L. LÉVY-BRÜHL: Das Denken der Naturvölker, 22, betonte zu Recht, daß für die «Primitiven» die Wahrnehmung der Wirklichkeit durch und durch mystischer Natur ist. «Ihre geistige Tätigkeit ist viel zu wenig differenziert, als daß es möglich wäre, hier die Ideen oder Bilder der Gegenstände für sich zu betrachten, unabhängig von den Empfindungen, Erregungen, Leidenschaften, die diese Ideen oder Bilder hervorrufen oder die durch sie hervorgerufen sind.» Allem wohnt unter solchen Erlebnisvoraussetzungen eine «Kraft» inne, von der C. CASTANEDA: Reise nach Ixtlan, 123 sehr richtig den Schamanen Don Juan Matsus sagen läßt: «Sie ist das Gefühl, das man bei bestimmten Dingen hat. Kraft ist etwas Persönliches.» «Sie befiehlt dir, und trotzdem gehorcht sie dir.» Die «Kraft» ist in diesem Sinne der Gefühlseindruck, den eine bestimmte Erfahrung im Subjekt hinterläßt und die als objektive Eigenschaft, als verzaubernde Macht der Wirklichkeit erfahren wird. Besonders Träume führen deshalb, wie jedes *elementare Erleben,* in den Besitz solcher «Kraft» (a. a. O., 97). – Mit Recht meint deshalb bereits für das antike Traumverständnis J. HUNDT: Der Traumglaube bei Homer, 13: «Ursprünglich hält der Mensch die Erscheinungen, die ihn im Traum besuchen, für wirklich, und wenn er im Traum weit fortgeht und vielerlei erlebt, so glaubt er, daß auch dies wirklich so vorgegangen ist. Das gilt in präanimistischer Zeit und weit über sie hinaus.»

spricht und insofern mit Recht als ursprünglich für alles religiöse Empfinden gelten kann.
Im Traum, vor allem aber in der Psychose, scheinen die Grenzen des individuellen Bewußtseins gegenüber der Außenwelt aufgehoben; in der Egozentrik der Angst bzw. in dem narzißtischen Erleben des Traumes sieht sich das Ich als Adressat geheimer Mitteilungen und Botschaften, die ihm aus dem Verhalten der Natur, des Wetters und der Wolken, der Pflanzen und Tiere mitgeteilt werden, und alle Dinge scheinen ihm Antwort auf die Rätselfragen seines Daseins zu geben[59]. Besonders die archetypischen Bilder der menschlichen Psyche legen immer wieder das Gefühl einer inneren Verwandtschaft und Wesenseinheit von Subjekt und Objekt, von Innen und Außen, von Selbsterfahrung und Welterfahrung nahe, denn ihre Symbolik hat sich selbst aus dem Gedächtnis der Evolution im Umgang mit den Mächten der Natur gebildet und stellt gewissermaßen ein Stück verinnerter Außenwelt im Inneren des Subjektes dar. In den Tiefenschichten des kollektiven Unbewußten waltet das Gefühl einer ursprünglichen Einheit und Verbundenheit der menschlichen Psyche mit allem Begegnenden ringsum, und wenn die berühmte Mythe des thrakischen ORPHEUS davon berichtet, daß dieser große Sänger, Seher und Gott es vermocht habe, mit seinem Gesang die Steine und die Fische zu bezaubern, so spiegelt sich in dieser äußerst poetischen, musikalischen Weltsicht die Überzeugung vieler Völker wider, daß am Anfang der Welt – psychologisch also in den Tiefenschichten der Psyche – die Menschen noch fähig (gewesen) seien, die Sprache der Dinge zu vernehmen und sich ihrer Weisung gehorsam einzufügen[60]. Angeregt von der ORPHISCHEN, indischen, vor allem aber der altmediterranen Religiosität, gingen besonders die PYTHAGOREER so weit, eine abso-

[59] Vgl. z. B. SCHWARZER HIRSCH: Ich rufe mein Volk, 154. Von der Berufung der Schamanen durch Krankheit, Tiere und Träume vgl. A. LOMMEL: Schamanen und Medizinmänner, 56–73. Die eigentliche Berufung des Schamanen geschieht durch die Überwindung einer Krankheit, durch eine psychische Wiedergeburt, bei der bestimmte Träume und die Hilfe gewisser Tiere unerläßlich sind (a. a. O., 74–101). All diese Phänomene erinnern an eine Art elementarer Psychotherapie, deren Erleben und innere Erfahrung verständnisvoll und gütig auch im Umgang mit fremdem psychischem und psychosomatischem Leiden macht. Wie unerläßlich die «Schamanenkrankheit» zur Eignung eines Schamanen gehört, zeigen H. FINDEISEN – H. GEHRTS: Die Schamanen, 60–62, die zugleich aber sehr zu Recht die «Erklärungen» ablehnen, die in den Schamanen nur pathologische Charaktere erblicken wollen. Das Wesentliche der schamanischen Existenz besteht psychologisch, wie z. B. in der Dionysosmythe, in einer Art mystischem Opfertod, so «daß der Schamane nur solche Krankheiten heilen kann, die von Geistern verursacht sind, welche bei jenem furchtbaren Zerstückeltwerden (sc. des Schamanen während seines visionären Selbstopfers) ihren Anteil von seinem Körper erhalten haben» (a. a. O., 62).

[60] Vgl. E. DREWERMANN: Strukturen des Bösen, 1. Bd., ³1981: erg. durch ein Nachw.: Von dem Geschenk des Lebens oder: das Welt- und Menschenbild der Paradieserzählung des Jahwisten (Gn 2,4b-25), 375–378; E. DREWERMANN – I. NEUHAUS: Frau Holle, 1982, 35–37; E. DREWERMANN – I. NEUHAUS: Schneeweißchen und Rosenrot, 1983, 19–24.

lute Harmonie zwischen menschlicher Psyche und Kosmos zu statuieren und aus diesem Theorem ein kompliziertes System der Traumdeutung zu entwikkeln, dem noch CICERO sich weitgehend anschloß[61]: die Seele galt ihnen – ebenso wie der Körper des Menschen bei den Ägyptern[62] – als vollendetes Abbild des Kosmos, dessen innere Harmonie den Gesetzen des Alls vollkommen entsprach[63]; in den Traumgesichten erkannten sie demgemäß ein geheimes Wissen um verborgene Ereignisse auch der äußeren Natur, und es dünkte sie nicht sonderbar, in den Phänomenen der Natur Hinweise auf menschliches Schicksal und in den Träumen der menschlichen Psyche Vorahnungen kommender Ereignisse zu finden.

Orakel und Magie

Überhaupt nimmt der Traum in den antiken Religionen und in den Überlieferungen der Stammesreligionen gerade wegen seiner divinatorischen Verwendungsmöglichkeiten eine herausragende Stellung ein[64]. Es sind zumeist besondere kultische Stätten, die als Überreste einer paradiesischen Einheit von Göttlichem und Menschlichem, als Relikte einer meist schuldhaft verlorenen «Traumzeit» (nach der Bezeichnung der Ureinwohner Australiens)[65] als bevorzugte Orakelstätten in Frage kommen. Für gewöhnlich handelt es sich dabei um Orte, die bereits in ihrer äußeren Gestalt geradezu verdichtet eine Vielzahl archetypischer Symbole repräsentieren, wie Quellen, Höhlen, Schluchten, Wälder, Berghügel u.a., und wenn zu diesem Ensemble der Landschaft (oder deren künstlichen Nachbildungen in den Inkubationstempeln) noch zusätzlich die Gunst besonderer Zeiten – bestimmte Mondphasen, Sonnenstellungen

[61] M.T. CICERO: De divinatione (Von der Weissagung), XXXVII – XXXVIII; vgl. C.A. MEIER: Die Bedeutung des Traumes, 87–88, zum Traumzitat des CICERO: De republica VI 1–9, den Traum des Scipio Africanus Minor vom Untergang Karthagos. – Zur Zukunftsdeutung aus Traumorakeln bei den *Babyloniern* vgl. A. UNGNAD: Die Deutung der Zukunft bei den Babyloniern und Assyrern, 1909, 27–28.

[62] Zur ägyptischen Lehre von den vier Horussöhnen als den Wächtern der Kanopen und Herren der vier Himmelsgegenden vgl. V. IONS: Ägyptische Mythologie, 114.

[63] Zur pythagoreischen Harmonie-Lehre vgl. K. KERÉNYI: Pythagoras und Orpheus, 1938, in: Humanistische Seelenforschung, 1966, 15–51; zu Traumorakel und Inkubation in der Antike vgl. C.A. MEIER: Die Bedeutung des Traumes, 103–112; zu der Befragung von Toten in Träumen sowie durch Wahrsager vgl. L. LÉVY-BRÜHL: Die geistige Welt der Primitiven, 141–151.

[64] Vgl. z.B. für die ägyptische Religion G. POSENER: Lexikon der ägyptischen Religion, 282–283, Artik. «Traum». – Zum Traumorakel bei den Neuplatonikern vgl. JAMBLICHUS: Über die Geheimlehren, III 2, S. 68–70.

[65] R.A. GOULD: Die Eingeborenen der Gibson Wüste Australiens, in: Evans-Pritchard: Bild der Völker, 1974, 53; H. PETRI: Kult-Totemismus in Australien, 1950, in: C.A. Schmitz (Hrsg.): Religionsethnologie, 1964, 225–228. – Die Vorstellung selbst ist ein echter «Völkergedanke» im Sinne von A. BASTIAN. Sehr anschaulich beschreibt z.B. C. CASTANEDA: Reise nach Ixtlan, 109, die «Orte der Erleuchtung», wo nach indianischem Glauben eine besondere Kraft wohnt, um Lehren zu erhalten und Lösungen für bestimmte Probleme zu finden.

oder Planetenkonstellationen – sowie die Ehrfurcht alter Überlieferung hinzutritt, so wird man wohl sagen dürfen, daß an solchen Stätten die Götter den Menschen nahe sind, wenn diese sich nur bereitmachen, unter solcher Anregung sich den Mächten des Unbewußten zu öffnen[66].

Die Gelegenheiten, bei denen eine Traumbotschaft besonders wichtig ist, sind im Leben des Einzelnen meist die Anfangsstellen eines neuen Lebensabschnittes (Initiation, Hochzeit, Geburt eines Kindes etc.)[67] oder bestimmte wichtige Unternehmungen (Jagd, Krieg u.ä). Zum Erhalt des Schauempfangs bedarf der Träumende meist bestimmter gewissenhafter Vorbereitungszeremonien, die seine Aufmerksamkeit von den äußeren Geschehnissen ablenken und nach innen führen: Einsamkeit, Fasten, meditative Versenkung sind zumeist unerläßlich, um eines schicksalweisenden Traumes fähig und würdig zu werden; zusätzlich können künstliche Mittel wie Dämpfe, Drogen, ekstatische Tänze das notwendige abaissement du niveau mental fördern[68]. Auch der Traumdeuter, meist eine Person von hervorragendem psychologischem Einfühlungsvermögen, muß sich durch entsprechende Methoden auf die Deutung vorbereiten, indem er den erzählten Traum gewissermaßen per Identifikation selber als seinen eigenen mitträumt oder, wie Daniel vor Nebukadnezar bzw. der ägypti-

[66] K. KERÉNYI: Landschaft und Geist, 1935, in: Apollon und Niobe, München-Wien 1980, 80–92. – W. F. OTTO: Die Musen und der göttliche Ursprung des Singens und Sagens, 12–13, etwa verweist bzgl. der Antike auf die Nähe, die die *Nymphen* in der Mythologie zu Bergeshöhen, Grotten, Bäumen, Blumenwiesen besitzen. «Wo Nymphen sind, da rauschen Brunnen und Bäche, Boten ihres Wesens und ihrer Huld, Herzschlag und Lebensmelodie der Natur.» – Bei HERODOT bereits wird allerdings dem gesamten Orakelwesen jede übernatürliche Einwirkung abgesprochen. Man kann sagen, «daß Herodot gerade auf dem religiösen Gebiete, wo wir zu allererst festen Glauben vermuten dürften, absolut den Rationalismus und die Eingebung seines klaren Verstandes sprechen läßt.» H. PANITZ: Mythos und Orakel bei Herodot, 67.

[67] A. VAN GENNEP: Rites de passage, 1909; Auszüge in: C. A. Schmitz: (Hrsg.): Religionsethnologie, 1964, 374–389.

[68] Vgl. M. ELIADE: Schamanismus und archaische Ekstasetechnik, 1975, 48–52, zu den Initiationsträumen und -ekstasen der Schamanen. – J. G. KOHL: Kitschi-Gami oder Erzählungen vom Obern See, I 303, spricht z. B. bewundernd und verwundert von den asketischen Vorbereitungen auf den Empfang einer Traumbotschaft bei den *nordamerikanischen* Indianern des vergangenen Jahrhunderts: «...kann man etwas Wunderbareres, fast möchte ich sagen, etwas Unglaublicheres hören, als diese Erzählungen von den unerhörten Kasteiungen und Plagen, denen sich junge Knaben bereits in einem Alter von 13 oder 14 Jahren unterwerfen? bloß um einer Idee, eines Traumes oder der Erfüllung einer religiösen Pflicht willen? bloß um eine Frage an das Schicksal zu thun? – Wo hat man je bei uns davon gehört, daß Knaben oder auch Mädchen im zartesten Alter (erg.: dazu, d. V.) im Stande wären, sich für eine Reihe von Tagen um eines höheren Zweckes, um einer Läuterung ihrer irdischen Natur willen, streng alle Genüsse verboten, sich der abgeschlossenen Waldeinsamkeit überlieferten, Hunger und Durst, und dringenden Anforderungen unserer Natur vollständig überwanden und ihren ganzen Geist der Art auf überirdische Dinge richteten, daß sie in übernatürliche Verzückungen verfielen und zu einer gesteigerten Anschauungsfähigkeit sich erhoben, die sie im Alltagsleben nicht besaßen. Welchen Muth! Welche Selbstbeherrschung! Welche Entsagungsfähigkeit setzt dies voraus!» – Zu den Berufungsträumen vgl. auch die Beispiele bei I. A. OTTO: Der Traum als religiöse Erfahrung untersucht und dargestellt am Beispiel der Irokesen, 135–143.

sche Joseph vor dem Pharao, die Gottheit um die Gnade der richtigen Deutung anfleht[69].

Wenn es möglich ist, aufgrund des harmonischen Einklangs von psychischen und physischen (äußeren) Sachverhalten gewisse Ereignisse im Traum zu kennen, so liegt es nahe, anhand der psychischen Mechanismen, die den Traum gestalten, auch objektiv gewisse wünschenswerte Ereignisse in der äußeren Wirklichkeit hervorrufen zu wollen. Das Verfahren dazu ist *die Magie.* Man hat in ihr, wohl mit gewissem Recht, ein Verfahren erblicken wollen, das in Augenblicken besonderer Not oder Gefahr, in denen objektiv durchaus nichts mehr zu «machen» ist, doch noch einen scheinbar praktikablen Ausweg eröffnet, indem jenseits der Kenntnis des Naturzusammenhangs die Welt der Wünsche nunmehr durch sich selber Geltung gewinnt und die beruhigende Versicherung erteilt, daß sehr wohl auf einer anderen Ebene noch geheime Möglichkeiten zur Rettung aus der Verlorenheit bestehen[70]; man hat auch darauf hingewiesen, daß in der Magie eine «Umkehr der Antriebsrichtung» vorliege, indem bestimmte Riten von ihrem wesentlich darstellenden Wert abgelenkt und einseitig auf ihren Erlebniswert, in Richtung eines ekstatischen Weges nach innen hin ausgerichtet würden[71]. Aber im Grunde wird die Welt des Wünschens und der starken affektiven Erlebnisse im magischen Ritual nicht nachträglich aufgesucht, sie ist der Magie vielmehr ursprünglich und wesentlich: die Magie ist im Ansatz gewissermaßen nur die praktische Darstellung des Traumerlebens, eine ritualisierte Aufführung traumhafter Bilder und Zusammenhänge, und wenn das Traumorakel auf der Überzeugung beruht, in dem Traum die Widerspiegelung göttlicher oder realer Einflüsse und Gegebenheiten in der menschlichen Psyche vorzufinden, so dreht die Magie diese Beziehung nur um, indem sie die äußeren Ereignisse als Widerspiegelung innerer Sachverhalte versteht und erwartet[72].

[69] Das einzelne Traumgesicht ist dabei unendlich viel reicher an Inhalt, als es sich in der Sprache des Bewußtseins aussagen läßt; der Traum selbst kann daher nur im Leben selbst wirklich ausgelegt werden, so wie umgekehrt das eigene Leben als ein erfüllter Traum zu verstehen ist. Auf großartige Weise findet sich diese Einstellung z. B. bei dem Indianerschamanen SCHWARZER HIRSCH: Ich rufe mein Volk, 13; 55. – Zu den frühesten Traumbotschaften und Traumbeauftragungen der Weltliteratur vgl. V. BROCKHOFF: Botschaft aus Träumen, 11–36, die die Träume *Gudeas von Lagasch* erzählt, in denen der König sich zu Opfern und kultischen Bauwerken berufen sieht; vgl. a. a. O., 55–74, Text und Analyse zum Traum Nebukadnezars.

[70] So B. MALINOWSKI: Magie, Wissenschaft und Religion, 1973, 54–58; vgl. A. E. JENSEN: Mythos und Kult bei Naturvölkern, 1951, 249–266, zu den präanimistischen Zaubertheorien.

[71] A. GEHLEN: Urmensch und Spätkultur, 1964, 240.

[72] Der Traum z. B., in dem der Schamane zu seinem Dienst berufen wird, muß rituell dargestellt und kundgemacht werden, und wiederum ist das rituelle Tun nur ein Abglanz der Traumvision; «was wir taten», sagt etwa der Indianerschamane SCHWARZER HIRSCH in seinem Lebensrückblick, «das war wie ein Schatten von jenem Gesicht im Himmel auf die Erde geworfen. Ich wußte, die Wirklichkeit war dort und der trübe Traum davon spielte hier.» SCHWARZER HIRSCH: Ich rufe mein Volk, 162. – Zu der ritualbildenden Funk-

Dementsprechend sind die magischen Rituale letztlich nur von der Traumpsychologie her verständlich: so wie im Traum und im psychotischen Erleben Ähnlichkeiten akustischer oder optischer Art assoziativ miteinander in Beziehung treten und die mannigfaltigsten Wirkungszusammenhänge ergeben, so ist es auch im Sympathiezauber evident, daß Ähnliches Ähnliches beeinflussen oder im Analogiezauber das Symbolische das Wirkliche bewirken kann[73]: Tränen fördern den Regen, Blasen den Wind, das Verstreuen von Maiskörnern die Fruchtbarkeit einer Frau, das Verbrennen einer Statue den Tod des Dargestellen usw.; und so wie im Traum (und im Erzählen der Mythen) Vergleiche zu Identitätsverhältnissen verschmelzen (statt: die Wolken am Himmel sehen aus *wie* Schafe, sagt die traumnahe Darstellung: die Wolken stehen *als* Schafe am Himmel oder: sie *sind* die Schafe des Himmelsvaters)[74], so erscheinen auch

tion der Träume vgl. I. A. OTTO: Der Traum als religiöse Erfahrung untersucht und dargestellt am Beispiel der Irokesen, 159–167, die vor allem die Urverwandtschaft von Traum und Mythos betont. – Allerdings besteht eine tiefe Kluft zwischen den Alltagsträumen und den sakral getönten, heiligen Erlebnissen, «die ein Menschenleben vollständig umwerfen können». «Wenn du träumst», sagte der Sioux-Indianer LAHMER HIRSCH, «so hast du noch keine Vision; denn jeder kann träumen... Die richtige Vision kommt aus den eigenen Säften (und nicht etwa vom Peyote-Alkaloid, d. V.). Sie ist kein Traum, sie ist völlig real.» W. MÜLLER: Indianische Welterfahrung, 52–53. Vor allem in Krisenzeiten traten unter den Indianern Visionäre und Propheten auf, wie der Delaware-Prophet *Neolin,* dessen Traum vom Herrn der Welt, der die Vertreibung der Weißen forderte, in den Jahren 1762–1763 verbreitet wurde und auf *Handsome Lake* einwirkte, der am 15.6. 1799 seine erste Vision hatte. Dazu vgl. I. A. OTTO: a. a. O., 150–158. – Ein besonders berühmtes Beispiel einer Traumvision, die in bitterem Kontrast zur Wirklichkeit das magische Vorbild einer erträumten Zukunft darstellte, war *die Geistertanzreligion,* die der Paiute Indianer *Wovoka* (Jack Wilson) 1888 in Utah begründete und in der er die Rückkehr der Büffel und seiner getöteten Brüder beschwor. STANDHAFTER BÄR: Mein Volk, die Sioux, 195–206, schildert die Hoffnungen und die Tragödie der Geistertanzunruhen mit den Worten: «Wir vernahmen, daß es einen wunderbaren Menschen im fernen Osten gab. Er war ein Messias, dem von weit und breit die Menschenscharen zuliefen, um ihn zu sehen und zu hören. Auch wir gingen dahin, wo die Sonne untergeht, und lernten den Heiligen kennen. Er sagte, daß wir eine neue Erde erhielten. Während die alte verschüttet und zugedeckt würde, müßten wir tanzen, um nicht verschlungen zu werden. Dabei würden alle Weißen zugrunde gehen und auch die Indianer, die sich nicht bekehren ließen. Er zeigte uns Visionen aus den alten Tagen, wo unsere Jagdgründe gedrängt voll mit Büffeln waren. Schon damals taten die Indianer nichts anderes als tanzen und Feste feiern. Dieser Mann schlug Feuer aus der Erde. Er redete in einer fremden Sprache, trotzdem verstanden ihn alle. Er verkündete die Vernichtung der weißen Rasse und hielt uns an, zu tanzen und zu singen. Er zeigte uns die Stelle, an der die Sonne in das Meer tauchte, wie es sich erhitzte und zu kochen anfing» (196). Die Geistertanzbewegung, der STANDHAFTER BÄR sehr skeptisch gegenüberstand, wurde grausam niedergeschlagen. Vgl. H. J. STAMMEL: Die Indianer, 249–250; O. LA FARGE: Die Welt der Indianer, 182–187; F. HETMANN: Eulenruf und Geistertanz, 90–94. – Zur Erzeugung von Traumerfahrungen und Visionen im Peyote-Kult vgl. J. LAME DEER, R. ERDOES: Tahca Ushte. Medizinmann der Sioux, 1979, 240–250. – Von dem «Anwendungscharakter» der schamanistischen Heilpraxis, in der das Heil aus visionären Jenseitsreisen gewonnen wird, spricht treffend A. E. JENSEN: Mythos und Kult bei Naturvölkern, 298–302.

[73] J. G. FRAZER: Der goldene Zweig, 1928, 15–69; im Alten Orient vgl. etwa die Beschreibung des Regenzaubers bei A. JIRKU: Materialien zur Volksreligion Israels, 86–99; zur sympathetischen Magie vom Gedanken der «Partizipation» her vgl. L. LÉVY-BRÜHL: Das Denken der Naturvölker, 1921, 260–267.

[74] Vgl. I. GOLDZIHER: Der Mythos bei den Hebräern und seine geschichtliche Entwicklung, 1876, 45–50; 67–72.

die Gegenstände des magischen Rituals aufgrund gewisser Analogien als wesensgleich den Gegebenheiten, auf die sie Einfluß nehmen sollen.
Man verstünde aber den Sinn der Magie falsch und würde nur die Gewaltsamkeit des abendländischen Herrschaftsanspruches gegenüber der Natur in die Religionsgeschichte hineinprojizieren[75], wollte man in den magischen Ritualen eine bloße Ausdehnung menschlicher Willkür gegenüber den Göttern und den Kräften der Natur erblicken; im Gegenteil setzt die wirkliche Magie einen ebensolchen *Gehorsam* gegenüber der Welt der «Geister» im Unbewußten voraus wie die Vorbereitung des Sehers oder Deuters zum Traumempfang, und die Magie besteht recht eigentlich in dem praktischen Arrangement einer ebensolchen Harmonie zwischen Subjekt und Objekt, zwischen innerer und äußerer Wirklichkeit, wie sie in Magie und Traumdeutung der Theorie nach vorausgesetzt wird. Von primitiven Auswüchsen abgesehen, ist nicht Herrschaft, sondern Verschmelzung das Ziel der Magie, nicht die Ausdehnung, sondern die Einfügung des eigenen Willens in den Gehorsam gegenüber der Welt, bis daß man nur noch wünschen kann, was dann tatsächlich auch geschieht. TH. MANN, als er von dem «magischen Wesen» der Musik sprach, hatte recht, als er resümierte: «Vernunft und Magie… begegnen sich wohl und werden eins in dem, was man Weisheit, Einweihung nennt, im Glauben an die Sterne, die Zahlen…»[76]

Wunderheilung und Heilschlaf

Das wichtigste Feld aber, auf dem Traum, Orakel und magisches Ritual zusammenkommen, ist das Gebiet der unmittelbarsten menschlichen Not: der körperlichen Erkrankung. Die Schamanen und Wunderärzte der Antike und der «primitiven» Stammesreligionen wußten in einem erstaunlichen Maße um die Zusammenhänge von leiblichen und seelischen Vorgängen, die heute die psychosomatische Medizin zu erforschen versucht.
Bereits um als Arzt tätig zu werden, bedurfte der Schamane einer Traumberufung, die ihm den Auftrag und die Methode des Heilverfahrens anzeigte. Ein so großer Seher und Arzt wie etwa der Ogalalla-Schamane SCHWARZER HIRSCH z. B. wurde bereits mit neun Jahren in einem Traum über das Heilkraut belehrt, das am Mittelpunkt der Welt wuchs und das alle Zweibeiner des Stammes gesund machen werde[77]. Es handelt sich dabei um die gleiche Vorstellung, die in den Urzeitmythen vieler Völker, u. a. auch in der christlichen Auffassung vom paradiesischen Urzustand, vorherrscht, daß es im Zentrum

[75] E. DREWERMANN: Der tödliche Fortschritt, [3](erw.) 1981, 104–105.
[76] TH. MANN: Dr. Faustus, 194.
[77] SCHWARZER HIRSCH: Ich rufe mein Volk, 30–54; s. o. S. 124, Anm. 59.

der Welt ein Heilkraut gebe (oder gegeben habe), das alle Krankheiten zu heilen vermöchte[78]. Aber nicht eigentlich die «Medizin», sondern die Mitteilung des Traumes selber stellt das Medium der Heilung dar: Schwarzer Hirsch etwa teilt acht Jahre später den Traum seines Lebens in Form eines bildgetreuen Rituals den Leuten seines Stammes mit und gibt sich damit selber als angehender Schamane zu erkennen; die Heilungen, die er später wirken wird, geschehen stets durch eine rituelle Einbeziehung des Kranken in die Macht der Bilderwelt des eigenen Traumes, des selbst erschauten Weges zum Mittelpunkt der Welt[79]. Die schamanistische Wunderheilung, die «Magie» der göttlichen Ärzte, besteht mithin in einer Art Anleitung zum richtigen, einheitstiftenden Träumen, zu einer inneren Rückkehr in die Mitte des Daseins[80].

Von daher versteht man psychologisch auch den Glauben an die göttliche bzw. dämonische Herkunft der Krankheit: es sind für den Schamanen nicht so sehr «natürliche» als vielmehr geistige, göttliche Ursachen, die über Gesundheit und Krankheit befinden, und der Traum ist der Ort, mit den Geistern in Beziehung zu treten[81]. In psychoanalytischer Sicht kann man diese Auffassung

[78] E. DREWERMANN: Strukturen des Bösen, 1. Bd., Nachtrag zur 3. Aufl. 1981, 378–386.

[79] SCHWARZER HIRSCH: Ich rufe mein Volk, 192–199; zu diesem «Heimweh nach dem Paradies», nach dem Mittelpunkt der Welt, vgl. M. ELIADE: Mythen, Träume und Mysterien, 88–107.

[80] Während in der Psychoanalyse der Therapeut sich in den Traum des Patienten hineinbegibt, agiert der Schamane seinen eigenen Heiltraum aus, um den Kranken darin einzubeziehen. Vgl. C. LÉVI-STRAUSS: Der Zauberer und seine Magie, 1949, in: Strukturale Anthropologie, 1967, 200–203. – Sehr schön schildert R. B. HILL: Hanta Yo. Eine Indianersaga, 636–637, wie schon die Kleidung eines «Hemdmannes», eines Schamanen, ein symbolisches Gewebe des eigenen Lebens bildet: «Etwa hundert Strähnen erinnern ehrenvoll an deine Taten als Krieger, aber weit mehr als hundert an dich als Friedensmann. Für jede Prüfung, jede Nacht auf einem Riff (sc. zum Schauempfang, d. V.), jeden Augenblick der Verzweiflung und für jeden Aufschwung des Geistes habe ich eine Strähne eingebunden.» Aber ein Schamane kann nur ein Vorbild als Heiler sein, solange er sich nicht auf das Symbol, sondern die ihm innewohnende Kraft verläßt. Und es spürte der Hemdmann, «daß er wie zuvor seine Wege allein ging, daß sein Geist etwas war, das zitternd am Gipfel des Himmels schwebte.» – Zu der Rolle, die Träume im indianischen Denken spielten, vgl. I. A. OTTO: Der Traum als religiöse Erfahrung untersucht und dargestellt am Beispiel der Irokesen, 114–129, die betont, daß die Träume seit dem 17. Jh. «als Hauptindikatoren für Krankheitsursachen und -therapien» in Verwendung seien: «der erkrankte Mensch träumt selbst, eine nahestehende Person träumt für ihn (häufig Eltern für ihre Kinder) oder ein mit besonderen Fähigkeiten Begabter – der Schamane, Medizinmann, Hellseher oder Wahrsager –, wird mit diesem Anliegen betraut!» (116) Die Träume gelten als die beste Medizin.

[81] Dementsprechend eignen sich die Träume besonders für die Diagnosestellung und Zukunftsdeutung; vgl. PLATON: Der Staat 572 a, Werke III 269, wo auf die Wahrnehmung des Unbekannten im Traum verwiesen wird, «sei dies nun Geschehenes oder Gegenwärtiges oder Bevorstehendes»; besonders daß ein verdrängender oder ausschweifender Umgang mit der Triebwelt sich im Traumerleben niederschlage, führt Platon sehr zutreffend aus. – CICERO: Von der Wahrsagung, 1. Buch 115, LI; S. 75 referiert die pythagoreische Ansicht, die den Seher dem Träumenden gleichsetzt: «Denn was den Sehern im Wachen begegnet, das begegnet uns im Schlaf. Denn die Seele ist tätig, wenn wir schlafen, und frei von den Sinnen und von jeder Hemmung durch Sorgen, indem der Körper wie tot daliegt. Weil sie von aller Ewigkeit her gelebt und mit unzähligen Seelen verkehrt hat, so sieht sie alles, was sich in der ganzen Natur befindet, wenn sie nur durch Genuß von mäßigen Speisen und bescheidenem Trunk so gestimmt ist, daß, während der Körper schlummert, sie selbst wacht.» Wie selbstverständlich den Griechen noch im 8. Jh. v. Chr. der Glaube an die Gegenwart der Götter

nur bestätigen, denn mehr als alle äußeren Noxen sind es die unbewältigten Traumata und verdrängten Konflikte der Psyche, sind es die «Dämonen» und «Geister» des Unbewußten, die in isoliertem Zustand sich den Weg zum Bewußtsein in Gestalt von Symptombildungen und Krankheiten erzwingen.

Nicht weniger weise ist in psychoanalytischem Verständnis auch die Konzeption vom *Heilschlaf*, wie er z. B im Asklepios-Heiligtum in Epidauros von der priesterlichen Ärzteschaft gepflegt wurde[82]. Asklepios selber war ein Gott, der von Apoll, dem Gott des lichtvollen Verstandes, mit der hell-dunklen Mondgöttin Aigle-Koronis gezeugt ward[83]; er ist m. a. W. der Gott, der aus dem Dunkel der Nacht, dem Unbewußten, zum Licht erwacht, und sein Vater Apoll, der Gott des Bewußtseins, der in Delphi die Stimmen und Träume des Unbewußten zu deuten weiß, setzt in Epidauros sein wohltätiges Wirken in der Gestalt seines Sohnes durch Wunder der Heilung fort, die sich gleichermaßen in diesem Grenzbereich der Bewußtwerdung des dunklen, verdrängten, unbewußten Materials der Psyche ereignen. Das Wahrzeichen des Asklepios ist deshalb die Schlange, dieses archetypische Symbol, das gerade die Zwischenzone zwischen Bewußtem und Unbewußtem, zwischen Sein und Nichtsein, zwischen Hell und Dunkel markiert[84]. Der Ort des Heilschlafs im Tempel verrät zudem bereits symbolisch die Bewegung einer Rückkehr in den Mutterschoß, in die Welt des Unbewußten, und vollends zeigt die innere Nähe des Heilschlafes in Epidauros zu dem Mysterium von Tod und Auferstehung im Demeterkult zu Eleusis[85], wie sehr der Heilschlaf als eine Wiedergeburt und Lebenserneuerung aus den tieferen Schichten des Unbewußten, als eine Auferstehung ins Leben oder als Geburt des «göttlichen Kindes», des Selbst[86], verstanden wurde.

Es ist daneben von relativ geringer Bedeutung, daß die Ärzte in Epidauros offensichtlich auch in naturwissenschaftlichem Sinne über bedeutende medizinische Kenntnisse verfügten[87]. Entscheidender ist ihre einheitliche «psychoso-

im Traum war, zeigt HOMER: Odyssee, IV 796ff., der davon berichtet, wie die Göttin Athene ein Traumbild erschafft, um Penelope zu trösten, oder (VI 13ff.) selber Nausikaa erscheint! Vgl. J. HUNDT: Der Traumglaube bei Homer, 47f.; 65ff.; 71ff.

82 H. M. KOELBING: Arzt und Patient in der antiken Welt, 1977, 59–64; E. DIAMOND: Schlafen wissenschaftlich, 166–170, weist auch auf die Übernahme der Inkubationsriten des Asklepioskultes im Christentum hin.

83 K. KERÉNYI: Der göttliche Arzt, 1975, 30–31.

84 Zur Schlangensymbolik vgl. E. DREWERMANN: Strukturen des Bösen, 3. Bd., 235–237; sehr treffend schildert C. A. MEIER: Antike Inkubation und moderne Psychotherapie, 1949, 115–118, die «Nächtlichkeit» und den Mysteriencharakter der Inkubationsheilung.

85 K. KERÉNYI: Der göttliche Arzt, 41.

86 K. KERÉNYI – C. G. JUNG: Das göttliche Kind in mythologischer und psychologischer Beleuchtung, 1940.

87 O. WEINREICH: Antike Heilungswunder, 1909, 80–109 (zur Traumheilung); R. HERZOG: Die Wunderheilungen von Epidauros, 1931, 65–138; vgl. auch F. FENNER: Die Krankheit im Neuen Testament, 41–73.

matische» Sicht der Krankheit, die bereits PLATON bei den griechischen Ärzten seiner Zeit für gewöhnlich vermißte, während er sie bei den «barbarischen» Schamanen des thrakischen Gottes Zamolxis noch anzutreffen meinte[88]. Wenn wir uns im 2. Bd. dieser Arbeit mit den «Novellen» bzw. den «Wundererzählungen» der Bibel beschäftigen, werden wir gerade die psychosomatische Weisheit dieser Erzählungen in der Schärfe ihrer «Falldarstellungen» sowie in der Sorgfalt ihrer Therapiemethodik nur schwerlich hinreichend schätzen können.

D) Mythos und Märchen, Sage und Legende aus der Sicht des Traumes – eine Luftaufnahme

a) Vom Traum zum Mythos

Der Komplex von Erzählgattungen, dem wir uns im folgenden in Gestalt von Mythos, Märchen, Sage und Legende widmen wollen, steht in gewissem Sinne dem Traum noch näher als die Berichte von wunderbaren Heilungen, Erscheinungen und Prophetien einzelner; gleichwohl sind Erzählungen dieser Art nur in ihrem kollektiven Bezug verständlich und ergeben sich geradezu aus der Projektion bestimmter Traumbilder in das Leben und Erleben, in die Erfahrungen und Widerfahrnisse größerer sozialer Gruppen. Ist der Traum zunächst dazu angetan, das Leben eines einzelnen darzustellen und zu deuten, so geht bereits die Vision, das Orakel und die Magie oft genug über den individuellen Bereich hinaus, indem die Träume des Einzelnen zur Grundlage kollektiver Entscheidungen und Handlungen gemacht werden.

An der Grenzstelle zwischen Individualtraum und Stammesgeschichte, zwischen innerer und äußerer Wirklichkeit, zwischen individueller und kollektiver (archetypischer) Symbolik liegt vor allem die Ebene des *Mythos*. Der Mythos entsteht, wenn sich der Traum, die Vision, die Dichtung des Einzelnen zu einem Großen Traum erhebt, indem die Symbolsprache der Traumbilder nicht nur den Niederschlag individueller Erfahrungen widerspiegelt, sondern zugleich die Erlebnisse einer größeren Menschengruppe verdichtet, deutet oder vorgreifend gestaltet[89].

[88] PLATON: Charmides, 156d–157c; Werke I 131–132.

[89] Aufgrund der religionsgeschichtlichen Beobachtungen bei den Waldlandindianern Nordamerikas weist z. B. W. MÜLLER sehr zu Recht darauf hin, daß immer wieder die Vision den Mythos speist und umgekehrt; «ein unzerreißbares Band läuft zwischen dem, was sie wissen und dem, was sie träumen. – Damit stehen wir

Ein solcher Übergang von individuellem Traum zu kollektivem Mythos ist aus zwei Gründen möglich.

Zum einen: der Traum stellt in sich selber so etwas wie einen individuellen Mythos dar. Indem sich im Traum früheste Kindheitseindrücke zu zeitlosen Bildern vom Wesen der Persönlichkeit des Träumenden verdichten und auf diese Weise das Vergangene sich mit dem Gegenwärtigen vereinigt, entsteht im Individuellen eine symbolische Struktur, in der Diachronie und Synchronie auf gültige Weise miteinander verschmelzen, und es ist eben diese Struktur, die auch den Mythos kennzeichnet; wir werden später noch sehen, wie deshalb der Mythos selbst sich nach Art einer individuellen «Deckerinnerung» verstehen läßt (s.u. S. 364–374).

Zum anderen: alle affektiv starken Symbole verfügen, je nach dem Grad der Angst oder der Zuversicht, des Leids oder der Freude, über die Fähigkeit, sich zu den grundlegenden Themen eines jeden Menschenlebens hin zu öffnen und in ihrer einzelnen Gestaltung auszusagen, was *archetypisch* sich in jedem Menschen wiederfindet[90]. Der Traum des Einzelnen weitet sich dann zum Großen Traum, in dem das Individuelle und das Kollektive miteinander sich verbinden.

wieder vor der Urverwandtschaft von Mythus und Traum. Das Verschwimmen beider Bezirke ist längst aufgefallen, insbesondere vertreten die ritualistischen Mythen – man denke an die Ursprungstexte der Medizinbündel auf den Ebenen – nichts anderes als persönliche Traumerfahrungen in literarischer Fassung. Geträumte Mythen, mythenhaltige Träume, visionäre Kulte und Riten mit mythischer Basis, alles das geht unablässig und unauftrennbar durcheinander. Erklären läßt sich diese Tatsache nur durch den gemeinsamen Untergrund einer *bildernden Seelenwelt.* Mythus und Traum sind gleichwertige und gleichberechtigte Dokumentationen, ihre Parallelen lassen sich nicht auf den Nenner ursächlicher Abhängigkeit bringen. – Über Tausende von Kilometern hinweg treffen wir im ganzen Kontinent den Traum als Motor des inneren und äußeren Lebens. Heilende Kräfte, Zeremonialriten, Kampferfolge, Wetterkontrolle, alles dies suchte der Indianer in Träumen. Der Traum ist die wichtigste, wenn auch nicht die einzige Verbindung zu den Mächten; er gilt als Offenbarung dieser Sphäre.» W. MÜLLER: Die Religionen der Waldlandindianer Nordamerikas, 1956, 57. Vgl. DERS.: Glauben und Denken der Sioux, 1970, 66–68, zum Zusammenhang des Traumerlebens mit der Vorstellung des «Wakan», des «Geheimnisvollen», Göttlichen. – Zur Einheit von «Traumdenken» und mythischem Denken vgl. auch I. A. OTTO: Der Traum als religiöse Erfahrung untersucht und dargestellt am Beispiel der Irokesen, 207–216, die vor allem die «Hintergründigkeit» des Traumgeschehens und des mythischen Geschehnisses hervorhebt und mit der Bemerkung über den Mythos von W. F. OTTO: Mythos und Welt, 237, abschließt: «Es ist das ‹wahre Wort› in dem doppelten Sinn als zuverlässige Aussage und als autoritatives Geheiß.»

[90] So meinte z. B. S. FREUD: Die Traumdeutung, II–III 269, die «zwingende Kraft des Schicksals», die König Ödipus in die Tragik seiner Schuld treibe, vermöge auch den heutigen Zuschauer zu ergreifen, «weil es auch das unsrige hätte werden können, weil das Orakel vor unserer Geburt denselben Fluch über uns verhängt hat wie über ihn.» Der Dichter nötige uns mit seinem Stück «zur Erkenntnis unseres eigenen Inneren, in dem jene Impulse, wenn auch unterdrückt, noch immer vorhanden sind.» – Zu den *archetypischen Träumen* bemerkt H. DIECKMANN: Träume als Sprache der Seele, 1978, 57, daß sie einen nachhaltigen Eindruck auf den Träumenden hinterlassen, in besonders kritischen Situationen auftreten und mythologisches Material verdichten.

Gerade diese wechselseitige Konvertierbarkeit von Individuellem und Kollektivem wird uns bei der Interpretation von mythischen und mythennahen Erzählungen zur Klärung solch zentraler Begriffe wie «Archetypus» oder «Korporativperson»[91] noch ausführlich beschäftigen müssen (s. u. S. 250 ff.; 271–298). Insofern die Problemstellungen eines Traumes sowie ihre symbolischen Bearbeitungsversuche für das Erleben eines Stammes oder eines Volkes zu einer bestimmten Zeit oder für eine ganze Epoche Gültigkeit besitzen, so kann, etwa in Form der *Dichtung,* sich in den Traumsymbolen eines Einzelnen das Erleben aller niederschlagen, und je tiefer eine bestimmte Thematik in Darstellung und Lösung reicht, je grundsätzlicher und wesentlicher sie sich im Träumen und Dichten einzelner ausdrückt, um so universeller ist ihre Gültigkeit und um so menschheitlicher das Interesse, das sie findet. Ja, man kann sagen, daß gerade die Themen, die in den Mythen der Religionsgeschichte, vor allem in den *Urzeiterzählungen* der Völker, aufgegriffen werden, fast immer Gegensätze reflektieren, die prinzipiell zum menschlichen Dasein gehören und schon eben deshalb *immer* gültig sind, weil sie niemals *endgültig* gelöst sein werden[92]. Kein Wunder deshalb, daß die mythischen Stoffe quer durch die Völker und Zeiten die großen Themen der *Weltliteratur* beherrschen, so wie diese wiederum sich als ein nicht endender Kommentar zu den Völkermythen, insbesondere im Abendland zu den biblischen Stoffen und den Themen der antiken Tragödie und Komödie, verstehen lassen (s. u. S. 178–187).
Durch diese eigentümliche Zeitlosigkeit sowie durch die symbolische Verdichtung menschheitlicher Grundfragen des Daseins setzt der Mythos sich in ein gewissermaßen *schwebendes Verhältnis zur Geschichte.* Indem der Mythos die gestaltenden Kräfte und Konflikte im Hintergrund der Geschichte zur Sprache zu bringen versucht, greift er, wie in den «Deckerinnerungen», diesen individuellen biographischen «Mythenbildungen» des Einzelnen, bestimmte historische Fragmente auf, die sich infolge ihrer affektiven, vor allem aber wegen ihrer *symbolischen* Dichte der kollektiven Phantasietätigkeit besonders einprägen, und verdichtet sie in zeitlosen Bildern zu Wesensdarstellungen des jeweiligen

[91] H. W. ROBINSON: The Hebrew Conception of Corporate Personality, BZAW 66., 1936, 49–62. Der Begriff der «Korporativperson» ist vor allem für die Bibelexegese zentral geworden; vgl. E. DREWERMANN: Strukturen des Bösen, 1. Bd., XXVIII–XXIX.

[92] Vgl. z. B. L. KAPLAN: Zur Psychologie des Tragischen (1912), in: Psychoanalytische Literaturinterpretation, 1980, 33–63, der vor allem die Analogie von Dichten und Träumen hervorhebt: «Die Handlung im Traume hat für den Träumenden denselben objektiven Charakter, wie das Schauspiel auf der Bühne für den Zuschauer. Auch im Traume rollen sich bestimmte räumlich und zeitlich geordnete Bilder oder Vorgänge ab, es erscheinen verschiedene Personen, die in mannigfaltige Beziehungen zueinander treten. Der Traum ist ein Drama von der besonderen Beschaffenheit, daß es nur von der träumenden Person gesehen werden kann» (a. a. O., 34–35). Daraus folgt, daß die Regeln zur psychoanalytischen Interpretation des Dramas von den Regeln der Traumanalyse nicht wesentlich verschieden sind.

Stammes bzw. zu Urbildern des menschlichen Daseins. Daher sind es naturgemäß gerade die besonders wichtigen Ereignisse aus der Anfangszeit eines Stammes, aus seiner «formativen Periode», die sich dem späteren Zugriff des Historikers entziehen, weil sie einzig in den *ewigen,* archetypischen Bildern des Mythos wiedergegeben werden, und so dienlich ein Mythos oft auch für gewisse Aspekte historischer Untersuchungen sein mag, – man verfehlt seine Aussagerichtung im Kern, wenn man in ihm die geschichtlichen Elemente als wesentlich nimmt, statt darin symbolische Chiffren zur *Deutung* der Geschichte zu erblicken[93].

Diese Tendenz zur zeitlosen Gegenwart[94] beweist der Mythos durch nichts besser als durch seine *zyklische Zeitvorstellung.* Psychoanalytisch wird das zyklische Erleben gern vom «Wiederholungszwang» her gedeutet, und in der Tat drängen die frühen Kindheitseindrücke in ihrer Unbewußtheit immer wieder nicht nur zu symbolischen Darstellungen im Traum, sondern sie bedingen auch ein Handeln, in denen sich die Szenen der Kindheit nach Art eines festen Rituals immer neu wiederholen (s.u. S. 313–320). Insbesondere wenn von archetypischen Bildern die Rede ist, läßt sich an dieser Stelle bereits anmerken, daß der Begriff des Archetypus im Grunde nichts weiter meint als bestimmte, schon in der Evolution verankerte Urszenen des Erlebens, die in ihrer symboli-

[93] Sehr schön sagt E. BRUNNER-TRAUT: Gelebte Mythen, 1981, 2–3: «Der Mythos steht über der Verworrenheit der Realwelt mit der Klarheit eines Sternes als uranfängliches Modell. Er verbindet sich mit der je gegenwärtigen Wirklichkeit sowohl sinngebend wie auch appellatorisch.» «Der Mythos wird genährt von der Erfahrung realer Ereignisse ebenso wie von Traum und Phantasie. Nach heutigen Begriffen ist er vorwissenschaftlich, indem er weder durch rational und funktional orientierte Beweise verifiziert (werden kann, d. V.) noch logisch erkannte Urteile aussagt. Er wird von echter, ursprünglicher Poesie und Weltschau getragen und bedient sich des symbolhaften Bildes. Dadurch werden die Mächte, die das Schicksal des Menschen und den Lauf der Welt bestimmen, bei aller Klarheit der Zeichnung in ihrem Geheimnis belassen. – Formal baut sich der Mythos aus einzelnen Motiven auf, die wechselnd zusammentreten und je nach Kombination verschiedene theologische Aussagen machen können. Mehrere Mythen um eine Figur treten gelegentlich zu einem Mythenkranz zusammen wie in Ägypten beim Osirismythos. Seiner literarischen Gattung nach ist der Mythos indifferent, die narrative Göttergeschichte kann im Drama wie im Epos so gut wie in der reinen Erzählung gefaßt sein. Auch findet er praktische Anwendung, etwa im Zauber und bei der Tagewählerei, nach der Glaubensgewißheit: Wie im Himmel so auf Erden.»

[94] E. BRUNNER-TRAUT: Pharao und Jesus als Söhne Gottes (1961), in: Gelebte Mythen, 36, meint von der Zeitlosigkeit des Mythos: «Mythisches Verstehen... entspringt der allgemeinen Erfahrung Gottes selbst und wird aus der Vorstellung gestaltet zu Bild und Ereignis. Wie aber alles, was von den Göttern kommt, wenn es gebunden wird an irdisch-feste Form, sich der Zeit verhaftet, während es doch im Zeitlosen ruht und ohne Bewegung, schwebend, in sich seiend, ohne Geschehen und also ohne Historie, so auch wird das vom Mythos Umschriebene eine Geschichte mit Handlungscharakter und Zeitformen. Aber die mythische Zeit bleibt transparent für das Zeitlose und ist nicht eine wissenschaftliche Zeit. An ihrem Verhältnis zur Zeit unterscheiden sich der mythisch Verstehende und der geschichtlich Denkende, und hier auch entscheidet sich das Verständnis für die Evangelien (sc. mit ihrer Botschaft von der jungfräulichen Geburt des Gottessohnes, d. V.). Wer mißt und rechnet, hat keinen Zugang zu dem, was sich dem physikalischen Raum-Zeitbegriff entzieht. Denn das mythische Wissen zielt nicht auf ein Vorgegebenes, sondern auf jenen Gegenstand, der sich in Frage und Antwort selbst erschafft und bekundet.»

schen Bedeutungsbreite eine schier unendliche Fülle von Übertragungsmöglichkeiten zulassen (s. u. S. 262–271). So wie der Traum symbolisch einer szenischen Wiederholung bestimmter Kindheitserlebnisse gleichkommt, so steht auch der Mythos wesentlich unter dem Gesetz der zyklischen *Regression* zu bestimmten Urtatsachen. Freilich ist der Begriff der Regression – wie alles Archetypische – höchst ambivalent, und gerade im Zusammenhang mit dem mythischen Erleben bedarf er einer eigenen Klärung (s. u. S. 230–250); aber die zyklische bzw. die regressive Tendenz des Mythos ist ein ganz entscheidender Zug, den der Mythos mit der Traumpsychologie gemein hat und von dem her die enge Verwandtschaft von Traum und Mythos besonders deutlich wird. Wie der Traum durch die Rückwendung zum Früheren eine Erneuerung bzw. eine Ergänzung des gegenwärtigen Erlebens einleiten möchte, so begeht auch der Mythos immer wieder bestimmte (Urzeit-)Ereignisse der Menschheit oder des eigenen Stammes, um in der Vergegenwärtigung des Vergangenen dessen erneuernde Kraft und ewige Präsenz zu erweisen[95]. Das Mittel zu dieser Gegenwärtigung ist, wie im Traum, die symbolische Darstellung, nun aber als aktualisierter, dramatisierter Traum, als Ritus (s. u. S. 310–313)[96].
Indessen ist die Eigenart des Mythos solange noch nicht hinreichend verstanden, als man bei der Beziehung des Mythos zum psychischen Erleben des Einzelnen sowie seiner Einbindung in die Geschichte und das Erleben des Stammes, mithin innerhalb der Grenzen menschlicher Selbstaussagen stehen bleiben wollte. Es zeigt sich nämlich, daß der Mythos nicht nur die psychischen

[95] Die zyklische Zeitvorstellung, die schwebende Ewigkeit des Mythos kommt sehr sprechend in der Art zum Ausdruck, wie die alten Ägypter das Wort für Ewigkeit, nḥḥ, schrieben: sie zeichneten die Sonne zwischen zwei geflochtenen Stricken, deren Ideogramm den Lautwert ḥ besaß, wie um anzudeuten, daß die ewige Wiederkehr der Sonne das beste Abbild ewiger Zeit darstelle; vgl. J. ASSMANN: Zeit und Ewigkeit im Alten Ägypten, 1975, 12: «die Unendlichkeit des diskontinuierlichen, nach Einheiten zählbaren Aspekts der Zeit, das ist nḥḥ» (im Unterschied zu ḏt – der Unbegrenztheit des kontinuierlichen Aspektes); vgl. a. a. O., 43–45. – Zum Zeitbegriff des Mythos vgl. auch E. CASSIRER: Philosophie der symbolischen Formen, II 129; zur «heiligen Zeit» vgl. G. VAN DER LEEUW: Phänomenologie der Religion, 434–439.

[96] Zum Zusammenhang von Mythos und Ritus meinte G. VAN DER LEEUW: Phänomenologie der Religion, 469: «Die Entdeckung der engen Verwandtschaft zwischen Mythus und Ritus hat in neuer Zeit nicht nur zum Verständnis vieler früher rätselhafter Mythen geführt, sondern auch das Wesen des Mythus erst aufgehellt. Umgekehrt beglaubigt der Mythus die Riten... Der Kult ist wie die Antwort auf die Epiphanie des Gottes, er enthält in sich die Geschichte dieser Ankunft, d. h. den Mythus... Der Mythus ist mithin keine Betrachtung, sondern eine Aktualität. *Er ist die wiederholende Aussage eines mächtigen Geschehens.*» – Wie der Mythos in den Ritus einmündet, zeigt sehr eindrucksvoll z. B. W. MÜLLER: Indianische Welterfahrung, 39–41, am Beispiel des Großhauses der Delawaren; zur Wirklichwerdung des Mythos im Ritus vgl. auch SCHWARZER HIRSCH: Ich rufe mein Volk, 192; 195–196; 199. – Sehr treffend meinte S. LANGER: Philosophie auf neuem Wege, 171, zu dem Verhältnis von Ritus und Mythos: «Gottheiten gehen aus dem Ritual hervor, Theologien aber entspringen dem Mythos.» – Vgl. A. E. JENSEN: Mythos und Kult bei Naturvölkern, 1951, 53–57, betrachtet Mythe und Kult als gestaltete Welterkenntnis, als «Demonstration» der Weltordnung (a. a. O., 56).

Spannungen im Leben des Einzelnen und im Leben des Stammes durch die Ritualisierung bestimmter Urbilder zu lösen sucht, – seine Symbolik verschmilzt vor allem Geschichte *und Natur* miteinander[97]. Ständig gehen im Mythos Menschenschicksale und Götterschicksale, Menschengeschichte und Naturgeschichte symbolisch ineinander über, so daß man oft nicht weiß, ob eine bestimmte Mythe von Göttern oder Menschen berichtet, ob sie im Himmel oder auf Erden spielt. Ständig werden im Mythos Götter zu Menschen und Menschen zu Göttern. Die geschichtlichen Ereignisse, die der Mythos zu symbolischen Geschichten verdichtet, sind oft genug nur das Widerspiel himmlischer Vorgänge, und das irdische Geschehen erscheint nur als ein flüchtiger Reflex der ewigen göttlichen Ereignisse[98] (s.u. S. 321–327). Desgleichen werden die Riten, die den Mythos darstellen, an bestimmte Tages- und Jahreszeiten, an bestimmte Orte und Himmelsrichtungen gebunden, und diese Einordnung des Menschen in die *äußere* Natur ist dem Mythos ebenso wichtig wie die Versöhnung mit den Kräften seiner psychischen Natur.

In allen vier Richtungen also:
– in der Verbindung des Einzelnen mit der Gemeinschaft,
– in der Verbindung der Gegenwart mit der Vergangenheit (und Zukunft),
– in der Verbindung des Menschen mit der inneren Natur und
– in der Verbindung des Menschen mit der äußeren Natur

[97] Gerade diese Tendenz des Mythos, den Menschen in die umgebende Natur einzuordnen, ja unauflöslich den Menschen mit der Erscheinungswelt zu verschmelzen, zeigt bes. W. MÜLLER: Indianische Welterfahrung, 32–50; der Mythos ermöglicht eine «unzerbrechliche Ehrfurcht vor dem Weltganzen» und begründet damit «den Kern indianischer Frömmigkeit, ... den Glauben an den geschwisterlichen Verband aller Wesen und Erscheinungen... Die Rituale predigen es immer wieder: Du gehörst *in* das Welthaus; du lebst in brüderlicher Gemeinschaft mit Wildrose, Schmetterling, Wolke und Morgenröte» (a.a.O., 42–43); DERS.: Geliebte Erde, 1972, 29–37, wo bes. auf die Einseitigkeit der soziologischen Mytheninterpretation verwiesen wird: «De facto schiebt die abendländische Soziologie den Menschen vollends ins Getto: *er* und nur *er* gilt; was jenseits des Zaunes lebt, gilt nicht oder nur als Fußbank des homo sapiens. – Der moderne Lebensstil ist darauf angelegt, den Menschen in eine künstliche Umgebung zu sperren, ihn von den anderen Erdgeburten zu trennen durch Asphalt, Neonleuchten, Glas, Aluminium, Beton. Parallel dazu geht das Bemühen der Soziologie, die menschlichen Wirklichkeiten zu vernichten. Was hat eigentlich dieses formelbewaffnete Fach mit menschlicher Nähe und Wärme zu tun?» (a.a.O., 36). – Die gleiche Frage kann und muß man sich natürlich auch bei der Psychoanalyse vorlegen. Auch die Psychoanalyse verbleibt im Innenraum des Menschen und hat den Kontakt mit der umgebenden Natur verloren, insbesondere wenn sie nur noch als Instrumentarium zur Erforschung der frühkindlichen Sozialisierung betrachtet wird. Aber an sich könnte die Psychoanalyse gerade zeigen, wieviel von der Evolution her in der menschlichen Psyche an naturhaften Symbolen angelegt ist und wie weit auch seelisch die Verwandtschaft des Menschen mit den Tieren geht. – Richtig deutet A. JOLLES: Einfache Formen, Darmstadt ²1958, 97, den Mythos von dem Bestreben des Menschen her, von der umgebenden Natur her Antwort auf seine Lebensfragen zu erhalten. «Der Mensch fordert von der Welt und ihren Erscheinungen, daß sie sich ihm bekannt geben sollen. Und er bekommt Antwort, das heißt, er bekommt ihr Widerwort, ihr Wort tritt ihm entgegen.»

[98] Vgl. E. BRUNNER-TRAUT: Gelebte Mythen, 4: «Das ewige Muster im Himmel bestimmt nach dem Glauben der Alten auch die Lebensform bis in den prosaischsten Alltag hinein.»

ist der Mythos in nuce zugleich eine symbolische Soziologie, Geschichtsphilosophie, Psychologie und Kosmologie. In allem aber stellt er eine Art bildhafter *Theologie* dar, indem er eine Sinndeutung des Daseins vermittelt, die den Menschen in eine spannungsvoll-harmonische Wechselbeziehung zu Zeit und Raum ebenso wie zu Gesellschaft und Psyche setzt.

Man mag im Erbe der polemischen Stellung des biblischen Monotheismus gegen den Mythos einwenden, daß er überhaupt nur die seelischen Kräfte der menschlichen Psyche sowie die Mächte der Natur vergöttliche und insofern Götzendienst betreibe, ja womöglich überhaupt keine religiöse Qualität besitze. Aber wer so sagt, würde vergessen, daß der Mythos, trotz aller Ambivalenz, die dem Denken in Symbolen anhaftet (s. u. S. 230–250), auf geradezu vorbildliche Weise zu tun versucht, was jede Religion auf ihre Weise unternimmt: den Menschen in die Mitte der Wirklichkeit zu führen und ihn mit den vorgegebenen Mächten der inneren wie äußeren Natur, vermittelt durch Geschichte und Gesellschaft, zu verbinden. Was die biblische Theologie vom Mythos unterscheidet, ist die wichtige Entdeckung der Personalität und Individualität des Göttlichen ebenso wie jedes einzelnen Menschen; aber nur, wenn diese Entdeckung die Welt der archetypischen Bilder in den Tiefenschichten der menschlichen Psyche integriert und *nicht* verdrängt, bewahrt sie ihre Menschlichkeit und Wahrheit (s. u. S. 251–262).

Der Mythos ist indessen uns Heutigen gerade wegen dieser seiner einheitlichen Schau von Göttlichem und Menschlichem, Naturhaftem und Kulturellem, Ewigem und Zeitlichem schwer nachvollziehbar geworden[99]. Was W. F. OTTO als «Theophanie» erfahren und schildern konnte[100], zerbröckelt in der

[99] K. KERÉNYI: Der Mythos des Glaubens (1969), in: Antike Religion, 1971, 260, hat sehr zu Recht auf den spontanen, unreflektierten Wahrheitsanspruch des Mythos hingewiesen, indem er den Mythos verstand «als eine Aussage, die mit dem Anspruch der Wahrheit, ja, einer wichtigen Wahrheit auftritt, ohne den Forderungen der Wahrheit zu entsprechen. Der Unterschied zwischen dem echten und unechten Mythos – den Mythen der Religionsgeschichte und den Mythen der politischen Geschichte samt allen anderen Pseudomythen – kann am kürzesten so angegeben werden, daß das Auftreten und der Wahrheitsanspruch des echten Mythos spontan sind, die des Pseudomythos fabriziert.» Gerade diese «Irrationalität» des Mythos hat die Kritik und Zerstörungsarbeit durch den Logos der jonischen Philosophie herausgefordert und den Mythos zu einem «unwahren Wort» entwertet. Vgl. W. MÜLLER: Indianische Welterfahrung, 77. Tatsächlich vermittelt das anschauende Denken des Mythos eine prälogische Ordnung, in welcher die kosmische Ordnung und die Ordnung des Stammes nach der Art von Vorbild und Abbild miteinander verschmolzen sind; a. a. O., 68–69.

[100] W. F. OTTO: Das Wort der Antike, 1962, 348, beklagte zu Recht, daß wir heute «mythisch» nennen, «was wir von dem heutigen Standpunkt aus nicht mehr glauben können». Demgegenüber hebt er hervor: «Jeder echte Mythos geht auf das *Ganze* der Weltwirklichkeit. (Eben darum kann man ihn mit nichts Rationalem vergleichen, sondern nur als urphänomenale Gesamtschau oder Offenbarung verstehen.)» «Der echte Mythos ist *absolut verbindlich* für das ganze Dasein des Menschen. – Logos und Ratio sind nur verbindlich für das zweckmäßige Verhalten im Umgang mit den Dingen, für die Erkenntnis des Zusammenhangs von Ursache und Wirkung, für die wissenschaftliche Forschung. ... Ganz anders der Mythos. Er spricht nicht nur

Zerrissenheit unserer Zeit in eine unheilige Vielfalt unverbundener und widersprüchlicher Fragmente, und auch die Tiefenpsychologie kann an diesem Übelstand nur mittelbar etwas ändern. Auch die Psychoanalyse vergewaltigt in gewissem Sinne den Mythos, indem sie im ersten Anlauf zwar nicht die historische, wohl aber einseitig allein die *psychische* Bedeutung einer mythischen und mythennahen Erzählung untersucht. Allerdings weist die Psychoanalyse damit den für uns heute einzig gangbaren Weg aus der Zerspaltenheit zurück zum Verständnis des Mythos. Denn indem sie sich mit ganzer Aufmerksamkeit den Traumbildern zuwendet und im Verlauf einer Psychotherapie selbst dazu anleitet, auf unverfälschtere Weise das Träumen wiederzuerlernen, ermöglicht sie zugleich auch ein ursprünglicheres Gefühl für die innere Verwandtschaft des Menschen mit der ihn umgebenden Natur, dieser anderen dem Mythos wesentlichen Seite ursprünglichen Traumerlebens. Die archetypischen Symbole, deren die Mythen sich mit Vorliebe bedienen, um die Einheit von Mensch und Natur zum Ausdruck zu bringen, haben sich selbst in ungeheuren Zeiträumen der Evolution geformt, und sie waren zunächst Gegebenheiten der äußeren Natur, ehe sie sich in der menschlichen Psyche niederschlugen und nun im mythischen Denken als menschliche Symbole in die Natur reprojiziert werden können. Die Psychoanalyse ist im Umgang mit den Traumsymbolen von daher eigentlich erst dann zu ihrem Ziel gelangt, wenn sie die Fähigkeit wieder freisetzt, sich selbst in der Natur und die Natur wieder in sich zu sehen und zu fühlen, wie es in dem hochpoetischen, zugleich dichterischen und musikalischen Verhältnis des Mythos zur Natur lebendig gegenwärtig ist[101]. Alle Poe-

bestimmte Fähigkeiten, Eigenschaften, Funktionsmöglichkeiten an, sondern den ganzen Menschen in seiner Daseinshaltung» (a.a.O., 361). Die Fremdheit des modernen Menschen gegenüber dem Mythos sieht W.F. Otto in der «Abwehr der Urnatur (und des Ewigen)» begründet, «ein Kampf, der im Zeitalter der Technik zum totalen Krieg geworden ist und den Eindruck eines Verzweiflungskampfes erweckt. Der Mensch will in allem, was er erfährt und tut (die Wissenschaft mit eingeschlossen), nur noch sich selbst, d.h. seiner eigenen Rationalität und Erfindung begegnen. Technik, Wissenschaft, Wirtschaft, Politik, alles zeugt von einer furchtbaren Angst und Sorge (von der uns die Philosophen einreden wollen, daß sie zur Existenz des Menschen gehöre), auf das Urwesenhafte, das Ungeheuere, das Sein zu stoßen und sich ihm aussetzen zu müssen. Um sich davor zu sichern, hat sich der Mensch mit den scharfsinnigsten Methoden und Veranstaltungen ausgerüstet und sich gewissermaßen ein künstliches Schutzgebiet geschaffen, in dem er gewiß sein kann, überall nur sich selbst und den Formen und Werken seiner Verständigkeit noch zu begegnen. Lächerlicherweise wirft diese Zeit dem antiken Göttermythos ‹*Anthropomorphismus*› vor, während der radikalste Anthropomorphismus eben das Weltbild dieser Wissenschaft und Technik dieser Kritiker selbst ist» (a.a.O., 360). Vgl. DERS.: Theophania, 1956, 58–61, wo der «Anthropomorphismus» der Mythen gerade nicht als «Herabziehung des Göttlichen, sondern eine Erhebung des Menschen zu ihm» verstanden und die *«Mystik»* sehr richtig als ein Phänomen «der schwindenden Gottesnähe und überhandnehmenden Unsicherheit» gedeutet wird.

101 W.F. OTTO: Die Musen und der göttliche Ursprung des Singens und Sagens, 1954, 28–29; 72–73, hat sehr schön im Sinne F. NIETZSCHES die Herkunft des Mythos aus der *Musik* hervorgehoben, indem er auf die «Urmusik» bereits im Tierreich verwies. «Wo immer auch nur die einfachste musikalische Tonfolge er-

sie der Natur ist letztlich nichts anderes als eine mythische Belebung der gesamten Kreatur mit menschlichen Seelenkräften und Gefühlen, und erst wo irgend jemand als Psychologe zugleich zum Theologen und zum Dichter wird, hat die Tiefenpsychologie erreicht, was sie erreichen müßte.

Einen anderen Zugang zu der Naturverbundenheit des mythischen Denkens als den Weg der poetischen Verinnerlichung, als den Weg eines tieferen Träumens in den vermittelnden Symbolen und archetypischen Bildern des Unbewußten besitzen wir heute jedenfalls gar nicht mehr. Die Zeit, in der man im Rahmen der naturmythologischen Schulen in den Mythen überhaupt nur eine wörtlich zu nehmende Naturbeschreibung, in gewissem Sinne also eine verfehlte Naturkunde sehen wollte, sind zweifellos vorüber, – die Mythen beschreiben nicht, sondern deuten das Naturgeschehen, und nur in ihrer symbolischen Bedeutung ist die Sonne oder der Mond ein sterbender Gott, ein siegreicher Falke, ein verblutender Schwan. Aber die Abwehr der zweifellos zu kurz gedachten naturmythologischen Deutungen darf doch nicht dahin führen, die Beziehung der Mythen zur äußeren Natur gänzlich zu leugnen; vielmehr ist es gerade nötig, zum psychologischen Verständnis der Mythen zunächst der Frage nachzugehen, welche Bedeutung bestimmte archetypische Symbole in ihrer Projektion auf die äußere Natur annehmen können; erst dann wird man eine Vorstellung davon gewinnen, was die naturmythologischen Projektionen der Mythen über den Menschen selbst und seine Stellung in der Welt aussagen können (s. u. S. 169–172)[102].

scheint, ist das Lebewesen in einer ganz anderen Verfassung als bei dem unmittelbaren Aufschreien. Und auf diese Verfassung kommt es an, wenn wir nach der Bedeutung des Urmusikalischen fragen. – Auch beim Gesang der Tiere ist es in vielen Fällen unverkennbar, daß er sich selbst genug ist, keinem Zwecke dienen, keinerlei Wirkung hervorbringen will. Solche Lieder hat man treffend als Selbstdarstellungen bezeichnet. Sie entspringen der ureigenen Notwendigkeit des Geschöpfes, seinem Wesen Ausdruck zu geben. Aber die Selbstdarstellung fordert ein Gegenwärtiges, für das sie geschieht. Dieses Gegenwärtige ist die Umwelt. Kein Wesen steht für sich allein da, alle sind in der Welt, und das heißt: ein jeder in seiner Welt. Das singende Geschöpf stellt sich also in seiner Welt und für sie dar. Indem sie sich darstellt, wird es ihrer gewahr und froh, ruft sie auf und nimmt sie freudig in Anspruch. So steigt die Lerche in der Luftsäule, die ihre Welt ist, zu schwindelnder Höhe empor und singt, ohne anderen Zweck, das Lied von sich und ihrer Welt. Die Sprache des eigenen Seins ist zugleich die Sprache der Weltwirklichkeit. In dem Liede tönt ein lebendiges Wissen. Der musizierende Mensch hat zweifellos eine viel weitere und reichere Umwelt. Aber das Phänomen ist im Grunde dasselbe. Auch er muß in Tönen sich selbst aussprechen, ohne Zweck und ob er vom anderen gehört wird oder nicht. Aber Selbstdarstellung und Weltoffenbarung sind auch hier ein und dasselbe. Indem er sich selbst darstellt, kommt die Wirklichkeit des umfangenden Seins in seinen Tönen zur Sprache.» – Es verdient die größte Beachtung, daß nicht nur von seiten der akustischen Phänomene, sondern bereits von seiten der biologischen Morphologie her das *Prinzip der Selbstdarstellung* als *Grundprinzip* der Evolution der lebendigen Formen geltend gemacht werden kann, wie A. PORTMANN: An den Grenzen des Wissens, 1974, 138–141, es beispielhaft vorgeschlagen hat, indem er sprach von einer «‹Innerlichkeit›, die sich äußert» – ein wunderbares Wort, in dem der «Mythos» im Sinne von W. F. OTTO zur Grundlage wissenschaftlicher Welterklärung wird.

[102] Daraus ergibt sich auch, warum wir uns gegen jede primär soziologische bzw. historische statt kosmolo-

b) Vom Mythos zum Märchen

Einfacher als bei den Mythen stellt sich die Aufgabe einer tiefenpsychologischen Deutung bei den *Märchen.* Märchen entstehen unmittelbar, wenn die Mythen ihres religiösen Gehaltes entkleidet werden[103], und man darf als ihren

gische bzw. tiefenpsychologische Deutung des Mythos verwahren. Gewiß: kein Mythos ist denkbar, ohne einen Stamm, der ihn erzählt, und jeder menschliche Stammesverband hat eine soziologische Struktur, und diese wiederum ergibt sich aus gewissen ökonomischen Tatsachen. Aber der Mythos faßt Soziologie (Ökonomie), Historie, Kosmologie und Psychologie in einer Weise zusammen, daß wir die Ganzheitlichkeit dieser Wirklichkeitserfassung kaum mehr nachvollziehen können. Wollte man das ganzheitliche Erfassen der Welt in Sinnbildern in unser rationales Denken übersetzen, entstünden Ideologien, moralische Satzungen, asketische Vorbilder oder ganz unhistorische, rein ideologisch bedingte Gleichsetzungen des historisch Unvergleichbaren. Aber üben läßt sich das Wiedererinnern des eigenen Ursprungs, das Sehen und Erfassen in Bildern und Symbolen, das Wahrnehmen mit den Sinnen, und hier, beim Einüben eigenen Träumens und Dichtens, kann und muß jeder bei sich selbst beginnen. Deshalb favorisieren wir hier die Psychoanalyse und die Bedeutung des Individuellen vor dem Sozialen. Freilich ist damit eine Änderung der gesamten Einstellung des abendländischen Menschen zur Wirklichkeit gefordert.

[103] Sehr schön sprach F. PANZER: Märchen, Sage und Dichtung, 53, beim Märchen von einem «Nachklang der Urpoesie des Menschengeschlechtes», und er sah in ihm den Ausdruck des Bedürfnisses, «dieser Welt, die nach einem tiefempfundenen Gefühl nicht die eigentliche, wahre sein kann, eine andere höhere entgegenzustellen». *Insofern* kann man die «Zauber-», «Wunder-» oder «Traummärchen» als Nachfahren alter elementarer Religiosität verstehen. M. LÜTHI: Das europäische Volksmärchen, 63, meint sehr richtig: «Die Motive, die das Märchen erfüllen, sind nicht im Märchen selber gewachsen.» Es sind «Gemeinschaftsmotive» einer magisch erlebten Wirklichkeit, wobei freilich alles Mythische entmachtet, alles Numinose verflüchtigt wird. Oft sind daher die Märchen «freie» Fragmentkombinationen alter Mythenmotive, und so, vom Mythos her, lassen sie sich interpretativ daher am umfassendsten verstehen. Das bedeutet freilich nicht, daß im Sinne der Romantik auch historisch bzw. kausal stets ein Mythos die Grundlage des Märchens bilden müsse. Vgl. die Kritik bei E. BETHE: Mythus, Sage, Märchen, 10–12. Selbst F. v. DER LEYEN: Das Märchen, 1925, 28–29, der sich am heftigsten gegen die Remythisierung der Märchendeutung gewandt und die Eigenständigkeit des Märchenerzählens betont hat, anerkennt doch, wie viele Stoffe die Märchen mit den Vorstellungen der Mythen gemeinsam haben (43–47, z. B. bzgl. der Tiermärchen), und meint richtig: «Wir müssen in unserer Untersuchung… streng unterscheiden zwischen Märchenmotiv und Märchen.» (32) Tatsächlich geht es nicht darum, die heute tradierten Märchen historisch aus einer gemeinsamen (etwa indogermanischen) Quelle archaischer Religion abzuleiten. Wohl aber steht die Religion allenthalben am Anfang menschlichen Sprechens; *essentiell* ist das Märchen sekundär zum Mythos (s. u. S. 413). S. LANGER: Philosophie auf neuem Wege, 175–181, betonte deshalb mit Recht, daß das Märchen in gewisser Weise einer primitiven Form des Wunschdenkens entstamme, einer höheren Art von Fiktion als die rein persönliche Symbolik unmittelbarer Träume zwar, aber doch so, daß es im Märchen «keine Verantwortlichkeit» gebe. «Das Ende der Geschichte befriedigt immer, wenn es auch keineswegs immer moralisch ist; wie denn das Heldentum des Helden ebensowohl auf Verschlagenheit oder einem Glücksfall wie auf Lauterkeit oder Tapferkeit beruhen kann. Das Thema ist für gewöhnlich der Triumph eines vom Glück nicht Begünstigten – einer verzauberten Jungfrau, eines armen Aschenbrödels, eines jüngsten Sohnes, eines angeblichen Narren – über die über ihm Gestellten, seien es Könige, böse Feen, wilde Tiere (z. B. Rotkäppchens Wolf), Stiefmütter oder ältere Geschwister. Mit einem Wort: das Märchen ist eine Form des Wunschdenkens» (a. a. O., 176). Gewiß stimmt diese Kennzeichnung des Märchens nur teilweise – es gibt auch durchaus psychologisch «unbefriedigende Märchen», wie z. B. die «Kluge Else» (KHM 34), die mit dem Ausbruch einer Paranoia endet, oder die Geschichte von der «Frau Trude» (KHM 43) oder von «Herr Korbes» (KHM 41), die beide mit ausgesprochenen Horrorvisionen ihr Finale bestreiten. Aber wahr ist, daß der Mythos im Unterschied zum Märchen in der wirklichen Welt mitsamt ihren Gegensätzen und unauflösbaren Widersprüchen handelt

Ursprung nicht die einfache Erzählfreude betrachten, wie es manche Literaturhistoriker vorschlagen, sondern die Dichte des Traumerlebens; die Weisheit der Märchen ergibt sich nicht aus dem Gerede, wohl aber aus der Wahrheit der Träume, denen auch die Mythen entstammen.

Von dem Gott Osiris erzählt die ägyptische Mythologie, nach seiner Ermordung durch den bösen Wüstengott Seth habe seine Gemahlin Isis sich in Liebe über den zerstückelten und wieder zusammengefügten Leib ihres verstorbenen Gatten wie ein Sperberweibchen brütend gelagert und von ihm den falkengestaltigen Gott Horus als Rächer seines Vaters empfangen[104]; – nicht ganz an-

(s.u. S.414). «Sein typisches Thema», sagt S. Langer sehr zu Recht, «ist tragisch, nicht utopisch, und seine handelnden Personen zeigen die Tendenz, sich zu dauernden Gestalten von übernatürlicher Wesensart auszuschmelzen» (a.a.O., 176). Während das Märchen «dem Subjekt Befriedigung» gewährt und in einem «Tagtraum des ‹Selbst› vorzustellen» beabsichtigt, bedeutet der Mythos «eine Anerkennung natürlicher Konflikte, menschlichen Wünschens, dem nichtmenschliche Gewalten, feindliche Unterdrückung oder konträre Wunschregungen die Erfüllung versagen» (a.a.O., 177). Sehr wichtig ist, daß S. Langer (178) gleichwohl die thematische Einheit von Mythos und Märchen hervorhebt: «Das Material des Mythos sind in der Tat die uns... vertrauten Traumsymbolismen... das gleiche Material wie beim Märchen... Nur machen Märchen und Mythos ihren je verschiedenen Gebrauch von diesem Material: das eine Mal (sc. im Märchen, d.Vf.) geht es in erster Linie um die Vermittlung von stellvertretender Erfahrung, das andere Mal (sc. im Mythos, d.Vf.) um das Verständnis von tatsächlicher Erfahrung.» Schließlich ist S. Langer auch darin zuzustimmen, daß sie die Grenze von Mythos und Märchen an der Einstellung zum kosmischen Geschehen festmacht: «Der große Schritt vom Märchen zum Mythos erfolgt, wenn nicht nur soziale Kräfte – Personen, Gebräuche, Gesetze, Traditionen –, sondern auch die die Menschheit umgebenden kosmischen Kräfte in der Fabel zum Ausdruck kommen; wenn nicht nur die Beziehung des Einzelnen zur Gesellschaft, sondern auch die der Menschheit zur Natur durch die spontane Metaphorik der poetischen Phantasie begriffen wird» (181). Allerdings ist gerade der Mythos *wesentlich auch* soziologisch geprägt, während das Märchen gerade von den sozialen Kräften relativ unabhängig in die rein psychologische Ebene zurückfällt; während der Mythos die Soziologie zur Kosmologie hin transzendiert und von dorther stabilisiert, verläßt das Märchen die Soziologie in Richtung der Psychologie; schildert und deutet der Mythos die äußere Natur, so zeichnet und interpretiert das Märchen die Erfahrungen mit der inneren Natur des Menschen. Versteht man die Mythologie als projizierte Psychologie, so beruht das Märchen auf einer Loslösung des Mythos von seinen kosmologischen (und soziologischen) Projektionsflächen – in *diesem* Sinne ist das Märchen das Endstadium des Mythos. Seiner freischwebenden, zeitlos-unhistorischen Gestalt wegen «steht das *Märchen* dem Mythus näher als die Sage» oder die Legende; so richtig G. VAN DER LEEUW: Phänomenologie der Religion, 473. – Zur traumsymbolischen Interpretation des Märchens vgl. H. SILBERER: Probleme der Mystik und ihrer Symbolik, 1914, 20–30.

[104] Zum Osiris-Mythos vgl. G. ROEDER: Urkunden zur Religion des Alten Ägypten, 1914, 16–21, nach PLUTARCH: Über Isis und Osiris, Cap. 13–20; E. BRUNNER-TRAUT: Altägyptische Märchen, 1963, 88–93. – Am klarsten betont H. VON BEIT: Das Märchen, 115 ff., das Märchen habe sich aus der «Unbestimmtheit» des mythischen Raumerlebens herausentwickelt und vereinige archaisches und rationales Denken miteinander, indem es mythische und profane (128), rationale und emotionale (131) Elemente mische; nur die Überzeitlichkeit der Vorstellung des Mythos bleibe im Märchen erhalten. Auch K. J. OBENAUER: Das Märchen, 1959, 242, sieht in den Märchen «Reste eines sehr alten... ganz und gar bildhaften Denkens und Schauens» und meint: «Auf einer frühen Stufe seiner Entwicklung hat der Mensch nur bildhaft zu denken, zu urteilen, sich auszudrücken vermocht.» Aber wenn auch das traumnahe, bildhafte Vorstellen als ursprünglich gelten darf, so muß gleichwohl in historischem Sinne nicht jedes Märchen aus einem Mythos entstanden sein – nicht einmal bei den sog. *«Mythenmärchen»* ist dies anzunehmen, denn auch sie sind durchaus nicht einfache Relikte des vermeintlichen «totemistischen Zeitalters» (a.a.O., 252–253). Dennoch ist die romantische Vor-

ders wird man sich die Geburt der Märchen denken müssen. Wenn die Götter und die Mythen einer Religion sterben, hören sie deswegen nicht auf zu leben; wohl geht ihre einheitliche Gestalt und synthetische Konzeption der Weltdeutung verloren; aber die anhängliche Liebe des Volkes fügt doch die einzelnen Teile der Mythenfragmente in immer neuen Varianten und Bearbeitungsversuchen zusammen, «bebrütet» und meditiert sie und bringt sie in der Gestalt der Märchen tatsächlich wie etwas Neues, Freischwebendes hervor, das sein Recht gegenüber dem mythentötenden Geist der Wüste in einem nicht endenden Prozeß wohl zu behaupten weiß.

Denn in gewissem Sinne *gewinnen* die Mythen, wenn sie nach ihrem Tod in verjüngter Form als Märchen wiedergeboren werden; sie erlangen eine Universalität und Freiheit, die ihren Stoffen im Stadium des Mythos schlechterdings verwehrt bleiben mußte. Der Grund dafür ist leicht zu sehen. Obschon die archetypischen Bilder der Mythen an und für sich ihrem psychischen Bedeutungsgehalt nach Menschheitsgut darstellen, so unterliegen sie doch, solange sie leben, den engen Grenzen ihrer Inkarnation: nie überschreiten sie den lebendigen Organismus des Stammes mit seinen sozialen, kulturellen und, vor allem, seinen religiös-rituellen Überlieferungen. Erst wenn das Sozialgefüge, wenn der «Körper» eines Mythos stirbt, erhebt sich seine Wahrheit über Raum und Zeit und wird *als Märchen* quer durch die Jahrhunderte und quer durch die Kulturen fortgeträumt, verwandelt, umgedichtet und doch stets in aller Vielfalt ursprünglich bewahrt. Wohl ist es jetzt nicht länger möglich, das Märchen mit der Sozialgeschichte eines Volkes zu verknüpfen – es war ein unsinniger Mißgriff, die Märchen etwa als kompensatorische Wunschphantasien des frustrierten Bürgertums oder als klassenkämpferische Utopien deuten zu wollen. Tatsächlich, wenn die Märchen von Königen und Drachenkämpfern, von armen Müllersburschen und ausgedienten Soldaten erzählen, geht es ihnen niemals um Adel, Rittertum und Arbeiter – es geht ihnen um innerseelische

stellung nicht schlechthin überholt oder verkehrt (a. a. O., 56), die Märchen seien, wie W. GRIMM meinte, «die Überreste eines in die älteste Zeit hinaufreichenden Glaubens, der sich in bildlicher Auffassung übersinnlicher Dinge ausspricht. Dies Mythische gleicht kleinen Stückchen eines zersprungenen Edelsteines, die auf dem von Gras und Blumen überwachsenen Boden zerstreut liegen und nur von dem schärfer blickenden Auge entdeckt werden. Die Bedeutung davon ist längst verloren, aber sie wird noch empfunden und gibt dem Märchen seinen Gehalt, während es zugleich die natürliche Lust am Wunderbaren befriedigt; niemals sind sie bloßes Farbenspiel gehaltloser Phantasie. Das Mythische dehnt sich aus, je weiter wir zurückgehen, ja es scheint den einzigen Inhalt der älteren Dichtung ausgemacht zu haben. Wir sehen, wie diese, getragen von der Erhabenheit ihres Gegenstandes und unbesorgt um Einklang mit der Wirklichkeit, wenn sie die geheimnisreichen und furchtbaren Naturkräfte schildert, auch das Unglaubliche, das Gräuelhafte und Entsetzliche nicht abweist... In dem Grad, in welchem menschliche und gemilderte Sitte sich entwickelt und die sinnliche Fülle der Dichtung wächst, weicht das Mythische zurück.» BRÜDER GRIMM: Kinder- und Hausmärchen, Bd. 3, 409–410.

Symbolik, um Archetypisches, menschheitlich Wesentliches, gerade nicht um historisch oder sozial Gebundenes. Der beste Beweis für die soziologische Neutralität der Märchen liegt bereits darin, daß in ihnen ohne Mühe mitten im Patriarchat durch und durch matriarchale Mythen wie die Geschichte von der «Frau Holle»[105] oder von «Schneeweißchen und Rosenrot»[106] tradiert oder erfunden werden können.

Von daher ähnelt das Märchen nicht zuletzt dem Mythos auch in einem anderen Merkmal: in der Überpersönlichkeit seiner Akteure. Schon für den Mythos und das Ritual ist es charakteristisch, daß die handelnden Personen nicht als Individuen, sondern als «Maskenträger» in Erscheinung treten[107], die zudem, je nach der Handlung, sich in ganz verschiedene Rollen zu wandeln haben. Gleichwohl tragen die mythischen Gestalten bestimmte Namen, die, so kol-

[105] E. DREWERMANN – I. NEUHAUS: Frau Holle, 1982.

[106] E. DREWERMANN – I. NEUHAUS: Schneeweißchen und Rosenrot, 5–6, zeigt, daß selbst ein Märchen, das von den Brüdern Grimm nach vorliegenden Motiven wie ein Kunstmärchen neu gedichtet wurde, dennoch wesensmäßig die Züge und Aussagen alter Mythologie neu verdichten und beleben kann. – Gerade die Allgemeinheit und Internationalität des Märchens betonte E. BETHE: Mythus, Sage, Märchen, 30–31. Natürlich bedeutet die wesensmäßige Herleitung des (Zauber-)Märchens vom Mythos bzw. vom (schamanistischen) Traumerleben *nicht,* daß jedes Motiv des Märchens Nachhall historisch alter Mythen sei; zudem ist auch das Umgekehrte möglich: daß Mythen historisch von Märchen geformt werden, wie F. VON DER LEYEN: Das Märchen in den Göttersagen der Edda, 1899, gezeigt hat. Die Vorstellung der Romantik, Märchen seien nur «verblaßte Göttersage aus heidnischer Vorzeit», war zu verallgemeinernd. G. JACOB: Märchen und Traum, 22. – Als charakteristisch für das Märchen, gerade weil es kein Mythos (mehr) ist, erscheint deshalb *das Fehlen jeder Beschreibung des sozialen Milieus;* «eine ausdrückliche Beschreibung findet nur dann statt, wenn (sc. für den Helden der Erzählung, d. Vf.) ein plötzlicher Übergang in eine neue Umgebung stattgefunden hat», also eine *seelische* Änderung eingetreten ist; CH. BÜHLER: Das Märchen in der Phantasie des Kindes, 28.

[107] K. KERÉNYI: Mensch und Maske (1948), in: Humanistische Seelenforschung, 1966, 356, meinte sehr richtig: «Die Situation des Menschen zwischen einem *individuellen* Sein und einem weiteren, alle Gestalten annehmenden, *proteusartigen* Sein wird in der Maske sichtbar. Daher die schöpferisch miterlebende Ekstase, die die Maske hervorruft und verbreitet. Sie ist ein wahres Zaubergerät, das dem Menschen in jedem Augenblick ermöglicht, solcher Situation inne zu werden und den Weg in eine weitere, geistigere Welt zu finden, ohne die Welt des naturhaften Daseins zu verlassen. Wenn jemand eine Maske immer tragen würde, wäre er ein Toter oder ein Ungeheuer. In der Antike wurde sie nur festlich getragen und mit Kunst gebraucht, wie man dies mit Musikinstrumenten tut, Instrumenten eines verwandten Zaubers.» – M. LÜTHI: Das europäische Volksmärchen, 68, meint, die Personen des Märchens seien nicht «Typen», sondern «reine Figuren»; das ist zutreffend in soziologischem Sinne: das Märchen schildert nie einen «typischen» Bauern oder König; psychologisch aber verdichtet das Märchen in der Klarheit seiner Figuren charakterbedingte bzw. situative Typen des Erlebens. Zu Recht meinte deshalb F. PANZER: Märchen, Sage und Dichtung, 13: Das Märchen «kennt keinerlei Individualisierung, arbeitet vielmehr nur mit Typen, die in stärkster Steigerung nach beiden Seiten einander entgegengesetzt werden. Seine Personen treten durchaus in zwei scharf geschiedenen Gruppen auseinander. Hier stehen die Hohen und Reichen, die Könige, Fürsten, Grafen, Prinzessinnen, dort die Niedrigen, Armen: die Bauern, Handwerker, Tagelöhner, Hirten. Es kennt kein Genügen in der Mitte, und seine Handlung besteht am häufigsten darin, daß der Held aus der dunklen, dumpfen Sphäre der einen Gruppe durch seine Verdienste, seine Bemühungen, sein Glück, nicht ohne die Hilfe jenseitiger Mächte emporsteigt zu der lichten Höhe der Großen.» Dieser «Aufstieg» benutzt die soziologische Ebene nur als symbolische Projektionsfläche zur Darstellung der inneren Verwandlung. M. a. W: die Struktur des Fühlens und Sehens ist ursprünglicher als alle gesellschaftlichen Modifikationen.

lektiv auch immer, doch den Eindruck einer gewissen Individualität vermitteln. Die Märchengestalten hingegen tragen überhaupt gar keine Namen mehr, und dort, wo sie es tun, handelt es sich niemals um Personennamen, sondern stets um Typenbezeichnungen: die *kluge Else* (KHM 34) oder der *Meister Pfriem* (KHM 178) sind nicht eigentlich individuelle Personen, sondern tragikomische Charakterfiguren der Schizophrenie oder der Zwangsneurose, die so typenhaft schematisiert sind, wie das *tapfere Schneiderlein* (KHM 20) oder der *Hans im Glück* (KHM 83) als sprichwörtliche Modellgestalten einer wahnhaften Tapferkeit oder eines eingebildeten Schlau-Glücks erscheinen.

Andererseits aber engt sich das Bedeutungsspektrum eines Märchens in gewissem Sinne wieder ein: während der Mythos *sozial* an bestimmte kulturelle Bedingungen geknüpft ist, seine Daseinsdeutung aber menschheitlich zu sein beansprucht, hat sich das Märchen umgekehrt weitgehend von den sozialen Bindungen befreit, dafür aber ist es in seiner Typologie *psychologisch* definierter und spezieller. Nicht Menschheitsschicksale, nur Charaktere, nicht Zeit und Ewigkeit, nur seelische Entwicklungen sind Gegenstand des Märchens, wofern ein einzelnes Märchen nicht noch dicht an den Mythos grenzt, wie z. B. das Märchen der «Frau Holle» u. a.

Daran mag es auch liegen, daß die Mythen selten ohne Tragik sind, während die Märchen, bis auf Ausnahmen, dem Glück des Einzelnen vertrauen. Die *Mythen* sind zu wahr, als daß sie an den Lebensgegensätzen vorbeiphilosophieren könnten. Sie mögen die Ambivalenzen, die Polaritäten, die erschreckenden Weltgegensätze zwischen Tod und Leben, Gut und Böse, Menschenordnung und Naturgefüge miteinander in vermittelnden Symbolen auslegen, versöhnen und verständlich machen, aber sie werden diese Gegensätze selber nicht verleugnen. Das *Märchen* denkt «kürzer». Mag das Leben als ganzes auch tragisch sein, so kann doch der Einzelne darin sein Glück finden, wenn er Glück hat, und warum sollte er nicht? Die *Mythen* etwa erzählen die unglückselige «Liebesgeschichte des Himmels»[108], daß Sonne und Mond in ihrer übergroßen Liebe doch niemals einander glücklich angehören werden; ein *Märchen* wie die Geschichte vom *«Mädchen ohne Hände»* hingegen[109] bleibt dabei nicht stehen;

[108] Vgl. E. SIECKE: Die Liebesgeschichte des Himmels, 1892, der besonders die Einheit der Märchen mit den alten Mythen hervorzuheben suchte, – in der irrigen Annahme, daß die Märchen auch in literarhistorischem Sinne autochthones altes Überlieferungsgut der Volksliteratur darstellten. Vgl. dazu E. DREWERMANN – I. NEUHAUS: Schneeweißchen und Rosenrot, 1983, 5–6.

[109] E. DREWERMANN – I. NEUHAUS: Das Mädchen ohne Hände, 1981; ³1982. – M. LÜTHI: Das europäische Volksmärchen, 87, meint zu Recht, das Märchen gebe keine bewußte Weltdeutung. «Aber als echte Dichtung verlangt es den Glauben an die innere Wahrheit des Dargestellten. Es gibt sich nicht als müßiges Spiel, sondern läßt ein Welterlebnis Bild werden.» «Man kann das Märchen symbolische Dichtung nennen... Ein Allgemeines birgt und offenbart sich in ihm.»

es zeigt gerade, wie Gegensätze, die in der Natur niemals endgültig lösbar scheinen, im Herzen eines Menschen sich sehr wohl zu einem guten Ende führen lassen. Der Mythos als Weltdeutung kann zwischen den Gegensätzen des Lebens Weisheit lehren und vermitteln, das Märchen ist so frei, die Gegensätze der Natur selbst als Symbol zu nehmen und *im Menschen* psychologisch zu integrieren.
Auf ihre Weise stehen das Märchen und der Mythos daher nicht allein wie Horus und Osiris zueinander, sondern auch wie Isis und Osiris: das Märchen ist die liebevolle, mütterliche Innenseite der tragischen Unsterblichkeit des Lebens, die der Mythos ausdrückt, und wenn die Mythen schildern, daß jemand als Sohn zugleich der Vater seiner Mutter ist, so kann man wohl vom Märchen sagen, daß es in psychologischer Betrachtung nicht nur das Kind, sondern auch umgekehrt oft selbst die traumnahe Erzeugerin von mythischen Gedanken ist.

c) Der Traum einer traumhaften Wirklichkeit: die Sagen und Legenden in Beziehung zu Mythos und Märchen

Der Mythos hat seine Beglaubigung und Wirklichkeit im Ritus, das Märchen in dem Nachvollzug des Einzelnen; beide aber schweben über der Geschichte und dem Leben als einer Welt an und für sich[110]; sie bilden nicht, wie man in der Schule S. FREUDS oft unterstellt hat, generell eine Sphäre reiner Wunscherfüllung – weiß Gott könnte man die Welt und das Leben sich sehr oft anders wünschen, als die Mythen und Märchen sie schildern; wohl aber zeigen ihre archetypischen Bilder, wie man die Wirklichkeit, draußen wie drinnen, als äußere und innere Natur, verstehen und sich in ihr zurechtfinden kann. Ähnlich wie I. KANTS Kategorien des Verstandes, dienen ihre archetypischen Bilder dazu, die Mannigfaltigkeit der Wahrnehmung nach vorgegebenen Schemata

[110] «Das Märchen ist, wie der Mythus, ‹heimatlos und flattert durch die Lüfte wie die Sonnenfäden›. Seine Personen haben weder Namen noch Geschichte. Sie sind *der* Prinz, *die* Stiefmutter, *der* Vezier, oder ganz einfach: Hans, Gretel, Jussuf, Ali. Die Zeit steht still, wie im Schlosse Dornröschens. ... ‹Es war einmal›, d.h. es ist ewig und immerdar. Aschenputtel und der Däumling leben heute wie vor tausend Jahren.» G. VAN DER LEEUW: Phänomenologie der Religion, 474. – Mit einem solchen «Es war einmal» (in illo tempore – in jener Zeit) leitete die katholische Kirche früher die Lesung der Evangelientexte ein; es blieb der Liturgiereform vorbehalten, diese wichtigste hermeneutische Klammer zum rechten Vernehmen eines Gotteswortes als für das «Volk» unverständlich ersatzlos zu streichen. – Wegen der Ort- und Zeitlosigkeit des Märchens sprach F. PANZER: Märchen, Sage und Dichtung, 17, sehr schön von der «Traumstimmung», aus der das Märchen geboren sei, «jenes Zwischen von Schlafen und Wachen, wo das Gesehene und Gehörte im selben Augenblicke geglaubt und bezweifelt wird». Neben das Märchen trete «als innig verbundene Zwillingsschwester die Sage».

zu ordnen, nur daß diese Ordnungsschemata in Mythos und Märchen nicht dem rationalen, sondern dem emotionalen Bereich angehören.

Aber wie in der Erkenntnistheorie KANTS die Kategorien des Verstandes, die nur ein Mittel der Erkenntnis sind, selber zum Gegenstand der Erkenntnis genommen und dann als eine vom Subjekt unabhängige Wirklichkeit gesetzt werden können, so können auch die Bilder und Symbole der Träume, der Mythen und der Märchen, die dazu bestimmt sind, das menschliche Leben zu ordnen, als die lebendige Wirklichkeit selbst vorgestellt werden. Das Traumgeschehen selbst wird dann zu einem traumhaften Geschehen, und dies ist der Prozeß, durch den das Märchen und der Mythos sich zu Sage und Legende formen. Was aber in der philosophischen Erkenntnistheorie KANTS als ein illegitimer Vorgang erscheint, ist in der Welt der Archetypen psychologisch nötig und erlaubt: Sage und Legende ergänzen den Traum von der Wirklichkeit durch eine geträumte Wirklichkeit und zeigen damit, daß die Welt von Traum und Poesie gerade nicht allein dazu bestimmt ist, nur Traum und Poesie zu bleiben, sondern, entsprechend ihrer eigenen Tendenz, sich in der äußeren Realität behaupten soll und kann.

Um die Herleitung *der Legende* aus der Sphäre des Mythos zu begründen[111], brauchen wir uns, was die neutestamentliche Formgeschichte anbetrifft, nur an die soeben referierten Darlegungen von DIBELIUS über die Legende zu halten, obschon dieser große Forscher aufgrund seines historischen Interesses aus seinen ganz richtigen Entdeckungen niemals den rechten hermeneutischen Gewinn zu ziehen vermocht hat (s. o. S. 89).

DIBELIUS hatte bereits vollkommen richtig festgestellt, daß die religiösen Legenden von heiligen Personen und Sachen sich allerorten gleichen, indem sie Vorstellungen aufgreifen, die in sich unverändert feststehen und einer allgemeinen *Topik,* einem vorgegebenen Gesetz der Anschauung folgen. Eben daraus ergab sich für ihn aber nicht die große, menschheitliche Bedeutung der Legenden, sondern daß die Legenden für die historische Forschung bedeutungslos seien, war seine Folgerung; allenfalls daß sie als Material zur Rekonstruktion gewisser Propagandainteressen der Urkirche dienlich sein mochten, konzedierte er, ganz so, wie E. MEYER es in seiner großen Arbeit über «Ursprung und Anfänge des Christentums» 1921 von sich aus resümierte: «... mit der Be-

[111] A. JOLLES: Einfache Formen, ²1958, 51, sah in der Legende ein Werk der «Geistesbeschäftigung der imitatio», für welche «der Heilige eine Gestalt ist, in der die Tugend meßbar, greifbar, faßbar wird, die uns zum Bewußtsein bringt, was wir auf dem Weg der Tugend tun, erfahren und sein möchten, und die uns sachlich als Maßstab die Möglichkeit gibt ihr zu folgen». Dem Stoff nach schleppt die Legende «sehr viel Mythisches und Sagenhaftes» mit (G. VAN DER LEEUW: Phänomenologie der Religion, 475), ja sie ergibt sich aus der Berührung der Göttergeschichte mit der Menschengeschichte.

gründung der Kirche und der Mission war an die Stelle der Lehre Jesu das Christentum getreten, die Predigt von dem übermenschlichen Menschensohn, der durch seine Auferstehung den Tod überwunden und den Menschen den Weg zur Befreiung von den Sünden und zu einem neuen, ewigen Leben in inniger Gemeinschaft mit Gott dem Vater eröffnet hat, wenn sie den Glauben an ihn annehmen, und der alsbald wiederkommen wird, um als Richter über Lebende und Tote das Gottesreich zu begründen.»[112] Und: «Ganz beherrscht von dieser Tendenz ist die populäre Anschauung innerhalb der Gemeinde. Das hat zur Entstehung zahlreicher Legenden geführt, welche, wie immer, die populären mythischen Vorstellungen aufnehmen und auf Jesus übertragen, und so die leitenden Gedanken materialisieren und dadurch vergröbern.»[113] Dieses Zitat faßt vorbildlich zusammen, was sich über die Legendenbildung im allgemeinen und speziell in der frühen Kirche «historisch-kritisch» sagen läßt: Legenden sind vergröbernde Volksanschauungen; sie sind eine Konzession an die Masse und ein Kompromiß des Religiösen mit der Massenpsyche; angewandt auf das Christentum: sie stellen den Preis des Christentums für den Eintritt in das Szenarium einer Volksreligion dar; sie sind das Medium (und der Preis) des christlichen Missionserfolges.

So *muß* von den Legenden urteilen, wem die Historie das Wesentliche ist. Allerdings enthält das Zitat E. MEYERS fast nebenbei einen an sich sehr wichtigen methodischen Hinweis darauf, wie man das Problem *auch* betrachten kann: die Legenden, sagt er ganz richtig, bestehen in einer Aufnahme *mythischer* Vorstellungen. Statt von «Aufnahme» sollte man freilich besser von Weiterentwicklung sprechen und sagen: es bilden sich unter dem Eindruck religiöser Erfahrungen, z.B. mit der Person Jesu, Vorstellungen aus, wie sie in der menschlichen Psyche angelegt sind und sich immer wieder an den entscheidenden Stellen der Religionsgeschichte artikulieren. Tatsächlich, darin ist E. MEYER zuzustimmen, sind die Legenden ihrem Gehalt nach *von den Mythen* kaum zu trennen, und diese Feststellung ist hermeneutisch gar nicht hoch genug einzuschätzen.

Denn ebenso hoch wie die innere Wahrheit der Mythen wird man, wenn es so steht, auch den religiösen und psychologischen Gehalt der *Legenden* einstufen müssen. Gerade weil sie nicht historisch sind, berichten die Legenden in historischem Gewande, was zu allen Zeiten gilt[114]. Von daher gibt die Frage nach

[112] E. MEYER: Ursprung und Anfänge des Christentums, 1. Bd., 52.

[113] A. a. O., 53.

[114] Sehr schön meinte NOVALIS: Blütenstaub, Nr. 100, in: Werke, 347: «Die Fabellehre (sc. die Mythologie, d. V.) enthält die Geschichte der urbildlichen Welt – sie begreift Vorzeit, Gegenwart und Zukunft. Die Menschenwelt ist das gemeinschaftliche Organ der Götter. Poesie vereinigt sie, wie uns.»

der Auslegung der Legenden durchaus keine Schwierigkeiten auf, die nicht bereits durch eine gründliche Untersuchung der Mythen, Märchen und Träume und ihrer Interpretationsweise implizit zu beantworten wären. Auch die Legenden zählen *noch,* allerdings nur zum Teil, zu den archetypischen Erzählungen; eben darin liegt die Erklärung für das von DIBELIUS erkannte Gesetz der Analogie und Topik der Legenden.

Der gleiche Tatbestand läßt sich über die Legende hinaus auch für eine andere Erzählform geltend machen, die bezeichnenderweise im Alten und im Neuen Testament zwar keine große Rolle spielt, dafür aber in der nichtreligiösen Literatur aller Völker und Zeiten einen breiten Platz einnimmt: die *Sage.*

Die Sage zielt ebenso wie die Legende auf die Historie[115]; auch sie steht an der Grenzschwelle zwischen Traum und Wirklichkeit; auch in ihr kondensiert sich das Traummaterial der Märchen und der Mythen um einen historischen Kern[116]. Im Unterschied zu Mythos und Legende aber hat die Sage keinerlei

[115] A. JOLLES: Einfache Formen, 74–75, suchte die Sage aus der «Geistesbeschäftigung mit den Kennworten Familie, Stamm, Blutsverwandtschaft» zu verstehen; – die Atridensage war für ihn das Hauptexempel (a. a. O., 78–82); selbst wo die Sage von Untergang oder Entstehen eines Volkes erzählte, wie im Nibelungenlied oder in den biblischen Partriarchenerzählungen, tue sie dies doch als Familiengeschichte (a. a. O., 85; 87). Aber damit verblieb Jolles zu sehr in dem soziologischen Rahmen, der die Sage trägt, die inhaltliche, typologische Seite läßt sich mit seiner Auffassung der Sage nicht erfassen. Richtiger sagt G. VAN DER LEEUW: Phänomenologie der Religion, 472: «In der Form der *Sage* geht der Mythos wiederum in die Zeitlichkeit ein. Die Sage ist ein Mythus, der unterwegs an irgendeinem Orte oder an irgendeiner historischen Tatsache hängen geblieben ist. Dem Wort der Sage geht mithin der Charakter der Entscheidung ab. Man verhält sich der Sage gegenüber bloß betrachtend, wenn auch oft fromm betrachtend. Der Mythus ist ewig gegenwärtig, während die Sage sich gänzlich auf die Vergangenheit bezieht. ... Das Motiv der Sage ist nicht historisch, sondern mythisch; es heftet sich immer wieder an andere geschichtliche Persönlichkeiten. Und das Typische ist die Hauptsache, es ist wichtiger als das Historische.» Eben wegen des fließenden Übergangs vom Mythos zur Sage ist die Unterscheidung rein willkürlich, die H. GUNKEL: Genesis (1901), [8]1969, XIV, vorschlug: die Mythen seien Göttergeschichten, die Sagen Menschengeschichten; im Gegenteil, es sind in den Mythen die Götter oft wie Menschen und in den Sagen die Menschen oft wie Götter, und die Bereiche durchdringen sich ständig, – man lese Homer! Nur in der Bibel wird zwischen Gott und Mensch ein solcher Graben aufgerissen, daß dort Gott nur noch eine einzige Geschichte hat: die seines auserwählten Volkes; aber eben: an dem Gift dieser theologischen Radikalkur sterben bis heute die Mythen und die Märchen, die Sagen und Legenden, die Träume und Visionen in den Kulturkreisen, die von den biblischen Religionsformen geprägt sind.

[116] Die Unterscheidung von Märchen und Sage vor dem Hintergrund des Mythos hat J. GRIMM: Deutsche Mythologie (1835), 1981, I. Bd., S. XII–XIII, auf klassische Weise vollzogen: «Von der volkssage werden mit gutem grund die märchen abgesondert, obgleich sie wechselseitig in einander überstreifen. Loser, ungebundner als die sage entbehrt das märchen jenes örtlichen halts, der die sage begrenzt, aber desto vertraulicher macht. Das märchen fliegt, die sage wandert, klopft an; das märchen kann frei aus der fülle der poesie schöpfen, die sage hat eine halb historische beglaubigung. wie das märchen zur sage, steht die sage selbst zur geschichte, und, läßt sich hinzufügen, die geschichte zu der wirklichkeit des lebens. im wirklichen dasein sind alle umrisse scharf, hell und sicher, die sich im bild der geschichte stufenweise erweichen und dunkler färben. der alte mythus aber vereinigt gewissermaßen die eigenschaften des märchens und der sage, ungehemmt im fluge vermag er zugleich örtlich sich niederzulassen.» – F. V. DER LEYEN: Das Märchen, 1925, 84, hebt als Unterschied hervor, daß «die Sage dem Ernste zustrebt und der Wirklichkeit», während die

religiöse Zielsetzung mehr, und wenn man das Märchen als einen profanisierten Mythos verstehen kann, so die Sage als eine profanisierte Legende. Mit «religiös» und «profan» sind psychologisch aber im Grunde unterschiedliche Icheinstellungen gemeint, die in Sage und Legende eine sehr verschiedenartige Psychodynamik voraussetzen. Wir werden gerade diesem Punkt bei der Frage nach der rechten Interpretation von Sage und Legende noch im einzelnen nachgehen müssen, aber es ist doch schon bei oberflächlichem Hinsehen deutlich, daß in der Sage, ähnlich wie im Märchen, der Held und seine Aktion, mithin das Ich, im Mittelpunkt steht, während in Mythos und Legende das Ich sich mehr rezeptiv zu den göttlichen Mächten verhält (s. u. S. 415). Die Kämpfe, die in den Mythen die Götter austragen, projiziert die Sage in menschliche Heroen hinein, und wenn die Legenden mythennahe Geschichten erzählen, in denen die Götter sich des hilflosen Menschenschicksals annehmen, so erzählen die Sagen eine Art märchenhafter Geschichte, in denen der Held selber durch unglaubliche Strapazen und Gefährdungen schließlich an sein Ziel gelangt[117]. Der *Stoff* aber, aus dem die Träume sind, bietet das Material auch für die Sagen und Legenden – ihre Motive sind die nämlichen wie in Mythos und Märchen.
Die innere Einheit von Mythos, Märchen, Sage und Legende ergibt sich bereits daraus, daß, wie wir noch sehen werden, es *inhaltlich* von den Motiven her nicht möglich ist, diese Erzählformen voneinander zu trennen (s. u. S. 393 ff.). Nicht der Inhalt an sich, nur die Psychodynamik, die Zielsetzung und der Verwendungszweck entscheiden darüber, was ein Mythos, was ein Märchen, was eine Sage und was eine Legende ist. Freilich wirkt die Psychodynamik und der Verwendungszweck eines bestimmten Motivs auch auf den Stil der Erzählung zurück, und so ist rein *sprachlich* bereits der Unterschied zwischen einer Sage und einer Legende schon daran zu ersehen, daß die Legende den Raum des Heiligen und Erbaulichen (oft auch des Idyllischen) aufsucht, während die

Märchen «zwischen Ernst und Spiel, Traum und Wirklichkeit» hin und herglitten; doch stimmt das nur begrenzt: auch die Märchen sind «ernst» und «wirklich», allerdings nur in psychologischem Sinne, während die «ernste» «Wirklichkeit» der Sagen historisch zu sein beansprucht, so unhistorisch sie im äußeren Sinne auch immer sein mag. – L. BECHSTEIN: Neues Deutsches Märchenbuch (1856), in: Sämtliche Märchen, 468, hob hervor, daß das Märchen, im Unterschied zur Sage, jede Lokalisierung der Begebenheiten vermeidet. Vgl. DERS.: Mythe, Sage, Märe und Fabeln im Leben und Bewußtsein des deutschen Volkes, 1854, 3 Teile.

117 W. MÜLLER: Geliebte Erde, ^{3}1979, 55, hat sehr eindringlich und zutreffend darauf hingewiesen, daß dem Mythos eine bewahrende Haltung gegenüber der Natur zukomme, während die Gestalt des Heros, des Herakles, zerstörerische Qualitäten besitze. – Zur Differenzierung von Märchen, Sage, Legende und Mythos meinte M. LÜTHI: Es war einmal..., 104, m. E. ganz richtig: «Im Mittelpunkt des Märchens steht der Mensch. Von Sage und Legende kann man das nicht sagen; sie schildern Einbrüche einer jenseitigen Welt in unser Dasein, Mythen erzählen von Göttern, bei den Naturvölkern dominieren Tiergeschichten.»

Sage das Heroische, Weltlich-Derbe, Leidenschaftlich-Sinnliche sucht: die Legende verherrlicht den Heiligen, die Sage den Helden oder Halbgott. Beide unterscheiden sich aber, wie gesagt, vom Mythos und vom Märchen nicht durch den Stoff an sich, sondern lediglich durch die Übertragung der mythischen Motive auf Menschen, die vorgeblich oder wirklich als historische Persönlichkeiten oder jedenfalls in geschichtlicher Zeit gelebt haben (sollen). Ihre Taten sind daher nicht, wie die Begebenheiten der Mythen, konstitutiv für das Wesen einer bestehenden Wirklichkeit; sie spiegeln auch nicht, wie im Märchen, eine tiefere psychische Wirklichkeit wider, sondern gerade umgekehrt: kennzeichnend für sie ist ihr Vorbildcharaker und damit ihre Distanz zu jeder Wirklichkeit aufgrund der archetypischen Verklärung einer bestimmten Wirklichkeit.

Die Legenden können mit dem Mythos so verbunden sein, daß eine mythische Gestalt der Urzeit, ein Gott, eine «Dema»-Gottheit[118] oder ein Urzeitheroe am «Anfang» der Menschheit eine Wesensart repräsentiert, die – durch Schuld, durch Unglück oder Fügung der Götter – verlorenging und erst jetzt in dem Buddha (dem Erleuchteten), dem *tirthankara* oder Mahavira (dem «Furtbereiter» oder dem Großen Menschen der indischen Jainas), dem Messias der Juden oder dem Menschensohn oder Urmenschen der Iraner und Inder wiederentdeckt wird und Gestalt gewinnt, um alsdann in den Heiligen unter den Gläubigen und Nachfolgern, den Bodhisattvas, den Christen, den Jainas (den «Siegern») fortzuleben[119]. *Die Sagen* hingegen greifen eher auf das Märchen zurück, indem sie im Profanen verbleiben und den Stoff der mythischen Göttererzählungen, den das Märchen in die Psyche des Menschen zurückverlegt, nunmehr in die menschliche Geschichte hineinprojizieren.

Ordnet man daher die vier Gattungen: den Mythos, die Legende, das Märchen und die Sage vom Traum her um das Zentrum des archetypischen Erlebens an und setzt sie in Beziehung zu den Polen des Göttlichen und Menschlichen bzw. des Religiösen und Profanen sowie zu den Polen Geschichtlich und Ungeschichtlich, so ergeben die einzelnen Erzählformen folgende Konfiguration:

[118] A. E. JENSEN: Die getötete Gottheit, 1966, 9–17; DERS.: Mythos und Kult bei Naturvölkern, 1951, 113–118: die *Dema-Gottheiten,* wie die Marind-Anim auf Neu-Guinea die Gesamtheit der Urzeitwesen bezeichnen, haben als Zwischenwesen zwischen Göttern und Menschen «durch ihr schöpferisches Wirken das Seiende und die Seinsordnung hervorgerufen und damit gleichzeitig schließlich die Urzeit» beendet (a. a. O., 117).

[119] Zur Gestalt des *tirthankara,* des «Furtbereiters» der Jainas, vgl. H. V. GLASENAPP: Der Jainismus, 1925. – Sehr treffend ist die Religion des Jainismus und des Buddhismus von N. SÖDERBLOM: Der lebendige Gott, 79–101, als ein Typos von Frömmigkeit bezeichnet worden, in der «Religion als Psychologie» zu betrachten ist.

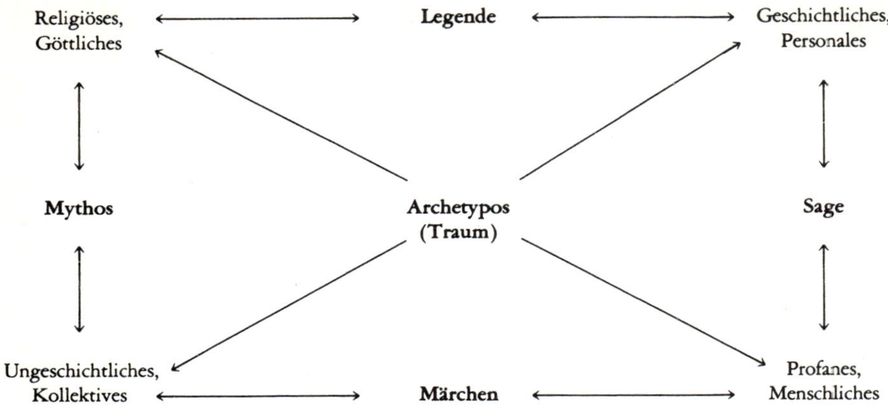

Geschichtlichkeit bzw. Ungeschichtlichkeit sind dabei Grenzbegriffe; die *Sage* endet dort, wo die Geschichtlichkeit beginnt, sie tendiert zur Geschichtlichkeit, aber gerade so, daß sie das Geschichtliche als solches ins Archetypische, Allgemeinmenschliche und Überzeitliche hebt; der *Mythos* hingegen tendiert zum Göttlichen, Ewigen, das er aussagt, indem er eine Geschichte erzählt, die keine ist, sondern im Geschehen, im Kult ein ewig Geschehendes, niemals Geschehenes sein will, – er ist im Wesen ungeschichtlich; ebenso will das *Märchen* jenseits aller Zeit und Geschichte eine ewige Wahrheit ausdrücken, die allerdings «nur» menschlich, nicht transzendent (im anthropologischen Sinne) ist; die *Legende* tendiert, wie die Sage, zur Geschichte, aber gleichermaßen nur, um das Einmalige im Archetypisch-Vorbildlichen aufzuheben, wobei ihr Ausgangspunkt im Religiösen, nicht im Profanen liegt. – Im Mittelpunkt aller vier Erzählformen aber steht das Feld des Archetypischen, als dessen Ausstrahlungen alle Erzählformen sich zu erkennen geben. Die Pfeile, die vom «Archetypos» ausgehen, sind zu lesen als: «Der Archetypus *erscheint* im Bereich des Religiösen und erzeugt dort die Legende mit dem Ziel des Geschichtlichen»; oder: «Der Archetypos erscheint als Macht des kollektiven Unbewußten und treibt den Mythos aus sich hervor, mit dem Ziel, Göttliches, Religiöses zur Sprache zu bringen» usw.; die Doppelpfeile weisen auf Wechselbeziehungen hin.

Für die Interpretation der Sagen und Legenden bedeutet dieses Schema zweierlei: zum einen werden *inhaltlich* auch bei den Sagen und Legenden dieselben Regeln gelten, die für die Interpretation archetypischer Erzählungen überhaupt, insbesondere für Mythos, Märchen und Traum, zu erarbeiten sind; zum anderen werden wir den Besonderheiten der Sage und der Legende auch durch gewisse zusätzliche Auslegungsregeln gerecht werden müssen, die ihrer unterschiedlichen Psychodynamik Rechnung tragen und ihre größere Nähe zur Geschichte berücksichtigen. In allem aber wird der jetzt gefundene Leitfaden gültig sein: es ist vom Bild, vom Traum zu beginnen und dann entlang der wachsenden Entfernung vom Traumerleben her die Eigentümlichkeit von Mythos und Märchen, von Sage und Legende zu verstehen. *Nicht vom Wort und von der Geschichte, sondern vom Traum, vom Bild ist auszugehen*[120]. Es ist wahr, daß sich oft in der Antike und in den Stammesüberlieferungen Geschichte *nur* in der Form von Mythos und Märchen, von Sage und Legende verdichtet; aber statt diese poetisch-religiöse bzw. psychologisch-integrale Form der Überlieferung historischer Untreue zu zeihen, sollte man vielmehr darin den einzigen Weg erkennen und würdigen, auf dem Geschichtlich-Einmaliges als ewig gültiges Geschehen mitgeteilt zu werden vermag[121].

Wir sind von der Frage ausgegangen, wie etwas Historisches in der Religion als etwas bleibend Gültiges interpretiert werden könne, und haben gesagt, die Voraussetzung dafür bestehe in einem typologischen Verständnis der Geschichte, und das wiederum hänge ab von bestimmten vorgegebenen Archetypen des menschlichen Erlebens, wie es sich am eindrucksvollsten im Traum niederschlage. Wir finden jetzt, daß die Mythen und Märchen, die Sagen und Legenden gerade die Art und Weise bilden, bedeutungsvolle geschichtliche Erfahrungen in archetypischen Bildern zu verarbeiten. Erzählungen dieser Art entstehen nicht aus der Geschichte, in ihnen ordnet sich vielmehr die geschichtliche Erinnerung, wenn überhaupt, in archetypische Bilder ein, und nur so, in dieser archetypischen Prägung, sind sie der ständigen Erinnerung wert

[120] Wie stark im übrigen auch das bewußte, rationale Denken, statt von Worten und Begriffen, von bildlichen Vorstellungen abhängt, zeigt die berühmt gewordene Befragung von J. HADAMARD aus dem Jahre 1945, bei der nahezu alle befragten Mathematiker sich dazu bekannten, daß sie ihre wissenschaftlichen Probleme durch allgemeine bildliche Vorstellungen zu lösen pflegen. Zu Recht folgerte A. KOESTLER: Der Mensch – Irrläufer der Evolution, 1981, 179: «Verbales Denken nimmt die letzte und höchste Stufe der geistigen Herarchie ein, kann aber zu einer starren Pedanterie entarten, die einen Schild zwischen dem Denkenden und der Wirklichkeit errichtet. Die Kreativität beginnt oft dort, wo die Sprache aufhört, also beim Betreten der präverbalen und anscheinend prärationalen Stufen der geistigen Aktivitäten, die in mancher Hinsicht dem Traum ähneln.» Die eigentliche Geburtsstunde des symbolischen Denkens läßt sich entwicklungsgeschichtlich sogar recht genau datieren: der Beginn des Ackerbaus im Neolithikum: «Nun ist nicht mehr das Tier der ausschließliche Gegenstand der Gestaltung, jetzt wird es der abstrakte Begriff der Fruchtbarkeit, der Sinn des Wachsens und Gedeihens, und da dieser Sinn nicht sichtbar ist, da man ihn nur ausdrücken kann im Symbol, muß die Natur zurücktreten als Gegenstand der Kunst, das Symbol muß an seine Stelle rücken.» H. KÜHN: Der Aufstieg der Menschheit, 13.

[121] Andererseits ist das historische Gedächtnis mythischer Überlieferung von einer wahrhaft unwahrscheinlichen Treue. W. MÜLLER: Geliebte Erde, 52, verweist z. B. auf die Reste eiszeitlicher Erinnerung in den Mythen der nordamerikanischen Indianer, die von Ungeheuern «mit langen Zähnen und einer langen Nase» zu berichten wissen – den amerikanischen Elefanten also, an die über Jahrtausende hinweg echte Erinnerung tradiert wurde.

und bleibender Verinnerung gewiß. Religionsgeschichtlich aus Traum und Mythos geboren, sind vor allem die Sagen und Legenden eine traumhaft verklärende Geschichte. Wenn irgend man ihre Wahrheit verstehen will, so nur vom Traume her.

Vom *Märchen* wissen wir bereits, daß es sich vom *Mythos* nicht in seinem Inhalt unterscheidet, sondern nur durch seine Funktionszuweisung: das Märchen ist, sehr vereinfacht und zugespitzt gesagt, wie ein Mythos zu lesen, der von seinen religiösen Bezügen freigesetzt ist, dem aber, im Unterschied zu Sage und Legende, der historische Bezug fehlt; ihm ermangelt sowohl der erbauliche wie der heroische Vorbildcharakter; das Märchen ist ein Mythos ohne Götter oder besser: in ihm treten dieselben Kräfte und Mächte auf, die in den Mythen in menschlicher, tierischer oder geisterhafter Gestalt als Götter erscheinen und zumeist mit einem entsprechenden Kultus verbunden sind; sie haben aber im Märchen lediglich die Aufgabe, psychische Gegebenheiten zu objektivieren, nicht sie zu metaphysizieren und für Mächte an sich zu erklären. Mit der *Sage* und der *Legende* hingegen hat das Märchen eine gewisse Heiterkeit gemeinsam, die darauf beruht, daß es – jedenfalls für gewöhnlich – kein Scheitern kennt und eines glänzenden Ausgangs gewiß ist. Dieser wird freilich in der Legende – wie im Mythos – meist von außen, durch ein göttliches Wunder herbeigeführt, während in den Sagen und Märchen sich das gute Ende für gewöhnlich aus dem Charakter der Hauptpersonen wie mit Notwendigkeit ergibt. Die Legende steht in diesem Punkt dem Mythos näher als die Sage: sie kennt und schildert das Göttliche als eine Welt an sich, sie transzendiert daher, wie der Mythos, auch den Deutungsbereich einer rein psychologischen Interpretation, während die Sage und das Märchen, was ihre Bedeutung angeht, in der psychischen Immanenz verbleiben, nur daß die Sage im Unterschied zum Märchen sich zur historischen Realität hin öffnet (s. u. S. 413–428).

E) Variationen der Traumdeutung

Ehe wir nun im einzelnen untersuchen, welche Regeln sich aus der Eigenart der archetypischen Erzählungen, vornehmlich zunächst der Mythen und der Märchen, für eine tiefenpsychologische Interpretation dieser Erzählungen gewinnen lassen, müssen wir in gebotener Kürze vorweg betonen, daß die Tiefenpsychologie kein homogenes Gebilde ist und ihr Umgang mit Traum und Symbol je nach Schule und Methode recht unterschiedlich ausfallen kann. Den Begriff Psychoanalyse benutzen wir hier identisch mit dem Begriff Tiefenpsychologie, obwohl im engeren Sinne unter «Psychoanalyse» nur die Schule S. FREUDS im Unterschied zur komplexen Psychologie C. G. JUNGS zu verstehen ist; eine andere von der Existenzphilosophie M. HEIDEGGERS beeinflußte Interpretationsmethode bietet die Daseinsanalyse von M. BOSS[122], die sich sogar in recht schroffem Ton der Tiefenpsychologie FREUDS wie JUNGS entgegengestellt hat. Trotzdem ist es richtig und berechtigt, alle drei Methoden als einander komplementäre Verfahren unter den eingebürgerten Begriffen Psychoanalyse und Tiefenpsychologie zusammenzufassen, wofern man ihre methodischen Unterschiede recht beachtet und, je nach Text und Aufgabe, in unterschiedlicher Weise zu handhaben versteht. Da im Grunde alle drei Deutungsverfahren bei der Bemühung um ein rechtes Verständnis archetypischer Erzählungen sich immer wieder durchdringen, überlagern oder ergänzen, so scheint es ratsam, vorab die drei genannten Schulen gesondert darzustellen, ehe wir uns den Eigentümlichkeiten von Mythos und Märchen, von Sage und Legende im einzelnen zuwenden. Dabei wird man rasch erkennen, daß sich an der Einstellung zum Traum unmittelbar auch die Einstellung zur Religion entscheidet. Denn wohl ist der Traum gewiß nicht der Vater aller Dinge, aber er ist doch, wie sich gezeigt hat, der Vater aller Dinge, die für die Religion belangvoll sind.

a) Die reduktive und objektale Methode der Psychoanalyse

S. FREUD, dem die Tiefenpsychologie die entscheidenden Impulse zum Verständnis der Träume überhaupt verdankt[123], sah im Traum zwar die via regia zum Unbewußten; aber indem er das Unbewußte wesentlich mit dem verdrängten psychischen Material identifizierte, hielt er die manifesten Traumelemente bzw. die einzelnen Mythologeme für etwas Uneigentliches, das man durch etwas anderes ersetzen müsse, das dem Träumer selbst aufgrund der Verdrängung unbekannt sei. Von daher betrachtete S. FREUD es als Aufgabe der Traumdeutung ebenso wie der Mytheninterpretation und der Religionspsychologie, die einzelnen Symbole des manifesten Trauminhaltes auf gewisse ursprüngliche Triebregungen zurückzuführen und dadurch die latenten Traumgedanken bewußt zu machen. Die Symbolsprache des Traumes, für FREUD ein

[122] Vgl. bes. M. BOSS: Psychoanalyse und Daseinsanalytik, 1980, 117–129, zum Menschenverständnis der Daseinsanalyse im Unterschied zur Psychoanalyse.

[123] Zur folgenden Darstellung und Gegenüberstellung der Traumdeutung S. FREUDS und C. G. JUNGS vgl. E. DREWERMANN: Strukturen des Bösen, [3]1982; Bd. 1, XXXI–XLVI; zu FREUDS Symbolbegriff und Verfahren der Traumdeutung vgl. H. NAGERA (Hrsg.): Psychoanalytische Grundbegriffe, 1974, 313–317; 329–330.

«allgemeiner Besitz der Menschheit», tritt während des Traumes in den Dienst der Überichzensur und gewinnt somit die Funktion, die ursprünglichen Triebregungen vor dem Bewußtsein zu verhüllen; lediglich nach Art eines psychoneurotischen Symptoms, in einer verstellten, uneigentlichen Sprache, macht der Traum das Unbewußte offenbar. Erst indem man in der Traumanalyse die Traumarbeit wieder rückgängig macht und die ursächlichen Determinanten beim Zustandekommen der Traumbilder ermittelt, versteht man die Bedeutung des Traums.

Naturgemäß ist eine solche Reduktion der traumhaften oder mythischen Symbole auf bestimmte infantile bzw. primitive Wunschregungen in ihrer ganzen methodischen Einstellung wesentlich auflösend und destruktiv; sie eignet sich deshalb vorzüglich, um die neurotischen Entstellungen der Symbol- und Symptombildungen im Leben des Einzelnen wie im Leben der Gesellschaft bewußt zu machen. Aber bei den engen Beziehungen, die der Traum zu so gut wie allen wichtigen religiösen Phänomenen unterhält, konnte es nicht ausbleiben, daß FREUD in der Religion insgesamt nichts anderes sah als einen von der Kultur erzwungenen Ausdruck symbolischer Wunscherfüllungen. Indem die Religion auf diese Weise selber den Wert eines gesellschaftlichen Symptoms erhielt, gelangte die FREUDSCHE Religionskritik an dieser Stelle in eine äußerst fruchtbare Nähe zur MARXISTISCHEN Auffassung der Religion als Zeichen eines entfremdeten Bewußtseins und Symptoms einer in sich widersprüchlichen Gesellschaftsstruktur. Anders als FREUD selbst, der den Widerspruch von Trieb und Kultur für prinzipiell unüberwindlich hielt, verwandelte sich in den Händen vieler seiner Schüler die Psychoanalyse von daher in ein ausschließliches Instrument der Sozialpsychologie zur Untersuchung des u. a. auch religiös entfremdeten Bewußtseins in bestimmten Gesellschaftsformen. Die Analyse des Traumes wurde somit zu einem Verfahren, die Religion insgesamt als ein Phänomen sozialer Pathologie fortschreitend aufzulösen und durch adäquatere Formen der Triebbefriedigung zu ersetzen.

b) Die finale und subjektale Methode der komplexen Psychologie

Einen entgegengesetzten Weg beschritt die komplexe oder synthetische Psychologie C. G. JUNGS. Wenn, wie FREUD zugab, die Symbolsprache des Traumes selbst eine archaische Ausdrucksweise darstellt, die von der kulturellen Zensur nicht geschaffen, sondern nur benutzt wird, so ist es von vornherein sehr unwahrscheinlich, daß der Inhalt der Traumsymbole nur aus verdrängtem und uneigentlichem Material der individuellen Pathogenese bestehen soll. Im Gegenteil steht zu erwarten, daß der größte Teil des Unbewußten nicht verdrängt wurde, sondern einfach niemals zum Bewußtsein gelangt ist und daß sein Inhalt nicht an sich bereits deformiert und neurotisch ist, sondern allenfalls durch eine zu starke Isolation vom Bewußtsein neurotisierend wirken oder neurotisch deformiert sein kann; zudem, wenn die Symbolsprache selbst ein gemeinsamer Besitz der Menschheit ist, muß sich in ihr etwas aussprechen, das zum Menschen selbst gehört und nicht erst aus den sozialhistorisch vermittelten Gegensätzen der jeweiligen Kultur zu den menschlichen Triebbedürfnissen hervorgeht.

Von daher warf C. G. JUNG der FREUDSCHEN Psychoanalyse vor, daß sie die Traumsymbole nur «semiotisch», als Zeichen an sich bekannter Inhalte, zu verstehen suche und nicht wirklich «symbolistisch» auffasse: als Ausdruck transzendenter, mit dem Bewußtsein niemals vollständig zu erfassender und daher prinzipiell nur im Symbol aussagbarer Inhalte. Eine solche «symbolistische» Betrachtung des Symbols erkennt in den Traumbildern, in den mythischen Motiven und in den Riten und Dogmen der Religion wesentlich nicht Verstellungen triebhafter Wünsche, sondern sie erblickt in ihnen Darstellungen bestimmter unbewußter Inhalte, die des symbolischen Ausdrucks gar nicht bedürften, wenn sie in einer anderen Form als im Symbol mitgeteilt oder durch etwas eigentlich Bekanntes ersetzt werden könnten. Als Grundregel gilt, daß der Träumende im Traum sich selber sieht, so daß seine eigene Psyche sich in der Bühne, der Handlung und den Akteuren des Traumes selbst gegenübertritt[124]. Statt in den Träumen und in den Ausdrucksgestalten des Religiö-

[124] Ein gutes Beispiel für diese Einstellung liefert vielleicht der berühmte Traum Raskolnikows in dem Roman von F. M. DOSTOJEWSKI: Schuld und Sühne, I 5, S. 60–66, in dem der von napoleonischen Genieträumen besessene Student Raskolnikow, ehe er sich zu einem furchtbaren Doppelmord antreibt, von einem Jungen träumt, der mitansehen muß, wie ein Pferd von einem rohen Fuhrknecht brutal geschlagen wird, während er selbst sich schutzsuchend an seinen Vater klammert. In der Schule S. FREUDS liegt es nahe, dieses Traumbild aus der Vaterambivalenz des Dichters zu verstehen, welche die Gestalt des Vaters einmal als (ohnmächtigen) Schutzhelfer, dann wieder als tobenden Sadisten zeigt; die Jugenderinnerung DOSTOJEWSKIS an seinen eigenen Vater, der als Wüstling und Tyrann seine Leibeigenen so mißhandelte, daß er 1839 von ihnen auf grausamste Weise erschlagen wurde (J. LAWRIN: Dostojewskij, 9), könnte dabei den Hintergrund abgeben. Zudem ließe sich von daher auch die eigentliche Mordidee und der Napoleontraum Raskolnikows verstehen; vgl. S. FREUD: Dostojewski und die Vatertötung, XIV 411. – Von seiten der komplexen Psychologie C. G. JUNGS her läge indessen der Gedanke nahe, daß Raskolnikow in seinem Traum sich selber als Pferd, Fuhrknecht, Junge und Vater zugleich sieht. So schreibt, unabhängig von den Gedanken C. G. Jungs, sehr zutreffend K. HORNEY: Neurose und menschliches Wachstum, 133: «Er (sc. Raskolnikow, d. V.) fühlte beides zugleich: daß er fähig sein *sollte* zu töten und daß es so unbeschreiblich widerwärtig und ekelhaft war, daß er es einfach nicht tun konnte. Im Traum erkannte er die sinnlose Grausamkeit, mit der er sich dazu antrieb, etwas zu tun, was für ihn genauso unmöglich war, wie es der Stute unmöglich war, den beladenen Wagen zu ziehen. Und aus der Tiefe seines Seins quoll ein abgrundtiefes Mitleid mit sich selbst um dessentwillen, was er sich antat.» – Während in der objektalen reduktiven Deutung die latenten Trieb-

sen also Entstellungen und Ersatzbefriedigungen ursprünglicher Triebwünsche zu sehen, gelten in der finalen Auslegung der komplexen Psychologie die Symbole der Träume und der Religion mithin als unerläßliche und wesentliche Vermittlung zum Unbewußten des Einzelnen ebenso wie der Gesellschaft. Gerade das ausschließlich kritische Verständnis der religiösen und traumhaften Symbole bringt in dieser Sicht die Gefahr mit sich, die Weisungen des Unbewußten zur Überwindung der Bewußtseinseinseitigkeit zu mißachten oder zu überhören und damit den Anteil der Neutrozismen im privaten wie öffentlichen Leben sogar noch zu fördern, statt integrativ zu überwinden.

c) Die phänomenologische Methode der Daseinshermeneutik

Bereits die finale Methode C. G. JUNGS versucht, die prospektive Absicht, den Sinn der Traumsymbole, zu verstehen, und sie unterscheidet sich damit deutlich von der kausal-reduktiven Erklärung der Traumsymbolik in der Psychoanalyse FREUDS; gleichwohl ist mit dem «Sinn» der Symbolik in der Psychologie C. G. JUNGS etwas durchaus Psychologisches, im Grunde rein Empirisches gemeint, in dem sich der Prozeß der Selbstfindung ausdrückt und ermöglicht. Allerdings ist damit bereits eine Weichenstellung gegeben, bei der die Traumpsychologie zu einem zentralen Punkt der Anthropologie, ja sogar der Ontologie bzw. der Theologie wird; denn das «Selbst» bzw. der «Gottmensch» in der Terminologie JUNGS bedeutet nicht mehr und nicht weniger als die bewußtseinstranszendente Wesens- und Erfüllungsgestalt des menschlichen Daseins jenseits der Spaltung der menschlichen Psyche in Bewußtsein und Unbewußtes[125]. Die Frage aber ist, ob die Welt der Archetypen in der Tat wesentlich biologisch fundiert ist und letztlich nichts weiter darstellt als einen subjektiven Reflex der Hirnstrukturen (s. u. S. 262–271).
Unter dem Einfluß der Existenzphilosophie M. HEIDEGGERS suchte vor allem die daseinsanalytische Schule um M. BOSS den Traum ohne die metabiologischen Hypothesen FREUDS und JUNGS rein phänomenologisch auszulegen und damit sowohl die Trennung von Bewußtem und Unbewußtem als auch die Entgegensetzung von objektaler und subjektaler Deutung zu überwinden. In

mit den entsprechenden biographischen Personen verbunden werden, stellt die subjektale Interpretation mehr die finale, warnende Seite des Traumes heraus. – Zur prospektiven und reduktiven Funktion im Traum vgl. H. DIECKMANN: Träume als Sprache der Seele, 111–132, der zu Recht für ein Gleichgewicht beider Betrachtungsweisen plädiert. Vgl. J. JAKOBI: Die Psychologie von C. G. Jung, 106 f.; 89 f.

[125] C. G. JUNG: Versuch einer psychologischen Deutung des Trinitätsdogmas (1942), XI 171.

phänomenologischer Betrachtung enthält das Traumsymbol weder einen Verweis auf verdrängte Triebe noch auf unbewußte Archetypen; es verweist vielmehr auf «den geheimnisvollen Hintergrund des Seins aller Dinge»[126]; in ihnen offenbaren sich die Fragwürdigkeiten und Möglichkeiten des Daseins in seinem vorgängigen In-der-Welt-Sein[127]. Wie groß der Abstand der phänomenologischen Traumdeutung zur klassischen Tiefenpsychologie ist, zeigt sich am deutlichsten in der Ablehnung des Begriffs des Unbewußten. Wie in der Phänomenologie E. HUSSERLS[128] gilt es wohl, verschiedene Akte des Bewußtseins zu unterscheiden, aber es ist innerhalb des CARTESIANISCHEN Cogito nicht möglich, zwei in sich verschiedene Bereiche der Psyche nach den Merkmalen «bewußt» oder «unbewußt» voneinander abzuheben. Das «Unbewußte» der Tiefenpsychologie erscheint so als das Numinose, Rätselhafte des Daseins selbst. Die Auslegung des Traumes ist in sich ein unmittelbarer Akt der Daseinshermeneutik.

d) Praktische Anwendungen

So sehr die theoretischen und methodischen Voraussetzungen der genannten Verfahren der Traumdeutung divergieren, so wenig schließen sie sich indessen in der hermeneutischen (und psychotherapeutischen) Praxis aus. Vielmehr wird man als Faustregel sagen können, daß die FREUDSCHE Psychoanalyse stets dort ganz und gar unerläßlich ist, wo es darum geht, das Neurotische, Kranke, Entstellte der Psyche zu korrigieren: überall da, wo geistige, besonders religiöse Phänomene im Leben des Einzelnen wie im Leben der Gesellschaft in den Verdacht geraten, nur als rationalisierter Überbau bestimmte unterdrückte Triebregungen zu verschleiern, ist die FREUDSCHE Psychoanalyse die Methode der Wahl; wo es umgekehrt darum geht, den heilenden Wert der Symbole hervorzuheben und ihren Beitrag zur Lebenserneuerung zu würdigen, ist die JUNGSCHE Psychologie angezeigt; wo es jedoch um das Verständnis der Selbstauslegung des Daseins geht, ist die daseinsanalytische Methode am ehesten geeignet[129].

[126] M. BOSS: Der Traum und seine Auslegung, 1974, 56–67; 236–241.
[127] A. a. O., 142.
[128] E. HUSSERL: Ideen zu einer reinen Phänomenologie (1913), 1950–52, aus dem Nachlaß.
[129] Die Komplementarität von kausalem und finalem Denken enthält an sich nichts Befremdliches; vielmehr ist bereits die *Biologie* auf eine Synthese beider Betrachtungsweisen fundamental angewiesen. Die Evolution selbst beruht im Mutationsgeschehen mehr auf einem kausalen, in der Selektion mehr auf einem finalen Faktor. «Mag die Zertrennung von Kausalität und Finalität im Lebendigen durch Naturwissenschaft und naturwissenschaftliche Medizin weiterhin gepflegt werden, für den nachdenklichen Arzt ist sie unhaltbar. Er

Um an zwei Beispielen die Komplementarität einer objektalen, subjektalen und daseinsanalytischen Trauminterpretation zu erläutern, seien die folgenden zwei Begebenheiten kurz referiert.

1) Ein Homosexueller (35 J.), der in der Behandlung allmählich seine Angst vor seiner Mutter und vor Frauen überhaupt zu verlieren beginnt, träumt eines Nachts, ein etwa 10 Jahre jüngerer Freund (in den er in der Realität lange Zeit unglücklich, weil ganz und gar einseitig, verliebt war) begebe sich durch die Tür seines Hauses nach draußen und sage dort in einem sehr sonderbaren Ton, er sei verlobt worden. – Der Träumende wacht unter Tränen und in einer sehr traurigen Stimmung auf. – Es ist ihm sogleich klar, daß der Traum ein inneres Gegenstück zu seinem ziemlich anstrengendem Versuch darstellt, von dem besagten jungen Mann loszukommen; zwar hat er diesen Jungen wirklich vor etwa zwei Monaten «vor die Tür» gesetzt, aber es fällt ihm doch schwerer, als er bisher gedacht hat, auf ihn zu verzichten. – Bis hierher geht die Deutung auf der *Objektstufe,* die sich wie von selbst nahelegt und vor allem die Traurigkeit nach dem Traum ohne Schwierigkeiten verständlich macht.

Allerdings fällt es dem Traumerzähler ein, daß er noch am gleichen Abend, nach dem Traum, in einer Wirtschaft saß und in ziemlich angetrunkenem Zustand von seiner Nichte erzählt und phantasiert hat, in die er sich seit geraumer Zeit recht leidenschaftlich verliebt hat. Wie soll die Traurigkeit über den Weggang des jungen Mannes zu der Freude über die Schönheit seiner Nichte passen? Beide Gefühle werden gut vereinbar, wenn, wie vorzuschlagen ist, der Patient seinen Traum einmal *subjektal* betrachtet und so tut, wie wenn er selbst der Junge sei, den er vor die Tür schickt. Es verhält sich dann so, daß er einen Teil von sich selbst aus sich herausdrängt: den noch ziemlich unreifen jungenhaften Teil seiner Persönlichkeit schickt er nach draußen und beginnt erneut auf dem Niveau zu lieben oder sich zu verloben, auf dem er mit etwa 18 Jahren stand. Seine Traurigkeit bezieht sich in dieser Sicht nicht auf den Abschied ei-

kann das eklatante Versagen einer solchen Scheidung besonders im Moment existentieller Bedrohung sehen. Wenn das Somatische seine Präponderanz im Schmerz ausspielt und die Gedanken des Kranken bohrend um die *Ursachen seiner Erkrankung* kreisen, schlägt – mit verschiedenster Stärke der Bewußtseinshelligkeit – entsprechend unabwendbar das Aus-der-Bahn-Geworfensein, das *plötzliche In-Sicht-Kommen des Endes* mit der Frage des erreichten Zieles ein. Hier liegt die Wurzel aller Angst: der drohende Verlust der ‹Entelechie›.» R. Bachmann: Anthropologische Relevanz der allgemeinen Ontogenie, in: Gadamer – Vogler: Biologische Anthropologie, I 226–227. – Ähnlich meinte bereits H. Silberer: Über die Symbolbildung, in: Jahrbuch für psychoanalytische und psychopathologische Forschungen, III. Bd., 1912, 694, der Gegensatz von finaler und kausaler Betrachtungsweise der Symbole eines Traumes verschwinde, indem keine der beiden Methoden, die er mit den Namen E. Bleuler (Die Psychoanalyse Freuds, Jahrbuch 1910, 623 ff.) als Vertreter der kausalen und S. Freud als Repräsentanten der finalen (!) Methode verknüpfte, isoliert werden dürfe; «in psychischen Dingen ist die ‹Kausalität› ein genau ebenso gefährliches Gebiet wie die ‹Finalität›. Ergeben in einer Sache aber beide Betrachtungsweisen ein Ding, das Hand und Fuß hat, so kann man damit zufrieden sein.»

ner fremden Person, sondern auf den Abschied von seiner Jugend, und dieser Abschied ist schwer: er *wird* verlobt – seine ganze Beziehung zum weiblichen Geschlecht ist noch mehr passiv und vom Willen her arrangiert als freiwillig und spontan. (Der jüngere Freund hat in der Wirklichkeit übrigens tatsächlich eine Freundin und wird sich mit ihr vielleicht einmal verloben – zu ihm paßt die Passivform gar nicht[130].) – An dieser Stelle der Traumdeutung fällt dem Patienten plötzlich ein, daß der Junge im Traum dreimal die Kleidung wechselte: einmal war er etwa 10 Jahre, dann 17, dann ca. 25 Jahre alt, und er trug jeweils eine Kleidung, von welcher der Patient meint, daß er sie selbst einmal getragen habe. Es ist also deutlich, daß er wirklich selbst der Junge ist, der ihm im Traum erscheint. Man muß aber die Gestalt dieses Jungen sowohl objektal wie subjektal deuten, um den ganzen Inhalt dieses Traumbildes zu verstehen. Die Deutungen auf der Subjekt- und der Objektstufe, so unterschiedlich sie im einzelnen auch sein mögen, bedingen und ergänzen sich gegenseitig und sind beide zum Verständnis des ganzen unerläßlich.

Desgleichen zeigt eine *daseinsanalytische* Betrachtung, daß die Homosexualität des Patienten sich nur lösen läßt, wenn ein Teil seines Wunsches nach einer ewigen Jugend «verabschiedet» wird bzw. sich mit den weiblichen Anteilen in der eigenen Person verbündet.

2) Ein anderes Traumbeispiel: Eine Frau (25 J.) träumt *wiederholt:* «Ich sitze im Auto, das jemand steuert; es passieren Unfälle, ich weiß nicht welche. Ich soll die Polizei rufen, aber es gelingt mir nicht.» – Dem Traum war vorausgegangen, daß die Frau am Vorabend drei Stunden lang auf den vereinbarten Besuch eines ehemaligen Freundes gewartet hatte; in der Nähe dieses Mannes überkam die Frau, wie sie sich erinnert, schon des öfteren ein Gefühl von Müdigkeit und Lähmung; eigentlich ist sie über ihn sehr verärgert, sie entdeckt, daß ihre Müdigkeit im Grunde starke Aggressionen abwehrt. Zu dem «Auto» und den «Unfällen» fallen ihr gewisse sexuell bedrohliche Szenen ein, die sie mit dem «Besuch», aber auch mit bestimmten Erinnerungen an ihren Vater in Verbindung bringt. Sie findet es selbst eigentümlich, wie passiv sie sich im Traum verhält, und fragt sich, ob sie nicht selbst einmal einen «Unfall», z. B. gegen jenen Bekannten oder gegen ihren Vater, selbst provozieren könnte, statt ihn nur «passieren» zu lassen, ohne genau hinzusehen. – Bis dahin liest sich der Traum *objektal* als Symptom verdrängter aggressiver und sexueller Strebungen. Aber auch ein Wunsch klingt an, mit dem die Frau sich recht einverstanden erklärt: «Ich will nicht immer für alles, was passiert, verantwortlich

[130] Allenfalls müßte man annehmen, daß der Träumende noch wünscht, die heterosexuelle Beziehung seines Freundes entspringe gar nicht dessen wirklicher Neigung, sondern sei nur von außen erzwungen.

sein müssen! Statt zu sagen: ‹Ich versage dabei, die Polizei zu rufen›, kann ich auch sagen: ‹Ich will nicht ständig das Gefühl haben, es komme allein auf mich an›.»

Subjektal zeigt sich, wie verletzlich die Frau sich selber fühlt und welches ihr Hauptabwehrmechanismus ist: wenn ihr selbst ein «Unfall» zugefügt wird, reagiert sie mit Wahrnehmungsentzug – «ich weiß nicht» – und Vergleichgültigung; an sich fühlt sie sich im Recht und möchte sich gegen das vermeintlich erlittene Unrecht zur Wehr setzen, aber sie handelt nicht selbst und wagt auch nicht, ihr Überich, die «Polizei», zu ihrer Hilfe herbeizuholen, sprich: mit offener moralischer Entrüstung zu reagieren.

Daseinsanalytisch fällt besonders die angstvolle Passivität, die Flucht in die Unverantwortlichkeit durch den (selbstarrangierten) *Zwang der Umstände*, das Gesteuertwerden von fremder Hand auf. So besehen, ist der Traum eine Warnung, daß es nicht gut gehen kann, sich weiter derart führungslos durchs Leben kutschieren zu lassen («im Auto»).

Die *objektale* Deutung dieses Traumes *erklärt*, wie man sieht, die Problematik, die sich in den Traumsymbolen widerspiegelt; die *subjektale* Deutung zeigt mehr die Einstellung zu sich selbst und die Art der Verarbeitung auf; die *daseinsanalytische* Interpretation hingegen weist auf die existentielle Fehlauslegung im Umgang mit der eigenen Freiheit hin. Die verschiedenen Methoden, die sich theoretisch ausschließen, ergänzen und bedingen sich in der Praxis auf diese Weise gegenseitig.

Je nach der vorwiegenden theoretischen Konzeption wird man freilich nicht nur den Symbolen des individuellen Träumens, sondern auch den religiösen Bildern und Ausdrucksgestalten insgesamt entweder bejahend oder ablehnend gegenüberstehen. Denn dies ist das religionspsychologisch und hermeneutisch wohl wichtigste Ergebnis, das man bei der Beschäftigung mit dem Traum gewinnen kann: an der Einstellung zum Traum entscheidet sich die Möglichkeit nicht nur einer adäquaten Interpretation religiöser archetypischer Erzählungen, sondern die Möglichkeit des Religiösen überhaupt.

III. Regeln und Techniken zur Auslegung archetypischer Erzählungen, insbesondere von Mythen und Märchen

Mit den vorstehenden Erörterungen haben wir gewissermaßen eine Luftaufnahme zur Übersicht über das vor uns liegende Terrain angefertigt und in etwa das Stromsystem vermessen, das Mythos und Märchen, Sage und Legende von der Quelle des Traums her miteinander verbindet. Eine solche Übersicht zu gewinnen, war zu einer ersten Orientierung unerläßlich. Um aber das gefundene Stromsystem befahrbar zu machen, kommt es im folgenden darauf an, die Luftaufnahme des Geländes durch eine Expedition am Boden zu differenzieren, zu komplettieren und gegebenenfalls zu korrigieren. Eine Menge von Fragen sind einer solchen Forschungsreise im Gelände vorweg aufgegeben, und sie alle beziehen sich auf das Problem, wie sich die Eigenart archetypischer Erzählungen von der Tiefenpsychologie des Traumes her beschreiben und hermeneutisch zugänglich machen läßt.

Um den weiteren Verlauf der Untersuchung vorweg zu skizzieren: Das vor uns liegende Terrain teilt sich in zwei große Formationen, indem der Mythos und die ihm nahestehenden Erzählungen selber zwischen Traum und historischer Wirklichkeit angesiedelt sind: ein erstes Hauptgebiet, noch in der Nähe des Ausgangspunktes vom Traum her, umschließt die Frage, wie die oben skizzierte Tiefenpsychologie des Traumes für die Interpretation von archetypischen Erzählungen praktisch genutzt werden kann. Der Mythos entspringt zwar wesentlich dem Traum, aber er *ist* als eine kollektive Erzählung kein Traum mehr. *Motivgeschichte* und *Religionsgeschichte* müssen in der Interpretation daher die individuellen Traumassoziationen ersetzen, wenn man die archetypische Symbolik bestimmter mythischer oder märchenhafter, legendärer oder sagenhafter Bilder verstehen will; ferner ist *der Aufbau und die Thematik* dieser Erzählformen ungleich breiter und vielfältiger angelegt als ein individueller Traum, und insofern ihre Problemstellung zumeist von überzeitlicher und menschheitlicher Gültigkeit ist, drängen die mythischen Bilder vergangener Kulturen immer wieder danach, zum Gegenstand neuer Bearbeitungsversuche genommen zu werden – das Verhältnis zur *Weltliteratur* als einem exegetischen Hilfsmittel wird zu erörtern sein, nebst der Frage, wie man die «Traumwelt» archetypischer Dichtung in *die Welt psychischer Erfahrung* übersetzen kann;

nicht zuletzt wird man die *regressive Tendenz* von Traum und Archetypus in ihrer Ambivalenz beschreiben und für das Verständnis entsprechender Texte erschließen müssen.

Ein zweiter Abschnitt, in Richtung der geschichtlichen Welt, hat es mit der Frage nach dem Verhältnis von *Archetypus und Geschichte,* von Ritus und Ereignis, von *Individuellem und Kollektivem* zu tun, und hier werden wir den biographischen Mythen des Einzelnen in Gestalt der *«Deckerinnerungen»* ebenso nachgehen müssen wir den geschichtlichen Verdichtungen der kollektiven Mythen.

Insgesamt werden wir sodann abschließend den theoretischen und praktischen Gewinn der Untersuchungen in einem *Regelkanon* zusammenfassen, ehe wir uns den zusätzlichen Problemen widmen, die bei der Interpretation von *Sagen* und *Legenden* auftauchen. Bis dahin darf alles, was im folgenden über «archetypische» Erzählungen gesagt wird, gleichermaßen für Mythos und Märchen, für Sage und Legende Gültigkeit beanspruchen.

A) Von der Tiefenpsychologie des Traumes zur Interpretation archetypischer Erzählungen

Tag und Nacht steht offen das Tor in das Dunkel der Tiefe,
Aber zu wenden den Schritt und zur Oberwelt zu entrinnen,
Hier erst beginnt alle Not! Und bloß wen Jupiter liebte,
Wenigen nur, die zum Äther die strahlende Tugend emporhob,
Göttersöhnen gelang's.
Vergil: Aeneis, VI 127–131

Wie interpretiert man archetypische Erzählungen? – Wir wissen bereits, daß Geschichtliches, wenn es von bleibender Gültigkeit sein soll, sich nur in Verschmelzung mit archetypischem Material mitteilen läßt bzw. umgekehrt: daß die Geschichte selbst auf archetypische Weise gestaltet sein muß, wenn sie in sich selber eine überzeitliche, religiöse Bedeutung erlangen will. Eine Auslegung archetypisch geprägter Geschichte bzw. archetypischer Geschichten unterscheidet sich grundlegend von einer historisch-kritischen Interpretation, und schon die Art, wie man im Rahmen scheinbar historischer Überlieferungen das archetypische Material herausfiltern und geradezu in *Gegensatz* zur Historie setzen muß, macht diesen Unterschied deutlich.

a) Motivgeschichtliche Komplettierung des Materials statt historischer Reduktion

Zunächst nämlich bestimmt sich das Verhältnis von Historie und Archetyp rein negativ: die Historie setzt sich aus einer Kette einzelner, einmaliger, unwiederholbarer Ereignisse der Vergangenheit zusammen; das Archetypische hingegen ist per definitionem das Ubiquitäre, Überzeitliche, latent Gegenwärtige, stets Wiederkehrende, das die Menschen aller Zeiten und Zonen innerlich miteinander Verbindende. An sich ist das Verhältnis zwischen Archetypus und Geschichte, dem wir später noch einen eigenen Abschnitt widmen werden, gewiß weit komplizierter; aber die Feststellung der negativen Beziehung zwischen beiden genügt an dieser Stelle, um die folgenden methodischen Überlegungen zu begründen.

Will man archetypisches Material in den religiösen und geschichtlichen Überlieferungen der Völker auffinden, so muß man nach dem Gesagten anders verfahren, als es in einer historischen Untersuchung geboten wäre. Der Historiker muß in der bereits geschilderten Weise (s.o. S. 29) die verschiedenen geschichtlichen Phänomene dadurch zu erklären suchen, daß er sie auf frühere Stadien ihrer Entwicklung zurückführt und mit räumlich und zeitlich benachbarten Erscheinungen in Verbindung bringt. Umgekehrt bei der Ermittlung des Archetypischen. Hier interessiert nicht die mögliche historische Abhängigkeit bestimmter Phänomene voneinander, sondern hier ist gerade die räumliche und zeitliche Trennung sowie die historische Unabhängigkeit bestimmter Motive voneinander das Wichtige; in den Mittelpunkt der Betrachtung rückt jetzt besonders das geschichtlich Isolierte und Zusammenhanglose, wofern es *trotz* seiner geschichtlichen Beziehungslosigkeit eine gewisse *Gleichheit der Vorstellung,* oftmals bis in winzige und scheinbar ganz nebensächliche, ja absurd anmutende Details hinein, verrät. «Denn diese beiden Bedingungen: Gleichförmigkeit bestimmter Anschauungen und Unabhängigkeit voneinander bzgl. ihrer historischen Entstehung, lassen am ehesten vermuten, daß bei bestimmten Motiven in der Tat menschheitliche Anschauungen vorliegen.»[1]
Das Problem besteht jetzt also nicht mehr darin, wie bestimmte gleichlautende Motive sich historisch durch Tradition (zeitlich) und Migration (räumlich) verbreitet haben können – es steht vielmehr aufgrund der zeitlichen und räumlichen Trennung fest, daß solche Beziehungen nicht anzunehmen sind; das Problem lautet im Gegenteil gerade umgekehrt, welche Faktoren in der menschlichen Psyche jenseits der Historie an der Entstehung gewisser immer

[1] E. DREWERMANN: Strukturen des Bösen, 1. Bd., [2]1979, S. LXV–LXXI.

wiederkehrender, identischer Motive in der geschichtlichen und religiösen Überlieferung der Völker eine Rolle gespielt haben können.

Aus einer ehemals historischen oder sozialhistorischen Frage wird somit eine tiefenpsychologische und anthropologische Fragestellung, und dementsprechend verändert sich jetzt auch das methodische Vorgehen.

Während der Historiker bemüht ist, sein Forschungsgebiet räumlich und zeitlich möglichst begrenzt zu halten, und nur die Macht der positiven Tatsachen ihn veranlassen kann, hilfsweise zur Geschichte Israels etwa die Geschichte des alten Ägyptens oder die Siedlungsgeschichte der vorisraelitischen Bevölkerung Kanaans zu studieren, wird jemandem, der gerade das Archetypische, immer Wiederkehrende in der menschlichen Geschichte herausfinden will, vor allem der Vergleich des Entlegenen, die Ausdehnung der Betrachtung auf alle nur möglichen Zeiten und Zonen, mithin die Einbeziehung von Methoden, die dem historisch-kritischen Exegeten in der Bibelauslegung völlig fremd vorkommen müssen, als oberste Pflicht gelten: Ethnologie, vergleichende Religionswissenschaft, Kulturanthropologie, Märchenforschung und Volkskunde, Verhaltensforschung und Frühmenschenkunde, das Studium der Neurosen, Psychosen und psychosomatischen Erkrankungen, die Archäologie nicht nur des Alten Orients, sondern ebenso Mittel- und Südamerikas, des alten China und der Indus-Kultur, – kurz, alles, was nur irgend etwas mit den psychischen Objektivationen und Artikulationen des Menschen in der Geschichte zu tun hat, muß jetzt bei der Erforschung des Archetypischen, Urmenschlichen, Gemeinsamen in die Untersuchung miteinbezogen werden.

Gerade diese Erweiterung der Fragestellung ist nun in sich selbst bereits der erste Gewinn, den eine von der Tiefenpsychologie des Traumes bestimmte archetypische Perspektive gegenüber der zumeist noch üblichen rein historischen Engführung mit sich bringt.

Auf den ersten Blick zeigt sich nämlich in einer solchen erweiterten Fragestellung, daß zahlreiche *Elemente* der biblischen Überlieferung keinesfalls ein Sondergut Israels oder des Alten Orients darstellen, wie es der historisch-kritischen Methode aufgrund der Enge ihres Gesichtsfeldes notgedrungen erscheinen muß, sondern daß es sich in den Erzählungen der Bibel in Wahrheit oftmals um menschheitliche *Motive* des mythischen und legendären Erzählgutes der Völker handelt.

Einige Beispiele mögen dies verdeutlichen und zugleich zeigen, wie auch die theologische Interpretation unmittelbar davon abhängt, ob man in der historischen Engführung der traditionellen Exegese verbleibt oder zu einer menschheitlichen und typologischen Betrachtungsweise bestimmter biblischer Stoffe hinfindet.

Die Geschichte von Jakob und Esau z.B. kann in historischer Sicht eigentlich nur als Niederschlag der Stammesrivalitäten zwischen den Israeliten und den Edomitern erscheinen[2]; die «theologische» Lehre, die sich bei einer solchen Betrachtungsweise ergeben müßte, würde jedoch unfehlbar lauten, daß Gott es am Beispiel der Rivalität von Jakob und Esau offensichtlich wohl in der Geschichte mit dem jeweils größeren Gauner zu halten pflegte, – eine theologisch nicht gerade günstige Lehre! Um derartig skurrile Konsequenzen der historisch-kritischen Methode zu vermeiden, wird man vielleicht als Exeget noch mit verschmitzter Schläue hinzufügend erklären, theologische Ungereimtheiten solchen Kalibers seien eben die Reste eines noch unentwickelten Gottesbildes. Aber der Jahwist, dem Gen 25,25 zuzurechnen ist, wußte auch in historisch-kritischem Sinne sehr wohl zwischen Recht und Unrecht zu unterscheiden, und er besaß ein außerordentlich feines Gespür dafür, was die Mythen, die er aufgriff, über Gott aussagten[3]; mit der Ausflucht eines zeitbedingten und primitiven Gottesbildes in den Jakobslegenden vermeidet man also nicht die Mißlichkeit, die bei einer historischen Betrachtung der Geschichten von Jakob und Esau (und vielen anderen Erzählungen) unmittelbar entstehen muß. Anders hingegen, wenn man bereits in der Bibel selbst anerkennt, daß *das Motiv der verfeindeten Brüder bzw. Schwestern* verbreiteter und weit älter ist als der historische Gegensatz von Israeliten und Edomitern[4]. Dieser Eindruck verstärkt sich noch, wenn man dem nämlichen Motiv in afrikanischen, polynesischen, mexikanischen, nord- und südamerikanischen Mythen[5] oder im Märchengut der Völker[6] wiederbegegnet. Und sieht man nun, was das Motiv der feindlichen Brüder in den Märchen und Mythen alles bedeuten kann[7], so ist kein

[2] Vgl. zu Gen 25,25: H. GUNKEL: Genesis, 295.

[3] Vgl. z.B. zu Gen 3, 22–24: E. DREWERMANN: Strukturen des Bösen, I 100–106.

[4] Vgl. zu der Erzählung von Kain und Abel in Gen 4,2–16 E. DREWERMANN: Strukturen des Bösen, I 111–113; II 249–250; III 283; vgl. M. ELIADE: Die Sehnsucht nach dem Ursprung, 166–170, zur Gestalt der Zwillinge in der südamerikanischen Mythologie, sowie 178–180 zur Zwillingsmythe der nordamerikanischen Irokesen, als Ausdruck eines unauflösbaren Antagonismus; I. A. OTTO: Der Traum als religiöse Erfahrung, 44–48, bietet die Schöpfungsmythe der Irokesen von dem bösen Tawiskaron, bei dessen Geburt seine Mutter stirbt, und von dem guten Teharonhiawagon, der sogleich mit der Schöpfung von Sonne und Mond beginnt und den Menschen aus dem Staub der Erde schafft.

[5] E. DREWERMANN: Strukturen des Bösen, I 111–113; II 247–256; III 278–283.

[6] J. BOLTE U. G. POLIVKA: Anmerkungen zu den Kinder- und Hausmärchen der Brüder Grimm, I 534–536; L. MACKENSEN: Handwörterbuch der deutschen Märchen, I 338–340. – Allerdings sind die «Motive» nur das Skelett, nicht schon der lebendige Inhalt, der Geist, der eine Erzählung formt und zusammenhält; vgl. L. RADERMACHER: Mythos und Sage bei den Griechen, 39.

[7] E. DREWERMANN: Strukturen des Bösen, II 249–256; III 280–283; E. DREWERMANN – I. NEUHAUS: Frau Holle, 1982, 29–32; zum Symbol der «Zwillinge» als Zeichen der zwei Seiten des Mondes, als Gegensatz von Mond und Sonne, Ninib und Nergal, als Höhepunkt und Tiefpunkt der Ekliptik vgl. A. JEREMIAS: Das Alte Testament im Lichte des Alten Orients, 34.

Zweifel mehr möglich, daß die Darstellung auch des historischen Völkergegensatzes von Edomitern und Israeliten in zwei verfeindeten Brudergestalten keineswegs aus der Historie begründet werden kann, sondern daß hier umgekehrt ein weltweit verbreiteter *Archetyp* aus Anlaß einer historischen Begebenheit aktuiert und zur *Deutung* der historischen Szene und als prägende Vorlage der geschichtlichen Überlieferung derselben herangezogen wurde.

An diesem kurzen Beispiel bereits wird deutlich, was sich oft feststellen läßt: die historisch-kritische Methode erweist sich als ungeeignet, die eigentliche Bedeutung von Geschichten nach Art der Jakob- und Esau-Erzählungen zu eruieren; ihre Reduktion der «legendären» bzw. «sagenhaften» Überlieferungsgestalt auf den historischen «Kern» der Erzählungen deckt gerade nicht das Wesentliche an der Eigenart der biblischen Überlieferung auf, sondern zwingt methodisch gerade dazu, dieses Wesentliche als eine unwesentliche, bloß legendäre oder sagenhafte Verformung der zu rekonstruierenden Historie zu eliminieren. Im Grunde kann die traditionelle Exegese mit diesem Vorgehen kaum deutlicher unter Beweis stellen, wie unsachgemäß und infolgedessen gewalttätig ihre historisch-kritische Ausrichtung angesichts solcher (und zahlreicher anderer) Bibelstellen ist, – wie außerstande also auch, den tatsächlichen Aussagegehalt derartiger Texte zu erschließen und zu würdigen.

Der eigentlichen Aussage derartiger Motive sich zu nähern bedeutet hingegen bei einer *archetypischen* Auslegung keine große Schwierigkeit, wenn man sich zur Absicherung des Untersuchungsganges und zur Vermeidung von willkürlichen und vorschnellen Urteilen an eine Reihe von Regeln hält, die wir im folgenden ausführlich begründen und entwickeln können und müssen.

Eine erste Regel indessen kennen wir bereits jetzt schon, denn sie ergibt sich unmittelbar aus dem Gesagten: Es ist, wie sich gezeigt hat, *vorab zu allen historischen Fragen* bzgl. einer einzelnen Erzählung zunächst *motivgeschichtlich* zu untersuchen, ob die *Elemente* der jeweiligen Erzählung nicht in Wahrheit als *Motive* zu deuten sind. Statt die exegetische Untersuchung auf den engen Raum altorientalischer Vergleichsmöglichkeiten zu begrenzen, muß man vielmehr ein möglichst breites Spektrum aus den Mythen, Märchen, Sagen und Legenden der Völker vor Augen haben und zum Vergleich heranziehen, wie es C. G. JUNGS Regel von der *«Amplifikation»* des Materials verlangt[8]. Die Ubiquität eines bestimmten Motivs – und zwar womöglich ohne kulturhistorische Verbindungen – zeigt, wo immer sie vorliegt, daß man es mit Bildern und Anschauungen zu tun hat, die ihren Ursprung gerade nicht bestimmten sozialhi-

[8] C. G. JUNG: Über die Psychologie des Unbewußten, VII 88; vgl. H. DIECKMANN: Träume als Sprache der Seele, 1978, 174–194.

storischen Bedingungen verdanken, sondern in der menschlichen Psyche selbst verankert sind. Derartige archetypische Bilder sind wie nichts anderes sonst geeignet, etwas vom Wesen des Menschen selbst auszudrücken, indem sich in ihnen gerade diejenigen Ängste, Sehnsüchte, Begierden und Ziele widerspiegeln, die den Menschen aller Zeiten und Zonen gemeinsam sind.

b) Die religionsgeschichtliche Bedeutungsvielfalt archetypischer Mytheme

Hernach, wenn wir jetzt einen Schritt weiter gehen, ist als nächstes *religionsgeschichtlich* zu untersuchen, in welchen Zusammenhängen die jeweiligen Bilder, vor allem in den Mythen der Völker, auftauchen, da sich der Bedeutungsreichtum bestimmter Motive am einfachsten und klarsten am Nachweis ihrer faktischen Bedeutung in der Religionsgeschichte enthüllt.

So sieht man etwa, daß das gerade erwähnte Motiv der kämpfenden Brüder bzw. der «Zwillinge», auf den Morgen- und Abendstern, wie im mexikanischen Quetzalcoatl-Mythos, bezogen werden kann[9], aber auch, wie in der ägyptischen Mythe von Seth und Osiris, auf den Gegensatz von Kulturland und Steppe[10]; dasselbe Motiv kann aber auch den Gegensatz der Mondphasen, den Gegensatz von Sonne und Mond, von Tag und Nacht, Sommer und Winter, Südwind und Nordwind beschreiben[11]; immer aber bezeichnet es ein Erleben widersprüchlicher Zusammengehörigkeit.

Die alte naturmythologische Schule des 19. Jh., die als erste die Bedeutungsvielfalt der Mythen wiederentdeckte, hatte darin sicher unrecht, daß sie in den Mythen einfache Beschreibungen gewisser Naturvorgänge erkennen wollte[12], die, in sich bereits unzulänglich, zudem noch durch sprachliche und inhaltliche Mißverständnisse und Verfälschungen der religiösen Überlieferung[13] heillos in Unordnung geraten seien: es hat sich fast nirgendwo das hypothetisch angenommene *einfache* Beschreibungsmodell der Natur historisch belegen las-

[9] W. LEHMANN: Aus den Pyramidenstädten in Alt-Mexiko, 20–22.

[10] W. HELCK: Die Mythologie der alten Ägypter, in: Haussig: Wörterbuch der Mythologie, I 361–362; E. DREWERMANN: Strukturen des Bösen, II 248.

[11] Vgl. E. DREWERMANN: Strukturen des Bösen, III 280–283; E. DREWERMANN – I. NEUHAUS: Frau Holle, 1982, 30–32.

[12] Vgl. z. B. L. FROBENIUS: Das Zeitalter des Sonnengottes, 33, der – mit gewissem Recht – meinte, daß in den Mythen Geschichte grundsätzlich nur als Naturbeschreibung wiedergegeben werde.

[13] So z. B. M. MÜLLER: Essays, 1. Bd. 1869, 306–318, der die Brechungen des semitischen Monotheismus in den verschiedenen Sprachen und unterschiedlichen Naturbezeichnungen untersuchte.

sen. Aber grundsätzlich berechtigt war der naturmythologische Ansatz der Mytheninterpretation insofern, als unstreitig zahlreiche Mythen die äußere Erscheinung bestimmter Naturmächte reflektieren; und hier muß auch die Bibelexegese vieles an längst gewonnenen Einsichten des vergangenen Jahrhunderts neu aufarbeiten, man denke an die Arbeiten von Mannhardt[14], Siecke[15], Frobenius[16], Dähnhardt[17] u.a.

Freilich geben die Mythen nicht einfach bloße Sinneseindrücke wieder, sondern sie apperzipieren die Natur nach menschlichen Verhaltensweisen. Indem sie einzelne Naturvorgänge wiederzugeben und zu deuten scheinen, stellen sie eigentlich eine projektive Selbstauslegung des menschlichen Daseins dar. Die archetypischen Bilder der Naturmythen sind daher implizit archetypische Symbole der menschlichen Psyche; oder, anders ausgedrückt: *die Apperzeption der Natur in den Mythen geschieht durch Projektion psychischer Kräfte des Menschen in die Natur.* Die Mythologie eines Volkes enthält mithin die implizite Psychologie dieses Volkes; die archetypischen Bilder in den Mythen der Völker markieren demgemäß die via regia zum Studium wesentlicher Inhalte und Gesetze der menschlichen Psyche.

Ein Einwand gegen diese besonders von C.G. JUNG vertretene Ansicht der Naturmythologie als einer projektiv-symbolischen Psychologie[18] mag lauten, daß in dieser Sichtweise den Dingen, der Natur, zu sehr der Eigenwert und die Eigenbedeutung genommen und «alles zu subjektiv» verstanden werde. Dieser Verdacht schwindet jedoch, wenn man sich verdeutlicht, daß die menschliche Psyche in ihren Bildern zwar kollektiv gültige und insofern subjektiv-apriorische, dem einzelnen Subjekt vorgegebene Bilder der Wirklichkeit in sich trägt, daß diese Bilder aber selbst den Niederschlag von Jahrhunderttausenden und Jahrmillionen evolutiver Erfahrung der menschlichen Gattung und ihrer Vorläufer in der umgebenden Natur darstellen und im wahrsten Sinne des Wortes «Inbilder des Kosmos» (PH. RECH) sind[19].

[14] W. MANNHARDT: Germanische Mythen, 1858, der vor allem das Wetter in den Mythen der Völker beschrieben fand.

[15] E. SIECKE: Drachenkämpfe, 1907, der in den Mythen vor allem das Schicksal des Mondes reflektiert sah.

[16] L. FROBENIUS: Das Zeitalter des Sonnengottes, 1904, der die Sonne als zentralen Gegenstand mythischer Naturbeschreibung herausstellte.

[17] O. DÄHNHARDT (Hrsg.): Natursagen, 4 Bde., 1907–1912.

[18] Vgl. C.G. JUNG: Darstellung der psychoanalytischen Theorie, IV 238.

[19] PH. RECH: Inbild des Kosmos, 1966. – Sehr schön meinte bereits F. SCHLEGEL: Gespräch über die Poesie, in: Werke, II 163: «...was ist jede schöne Mythologie anders als ein hieroglyphischer Ausdruck der umgebenden Natur in dieser Verklärung von Fantasie und Liebe?» «Was sonst das Bewußtsein ewig flieht, ist hier dennoch sinnlich geistig zu schauen und festgehalten, wie die Seele in dem umgebenden Leibe, durch den sie in unser Auge schimmert, zu unserem Ohre spricht.»

Die Sonne etwa könnte in den Mythen nicht zu einem Gott erhöht werden, wäre der Mensch nicht bereits in seiner physischen Abhängigkeit vom Sonnenlicht und ebenso durch die psychischen Erfahrungen von Licht und Finsternis in sich selber «sonnenhaft»; als Verkörperung des Lichthaften *im Herzen des Menschen,* nicht als bloßer Himmelskörper ist die Sonne ein *Gott,* mithin ein Regent des menschlichen Daseins[20]. In ähnlicher, wenngleich jeweils verschiedener Weise, ist der Mensch verbunden mit dem Mond und den Gestirnen, der Erde und dem Wasser, den Bäumen und den Tieren, den Nahrungspflanzen und den Mächten der Witterung[21]: sie alle haben die physischen und psychischen Reaktionsweisen des Menschen zutiefst vorgeprägt; mit ihnen sind von alters her starke Affekte von Angst, Hunger, Zuneigung und Ekel, angeborene Mechanismen des Sich-Anklammerns oder Sich-Zusammenziehens, der Flucht oder des Angriffs verbunden, und sie sind daher vorzüglich geeignet, dem Menschen von außen als äußere Anschauungsbilder seiner inneren Welt gegenüberzutreten.

Von daher erklärt sich auch das Faktum, daß in den Mythen ein und derselbe Gegenstand ganz entgegengesetzte Bedeutungen annehmen kann. Ein und dasselbe Symbol kann etwa den Mond *und* die Sonne, das Leben *und* den Tod, die Höhe *und* die Tiefe usw. zugleich verkörpern, und umgekehrt können aus einem einzigen Gegenstand mehrere selbständige Vorstellungen geschöpft werden. «Der Mond z. B. wird nicht in einer einzelnen Mondgottheit verkörpert gedacht, sondern ist gleichsam auf eine Anzahl mondhafte Züge tragende Gestalten geteilt.»[22] Nicht sprachliche Mißverständnisse, wie bes. M. MÜLLER[23] als einer der Pioniere der alten Naturmythologie glaubte, sondern die Ei-

[20] K. KERÉNYI u. C. G. JUNG: Das göttliche Kind, 11.

[21] Die Einpassung des Menschen in den Kosmos, das «Aufeinander-Eingespieltsein von Mensch und Kosmos» in den Mythen hat bes. W. MÜLLER: Indianische Welterfahrung, 72, hervorgehoben und von daher die tiefe *Poesie* dieser Weltsicht unterstrichen: «Es lebt und bewegt sich alles, wie in der Dichtung» (a. a. O., 85). Die Verwandtschaft aller Dinge und Lebewesen miteinander darzustellen, ist das Ziel des Mythos, nicht, wie in der biblischen Theologie, die Andersartigkeit Gottes und des Menschen gegenüber der Natur herauszustellen. – Wie wichtig aber auch dem biblischen Erzähler Anspielungen auf Vorstellungen der Mond- oder Sonnenmythologie mitunter sind, zeigt etwa die Gestalt des Abraham, der als «Wanderer» von der Mondstadt Ur nach Westen wandert und nach «Harran» kommt, was «Weg» bedeutet. Der Name Abram selbst, «der Vater ist erhaben», bezeichnet den Mondgott Sin als abu ilâni, als Vater der Götter; die Zahl 318 in Gen 14,14 ist die Zahl der Tage, da der Mond sichtbar ist; vgl. A. JEREMIAS: Das Alte Testament im Lichte des Alten Orients, 182–183.

[22] Th. W. DANZEL: Mexiko, II 21.

[23] M. MÜLLER: Essays, 2. Bd, 1869, 67–68. – Die Grundidee dieses Ansatzes stammt von J. G. HERDER: Abhandlungen über den Ursprung der Sprache (Berlin 1772), hrsg. v. H. D. Irmscher, Stuttgart 1966, 47–49: «Das erste Wörterbuch war... aus den Lauten aller Welt gesammelt. Von jedem tönenden Wesen klang sein Name: Die menschliche Seele prägte ihr Bild drauf, dachte sie als Merkzeichen... Der Gedanke an die Sache selbst schwebte noch zwischen dem Handelnden und der Handlung... Das Kind nennet das Schaf als

gentümlichkeiten der menschlichen Psyche, in der sich Verschiedenstes zu einer Einheit zusammendrängen und etwas objektiv Einheitliches sich in ganz konträre Rollen und Aspekte aufspalten kann, haben die komplizierten Gestalten der Mythen geschaffen, die niemals nur eine Macht der äußeren Natur repräsentieren, sondern immer zugleich auch eine Macht der inneren Natur, eine Kraft der menschlichen Psyche darstellen.
Nur weil dem so ist, behalten die Mythen ihre ewige Gültigkeit und gewinnen sogar noch an Aussagekraft, wenn das äußerlich in der Natur angeschaute Weltbild längst zusammengebrochen und die sozialen Komponenten seiner Entstehung längst hinfällig geworden sind (s. o. S. 143).

c) Die Deutung auf der Subjektstufe (anhand einiger Beispiele)

Hat man es mit archetypischen, in den Mythen der Völker womöglich vielfach belegten Motiven zu tun, so ist nach dem Gesagten bevorzugt von einer weiteren Regel Gebrauch zu machen: daß alle äußeren Gegenstände und Umstände *auf der Subjektstufe gedeutet* werden müssen, also so, daß sie *nicht* als Beschreibung eines *äußeren,* sondern *inneren* Sachverhaltes auszulegen sind[24]. Was da-

Schaf nicht, sondern als ein blökendes Geschöpf und macht also die Interjektion zu einem Verbo.» «Indem die ganze Natur tönt, so ist einem sinnlichen Menschen nichts natürlicher, als daß sie lebt, sie spricht, sie handelt. Jener Wilde sahe den hohen Baum mit seinem prächtigen Gipfel und bewunderte: der Gipfel rauschte! Das ist webende Gottheit! Der Wilde fällt nieder und betet an! Sehet da die Geschichte des sinnlichen Menschen, das dunkle Band, *wie aus den Verbis Nomina werden* – und den leichtesten Schritt zur Abstraktion! Bei den Wilden von Nordamerika z. B. ist noch alles belebt: jede Sache hat ihren Genius, ihren Geist, und daß es bei Griechen und Morgenländern ebenso gewesen, zeugt ihr ältestes Wörterbuch und Grammatik – sie sind wie die ganze Natur dem Erfinder war, ein Pantheon! ein Reich belebter, handelnder Wesen.» «Der brausende Sturm und der süße Zephyr, die klare Wasserquelle und der mächtige Ozean – ihre ganze Mythologie liegt in den Fundgruben, den Verbis und Nominibus der alten Sprachen.» – Den *Irrtum* der Naturmythologie hat C. LÉVI-STRAUSS: Das wilde Denken, 114, auf die knappe, allerdings nur teilweise richtige Formel gebracht: «Der Irrtum Mannhardts und der naturalistischen Schule bestand in der Auffassung, daß die Naturerscheinungen das sind, *was* die Mythen zu erklären suchen: während sie doch viel eher das sind, *mittels dessen* die Mythen Realitäten zu erklären suchen, die selber nicht natürlicher, sondern logischer Ordnung sind.» – Zur relativen Berechtigung der romantischen Theorie der Sprache als eines Ausdrucks von Affekten vgl. aber E. CASSIRER: Philosophie der symbolischen Formen, I 90–99. – Zum Unterschied und zur Beziehung zwischen den Mächten der Natur und den Göttern der Mythen vgl. bereits G. W. F. HEGEL: Ästhetik, I–II 506–511, der gerade in der Durchdringung des Naturhaften durch das Persönliche die Grundlage des Klassischen erblickte.

[24] Die Voraussetzung für diese Regel bietet das Phänomen der «Flächenhaftigkeit», wie M. LÜTHI: Das europäische Volksmärchen, 13–24, die Tatsache bezeichnet hat, daß das Märchen «verzichtet auf räumliche, zeitliche, geistige und seelische Tiefengliederung... die Körper und Dinge als Figuren, die Eigenschaften als Handlungen... verschiedene Verhaltensmöglichkeiten werden verschiedenen Figuren zugewiesen... geistige

mit gemeint ist, haben wir an Träumen bereits gezeigt, es sei aber jetzt an einigen Mythenbeispielen weiter erläutert. – In einer berühmten aztekischen Mythe wird etwa der Gott Quetzalcoatl nach Osten vertrieben, um dort zu verbrennen und als Kind wiedergeboren zu werden[25]. Äußerlich bezieht sich dieses Mythem auf die Tage zwischen Entschwinden und Wiederkehr des Venussterns[26]; es bezieht sich aber zugleich auch auf den psychischen «Vorgang der Introversion und der daraus resultierenden Wiedergeburt»[27].

Neben dem objektiven naturmythologischen Sinn besitzt dieser Mythos also noch einen anderen, *subjektiven* psychologischen Inhalt, und man versteht die innere Bedeutung eines archetypischen Bildes am besten, wenn man seine Möglichkeiten, äußere Vorgänge der Natur zu beschreiben, in den Mythen der Völker vor Augen hat und nun diese äußeren Vorgänge der Natur selber im Mythos als Symbole einer inneren psychischen Wirklichkeit betrachtet.

A. BASTIAN, der die ethnologische und psychologische Forschung als erster wieder auf die große Bedeutung der gemeinsamen Elementargedanken der Völkerüberlieferungen hingewiesen hat, schildert z. B. in der «Heiligen Sage der Polynesier», wie in der Mythologie der Maoris die Welt in drei Abschnitte geteilt ist: Rangi gehört der Himmel, Papa die Erde, und unterhalb der Erdschichten liegt das Reich der Urahnin und Todesgöttin Hine-nui-te-po[28]. Diese *Dreiteilung,* meist verbunden durch eine zentrale Weltenachse[29], zählt gleichermaßen zu den archetypischen Mythemen der Völker; es zeigt sich aber, daß die drei kosmographischen Schichten mit den drei Schichten der menschlichen Psyche «Wachbewußtsein, subliminales (Unter-)Bewußtsein, intuitiv gesteigertes (Über-)Bewußtsein» übereinstimmen. «Das Wachbewußtsein entspricht den irdischen, das subliminale Bewußtsein unterirdischen, das intuitiv gesteigerte Bewußtsein himmlischen Regionen. Noch in der Bezeichnung der Hölle als dem Orte der von animalischen, instinktiven, unterbewußten Trieben Beherrschten… fällt Psychologisches… mit Kosmographischem… zusammen».[30]

oder seelische Entfernung wird durch äußere Entrückung dargestellt» (23). – Zur Begründung und Unterscheidung einer tiefenpsychologischen *Deutung auf der Objekt- und Subjektstufe* s. o. S. 155 f.; vgl. E. DREWERMANN: Strukturen des Bösen, 1. Bd, S. XXXI–XLV; vgl. H. DIECKMANN: Träume als Sprache der Seele, 195–217, der die berechtigte Regel aufstellt: «Die Objektstufe rangiert vor der Subjektstufe» (a. a. O., 217).

[25] B. DE SAHAGUN: Einige Kapitel aus dem Geschichtswerk, III 3–14; S. 268–292.

[26] W. LEHMANN: Aus den Pyramidenstädten in Alt-Mexiko, 20–21

[27] TH. W. DANZEL: Mexiko, II 26.

[28] A. BASTIAN: Die Heilige Sage der Polynesier, 50–53.

[29] Vgl. M. ELIADE: Schamanismus und archaische Ekstasetechnik, 250–251; für das biblische Weltbild des dreigeteilten Kosmos und der Weltenachse vgl. A. JEREMIAS: Das Alte Testament im Lichte des Alten Orients, 77–81; 94–100.

[30] TH. W. DANZEL: Mexiko, II 26.

Entsprechend konnte C. G. JUNG das tibetanische Totenbuch mit seiner komplizierten Kosmographie[31] als «Wandlungsprozeß des Unbewußten» deuten[32]. Dasselbe ließe sich, ganz entsprechend, in der Lehre der Ägypter von den 12 Stufen des Amduat aufzeigen[33].

Eine Hauptregel der Interpretation archetypischen Materials muß daher lauten: *das Äußere ist als Ausdruck des Inneren zu lesen; alles Gegenständliche ist als Symbol einer psychischen Wirklichkeit zu interpretieren.* Eben dies ist mit der Deutungsregel auf der «Subjektstufe» gemeint. Es handelt sich um eine Weisheit, ein Verfahren und ein Anliegen, das in der *indischen Philosophie* so wiedergegeben wird, daß alle Dinge nur um des Selbst willen lieb seien: der Gatte, die Söhne, der Reichtum, die verschiedenen Kastenstände, selbst die Götter, die Heiligen Bücher, die Opfer und das All – all das zähle nur um des Selbst willen; «den Atman (sc. das Selbst, d. V.), fürwahr, muß man sehen, hören, bedenken, zu erkennen suchen, Maitreyi. Hat man den Atman gesehen, gehört, bedacht, erkannt, so ist alles erkannt»[34].

Insbesondere gilt diese subjektale Deutungsregel, alles als Spiegelung des Selbst zu verstehen, für das Auftreten von *Personen* innerhalb archetypischer Bilder. Der Vater, die Mutter, der Bruder, die Schwester bezeichnen in den Mythen der Völker keinesfalls nur Verwandtschafts- oder Ursprungsbeziehungen, weder im kosmologischen noch im genealogischen Sinn, sondern sie verkörpern mindestens ebenso, wenn nicht ausschließlich, psychische Kräfte, die Verwandtes, Zusammengehöriges, meist auch Gegensätzliches, auseinander sich Entwickelndes darstellen, und sie sind zu lesen als Teile, als Triebkräfte, als Antagonismen in der Seele ein und desselben Menschen.

Es ist C. G. JUNGS bleibendes Verdienst, daß er in den Gestalten von *Vater* und *Mutter,* abweichend von der Psychoanalyse FREUDS, Urbilder der menschlichen Psyche erkannte, in denen das Erbe menschheitlicher Erfahrungen mit dem Mütterlichen und Väterlichen seinen Niederschlag gefunden hat. Was den Menschen mit Vater und Mutter verbindet, meinte JUNG, wird nicht erst

[31] Vgl. W. Y. EVANS-WENTZ: Einführungen in die Lehre des Bardo Thödol, in: Das tibetanische Totenbuch, 136–140; K. SAGASTER: Grundgedanken des tibetanischen Totenbuches, in: Klimkeit: Tod und Jenseits im Glauben der Völker, 1978, 175–189.

[32] C. G. JUNG: Geleitwort und psychologischer Kommentar zum Bardo Thödol, in: Das tibetanische Totenbuch, 53.

[33] E. HORNUNG: Ägyptische Unterweltsbücher, 25–47. – I. CLARUS: Du stirbst, damit du lebst, 130–201, zeigt, wie nach Eintritt in die Welt des Unbewußten in der 8. Stunde der Unterweltsfahrt Leib und Seele sich vereinen (176–179), auf daß in der 10. Stunde die «Heilung des Auges», der Beginn einer neuen Sicht der Dinge erfolgen kann; in der 11. und 12. Stunde beginnt die Verwirklichung des Neuanfangs in Raum und Zeit. «Du schläfst, damit du aufwachst. Du stirbst, damit du lebst», dieses Wort aus den Pyramidentexten gilt im Neuen Reich für alle, die vor Osiris bestehen (199).

[34] Brihad-Aranyaka-Upanishad, IV 5, in: A. HILLEBRANDT: Upanishaden, 89.

individuell, vermittels der «Sozialisation» in Familie und Gesellschaft, *gelernt,* so daß die Tiefenpsychologie sich als einen bloßen Teilbereich der Sozialpsychologie, als Organ der Sozialisationsforschung und Lerntheorie verstehen könnte; vielmehr ist umgekehrt das Bild des Vaters und der Mutter dem Menschen *vorgegeben:* es umkleidet als ein angeborenes Ensemble von Sehnsüchten und Bedürfnissen für lange Zeit die Gestalten des individuellen Vaters und der individuellen Mutter und bleibt über die individuellen Eltern hinaus zeitlebens eine Haupttriebquelle des Religiösen. Das religiöse Verlangen kann daher gerade nicht als bloßer Niederschlag infantiler Regungen oder als Folge bestimmter Gesellschaftsbedingungen verstanden werden, sondern es muß als etwas betrachtet werden, das in der Psyche des Menschen zutiefst und unauflösbar verankert ist[35].

Desgleichen sind *Schwester* und *Bruder* nicht nur ontogenetische Erinnerungsreste in den Erfahrungen des Einzelnen, sondern gleichermaßen archetypische Bilder. Es gibt, wie in der Kain-und-Abel-Geschichte oder in der Sage von Jakob und Esau, immer wieder in den Mythen und Märchen der Völker die Gestalt des dunklen, behaarten, wilden und feindlich-rohen Bruders, und es gibt daneben den frommen, schönen, guten Bruder, und beide können ihre Rollen tauschen, wie in dem Mythem von der vertauschten Braut, wo neben der schönen Rachel die triefäugige, aber gebärfreudige, sinnliche Lea auftritt und in der Brautnacht den Platz der schönen Schwester einnimmt (Gen 29,21–27).

Das Schema dieses Kontrastes, das die Weltliteratur aller Zeiten durchzieht[36], ergibt sich aus den psychischen Gegensätzen von Bewußtsein und Unbewußtem: der dunkle Bruder konfiguriert zumeist als Symbol des *«Schattens»,* des *persönlichen* Unbewußten, des in FREUDSCHEM Sinne *«Verdrängten»*[37], während

[35] E. DREWERMANN: Strukturen des Bösen, II 127–128; C. G. JUNG: Allgemeine Aspekte der Psychoanalyse, IV 268; DERS.: Die Bedeutung des Vaters für das Schicksal des Einzelnen, IV 368.

[36] Vgl. E. DREWERMANN: Strukturen des Bösen, III 283–299; zur Analyse vor allem des Doppelgängermotivs in der Literatur vgl. auch O. RANK: Psychoanalytische Beiträge zur Mythenforschung, Leipzig-Wien 1919, 267 ff. – H. GEHRTS: Ramayana, 163–217, stellt vier charakteristische Fassungen des *Zwei-Brüdermärchens* vor und hebt hervor, daß «eines der entscheidenden Merkmale des europäischen Zweibrüdermärchens», in dessen Hintergrund er ein Opferritual annimmt, in der «Zweizahl der Brüder gegenüber der Einzahl der Braut» bestehe (208), – vielleicht, wie er meint, daß «in monogamen Zeitläufen die zweite Braut aus der Doppelehe des Königs ausgeschlossen wurde» (209); tiefenpsychologisch aber ist die Einzahl der Braut gerade ein Hinweis darauf, daß die «zwei Brüder» im Grunde nur die Facetten *einer* Person darstellen. – Vgl. zum Doppelgängermotiv in Traum und Märchen auch G. JACOB: Traum und Märchen mit besonderer Berücksichtigung des Orients, 65–67, der zu Recht an die Vorstellung der Ägypter von der Ka-Seele erinnert.

[37] C. G. JUNG: Über die Psychologie des Unbewußten, VII 58; H. VON BEIT: Das Märchen, 224–233, sieht in dem Zwillingsmotiv «das sich entwickelnde Differenzierungsvermögen» verkörpert (226), wobei die Spaltung zumeist zwischen einem aktiven, progressiven und einem retardierenden bzw. regressiven Anteil erfolgt, wie z. B. im Märchen von «Brüderchen und Schwesterchen» (KHM 11).

die häßliche oder verwunschene Schwester (oder Jungfrau bzw. Prinzessin) meist als Symbol der *«anima»* auftritt[38], die ein Gegenbild zu der bewußten Persönlichkeitseinstellung bildet und vieles in sich schließt, was dem *sozialen Unbewußten* angehört und nicht in die gesellschaftlichen Rollenvorschriften des öffentlichen Lebens integriert werden kann (s. o. S. 115).

Darüberhinaus sind die Märchen und Mythen und ebenso die biblischen Erzählungen voll von geheimnisvollen *Tieren* und Zwischenwesen. Tiere, die, wie Bileams Eselin (Num 22), zum Menschen sprechen, sind besonders in den Märchen überaus häufig vertreten; man denke an den «Fuchs» in dem Grimmschen Märchen «Der goldene Vogel» (Nr. 57)[39] oder an das «Pferd» in dem Grimmschen Märchen von «Ferdinand getreu und Ferdinand ungetreu» (Nr. 126). Meist zeigt sich, daß die sprechenden Tiere den Helden der Erzählung auf den eigentlichen Lebensweg weisen wollen und als eine Art *Existenzgewissen* den Ausdruck des inneren Wesens der eigentlichen Persönlichkeit darstellen. Mitunter hingegen verkörpern sie auch, wie die Schlange im Paradies, die Welt der (noch) animalischen Triebe[40], oder sie repräsentieren, wie in dem Grimmschen Märchen von der Kristallkugel (Nr. 197), die verschiedenen Schichten der Persönlichkeit, wobei Wasser (Fisch), Erde (Stier) und Luft (Adler) auf das soeben erwähnte dreigliedrige kosmologische und psychologische Einteilungsgesetz hindeuten.

Die *Vögel* etwa, die den Propheten Elias am Bache Kerit[41] speisen (1 Kön

[38] C. G. Jung: Psychologische Typen, VI 506–510; ders.: Die Beziehungen zwischen dem Ich und dem Unbewußten, VII 207–232.

[39] E. Drewermann – I. Neuhaus: Der goldene Vogel, 1982, 40–41.

[40] Vgl. aber die Mehrschichtigkeit der Schlangensymbolik, E. Drewermann: Strukturen des Bösen, I. Bd., 1979, S. LXXV–LXXVI; ders.: Exegese und Tiefenpsychologie, in: Bibel und Kirche, 3/1983, 91–105. Vgl. auch W. Beltz: Gott und die Götter, 1977, 164–165, zu 4 Mose 21,4b–9, dem Schlangenwunder von Kadesch. – Zu dem vielschichtigen Symbol von Schlange, Drachen und Drachenkampf vgl. K. J. Obenauer: Das Märchen, 1959, 148–169, der in der Schlange ein Seelensymbol sieht, das er mit der weißen und schwarzen Magie in Zusammenhang bringt. – Zur Bedeutung der *Schlange als Heilgott* bei den Kanaanäern, Ägyptern und Babyloniern vgl. W. W. Graf Baudissin: Adonis und Esmun, 1911, 325–339, der in der Schlange eine «Repräsentantin der Wasserquelle» und von daher eine «Spenderin der Lebenskraft» sieht (a. a. O., 338); den *«Nechuschtan»*, die eherne Schlange in Num 21,4–9 und 2 Kön 18,4, bringt Baudissin am ehesten mit dem *Asklepiosstab* in Verbindung, und er verneint eine Herleitung des Nechuschtan aus Ägypten, weil dort die Göttin Merit-Seger, die Schutzpatronin der thebanischen Nekropolis, nie eine Heilgöttin war (a. a. O., 327); auf schwachen Füßen steht religionsgeschichtlich somit die Deutung, die M. Görg: Die «Sünde» Salomos, BN (16) (1981), 42–59, für die Sündenfallerzählung in Gen 3,1–7 vorschlägt, wonach die Sünde des Menschen in der Verführung zum Schlangenkult durch die ägyptische Frau Salomos bestehen soll. In Wahrheit ist die Schlangensymbolik archetypisch zu deuten, und die Nähe dieser Symbolik zum *Wasser* ist als erstes zu beachten; vgl. E. Drewermann: Strukturen des Bösen, II 69–87; erst dann werden auch die Beziehungen der Schlange zur Frau, zum Mond, zum Mysterium von Leben und Tod, zum Unbewußten der menschlichen Psyche verständlich.

[41] Das Sitzen am Bach diente offenbar als Ritus dem Zweck, «dem göttlichen Geiste näher zu sein»; A. Jirku: Materialien zur Volksreligion Israels, 128. – Zum Vogel-Symbol vgl. E. Drewermann – I. Neuhaus:

17,1–7), sind demnach auf der Subjektstufe als Mächte des Geistes, als Repräsentanten der himmlischen, idealen Welt zu deuten, und sie sind insofern symbolisch nicht verschieden von dem Gottesengel, der den ermatteten Propheten unter dem Ginsterstrauch in der Wüste mit Aschenkuchen speist (1 Kön 19,1–9). In ähnliche Richtung geistiger Mächte wird man die Vögel deuten müssen, die dem verbitterten Tobit durch ihren Auswurf das Augenlicht rauben (Tob 2,9–10)[42]. Umgekehrt erinnert der *Löwe,* den der Sonnenheld Samson vor seiner Hochzeit in Timna töten muß (Ri 14,1–7), an die zahlreichen Ungeheuer, die der Held der Märchen und Mythen zu überwinden hat, ehe er – zumeist in der Unterwelt oder an einem sonstwie schwer zugänglichen Ort – seine geliebte, der Erlösung harrende Braut (als unbewußte Verkörperungsgestalt der anima) befreit und zur *Heiligen Hochzeit,* dem Urbild der Gegensatzvereinigung, heimführt.

Neben den Tieren tauchen *Engel und Geisterwesen, Riesen* und *Zwerge* als Träger geheimnisvoller Kräfte in den Mythen und Märchen, Sagen und Legenden der Völker auf und spielen auch in der Bibel eine nicht unbeträchtliche Rolle, indem dort besonders die Engel, je nachdem, als Helfer oder Widersacher dem Menschen von Gott zugesandt werden. Auch sie verkörpern psychologisch innere Kräfte der menschlichen Psyche und treten oft als Bilder des eigentlichen Wesens der menschlichen Person auf. Andere menschliche Erlösergestalten wie Samson, Samuel, Elias, Elisäus u. a. tragen ihrerseits die deutlichen Kennzeichen von «Manapersönlichkeiten»[43] an sich und entsprechen in vielen Einzelheiten archetypischen Gesetzmäßigkeiten. Man versteht ihr Wesen daher erst, wenn man sie mit den zahlreichen verwandten Gestalten in den Mythen und Märchen, den Sagen und Legenden der Völker vergleicht und in ihnen Ausdrucksgestalten ubiquitärer Strebungen der menschlichen Psyche, und nicht vorwiegend historische Erinnerungsbilder erkennt. – Im Nachtrag des vorliegenden Buches werden wir z. B. zeigen, wie die verschiedenen Gestalten der Kindheitsgeschichten Jesu (Josef, Maria, Herodes, die Magier usw.) subjektal als Teile *einer* Persönlichkeit gedeutet werden müssen, um die Erlösungsbotschaft solcher Bilder zu verstehen.

Der goldene Vogel, 1982, 38; 43. – Zu den *Vögeln* als *Seelentieren* vgl. K. J. OBENAUER: Das Märchen, 1959, 135–143.

[42] E. DREWERMANN: Gott heilt – Erfahrungen des Buches Tobit. Eine psychologische Meditation, in: Liturgie und Dichtung, 2. Bd., 1983, 359–413. – Zur Deutung der *«Vögel»* als «Gedankenflüge» vgl. M. JACOBY: Das Tier im Traum, in: Studium Generale, 20. Jg., 3/1967, 146. – Der *Löwe* wird von L. LEVY: Sexualsymbolik in der Simsonsage, in: Spiegel: Psychoanalytische Interpretationen biblischer Texte, 80–81, als Sexualsymbol des weiblichen Genitales gedeutet.

[43] C. G. JUNG: Die Struktur der Seele, VIII 180. – Zur Vorstellung vom Mana als Kraft in den Dingen vgl. M. ELIADE: Mythen, Träume und Mysterien, 181–184.

d) Das Hilfsmittel der Traumdeutung und die fortwährende Interpretation der Archetypen in den Großen Träumen der Weltliteratur

Die Gleichheit der menschlichen Psyche zu allen Zeiten und Orten, die wir bei der archetypischen Betrachtungsweise antiker Mythen und religiöser Überlieferungen für gegeben halten, erlaubt und gebietet nun die methodische Verknüpfung der Mytheninterpretation mit den Verfahren tiefenpsychologischer *Traumdeutung,* eine Art des Vorgehens also, die der historisch-kritischen Methode als ganz und gar phantastisch und abenteuerlich erscheinen muß, die aber in Wahrheit erst die Identität heutigen Lebens mit zahlreichen Gestalten und Gestaltungen auch der biblischen Erzählungen begründet, indem sie von sich aus die tiefe Verankerung der jeweiligen Motive in der menschlichen Psyche sowie die bleibende Gültigkeit und Relevanz derartiger Texte unter Beweis stellt.

Es zeigt sich nämlich, daß die gleichen Motive, die in der Bibel auftreten, zum Teil leicht verändert, zum Teil völlig identisch auch in *rezenten Träumen* wiederzufinden sind, und insofern ist es nicht abwegig, ja sogar unerläßlich, zum Verständnis gewisser biblischer Motive und Symbole Traumbeispiele aus der psychotherapeutischen Praxis mitheranzuziehen und in jedem Falle die *Regeln der Traumdeutung ohne Ausnahme auch auf die Bibelinterpretation anzuwenden.*

Wenn die Entdeckung S. FREUDS zutrifft, daß der Traum regressiv eine archaische Denkweise symbolischen Vorstellens wiederbelebt[44], dann kann es für die Interpretation archetypischen Materials keine bessere Anweisung geben, als derartige Texte so zu behandeln, wie wenn man es mit aktuellen Träumen zu tun hätte, – mit der einen wichtigen Ausnahme allerdings, daß es sich bei den Mythen nicht um individuelle, sondern um kollektive Vorstellungen des Unbewußten handelt. Die Mythen der Völker müssen daher, wenn schon als Träume, dann im Sinne dessen, was C. G. JUNG die «Großen Träume» nannte, betrachtet werden[45].

Der Vorteil einer solchen an der Traumpsychologie orientierten Hermeneutik gegenüber der historisch-kritischen Exegese leuchtet sofort ein. Statt mit einer äußeren historischen «Begebenheit» sieht sich der Leser jetzt anhand der mythischen oder mythennahen Erzählungen der Völker mit einer Wirklichkeit konfrontiert, die zutiefst seine eigene ist. Das DILTHEYSCHE Anliegen der

[44] S. FREUD: Die Traumdeutung, II–III 356; DERS.: Vorlesungen zur Einführung in die Psychoanalyse, XI 203; s. o. S. 112.

[45] C. G. JUNG: Analytische Psychologie und Erziehung, XVII 136; DERS.: Psychologie und Religion, XI 15–16; s. o. S. 132.

«Identität» des (geschichtlichen) Erkennens bzw. die KIERKEGAARDSCHE Hermeneutik der «Gleichzeitigkeit» wird jetzt in höchstmöglichem Maße realisiert, indem die Bedeutung des jeweiligen Mythos, der jeweiligen biblischen Erzählung, des jeweiligen Märchens von vornherein nur *im Leser selbst* und nicht in etwas von ihm Verschiedenem gesucht wird. Statt sich mithin nach draußen an die Scheinerklärungen historischer Informationen zu wenden, ist der Leser bei einer traumanalytischen Hermeneutik gehalten, in sich selbst hineinzuschauen und die beschriebenen Orte, Gestalten und Begebenheiten a priori als Schauplätze, Mächte und Auseinandersetzungen in sich selber zu verstehen. Wie die Surrealisten eine bildhafte Wirklichkeit hinter der scheinbaren Vordergrundrealität suchten, um von ihr her durch Zersetzung des Äußerlichen, des in Raum und Zeit Erkennbaren, die tiefere, schrecklichere, verlokkendere, *wahrere* Wirklichkeit des Menschen und der Dinge freizulegen, so offenbart sich die bleibende, archetypische Wahrheit auch einer biblischen Szene erst in dem Akt einer traumähnlichen Introspektion. Was an den biblischen Erzählungen *nicht* als Symbol und Gleichnis dient, ist in der Tat nur noch historisch relevant; es hat religiös nichts mehr zu sagen. Auf diese Bedeutung einer traumanalytischen Auslegung der archetypischen Bilder auch der Bibel zum Verständnis des *theologischen* Aussagegehaltes derartiger Texte kommt es uns deshalb besonders an.

Im Grunde versteht man die dem rationalen, nach außen gerichteten Denken so fremde Eigenart des biblischen Sprechens von Gott wohl überhaupt erst durch die Parallele zur Traumpsychologie. Die Bibel (und alle antike Religion) teilt mit dem Traum die Eigenart, daß sie das Eigentliche, Bedeutsame ihrer Aussage nicht in Gedanken formuliert, sondern in bildhaften Handlungsabläufen sichtbar zu machen sucht. Näherhin handelt es sich in den religiösen Bildern stets um Bedeutungen, die gerade nicht (oder noch nicht) reflex und rational formulierbar sind, sondern, mehr geahnt und gefühlt als gedacht, überhaupt nur in einer *symbolischen Verdichtung,* in einer surrealen Metasprache auszudrücken sind. Traum und Bibel, das Unbewußte und die Religion erzählen Geschichten, um in ihren Symbolen das Unsagbare zu sagen und das Unbegreifbare in Bildern zu bannen. Sie behaupten damit, daß eben dieses Unsagbare und Unbegreifbare wirklicher und wahrer ist als alle äußere Realität.

Um den gemeinten Sachverhalt einer nicht-äußeren, nicht-historischen, aber eben deshalb wahreren Wirklichkeit zu verdeutlichen, stelle man sich als ein triviales Beispiel einen Beamten vor, der des Morgens bei der Arbeit von seinem Chef einer Bagatelle wegen mit heftigen Worten kritisiert wird. Die Kritik des Chefs ist der «objektive» «historische» «Tatbestand»; aber sie ist nicht die «Wirklichkeit». Das, war «wirklich» geschehen ist, was das äußerlich Geschehene *wirklich* bedeutet, sieht jener Beamte des Nachts in einem Traum: ein Mann von ungeheurer Größe, der beim Eintreten zusehends noch an Größe gewinnt, kommt zu ihm ins Zimmer und geht mit drohenden Schritten auf ihn zu; er möchte aufspringen und fliehen, aber er ist vor Schrecken wie gelähmt und kann kein Glied mehr rühren; das riesenhafte Ungeheuer steht so dicht vor ihm, daß er nur seine Schuhe sehen kann; jeden Moment erwartet er, daß der Riese seine Hand ausstrecken und ihn zermalmen werde, – da wacht er schweißgebadet auf. – Dieser Beamte kann sich zwar beim Aufwachen erleichtert sagen, daß «alles nur ein Traum war»; aber diese Erleichterung gilt im Grunde nicht. Denn viel wahrer, als er es sich vielleicht im Wachzustand eingestehen mag, stellt der Traum die tatsächliche Ausgeliefertheit und Hilflosigkeit, das Minderwertigkeitsgefühl und die Angst, die sadistische Aggression und das grenzenlose Perfektionsstreben seines Über-Ichs, die Passivität und den Totstellreflex gegenüber den latenten Schuldvorwürfen und noch vieles andere in seinem Leben dar; und *diese* Wirklichkeit hinter oder in der äußeren Faktizität ist ohne Zweifel die eigentliche, die wirksame Wirklichkeit: aus ihr, nicht aus dem äußerlich beobachtbaren Geschehen erwachsen die psychosomatischen Angstanfälle, durch sie entstehen die immer wiederkehrenden Magengeschwüre usw.

Jeder Mensch ist im Traum demnach der Dichter seines Lebens, der Visionär der tieferen Wahrheit seiner selbst. Doch über den Traum des Einzellebens gehen die «großen Träume» eines Volkes hinaus, die Träume der Dichter, der Schamanen, der Propheten, der religiösen Lehrer, die in traumhaften, dichterischen Bildern die Bedeutung einer bestimmten Epoche wiederzugeben vermögen. Auch die *geschichtliche* Wahrheit *ihrer* Erzählungen braucht durchaus nicht in der Richtigkeit bestimmter historischer Details zu liegen; sie besteht allein darin, daß ihre «großen Träume» in ihrer Handlungsabfolge *symbolisch, traumhaft* diejenigen Konflikte, Wünsche und Gefühle verdichtet wiedergeben, die in einer bestimmten historischen Realität verborgen und unsichtbar gegenwärtig sind. Die Schuldgefühle großer Teile der heimkehrenden Kriegsgeneration von 1945 z.B. hat W. BORCHERT in seinem Drama «Draußen vor der Tür» in der Gestalt des verzweifelten Beckmann, in der Vision von dem blutigen «schlachtenerprobten» General vor dem Knochenxylophon wiedergegeben[46]. Viele, die dieses Bühnenstück BORCHERTS damals als Hörspiel im Rundfunk miterlebten, waren zutiefst betroffen, denn gerade so empfanden sie sich selbst, in diesem Stück erkannten sie ihr eigenes Erleben wieder. Aber nun hätte die Aktualität und Nähe BORCHERTS zum historischen Geschehen zu-

[46] W. BORCHERT: Draußen vor der Tür, in: Das Gesamtwerk, 119–130.

gleich auch die Grenze seiner Verstehbarkeit und Relevanz markieren müssen, wenn die Empfindung, von welcher er sprach: das Gefühl von Einsamkeit, Schuld, Entfremdung und Mißbrauchtwerden, von Ausgestoßenheit, Liebessehnsucht und bitterer Enttäuschung, von Glaubensverlangen und Verzweiflung nicht zugleich ubiquitär und durchaus an keine bestimmte historische Situation gebunden wäre. Jeder Mensch, der Gefühle dieser Art bei sich selbst kennt, wird auch ohne den Hintergrund des Krieges dem Drama BORCHERTS eine menschliche Wahrheit zusprechen, die älter und menschlich tiefer verankert ist, als es eine Reduktion auf die historischen Bedingungen der Nachkriegszeit glauben machen könnte. Sogar der Krieg selbst wird schließlich zu einem *Symbol* seelischer Verwüstung und unmenschlichen Zwangs, und vieles spricht dafür, daß er nur das Symptom einer solchen Seelenverwüstung ist[47].

So läßt sich eine geradezu *gegengeschichtliche Korrelation zwischen der Wahrheit einer Erzählung und ihrer Relevanz* aufstellen. Je weniger die Wahrheit einer Erzählung auf der bloßen historischen Richtigkeit beruht, je mehr sie, anders ausgedrückt, in der historischen Singularität das Allgemein-Menschliche herausspürt und verdichtet, je mehr sie mithin *die historische Begebenheit als symbolische Begebenheit* darzustellen versteht, um so mehr wird sie eine Gültigkeit über ihren geschichtlichen Anlaß hinaus beanspruchen können. Ihre Gültigkeit gewinnt sie also nicht durch die bloße Wiedergabe des Historischen, sondern dadurch, daß es ihr mit Hilfe einer *symbolischen* Darstellungsweise gelingt, das historische Geschehen mit den ubiquitären Triebkräften des Menschen in Verbindung zu setzen.

Sehr treffend läßt G. GREENE in seinem Roman «Der Honorarkonsul» einmal Dr. J. J. Saavedra zu diesem symbolischen, bildhaft verdichteten Verhältnis der Literatur zur Welt der historischen Tatsachen bemerken: «Wenn man einen politischen Roman von bleibendem Wert schreiben will, muß er frei sein von allen kleinlichen Details, die ihn aktualisieren.» «Ein Dichter – der wahre Romancier muß immer irgendwie ein Dichter sein – ein Dichter hat es mit dem Absoluten zu tun. Shakespeare hat die Politik seiner Zeit, die Einzelheiten der Politik vermieden. Ihm ging es nicht um Philipp von Spanien oder um Piraten wie Drake. Er hat die Geschichte der Vergangenheit benutzt, um auszudrükken, was ich die Abstraktion der Politik nenne. Ein Romancier von heute, der Tyrannei darstellen will, darf nicht schildern, was General Stroessner in Paraguay treibt – das ist Journalismus, nicht Literatur. Für den Dichter ist Tiberius das bessere Beispiel.»[48] Gerade in der Loslösung von der Welt der historischen

[47] E. DREWERMANN: Der Krieg und das Christentum, 1982, 232–280.
[48] G. GREENE: Der Honorarkonsul, 52.

Fakten, in ihrer Reduktion auf die dahinter stehenden wesentlichen Motive und Antriebe und in deren symbolischer Verdichtung in *typischen* Szenen erreicht die Dichtung, daß, wie im Traum, wie im Mythos, das historisch Einmalige sich ins Charakteristische, ins überzeitlich Gültige, ins Archetypische erhebt.

Insbesondere die *Weltliteratur* verdankt ihre Existenz und Bedeutung keineswegs allein der historischen und stilistischen Kunstfertigkeit einzelner Autoren, sondern vor allem der Tatsache, daß sie bestimmte *archetypische* Themen dichterisch aufgreift und beispielhaft gestaltet.

Unsterblich ist z.B. H. MELVILLES Roman «Moby Dick»[49] keinesfalls durch seine – sehr mangelhafte – kompositionelle Geschlossenheit und dichterische Einheit, sondern ohne Zweifel durch die elementare Kraft, mit der hier der *Mythos* des «Drachenkampfes» aufgegriffen wird. A. DANTES «Göttliche Komödie»[50] ist in keiner Übersetzung der Welt als Kunstwerk zu betrachten; sie ist aber in allen möglichen Übersetzungen ein unvergänglicher Bestandteil der Weltliteratur aufgrund der uralten mythischen Thematik von Unterweltreise, gefahrvoller Anima-Suche und allmählicher Läuterung. M. DE CERVANTES' unsterblicher Roman von dem Ritter von der traurigen Gestalt[51] wird ebenso wie DOSTOJEWSKIS «Brüder Karamasoff»[52] eine immerwährende Aktualität besitzen, weil hier der *Archetyp* der einander entgegengesetzten und doch zusammengehörigen Teile der Persönlichkeit, das Motiv der Brüdersagen, auf klassische Weise aufgegriffen worden ist – usw.

Neben rezentem Traummaterial kommen daher, ebenso wie die Märchen und Mythen der Völker, unbedingt *auch die großen Stoffe der Weltliteratur als Erkenntnismittel archetypischer Erzählungen* in Betracht.

An dieser Stelle weist die tiefenpsychologische Hermeneutik eine bemerkenswerte Nähe zu der Interpretationsmethode des *Strukturalismus* auf, und die Gleichheit beider Methoden in diesem Punkte scheint in sich selbst ein zusätzliches Argument dafür zu liefern, daß die hier vorgeschlagene Einstellung et-

[49] H. MELVILLE: Moby Dick (1851); 1964; 1956.

[50] A. DANTE: Göttliche Komödie (La Divina Comedia) (1307–1321), 1472; 1963.

[51] M. DE CERVANTES: Don Quijote (1605; 1615); Der sinnreiche Junker Don Quijote von la Mancha, 1965.

[52] F.M. DOSTOJEWSKIJ: Die Brüder Karamasoff (1878–1880), 1958: zu den drei Brüdern gesellt sich hier noch Smerdjakoff, der illegitime Sohn des alten Wüstlings Karamasoff, hinzu, der seinen Vater ermordet und sich selber erhängt; während die drei Brüder das Denken (Iwan), das Fühlen bzw. die Sinnlichkeit (Dmitrij) und die Frömmigkeit (Aljoscha) verkörpern, steht dem biologischen Vater (Fjodor Karamasoff) der geistige Vater (Starez Sosima) gegenüber; den drei Söhnen stehen drei Frauengestalten gegenüber: Iwan liebt die stolze, unnahbare Katerina, Dmitrij wetteifert mit seinem Vater um die sinnlich-derbe Gruschenka, während Aljoscha sein Gegenüber in der zwiespältigen Lisa findet (II 730). Die unausgesprochene Frage des Romans kreist um die mögliche Vereinigung dieser heterogenen Spannungspole in der menschlichen Psyche.

was Richtiges und Berechtigtes enthalten muß, das nur in der historisch-kritischen Exegese völlig untergegangen ist. Auch dies sei kurz erläutert.

Zu Recht hat C. LÉVI-STRAUSS bei dem Bemühen um eine rationale strukturalistische Interpretation des Mythos hervorgehoben, daß ein bestimmter realer Konflikt, eine logische Unverträglichkeit (wie z. B. das Dogma der Erdgeborenheit, der Autochthonie des Menschen, und die Tatsache der Geburt aus der Frau) immer neue approximative Bearbeitungen notwendig mache, die einander ergänzen, bestätigen und sich wechselseitig auslegen müssen[53]. Von daher ist auch im Rahmen des Strukturalismus ipso facto ein Auslegungsverfahren erforderlich, das diametral von der historisch-kritischen Exegese abweicht.

Die historisch-kritische Exegese sucht bekanntlich die verschiedenen Varianten ein und desselben Stoffes zeitlich anzuordnen, um eine möglichst ursprüngliche Ausgangsform hinter den einzelnen Bearbeitungsversuchen herauszufinden; und hat sie eine solche ursprünglichere Form der Tradition gefunden[54], so verwendet sie diese als Richtmaß der historischen Glaubwürdigkeit aller daraus vermeintlich entstandenen und mehr oder weniger davon abweichenden Überlieferungen. Zusätzlich muß sich das exegetische Interesse darauf richten, welche historischen Bedürfnisse und spezifischen Aussagetendenzen im einzelnen die Art und den Grund der historischen Abweichungen bestimmt haben. Im ganzen verbleiben damit jedoch die verschiedenen Varianten des einen historischen Kerns lediglich im Status des Illegitimen; sie gelten als die nur mühsam zu adoptierenden Nachkommen aus einer Mesalliance zwischen historischer Wahrhaftigkeit und neu hinzukommenden Aussageinteressen (also von Informanz und Performanz in der Sprache der Linguistik). Zudem gelangen die historischen Rekonstruktionen einer «früheren», «ursprünglicheren» Überlieferungsschicht, wie sich allerorten in der Bibelexegese de facto gezeigt hat, fast nie über reine Hypothesenbildungen hinaus; sie erreichen mithin keinen wirklich festen Boden im Wirbel des Zeitenstroms der Historie. Die Ergebnisse der historisch-kritischen Methode bleiben daher weitgehend in suspenso und verhüllen die eigentliche (theologische oder psychologische) Bedeutung der Texte oft mehr als sie zu enthüllen.

Anders die hier von der Tiefenpsychologie und – auf seine Weise – vom Strukturalismus vorgeschlagene Auslegungsmethode.

Der Strukturalismus betrachtet, im Gegensatz zu den historischen Untersuchungen der traditionellen Exegese, die *Varianten* einer bestimmten Mythentradition gerade nicht als Verstellungen und Entartungen des eigentlichen ge-

[53] C. LÉVI-STRAUSS: Die Struktur der Mythen, in: Strukturale Anthropologie, 232–238.

[54] H. ZIMMERMANN – K. KLIESCH: Neutestamentliche Methodenlehre, 81–82; 174–177.

schichtlichen Kerns, sondern er sieht in ihnen hilfreiche und an sich *gleichberechtigte Artikulationen* ein und desselben (logischen) Gegensatzes bzw. Konfliktes. Die Erzählvarianten sind für ihn insofern willkommene Hilfsmittel, um das zugrundeliegende, allen gemeinsame Problem, die Struktur seines Ausdrucks sowie die logischen Operationen seiner Lösung besser zu verstehen[55]. Prinzipiell gibt es für diese Betrachtungsweise keinen wesentlichen Unterschied zwischen der modernen Bearbeitung des Elektra-Stoffes etwa durch O'NEILL («Trauer muß Elektra tragen»[56]) und der Fassung des AISCHYLOS («Agamemnon»[57]); beide Fassungen tragen dazu bei, den logischen Konflikt der Abstammungs- und Zugehörigkeitsfrage besser zu beantworten.
Nun muß man freilich gegenüber dem rationalistischen Ansatz des Strukturalismus darauf hinweisen, daß man mit einer relativ einfachen logischen Zielsetzung wohl kaum verstehen kann, warum, wie im Falle des Mythenzyklus des Agamemnon-Stoffes, derart schwere *Affekte,* wie sie mit den Motiven der Gattentötung, des Muttermordes u. ä. verbunden zu sein pflegen, als Symbole aufgeboten werden müssen, um ein rein *logisches* Destillat zu ergeben[58]; auch scheint es absurd, daß das moderne Interesse an dem Schicksal der Atriden nach wie vor dem logischen Problem entstammen soll, wie sich das Dogma der Erdgeburt des Menschen mit der Beobachtung seiner leiblichen Herkunft vereinbaren läßt. Aber sehr berechtigt scheint der Gedanke von C. LÉVI-STRAUSS in *tiefenpsychologischer* Hinsicht zu sein, daß die archetypischen Motive der Mythen und Märchen, der Sagen und Legenden der Völker – und mithin vieler biblischer Erzählungen – nicht einfach historisch im Laufe der Tradition verwildert und dann «ausgeträumt» sind, sondern daß in ihnen sich energetische Grundkonflikte der menschlichen Psyche aussprechen, die zu immer neuen und strukturell sogar identischen Ausdrucksgestalten antreiben. Das «Weiterträumen» eines Stoffes in der Literatur zeigt insofern, daß ein altes Motiv nach wie vor lebendig, d. h. fähig zu weiterer Entwicklung und neuer Gestaltung ist. Die Vielfalt seiner Artikulationen, die in historisch-kritischer Betrachtung nur einen angenommenen historischen Kern verdeckt, bereichert

55 C. LÉVI-STRAUSS: Die Struktur der Mythen; in: Strukturale Anthropologie, 235–241.

56 E. O'NEILL: Trauer muß Elektra tragen, in: Meisterdramen, 1960, 89–220.

57 AISCHYLOS: Orestie, in: Tragödien und Fragmente, Hamburg 1966, 5–110.

58 E. DREWERMANN: Strukturen des Bösen, I. Bd., S. L–LI. Sehr zu Recht fragt I. A. OTTO: Der Traum als religiöse Erfahrung untersucht und dargestellt am Beispiel der Irokesen, 221–222, gegenüber der strukturalistischen Mythendeutung: «Erschließt sich der Sinn der Mythen ganz, wenn die Art und Weise der Zusammensetzung ihrer einzelnen Elemente mathematisch analysiert werden, und trifft dies dann auch für die Anwendung auf Träume zu? Oder reicht die Einführung von Techniken, die jeden Benutzer zum gleichen Ergebnis führen müßten, in diese Gebiete der Geisteswissenschaft doch nur bis an einen mehr oder weniger weit gelagerten Punkt, an dem Auslegung und Deutung erst beginnen?»

daher in Wahrheit unser Wissen um die mögliche Bedeutung des jeweiligen Motivs, und es wäre eine schwere hermeneutische Unterlassung, wenn man auf die Kenntnisnahme der Bedeutungsanreicherung eines Motivs in der Weltliteratur, im Volksleben usw. verzichten wollte.

Gerade dieses Verfahren der Gleichbehandlung *aller* Variationen desselben Motivs empfiehlt sich infolgedessen grundsätzlich bei der Auslegung vor allem der motivgeschichtlich ubiquitären, archetypischen Stoffe. Statt die möglichen historischen Abhängigkeiten und sozialen Abwandlungen des gleichen Motivs in seinen verschiedenen Gestaltungen zu untersuchen, gelangt man zu einem Verständnis einer im Grunde identischen archetypischen Thematik nur, wenn man die verschiedenen Bearbeitungen desselben Themas bei den verschiedenen Völkern und Kulturen ohne Rücksicht auf die zeitliche und räumliche Distanz, also in vollkommener Verleugnung des historischen Interesses, *neben-* oder *hinter*einander betrachtet und die in allen Variationen gleichlautende Konfiguration, die *psychische Struktur* des zugrunde liegenden Konfliktes herausarbeitet.

Um sich der Bedeutung eines archetypischen Motivs zu nähern, wäre es z. B. geradezu ein Irrweg, wenn man etwa das Symbol der Schlange in Gen 3,1 oder das Motiv vom verbotenen Essen in der Paradieserzählung *historisch* auf den Schlangenkult in Beth Schean oder auf die Schlangenverehrung bei den Moabitern oder auf die Rolle der Apophisschlange bei den Ägyptern oder auf die Heilschlange Ningizzida bei den Babyloniern oder auf die Schlangenfunde in Bahrain oder auf alle möglichen anderen historischen Parallelen zurückführen wollte[59]; was der *Archetyp* der Schlange in sich selbst bedeutet, würde durch derartige historische Herleitungen nicht um ein weniges klarer. Statt dessen gilt es, aus der (unendlichen) Vielzahl der Schlangengestalten in den Mythen zunächst das Gemeinsame herauszuarbeiten, alsdann dessen antriebspsychologische Verwurzelung in der menschlichen Psyche zu erforschen und hernach auf den verschiedenen Ebenen der Reflexion dasselbe Symbol auf seinen möglichen Aussagegehalt hin abzuhorchen[60].

Diese Interpretationsweise hat natürlich nur Gültigkeit im Bereich *archetypi-*

[59] Vgl. E. DREWERMANN: Strukturen des Bösen, 1. Bd., 1979, S. LXV–LXXI; 38–40; III 69–101; II 236–237; DERS.: Von der Ergänzungsbedürftigkeit der historisch-kritischen Methode, in: Bibel und Kirche, 3/1983, 91–105; bes. M. GÖRG: Das Wort zur Schlange (Gen 3,14 f.), in: Biblische Notizen, 19 (1982) 121–140, glaubt, die Schlangensymbolik auf die Verehrung des Nechuschtan unter Hiskija zurückführen und ägyptische Einflüsse bei dem Bild der Bronzekobra annehmen zu müssen. S. o. S. 176, Anm. 40.

[60] Vgl. E. DREWERMANN: Strukturen des Bösen, 1. Bd., 2. Aufl. S. LXXV–LXXVI; Tabelle; zur Verbreitung des Schlangensymbols vgl. H. EGLI: Das Schlangensymbol, 1982, 266–267, wo die Symbolik der Paradiesesschlange, allerdings – leider – ohne jeden exegetischen und tiefenpsychologischen Hintergrund, nach dem Schema der Mythe von der verlorenen Unsterblichkeit gedeutet wird.

scher Erzählungen. Nicht alles, was in der Bibel steht, ist etwa «nur» ein Traum; vieles *besitzt* eine historische Außenseite, die zu erforschen nach wie vor Aufgabe der historisch-kritischen Exegese bleiben wird (s. u. S. 300). Aber im Rahmen *archetypischer* Erzählungen eröffnet sich hier ein Weg des *Weiterträumens* der uralten und ewigen *Menschheitsträume,* der unmittelbar das gesamte Szenarium der Exegese verändert. Denn jenseits der ungeheuerlichen Veräußerlichung und Enge der historisch-kritischen Methode stoßen wir jetzt auf ein Auslegungsverfahren, das hinüberweist in das weite Feld der mythischen und märchenhaften Menschheitsüberlieferungen, der rezenten Träume des Einzelnen sowie der Großen Träume der Weltliteratur. Das Verständnis derartiger Texte besteht fortan nicht länger mehr in der qualvollen Abstinenz von allem wirklichen Leben und dessen Ersetzung durch historische Kaschen (rabbinische Fangfragen) und Quisquilien.

Fortan gilt es als erlaubt und erforderlich, die Bedeutung der Gestalt des Propheten Jona etwa in der gleichnamigen Novelle von A. CAMUS[61] und dem Film von OTTMAR DOMNICK aus dem Jahre 1957 zu studieren; in Zukunft trägt J. ROTHS Hiob-Roman *legitimerweise* etwas zum Verständnis der wohl größten Dichtung in hebräischer Sprache bei; nunmehr verdient die dramatische Dichtung von NELLY SACHS: «Simson fällt durch Jahrtausende»[62] gelesen zu werden, um das zunächst als krude erscheinende Motiv des hebräischen Frauenhelden und Schlagetots in Ri 13–16 in der Größe seiner archetypischen Bedeutung wiederzuerkennen usw. Und insgesamt wird künftig gelten, daß die entscheidenden Einsichten in die Bedeutung auch vieler biblischer Erzählungen primär nicht länger durch die trockene Staubklopferei historischer Forschung zu gewinnen sind, sondern auf eine unmittelbar lebendige und lebensnahe Weise sich erschließen. In der Schilderung anderer Menschen, in der Wahrnehmung der eigenen Konflikte und Ängste, in den eigenen und fremden Träumen und Erwartungen öffnet sich von der archetypischen Gleichheit des menschlichen Lebens her jetzt auch der lebendige Sinn archetypischer Bibelstellen. Nicht in einer Enklave der Schriftgelehrsamkeit abseits des Lebens, sondern nach dem Maß der eigenen Lebendigkeit und Lebenserfahrung vertieft sich, wenn der jetzt gefundene Ansatz zutrifft, das «lebendige Zeugnis» der Bibel.

Für einen Mann wie JOCHEN KLEPPER, der «Dichtung als Bibelexegese» verstand[63] und sie als eine «unausgesetzte Taufe» der Dinge durch Namengebung

[61] A. CAMUS: Jonas oder: Der Künstler bei der Arbeit (1957), 1966.

[62] N. SACHS: Simson fällt durch Jahrtausende, (1955), in: Simson fällt durch Jahrtausende und andere szenische Dichtungen, 1962, 43–74.

[63] J. KLEPPER: Unter dem Schatten Deiner Flügel, 22.

betrachtete[64], war es selbstverständlich, daß «es echte Leiden, echte Leidenschaften gibt..., die wenden einen zu Gott hin, während all das andere nur wie sinnlose Zerstörung zu sein scheint». Und er fügte hinzu: «Wenn man in seinen Leiden und Leidenschaften versinkt, kann man die Bibel lesen, will man mit Vehemenz die Bibel lesen. Wenn man seinen Etat aufstellt oder seine Karriere arrangiert, geht es nicht.»[65] Man versteht von Gott in der Bibel, meinte J. KLEPPER m. a. W., nicht mehr und nicht weniger, als man vom Menschen, d. h. von sich selbst und von Gott versteht. Alles andere führt exegetisch samt und sonders in die Wüste, in die Irre.

e) Die archetypische Erzählung als Prozeß der Individuation und der Sinn ihres spiralenförmigen Aufbaus

Die Feststellung, daß ein archetypisches Motiv in den Mythen der Völker und in den großen Dichtungen der Weltliteratur weiterwirkt und über Zeit und Raum hinweg in endlosen Variationen und Bearbeitungsversuchen seine unvergängliche Präsenz und Identität, seine antihistorische Gegenwart behauptet, macht es notwendig, *die Mannigfaltigkeit der Ausgestaltungen des gleichen Archetypus als Bilderserie ein und desselben Themas zu interpretieren.*
In den Träumen einer Nacht etwa zeigt sich bereits in der individuellen Erfahrung, daß die jeweilige Traumserie Sequenz um Sequenz ein und dasselbe Grundthema aufgreift und in immer neuen Gestaltungen befriedigender zu bearbeiten versucht.
An sich dient ein Traum, wie wir wissen, dem Zweck, einen bestehenden Konflikt einer symbolischen Lösung zuzuführen und so den Schlaf zu behüten[66]; mißlingt dem Traum jedoch diese Aufgabe, so wacht der Träumende auf und erhält die Möglichkeit, sich bewußt seines Traumes zu erinnern. Schläft er danach wieder ein, so geht der Traum in neuen Bilderfolgen weiter, oder es wird eine neue Geschichte «erfunden», die, obschon dem manifesten Traumtext

[64] A. a. O., 47.
[65] A. a. O., 51.
[66] S. FREUD: Die Traumdeutung, II–III, s. o. S. 111. Bereits G. JACOB: Märchen und Traum mit besonderer Berücksichtigung des Orients, 53–55, hat auf die Ähnlichkeit im Aufbau von Traum und Märchen hingewiesen; er bestimmte sie allerdings rein negativ: «Die Motivierung der Handlung (sc. in Traum und Märchen, d. V.) ist eine dürftige; ihr innerer Zusammenhang locker und oft nur durch den Faden des handelnden oder passiven Subjekts zusammengehalten. Vorstellungen werden wie stetig sich wandelnde Nebelbilder aneinander gereiht» (53). Der Hinweis auf diese Eigenart von Traum und Märchen hätte schon vor Jahrzehnten eine Warnung an die rationalistische Literarkritik der Exegese darstellen können.

nach u. U. ganz verschiedenen Inhaltes, gleichwohl denselben Konflikt widerspiegelt.
Eine genauere Betrachtung lehrt nun, daß die Bilderfolgen nicht beliebig angeordnet sind, sondern *spiralenförmig* um einen spezifischen Problemkern kreisen und in variierenden Symbolen auf einer jeweils neuen Stufe denselben psychischen Gegensatz bzw. Konfliktfall zu artikulieren suchen.
Als *Beispiel für einen solchen Spiralenaufbau* mag aus der Märchenliteratur das bekannte Grimmsche Märchen «Der starke Hans» (Nr. 166) dienen, das sich auch deshalb zur Verdeutlichung eignet, weil es in archetypischer Weise dem weitverbreiteten Mythologem von dem Hervortreten des «Gottes- und Königssohnes aus dem Waisenkind» entspricht[67].
Die Erzählung ist rasch wiedergeben: Hans wird in seiner Kindheit zusammen mit seiner Mutter von Räubern in eine Höhle verschleppt und muß dort bleiben, bis er, 12 Jahre alt geworden, sich mit seiner Körperkraft die Freiheit erkämpft. Später begegnet er, wiederum in einer Höhle, geführt von einem Zwerg, einer wunderschönen Jungfrau, die von dem Zwerg beherrscht und mißhandelt wird; er tötet den Gnom, wird aber von seinen zwei Gefährten betrogen und kann nicht mehr von selbst ins Freie; nur mit Hilfe eines Zauberringes des Zwergs, der ihm Macht über die Luftgeister verleiht, vermag der starke Hans seine fliehenden Gefährten einzuholen und die Jungfrau zurückzugewinnen.
Offensichtlich ist der erste Aufenthalt des starken Hans mit seiner Mutter in der Räuberhöhle parallel zu dem zweiten Aufenthalt mit der Jungfrau, und das Märchen will gerade zeigen, daß sich für den Helden beim Erwachen der Liebe die alten kindlichen (zwergenhaften) Einstellungen und Ansprüche wiederholen, die ursprünglich der Mutter galten[68].
Dieses *Gesetz der Wiederholung des Gleichen auf den unterschiedlichen Stufen der inneren Entwicklung* bestimmt die gesamte innere Architektur sowohl der «großen Erzählungen»: der Märchen und der Mythen, als auch der individuellen Träume und der Traumserien einer Nacht[69].

[67] Vgl. K. KERÉNYI: Das göttliche Kind, 31.

[68] Vgl. C.-H. MALLET: Analyse des Grimmschen Märchens «Der starke Hans», in: Märchenforschung und Tiefenpsychologie, 232–233. – Ein anderes Märchenbeispiel liefert die Geschichte vom «Goldenen Vogel», in der immer wieder eine Wahl zwischen dem Unansehnlich-Demütigen und dem Stolz-Prunkvollen getroffen werden muß; vgl. E. DREWERMANN – I. NEUHAUS: Der goldene Vogel, 1982, 42–45.

[69] Zu dem phasenspezifischen Aufbau der Märchen und Mythen im Sinne einer Entwicklungspsychologie der Selbstfindung vgl. E. NEUMANN: Der mystische Mensch, in: Kulturentwicklung und Religion (1953), 1978, 118–120. D. SHARON: Magier der vier Winde, 164–169, erinnert an die weltweite Verbreitung, die *das Symbol der Spirale* bereits in paläolithischen Felsbildern und in der präkolumbianischen Keramik der Chavin-Zeit (700–500 v. Chr.) spielt. Die Vision einer Spirale läßt sich im Meskalin-Rausch künstlich erzeugen und ergibt dort die Perspektive eines Tunnels. Das Symbol der Spirale steht in engster Beziehung zu Kreis, Rad

Daraus ergibt sich als eine weitere Interpretationsregel *die Beachtung der komplexen Verdichtung des Ganzen im Detail,* und sie hängt mit dem Gesetz der Wiederholung unmittelbar zusammen.

In gewissem Sinne ist es nämlich oftmals nicht entscheidend, an welcher Stelle einer Traumserie eine bestimmte Bilderfolge abreißt; vielmehr geht es oft so zu, wie wenn man einen Wurm durchschneidet, dessen Hälften je für sich die Fähigkeit besitzen, sich wieder vollständig zu regenerieren; ähnlich besitzt jeder Traumteil die Anlage, sich zu dem vollständigen Organismus einer in sich geschlossenen Wiedergabe des zentralen Konfliktes auszuformen. Daher genügt oft schon ein relativ kleiner Traumteil, um eine nahezu vollständige Psychodiagnose des Träumenden zu erstellen; der gesamte Traumtext enthält dann prinzipiell nur eine Komplettierung und Bestätigung der bereits am begrenzten Traumteil erkannten Bedeutung.

und Mandala und vertritt stets den Weg der Wiedergeburt und der Einswerdung mit sich selbst; es ist gewissermaßen die geometrische Struktur dieses Weges. – Sehr treffend erzählt R. B. HILL: Hanta Yo, 322; 860–861, in ihrer Indianersaga von dem «Spiralpfad», den man «Sprosse um Sprosse erklettern» muß, um seiner selbst inne zu werden: «Ein Bewußtsein, ein untrennbares, unteilbares Bewußtsein: geistiges Bewußtsein. Ein Selbst, ein ewig währendes Selbst: Du, Deine Seele; Du, das Eine im Ganzen. Eine Kraft, die schöpferische Kraft. Eine Macht, die Macht zu denken und zu urteilen. Ein Heiliges: Wahrheit. Erkenne den Spiralpfad, auf dem Du Dich Ebene um Ebene höher hinaufbewegst, den geistigen Pfad, auf dem Du, der eine, Dich in das Ganze verwickelst. Du lebst auf einer Erde, einer Erde mit vielen, vielen Ebenen. Die gleichen unwandelbaren, unvollständigen Dinge erstrecken sich auf jede Ebene, Du jedoch erfährst von Ebene zu Ebene sich ständig vermehrende geistige Hingebung. Erkenne als Deine wahren Eltern Sonne und Erde. Fordere als Dein wahres Erbe, daß Dir das Ganze als Erbe zuteil werde. Ich... weiß warum. Ich kehre zur Quelle zurück, zum Geburtsort des Bewußtseins.» Trefflicher läßt sich das Wesen, der Prozeß und das Ziel eines Traumes – und aller Großen Träume – nicht wiedergeben. – Vor allem die *Dreizahl der Wiederholungen* deutet H. VON BEIT: Das Märchen, 236–237, wohl zu Recht als ein rhythmisches, dem Tanz entlehntes, die Angst und Unsicherheit beruhigendes Element. – Zu den *«Zweizahlgeschichten»* als Darstellungen des *unlösbaren* Gegensatzes von Gut und Böse vgl. K. J. OBENAUER: Das Märchen, 1959, 104–109, der von den *«Vierermärchen»* meint, ihr Hauptmotiv sei den Himmelsrichtungen, dem «Kreuzweggedanken» entlehnt (a. a. O., 110); die 5- *und 6-Zahl* sieht er als magisches Pentagramm, das böse Einflüsse aufhebt (112) bzw. als magisches Zeichen des Makrokosmos; die 7-*Zahl* hingegen sei mit der Wiederkehr, der Stufenfolge verbunden, ebenso wie *die* 9 (a. a. O., 114–117). Richtig meint er: «Dieser *ganze* Ablauf, diese *ganze* Folge von sinnträchtigen Bildern und Motiven sind entscheidend: die Art und Auswahl der Motive, das Sinnträchtige der Bilder, die Spannungen im Aufbau wie das sich daraus ergebende Gesamtbild eines märchenhaften Lebenslaufs, einer das Lebensziel wirklich erreichenden Entwicklung, das alles zusammen erst ergibt die innere Form» eines Märchens; «ein Märchen... liegt da vor, wo aus dem Schatzhaus halb mythischer, halb magischer Bilder unter den Gesetzen des epischen Erzählens diese scheinbar so kunstlose Form entsteht, die uns dennoch zu fesseln vermag, weil... wir in diesen Schicksalen etwas von dem tieferen Allgemeinschicksal der Menschenseele ahnen» (a. a. O., 51). – V. PROPP: Morphologie des Märchens, in: Morphologie des Märchens, 79–83, hebt in seiner rein funktionalen bzw. strukturalen Analyse des Märchens die unterschiedliche Verteilung der verschiedenen Handlungskreise auf die einzelnen Märchengestalten hervor; auch so ergibt sich «das Phänomen der Formelhaftigkeit und der ständigen Wiederkehr» (S. 116). DERS.: Die Bedeutung von Struktur und Geschichte bei der Untersuchung von Märchen, in: Morphologie des Märchens, 230, weist nach, daß die Reihenfolge, in welcher die einzelnen Funktionen angeordnet werden, stets gleich ist. Warum dies so ist und welche Bedeutung dieses Phänomen besitzt, erörtert PROPP allerdings nicht.

Was daher für die Traumserie einer Nacht oder von dem Weiterträumen eines archetypischen Motivs in den Mythen, Märchen und Dichtungen der Völker gilt, das gilt auch für den einzelnen Traum bzw. für die einzelne archetypische Erzählung: sie sind zu lesen als *innere Entwicklungsgeschichten,* und ihre Bilderfolge muß auf die *Wiederholung bestimmter Grundmotive* hin untersucht werden, da in ihnen die Struktur des zu bearbeitenden Themas oder Konfliktes zutage tritt. Beides: die innere Entwicklung und der Leitfaden der Wiederholungen sind für die Interpretation archetypischer Erzählungen daher von größter Bedeutung.

Dem Exegeten wird das Erzählgesetz der *Wiederholung des Gleichen* an dieser Stelle vertraut und fremd zugleich erscheinen; denn er kennt natürlich aus dem Semitischen z.B. die Stilform des *«parallelismus membrorum»* – der versweisen Wiederaufnahme und Variation des bereits Gesagten; er ist aber nicht gewohnt, statt eines bloßen altorientalischen Stilgesetzes darin die Eigentümlichkeit einer psychisch tief verankerten archaischen Vorstellungsweise zu erblikken, die im Traum, in den Märchen der Völker (dort als die regula de tri), in der Poesie des Volksliedes u.a. zu allen Zeiten und Zonen ihre Geltung behauptet. So ist zwar die Bibel bekanntlich voll von Erzählungen und Reden, die – etwa wie die Abschiedsreden Jesu im Johannesevangelium – *spiralenförmig* immer wieder die gleiche Thematik variieren; es kommt aber darauf an, eine solche Erzählweise nicht nur für eine stilistische Manieriertheit oder für die «meditative» Absonderlichkeit eines biblischen Autors zu halten, sondern zu verstehen, daß dieses «Kreisen» in der Erzählung seine «meditative» Kraft und Funktion eben durch die Verbindung mit bestimmten Gesetzmäßigkeiten des Unbewußten, mithin durch die vom Unbewußten geprägte Auflockerung der rationalen Logik und Gradlinigkeit erhält, die das bewußte diskursive Denken kennzeichnet.

TH. MANN hat sehr richtig darauf hingewiesen, daß das Mittel der Wiederholung eines Berichtes, etwa die «Dublette» vom Aufenthalt Abrahams und Saras in Ägypten (Gen 12,10–20) und in Gerar am Hofe Abimeleks (Gen 20,1–18), dem Zweck diene, «seine Wahrhaftigkeit zu betonen»[70]; und natürlich ist diese «Wahrhaftigkeit» *nicht* historisch faßbar. Es geht vielmehr, wie TH. MANN treffend formulierte, um die «Durchsichtigkeit des Seins», die darin besteht, daß alles «Wahre» nur als «Rückkehr des Urgeprägten», als Wiederholung in der Zeit oder, kosmologisch, als Spiegelung des Himmlischen im Irdischen und als Umwandlung des Irdischen ins Himmlische begreifbar ist[71].

[70] TH. MANN: Josef und seine Brüder, I 92.
[71] A.a.O., I 435.

Das Geheimnis der archetypischen Wahrheit drückt sich daher in der *«Sphäre»* aus, die sich zusammensetzt «aus einer oberen und einer unteren, einer himmlischen und einer irdischen Halbsphäre, welche einander auf eine Weise zum Ganzen entsprechen, daß, was oben ist, auch unten ist, was aber im Irdischen vorgehen mag, sich im Himmlischen wiederholt... Diese Wechselentsprechung... kommt einem wirklichen Wechsel gleich, nämlich der Drehung. Die Sphäre rollt: das liegt in der Natur der Sphäre. Oben ist bald Unten und Unten Oben... Nicht allein daß Himmlisches und Irdisches sich miteinander wiedererkennen, sondern es wandelt sich auch, kraft der sphärischen Drehung, das Himmlische ins Irdische, das Irdische ins Himmlische, und daraus erhellt, daraus ergibt sich die Wahrheit, daß Götter Menschen, Menschen dagegen wieder Götter werden können.»[72]

Psychologisch muß man, statt von «Himmel», «Erde» und «Unterwelt», natürlich von dem Wechselverhältnis des Unbewußten und des Bewußtseins sprechen; die «Wahrheit» aber liegt dann in der Tat, ganz wie TH. MANN meinte, in der kreisenden Wiederholung und Abbildung des Urgeprägten, Archetypischen zur Herausbildung der «Sphäre», der psychischen Ganzheit.

Aus diesem Sachverhalt leitet sich als entsprechende Regel der Interpretation die weitere Anweisung ab, Träume, Mythen, Märchen, Sagen und Legenden, mithin die archetypischen Erzählungen auch der Bibel – mindestens probeweise – als *Geschichten einer inneren Entwicklung* zu lesen, die um einen inneren thematischen Kern spiralenförmig angeordnet sind und deren Ziel in der Reifung und Entfaltung psychischer Einheit liegt. Die Struktur der spiralenförmigen Wiederholung des jeweiligen Ausgangskonfliktes in zahlreichen mythischen bzw. mythennahen Texten, auf die man zunächst rein *formal* aufmerksam wird, läßt sich von daher auch *inhaltlich* in einer bestimmten Gesetzmäßigkeit der Zielrichtung und des Themas der genannten Entwicklung präzisieren. Unter der Voraussetzung der *subjektalen* Deutung nämlich, daß alle auftretenden Personen, Gegenstände und Umstände als Facetten und Aspekte ein und derselben Psyche zu verstehen sind, kann man die Herausbildung der psychischen Ganzheit in den Mythen, Märchen und Träumen auch als *Prozeß der Selbstfindung* bzw. Selbstwerdung bezeichnen. *Mythen und mythennahe Erzählungen sind daher – mindestens probeweise – zu lesen als Entwicklungsgeschichten des Selbst.*

Es ist an dieser Stelle nicht erforderlich, den *Begriff des Selbst,* wie er in der Psychologie C. G. JUNGS definiert wurde, zu begründen und zu erläutern[73]; es ge-

[72] A. a. O., I 141–142. – So zeigt sich z. B., daß in dem Segen über die 12 Söhne Jakobs in Gen 49 deutliche Anspielungen auf die Rolle der 12 Tierkreiszeichen vorliegen; vgl. A. JEREMIAS: Das Alte Testament im Lichte des Alten Orients, 248–249; das irdische Geschehen ist nur Nachvollzug des himmlischen Vorbildes.

[73] Vgl. dazu: E. DREWERMANN: Strukturen des Bösen, II 26–29; 33–35.

nügt hier, um Mißverständnisse zu vermeiden, einfach darauf hinzuweisen, daß mit dem Begriff des *«Selbst» nicht das «Ich»* als Zentrum des Bewußtseins, der Realitätskontrolle, des gefühlsmäßigen und intellektuellen Urteilens und Wollens gemeint ist, sondern eine empirisch nicht mehr faßbare, nur im Symbol aussagbare Einheit von Bewußtsein und Unbewußtem, deren Erscheinungsbild in den Mythen als «Gott», «Gottessohn», oder «Gottmensch» bezeichnet wird und deren Zustandekommen sich vor allem in den Märchen sehr oft im Symbol der *Heiligen Hochzeit* ausspricht.

Besonders in den Märchen trifft man immer wieder auf eine relativ feststehende Reihe von Handlungsmotiven, die allerdings im einzelnen als Versatzstücke auch isoliert, kombiniert oder variiert werden können und in mancherlei eigener Bedeutungsanreicherung und -änderung wiedererscheinen[74]. *Die «klassische» Handlungabfolge* der Märchen, oft aber auch der Mythen, besteht im wesentlichen aus folgenden Motiven.

Ein König, ein Vater, eine machtvolle Persönlichkeit gerät in Not; der König ist sterbenskrank, oder er wird durch dämonische Wesen in einem verwunschenen Schloß oder unheimlichen Wald in Gefahr gebracht. Oft ist die Krankheit des Königs die Folge einer unglücklichen Liebe: ein Bild, eine flüchtige Bekanntschaft, eine bloße Kunde nämlich hat das Verlangen nach einer wunderschönen Jungfrau in ihm geweckt, die jedoch verzaubert ist und/

[74] Am besten spräche man für diese Gruppe von Märchen mit dem alten Ausdruck von «Erlösungsmärchen»; so noch M. LÜTHI: So leben sie noch heute, 85 ff. Der terminus technicus für Märchen dieses klassischen Aufbaus aber ist das *«Zaubermärchen»*. «Zaubermärchen sind im wesentlichen zweigliedrige Erzählungen, in deren erstem Teil sich die Hauptgestalten als Heranwachsende von ihren Eltern lösen, um ihren eigenen Weg zu gehen. Die erste Partner-Bindung, die sie auf ihrem Weg zu sich selbst erleben, zerbricht jedoch wieder an ihrer Unreife; es bedarf eines außerordentlichen Einsatzes, Thema des zweiten Teiles, um sich endlich doch als verläßlicher Partner zu erweisen und die Bindung für ein Leben tragfähig zu machen. – Diese Erzählungen heißen mit Recht Zaubermärchen, weil sie wie in einem Traum oder Tagtraum zauberisch Irreales mit Realem verbinden und sich niemals über Sprünge und scheinbar Ungereimtes wundern.» W. SCHERF: Lexikon der Zaubermärchen, 1982, S. XI. Gerade das Zaubermärchen ist mit dem Mythos auf das engste verwandt und bildet den eigentlichen Gegenstand tiefenpsychologischer Märchendeutung. V. PROPP: Die Bedeutung von Struktur und Geschichte bei der Untersuchung des Märchens, in: Morphologie des Märchens, 238, betont sehr richtig diese Einheit: «Wenn ... in den Ursprungsmythen ein Rabe, ein Nerz und ein anthropologisches Wesen oder eine Gottheit die identische Rolle des Weltengründers übernehmen können, so bedeutet dies, daß die Mythen nicht nur mit den gleichen Methoden wie auch das Zaubermärchen untersucht werden können, sondern daß dies sogar auf diese Weise geschehen muß.» – Der Ausdruck «Zaubermärchen» verweist zudem auf die Relikte der ursprünglichen «Zauberer», der *Schamanen,* in den Märchen; manche Erzählungen, wie die «Kristallkugel» (KHM 197) oder «Der Trommler» (KHM 193) lassen sich mit den Motiven der Tierverwandlung, des Wunschhutes oder Zaubersattels, des Glasberges (des Himmels), der Jenseitswanderung, der Riesenüberlistung, des Kampfes gegen Zaubermächte etc. nur vom Schamanismus her verstehen; gleichwohl decken sich die klassischen Stufen der schamanistischen Reorganisation des Selbst, wie M. ELIADE (Schamanismus, 43–45; 73–74) sie zwischen Leiden, Tod und Auferstehung beschreibt, nur z. T. mit den klassischen Märchenthemen; vgl. J. HALIFAX: Schamanen, 7.

oder zumeist einen unerreichbaren Ort bewohnt – in der Unterwelt, auf einem unbesteigbaren Berg, in einer unzugänglichen verborgenen Kammer, jenseits des Meeres oder jenseits unwegsamer und unwirtlicher Wälder und Wüsten; oftmals ist der unmittelbare Zugang zu der verwunschenen Jungfrau durch schreckliche Raubtiere, unheimliche Riesen und Geister, gefahrvolle und tükkische Zäune und Tore abgesperrt. Zumeist schickt nun der kranke oder bedrohte Vater (bzw. König) seine (drei) Söhne aus, von denen die ersten beiden, trotz ihres glänzenden Auftretens, aufgrund ihres Hochmutes oder ihrer Falschheit regelmäßig scheitern; mitunter freilich, besonders wenn alle drei Söhne von vornherein als bettelarm ausgesandt werden, tragen sie gemeinsam zum Gelingen ihrer Ausfahrt, also zu Gesundung des Vaters bei. Charakteristischerweise ist es indessen sehr oft gerade der gedemütigte, mißachtete, unansehnliche dritte Sohn, der schließlich ans Ziel gelangt. Freilich vermöchte auch er in der Mehrzahl der Fälle nichts ohne die sonderliche Hilfe bestimmter Tiere, Zwerge oder Geister, die, selber meist in Not geraten, von ihm im letzten Augenblick gerettet werden und sich alsdann ihrerseits durch entsprechende Hilfeleistungen erkenntlich zeigen; am Ende der Erzählung nehmen sie selbst nicht selten menschliche Gestalt an und geben der Heiligen Hochzeit das Brautgeleit.

Mit größter Regelmäßigkeit begegnet der ausziehende Held auf der Suche nach der verwunschenen Geliebten – oder auf dem Weg, der ihn, scheinbar unabsichtlich, zu der Gliebten führen wird, – an einem Flußlauf, in einem Engpaß, an einer Höhle, in einem einsamen (Räuber-)Haus tief im Walde oder an einer sonstwie abenteuerlichen Gegend einem gewalttätigen Widersacher, der mit dem Gehabe und in der Ausstattung eines tierhaften Unholds auftritt. Eine alte Frau, die Mutter des Wüterichs, befreit mit List den Helden aus der Gefahr, oder es kommt zu einem Kampf, nach dessen Ausgang der unterlegene Grobian sich nicht selten als ein künftig wertvoller Bundesgenosse zu erkennen gibt, der über gewisse magische Mittel und Kenntnisse verfügt, die später bei der Erlösung der verwunschenen Geliebten ganz unentbehrlich sein werden. Der weitere Weg führt den Helden nach mancherlei Abenteuern, die einen endlosen Spielraum der Phantasie eröffnen und ihren jeweiligen Sinn aus der Art der Problemstellung der einzelnen Erzählung beziehen, schließlich an den Ort der verzauberten Jungfrau. Dort sind indessen neue Kämpfe mit dem *Wächterdrachen* zu bestehen, der den Garten, Brunnen, Berg, das Schloß o.ä., in denen die Geliebte wohnt, vor jedem Zugriff sichert. Glücklicherweise kann das Untier aber mit einem Wunderschwert erschlagen oder, weniger gewalttätig, durch eine geheime Speise aus der Hand der geretteten Tiere, eines Zwergs oder Engels oder des zuvor bezwungenen Riesen eingeschläfert werden. Eigentlich ist die verwunschene Jungfrau damit erlöst, gleichwohl sind doch zumeist noch langwierige und verwicklungsreiche Abenteuer zu bestehen, ehe die Geliebte nach Hause zurückgeführt werden kann: hinterhältige Anschläge der beiden älteren Brüder sind zu gewärtigen, plötzliche Ungnade am väterlichen Hof bedroht den Helden aufgrund von Intrigen und verleumderischen Ränkespielen falscher Ratgeber, eigene Verblendung und Torheit gegenüber den wohlgemeinten, jedoch aberwitzig anmutenden Ratschlägen der guten Tiere pflegen mancherlei Unbill heraufzuführen; Länder und Gebiete einander bekämpfender Könige müssen passiert werden, – kurz, es ist als schieres Wunder zu erachten, wenn trotz allem die Heimkehr des Helden zu guter Letzt doch noch zum Segen des erkrankten Königs ihren rettenden Abschluß findet und der Held die heimgeführte Braut in aller Feierlichkeit zur Vermählung führen darf.

Man braucht dieses typische Ablaufschema sich nur vor Augen zu stellen, um sogleich an eine Reihe von Grimmschen Märchen erinnert zu werden. Denken kann man an Märchen wie «Das Wasser des Lebens» (Nr. 97), «Der goldene Vogel» (Nr. 57)[75], «Die Kristallkugel» (Nr. 197), «Der Eisenhans» (Nr. 136), «Der Trommler» (Nr. 193) u. v. a. m. Desgleichen wird *die Bedeutung dieses Schemas für die Bibelexegese und Dogmatik* ohne weiteres augenfällig. Der aufgezeigte Handlungsablauf ist z. B. unmittelbar in der Legende von Tobit und Sara wiederzuerkennen[76]; er klingt an in der Jakob-Erzählung und beherrscht, wenngleich mit negativem Ausgang, weite Strecken der Samson-Mythe. Vor allem aber bildet er das Grundschema der gesamten christlichen Erlösungslehre, wie sie am klarsten und vollständigsten in der katholischen Dogmatik durch die Entfaltung der *Mariologie* ausgesprochen wird[77]: der Vatergott sendet seinen Sohn in eine verlorene Welt, um die Menschheit, repräsentiert in der Jungfrau Maria, von der Entstellung durch die Sünde und die Macht des Fürsten der Unterwelt zu erlösen; der Gottessohn muß zu diesem Zweck sich selbst dem Angriff des Teufels aussetzen; er wird getötet, steigt in die Unter-

[75] E. DREWERMANN – I. NEUHAUS: Der goldene Vogel, 1982.

[76] E. DREWERMANN: Gott heilt – Erfahrungen des Buches Tobit, in: Liturgie und Dichtung, 1983, S. 359–404.

[77] E. DREWERMANN: Die Frage nach Maria im religionswissenschaftlichen Horizont, in: Zeitschrift für Missionswissenschaft und Religionswissenschaft, 1982, Heft 2, 96–117; vgl. G. BAUDLER: Einführung in symbolisch-erzählende Theologie, 1982, 243–258, der auf die Ambivalenz des Mutterarchetyps hinweist, a. a. O., 256; zu den verschiedenen psychologischen, anthropologischen und theologischen Aussagegehalten des Märchens vgl. O. RANDAK: Das Märchen, 87; 88; 90. – Bes. von der *Mariologie* meint SCH. BEN CHORIN: Mutter Mirjam, 122, sehr schön: «... die Gestalt der Maria ... hat eine solche Erhöhung erfahren, daß wir nur mit der Apostelgeschichte sagen können, daß eine Wolke sie unserem Blick entzog (Apg. 1,9). – Es ist eine Wolke, gewoben aus Glaube, Liebe und Hoffnung, aus Mythos, Sehnsucht und archetypischen Vorstellungen, aus Weisheit und kindlicher Einfalt, aus Traum und Gebet.»

welt hinab, kehrt aber von dort ins Leben zurück und nimmt im Himmel zur Rechten des Vaters Platz, wohin er die erlöste Jungfrau heimführt[78]. Das Bild vom Abstieg in die Unterwelt hat man dabei schon im Neuen Testament zu Recht mit dem Schicksal des Propheten Jona und dem religiösen Archetypus der sterbenden und auferstehenden Fruchtbarkeitsgötter der Antike, auf die Hos 6,2 anspielt, verbunden[79]. Die eigentlich religiöse Dimension dieser uralten, archetypischen Erzählweise, die, wie sich zeigt, auch die Glaubenslehre des Christentums durch und durch bestimmt, werden wir in einem späteren Abschnitt im 2. Bd. der vorliegenden Untersuchung noch eingehend erörtern; im Augenblick ist es uns nur erst um die *psychologische* Bedeutung des genannten Handlungsschemas zu tun; diese aber läßt sich in wenigen Worten objektal und subjektal etwa so wiedergeben.

Auf der *Objektstufe* der Deutung ist die verwunschene Jungfrau in der Unterwelt, entsprechend der Lehre S. FREUDS vom Ödipuskomplex, natürlich ein Abbild der Mutter, auf die sich die unbewußten inzestuösen Strebungen des Kindes richten. Der Unhold bzw. der Drache, der dem Helden den Zutritt zu der geliebten Jungfrau verweigert, ist demgemäß ein Bild des Vaters bzw. ein Symbol der Inzestangst, die der Vater durch die Kastrationsdrohung verbreitet; indem freilich eine alte Frau den Helden aus den Händen des Räubers im Walde rettet, gibt das Märchen zugleich zu verstehen, daß die Mutter selbst den Wünschen des Kindes im Grunde durchaus förderlich gegenübersteht; die sprechenden, hilfreichen Tiere sind auf der Objektstufe als Triebsymbole zu verstehen. Das archetypische Grundschema unzähliger Märchen und Mythen stellt sich auf der Objektstufe mithin als eine ödipale Wunschphantasie dar, und die Beliebtheit derartiger Erzählungen basiert gerade darauf, daß der «Held» stellvertretend das Tabu des Inzestes bricht und den Kampf gegen den «Vater» erfolgreich besteht[80].

Subjektal nun ist der «Ödipuskomplex» mit den Gestalten von Vater und Mutter nicht der eigentliche Inhalt der Mythen, sondern die sexuelle Thematik ist in sich selbst nur das Symbol eines tieferliegenden Strebens nach der Vereinigung mit sich selbst. Wir sagten vorhin (s. o. S. 174), daß auf der Subjektstufe der Deutung «Vater» und «Mutter» selbst als Urbilder der menschlichen Psyche zu verstehen seien. In der Tat ist der «Vater», der «König» oder der «Gott» in den Mythen und Märchen – subjektal gelesen – ein Symbol für den regierenden Teil der Psyche, also für das Bewußtsein; die «Krankheit», die

[78] Vgl. C. G. JUNG: Antwort auf Hiob, XI 495–503.
[79] Mt 12,40; zu Hos 6,2 vgl. A. WEISER: Die Propheten: Hosea, Joel, Amos, Obadja, Jona, Micha, 1959, 57.
[80] Vgl. O. RANK: Der Mythus von der Geburt des Helden, 79–80.

Not, die der «König» erleidet, resultieren zumeist aus der Verstandeseinseitigkeit und Ichhaftigkeit der bisherigen Lebenseinstellung, die sich zwar tüchtig und wohlgeordnet darbietet, in Wahrheit aber durch Ausschaltung aller tieferen, gemüthaften Strebungen neurotisch zu werden droht[81]. Infolgedessen vermag nur das verdrängte Gegenbild zu der bewußten Lebenseinstellung Heilung zu bringen. Dieses Gegenbild, das bei einem männlichen Träumer für gewöhnlich in weiblicher Gestalt symbolisiert wird, hat C. G. JUNG, wie schon erwähnt, die «anima» genannt[82]. Man versteht, daß die Gestalt der anima zunächst als eine verzauberte Jungfrau dargestellt wird, die an einem verborgenen und schwer zugänglichen Orte lebt; denn es ist das Ich selber, das bis dahin den Kontakt mit den tieferen Schichten der Psyche angstvoll vermieden hat und mithin einem großen Teil seines «Reiches» oder «Schlosses» fremd und mit sehr zwiespältigen Gefühlen gegenübersteht: es selbst hat dorthin seine «Seele» verbannt, aber es leidet zutiefst unter diesem Verlust und ahnt sehr wohl, daß es nur gesunden kann, wennn es zu den verdrängten und als unbrauchbar liegengelassenen Teilen seiner selbst in Kontakt zu treten vermag. Der Weg dahin indessen ist gefährlich, denn die verdrängten und mißachteten Triebansprüche erscheinen in tierischer und wilder Rohheit. Ja, schon die Aussendung der Ichkräfte, der drei «Söhne» in den Märchen, stellt eine arge Selbstdemütigung dar; und der Erfolg ist auf dem Wege zu sich selbst gerade nicht den bis dahin hoch geachteten Anteilen der eigenen Psyche vergönnt, sondern er fällt im Gegenteil den bislang am meisten verachteten und verhöhnten, jetzt aber nützlichsten, weil bescheidendsten, ursprünglichsten, unkompliziertesten, «kleinsten» Seelenkräften zu. Der «Erlöser», biblisch gesprochen, ist daher stets der «Gottesknecht» des JESAJA, ein Mann, «vor dem man das Antlitz verhüllt, verachtet, so daß wir ihn nicht schätzten», «ohne Gestalt und Schönheit, daß wir nach ihm geschaut hätten, ohne Aussehen, daß er uns gefallen hätte» (Jes 53,3.2). Gerade das Hören auf die Stimmen von «Däumlingen», von «Zwergen» und unscheinbaren «Tieren», die in sich allesamt das noch Anfanghafte, Animalisch-Unentfaltete der menschlichen Psyche verkörpern, ermöglicht jetzt die Rettung.

Von daher eröffnet sich auch ein Zugang zu den übrigen Hauptmotiven zahlreicher Märchen und Mythen, Sagen und Legenden. Mit psychologischer Gesetzmäßigkeit tritt, wie gesagt, dem in die Fremde ziehenden Helden, oft an einem Gewässer oder am Rand eines verzauberten Waldes – an der Grenze

[81] Vgl. E. DREWERMANN – I. NEUHAUS: Der goldene Vogel, 1982, 36–39.

[82] C. G. JUNG: Die Beziehungen zwischen dem Ich und dem Unbewußten, VII 214; s. o. S. 115; E. DREWERMANN – I. NEUHAUS: Der goldene Vogel, 1982, 62, Anm. 46.

zum Unbewußten also – ein Unhold gegenüber, in dem C. G. JUNG ein Bild des *«Schattens»* erblickt hat (s. o. S. 115). Der Kampf mit dem «Schatten», mit dem «persönlichen Unbewußten», dem «Verdrängten» in der Psychoanalyse FREUDS, muß nach der Darstellung der Märchen stets zuerst aufgenommen und bestanden werden, ehe die Begegnung mit der entstellten bzw. verwunschenen Anima möglich wird. Die Sehnsucht nach der wunderschönen, aber verzauberten Jungfrau, nach der «verlorenen Seele», wird begleitet von der ständigen Angst vor dem drohenden Ichverlust, vor dem Verschlungenwerden durch die «Wächterungeheuer» am Eingang des Zaubergartens oder der Unterwelt des Unbewußten. Auch dies ist jetzt gut zu verstehen. Denn wohl ist die regressive Ausrichtung der psychischen Energie zur inneren Gesundung auf lange Zeit hin unerläßlich, um die bislang ungelebten und vom Bewußtsein ferngehaltenen Teile der Psyche freizusetzen; aber die Gefahr besteht, dabei den Rückweg zu der bewußten Welt der Realität mit ihren Alltagsaufgaben zu verlieren und buchstäblich auf «Abwege» zu geraten. Je nachdem, müssen die bislang unbewußten Energien der Psyche in offenem Kampf niedergerungen oder durch kluge, gehorsame Kompromisse besänftigt werden. Auch dann kostet es in den Märchen zumeist noch eine gehörige Portion Geduld und Mut, um das Gebiet der «kämpfenden Könige» zu passieren oder die Anschläge der «feindlichen Brüder» zu parieren; m. a. W.: um die gefundenen Arrangements mit dem Unbewußten vor dem eigenen Ich und der Außenwelt zu verteidigen und zu rechtfertigen, bedarf es noch einer Vielzahl kleiner und großer Auseinandersetzungen. Am Ende aber winkt ein neues, mit sich einig gewordenes, bewußteres und freieres Leben, wie es sich in dem mythischen Symbol und religiösen Ritual der Hl. Hochzeit, psychisch also in der Vereinigung der inneren Gegensätze, ausspricht[83].

Versucht man, den Weg der Selbstfindung in den Mythen und Märchen, den Sagen und Legenden schematisch darzustellen, so ergibt sich anhand der vor allem von C. G. JUNG geprägten Begriffe die folgende Aufgliederung der psychischen Realität und ihrer symbolischen Repräsentation:

[83] In dieser Darstellung sind es zumeist männliche Repräsentanten, die als Hauptakteure die Handlung des Märchens tragen; spiegelbildlich kann derselbe Vorgang natürlich auch aus der Sicht einer Frau bzw. eines Mädchens geschildert werden; vgl. dazu die gut gearbeitete Besprechung von R. MEYER ZUR CAPELLEN: Das schöne Mädchen, in: Brackert: Und wenn sie nicht gestorben sind..., 1980, 89–119, welche die Geschichte von dem «Mädchen ohne Hände» zugrunde legt (KHM 31); vgl. dazu E. DREWERMANN – I. NEUHAUS: Das Mädchen ohne Hände, 1981. – Daß stets der Jüngste oder Geringste in den Märchen erfolgreich ist, ergibt sich auf der *Objektstufe* der Deutung aus der Überkompensation gegenüber den älteren Geschwistern und aus der stärkeren Mutterbindung; O. RANK: Das Trauma der Geburt, 108–109.

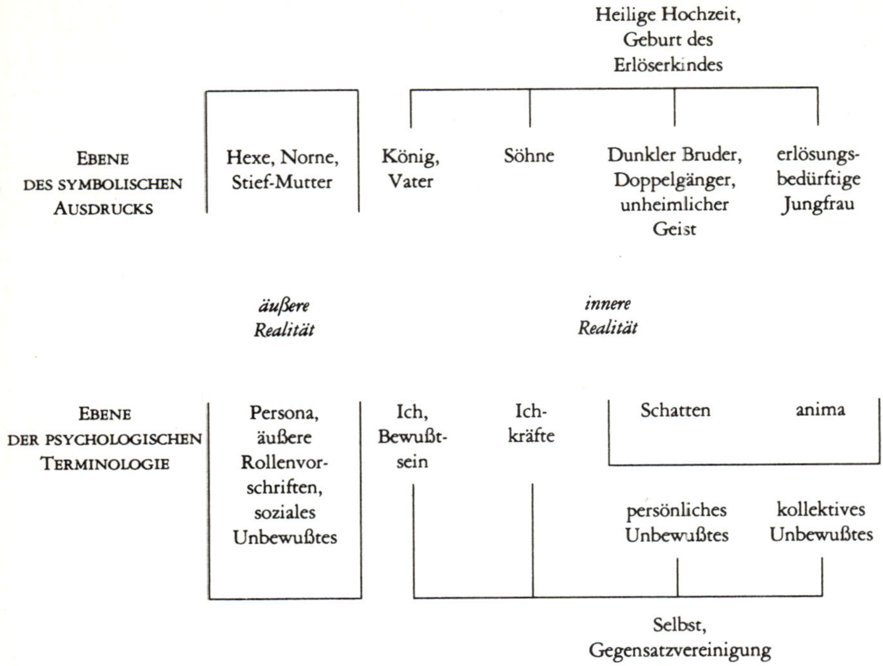

Noch nicht genügend erläutert ist in diesem Schema der schon erwähnte Begriff der *persona* (s. o. S. 115), der in der Psychologie C. G. JUNGS das psychologische Gegenstück der *anima* darstellt. Während die anima das Ich mit dem kollektiven Unbewußten, mit der Welt der Archetypen, also mit den Gesetzen der inneren Natur verbindet, reflektieren sich in der persona die Forderungen der äußeren Realität in Gestalt der sozialen Rollen- und Berufsvorschriften. Je ausschließlicher sich jemand in seinem Ich den Inhalten der persona angleicht, desto undifferenzierter bleibt naturgemäß das Bild der anima im Hintergrund, und so kann man es verstehen, daß in vielen Märchen eine *Hexe,* (die auf der Objektstufe als Symbol der Mutter zu verstehen ist), mit ihrer unheimlichen, unsichtbaren Kraft die schöne Jungfrau und spätere Königsbraut schicksalhaft in ihrem Reich verzaubert hält. Umgekehrt wird die magische Macht der «Hexe» bzw. der «Norne» in manchen Mythen in dem Moment gebrochen, da die anima aus ihrem Unterweltgefängnis befreit und in die Welt des Bewußtseins, in der Sprache des Märchens: an den Königshof des Ichs, gelangt[84].

[84] Zum Begriff der *Persona* vgl. E. DREWERMANN: Strukturen des Bösen, II, 50–51; C. G. JUNG: Die Beziehungen zwischen dem Ich und dem Unbewußten, VII 214.

Zu erwähnen bleibt des weiteren, daß es für *die Einheit des Selbst* neben dem Bild der Heiligen Hochzeit zahlreiche andere Symbole gibt, die in den Märchen und Mythen der Völker und auch in den biblischen Erzählungen immer wieder vorkommen: die goldene Kugel, der kreisrunde Wunschhut, die Stadt[85] auf dem Berge, der Tempel, der (Paradieses-)Garten, das Elysium der Götter, die Vierzahl[86], der Ring, die goldene Krone, das göttliche Kind, das aus der Heiligen Hochzeit hervorgeht[87], u. a. m.; auch das Bild vom Reiter und seinem

[85] W. MÜLLER: Die heilige Stadt, 1961, 93–114: über die Viererеinteilung der Städte als heiliger Orte, die in kosmischer Symbolik um einen Punkt gelagert sind, an dem die Welt ihr unsichtbares Zentrum hat. Die kosmologische Architektur antiker Städte ist wie ein geographisch projiziertes Mandalasymbol, eine räumliche Selbstdarstellung; vgl. zur Entsprechung von Welt und Mensch aus der Einheit des Ursprungs im mythischen Denken E. CASSIRER: Philosophie der symbolischen Formen, II 113; 116–128, wo er die Raumform des Mythos zu Recht als kosmische Lebensform deutet.

[86] Vgl. zu dem Symbol von *Drei* und *Vier:* E. DREWERMANN: Strukturen des Bösen, II 36–37; vgl. auch M.-L. VON FRANZ: Zahl und Zeit, 99–126, die die Zahl vom Erleben rhythmischer Entfaltung her deutet. D. SHARON: Magier der vier Winde, 102–103, zeigt das Weltbild der *peruanischen Schamanen,* das den vier Himmelsrichtungen zugeordnet ist und in dem der Westen mit dem Tod identifiziert wird, der Osten mit der Wiedergeburt, der Norden mit der Macht und der Süden mit der Aktion; jede der vier Weltgegenden enthält ein Dreieck aus bestimmten symbolischen Gegenständen und Personen. – Zu den Viereranordnungen in Traum und Mythos vgl. das großartige Szenarium in dem schamanistischen Berufungstraum von SCHWARZER HIRSCH: Ich rufe mein Volk, 30–54. «Die Szenarien entfalten sich in Vierergruppen: die vier, in vier Farben leuchtenden Pferdeherden; die vier Großväter (hier auf sechs ergänzt durch Oben und Unten); die vier Gaben der Weltrichtungen – Donnervogel, Riese, Wind, Friedenspfeife; die vier Kreuzbalken der roten und schwarzen Straßen; die vier Hügel der Lebenswanderung; das heilige Kraut mit blauen, weißen, roten und gelben Blüten; die vier Jungfrauen mit Wasserschale, Vogelschwinge, Pfeife und Ring.» «Dieser Aufbau... wird nicht von der Ratio gesteuert, sondern von der Anschauung. Diese optisch gelenkte Ordnung folgt anderen Regeln als die gewohnte Logik, doch entfaltet sich alles folgerecht, sobald einmal die Grundlagen feststehen.» W. MÜLLER: Indianische Welterfahrung, 68; 69. Vgl. das indianische Medizinrad als Spiegel des Alls bei F. HETMANN: Eulenruf und Geistertanz, 59–63. – Zwischen *Vier* und *Sechs* steht die mythische Welt der *fünf* Himmelsgegenden, die im chinesisch-amerikanischen Kulturraum die größte Rolle spielt und die vier Himmelsgegenden mit dem Zentralpunkt zusammenrechnet; vgl. E. H. SCHAFER: China, 1971, 102–103. Die *fünf* Himmelsgegenden entsprechen oft den fünf Lebensstufen: Geburt, Erwachen, Schuld, Alter und Tod. – Was die *Dreizahl* angeht, so findet sich bei F. M. DOSTOJEWSKI: Gesammelte Briefe 1833–1881, 153, ein interessanter Traum, der nicht exakt datiert ist und um dessen Aufklärung der russische Dichter einen jeden bittet, der ihn zu deuten vermöchte. Dostojewski träumte: «Im Osten war der Vollmond zu sehen, der sich in drei Teile spaltete und sich dann dreimal vereinigte. Dann kam aus dem Mond ein Schild hervor (auf dem Schild war zweimal ‹ja, ja› geschrieben, in uralten Kirchenbuchstaben) – das den ganzen Himmel durchwanderte, von Ost nach West, und sich dann hinter dem Horizont verbarg. Schild und Buchstaben waren erleuchtet.» – Es ist schwer zu sagen, was ein solches einzelnes Traumbild im Leben eines Menschen bedeutet; aber es scheint, als wenn Dostojewski in diesem als äußerst wichtig empfundenen Traum gerade die Problematik vorgebildet und gelöst gesehen hätte, die er in den «Brüdern Karamasoff» auf klassische Weise behandelt hat: wie sich die innere Zerrissenheit zwischen Verstand, Gefühl und Frömmigkeit schließen läßt, – es ist nur möglich durch das Gefühl einer absoluten Bejahung, wie Dostojewski selber sie in seiner Botschaft vom allumfassenden Verstehen nicht müde wurde, in seinen Romanen zu verkünden (s. o. S. 182, Anm. 52). – Zum Zahlenverständnis in den Mythen als Spiegelung kosmischer Ordnung vgl. E. CASSIRER: Philosophie der symbolischen Formen, II 169ff; 174–175; 181–182 (zur Dreizahl); 179–180 (zur Sieben).

[87] Zum Symbol der Hl. Hochzeit vgl. E. DREWERMANN: Strukturen des Bösen, II 332–337; 348–354; III

(sprechenden) Pferd[88], Esel oder Fuchs muß in den Märchen und Mythen als Symbol der Gegensatzvereinigung interpretiert werden, so z. B. auch in Mk 11,1–10 und Sach 9,9.

f) Die Beachtung von Anfang und Ziel sowie das Problem der richtigen Zentrierung archetypischer Erzählungen

Indem sich die Märchen und Mythen und, mit Abstrichen, die Sagen und Legenden also durch ihre Symbole ebenso wie durch ihren Aufbau als Beschreibungen des mühsamen und gefahrvollen Weges der Individuation zu erkennen geben, stellt sich einer tiefenpsychologischen Auslegung eine doppelte Aufgabe: *es kommt darauf an,*

1) *den jeweiligen Text in seiner psychologischen Konsequenz und Logik zu verstehen und damit zugleich*

2) *die psychische Wirklichkeit verständlich zu machen, die sich in der Erzählung symbolisch darstellt.*

Wenn wir zunächst auf die innere Konsequenz und psychologische Zielgerichtetheit zu sprechen kommen, die wir methodisch in der Auslegung von Märchen und Mythen unterstellen wollen, so weicht diese Art des Vorgehens wiederum in charakteristischer Weise von der Interpretationsmethode der historisch-kritischen Exegese ab. In der historisch-kritischen Bibelexegese gilt es als unerläßlich, den vorliegenden Text zunächst in seine mutmaßlichen Traditionsstücke zu zerlegen und diese isoliert für sich auf ihre historische Entstehung und Aussageabsicht hin zu untersuchen; erst dann, nach Literarkritik und Traditionsgeschichte, ist zu fragen, welch einen Sinn der gegenwärtige Text, mithin die redaktionelle Zusammenfügung und Umgestaltung bzw. Erweiterung des tradierten Materials, besitzt. Ganz ähnlich wird man in einer Traumanalyse FREUDSCHER Schule auf der *Objektstufe* der Deutung die einzelnen Traumelemente durch die Assoziationen des Patienten mit bestimmten Tagesresten und den daran angelagerten Kindheitserinnerungen zu verbinden suchen, um hernach die manifeste Traumerzählung in ihrer Ausgangsgestalt wiederherzustellen. Auf der *Subjektstufe* der Deutung spielt demgegenüber der

310–324; E. DREWERMANN – I. NEUHAUS: Das Mädchen ohne Hände, 1981, Anm. 65; zu den kosmischen Hierogamien vgl. M. ELIADE: Mythen, Träume und Mysterien, 242–245, der auch auf das Phänomen der Androgynie der Urgottheiten verweist (a. a. O., 245–247).

[88] Zum Motiv vom Reittier und Reiter vgl. E. DREWERMANN – I. NEUHAUS: Der goldene Vogel, 1982, 40; 60–61, Anm. 23–26. 41; 63, Anm. 64.

Bezug zu den äußeren verursachenden Faktoren der Entstehung eines Traumes oder einer mythischen Erzählung methodisch eine untergeordnete Rolle; die einzelnen Symbole werden vielmehr als Ausdrucksgestalten bestimmter psychischer Zustände gedeutet, und die entscheidende Frage gilt jetzt nicht mehr dem äußeren Werdegang, sondern dem inneren Ziel und der Absicht des Traumes bzw. des Mythos. An die Stelle der reduktiven Betrachtung tritt jetzt also eine *finale* Auslegung[89].

Man kann, um diesen Unterschied an einem Beispiel JUNGS zu verdeutlichen[90], eine gotische Kathedrale aus der Baugeschichte, aus der Zusammensetzung des Quarzsandes bei der Herstellung der Glasfenster, aus den architektonischen Erfordernissen des Sandsteinbaus etc. zu erklären versuchen; man wird dann viel historisches und technologisches Wissen anhäufen und zahlreiche Einzelheiten des tatsächlichen Bauwerks begründen können, ohne doch dem Sinn und der Bedeutung der Kathedrale selbst auch nur um ein weniges nähergekommen zu sein. Umgekehrt ist es möglich, z. B. den Kölner Dom zu verstehen, ohne von den Problemen seiner Baugeschichte Kenntnis zu besitzen; seine Gestalt, das «Typische» der Gotik, das sich in ihm in besonderer Weise darstellt, genügt, um von seiner Schönheit und religiösen Größe ergriffen zu sein. Allerdings werden bei einem solchen Verständnis aufgrund des Typischen zahlreiche Details außerhalb der Grundgestalt als zufällige Nebensachen vernachlässigt werden müssen, die wirklich nur durch bestimmte historisch bedingte Notwendigkeiten zu erklären sind. Aber diese *abweichenden* Details fallen in bezeichnender Weise gerade als Bedeutungsträger aus: man braucht sie nicht zu kennen, um die Architektur des Ganzen zu *verstehen.*

Daraus ergeben sich drei weitere Interpretationsregeln, die man als die *Finalitätsregel,* die *Anfangsregel* und die *Zentrierungsregel* der Interpretation bezeichnen kann.

1) Die Finalitätsregel und die Ganzheitsregel

Mit der *Finalitätsregel* ist gemeint, daß mythische oder märchenhafte Erzählungen in ihrem Aufbau auf ein bestimmtes Ziel, also gerade nicht auf bestimmte (historische) Ursachen hin interpretiert werden müssen. Die Frage muß ständig lauten: was trägt das jetzt Geschilderte zur Lösung des anstehenden Problems bei? Also: führt es vom Ziel der Selbstfindung weg oder leitet es dazu hin; in welcher *logischen* Funktion steht es in bezug zu dem gestellten Ziel,

[89] Zum Vergleich der objektalen und der subjektalen Deutung s. o. S. 155 f.; vgl. E. DREWERMANN: Strukturen des Bösen, I, S. XXXVI-XLIV; II 8–14; 124–127.

[90] C. G. JUNG: Der Inhalt der Psychose, III 202–203.

m. a. W.: dient es der *Verdeutlichung* des bestehenden Konfliktes, oder stellt es einen *Einwand* bzw. eine bestimmte *Schwierigkeit* gegenüber einem schon gefundenen *Lösungsfortschritt* dar, oder soll es lediglich in Form einer *Vorstellung,* eines *Rates* oder eines *Plans* eine mögliche Lösung virtuell vorwegnehmen; ist die Abfolge der einzelnen Erzählstücke vielleicht als Beziehung von Ursache und Wirkung zu lesen[91]; sind manche scheinbar disparate Einzelzüge der Erzählung nicht einfach *Sackgassen* der Planung in bezug zur endgültigen Auflösung des bestehenden Problems? – und dgl. mehr.

Was sich hier vielleicht als etwas sehr Kompliziertes anhört, ist in Wirklichkeit ein Verfahren, das man in jedem verständnisvollen Gespräch mehr oder minder bewußt zugrunde legen wird. Eine Frau z. B. erklärt am Anfang einer Gesprächsreihe: «1) Ich weiß gar nicht, was ich jetzt sagen soll. 2) Das geht mir immer so. 3) Mein Mann sagt immer, aus mir wäre nicht schlau zu werden. 4) Helfen Sie mir.» Offensichtlich erwartet diese Frau von dem Gespräch sehr viel, und sie leidet sehr an dem *Problem,* sich nur schwer mitteilen zu können. Ihr *Ziel* ist es, sich leichter verständlich zu machen und die Angst vor der Abweisung anderer zu überwinden. Aber schon der erste Satz steht als *Widerstand* diesem Vorhaben entgegen; er artikuliert die *momentane* Schwierigkeit. Der zweite Satz hingegen erklärt, daß der augenblickliche Zustand nur das *Beispiel* für eine *generelle* Schwierigkeit darstellt. Im dritten Satz *bestätigt* die Frau ihr Problem durch die Mitteilung ihres Mannes, zugleich aber *konkretisiert* sie auch ihre Schwierigkeit und deutet ein neues Gesprächs*ziel* an, – ihre Eheprobleme durchzugehen. Im vierten Satz äußert die Frau ihre Ohnmacht, an den bestehenden Konflikten von sich aus etwas ändern zu können; logisch ist dieser Satz zugleich eine *Bestätigung* des Problems, ein *Einwand* gegenüber der Lösung und ein *Vorschlag* bzw. eine *Folgerung* in Richtung einer möglichen Bearbeitung des Konfliktes. – Später (S. 445–447) werden wir noch sehen, daß neben den logischen Beziehungen vor allem die emotionalen Gesprächsinhalte derartiger Mitteilungen herausgearbeitet werden müssen (in diesem Falle Gefühle der Angst, der Minderwertigkeit, des Bemühens, sich anzupassen, der Hilflosigkeit, des unterdrückten Zorns u. a.), um bestimmte Mitteilungen richtig zu verstehen. An dieser Stelle aber genügt es, die logische Struktur eines Gesprächsverlaufs sich hinreichend deutlich zu machen; denn prinzipiell nicht anders verhält es sich bei der Interpretation der Bilderfolge auch einer archetypischen Erzählung: auch hier ist stets und in ganz analoger Weise zu fragen, welch eine Bedeutung die einzelnen Bilder im Aufbau des Ganzen besitzen.

[91] Wie sehr oft in den Mythen, Märchen und Sagen, wo in Form von Genealogien sich häufig eine implizite Ontologie oder Charakterologie ausdrückt und das zeitliche Nacheinander auf eine im Grunde kausale Reihenfolge hinweist; vgl. E. DREWERMANN: Strukturen des Bösen, I 145.

Immer ist dabei die endgültige Lösung: *das Ziel der Individuation,* die Herausbildung des Selbst, als Richtmaß vorauszusetzen, und gemessen daran ist der einzelne Erzählabschnitt funktional einzuordnen. Wie bei einem Kriminalroman, dessen Ausgang bekannt ist, sich die einzelnen Abschnitte in spezifischer Weise auf das Ziel der Auflösung des Falles zubewegen, es verraten oder ermöglichen, verstellen oder enthüllen, so läßt sich eine mythische oder märchenhafte Erzählung nur vom Ziel der Individuation her in ihrer inneren Konsequenz und Logik verstehen.

Von dieser Einordnung ins Ganze der Erzählung her erledigt sich auch der Einwand, der gegenüber der tiefenpsychologischen Interpretationsweise gern und beharrlich, aber unzutreffenderweise erhoben wird: der Einwand des Willkürlichen und Arbiträren in der Deutung. Es ist wahr, daß ein einzelnes Symbol, für sich isoliert, sehr verschiedene Bedeutungen annehmen kann; an jeder Stelle einer symbolistischen Interpretation sind an sich zumeist mehrere Deutungsmöglichkeiten gegeben. Das bedeutet aber keinesfalls, daß man gewissermaßen in der Tiefenpsychologie machen kann, was man will; es bedeutet vielmehr, daß die tiefenpsychologische Interpretation ein lebendiger, organischer Vorgang sein muß. In der historisch-kritischen Methode wird man, wie bei der archäologischen Rekonstruktion eines antiken Gebäudes, sich die größte Mühe geben, jeden einzelnen Stein so genau wie möglich zu fixieren, um ihn dann in die vermutliche Mauerführung einzupassen. In tiefenpsychologischer Betrachtung sind die einzelnen archetypischen Motive keine toten «Bausteine», sondern lebendige Einheiten; wohl bedeuten sie etwas in sich – sie sind «fertige», gestaltete Formen; aber sie tragen die Tendenz zu einer organischen Entwicklung in sich, und was sie im Ganzen des Organismus sein werden, hängt entscheidend von der Funktionszuweisung ab, die sie von der Umgebung ihres jeweiligen Vorkommens erfahren. Man kann, um einen Vergleich zu gebrauchen, bei einem Molchembryo den künftigen Schwanz an die Stelle verpflanzen, an der eigentlich das Bein wachsen müßte, und es entwickelt sich daraus nicht etwa ein Schwanz, sondern ein Bein[92]. Ähnlich dient die Polyvalenz der Symbole gerade dem Zweck, mit relativ wenigen lebendigen Grundgestalten eine schier unendliche Kombinationsvielfalt und eine prinzipiell unbegrenzte Bedeutungsfülle zu ermöglichen.

Insofern macht es keinen Sinn, bei einer tiefenpsychologischen Interpretation ein einzelnes Motiv isoliert herauszugreifen und, nach einer inzwischen wegen ihrer Bequemlichkeit verbreiteten, aber irrigen Methode, in einem Lexikon der

[92] E. Drewermann – I. Neuhaus: Schneeweißchen und Rosenrot, 1983, 5; A. Koestler: Der Mensch – Irrläufer der Evolution, 1981, 54–55.

Traumsymbolik oder einem Motivregister eine fixe Bedeutung zu unterstellen. Wohl ist es von großem Nutzen, sich einen möglichst umfassenden Überblick darüber zu verschaffen, was ein einzelnes Motiv bedeuten *kann;* aber was es an einer bestimmten Stelle wirklich bedeutet, kann nur der Kontext lehren.

Wieder verhält es sich hier ähnlich, wie in dem gerade skizzierten Anfang des Beratungsgesprächs: jeder der vier wiedergegebenen Sätze könnte, aus dem Zusammenhang gerissen, etwas ganz Verschiedenes bedeuten; miteinander aber ergeben bereits diese wenigen Sätze ein in sich geschlossenes Muster, das psychoanalytisch unzweideutig einer depressiven Charakterstruktur, durchsetzt vielleicht mit bestimmten zwangsneurotischen Anteilen, zuzuordnen ist. Innerhalb dieser Struktur werden sich auch alle weiteren Sätze des Gesprächs zu verstehen geben, – sie alle sind schließlich nur die Äußerungen eines einheitlichen Charakterporträts. Und eben so, als Äußerungen eines in sich geschlossenen Gestaltbildes, wird man in einer tiefenpsychologischen Erzählung die einzelnen Motive nur vom Ganzen her und in bezug zum Ganzen verstehen können.

Eine tiefenpsychologische Interpretation kann von daher nur dann als befriedigend gelten, wenn sie dem Ganzen einer archetypischen Erzählung entspricht. Erst wenn kein Detail mehr als fremd und sperrig empfunden wird, wenn sich vielmehr gerade die anfänglichen Widersprüche und Ungereimtheiten, die für archetypische Erzählungen so etwas wie ein Gütezeichen zu sein pflegen, sich als notwendige Teile eines organischen Aufbaus zu erkennen geben, wird man eine tiefenpsychologische Interpretation für abgeschlossen halten können. Jedes einzelne Motiv ist vieldeutig, aber die lebendige Gestalt einer archetypischen Erzählung, wenn man sie als ganze betrachtet, ist es nicht[93]. Am Ende ist die Stimmigkeit des Ganzen die beste Bestätigung dafür, daß eine bestimmte Deutung richtig ist.

[93] Umgekehrt gilt entsprechend dem *organischen* Aufbau der archetypischen Erzählungen, daß in jeder Untereinheit der Erzählung virtuell das Ganze enthalten ist: wie in einer Zelle der ganze Bauplan und in einem Körperteil die Statik und Gestaltgesetze der gesamten Anatomie enthalten sind, so daß ein Paläontologe aus dem Befund eines einzelnen Zahns das ganze Gebiß, die Struktur des Schädels, ja die gesamte Lebensweise eines eiszeitlichen Hominiden rekonstruieren kann, so enthält auch ein einzelnes Traumbild die unvertauschbaren Wesensmerkmale des Ganzen einer Persönlichkeit; und geradeso enthält auch eine einzelne biblische Erzählung, wie etwa die Geschichte Jesu von den zwei Söhnen und dem guten Vater (Lk 15,11–32) die ganze Botschaft Jesu. Daher läßt sich auch an einem einzelnen kulturellen Fragment, etwa an dem Kalenderstein von Tenochtitlan, die gesamte Religion der Azteken erläutern. Vgl. P. J. SCHMIDT: Der Sonnenstein der Azteken, 1974. – In ähnlicher Weise haben manche Filmregisseure den formalen Aufbau ihrer Meisterwerke zu gestalten versucht; um z. B. den Film von R. BRESSON: «Zum Beispiel Balthasar» (Frankreich – Schweden 1965) oder «Mouchette» (Frankreich 1966, nach dem Roman von G. BERNANOS) zu verstehen, muß man gewissermaßen jeden Teilausschnitt als Gesamtporträt der seelischen Landschaft der Akteure betrachten, so als sähe man an der holländischen Küste aus den Abteilfenstern eines fahrenden Zuges aufs Meer.

2) Die Anfangsregel und die Ausgangsregel

Das Problem der Vieldeutigkeit einzelner Motive stellt sich besonders am Beginn einer Lektüre und verführt tiefenpsychologisch ungeübte Leser leicht dazu, erst einmal mit Sieben-Meilen-Stiefeln in die Geschichte hineinzumarschieren, um dann enttäuscht festzustellen, daß sie endgültig weder vor- noch rückwärts wissen, – ein gegebener Anlaß meist, ex cathedra zu verkünden, daß man Märchen oder Mythen, Sagen oder Legenden überhaupt nur lesen und erzählen, aber nicht interpretieren dürfe[94]. Tatsächlich kann man jedoch nicht erwarten, richtig ans Ziel zu kommen, wenn man nicht bereits im Bahnhof achtgibt, in welchen Zug man einsteigt, und der Ärger, sich verfahren zu haben, bietet kein gutes Argument, um das Eisenbahnfahren insgesamt zu verbieten. In Wahrheit lösen sich viele Schwierigkeiten einer tiefenpsychologischen Interpretation, wenn man von Anfang an die Frage nicht vergißt, worin der spezifische Konflikt und damit das Thema einer archetypischen Erzählung besteht, welche psychischen Voraussetzungen genetisch die Problemstellung der Geschichte bestimmen und aus welchen Gegensätzen sich die innere Bewegung und Spannung der Erzählung ergibt.

Für gewöhnlich gebührt dabei vor allem dem Anfang, der Einleitung archetypischer Erzählungen eine besondere Aufmerksamkeit. Wie die Ouvertüre einer Oper bereits zu Beginn die Exposition und die Durchführung des Themas ankündigt, so enthält auch ein gut erzähltes Märchen oder eine mythennahe Geschichte zumeist in den Anfangsbildern bereits in verdichteter Form den gesamten zugrunde liegenden Konflikt, seine Begründung sowie gewisse Ansätze zu seiner Lösung. Natürlich gibt es Ausnahmen: nicht jeder Kriminalroman beginnt mit einem Mordfall, und manche Oper, wie MOZARTS «Don Giovanni», hebt mit einer Ouvertüre an, die mit dem Stück selbst im Grunde nichts zu tun hat. So kann auch ein Mythos oder ein Märchen mit einer Einleitung beginnen, die zu dem eigentlichen Thema wenig Klärendes beiträgt. Tatsächlich aber ist dies nicht die Regel, und wenn es mit rechten Dingen zugeht, kann man der Einleitung einer Erzählung gar nicht genug Beachtung schenken. Ihre Symbole, Konflikte, verhüllten Wünsche und Gefühle, die Beziehungen zwischen den auftretenden Personen, der angegebene Wechsel be-

[94] Es ist wahr, daß die Bilder von Traum, Mythos, Märchen, Sage, Legende als Dichtung durch sich selber wirken wollen und wirken müssen. Aber wir Heutigen träumen nicht mehr wie die Indianer noch des vergangenen Jahrhunderts, und schon verstehen wir die Sprache der Märchen und der Mythen nicht mehr. Wir bedürfen, um den Träumen näherzukommen, der künstlichen Verfahrensweisen der Psychoanalyse, und diese ist das wichtigste Organ, um auch die traumnahen Erlebnisweisen und verdichteten Symbolismen der Mythen und Märchen, der Sagen und Legenden sowie der Stoffe der Weltliteratur zu verstehen.

stimmter Umstände (in den Märchen z.B. der Tod eines Elternteils, plötzliche Armut etc.; in den Mythen der Sturz eines Göttergeschlechtes, der Wohnortwechsel der Stammesväter, Stadtgründungen, bestimmte Kulturerfindungen etc.) definieren zumeist die *Aufgabe,* deren Lösung in der folgenden Erzählung geschildert wird.

In dem Märchen von dem «Mädchen ohne Hände» (KHM 31) z.B.[95] wird in einem ausführlichen Exposé geschildert, unter welchen Belastungen ein Mädchen in seiner Kindheit aufwachsen muß: von der plötzlichen Armut des Vaters ist die Rede, von seinem Pakt mit dem «Teufel», von dem Zwang, die eigene Tochter zu verstümmeln; gesprochen wird von dem Schrecken und der Ohnmacht der Mutter, von der passiven, gehorsamen Einwilligung der Tochter in ihr Selbstopfer und dergleichen mehr. All diese Hinweise müssen natürlich auf das sorgfältigste daraufhin abgehört werden, was die mitgeteilten Tatsachen für die handelnden Personen selbst bedeuten. Nur dann wird man verstehen, worin der zentrale Konflikt der Erzählung liegt; ein uraltes mondmythologisches Motiv von dem verstümmelten Mondmädchen wird dann zur Folie des außerordentlich dramatischen Entwicklungsweges eines Menschen heraus aus Gehemmtheit, Angst und Schuldgefühl in ein eigenes Leben.

Oder: in der Erzählung des Tobit-Büchleins[96] wird eingehend von der Einsamkeit, der Verhöhnung und Verfolgung, der Freudlosigkeit und den Mißverständnissen gesprochen, die den alternden Tobit gerade infolge seiner Frömmigkeit und Gesetzestreue heimsuchen; nur wenn man diese seelischen Belastungen genügend deutlich reflektiert, wird man die eigentliche Problemstellung des Tobit-Büchleins begreifen, nämlich, wie Frömmigkeit und Freude, Rechtlichkeit und Menschlichkeit, Gottesliebe und Menschenliebe miteinander verbunden werden können; nur dann wird man auch verstehen, daß sich dasselbe Problem, parallel zu dem alternden Tobit, in der jungen Sarah im fernen Ekbatana wiederholt und nur auf gerade die Art und Weise gelöst werden kann, die, in Übereinstimmung mit unzähligen Mythen und Märchen, denn auch tatsächlich in dieser wundervollen spätjüdischen Dichtung beschrieben wird.

In allem aber geht es wesentlich um *die Betrachtung der Gefühle,* die gerade *die Anfangsmotive* archetypischer Erzählungen beim ersten Lesen oder Hören wachrufen.

Man hört, um weitere Beispiele zu geben, etwa das Märchen von *«Schneeweißchen und Rosenrot»* (KHM 161)[97] und hat von Anfang an das Gefühl einer voll-

[95] E. DREWERMANN – I. NEUHAUS: Das Mädchen ohne Hände, 1981.

[96] E. DREWERMANN: Gott heilt – Erfahrungen des Buches Tobit, in: Liturgie und Dichtung, 1983, II 359–404.

[97] E. DREWERMANN – I. NEUHAUS: Schneeweißchen und Rosenrot, 1983.

kommenen Idylle. Nähme man nun, wie gewöhnlich, diesen Ersteindruck nicht hinlänglich ernst, so hätte man das Wesentliche schon verpaßt: man brächte sich um die Chance zu merken, daß das «Problem» dieses außerordentlich gütigen und weisen Kindermärchens gerade darin liegt, wie sich Harmonie und Entwicklung, kindliche Unschuld und erwachsene Lebenserfahrung miteinander vereinbaren lassen. Oder: im Märchen der *Frau Holle* (KHM 24)[98], ebenfalls einer Erzählung, deren Motive alter Sonnen- und Mondmythologie entstammen, hat man sogleich das Gefühl schreienden Unrechts; die Art, wie die schöne und fleißige «Goldmarie» von der Stiefmutter drangsaliert und umgekehrt die häßliche und faule «Pechmarie» völlig ohne Verdienst als die rechte Tochter bevorzugt wird, muß auf jedes unvoreingenommene Gemüt geradezu empörend wirken. Eben dies Gefühl des Unrechts und der Empörung aber markiert denn auch bereits die zentrale Frage des Märchens, wie man mit dem offenbaren Unrecht im Hause von «Frau Welt» leben kann und wie im Hintergrund der Welt sich dennoch eine tiefere Gerechtigkeit herzustellen vermag – eine Frage von durchaus philosophischem Format, würdig des Buches Ijob und gleichrangig den besten theologischen Spekulationen zur Theodizeefrage. Aber man findet den rechten Schlüssel zum Verständnis solcher Erzählungen nur, wenn man den Mut hat, die eigenen Gefühle *am Anfang* der Lektüre einer archetypischen Erzählung hermeneutisch wirklich zu nutzen.

Dieselbe Regel von der besonderen Wichtigkeit des Anfangs gilt, wohl aufgrund der Verwandtschaft *bildhaften* Ausdrucks, auch bei der Interpretation künstlerisch belangvoller *Filme*. Auch hier herrscht bei vielen Zuschauern zumeist die Angewohnheit, den Titelvorspann und die ersten Bildfolgen als recht nebensächlichen Einstieg zu konsumieren; aber auch hier verpaßt oft das Entscheidende, wer den Anfang versäumt. Viele Filmregisseure lieben es zu Recht, die Eingangsszenen nach Art archetypischer Erzählungen symbolisch verdichtet zu gestalten.

In seinem Film «Orfeu Negro» (Frankreich 1959) z. B. erzählt MARCEL CAMUS die antike Sonnen- und Mondmythe von Orpheus und Eurydike im Gewande des Karnevals von Rio. Zu Beginn des Films zeigt er, wie Jungen einen Papierdrachen über der Bucht von Rio steigen lassen; der Drache steigt höher und höher, stürzt plötzlich in die Tiefe, wird noch einmal durch ein Straffen der Leine hochgerissen, um dann endgültig niederzufallen. In einer einzigen Szene nimmt CAMUS auf diese Weise den gesamten Handlungsablauf um Liebe und Trennung, Rettung und Tod zwischen Orpheus und Eurydike symbolisch vorweg. – Oder: in seinem Film «Der Schlachter» (Frankreich-Italien 1970) will

[98] E. DREWERMANN – I. NEUHAUS: Frau Holle, 1982.

Claude Chabrol zeigen, wie unter der Maske bürgerlicher Fassade Mordlust und Sadismus in unbezwingbarer, erschreckender Heftigkeit jederzeit auf der Lauer liegen können. Er verdeutlicht diese Überzeugung durch einen glänzenden Regieeinfall bereits im Titelvorspann, indem er die Angabe der Schauspieler und Mitarbeiter auf ein eiszeitliches Höhlengemälde projiziert: die heutigen Menschen, soll das besagen, sind seelisch nach wie vor Höhlenbewohner und eiszeitliche Jäger, und ihre Antriebe haben sich seit der Zeit des Cro Magnon-Menschen unverändert erhalten. – Natürlich ließen Beispiele dieser Art sich unendlich vermehren.

Es bleibt noch hinzuzufügen, daß, wiederum nicht zufällig, die *Anfangsregel* sich auch in der *Traumanalyse* bestätigt, ja in gewissem Sinne sich eigentlich von dorther überhaupt begründet. In der analytischen Psychotherapie gilt die Regel, besonders dem *Initialtraum* am Beginn der Therapie ein Hauptaugenmerk zu widmen, da sich in ihm erfahrungsgemäß wesentliche Angaben über die Einstellung zur Behandlung, zum Therapeuten und zu den eigenen Lebensmöglichkeiten verdichtet finden. Der Patient steht am Beginn einer Therapie vor einer wichtigen Entscheidung, die sich entsprechend intensiv im Unbewußten niederschlägt; kein Wunder deshalb, daß die Bilder des Initialtraumes noch weit sprechender sind als die Sprache der Träume sonst.

Eine Patientin z. B. erzählte als ihren ersten Traum in der Therapie sehr fragmentarisch, sie habe im Schlaf einen jüdischen Rabbi gesehen, der eine ihr unverständliche Buchrolle in Händen gehalten habe. Unbewußt gab sie damit ihre quasi religiöse, absolute Erwartung an die Therapie zu erkennen, aber auch, daß ihr die Behandlung wie eine Art kabbalistischer Mystik vorkam, auf die sie keinen Einfluß hatte. In der Tat bestätigte der weitere Verlauf der Gespräche, wie schwer es sein würde, die Patientin zur Mitarbeit zu bewegen und ihren Glauben an die Wundermacht des Therapeuten durch ein wachsendes Selbstbewußtsein zu ersetzen.

Sehr wichtig bei einer tiefenpsychologischen Interpretation archetypischer Erzählungen also ist es, von vornherein den Symbolgehalten *zu Eingang* der jeweiligen Erzählungen die größte Aufmerksamkeit entgegenzubringen. Je genauer die Aufgabenstellung am Anfang eines Märchens, eines Mythos, einer Sage, einer Legende oder eines Traumes begriffen wird, desto leichter fällt es, den weiteren Prozeß der Erzählung in seiner inneren Logik und Konsequenz zu verstehen. Die Disposition des Anfangs beschreibt meist in gedrängter Form die beiden äußersten Pole des zu lösenden Gegensatzes; die späteren spiralenförmigen Wiederholungen innerhalb der Erzählung pflegen dann, wie wir bereits gesehen haben, diesen Ausgangskonflikt symbolisch aufzugreifen und durch vermittelnde Symbole, ähnlich einem Brückenschlag von zwei ge-

genüberliegenden Uferböschungen aus, einer Lösung, einem *Kompromiß* zuzuführen.

Diese formale Grundeinsicht in die *sukzessive symbolische Vermittlung eines zentralen Gegensatzes am Anfang* eines Mythos findet wiederum eine Bestätigung durch den *Strukturalismus.*

C. LÉVI-STRAUSS hat in seiner rationalen Mytheninterpretation auf dasselbe Phänomen hingewiesen, das wir gerade tiefenpsychologisch beschreiben, nämlich, «daß das mythische Denken ausgeht von der Bewußtmachung bestimmter Gegensätze und hinführt zu ihrer allmählichen Ausgleichung». Er schreibt: «Nehmen wir also an, zwei Ausdrücke, zwischen denen der Übergang unmöglich scheint, würden zunächst durch zwei äquivalente Ausdrücke ersetzt, die einen weiteren als Zwischenstation zulassen. Danach würden einer der polaren Ausdrücke und der dazwischengeschaltete ersetzt durch eine neue Dreiergruppe, und so fort.»[99] Dann erst könnte man die Struktur eines Mythos verstehen. Um z. B. den Gegensatz Leben – Tod miteinander zu vermitteln, kann in einer Triade ersten Grades die Reihe gebildet werden: Landwirtschaft, Jagd, Krieg; in einer zweiten Triade die Reihe: Pflanzenfresser, Aasfresser, Raubtiere, wobei die begrifflichen Triaden mythisch in gewissen Bildern und Handlungsfolgen konkretisiert werden. Die Anordnung selbst «steht für die implizite Überlegung: die Aasfresser sind wie die von Raub lebenden Tiere (sie fressen nur tierische Nahrung), aber auch wie die Erzeuger pflanzlicher Nahrung (sie töten nicht, was sie essen)»[100].

Schema

Anfangspaar	*Erste Triade*	*Zweite Triade*
Leben		
	Landwirtschaft	
		Pflanzenfresser
		Aasfresser
	Jagd	
		Raubtiere
	Krieg	
Tod		

[99] C. LÉVI-STRAUSS: Die Struktur der Mythen, in: Strukturale Anthropologie, 247.
[100] A. a. O., 247.

Die Symbolkette einer mythischen Erzählung ist daher im Strukturalismus als der Versuch zu lesen, einen bestehenden realen Gegensatz stufenweise durch vermittelnde Begriffe, die in konkrete Bilder konvertieren, auszugleichen; und dies ist dieselbe methodische Voraussetzung, die bezeichnenderweise auch die Tiefenpsychologie macht.
Allerdings unterscheidet sich die Tiefenpsychologie von der strukturalistischen Hermeneutik durch zwei wichtige Punkte: die «Gegensätze», mit denen sie es zu tun hat, sind zum ersten nicht Gegensätze, die das menschliche Denken, konkretisiert in symbolischen Gegenständen, an die Natur heranträgt, sondern Gegensätze, die das menschliche Erleben, die psychische Selbstwahrnehmung, mithin das Gefühl durchziehen und die sich in bestimmten Symbolen ausprägen; nicht die Vermittlung zwischen Kultur und Natur, Denken und äußerer Realität, sondern zwischen Bewußtsein und Unbewußtem, zwischen Denken und innerer (psychischer) Realität ist das Gebiet der tiefenpsychologischen Mytheninterpretation. Damit ist zum anderen gegeben, daß die Symbolanalyse der Tiefenpsychologie im Umgang mit den Mythen sich nicht in die Soziologie, sondern in die Biologie verlängern muß: der Strukturalismus – als Teil der Ethnologie – untersucht, wie die symbolischen Klassifikations- und Differenzierungssysteme des *Denkens* die *gesellschaftliche* Praxis bestimmen und sich dort, z. B. in der Kastenordnung des Totemismus mit den entsprechenden moralischen Bestimmungen, niederschlagen[101]; die Tiefenpsychologie hingegen untersucht, welche Voraussetzungen in der menschlichen Psyche evolutiv bestehen, um Gegenstände der Außenwelt *und* Gegebenheiten der sozialen Umwelt als symbolischen Ausdruck der Selbstwahrnehmung assimilieren zu können.
Tiefenpsychologie und Strukturalismus sind sich über diese Unterschiede hinaus aber in auffallender Weise darin einig, daß die Mythen insgesamt den *Ausgleich von Gegensätzen* anstreben, die sie selbst in symbolischer Sprache allererst artikulieren. Indem die Tiefenpsychologie die rationalen und sozialen Implikationen des Symbolismus weitgehend vernachlässigt, gewinnt sie auf der anderen Seite die Fähigkeit, ein Verständnismuster anzubieten, das den Mythos, das Märchen, den Traum, die Dichtung, losgelöst von den sozialen, historisch singulären Bedingungen, mit der universalen, ubiquitären Sprache des Unbewußten verbindet. Der Verzicht auf die Untersuchung der rationalen und sozialen Komponenten des Mythos, des Märchens oder einer Dichtung in der Psychoanalyse wird daher aufgewogen durch den Gewinn an emotionaler und existentieller Verbindlichkeit und Unmittelbarkeit.

[101] Vgl. C. LÉVI-STRAUSS: Das wilde Denken, 154; 248.

Entscheidend zur Gewinnung dieser Unmittelbarkeit des Empfindens und der Verbindlichkeit der Aussage ist natürlich die Möglichkeit, sich selbst in die Lektüre des Mythos, des Märchens, der Dichtung so einzubringen, daß man selbst der Träger der gesamten Traumphantasie sein könnte, ja in gewissem Sinne sogar sein müßte. Insofern ist der berühmte und umstrittene Satz DILTHEYS zutiefst berechtigt, «daß das Verstehen auf einer besonderen persönlichen Genialität beruht»[102], wofern mit «Genialität» eben diese Fähigkeit des Lesers zu einer inneren Verschmelzung, zu einer geistigen Identifikation mit dem Gelesenen gemeint ist.

Die Art aber, wie man diese Identität versteht, macht noch einmal die Differenz zwischen der reduktiven, objektalen Analyse der FREUDSCHEN Traumpsychologie und der finalen Auslegung der komplexen Psychologie C. G. JUNGS besonders deutlich.

Für FREUD waren die Träume, wie wir sahen (s. o. S. 155), ersatzweise Wunscherfüllungen. Unter FREUDSCHER Voraussetzung versteht man einen Mythos oder ein Märchen, eine Legende oder eine Sage, indem man sich selbst mit seinen eigenen Wünschen in der Gestalt des Helden der Erzählung wiederentdeckt: der Held tut, was man selber eigentlich auch tun möchte, aber nicht zu tun vermag (z. B. die ödipale Heirat der Mutter und die Beseitigung des Vaters). Die Identifikation mit dem Helden geschieht daher *nur im Irrealen:* der Mythos, der Traum bleibt das Phantastische, Unwahre, Uneigentliche; er beschreibt das, was der Leser zwar sein möchte, aber in der Realität nie sein wird.

Anders liegen die Verhältnisse, wenn der Mythos nicht als Verschleierung der äußeren Realität mit ihren Widersprüchen zur Welt der Wünsche, sondern gerade als Offenbarung der inneren Realität in ihrer Wahrheit und wesenhaften Geltung verstanden wird. Denn dann erhält das göttliche Kind, der mythische Held, der Gottmensch der Mythen und Märchen den *Charakter eines verpflichtenden Vorbilds,* und zwar nicht – wie in der Legende und Sage – im Sinne eines *moralischen* Beispiels, das doch noch die innere Differenz, den Unterschied von Sein und Sollen, von Wunsch und Pflicht offenließe (s. u. S. 425), sondern im Sinne des wesenhaften Ausdrucks des Eigenen, der Manifestation eigener Identität. Unwahr ist unter den Voraussetzungen einer subjektalen Auslegung nicht das Märchen oder der Mythos, sondern das eigene Ich, wenn es mit dem Helden der Erzählung *nicht* identisch ist. – Es ist klar, daß der *subjektale* Ansatz mit seiner finalen Interpretationsweise den Wahrheitsgehalt der Märchen und Mythen besser herauszufinden imstande ist als die *objektale* Aus-

[102] W. DILTHEY: Der Aufbau der geschichtlichen Welt in den Geisteswissenschaften, VII 267.

legung, die eher zur Kritik des Uneigentlichen, Unwahrhaftigen und möglicherweise Neurotischen in den Mythen, Märchen, religiösen Symbolen und Dichtungen der Völker geeignet ist.
Vom Problem der Identität her ergibt sich nun als eine weitere wichtige Regel:

3) Die Zentrierungsregel

Um sich selbst mit einer mythischen Erzählung identifizieren zu können, bedarf es eines zentralen Identifikationspunktes, und dieser ist stets in der tragenden Figur der Erzählung zu suchen. Damit stellt sich das Problem der richtigen Zentrierung. Wohl gibt es viele Erzählungen, bei denen *der zentrale Akteur* der Geschichte von vornherein zweifelsfrei feststeht, so daß man glauben könnte, wir behandelten mit der Frage der Zentrierung jetzt etwas an sich Überflüssiges oder wir erörterten ein Scheinproblem. In Wahrheit aber ist es oft gar nicht so einfach, die zentrale Figur eines Märchens oder eines Mythos herauszufinden, und die Aufgabe gleicht der Schwierigkeit, vor der ein Fotograf steht, der aus einer Vielzahl möglicher Beleuchtungsperspektiven des Gesichtes einer schönen Frau, des Dekors eines Schloßzimmers oder aus den möglichen Aufnahmeeinstellungen einer Heidelandschaft die adäquateste, die am meisten enthüllende, die *wahrste* Blickrichtung auswählen möchte. Zum Glück gibt es gewisse Kriterien, die deutlich machen, welche Perspektive jeweils einzunehmen ist.
Zahlreiche Märchen und Mythen beginnen mit der Erzählung bestimmter (Stamm-)Väter und Mütter (bzw. mit der Geschichte gewisser Götter und Heroen) und verraten erst dann, daß diese oft breit angelegten einleitenden Mitteilungen nur die Vorgeschichte zu der eigentlichen Handlung darstellen; in deren Mittelpunkt steht, als Held zumeist, der Sohn oder die Tochter jenes Vaters oder jener Mutter, und aus deren Sicht ist jetzt von rückwärts her auch die Vorgeschichte der «Eltern» selbst zu lesen: sie ist in der Terminologie S. FREUDS als der *«Familienroman»*[103] des Helden, als seine psychische Charakterisierung, als sein Wesensportrait, als die Rückwärtsprojektion seiner eigenen Charakterstruktur zu verstehen; sie ist gewissermaßen nur die Spiegelung der psychischen Genese in der Vorstellung des Helden.
Um zu verstehen, was mit «Familienroman» gemeint ist, muß man sich vergegenwärtigen, daß nicht wenige Menschen ausgesprochen oder unausgesprochen mit dem Gedanken spielen, daß ihre Eltern, insbesondere ihr Vater, nicht

[103] S. FREUD: Der Familienroman der Neurotiker, VII 225–231.

ihre wirklichen Eltern, nicht ihr wirklicher Vater sind. Ein junger Mann z. B., der seinen Vater gründlich haßte und seine Mutter, die früh verstarb, kaum kennengelernt hatte, gab sich überzeugt, zwar in Deutschland aufgewachsen zu sein, aber in Wirklichkeit von irischen Eltern abzustammen, und zwar habe sein richtiger Vater in englischem Kolonialdienst seine Mutter in Indien als Tochter eines wohlhabenden Kaufmanns kennengelernt, dann aber seien, durch die Wirren der Gründungszeit der indischen Republik, seine Eltern getrennt worden, die Mutter sei umgekommen und er selbst als Findelkind in die Hände jenes Nichtsnutzes, seines Scheinvaters, geraten. Zum unwiderleglichen Zeugnis dieses «Romans» galt ihm, daß er unbegreiflich schnell auf der Schule die englische Sprache zu lernen vermocht habe und auch wegen seiner roten Haare stets als Außenseiter und Fremdling von den anderen Schülern gemieden worden sei. – Naturgemäß gäbe es therapeutisch keinen Sinn, diese Vorgeschichte als *äußerliche* Realität zu beglaubigen[104]; aber um das Wesen dieses Mannes zu verstehen, war es doch außerordentlich wichtig, die *innere* Realität seines Kindheitsmythos zu begreifen, sprachen sich darin doch all die Gefühle aus, die sein Erleben von Grund auf geprägt hatten: Gefühle der Isolation und Einsamkeit, des Hasses und der Ablehnung, der noch verkannten, aber doch bald sich offenbarenden Sonderrolle, der geheimen höheren Abkunft und Zukunft, kurz: all die Gefühle eines *ödipalen* Helden. – Nicht anders als im Sinne eines solchen Familienromans sind die «Vorgeschichten» am Anfang der Mythen und der Märchen, der Sagen und Legenden zu verstehen.
Daß diese analytische Betrachtungsweise der Mythen und Märchen richtig

[104] Das gleiche dürfte von den vermeintlichen Erinnerungen an vorgeburtliche Existenzweisen und Seelenwanderungen zu halten sein; sie sind in der Praxis als (zumeist zwangsneurotische) Ideologiebildungen zu betrachten, die zwar mit rationalen Mitteln durchaus nicht zu widerlegen sind, aber deswegen natürlich noch gar nichts über ihren objektiven Wahrheitsgehalt verraten. Eine einfache Probe zur Widerlegung aber besteht, wenn z. B. W. WEDEN – W. SPINDLER: Ägyptische Einweihung, 1978, sich an ein vergangenes Leben im Reich der Pharaonen zu erinnern vorgibt und esoterisches Wissen aus jener Zeit vorzutragen sich anschickt: die Vokalisierung der ägyptischen Namen, seit der Zeit J. F. CHAMPOLLIONS vollkommen willkürlich durch Einschaltung eines e-Lautes zwischen das Konsonantengerüst der Hieroglyphenschrift vorgenommen, wird gehorsam beibehalten, – ein wirklicher ägyptischer Zeitgenosse würde niemals die Namen auf diese Weise aussprechen, und was könnte er den Ägyptologen für Einsichten erschließen! – So psychologisch «verdächtig» die Seelenwanderungslehre aber auch sein mag, so muß man zugeben, daß sie viele metaphysische und religiöse «Vorteile» bietet: sie erklärt nicht nur das bestehende Unrecht in der Welt besser als etwa die christliche Seelenlehre, sie verhängt auch nicht gleich unendliche Strafen und Belohnungen für durchaus endliche Handlungen; vor allem aber vermag sie den Menschen wirksam daran zu hindern, ungütig mit den Tieren und Pflanzen umzugehen, und sie ist geeignet, die schrankenlose Mittelpunktstellung des Menschen innerhalb des christlichen Weltbildes zu beenden. Schon aus diesen Gründen möchte man der indisch-pythagoreischen Seelenwanderungslehre als Philosoph zustimmen, so sehr man als Psychologe sich auch dagegen verwahren wird, sie in einem Einzelfall als Tatsache zu beglaubigen. Theologisch allerdings spricht gegen die Seelenwanderungslehre das alte Argument der Patristik: die Person des Einzelnen ist keine bloße Erscheinung, sondern eine unvertauschbare Wesenheit, die dazu berufen ist, ewig zu sein.

und zweckmäßig ist, wird von der einzelnen Erzählung selbst oft dadurch bestätigt, daß die anfangs genannten Gestalten späterhin im Verlauf der Handlung sich erneut dem Helden in den Weg stellen, dann freilich in einer merkwürdig identischen und doch zugleich veränderten Rolle.

Ein gutes Beispiel dafür ist erneut das Märchen vom «Mädchen ohne Hände» (KHM 31)[105], das wir, um bei einem übersichtlichen Exempel zu bleiben, am einfachsten von den verschiedenen Seiten seiner Auslegung her wiederholt zur Verdeutlichung heranziehen können. Am Anfang dieses Märchens scheint es durchaus nicht klar, aus welcher Perspektive die Erzählung zu verstehen ist: geschildert wird ausführlich die Schwierigkeit eines Müllers, der, in Armut geraten und im Pakt mit dem Teufel, wider eigenes Wollen seiner Tochter die Hände abschlagen muß, um zu verhindern, daß der Teufel von ihm selbst Besitz ergreift. *Subjektal* kann und muß man diese Angaben naturgemäß aus der Sicht des Müllers deuten, so daß die «Tochter» als eine anima-Gestalt, als ein Symbol der «weiblichen» Antriebe im Müller selbst zu verstehen ist: deren Verstümmelung, wo nicht Verteufelung droht beim Bestreben des verarmten Müllers, sich um den Preis der «verkauften Seele» äußeren Reichtum zu erwerben. M.-L. von Franz[106] ging dabei sogar so weit, bereits im Beruf des «Müllers» ein Symbol für die mechanische, äußerliche, seelenlose, «männliche» Icheinstellung erblicken zu wollen. – Gleichwohl zeigt das Märchen relativ eindeutig, daß die Person des «Müllers» nur die «Vorgeschichte» zum Verständnis der Müllerstochter darstellt; aus *ihrer* Sicht also ist, in einem zweiten Schritt, auch die Person des Vaters zu sehen. Die Ängste, Sehnsüchte, Ambivalenzen, Schuldgefühle etc., die das Mädchen seinem Vater *objektal* entgegenbringt, spielen dabei natürlich die größte Rolle. Später aber tritt der «Vater» verinnerlicht in der Gestalt des «Teufels» auf – die ehemals objektale Ambivalenz dem Vater gegenüber ist nun, als das Mädchen zur Frau heranreift, introjiziert worden und wird projektiv auf ihren Gemahl übertragen. – Wie in jeder wirklichen psychischen Entwicklung im Leben eines Menschen lösen also auch in den Märchen und Mythen, den Sagen und Legenden die Außen- und die Innenseite, die objektale und die subjektale Ebene einander ständig ab, und dementsprechend ist auch bei ihrer Interpretation immer wieder zu fragen, im Spiegel welcher Zentralgestalt die seelischen Prozesse jeweils ablaufen. – Dabei zählt die Geschichte vom «Mädchen ohne Hände» gewiß zu den «einfachen» Zentrierungsproblemen.

Besonders schwer fällt die richtige Zentrierung einer Erzählung, wenn von An-

[105] E. Drewermann – I. Neuhaus: Das Mädchen ohne Hände, 1981.

[106] M. L. von Franz: Das Weibliche im Märchen, 71–94.

fang an verschiedene Gestalten gleichzeitig auftreten oder einander ablösen, ohne daß eine einzelne durch eine besondere Vorrangstellung oder den weiteren Gang der Handlung ausgezeichnet wäre. Die Gleichzeitigkeit verschiedener Personen bedeutet zumeist, daß sie alle in gewisser Weise zusammengehören und die Teile *einer* Person bilden, die selber in der Erzählung nicht genannt wird, die aber nach der Regel der Interpretation auf der Subjektstufe virtuell als eigentlicher Handlungsträger im Hintergrund der handelnden Gestalten vorgestellt werden muß. Die Art, wie die verschiedenen Gestalten – meist Geschwister sehr gegensätzlichen Charakters, Namensvettern oder spiegelbildlich voneinander unterschiedene Doppelgänger – in der Erzählung auftreten, gibt in diesem Falle näheren Aufschluß darüber, ob wir es mit einander zugeordneten Strebungen der gleichen psychischen Instanz (des Ich, des Es oder des Überich) oder mit einander dialektisch bedingenden bzw. ergänzenden Kräften verschiedener Instanzen zu tun haben, die, wie im Motiv der kämpfenden Brüder etwa, im Verhältnis von Ich und persönlichem Unbewußten (Schatten) oder von Es und Überich o. ä. zueinander stehen.
Im Märchen von der «Kristallkugel» (KHM 197) z. B. werden drei Brüder geschildert, von denen einer durch seine Mutter (eine Zauberin) in einen Adler, ein anderer in einen Walfisch verwandelt wird; nur der dritte entrinnt dem Einfluß der Hexe in menschlicher Gestalt und macht sich auf die Suche nach einer wunderschönen, aber gleichfalls verzauberten Jungfrau, deren Erlösung voraussetzt, daß Walfisch und Adler zusammenarbeiten, um eine geheimnisvolle Kristallkugel zu bergen, bei deren Anblick der Zauberbann von der Prinzessin ebenso wie von den beiden Brüdern genommen wird. In der «Kristallkugel» selbst wird man ein Mandalasymbol, ein Zeichen für eine in sich «abgerundete» Persönlichkeit, für das «Selbst» erkennen müssen; die verwunschene Prinzessin aber dürfte als anima-Gestalt zu verstehen sein, während die drei Brüder für das Ich stehen, das zwischen einer isolierten Geistigkeit (dem «Adler») und einer isolierten Triebhaftigkeit (dem «Walfisch») vermitteln muß, indem es die verwunschene «Seele» erlöst. – *Alle* Gestalten sind hier als Teile ein und derselben Psyche zu interpretieren.
Der Standpunkt einer subjektalen Ganzheit, die im Hintergrund *aller* handelnden Gestalten eines Mythos oder eines Märchens steht, ohne mit einer einzelnen Gestalt identisch zu sein, trifft insbesondere für die polaren Gegensatzpaare *verfeindeter Geschwister* oder gegensätzlicher Antagonisten in aller Regel zu. Meist ist dabei zu beachten, daß die Polarisierung in Gut und Böse, Schön und Häßlich, Fleißig und Faul sich von den Gegensätzen selbst her wechselseitig bedingt. Dem reinen Fürsten Myschkin in DOSTOJEWSKIJS *«Idioten»* z. B. steht der Wüstling Rogoshin gegenüber, beide bemüht um die Gunst der unglückli-

chen Katharina Iwanowna[107] – dem bewußten Ich droht die Zerstörungsarbeit der unbewußten, abgespaltenen Seelenteile. Das *Problem von Ich und Schatten,* das sich in diesem Symbol der *verfeindeten* Brüder ausspricht (s. o. S. 175), kennt für gewöhnlich keine zentrale Gestalt, sondern die Zerspaltenheit des Zentrums selber ist hier das Thema, *wenn* die Erzählungen tatsächlich als psychische Entwicklungsgeschichten zu lesen sind, gleichgültig, ob mit positivem oder negativem Ausgang. Es kann aber auch geschehen, daß sich, jenseits der psychischen Gegensätzlichkeit, vor allem in mythischen Erzählungen Konflikte widerspiegeln, die in ihrer polaren Gegensätzlichkeit als Urtatsachen hingenommen werden müssen (s. o. S. 145).

Von besonderem Interesse ist nicht zuletzt *die Metamorphose der zentralen Figur,* die z. B. in dem vorhin schon erwähnten Motiv des jüngsten Sohnes sehr häufig vorkommt, indem der «Jüngste», meist zunächst scheinbar ein Däumling oder Dümmling, sich schließlich als der eigentliche Retter erweist. In ihm verkörpert sich in der Regel die verjüngte Gestalt des «Vaters», des bewußten Ichstandpunktes. Die spannungsreiche Identität von «Vater» und «Jüngstem» wird in den Märchen oft so beschrieben, daß der rettende Sohn nach all seinen gefährlichen Abenteuern mit der erlösten Brautjungfrau zum Königshof seines Vaters *zurückkehrt* oder, umgekehrt, seinen Vater an den Hof bittet und sich, nicht selten nach schwerwiegenden Mißverständnissen und glücklich vereitelten Todesurteilen seitens des Vaters, in aller Form mit seinem «Vater» «versöhnt».

Ein anderer *Rollentausch der Vatergestalt,* der fast regelmäßig in den Märchen und Mythen überliefert wird, ist gern in der Nähe der zu erlösenden Braut angesiedelt: diese ist nicht nur von einer Hexe verzaubert oder von einem wilden Tier (den eigenen Triebkräften) bedroht, – es wacht über sie auch ihr Vater oder ein hochgestellter Beamter voller Eifersucht, und erst nach Ableistung bestimmter lebensgefährlicher Aufgaben darf der Held die Geliebte heimführen.

In der Mythe von *Herakles* z. B. ist es Eurystheus in Tiryns, der dem griechischen (Sonnen-)Helden die berühmten 12 Heldentaten aufträgt[108]. Die Handlungsabfolge selbst ist in der Herakles-Mythe für das Problem des Rollentauschs besonders lehrreich: der Vater des Herakles, Amphitryon von Theben, wird in der Nacht seiner Heimkehr aus dem Krieg von dem Gott Zeus an der

[107] F. M. DOSTOJEWSKIJ: Der Idiot (1868); 1958; vgl. E. DREWERMANN: Strukturen des Bösen, III 278–299, Exkurs: Das Motiv des Doppelgängers in der Belletristik. – Zur Deutung des Doppelgängermotivs als unbewußter Erinnerung an die Zeit der Dualunion mit der Mutter vgl. C. PLATA MUJICA: Das Phänomen des Doppelgängers, in: Rascovsky: Die vorgeburtliche Entwicklung, 136–171.

[108] APOLLODOR, II 72 ff., in: L. MADER: Griechische Sagen, Zürich 1963, 52–65. – Zur Wandlung des Heraklesbildes in der griechischen Dichtung vgl. L. RADERMACHER: Mythos und Sage bei den Griechen, 84–85.

Seite seiner Gattin Alkmene verdrängt[109]; Hera wiederum, die Gattin des Zeus, ist es, die aus Eifersucht den Herakles mit Wahnsinn umnachtet, so daß dieser später seine eigenen Kinder ins Feuer wirft und zur Sühne für dieses furchtbare Verbrechen von dem Gott in Delphi zu jenen zwölf Dienstleistungen für Eurystheus bestellt wird. Dabei ist deutlich, daß die Gestalt des Vaters wie der Mutter hier gleich mehrmals auftaucht: der «Vater» ist in eins Amphitryon *und* Zeus, der Gott von Delphi *und* Eurystheus; die «Mutter» ist zugleich Alkmene *und* Hera, und sie wird später in der Person der geliebten und verderbenbringenden Deianeira wiedererscheinen, die Herakles in den Tod schicken wird.

Auf der *Objektstufe* der Deutung des Herakles-Mythos haben wir es in der göttlichen Geburt des Helden aus dem Gott Zeus natürlich mit einem typisch *ödipalen* Mythem nach dem Vorbild des Familienromans zu tun[110]; die Göttin Hera verkörpert demgemäß die inzestuös begehrte Mutter, die aber den Helden (eben deswegen) haßt und seinen Vater in der Gestalt des Eurystheus dazu auffordert, das «göttliche Kind» möglichst zu schädigen.

Auf der *Subjektstufe* hat der Inzestwunsch demgegenüber wieder die Bedeutung der *Lebenserneuerung;* der Widerstand der «göttlichen Mutter», auf der Subjektstufe der Deutung gelesen, verhindert, daß die psychische Energie *nur* nach rückwärts verströmt: die demütigenden Arbeiten im Dienste des «Vaters», zum Zwecke der «Bewußtwerdung» also, müssen unternommen werden zur Sühne für die «Tötung» der «Kinder», mithin des eigentlich Zukunftverheißenden; und so ist es im Grunde der «Vater», das Bewußtsein selbst, das in der Gestalt des Herakles sich zu seiner eigenen Göttlichkeit hindurcharbeitet, indem es in der Person des Eurystheus sich zur Ausmistung des Augiasstalles (des Unbewußten), zur Fesselung des Höllenhundes Zerberus bis hin zum Erwerb der Äpfel der *Liebe* anhält.

Dieses *Schillern der Masken* und der *Tausch der Rollen,* die *Metamorphosen des Helden,* sind natürlich erst zu verstehen, wenn die innere Achse, die zentrale Persönlichkeit der Erzählung gefunden ist. Sie bildet das personifizierte Gegenstück, den Träger des *zentralen Konfliktes und Themas,* um das die mythische oder märchenhafte Erzählung kreist. Beide: das zentrale Thema und die zentrale Persönlichkeit, gehören naturgemäß zusammen, und das eine herauszufinden bedeutet immer, auch das andere zu kennen. –

Mit diesen Regeln sind wir in etwa imstande, die innere Konsequenz und psychologische Zielgerichtetheit mythischer, märchenhafter, legendärer und sa-

[109] HESIOD: Alkmene, Frgm. 195, V. 27–49, in Marg: Hesiod: Sämtliche Gedichte, 475–476.

[110] Vgl. O. RANK: Der Mythus von der Geburt des Helden, 79–80; E. DREWERMANN: Strukturen des Bösen, II 338.

genhafter Erzählungen zu verstehen und auszulegen, und wir könnten damit, vom wissenschaftlichen Standpunkt aus, relativ zufrieden sein. Tatsächlich aber verlangen wir für ein wirkliches Verständnis derartiger Überlieferungen *die Identifikation des Lesers mit dem Gelesenen,* und dazu genügt es nicht, die *formalen* Regeln abzuleiten, die sich aus der Art der Erzählungen selbst ergeben; es muß vielmehr zugleich geklärt werden, welche Regeln die *Beziehung zwischen dem Leser und der jeweiligen Erzählung* im Vorgang der Interpretation bestimmen.

Hier sind es vor allem zwei Regeln, die wir bezeichnen möchten als:

g) Die Realisierungsregel und das Zeitraffergesetz der Auslegung

«Mit Augen die durch in die Bücher schauen
gewohnt sind alles aufgelöst zu trinken
anstatt den Kern der Wirklichkeit zu kauen»
R. M. Rilke: Fragment, Sept. 1907; Werke, II 354

Bis jetzt haben wir solche Begriffe wie «Ödipuskomplex», «Individuationsprozeß», «Schatten», «anima», «Lebenserneuerung», «Wiedergeburt» u. a. m. zwar psychologisch definiert und ihren Nutzen für die Interpretation archetypischer Erzählungen nachgewiesen; die Begriffe selbst jedoch entbehren in der jeweiligen Interpretation noch gänzlich eines wirklichen Inhaltes. In sich selbst sind sie zwar alles andere als formale Begriffe oder leere Abstraktionen; aber indem sie die psychische Wirklichkeit in vorgeprägten Bezeichnungen chiffrieren, sind sie nur der begriffliche Ausdruck einer Wirklichkeit, die sich in den Erzählungen symbolisch abbildet und auf welche die Mythen und Märchen mit ihren Bildern den Leser hinweisen; die psychologischen Termini sind nicht schon diese Wirklichkeit selbst, sie sind nur begriffliche Brücken zur Bezeichnung bestimmter Felder innerhalb der Wirklichkeit. Auch die Sinnverknüpfungen und vielschichtigen symbolischen Beziehungen, die zwischen den einzelnen archetypischen Motiven innerhalb eines Mythos oder Märchens bestehen, ergeben in der Interpretation, selbst dann, wenn diese völlig korrekt alle bestehenden Zusammenhänge begrifflich ausdrückt, an sich nicht mehr als eine Art Bilderprospekt für die Reise in ein nach wie vor noch unbekanntes Land; sie beschreiben eine Wirklichkeit, die erst lebendig wird durch das eigene Leben bzw. durch die eigene Lebenserfahrung.

Dieser Umstand führt interpretativ zu der vielleicht wichtigsten Regel der Auslegung von Märchen und Mythen überhaupt; wir möchten sie die *Realisie-*

rungsregel der Interpretation nennen und meinen damit, daß die Hauptaufgabe der Interpretation darin liegen muß, die Bildersprache eines Märchens oder Mythos, einer Sage oder Legende auf die darin angesprochene psychische Realität hin auszulegen, mithin zunächst die archetypische Symbolsprache durch eine psychologische Begriffssprache zu ersetzen und dann wiederum die psychologischen Termini mit den Erfahrungen rückzuverbinden, aus denen sie gewonnen wurden.

Diese im Grunde wichtigste aller bisherigen Regeln weicht von den Bemühungen der historisch-kritischen Exegese wiederum, und zwar gleich auf doppelte Weise ab. Die historisch-kritische Exegese möchte herausfinden, was ein bestimmter Autor vor etwa 2000–3000 Jahren subjektiv mit einem bestimmten Text hat sagen wollen; ganz im Gegensatz dazu geht es uns jetzt

1) darum, was über die bewußte Aussageabsicht eines Autors hinaus *objektiv* mit bestimmten archetypischen Symbolen gemeint ist, und

2) darum, welch eine psychische Realität innerhalb der Bedeutungsbreite der archetypischen Symbole anzutreffen ist.

Zu unterstellen ist zunächst überhaupt, was wir schon mehrfach betont haben: daß biblische Autoren, wie etwa der Jahwist im Alten Testament oder der Autor der Geheimen Offenbarung im Neuen Testament, mit den Symbolen, in denen sie Urzeit und Endzeit beschreiben, unendlich viel mehr gesagt haben, als sie subjektiv reflex wissen konnten. Diese Annahme muß der gesamten historisch-kritischen Exegese erneut ganz ungeheuerlich vorkommen; sie folgt aber in Wahrheit bereits aus der Natur und Eigenart symbolischen Sprechens selbst. Niemals hätten die biblischen Autoren – und andere – zu einer symbolischen Sprechweise ihre Zuflucht genommen, wenn sie Sachverhalte hätten mitteilen wollen, deren Bedeutung sie subjektiv in Gänze zu erfassen vermocht hätten; sie hätten dann in begrifflicher Terminologie wiedergeben oder allenfalls in allegorischer Sprache verdeutlichen und ausmalen können, was sie zu sagen hatten. Ein Symbol hingegen ist stets dort erforderlich, wo etwas nur geahnt und gerade nicht begrifflich ausgesprochen werden kann[111]. Für die Ex-

[111] J. P. Mackey: Jesus, 1981, 91, definiert sehr treffend: «Ein Bild…, das den Lebensbedingungen entstammt, die uns an unsere Welt binden, und das aufgrund der in zwei Richtungen (sc. die Weite und die Tiefe, d. Vf.) wirkenden, immer wieder auftauchenden Grundmuster aller menschlichen Erfahrung immer tiefere Schichten jener Erfahrung über die Grenzen von Zeit und Raum hinweg anzurühren vermag, ein solches Bild ist ein ‹Symbol›. Der Künstler fühlt sich zu solchen Bildern hin- oder von ihnen angezogen und vermag ihnen eine Form zu geben, die ihre tiefe und universelle Bedeutung gewährleistet.» Im Sinne dieser Definition wirkt das Symbol (im Unterschied zur Metapher und Allegorie) für sich selbst; es entzieht sich einer begrifflichen Analyse, obwohl es doch an Tiefe und Allgemeingültigkeit den abstraktesten Gedanken gleichwertig sein kann. Nach C. G. Jung: Definitionen, VI 515–516, ist das Symbol der «Ausdruck eines bis dahin unbekannten und unverstehbaren mystischen oder transzendenten, d. h. also zunächst psychologischen Tatbestandes», der sich «schlechthin am treffendsten» nur durch das Symbol darstellen läßt.

egese bedeutet dies nichts anderes, als endgültig Abschied von der Bewußtseinseinseitigkeit ihrer Auslegung zu nehmen und endlich die Existenz *unbewußter Aussageinhalte* in den biblischen Erzählungen für möglich und gegeben anzuerkennen. Schon dies verändert für die historisch-kritische Exegese eine ganze Welt.

Der zweite Unterschied zwischen der traditionellen Bibelauslegung und der tiefenpsychologischen Interpretation ist an dieser Stelle indessen noch zentraler. Für die historisch-kritische Exegese muß es genügen, wenn sie sich auf den *Textsinn* einer Erzählung beschränkt; sie ist, was sie ist: eine reine Schriftgelehrsamkeit. Nun aber zeigt sich, daß es bei den archetypischen Bildern mythischer oder märchenhafter Erzählungen durchaus *nicht* genügt, nur ein Schriftgelehrter zu sein. Denn kein Symbol läßt sich rein immanent erfassen; was es verbal aussagt, bedeutet nur insofern etwas, als man den Text verläßt und sich der psychischen Realität zuwendet, die es anzeigt. Das Verhältnis zwischen Symbol und Wirklichkeit ist dabei wechselseitig. Der Inhalt eines Symbols läßt sich nur von der Wirklichkeit her erschließen, die es anzeigt; und umgekehrt erschließt sich die Wirklichkeit nur durch ein *symbolisches Vorwissen* oder Gesamtwissen um diese Wirklichkeit, die unendlich reicher, anschaulicher, umfassender und lebendiger ist als das rationale Einzelwissen davon: dieses kann stets nur Stückwerk bleiben.

Es kommt mithin darauf an, den Mythos, das Märchen, die Legende, die Sage so vielseitig wie möglich mit denjenigen Ausschnitten der psychischen Realität zu vergleichen, die von der Symbolsprache der Erzählung, übersetzt in die Terminologie der Tiefenpsychologie, angezeigt wird. Dieser Dreischritt: Symbol – Begriff – Wirklichkeit umfaßt die ganze Breite der tiefenpsychologischen Interpretation und macht deutlich, daß ein archetypisches Symbol erst dann verstanden ist, wenn man die psychische Wirklichkeit vor Augen hat, die sich darin verdichtet, wenn man es in wörtlichem Sinne «realisiert».

Im Grunde stellt diese Regel der «Realisierung» indessen nichts wirklich Neues dar, sondern sie gibt nur das älteste Erbe der Traumanalyse S. FREUDS wieder, die auf die «Durcharbeitung» der einzelnen Traumbilder im eigenen Leben abzielte, und es ist nicht schwer, sich die Bedeutung dieser Grundeinstellung für die Interpretation archetypischer Erzählungen klarzumachen.

Wir haben vorhin hervorgehoben, daß die archetypischen Symbole in den Mythen der Völker ebenso wie in den «großen Träumen» einzelner anzutreffen sind, daß also zwischen der symbolistischen Auslegung archetypischer Erzählungen und der Auslegung eines rezenten Traumes an sich kein prinzipieller Unterschied besteht. Jetzt muß man diese Parallele nur einen Schritt weiter verfolgen. Was immer ein einzelner Traum bedeuten mag, – er bedeutet stets etwas im Leben eines bestimmten Patienten; nur durch den Vergleich und die Kenntnis seines wirklichen Lebens bzw. Erlebens läßt sich das Verständnis eines Traumes im Sinne der FREUDschen Assoziationstechnik vervollständigen[112]. Ähnliches gilt bei der Auslegung der archetypischen Bilder der Mythen und Märchen. Wohl reichen diese in ihrem Gehalt weit über den Umkreis des persönlichen Erlebens hinaus; in ihnen verdichten sich, jenseits der individuellen Psyche, die Grundgesetze der menschlichen Psyche überhaupt; gerade deshalb aber ist es so notwendig, das in ihnen Gemeinte durch Beispiele aus dem wirklichen Leben sich möglichst genau zu verdeutlichen.

Die archetypischen Symbole sind in sich verdichtete Bilder des Lebens, man versteht sie daher nur, wenn man das Leben selbst in Bildern zu sehen und nachzudichten lernt.

Exegese der Bibel ist demnach u. a. auch so etwas wie eine Poesie des Lebens, – oder sie ist nicht; Exegese ist wesentlich auch ein Weg der Lebenskunst, – oder sie legt nicht aus, sondern verschüttet. S. KIERKEGAARD z. B. nannte seine Art, die Geschichte von Abraham in Gen 22 zu interpretieren, eine *«dialektische Lyrik»*[113], und das ist eigentlich ein genial richtiger Ausdruck für das, worum es in der Exegese geht oder doch gehen müßte: um die tiefste Ergriffenheit des Subjektes bei gleichzeitig höchster Anspannung objektiven Verstehens.

Gewiß werden sich an dieser Stelle erneut eine Reihe von Einwänden und Zweifeln seitens der traditionellen Bibelexegese zu Wort melden. Bedeutet «Dichtung», «Leben» und «Lyrik» nicht doch lediglich Subjektivität, Willkür, freie Ästhetik und ungebundenes Spiel der Phantasie, – mithin Unbeweisbarkeit, Unkontrollierbarkeit, folglich: Unwissenschaftlichkeit? Stehen wir nicht wiederum vor jener exegetischen Alternative zwischen wissenschaftlicher Unlebendigkeit und lebendiger Unwissenschaftlichkeit, die wir gerade überwinden wollten?

Im Grunde nicht, obwohl sich in *einem* Punkt erklärtermaßen eine gewisse «Willkür» nicht vermeiden läßt, ja sogar verlangt werden muß, und das ist *der Faktor der prinzipiellen Unvollendbarkeit des Erfahrungsmaterials,* der in der Tat einen erheblichen Freiheitsspielraum in der Interpretation eröffnet.

Um ein archetypisches Symbol zu verstehen, sagten wir soeben, genügt es nicht, den funktionalen Sinn des Symbols in tiefenpsychologischen Termini zu benennen; es kommt darüberhinaus wesentlich darauf an, bei der Interpretation der Symbole die Wirklichkeit selbst zu erfassen, die sich in dem jeweili-

[112] Vgl. S. FREUD: Die Traumdeutung, II–III 544; vgl. auch C. G. JUNG: Assoziation, Traum und hysterisches Symptom, II 406–421.

[113] S. KIERKEGAARD: Furcht und Zittern, 1843.

gen Symbol ausspricht. Bei näherem Hinsehen aber muß sich sogleich zeigen, daß es prinzipiell unendlich viele «Fälle» gibt, auf die ein bestimmtes Symbol anwendbar ist und die umgekehrt den Sinngehalt des jeweiligen Symbols komplettieren können. Eine gewisse *Beliebigkeit in der Auswahl der «Fallbeispiele»*, die man zur Verdeutlichung des Inhaltes eines Symbols heranziehen kann, ist daher von vornherein nicht zu vermeiden. Es muß auch zugegeben werden, daß in einer solchen Auswahl, eben weil es im Einzelfall keine objektiv exakten Zuordnungsregeln zwischen einem Symbol und gewissen Teilen aus dem Gesamtbereich der von ihm bezeichneten Wirklichkeit gibt, mit Sicherheit zahlreiche subjektive Momente bestimmend sein werden, wie persönliche Affinität, persönliche Kenntnis und Anschauung, der Grad der eigenen Lebenserfahrung etc.; zudem mögen einzelne Beispiele zwar die Bedeutung eines archetypischen Symbols deuten und verdeutlichen helfen, – sie färben es aber zugleich auch mit ihrem eigenen Kolorit und akzentuieren notwendig gewisse Teilbedeutungen über Gebühr auf Kosten des Ganzen.
Auf den ersten Blick kann man daher das, was wir soeben die «Realisierungsregel» der Interpretation genannt haben, durchaus als einen Beweis für die Unwissenschaftlichkeit des gesamten hier geforderten Vorgehens auffassen; in Wahrheit aber zeigt sich gerade hier, daß die vorgeschlagene Methode einzig «richtig», d.h. dem Gegenstand adäquat ist. Denn was will man von einem archetypischen Symbol anderes erwarten, als daß es auf eine quantitativ unendliche Zahl von Lebenssituationen anwendbar ist und diese qualitativ (oder besser: substantiell) umschreibt und ausdeutet? Und was will man umgekehrt von der Interpretation eines solchen Symbols erwarten, wenn nicht, daß sie den *Umkreis* der Wirklichkeit formuliert, auf den sich das Symbol beziehen läßt? Je besser man ein archetypisches Symbol versteht, desto mehr wird man angeregt, das jeweilige Bild buchstäblich auf «alle möglichen» Wechselfälle des Lebens anzuwenden bzw. es darin wiederzuerkennen und von dorther auszulegen, und je stärker diese Aufforderung spürbar wird, desto mehr Vertrauen wird man darin setzen, in der Interpretation einer archetypischen Erzählung die richtige Perspektive gewählt zu haben. So wie ein Kind beim Spielen mit einem Stück Holz sein Spielzeug als etwas Lebendiges, «Bedeutendes» empfindet, von dem es sich sagen läßt, welches Spiel gerade zu spielen ist, und so wie der hölzerne Gegenstand offen ist für zahlreiche situative Interpretationen, von denen her er zum «Bedeuteten» wird und seine Realität als «Pferd», «Zug» oder «Puppe» gewinnt, so sind die archetypischen Motive ineins Bedeutendes und Bedeutetes, Objektives wie Subjektives, Entwerfendes und Entworfenes.
Was sich zunächst als methodisch bedenklich erweist, ist mithin bei Licht besehen die einzig angemessene Methode, um ein archetypisches Symbol vom

Leben her und auf das Leben hin zu deuten; am Leben, an der eigenen Existenz vorbei versteht man es nicht.

Zudem wäre die Vorstellung verfehlt, wir schlügen zur Deutung archetypischer Erzählungen jetzt so etwas wie ein existentielles Stegreifspiel vor, dessen einzige Regel in der Erzeugung subjektiver Ergriffenheit um jeden Preis bestünde. Vielmehr haben wir ja bereits oft genug hervorgehoben, daß die Archetypen in sich selbst eine psychische Realität und Objektivität besitzen, die dem subjektiven Denken und Fühlen vorausliegt. In dem, was ein archetypisches Symbol an sich bedeutet, kann und darf es daher keine Willkür geben, und es gilt im Gegenteil, sich so genau wie möglich in die Vision bzw. in die Sprache des Symbols hineinzuleben. Allerdings läßt sich dabei ein wichtiger Unterschied feststellen. Solange man ein archetypisches Symbol benutzt, um das Leben eines *anderen* damit zu deuten, mag der Eindruck tatsächlich eine gewisse Zeitlang bestehen können, daß hier ein hohes Maß subjektiver Intuition bzw. – mit dem DILTHEYschen Ausdruck – «persönlicher Genialität» im Spiel sei; wendet man ein solches Symbol indessen auf die eigene Existenz an, so wird man erleben, daß, statt der angenommenen Willkür, in Wahrheit eine innere Notwendigkeit, eine objektive psychische Gesetzmäßigkeit die «Intuition» bzw. die «Genialität» des Verstehens förmlich aufdrängt und es zur unausweichlichen Pflicht macht, sich selbst im Spiegel eben dieses Bildes anzuschauen, also dem Symbol kongenial zu werden. Diese sich mit Macht ereignende Wiederentdeckung des eigenen Wesens in dem von außen historisch-zufällig vermittelten Symbol macht den entscheidenden Schritt zu einem wirklichen Verständnis archetypischer Symbolik aus, und ihre Auslegung verlangt nichts Geringeres, als sich selbst zum Dichter, zum Schöpfer des fremden Symbols, zu erheben.

Die Macht der Archetypen liegt also gerade darin, daß diese, fernab von aller subjektiven Willkür, dem Subjekt wie *Schicksalsmächte,* mit der überlegenen Kraft von Naturgewalten, gerade als ein vorgegebenes Apriori, als ein nicht weiter hinterfragbares Objektivum gegenüberstehen. Die archetypischen Symbole, durch welche die Strebungen des Unbewußten zum Bewußtsein reden, bedeuten existentiell mithin gerade das Gegenteil von Beliebigkeit; sie verlangen vielmehr ein Höchstmaß an *Gehorsam;* denn so läßt sich die Identität des Subjektiven und des Objektiven mit einem der Bibel entlehnten Begriff am besten bezeichnen: *Gehorsam* ist die eigentliche Art interpretativer Verinnerung archetypischer Symbolik.

Doch selbst dieser «Gehorsam» wird nicht einfach frei gewählt. Um ein von außen angebotenes archetypisches Symbol sich selbst zu eigen zu machen, muß man es in sich selbst bereits gefunden haben, und das setzt ein erhebliches Maß an Introspektionsfähigkeit voraus. Was sich so leichthin als nachgestaltendes Dichtertum, als kongeniales Schöpfertum beschreiben läßt, – der Faktor der DILTHEYschen Genialität des Interpreten – lebt in gewissem Sinne von der Vertrautheit mit den Geistern und Dämonen des eigenen Unbewußten. Immer ist ja die Dichtung dem Neurotischen, dem Krankhaften verwandt, wie besonders O. RANK schon in der Zeit des Ersten Weltkrieges gezeigt hat[114], und gewiß bedarf es bestimmter leidvoller Erfahrungen mit sich selber, um die «gesunde» Trennwand zwischen Bewußtsein und Unbewußtem osmotisch durchlässig zu machen.

Näherhin kann man sogar sagen, daß die archetypischen Symbole auf der Ebene des Individuums vor allem dann auftauchen, wenn jemand psychisch auf Heil oder Unheil in eine Krisis hinein gedrängt wird[115]. Je tiefer eine solche Krise reicht, desto mehr archetypisches Material wird von unten her an die Oberfläche des Bewußtseins drängen, so wie bei einem Erdbeben die anscheinend feste Deckschicht aufgerissen und das magmatische Material glutflüssig aus dem Erdinnern hochgepreßt wird. Besonders in der *Psychose* wird die psychische Deckschicht des Bewußtseins unter dem Druck des Unbewußten förmlich weggesprengt, und so ist es kein Wunder, daß, neben dem Traum, dem Mythos und dem Märchen, der Sage und der Legende, gerade die *psychotischen* Zustände des Erlebens zum Studium archetypischer Symbole und Vorstellungen sich auf ganz besondere Weise zu eignen scheinen. Vor allem C. G. JUNG hat in der Psychose eine Art Selbstheilung der Seele zu sehen gelehrt und gemeint, das Bewußtsein müsse in der Psychose von dem Unbewußten überschwemmt werden[116], weil es nur so seinen hoffnungslos in die Sackgasse geratenen Lebensweg aufgeben und, nach dem Einsturz aller bisherigen Hoffnungen, noch einmal ganz von vorn beginnen könne; das Auftauchen archaischen Materials diene also eigentlich der Erneuerung und «Wiedergeburt» des Lebens, und eben deshalb bedürfe man geradezu der psychotischen Bilder und Visionen, um die archetypischen Erzählungen zu verstehen, so wie man umgekehrt des Studiums der Religionsgeschichte mit ihren Mythen und Märchen,

[114] O. RANK: Das Inzest-Motiv in Dichtung und Sage, 1912, 1–21, mit dem Ergebnis, daß die unbewußten Phantasien vom Dichter nicht soweit bewußtgemacht werden dürfen, «daß der Zuschauer sich darüber vollkommen klar ist, worin die mächtige Wirkung des Werkes besteht. Darin aber kann der Dichter der unbewußten Fähigkeiten nicht entbehren, die wir so als Grundbedingung alles künstlerischen Schaffens und Genießens verstehen lernen» (a. a. O., 20). Vgl. O. BEHAGEL: Bewußtes und Unbewußtes im dichterischen Schaffen, 1907; W. DILTHEY: Dichterische Einbildungskraft und Wahnsinn, 1886; P. GORSEN: Kunst, Literatur und Psychopathologie heute, in: Gadamer: Kulturanthropologie, 359–445.

[115] Vgl. C. G. JUNG: Picasso, XV 156.

[116] Vgl. zum Symbol von «Sintflut» und «Wiedergeburt» E. DREWERMANN: Strukturen des Bösen, II 417–430.

Sagen und Legenden nicht entraten könne, um die Träume, die neurotischen Symptome oder die psychotischen Bildsequenzen eines Einzelnen zu verstehen. Daß dies so ist, kann eigentlich nicht verwundern. Die Archetypen markieren in den Vorstellungen des Einzelnen, ähnlich den archetypischen Bildern des ägyptischen oder tibetischen Totenbuches (s. o. S. 120), den langen Weg durch das Unbewußte, durch die Unterwelt der Psyche. Wer diesen Weg beschreitet, um seine «verlorene Seele», seine *anima,* wiederzufinden, hat die Möglichkeit, zu einem wahreren, umfassenderen und bewußteren Leben hinzugelangen; er begibt sich damit aber auch in die drohende Gefahr, im Unbewußten zu versinken. So oder so bedeutet das Auftauchen der Archetypen, daß für den Einzelnen alles auf dem Spiele steht: daß er jetzt entweder alles gewinnen oder aber alles, nämlich sich selbst, verlieren kann.

Man begegnet den Archetypen subjektiv daher nur in Augenblicken absoluter Entscheidung, und daraus folgt für ihre Interpretation, daß man sie nur versteht, wenn man sich selbst beim Lesen auf Heil und Unheil durch sie infragegestellt sieht. Archeypische Erzählungen kann man nur so lesen, wie man etwa die Romane F. M. DOSTOJEWSKIS liest: daß in ihnen der Leser entweder sich selbst zurückgeschenkt wird oder sich endgültig im Labyrinth der Psyche verliert; jenseits bzw. oberhalb dieser Alternative kann alles interpretative Reden von Einsturz, Abstieg und Verzauberung, von Tod, Versteinerung und Rettung, von Heimkehr, Einheit und von eigentlichem Leben letztlich nur wie eine überflüssige, jedenfalls unverständliche Exaltation oder Mystifikation anmuten. Das Verständnis der Archetypen fordert in einem Höchstmaß den Einzelnen, das Subjekt, dazu heraus, sich selbst auf Leben oder Tod bei der Lektüre ins Spiel zu bringen; nichtssagende Beliebigkeit oder willkürliches, rein hypothetisches Spielen mit Wendungen wie «es könnte sein», «vielleicht» und «hinwiederum doch nicht», denen man in den exegetischen Kommentaren der historisch-kritischen Methode usque ad nauseam begegnet – und im Felde des Historischen begegnen muß –, besagen bei der Interpretation archetypischer Symbole lediglich, daß man noch weit davon entfernt ist zu verstehen, womit man es eigentlich zu tun hat. Gerade in der Auslegung archetypischer Symbole besteht insofern die allergeringste Erlaubnis und Möglichkeit zur Willkür, – und doch, worauf es uns sehr ankommt, tritt hier *zugleich* das allergrößte Maß an Subjektivität und existentieller Dichte auf den Plan. In den archetypischen Symbolen ist die Objektivität der psychischen Realität und die Subjektivität des Psychischen ein und dasselbe, und nur im Nachvollzug dieser Einheit ist ihr Verständnis möglich.

Eben deshalb kommt den archetypischen Symbolen die Kraft zu, nicht nur im psychologischen, sondern auch im *religiösen* Sinne als Zeichen und Vermittler von Heil und Unheil in sakramentalem Sinne, bzw. als «Chiffren» des «Umgreifenden», philosophisch gesprochen[117], aufzutreten. Sie sind *integrale* Symbole, und das Religiöse und das Psychologische ist im Umgang mit ihnen empirisch nicht zu unterscheiden[118]. Erst eine Reflexion, die wir im zweiten Band der vorliegenden Arbeit noch anstellen werden, kann zeigen, wie die verschiedenen Ebenen des menschlichen Daseins in Psychologie, Philosophie und Theologie sich von einander abheben lassen.

Indem die archetypischen Symbole also in sich selbt Bilder von Heil und Unheil sind und insofern sie in den Märchen und Mythen der Völker im Rahmen eben solcher Erzählungen von Heil und Unheil, von Selbstfindung und Selbstverlust, von Paradies und Sündenfall auftauchen, läßt sich an dieser Stelle noch eine weitere wichtige Interpretationsregel ableiten, die wir als die *Zeitrafferregel* mythischer Erzählungen bzw. als die *Zeitzerdehnungsregel* der Interpretation bezeichnen möchten.

Diese neue Regel ergibt sich unmittelbar aus dem Gesagten, wenn man sich klarmacht, daß die Verdichtung der psychischen Wirklichkeit in den wenigen symbolischen, archetypisch vorgeprägten Bildern der Märchen und Mythen, der Sagen und Legenden nicht nur eine inhaltliche, sondern auch eine zeitliche Komprimierung der Wirklichkeit bedeutet. Erfahrungsgemäß muß, was in Märchen oder Mythos, in Sage oder Legende als Begebenheit eines Augenblicks, eines Tages oder einer relativ kurzen Zeitspanne dargestellt wird, in der Wirklichkeit des menschlichen Lebens stets einen sehr langen Zeitraum umspannen. Um derartige Bilder zu verstehen, muß man also von der Vorstellung ausgehen, daß die erzählten Begebenheiten oftmals *Jahre* im Leben des Einzelnen, *Jahrhunderte* im Leben eines Volkes und *Jahrtausende* im Leben der Menschheit umfaßt haben bzw. umfaßt haben könnten.

Entsprechend dieser Zeitraffertechnik archetypischer Erzählungen muß man zu ihrer Interpretation umgekehrt die *Technik der Zeitdehnung* anwenden.

Von *Urzeitmythen,* wie etwa den jahwistischen Erzählungn vom Sündenfall der Menschen in Gen 3,1–7 oder von den ersten Bauern und Hirten in Gen 4,1–16 z. B., darf die Annahme gelten, daß hier unter *kulturhistorischem* Gesichtspunkt der Menschheitsentwicklung ein Zeitraum von mindestens einigen Jahrtausenden Kulturentfaltung während der sog. neolithischen Revolution in einzelnen Menschengestalten und in einem einzelnen Augenblick zusammengezogen wird[119]; deutet man den «Sündenfall» oder die Brudermordgeschichte hingegen existentiell bzw. tiefenpsychologisch als ein sich stets wiederholendes Ge-

[117] K. JASPERS: Der philosophische Glaube, 17.
[118] Vgl. C. G. JUNG: Psychologische Deutung des Trinitätsdogmas, XI 170.
[119] Vgl. E. DREWERMANN: Strukturen des Bösen, III 44–47; 149–153.

schehen in jedem Menschen, so lassen sich Zeitangaben überhaupt nicht machen; das hier Geschilderte durchzieht in dieser Deutung vielmehr das ganze Leben jedes Einzelnen bis zu dem Zeitpunkt, da er aus dem Feld der Angst heraustritt und zum Glauben an Gott gelangt.

Die Geschichte einzelner Völker während mehrerer *Jahrhunderte* wird, um ein anderes Beispiel zu geben, mit Vorliebe in den Sagen der *Stammesväter* in einer einzigen Gestalt bzw. in einer bloßen Familiengeschichte zusammengedrängt; demgemäß haben wir bereits gehört, daß die Vätergestalten, wie z. B. Jakob und Esau, selbst wieder nach archetypischen Vorbildern geschildert werden (s. o. S. 167); ihre psychologische bzw. existentielle Interpretation setzt voraus, daß man die Zeitmaße der jeweiligen Erzählungen in Lebensmomente bzw. Entwicklungsphasen des eigenen Daseins übersetzt.

Im *Leben des Einzelnen* schließlich wird der Prozeß der Individuation, der in den Märchen und Mythen, den Sagen und Legenden oft als das Werk von Stunden oder Tagen dargestellt wird, zumeist viele *Jahre* in Anspruch nehmen, wenn er nicht überhaupt als eine Lebensaufgabe zu betrachten ist. Immerhin dürften zahlreiche Märchen der Wahrheit recht nahe kommen, wenn sie, wie z. B. das Grimmsche Märchen vom «Bärenhäuter» (Nr. 101), annehmen, daß die Zeit der «Tierverwandlung» oder der «Suchwanderung» etwa *sieben* Jahre dauert. Die alte naturmythologische Schule sah in diesen sieben Jahren die sieben Tage einer der vier Mondphasen[120]; und in der Tat ist die Siebenzahl bereits im Paläolithikum wohl in Verbindung mit der Mondmythologie geläufig[121]; aber sieben Jahre sind, wie die psychotherapeutische Erfahrung lehrt, wirklich in etwa die Zeit, die jemand im großen und ganzen braucht, um einen neurotisch verstellten Lebensaufbau zu erneuern und das «Teufelsbündnis» mit dem Unbewußten einer glücklichen Lösung zuzuführen[122]; die Realisierung der archetypischen Symbole des Individuationsprozesses in der Interpretation muß jedenfalls in etwa mit Zeiträumen solcher Größenordnung rechnen.

Das Umgekehrte ist freilich auch möglich: daß vor allem in dem Grenzbereich

[120] E. SIECKE: Drachenkämpfe, 1907, 8; 9; – vgl. schon HERAKLIT, Fr. 126a: «Nach dem Gesetze der Zeiten aber wird die Siebenzahl bei dem Monde zusammengerechnet, gesondert aber erscheint sie bei den Bären, den beiden Sternbildern unvergänglicher Erinnerung.» H. DIELS: Die Fragmente der Vorsokratiker, 31.

[121] B. FROLOW: Die magische Sieben in der Altsteinzeit, in: Bild der Wissenschaft 1971, Heft 3, 259–265. Zur 7 und 9 als mythischen Zahlen im Schamanismus vgl. M. ELIADE: Schamanismus und archaische Ekstasetechnik, 263–267, der ebenfalls auf den Mond verweist (S. 266).

[122] Dementsprechend braucht in dem GRIMMSCHEN Märchen vom «Mädchen ohne Hände» (KHM 31) der König sieben Jahre des Fastens und Suchens, ehe er seine geliebte Gemahlin im Haus der Gnade wiederfindet. E. DREWERMANN – I. NEUHAUS: Das Mädchen ohne Hände, 1981, 40–41. – Zur Siebenzahl im Zusammenhang mit dem Planetenglauben in der Bibel vgl. A. JEREMIAS: Das Alte Testament im Lichte des Alten Orients, 88–89.

zwischen Mythos und Sage archetypische Bilder, die sonst zeitlich sehr dicht zusammengerückt würden, aufgrund tatsächlicher historischer Erinnerungen oder bestimmter naturmythologischer Gegebenheiten auf Jahrzehnte hin gestreckt erscheinen und das im Leben des Einzelnen übliche Zeitmaß von wenigen Jahren mithin weit überschreiten.

Ein berühmtes Beispiel dafür ist die Geschichte von dem toltekischen Priesterkönig Ce acatl (Eins Rohr) Quetzalcoatl, dessen «Sündenfall», Vertreibung aus Tollan, Wanderung zum Haus der Dämmerung und Verwandlung in den Morgenstern den gesamten Zyklus der Selbstfindung in einem Zeitmaß von ca. 40 Jahren umspannt; dieser Zeitraum dürfte in etwa den historischen Tatsachen entsprechen[123], er orientiert sich zugleich aber auch an dem zyklischen Umlauf der Venus[124].

Solche Komprimierungen und Dehnungen sind nun bei archetypischen Erzählungen gang und gäbe. Es scheint, als wäre in der Welt der Archetypen die Zeit etwas an sich Unerhebliches und als wären im kollektiven Unbewußten, wie unter den Augen Gottes, tausend Jahre buchstäblich nur wie ein Tag (Ps 20,4).

Tatsächlich war bereits S. FREUD durch die Traumanalyse auf die merkwürdige *Zeitlosigkeit des Unbewußten* aufmerksam geworden[125]. Es war FREUDS Entdekkung, daß die Träume weit zurückliegende Begebenheiten der Kindheit, zumeist in symbolischer Verschlüsselung, zur Sprache bringen können, so als wären nicht viele Jahre, ja eigentlich noch nicht einmal Stunden seitdem vergangen. Augenblicke starker Gefühle, wie Liebe oder Haß, Furcht oder Freude, bleiben lebenslänglich gegenwärtig, als stünde die Zeit in ihnen still. – Zudem mußte FREUD erkennen, daß ganze Abschnitte der Kindheit ohne Rücksicht auf ihre zeitliche Erstreckung zu einer einzigen *«Deckerinnerung»* verdichtet werden können[126], ein Faktum, auf das wir später noch ausführlich zu sprechen kommen werden, wenn wir den geschichtlichen Bezug archetypischer Erzählungen erörtern müssen (s. u. S. 350–374).

Indem FREUD später in der Ontogenese der Individualpsyche nur eine Rekapitulation der Phylogenese erblickte[127], mußte er ohnehin das Unbewußte für ein menschheitliches Erinnerungsreservoir halten, das sich in ungeheuren Zeiträumen geformt hat und die Gedächtnisspuren von Jahrmillionen, zu winzigen

[123] Vgl. W. KRICKEBERG: Altmexikanische Kulturen, 1975, 311–317.

[124] W. LEHMANN: Aus den Pyramidenstädten in Alt-Mexiko, 20–21; zum Mythos von Quetzalcoatl vgl. B. DE SAHAGUN: Einige Kapitel aus dem Geschichtswerk, III 3–14; S. 268–292; W. KRICKEBERG: Märchen der Azteken und Inkaperuaner, Maya und Muisca, 1968, 34–66.

[125] S. FREUD: Neue Folge der Vorlesungen zur Einführung in die Psychoanalyse, XV 80; s. o. S. 134.

[126] Vgl. S. FREUD: Zur Psychopathologie des Alltagslebens, IV 51–60.

[127] S. FREUD: Drei Abhandlungen zur Sexualtheorie. Vorw. zur 3. Aufl., V 29.

zeitlichen Momenten verdichtet, in sich trägt. Dieses kollektive Unbewußte, meinte daher konsequenterweise C. G. JUNG, ist von vornherein jenseits von Zeit und Raum; in ihm liegt das größtmögliche empirische Äquivalent zu der religiösen Idee des Ewigen in der menschlichen Psyche[128].
Sehr treffend hat TH. MANN anläßlich einer Strandwanderung einmal von dem «Schwindel» gesprochen, den «das wirblige Nicht-mehr-unterscheiden von ‹Noch› und ‹Wieder›» am Rande des Unendlichen auslöst, «deren Vermischung und Verwischung das zeitlose Immer und Ewig ergibt»[129], wie es für den Mythos in seiner zeitlosen Gegenwart charakteristisch ist. TH. MANN vergleicht dieses Eintauchen in die ewige Zeitlosigkeit des Mythischen einem Gang am Meer: «Du gehst und gehst... du wirst von solchem Gange niemals zu rechter Zeit nach Hause zurückkehren, denn du bist der Zeit und sie ist dir abhanden gekommen. O Meer... Sausende Öde, bloß hellgrau überspannt, voll herber Feuchte, von der ein Salzgeschmack auf unseren Lippen haftet. Wir gehen, gehen auf leicht federndem, mit Tang und kleinen Muscheln bestreutem Grunde, die Ohren eingehüllt vom Wind, von diesem großen, weiten und milden Winde, der frei und ungehemmt und ohne Tücke den Raum durchfährt und eine sanfte Betäubung in unserem Kopfe erzeugt, – wir wandern, wandern und sehen die Schaumzungen der vorgetriebenen und wieder rückwärts wallenden See nach unseren Füßen lecken. Die Brandung siedet, hell dumpf aufprallend rauscht Welle auf Welle seidig auf den flachen Strand, – so dort wie hier und an den Bänken draußen, und dieses wirre und allgemeine, sanft brausende Getöse sperrt unser Ohr für jede Stimme der Welt. Tiefes Genügen, wissentlich Vergessen... Schließen wir doch die Augen, geborgen von Ewigkeit! Nein, sieh, dort in der schaumig grau-grünen Weite, die sich in ungeheueren Verkürzungen zum Horizont verliert, dort steht ein Segel. Dort? Was ist das für ein Dort? Wie weit? Wie nah? Das weißt du nicht. Auf schwindlige Weise entzieht es sich deinem Urteil. Um zu sagen, wie weit dies Schiff vom Ufer entfernt ist, müßtest du wissen, wie groß es an sich selber als Körper ist. Klein und nahe oder groß und fern? In Unwissenheit bricht sich dein Blick, denn aus dir selber sagt kein Organ und Sinn dir über den Raum Bescheid... Wir gehen, gehen – wie lange schon? Wie weit? Das steht dahin. Nichts ändert sich bei unserem Schritt, dort ist wie hier, vorhin wie jetzt und dann; in ungemessener Monotonie des Raumes ertrinkt die Zeit, Bewegung von Punkt zu Punkt ist keine Bewegung mehr, wenn Einerleiheit regiert, und wo Bewegung keine Bewegung mehr ist, ist keine Zeit.»[130] – Eine solche

[128] C. G. JUNG: Kommentar zu: Das Tibetische Buch der Großen Befreiung, XI 528.
[129] TH. MANN: Der Zauberberg (1924), 1967, 574.
[130] A. a. O., 576; vgl. a. a. O., 365.

Strandwanderung am Rande der Unendlichkeit sind die Mythen und Märchen, und jedes Eintauchen ins Unbewußte kommt einem Versinken in die ewige Zeitlosigkeit mythischer Gegenwart gleich, – eine höchste Annäherung der Sinne an das Göttliche.

h) Der Zyklus von Vergangenheit und Zukunft und die Ambivalenz archetypischer Bilder in der Regression

Mir ist zumute wie einem,
der Sie an Ihre Kindheit erinnern soll.
Nein, nicht nur an Ihre:
an alles, was je Kindheit war.
Denn es gilt,
Erinnerungen in Ihnen aufzuwecken,
die nicht die Ihren sind,
die älter sind als Sie;
Beziehungen sind wiederherzustellen
und Zusammenhänge zu erneuern,
die weit vor Ihnen liegen.
R. M. Rilke, Werke, V 207–208

An dieser Zeitlosigkeit des Unbewußten entzündet sich nun ein psychodynamisches Phänomen, das im Umgang mit archetypischem Material wesentlich ist und dessen Interpretation auch für das Verständnis archetypischer Erzählungen eine wichtige Vorentscheidung trifft: *das Phänomen der Regression.*
Auf dem Hintergrund der Evolution zeigt sich in der Tat, daß die Archetypen – wie das Unbewußte insgesamt – dem ältesten Bestandteil der Menschheitspsyche überhaupt angehören, und schon dadurch befinden sie sich jenseits der Zeitvorstellungen des Bewußtseins. Ein so wichtiges Symbol wie das Mandalasymbol des Kreises z. B. läßt sich nachweislich durch Reizung des *Stammhirns* auf den Plan rufen; zahlreiche instinktive Reaktionen im Menschen, die den Grundstock archetypischen Erlebens bilden (s. u. S. 302-310), sind in den hypothalamischen Schichten lokalisiert, kurz: es sind die *alten* Hirnschichten, denen die archetypischen Vorstellungen ihre Existenz verdanken[131].
Diese Feststellung ist allein deshalb schon äußerst wichtig, weil die Psychoanalyse S. FREUDS in der Gegenwart vielerorts gerade nicht so verstanden wird, wie ihr Gründer sie konzipiert hat.

[131] C. G. JUNG: Über das Unbewußte, X 22.

Während FREUD durch die Entdeckung des Unbewußten und vor allem durch seine Triebtheorie den Menschen gerade in den großen Strom der Evolution mit einbeziehen wollte, hat der Mißbrauch der biologischen Anthropologie in der Zeit des Nationalsozialismus dazu geführt, das biologische Erbe der menschlichen Psyche möglichst in Bausch und Bogen zu verleugnen und die absurde Tabula-rasa-Theorie der frühen psychoanalytischen Konzepte S. FREUDS wieder aufzugreifen, so als bestünde der Mensch psychisch nur aus dem, was er als Individuum in seiner Kindheit gelernt hat. Stünde es so, müßte aus der Psychoanalyse als einer anthropologischen Wissenschaft in der Tat ein bloßes Organ der Sozialisationsforschung, ein Teilgebiet der Sozialpsychologie werden (s. o. S. 68); die gesamte psychoanalytische Theoriebildung müßte dann durch eine Art Reiz-Reflex-Schema PAWLOWSCHER Hunde ersetzt werden. Aber schon eine genauere Nachforschung über die Art der Reflexe in der *Verhaltensforschung* hat längst zu dem schon erwähnten Begriff des «angeborenen auslösenden Mechanismus» geführt[132], und um zu verstehen, was ein Mensch individuell lernen kann, muß man vor allem wissen, was der Mensch kollektiv im Verlauf der Stammesgeschichte bereits gelernt hat und daher auch als Individuum fertig mitbringt, wenn er zur Welt kommt.

Statt den Menschen also auf sein persönliches Unbewußtes zu reduzieren und dieses wiederum als bloßen Niederschlag bestimmter frühkindlicher Sozialisationsbedingungen zu erklären, geht es vielmehr darum, vorab zu allem Individuellen die archetypischen Gegebenheiten der menschlichen Kollektivpsyche zu erforschen. Von daher ist die *Verhaltensforschung,* wie nicht oft genug betont werden kann, heute eine weit bessere Verbündete der Tiefenpsychologie als die Lerntheorie und Sozialisationsforschung, die beide nur einen sehr geringen Teil der FREUDSCHEN Psychoanalyse aufgreifen und auch diesen noch radikal einseitig auslegen. Insbesondere die Universalität des menschlichen *Ausdrucksverhaltens,* z. B. bei Lachen und Verlegenheit, bei Scham und Spott, bei sexuellem Werben und aggressiven Drohgebärden usw., die I. EIBL-EIBESFELDT untersucht hat[133], sprechen für eine sehr weitreichende *biologisch* begründete *archetypische* Präformierung der menschlichen Psyche, an der gemessen die Bedingungen der soziokulturellen Umwelt nur relativ geringfügige Modifikationen des allerorten Gemeinsamen hervorrufen können.

[132] P. LEYHAUSEN: Biologie von Ausdruck und Eindruck, in: Lorenz – Leyhausen: Antriebe tierischen und menschlichen Verhaltens, 373–380; s. o. S. 68.

[133] I. EIBL-EIBESFELDT: Der vorprogrammierte Mensch, 113 f.; 131 f.; 136 f.; 168 f.; DERS.: Stammesgeschichtliche Anpassungen, in: Gadamer – Vogler: Biologische Anthropologie, II 22–26 (zur Ritualisierung des Lachens); D. PLOOG: Kommunikation in Affengesellschaften und deren Bedeutung für die Verständigungsweisen des Menschen, a. a. O., II 119: die verschiedenen Gesichtsausdrücke eines jungen Schimpansen in verschiedenen Stimmungen.

Dies noch einmal zu betonen, ist an dieser Stelle wichtig, weil die Auslegung der Archetypen gegenwärtig vor allem in der Philosophie E. BLOCHS eine ausschließlich *soziale* Dimension erlangt hat und es daher die Frage ist, in welcher Weise sich die psychologische und die soziale Komponente bei der Interpretation archetypischer Bilder zueinander verhalten. Diese Frage entscheidet sich vor allem an der Auffassung, die man sich vom Zustandekommen und der Eigenart der Archetypen macht, und es ist, ehe wir dieser Frage noch einmal bei der Erörterung des Zusammenhanges von Ritus, Mythos und Geschichte nachgehen werden (s. u. S. 313–320), vor allem das Thema der *Regression* und der *Progression,* wo sich die Konsequenzen einer unterschiedlichen Auffassung der Welt der Archetypen in der Auseinandersetzung mit E. BLOCH besonders deutlich zeigen. An sich war es vor ca. 15 Jahren höchst bemerkenswert, daß E. BLOCH, trotz seiner Herkunft aus dem Marxismus, überhaupt so etwas wie ein archetypisches Denken und Fühlen im Menschen anerkannte; denn ein krasserer Gegensatz zu der früher zitierten 6. These von KARL MARX über L. FEUERBACH (s. o. S. 63) ist nicht denkbar als die tiefenpsychologische Archetypenlehre mit ihren weitreichenden anthropologischen Implikationen. Allerdings hat E. BLOCH diese Gegensätzlichkeit zwischen soziologischem und psychologischem bzw. anthropologischem Denken auf eine sehr bezeichnende Weise eher eingehüllt als wirklich überwunden.
Für BLOCH waren die Archetypen «wesentlich situationshafte Verdichtungskategorien, vorzüglich im Bereich poetisch-abbildlicher Phantasie»[134], und so sah er in ihnen so etwas wie eine «Kategorientafel der Phantasie»[135]. In der Romantik, referierte BLOCH geistesgeschichtlich, galten die Archetypen als Formen der Wiedererinnerung; in ihnen wurde aber nicht, wie etwa in der Ideenlehre PLATONS[136], ein vorweltlicher Zustand der Seele wiedererinnert, sondern es fand in ihnen eine archaische Regression in die Urzeit statt[137]. BLOCH untersuchte nun bezeichnenderweise gerade nicht, inwieweit dieser hermeneutische Ansatz der Romantik zum Verständnis der Archetypen psychologisch gerechtfertigt sei; ihn interessierte überhaupt nicht, woher die Archetypen stammen, was sie mithin in sich selbst sind und bedeuten, welchen Faktoren in der menschlichen Psyche sie ihren Ursprung verdanken; ihn interessierten vielmehr ausschließlich die Wirkungen, die «Tendenzinhalte»[138], die von gewissen Archetypen zu einer bestimmten Zeit ausgehen.

[134] E. BLOCH: Das Prinzip Hoffnung, 184.
[135] A. a. O., 185.
[136] Vgl. PLATON: Politeia, 515 a – 517 a, das berühmte Höhlengleichnis.
[137] E. BLOCH: Das Prinzip Hoffnung, 184.
[138] A. a. O., 186.

Auch BLOCH bestritt nicht, daß in den Archetypen «Bildverdichtungen archaischer Erfahrung» vorliegen können[139], er verwahrte sich lediglich dagegen, daß «Archetypisches völlig regressiv» sein solle, und wandte dagegen ein, es gäbe, wenn es so stünde, «keine vorschreitende, dem Licht verpflichtete Dichtung mit alten Symbolen; Phantasie wäre (dann, d. Vf.) ausschließlich Regression»[140]. Von daher muß nach BLOCH unterschieden werden zwischen «verrotteten Archetypen»[141], die also nur der «Regression», sprich: der «politischen Reaktion» dienen[142], indem sie die Gegenwart an die Vergangenheit ausliefern, – und den «wirklich unabgegoltenen» Archetypen, die, wie BLOCH formulierte, «nicht ans derart Vergangene gebunden, ... ihm entronnen, mindestens zu ihm exterritorial» sind[143].

Offensichtlich vermengt BLOCH in diesen Ausführungen zwei Fragen, die eigentlich ganz unabhängig voneinander sind und jedenfalls methodisch streng getrennt bleiben müssen: die Frage, woher die Archetyen stammen, und die Frage, wie sie wirken.

Die Archetypen können in der Tat regressiv *und* progressiv wirken; aber indem BLOCH die Frage nach der *Herkunft* der Archetypen – ein rein psychologisches Problem – durch die Frage nach der sozialen und politischen *Funktion* der Archetypen ersetzte, sah er sich genötigt, den Unterschied in der Funktionsweise der Archetypen in das Wesen, in den Inhalt der Archetypen selbst zu verlegen und mithin zwischen reaktionären und «utopischen» Archetypen zu unterscheiden. BLOCH hatte zwar nicht den Mut, einfachhin zu bestreiten, daß die Archetypen historisch Vergangenes wiedererinnern; aber er fürchtete, daß die Rückführung der Archetypen auf historisch Vergangenes (mithin die psychologische Erklärung der Archetypen) nur den Zwecken politischer Reaktion (also einer bestimmten sozialpsychologischen Form der Verwendung der Archetypen) dienen könne. Daher gelangte er notgedrungen zu solch unklaren Formulierungen wie den eben genannten, die Archetypen seien «nicht ans derart Vergangene gebunden» und sie seien «mindestens zu ihm exterritorial».

Gewiß können die Archetypen, wie wir sogleich sehen werden, auch sozialpsychologisch eine zukunftweisende Funktion besitzen; sie bedeuten dann unendlich viel mehr als nur Vergangenes, und es ist sicher BLOCHS Verdienst, auf diese Aussagedimension aufmerksam gemacht zu haben. Gerade in ihrer zukunftweisenden Funktion aber bleiben die archetypischen Bilder an das Ver-

139 A. a. O., 187.
140 A. a. O., 187.
141 A. a. O., 185.
142 A. a. O., 185.
143 A. a. O., 185.

gangene gebunden. Das eigentliche Problem lautet daher, wieso *dieselben* Archetypen regressiv *und* progressiv zugleich wirken können, und ferner: wieso die Archetypen sich in der Vergangenheit geformt haben und trotzdem Zukünftiges meinen können. BLOCH hingegen, der in seiner Hermeneutik der Archetypen bewußt Ursprungs- und Wesensfragen mit Funktionsfragen vermischte, sah sich durch die MARXISTISCHE Identifikation von Theorie und Praxis, der er auch sonst ohne Abstriche folgte, förmlich gezwungen, die innere Dynamik und Spannung der Archetypen durch eine bloße Unterscheidung ihrer Anwendung zu nivellieren; vor allem aber nahm er sich auf diese Weise selbst die Möglichkeit, die weitreichenden anthropologischen Konsequenzen aus dem Faktum archetypischer Bilder in der menschlichen Psyche vorab zu allen sozialen Faktoren anzuerkennen und zu würdigen.

Insbesondere gegen C. G. JUNG mußte E. BLOCH wider alles bessere Wissen rein polemisch, statt argumentativ zu Felde ziehen, ganz als ob rein demagogische «Begriffe» wie: «Erzreaktionär»[144] und «Timbuktu in Zürich»[145] oder der unvermeidliche, aber menschlich infame und sachlich bornierte Vorwurf der Faschismusnähe C. G. JUNGS[146] etwas anderes beweisen würden als die ausgeprägte Unfähigkeit BLOCHS, Ansichten objektiv zu referieren oder zu diskutieren, die von seinen eigenen Ideen abwichen. Tatsächlich hätte E. BLOCH nur mit wenig Mühe gerade bei C. G. JUNG, aber auch schon bei S. FREUDS Triebtheorie lernen können, wie reduktives und prospektives, kausales und finales Denken vor allem in der Archetypenlehre sich miteinander verbinden und von Natur aus eine Einheit zu bilden vermögen (s. o. S. 155–158). Freilich hätte er dazu vor allem die *psychische* Wirkungsweise der Archetypen begreifen müssen, ehe er sich zu Aussagen über ihre *soziale* Auswirkung hätte verleiten lassen. Er hätte damit sein eigentliches Anliegen: die Begründung von Zukunftszuversicht und Hoffnung, wesentlich zwangloser und plausibler vortragen können. Denn in der Tat ist dies die Frage auch in der tiefenpsychologischen Interpretation der Archetypen: worauf richtet der Mensch seine Hoffnung, und in welchen Bildern antizipiert er ihre Erfüllung?

Das Zukünftige kann nur mit Hoffnung erwartet werden, wenn das Neue, das kommt, als Erfüllung bestehender Bedürfnisse erscheint; es darf also weder das schlechthin Unbekannte, das *nur* Neue, noch das schlechthin Bekannte, das *nur* Alte, sein. Es muß, soll Hoffnung möglich sein, also bestimmte Vorstellungen und Bilder geben, durch welche die Gestalt definiert wird, in der das Zukünftige als wünschenswert erscheint. Diese Vorstellungen des Zukünfti-

[144] A. a. O., 182.
[145] A. a. O., 182.
[146] A. a. O., 155; 183; DERS.: Atheismus im Christentum, 66.

gen setzen sich zu einem Teil aus denjenigen Momenten zusammen, die in der Gegenwart als *fehlend* vermißt werden, sowie aus denjenigen, die man auch für die Zukunft erhalten sehen möchte. Die Zufriedenheit mit bestimmten Gegebenheiten der Gegenwart und das Verlangen nach gewissen Veränderungen des Gegenwärtigen basieren dabei auf einem Vergleich zwischen den Bedürfnissen, die im Menschen liegen, und den Gegebenheiten, die der Mensch antrifft. Es gibt nun gewisse Bedürfnisse, die dem Menschen von alters her zukommen, die ihn zu allen Zeiten und an allen Orten als menschlich kennzeichnen und die in keiner Art von Gesellschaft «abgegolten» sind; diese Bedürfnisse allein verdienen es, als «archetypisch» bezeichnet zu werden. Bei ihnen handelt es sich, wie C. G. JUNG formuliert hat, «um Funktionsformen», die angeboren sind und exakt dem entsprechen, was man im Tierreich unter «Instinkt» versteht. Als «Bilder» kann man diese Funktionsformen insofern bezeichnen, als sie «die Form der auszuübenden Tätigkeit» und «zugleich die typische Situation» ausdrücken, «in welcher die Tätigkeit ausgelöst wird»[147]. Von daher besagt in der komplexen Psychologie JUNGS der Begriff des «Archetypus» dasselbe, was der schon mehrfach verwendete Begriff des «angeborenen auslösenden Mechanismus» in der Verhaltensforschung besagt: gemeint ist hier wie dort eine angeborene, unbewußte Disposition des Vorstellens und Handelns, die unabhängig voneinander immer wieder die gleichen Formen des Denkens und Verhaltens hervorbringt.

Daraus ergibt sich ohne weiteres eine entsprechende methodische Forderung für die Interpretation archetypischer Bilder. Um die Bedeutung und Funktionsweise eines Archetypus zu verstehen, muß man nach dem Gesagten vor allem die biologischen und psychologischen Determinanten kennen, die ein bestimmtes Gestaltbild präformieren. Zu diesem Zweck ist es unerläßlich, vorab zu allen soziologischen und sozialpsychologischen Fragen *reduktiv* auf die Triebe und Urszenen zurückzugehen, die sich in einer bestimmten archetypischen Verhaltensweise oder Vorstellung kundtun.

Man versteht z. B. den *Archetyp des Baumes* nicht, solange man nicht weiß, daß es angeborene Klammerreflexe und orale Triebstrebungen gibt, die den Menschen nach der Geburt zunächst mit seiner *Mutter* verbinden und dort ein Verhalten einüben, das bei den Vorfahren des Menschen in der Schutz- und Nahrungssuche des erwachsenen Tieres auf den Bäumen fortgesetzt wurde. Nur weil der Baum die Mutter *ersetzt,* ist er ein archetypisches *Muttersymbol*[148]. Eine ausführlichere analytische Untersuchung zeigt zudem, daß es bei entsprechen-

[147] C. G. JUNG: Die psychologischen Aspekte des Mutterarchetypus, IX/1, S. 94. Vgl. J. JAKOBI: Die Psychologie von C. G. Jung, 47–56.

[148] Vgl. E. DREWERMANN: Strukturen des Bösen, II 56–69; DERS.: Die Symbolik von Baum und Kreuz, 13–17.

der Betrachtung eine ganze Reihe archetypischer Symbole gibt, die sich von den gleichen Antriebskoppelungen ableiten wie die Baumsymbolik und daher mit dieser auf das engste zusammengehören: das Symbol der Himmelsleiter, des Weltenberges, der axis mundi, des Paradiesesbaumes usw.[149]. Erst durch solche analytische Einsichten in die psychische Herkunft und Bedeutung eines archetypischen Symbols läßt sich das Verhältnis des Alten und des Neuen in der Verwendung eines bestimmten archetypischen Bildes aufklären.

Die babylonische Ziqqurat (Stufenturm) etwa, um im selben Beispiel fortzufahren, ist nur ein etwas «moderneres» Symbol als der ursprüngliche Weltenbaum der Schamanen; beide Symbole beziehen sich nichtsdestoweniger auf den gleichen psychischen Ursprung[150], der in rezenten Träumen etwa von modernen Hochhäusern repräsentiert werden kann[151]. In all dem ändert sich zwar die Ausdrucksgestalt, nicht aber der Archetyp selber. Wohl eröffnen soziale und technische Wandlungen neue symbolische Ausdrucksmöglichkeiten, und die Veränderungen der Umwelt erzwingen geradezu, daß sich die gleichen archetypischen Strebungen an verwandte Objekte heften und diese projektiv mit einer neuen symbolischen Bedeutung ausstatten; eigentlich neu aber ist in all diesen Wandlungen lediglich eine gewisse Modifikation der äußeren Erscheinungsformen des Archetypus; dieser selbst indessen bleibt sich quer durch die Zeiten absolut gleich.

Wenn E. BLOCH also zwischen «abgegoltenen» und «unabgegoltenen» Archetypen unterscheiden mochte, so war dies zumindest sehr mißverständlich, wenn nicht geradezu falsch ausgedrückt. «Abgegolten» ist ein *Archetyp,* ein Grundbedürfnis oder Grundgesetz der menschlichen Psyche niemals; bestimmte archetypische Bilder freilich können einander ablösen und verdrängen: die babylonische Ziqqurat ist kulturgeschichtlich ein «abgegoltenes» archetypisches Bild; was sie indessen psychologisch an Sehnsucht und Erwartung ausdrückt, ist gleichwohl in anderen Ausdrucksgestalten unverändert gegenwärtig und in sich selbst für alle Zukunft neuer Aktualisierungsformen bedürftig. Denn das Verlangen nach Halt, Geborgenheit und Akzeptation, nach Nahrung und Schutz, nach der Einheit von «Oben» und «Unten», von Bewußtsein und Unbewußtem etc., das sich in dem Symbolkomplex z. B. des (Welten-)Baumes ausspricht[152], überdauert alle geschichtlichen Wandlungen

[149] Vgl. E. DREWERMANN: Strukturen des Bösen, II 514–516.

[150] Vgl. E. DREWERMANN: Strukturen des Bösen, II 511–512; zum Turmbaumotiv im Alten Orient vgl. A. JEREMIAS: Das Alte Testament im Lichte des Alten Orients, 171–178.

[151] Vgl. E. KÜHN: Anmerkungen zum Verhalten des Großstädters, in: Gadamer – Vogler: Sozialanthropologie, 264, wo zu Recht der Zusammenhang von «Hochhaus» und «Weltenberg» im archetypischen Erleben hervorgehoben wird.

[152] Vgl. E. DREWERMANN: Strukturen des Bösen, II 60–61.

und drängt danach, sich in unzähligen «neuen», gesellschaftlich vermittelten Muttersymbolen niederzuschlagen.
Insofern die Archetypen daher als «Naturgesetze der menschlichen Psyche» (C. G. JUNG) Bedürfnisse darstellen, deren Erfüllung in keiner menschlichen Gesellschaft und in keiner geschichtlichen Situation auf Dauer vorstellbar ist, mag man auch mit BLOCH von einem «utopischen» Zug der Archetypen sprechen. Es ist aber entscheidend, zu sehen, daß dieses «Utopische» eben keine besondere Eigenschaft *bestimmter* archetypischer Bilder ist. Den Archetypen selbst eignet, gemessen an ihren realen Erfüllungsmöglichkeiten, vielmehr von *vornherein* ein utopischer Charakter; und im Gegensatz zu BLOCH ergibt sich dieser utopische Zug der Archetypen durchaus nicht aus einem irgendwie gearteten Kontrast, aus einer Absage gegenüber der Vergangenheit, sondern das «Utopische» ist so alt wie die Archetypen selbst; es bildet die gestaltende Kraft der Vergangenheit ebenso wie der Zukunft.
Mit Recht muß man daher mit der Romantik sagen, daß in den archetypischen Bildern stets und immer der allerälteste Erfahrungsniederschlag der Menschheit als jeweils aktuelles Bedürfnis gegenwärtig wird und in ihnen somit echte «Erinnerung» vorliegt; man muß freilich, worauf BLOCH eigentlich hinweisen wollte, im gleichen Atemzug auch hinzufügen, daß in ihnen älteste *Hoffnungen* verdichtet sind. Die Archetypen sind, worauf es uns hier besonders ankommt, *in dem gleichen Maße* archaisch wie utopisch, retrospektiv wie prospektiv, Erinnerung wie Antizipation; *in ihnen bilden Anfang und Ende, Ursprung und Ziel* eine Einheit.
Ein beredtes Zeugnis für das Wissen um diese Ureinheit von Abkunft und Ankunft, von Herkunft und Zukunft des Menschen im Archetypus liegt naturgemäß in denjenigen Denk- und Erzählformen vor, die unmittelbar der Welt der Archetypen entstammen: in den Mythen und Märchen der Völker. Alles mythische Denken stellt bezeichnenderweise *die Zeit als Zyklus* vor, und es sieht in den Bewegungen der Natur und der Menschenwelt nicht so sehr einen Fortschritt als einen *Rücklauf zum Anfang*[153]. Das Bild des Ouroboros, der Schlange, die sich in den Schwanz beißt, ist das wohl beliebteste und berühmteste archetypische Abbild dieses Denkens, das den gesamten Bereich des Mythos durchzieht[154]. Der ägyptische Pharao etwa hatte geradezu die Aufgabe, in sei-

[153] Vgl. M. ELIADE: Kosmos und Geschichte, 1966, 55–64.

[154] Vgl. H. LEISEGANG: Das Mysterium der Schlange, in: Eranos-Jahrbuch 1939, 192–193; J. ASSMANN: Zeit und Ewigkeit im Alten Ägypten, 24–25; 30–36; I. E. S. EDWARDS: Tutanchamun, 104, Abb.; E. NEUMANN: Der mythische Mensch, in: Kulturentwicklung und Religion, 126–130, gibt eine negativ-nihilistische Interpretation der Ouroboros-Mystik, die eher für die indische Auffassung des Karma-Gesetzes als für die Weltverliebtheit der ägyptischen Religiosität zu passen scheint, welcher dieses großartige Symbol der Schlange, die sich selber in den Schwanz beißt, entstammt. Die negative Gleichsetzung der Ouroboros-Schlange mit

nem Handeln den (verlorenen) Urstand durch Wahrung der Maat wieder herbeizuführen[155], und nicht der geschichtliche Fortschritt, sondern die zyklische Erneuerung entsprach dem Geschichtsdenken der Ägypter[156].

Es kann daher kein Zufall sein, daß die Mythen den Anfang der Welt stets in den gleichen Bildern beschreiben wie das Ende. Der Kosmos der Natur etwa besteht am Anfang der Welt aus Feuer und geht schließlich im Feuerstrom zugrunde, wie es die indische Mythologie in dem Gott Shiva versinnbildlicht hat, der in seinem Tanz auf dem Zwergdämon, der die Welt bedeutet, umgeben von einem Rad aus Feuer, mit der einen Hand den Kosmos erschafft und ihn mit der anderen Hand vernichtet[157]. Oder: *am Anfang der menschlichen Geschichte* bewohnen die Menschen einen vierfach durchflossenen Garten des Glücks, oft mit einem heiligen Baum in der Mitte, und *am Ende der Geschichte* wird wieder ein Garten oder eine heilige Stadt stehen, in deren Mitte sich erneut ein Baum mit Früchten befindet, den eine Quelle mit vier Strömen bewässert (vgl. Ez 47,1.7.12; 22,2)[158]. Viele solcher Entsprechungen von Urzeit und Endzeit lassen sich in den Mythen der Völker finden. Sie zeigen deutlich, daß nichts so faszinierend ist wie das Uralte und daß alle Hoffnung letztlich nichts anders ist als «Sehnsucht nach dem Ursprung»[159], als schmerzliche Erinnerung an einen ursprünglichen Zustand. Gerade die Psychoanalyse, die BLOCH so sehr verachtete, hat sich bemüht, diesem Tatbestand in ihrer Theoriebildung Rechnung zu tragen. Ihre Ansichten diesbezüglich zu kennen ist daher für das Verständnis der Archetypen von größter Bedeutung.

Als erster hat S. FREUD die Einheit von Ziel und Ursprung im menschlichen Hoffen durch seine *Lehre von der konservativen Natur der Triebe* wissenschaftlich zu begründen versucht. Die Triebe betrachtete FREUD als gerichtete Kräfte; ihr *Ziel* sollte darin gelegen sein, an einem geeigneten *Objekt* einen inneren Spannungszustand abzuführen; die *Quelle* der Triebe lag für FREUD dabei in

dem Chaos-Symbol oder gar mit dem Sonnenfeind schlechthin, mit der Apophis-Schlange, beruht auf Irrtum (vgl. J. ASSMANN: a. a. O., 33, Anm. 103).

155 E. HORNUNG: Geschichte als Fest, 1966, 64 f.: der König hat die Aufgabe, an die Stelle der Isfet (der Sünde) die Maat (die Wahrheit) zu setzen; vgl. J. ASSMANN: Der König als Sonnenpriester, 1970, 58.

156 Zum Schaden, den die Zerstörung des mythischen Kreislaufdenkens durch das lineare Zeitverständnis der Bibel und vollends durch den modernen Fortschrittsglauben angerichtet hat, vgl. E. DREWERMANN: Der tödliche Fortschritt, 118–120; 124–130; DERS.: Der Krieg und das Christentum, 342–343, Anm. 70.

157 Vgl. E. DREWERMANN: Gott der Natur – Gott der Offenbarung – Gegensätze?, in: Theologie und Glaube, 1971, Heft 3, 320.

158 In moderner Form stellt die Science-fiction-Literatur eine säkularisierte Form der Eschatologie bzw. der Apokalyptik dar; auch für sie gilt die Gleichheit von Anfang und Ende, und auch sie ist als Utopie eine Regression zum Ursprung; vgl. S. LUSTIG DE FERRER – J. TOMAS: Die Science-fiction-Literatur als Ausdruck der Totalregression des Psychismus, in: Raskovsky: Die vorgeburtliche Entwicklung, 224–227.

159 M. ELIADE: Die Sehnsucht nach dem Ursprung, 1973, 15–26.

dem Spannungszustand selbst, der aus endogenen Gründen sich periodisch im Körperinneren als Hunger (Oralität), Aggressivität (Analität) und Sexualität (Genitalität) einzustellen pflegt. Die Triebe entstehen nach FREUD m.a.W. durch die *Störung* eines energetischen Gleichgewichtszustandes, und sie drängen zu nichts anderem, als eben diesen verlorenen Gleichgewichtszustand wiederherzustellen. Insofern strebt ein jeder Trieb nur scheinbar nach vorn; in Wahrheit drängt er danach, zum Gewesenen zurückzukehren[160].

Gilt diese Ansicht FREUDS für die Triebe insgesamt, so läßt sich dieser Gedanke auch auf die Entwicklung des Einzelnen wie der ganzen menschlichen Kultur übertragen.

In der *Individualentwicklung* darf vor allem die pränatale Existenz[161] und die Zeit der Mutter-Kind-Dyade in den ersten Lebensmonaten[162] als die Zeit eines höchstmöglichen anfanghaften Gleichgewichtszustandes und als Fluchtpunkt lebenslanger rückwärtsgewandter Sehnsucht verstanden werden. O. RANK, einer der ersten und größten Schüler FREUDS, dem das Verdienst zukommt, die Psychoanalyse erstmals in gründlicher Form zur Interpretation literarischer Texte herangezogen zu haben, ist sogar so weit gegangen, die gesamte Neurosenlehre aus einem angeblichen «Trauma der Geburt» abzuleiten, ja er entfaltete die Lehre von der regressiven Tendenz der Triebe zu einer groß angelegten Theorie der menschlichen Kulturentwicklung. Daß die Menschen Häuser bauen, Äcker bestellen, Tierfelle anlegen, Waffen herstellen, musizieren und spielen, kurz: alle menschlichen Kulturleistungen dienen nach RANK nur dem einen Zweck, auf künstlichem Wege einen Zustand *wiederherzustellen,* wie er im Mutterschoß bestand[163]. Die gesamte kulturelle Progression sah er von daher funktional im Dienst einer triebmäßigen Regression. Die Produktion des Neuen dient unter diesen Voraussetzungen lediglich einer symbolischen Wiederherstellung des Alten. M.a.W.: das Ziel aller Bewegungen nach vorn ist letztlich die Rückkehr zum Ursprung; der *Kreis* ist die Bahn aller Entwicklung. Tatsächlich denken und dichten in dieser Weise die Mythen aller Völker, und gerade so denkt auch die Triebtheorie der Psychoanalyse.

Freilich sind sich FREUD und RANK in diesem entscheidenden Punkte nie ganz einig geworden, indem FREUD die Lehre RANKS nur mit großen Vorbehalten aufnahm[164]. Aber man muß O. RANK zubilligen, daß er mit seiner Lehre vom

[160] Zur Triebtheorie Freuds vgl. S. FREUD: Jenseits des Lustprinzips, XIII 23–66; E. DREWERMANN: Strukturen des Bösen, II 178–182; H. NAGERA (Hrsg.): Psychoanalytische Grundbegriffe, 1974, 52–57.

[161] A. RASCOVSKY: Die primitive Entwicklung des Individuums, in: Raskovsky: Die vorgeburtliche Entwicklung, 75–79.

[162] Vgl. R. A. SPITZ: Vom Säugling zum Kleinkind, 23–25; 140ff.

[163] O. RANK: Das Trauma der Geburt, 182; vgl. E. DREWERMANN: Strukturen des Bösen, II 294–315.

[164] Vgl. S. FREUD: Hemmung, Symptom und Angst, XIV 164f.

Geburtstrauma vor allem ein zusätzliches psychisches Movens zur Erklärung der geschichtlichen Entwicklung gewinnen konnte. Nicht allein aus den genannten Partialtrieben: Hunger, Aggression und Sexualität, sondern vor allem *aus Angst* strebt der Mensch nach O. RANK von seinen Anfängen fort, um gleichwohl wieder auf Umwegen bei ihnen anzukommen. Nichts fürchtet der Mensch, O. RANK zufolge, so sehr wie die Erinnerung an den Moment, da er aus der Geborgenheit seines biologischen Anfangs in die Welt hinausgestoßen wurde; zugleich aber flieht er von seiner Mutter fort, um vermittels der technischen und sozialen Veränderungen, die er seiner Umwelt auferlegt, wieder zu der Geborgenheit des Mutterschoßes zurückzukehren[165].

Diese Konstruktion O. RANKS, so abenteuerlich sie auf den ersten Blick erscheinen mag, ist vor allem zur Interpretation all jener Märchen und Mythen geeignet, die in unzähligen Variationen von einer (schuldhaften) Vertreibung aus einem uranfänglichen *Paradies* zu berichten wissen; denn dieses Paradies am Anfang stellt ebenso wie der oft verheißene (himmlische) Zustand endzeitlicher Harmonie ganz unzweifelhaft ein Muttersymbol dar[166]. Das Prinzip der menschlichen Hoffnung erweist sich psychoanalytisch mithin auf der Ebene der *Ontogenese* wie der menschlichen Kulturentwicklung in der Tat als Rückerinnerung an die verlorene Harmonie in der Nähe der Mutter, und in diesem Punkt also dürfte die alte Konzeption O. RANKS sicher auch heute noch eine gewisse Berechtigung besitzen.

Noch einen Schritt weiter als RANK ging indessen schließlich S. FREUD selbst, indem er die konservative Tendenz der Triebnatur letztlich als *Regression zum Anorganischen* deutete und somit den Lebenstrieb, den Eros, für einen umgeleiteten Todestrieb erklärte. FREUD nämlich erkannte richtig, daß Triebe nicht von den Erfahrungen des Einzelnen, sondern nur als evolutiver Niederschlag der menschlichen Gattung verstanden werden können. Da alle Triebe nach der Wiederherstellung eines ursprünglichen Gleichgewichtszustandes verlangen, so ist der letzte Ursprung des menschlichen Lebens nicht die individuelle «Mutter», sondern die «Mutter Natur», aus der jedoch nicht allein der Mensch, sondern alles Leben seinen Ursprung genommen hat. *Alles* Lebendige also strebt in dem Bemühen um Auflösung der inneren Spannungen, wie FREUD meinte, im Grunde wieder zu der Spannungslosigkeit des An-

[165] O. RANK: Das Trauma der Geburt, 42; 47–48.

[166] Die Azteken z. B. kannten die Vorstellung von dem heiligen Baum in Tamohuanchan, dem Land des gespaltenen Baumes, zu dem die kleinen Kinder kamen, die in der Wiege starben; von dem Baum empfingen sie Milch und Früchte; zugleich war der Baum von Tamohuanchan der Ort der Menschheitsentstehung; W. KRICKEBERG: Altmexikanische Kulturen, 1975, 197; E. DREWERMANN: Die Symbolik von Baum und Kreuz in religionsgeschichtlicher und tiefenpsychologischer Betrachtung, 11.

organischen zurück. Daß die Triebe sich dennoch immer wieder von ihrer vorbestimmten Bahn zum Tode abbringen und ins Leben verlocken und verstricken lassen, liegt nach FREUD vor allem daran, daß die Triebe stets den nächstliegenden Weg zur Spannungsabfuhr wählen, also danach drängen, geeignete Objekte zur Triebentladung zu suchen und entsprechende Aktivitäten zu ihrer Abreaktion an denselben einzuleiten, so daß paradoxerweise aus dem fundamentalen Verlangen nach spannungsloser Ruhe faktisch immer höhere Grade der Unruhe und immer komplexere und instabilere Gebilde hervorgehen.

Dieses knappe Referat psychoanalytischer Theoriebildungen soll, um Mißverständnissen vorzubeugen, nicht FREUDS oder RANKS Triebtheorie dogmatisieren. Es ist bekannt, daß die Lehre O. RANKS vom Trauma der Geburt empirisch nicht haltbar ist[167]; desgleichen ist die metapsychologische Theorie FREUDS vom Todestrieb bzw. vom «Nirwanaprinzip» der Triebe biologisch höchst fragwürdig[168]. Es kann uns hier also durchaus nicht darum gehen, die Lehren FREUDS und RANKS gewissermaßen rein um ihrer selbst willen wieder aufzugreifen; es ist uns vielmehr darum zu tun, ein Modell von der psychoanalytischen Theoriebildung zu entlehnen, innerhalb dessen die Wesenseinheit von Anfang und Ende in den archetypischen Bildern der Mythen besser zu verstehen ist. Man muß, das ist unsere These, die wir in der Psychoanalyse bestätigt finden, die beiden Eckpole: Vergangenheit und Zukunft, ringförmig zusammenschließen, um die Psychodynamik archetypischer Symbole zu begreifen. Was für die Zukunft erstrebt wird – die «Utopie» BLOCHS – ist niemals etwas anderes als ein symbolisches Substitut für etwas Vergangenes; *ein archetypisches Bild ist immer zugleich Wiedererinnerung und Wegweisung: – dies* ist es, was wir von FREUD und RANK lernen können.

Derselbe Sachverhalt wird vor allem deutlich, wenn man neben dem Begriff der Hoffnung, der *Progression,* gleichermaßen die Funktion und den Sinn der *Regression* untersucht. Dieser Begriff ist bei E. BLOCH (und inzwischen bei vielen seiner Gefolgsleute) zu etwas rein Negativem geraten. Aufgrund der recht einseitigen Zukunftsausrichtung und Fortschrittsgläubigkeit seiner Philosophie war für BLOCH Regression stets (politische) Reaktion. Von daher machte er sich erst gar nicht die Mühe, zu fragen, worin die Regression *psychologisch* eigentlich besteht und welches ihre Möglichkeiten und Gefahren sind. Regression war für ihn unmittelbar und ausschließlich etwas Gesellschaftliches, und hier nahm er sich das Recht, die Regression für einen bloßen Verrat an der

[167] Vgl. E. DREWERMANN: Strukturen des Bösen, II 294–297.
[168] A. a. O., II 182–183.

Hoffnung, für eine bloße Abkehr von der Linie des immer schon gewußten zukünftigen gesellschaftlichen Glücks zu halten.

Tatsächlich können die Dinge so einfach nicht liegen, wenn sich Vergangenheit und Zukunft im Begriff des Archetypus inhaltlich zu einer Einheit zusammenschließen; und bereits eine kurze psychologische Betrachtung zeigt denn auch, daß die Regression keineswegs immer als bloßer «Rückschritt» zu betrachten ist. Gerade der von BLOCH so geschmähte C. G. JUNG war es, der darauf hinwies, daß die Regression, wie jede spontane seelische Ausrichtung, in sich etwas Berechtigtes und Sinnvolles enthalten muß, wenn man nicht glauben will, daß die Psyche des Menschen in Traum und Symbol immer wieder dazu neigt, etwas schlechthin Sinnwidriges mit der Macht eines elementaren Triebbedürfnisses anzustreben. – Auch der Begriff der Regression verlangt daher an dieser Stelle eine nähere Klärung.

Bereits S. FREUD beschrieb die Regression so: die Triebe, sagte er, entwickeln sich wie ein Heer auf dem Vormarsch, das auf seinem Wege Vorratslager anlegt und bestimmte eroberte Bastionen unter Besatzung hält; trifft dieses Heer nun auf einen Gegner, vor dem es weichen muß, so zieht es sich auf seine vorbereiteten Stützpunkte zurück[169]. Diese Stützpunkte sind psychologisch die *Fixierungsstellen* der psychischen Energie; sie bilden die Auffangstellen der Regression, indem sie die zum Teil noch geglückten, zum Teil noch nicht vollständig verlassenen Formen der Anpassung an die Realität repräsentieren.

Art und Umfang der Regression bestimmen sich also durch die Vorgeschichte der psychischen Entwicklung (durch die Fixierungsstellen der Libido) sowie durch die Eigenart des aktuellen Konfliktes (durch die Stärke des Rückstaus der Libido). In jedem Falle ist die Regression, psychoanalytisch betrachtet, alles andere als ein Akt bloßer Feigheit oder Charakterlosigkeit, dem man in frohlockender Siegeszuversicht und vorwurfsvollem Mokieren die glücklichen Aussichten unmittelbarer Hoffnung gegenüberstellen könnte. In Wahrheit regrediert die psychische Energie unter dem Überdruck aktueller *Angst,* und ihr Weg nach rückwärts möchte gerade auf einem Umweg wieder zu den Stationen des noch geglückten Lebens zurückfinden, die im Unbewußten erinnert werden, um davon nach vornehin anknüpfen zu können.

Noch weiter in seiner positiven Beurteilung der Regression ging C. G. JUNG, indem er die Regression nicht nur mit der Individualentwicklung, sondern zugleich mit den kollektiven Urbildern der Sehnsucht und Hoffnung in den Tiefenschichten der menschlichen Psyche aus dem Erbe der Menschheitsentwicklung verband. Insbesondere das Studium der *Psychosen* belehrte C. G. JUNG, daß

169 S. FREUD: Vorlesungen zur Einführung in die Psychoanalyse, XI 353.

die *Regression zu den Archetypen* in Gestalt der Schizophrenie (und der Depression) zwar aufgrund des völligen Verlustes der äußeren Realität als Krankheit betrachtet werden muß, daß aber der Sinn und der Wert dieser Krankheit gerade darin liegt, ähnlich dem Fieber bei einer Pneumonie, die Selbstheilung der erkrankten Psyche einzuleiten. Wenn der Druck des Unbewußten bzw. die Angst vor der Realität so groß ist, daß die individuellen Fixierungsstellen die Regression nicht auffangen können, dann strömt die psychische Energie bis zur Welt der Archetypen zurück. Ein solcher Abstieg zur Welt der Archetypen, ein solcher descensus ad inferos der Psyche, ist notwendig, meinte JUNG, um sich von innen her neu zu organisieren und buchstäblich «von vorn geboren» zu werden (Joh 2,3.7). «Kann der Mensch in seiner Mutter Leib zurück», fragte in gleichem Sinne bereits J.G. HERDER und antwortete: «Auf diesen Zweifel des alten Nikodemus kann keine andere Antwort gegeben werden, als ‹Palingenesie›! Nicht Revolution, aber eine glückliche Evolution der in uns schlummernden, uns neu verjüngenden Kräfte. Was wir Überleben unserer selbst, als Tod nennen, ist bei bessern Seelen nur Schlummer zu neuem Erwachen, eine Abspannung des Bogens zu neuem Gebrauche. So ruhet der Acker, damit er desto reicher trage: so erstirbt der Baum im Winter, damit er im Frühling neu sprosse und treibe... Die Schlange der Zeit wechselt oft ihre Häute und bringt dem Mann in der Höhle, wo nicht den fabelhaften Juwel auf ihrem Haupt oder die Rose in ihrem Munde, so doch Kräuter der Arznei zur Vergessenheit des Alten und zur Wiedererneuerung.»[170]

Eine solche lebenerneuernde Rückkehr zu den archetypischen Bildern, ein solches Wechseln der Haut antizipiert daher Zukunft, so wie umgekehrt die Verheißung archetypischer Bilder einer symbolischen Rückwärtserinnerung gleichkommt, und eben darin liegt ihre Faszination. «Interessantere Lebenserscheinungen», meinte Th. MANN, «haben wohl immer dies Doppelgesicht von Vergangenheit und Zukunft, wohl immer sind sie progressiv und regressiv in einem. Sie zeigen die Zweideutigkeit des Lebens selbst.»[171]

Diese Feststellung gilt für das Phänomen einer kollektiven Regression ebenso wie im individuellen Bereich.

[170] F.W. KANTZENBACH: Johann Gottfried Herder in Selbstzeugnissen und Bilddokumenten, 1970, 116–117 (J.G. HERDER: Zerstreute Blätter. Tithon und Aurora [1792]). – Zur Herausbildung und *Einfühlbarkeit* psychotischer Reaktionen vgl. die knappe und ausgezeichnete Studie von P.C. KUIPER: Tiefenpsychologische Betrachtungen über Wahnformung; in: Studium Generale, 20. Jg., Heft 10, 660–668.

[171] TH. MANN: Doktor Faustus, (1947), 1971, 194. – P. RICŒUR: Symbolik des Bösen, 20, schreibt sehr schön zu dem Wechselspiel von Regression und Progression: «Das Zurücktauchen in *unseren* Archaismus ist sicherlich der Umweg, über den wir uns in den Archaismus der Menschheit versenken, und diese doppelte Regression ist ihrerseits der mögliche Weg einer Entdeckung, einer Bodenforschung, einer Prophetie unserer selbst.»

Wenn beispielsweise am Beginn der Pubertät ein magersüchtiges Mädchen wieder seine Bilderbücher hervorholt und erneut mit seiner alten Lieblingspuppe zu spielen beginnt, so ist in dieser neurotischen Regression unzweifelhaft eine Tendenz zur Sexualvermeidung am Werk; aber das Kind versucht durch seine Regression nicht nur, der Sexualität auszuweichen, es sucht sich auch in die Zeit zurückzuversetzen, wo es (vorödipal) dem Archetypus der Mutter und des Vaters begegnen konnte, ohne von der Angst seiner Geschlechtlichkeit überwältigt zu werden; erst wenn es dieser *inneren* Gestalt der Mutter und des Mannes angstfrei sicher sein kann, vermag es den Schritt wieder nach vorn zu tun und die sexuellen Komponenten des Mutterarchetypus und der Geschlechtsrolle in sich zu integrieren. Die Regression ist für das Mädchen daher nicht nur Rückzug, sondern (notwendiger) Umweg, und das Spiel mit der Puppe dient gerade der Vorbereitung späterer Mütterlichkeit. Die Regression ist, wie die Franzosen sagen, ein *reculer pour mieux sauter* – ein Zurückweichen, um besser springen zu können[172].

Die gleiche wechselseitige Dialektik von Regression und Progression archetypischer Bilder läßt sich entsprechend auch kollektiv in der geschichtlichen und politischen Wirklichkeit beobachten, die das eigentliche Feld der Auseinandersetzung E. BLOCHS darstellt. An dem schlimmsten Fall kollektiver Regression in der neueren Geschichte, am Beispiel der Verheerungen des Nationalsozialismus, sei dies kurz verdeutlicht.

J. C. FEST verdankt man die sehr richtige Interpretation des Dritten Reiches als einer Zeit neurotischer Angst[173]. Tatsächlich stellen die markanten Erscheinungsformen des Nationalsozialismus insgesamt eine überdeutliche Form von Angstverarbeitung durch Regression dar: die Rassenlehre, die Wiederbelebung germanischer Mythologie, die Zerstörung des Einzelnen zugunsten des einen Führers und seines «Volkes», die mythische Interpretation der Welt als eines ständigen (biologischen) Stirb- und Werde-Prozesses, der düstere Schicksalsglaube der Geschichtsbetrachtung – all das war psychologisch und geistesgeschichtlich zweifellos eine kollektive Regression des Bewußtseins in großem Stil[174]. Gerade die furchtbaren zerstörerischen und wahnhaften Formen, zu denen die faschistische Regression gedieh, haben indessen in der Gegenwart die

[172] A. KOESTLER: Der Mensch – Irrläufer der Evolution, 1981, 180–181, betrachtete diese Formel geradezu als ein Naturgesetz organischer Entwicklung und setzte sie zu Recht in Beziehung zu dem Wissen der Mythen um Tod und Auferstehung.

[173] J. C. FEST: Hitler, 1973, 138; 1041. – Über den Zusammenhang von Vermassung und *Angst* vgl. die immer noch sehr lesenswerte Arbeit von O. PFISTER: Das Christentum und die Angst, 93–104, wo er auf die Angstflucht in das Kollektiv, die Identifikation mit dem «Führer» und die Entstehung des kollektiven Wahns hinweist.

[174] Vgl. E. DREWERMANN: Der Krieg und das Christentum, 1982, 63; 66.

Überzeugung nahegelegt, in dem Phänomen der Regression selbst, in der Welt der Archetypen insgesamt, mithin in allem Mythischen und Irrationalen selbst liege der eigentliche Hauptfehler des Nationalsozialismus. Vor allem G. LUKÁCZ hat in seinem Hauptwerk «Die Zerstörung der Vernunft»[175] dieser These Ausdruck verliehen.

Eben hier aber beginnt psychologisch ein Fehlschluß. Denn die archetypischen Bilder, so gefährlich auch immer ihre Nähe sein mag, sind doch in Wahrheit als einzige imstande, die kollektive und individuelle Angst zu bannen. Mit der Regression selbst kann die Katastrophe des Nationalsozialismus daher gewiß nicht begründet werden. Im Gegenteil war es offenbar unvermeidlich, daß der Druck der Angst eine kollektive Orientierung nach rückwärts hin auslöste. Die Frage stellt sich mithin nur um so mehr, wie die Art der Regression etwa im Dritten Reich hätte beschaffen sein müssen, um *nicht* zerstörerisch zu sein. An sich wäre es möglich gewesen, daß die Orientierung von den bereitliegenden archetypischen Bildern des Christentums ausgegangen wäre, daß also die Regression zu einer Wiederbelebung und Intensivierung christlicher Frömmigkeit, nicht aber zu einem Rückfall in die Barbarei geführt hätte. So betrachtet, scheint die Tragödie des Nationalsozialismus vor allem darin zu liegen, daß die Bilder des Christentums, die dem kulturellen Niveau der Zeit angepaßt waren, nicht (mehr) die Macht besaßen, die kollektive Angst eines ganzen Volkes zu beruhigen. Erst der Umstand, daß anstelle religiöser Besinnung und Erneuerung in Anknüpfung an germanische Vorbilder eine künstliche Ersatzreligion zur Angstverarbeitung erfunden werden mußte, scheint die Voraussetzung für die Entartung der psychischen Regression im Nationalsozialismus geschaffen zu haben. Nur aufgrund der Ohnmacht der bestehenden Religion geriet die psychische Regression offenbar zugleich zu einer Regression in kulturgeschichtlichem und geistesgeschichtlichem Sinne, zu einer kollektiven Psychose, statt zu einer inneren Genesung.

Nicht die Regression an sich, nicht die Welt des Archetypischen, Unbewußten und Irrationalen selbst also trägt die Schuld an der Perversion des Nationalsozialismus, sondern gerade umgekehrt: der vorausgehende mangelnde Rapport zum Unbewußten, die verhängnisvolle Überrationalität und Verstandeseinseitigkeit einer jahrhundertelangen geistesgeschichtlichen Entwicklung, die systematische Zerstörung des Religiösen im Namen einer zunehmend isolierten Intellektualität schufen allererst die Voraussetzungen dafür, daß in der Stunde der Not die Regression der Psyche auf keine naheliegenden Stützpunkte mehr zurückgreifen konnte und haltlos unter dem Druck der Angst von der

[175] G. LUKÁCZ: Die Zerstörung der Vernunft (1954), 3 Bde., 1962; 1973.

Macht der Archetypen aufgesogen wurde. Um die archetypischen Bilder angesichts der Gefahr des Nationalsozialismus zu integrieren, hätte es einer psychischen Ausgangslage bedurft, in der das Bewußtsein gerade nicht in einer angstvollen Polemik gegen die Kräfte des Unbewußten eingestellt gewesen wäre, sondern – vor allem in den Bildern der Religion – sich der inneren Führung des Unbewußten anzuvertrauen gelernt hätte[176].

Der Mahnruf z. B. von G. LUKÁCZ zu mehr Rationalität angesichts der Katastrophe des Faschismus geht also gerade in die falsche Richtung; die «Zerstörung der Vernunft», die er vor allem in der Lebensphilosophie von DILTHEY bis HEIDEGGER als imperialistische Ideologie und parasitären Subjektivismus anprangert, beweist vielmehr das dringende und an sich sehr berechtigte Bedürfnis, die Verstandeseinseitigkeit des Bewußtseins zu korrigieren und zu überwinden. Freilich war die innere Zerrissenheit bereits so weit fortgeschritten, daß es nur noch eines Anlasses bedurfte, um die niedergehaltene Welt des Unbewußten zu entfesseln und die gesamte technische und politische Vernunft zu einem bloßen Handlanger der rohesten Affekte und Leidenschaften zu erniedrigen. Die Lehre aus dem Desaster des Nationalsozialismus dürfte aber eben deswegen gerade nicht lauten: Rationalität *gegen* «Irrationalität», Wissenschaft *gegen* Mythos, Aufklärung *gegen* Religion, Fortschritt *gegen* Regression[177] usw., sondern umgekehrt: Hinwendung zum Unbewußten, Archetypischen, *durch* Religion, Meditation und Tiefenpsychologie, Integration der unbewußten Seelenkräfte durch Preisgabe der isolierten Bewußtseinseinstellung, Anerkennung und Wiederbelebung der tieferen Schichten der menschlichen Psyche durch eine erweiterte Hermeneutik des menschlichen Daseins und der menschlichen Geschichte sowie durch die Hervorbringung einer integraleren Form menschlicher Kultur und Religiosität.

Es gibt also eine Regression, die den Einzelnen bzw. ein ganzes Volk, wie im Nationalsozialismus, in den Wahnsinn, in die Psychose treiben kann; und dennoch bleibt es dabei, daß die Regression im Grunde dem Versuch einer Lebenserneuerung dient. Statt die Welt der Archetypen und mithin den Vorgang der Regression in sich selber zu verteufeln, ist es im Gegenteil äußerst wichtig, daß es kulturell vermittelte archetypische Bilder gibt, die vor allem durch die Riten, Sakramente und dogmatischen Symbole der Religion zwischen den Forderungen der sozialen und kulturellen Welt und den Erfordernissen der inneren Welt vermitteln. Fehlen solche Symbole, so wird das Ich in seiner Hilflosigkeit bei drohender Gefahr gerade von der Macht der Archetypen absorbiert

[176] Vgl. E. DREWERMANN: Strukturen des Bösen, II 535–539.
[177] G. LUKÁCZ: Die Zerstörung der Vernunft, II 100–195.

und kann seinen eigenen Standpunkt, die Realitätskontrolle, nicht aufrechterhalten. Es versinkt in der Welt der Archetypen wie ein Taucher, dessen Verbindungskabel zur Oberwelt beim Absinken in die Tiefsee zerrissen wird. Aber noch einmal: nicht die Regression und die archetypischen Bilder in sich stellen die eigentliche Bedrohung dar; die Gefahr besteht ganz im Gegenteil in dem schwindenden psychischen Kontakt zu den archetypischen Symbolen und in der Aushöhlung dieser Symbole durch eine einseitige rationale und fortschrittsgläubige Mentalität. Wenn, im Bilde FREUDS, ein Heer auf seinem Vormarsch seine Depots zu sehr vernachlässigt oder gar mutwillig verwüstet hat, wenn der geschichtliche «Fortschritt» sich vielmehr darbietet wie der Vormarsch der Goldenen Horde Dschingis Khans: die Erde verbrannt, die Dörfer verwüstet, dann darf man sich nicht wundern, wenn beim Auftreten einer wirklichen Schwierigkeit die Regression, die Rückwärtsbewegung ungebremst und chaotisch bis in die «Innere Mongolei» zurückflutet.
Von daher ergibt sich die hohe Bedeutung, die einem angemessenen Verständnis archetypischer Bilder zukommt. Die Art, wie man die Märchen, die Mythen, die Sagen und Legenden, die religiösen Überlieferungen der Völker interpretiert, ob man sie in ihrem bleibenden Gehalt von den Tiefenschichten der menschlichen Psyche her integral zu verstehen sucht oder ob man sich – in Gestalt rein historisierender oder funktionaler Auslegungen – geradezu weigert, ihren tiefenpsychologischen Gehalt auch nur zur Kenntnis zu nehmen, besitzt in sich selbst unmittelbar den Wert eines Indikators für den psychischen Zustand einer Zeit, einer Religion, einer Gesellschaft, eines jeden Einzelnen. Wir stehen nach dem Gesagten nicht mehr an, die Möglichkeit auch der Entstehung kollektiver Tragödien wie des Faschismus in Deutschland zu einem nicht geringen Teil mit der sträflichen Mißachtung und kompletten Ratlosigkeit der christlichen Theologie, insbesondere der Bibelexegese, der Dogmatik und der Moraltheologie[178] gegenüber den archetypischen Inhalten ihrer eigenen Tradition in Verbindung zu bringen, und dasselbe läßt sich von der Naturfeindlichkeit und Friedlosigkeit des Menschentyps sagen, den gerade das Christentum in der abendländischen Geistesgeschichte hervorgebracht hat. Selbst in Anbetracht der Tatsache, die wir eingangs betont haben, daß die gegenwärtige Blindheit von Exegese und Dogmatik bezüglich der psychischen Verwurzelung der religiösen Bilder und Symbole in den Tiefenschichten der menschlichen Psyche nur das Ergebnis einer jahrhundertelangen geistesgeschichtlichen Einseitigkeit bildet und somit nicht als unmittelbar selbstverschuldet anzusehen ist (s. o. S. 28), so läßt sich doch nicht länger übersehen,

[178] Vgl. E. DREWERMANN: Psychoanalyse und Moraltheologie, 1982, I 9–17.

daß jeder Tag, an dem die Verdrängung des Unbewußten in der Theologie andauert, durch die damit verbundene Isolation der Archetypen Krisen und Verwüstungen im Leben des Einzelnen und ganzer Völker heraufbeschwören muß, die das bloße Andauern des jetzigen Zustandes der Theologie auf das schwerste mit Schuld belasten.

Es mag sein, daß ein Exeget in der Abgeschiedenheit seiner selbstverordneten Unpersönlichkeit und der existentiellen Belanglosigkeit seiner Untersuchungen heute noch eine wohltuende Ruhe unbelasteten Forschens und Glasperlenspielens genießen zu dürfen glaubt; aber die Kehrseite seiner scheinbaren Muße ist die fortschreitende psychische Verwüstung, die strukturelle Gewalttätigkeit nach innen wie nach außen, die Verödung der eigentlichen Wurzeln religiösen Erlebens in der menschlichen Seele und das führungslose Chaos der archetypischen Sehnsüchte und Erwartungen des Menschen, die, abgetrennt von den heilenden Symbolen der Religion, sich *zum Ersatz* an profanen politischen und gesellschaftlichen Bezugsgrößen festmachen müssen, indem sie diese mit einer Bedeutung und einem Glücksverlangen aufladen, die nur zerstörerisch wirken können. Gerade das Wissen um die Ambivalenz der Archetypen, die Kenntnis ihrer Macht, sowohl in den Wahnsinn zu treiben wie auch von Grund auf zu heilen (s. o. S. 242–246), nicht zuletzt die Einsicht in die Doppelfunktion speziell der *Regression,* besitzt ihre eigentliche Heimat in der symbolischen Sprache der Religion, und löst man sie von dort ab bzw. zerstört man die Grundlagen des Religiösen durch eine einseitige Bewußtseinseinstellung, so zwingen die archetypischen Bilder wie von selbst den vereinseitigten Fortschritt wieder zur Rückkehr in die Welt des Irrationalen, nur daß dieser Zwang nicht als integrierend, sondern als quasi psychotisch empfunden werden muß. So oder so aber zeigen all die Urbilder der großen Völkererzählungen, die Bilder von einem anfänglichen Paradies, von Bruderfeindschaft, Sintflut, Turmbau usw., wie man sie am Anfang auch der Bibel liest, daß alle archetypischen Bilder insgesamt als Symbole sowohl des Unheils wie des Heils verstanden werden können, je nachdem, ob sie auf eine relativ integrierte oder dissoziierte Persönlichkeit treffen[179].

An sich sind die archetypischen Bilder gerade in ihrer zyklischen Ambivalenz von einer tiefen Weisheit und ordnenden Macht. Alle wirklich heilige, durch archetypische Bilder gestaltete Zeit besitzt, wie das Kirchenjahr, eine *zyklische* Struktur, und die großen Ausdruckshandlungen der Religion, die Riten und die Sakramente, knüpfen in ihrer Symbolik offensichtlich in allen Formen: in Eucharistie, Taufe, Firmung, Ölung usw., an eben den archetypischen Bildern

[179] E. DREWERMANN: Strukturen des Bösen, I S. XLIV; II, 426–428.

der Rückkehr zu einem verlorenen Ursprung und der Hinwendung zu einem endgültigen Ende an[180]. Sie bannen damit die in ungebundenem Zustand so gefährliche Energie des Unbewußten in objektiv vorgegebene symbolische Ausdruckshandlungen und nutzen sie somit als unentbehrliche Kraftquelle der Selbstwerdung und Lebenssteigerung. Selbst die Geschichtstheologie des Christentums kann und konnte nicht anders, als sich die mythische Einheit von Anfang und Ende im Hintergrund aller Geschichte zu eigen zu machen: um die Endgültigkeit des Heils in Christus vor Augen zu stellen, mußte schon Paulus die Person Christi der Gestalt des Adam gegenüberstellen (Röm 5,12–21), und auch für das Ende der Geschichte selbst verheißt die christliche Eschatologie nichts anderes, als daß der schon Gekommene *wiederkommt* «in Macht und Herrlichkeit» (Mk 13,27)[181]. Nur was im Wesen des Menschen grundgelegt ist, läßt sich ersehnen und erwarten, und die Gestalten zukünftiger Hoffnung sind «nur» die symbolischen Transformationen archetypischer Erinnerung[182].

Von daher schließt sich im archetypischen, mythischen Denken alles zum Ring zusammen. Aller «Fortschritt», alles «Apollinische» in der Sprache F. NIETZSCHES, setzt das Eintauchen, die Rückkehr in das «Dionysische», Uranfängliche, Archetypische voraus[183], alles Neue ist symbolisch Wiederkehr des Alten, alles Faszinierende, nach vorne Drängende nur verlockend, weil sich die Urgestalt unter neuem Gewande zeigt. Daher ist das Leben dem Mythos Rückkehr zum Ursprung, der Tod aber Beginn des Lebens, und die wohl beste Formel dieser zutiefst *ägyptischen* Überzeugung bietet HERAKLITS Fragment 62: «Unsterbliche: Sterbliche, Sterbliche: Unsterbliche»[184].

Alle archetypischen Bilder, alle großen Träume der Menschheit, sind daher notwendig «Mythen von Leben und Tod»; alle schildern sie das Leben «als einen ununterbrochenen Kreislauf von Geburt, Tod und Wiedergeburt», und

[180] Zum Symbol der Eucharistie und seinen möglichen sozialintegrativen Möglichkeiten vgl. E. DREWERMANN: Der Krieg und das Christentum, 1982, 282–337; zu einem symbolischen Ansatz der Sakramenteninterpretation vgl. am Beispiel von Ehe, Taufe und Eucharistie G. BAUDLER: Einführung in symbolisch-erzählende Theologie, 1982, 178–212.

[181] Wir werden die eschatologischen Reden und Verheißungen bei der Analyse der Worttraditionen der Bibel im 2. Bd. der vorliegenden Arbeit noch ausführlicher besprechen müssen. Einen guten narrativen Ansatz zu ihrem Verständnis findet man bei G. BAUDLER: Einführung in symbolisch-erzählende Theologie, 213–242.

[182] Zur thomistischen Geschichtsmetaphysik eines zyklischen Denkens von Ursprung und Rückkehr vgl. M. SECKLER: Das Heil in der Geschichte, 1964, 227.

[183] F. NIETZSCHE: Die Geburt der Tragödie aus dem Geist der Musik, 20–24.

[184] H. DIELS: Die Fragmente der Vorsokratiker, 1957, 27. – Ähnlich meint eine Inschrift im Grabe des Neferhotpe, der unter Haremhab Priester im Amonstempel war und dessen Grab auch das berühmte pessimistische Harfnerlied enthalten hat, vom Glück der Verstorbenen: «Die Zeit dessen, was auf der Erde getan wird – die ist nur ein Traum, (aber) man sagt: ‹Willkommen, unversehrt und heil!› zu dem, der den Westen erreicht.» H. GRESSMANN (Hrsg.): Altorientalische Texte zum Alten Testament, 9.

auch wo sie von Endgericht und Weltuntergang erzählen, «existiert überall die Hoffnung, daß der Frühling wiederkommen und das Leben sich erneuern wird»[185]. Die Einheit von Anfang und Ende in den archetypischen Bildern umfaßt mithin von den Endpolen her das gesamte Dasein des Menschen in seiner Angst und seiner Zuversicht, in seinem Blühen und Verwelken, in seiner Einmaligkeit und immerwährenden Gleichförmigkeit[186].

B) Archetypus und Geschichte

Meinetwegen können die Wissenschaftler,
Aufzeichnungen ausgraben, die beweisen,
daß Christus eine Erfindung des Pilatus ist,
der sich damit eine Beförderung verschaffen wollte –
ich würde trotzdem glauben.
G. Greene: Das Ende einer Affäre, 140

Mit dem Begriff der Regression und des Zyklus von Ende und Anfang haben wir indessen bereits das Terrain betreten, wo der Archetypus sich zur Geschichte selber hin erschließt.

Bisher war es uns lediglich darum zu tun, die archetypischen Erzählungen in ihrer Symbolik und in ihrem Aufbau vom Traum her zu verstehen und entsprechende Regeln zu ihrer Interpretation daraus abzuleiten. Tatsächlich aber reicht der große Strom der archetypischen Erzählungen nicht nur an das dichtbestandene Ufer der Träume, der Innenwelt der Psyche heran, sondern er wird an der anderen Flußseite von den Gebirgen und Tälern der Geschichte begrenzt. Nicht nur die Erfahrungsfülle der Träume geht in den Mythos und das Märchen, die Sage und Legende ein, sondern (mit Ausnahme des Märchens) auch der Reichtum der geschichtlichen Wirklichkeit. Wie sich im Traum der Alltag des Einzelnen seiner seelischen Bedeutung nach symbolisch verdichtet, so in Mythos, Sage und Legende die Geschichte eines Volkes. Die Beziehung archetypischer Erzählungen zur Geschichte und zur geschichtlichen Überlieferung ist zu ihrem Verständnis und zu ihrer Auslegung daher ebenso wichtig wie ihr Bezug zur Traumpsychologie. Freilich, solange wir im Bereich archetypischer Erzählungen verbleiben, verläßt uns die Auseinandersetzung mit dem Traum nicht. Denn gerade die Art, wie die Mythen, Sagen und Legenden Geschichte zu archetypischen Geschichten verdichten, läßt sich nur mit Hilfe der

[185] C. A. BURLAND: Myths of Life and Death, 1974, 251.
[186] Vgl. K. KERÉNYI: Das göttliche Mädchen, 1941 (zus. mit C.G. Jung), 80–81.

Traumpsychologie verständlich machen, – insofern lernen wir beim Übergang vom Psychischen zum Historischen im Umkreis des Archetypus eigentlich nichts Neues. Dafür aber stellt sich jetzt um so dringlicher die Frage, wie in den archetypischen Erzählungen sich das Individuelle zum Kollektiven, das Persönliche zum Gesellschaftlichen, das Psychologische zum Soziologischen verhält.

Ineins damit drängt sich das Problem auf, wie die Macht der Archetypen, die in der Psyche *jedes* Einzelnen wirksam ist, das Erlebnisfeld des Einzelnen überschreitet, um auch *objektiv* das historische Geschehen zu gestalten; des weiteren wird zu untersuchen sein, in welcher Weise umgekehrt die Geschichte *subjektiv* in archetypischen Bildern apperzipiert wird und inwieweit mithin nicht nur die Gestaltung, sondern vor allem die Überlieferung der Geschichte innerhalb der Mythen, Sagen und Legenden von archetypischen Bildern her geprägt wird. Dabei werden wir nicht nur das Thema der *«Deckerinnerungen»,* auf das wir bereits in der Traumpsychologie gestoßen waren, noch einmal aufgreifen und methodisch nutzen können, sondern wir werden auch einen Begriff, der in der historisch-kritischen Exegese, wenngleich rein formelhaft, zentral geworden ist, den Begriff der *Korporativperson,* mit neuem Inhalt und Verständnis füllen können. Das «wilde» Denken der Mythen, Sagen und Legenden wird sich dabei insgesamt als ein Verfahren darstellen, das Individuelle und das Kollektive in nicht unterscheidbarer Weise miteinander zu verschmelzen. Aber wie das zu verstehen ist und wie eine tiefenpsychologische Hermeneutik beschaffen sein muß, die der Welt der Archetypen in einem so weitgesteckten Rahmen gerecht wird, das soll uns jetzt beschäftigen.

a) Vom Vorrang des Individuellen vor dem Kollektiven, des Psychologischen vor dem Soziologischen, im Rahmen einer christlichen Exegese

«Und wie jeder von euch allein steht in Gottes Wissen,
ebenso muß jeder von euch allein sein in seinem Wissen um Gott
und seinem Verstehen der Erde.»
Kahlil Gibran: Der Prophet, 43

Eines wissen wir bereits, um dem Zusammenhang von Individuellem und Kollektivem im Umgang mit archetypischem Material näherzukommen: Man muß, um die Wirkungsweise und Ambivalenz der archetypischen Bilder in

Regression und Progression zu verstehen, zunächst den Ursprung und die psychische Bedeutung kennen, die den Archetypen im Leben des Einzelnen zukommt; erst dann ist die Frage auch nach der *sozialpsychologischen* Wirkungsweise bestimmter archetypischer Bilder sinnvoll.

Daraus ergibt sich vor der Hand eine weitere wichtige Folgerung für das methodische Vorgehen bei der Interpretation von archetypischen Bildern in Mythen, Träumen, Sagen, Legenden, Märchen u. ä. Die Regel muß lauten: *Alle sozialen Aspekte archetypischer Bilder sind so lange zurückzustellen, als nicht der psychische Gehalt eines archetypischen Bildes im Leben des Einzelnen so weit als irgend möglich erfaßt worden ist.*

Diese Anweisung mag auf den ersten Blick paradox anmuten, sie ist aber nur eine weitere Konsequenz, die sich aus dem Problem der Regression, z. B. aus der Tragödie etwa des Nationalsozialismus, ziehen läßt. Die Archetypen sind in sich selbst, wie wir gesehen haben, Teile der Kollektivpsyche; sie sind insofern tiefer, archaischer als alles Personale und Individuelle. Trotzdem, ja gerade deshalb muß ihre Bedeutung zunächst auf das Ich des Einzelnen hin ausgelegt werden[1]. Denn geschähe dies nicht, so würde die Interpretation der Archetypen nur eine modifizierte Form der Massenpsychologie in der rohen, von G. LE BON[2] skizzierten Form abgeben und der Möglichkeit einer Regression in den kollektiven Massenwahn nichts entgegenzusetzen haben. Eben weil die Archetypen *kollektiv* sind, liegt ihre ständige latente Gefahr darin, die Personalität des Einzelnen in psychotischer Weise aufzusaugen. Der Einzelne besitzt für das Unbewußte an sich keinen Wert; im Meer des Unbewußten ist das individuelle Bewußtsein nur wie eine Welle im Ozean. Zwar verbindet nichts einen Menschen so sehr mit einem anderen wie das kollektive Unbewußte, indem dieses durch sich selbst alle Schranken von Zeit und Raum, alle Unterschiede der Sprachen und Kulturen aufhebt; aber gerade darin liegt auch seine Gefahr: nichts kann die Leistungen der Kultur in Moralität, Wissenschaft, Kunst usw. derart zuschanden machen wie die apersonalen Kräfte des Unbewußten.

In der Welt der Archetypen sind Parolen, wie der Nationalsozialismus sie ausgab, absolut berechtigt: «Du bist nichts – dein Volk ist alles»; oder: «Ein Reich, ein Volk, ein Führer». Es sind herdenförmige, zutiefst unpersönliche Weisen des Fühlens und Wahrnehmens, in denen sich die Archetypen widerspiegeln. Indem das Individuum in der Welt der Archetypen aufgehoben wird, können Motivationen, die archetypische Komponenten in sich enthalten, zwar

[1] Vgl. E. DREWERMANN: Der Krieg und das Christentum, 1982, 285–290, zum Unterschied von sportlichen Massenveranstaltungen und religiösen Riten.

[2] G. LE BON: Psychologie des Foules, 1895; dt.: Psychologie der Massen, 1973.

den Einzelnen zu Taten der Selbstvergessenheit und Hingabe aneifern, zu denen er aus persönlichem Entschluß nur schwerlich imstande wäre; aber es sind im Grunde unpersönliche, buchstäblich selbstvergessene Taten, zu denen das Unbewußte drängt[3]. Die Kriegspropaganda aller Zeiten z. B. hat sich diesen Sachverhalt zu Nutze gemacht und der individuellen Todesfurcht wirksam die Impulse der Vaterlandsliebe (also der Revierverteidigung), des Schutzes von Frau und Kindern (also der Brutpflege) und eines quasi tierischen Feindbildes (also des Jagdtriebes) entgegenzusetzen gewußt[4]; zudem taten Marschmusik und Uniform, Drill und Gehorsam, notfalls auch Drogen und Alkoholika das ihrige, um das individuelle Bewußtsein, das eigene Denken, den Überlebenswillen des Einzelnen und seine natürliche Todesfurcht auszuschalten.

Der Eindruck heroischer Opferbereitschaft und heiligmäßiger Selbstverleugnung für hohe und wünschenswerte Ideale kann auf diesem Wege bei Verhaltensweisen entstehen, die sich lediglich aus der völligen Zerstörung des Individuums durch die kollektive Suggestion archetypischer Motivationen ergeben. Die vollkommene Aufopferungsfähigkeit des Einzelnen besitzt unter solchen Umständen natürlich moralisch gesehen nicht den geringsten Wert – die Hingabebereitschaft und der kollektive Enthusiasmus der Menge können von geeigneten Demagogen im Gegenteil jederzeit nicht nur für die besten, sondern unterschiedslos auch für die übelsten Zwecke mißbraucht werden, und sie wurden es offensichtlich oft genug. Die Moralität ist eine Leistung des Individuums; archetypische Motivationen können sie fördern und steigern, so wie sie die Individualität selbst steigern und erweitern können; der Untergang des Individuellen in der Welt der Archetypen aber bedeutet stets eine Zerstörung

[3] S. FREUD: Massenpsychologie und Ich-Analyse (1921), XIII 71–161. Inzwischen hat man die negative Darstellung der «Masse» durch den Begriff und die Analyse der Psychodynamik der «Gruppe» zu ersetzen versucht; vgl. u. a. P. R. HOFSTÄTTER: Gruppendynamik. Die Kritik der Massenpsychologie und Ich-Analyse, 1957. Gleichwohl hat A. MITSCHERLICH: Massenpsychologie und Ich-Analyse – Ein Lebensalter später, in: Das Ich und die Vielen, 1981, 53, recht, wenn er schreibt: «Knüpfen wir am regressiven Verhaltensstil der Masse, und zwar der gläubig, politisch geeinten, ideologisch zusammenhaltenden Masse an..., so müssen wir feststellen, daß die phänomenologische Beschreibung, die LE BON gegeben hat, brauchbar geblieben ist. Ideologisierte, politisierte Massen verlieren den Überblick über die reale Situation, in der sie sich befinden; sie überschätzen ihre Kräfte, sind gierig, an der neu zur Verteilung kommenden Macht teil zu haben. Sie sind vorurteilsbesessen, projizieren ihre eigenen dissozialen Neigungen auf fiktive Gegner, können sich aber auch über die Potenz echter Gegner gründlich irren. Sie dünken sich allmächtig und erleben eine Inflation narzißtischer Gefühle.» MITSCHERLICH empfiehlt, gerade nach der furchtbaren Lektion des Nationalsozialismus, gegen die Verführbarkeit der Masse die seelische Fähigkeit zur Ich-Stärkung zu entfalten (a. a. O., 56). Vor allem aber warnt Mitscherlich zu Recht vor dem immer unerträglicher werdenden «Kontrast zwischen faktischer Interessenlosigkeit am Einzelnen und den Verheißungen eines massenhaften Fortschrittswahns», der «die Lust der Zerstörung» unausweichlich anreize (a. a. O., 60).

[4] Vgl. I. EIBL-EIBESFELDT: Liebe und Haß, 1970, 78; 146–148; 86–101; E. DREWERMANN: Der Krieg und das Christentum, 56–74.

auch der Moral, er verkörpert den Zusammenbruch des Kulturellen, Vernünftigen, Realitätsangepaßten im ganzen, indem an die Stelle freier Entscheidung ein neuer kollektiver Mythos, eine *Ideologisierung* kollektiver Machtinteressen gesetzt wird, dazu berufen, selbst die schlimmsten Greuel als wohlgetan zu rechtfertigen. «Mit Mann und Ross und Wagen / hat sie der Herr geschlagen» – mit dieser Paraphrase zu dem Triumphgesang der Israeliten über den Untergang der Ägypter in Ex 15,1–20 zeigte z. B. 1939 die Wochenschau des Großdeutschen Reiches die Trümmer der zerschlagenen polnischen Armee. Die ideologische Remythisierung zeitgeschichtlicher Ereignisse bleibt eine ständige Gefahr.

Es würde daher einem folgenschweren Kurzschluß gleichkommen, wollte man die archetypischen Bilder unmittelbar auf ihren sozialen Inhalt und ihre sozialpsychologische Funktion hin auslegen. Ein solcher Kurzschluß zwischen der archetypischen und der sozialen Welt kann nicht anders als *sozialistisch* ausfallen, wofern mit «sozialistisch» die Absolutsetzung bzw. die methodische und praktische Überbewertung der Gesellschaft vor dem Einzelnen gemeint ist. Wohl erklärt sich von daher naturgemäß die Bevorzugung einer sozialen Interpretation der archetypischen Bilder z. B. bei E. BLOCH u. a., es zeigt sich aber gerade am Beispiel von BLOCH, in welch eine Gefahr selbst undogmatische Theoretiker MARXISTISCHER Herkunft durch ihr weitgehendes Unverständnis gegenüber psychologischen Erfahrungen und Überlegungen notgedrungen geraten müssen. Ein wirkliches Verständnis archetypischer Bilder kann methodisch nur beim Einzelnen beginnen. Die Auslegung archetypischer Bilder muß vor allem zeigen, wie der Einzelne sich mit den archetypischen Symbolen auseinandersetzt, welche Bedeutung sie in seinem Leben besitzen können, welche Erfahrungen durch die Begegnung mit der Welt der Archetypen in ihm ausgelöst werden, und schließlich: welch eine Rolle sie auf dem Weg des Einzelnen zu sich selber spielen. Der Prozeß der Selbstfindung bildet in tiefenpsychologischer Sicht das geheime Thema so gut wie aller archetypischen Erzählungen (s. o. S. 187 ff.); wollte man hingegen methodisch, statt vom Einzelnen, gleich von der Selbstverwirklichung bestimmter Gruppen sprechen, so würde man unter dem Druck des Kollektiven den Prozeß der Selbstfindung gerade verhindern: die Züchtung des kollektiven «neuen Menschen» träte dann unweigerlich an die Stelle der individuellen Entfaltung, und die archetypischen Bilder müßten alsbald die Gefahr eines Massenwahns, einer kollektiven Psychose heraufbeschwören. Nur wenn man die *psychologische* Bedeutung der archetypischen Symbolsprache kennt, kann man vermeiden, daß die *sozialen* Energien des Unbewußten eine krankmachende, den Einzelnen zerstörende Wirkung erlangen.

Diese Einsicht hat eine unmittelbare praktische Bedeutung. Denn wenn das Gesagte stimmt, so ist es geradezu verboten, die Kraft der archetypischen Bilder sogleich, wie z. B. E. Bloch es vorschlug, in den kollektiven Pragmatismus, ins Sozialpolitische zu übersetzen. Die Welt der archetypischen Bilder schafft nur Heil, indem sie zunächst den Einzelnen auf den Weg seiner Heilung führt; nur indem sie sich im Einzelnen vollendet und offenbart, wirkt sie heilend auch im sozialen Sinne.

Insofern widerlegen die archetypischen Bilder religionspsychologisch in ihrer Ambivalenz von vornherein den philosophischen Versuch Hegels und all seiner links oder rechts von ihm stehenden Schüler, die Wahrheit der Religion in die Wahrheit der Gesellschaft aufzuheben. Die Gegensätze können nicht klarer sein: während die archetypischen Bilder an den Stellen des Lebens auftauchen, an denen buchstäblich «nichts mehr zu machen» ist (s. o. S. 224), beginnt das Feld des Soziologischen im Sinne M. Webers gerade an der Schwelle zum zweckrationalen Handeln; während die archetypischen Bilder innerlich aufgenommen und vernommen werden müssen, richtet sich das Handeln im Feld des Sozialen gerade nach den äußeren Gegebenheiten; während die archetypischen Bilder Anweisungen geben, sich tragen und führen zu lassen, verlangen die sozialen Probleme praktische Entscheidungen und bewußte Planungen. In schematischer Gegenüberstellung:

archetypische Bilder	*soziale Gegebenheiten*
äußere Ausweglosigkeit	äußere Machbarkeit
Introversion	Extraversion
Vertrauen in das Nicht-Planbare	rationale Kalkulation
Nicht-Handeln	Handeln

M. a. W.: alle sozialen Inhalte von Heil, die in den archetypischen Bildern angelegt sind, realisieren sich entweder zunächst im Leben des Einzelnen, oder sie werden in kurzschlüssiger Weise ein Mittel sozialer Verführung und magischen Mißbrauchs; der Bereich des Sozialen schafft nicht durch sich selbst das Heil, sondern setzt es voraus; das Heil von der Gesellschaft zu erwarten bedeutet umgekehrt, den Einzelnen von sich selber weg immer weiter nach außen zu ziehen und die archetypischen Bilder, statt sie zu *integrieren,* in überwertiger Weise auf die sozialen Gebilde zu *projizieren.* Eine radikale *Entfremdung* des Einzelnen, wie sie sonst nur in der Schizophrenie oder u. U. in der Welt der Mythen herrscht, müßte dann die unausbleibliche Folge sein: so wie dort die archetypischen Bilder an den Gegenständen der Natur erscheinen, indem Sonne und Mond, Wasser und Erde, Regen und Wind, Feuer und Stern, Baum und Pflanze, Tier und Mensch, kurz: die ganze umgebende Welt der Natur durch psychische Projektion zum Ausdrucksmittel einer symbolischen Psychologie wird, so tritt bei einem Kurzschluß zwischen der psychischen und der sozialen Ebene das archetypische Material in projiziertem Zustand in den sozialen Gebilden dem Einzelnen als eine absolute Welt gegenüber; er findet darin nicht zu sich selbst, sondern er wird darin im Gegenteil nur immer weiter von sich selber weggezogen. Die Mythisierung des Sozialen ist mithin das vollendete kollektive Gegenstück zur Desintegration und Depersonalisation des Einzelnen in der Psychose[5].

Es gibt nur einen Ort, an dem die archetypischen Bilder *zugleich* individuell wie sozial wirken und die beiden Ebenen: die psychologische wie die soziologische, miteinander untrennbar verschmelzen. Dieser Ort ist die Religion und die Stelle, an der es geschieht, das *Sakrament*[6]. Soviel war zweifellos an der religionssoziologischen These DURKHEIMS berechtigt, in der Religion werde *das Soziale* zum Göttlichen erhoben[7]; man muß nur hinzufügen, daß man mit gleichem Recht auch sagen kann, es werde in der Religion, also im Ritual, im Sakrament, *das Individuelle* zum Erscheinungsort des Göttlichen, vermag doch vor allem die Religion, wie wir gesehen haben (s. o. S. 50), psychologisch in ihren archetypischen Bildern die entscheidende Brücke zwischen dem Individuellen und dem Kollektiven zu schlagen.

Freilich läßt sich in der archetypischen Welt der Mythen und Riten der *Stammesreligionen* ein starker Überhang des Kollektiven vor dem Individuellen nicht übersehen, und das ist mit ein Hauptgrund, warum es nicht möglich ist, auf direktem Wege die Denkweise der Mythen aufzugreifen. Entscheidend für den Primat des Individuellen in der Interpretation archetypischer Erzählungen ist im letzten wirklich die «absolute Kulturschwelle»[8], die innerhalb des Religiösen erst durch den *Monotheismus* der israelitischen Religion eingetreten ist und im Unterschied zu den mythischen Stammesreligionen zu einem völlig neuen Verständnis des menschlichen Daseins geführt hat. Denn so notwendig die Bilder der Mythen sind, um die Inhalte des *kollektiven* Unbewußten innerhalb der Religion auszudrücken, so notwendig ist die Vorstellung der einen und absoluten Person Gottes, um die Einheit und Absolutheit auch der menschlichen Person, des *individuellen* Bewußtseins, auszudrücken. Die außerordentliche

[5] Vgl. E. DREWERMANN: Strukturen des Bösen, II 535–538.
[6] Vgl. E. DREWERMANN: Der Krieg und das Christentum, 339–349.
[7] É. DURKHEIM: Les formes élémentaires de la vie religieuse, 1925.
[8] A. GEHLEN: Urmensch und Spätkultur, ²1964, 97.

Leistung des Judentums (und wohl auch seine größte Gefahr) bestand religionsgeschichtlich in gewissem Sinne gerade darin, mit der Welt der Mythen, mit jeder Art von Vielgötterei gebrochen zu haben; indem es die Welt und die Gesellschaft entgöttlichte, stellte es die absolute Person Gottes und die Person des Menschen als eines Abbildes Gottes einander gegenüber und schuf damit die Voraussetzungen, um der menschlichen Geschichte entgegen dem mythischen Kreislaufdenken eine einzigartige Verantwortung, Einlinigkeit und Freiheit zu verleihen. Allerdings dachte das Judentum selbst paradoxerweise den Menschen noch nicht als einzelnen, sondern zunächst noch als Volk, als Nation, und die Idee, ein auserwähltes Volk zu sein, war unendlich viel wichtiger als die Frage nach der individuellen Einstellung; zudem bewirkte die Zerstörung der heidnischen Mythologie und der Kampf gegen den Kult der Großen Mutter eine unerhörte psychische Gewalttätigkeit gegen sich selbst und gegen die heidnischen Kulturen Kanaans. Nicht mehr die Welt der Archetypen, das Emotionale, Unbewußte, die Stimmen und Gestalten der Götter sollten fortan das menschliche Dasein bestimmen, sondern der Bund, das Wort, das Gesetz eines bilderlosen Gottes wurden zum ausschließlichen Bezugspunkt des Daseins. Erst das Christentum hat in der Gestalt Jesu Christi und in der Geschichte seines Lebens die zentralen Mytheme des Heidentums: die Dreifaltigkeit Gottes, die jungfräuliche Geburt des Erlösers, die Überlieferung von Tod und Auferstehung des Gottessohnes, die Erhöhung seiner Mutter zur Himmelskönigin u. a. m. wieder aufgegriffen und zu einer Synthese zu führen versucht[9], ohne dabei das Erbe des Judentums, die monotheistische Aufklärung, zu verleugnen. Vor allem aber fußte das Christentum von vornherein auf der freien Glaubensentscheidung der *Einzelnen* und führte damit zu einem konsequenten Bruch mit dem jüdischen Volksdenken. Von daher entspricht es eigentlich der Grundforderung spezifisch der *christlichen* Theologie bzw. des christlichen Menschenbildes, die archetypischen Bilder der Mythen, Sagen und Legenden der Völker so auszulegen, daß in ihnen zunächst und wesentlich der Einzelne angesprochen wird.

Wir müssen indessen zugeben, daß die interpretative Methodik, die wir an dieser Stelle zur Vorschrift erheben möchten, geistig mehr oder minder tatsächlich an die Voraussetzungen spezifisch *christlicher* Anthropologie *gebunden* ist. Wem etwa infolge der Auflösung des Monotheismus im Rahmen einer atheistischen Anthropologie die Wesentlichkeit des Einzelnen kein oberster Wert ist, der wird gewissermaßen legitim die religiöse Vermittlung des Religiösen

[9] Vgl. E. FROMM: die Entwicklung des Christusdogmas (1930), VI 11–68; E. DREWERMANN: Der Krieg und das Christentum, 274–280.

zwischen dem Individuellen und dem Sozialen einfachhin überspringen und den Bereich des psychisch Kollektiven und des sozial Kollektiven unmittelbar miteinander verbinden können; aus der Dreigliederung

Psyche (Psychologie) Archetypisches Bild	Religion (Theologie) Motiv rituellen Handelns (Sakrament)	Gesellschaft (Soziologie) Motiv sozialen Handelns (politische Ideologie)

wird er eine direkte Übersetzung des Psychischen in das Politische vornehmen mögen, mit der Folge, daß der Raum des Politischen selbst in der genannten Weise archetypische, mythisch-religiöse Züge erhält, die den Einzelnen absorbieren müssen. Wer umgekehrt (vor allem aufgrund der vorbereitenden Mythenfeindlichkeit des Alten Testaments) nur den rationalen, bewußten Anteil der menschlichen Persönlichkeit beachtet, wird dem Bereich der archetypischen Symbole in Dogmatik und Ritus zu wenig Aufmerksamkeit schenken und damit eine rein individualistische Glaubensesoterik übrig behalten.
Gegen beide Gefahren ist auch das Christentum keineswegs gefeit[10]; ja, es trägt selber ein gerüttelt Maß an der Feindschaft besonders gegenüber der mythennahen Welt der archetypischen Bilder in sich und hat, vor allem in seiner abendländischen Form, eine Entwicklung genommen, die unweigerlich zuerst in die Kirchen-, Riten- und Dogmenfeindlichkeit des *Protestantismus* und hernach, seit den Tagen der Aufklärung, in die atheistische Verstandeskritik des Religiösen überhaupt einmünden mußte (s.o. S. 32–37).
Um die archetypischen Bilder der Märchen und der Mythen, der Sagen und Legenden in Richtung auf den Einzelnen hin auszulegen, bedarf es mithin eines *Gleichgewichtszustandes* zwischen dem Individuellen und dem Sozialen, der weithin selbst im Christentum durchaus nicht selbstverständlich besteht. Gerade deshalb aber bleibt zu hoffen und zu erwarten, daß die hier vorgeschlagene Interpretationsmethode wesentlich mit dazu beitragen kann, die verhängnisvolle Alternative zwischen einer individualistischen Gläubigkeit und einer sozialistischen Ungläubigkeit, zwischen einer protestantischen Sektiererei und einer atheistischen Gleichschaltung, zwischen S. KIERKEGAARD und K. MARX zu überwinden[11]. Religionspsychologisch dürften die Voraussetzungen zu einer angemessenen Auslegung archetypischer Bilder wohl am ehesten in der *ka-*

[10] Vgl. E. DREWERMANN: Strukturen des Bösen, III 514–533.
[11] A. a. O., III 535–536.

tholischen Anthropologie und Dogmatik gelegen sein[12]; denn in ihr vereinigen sich nicht nur die archetypischen Bilder der Menschheitsreligionen mit der absoluten Wertschätzung des Einzelnen, sondern sie bietet, mindestens der Theorie nach, zugleich auch eine transzendente theologische Rechtfertigung dieser Einstellung. Um die absolute Bedeutung des Einzelnen zu legitimieren, genügt es durchaus nicht, bei einem nur psychologischen, rein immanenten Sprechen von «Gott» stehenzubleiben – wir werden dies im 2. Bd. dieser Arbeit noch zeigen; vielmehr wurde die Personalität des Einzelnen vom Monotheismus nicht nur erstmals *begründet,* sondern sie müßte ohne die objektive Anerkennung der absoluten Person Gottes auf der Stelle in Nichts zusammenfallen (s. o. S. 256). Die *theologische* Wertschätzung des Einzelnen bedeutet mithin eine absolut notwendige Vorgabe auch für die Exegese.

Indem wir an dieser Stelle jedoch zunächst die *psychologische* Seite des Mythos, des Märchens, der archetypischen Bilder insgesamt hervorheben und uns mit psychologischen Argumenten vom christlich vermittelten Personbegriff her gegen eine vorschnelle sozial bezogene Auslegung verwahren, hoffen wir allerdings im ganzen der Wiederherstellung eines einheitlicheren Menschenbildes zu dienen, in dem der Zwiespalt zwischen Archetypischem und Individuellem weder durch eine vereinseitigte Bewußtseinseinstellung absolut gesetzt noch durch den Untergang des Individuellen im Kollektiven «aufgehoben» wird. Wir hoffen und fordern damit, daß die Auslegung archetypischer Bilder zur Integration des Unbewußten in der Freiheit des Einzelnen sowie zur Herausbildung einer eigenen und breiter entfalteten Persönlichkeit beitragen kann und muß; und wir sehen darin den größten Dienst, den die Tiefenpsychologie der Religion ebenso wie der Gesellschaft heute erweisen kann.

Gewiß liegt ja bei manchem Leser der Einwand längst bereit, eine Auslegung der archetypischen Bilder in (zunächst) ausschließlicher Richtung auf die individuelle, psychologische Bedeutung könne nur individualistisch sein, und sie sei nichts weiter als eine private Esoterik ohne jede gesellschaftliche Relevanz[13]. Es ist wahr: unmittelbar trägt die vorgeschlagene Interpretationsme-

[12] Z. B. C. G. JUNG: Antwort auf Hiob, XI 496, meinte bes. aus Anlaß der Verkündigung des Dogmas von der Himmelfahrt Mariens durch Papst Pius XII: «Motiv und Inhalt der populären Bewegung, welche den Entschluß des Papstes zu der folgenschweren declaratio solemnis des neuen Dogmas veranlaßt hat, besteht nicht in einer *neuen* Gottesgeburt, sondern in der fortschreitenden Inkarnation Gottes, welche mit Christus angehoben hat.» Dieses Prinzip des katholischen Traditionsglaubens stellte er zu Recht der religionspsychologischen Armut des protestantischen Offenbarungsverständnisses gegenüber.

[13] Dies ist im übrigen der Standardvorwurf, der gegen die Psychoanalyse heute immer wieder erhoben wird; vgl. H. E. RICHTER: Die Gruppe, 1972, 19, der so weit geht, der Psychoanalyse die «Verteidigung des tradierten individualistischen Größenwahns» zu unterstellen. Vgl. demgegenüber die sehr berechtigten Klarstellungen bei M. MITSCHERLICH: Das Theater der Seele, in: Müssen wir hassen?, 1976, 115: «Hat die Psychoanalyse dem Menschen nicht Einsichten über sich selbst von bisher unbekannter Tiefe vermittelt? RICH-

thode zum Fortschritt der Gesellschaft, zur Lösung der großen weltpolitischen Aufgaben, zur kritischen Analyse und Programmatik der verschiedenen sozialen Interessengruppierungen und -verbände, zur Untersuchung der Sozialisationsbedingungen des Individuums zu einer bestimmten Zeit an einem bestimmten Ort nichts bei; und sie muß sich also damit bescheiden, im Sinne E. BLOCHS als «erzreaktionär» zu gelten. Daß sie deshalb aber gesellschaftlich bedeutungslos und nutzlos sei, ist gerade nicht wahr und bereits längst widerlegt. Der ungeheuere Schaden, der durch eine direkte Übertragung archetypischer Inhalte ins Gesellschaftliche, vorbei an den Filterungen des Religiösen und Individuellen, entstehen muß, ist evident geworden[14]; der Nutzen, der umgekehrt gestiftet wird, wenn man den Weg in die Masse vermeidet und den längeren, bescheideneren, vorsichtigeren Weg über die Bildung und Herausbildung des Einzelnen beschreitet, ist zwar weniger spektakulär und sinnenfällig zu schildern, ist aber im Positiven gewiß nicht weniger groß zu veranschlagen.
Wenn es stimmt, daß im Menschen zeitlose Bilder eines Weges zur psychischen Ganzheit angelegt sind, in denen der Mensch sich selber träumt und sich in den Erfahrungen anderer wiedererkennt, und wenn es ferner zutrifft, daß diese Bildersprache des Heils jederzeit und gänzlich unabhängig von den Bedingungen einer bestimmten Gesellschaft oder Kultur verstanden werden kann und latent als ein inneres Gesetz in der Seele jedes Menschen gegenwärtig ist, dann kann es für keine Art von Gesellschaft etwas Wichtigeres und Entscheidenderes geben, als daß jeder Einzelne jenseits der Angst und unverwirrt vom Getöse der Menge diese Stimmen der eigenen Seele vernimmt und ihr so gehorsam wie möglich Folge leistet. Die «Welt» wird, wenn man das

TER sieht darin eine Unterstützung individueller Omnipotenzbedürfnisse. Dabei wird m. E. fälschlich das Interesse an den Vorgängen im eigenen Selbst mit Egozentrismus gleichgesetzt. Denn gerade die Entwicklung selbstkritischer und selbsterkennender Fähigkeiten muß als unersetzliche Vorbedingung zur Einfühlung in den anderen und damit als Hauptwaffe gegen egozentrische Einengungen angesehen werden.»

[14] Vgl. C. G. JUNG: Gegenwart und Zukunft (1957/1964), X 304–305: «Ohne daß das Individuum auf festen Füßen steht, gereichen ihm die sogenannten objektiven Werte nicht zum Vorteil, indem sie ihm dann nur als Charakterersatz dienen und so bei der Unterdrückung der Individualität mithelfen... Alles hängt schließlich von der Beschaffenheit des Einzelnen ab, aber die fatale Kurzsichtigkeit unserer Gegenwart denkt nur in großen Zahlen und Massenorganisationen... Man organisiert fröhlich weiter im Glauben an die alleinseligmachende Wirksamkeit der Massenaktion, ohne auch nur im geringsten des Umstandes bewußt zu werden, daß die mächtigsten Organisationen nur mit dem größten Risiko für die Moralität durchgeführt werden können.» – «Seltsamerweise wollen auch die Kirchen sich gelegentlich der Massenaktion bedienen, um den Teufel mit dem Beelzebub auszutreiben... Auch sie scheinen nichts von der elementaren Feststellung der Massenpsychologie gehört zu haben, daß nämlich das Individuum in der Masse moralisch und geistig vermindert wird... Es ist ja leider nur zu klar, daß, wenn der Einzelmensch nicht wahrhaft im Geiste erneuert ist, es auch die Sozietät nicht sein kann, denn sie besteht aus der Summe der erlösungsbedürftigen Individuen... Hat Christus etwa seine Jünger durch Monsterversammlungen berufen, oder hat ihm die Speisung der Fünftausend Anhänger zugeführt...?»

religiöse Vokabular an dieser Stelle einmal in rein psychologischem Sinne auffaßt, buchstäblich nur durch «Heilige» «gerettet», durch Menschen, die zu ihrer Ganzheit hingefunden haben[15]. Solche Menschen sind in der Einheit mit sich selbst wie die Verkörperung eines indischen Buddha, der zu sich selbst erwacht ist und das Leben der Zerrissenheit, der Trennung und der Illusion der äußeren Welt hinter sich gelassen hat; eben darin aber leisten sie den Dienst eines Bodhisattvas oder Tirthankaras, eines Wegbereiters für andere. Denn es ist nicht möglich, sich selbst zu kennen und nicht darin den anderen mitzuverstehen[16]. Im Akt der Selbsterkenntnis ist das Individuelle zugleich offen für das Allgemeinmenschliche, während anders das Individuum niemals zu sich selber findet, solange es den Projektionen des Unbewußten auf die Leinwand des Sozialen nach Art eines Massenwahns hilflos ausgeliefert ist.

Wenn es daher um die Frage (oder den Vorwurf) geht, ob denn eine Hermeneutik der archetypischen Bilder, die beim Individuellen statt beim Kollektiven beginne, nicht etwas Unnützes sei und lediglich eine zeitraubende bzw. parasitäre Überflüssigkeit darstelle, so muß – neben dem Schaden einer rein kollektiven Auslegung – vor allem auf den hohen Gewinn verwiesen werden, der gerade in der Integration des Archetypischen im Individuellen liegt.

In vortrefflicher Weise hat bereits der große taoistische Philosoph DSCHUANG DSI den Weg beschrieben, der von der Einheit zum Verfall führt, wenn an die Stelle des «Sinns» die Moral, das «Gute», gesetzt und damit das Natürliche durch das Verständige ersetzt wird, bis dahin, daß die «Kenntnisse», also die Wissenschaften, am Ende selbst den Verstand ertränken. DSCHUANG DSI schilderte umgekehrt, auf welche Weise bzw. durch welche Menschen die Einheit wiederzugewinnen sei. «Die man in alten Zeiten verborgene Weise nannte», schrieb er, «waren nicht Leute, die sich versteckten und sich nicht mehr sehen ließen, ... sondern die Zeit und Umstände waren in großer Verwirrung. Wenn die rechte Zeit zur Einheit zurückkehrte..., so trieben sie ihre Wurzeln tiefer, waren vollkommen still und warteten. Das war der Weg, sich selbst zu bewahren.» – DSCHUANG DSI hielt es für unmöglich, das Chaos der Zeit oder der Gesellschaft von außen zu ordnen; ja, er sah darin die größte Gefahr, inso-

[15] Wie umgekehrt das «Handeln» eines Menschen beschaffen ist, der sich selbst gefunden hat, beschreibt der chinesische Weise LIĂ DSI: Quellender Urgrund, IV 3, S. 88: «Er ordnet nichts, und doch ist nichts verwirrt, er redet nichts, und alles glaubt von selber, er bessert nichts, und alles geht von selber. Unbegreiflich ist er! Und die Leute finden keinen Namen für ihn. Ich vermute, der ist wohl heilig.»

[16] F. M. DOSTOJEWSKI: Tagebuch eines Schriftstellers, 541, schrieb sehr wahr: «Die ‹sozialen Ideale›... entstehen nie ohne... Streben nach Selbstvervollkommnung... Die persönliche Vervollkommnung ist nicht nur ‹der *Anfang* alles weiteren›, sondern auch die Fortsetzung des Ganzen, und sogar den Ausgang begreift sie in sich. Sie umfaßt, erschafft und erhält den Organismus der Nation, und zwar nur sie allein. Nur für sie lebt die soziale Formel der Nation...»

fern der Einzelne dabei sich selber völlig entgleite: «Die ihr Selbst verlieren an die Außenwelt, die ihr Wesen preisgeben an die anderen: das sind verkehrte Leute», sagte er; und umgekehrt stellte er fest: «Der *Sinn* besteht wahrlich nicht aus kleinen Tugenden; das *Leben* besteht wahrlich nicht aus kleinen Erkenntnissen...: Sich selbst recht machen ist alles.»[17] Es gibt psychologisch nur einen Weg, die Welt in Ordnung zu bringen: daß das Individuum sich mit dem Reichtum und dem Widerspruch seines eigenen Unbewußten aussöhnt und fähig wird (wie der andere große chinesische Weise KUNGFUTSE – unter anderen Voraussetzungen, aber an dieser Stelle doch in bemerkenswerter Einmütigkeit mit dem Taoismus – in seinen staatsphilosophischen Gesprächen gemeint hat), das Gute, statt «durch Erlasse... und durch Strafen», vielmehr «durch die Kraft des Wesens» zu wirken[18].

Die Organisation des «Heils» en masse hingegen heilt nicht, sondern zerstört; sie macht aus Menschen seelenlose Infusorien, indem sie das Individuelle zum Spielball der archetypischen Sehnsüchte und Verheißungssymbole der Kollektivpsyche herabwürdigt. Wohl erspart sie damit dem Einzelnen scheinbar die Aufregungen eines selbstgelebten Lebens, und sie nimmt ihm das Risiko, die Angst und den Schmerz des individuellen Scheiterns; sie tröstet ihn dafür mit der scheinbaren Sicherheit und Richtigkeit des Allgemeinen; aber sie fordert als Preis dafür die Würde und die Freiheit des Menschen zurück und entfacht im Hintergrund unter dem Deckmantel der Rationalität und des technischen Fortschritts zugleich mit der Ohnmacht des Einzelnen die Allmacht der Massenpsyche mit ihrer notwendigen Brutalität und Barbarei[19]. – Eine Hermeneutik der Archetypen zu fordern, die beim *Einzelnen* beginnt, bedeutet daher im Erbe des christlichen Menschenbildes zugleich den Versuch, eine Gefahr abzuwehren, die als Möglichkeit in jeder Kultur schlummert, in unserer Zeit aber offensichtlich eine besondere Bedrohlichkeit erhalten hat.

b) Kollektives und Individuelles im Begriff des Archetypus – oder: von dem primär biologischen, nicht kulturellen Ursprung archetypischer Symbole

Aber nicht nur die Gefahr einer vorschnellen sozialen bzw. kollektiven Hermeneutik *im Umgang* mit der Welt der Archetypen, sondern vor allem *die*

[17] DSCHUANG DSI: Südliches Blütenland, XVI 2–4; S. 175–176.

[18] KUNGFUTSE: Gespräche, II 3; S. 42.

[19] Zur Gefahr, ja zur künstlichen Erzeugung des individuellen Ohnmachtsgefühls in autoritären Gesellschaftssystemen vgl. E. FROMM: Zum Gefühl der Ohnmacht (1937), I 206: «Die Hilflosigkeit des Individuums ist das Grundthema der autoritären Philosophie.»

Eigenart der archetypischen Bilder selbst verlangt ein vorrangig *psychologisches* Interesse ihrer Auslegung vorab zu jeder gruppenbezogenen Zwecksetzung. Dies erhellt sogleich, wenn man sich vor allem über die zutiefst *biologischen* Grundlagen des kollektiven Unbewußten, auf die wir wiederholt hingewiesen haben, eine hinreichende Klarheit verschafft.

Gewiß gibt es zahlreiche archetypische Bilder, die bestimmte kulturell geformte Gegenstände als Symbolträger benutzen und insofern als gesellschaftsabhängig erscheinen können[20]. Es zeigt sich aber, daß es keinesfalls die jeweilige kulturelle oder soziale Bedeutung dieser Gegenstände ist, die sie zur symbolischen Verwendung prädestiniert; vielmehr ist es zumeist ihre Ähnlichkeit mit bestimmten Organen oder Teilen des menschlichen Körpers, die sie zu symbolischen Substituten dieser Körperzonen macht und an die sich die gleichen Triebstrebungen, Ängste und Reaktionsweisen heften, die ursprünglich dem Körper bzw. dem Körpererleben selbst gegolten haben. Um die Herkunft und den Sinn eines Symbols zu verstehen, darf man daher nicht primär nach dem Stellenwert eines symbolischen Gegenstandes in seinem sozialen Kontext fragen, sondern man muß zunächst antriebspsychologisch untersuchen, welche Verwandtschaft der jeweilige Gegenstand mit bestimmten Teilen des Körperschemas des Menschen besitzt und welche Reflexe und Erfahrungen psychisch mit dem jeweiligen Körperteil verbunden sind.

Wie wenig die archetypischen Symbole sozial bedingt, wie stark sie hingegen biologisch-triebhaft geformt sind, mag man daran erkennen, daß es zahlreiche symbolische Gegenstände gibt, die, jenseits aller Realität, rein phantastisch gebildet scheinen und oft sogar nur mit einiger Gewalt durch einen kulturellen

[20] Natürlich ist der soziale Einfluß auf bestimmte religiöse Symbole sehr stark und kann dazu führen, daß ein und dasselbe Symbol mit ganz widersprüchlichen Inhalten besetzt wird. Um nur ein Beispiel für unendlich viele zu geben: die Gestalt des *Büffels* etwa erscheint in Indien und Indonesien als Verkörperung des Dämons Mahisha, den die Göttin Durga-Kali, die höchst ambivalente Gemahlin des Gottes Shiva, tötet. V. IONS: Indische Mythologie, 95. Das Symbol besitzt hier offensichtlich einen sexuellen Inhalt, indem die wunderschöne Durga von den Göttern nur geschaffen wird, um die stierhafte Kraft (der Männer) zu besiegen. – Für die nordamerikanischen Plains-Indianer haftete die Vorstellung des Büffels hingegen an ganz anderen Gedankeninhalten; der Büffel war für sie zur Lebensgrundlage geworden, und so erzählten z.B. die Caddos, die zwischen den Maiskulturen des Südostens und den Jägerkulturen standen, von der Büffelfrau, die sich und ihren Mann, einen starken Jäger mit dem Namen «Tapferkeit», in Büffel verwandelt; G. A. KONITZKY: Nordamerikanische Indianermärchen, 1963, 133–137; zur Mythologie des Büffels bei den Plains-Indianern vgl. C. BURLAND: Mythologie der Indianer Nordamerikas, 1970, 66–67; 72–75. – Vorgegeben ist archetypisch nicht die Gestalt des Büffels (oder eines anderen Tiersymbols), wohl aber das Denken in polaren Gegensätzen von Leben und Tod, Gut und Böse etc., sowie die Gefühle, die sich daran festmachen; die Objekte aber, an denen die Gedanken- und Gefühlsinhalte erscheinen und in denen sie sich symbolisch verdichten, werden weitgehend kulturell vermittelt, wenngleich bestimmte vorgegebene symbolische Brücken bereits existieren müssen, um gewisse Gegenstände und Gegebenheiten als kulturelle und religiöse Symbole zu determinieren.

Gegenstand ersetzt werden können; andere sind sozial und kulturell an sich völlig nebensächlich, spielen aber in den Märchen und Mythen, den Sagen und Legenden mit Regelmäßigkeit die größte Rolle; und schließlich verraten selbst die Symbole, deren kultureller Wert und Nutzen außer Frage steht, daß sie mehr durch die äußere Analogie ihrer Erscheinungsform zu bestimmten Körperzonen als durch die Art ihrer in den Märchen und Mythen, Sagen und Legenden oft genug abstrusen, jedenfalls stets wunderbaren Verwendung ihr symbolisches Gewicht erlangen.

Völlig phantastisch ist z. B. das weit verbreitete Motiv der *Symplegaden,* durch die der Sonnen- oder Mondheld seine Fahrt in die Unterwelt oder in ein Zauberland antritt[21]. An «reale» Erfahrungen hinter dem Motiv von Skylla und Charybdis in der Nähe des Landes der verzauberten Sirenen wird man im äußeren Sinne wohl selbst dann nicht glauben, wenn man etwa die Fahrten von Jason und den Argonauten[22] oder die Abenteuer des Odysseus[23] als eine Art historisch verfremdeten Seemannslateins räumlich in der Straße von Messina fixieren wollte[24]; es gibt in Raum und Zeit keine klappscherenartigen Klippen, die das Symplegadenmotiv veranlaßt haben könnten; die außerordentliche Häufigkeit gerade dieses Motivs kann indessen nicht verwundern, wenn man bedenkt, daß die Fahrt des Helden durch den gefahrvollen Engpaß *naturmythologisch* zumeist auf den Tod bzw. auf die *Wiedergeburt* der Sonne, des Mondes oder eines anderen Gestirns anspielt, denn in *dieser* Form, während des Geburtsvorgangs, hat ein jeder die Erfahrung von Wasser, Enge, Lebensgefahr und glücklicher Rettung durchgemacht, als er zur Welt kam[25].

Es macht für die Bedeutung des Symbols nun durchaus keinen Unterschied, daß die *mythischen* Symplegaden in vielen Märchen durch einen kulturell so wichtigen Gegenstand wie den «Brunnen» ersetzt werden, durch den der Held in die Unterwelt hinabsteigt[26]; stets erwacht der Held in einem Land (des Unbewußten), dessen Schätze er an die Oberwelt (des Bewußtseins) zurückholen muß, um «wiedergeboren» zu werden, wenn man die religiöse Vokabel des Johannesevangeliums (Joh 3,3) für dieses Geheimnis der Lebenserneuerung gebrauchen will.

Dasselbe Bild kann aber auch ganz «unmythisch» in scheinbar historischem

[21] Vgl. L. FROBENIUS: Das Zeitalter des Sonnengottes, 59–192; E. SIECKE: Drachenkämpfe, 38; 80–87.

[22] HOMER: Odyssee, XII 69–72.

[23] HOMER: Odyssee, XII 73–126.

[24] So z. B. M. GALL: Die Irrfahrten des Odysseus, in: Lessing: Die Odyssee, 30–33; vgl. R. VON RANKE-GRAVES: Griechische Mythologie, II 212; oder dagegen auch a. a. O., II 226.

[25] Vgl. O. RANK: Das Trauma der Geburt, 17, Anm. 2

[26] Vgl. z. B. I. DREECKEN: 1001 Nacht, II 662–666, – die Geschichte der 531. Nacht; oder das Frau-Holle-Märchen, KHM 24.

Gewande auftauchen, so z. B. bei der Überlieferung vom Durchzug durch das Rote Meer (Ex 14,15–31). Vergeblich ist die historische Forschung bemüht, gerade für dieses zentrale Erlebnis Israels[27] eine plausible historische Rekonstruktion zu liefern; – sie konnte und kann an dieser Stelle über Hypothesen, die mit der eigentlichen Aussage des archetypischen Bildes vom Durchzug durch das Meer wenig zu tun haben, prinzipiell nicht hinauskommen. Demgegenüber erschließt sich der Sinn des Exodus-Bildes tiefenpsychologisch ohne Schwierigkeiten, wenn man es im angegebenen Sinne als ein Symbol der Wiedergeburt und des Neuanfangs deutet. Man versteht dann zugleich, worauf wir nachher zu sprechen kommen müssen, welch eine geheime Beziehung das Durchzugsmotiv mit der Taufsymbolik unterhält, wie es die Liturgie der katholischen Kirche in der Feier der Osternacht eindrucksvoll unterstreicht (s. u. S. 319).

Andere Symbole, z. B. das *Schiff,* mit dem der Mond- oder Sonnenheld durch die Wasser des Himmelsozeans, des Unterweltstromes oder der Sintflut fährt[28], müssen gleichfalls für Symbole des Mutterleibes bzw. für Instrumente zum Eintauchen in die Sphäre des Wäßrigen, Pränatalen, Ungestalteten, Unbewußten gelten. Auch hier tut die kulturelle oder wirtschaftliche Bedeutung des Schiffes der Einfachheit der Symbolik selber keinen Abbruch. Zwar kann die Schiffssymbolik nur dort entstehen, wo Schiffe bekannt sind, aber es zeigt sich hier wie allerorten im Bereich des Archetypischen: die zivilisatorischen oder sozialen Faktoren vermehren nur beiläufig das Material, dessen sich die vorgegebene Symbolik des Unbewußten zu ihrem Ausdruck bedient; sie haben auf den Sinn und die Bedeutung der Symbolgestalt selbst nur geringen Einfluß. Selbst Völker, die, im Inland und fernab von größeren Flußläufen wohnend, für das Schiff keine praktische Verwendung mehr haben, bewahren doch die Erinnerung an seine *symbolische* Bedeutung über lange Zeit auf, ja die Macht des Symbols selbst scheint eher noch an Rang und Bedeutung zu gewinnen, je mehr es sich von allen «technischen» und praktischen Beimischungen reinigt: das Schiff wurde z. B. in Nordeuropa das zentrale Symbol des Begräbniskultes, als am Ende der Bronzezeit die großen Grabhügel durch steinerne Begräbnisstätten in Schiffsform zu Beginn der Eisenzeit ersetzt wurden; das Symbol der Schiffsreise ins Jenseits, das die archetypische Wiedergeburtssymbolik lediglich modifiziert, bestand fast 1000 Jahre lang, ehe die Wikinger eigentliche Schiffsgräber anlegten[29].

[27] M. NOTH: Das zweite Buch Mose, 2.

[28] Vgl. E. DREWERMANN: Strukturen des Bösen, II 371–372; 390–391.

[29] Vgl. M. MAGNUSSON: Der Hammer des Nordens, 14.

Vor allem die ubiquitäre Identität von scheinbar ganz lächerlichen und nebensächlichen Details der archetypischen Symbole weist immer wieder darauf hin, daß es in der Tat zunächst überhaupt nicht auf die praktische Bedeutung eines symbolischen Gegenstandes, sondern einzig und allein auf seine äußere Ähnlichkeit mit bestimmten dem Körperschema entlehnten Präfigurationen ankommt.

Solcher scheinbar nebensächlicher, in Wahrheit aber für die Eigenart archetypischer Bilder sehr wichtiger Details gibt es eine große Fülle, und an wenigstens einem weiteren Beispiel sei das verdeutlicht.

Bekannt ist das Grimmsche Märchen von der *«Nixe im Teich»* (Nr. 181), die zum Entgelt für die Wohltat ihres Reichtums den Knaben eines armen Müllers zu sich herabzieht und ihn erst wieder freigibt, als die trauernde Gattin des Geraubten auf den Rat einer weisen Alten sich bei Vollmond u. a. mit einem goldenen Kamm ihre langen schwarzen Haare kämmt. Die dunklen Haare und der goldene Kamm müssen im Sinne der alten mondmythologischen Schule natürlich als Bilder der wechselnden Mondphasen gedeutet werden[30]. Speziell der *Kamm* aber spielt auch die größte Rolle im Motiv der *«magischen Flucht»*, in deren Verlauf der Held bestimmte Gegenstände, oftmals eben einen Kamm, hinter sich wirft und damit schwer zu überwindende Hindernisse, Gebirgs-«kämme» zumeist, zwischen sich und seinem Verfolger auftürmt. Man hat in diesen Bildern die Verfolgungsjagd zwischen Sonne und Mond bzw. des Drachens der Dunkelheit und des Lichtgestirns sehen wollen[31], und zweifellos verweisen die Berge, die aus dem Kamm des Helden zu entstehen pflegen, sowie die Wälder und Flüsse, die er aus zurückgelassenen Gegenständen bildet, auf die Reste einer kosmogonischen Mythologie. Das Problem der weiten Verbreitung des Kamm-Motivs ist damit aber keineswegs gelöst, sondern erst in seiner Kombination mit den anderen Motiven der «Nixe im Teich» wirklich verständlich.

Denn nicht nur der Kamm, auch die Vorstellung von einem übernatürlichen Geist im Teich, der ein weinendes Kind bei sich hat oder selber weint wie ein Kind, ist außerordentlich weit verbreitet. Die Azteken Mexikos etwa brachten dem Regengott Tlaloc kleine Kinder dar, deren Weinen Einfluß auf die Menge des erbetenen Wassers besaß, und die Regengötter wurden selbst für winzig kleine, froschähnliche Wesen auf den Bergen gehalten, ähnlich den Chacs der

[30] So E. SIECKE: Über die Bedeutung der Grimmschen Märchen für unser Volksthum, 14; 16; 22; 37, Anm. 3; andere Fassungen des Stoffes vgl. J. K. A. MUSÄUS: Volksmärchen der Deutschen, 277–325 (Die Nymphe des Brunnens); L. BECHSTEIN: Sämtliche Märchen, 190–195 (Der Müller und die Nixe).

[31] Vgl. L. FROBENIUS: Das Zeitalter des Sonnengottes, 409–411.

Mayas[32]. Völlig unabhängig davon kannten die nordwestpazifischen Indianerstämme der Haida und Tlingit die Person der «Dame Reichtum», die jeden reich machte, der ihr Kind weinen hörte. Ähnliche Vorstellungen herrschten gleichermaßen in Südamerika. Im gesamten guayanisch-amazonischen Areal sprach man von Wassergeistern, die wie kleine Kinder weinten. Einer dieser Geister z. B. zeigte sich in Gestalt einer wunderschönen Frau, die alle Knaben umbrachte, die sie entführte. Die Arawak aus Guayana stehen den Indianern der Nordwestküste des Pazifik in dieser Anschauung sogar noch näher, denn sie glauben an eine Dame des Wassers, die, wenn sie von einem Menschen überrascht wird, ihren silbernen Kamm zurückläßt[33].

Diese ubiquitäre Vorstellung von einer Frau im Wasser, die Reichtum spendet und weinende Kinder bei sich beherbergt[34], ist gerade wegen ihrer universellen Verbreitung zweifellos bereits auffallend genug; aber daß der Frau im Teich, der Nixe oder der «Dame Reichtum» auch noch mit besonderem Schwergewicht und mit großer Regelmäßigkeit ein (magischer) *Kamm* beigegeben wird, ist ein zu merkwürdiges Detail, um als unbedeutender Zufall abgetan werden zu können. Tiefenpsychologisch scheinen hier vielmehr wiederum eine Reihe wichtiger unbewußter Determinanten die Symbolik von der Nixe im Wasser hervorzubringen, und zwar, worauf es uns hier besonders ankommt, völlig unabhängig von der sozialen Umwelt, die sich lediglich sekundär einer solchen vorgegebenen Symbolik zur Darstellung ihrer jeweiligen Strukturen bedienen kann[35].

Näherhin entstammt der mythische Aufenthalt der Kinder im *Wasser* tiefenpsychologisch offenbar vorgeburtlichen Erinnerungen, und es ist daher nicht zu verwundern, daß die Frau, die geheimnisvolle Nixe, selbst mit dem Wasser identifiziert wird bzw. ihre Behausung darin findet; die Gefahr, von der Nixe in den Teich zurückgezogen zu werden, beschreibt demgemäß sehr

[32] E. SELER: Codex Vaticanus B, 106–110; W. KRICKEBERG: Altmexikanische Kulturen, 213–214; F. ANDERS: Das Pantheon der Maya, 134; H. HOHMANN: Das Krötenheiligtum von Copan, in: Antike Welt, 9. Jg., 1. Heft, 59–60.

[33] C. LÉVI-STRAUSS: Der Weg der Masken, 97; ein ähnlicher Stoff bei W. KRICKEBERG: Märchen der Azteken und Inka, Maya und Muisca, 208, die Sage von dem «Vergoldeten Mann» in der Überlieferung der Muisca der Gegend von Quito.

[34] J. K. A. MUSÄUS: Volksmärchen der Deutschen (1782–1786), 1974, 277–325, etwa erzählt von der «Nymphe des Brunnens», welche die kleine Mathilde als ihr Patenkind an Stelle der verstorbenen Mutter annimmt (292) und deren zwei Söhne in ihrem Brunnen rettet, als eine böse Amme auf Betreiben der eifersüchtigen Schwiegermutter Mathildens die neugeborenen Knäblein töten und Mathilde selbst als eine Menschenfresserin bei ihrem Gatten, dem Grafen Konrad von Augsburg, verleumden und in den Tod treiben will (323–324). Zur Vorstellung der Wassergeister und weißen Frauen vgl. J. GRIMM: Deutsche Mythologie, I 412–413; II 804–810.

[35] Vgl. C. LÉVI-STRAUSS: Der Weg der Masken, 105.

plastisch die Gefahr der *Regression,* das Versinken in der Welt des Mütterlichen, Unbewußten, wie es sich besonders in Augenblicken der Traurigkeit und des *Weinens* aufdrängt. Auch das Eintauchen oder Aufsteigen im Teich ist daher ein Symbol von Tod und (Wieder-)Geburt[36]. Der *Kamm,* der schon in der «magischen Flucht» seine rein symbolische Bedeutung verrät, scheint auch in der magischen Beschwörung der Nixe eine symbolische Funktion zu besitzen, indem er die Grenzzone zwischen Ufer und Wasser markiert; nimmt man das «Wasser» dabei als ein intrauterines Symbol, so dürfte der «Kamm» als ein Bild des Mutterschoßes aufzufassen sein und, wie in dem Bild der magischen Flucht, die Hindernisse bezeichnen, die sich der (Wieder-)Geburt in den Weg stellen; daß die «Haare», auf die der Kamm sich als Gebrauchsgegenstand bezieht, auch ein Symbol der Genitalbehaarung sein können, hat bereits S. FREUD gezeigt[37].

Solche Beispiele lehren vor allem, daß die Symbolsprache der Religion, des Mythos, des Märchens, der Sage, der Legende nicht nur zu allen Zeiten und Orten außerordentlich gleichförmig, sondern bis in bestimmte Deails hinein exakt präformiert ist. Es besteht offensichtlich eine angeborene bzw. im Körperschema des Menschen begründete Affinität der Psyche zu bestimmten Gegenständen der natürlichen oder kulturellen Umwelt, und nur solche affinen Gegenstände werden aufgrund gewisser gestalthafter Analogien zum menschlichen Körper als Symbolträger eines unbewußten psychischen Inhaltes erwählt. Daraus ergibt sich die wichtige Folgerung, daß die Auslegung derartiger archetypischer Bilder primär antriebspsychologisch ausgerichtet sein muß. Die soziale Bedeutung, die den jeweiligen Symbolen in einer bestimmten Gesellschaft zukommt, ist nicht das Ursprüngliche, sondern das Abgeleitete. Die Symbole haben ihren Grund nicht im sozialen, sondern im psychischen Bereich. M. a. W.: die Gesellschaft bedient sich lediglich einer vorhandenen Symbolsprache; diese selbst aber entstammt nicht den überall unterschiedlichen, kulturellen und sozialen Bedingungen und Bedürfnissen, sondern den überall gleichen psychischen Grundlagen.

Die Eigenart archetypischer Symbole selbst verlangt daher eine zunächst (tiefen-)psychologische Interpretation, unabhängig von den sozialen Beziehungen und Strukturen, die sich zusätzlich in einem bestimmten Mythos oder Märchen, einer Sage oder Legende niederschlagen mögen.

Wenngleich also die möglichen sozialen Implikationen eines archetypischen Symbols interpretativ stets hinter den eigentlichen psychologischen Fragen zu-

36 Vgl. S. FREUD: Die Traumdeutung, II–III 404–405; E. DREWERMANN: Strukturen des Bösen, II 389–390.
37 S. FREUD: Die Traumdeutung, II–III 392.

rücktreten müssen, so ist damit andererseits auch nicht eine rein individualistische oder personalistische Interpretation gegeben, wie in einer falschen Alternative gern unterstellt wird. Im Gegenteil. Das Archetypische ist, wie wir gesehen haben, ipso facto *kollektiv,* nur daß dieses Kollektive, wie gesagt, primär dem Biologischen und dem Psychologischen, nicht dem Soziologischen, mithin dem Menschen, nicht der Gesellschaft zugehört.

Diese Verbindung des Archetypischen zu biologischen Urszenen beschränkt sich im übrigen nicht einmal auf die Gleichheit der Erfahrungen aller Menschen in der *Ontogenese.*

Schon die frühe Psychoanalyse war darauf aufmerksam geworden, daß die Symbole keineswegs nur der individuellen Erfahrung entstammen können, sondern daß die ontogenetische Entwicklung selbst als Wiederholung der Phylogenese zu verstehen ist[38]. Nicht zuletzt gilt dies z. B. für den Umkreis der eben erwähnten (Wieder-)Geburtssymbolik. All die Bilder vom Eintauchen ins Wasser, von der Meerdurchschreitung, von der Rettung aus dem Rachen des Seeungeheuers scheinen, wie S. FERENCZI gezeigt hat, weit über die Erfahrungen des Einzelnen hinaus in die Vorzeit der Phylogenese zurückzuverweisen, als das Leben selbst im Wasser entstand und im Verlauf des späten Devons sich die Crossopterygier (Quastenflosser), vermutlich unter dem selektiven Druck von Trockenzeiten, zu Amphibien entwickelten[39], bis daß die «Erfindung» des Amnioteneis eine Art *künstlichen* Sees für die Brut schuf und damit das Leben relativ unabhängig von größeren Gewässern machte[40]; aber noch die Säugetiere können nicht umhin, den heranwachsenden Fötus im «Meer» des Mutterleibes großzuziehen. Für alles Leben gilt daher, daß es aus dem Wasser geboren wird, und die Ontogenese ist in diesem Fall in der Tat nur eine Rekapitulation der Phylogenese[41]. ERNST HAECKELS «biogenetische Grundregel»[42], die biologisch in vielen Punkten mit Recht umstritten ist[43], kann daher sehr wohl als Leitfaden zur Begründung der psychischen Symbolsprache dienen.

Die Symbolik des Unbewußten, die Bilderwelt der Archetypen wurzelt somit letztlich in den kollektiven Erinnerungen der Menschheit an ihre eigene Entwicklung, und eine tiefenpsychologische Begründung und Interpretation eines

[38] S. FREUD: Drei Abhandlungen zur Sexualtheorie, Vorw. zur 3. Aufl., V 29; DERS.: Das Interesse an der Psychoanalyse, VIII 413.

[39] A. S. ROMER: Entwicklungsgeschichte der Tiere, II 400–403.

[40] A. a. O., II 418.

[41] S. FERENCZI: Versuch einer Genitaltheorie, in: Schriften zur Psychoanalyse, II 358; E. DREWERMANN: Strukturen des Bösen, II 402–403.

[42] E. HAECKEL: Anthropogenie. Keimes- und Stammesgeschichte des Menschen, 1874.

[43] Vgl. G. CZIHAK, H. LANGER, H. ZIEGLER (Hrsg.): Biologie, 769.

Symbols wird immer auch darin bestehen müssen, die jeweilige Symbolgestalt oder die Funktion des jeweiligen Symbolträgers mit den großen Erinnerungen der Menschheitsgeschichte, ja mit der Evolution des Lebens selbst in Verbindung zu bringen. So wie die Symbolik eines individuellen Traumes aus den Tagesresten des Träumers ihr Material zur Verdichtung der Erinnerungen an frühe Kindheitserlebnisse gewinnt, so verdichtet sich in den archetypischen Bildern die Erinnerung nicht nur an die Kindheitstage der menschlichen Art, sondern des Lebens insgesamt. «Wir müssen heutzutage», erklärte deshalb C. G. JUNG, «von der Hypothese ausgehen, daß der Mensch insofern keine Ausnahme unter den Geschöpfen darstellt, als er unter allen Umständen, wie jedes Tier, eine präformierte, artgemäße Psyche besitzt... Wir haben keinerlei Grund zu der Annahme, daß es gewisse menschliche Tätigkeiten (Funktionen) gibt, welche von dieser Regel auszunehmen wären... Es muß sich um Funktionsformen handeln, die ich als ‹Bilder› bezeichnet habe. ‹Bild› drückt nicht nur die Form der auszuübenden Tätigkeit, sondern auch zugleich die typische Situation aus, in welcher die Tätigkeit ausgeübt wird. Diese Bilder sind insofern ‹Urbilder›, als sie der Gattung schlechthin eigentümlich sind, und, wenn sie überhaupt je ‹entstanden› sind, so fällt ihre Entstehung zum mindesten mit dem Beginn der Gattung zusammen. Es ist die Menschenart des Menschen, die spezifisch menschliche Form seiner Tätigkeiten. Die spezifische Art liegt schon im Keim. Die Annahme, daß sie nicht vererbt sei, sondern in jedem Menschen neu entstehe, wäre ebenso unsinnig wie die primitive Auffassung, daß die Sonne, die am Morgen aufgeht, eine andere sei als jene, die am Abend zuvor unterging[44]».

Die Archetypen sind es also, die den Einzelnen mit dem Leben der menschlichen Art verbinden und, über JUNG hinaus, mit den Gesetzen des Lebens selbst. Sie sind älter als alles Bewußte, Zeitbedingte, Historisch-Relative; sie liegen allem Menschlichen zugrunde und sind älter noch als dieses selbst; sie sind, noch einmal sei es gesagt, niemals das Resultat des Sozialen, sondern, gerade umgekehrt, die eigentlichen Triebkräfte zur Gestaltung auch der geschichtlichen und sozialen Welt; sie sind am ehesten zu verstehen als die frühesten Fixierungsstellen des Psychischen innerhab der Evolution. Ihre Auslegung und ihr Verständnis setzt daher voraus, daß man die soziale Ebene des Humanen auf die Urfragen der menschlichen Existenz und des Daseins überhaupt hin transzendiert. *Jenseits* des Sozialen existiert eine psychische Verbindung des Menschen mit allem, was lebt und gelebt hat, mit allem, was an Menschlichem aus der Entwicklung des Lebens hervorgegangen ist, und gera-

[44] C. G. JUNG: Die psychologischen Aspekte des Mutterarchetypus, IX 1, S. 94.

de dieses Allgemeinmenschliche, dieses alle Entfernungen in Raum und Zeit Verbindende ist der verbindliche Inhalt aller archetypischen Bilder und Erzählungen. Darin allein liegt der Grund, daß eine Erzählung aus einer längst vergangenen Zeit oder aus einer weit entlegenen Kultur symbolisch etwas aussagen kann, das den Einzelnen in seinem Dasein zu allen Zeiten zutiefst angeht und bestimmt. Dieses Kollektive am Archetypischen aber ist nicht als soziale, sondern menschheitliche, letztlich religiöse Größe zu verstehen.

c) Neue Betrachtungen zu einem alten Problem: die «Korporativperson» und ihre Hermeneutik

Indem in den archetypischen Bildern sich mithin das Individuelle zum Kollektiven öffnet, wird zugleich ein Phänomen verständlich, das in der historisch-kritischen Exegese der Bibel schon vor Jahrzehnten entdeckt und beschrieben, aber bis heute nicht wirklich verständlich geworden ist: die sehr wichtige Vorstellung von der «Korporativen Persönlichkeit». Es handelt sich hier um einen Zentralbegriff in der Auslegung gerade der archetypischen Erzählungen, und so ist es unerläßlich, diesen Begriff tiefenpsychologisch ausführlicher zu diskutieren.

Der Begriff der «korporativen Persönlichkeit» geht auf H. W. ROBINSON zurück[45] und wurde vor allem durch J. DE FRAINE[46] in der deutschen Exegese verbreitet[47]. Der Ausdruck beschreibt das eigenartige Schillern zwischen Individual- und Kollektivaussagen, insofern eine bestimmte Menschengruppe, der Stamm, sich als ein einziges lebendiges Ganzes betrachtet[48]. An dem Faktum eines solchen «koporativen» Denkens in der Bibel ist exegetisch kein Zweifel. Um so mehr aber ist es die Frage, wie diese Einheit des Individuellen und des Kollektiven im Begriff der Korporativperson näherhin beschrieben und verstanden werden kann.

ROBINSON beschrieb das, was er die «Korporativperson» nannte, noch als ein im Grunde amorphes und strukturloses Gebilde, als etwas, das sich durchaus in den Begriff der «Masse» von G. LE BON einfügen könnte. Demgegenüber hat vor allem J. SCHARBERT am Beispiel der Blutrache den Akzent auf die *Solidarität* gelegt, die in der Vorstellung der «Korporativperson» anklingt[49], und

[45] H. W. ROBINSON: The Hebrew Conception of Corporate Personality, BZAW 66, 1936, 49–62.
[46] J. DE FRAINE: Adam et son Lignage, 1959; dt.: Adam und seine Nachkommen, 1962.
[47] Vgl. J. SCHARBERT: Prolegomena eines Alttestamentlers zur Erbsündenlehre, 40, Anm. 19.
[48] Vgl. J. DE FRAINE: Adam und seine Nachkommen, 26.
[49] J. SCHARBERT: Solidarität in Segen und Fluch im Alten Testament und in seiner Umwelt I, 1958, 122f.

er hat hervorgehoben, daß die «Korporativperson» als ein sozial gegliedertes, also gerade nicht als ein in sich undifferenziertes Ensemble betrachtet werden muß.

«Der Begriff der ‹Korporativpersönlichkeit›», meinte bereits J. DE FRAINE, «schließt immer in irgendeiner Weise die Strahlungskraft einer bedeutenden Persönlichkeit ein, die am Anfang der Gruppe steht und sie im Laufe der Geschichte ‹verwirklicht›.»[50] Diese Persönlichkeit am Anfang ist in den Stammesreligionen natürlich der Stammvater, und so gilt der ganze Stammesverband «gleichsam als Groß-Ich und Erscheinungsform des längst verstorbenen, aber im Stamm weiterlebenden Stammvaters, oder auch umgekehrt: Man schreibt dem Stammvater schon zu, was sein Stamm jetzt ist, tut und erlebt.»[51] Der *Stammesverband* (hebr. ʿm-«Volk») gliedert sich in die *Stämme* (hebr. šbt = «Stamm», «Stab»), die Sippen (hebr. bjt-ʾb: «Vaterhaus») und die *Familien* (bjt = «Haus»), wobei jede dieser Untergliederungen eine Gemeinschaft bildet, deren Glieder sich als blutsmäßig verwandt und ökonomisch zusammengehörig betrachten. Die einzelnen Glieder des Stammes (hebr. bnj X – «die Söhne des N. N.») leiten sich dementsprechend durch Genealogien (hebr. twldwt) voneinander und alle zusammen von dem gemeinsamen Stammvater (ʾb) her. Die Stammbäume enthalten dabei keineswegs korrekte biologische Angaben, sondern sie repräsentieren «eher die rechtlich-soziologischen Beziehungen und Entwicklungen in der Geschichte derartiger Verbände», wie vertragsmäßige Regelungen, politische Verhältnisse usw. Der ethnologische Begriff für einen derartigen sozialen Verband, der (wenigstens virtuell) auf Verwandtschaft gegründet ist, heißt bekanntlich «Clan», und so bezeichnete J. SCHARBERT das gesamte genealogische Denken als «Clandenken»[52]. Der «Clanverband» hat dabei zwei Spitzen: den «Stammvater der Vorzeit» und den «Scheich oder Häuptling»[53], der bei Großverbänden auch die Züge einer monarchischen oder prophetischen Führergestalt annehmen kann.

Die Annahme einer solchen «korporativen Persönlichkeit» oder eines «Clandenkens» in Form von Genealogien erlaubt es nun, zwei andere wichtige Eigentümlichkeiten biblischen Erzählens verständlich zu machen, die in den Mythen und Sagen eine große Rolle spielen: das Denken in *Ätiologien* und in *Typologien.*

Bei der *Ätiologie* werden bestimmte religiöse, politische, rechtliche, moralische oder andere Einrichtungen dadurch begründet und legitimiert, daß man sie auf

[50] J. DE FRAINE: Adam und seine Nachkommen, 25.

[51] J. SCHARBERT: Prolegomena eines Alttestamentlers zur Erbsündenlehre, 39.

[52] A. a. O., 35–36.

[53] A. a. O., 37.

besondere Erlebnisse oder Anweisungen des Stammvaters zurückführt, der einem bestimmten Ort seinen Namen gab (wie Jakob in Bethel, Gen 28,19), bestimmte Verheißungen empfing (z.B. Gen 12,1–3; 15; 22) oder Fluch und Segen über seine Söhne verhängte (wie Isaak über Jakob und Esau, Gen 27,27–29.39–40). Vor allem das Verhältnis des Stammes zu seinem Gott findet eine ätiologische Erklärung durch eine Offenbarung des betreffenden Gottes an den Stammvater. A. ALT hat dementsprechend zeigen können, daß ein solcher Glaube an den «Gott der Väter» als eine eigene Religionsstufe in der altorientalischen Religionsgeschichte betrachtet werden muß[54].

Von einem derartigen ätiologischen Denken ist es nur noch ein Schritt zum *typologischen* Denken, innerhalb dessen etwa ein ganzes Volk durch eine Erzählung vom Verhalten seines Stammvaters charakterisiert wird, wie z.B. in Gen 9,20–25 das Volk der Kanaanäer durch die sexuelle Ausschweifung seines Stammvaters Cham (= Kanaan) porträtiert werden soll[55].

In all diesen Denkweisen: ob genealogisch, ätiologisch oder typologisch wird das Gegenwärtige mit dem Anfanghaften, das Individuelle mit dem Kollektiven, das einzelne Ich mit einem Groß-Ich ineins gesetzt; und es stellt sich daher jetzt die eigentliche Frage, wie dieses Denken in sich selbst zu begründen und zu verstehen ist.

Man wird J. DE FRAINE und J. SCHARBERT vom historisch-kritischen Befund her recht geben müssen, daß in den biblischen Erzählungen die «korporative Persönlichkeit» H.W. ROBINSONS in der Tat als ein in sich gegliedertes Gebilde erscheint, dessen soziale Repräsentanz und Wirklichkeit am ehesten in der Verfassung des Clans gesucht werden muß; aber wie soll man sich nun den Ursprung und die Eigenart der korporativen Persönlichkeit plausibel machen?

In der Dogmatik hat vornehmlich H. MÜHLEN großen Wert darauf gelegt,

[54] A. ALT: Der Gott der Väter, in: Kleine Schriften zur Geschichte des Volkes Israel, I 1–78. An der Verschmelzung von Allgemeinem und Individuellem im Begriff der Korporativperson liegt es, daß der Historiker, wie beinah an allen religiös wichtigen Teilen der Bibel, bei dem Versuch kapitulieren muß, die Welt der «wirklichen Tatsachen» zu rekonstruieren. Was die Vätererzählungen angeht, so hat der wohl beste Kenner dieser Überlieferungen schließlich resümiert: «Niemals wird es uns gelingen, im Sinne moderner Historie eine Biographie Abrahams, Isaaks oder Jakobs zu schreiben. Selbst eine echte Geschichte der Patriarchenzeit werden wir niemals schreiben können. Wichtigste Einzelheiten, die dazu notwendig wären, werden uns immer verborgen bleiben, und was wir aus der Bibel und aus außerbiblischen Quellen kennen, kann uns nur deutlich machen, daß Ursprung und Entstehung des Volkes Israel außerordentlich verwickelt waren. – Die Bibel erteilt uns nicht Geschichtsunterricht... Sie zeichnet die Anfänge unseres Heils.» R. DE VAUX: Die Patriarchenerzählungen und die Geschichte, 37. Deutlicher kann man die Nutz- und Sinnlosigkeit einer historisch-kritischen Fragestellung an die Bibel nicht eingestehen. Aber die einzig richtige Folgerung wird nicht gezogen, nämlich, daß man die gesamte exegetische Methode ändern muß, um einen angemessenen Zugang zu den eigentlichen, religiösen Anliegen der biblischen Überlieferungen zu finden.

[55] Vgl. E. DREWERMANN: Strukturen des Bösen, I 250–261.

daß die Korporativpersönlichkeit, eben wegen ihrer inneren Gliederung, nicht als eine «Masse» verstanden werden dürfe, sondern nach Art einer größeren Ganzheit, eines «Wir», einer sozialen «Körperschaft» vorzustellen sei, wie H. MÜHLEN sie im Volk des Alten Testamentes und in der Kirche des Neuen Bundes verwirklicht sehen möchte[56]. Aber nun ist es interessant, daß H. MÜHLEN einräumt, es könne in der «Korporativperson» ein unbewußtes, instinktives Zusammengehörigkeitsgefühl zum Ausdruck kommen, wie es bereits H. W. ROBINSON annahm. Denn träfe diese Annahme zu, so wäre damit gesagt, daß man die «Korporativperson» zunächst gar nicht als eine soziale, sondern als eine psychologische Gegebenheit verstehen muß. Und daß dies tatsächlich so ist, zeigt sich vor allem an der Widersprüchlichkeit, die sich bei einer soziologischen Herleitung des «Clandenkens» ergeben muß, wie J. SCHARBERT sie versucht hat.

In seiner vorzüglichen Studie über die biblischen Grundlagen der Erbsündenlehre meinte J. SCHARBERT einerseits, daß das «genealogische Denken» dem Leben in geschlossenen Clanverbänden» *entstamme* und sich aus der Nomadenzeit «trotz der grundlegenden soziologischen Umwälzungen, die durch die Seßhaftwerdung in der Richterzeit und durch die Staatenbildung in der Königszeit bedingt waren», durchgehalten habe[57]. Diese Ausführungen wird man kaum anders verstehen können, als daß die Eigenart des «Clandenkens» nach SCHARBERT offenbar ihren *Grund* in der sozialen Organisation der Clanverfassung haben soll und mit derselben stehe und falle. Derselbe Eindruck verstärkt sich noch, wenn J. SCHARBERT von der weiteren Überlagerung des Clandenkens durch Denkformen spricht, «die aus der Stadtkultur der Kanaanäer, Ägypter oder Akkader eindrangen»[58]. Träfe dies zu, so wären die jeweiligen Denkformen im Grunde abhängige Variablen der jeweiligen Sozialstrukturen. Andererseits aber meinte J. SCHARBERT, das «bei allen Völkern auf vorwissenschaftlicher Kulturstufe vorhandene *ätiologische Denken*» werde «durch das Clandenken entsprechend geprägt»[59]. Nimmt man *diese* Aussage beim Wort, so wäre das ätiologische Denken als eine universelle Denkweise zu betrachten, die durch die sozialen Bedingungen des Clans lediglich eine besondere Modifikation erfahren hätte. Tatsächlich aber kann man J. SCHARBERTS Ausführungen weder auf die eine noch die andere Behauptung festlegen; vor allem die letztere Bemerkung ist an dieser Stelle viel zu beiläufig, als daß man dieser Notiz ein besonderes Gewicht beilegen dürfte. Es zeigt sich vielmehr an dieser

[56] H. MÜHLEN: Una mystica persona, 4.13.1–4.
[57] J. SCHARBERT: Prolegomena eines Alttestamentlers zur Erbsündenlehre, 42.
[58] A. a. O., 42.
[59] A. a. O., 40.

Stelle erneut, wie gerade hervorragende Exegeten aufgrund der einseitigen historisch-kritischen Arbeitsweise ihrer Methode und der damit verbundenen Enge ihres Beobachtungsgebietes fast unbemerkt zu den folgenschwersten Widersprüchen und Fehlschlüssen verleitet werden, ohne dieselben weiter zu reflektieren.

Denn mit der ersten Auffassung, das genealogische Denken *entstamme* der Clanverfassung, würde J. SCHARBERT sich allen Ernstes die Meinung nahelegen, die Strukturen des Denkens richteten sich nach den Strukturen der sozialen Organisation, das Bewußtsein sei also, ganz in MARXISTISCHEM Sinne, ein Reflex der gesellschaftlichen Bedingungen. Daran aber glaubt er nicht wirklich, ja er weist ganz im Gegenteil und sehr zu Recht darauf hin, daß ein Denken in kollektiv-individuellen Zusammenhängen *allerorten* anzutreffen ist. Auch das Denken in *Typologien,* so führt er selbst sehr zutreffend aus, hat sich uneingeschränkt bis auf den heutigen Tag, und offenbar völlig unabhängig von bestimmten Sozialstrukturen, erhalten, z. B. in den Karikaturen der französischen «Marianne» oder des deutschen «Michel»[60]. Trotz dieser Einsicht aber sieht J. SCHARBERT unter dem pflichtmäßigen exegetischen Zwang, nach sozialhistorischen Zusammenhängen zu suchen, sich selber außerstande, aus seinen eigenen Beobachtungen die allernaheliegendste Folgerung zu ziehen, nämlich daß ein Denken in Kategorien, die, wie C. LÉVI-STRAUSS treffend gesagt hat, den «Einzelnen als Gattung» und die Gattung als Einzelnen bestimmen[61], überhaupt nichts mit irgendwelchen sozialen Gegebenheiten zu tun hat, sondern seinen Grund vorab zu allen gesellschaftlichen Gegebenheiten in der menschlichen Psyche selbst besitzen muß. Das «Clandenken» ist in der Tat, wie J. SCHARBERT selbst zu ahnen scheint, nur eine Variante oder, besser, die bloße Anwendungsform einer Denkweise, die zu begründen nicht soziologisch oder sozialgeschichtlich, sondern allein psychologisch möglich ist.

Immer wieder stoßen wir mithin auf die Feststellung, daß die Exegese sich selber verkürzt, ja sich selbst bei sachlicher Richtigkeit zahlreicher Einzelbeobachtungen systematisch in die Irre führt, wenn sie an der Einseitigkeit der hi-

[60] A. a. O., 41.

[61] C. LÉVY-STRAUSS: Das wilde Denken, 248. Es muß aber betont werden, daß die strukturalistische Mythendeutung gerade im Widerspruch zu L. LÉVY-BRÜHL den *rationalen* Gehalt und die Logik der Mythen herausarbeiten wollte; dabei vernachlässigt sie wiederum den emotionalen Anteil zu sehr. – Das Phänomen der Korporativperson definierte E. CASSIRER: Philosophie der symbolischen Formen, II 209: «... so birgt das mythische Bewußtsein und das religiöse Gefühl noch einen anderen fundamentaleren Gegensatz (als den von Subjekt und Objekt, d. V.) in sich... Das Ich fühlt und weiß sich nur, sofern es sich als Glied einer Gemeinschaft faßt, sofern es sich mit anderen zur Einheit einer Sippe, eines Stammes, eines sozialen Verbandes zusammengeschlossen sieht. Nur in ihr und durch sie besitzt es sich selbst.» Eben dieses identifikatorische Denken ist das Problem.

storisch-kritischen Methode festhält; denn diese kann bei jeder geistesgeschichtlich auch nur ein wenig relevanten Frage stets nur in Richtung einer erweiterten Soziologie fortgeführt werden; die eigentliche Lösung der anstehenden geistigen und vor allem religiösen Fragen aber bedürfte dringend einer psychologischen und anthropologischen Fundierung, und gegen diese verhält sich die Exegese in ihrer historisch-kritischen Manier immer noch merkwürdig polemisch. Hier wie an vielen anderen Punkten sonst ist es in Wahrheit unvermeidlich, daß die Exegese um ihrer selbst willen, wie das Beispiel einer so wichtigen Kategorie wie der «Korporativperson» zeigt, sich endlich den anthropologischen und tiefenpsychologischen Gedankengängen öffnet, die in die Untersuchung miteinzubeziehen sich in anderen, auch theologischen Fächern längst als Pflicht erwiesen hat.

Tatsächlich ist nämlich gerade von seiten der Tiefenpsychologie und der Ethnologie das Phänomen des Denkens in kollektiv-individuellen Zusammenhängen schon vor vielen Jahrzehnten beobachtet und erforscht worden, und man braucht diese Untersuchungen nur zu referieren, um sogleich wieder auf die Psychologie des Traumes mit ihren charakteristischen Projektionen und Identifikationen und ihren symbolischen Verschmelzungen von Innen und Außen zu stoßen (s. o. S. 123).

Die eigentliche Anregung zur psychologischen Beschäftigung mit den «Kollektivvorstellungen» der menschlichen Psyche ging bereits vor 60 Jahren von dem bis heute sehr umstrittenen französischen Ethnologen L. LÉVY-BRÜHL aus, dessen Beobachtungsmaterial trotz aller Einwände im einzelnen in sich selbst bereits jeden Gedanken an irgendwelche sozialen oder nationalen (z. B. speziell hebräischen oder semitischen) Sonderbedingungen des «Kollektivdenkens» hätte widerlegen können. L. LÉVY-BRÜHL wies vor allem darauf hin, daß sich die Mentalität der «Primitiven» grundlegend anders darstelle als das rationale Denken, indem hier eine andere zeitliche Verknüpfung anzutreffen sei, als sie durch das Gesetz der Kausalität logisch bestimmt werde.

Bekannt ist z. B. der kausale Sophismus des «post hoc, ergo propter hoc», demzufolge das zeitlich Spätere als verursacht durch das zeitlich Frühere vorgestellt wird. Dieser Fehlschluß legt sich stets nahe, wenn die eigentlichen Ursachen eines Geschehens aufgrund unzureichenden Erfahrungsmaterials unbekannt sind; aber es wäre nun nicht richtig zu glauben, die Andersartigkeit des primitiven Denkens basiere eben auf einer Reihe derartiger «post-hoc-Schlüsse» infolge der mangelnden Naturkenntnis der Eingeborenen. L. LÉVY-BRÜHL konnte nämlich zeigen, daß nicht die zeitliche Verbindung selbst für das primitive Denken entscheidend sei, sondern ein mystischer Zusammenhang, «den sich der Primitive vorstellt», «der Zusammenhang zwischen Vorhergehendem und Nachfolgendem, indem jenes die Fähigkeit hat, dieses hervorzubringen und erscheinen zu lassen»[62]. Das Prinzip dieser Verbindung sah L. LÉVY-BRÜHL in dem, was er das «Gesetz der Partizipation» nannte[63] und worin er die Kollektivvorstellungen der Primitiven begründet fand: daß «die Gegenstände, Wesen, Erscheinungen auf eine uns unverständliche Weise sie selbst und zugleich etwas anderes als sie selbst sein können. Auf eine nicht minder unverständliche Weise entsenden und empfangen sie Kräfte, Fähigkeiten, Eigenschaften, mystische Wirkungen, die außerhalb von ihnen fühlbar werden, ohne aufzuhören, zu sein, wo sie sind. – Mit anderen Worten: Für diese geistige Beschaffenheit führt der Gegensatz zwischen dem einen und dem vielen, demselben und dem anderen nicht notwendig dazu, eine dieser Bestimmungen zu verneinen, wenn man die andere bejaht, und umgekehrt.»[64] Auf diese Weise entsteht eine «mystische Wesensgemeinschaft von Wesen, die indessen für unser Denken nicht ohne Widersinn miteinander verschmolzen werden könnten»[65]. Von daher ist die «Korporativperson», die Verschmelzung von Ich und Wir im Groß-Ich der Gruppe, von vornherein, wie etwa H. MÜHLEN es im Grunde wollte, eine *mystische* Vorstellungsform. Aber auch mit dieser Feststellung allein ist es nicht getan.

Keineswegs nämlich beschränkt sich das Kollektivdenken des Primitiven bloß auf etwaige Verwandtschaftsbeziehungen zwischen den Angehörigen seines Stammes oder seiner Familie, sondern es ist geradezu das Kennzeichen seiner Bestrebungen, sich selbst und die eigene Gruppe mit bestimmten Naturgegenständen, zumeist besonderen Tieren, zu identifizieren, wie dies in klassischer Weise im *Totemismus* zum Ausdruck kommt. «In allen Gesellschaften von totemistischer Form», meinte LÉVY-BRÜHL, «gibt es Kollektivvorstellungen derselben Art, die eine ähnliche Identität zwischen Individuen einer totemistischen Gruppe und ihrem Totem mit sich bringen.»[66] Wenn z. B. die Bororos in Brasilien sich als rote Araras ausgeben, so bezeichnen sie damit keine bloße Verwandtschaftsbeziehung, sondern eine «Wesensidentität»[67] in dem Sinne,

[62] L. LÉVI-BRÜHL: Das Denken der Naturvölker, 1921, 55. – Ein ausführliches und gründliches Referat des «archaischen» Denkens im Hintergrund von Mythos und Märchen bietet H. VON BEIT: Das Märchen, 43–105, wobei sie freilich die *ethnologisch* bereits umstrittenen Theorien von L. LÉVY-BRÜHL als Modell zur Rekonstruktion prähistorischer und urmenschlicher Erlebnis- und Handlungsweisen verwendet. Methodisch ist dieses Vorgehen mehr als zweifelhaft, und es ist sehr die Frage, ob das tiefenpsychologisch Primäre bzw. «Primitive» mit dem kulturgeschichtlichen oder ethnologischen Begriff des «Primitiven» identifiziert werden darf.

[63] L. LÉVY-BRÜHL: Das Denken der Naturvölker, 57.

[64] A. a. O., 58.

[65] A. a. O., 58.

[66] A. a. O., 58.

[67] A. a. O., 58.

daß jeder Angehörige des Stammes auf mystische Weise an der Natur des Arara *teilhat.*

Für L. LÉVY-BRÜHL erklärte sich durch diese mystische Teilhabe auch die eigentümliche Gleichwertigkeit eines Bildes mit dem abgebildeten Gegenstand im Denken der «Primitiven»[68]: «Kraft eines unter dem Gesetz der Partizipation vorgestellten mystischen Bandes zwischen ihnen», schrieb er, «ist das Bild das Modell»[69]; und aufgrund des gleichen Denkgesetzes *ist* jedes Individuum «zugleich dieser oder jener Mann, dieses oder jenes Weib, die tatsächlich am Leben sind, jener menschliche oder halbmenschliche Vorfahre, der zur sagenhaften Zeit... gelebt hat, und zugleich ist es sein Totem, d.h., es nimmt in mystischer Weise an der Wesenheit der Pflanzen – oder der Tierart, deren Namen es trägt, teil»[70].

Die Ausführungen LÉVY-BRÜHLS, so umstritten sie ethnologisch im einzelnen auch sein mögen[71], bestätigen, daß es psychologisch im Grunde gar nicht möglich ist, zwischen einem «genealogischen» und einem «ätiologischen» oder «typologischen» Denken zu unterscheiden; es handelt sich vielmehr um eine ursprünglichere Form der Wesenseinheit des Gegenwärtigen mit dem Ursprung, des Einen, Anfanghaften mit den Vielen, Gegenwärtigen, in denen es erscheint[72]. Ginge es dem «primitiven» Denken wesentlich um *biologische* Verwandtschaft, so müßte bereits der auch dem «wildesten Wilden» offenkundige anatomische Unterschied zwischen sich und dem Papagei, dem Krokodil oder dem Jaguar das ganze System des Totemismus zunichte machen; was aber, wie LÉVY-BRÜHL sehr richtig hervorhebt, «diese Denktätigkeit an einem Tier vor

[68] Wie real die symbolische Verbindung von Mensch und Natur im Sinnbild empfunden wird, zeigt W. MÜLLER: Indianische Welterfahrung, 71: «Das indianische Wort für ‹Symbol› lautet washoigathe und meint buchstäblich ‹Gegenstand, aus dem sie ihre Körper machen›. Demgemäß läßt die Urgeschichte die Physis der Menschen aus diesen washoigathe entstehen: Es gibt sonach Sonnen-, Morgenstern-, Schwarzbär-, Goldadler-, Felsen-, Puma-, Süßwassermuschel-, Riedgras-, Flußbett-, Otter-Menschen und noch zahllose andere, aus dem Stoff ihrer jeweiligen kosmischen Verwandten Entstandene. – Die ‹Sinnbilder› sind also Identitäten.»

[69] L. LÉVY-BRÜHL: Das Denken der Naturvölker, 60.

[70] A. a. O., 70.

[71] Zur Kritik an den Theorien L. LÉVY-BRÜHLS vgl. vor allem E. E. EVANS-PRITCHARD: Theorien über primitive Religionen, 121–145, der den Gegensatz von «primitiver» und «zivilisierter» Mentalität als «Problem des Niveaus von Denken und Erfahrung» deutet (136). – Vgl. auch die Kritik an den Gedanken L. LÉVY-BRÜHLS bei E. E. PODACH: Zum Abschluß von Lévy-Brühls Theorie über die Mentalität der Primitiven, in Zeitschrift für Ethnologie, 76, 1951. – Zum Kraftfeld bzw. zur energetischen Struktur des religiösen Symbols hat J. SCHARFENBERG – H. KÄMPFER: Mit Symbolen leben, 1980, 173, auf den Gegensatz von Partizipation und Autonomie (sowie von Regression und Progression) hingewiesen; das entspricht wohl in etwa dem Spannungsfeld zwischen der kollektiven Natur des Archetypus und seiner zunächst individuellen Aneignung.

[72] Vgl. zur Kategorie des «Anfangs» als Bezeichnung des «Wesens»: E. DREWERMANN: Strukturen des Bösen, I, S. XXII ff.

allem interessiert…, das sind nicht seine sichtbaren Formen und Eigenschaften, das ist der Geist, dessen Manifestation es ist und von dem die mystischen Beziehungen dieses Tieres (gleichgültig ob es individuell oder kollektiv betrachtet wird) zu bestimmten menschlichen Gruppen abhängen. Dieser Geist befindet sich unsichtbar und unfaßbar gleichzeitig in allem und jedem.»[73] Natürlich kann man gegen diese psychologische Ansicht LÉVY-BRÜHLS einwenden, daß die Zugehörigkeit zu einer bestimmten Totemgruppe durch soziale Faktoren mitbestimmt werde und in sich selbst somit *auch* ein soziales Phänomen darstelle; aber ganz deutlich zeigt sich, daß die Eigenart der Kollektivvorstellung selbst in der menschlichen Psyche angelegt und nicht soziologisch begründet ist. Die Frage muß daher jetzt vielmehr lauten, wie die *Psychologie* dieses Kollektivdenkens selbst zu verstehen ist.

Das Psychische, das sich in den Kollektivvorstellungen ausspricht, besitzt nach den bisherigen Bestimmungen im einzelnen die folgenden Charakteristika:

es ist sowohl im Individuum als auch in überindividuellen Gebilden gegenwärtig;

es ist sowohl eine Macht der Gegenwart als auch eine bestimmende Größe in unvordenklicher Vergangenheit;

es ist zudem vorrational bzw. «mystisch» und nimmt offenbar auf die logischen Gesetze des (wissenschaftlichen) Bewußtseins (z. B. auf den Satz der Identität oder Nichtidentität und den Satz vom ausgeschlossenen Dritten) nicht die geringste Rücksicht; stattdessen wird es bestimmt vom Gesetz der Teilhabe an einem gemeinsamen Wesen, in dem die Zeitvorstellung und die Individualität, ja – wie andere Beispiele zeigen – auch die Grenzen des Raumes aufgehoben scheinen.

Zudem scheint es, daß insbesondere bestimmte Praktiken, die das Bewußtsein *ausschalten,* wie rituelle Zeremonien, heiliges Fasten und Wachen, Tänze, Drogen[74], gewisse optische Effekte, hypnotische Einflüsse, kurz, alles, was zu tranceartigen, das Wachbewußtsein herabsetzenden Zuständen führen kann (s. o. S. 126), an allen Orten und zu allen Zeiten besonders geeignet ist, um gerade jene mystischen Verschmelzungen zwischen dem Einzelnen und dem Allgemeinen, um jene «communion d'essence», jene Wesensvereinigung erfahr-

[73] L. LÉVY-BRÜHL: Das Denken der Naturvölker, 75.

[74] Zur «Verschmelzung mit dem Weltinhalt» im Peyote-Ritus vgl. W. MÜLLER: Indianische Welterfahrung, 62; E. JÜNGER: Annäherungen, 1980, 331–341. – Zur Bedeutung der magischen Pflanzenkunde in schamanistischen Praktiken vgl. D. SHARON: Magier der vier Winde, 59–64, der die Macht der magischen Pflanzen zu Recht als «Projektion der eigenen inneren psychischen Kraft» des Heilers deutet, die von der halluzinogenen Pflanze katalysiert wird (S. 64).

bar zu machen, «in welcher das wirkliche Individuum sowohl als auch der Ahne, der wieder in ihm auflebt, und schließlich die Tier- oder Pflanzenart, die sein Totem ist, miteinander ineins verschmolzen sind»[75]. Es ist demnach gerade die Herabsetzung des Bewußtseins, also das, was wir früher mit P. JANET als «abaissement du niveau mental» bezeichnet haben[76], was entscheidend zu dem «mystischen» Kollektivdenken LÉVY-BRÜHLS führt. Schließlich muß man zur Kennzeichnung der Psychologie des individuell-kollektiven Denkens noch hinzunehmen, daß im primitiven Denken *alle* Gegenstände der Natur in einer eigentümlichen Entsprechung zum Menschen stehen, indem entweder die Dinge als Abbild des Menschlichen oder das Menschliche als Abbild des «Naturhaften» verstanden wird[77]. Vor allem J. G. FRAZER, der den Animismus als Ursprung aller Religion betrachtete, hat wohl zu Recht die Meinung vertreten, daß der «Primitive» alle Dinge ringsum nur in Analogie zum Menschen erleben und verstehen könne und deshalb grundsätzlich alles, vom Stein bis zur Sonne, für *belebt* und wie sich selbst, also mit Geist begabt, erachte[78]. Auch LÉVY-BRÜHL anerkannte das Phänomen des animistischen Denkens ausdrücklich, aber er hielt es gleichermaßen für eine Sonderform der mystischen Teilhabe[79].

Dies alles: die prälogische Struktur des Kollektivdenkens, seine Zeit und Raum überspannende Gegenwart und Einheit, seine psychische Vitalisierung aller Dinge und vor allem seine Intensivierung im Zustand *verminderten* Wachbewußtseins – zwingt förmlich zu dem Schluß, daß das «primitive Denken» mit seinen Kollektivvorstellungen nicht nur «primitiv» im Sinne der historischen, sondern mehr noch im Sinne einer psychologischen oder anthropologischen Ursprünglichkeit ist, und diese Folgerung wird in der Tat durch die Beschreibung bestätigt, die in der Tiefenpsychologie vom Unbewußten gegeben wird und auf die wir zum Teil schon gestoßen sind, als wir die Psychologie der Träume besprochen haben (s. o. S. 113).

Was die eigentümliche *Zeitlosigkeit* der «Korporativperson» angeht, so haben wir bereits von S. FREUD gehört, daß im Es, also im Unbewußten, nichts existiere, was einer Zeitvorstellung entspreche, so daß z. B. im Traum vergangene Erlebnisse als gegenwärtig erscheinen können, gerade so, wie es strukturell auch zum Begriff der «Korporativperson» gehört[80]. Darüber hinaus sprach

[75] L. LÉVY-BRÜHL: Das Denken der Naturvölker, 71.

[76] P. JANET: L'automatisme psychologique, 1889; s. o. S. 111.

[77] L. LÉVY-BRÜHL: Das Denken der Naturvölker, 78–79.

[78] J. G. FRAZER: Der goldene Zweig, 986–1018.

[79] L. LÉVY-BRÜHL: Das Denken der Naturvölker, 61; 79 f.

[80] S. FREUD: Neue Folge der Vorlesungen zur Einführung in die Psychoanalyse, XV 80; s. o. S. 113.

vor allem C. G. JUNG – statt von Kollektivdenken – von einem «Gruppenbewußtsein» oder «Gruppendenken», das dem Unbewußten zugrunde liege und das er in der Tat als etwas Ursprüngliches in der psychischen Entwicklung ansah. C. G. JUNG hob besonders hervor, daß das «individuelle oder Ichbewußtsein» überhaupt erst «eine späte Errungenschaft der Entwicklung» darstelle[81] und ihm das «Gruppenbewußtsein» zeitlich vorausliege; ja, er hielt sogar das Denken in kollektiven (familiären, stammesgebundenen) Zusammenhängen selbst bereits für eine gewisse Differenzierung eines noch ursprünglicheren «Allbewußtseins»[82]. Denn während im Gruppenbewußtsein der Einzelne zwar «durchaus auswechselbar» ist[83] und sich selbst vollkommen mit seiner Gruppenzugehörigkeit identifiziert, erlebt er sich doch selbst noch als Träger eigener Aktivitäten; auf der Ebene des «Allbewußtseins» ist demgegenüber das vorstellende Subjekt seiner selbst vollkommen unbewußt. «Auf dieser Stufe gibt es nur *Ereignisse,* aber *keine handelnden Personen*»[84] Indem im *Gruppendenken* das Bewußtsein des Einzelnen sich noch nicht von dem Bewußtsein der anderen Gruppenmitglieder unterscheidet, herrscht hier der ungebrochene Grundsatz vollkommener *Gleichheit;* im *Allbewußtsein* erstreckt sich diese psychische Gleichheit sogar darüber hinaus «nicht nur über alle Menschen, sondern auch über alle Naturgegenstände, wie Tiere, Pflanzen, Flüsse, Berge usw.»[85].
Die «mystische Partizipation» L. LÉVY-BRÜHLS erweist sich somit nach Meinung JUNGS als ein archaisches Relikt aus «jener Urnacht des Bewußtseins, wo zwischen Ich und Du überhaupt kein wahrnehmbarer Unterschied bestand

[81] C. G. JUNG: Die Bedeutung der Psychologie für die Gegenwart, X 159.
[82] A. a. O., 160.
[83] A. a. O., 160.
[84] A. a. O., 160. – Wie dieses Handeln ohne Subjekt in archaischen Verbänden beschaffen ist, hat E. M. REMARQUE: Im Westen nichts Neues, 45, am Erleben des 1. Weltkrieges beschrieben: «Es ist der Instinkt des Tieres, der in uns erwacht, der uns leitet und beschützt. Er ist nicht bewußt, er ist viel schneller, viel sicherer, viel unfehlbarer als das Bewußtsein. Man kann es nicht erklären. Man geht und denkt an nichts – plötzlich liegt man in einer Bodenmulde, und über einen spritzen die Splitter hinweg; aber man kann sich nicht entsinnen, die Granate kommen gehört oder den Gedanken gehabt zu haben, sich hinzuwerfen. Hätte man sich darauf verlassen sollen, man wäre bereits ein Haufen verstreutes Fleisch. Es ist das andere gewesen, diese hellsichtige Witterung in uns, die uns niedergerissen und gerettet hat, ohne daß man weiß wie. Wenn sie nicht wäre, gäbe es von Flandern bis zu den Vogesen schon längst keine Menschen mehr.» Eben daran liegt es, daß im Krieg die am wenigsten Instinktiven, die kulturell am weitesten Entwickelten am meisten gefährdet sind. Zum Einheits- und Gruppenerleben der «Kameradschaft» vgl. a. a. O., 189–190.
[85] C. G. JUNG: Die Bedeutung der Psychologie für die Gegenwart, X 159. – Sehr treffend bemerkt E. NEUMANN: Der mystische Mensch, in: Kulturentwicklung und Religion, 106: «Für das ursprüngliche Weltgefühl ist in einem Einheitsakt das, was wir Welt-Außen mit dem, was wir Seele-Innen nennen, verschmolzen. Sterne und Bäume und Tiere sind psychisch dem unabgegrenzten Ich ebenso nah wie Clangenosse, Kind und Ahn, und ein geheimnisvolles Band verbindet Nächstes und Fernstes, Gottheit, Tierheit und Menschheit. Diese Bezogenheit ist deswegen so fließend, weil das Ich sich noch überall mit dem Nicht-Ich verwechseln kann.»

und wo alle das gleiche dachten, fühlten und wollten»[86]. Die «Partizipation» L. LÉVY-BRÜHLS ist mithin nur eine andere Seite der undifferenzierten Unbewußtheit der Psyche. – Dieser Schluß ist natürlich jetzt für die Auslegung korporativer Gestalten in der Bibel – und in anderen Texten – außerordentlich wichtig.

Zunächst nämlich muß der Begriff der Korporativperson, wenn es so steht, fortan selbst revidiert werden. Was in einer rein historisch betriebenen Exegese – vor allem des Alten Testamentes – in Gestalt der sog. «Korporativperson» als ein fremdes, auf den Orient räumlich beschränktes und womöglich in der Clanverfassung soziologisch begründetes Phänomen erscheinen mußte, erweist sich in tiefenpsychologischer Sicht jetzt als ein Tatbestand, der im Unbewußten tief verankert ist und keinesfalls entlegen und fremdartig anmuten muß; ganz im Gegenteil spielt er nach wie vor in der Psyche eines jeden Einzelnen zu allen Zeiten offenbar die größte Rolle. Wenn vorhin die Rede davon war, daß im Umgang mit der Welt der Archetypen ständig die Gefahr des Ichverlustes, der Depersonalisation, des Massenwahns bzw. der Psychose lauere und daß die regressive Bewegung der psychischen Energie zu den archetypischen Bildern, so notwendig sie im Einzelfall auch immer sein mag, stets einem riskanten Abstieg in die Unterwelt, einer Art Sterben des Individuellen gleichkomme, so gewinnen diese Einsichten jetzt zusätzlich an Bedeutung, wenn man bestimmte Auffassungsweisen des sog. «primitiven Denkens» verstehen will. Während die historische oder soziologische Betrachtungsweise des Problems hier wie anderenorts den zu behandelnden Gegenstand, z. B. der Bibel, in eine unüberbrückbare Ferne rückt, zeigt die tiefenpsychologische Sicht gerade auf, daß das vermeintlich «Primitive» einem jeden Einzelnen als Möglichkeit wie als Gefahr zugehört. Auf diese Weise wird nicht nur der rationalistische Hochmut der gegenwärtigen Bewußtseinseinstellung korrigiert, es wird zugleich auch die gesamte Problematik des Kollektivdenkens aus der Enge einer altorientalischen Sonderfrage herausgelöst und in die Welt der Psychogenese der menschlichen Art und der Individualentwicklung hineingestellt.

Hierin liegt denn auch zweifellos die eigentliche Leistung C. G. JUNGS: daß er – freilich in Fortführung, nicht so sehr im Widerspruch zu S. FREUD – die psychologische Folgerung aus der Tatsache der Evolution des Lebens gezogen und gezeigt hat, daß auch die menschliche Psyche nicht verstanden werden kann ohne Kenntnis der Jahrmillionen, in denen das Psychische *ohne Bewußtsein* existierte und sich entwickelte. Gemessen an den zeitlichen Erstreckungen der Evolution, hatte C. G. JUNG gewiß recht, wenn er meinte, «die Bewußtseins-

[86] C. G. JUNG: Die Bedeutung der Psychologie für die Gegenwart, X 160.

differenzierung» sei «eben erst mühsam aus dem Urschlaf hervorgekrochen», und das Bewußtsein nehme sich aus wie eine Insel im Ozean[87]. In der Welt der Tiefenschichten auch der menschlichen Psyche gilt in etwa A. SCHOPENHAUERS Ansicht, daß die Individualität ein Irrtum sei, der mit dem Tod vergeht bzw. mit dem Tod bestraft wird, und es gehört ein außerordentlich langer Weg dazu, ehe auf den höheren Stufen des Lebens der Faktor des individuellen Lernens immer mehr zunimmt und damit auch die Bedeutung und Wertschätzung, die Mühewaltung zum Erhalt auch und gerade des einzelnen Lebens kontinuierlich ansteigt. In den Tiefenschichten des Unbewußten sind auch die Menschen nach wie vor noch geneigt, sich zu empfinden wie Vögel oder Fledermäuse in einem Flugverband, der *als Ganzes* instinktiv die kompliziertesten Formationen zu bilden vermag. Der Weg zum individuellen Bewußtsein stellt entwicklungsgeschichtlich einen Neuerwerb dar, der ebenso kostbar wie gefährdet ist, ebenso neu wie bedroht, ebenso wunderbar wie schutzbedürftig.

Gerade für die Theologie ist diese evolutive Betrachtungsweise die unerläßliche Voraussetzung dafür, den Menschen und die menschliche Psyche wieder in den großen Zusammenhang des Lebens einzuordnen und die eigene Dogmatik nicht ständig so betreiben zu müssen, als ob es den Hintergrund der Evolution, die Entdeckungen von DARWIN und FREUD nie gegeben hätte.

Nicht das «Gruppenbewußtsein» ist also bei einer sachgemäßen Betrachtungsweise alter mythischer oder mythennaher Erzählungen das eigentlich Erstaunliche, sondern umgekehrt: daß es so etwas wie ein *Ichbewußtsein* gibt, ist das Neue, Aufregende und Unerhörte. Deutlich ist noch heute für einen jeden die *Angst* spürbar, die ihn bei dem Gefühl überkommt, aus der Sicherheit des Kollektivs, der Gruppe, herauszufallen[88] und ein *Einzelner* zu sein, und wir haben früher bereits von der Sehnsucht gesprochen, die den Einzelnen immer wieder in die Masse, in die Gleichheit, in das Paradies des Großinquisitors DOSTOJEWSKIS zurückzieht[89]. Im 2. Bd. der vorliegenden Untersuchung werden wir später noch sehen, daß die ganze Energie des Glaubens dazu gehört, das Wagnis der Individualität, des Verlassens der Kollektivgeborgenheit überhaupt einzugehen[90]; ja, es wird sich dann zeigen, daß gerade in der Überwindung der Angst vor der Vereinzelung ein zentrales Thema für eine spezifisch *theologische,* nicht nur (tiefen)psychologische Hermeneutik archetypischer Bilder liegt. In

[87] A. a. O., 161.

[88] Vgl. zum Thema der «Segregationsangst» R. BILZ: Die Kuckucks-Terz, in: Paläoanthropologie, I 332–350; E. DREWERMANN: Strukturen des Bösen, II 229–230.

[89] F. M. DOSTOJEWSKIJ: Die Brüder Karamasoff, I 289–290; s. o. S. 253.

[90] Vgl. G. VON RAD: Theologie des Alten Testamentes, II 188, der von der «Vereinzelung» besonders in den prophetischen Reden des Alten Testamentes spricht, bis hin zu dem Punkt, daß auch Kult und Ritus dadurch in Frage gestellt werden.

analytischer Sicht aber ist vorerst verständlich, worauf es uns psychologisch zunächst ankommt: daß es im Unbewußten ein ständiges Schillern und Hin- und Herschwingen zwischen dem Kollektiven und dem Individuellen gibt, und es ist jetzt nur noch die Frage, wie mit dieser Doppelheit der Aspekte im Phänomen der «Korporativperson» *interpretativ* umzugehen ist und wie die gefundenen Einsichten sich hermeneutisch nutzen lassen.

Alles, was bisher über die Eigenart archetypischen Materials und seiner Auslegung gesagt wurde, gilt natürlich uneingeschränkt für die Interpretation kollektiven Materials überhaupt, nur daß wir es jetzt bei der «Korporativperson» nicht so sehr mit *Anschauungsweisen* im strengen Sinne, mit «Bildern» und bestimmten Szenen, sondern mit *Sprechweisen* über die jeweiligen Handlungsträger in bestimmten Szenen zu tun haben; gleichwohl hängt natürlich beides miteinander zusammen, und die Art der Auslegung ist hier wie dort dieselbe: der Grundsatz bleibt bestehen, daß auch und gerade das archetypische, kollektive Material im Umkreis der «Korporativperson» zunächst in Richtung des Individuellen auszulegen ist, unerachtet der Frage, ob das handelnde Subjekt in einer archetypischen Erzählung kollektiv als Verkörperung einer ganzen Menschengruppe auftritt oder ob umgekehrt eine ganze Menschengruppe nur als Spiegelung eines Individual-Ichs in Erscheinung tritt.

Das Schwanken zwischen Individuellem und Kollektivem im primitiven Bewußtsein zeigt sich in den archetypischen Erzählungen am deutlichsten bereits in dem *Schwanken der Zahlverhältnisse.*

Das oben bereits erwähnte Märchen vom «Starken Hans» z. B. (KHM 166) beginnt mit der Entführung von Mutter und Kind in eine Räuberhöhle; der Vater, der zunächst vermißt wird, kehrt später in anderer Gestalt in der Rolle eines Räuberhauptmanns wieder, der jedoch seinerseits von einer ganzen Gruppe anderer Räuber umgeben wird; Rollentausch und Zahlentausch bzw. die Aufspaltung des Einen in eine Vielheit gehen hier Hand in Hand mit einer Verschiebung der Aspekte. Ein solches Schwanken zwischen Einzahl und Vielzahl wie in diesem Märchenbeispiel ist aber kein Einzelfall, sondern durchzieht die gesamte Welt der Märchen und Mythen, einschließlich der Gottesvorstellungen. Die indianische, aber auch etwa die indische Mythologie z. B. kennt eigentlich überhaupt nicht, wie die recht späte griechische oder römische Götterlehre, einzelne individuell ausgeprägte Götter, sondern in ihr steht der einzelne Gott, z. B. der aztekische Regengott Tlaloc, von vornherein als Korporativgestalt für eine ganze Götterklasse[91]. So allgemein und grundlegend ist das Denken in Korporativgestalten.

[91] Vgl. K. A. Nowotny: Codex Borgia, 20; 28.

Wichtig ist nun, daß dasselbe Schwanken zwischen Einzahl und Mehrzahl aber keinesfalls nur den Mythen und den Märchen, sondern auch zahlreichen sagenhaften oder scheinbar historischen Erzählungen zugrunde liegt. Schon anläßlich der «Verdichtungsregel» (s. o. S. 227) haben wir erwähnt, daß vor allem in Urzeiterzählungen ganze Geschichtsepochen im Stil einer Zeitrafferaufnahme, ganze Völker also als eine einzige Person wiedergegeben zu werden pflegen. Diese Eigentümlichkeit mythischen, sagenhaften und legendären Sprechens, die wir damals als bloßes Faktum hingenommen haben, findet jetzt ihre Begründung in dem «Gruppenbewußtsein» des Unbewußten. Die korporativen Persönlichkeiten, die z. B. in den Erzählungen des Buches «Genesis» als wesenhafte Verdichtungen bestimmter Völker auftreten, wie Cham, Abraham, Ismael, Esau u. a., besitzen zweifellos auch eine historische Prägung ihrer Gestalt; aber dieser historische Kern ist, so haben wir damals gesehen, gerade das Unwesentliche an ihrer Gestalt; wesentlich an ihnen ist die *archetypische* Formung, in der ihr Lebensweg geschildert wird. Jetzt, vom Begriff der Korporativperson her, verstehen wir auch die inhaltliche Bedeutung dieser Formung. Indem in der Korporativperson das Individuelle und das Kollektive zu einer überzeitlichen Einheit zusammengeschlossen wird, erhalten die Korporativgestalten eine Gegenwärtigkeit und Verbindlichkeit, die zu allen Zeiten und an allen Orten die Möglichkeit, aber auch die Notwendigkeit mit sich bringt, daß der Einzelne sich mit seinem eigenen Leben in ihnen wiedererkennt und identisch setzen kann.

Die *Auslegung* der Gestalt und der Geschichte einer korporativen Persönlichkeit darf sich daher gerade nicht im Historischen und Sozialen, mithin im Fremdartigen, bloß Andersartigen verlaufen; sie muß vielmehr aufzeigen, wie der *Einzelne* das Wesensportrait der jeweiligen Korporativperson als sein eigenes anerkennen kann. Das Bild der Korporativperson, das historisch einmal einen *sozialen* Zusammenhang vermittelte, steht oft genug in der Bibel selbst schon, ganz sicher aber für den heutigen Bibelleser zumeist außerhalb aller sozialen Beziehungen; wenn es ihm etwas zu sagen hat, dann nur, wenn es gelingt, jenseits des Historischen und des Sozialen einen *persönlichen* Zusammenhang mit seiner eigenen Existenz zu vermitteln; und hier ist es wiederum die Psychologie, die einen ersten Brückenschlag über den Abgrund der Zeit schlagen und das Allgemein-Menschliche und Verbindende im Leben des Einzelnen aufzeigen kann. Dies sei an einigen Beispielen erläutert.

Bekannt ist z. B. aus den *Psalmen* die Doppeldeutigkeit, mit der *das «Ich»* des Beters als eine einzelne Person und/oder als Verkörperung des Volkes auftritt. So wie für THOMAS MANN die Gestalt Isaaks oder Eliezers «sich nicht als ganz fest umzirkt erwies, sondern gleichsam nach hinten offenstand, ins Frühere, außer seiner eigenen Individualität Gelegene überfloß und sich Erlebnisstoff einverleibte, dessen Erinnerungs- und Wiedererzeugungsform eigentlich und bei Sonnenlicht betrachtet die dritte Person statt der ersten hätte sein müssen»[92], ganz so ist die «Korporativperson» nicht nur nach hinten, sondern natürlich auch nach «vorn» offen für alle kommenden Geschlechter, die in ihre Nachfolge eintreten. Alles «Ich» oder «Er» in den Erzählungen korporativer Gestalten umfaßt somit stets das Ich des Lesers, «teils weil sein Ich zurück und hinaus» verschwimmt «ins urbildliche Ehemalige, teils weil das Einst in seinem Fleisch wieder Gegenwart geworden sein und sich der Gründung gemäß wiederholt haben» mag[93]. Oft handelt es sich bei dem «Ich» der Psalmen um einen zu Unrecht Verfolgten, in dem vor allem in nachexilischer Zeit Israel sich selbst kennzeichnete; oft aber auch handelt es sich um den *König*, und besonders *seine* Gestalt läßt sich an vielen Stellen gleichermaßen nicht anders denn als ein Korporativ-Ich deuten.

Wegen der Bedeutung gerade der *Königsgestalt* in altorientalischen Gebetstexten sei der korporative Charakter des königlichen Ichs dabei noch etwas näher erläutert.

Historisch ist die Auffassung des Königs als einer Korporativperson nicht verwunderlich, wenn man bedenkt, daß die Gestalt des Stammeshäuptlings der Nomadenzeit, der die Person des Stammvaters in sich verkörperte, noch weit in die Königszeit hineinwirkte[94]; man muß des weiteren annehmen, daß, auch unabhängig vom Nomadentum, das Volk sich mit seinem Führer, seinem Protagonisten, in alter Zeit nach Art ungehemmter Massenpsychologie vollständig *identifizierte*[95]: was es selbst und ein jeder einzelne in ihm war, zeigte sich am Schicksal seines Führers. Nur so ist es verständlich, daß z. B. nach dem Kampf zwischen David und Goliath die Philister in panischem Schrecken fliehen, als ihr Heros, ihr Protagonist, getötet ist (1 Sam 17,51): der Gruppenzusammenhalt, der in der Masse nur durch die Identifikation mit dem Einen zustande kommt, zerfällt augenblicklich, sobald dieser Eine vernichtet wird; der restliche Haufen schwärmt auseinander wie ein Bienenvolk ohne Königin. – Insofern existiert das Volk tatsächlich nur in seinem absoluten Herrscher, und

92 TH. MANN: Joseph und seine Brüder, I 90; vgl. a. a. O., 314.

93 A. a. O., I 140; vgl. exegetisch zu dieser Frage den Streit über die kollektive oder individuelle Deutung der Psalmen bei R. SMEND: Über das Ich der Psalmen, in: BZAW 8, 1888, 49–147, der das «Ich» stets kollektiv deutete, und E. BALLA: Das Ich der Psalmen, 1912, der für die individuelle Deutung eintrat; vgl. auch J. BECKER: Israel deutet seine Psalmen, 22–35; 62; 68, Anm. 96. – Zur individuellen wie kollektiven Deutung des Königsichs der Psalmen vgl. tiefenpsychologisch am Beispiel von Ps 93 M. ARNDT – H. SCHULZ: Individualpsychologische oder kollektivistische Interpretation?, in: Spiegel: Doppeldeutlich, 189–211.

94 J. SCHARBERT: Prolegomena eines Alttestamentlers zur Erbsündenlehre, 38.

95 S. FREUD: Massenpsychologie und Ich-Analyse, XIII 115–121.

dieser ist in seiner Person nicht bloß der Stellvertreter, sondern die Wesensverkörperung seines Volkes.

Die Einzigartigkeit des Königs als Inbegriff des Volkes kann dabei so weit gehen, daß der König, statt eigentlich das Volk zu repräsentieren, paradoxerweise vom Volk ganz isoliert gedacht und diesem rein für sich gegenübergestellt wird; er ist dann der Eine und Einzige in dem Sinne, daß er alle Tapferkeit, Wahrheit und Kraft in sich verkörpert, wohingegen alle anderen, Volksangehörige wie Gegner, als ohnmächtige Nichtse erscheinen[96].

Als das berühmteste Beispiel für die überragende korporative Bedeutung des Königsichs darf außerhalb der Bibel in der Antike wohl der große Lobgesang gelten, den ein unbekannter Dichter im 9. Jahre der Regierungszeit des Pharao Ramses II (1300–1234 v. Chr.) auf die Entscheidungsschlacht bei Kadesch zwischen den Heeren der Ägypter und Hethiter verfaßt hat, wie denn überhaupt die Königsvorstellungen der Bibel stark von Ägypten her geprägt sind. Der Pharao, d. h. «seine Majestät», kämpfte bei Kadesch, wie der Gesang schildert, mit der ungestümen Kraft des Baal (sc. als dieser den Unterweltgott Mot besiegte) gegen die Kämpfer «des elenden Chattilandes» und drang so tief in ihre Reihen ein, daß ihn 2500 Gespanne der vereinigten Streitmacht der Hethiter einkesselten; da wandte sich der Pharao an seinen Vater, den Gott Amon, um Hilfe. Dieses sein Gebet erinnert stark an die Hilferufe der Jahrhunderte später verfaßten Psalmen Israels (z. B. an Ps 3,1–9; 22,13–19; 37,13–17 u. a.), und es sei deshalb zitiert, wenn er klagt: «Ich bin inmitten von Fremden, die ich nicht kenne... ich bin ganz allein und kein anderer ist mit mir. Meine Soldaten haben mich verlassen und keiner von meinen Wagenkämpfern hat sich nach mir umgesehen. Wenn ich nach ihnen schreie, hört keiner von ihnen. Aber ich rufe und merke, daß Amon besser für mich ist als Millionen von Fußtruppen... Das Werk vieler Menschen ist nichts. Amon ist besser als sie.» –

[96] So heißt es in der altägyptischen «Geschichte des Sinuhe», A. ERMAN: Die Literatur der Ägypter, 40–41, vom Tod des Königs Amenemhet: es «trat der Gott in seinen Horizont (sc. der Pharao als Abbild des Sonnengottes in sein Grab, d. V.) ein, der König Amenemhet entfernte sich zum Himmel, er vereinte sich mit der Sonne und der Gottesleib vermischte sich mit seinem Erzeuger (sc. der Sonne, d. V.). Schweigen war in der Residenz, die Herzen waren voll Trauer, die beiden großen Tore (am Palast, d. V.) waren geschlossen, die Hofleute saßen mit dem Kopf auf den Knien und die Menschen klagten.» Und von seinem Thronnachfolger heißt es (a. a. O., 44): «er, der Gott ohnegleichen, den keiner übertrifft, ein Herr der Klugheit, mit trefflichen Gedanken und guten Befehlen... Er ist der Starke, der mit seinem Arme wirkt, der Streiter ohne seinesgleichen. Man sieht ihn, wie er auf die Feinde (?) angeht, und wenn er die Kämpfer (?) angreift. Er ist es, der das Horn bricht und die Hände lähmt, und seine Feinde können ihre Reihen nicht aufstellen. Er ist es, der seinen Mut kühlt und die Scheitel einschlägt, und in seiner Nähe hält man nicht stand. Er ist es, der weit schreitet, wenn er den Fliehenden schießt, und es gibt kein Ende (der Flucht) für den, der ihm den Rücken wendet», usw. – Zur Stellung des Königs als «Mittler zwischen Sonnengott und Menschheit» vgl. J. ASSMANN: Der König als Sonnenpriester, 1970, 65 ff.

«Amon hört und kommt, wenn ich zu ihm rufe. Er reicht mir seine Hand hin, ich jauchze; hinter mir ruft er: ‹Vorwärts! vorwärts! ich bin mit dir, ich dein Vater›.»[97] In dem Beistand des Gottes findet der König sein Herz wieder und besiegt «allein ... Hunderttausende»[98].

Gewiß hat man es in diesem Preisgesang auf die einzigartige Tapferkeit des Pharao mit einer dichterischen Stilisierung zu tun; aber gerade diese Stilisierung zeigt das Typische an der Auffassung des ägyptischen Königs, das schon zwei Jahrhunderte vor der Schlacht bei Kadesch auf andere, womöglich ganz unkriegerische Regenten übertragen werden konnte. Die Art dieser dichterischen Typisierung entspricht z. B. ganz und gar dem Bild, das die prachtvolle Truhe aus dem Grabe des Tut-anch-Amun zeigt: der Pharao auf seinem Kriegswagen, wie er mit mächtigem Ansturm inmitten zwergengleicher Menschlein die Bahn seines Sieges vollendet[99]. Individuelles tritt hier auf als Verdichtung des Kollektiven, das Einzelne wird erhoben ins Wesenhafte, in das für den Ägypter Göttliche, und dies kann geschehen durchaus auch auf Kosten des Historischen: der junge König Tut-anch-Amun z. B. hat – anders als Ramses II – nie einen Krieg geführt; gleichwohl ist er als Person ein kollektiver Typos: Träger der siegreichen Kraft des ägyptischen Volkes und die Verkörperung seiner Unbesiegbarkeit.

Eben diese ständige Austauschbarkeit des Individuellen mit dem Allgemeinen weist nun auch für *die Auslegung korporativer Persönlichkeiten* in der Bibel, in altorientalischen Gebetstexten, in königlichen Preisgesängen etc., den hermeneutisch rechten Weg. Während eine historische Interpretation die Wesensverdichtung, die Erhebung des Individuellen in das überzeitlich Gültige in der Korporativperson nur als uneigentlichen Schein betrachten kann, der durch Rückführung auf die sozialen und geschichtlichen Gegebenheiten einer bestimmten Gruppe oder eines bestimmten Volkes zu einer bestimmten Zeit *zerstört* werden muß, wird eine auf das Typische, Bleibend-Gültige gerichtete Auslegung gerade eine solche historisierende Demontage zu vermeiden suchen; sie wird die individuelle Gestalt der Korporativperson in den Grundzügen ihres *typischen,* allgemein-gültigen Gehaltes so aufnehmen, daß der Einzelne *auch heute noch* sich mit der einen Person der Korporativperson in eins zu setzen vermag und das Individuelle und das Typische in der Anwendung auf

[97] Vgl. Ps 2,7.

[98] A. ERMAN: Die Literatur der Ägypter, 330–331.

[99] Vgl. K. LANGE – M. HIRMER: Ägypten, Abb. XXXIV; siehe auch die Jagdszene des Truhendeckels: I. E. EDWARDS: Tutanchamun, Abb. S. 76–77; beide Abbildungen bei S. DONADONI: Ägyptisches Museum. Kairo, 114–115. Schon der Name Tut-anch-Amun, «Lebendes Bild Amuns», zeigt das Ewige, Typische, Überzeitliche der Erscheinung des Pharao an.

das eigene Leben eine neue wechselseitige Verschmelzung eingehen können: das *Individuelle* an der Korporativperson stellt tiefenpsychologisch gerade den Anspruch, auf das Besondere und Individuelle des eigenen Lebens bezogen zu werden, während das *Typische, Kollektive* an der Korporativperson gerade die aktualisierende Übertragbarkeit über die Distanz der Zeit und des kulturellen Abstandes hinweg ermöglicht und fordert, indem es den Einzelnen selbst in den Zusammenhang des Allgemeinen hineinstellt.

Nur auf diese Weise ist es möglich, daß zahlreiche Gebetstexte, Klagelieder usw., die das Schicksal so verschiedener Korporativgestalten wie des Stammvaters, des Gottesknechtes, des Königs, des Messias, des Menschensohnes oder bestimmter Propheten aufgreifen, ihre bleibende menschliche Gültigkeit und Relevanz für alle Zeiten behalten. Solange man in ihnen lediglich Spiegelungen des Volkes oder bestimmter sozialer Gruppierungen zu einer bestimmten Zeit sieht, muß man sich immer wieder der Erkenntnis beugen, daß alles Soziale geschichtlich einmalig und unwiederholbar ist; sieht man hingegen die sozialen und historischen Implikationen der Korporativperson gerade nicht als das eigentliche Gemeinte und *Bedeutete* an, so wird es überhaupt erst zu etwas wirklich *Bedeutendem;* das Historische bzw. Soziale ist dann selbst nur ein Bild, in dem der Einzelne sich selber wiedererkennen kann und soll.

Eine solche Einstellung zum Text muß natürlich zu Folgerungen führen, die von der Ausrichtung der historisch-kritischen Exegese erneut diametral abweichen; tatsächlich wird jedoch gerade so überhaupt erst ein wirklicher Bezug des Vergangenen zur Gegenwart im Umkreis der «Korporativperson» eröffnet. Das Ich in den Psalmen oder den Prophetentexten etwa, um auf dieses Beispiel zurückzukommen, ist in *tiefenpsychologischer* Deutung durchaus nicht nur der bloße Reflex eines Königtums oder Volkstums, das vielleicht einstmals in bestimmten unwiederholbaren Kriegen und Nöten befangen war, aber in seiner historischen Realität unter der typisierenden Sprache der Dichtung und des Gebetes leider fast immer bis zur Unauffindbarkeit für die historische Exegese verdeckt worden ist; das Ich der Psalmen liest sich tiefenpsychologisch vielmehr als Spiegelung und Verkörperung des *eigenen* Ichs. Was in den Texten an Not und Angst, an Einsamkeit und Feindschaft, an Verzweiflung und Hoffnung, an Zuversicht und Rettung anklingt, löst in dieser Sicht beim Leser *Gefühle* aus, die offen genug sind, um mit eigenem Erleben und persönlicher Erfahrung verbunden und gefüllt zu werden. Das Typologische, Schematisch-Formelhafte, Dichterisch-Schwebende, das unter historischem Gesichtspunkt bedauerlicherweise die «eigentliche» Wirklichkeit verstellt, verwandelt sich in dieser Sicht gerade in Chiffren, die nicht nur ein fremdes, sondern ebenso das eigene Leben und Erleben ausdrücken können *und sollen.* Erst unter solchen

Voraussetzungen ist es möglich, die Gebete des alten Israels, die weisen und tiefsinnigen Hymnen der Ägypter[100] oder die wunderbaren *Cantares Mexicanos* des Nezahualcóyotl[101] betend mitzusprechen; anders blieben sie nur historische Fragmente, die allenfalls eine ästhetische, niemals aber persönliche oder gar religiöse Vergegenwärtigung erlauben würden.
Dazu gehört freilich, daß alle scheinbar äußeren (historischen) Personen, Lebewesen, Gegenstände, Landschaften etc. tiefenpsychologisch so auszulegen sind, wie sie innerhalb des «Gruppendenkens» in Erscheinung treten: als Teile ein und derselben einheitlichen Psyche, – «subjektal» also.
Insbesondere die Gestalt des *«Königs»* ist selber nicht nur eine Repräsentationsfigur politischer und religiöser Macht, sondern in den Märchen und Mythen der Völker sowie in den Träumen des Einzelnen tiefenpsychologisch ein Symbol des menschlichen *Bewußtseins.* Die Kämpfe, Verfolgungen, Niederlagen und Siege, die er durchleiden muß, lesen sich in psychologischer Betrachtung daher in der Bibel nicht anders, als wie sie in den Märchen und Mythen der Völker auch sonst verstanden werden müßten: als Auseinandersetzungen mit Teilen der eigenen Psyche.
Der Beter der Psalmen z. B. sieht sich nicht selten *wilden Tieren* ausgeliefert, die ihn tödlich bedrohen (vgl. Ps 22,13.14). Historisch wird man in diesen «Tieren» u. U. bestimmte politische Mächte erkennen müssen, so wie noch heute die Rede ist vom russischen Bären, vom chinesischen Drachen oder vom Niedersachsenroß; tiefenpsychologisch aber liegt es nahe, an die Auseinandersetzung des Ichs mit bestimmten Triebmächten zu denken, die in den «Tieren» symbolisiert sind. Beide Betrachtungsweisen, die historische wie die psychologische, scheinen sich auf den ersten Blick zu widersprechen, sie ergänzen sich aber in Wahrheit. Selbst die realen politischen Kämpfe und Auseinandersetzungen nämlich finden stets auch im Namen bestimmter ideeller, politischer, religiöser, moralischer u. a. Ideale statt, und wer darin nicht einfach eine bloße Ideologisierung und Verhüllung nackter Machtinteressen erblicken will, wird zugeben müssen, daß das, wogegen ein Volk kämpft, immer auch etwas in ihm selbst ist, gegen das es sich wehrt. Sehr deutlich zeigt sich dies etwa in Gen 9,20–27, wo der Kampf Israels gegen Kanaan als Kampf der (patriarchalen) Nomadenstämme gegen die «Lasterhaftigkeit» der (matriarchalen) Ackerbauvölker geschildert wird, und es ist deutlich in dem Text noch die Versuchung und Gefahr spürbar, die von dem Gebaren des zügellosen «Cham» ausgeht: indem man «Cham» verflucht und niederzwingt, verflucht und unter-

[100] J. ASSMANN: Ägyptische Hymnen und Gebete, 1975.
[101] L. SCHULTZE-JENA: Alt-Aztekische Gesänge, 1957.

drückt man eigentlich Teile der eigenen Persönlichkeit[102]. Politische Auseinandersetzungen sind daher auch historisch nicht selten Spiegelungen und Ausdrucksformen von im Grunde inneren Kämpfen, und so können zu Recht die «Tiere», die historisch bestimmte Völker verkörpern, psychologisch als Gefahren der eigenen Psyche verstanden werden. Freilich bedarf es keiner Begründung mehr, daß nur die *symbolische, psychologische* Auslegung der Gestalt des «Königs» und seinem Kampf gegen die «Tiere» eine Bedeutung entnimmt, die auch über die zeitbedingten Inhalte hinaus ein allgemeines Interesse beanspruchen kann.

In der *Legende* von den Versuchungen des hl. Antonius z. B. durch eine Heerschar wilder Tiere wird man historisch wahrscheinlich die religiöse Zurückweisung bestimmter heidnischer Götter und Praktiken erkennen müssen[103]. Aber Hieronymus Bosch[104] und andere Maler oder Schriftsteller[105] haben diese Szene sicherlich nicht immer wieder gemalt und dargestellt, um an derlei religionsgeschichtliche Auseinandersetzungen zu erinnern, sondern sie wollten in den Erlebnissen des Heiligen eine Erfahrung wiedergeben, in der das Heilige ohnmächtig einer Welt gegenübersteht, die in sich barbarisch-roh und tierhaft-wüst erscheint, und natürlich reflektiert eine solche Weltsicht eine entsprechende in sich zerrissene, widersprüchliche und hilflose Einstellung des Menschen auch sich selbst gegenüber. Die «Tiere» oder die «Feinde», die den Heiligen, den König, das Ich der Psalmen, den Propheten u. a. bedrohen, lassen sich tiefenpsychologisch also sehr wohl als Bedrohungen des eigenen Ichs durch die Kräfte des Unbewußten auslegen, und auch damit ist wiederum ein wichtiger Vorzug der tiefenpsychologischen Hermeneutik gegenüber einer historisierenden Auslegung gegeben.

Die historisch-kritische Exegese hält sich heute viel darauf zugute, daß sie davon losgekommen sei, in dichterischen oder historischen Korporativpersonen individuelle Gestalten zu sehen, und daß sie endlich dazu gefunden habe, z. B. auch individuell erscheinende Prophetengestalten wie etwa Daniel, Jona oder die Legendengestalt des Tobit als «Korporativpersonen», als verdichtete Personifikationen des Volkes Israel zu erkennen[106]. Aber der Gewinn dieser meist

[102] Vgl. E. DREWERMANN: Strukturen des Bösen, I 252–255; II 456–459.

[103] ATHANASIUS: Leben des hl. Antonius, Kap. IX; BKV 31, 699–701; A. NITSCHKE: Heilige in dieser Zeit, 29–30; 34.

[104] L. BALDASS: Hieronymus Bosch, 113–122; Abb. 77–79; Details S. 92–103.

[105] Vgl. G. FLAUBERT: Die Versuchungen des heiligen Antonius (1874), 1979, 35–41, den Auftritt der Königin von Saba.

[106] Vgl. dagegen noch die individualistische Deutung des Propheten Jona bei A. WEISER: Die Propheten, 1. Bd. (ATD 24) 216–217; in Wahrheit wird man den kollektiven Bedeutungsinhalt von Gestalten wie Jona oder Tobit erst verstehen, wenn man die subjektiven Gefühle reflektiert, die sich in ihnen als Einzelpersonen

sehr betont vorgetragenen «antiindividualistischen» Deutungsweise ist keineswegs so groß, wie man gern glauben machen will; denn so richtig und an sich wertvoll der Hinweis auf die sozialen Bedeutungen der Korporativgestalten vom historischen Standpunkt aus auch sein mag, so vollständig leer und abstrakt muß dieser Hinweis bleiben, wenn man damit irgendeinen gegenwärtigen Inhalt verbinden will: «Israel» z. B. ist nicht die Kirche; es ist auch nicht mit der gesellschaftlichen Situation irgendeines gegenwärtigen Volkes vergleichbar, und die späte nachexilische Zeit des Jona-Büchleins oder der Tobit-Legende ist nicht die Zeit heute.

Es muß daher immer wieder dabei bleiben: auf der sozialen Ebene läßt sich kein Ereignis der Vergangenheit in die Gegenwart übertragen. Alles Reden von der sozialen Dimension der Korporativpersonen bleibt daher inhaltsleer, sobald der konkrete Raum des ursprünglichen historischen und sozialen Umkreises verlassen wird.

Anders freilich verhält es sich, wenn man auf die archetypische Symbolik achtet, die sich z. B. auch in den Bildern von Daniels «Löwengrube» oder von Jonas «Fischrachen» kundtut, und den Bedeutungsgehalt dieser Symbole zunächst psychologisch gerade mit gewissen *individuellen* Erfahrungen verbindet.

Es braucht an dieser Stelle nicht dargelegt zu werden, daß z. B. die Erzählung vom Abstieg des Propheten *Jona* (Jona 1) in den Fischrachen ein weltweit verbreitetes Mythem vor allem der Sonnenmythologie darstellt[107], indem das Gestirn des Tageslichtes allabendlich von der Finsternis der Nacht verschlungen wird; tiefenpsychologisch aber ist die weite Verbreitung gerade dieses Mythems u. a. ein wichtiges Argument dafür, daß *nicht* vorrangig historische Erfahrungen die Gestalt des Propheten Jona geformt haben, sondern daß lediglich bestimmte archetypische Bilder zur Deutung gewisser historischer Gegebenheiten auf den Plan gerufen wurden; die Bedeutung der archetypischen Bilder selbst indessen ist offen für die Verdichtung aller möglichen Erfahrungen, die zu vergleichbaren Gefühlszuständen, im Falle des Propheten Jona also zu

verdichten; erst dann wird man merken, wieviel an zeitgeschichtlich bedingtem kollektivem Sentiment in ihnen lebt und wieso sie wirklich «Korporativpersonen» sind. Vgl. E. DREWERMANN: Gott heilt – Erfahrungen des Buches Tobit, in: Liturgie und Dichtung, 1983, II 359–404.

[107] Vgl. L. FROBENIUS: Das Zeitalter des Sonnengottes, 157. – Zu dem Motiv von der Verschlingung durch das Ungeheuer vgl. M. ELIADE: Mythen, Träume und Mysterien, 306–312. G. JACOB: Märchen und Traum mit besonderer Berücksichtigung des Orients, 24–26, betont zu Recht, daß das mythische Motiv von dem Gott im Fischbauch, das sich in vielen Kulturen und Religionen findet, auch in die Märchen Eingang gefunden hat, wie z. B. im Märchen vom «Rotkäppchen» (KHM 26), dessen rotes Mützchen noch an die Sonne und dessen Verschlingung durch den Wolf noch an die Mythe der jüngeren Edda erinnere. Vgl. auch H. SCHMIDT: Jona, eine Untersuchung zur vergleichenden Religionsgeschichte, 1907.

Gefühlen der Angst, der Flucht, der Schuld, der Aussichtslosigkeit, der Verzweiflung usw., geführt haben oder führen können.
Ähnlich verhält es sich, um ein anderes Beispiel zu wählen, mit dem Propheten *Daniel* in der Erzählung von Dan 6[108]. Die Gefühle der Fremdheit und Heimatlosigkeit, die Daniel durchleidet, spiegeln sicherlich die Erfahrungen des Exils wider; aber nicht das Exil Israels ist tiefenpsychologisch der Anknüpfungspunkt einer interpretativen Vergegenwärtigung, sondern das Gefühl der Entfremdung, der Auslieferung an fremden Befehl, der Angst selbst, die ein jeder in den Bedingungen seines eigenen Lebens empfinden und nachempfinden kann. Psychologisch ist die «Entfremdung» unter der Herrschaft eines heidnischen «Königs» dann wiederum zunächst als ein symbolisches Bild für die *innere* Vergewaltigung durch eine heterogene Befehlsinstanz zu lesen. Der heidnische «König» kann dabei am besten als Verkörperung eines barbarischen Überichs verstanden werden, das vom Ich bedingungslosen Gehorsam zu erzwingen sucht; die Gestalt des «Daniel» selbst hingegen bezeichnet dann ein «Ich», das sich trotz aller Angst seine innere Unabhängigkeit bewahren kann. Es gerät dafür freilich in die Gefahr, vom «König» in die «Löwengrube» geworfen zu werden, – im Falle einer Gebotsübertretung also droht das Überich mit der Möglichkeit, daß das Ich von «wilden Tieren», mithin von den eigenen ungezügelten Triebansprüchen verschlungen wird. Der feste Glaube aber, der den Propheten aus aller Gefahr erlöst, bekommt vor diesem Hintergrund eine neue, tiefere Bedeutung, indem sich zeigt, daß allein das Vertrauen auf Gott es Daniel ermöglicht, sein Ich, seine Persönlichkeit, zu bewahren und sich sowohl der Despotie des «Königs» (seines Überichs) als auch der «wilden Tiere» (seiner Angst, seiner Triebe) zu erwehren.
Die tiefenpsychologische Deutung erschließt somit am Beispiel der Episode von Daniel in der Löwengrube eine theologisch außerordentlich wichtige Einsicht: daß es nur im Vertrauen auf Gott möglich ist, die eigene Person gegen die Übermacht der Ansprüche des Überichs und des Es zu behaupten. Freilich ist über derartige psychologische Deutungen hinaus in den biblischen Erzählungen jeweils noch zu zeigen, *daß* – und unter welchen Voraussetzungen – das Sprechen von «Gott» nicht ebenfalls nur ein psychologisches Symbol aufgreift, sondern auf eine Wirklichkeit hinweist, die den gesamten Bereich der menschlichen Psyche, das Bewußtsein ebenso wie das Unbewußte, transzendiert und nicht etwa selbst nur ein Teil der Psyche ist (s. u. S. 480–481).

[108] Die Szene von der Gefangenschaft in der Löwengrube hat eine gewisse Ähnlichkeit zu der germanischen Mythe von der Fesselung des Gottes Loki, der unterhalb einer Giftschlange gebunden wird, deren Gift ihm ins Gesicht tropft. Vgl. E. MUDRAK: Nordische Götter- und Heldensagen, 61–63. Tiefenpsychologisch geht es auch in dieser Mythe um ein Bild seelischer Zerrissenheit.

Was bisher von den Korporativpersonen und ihrer Interpretation galt, ist nun gleichermaßen auch von den sozialen Gebilden oder Volksgruppen zu sagen, die in den mythischen oder sagenhaften Erzählungen erwähnt werden. Denn wenn die Korporativgestalten in der Bibel (und anderswo), obwohl sie historisch u. U. bestimmte Völker oder Volksgruppen repräsentieren können, in tiefenpsychologischer Deutung mit ihren Auseinandersetzungen und Kämpfen, Heldentaten und Wanderungen, Nöten und Ängsten, Hoffnungen und Erlösungen den Weg der menschlichen Psyche zu ihrer Ganzwerdung beschreiben, so läßt sich das gleiche ohne weitere Schwierigkeiten auch in all den Erzählungen mindestens probeweise interpretativ unterstellen, in denen der äußeren Gestalt nach von dem Weg und dem Schicksal eines ganzen Volkes die Rede ist. Diese Hypothese der tiefenpsychologischen Interpretation ist vor allem dort am Platze, wo Völkergeschichte in der beschriebenen Weise mit Hilfe archetypischer Bilder als Mythos und Sage, also gerade nicht in historisch auflösbaren Szenen, erzählt wird.
Ein deutliches Indiz dafür, daß ein solcher Fall vorliegt, besteht zumeist schon in der Schwierigkeit der historischen Forschung, überhaupt bestimmte Ereignisse der Tradition eines Volkes hinter den vermeintlichen «Verfälschungen» der Geschichtsdarstellung zu rekonstruieren. Eigentümlicherweise sind es nämlich nicht, wie man vielleicht meinen könnte, die weniger wichtigen oder nebensächlichen Begebenheiten, deren historische Rekonstruktion die größten Rätsel und Schwierigkeiten aufgibt, – dies ließe sich noch leichthin mit der Begrenztheit des menschlichen Erinnerungsvermögens erklären, das nur die wirklich bedeutenden Ereignisse sich einzuprägen pflegt; es sind im Gegenteil gerade die entscheidenden, zentralen Inhalte in den Geschichtsüberlieferungen alter Völker, deren historische Fixierung, obwohl ihre Faktizität unstreitig ist, derartig schwerfällt. Wann z. B. mußte Quetzalcoatl aus Tollan fliehen[109]? Oder wann zogen die Azteken aus Chicomoztoc fort[110]? Oder: wann flohen die Kinder Israels aus Ägypten – unter welchem Pharao, auf welchem Wege, und was geschah am «Schilfmeer»? Der Auszug Quetzalcoatls aus Tollan ist im Leben der Azteken nicht irgendeine, sondern *die* Begebenheit schlechthin, der Exodus Israels und die Erfahrungen am «Schilfmeer» sind nicht irgendein Ereignis in der israelitischen Geschichte, – sie bilden die Mitte des biblischen Glaubensbekenntnisses[111]; aber gerade diese zentral bedeutsamen Ereignisse sind in einer Weise überliefert, die sich dem historischen Zugriff prinzipiell

[109] Vgl. E. SELER: Mythus und Religion der alten Mexikaner, in: Ges. Abhandlungen, IV 98–156.
[110] E. MENGIN: Unos annales historicos de la nacion Mexicana, Teil II, Bd. XXII, Heft 2–3, 118–121; 127–128; E. SELER: Wo lag Aztlan, die Heimath der Azteken, in: Ges. Abhandlungen, II 31–48.
[111] M. NOTH: Das zweite Buch Mose (ATD 5), S. 2; s. o. S. 265.

entzieht. Demgegenüber sind relativ weniger wichtige Begebenheiten, wie z. B. die Thronnachfolgestreitigkeiten Davids, sehr detailliert überliefert. Dieselbe *Inkongruenz von Historizität und Bedeutung* bestimmter Ereignisse läßt sich im Neuen Testament beobachten: historisch eindeutig sind gewisse Nebensächlichkeiten, wie z. B. die Gestalt des Pontius Pilatus[112]; aber gerade das eigentlich Entscheidende: die Geburt Jesu, seine Auferstehung[113] u. a. ist historisch auf keine Weise rekonstruierbar.

So scheint es in der alten Geschichtsschreibung eine für den historisch-kritischen Exegeten geradezu absurde Korrelation zwischen der Historizität eines Ereignisses in der Überlieferung und seiner Bedeutungslosigkeit in der Wirklichkeit zu geben, und umgekehrt besteht offenbar eine direkte Beziehung zwischen der Bedeutung eines Ereignisses und der historischen Ungreifbarkeit seiner Überlieferung. Der Grund dafür ist nach dem Gesagten leicht erkennbar. Je bedeutungsvoller eine historische Begebenheit ist, je mehr sie also die Gefühle, Erwartungen und Sehnsüchte des Menschen anspricht und für sich in Anspruch nimmt, desto mehr wird sie selbst von zwei Seiten her den Raum der Archetypen eröffnen: zum einen wird sie archetypisches Material heraufholen, um sich darin verdichten, auslegen und darstellen zu können; zum anderen muß sie selbst von vornherein eine Gestalt besitzen, die wenigstens eine gewisse Affinität zu archetypischen Szenen aufweist.

Der Durchzug durch das «Rote Meer» z. B. ist, wie bereits angedeutet (s. o. S. 265), ein solches archetypisches Motiv von Untergang und (Wieder-) Geburt, und es ist offenbar gerade der archetypische Charakter dieses Vorgangs, der ihm seine wesentliche, überzeitliche Geltung verleiht. Der Eindruck des «Unhistorischen» ist daher nur das Gegenstück des Archetypischen und Überzeitlichen, das sich in einem bestimmten Vorgang ausdrückt. Das gleiche kann man vom Auszug des toltekischen Quetzalcoatl sagen: der Priesterkönig von Tollan ist selbst in seiner Weisheit, seinem Sündenfall, seiner Verbannung, seinem Tod und seiner Sternenverwandlung eine durch und durch archetypische Gestalt, die alle wesentlichen Stadien des Individuationsprozesses in sich verdichtet; und desgleichen umschließt die aztekische Auszugssage von der Höhle Chicomoztoc archetypische Züge, so vor allem das (Wieder-)Geburts-Motiv von der Durchquerung des Wassers[114]. Diese archetypische Verdichtung bestimmter geschichtlicher Ereignisse im Leben eines Volkes zu einer «Korporativgestalt» erlaubt, ja fordert geradezu eine Interpretation, die die

[112] Vgl. E. STAUFFER: Christus und die Caesaren, 126–137, zur Deutung der Pilatusinschrift von Caesarea.

[113] Vgl. J. P. MACKEY: Jesus, 100–140, zur Auferstehung Jesu.

[114] W. KRICKEBERG: Altmexikanische Kulturen, 58–59; vgl. auch die Maya-Legende: W. CORDAN: Popol Vuh, 117; 208.

Bedeutung des Ereignisses und den Inhalt der «Korporativperson» dadurch erschließt, daß sie die Abfolge scheinbar historischer Ereignisse ihres nationalen, politischen oder sozialen Kontextes gänzlich entkleidet und sie als eine symbolische Darstellung *typischer psychischer* Vorgänge auffaßt, wobei der psychische Inhalt der jeweilgen Ereignisse wiederum zunächst am Schicksal des Einzelnen festzumachen ist.

Möglich also ist die Rückbeziehung des Kollektiven ins Individuelle in der Auslegung archetypischer Geschichtserzählungen aus dem Leben eines Volkes, weil das Archetypische sowohl der Psyche des Einzelnen als auch der Psyche aller zugehört; *notwendig* aber ist die Übersetzung des National-Historischen ins Überzeitlich-Individuelle, damit die alten mythischen oder sagenhaften Geschichtserzählungen überhaupt eine Gegenwartsbedeutung erlangen können. Die Austauschbarkeit des Individuellen und Allgemeinen im Archetypischen ermöglicht und verlangt daher eine Auslegung, die das Kollektive als symbolischen Ausdruck des Individual-Psychischen versteht.

In summa erweist sich die Sphäre des Archetypischen als grundsätzlich offen für eine individuelle wie kollektive Auslegung, und das Problem der historisch-kritischen Exegese beim Verständnis der Irrationalität und historischen Ungreifbarkeit der sog. «Korporativperson» gibt sich tiefenpsychologisch als ein bloßes Scheinproblem zu erkennen, das lediglich aus einer weitgehenden Unkenntnis des kollektiven Unbewußten sowie aus einer außerordentlichen Verengung des Gesichtsfeldes auf den begrenzten sozialhistorischen Umkreis des Alten Israels hervorgeht. Darüber hinaus zeigt sich, ein welch gefährlicher Irrweg es wäre, wenn die Exegese sich heutigentags gerade dessen am meisten rühmen wollte, daß sie die kollektive Bedeutung, den korporativen Charakter vieler Aussagen und Begebenheiten der Bibel wiederentdeckt und damit einer «spiritualistischen» und «individualistischen» Auslegung der Hl. Schrift, wie man glaubt, endgültig den Weg versperrt habe. Ganz im Gegenteil. Bevor die soziale bzw. kollektive Bedeutung eines archetypischen Symbols erfaßt werden kann, muß sich sein Inhalt erst dem Einzelnen erschlossen haben. Nur in der Assimilation bzw. Integration des archetypischen Materials in die Persönlichkeit des Einzelnen ist die unselige Polarisation zwischen einem – zu Recht bekämpften – «Individualismus», der nur das bewußte Ich des Einzelnen gelten läßt, und einem ebenso gefährlichen Kollektivismus, der das Ich im Meer des Unbewußten versinken läßt, nachhaltig zu überwinden. Die einseitige und im übrigen völlig abstrakte Betonung der sozialen Bedeutung der «Korporativperson» hingegen verbleibt durchaus noch in der unseligen Entgegensetzung von Einzelnem und Allgemeinem, die sie zu überwinden vorgibt. Die wahre Synthese des Kollektiven und des Individuellen ist nur in der Weise möglich, daß der Einzelne sich selbst in den archetypischen Symbolen wiedererkennt und sie mit den Inhalten seines persönlichen Lebens zu verbinden lernt. Damit dies geschehen kann, bedarf es aber einer Exegese, die das Ich des Einzelnen in der hier vorgeschlagenen Weise methodisch mit den archetypischen Symbolen des Unbewußten in Beziehung setzt, und ebendarin liegt die unverzichtbare Funktion der Tiefenpsychologie für die Auslegung auch zahlreicher biblischer Texte. Die Befürchtung eines esoterischen «Spiritualismus» oder «Individualismus» hingegen widerlegt sich im selben Atemzug; denn nur der Einzelne, der in sich selbst das Kollektive, Archetypische erkannt und anerkannt hat, kann Teil und Träger einer wirklichen Gemeinschaft werden. Anders droht nur Vermassung und Vereinzelung, beides im Wechsel und in gegenseitiger Hervorbringung[115].

Das Verständnis archetypischer Bilder beruht daher auf einer Verschmelzung des Einzelnen mit dem Kollektiven und der Wiederentdeckung des Allgemein-Typischen im Individuell-Persönlichen; es handelt sich um eine Vereinigung, die vorbildlich z. B. in der *indischen Philosophie* mystisch als Verbindung des Atman, der individuellen Seele, mit dem Brahma, der Macht des Alls, beschrieben wurde. Wenn man einen Baum an der Wurzel anschlägt, heißt es in der Chandogya-Upanishad VI, so läßt dieser, weiterlebend, seinen Saft ausströmen; wenn aber die Seele einen Zweig von ihm verläßt, verdorrt dieser; wer fragt, was in den Dingen und Gestalten lebt, was in ihnen als das Lebendige, das Wahre gegenwärtig ist, dem kann man nur zur Antwort geben: *Das bist du selbst*[116]; ohne diese Identifikation, ohne dieses «tat tvam asi» der indischen Daseinsdeutung, ohne diese Wiederentdeckung des Eigenen in allem Lebenden bleibt auch in der Auslegung historischer Texte, zumal der Texte religiösen Inhalts, alles tot. Die Wahrheit der Korporativperson in den archetypischen Erzählungen liegt allein im kollektiven Unbewußten, – nicht im Sozialen und nicht im Historischen, wohl aber in der mystischen Teilhabe des Einzelnen an allem Lebenden, und eben diese Teilhabe ist in sich selber religiös. Die Bemü-

[115] Und es droht auf der Stelle die Gefahr der politischen Ideologisierung. Versteht man z. B. die Aussagen des Alten Testamentes über das «Land», das Gott geben wird, über «Jerusalem», das er schützen wird, u. a. m. nicht als Symbol, sondern als äußere Realität, so ergeben die Texte der Bibel sogleich ein fertiges, zionistisches Programm; und wo seit den Tagen TH. MÜNTZERS wäre nicht deutlich, daß sich in der Bibel Argumente und Belegstellen für jede Art von Ideologie gewinnen lassen? L. FEUCHTWANGER: Der jüdische Krieg, 352, z. B. schildert die Ohnmacht, mit der die eingeschlossenen Juden angesichts der Truppen des kaiserlichen Prinzen Titus das Passahmahl feiern und vergebens auf die Rettung ihres Gottes hoffen.

[116] A. HILLEBRANDT: Upanishaden, 116. – Entsprechend meinte H. SILBERER: Probleme der Mystik und ihre Symbolik, 1914, 164: «Die religiös-mystischen Anwendungen der durch die Typen dargestellten Grundkräfte im Sinne einer Sublimierung weisen also gegenüber ihrer retrospektiven Form ... nicht einen wesensfremden Charakter auf; das wichtige Neue an ihnen ist, daß sie nicht mehr im egoistischen Gebrauch stehen, sondern einen ethisch wertvollen Gehalt bekommen haben, wozu die Verinnerlichung behilflich war.»

hungen hingegen um eine historische Objektivierung der mystischen Partizipationsgestalten in den Mythen, Märchen, Sagen und Legenden zerstören prinzipiell, hier wie allerorten, was sie «erklären» möchten. Sie sind nicht der Ausdruck einer wirklichen Auslegung, sondern nur der eigenen Verlegenheit gegenüber allen wahrhaft religiösen Phänomenen.

d) Ritus und Mythos in ihrem Wechselverhältnis zur Historie

«Bedenk, ist irgend Leben *mehr* erlebt
als deiner Träume Bilder? Und mehr dein?
Du schläfst allein. Die Türe ist verriegelt.
Nichts kann geschehn. Und doch, von dir gespiegelt,
hängt eine fremde Welt in dich hinein.»
R. M. Rilke: Die weiße Fürstin, I 208

Schon längst werden bei diesen Ausführungen indessen die Reihen derer sich zum Widerstand formiert haben, denen die Historizität der biblischen Erzählungen ein zentrales Anliegen ist. Zugegeben, werden sie sagen: um ein historisches Geschehen in seiner Gegenwartsbedeutung zu verstehen, bedarf es gemeinsamer Konstanten des Erlebens in der Vergangenheit wie in der Gegenwart; zugegeben auch, diese gemeinsamen Konstanten gehören zum Teil dem kollektiven Unbewußten der menschlichen Psyche an; zugegeben auch noch, es gibt archetypische Bilder, deren Gestalt sich zum Teil bereits in der faktischen, besonders aber in der überlieferten Geschichte wiederfinden läßt; jedoch trotz alledem: sagt der Autor nicht gerade selber, daß ihm vornehmlich an den *unhistorischen* Erzählungen gelegen ist? Stellt er es nicht selbst so hin, daß gerade die mangelnde Historizität, die mythische, märchenhafte, sagenhafte oder legendäre Verformung einer Erzählung ihm als ein Indiz dafür gilt, daß überhaupt an einer bestimmten Stelle archetypisches Material zutage trete? Folgt dann nicht wie von selbst, daß seine ganze Auslegungsweise eben nur für die mythischen und mythennahen Texte taugt, und auch das nur insoweit, als sich mit historischen Mitteln vorweg ihre mangelnde Historizität belegen läßt? Und um nun den *theologisch* schwersten Vorwurf auszusprechen: werden bei der hier vorgeschlagenen Auslegungsweise nicht unabänderlich die Weichen in Richtung einer reinen *Gnosis* gestellt, wird auf diese Weise nicht alles objektive reale Geschehen ins bloß Subjektive verschoben, wird hier nicht die ganze Theologie verpsychologisiert?
Ehe sich gegenüber diesen längst zu erwartenden Angriffen Stellung beziehen läßt, kann man doch nicht übersehen, daß wir in der Untersuchung bereits ein

ganzes Stück an Gelände gewonnen haben, wenn das Gefecht jetzt wirklich von diesen Ausgangspositionen her geführt werden soll.
Wenn überhaupt seitens der traditionellen Exegese eingeräumt wird, daß rein historische Reduktionen bei der Interpretation archetypischer Erzählungen nicht ausreichend sind, wenn man sogar konzediert, daß die entscheidenden Bedeutungen, jedenfalls der mythennahen Texte, weder in der äußeren Realität noch in der bewußten Aussageabsicht des Tradenten oder des Redaktors, sondern im *Unbewußten* aufgefunden werden müssen, wenn außerdem noch zugegeben wird, daß sich selbst zahlreiche scheinbar historische Überlieferungen nach archetypischen Vorstellungen geformt haben und dieser Umstand, was die Bedeutung für die Gegenwart angeht, gerade keinen Verlust, sondern einen außerordentlichen Gewinn darstellt, so verfügen wir offensichtlich über ganz entscheidende Schlüsselstellungen, um mit Aussicht auf Erfolg in das Treffen zu gehen. Ja, um den Druck vorerst von der Hauptlinie zu nehmen, müssen wir bemerken, daß wir es an dieser Stelle durchaus noch nicht mit den Problemen einer eigentlich theologischen Auslegung zu tun haben, deren Besonderheiten und Schwierigkeiten wir später, aufbauend freilich auf den hier vorgetragenen Einsichten tiefenpsychologischer Hermeneutik, im 2. Bd. dieser Darlegungen erörtern werden; an dieser Stelle geht es nur darum, daß erst einmal die anthropologischen bzw. psychologischen Voraussetzungen reflektiert werden, unter denen überhaupt eine Identität zwischen dem Vergangenen und dem Gegenwärtigen hermeneutisch möglich ist; um deren *theologische* Implikationen und Modifikationen zu erarbeiten, bedarf es später tatsächlich noch einer eigenen ausführlichen Untersuchung.
Des weiteren braucht darüber kein Streit zu entbrennen, daß die bisher vorgeschlagene Auslegungsmethode in der Tat ausschließlich den «archetypischen» Erzählungen gilt. Das muß jedoch keinesfalls bedeuten, daß in diesen Erzählungen nur historisch belangloses Material vorliegen könne; im Gegenteil: gerade das historisch Bedeutsame hat, wie wir gesehen haben, die Macht, in der Tiefe der menschlichen Psyche Bilder zu seiner Deutung auf den Plan zu rufen, deren Bedeutung das einzelne historische Ereignis unendlich überragt und in sich selbst auf der Ebene des symbolischen Ausdrucks offen ist für eine prinzipiell unvollendbare Anzahl individueller wie kollektiver Schicksale, die sich in ihm verdichtet dargestellt finden und deren psychische Bedeutung im Umkreis des gleichen archetypischen Erlebens angesiedelt ist. Paradoxerweise verbirgt die mythische, legendäre oder sagenhafte Erzählung im Grunde also nicht die «eigentliche» Historie, – sie weist vielmehr gerade im Gegenteil zumeist auf ein besonders bedeutsames Ereignis der Historie hin; und insofern also Archetypisches und Historisches oft genug in den Mythen, Sagen und Le-

genden sich gegenseitig durchdringen und bedingen, bedeutet eine tiefenpsychologische Interpretation bestimmter archetypischer Erzählungen durchaus keine Negation etwaiger historischer Momente in einer bestimmten Überlieferung, sondern sie bringt, wenn man so will, sogar eine tiefere Wertschätzung der «wirklichen» Historie mit sich.

Bereits das Wort «Geschichte» ist an sich schon seinem Begriff nach schlechthin identisch mit «Bedeutsamem», und nur die Enge des neuzeitlichen Denkens konnte aus der Geschichte ein Sammelsurium von Fakten machen. Im Walisischen z. B. «stammt das Wort für ‹Bedeutung› (ystyr) vom Lateinischen ‹historia›, aus dem sich im Englischen sowohl das Wort ‹story› wie auch das Wort ‹history› ableitet. ‹History› ist mit der Zeit in seiner Bedeutung um den ursprünglich extra-historischen Inhalt, den ‹historia› besaß, entleert worden. Das Wort selbst hat eine gemeinsame Wurzel mit ‹wissend›, ‹gelehrt›, ‹weiser Mann› und ‹Richter›. – Das alte walisische Wort für ‹Geschichte›, ‹cyfarwyddyd› bedeutet ‹Führung›, ‹Richtung›, ‹Unterweisung›, ‹Wissen›, ‹Geschicklichkeit›, ‹Rezept›. Es ist abgeleitet von ‹araydd›, was wiederum heißt ‹Zeichen›, ‹Symbol›, ‹Manifestation›, ‹Omen›, ‹Wunder›, und kommt von der Wurzel des Wortes ‹sehen›. Der Geschichtenerzähler (cyfarwydd) war ursprünglich ein Seher und ein Lehrer, der die Seelen seiner Zuhörer durch die Welt des Geheimnisvollen führte.»[1] Auf das engste also sind «Archetypisches» und «Historisches» in der wirklichen Geschichte miteinander verschmolzen, und nur eine Auslegung, die «Geschichte» auch als Zeichen und Symbol begreift, wird vor allem der religiösen Geschichtsüberlieferung gerecht werden können. Um die ursprüngliche Einheit von Bedeutung und Geschichte näher zu verstehen, müssen wir uns an dieser Stelle zunächst grundsätzlich über das Verhältnis von Archetypus und Geschichte klar werden. Nachdem wir bereits zahlreiche einzelne Regeln zur Interpretation archetypischer Erzählungen angegeben und abgeleitet haben, müssen wir jetzt also prinzipiell auf die eingangs gestellte Problematik zurückkommen, wieso überhaupt ein einzelnes historisches Ereignis in sich selbst eine zeitübergreifende Bedeutung haben kann, bzw. umgekehrt: wie ein archetypisches Bild zur Deutung der Historie tauglich zu sein vermag.

An sich stehen Geschichte und Archetypus ihrer ganzen Natur nach einander völlig heterogen gegenüber: wer das eine sagt, kann das andere zunächst nicht meinen (s. o. S. 165)[2]. Die Historie setzt sich aus einer Kette einmaliger, un-

[1] TH. WHITE; Merlin, 169–170.

[2] Zu Recht meinte P. RICŒUR: Symbolik des Bösen, II 26: «Ich halte den Mythos für eine Art von Symbol, ein in Erzählform entwickeltes Symbol, in einer Zeit und in einem Raum artikuliert, die nicht einschaltbar sind in Zeit und Raum der nach kritischer Methode begriffenen Geschichte und Geographie.» W. MÜL-

wiederholbarer Ereignisse in Raum und Zeit zusammen; die Welt der Archetypen aber, obwohl auch sie «historisch» im Verlauf der Evolution geformt worden ist, umgreift alles, was innerhalb der menschlichen Geschichte in Raum und Zeit geschehen mag: vor den Jahrmillionen ihrer Entstehung schrumpfen die geschichtlichen Dimensionen zu verschwindenden Bruchwerten zusammen – was sind die ca. 10000 Jahre «Geschichte» seit dem Neolithikum, wenn das Auftreten ganz verschiedener Menschenarten wie des Homo erectus oder des Australopithecus nur in der fünften oder sechsten Potenz zur Basis Zehn an Jahren ungefähr genau zu schätzen ist! Das Archetypische ist das zeitlich und räumlich Ubiquitäre, das immer Gegenwärtige, das ebenso Vergangene wie Zukünftige, – das Historische hingegen ist das ein für allemal Gewesene, das nie Wiederkehrende, das lokal und temporal eindeutig Begrenzte und Einmalige. – Nichts also scheint einander a priori mehr auszuschließen als die Welt der Archetypen und die Welt der Geschichte[3].

Gleichwohl genügt es jetzt endgültig nicht mehr, nur auf die negative Beziehung zwischen Archetypus und Geschichte hinzuweisen oder nur sehr allgemein zu konstatieren, daß in den Mythen bestimmte historische Ereignisse aufgrund ihrer affektiven Bedeutung oder ihrer symbolischen Eignung in archetypischen Szenen verdichtet werden. Vielmehr kommt es jetzt darauf an, eine möglichst genaue Vorstellung darüber zu gewinnen, *wie im einzelnen Archetypisches zur Gestaltung wirklicher Geschichte vordringt und umgekehrt die wirkliche Geschichte archetypische Bilder zu ihrer Deutung hervorruft.*

Tatsächlich bestehen zwischen Archetypus und Geschichte trotz aller Gegensätze gewisse Berührungsfelder, an denen die Grenzen zwischen beiden Bereichen verschwimmen bzw. beide Bereiche sich wechselseitig bedingen. Der

LER: Indianische Welterfahrung, 48–49, wies auf den Urbildcharakter der Mythen, auf die «Verwandtschaft» «mit den Ideen PLATONS» hin, betonte aber mit Nachdruck, daß im (indianischen) Mythos die Welt der sichtbaren Erscheinungen nicht zugunsten einer abstrakten Ideenwelt entwertet werde: «Das farbige Gewand der Welt als Sinnentrug abzutun, die Sinneseindrücke als Existenzfundament anzuzweifeln – das blieb dem europäischen Intellekt vorbehalten.»

[3] Das erstaunlichste Beispiel für die Geschichtslosigkeit des Mythos liefert wohl das alte Indien, das trotz einer jahrtausendealten Schriftkultur nicht zu einer eigentlichen Geschichtsschreibung gelangte. «Zwar war den Indern ihre Geschichte immer im Bewußtsein, solange sie gegenwärtig, solange sie Zeitgeschichte war. Doch verblaßte sie rasch, wurde Legende oder verschwand ganz. – Bei HEINRICH HEINE findet sich die Beobachtung: ‹Die epischen Gedichte der Inder sind ihre Geschichte; doch können wir sie erst dann zur Geschichte benutzen, wenn wir die Gesetze entdeckt haben, nach welchen die Inder das Geschehene ins phantastisch Poetische umwandelten.›» A. T. EMBREE – F. WILHELM: Indien, 1967, 12–13. Man muß hinzufügen: die Gesetze, nach denen die Inder die Tagesereignisse religiös mit Sinn erfüllten. Denn die Poesie, die Ästhetik, die «Sinnlichkeit» existiert nur, solange ein (religiöser) Sinn sie trägt und begründet. Aber in gewissem Sinne gilt dasselbe auch bezüglich der Geschichte selbst. Die Ägypter wußten dies am besten, indem sie ihre «Geschichtsschreibung» an der Außenwand ihrer Tempel anbrachten, wie um zu sagen, daß die Geschichte nur die äußere Hülle, der Leib des Göttlichen sei.

eigentliche Ort dieses Übergangs zwischen Archetypus und Geschichte ist der *Ritus,* der selbst an bestimmten typischen Szenen des Lebens anknüpft und sie mit Hilfe bestimmter evolutiv vorgeprägter Ritualbildungen gestaltet; da zudem der *Mythos* als *Theologie des Ritus* die heiligen Handlungen durch bestimmte Urzeitereignisse zu rechtfertigen und zu begründen sucht, sind die deutlichsten Erfahrungszonen archetypischen Erlebens von Geschichte zweifellos vor allem in den szenischen Ausdruckshandlungen der Religion, in den Darstellungen des Rituellen und Sakramentalen, gelegen. Am Modell von Ritual und Ritus sowie ihrer Beziehung zum Mythos wird man daher am einfachsten das Verhältnis von Archetypus und Geschichte verdeutlichen können. Der Übergang ist in etwa so vorzustellen, wie man noch heute in den indischen Dörfern am Ende eines jeden Tages die Männer und Frauen die Ereignisse der zurückliegenden Stunden im *Tanz* darstellen und innerlich bearbeiten sieht: die einzelnen Tanzfiguren und Ausdrucksgebärden entstammen uralten, schon im Tierreich angelegten Ritualbildungen, und sogar die Szenen, die ritualisiert werden, liegen verhaltenspsychologisch fest; die rezenten Tagesthemen aber bilden die Schlüsselerlebnisse, um das Bedürfnis zur Ritualisierung wachzurufen; sind diese Themen wesentlich genug, so sind sie fähig, «Mythen» zu bilden, die eines Tages erklären, warum bestimmte «Riten» gerade so und nicht anders zu vollziehen sind und wie sie in unvordenklichen Zeiten entstanden. Ritual, Ritus und Mythos sind daher die Themen, die wir jetzt zuerst erörtern müssen, um das Verhältnis von Archetypus und Geschichte positiv zu würdigen.

1) Ritual und Ritus

Der Ritus ist in gewissem Sinne die reinste Form, in der archetypisches Material in die Zeit eintritt. Obwohl die Riten feierliche Bräuche sind, die sich in den Überlieferungen der jeweiligen Religionsformen herausgebildet haben, zeigt bereits ihre außerordentliche Gleichförmigkeit in *allen* Kulturen, daß sich in ihnen Ereignisse niederschlagen, die in der menschlichen Psyche selbst verankert sind und nicht erst von außen an den Menschen herangetragen werden. In der Tat hat vor allem die Verhaltensforschung gezeigt, daß die Fähigkeit, in «Szenen» zu erleben und in ritualisierter Form auf eine Reihe bestimmter Szenen zu reagieren, im Menschen aus der Tierreihe her evolutiv verankert und in diesem Sinne durchaus «archetypisch» ist[4].

[4] Vgl. R. BILZ: Rolle und Szene im menschlichen Dasein, in: Paläoanthropologie, 132–140. – Erneut stehen wir hier vor der Bedeutung des zunächst *biologischen,* nicht soziologischen Ansatzes tiefenpsychologischer Hermeneutik. Zu dem Streit um die vermeintliche «Soziologieblindheit» bzw. die «Entbiologisierung» der

In der Sicht der Verhaltensforschung beruht die *Ritualisierung* darauf, daß bestimmte Bewegungsabläufe unter Tieren (und Menschen) als Signale benutzt werden, damit eine rasche und eindeutige Verständigung untereinander möglich ist. Unter dem Einfluß der Selektion entstehen «ziemlich einfache und starre Signalhandlungen, also gleichförmige Bewegungsabläufe, Farbmuster oder chemische Signale. Dieser Vorgang der Vereinfachung und Betonung von Signalen wird als *Ritualisierung* bezeichnet.»[5]

Damit derartige Signalstereotypien jedoch immer wieder die notwendige Aufmerksamkeit erregen können, dürfen die Verhaltensweisen nicht zu monoton sein; die Selektion muß folglich «auf einen gewissen Grad von Variabilität zielen, um so Signale hervorzubringen, die zwar erkennbar, aber zugleich abwechslungsreich genug sind, um nicht eintönig zu wirken»[6]. Die klassische Definition der Ritualisierung lautet daher, die Ritualisierung sei «eine durch natürliche Auslese hervorgebrachte ererbte Grundlage, zu der Lernprozesse hinzukommen können»[7].

Im allgemeinen sind in dem jeweiligen Ausdrucksverhalten mehrere Signalelemente vor allem visueller und auditorischer, mitunter aber auch taktiler oder olfaktorischer Art miteinander kombiniert, so daß die regelhaften Gruppen von Elementen, die Raum-Zeit-«Clusters», je nachdem, nach ihren funktionalen Merkmalen benannt werden können, sich aber auch «als Konstellationen von gleichzeitig oder kurz nacheinander auftretenden Signalelementen» beschreiben lassen[8]. Eine recht grobe Überschlagsliste der funktionalen Aspekte ritualisierter Kommunikationsabläufe, vor allem unter Verwendung lautlicher Signale, umfaßt etwa zehn Punkte: Aufforderung zur Wachsamkeit (bei Gefahr usw.), Angriff (Dominanzbestätigung, Vertreibung von Rivalen und Feinden), Rückzug, Beschwichtigung (in Überschneidung mit den beiden folgenden Punkten:) soziale Hautpflege, Aufforderung zur sozialen Hautpflege, Aufforderung zum Aufreiten, Aufreiten (mit oder ohne intermissio Penis usw.), Koordination der Gruppenbewegung (Futtersuche, Trinken, Schlafvorbereitung), Fürsorge für die Jungen[9]. Immer sind es bestimmte *Szenen,* auf die das spezifische Ausdrucksverhalten antwortet und in die es eingebettet ist. Der

Psychoanalyse in den verschiedenen einander bekämpfenden Schulen vgl. W. SCHMIDBAUER: Vom Es zum Ich, 110.

[5] G. W. BARLOW: Fragen und Begriffe der Ethologie, in: Immelmann: Verhaltensforschung, 210.

[6] A. a. O., 210; vgl. W. WICKLER: Die Stammesgeschichte des Verhaltens, in: Immelmann: Verhaltensforschung, 581.

[7] J. HUXLEY: A discussion on ritualization of behaviour in animals and man, in: Phil. Trans. Roy. Soc. Lond. 251, 247–526; vgl. W. WICKLER: Stammesgeschichte und Ritualisierung, 233.

[8] P. MARLER: Kommunikation bei Primaten, in: I. Schwidetzky: Über die Evolution der Sprache, 81–82.

[9] P. MARLER: a. a. O., 82.

Sinn des Ritualsystems selbst aber liegt darin, die innerartliche (z.T. aber auch die extraspezifische) Verständigung zu erleichtern und Mißverständnisse in besonders kritischen Szenen zu vermeiden.
Der Schritt *vom Ritual zum Ritus* ist an sich nicht sehr schwer zu vollziehen, obwohl der Übergang nicht gradlinig ist. Es mag im Einzelfall umstritten sein, ob ein bestimmtes menschliches Ausdrucksverhalten sich wirklich als angeboren, also archetypisch nachweisen läßt; keiner Frage aber bedarf es, daß zahlreiche Ritualisierungen das menschliche Verhalten präformieren, und auch hier sind es, wie im Tierreich, bestimmte *Szenen,* für die ein entsprechendes Ausdrucksverhalten als Signal bereitsteht, das an allen Orten der Welt unter Menschen (und vielfach auch zwischen Mensch und Tier) verstanden wird. Gefühle wie Zuneigung, Ekel, Haß, Freude usw. kann jeder Mensch in Form angeborener Reaktionsweisen ausdrücken, und seine Gestik und Mimik ist dem Ausdrucksverhalten der Primaten sehr ähnlich. Das Feld ritualisierter Ausdruckshandlungen erstreckt sich im Menschen mindestens so weit wie im Tierreich, ja es reicht im Grunde sehr viel weiter[10]. Denn nicht nur, daß die auslösenden Szenen angeborenen ritualisierten Ausdrucksverhaltens beim Menschen ebenso wie bei seinen nächststehenden evolutiven Verwandten ein hohes Maß an Konkordanz aufweisen, es ist vor allem die Tatsache von großer Bedeutung, daß der Mensch, sobald seine bewußte Aufmerksamkeitslenkung ein Stück weit herabgesetzt ist, nur in szenischen Bildern und Verhaltensweisen sich und seine Umwelt vorstellen und erleben kann, wobei der Reichtum seiner Phantasie noch durch ein schier unendliches Erfahrungsmaterial erweitert wird. Das Unbewußte im Menschen verfügt daher über eine praktisch unbegrenzte Fähigkeit, Szenen zu «erfinden». Im Traum, in der Phantasie, in der Intuition produziert und variiert es immer neue szenische «Einfälle», wofern mit «Einfall» gemeint ist, daß hier eine in sich vorgegebene Gesetzmäßigkeit am Werke ist, die älter, spontaner und objektiver ist als alles, was vom Bewußtsein her gedacht und geplant wird. Das menschliche Gedächtnis andererseits haftet ganz besonders an szenischen Bildern und Eindrücken: an Erlebnissen, Geschichten, Erzählungen in Literatur, Theater, Film usw. Das zeigt deutlich, wie stark das Unbewußte auf szenische Darstellungen hin festgelegt ist; und eben auf dieser Voraussetzung: in Form szenischer Darstellung, also im *Ritual,* starke Affekte zu binden, basiert (religions-)psychologisch auch der *Ritus.*
Jede rituelle Handlung nämlich besteht aus einer Kombination zahlreicher ritualisierter Ausdrucksbewegungen, die je für sich, vor allem aber gemeinsam in ihrem Zusammenspiel, ein Maximum an affektiven Bindungen und Bezie-

[10] S. o. S. 68; 231.

hungen verdichten. «Der Kult», sagte daher R. WILL, «sammelt die zerstreuten Gefühle und bildet eine unbestimmte Religiösität um in ein individuelles und kollektives, religiöses Bewußtsein.»[11] Die Voraussetzung dafür ist, daß die ritualisierten Ausdruckshandlungen von ihren biologischen Anlässen völlig befreit werden und damit ihren natürlichen Umweltbezug einbüßen: an die Stelle der biologischen Auslöser treten jetzt kulturelle Anlässe, wie z. B. die Periodik des Festkalenders, bestimmte Notlagen, gewisse freudige Ereignisse usw. Die ritualisierten Handlungen selber werden dabei entweder durch kulturell überformte Symbole und Symbolhandlungen ersetzt oder zu Residualhandlungen verkürzt.

Der Anspruch der Macht z. B., den das Pavianmännchen durch Präsentation von Hodensack und Penis beim «Wachesitzen» zum Zwecke der Revierabgrenzung unzweideutig signalisiert[12], wird jetzt durch das künstliche Zeichen von Szepter und Reichsapfel oder durch den Krummstab betont[13]; die Selbstvergrößerung zum Furchteinflößen beim Anblick eines Feindes oder eines rangniederen Artgenossen, die im Tierreich durch Spreizen der Federn oder Anschwellen des Kammes erzielt werden kann, läßt sich kulturell leicht durch Throne und Podeste, große Umhänge und gewaltige Kopfbedeckungen nachahmen, die bei allen religiösen Riten in Mitra und Tiara ein unverzichtbar scheinendes Requisit darstellen[14]. Ineins mit dieser symbolischen Verformung bzw. Anreicherung der ritualisierten Ausdruckshandlungen werden die Gesten selber ihres unmittelbaren Objektes beraubt und in sich selbst nur noch in Andeutungen dargestellt. Der Verkürzungssynergismus der Extremitäten z. B. im Augenblick der Angst, der von den Spitzhörnchen bis zu den Primaten die Flucht am Baumstamm entlang in die Höhe ermöglicht und einleitet[15], wird jetzt zur Armerhebung des Oranten und zur Kniebeuge des Priesters; die Ausdrucksgeste der Umarmung wird in der rituellen Gebärde des Segens zu einer leeren und nur ansatzweise durchgeführten Bewegung[16]; die bei den Primaten sehr wichtige gegenseitige Körperpflege des Entlausens, vor allem der Kopf-

[11] R. WILL: Le Culte. Etude d'Histoire et de Philosophie religieuses, 1925, I 23, spricht von der individuellen Zustimmung des Einzelnen zum Kult aufgrund eines seelischen Ensembles von Gefühlen, Zuständen, Intuitionen und Sehnsüchten und meint: «Das religiöse Gefühl ruft den Kult hervor; der Kult erschafft das religiöse Bewußtsein», beides in Wechselwirkung (a. a. O.).

[12] W. WICKLER: Stammesgeschichte und Ritualisierung, 250.

[13] Vgl. ähnliche Beispiele bei D. MORRIS: Der Menschen-Zoo, 153–164.

[14] Zur Ritualisierung von Tracht und Uniform vgl. O. KOENIG: Verhaltensforschung und Kultur, in: Altner: Kreatur Mensch, 115–130.

[15] Vgl. R. BILZ: Die Intention zur motorischen Verkürzung und zur Elevation der Extremitäten im Angst-Erleben, in: Paläoanthropologie, I 377; 322.

[16] D. MORRIS: Liebe geht durch die Haut, 103.

haare, die sich im menschlichen Streicheln fortsetzt, reduziert sich rituell auf die bloße Handauflegung[17] – usw.

Durch solche Verknappungen, symbolische Ersetzungen, vor allem aber durch die Abstraktion zu bloßen Leerlaufgesten erhalten die ritualisierten Ausdruckshandlungen im Ritus eine neue Funktionszuweisung. Während sie ursprünglich bestimmte Gefühlsäußerungen unter Artgenossen signalisieren sollten, dienen sie jetzt dazu, nicht Gefühle auszudrücken, sondern zu erzeugen bzw. zu binden, und zwar «Gefühle an sich», die kein menschliches Gegenüber mehr besitzen, sondern ihren Wert in sich selber tragen.

Das Zusammenzucken der Extremitäten, die Kniebeuge des Priesters etwa, signalisiert jetzt nicht mehr die drohende Nähe eines Leoparden, sondern ist ein Gegenreflex, eine haltsuchende und haltversprechende Geste gegenüber der Angst und Not des gesamten Menschendaseins; die Handauflegung signalisiert jetzt nicht mehr die zärtliche Fürsorge des Artgenossen, sondern dient als Symbol eines unendlichen, absoluten Schutzes. Auch als Menschen verfügen wir nur über die gleichen Ausdruckshandlungen wie die Tiere, aber wir sind imstande, die Angst, die Freude, die Geborgenheit aus dem biologischen Umfeld herauszulösen und sie in einen absoluten Geltungsbereich hineinzuheben; und so entstehen durch Abstraktion und Bedeutungsanreicherung bzw. Bedeutungsverabsolutierung aus tierischen Kommunikationssignalen religiöse Riten.

Die ritualisierten Ausdrucksbewegungen lenken mithin das Bewußtsein im Ritus (bzw. im Kultus) unmittelbar zu den Inhalten des Unbewußten, wie sie rein in sich bestehen. Ganz richtig konnte G. VAN DER LEEUW religionsphänomenologisch deshalb darauf hinweisen, daß im Kult «das Sein des Menschen und seines Gottes... wesentlich als Ergriffenheit und Ergreifung» «gedeutet und gestaltet» werde[18]; denn es erscheinen dem Bewußtsein auf diese Weise im Kult die Inhalte des Unbewußten als absolute, transzendente und autonome Mächte, so daß der Ritus selbst religionspsychologisch zum Offenbarungsort des «Heiligen», des Numinosen, zur Gegenwart des Gottes werden kann. «Das Innere des Menschen ist dann (durch eine ‹Umkehr der Antriebsrichtung›, d. V.) nicht jeweils das, was bloß weggelebt wird... sondern es ist selbst Material eines gerichteten Handelns zu einem Ziel hin.»[19]

Nun ist es zwar möglich, daß der Einzelne durch asketische oder orgiastische Praktiken sich selbst in einen Zustand versetzt, der ihm den Zugang zu der

[17] Vgl. D. MORRIS: a.a.O., 114; 139.
[18] G. VAN DER LEEUW: Phänomenologie der Religion, 509.
[19] A. GEHLEN: Urmensch und Spätkultur, 121.

Welt des Unbewußten, zur Welt der Geister und der Götter öffnet[20], und derartige Erfahrungen des Einzelnen wirken immer wieder befruchtend und gestaltend auf eine bestehende Religion ein, indem der Medizinmann, der Schamane, der Prophet, der heilige Seher seine Erlebnisse dem Stamm mitteilt; aber es ist für den Ritus bzw. Kultus entscheidend, daß es sich hier um eine Veranstaltung des *Stammes,* der Glaubensgemeinschaft, der Kirche handelt, die als solche im Leben der Gemeinschaft *institutionalisiert* und für bestimmte Personen und für bestimmte Zeiten obligatorisch festgesetzt wird. «Den dann erlebten ‹Wesenheiten› gelten Kulte und Riten, die im Kerne stets ‹Darstellungen› sind, handgreifliche Verleiblichungen jener Wesenheiten. Der Ritus ist mimisch, und über diese Darstellungen hinweg versteht sich der Mensch, seine Herkunft, seine Natur und die Wirklichkeit um sich.»[21] Dabei sind es natürlich vor allem «die Brennpunkte des Lebensglücks, der Lebensnot, des Geheimnisses und der Natur im Menschen und außer ihm», die der periodische Ritenkalender abtastet und zu einem «stationären Zusammenhang des Ganzen organisiert. In ihm ist die Gruppe dann notwendig ein Kleinmodell des Weltganzen, oder umgekehrt die Welt die ‹große Heimat›»[22].

Daraus ergeben sich zwei wesentliche Funktionen, die dem Ritus bzw. Kultus zukommen: eine soziale und eine, wenn man so will, philosophische Funktion. Auf die *soziale Funktion* religiöser Zeremonien hat besonders B. MALINOWSKI hingewiesen, indem er mit Recht die starken affektiven Bindungskräfte des Ritus herausstellte. MALINOWSKI meinte, vor allem in Anbetracht der Trauerriten, der eigentliche Kern des Religiösen liege darin, «den Menschen vor dem Ausgeliefertsein an Tod und Zerstörung» zu retten[23] und den «Willen zum Leben» gegenüber den «desintegrierenden Impulsen»[24] zu verstärken, mithin «die Kontinuität der Tradition und die Existenz der materiellen Zivilisation» zu sichern[25]. Der Tod eines Familienangehörigen z. B. löst bei den Betroffenen Angst und Schrecken aus, sie möchten am liebsten aus dem Dorf fliehen, das Eigentum des Toten vernichten usw., kurz, sie stünden in der Gefahr, den Zusammenhalt der Gemeinschaft zu untergraben, würden nicht durch entsprechende Trauerriten die gegenteiligen Affekte: die Zusammengehörigkeit, die Bindung an den Ort, die Einheit der Lebenden mit dem Toten, wirkungsvoll verstärkt. Die religiösen Riten haben daher nach MALINOWSKI die Funktion,

[20] Vgl. M. ELIADE: Schamanismus und archaische Ekstasetechnik, 95–102; s. o. S. 126.

[21] A. GEHLEN: Urmensch und Spätkultur, 120.

[22] A. a. O., 148.

[23] B. MALINOWSKI: Magie, Wissenschaft und Religion, in: Magie, Wissenschaft und Religion, 37.

[24] A. a. O., 38.

[25] A. a. O., 38.

«den zentrifugalen Kräften der Angst, des Schreckens, der Demoralisation» entgegenzuwirken und «die wirkungsvollsten Mittel zur Reintegration der erschütterten Solidarität der Gruppe und für die Wiederherstellung ihrer Moral» bereitzustellen. «Kurz gesagt, die Religion sichert hier (sc. im Falle der Trauerriten, d. Vf.) den Sieg der Tradition und der Kultur über die negative Reaktion des frustierten Instinkts.»[26]

B. MALINOWSKIS Theorie läßt sich, über die Trauerriten hinaus, auf all die Zeremonien beziehen, die die *Krisen* im Leben eines Individuums begleiten und die der französische Forscher A. VAN GENNEP allgemein in seinem Hauptwerk als «Les rites de passage» (Paris 1909) bezeichnete. Mit den *rites de passage,* den «Übergangsriten», sind jene Riten gemeint, die dem Individuum bei dem kritischen Wechsel in eine andere Gruppe helfen und somit unmittelbar einen gesellschaftsstabilisierenden Wert besitzen. Die rites de passage begleiten daher Geburt, Initiation, Verlobung, Heirat, Schwangerschaft und Tod[27], und zwar nach stets dem gleichen, wenn auch jeweils unterschiedlich akzentuierten dreigliedrigen Ablaufschema: Trennung (séparation), Übergang (marge) und Einfügung (agrégation). Dem *Übergang,* der marge, erkannte VAN GENNEP natürlich die größte Bedeutung zu, denn gerade die Krise des Wechsels bzw. der Aufnahme in eine neue soziale Gruppe soll ja durch den Ritus bewältigt werden. Insofern ist es bemerkenswert, daß «die Aufnahme in eine Gruppe mit der Annahme des ‹Geistes› verbunden» ist, «der den Clan schützt»[28], – eine Anschauung, die gleichermaßen auch für die christliche Taufe und Firmung gilt. Neben dem «Übergang» verdient aber auch die *«Absonderung»* große Beachtung; denn sehr richtig hat B. MALINOWSKI betont, ein jeder, «der Religion tief und aufrichtig erfahren» habe, wisse, «daß die stärksten religiösen Augenblicke in der Einsamkeit auftreten, im Abwenden von der Welt, in Konzentration und geistiger Loslösung und nicht bei den Ablenkungen in einer Menschenmenge»[29]. Das Moment der rituellen Absonderung, vor allem bei den Initiationsriten, zeigt besonders eindringlich, daß die «Gottheit» oder der «Geist» des Clans, der im Ritus gegenwärtig wird, keineswegs, wie É. DURKHEIM meinte, «der spiritualisierte Clan selbst» ist[30]. So wenig, wie die Exaltation, der Ausbruch der Leidenschaften, auf die É. DURKHEIM in der Deutung primitiver (d. h. für ihn «totemistischer», im «Clan» organisierter) Riten ein so großes Gewicht legte, etwa nur als Massenphänomen zu verstehen ist, so

[26] A. a. O., 38.

[27] Vgl. V. POPP: Initiation, 8.

[28] A. VAN GENNEP: Initiationsriten, in: V. Popp: Initiation, 21.

[29] B. MALINOWSKI: Magie, Wissenschaft und Religion, in: Magie, Wissenschaft und Religion, 41.

[30] E. E. EVANS-PRITCHARD: Theorien über primitive Religionen, 95.

wenig ist die Erfahrung der Geister oder Götter z. B. im Ritus mit einer bloßen Selbsterfahrung oder Selbstdarstellung der Zusammengehörigkeit des Clans oder Stammes identisch[31].

Wieder ist es daher unerläßlich, auch beim Ritus die tiefenpsychologische Seite für ursprünglicher und wichtiger zu nehmen als die soziologische. Es ist dann leicht erkennbar, daß auch die sozialintegrative Funktion dem Ritus nur zukommt, weil er in sich selbst die großen Leidenschaften und Gefühle, die zentralen Themen des menschlichen Daseins gerade im Zeitpunkt ihrer Krise aufgreift, zur Darstellung bringt und damit in kulturfähiger Weise löst und beantwortet; und lediglich dieser zweite Teil: die kulturelle Auswahl, Akzentuierung und Modifikation der uralten Menschheitsthemen und archetypischen Ausdrucksgestalten kennzeichnet die Religion *auch* als ein soziales Phänomen. Die *Götter* und die Geister selbst aber werden nicht im Schoße der Gemeinschaft empfangen und geboren, – sie leben als mächtige Gestalten in den Tiefen der menschlichen Psyche selbst und empfangen von der jeweiligen Kultur nur die Bühne und das Drehbuch ihres Auftritts. Sie mögen dann heißen, wie sie wollen: Adonis, Osiris oder Christus, Diana, Maria oder Coatlicue, Indra, Marduk oder Herakles – in allen Formen und Gestaltungen bleibt gleichwohl ihr unverwechselbarer Kern erhalten. Und auch die *Riten,* in denen die Götter und Geister gegenwärtig werden, sind allerorten dieselben: *immer* ist die Initiation ein Verfahren, um den Novizen zur tiefsten Ebene der ursprünglichen Mutter-Kind-Identität zurückzuleiten, mithin ihn symbolisch sterben zu lassen, damit er auf einer höheren Lebensstufe wiedergeboren werden kann[32]; *immer* ist das Ritual der Hochzeit eine Hinleitung zu der «heiligen Hochzeit», der Einheit von Bewußtsein und Unbewußtem usw.

Bis hierher ist der Ritus, tiefenpsychologisch betrachtet, ein archetypisches Ausdrucksgeschehen, eine institutionalisierte und periodisch gebundene Beschwörung der ewigen, überzeitlichen, autonomen Kräfte der menschlichen Psyche. Indessen: wäre der Ritus nur dies, so käme ihm trotz seiner zeitlichen Fixierung durch den Festkalender des Stammes (bzw. durch das heilige Jahr der Kirche) keinerlei historische Bedeutung zu; die «Zeit» des Kultus und Ritus ist die ewige Wiederkehr, der ständige Kreislauf (s. o. S. 249), niemals die Einmaligkeit und Unwiederholbarkeit der Geschichte. Und dennoch tritt der

[31] Vgl. B. Malinowski: Magie, Wissenschaft und Religion, 42. – Zur Kritik an der relativen Einseitigkeit der soziologischen Mytheninterpretation bei B. Malinowski vgl. aber H. Baumann: Mythos in ethnologischer Sicht, in: Studium Generale, 1959, 585–587, der auch die ätiologische Funktion des Mythos als eigenständig anerkennt.

[32] J. L. Henderson: Der moderne Mensch und die Mythen, in: C. G. Jung – M. L. von Franz: Der Mensch und seine Symbole, 130.

Ritus bzw. der Kultus mit Vorliebe als Wiederholung eines angeblich geschichtlichen Ereignisses auf, und eben diese innige Verschmelzung von Archetypischem und Geschichtlichem im Ritus muß jetzt das Modell liefern, um die Einheit und Differenz von Archetypus und Historie zu verstehen.

2) Ritus und Mythos

Das Problem verlagert sich dabei im Grunde vom Ritus hin zum Mythos, denn die Art, in der der Kultus sich selbst als *Erinnerung,* als Vergegenwärtigung von etwas Vergangenem begreift, ist gerade der Mythos. Indem der Mythos gewissermaßen die Theologie, die verbale Darstellung der dramatischen Aufführung des Ritus darstellt, ist er wie von selbst an die großen archetypischen Szenen des Ritus gebunden; er ist aber zugleich offen für die Aufnahme historischen Materials, wofern dieses sich zum Archetypischen hin öffnet. Dieser Bezug zum Archetypischen ist für das Verständnis des Mythos ganz entscheidend. Denn auch hierin wird man B. MALINOWSKI folgen können, daß es ein schwerer Fehler wäre, das ätiologische oder intellektuelle Anliegen des Mythos, wie es zumeist geschieht, überzubewerten oder gar einseitig herauszustellen; «die Funktion des Mythos», schrieb MALINOWSKI ganz richtig, «ist es nicht, Erklärungen zu liefern, sondern Gewißheit zu geben, nicht, Neugierde zu befriedigen, sondern Vertrauen in Macht einzuflößen, nicht, Geschichten zu erfinden, sondern jene Ereignisse festzuhalten und herauszuheben, die im kontinuierlichen Strom des Alltagslebens für die Gültigkeit des Glaubens zu zeugen vermögen»[33]. Und an anderer Stelle: «Diese Geschichten (die Mythen, d. Vf.) leben nicht durch müßiges Interesse, nicht als fiktive oder auch wahre Geschichten; vielmehr bedeuten sie für die Eingeborenen die Darstellung einer uralten, größeren und relevanteren Wirklichkeit, durch die das gegenwärtige Leben, die Schicksale und Aktivitäten der Menschheit bestimmt werden und deren Kenntnis dem Menschen das Motiv für rituelle und moralische Handlungen wie auch Hinweise für ihre Ausführung liefert.»[34]

Daher ist der Mythos, entgegen der immer wieder besonders in der exegetischen Literatur wie selbstverständlich vertretenen ätiologischen Deutung, niemals nur *erklärend* oder *begründend,* und MALINOWSKI konnte zu Recht sagen: «Die Geschichten über die ‹Ursprünge von Riten und Gebräuchen› werden nicht nur zu ihrer Erklärung erzählt. Sie erklären nie, in keinem Sinn des Wor-

[33] B. MALINOWSKI: Magie, Wissenschaft und Religion, 68.

[34] A. a. O., 90.

tes; sie legen immer einen Präzedenzfall dar, der ein Ideal und eine Garantie für seine Dauer konstituiert und manchmal praktische Anweisungen für das Verfahren gibt.»[35] Statt also von einer ätiologischen Funktion zu sprechen, sollte man eher sagen, der Mythos verfolge den Zweck, Glauben zu erzeugen, Widersprüche oder Härten des Lebens zu *rechtfertigen* und mit der Realität des physischen wie kulturellen Lebens zu versöhnen. Die Tatsache und die Eigenart der Welt, der Tod, die Verschiedenheit von Rassen oder Tierarten, der Unterschied und die Arbeitsteilung zwischen Mann und Frau sind vertraut und selbstverständlich, sie müssen nicht «erklärt» werden; aber sie sind im Einzelfall hinderlich, lästig, schmerzbereitend, und so bedarf es ihrer Rechtfertigung[36].

Wo immer man sich also bei der Auslegung der Mythen, wie in der historisch-kritischen Exegese mit Vorliebe, auf den ätiologischen Aspekt beschränkt, hat man es entweder mit einer ziemlich heruntergekommenen Mythenform zu tun, die in sich nur oberflächliche oder geradezu falsche Erkenntnisse zuläßt, oder, was meist der Fall ist, man faßt die Mythen selbst nur oberflächlich auf, weil man ihre wesenhaften Einsichten nicht begreift. So wie der Ritus, der Kult, dem Zwecke dient, das Gefühl, die starken Leidenschaften der menschlichen Psyche durch archetypische Szenarien und Ausdruckshandlungen zu entfachen und in einem zentralen Erlebnis, z. B. in der Ankunft der Gottheit, zu versammeln, so versucht der Mythos, auf die Urfragen der Menschheit nach Anfang und Ende der Schöpfung, nach dem Sinn von Leben und Tod, nach der Unterscheidung von Gut und Böse, nach der Rechtfertigung der rechtlichen, moralischen und religiösen Institutionen des Stammes eine denkerische Antwort zu geben (s. o. S. 49). Sehr stark bleibt die mythische Welterfahrung und das mythische Denken dabei an das *affektive* Erleben, an die Welt der Archetypen gebunden; nur deshalb ist sie imstande, das Wesen der Welt, der Dinge, des Menschen in Bildern der menschlichen Psyche auszudrücken.

Daher kann man an *dieser* Stelle B. MALINOWSKI nicht mehr zustimmen, wenn er jegliche Symbolik im Mythos leugnen will[37]. Freilich verstand MALINOWSKI unter «Symbolik» im Sinne S. FREUDS eher etwas Verdeckendes als etwas Offenbarendes[38], aber gerade deshalb muß man ihm gegenüber besonders hervorheben, daß der Mythos, indem er den Menschen mit seinem Schicksal versöhnen will, gar nicht anders als in Symbolen, in affektiv starken Bildern reden

[35] A. a. O., 92.
[36] A. a. O., 92.
[37] B. MALINOWSKI: Der Mythos in der Psychologie der Primitiven, in: Magie, Wissenschaft und Religion, 107–108.
[38] A. a. O., 108.

kann. Der Mythos entstammt durchaus «noch» einem Weltbild, in dem zwischen Geistigem und Körperlichem, Immateriellem und Materiellem, Belebtem und Unbelebtem nicht wirklich geschieden wird und Seelisches und Leibliches, Leibliches und Seelisches in einer ständigen Relation zueinander stehen, die gerade im Symbol ausgedrückt und vermittelt wird[39].

Von daher sollte man, statt von einer ätiologischen, von einer *ontologischen* Aussagerichtung des Mythos sprechen. Stellt man sich vor Augen, welche psychischen Einschränkungen für den Einzelnen mit jeder Form von sozialer Institution verbunden sind und wie wenig selbstverständlich diese objektiv sind, so mag man auch den beliebt gewordenen Ausdruck von der «Rückwärtsstabilisierung» durch den Mythos verwenden. Man muß aber bedenken, daß dieses «Rückwärts» sich im Mythos zunächst zeitlich darstellt, und kommt damit erneut zu dem Problem des «Anfangs» zurück. Denn hinsichtlich der Rückwärtsstabilisierung macht sich das symbolische Denken des Mythos und seine enge Verwurzelung im Archetypischen, Unbewußten, dahin geltend, daß sich im scheinbar Anfanghaften die ontologische Wahrheit des menschlichen Daseins in Form symbolischer Bilder des zeitlichen Beginns einer Sache oder eines Zustandes ausdrückt. Die Stabilisierung, die logische Rückführung der Erscheinungswirklichkeit auf einen dahinter liegenden Idealtypus der Realität spricht sich in einer scheinbar *zeitlichen* Rückführung auf einen idealtypischen *Anfang* der gegenwärtigen Realität aus. Daher «wendet sich», wie A. E. JENSEN gesagt hat, «das mythische Denken stets an das *erstmalige* Geschehen, an den Schöpfungsakt, in der richtigen Erkenntnis, daß sich in ihm das lebendigste Zeugnis eines Geschehens offenbaren muß»[40].

Immer ist es im Einzelfall möglich, sich eine andere Welt vorzustellen, die partiell als besser oder schöner erscheinen mag; aber diese erträumte Welt gibt es nicht, und um die wirklich bestehende Welt zu rechtfertigen, bedarf es einer Darstellung, die zeigt, wie das Gegenwärtige so geworden ist, wie es ist. So erscheinen die Institutionen des Stammes im Mythos als *Gründungen* «durch urzeitliche Wesenheiten, Dämonen und göttlich-tierische Verwandlungs-Heroen»; das eigentliche Thema der Mythen «ist genau die Heraushebung des epochalen, daher als einmalig gefaßten Vorgangs der Kultivierung. Der Mythos enthält kein eigentlich historisches Bewußtsein, er wird von diesem...

[39] E. CASSIRER: Philosophie der symbolischen Formen, III 119, meinte, daß im Mythos bereits der Bruch, der Dualismus zwischen Stofflichem und Immateriellem beginne, aber eben noch nicht vollzogen sei. «Die Welt ist durchwaltet von einer magischen Kraft, die ebenso als körperliche wie als geistige zu denken, die gegen diese Scheidung völlig indifferent ist.» Gerade deshalb walte im Mythos die symbolische Relation zwischen Leiblichem und Seelischem (a. a. O., 121).

[40] A. E. JENSEN: Mythos und Kult bei Naturvölkern, 222.

vielmehr zerstört, sondern er drückt das Bewußtsein einer echten *Epoche* im gewichtigsten Sinne aus, einer Daseinsverwandlung und Daseinserhöhung, die er als *endgültig* ausspricht. Sein generelles Thema ist die ‹Gründung› der Institution durch eben dieselben Wahrheiten, die im Ritus verkörpert werden, die aber nun nicht mehr die unmittelbare Daseinsnot und Daseinserfüllung regieren, sondern eine neue, geordnete Fülle.»[41]

3. Mythische Urgeschichte und kultische Vergegenwärtigung

Somit ergibt sich für den Mythos wie für den Ritus, daß sie beide das Wesen der gegenwärtigen Wirklichkeit aussprechen und darstellen, indem sie ein Urzeitereignis wiederzuerinnern und wiederaufzuführen beabsichtigen; dieses Urzeitereignis ist in sich selbst aber nichts weniger als ein Ereignis der Vergangenheit; es ist die Grundlage, der Wesensausdruck einer immerwährenden Gegenwart, so wie sie von Anfang an, ursprünglich, prinzipiell, in Erscheinung tritt[42]. Gleichwohl werden der Mythos und der Ritus, die sich ihrem Wesen nach vollkommen kontradiktorisch zur Historie verhalten, auf diese Weise doch zum Verbindungsglied zwischen der zeitlosen Welt der Archetypen und der Welt der Geschichte. Es *muß* nicht sein, daß der Mythos irgendein geschichtliches Ereignis in sich schließt; aber indem er, entsprechend den szenarischen Bildkompositionen des Unbewußten, die Wesensschau einer immerwährenden gegenwärtigen Wirklichkeit in Gestalt einer Begebenheit vor aller Zeit beschreibt, ist er doch offen für den möglichen Einfluß und die Einbeziehung auch geschichtlicher Ereignisse und wirklicher geschichtlicher Erinnerungen. Daher ist gerade das Studium von Ritus und Mythos für die Lösung unserer Ausgangsfrage unerläßlich: wie Archetypus und Geschichte sich zueinander verhalten, und wir sind jetzt imstande, diese Frage konkret zu beantworten.

Es gibt im Grunde zwei Möglichkeiten. Es kann einerseits sein, daß die Urzeitereignisse, von denen ein Mythos berichtet, jeder historischen Grundlage entbehren; die archetypischen Bilder des Mythos sind auch dann ein sinnvoller symbolischer Ausdruck der projektiven Weltsicht, in welcher der Mensch sich selbst in den Dingen der Natur anschaut, und der Mythos selbst verliert nichts an Inhalt und Bedeutung wenn ihm eine historische Realität nachweislich nicht zukommt.

[41] A. GEHLEN: Urmensch und Spätkultur, 217.

[42] Vgl. E. DREWERMANN: Strukturen des Bösen, I. Bd., S. XVII–XXXI; s. o. S. 134.

Ein Beispiel für diese Möglichkeit ist die alte mittelamerikanische Mythe, daß in den Urzeittagen die Vorfahren der Indianer über das Meer von Osten her eingewandert seien[43]. Diese mythische Mitteilung hat den unglückseligen *Lord Kingsborough* in seiner unerschütterlichen Meinung bestärkt, die Indios Mittelamerikas seien unfehlbar als die Nachfolger der verschollenen Stämme Israels zu betrachten, – eine These, für deren Beweis er sein nicht unbeträchtliches Vermögen opferte, um schließlich im Schuldturm zu enden. Auch in der Gegenwart fehlt es nicht an phantastischen Hypothesen über die Herkunft der mittelamerikanischen Kultur aus der alten Welt, z. B. durch Einflüsse der Ägypter[44].

Tatsächlich handelt es sich hingegen bei der Ursprungsmythe der Mayas um ein archetypisches Symbol ohne jede historische Bedeutung: der Ursprung der Stämme im Osten entspricht der Herkunft der Sonne, und das Meer ist stets das mütterliche Symbol der Geburt[45]. Wir werden sogleich noch sehen, welche Bedeutung diese Einsicht für die Interpretation z. B. auch der biblischen Exodustradition hat (s. u. S. 317).

Auf der anderen Seite aber kann es nicht minder sein, daß tatsächlich ein beträchtlicher Teil historischer Erinnerung in die Gestaltung des Mythos miteingeht. Bereits im Anschluß an die sog. «Verdichtungsregel» (s. o. S. 227) haben wir festgestellt, daß vor allem die *Urzeitmythen* und *Vätererzählungen* echte historische Erinnerungen enthalten können, nur bewahren sie diese auch dann zumeist in einer Weise auf, daß ohne zusätzliche Hilfsmittel und hypothetische Rekonstruktionen für gewöhnlich nicht einmal zu ersehen ist, daß und inwieweit überhaupt historisches Material in einem Mythos vorliegt, geschweige denn, daß der Mythos von sich her über die Art seiner historischen Erinnerungen nähere Auskunft geben wollte oder könnte. Auch hier bleibt es bei der Feststellung B. MALINOWSKIS: «Wie auch die verborgene Wirklichkeit (der Historie in der mythischen Überlieferung, d. V.) sein mag, Mythen dienen mehr dazu, gewisse Widersprüche zu verdecken, die durch historische Ereignisse entstehen, als diese Ereignisse genau zu berichten.»[46]

A. E. JENSEN, der ein Anhänger der kulturellen Diffusionstheorie war und sich von daher natürlich für die Rekonstruktion bestimmter historischer Ausgangspunkte besonders interessierte, glaubte z. B., daß die weltweit verbreitete zen-

[43] Vgl. z. B. W. CORDAN: Popol Vuh, 117; 208.

[44] Vgl. TH. HEYERDAHL: Expedition Ra, 9–35; DERS.: Zwischen den Kontinenten, 45–78; oder P. HONORE: Ich fand den weißen Gott, 136–143, der für eine Abhängigkeit der Maya-Kultur speziell von den Kretern eintritt, u. a. m.

[45] W. KRICKEBERG: Altmexikanische Kulturen, 59.

[46] B. MALINOWSKI: Der Mythos in der Psychologie der Primitiven, in: Magie, Wissenschaft und Religion, 106.

trale *Mythe von der getöteten Gottheit* auf echte historische Erinnerungen zurückgeführt werden könne und müsse. Am Fall der Erzählungen der Wemale auf der Molukken-Insel Ceram von der getöteten Jungfrau Hainuwele glaubte JENSEN nachweisen zu können, daß in der frühen Pflanzerkultur einmal ein Weltbild bestand, in dem der Gedanke des Tötenmüssens von Pflanzen, Tieren und Menschen zum Mittelpunkt der Sinndeutung des Daseins erhoben wurde[47].

Wenn A. E. JENSEN recht hätte, daß die einheitliche Komplexität dieses Weltbildes an ganz verschiedenen Orten der Welt, in Indonesien, Afrika und Lateinamerika, *nicht* durch rein psychologische Gründe, also etwa durch bloße Parallelentwicklung, erklärt werden könnte[48], so bliebe in der Tat nur die Annahme übrig, daß die entscheidenden geistigen und religiösen Grundlagen der frühen Pflanzerkultur an einem bestimmten Ort und zu einem bestimmten Zeitpunkt durch eine einmalige Erfindung entstanden seien und dann durch Kulturtradition und -migration weitergegeben wurden; es hätte dann wirklich einmal eine Urzeitgottheit gegeben, die durch ihren Tod die Ordnung der Welt der Pflanzer begründet hätte[49]. Aber eben: gerade dieser historisch entscheidende Hintergrund verschwimmt in den Erzählungen des von JENSEN untersuchten Hainuwele-Mythos vollkommen; es geht dem Mythos ganz und gar um die Rechtfertigung des Großen Maro-Tanzes, und es liegt ihm offensichtlich nur daran, den *Ritus* dieses Tanzes als ein *wesentliches,* sich immer wieder erneuerndes Geschehen im Leben des Menschen und der Natur darzustellen; aber durchaus gar nicht liegt ihm jenseits der *ontologischen* Begründung dieses Ritus an seiner historischen Rechtfertigung.

Und nicht anders verhält es sich *wesentlich* mit zahlreichen anderen Mythen, denen nun in der Tat eine historische Realität zukommen kann oder sogar ganz sicher zukommt. Es ist z. B. möglich, daß die Erzählung vom *Raub der Europa* durch den Gott Zeus in der Gestalt eines Stieres historisch den riesigen Zeitraum verdichtet, in dem die Züchtung und kultische Verehrung des Stieres sich von Mesopotamien über Kleinasien nach Europa in die Ägäis und nach Kreta verbreitete[50]; aber natürlich handelt der «Raub der Europa» mehr von den Mysterien der Paarung von Mondgöttin und Stier auf Kreta in der Person des «Minos», des hl. Königs, als von irgendwelchen kulturellen Wanderun-

[47] Vgl. A. E. JENSEN: Die getötete Gottheit, 147–149; E. DREWERMANN: Strukturen des Bösen, II 603–613.

[48] A. E. JENSEN: Die getötete Gottheit, 117; 119.

[49] A. a. O., 145.

[50] So in den Fußstapfen von V. GORDON CHILDE: The Dawn of European Civilization, [6]1957, die italienische Prähistorikerin P. LAVIOSA ZAMBOTTI: Ursprung und Ausbreitung der Kultur, 215.

gen[51]. Und so ist es allerorten: der echte Mythos kann zwar historisches Material in sich aufbewahren, aber dieses ist als solches nicht sein Thema; im Gegenteil: nicht das historisch Einmalige, sondern das ständig Bleibende ist sein Inhalt.

Der Mythos, die «Theologie» des Kultus, steht also noch gänzlich im Bannkreis der Archetypen; und doch erweckt der Mythos mit der Verdichtung der wesenhaften Züge der bestehenden Wirklichkeit zu Szenen eines urzeitlichen Geschehens den Eindruck vorzeitlicher Geschichtsüberlieferung, und wirklich können in die Riten und Mythen einer bestehenden Kultur die prägenden Momente ihrer vergangenen «formativen Phase» miteingehen und sich mit älteren menschheitlichen Erinnerungen verbinden (s. o. S. 226); ja, wenn man die Welt der Archetypen selbst als Erinnerungsniederschlag der Phylogenese versteht, ist aller Ritus und Mythos Erinnerung, nur eben so, daß das Vergangene als das bestimmend Gegenwärtige begriffen wird. «Indem sie religiöse Erfahrungen in bildhafter Form wiedergeben wollen», sagte der große Indologe H. von Glasenapp von den Mythen, «werden sie zu aus Bestandteilen der Umwelt aufgebauten Symbolen einer höheren Wirklichkeit, die für den gläubigen Menschen eine unumstößliche Realität ist... vor allem die kultischen Mythen... wollen das Aufkommen bestimmter Bräuche von Ereignissen aus der Heilsgeschichte herleiten. In den Kulthandlungen selbst aber wird eine Wiederholung der dramatischen Geschehnisse gesehen, die sich einstmals abgespielt haben und in deren Mittelpunkt der Kultheros steht.»[52] Hinzufügen möchte man die sehr treffenden Worte Th. Manns, der von der ewigen, kultischen Vergegenwärtigung des Mythos und im Mythos sagte: «... es ist, ist immer, möge des Volkes Redeweise auch lauten: Es war. So spricht der Mythus, der nur das Kleid des Geheimnisses ist; aber des Geheimnisses Feierkleid ist das Fest, das wiederkehrende, das die Zeitfälle überspannt und das Gewesene und Zukünftige seiend macht für die Sinne des Volkes... Fest der Erzählung, du bist des Lebensgeheimnisses Feierkleid, denn du stellst Zeitlosigkeit her für des Volkes Sinne und beschwörst den Mythus, daß er sich abspiele in genauer Gegenwart.»[53]

In der Bibel etwa läßt sich vor allem am Beispiel des schon mehrfach erwähnten *Passahritus* die zeitlose Verbindung von Archetypischem und Geschichtlichem aufzeigen, und dieses Beispiel eignet sich besonders, weil bereits innerhalb der Wirkungsgeschichte des Passah-Festes selbst immer wieder ein

[51] Vgl. R. von Ranke-Graves: Griechische Mythologie, I 267–268.

[52] H. von Glasenapp: Glaube und Ritus der Hochreligionen, 55.

[53] Th. Mann: Joseph und seine Brüder, I 38–39.

Übergang von Kollektivem und Individuellem, von Überzeitlich-Gültigem und unwiederholbar Einmaligem, von Typischem und Geschichtlichem stattgefunden hat. Das Beispiel des Passahritus sei deshalb etwas ausführlicher erörtert.

Ursprünglich war das Passah vielleicht ein apotropäisches Schafzüchter-Ritual zum Schutz der neugeborenen Lämmer gegen die Blutgier dämonischer Kräfte[54]. Auf dieser Ebene der Bedeutung handelte es sich um einen rein naturhaften Ritus, der aber starke affektive Gegensätze von aufblühendem Leben und drohendem Tod, von Zuversicht und Angst, von Hoffnung und numinosem Schrecken in sich verband und eine Geste magischer Beschwichtigung zur Lösung der naturhaften Gegensätze bereithielt.

Auf eine ganz andere Ebene des Gegensatzes von Leben und Tod verschiebt sich das ursprüngliche Passahritual hingegen durch die geschichtliche Erfahrung des «Exodus», vor allem durch die entscheidende Begebenheit am Schilfmeer. Unzweifelhaft müssen bestimmte historische Anlässe den Exodus-Bericht geformt haben; dennoch ist das Motiv vom Durchgang durch das Wasser, wie wir soeben bei den mittelamerikanischen Überlieferungen gesehen haben, ein klassisches archetypisches Wiedergeburtsmotiv, und die ganze Exodus-Erzählung folgt in sich selbst den entscheidenden symbolischen Stadien des Individuationsprozesses, wie wir im Nachtrag dieser Arbeit noch anführen werden (s.u. S. 448ff.). Die *Bedeutung* des Exodus-Erlebnisses hängt also *nicht* an dem historischen Anlaß, sondern an der archetypischen Konfiguration des archetypischen Materials.

Rein historisch, wenn wir den Sachverhalt näher betrachten, dürfte zutreffen, daß hungernde amoritische Stämme in der Wanderungsbewegung des 18. Jahrhunderts in die ägyptische Niloase des Deltas eindringen konnten und dort zur Zeit der Hyksos seßhaft wurden, ja dort sogar zu einem gewissen Ansehen zu gelangen vermochten, wie es die Josephs-Geschichte erzählt. Historisch dürfte des weiteren zutreffen, daß die Widerstandsbewegung von Kamose und Ahmose, den Söhnen der Königin Ahhotep, Mitte des 16. Jahrhunderts ein Pharaonentum heraufführte, das «von Joseph nichts mehr wußte» (Ex 1,8) und schließlich nach der Niederlage der Hyksos, eines Mischvolks aus Kanaanitern, Amoritern, nordarabischen Stämmen, Hurritern und indogermanischen Streitwagenkämpfern, auch über kurz oder lang die verbleibenden Amoriter wieder aus dem fruchtbaren Delta herausdrängen konnte[55]. Aber all diese Be-

[54] M. NOTH: Das zweite Buch Mose, 71; R. DE VAUX: Das Alte Testament und seine Lebensordnungen, II 347; F. E. WILMS: Freude vor Gott, 309–325; E. E. VARDIMAN: Nomaden, 63.

[55] Vgl. E. CASSIN, J. BOTTÉRO, J. VERCOUTTER: Die altorientalischen Reiche, II 222–227; G. BIBBY: Als Troja brannte und Babylon fiel, 112; 149.

gebenheiten, so wichtig historisch auch immer, würden über ihre unmittelbare Folgewirkung, die Gründung des Neuen Reiches, hinaus eben gar nichts anderes als nur sich selbst bedeuten, und sie auch nur annähernd in ihrem faktischen Bestand rekonstruieren zu wollen, wäre auf dem Boden der biblischen Überlieferung allein vollkommen aussichtslos. Statt der «wirklichen» Geschichte überliefert die biblische Exodus-Geschichte vielmehr eine Darstellung der Ereignisse, die Anspruch auf Wahrheit und Wirklichkeit überhaupt nicht in historischem, umso mehr aber in archetypischem, psychologischem Sinne erheben darf. Gerade um diese *wesentliche,* unvergängliche Bedeutung der Exodus-Ereignisse zu beschreiben, verwendet sie eine *nicht-historische* Darstellungsweise, indem sie auf Bildsequenzen zurückgreift, die eine ungeschichtliche, ewige Geschichte reflektieren und die historischen Anlässe ihrer Formung nur insoweit in sich aufnehmen, als sie sich aufgrund ihrer vorgegebenen Symbolgestalt damit verbinden lassen.

Auf diese Weise bietet die biblische Exodusüberlieferung eine Freiheitsgeschichte, die sich in ihrer archetypischen Abfolge immer wieder im Leben eines jeden Menschen auf dem Wege zu sich selber wiederholt und eben in dieser prinzipiellen Wiederholbarkeit allererst auch der periodischen Vergegenwärtigung im Passah-Ritus zugänglich wird. Anders als bei den naturreligiösen Ursprüngen des Passah-Ritus, die in sich selbst ihre Jahresperiodik und Wiederholbarkeit besitzen, wäre eine kultische Darstellung der geschichtlichen, in sich einmaligen Exodus-Ereignisse völlig undenkbar, solange diese in der Starrheit rein historischer Fakten bestehenblieben; erst ihre Umprägung in eine archetypische Handlungsabfolge verleiht ihnen ihre bleibende religiöse Bedeutung und erlaubt es, sie als *Bilder* auszulegen und immer von neuem rituell in einer Weise darzustellen, daß sie sich mit den Erfahrungen des Einzelnen wie mit dem Schicksal aller in immer neuen Synthesen verbinden können.

Gerade zum Passahfest ist diese *Offenheit der Bilder* für zusätzliche Sinnanreicherungen und geschichtlich neue Synthesen der Bedeutung in der Religionshistorie Israels an zwei Stellen besonders klar zu beobachten, nämlich im Falle des Wiederaufbaus des Tempels nach dem Exil im Alten Testament sowie in der Sinngebung von Tod und Auferstehung Jesu im Neuen Testament.

Zum ersten: Als die heimkehrenden Juden mit Genehmigung des Perserkönigs Darius in den Jahren 520–516 unter Serubbabel und Josua den Tempel wiedererrichteten, begingen sie die erste Passahfeier in dem neuen Heiligtum in deutlicher Parallele zu dem Exodus der Väter (Esra 6,19–22): sie selber waren, wie ihre Vorfahren, aus dem Haus der Knechtschaft in das Land der Verheißung zurückgekehrt; sie selber waren durch Verbannung und Rückkehr dem gleichen Schicksal des Schilfmeer-Ereignisses von Tod und Untergang, von glückseliger Rettung und Wiedergeburt ausgesetzt gewesen wie ihre Väter; ihre eigene geschichtliche Erfahrung wurde bestätigt und gedeutet durch die ältere Vorlage des Exodus- und Passahritus, und dieser wiederum gewann an Bedeutung und wurde reicher an Erfahrung durch die Zeit des Exils und des Wiederaufbaus, *wenn* und weil aus einer geschichtlichen Begebenheit ein archetypisches *Bild* geworden war.

Das zweite, eigentlich noch wichtigere Beispiel für die zusätzliche Sinnanreicherung eines archetypischen Ritus durch geschichtliche Erfahrung zeigt sich in der frühchristlichen Deutung des Passahritus auf die Osterereignisse Christi; vor allem manifestiert sich hier erneut die Austauschbarkeit von Kollektivem und Individuellem innerhalb archetypischer Bilder, indem das Völkerschicksal Israels im Neuen Testament zum Vorbild des Einzelschicksals Jesu wird. In dem Moment, da Jesus in den Tod geht, ist er selber an die Stelle Israels getreten; wie Israel von Gott durch das Wasser des Todes, durch den Strudel der Unterwelt sicheren Fußes hindurchgeleitet wurde, so wird nunmehr Christus erfahren, daß der Tod nicht tötet und die Unterwelt ihn nicht verschlingt[56]. Auch die Beziehung zu den Erfahrungen des Exils und der Wiedererrichtung des Tempels wird ausdrücklich im Neuen Testament zur Deutung des Todes Jesu bildhaft herangezogen. Das Johannesevangelium, das die Feier des Abendmahls nicht als eine Passahfeier schildert[57], erkennt in den Tagen zwischen Tod und Auferstehung Jesu die Zeit der Tempelzerstörung und des Tempelneubaus wieder (Joh 2,19–21; vgl. Mk 14,58), und Jesus selber ist jetzt das Passahlamm (Joh 1,36), das zu der Stunde getötet wird, da man die Lämmer zur Schlachtung in den Tempel treibt[58].

[56] J. JEREMIAS: Zwischen Karfreitag und Ostern, in: Abba, 328–331; zu der uralten astralen Bedeutung der Spaltung des Meeres in den kosmogonischen Mythen vgl. A. JEREMIAS: Das Alte Testament im Lichte des Alten Orients, 260.

[57] Vgl. J. JEREMIAS: Die Abendmahlsworte Jesu, 1935; ⁴1967.

[58] E. STAUFFER: Jesus – Gestalt und Geschichte, 86. – SCH. BEN CHORIN: Bruder Jesus, 130–145, geht davon aus, daß Jesus das Abendmahl nach dem solaren Kalender von Qumran einen Tag früher als Seder-Mahl feierte, wobei in den «Einsetzungsworten» (Lk 22,19–20) die Vergebung «für viele» als bewußte Absage an den Hallel-Psalm 79,6 zu verstehen sei, der beim Seder-Ritual gebetet wurde: so wie die Mazza, das ungesäuerte Brot, als Aphikoman an die Jünger verteilt und als Leib Jesu zerbrochen wird, so wandelt sich der Becher des Zorns in den Becher der Vergebung; das Eintauchen des Bitterkrautes, das Zeichen des Todes wird nun zur Bezeichnung des Verräters, die Waschung des Seder-Gebenden wandelt sich zur Fußwaschung: Der König der Juden ist der Diener aller. Vor allem auf die 4-Zahl-Symbolik der Passahnacht weist Ben Chorin hin (a. a. O., 136–140; 148–149), wobei die vier Becher des Seder-Rituals die Befreiung, die Rettung, die Erlösung und die Annahme Israels bezeichnen; was aber ist dann mit dem 5. Becher der *Lejl Schimurim,* der Wacht-Nacht, als der Engel Gottes die Erstgeburt Ägyptens schlug? Wird der Würger vorübergehen oder sein Opfer finden? (A. a. O., 148.) In all dem ist Christus selber ganz und gar das verkörperte Israel. – Wie die Juden die Passahliturgie in der Zeit vor dem Bor-Kochba-Aufstand nationalpolitisch interpretiert haben mögen, zeigt sehr eindringlich der Roman von L. FEUCHTWANGER: Der Tag wird kommen, 421–425.

Dabei darf man bezüglich der rituellen Darstellung des Exodus nicht vergessen, daß die Szene vom Durchgang durch das Rote Meer selbst eine Symbolik der Sonnen- und Mondmythologie der Völker aufgreift und vor allem in den Sintflutsagen gleichfalls die Bedeutung von Tod und Wiedergeburt, Sündentilgung und Neuanfang annimmt[59]. Es geschieht daher vollkommen zu Recht und mit einem tiefen Empfinden für die Einheit der archetypischen Symbolsprache, wenn die katholische Kirche in den Riten der Osternacht gerade die Texte von Weltenschöpfung, Exodus und Passahmahl gemeinsam verwendet, um die Vorgänge des Todes und der Auferstehung Jesu mit der Taufsymbolik der Wiedergeburt zu verbinden.

In bezeichnender Weise also durchdringen sich im Ritus und in den Texten der «Auferstehung», des «Hindurchgangs», Kollektives und Individuelles, Archetypisches und Geschichtliches. Was ehedem das Schicksal eines Volkes (Israels) war, ist jetzt das archetypische Vorbild für die Deutung des Schicksals eines Einzelnen (Christus); und dieselbe archetypische Einheit von Kollektivem und Individuellem erlaubt und fordert jetzt auch ihre Umkehrung: der Ritus der Osternacht, der Taufe, des Abendmahls haben ja darin gerade ihren Sinn und Zweck, daß nun jeder Einzelne durch die Jahrtausende hindurch sich in den archetypischen Bildern von Untergang und Wiedergeburt wiedererkennen und sich mit der Gestalt des Einen identifizieren kann: er selber, wenn er des Taufgeschehens und des Abendmahls sich *erinnert,* d.h. wenn er im Sakrament es rituell vergegenwärtigt, steht an gerade der Stelle, an der Christus stand; er selber nimmt in der Taufe den Namen eines Christen an und läßt in der Eucharistie Christus in sein Leben ein. Indem somit ein jeder sich rituell (und das heißt zugleich existentiell) mit seinem Leben per Identifikation an die Stelle dieses Einen setzt, erweitert sich der Einzelne erneut zu dem, was alle sind, und es entsteht auf eben dieser Grundlage der archetypischen, ebenso längst vergangenen wie immer gegenwärtigen, ebenso individuellen wie absolut gemeinschaftlichen Szene und Begebenheit eine neue Gemeinsamkeit der Vielen in Gestalt der *Kirche,* der Gemeinschaft der «Glaubenden»; die «Glaubenden» – das sind in diesem Sinne die von dem gleichen archetypischen Erleben her Bestimmten und Geprägten, in denen der Eine sich vervielfältigt und in dem umgekehrt die Vielen eines sind.

[59] Vgl. E. DREWERMANN: Strukturen des Bösen, II 359–369.

4) Mythische Kräfte gestalten Geschichte

Aus Märchen setzt sich die große Geschichte zusammen.
Märchen nennen wir, was weit zurückliegt,
was irrational ist.
Alejo Carpentier

So wirkt der Kultus selber mitsamt der ihn ausdeutenden Mythe unmittelbar auf die Geschichte ein und setzt sich damit selbst als eine geschichtsgestaltende Kraft; er ist nach dem Gesagten dazu imstande, weil er als ein archetypisches Szenarium einerseits selber historische Stoffe, je nach ihrem symbolischen und affektiven Wert, an sich binden und in mythischer Umformung in sich aufnehmen kann und weil er andererseits als ein zeitloses sinnerschließendes Symbol immer wieder zur Gestaltung und Auslegung bestimmter Situationen im Leben des Einzelnen wie im Leben der Völker herangezogen werden kann. Beides bedingt sich natürlich gegenseitig, so daß in der alten Geschichtsüberlieferung ständig geschichtliches Material in die Mythenformung einfließt und umgekehrt mythische Vorstellungen in die Geschichtsgestaltung hineinwirken.

Gerade dies letztere: daß der Mythos unmittelbar selbst Geschichte verursachen kann, mag indessen verwunderlich erscheinen und bedarf deshalb einer näheren Erläuterung.

Man muß sich bei dem Einfluß mythischer Sinngehalte auf die Gestaltung tatsächlicher Geschichte vor Augen halten, daß es in der Antike oder in rezenten Stammeskulturen kaum irgendeine wichtige Entscheidung gab noch gibt, die nicht nach religiösen, also rituellen und mythischen (= magischen oder mantischen) Gesichtspunkten getroffen wird. Wann ein König inthronisiert, ein Haus errichtet, ein Krieg geführt, die Saat ausgestreut oder die Ernte eingebracht, eine Ehe geschlossen, ein Kampf getätigt, ein Opfer dargebracht, eine Fahrt unternommen oder ein Gerichtstag abgehalten werden muß, – stets hat man sich zuvor der Konstellation der göttlichen Mächte zu vergewissern.

Das wohl großartigste «Buch» solcher Wahrsagekunst, der *Codex Borgia* der mittelamerikanischen Indios z.B., – eine Bilderhandschrift aus Tlaxcala oder Cholula[60], – zeigt die verschiedenen Variationen des sog. Tonalamatl, des «Buches der guten und bösen Tage» der dreizehn 20tägigen Wochen des mesoamerikanischen Kalenders. Das Tonalamatl basiert auf einer vielfältigen Kombination einzelner schicksalbestimmender Faktoren: indem es in periodischem

[60] W. KRICKEBERG: Altmexikanische Kulturen, 278.

Zyklus die 365 Tage des Sonnenjahres durchläuft, fallen nach Ablauf von 52 Sonnenjahren 73 Wiederholungen des Tonalamatls zusammen; jeder Jahresanfang besitzt eine Bezeichnung des Tages der dreizehn 20tägigen Wochen, die dem Jahr den Namen gibt und es divinatorisch vorweg bestimmt; den Tagen der dreizehn 20tägigen Wochen werden einzelne Gottheiten zugeordnet; diese wiederum überschneiden sich mit der durchlaufenden Zählung der sog. neun Herren der Nacht, und schließlich kann das Tonalamatl in viermal 65 Tage unterteilt und in vier Abschnitten den vier Weltgegenden zugeordnet werden[61]. – Auf diese Weise erschien den mesoamerikanischen Indios das gesamte Leben bis in die winzigsten Einzelheiten hinein als ein vorherbestimmtes Zusammenspiel der Götter der Zeit und des Raumes.

Wenn auch nicht immer in solch ausgeprägtem Maße, wird man eine ähnliche Anschauung bei fast allen alten Völkern antreffen: Kult (Magie) und Mythos waren für sie der Ort, an dem die Gesetze des Schicksals sich enthüllten und verständlich wurden, und dieser Glaube bewirkte auch objektiv, daß die tatsächlichen geschichtlichen Ereignisse nach den religiösen Vorstellungen gestaltet wurden.

Es werden demnach im Mythos nicht nur die Bewegungen der Natur und die Ereignisse des menschlichen Lebens nach archetypischen Vorstellungen apperzipiert und interpretiert, es wirken die entsprechenden mythischen Vorstellungen auch unmittelbar auf die Gestaltung der äußeren Geschichte zurück und finden dort ihre Bestätigung. Die Geschichte selber vollzieht sich für die Alten stets im Auftrag und in Bevollmächtigung göttlicher Mächte; sie selbst also besitzt a priori den Wert eines symbolischen Szenariums, und unabhängig von dieser Symbolik vermöchte die Geschichte selbst sich nicht zu vollziehen. Von daher dürfte es klar sein, daß eine Auslegung der Geschichte, die das bleibend Gültige an der Geschichte herausarbeiten will, gerade diesen Schritt der Alten vom Mythos zur Geschichte für sich selber mitvollziehen muß, wenngleich in umgekehrter Richtung: während in den Mythen die Kräfte und Gegensätze der menschlichen Psyche nach außen verlagert und in den fremden Einflüssen göttlicher Mächte angeschaut wurden, geht es bei einer tiefenpsychologischen Auslegung geschichtlicher Überlieferung immer wieder um die Rückführung der historischen Gestaltungen auf die szenarischen Sequenzen archetypischer Symbole im Menschen selbst und um die Frage, welche Affekte und Mechanismen der menschlichen Psyche die Geschichte (oder mindestens die Überlieferung der Geschichte) bestimmt haben.

[61] E. SELER: Das Tonalamatl der alten Mexikaner, in: Gesammelte Abhandlungen zur amerikanischen Sprach- und Altertumskunde, I 600–617; K. A. NOWOTNY: Kommentar zum Codex Borgia, 19–26.

Natürlich ist, um diesen Sachverhalt zu erläutern, ein so kompliziertes System wie etwa das aztekische Tonalamatl ein höchst kunstvolles und abgeleitetes Gebilde, das nur noch mittelbar gewisse archetypische Konstanten erkennen läßt; diese aber sind wichtig genug: bereits die Vierzahl der Himmelsrichtungen zählt dazu (s.o. S. 199); sodann scheint die Neunzahl und insgesamt der 260-Tage-Kalender auf eine Verbindung der Wiedergeburten des Mondes mit der Zeit der Schwangerschaft zurückzugehen[62]; als archetypische Idee darf sodann die Einteilung der Welt in eine Ober- und Unterwelt (von je 13 und 9 Stufen)[63] gelten; des weiteren stellt die Verehrung der Götter der Sonne, des Mondes, des Wassers, der Erde, des Feuers, der Nahrungspflanze u.a. eine menschheitlich verbreitete Praxis dar; auch die Wichtigkeit der Sternbilder und Tierkreiszeichen[64] entspricht altem menschheitlichem Glauben. All diese Anschauungen sowie die dazugehörigen Mythen über die Weltentstehung und Weltordnung verraten zudem in Fühlen, Denken und Vorstellen der mittelamerikanischen Indios eine solche Ähnlichkeit mit bekannten Vorstellungen der Alten Welt, daß gerade dieses hohe Maß des religiös Gemeinsamen, das ohne eine nachweisbare kulturgeschichtliche Beeinflussung hier wie dort besteht, ein wichtiges Argument dafür abgibt, daß sich offenbar immer wieder zu allen Zeiten und an allen Orten die gleichen archetypischen Weisen des Fühlens, Denkens und Vorstellens in allen Religionsformen der Menschheit geltend machen und geltend gemacht haben.
Ein anderes Beispiel für die Ubiquität archetypischer Vorstellungen und Riten bietet in der mittelamerikanischen Religionsgeschichte etwa der Ritus des *teoquale,* des Gottessens, den J. KOTT für den griechischen Bereich beschrieben hat[65]; dieser Ritus des Gottessens ist nicht nur in der Grundanschauung, sondern sogar in dem gesamten rituellen Ablauf, und zwar wiederum ohne jede historische Beziehung, bis in die wichtigsten Details hinein dem katholischen Meßopfer derart verwandt, daß C. G. JUNG in beiden Fällen dieselbe psychische Entwicklungsgestalt und -gesetzmäßigkeit erschließen konnte[66]. – Wenn rituelle Handlungen und mythische Vorstellungen bis in solche Einzelheiten von archetypischen Anschauungen determiniert werden können, so wird man sich nun gewiß nicht wundern dürfen, daß auch geschichtliche Ereignisse, vor allem wenn ihnen irgendeine religiöse Bedeutung zukommt, unmittelbar von

[62] W. KRICKEBERG: Altmexikanische Kulturen, 262; G. HÜSING: Die iranische Überlieferung und das arische System, 17.
[63] Vgl. M. ELIADE: Schamanismus und archaische Ekstasetechnik, 263.
[64] R. DRÖSSLER: Als die Sterne Götter waren (1976), 1981, 11–22.
[65] J. KOTT: Gott-Essen, München 1975; E. DREWERMANN: Der Krieg und das Christentum, 290–300.
[66] C. G. JUNG: Das Wandlungssymbol in der Messe, XI 219–323.

mythischen Vorstellungen her geformt werden, und auch dafür gibt es Anschauungsmaterial zu allen Zeiten und Zonen in Hülle und Fülle.
Ein großartiges und besonders tragisches Beispiel dafür, wie ein Mythos auch heute noch als politischer Faktor Geschichte gestalten kann, bietet im 20. Jh. TH. HERZLS Buch «Der Judenstaat», von dem ST. ZWEIG zu Recht schrieb: «Ohne es zu ahnen, hatte HERZL mit seiner Broschüre den unter der Asche der Fremde glühenden Kern des Judentums zum Aufflammen gebracht, den tausendjährigen messianischen Traum der in den heiligen Büchern bekräftigten Verheißung der Rückkehr ins Gelobte Land – diese Hoffnung und zugleich religiöse Gewißheit, welche einzig jenen getretenen und geknechteten Millionen das Leben noch sinnvoll machte. Immer, wenn einer – Prophet oder Betrüger – in den zweitausend Jahren des Golus an diese Saite gerührt, war die ganze Seele des Volkes in Schwingung gekommen, nie aber so gewaltig wie diesmal, nie mit solchem brausenden, rauschenden Widerhall. Mit ein paar dutzend Seiten hatte ein einzelner Mann eine verstreute, verzwistete Masse zur Einheit geformt.»[67] In solcher Weise wirkt z. B. der Archetyp von «Land» und «Rückkehr»[68]!
Insgesamt verhält es sich zwischen Archetypus und Geschichte, zwischen Dichtung und Tatbestand, zwischen Bild und Wirklichkeit so ähnlich, wie es E. T. A. HOFFMANN am Anfang seiner Novelle «Doge und Dogaresse» einmal beschrieben hat, wo anläßlich eines Gemäldes «ein unnützer Streit» darüber entbrennt, «ob der Künstler mit dem Bild nur ein Bild... oder eine wirkliche geschichtliche Begebenheit habe darstellen wollen». «Es ist ein eigenes Geheimnis», läßt HOFFMANN einen der Betrachter des Bildes in der Diskussion sagen, «daß in dem Gemüt des Künstlers oft ein Bild aufgeht, dessen Gestalten, zuvor unkennbare körperlose, im leeren Luftraum treibende Nebel, eben in dem Gemüte des Künstlers erst sich zum Leben zu formen und ihre Heimat zu finden scheinen. Und plötzlich verknüpft sich das Bild mit der Vergangenheit oder auch wohl mit der Zukunft und stellt nur dar, was wirklich geschah oder geschehen wird.»[69] *Die Geschichte selber ist oft nichts anderes als eine verwirklichte Dichtung, und die bedeutsame Geschichte ist stets der Stoff dichterischer Nachgestaltung.*
Noch einmal ist an dieser Stelle daran zu erinnern, wie stark bereits auf der individuellen Ebene Traum und Leben ineinandergreifen. Die politische Tageswirklichkeit kann ebenso zur symbolischen Folie der Selbsterfahrung die-

[67] ST. ZWEIG: Die Welt von Gestern, 84.
[68] Zur Gefährlichkeit und Verzerrung einer äußerlich-politischen Auslegung und Aneignung archetypischer Vorstellungen zum Zwecke politischer Ideologiebildungen vgl. aber oben S. 253; 297.
[69] E. T. A. HOFFMANN: Doge und Dogaresse, IV 127–128.

nen wie umgekehrt ein Individualtraum das individuelle oder kollektive Handeln mit der Kraft einer rituellen Mythenausformung gestalten kann.
Wie z. B. die aktuelle Geschichte zum Spiegel der Selbsterfahrung geraten kann, mag der Traum einer 33jährigen Frau zeigen, die 1979, mehr als 20 Jahre nach dem Ungarnaufstand, mehr als 30 Jahre nach dem Aufstand im Warschauer Getto (Ereignisse, von denen sie im übrigen kaum je gehört hatte), folgenden Traum berichtete: «Ich sitze mit meiner Mutter unter einer Brücke; es ist Krieg. Ein großer Kriegsbagger kommt. Meine Schwester R. geht heraus und läuft auf ihn zu; sie wirft nach ihm mit Steinen, als der Bagger hinter ihr herkommt.» – Am Vorabend hatte die Patientin heftig auf ihren Chef und verschiedene Mitarbeiter geschimpft, und es ist deutlich, daß sie im Traum ihren inneren «Aufstand», ihren Protest, einer anderen, wenngleich mit ihr verwandten Person überläßt. Zu diesem Thema kommt ihr ein Realeinfall: beim Spielen an einem Kanal hatte sie als Kind stets Angst vor den frechen Jungen, denen sie sich völlig schutzlos ausgeliefert fühlte, weil diese sie mit Steinen bewarfen; überhaupt spielte sie an diesem Kanal nur, weil ihre Freundin das so wollte. – Es sei jetzt einmal dahingestellt, welch eine Rolle im Traum und im Leben der Patientin näherhin die «Mutter» spielte, mit der sie «unter einer Brücke» saß, was die «Brücke» als Symbol eines neu beginnenden, aber noch ängstigenden Lebens bedeutete, inwieweit der «Krieg» auf die mangelnde Durchsetzungsfähigkeit und vor allem auf extreme orale Gehemmtheiten (der «Bagger») zurückging, usw. Was in diesem Zusammenhang indessen bemerkenswert erscheint, ist die Tatsache, daß die Traumszene dieser Patientin en detail mit eben den Bildern übereinstimmt, die in den Wochenschaudarstellungen und Zeitungsbildern etwa vom Ungarnaufstand oder von der Erhebung in der «DDR» 1953 gezeigt wurden: hilflose Menschen, die in ohnmächtiger Wut mit Steinen gegen Panzer vorzugehen suchen. – Immer, das kann man daraus schließen, liegt in der Traumwelt des Einzelnen ein Arsenal von Bildern bereit, das in Ausdruck wie Gefühl der äußeren Wirklichkeit kongruent ist, und es gibt keine kollektive Angst noch Hoffnung, die nicht auch individuell als Traumsymbol verwandt werden könnte, so wie umgekehrt das Geträumte selber sich zur Grundlage der Wirklichkeitsgestaltung zu erheben vermag.
Als Beispiel für den letzteren Fall schildert etwa W. MÜLLER[70] eine Begebenheit unter den nordamerikanischen Indianern am Oberen See, von denen Mitte des vergangenen Jahrhunderts ein Mann wiederholt träumte, er müsse in seinem Leben sieben Menschen umbringen. «Der Träumer war keineswegs mordsüchtig oder blutgierig, aber er hatte geträumt und wertete nun diesen

[70] W. MÜLLER: Indianische Welterfahrung, 51–52.

Traum als einen unausweichlichen Befehl», – er tat ganz so, wie es ihm der Traum gebot. Zu Recht hebt W. MÜLLER zugleich an diesem Fall die kollektive Bedeutung der Träume hervor, die den universellen Schlüssel zum Verständnis nicht nur des individuellen, sondern vor allem auch des öffentlichen Handelns bilden. «Die verwandelnde Gewalt eines unbekannten Sprechens, die farbigen Muster der Bilder, die Traumnamen (die Namen, die den Stammesmitgliedern, Lebewesen oder Gegenständen gegeben werden, d. V.) stammen nicht aus der Realität. Der Verstand, das Wissen liefert hier offensichtlich keinen Beitrag zur religiösen Erfahrung; ihre beständige Erneuerung muß aus einer Quelle fließen, die für uns seit langem versiegt ist. – Diese Erneuerung des Erlebnisses gewinnt der Indianer aus dem Traum. Über Tausende von Kilometern hinweg trifft man in Nordamerika immer wieder den Traum als Legitimation: Riten und ihre Termine, Krankenheilungen, Schamanenberufung, Kriegsunternehmungen, Jagden, prophetische Aussagen – es gibt nichts, was nicht mit Träumen begründet wird. Die indianische Existenz, im Guten wie im Bösen, ist traumgeboren.»[71]

Das wohl berühmteste Beispiel für eine solche «Traumgestaltung» der historischen Wirklichkeit ist die Liga, zu der die fünf Nationen der Irokesen sich kurz vor der Ankunft der Weißen in Nordamerika zusammenschlossen und die sie den «Großen Frieden» nannten. «Die Anregung dazu kam von einem Propheten, der Deganawida hieß. Er hatte die Vision eines großen Tannenbaumes, dessen Spitze durch den Himmel in das Land des Herrn des Lebens reichte. Der Baum sollte die Bruderschaft aller Stämme und seine Wurzeln die fünf Nationen der Irokesen darstellen. Ein Adler saß auf seiner Spitze und hielt Ausschau nach Feinden, die den Frieden brechen wollten.»[72] Die religiöse Vision Deganawidas, die einer Weltbrüderschaft gleichkam[73], wurde von Hiawatha politisch organisiert und in die Tat umgesetzt; die Liga, deren Gedanken auch die Verfassung der Vereinigten Staaten beeinflußten, «besteht seit 400 Jahren und bewährt sich noch heute»[74].

Ein anderes Beispiel für die Traumgestaltung der indianischen Geschichte liefert die «Verschwörung», die der Ottawa-Sachem Pontiac gegen die Engländer führte und die auf die Visionen eines Delawaren-Propheten zurückging: «einem Delawaren-Indianer», so schilderte Pontiac diese Vision, «war der

[71] A. a. O., 51.

[72] O. LA FARGE: Die Welt der Indianer, 44.

[73] Der Traum erinnert stark an die Vision des Schamanen SCHWARZER HIRSCH: Ich rufe mein Volk, 43; 50–51; s. o. S. 127; es handelt sich um einen Traum, wie man ihn zur Vision einer paradiesischen Welt in Gen 2,4b–25 unbedingt heranziehen kann und muß; vgl. E. DREWERMANN: Strukturen des Bösen, ³1981, 365–374.

[74] O. LA FARGE: Die Welt der Indianer, 45.

‹Große Geist› erschienen und hatte zu ihm gesprochen: ‹Ich bin der Schöpfer des Himmels und der Erde, der Bäume, Seen, Flüsse und aller anderen Dinge. Ich bin der Schöpfer des Menschen; und weil ich dich liebe, mußt du nach meinen Wünschen leben. Das Land, auf dem du lebst, habe ich für dich erschaffen und nicht für andere. Warum duldest du, daß die Weißen sich unter euch niederlassen?›»[75]

Die historisch-kritische Exegese gibt sich viel Mühe, vor allem im Alten Testament das Wesen und die Redeweise der altisraelitischen Prophetie und ihre Stellung zur Geschichte zu analysieren. Aber wenn man den Einfluß großer Visionen auf den tatsächlichen Geschichtsverlauf studieren will, so muß man sich an Kulturen und Völkern orientieren, in denen der ursprüngliche Kontakt zum Traumerleben und von daher zum mythischen Denken noch nicht verlorengegangen ist. Die Ethnologie ist auch hier ungleich ergiebiger für die Exegese als die Archäologie. Sollte man denken, daß es Völker gab, in denen «die Visionäre... durch eine große Vision zur Stammeselite» aufstiegen[76] und so allererst in die Lage kamen, die politisch wirksamen Entscheidungen ihres Volkes zu beeinflussen? Uns Heutigen ist *der lebendige Zusammenhang von Traum, Mythos, Ritual und Geschichte* (in dieser Reihenfolge!) so gut wie vollständig abhanden gekommen; aber das ist kein Grund, ihn auch exegetisch außer acht zu lassen, es sei denn, man wollte die letzte Chance vertun, am Widerstand der religiösen Überlieferungen der Völker gegenüber den einseitig historisch-kritischen Fragestellungen wenigstens ein Stück weit sich die eigene Entfernung von den Wurzeln echter Religiösität einzugestehen und von Grund auf umzulernen.

5) Archetypische Verdichtung *von* Geschichte und *in* Geschichte

Aber nicht nur da, wo die tatsächliche Geschichte unmittelbar bestimmten religiösen Anschauungen oder traumhaften Visionen entstammt bzw. sich in religiösen Kulthandlungen aufgrund gewisser mythischer Zyklen immer wieder erneuert, sondern auch schon weit unterhalb des eigentlich mythischen Niveaus kann Geschichte auf eine Weise *überliefert* werden, die durch und durch von archetypischen Schemata geprägt ist, und auch diese Eigentümlichkeit antiker Geschichtsschreibung oder mündlicher Traditionen von Stammeskulturen müssen wir an einigen Beispielen psychologisch zu verstehen suchen.

Kein Ereignis z. B. fesselte den Menschen des griechischen Altertums mehr als

[75] H. J. STAMMEL: Die Indianer, 119.
[76] W. MÜLLER: Glauben und Denken der Sioux, 67.

Homers *trojanischer Krieg.* Das Ereignis selbst steht nach H. SCHLIEMANNS Ausgrabungen außer Frage, und die Neuuntersuchungen des Hügels bei Hissarlik, den Schliemann ausgrub, durch C. W. BLEGEN[77] und W. T. SEMPLE zwischen 1932–38 erlauben den Schluß, daß die Schicht von Troja VII a, die in der 2. Hälfte des 13. Jh's durch Brand verwüstet wurde, das Troja Homers war[78]. Was die Eroberung Trojas objektiv in der Geschichte bedeutet, steht indessen dahin. Um 1200 v. Chr. jedenfalls, so viel ist historisch gesichert, zerfällt die mykenische Palastgesellschaft vollständig, und um 1100 wird die mykenische Kultur gänzlich durch eine arme und gewalttätige Feudalgesellschaft abgelöst, in deren Zersplitterung die Dorer einsickern. Es scheint, daß der Fall Trojas vor allem durch den Niedergang des hethitischen Reiches und die damit verbundene Unordnung im ostägäischen Raum veranlaßt war und lediglich *einen* unter vielen anderen Akten von Piraterie darstellte[79]; die Seeräuberei der Achäer ließ schließlich sogar die für die mykenische Gesellschaft selber lebenswichtigen Handelsbeziehungen für den Keramik-Export zusammenbrechen. Die Zerstörung Trojas wäre historisch betrachtet somit letztlich ein bloßes Symptom mykenischer Selbstzerstörung. Jedenfalls ist die Eroberung Trojas keineswegs als eine militärische Großtat zu betrachten, was bereits THUKYDIDES beweisen konnte, obwohl er nicht mehr von der mykenischen Palastgesellschaft, wohl aber von den Verwilderungen nach ihrem Untergang Kunde besaß[80].

Ganz im Gegenteil zu einem solchen objektiv wohl wenig rühmenswerten Plünderungszug gegen Troja ist es nun jedoch gerade dieser Krieg um Troja, den die HOMERISCHEN Epen verherrlichen und so unvergeßlich gemacht haben wie kein anderes Faktum der antiken Geschichte. *Ein* Grund dafür mag darin liegen, daß die mykenischen Könige und Krieger, deren vornehmste Pflicht der Kampf war, «für ihren Ruhm Lobgesänge über ihre Taten» unbedingt brauchten[81] und daß dieses Bedürfnis nach Ruhm durch den tatsächlichen Machtverlust zum Trost des getrübten Ehrgefühls gewaltig gesteigert wurde[82]. Aber weder die Selbstverherrlichung einer untergehenden Gesell-

[77] C. W. BLEGEN: Troy and the Trojans, 1963.

[78] J. V. LUCE: Archäologie auf den Spuren Homers, 23–24; 57–58; 184–185; E. CASSIN, J. BOTTÉRO, J. VERCOUTTER: Die Altorientalischen Reiche, II 336–338. Zu Schliemanns Darstellung seiner Forschungs- und Grabungsarbeiten vgl. H. SCHLIEMANN: Die Goldschätze der Antike, 99–225.

[79] M. A. EDEY: Die verlorene Welt der Ägäis, 143.

[80] THUKYDIDES: Geschichte des Peloponnesischen Krieges, I 6.

[81] S. MARINATOS: Kreta, Thera und das mykenische Hellas, 96.

[82] J. V. LUCE: Archäologie auf den Spuren Homers, 58; andererseits spiegeln die Gesänge HOMERS vor allem «die Weltanschauung und das Lebensgefühl der neuen Adelsgesellschaft» wieder, die im 8. Jh. v. Chr. das Königtum entmachtet und selber durch Freude an Kampf und Sieg, Verlangen nach Besitz, Ruhm und Beute» gekennzeichnet ist. Vgl. CH. ZENTNER: Der große Bildatlas zur Weltgeschichte, 51.

schaftsschicht noch das dichterische Vermögen ihrer Rhapsoden allein hätten den Trojanischen Krieg im Gedächtnis der Völker lebendig erhalten; – sie hätten die mykenische Herrenschicht schwerlich überdauert. Auch sind es nicht die historisch überaus wertvollen, exakt zutreffenden Erinnerungen an die Gestalten der mykenischen Einzelkämpfer, an die Art ihrer Lebens- und Kampfweise, die den Schilderungen HOMERS ihre Unsterblichkeit sichern; im Gegenteil gilt hier wiederum die Regel, daß die bloße Historie kurzlebig, unvergeßlich allein aber das Mythische ist.

Unter historischem Gesichtspunkt z. B. ist kaum ein Abschnitt der HOMERISCHEN Epen so kostbar wie der – offenbar aus böotischer Sicht verfaßte – Schiffskatalog der *Ilias* (II 493–759) mit seiner Fülle genauer Namen, Zahlen und Ortsbeschreibungen; aber gerade dieser Katalog wird von den Rhapsoden der Zeit HOMERS selbst schon nur noch als bloße Gedächtnisleistung absolviert worden sein. Ihr eigentliches Interesse hingegen galt jenen Szenen, die zu allen Zeiten der Aufmerksamkeit des Dichters und jedes empfindsamen Hörers würdig sind: die Szenen starker Gefühle von Haß und Angst, Groll und Einsamkeit, Verlorenheit und Freude, die Bilder der Rache und des Wiedersehens, der Treue und des Verrats, der List und des Witzes, der gütigen Führung durch die Götter und des unbegreiflichen Ausgeliefertseins an den Willen der widersprüchlichen Olympier; und vor allem sind es die mythischen, archetypischen Erzählungen: von der Bezauberung der Kirke, dem Kampf gegen Polyphem, der Verführung durch die Sirenen usw., die von den Themen der *Odyssee* bereits in der Antike immer wieder auf Vasen und Wandgemälden dargestellt wurden[83] und noch heute das Herz des Kindes wie des Erwachsenen höher schlagen lassen.

Und ist nicht in der *Ilias* bereits der *Kriegsgrund* für den Zug gegen Troja im Grunde ein mythischer Archetyp? Vielleicht lieferte wirklich ein Streit um die Frau des Menelaos den Vorwand zum Krieg gegen Troja[84]; aber schon dieses Motiv müßte als archetypisch verstanden werden, ist doch der Rivalenkampf der Männchen um die Weibchen von der Tierreihe her in der Tat selektiv als eine der klassischen Urszenen aggressiven Verhaltens im Menschen tief verankert[85]. Dementsprechend hat gerade dieses Motiv des Brautraubs in der menschlichen Geschichte und vor allem in den Mythen der Völker denn auch immer wieder die größte Rolle gespielt, – man denke an den Raub der Sabine-

[83] Vgl. E. LESSING: Die Odyssee, Abb. 58–62; 69–75; 83–84. – Die *Katalogform* selbst aber ist der Form nach ältester Bestand hellenischer Epik, vgl. L. RADERMACHER: Mythos und Sage bei den Griechen, 124.
[84] J. V. LUCE: Archäologie auf den Spuren Homers, 185.
[85] Vgl. I. EIBL-EIBESFELDT: Krieg und Frieden, 60.

rinnen[86] oder in der Bibel an die Vergewaltigung der Dina durch Sichem, den Sohn des Fürsten Chamor, und die nachfolgende Verwüstung der Stadt Sichem in Gen 34,1–31[87]. Aber nicht nur der Brautraub selbst ist ein archetypisches Motiv, auch Helena, die Geraubte, ist eine archetypische Gestalt. Sie gilt der Überlieferung nach als Tochter des Zeus und der Leda[88]; sie ist die schicksalhaft Entführte, die zuerst von Theseus[89], dann von Paris auf Betreiben Aphrodites geraubt wird[90], die sich nach ihrem «Raub» auf der Insel Kranaë, einem Heiligtum der Aphrodite, zuerst mit ihrem «Entführer» verbindet[91], aber anderen Berichten zufolge auch von Hermes nach Ägypten entführt worden sein soll, währenddessen Paris mit ihrem Wolkenbild nach Troja gegangen sei[92]. Helena, die schönste der Frauen, ist nach dieser Darstellung offensichtlich die *wesenhaft* Geraubte, die, wie K. KERÉNYI mit Berufung auf HOMERS *Ilias* (III 383–420) meinte, als Verkörperung des Schicksals *jeder* Frau in der Wahl zwischen Nemesis und Aphrodite, zwischen Unglück und Liebe, steht und diese «beiden äußersten Möglichkeiten weiblicher Schönheit» in sich vereinigt[93]. Ihr Schicksal selbst also ist ganz und gar mythischer Natur, und ihre Gestalt selbst übersteigt als Archetyp jedes individuelle Maß; Helena, die Urfrau, ist im Grunde eine Gottheit.

Religionsgeschichtlich gibt es für diese Behauptung mancherlei Anzeichen. In Sparta besaß Helena einen Kult als Baumgöttin; im Seefahrerglauben erschien sie als unheilvolles Elmsfeuer[94]; und Sparta gegenüber, auf dem Gebiet von Therapne, befand sich ein Heiligtum der Göttin Helena, in welchem sie selber erschien, «wenn es galt, ein häßliches Kind in ein schönes Mädchen zu verwandeln»[95]. All dies: ihre Schönheit, ihre Licht- und Wolkengestalt, ihre Nähe zum Meer, ihre Macht über die Häßlichkeit, nicht zuletzt ihre Abstammung vom Himmelsvater Zeus, schließlich ihr Name (Helena = selene) gibt all denjenigen zweifellos recht, die in ihr eine alte (spartanische) Mondgöttin sehen wollten, denn nur zur Göttin des Mondes passen all diese Eigenschaften und biographischen Ereignisse. Der Raub der Helena fügt sich dementspre-

86 LIVIUS: Römische Frühgeschichte, I 9.
87 E. DREWERMANN: Der Krieg und das Christentum, 76–82.
88 Bzw. der Nemesis: APOLLODOR, III 126–133, in: MADER: Griechische Sagen, 103 ff.
89 HYGIN, 79, in: MADER: Griechische Sagen, 280.
90 HYGIN, 92, in: MADER: Griechische Sagen, 287.
91 HOMER: Ilias, III 441–446.
92 APOLLODOR: Epitome, 3, 5, in: L. MADER: Griechische Sagen, 132 f.
93 K. KERÉNYI: Die Geburt der Helena, in: Humanistische Seelenforschung, 66.
94 L. HUBER: Helena, in: Lexikon der Antike; Religion-Mythologie, I 291; nach: PLINIUS: Naturalis Historia, 2, 101.
95 K. KERÉNYI: Die Mythologie der Griechen, II 254.

chend voll und ganz in die unglückselige «Liebesgeschichte des Himmels» ein[96], bei der immer wieder die schöne Mondgöttin von ihrem Sonnengemahl am Himmel geraubt und entführt wird. Nimmt man zudem an, daß Paris mit dem biblischen Perez identisch sein könnte[97], so dürfte sich auch das Motiv vom Bruderkampf in Gen 38,29 erklären, das mit Vorliebe als Symbol der Zwiegesichtigkeit der Lichtgottheiten verwandt wird[98].

Dieses archetypische, in der Mondmythologie weitverbreitete Motiv vom Brautraub, das den Anlaß des Trojanischen Krieges bildet, ist nun nicht allein das bekannteste unter den Erzählungen vom Zug der Griechen gegen Troja, es zeigt auch zugleich, in welcher Weise ein historisches Geschehen in den Bereich des Mythos hineingezogen werden kann, um dadurch an Bedeutung gerade nicht zu verlieren, sondern unendlich zu gewinnen, – und zwar in diesem Falle sogar ohne den Beitrag eines institutionalisierten Ritus mit der ihm eigenen geschichtlichen Beharrungskraft und Beständigkeit. Wieder steht man hier vor der Tatsache, daß das geschichtlich Bedeutsame gerade *um seiner Bedeutung willen* in einer Weise überliefert wird, daß man rein immanent aus den überlieferten Erzählungen selbst durchaus keinerlei Kriterien mehr zur Gewinnung einer Geschichte jenseits der Geschichten gewinnen kann.

Immer wieder stellt sich daher die gleiche Frage, ob man es bei dem Bedauern belassen will, daß die Alten zu einer «wirklichen» Geschichtsschreibung außerstande waren, oder ob man es akzeptiert und als Gewinn hochzuschätzen lernt, daß sie die Geschichte, die ihnen wichtig war, als *ewige* Geschichten, als Mythen überliefert haben. Je nachdem muß man dann eine Interpretationsweise wählen, die entweder gewaltsam die überlieferte Gestalt der antiken Geschichtserzählungen auf eine durch anderweitige, überlieferungsfremde (meist archäologische) Kriterien gewonnene «wirkliche» Geschichte reduziert, oder man muß eine Auslegungsart wählen, die gerade das «Ewige» in der Geschichte aufsucht, indem sie es mit denjenigen Kräften und Antrieben verbindet, die im Menschen die ewige Grundlage zur Gestaltung wie zur Deutung seiner Geschichte bilden.

Die Geschichte vom Anlaß des Trojanischen Krieges, um bei diesem Beispiel zu bleiben, liest sich in letzterem Falle *tiefenpsychologisch* als eine symbolisch verschlüsselte Entwicklungsgeschichte der menschlichen Psyche, nicht anders als die Erzählungen der meisten Mondmythen. In jedem Menschen gibt es, zufolge dieses Interpretationsansatzes, die Gestalt einer Helena, einer wunder-

[96] E. SIECKE: Die Liebesgeschichte des Himmels, 94.
[97] R. VON RANKE-GRAVES: Griechische Mythologie, II 268.
[98] Vgl. E. DREWERMANN: Strukturen des Bösen, II 252.

schönen Frau, die seinem Königsich, seinem Bewußtsein, von einem dunklen Gegenspieler in ein Gegenreich jenseits des Meeres, des Unbewußten, entführt wird; und er muß all seine Kraft aufbieten, um in einem langen «Krieg» die verlorene Geliebte, die untreue anima, zurückzugewinnen. Die «Odyssee» seiner Heimkehr kann viele Stadien durchlaufen, die besonders in der Begegnung des «Odysseus» mit einzelnen Frauengestalten festgehalten sind: ehe Odysseus zu seiner getreuen Penelope zurückfindet, entgeht er zunächst nur mühsam der Verwandlung in ein Schwein durch die Zauberin Kirke; sodann vernimmt er den Zaubergesang der Sirenen, gefesselt am Mast seines Schiffes; lange Zeit über hält ihn hernach die Göttin Kalypso in ihrer Höhle gefangen, aber sie ist im Grunde bereits wohlmeinend und erlaubt ihm, das Floß für die Heimkehr zu bauen, und als er dann im Sturme Poseidons umzukommen droht, erscheint ihm das Weibliche zum erstenmal hilfreich und rettend: die Nymphe Leukothea schenkt ihm ihren Schleier, der Odysseus zur Insel der Phäaken trägt, wo die junge Nausikaa ihn des Morgens am Strand findet. Schrittweise klärt sich in der *Odyssee* demnach das Bild der Frau, es verliert nach und nach seine dämonischen Züge, und jetzt erst ist «Odysseus» fähig, nach Hause zurückzukehren und seine Gemahlin aus den Händen der egoistischen Freier zu retten.

So gelesen, ist die *Odyssee* eine Entwicklungsgeschichte, die den langen Weg beschreibt, auf dem jemand zu sich selbst und zur Fähigkeit der Liebe heranreift[99]; und jede der einzelnen Etappen in ihrer Gefahr und Ohnmacht, in ihrer entwürdigenden Hilflosigkeit und unbegreiflichen Gewalt muß durchstanden werden, um den Willen der «Götter», den Auftrag des eigenen Wesens zu erfüllen.

Die psychologische Auswahl und Kombination derartiger Motive, die in den Mythen und Märchen der Völker zum klassischen Repertoire gehören[100], ist als archetypische Konfiguration in sich selbst zweifellos älter als alle Geschichte, – auf diese Feststellung kommt es uns hier besonders an. Es kann sein, daß bestimmte tatsächliche Fakten, die äußerlich dem Archetypus ähnlich sehen, assoziativ die entsprechenden psychischen Gesetze des Fühlens und Vorstellens auf den Plan rufen; aber indem sie dies tun, bestimmen sie zugleich den Gehalt und Umfang dessen, was sie für einen Menschen zu allen Zeiten und an allen Orten bedeuten können; und diese ihre *menschheitliche* Bedeutung reicht weit über ihren Anlaß hinaus. Die «tatsächliche» Geschichte liefert in den Überlieferungen der Alten gewissermaßen nur das Stichwort, auf das hin ein eigenes,

[99] Vgl. E. DREWERMANN: Die Frage nach Maria im religionswissenschaftlichen Horizont, in: Zeitschrift für Missionswissenschaft und Religionswissenschaft, 1982, Heft 2, 106–107.

[100] Vgl. z. B. in den GRIMMSCHEN Märchen die Erzählung «Der treue Johannes», KHM 6.

vorgeprägtes Theaterstück in der menschlichen Psyche aus Anlaß dieses Stichwortes aufgeführt wird, und dieses Stück deutet nicht nur das historische Stichwort selbst, sondern es stellt vor allem einen Ausschnitt aus dem ewigen Drama der menschlichen Psyche in dem Ringen um ihre eigene Vollendung dar.

Es spielt dabei durchaus keine Rolle, ob dieses «Theaterstück» schließlich noch mit seinem historischen Anlaß in der äußeren Wirklichkeit koinzidiert oder nicht; denn indem die faktische Geschichte jene Archetypen ihrer Überlieferung zu evozieren imstande war, zeigt sie ipso facto, daß sie auf der Ebene des Gefühls und der Vorstellung, der Imagination und der Intuition eben diese Bedeutungen besitzt und die mythische Überlieferungsgestalt *innerlich* der Wahrheit entspricht, selbst wenn die äußere Entwicklung der Fakten in zahlreichen Details oder sogar im ganzen von den jeweils hervorgerufenen Schemata der psychischen Vorstellung abweicht. Ja, es ist sogar die Regel, daß über den historischen Anlaß hinaus die archetypische Formung sich nach eigenen Gesetzen vervollständigt, indem z. B. besonders von der *Geburt* und dem *Tod* einzelner Helden in vorgeformten, aber zum Ganzen auf spezifische Weise passenden Bildern berichtet wird.

Helena z.B., die geraubte Gattin des Menelaos, wurde der Mythe nach von ihrer Mutter Nemesis in Gestalt eines Schwans empfangen und aus einem Ei geboren, das ein Hirt in einem Hain fand und das er der Nymphe Leda zur Pflege übergab[101], – ein Motiv, das nicht nur die mondmythologische Gestalt der Helena noch deutlicher hervortreten läßt[102], sondern zusätzlich noch auf das Problem der anfänglichen Ganzheit aus Mann und Frau, aus Bewußtsein und Unbewußtem hinweist[103]. Derartige mythische Anreicherungen, die dem Historiker als lästige Fabeleien gelten müssen, zeigen in Wahrheit, in welcher Richtung die eigentliche Bedeutung auch des scheinbar historischen Materials zu suchen ist.

Die mythische (bzw. sagenhafte oder legendäre) Verdichtung der Geschichte in der Überlieferung der Alten ist nach dem Gesagten also leicht möglich, wenn in der Geschichte selber bestimmte äußere Anlässe so sehr mit der symbolischen Bildervorlage der psychischen Archetypen übereinstimmen, daß sie

[101] APOLLODOR, III 127, in: MADER: Griechische Sagen, 103 f.

[102] Vgl. E. SIECKE: Die Liebesgeschichte des Himmels, 95, Anm. 22, zur Schwanengeburt. – Wie historisierend-rationalistisch das Bild der Helena freilich schon bei HERODOT entmythologisiert wird, zeigt H. PANITZ: Mythos und Orakel bei Herodot, 34–35: «... es mutet uns an wie eine Geschichte von einer gewöhnlichen sterblichen Königstochter, die eben von einem fremden Königssohn entführt worden ist. Nichts finden wir von Erhabenheit und Größe!»

[103] C. G. JUNG: Psychologie und Religion, XI 59; 71.

einen bestimmten Symbolkomplex zu ihrer Verdichtung und selbständigen *Weiterdichtung* anregen – wie z. B. das Motiv vom Brautraub. Man wird vom Standpunkt des Historikers aus eine derartige symbolische Verdichtung und Weiterdichtung «wirklicher» Geschichte gewiß als phantastisch, willkürlich und rein subjektiv betrachten müssen; vom psychologischen Standpunkt aber erscheint die mythische Verdichtung der Geschichte im Gegenteil als Offenbarung ihrer im äußeren Geschehen verborgenen Bedeutung. Keineswegs sind die Gesetze der mythischen Umprägung für die Tiefenpsychologie «willkürlich» – sie spiegeln vielmehr eine Notwendigkeit wider, die dem Bewußtsein ebenso vorgegeben und objektiv ist wie die Gesetze der äußeren Natur (s. o. S. 223).

Es ist daher sehr die Frage, *was «wirklicher» ist: die Darstellung einer ewigen Geschichte durch den Mythos oder die Rekonstruktion einer vergangenen Geschichte durch den Historiker.* Muß man im Grunde nicht jede Darstellung von Geschichte, die dem Erzähler selbst (noch) etwas bedeutet, als einen «Mythos» bezeichnen? Bis in den privaten Bereich hinein läßt sich diese Frage stellen – und bejahen. Eine Frau etwa, die die Geschichte ihres verstorbenen Geliebten erzählt, – berichtet sie nicht einen «Mythos», und wer nähme sich das Recht, ihre Darstellung für «unwahr» oder für «unwirklich» zu halten, nur weil sie eine Geschichte erzählt, die in Wahrheit die einzige gegenwärtig wirkende Geschichte darstellt? Oder der Mann, der 1950 aus russischer Gefangenschaft zurückkehrte, – berichtete er etwa keinen «Mythos», wenn er auf seine Weise von Krieg und Arbeitslager erzählte? Und wiederum: ist «seine» Geschichte nicht die einzig wirklich relevante Geschichte? – Nicht anders verhält es sich, wenn Völker oder Glaubensgemeinschaften «ihre» Geschichte als noch Betroffene, als Glaubende erzählen. Gewiß, ein Außenstehender, ein Unbetroffener, mag in kritischer Distanz darauf bestehen, daß die ihm als objektiv erscheinende Welt der äußeren Fakten in derartigen Darstellungen verformt, verlassen, abgeändert, überhöht, durch «freie» «Erfindungen» ersetzt, kurz: schlechterdings *falsch* überliefert werde; aber seine scheinbar «objektive» Geschichte ist, gemessen daran, ein bedeutungsloses Konglomerat von Fakten, das sich selber nie hätte ereignen können, wenn es jemals von den großen Motiven und Antrieben der menschlichen Psyche in der Weise isoliert gewesen wäre, wie es die historisch-kritische Methode glauben machen will oder mitunter sogar selbst zu glauben scheint. Im Grunde gibt es nur eine Art, Geschichte als etwas Bedeutendes zu erzählen, und diese Art besteht gerade in der Verdichtung, in der Um- oder Weiterdichtung, die der Mythos der geschichtlichen Überlieferung angedeihen läßt. *Die eigentlich bedeutende Geschichte ist stets die mythische Geschichte, und je mehr eine geschichtliche Tatsache an Bedeutung für die Gegenwart gewinnt, desto mehr wird sie sich aus einer historischen in eine mythische Tatsache verwandeln,* desto mehr wird die Diachronie mit der Synchronie verschmelzen[104].

Gewiß ist es unter den gegebenen geistesgeschichtlichen Aufspaltungen des Wirklichkeitsverständnisses in subjektiv und objektiv, in unwirklich und wirklich usw. äußerst schwer, begreiflich zu machen, daß etwas durchaus wirklich, notwendig und objektiv sein kann, auch wenn es mit keiner äußerlich beobachtbaren Tatsache übereinstimmt, ja daß ein solcher Mangel an Übereinstimmung mit der äußeren Welt sogar einen Gewinn an Bedeutung und Sinnhaftigkeit, also an Geist und Wirklichkeit darzustellen vermag; und wirklich wird eine solche *Bedeutungsanreicherung durch Verinnerlichung* ohne Kenntnis und Vertrautheit mit der tiefenpsychologischen Sichtweise nur sehr zögernd, wenn überhaupt, mitzuvollziehen sein. Gerade deshalb aber kommt an dieser Stelle alles darauf an, die Verschmelzung von Historie und Archetypus, die Einheit von Geschichte und Deutung in der mythischen bzw. mythennahen Überlieferung als die einzige Form anzuerkennen, in der überhaupt einem Faktum der Geschichte eine wesentliche, womöglich überzeitliche Bedeutung zuerteilt werden kann. Eben deshalb ist die tiefenpsychologische Interpretationsmethode für die dogmatische Theologie ebenso unerläßlich wie die Sprechweise der Mythen für die Sicherstellung einer ewigen Bedeutung innerhalb der

[104] F. PANZER: Märchen, Sage und Dichtung, 24–25, sprach zu Recht von der «Steigerung (!) des Geschichtlichen zum Mythischen» (25) und meinte: «... wie könnte überhaupt im menschlichen Vorstellen und Denken sich etwas isoliert behaupten, ohne sogleich nach allen Seiten seine Verbindungen zu schlagen! Auf diesem Wege muß gerade auch geschichtliche Tradition den willkommenen Boden geben, auf dem heimatlose mythische, märchenhafte, novellistische Elemente mit Behagen sich ansiedeln. Und nur in solcher Verbindung und Umgestaltung vermag das Geschichtliche sich länger zu behaupten, denn ‹was sich nie und nirgends hat begeben, das allein veraltet nie›.» Eben wegen dieser schwebenden Überzeitlichkeit des Mythos, wegen seiner ständigen Gegenwart konnte C. LÉVY-STRAUSS: Das wilde Denken, 273–274, sagen: «Die mythische Geschichte zeigt uns also das Paradox, von der Gegenwart zugleich losgelöst und mit ihr verbunden zu sein, ... in dem eine gewissermaßen gebändigte Diachronie mit der Synchronie zusammenarbeitet.» Vor allem am Beispiel der historischen Riten zeigt C. Lévy-Strauss, wie «die sakrale und segenbringende Atmosphäre der mythischen Zeiten – die Epoche des ‹Traumes› nennen es die Australier», in den Gedenkriten gegenwärtig werde; umgekehrt die Trauerriten: «anstatt lebenden Menschen die Aufgabe anzuvertrauen, ferne Ahnen zu personifizieren, sichern sie die Zurückverwandlung von Menschen, die zu leben aufgehört haben, in Ahnen. Man sieht also, daß das System des Rituals (und ebenso des Mythos, d. V.) die Funktion hat, drei Gegensätze zu überwinden und zu integrieren: den von Diachronie und Synchronie; den von periodischen und aperiodischen Merkmalen, die sie beide zeigen können; und schließlich, innerhalb der Diachronie, den der reversiblen und irreversiblen Zeit, da die historischen Riten, obwohl Gegenwart und Vergangenheit theoretisch deutlich unterschieden sind, die Vergangenheit in die Gegenwart tragen und die Trauerriten die Gegenwart in die Vergangenheit und die beiden Verfahren nicht äquivalent sind: von den mythischen Helden kann man wahrhaftig sagen, daß sie zurückkommen, denn ihre Realität liegt in ihrer Personifizierung; aber die lebenden Menschen sterben für immer.» – Die letztere Behauptung verträgt sich mit dem Glauben an die Unsterblichkeit in fast allen Religionen allerdings gar nicht. Besser sollte man sagen, daß die sakralen Riten mit dem *Prinzip*, die Trauerriten aber mit der *Ewigkeit* des Lebens verbinden, das in der Zeit nur erscheint, während seine eigentliche Wirklichkeit unvergänglich ist.

Überlieferung eines einmaligen historischen Ereignisses. Unabhängig von der tiefenpsychologischen Interpretation der mythischen Bilder als Zeugnissen der menschlichen Psyche bliebe tatsächlich kein anderer Weg, als die Sprechweise der Mythen selbst für das historisch bedingte Relikt einer vorrationalen Denk- und Anschauungsweise zu halten, über die wir Heutigen ohne Schaden zur «eigentlichen» Geschichte hinwegschreiten könnten. Freilich: nur wer den ungeheuren Verlust an religiösem Inhalt, an Sinn und Bedeutung des Lebens, nur wer die furchtbare Verstümmelung des Menschen, seine Reduktion auf die pure Äußerlichkeit unter den Verkürzungen des neuzeitlichen Wirklichkeitsverständnisses nicht für zutiefst erschreckend hält, vermag die Einseitigkeit der heutigen Bibelauslegung im Rahmen der historisch-kritischen Methode für keiner weiteren Korrektur bedürftig zu erachten.
In Wahrheit geht es darum, die gesamte alternativische Fragestellung: Historie *oder* Mythos, äußere Realität *oder* Irrealität hinter sich zu lassen und zu begreifen, daß die überzeitliche Bedeutung auch geschichtlicher Ereignisse niemals anders wiedergegeben werden kann als durch Übersetzung der äußeren Fakten in die Sprache der archetypischen Formen des Fühlens und Denkens, durch einen Akt mythischer (Ver-)Dichtung also. Aber damit sind wir schon bei einem neuen Thema: bei dem Verhältnis von Dichtung und Geschichte im Umkreis archetypischer Gestaltung.

6) Dichterische Wahrheit und existentielle Aneignung

Wir haben früher schon darauf hingewiesen, daß ein Dichter eine ganze Zeitepoche in Form eines Romans oder Theaterstückes in ihrer Wahrheit zusammenfassen und dieser Wahrheit eine bleibende Geltung verleihen kann, auch wenn er in historischem Sinne nichts «Wirkliches» berichtet (s.o. S. 180ff.). Es kann dabei tatsächlich sein, daß er bei der Deutung von Geschichte insofern «subjektiv» verfährt, als er nur einen Teilaspekt der geschichtlichen Wahrheit erfaßt oder überhaupt nur seine eigenen Aussagen anhand eines im Grunde beliebigen historischen Materials demonstrieren will. Auch dann aber läßt sich die Bedeutung *seiner* Geschichte ganz und gar aus seiner Dichtung selbst erschließen.
Um z.B. die Aussage von F. SCHILLERS «Jungfrau von Orleans»[105] oder «Don

[105] F. SCHILLER: Werke, I 923–1036; uraufgeführt in Leipzig 1801, ist das Stück ein gutes Beispiel für die poetische Maxime Schillers in der Behandlung historischer Stoffe, «immer nur die allgemeine Situation, die Zeit und die Personen aus der Geschichte zu nehmen und alles übrige poetisch frei zu erfinden» (Brief an GOETHE, 20.8.1799). «Die Tragik des Stückes erwächst aus dem Konflikt der Menschlichkeit Johannas mit

Carlos»[106] zu erfassen, ist es durchaus nicht erforderlich, die Geschichte Frankreichs oder Spaniens im 15. und 16. Jahrhundert zu kennen, und der SCHILLERSCHE Konflikt von Menschenwürde und Despotismus oder von dem sittlichen Auftrag zum Kampf um die Freiheit und dem Drang nach Liebe und Unterwerfung verliert durchaus nichts von seiner Überzeugungskraft und Folgerichtigkeit, wenn sich der historischen Forschung zeigt, daß die SCHILLERSCHE «Jungfrau» mit der Jeanne d'Arc, wie sie «wirklich» war, nicht viel gemein hat[107]. Ja, das Mädchen, das für seinen König ins Feld zieht, konnte überhaupt auch historisch nur deshalb von einer solch legendären Größe und unsterblichen Ausstrahlung sein, das Wunder seiner eigenen geschichtlichen Wirkung konnte durchaus nur zustande kommen, weil in ihm wiederum ein archetypischer Gegensatz lebendig wurde, den SCHILLER selber nicht erst zu erfinden brauchte, sondern der bereits in der uralten Gegensätzlichkeit der Großen Göttin[108] als einer Liebenden und als einer Kriegerin gegenwärtig war: es ist die uralte archetypische Ambivalenz der Frau, die als gütig-blutrünstige Hathor für den Gott Re kämpft[109], die als kanaanäische Anat für die Wiedereinsetzung des Baal gegen den Gott Mot ihre Lenden in das geronnene Blut taucht[110] oder die als schöne Liebesgöttin und furchtbare Töterin Parvati-Kali gegen den Büffeldämon Mahisha zu Feld zieht[111]. Es kann übrigens sein, daß

dem von ihr angenommenen Gebot, nicht menschlich zu sein: keinen Feind zu schonen und jeder irdischen Liebe zu entsagen.» N. OELLERS: Die Jungfrau von Orleans, in: Kindlers Literatur-Lexikon, IV 5081–5082.

[106] F. SCHILLER: Werke, I 323–549.

[107] Zu der historischen Wirklichkeit der Jeanne d'Arc vgl. F. ZURBONSEN: Die Prozeßaussagen der Jungfrau von Orleans, 1910; eine kurze Darstellung der Träume und Visionen der Heiligen findet sich bei E. NIELSEN (Hrsg.): Die Hexe von Endor, 70–73; SOLDAN-HEPPE: Geschichte der Hexenprozesse, I 215.

[108] E. NEUMANN: Die große Mutter, 1974, 39–50, weist auf die ambivalente Charakterstruktur des Weiblichen hin, das sowohl die «gute» wie die «furchtbare» Mutter in sich schließt; zur kriegerischen Natur der Großen Göttin vgl. a. a. O., 148; 152; 168; 184; 220; 284, wo besonders an die archetypische Einheit von Geburt und Tod erinnert wird. Vgl. E. DREWERMANN: Der Krieg und das Christentum, 19–20; 40–44. – Zur Interpretation der *indischen* Durga-Kali in Kritik an E. NEUMANN vgl. D. R. KINSLEY: Flöte und Schwert, 149–153, der in Kali die Ambivalenz der *Maya,* der Welt der Erscheinungen, verkörpert sieht.

[109] B. VAN DE WALLE: Die Mythologie der Ägypter, in: Grimal: Mythen, I 59–61.

[110] J. GRAY: Mythologie des Nahen Ostens, 80–86.

[111] V. IONS: Indische Mythologie, 95. – Die Mythe bzw. die Sage der kämpfenden Frau ist bereits im Altertum weit verbreitet; vgl. M. HAMMES: Die Amazonen, 1981, 114–121, der bes. die nordafrikanischen Amazonensagen des DIODOR von den Kämpfen zwischen Gorgonen und Libyerinnen aus dem Kult der Großen Göttin ableitet. Vgl. demgegenüber SIR GALAHAD: Mütter und Amazonen, 1981, 290–314, wo die Amazonensage als kulturhistorische Zwischenstufe interpretiert wird: «nicht nur ein extremes Ende des ‹Mutterrechts›», sondern «Selbstzweck und Anfang» des Tochtertyps der Frau, ein «äußerster, linker Frauenflügel einer flügge werdenden Menschheit, deren äußerster rechter Flügel die jungen Sohnesreiche mit funkelnagelneuem, aber rabiatem Männerrecht sind.» Während es, wie üblich, strittig ist, ob es *historisch* ein Amazonentum als soziale Institution je gegeben hat, ist die *psychische* Realität der Amazonengestalt quer durch die Zeiten und Kulturen zu verfolgen: SUETON: Leben der Caesaren, Caligula 25, S. 179 z. B. berichtet, wie der römische Kaiser seine Gattin Caesonia oft «seinen Soldaten im Reitermantel» zeigte, «mit Schild und Helm

der Archetyp dieser Mythologie von der kriegerischen Dame, die ihren König schützt und rettet, durch die Gestalt der Jeanne d'Arc sogar noch heute bis in die Regeln des Schachspiels nachgewirkt hat, denn um die Zeit der Jeanne d'Arc wird in Lothringen die «Dame» zur beherrschenden Gestalt des königlichen Spiels im Kampf um einen an sich schwachen König. – Tiefenpsychologisch verkörpern König und Königin natürlich wieder das alte Thema von Bewußtsein und anima.

Oder: muß man, um den Konflikt zwischen Maria Stuart von Schottland und Königin Elisabeth von England im SCHILLERSCHEN «Stuart»-Drama[112] zu verstehen, wirklich die «tatsächliche» Geschichte historisch kennen, oder muß man nicht viel eher psychologisch die Gegensätzlichkeit von Vernunft und Leidenschaft vor Augen haben, die in jedem Menschen durchkämpft und durchlitten sein will? Und wird nicht auch die historische Deutung selbst allererst in diesen Kontrasten lebendig[113]? Ganz sicher wird man sagen müssen: Nur indem die historischen Gestalten zu Chiffren psychischer Strebungen im Menschen werden, treten sie in den Raum der religiösen oder dichterischen Aneignung und Vergegenwärtigung ein, und erst durch diese erlangen sie Unsterblichkeit und Wahrheit. Groß und wahr ist eine Dichtung niemals, weil sie mit bestimmten historischen Tatsachen übereinstimmt, sondern wenn und weil sie die großen archetypischen Themen der menschlichen Psyche in ihren Konflikten und Gegensätzen, in ihren Lösungswegen und Hoffnungen, in ihrem tragischen Scheitern und todüberwindenden Sieg darzustellen vermag; und umgekehrt gewinnt die Geschichte nicht durch die Macht ihrer äußeren

geschmückt, wie sie neben ihm ritt». – Die deutsche Sage erzählt von Brunhilds Kampf gegen König Gunther (bzw. gegen Siegfried); K. SIMROCK: Das Nibelungenlied, 7. Abenteuer, 111–113. Zur psychoanalytischen Deutung des Stoffes als Liebe von Mutter und Sohn vgl. G. GRODDECK: Psychoanalytische Schriften zur Literatur und Kunst, 121–140. – Man muß an die biblische «Prophetin» Debora (Ri 4,1–5,31) oder an die Gestalt der Judith wohl gar nicht erst erinnern. – S. FREUD: Das Tabu der Virginität, XII 178–179, begründete das Motiv der tötenden Frau aus der Rache an der weiblichen Kastration, wobei er sich auf die Erzählung von A. SCHNITZLER: Das Schicksal des Freiherrn von Leisenbogh (1903), berief, in der ein Mann das Opfer seines eigenen Fluches wird, den er seiner Geliebten bzw. deren Liebhaber zugedacht hat (A. SCHNITZLER: Das erzählerische Werk, Bd. 3, 58–75). – Wie lebendig das Motiv der kämpfenden Frau immer wieder sich der geschichtlichen Sage bemächtigt, zeigt L. FEUCHTWANGER: Die Jüdin von Toledo, 295–296, am Beispiel der englischen Königin Ellinor, die «der Sporn und das Herz des Zweiten Kreuzzuges gewesen war... kriegerisch und prächtig gleich der Penthesilea». Vgl. DERS.: Der Tag wird kommen, 84–86, wo FEUCHTWANGER die Gestalt der JUDITH beschwört, deren Legende um 100 n. Chr. den Aufstand gegen die Römer schüren soll und deren Geschichte die Tat JAELS in Ri 4,17–24 wiederbelebt, wie sie den kanaanäischen König SISERA schlafend im Zelt ermordet, als er vor der Prophetin DEBORA flieht.

[112] F. SCHILLER: Maria Stuart (Uraufführung 1800); vgl. G. SAUTERMEISTER: Maria Stuart, in: Kindlers Literaturlexikon, V 6034–6036, der in der Gestalt der schottischen Königin den Konflikt von innerer und äußerer Schönheit realisiert findet.

[113] So R. K. GOLDSCHMIT-JENTNER: Die Begegnung mit dem Genius, 86, der auf den Kontrast «Frau» und «Regentin» in Maria Stuart hinweist.

Fakten bleibende Bedeutung und Erinnerungswürdigkeit, sondern wiederum nur durch das Maß, in dem sie in ihrer äußeren Gestalt zur Dichtung taugt, also selber in ihrer äußeren Gestalt die Schwelle zum Symbol, zum Stichwort für den Auftritt der archetypischen Bilder überschreitet[114]. Der historische Stoff wird dann selbst zur Vorlage eines Ritus, zum Vorbild der szenischen Darstellung eines archetypischen Motivs, zum Gegenstand immer neuer dramaturgischer Gestaltungen am Altar der Religion oder – mindestens – auf der Bühne des Theaters.

Damit lernt man für das Verständnis archetypischer Erzählungen bezüglich der historischen Frage etwas Wichtiges. Eine mythische Verdichtung der Geschichte besitzt ihre Wahrheit in sich selbst, oder sie besitzt keine Wahrheit. Das Kriterium ihrer Glaubwürdigkeit ergibt sich niemals aus einem Vergleich mit der Abfolge äußerer Fakten. Weder in der Beschreibung der äußeren Natur noch in der Darstellung der äußeren Historie kann der Mythos irgendeine Wahrheit für sich beanspruchen; wahr aber ist er als Darstellung der inneren Natur des Menschen, als Ausdruck der Kämpfe und Taten in seinem Inneren. Ein Mythos wird daher auch nicht widerlegt oder buchstäblich «ad acta» gelegt, indem man ihm nachweist, daß er über den Verlauf der Geschichte oder den Ablauf der Natur «Irrtümer» verbreitet. *Die Entscheidung über die Lebenskraft eines Mythos fällt niemals zwischen «wahr» und «falsch» im Sinne bloßer Tatsachenurteile; sie fällt ausschließlich zwischen «verbindlich» und «unverbindlich» im Sinne der existentiellen Aneignung.* Wer sich nicht selber mit seinem Leben in den Bildern eines Mythos wiedererkennt, wem ein Mythos schlechterdings nichts (mehr) zu sagen hat, woraus er sein Leben deuten und verstehen kann, für einen solchen ist der Mythos notgedrungen «unwahr» in dem Sinne, daß der Mythos für ihn mit keiner Art von innerer Erfahrung (mehr) übereinstimmt. Ebenso gilt das Umgekehrte: wer selber aus den Symbolen einer mythischen Verdichtung von Geschichte (und Natur) für sein eigenes Leben Aufschluß gewinnen kann, für den ist ein Mythos wahr, selbst wenn er aller äußeren Tatsachenmitteilung in Geschichte und Natur widerspricht.

Wenig ist daher mit der Wendung von der «dichterischen Freiheit» eines Künstlers im Umgang mit einer historischen Vorlage gewonnen; denn es geht nicht darum, daß es dem Dichter gestattet sei, um der Steigerung des Aus-

[114] So versuchte ST. ZWEIG: Maria Stuart, 254, die historische Gestalt der tragisch scheiternden Königin und des bedenkenlosen Bothwell nach dem Mord an ihrem Gatten von SHAKESPEARES «Macbeth» her zu verstehen: «Nie in der Weltgeschichte und nie in der Weltliteratur ist die Psychologie eines Verbrechens und die geheimnisvoll wirkende Gewalt des Ermordeten über einen Mörder so großartig dargetan worden wie in diesen beiden schottischen Tragödien, von denen die eine erdichtet ist und die andere erlebt.» – So sehr sehen große Geschichte und große Literatur in der Gleichheit ihrer Motive, in ihrem *mythischen* Format, einander ähnlich.

drucks willen gewisse Abweichungen von der historischen Realität vorzunehmen; es geht vielmehr darum, daß der Dichter in der Gestaltung eines geschichtlichen Stoffes einer inneren Notwendigkeit folgen muß, die ihre Geltung und Gültigkeit in sich selber trägt. Diese Gültigkeit hängt durchaus nicht von den äußeren Fakten ab; im Gegenteil, manche äußeren Fakten – wie die Gestalt der Jungfrau von Orleans – kämen ohne die Kraft archetypischer Gesetzmäßigkeiten des Erlebens und Vorstellens gar nicht erst zustande; sie muten in sich selbst bereits als so ungeheuerlich und unwahrscheinlich an, daß sie nur unter dem Einfluß archetypischer Kräfte in Form charismatischer Erweckungen oder göttlicher Berufungen sich zu vollziehen wagen. Die Gültigkeit der archetypischen Bilder, mithin auch der Welt einer mythischen Verdichtung von Geschichte, hängt keinesfalls von der Geschichte selbst ab, sondern umgekehrt: *was die Geschichte bedeutet und wert ist, zeigt sich an ihrer Nähe oder Ferne zu der archetypischen Dramaturgie der menschlichen Psyche.* Die gesamte Einstellung der historisch-kritischen Exegese mit ihrer einseitigen, ja ausschließlichen Fixierung auf äußere Tatsachen bedarf daher einer inneren Korrektur: *die eigentlich bedeutende Geschichte ist stets die «ungeschichtliche», die mythische Geschichte.*

Sehr treffend hat F. HEBBEL in «Mein Wort über das Drama» auf diesen Tatbestand hingewiesen, indem er sich die Frage vorlegte, in welch einem Verhältnis das historische Drama zur Geschichte stehe. «Die materielle Geschichte», schrieb HEBBEL, «die schon Napoleon die Fabel der Übereinkunft nannte, dieser buntscheckige ungeheure Wust von zweifelhaften Tatsachen und einseitig oder gar nicht umrissenen Charakterbildern, wird früher oder später das menschliche Fassungsvermögen übersteigen, und das neuere Drama, besonders das Shakespearesche, ... könnte auf diesem Wege zur entfernteren Nachwelt ganz von selbst in dieselbe Stellung kommen, worin das antike zu uns steht. Dann, eher wohl nicht, wird man aufhören, mit beschränktem Sinn nach einer gemeinen Identität zwischen Kunst und Geschichte zu forschen und gegebene und verarbeitete Situationen und Charaktere ängstlich miteinander zu vergleichen, denn man hat einsehen gelernt, daß dabei ja doch nur die fast gleichgültige Übereistimmung zwischen dem ersten und zweiten Porträt, nicht aber die zwischen Bild und Wahrheit überhaupt, herausgebracht werden kann, und man hat erkannt, daß das Drama nicht bloß in seiner Totalität, wo es sich von selbst versteht, sondern daß es schon in jedem seiner Elemente symbolisch ist und als symbolisch betrachtet werden muß.»[115] Historisches Drama und dramatische Historie unterschieden sich, meinte HEBBEL, eigentlich nur dadurch,

[115] F. HEBBEL: Mein Wort über das Drama, VIII 37.

daß die Kunst eine *bewußte,* die Geschichte eine *unbewußte* Gestaltung sei, und er fügte mit Nachdruck hinzu, «daß der wahre historische Charakter des Dramas niemals im Stoff liegt und daß ein reines Phantasiegebilde, selbst ein Liebesgemälde, wenn nur der Geist des Lebens in ihm weht und es für die Nachwelt, die nicht wissen will, wie unsere Großväter sich in unseren Köpfen abgebildet haben, sondern wie wir selbst beschaffen waren, frisch erhält, sehr historisch sein kann»[116].

Dementsprechend muß der Dichter gewissermaßen die äußere Gestalt der Geschichte *vergessen,* um sie in ihrer inneren Wahrheit nachzugestalten.

Bereits für die individuelle Psychologie des Dichters gilt diese Regel: er muß als erstes seine eigene, persönliche Biographie zunächst aus der bewußten Erinnerung entfernen und ins Unbewußte absenken, um aus ihr heraus gestalten und über den Weg der Ver- und Umdichtung zu ihr zurückfinden zu können. Ein Schriftsteller wie GRAHAM GREENE meinte deshalb in seiner Autobiographie, der er den bezeichnenden Titel «Eine Art Leben» gab, sehr zu Recht von den Bedingungen seines Schreibens: «Besser, man weiß nichts über sich und vergißt leicht... Vergessenes soll in die Nacht versinken. Wenn es dann eines Tages seinen Weg in ein Buch findet, dann sollte das ohne unser Zutun geschehen und in solcher Verkleidung, daß wir nicht erkennen, wem wir gegenüberstehen. Alles, was sich leicht als frühere Erfahrung in einem Roman erkennen läßt, ist bloße Reportage; es hat wohl seine Berechtigung, ist aber unwichtig. Es liefert das Anekdotische, füllt Lücken in der Erzählung. Es kann auch zu Recht als Hintergrund herangezogen werden, und manchmal müssen wir dazu Zuflucht nehmen, wenn unsere Phantasie uns im Stich läßt. Vielleicht hat der Schriftsteller die Fähigkeit, leichter zu vergessen als andere Menschen – er muß vergessen, oder er wird unfruchtbar. Was er vergißt, ist der Kompost seiner Phantasie.»[117]

Im Grunde spricht jeder Schriftsteller, natürlich auch nach G. GREENES Meinung, stets von nichts anderem als von sich selbst; aber um schöpferisch tätig zu sein und aus dem Bannkreis subjektiver Unverbindlichkeit herauszutreten, muß er das Eigene gerade in etwas von ihm Verschiedenem ausdrücken, und das kann er nicht, solange er den bloßen Tatsachen seiner eigenen Herkunft zu sehr verhaftet bleibt. Er vermag aber auch nicht von etwas anderem zu schreiben, als er selber ist, ohne etwas darin von sich selbst mitzuteilen, denn in die-

[116] A. a. O., VIII 39. – Sehr instruktiv beschreibt W. KAYSER: Die Wahrheit der Dichter, 24–25, wie J. W. v. GOETHE «Aus Morgenduft gewebt und Sonnenklarheit / Der Dichtung Schleier aus der Hand der Wahrheit» empfing: in der Dichtung werde das Bedrängende besänftigt, das Bedrohliche gebannt, und diese heilende Magie der Dichtung müsse Wahrheit sein; denn: «Was da hilfreich wirkt, sind ja Wirklichkeiten.»

[117] G. GREENE: Eine Art Leben, 119–120.

sem Falle verbliebe alles in einer unpersönlichen Langeweile; er selbst muß vielmehr der erste Betroffene seiner eigenen Geschichte sein, und der Weg dahin kann nur so erfolgen, daß er die eigene Geschichte ins Unbewußte absinken läßt, um aus den Kräften, die dann frei werden, eine andere, mythisch verwandelte Geschichte hervorzuholen. Nur durch den *Mythos* seiner eigenen Geschichte, die er gerade nicht als seine eigene erzählt, obwohl sie durchaus in ihrer Fremdheit seine eigene bleiben muß, vermag er die Grenzen des Subjektiven zu überschreiten. Das Spiel seiner Phantasie, die Wirkung seines Unbewußten ist es gerade, die ihn *objektiv* macht.

So also bereits bei den individuellen Mythographen, den Schriftstellern! Um wieviel mehr gilt diese Feststellung dann bei den Großen Träumern, bei den Urhebern der großen Menschheitsmythen! Auch sie haben die Geschichte ihrer Zeit, ihres Volkes, erst *vergessen* und ins Unbewußte absinken lassen müssen, um aus der Verschmelzung der äußeren Elemente mit den gestaltenden Kräften des Inneren die als bedeutend gedeutete, die wahre, die einzige Geschichte zu schreiben, die über das eigene Volk hinaus für alle Zeiten und Völker gelten soll und wird. Der einzige Unterschied zu den individuellen Mythologen, den Schriftstellern, liegt darin, daß die Stufe des Unbewußten, auf der *sie* die äußere Geschichte reflektieren, bei ihnen nicht mehr nur die Ebene des persönlichen Unbewußten, sondern die Welt der kollektiven Archetypen ist.

Was in diesem Sinne ein «Großer Traum» ist, ergibt sich demnach allein aus der Übereinstimmung der dichterischen, traumnahen Visionen eines Einzelnen mit dem kollektiven Erleben, und so wird es beim Übergang vom Traum zum Mythos zur entscheidenden Frage, inwieweit die jeweilige Umgebung bereit und imstande ist, sich als ganze in den einzelnen Bildern einer Dichtung, eines Traumes, eines Mythos wiederzuerkennen. Erst in dieser Verbindlichkeit, in dieser Wiedererkennung seitens einer größeren Menschengruppe setzt der Mythos sich als wahr. Der Geist einer archetypischen Geschichte gewinnt in dem Maße seine Realität, seinen «Körper», als die betreffende Geschichte über die mögliche Sinndeutung des Einzelnen hinaus zum *Allgemeingut* eines Stammes, eines Volkes wird. Erst von dem Augenblick an, wo ein Volk eine bestimmte, archetypische Geschichte zu seiner eigenen macht, sie institutionell absichert, weil es in ihr die bewußtseinsjenseitigen Kräfte seines Zusammenlebens wiedererkennt und erfährt, erst in dem Moment, wo es die archetypisch verwandelte Erzählung aus der *verfremdeten* Erinnerung seiner Geschichte für wirklicher nimmt als alle «tatsächliche» Historie, gelangt der Mythos zu seiner Wirklichkeit. In der Anziehungskraft seiner Bilder für eine bestimmte Menschengruppe, die ihn durch einen einzelnen (zumeist unbekannten) Dichter oder Visionär unter ihren Mitgliedern hervorgebracht und für ihr Zusammenleben als konstitutionell verankert hat, liegt die unmittelbare, lebendige Gültigkeit des Mythos[118].

Und umgekehrt: je mehr die Menge der Unselbstverständlichkeiten, der Erklärungen, der Reflexionen, der theologischen Kommentare im Umkreis eines Mythos zunimmt, desto mehr verhärtet sich der Mythos; sein Geist trennt sich dann von der ihn umgebenden, allmählich in Verwesung übergehenden Masse seines alten Leibes. Entweder nimmt er dann die verjüngende Gestalt eines Märchens an (s. o. S. 142 ff.), oder er verfällt in dem riesigen Sammelbecken der Religionsgeschichte unter der Last der Interpretationen zu einem bloßen Angebot *möglicher* Daseinsdeutung. Auch dies schmälert, wie wir wissen, durchaus nicht seine Wahrheit an sich; aber diese seine Wahrheit ist in diesem Falle tot für die unmittelbare Bezugsgruppe, und es bedarf dann einer erneuten Kongenialität, einer «Gleichzeitigkeit» des Empfindes des Einzelnen, um den alten Mythos durch die eigene Existenz mit neuem Leben zu erwecken bzw. das eigene Leben an dem Funken der Asche alter Geschichte von neuem zu entzünden – es bedarf dann schon eines W. F. OTTO[119] für die griechische,

[118] O. RANK: Das Inzest-Motiv in Dichtung und Sage, 1912, 19–20, hat das Moment der Faszination dichterischer Schöpfungen aus dem Moment der Verdrängung zu deuten versucht: «Die behandelten Probleme müssen, um dichterischer Wirkungen, wie sie die echte Kunst hervorzubringen bestimmt ist, fähig zu sein, in verhüllter Weise zum Ausdruck kommen, wie es ja auch die unbewußt wirkende Gestaltungskraft des Dichters mit sich bringt. Die Wirkung leidet nämlich keineswegs, wie man glauben könnte, darunter, wenn man die Probleme kaum ahnt; sie wird vielmehr durch solches Ahnen erst bedingt. In die Sprache unserer Psychologie übersetzt heißt das, die unbewußten Phantasien dürfen vom Dichter nicht so weit bewußt gemacht werden, daß der Zuschauer sich darüber vollkommen klar ist, worin die mächtige Wirkung des Werkes besteht.» Das entspricht der FREUDSCHEN These, wonach «die Mythen- und Märchenbildung als ein Negativ der Kulturentwicklung zu betrachten» ist, «gewissermaßen als Ablagerungsstelle der in der Realität unverwendbar gewordenen Wunschregungen und unerreichbaren Befriedigungen.» O. RANK: Psychoanalytische Beiträge zur Mythenforschung, 380.

[119] Vgl. W. F. OTTO: Die Wirklichkeit der Götter, 45: «Bei allen früheren Wiederentdeckungen der Antike hat ein *neues Menschentum* sich im Spiegel des Griechischen erkannt und gebildet. Der historischen Altertumskunde aber entspricht kein neues Sein des Menschen, weder als Ursache noch als Wirkung. Der Erforscher der Antike wird von dem, was er weiß, in seinem Dasein nicht mehr berührt. Er ist ein Gelehrter wie alle anderen, der seinen Gegenstand mit derselben Methode und vor allem mit derselben Distanziertheit, die er Objektivität nennt, bearbeitet... Wo über bloße Feststellungen hinaus ein Urteil verlangt wird, nimmt er seine Maßstäbe ohne weiteres aus der populären Welt- und Lebensanschauung seiner Zeit. Der Widerspruch, in dem diese stillschweigend eingestandene Hilflosigkeit zu der überlegenen Sachlichkeit seiner Ergebnisse steht, mußte einmal zutage treten. Und die Enttäuschung konnte nicht ausbleiben, wenn man den ungeheuren Aufwand an Fleiß und Scharfsinn zur Feststellung und Sammlung zahlloser Tatsachen mit dem geistigen Ertrage im ganzen verglich... Je kaltblütiger und methodischer man die Antike zu präzisen Zeugenaussagen gezwungen hat, um so mehr ist sie verstummt. ... Die Naturwissenschaften, deren Methode sie (sc. die moderne Geschichtsforschung, d. V.) sich zum Vorbild nahm, können sich wenigstens auf die praktische Verwendbarkeit ihrer Resultate berufen. Sie aber hat kaum mehr den Mut, vom Nutzen der Beschäftigung mit der Antike zu sprechen.» – Es zählt zu den Monströsitäten der gegenwärtigen Theologie, daß man christlicherseits W. F. Otto vorwarf, er wolle die griechischen Göttervorstellungen wiederbeleben (a. a. O., 9), während man aus dem fundamentalen Ungenügen der historisch-kritischen Methode schon beim Erfas-

eines H. ZIMMER[120] für die indische, eines M. BUBER[121] für die hebräische, eines L. SENGHOR[122] für die afrikanische Religiosität, um die überzeitliche, menschheitliche Bedeutung ihrer Überlieferungen zu erkennen; aber es bedarf in jedem Falle nicht eines neuen Erklärers, sondern eines neuen Gläubigen, eines *Wiederträumers,* um die alte Mythe als lebendig zu erweisen und sie in ihrer Wahrheit wiederzugewinnen.

Wir müssen daher zu der früher erwähnten *«Gleichzeitigkeitsregel»* der Auslegung zurückkehren (s. o. S. 59) und jetzt hervorheben, daß, um Geschichtliches als Gegenwärtiges zu verstehen, man unbedingt in die Auslegungsrichtung des Mythos selbst miteinstimmen und das einzelne Ereignis in seiner Äußerlichkeit von Grund auf dem Vergessen übergeben muß; es gilt, in dem überlieferten Material der Geschichte das symbolische Stichwort zu finden, das die Pforte zu dem Szenarium der ewig gültigen Gefühle, Empfindungen, Intuitionen und Anschauungsweisen der menschlichen Psyche für einen bestimm-

sen heidnischer Mythen für sich selbst die Konsequenz einer völligen Neubesinnung der eigenen Hermeneutik hätte ziehen sollen. Aber wie üblich verwarf man das Heilmittel, weil man die Krankheit am eigenen Leibe nicht sehen wollte, mit dem Ergebnis, daß die klassische Philologie heute den Mythos von Dionysos oder Orpheus existentiell ungleich tiefer auszulegen imstande ist als die christliche Theologie Tod und Auferstehung Christi «historisch-kritisch» zu deuten versteht. Man lese z. B. U. KELLERMANN: Auferstanden in den Himmel, 1978, 138–139: «Es bleibt historisch denkbar, daß Jesus selbst das Nachfolgewort (sc. Mk 8,35, d. V.) gesprochen und mit der allgemeinen Märtyrersentenz vom Erringen des Lebens durch das Sterben verbunden hat. Dann dürfte er sich selbst kaum von dieser Märtyrererwartung auf das postmortale himmlische Leben ausgeschlossen haben.» Welch ein Motiv für einen heutigen Theologen, selbst für ein Stück Wahrheit seines Lebens einzutreten! Wohlgemerkt, es wird in dieser Sprache und mit diesen Worten das Lebensfundament eines jeden gläubigen Christen verhandelt! «Brannte nicht unser Herz,... wie er uns die Schrift erschloß?» (Lk 24,23.) Wie lange ist das her? – Vgl. ähnliche Ausführungen bei L. SCHENKE: Der gekreuzigte Christus, 1974, 145: «Nachfolge des Auferstandenen verwirklicht sich... als *Kreuzesnachfolge.*» In solchen Phrasen kann es endlos weitergehen, aber darf es endlos so weitergehen?

120 Vgl. H. ZIMMER: Indische Mythen und Symbole, 11–15, der seine Darstellung der indischen Götterlehre mit der wunderbaren Erzählung einleitet, wie Indra, der König der Götter, «in seinem grenzenlosen Stolz gedemütigt, von seinem übermäßigen Ehrgeiz geheilt und durch geistliches wie weltliches Wissen zur Erkenntnis der ihm zukommenden Rolle im kreisenden Spiel nie endenden Seins gebracht wurde.» (A. a. O., 15.)

121 Vgl. M. BUBER: Der Mensch von heute und die jüdische Bibel, II 849–850: «Die Unverbindlichkeit des Geistes ist die Signatur unserer Zeit; man proklamiert die Rechte des Geistes, man formuliert seine Gesetze, aber in das Leben gehen sie nicht ein, nur in Bücher und Diskussionen... alles ist des Geistes, nur der gelebte Alltag nicht... Die Menschen... haben sich darüber Gedanken gemacht, wie dem Zerfall abzuhelfen sei, und sie haben an die Religion als an die Gewalt appelliert, die allein noch befähigt sei, einen neuen Bund von Geist und Welt heraufzuführen. Aber was man heute Religion nennt, wird das nie vermögen. ‹Religion› ist selber heute eine Sache des abgelösten Geistes, eine seiner Abteilungen... das lebensumfassende Ganze ist sie nicht und kann es von diesem ihrem Status aus auch nicht werden.»

122 Vgl. L. S. SENGHOR: Gebet an die Masken, in: Botschaft und Anruf, 49, der meint, Schwarzafrika werde bei der Wiedergeburt der Welt wesentlich gebraucht: «Denn wer sonst sollte die an Maschinen und an Kanonen gestorbene Welt den Rhythmus lehren? Wer sollte denn sonst den Freudenschrei ausstoßen, der Tote und Waisen bei neuer Dämmerung weckt? Sagt, wer gäbe denn sonst den Menschen mit der zerfetzten Hoffnung das Lebensgedächtnis wieder?»

ten Bereich hin öffnet, und von ihm her die überlieferte Geschichte als *innere* Geschichte nachzugestalten.

Man mag diesem Interpretationsverfahren vorwerfen, daß es selber auf eine Mythisierung der Geschichte hinauslaufe, – auf den anspruchsvollen Begriff des «Mythos» als bedeutsamer Geschichte trifft dieser Vorwurf sogar durchaus zu; denn eine andere Art, Geschichte als für die eigene Existenz entscheidend, als «göttlich», als heilbegründend, als rettend, als ewig gültig auszulegen, gibt es überhaupt gar nicht, als zu tun, was alle Mythen tun und getan haben: die äußere Historie im Unbewußten zu versenken und als verwandelte Dichtung des eigenen Lebens, als Mythos neu zu gestalten. Die mythische Geschichtsüberlieferung ist, wenn es um die ewige Bedeutung zeitlicher Ereignisse geht, nicht ein vorrationales Stadium unserer eigenen rational-zergliedernden, historisch-kritischen Methode der Geschichtsdeutung, sie ist vielmehr das bleibende und verpflichtende Vorbild jeder wahrhaft religiösen Auslegung und Überlieferung von Geschichte.

Freilich muß man sich an dieser Stelle entscheiden. Will man durch kritische Sichtung archäologischer, literarischer und mündlicher Quellen die Geschichte rekonstruieren, wie sie «wirklich» *war,* so wird man bei der historisch-kritischen Methode stehen bleiben können und müssen; man muß dann in Kauf nehmen bzw. in Rechnung stellen, daß auf diese Weise keinerlei Zugang zu irgendeiner gegenwärtigen Bedeutung des Vergangenen möglich ist außer vielleicht der Feststellung, kulturgeschichtlich in gewissen Punkten durch die *Wirkungsgeschichte* bestimmter Ereignisse mit der Vergangenheit unlösbar rückverbunden zu sein. Aber selbst unter der Voraussetzung wirkungsgeschichtlicher Kohärenz tragen die vergangenen Ereignisse nur mittelbar durch die von ihnen ausgelösten Folgen, so wie sie im nachhinein erscheinen, zur Gestaltung und zum Verständnis der Gegenwart bei, sie bleiben in sich selber nach wie vor ein bloßer Teil unwiederholbarer Vergangenheit; und vollends *außerhalb* ihrer eigenen Wirkungsgeschichte, z. B. in einem fremden, geschichtlich unverbundenen Kulturkreis, bedeuten die Tatsachen der Vergangenheit als solche schlechtweg gar nichts.

Die mythische Überlieferung der Osterinsel z. B., etwa die Geschichte, wie König Hotu Matua seinen hinterlistigen Bruder Oroi besiegte[123], muß historisch gesehen heute noch, da sie von allen anderen Überlieferungen der Weltgeschichte völlig isoliert ist, als ein im Grunde bedeutungsloses, unverständliches Fossil weitergegeben werden, es sei denn, daß man die Zeit König Hotu Matuas eines Tages *archäologisch* wiederherstellen und damit in den Gang der

[123] F. FELBERMAYER: Sagen und Überlieferungen der Osterinsel, 21–23.

Weltgeschichte in irgendeiner Weise, mindestens als einen amerikanischen oder (richtiger) polynesischen Seitenzweig der großen Menschheitsentwicklung, einordnen kann[124]. Ganz anders verhält es sich indessen, wenn die Bruderkampferzählung von Hotu Matua und Oroi, unerachtet ihrer möglichen historischen Relevanz, in der früher schon angedeuteten Form (s.o. S. 175) nach dem Vorbild der Bruderkampfmythen als ein archetypisches Geschehen *innerer* Auseinandersetzung gedeutet wird: nur in *dieser* Auslegungsweise kann das (vielleicht!) historisch Einmalige (der Bruderkampf auf der Osterinsel) als Bild des ewig Gültigen, das individuell Begrenzte als Symbol und Ausdruck des menschheitlich Universalen verstanden werden.

Die Rede ist an dieser Stelle wohlgemerkt noch nicht einmal von der spezifisch *religiösen* Gültigkeit und Bedeutung geschichtlicher Ereignisse, ritueller Vergegenwärtigungen und mythischer Erzählungen; die Rede ist lediglich von der Bedeutung, die bestimmte Überlieferungen, ob geschichtlich oder ungeschichtlich, als Bilder von Heil und Unheil in *psychologischem* Sinne (also im Sinne von Individuation und Depersonalisation, von Integration und Desintegration) besitzen können. Aber bereits dabei ergibt sich, wie man sieht, daß die Erzählungen der Alten für das gegenwärtige Bewußtsein solange sinn- und belanglos bleiben müssen, als man an dem Raster einseitig historischer Fragestellungen festhält.

Natürlich kann man, um diese Feststellung noch an einem anderen wichtigen Beispiel zu verdeutlichen, sich dafür interessieren, in welcher Zeit etwa Gilgamesch von Uruk gelebt und regiert hat und wo vermutlich die Perle des Lebens topographisch zu finden war[125]. Aber versteht man so das *Gilgamesch-Epos*? Dem Geheimnis der zwiespältigen Freundschaft Gilgameschs zu seinem ursprünglichen Feind und späteren Gefährten, dem bepelzten Jäger Engidu[126] – dem Rätsel seiner Dirnenverführung[127] – der Leidenschaft seines Kampfes gegen den Riesen Chumbaba, des Wächters des Waldes, – seiner Zurückweisung der Himmelsgöttin Ischtar und seinem Kampf gegen den Himmelsstier[128], – der Trauer um den zur Strafe getöteten Engidu und schließlich der Fahrt Gilgameschs in die Unterwelt und dem Verlust des Lebenskrautes[129], – all diesem

[124] Vgl. Th. HEYERDAHL: Die «Großen Steine» der Osterinsel, in: E. Bacon: Versunkene Kulturen, 324; 337–339; DERS.: Kon Tiki, 5–15; gegen die Amerika-Hypothese vom Ursprung der polynesischen Kultur auf den Osterinseln spricht indessen vieles; vgl. z. B. A. SCHIFRES: Die Riesen der Osterinsel, in: Die letzten Geheimnisse unserer Welt, 100–101.

[125] G. BIBBY: Dilmun, 169; E. DREWERMANN: Strukturen des Bösen, III 151–152.

[126] A. SCHOTT: Gilgamesch-Epos, 1. Tafel III 5–6.

[127] A. a. O., 1. Tafel III 47 – IV 46.

[128] A. a. O., 6. Tafel.

[129] A. a. O., 11. Tafel 266–270.

wird man mit historischen Mitteln nicht um ein weniges näher kommen. Historisch mag man z. B. das mythische Land Dilmun der Sumerer mit der Insel Bahrain im Persischen Golf identifizieren, wie es G. BIBBY vorgeschlagen hat[130], dennoch wird man das, was das «Paradies» als Archetypus der menschlichen Psyche verheißt, durch solche Lokalisierungen im Äußeren womöglich nur noch weniger verstehen. *Tiefenpsychologisch* indessen liest sich die Mythe von Gilgamesch als ein Symbol des ewigen Ringens des Ichs mit seinem dunklen «Bruder», dem «Schatten», der in Engidu ebenso repräsentiert ist wie in dem Riesen Chumbaba. Achtet man auf die Symbolsprache der uralten archetypischen Bilder in tiefenpsychologischem Sinne, so vernimmt man die spannungsreiche Auseinandersetzung mit der Gestalt der anima, die in der «Dirne» ebenso wie in der Göttin Ischtar lebt; man hört dann von der notwendigen Überwindung der ödipalen, regressiven Neigungen im Bilde der «Stiertötung», des Opfers der Triebhaftigkeit[131], und begegnet dem Motiv aller Wiedergeburtsgeschichten: dem Motiv der Wasserüberquerung und der Unterweltfahrt; und in all diesen Bildern erkennt man das tragische Scheitern des Menschen auf dem Weg zur Einheit mit sich selber wieder[132]. Nicht ein einziges Motiv dieses sonst so entlegenen, bis heute ältesten Epos der Menschheitsliteratur verbleibt im Rahmen einer tiefenpsychologischen Deutung in der bloßen Distanz historischer Unverbindlichkeit, sondern es erhält seine Macht zur Daseinsdeutung und Lebensweisung in ursprünglicher Frische zurück; und dies allein ist es, worauf es ankommt, wenn man eine Bedeutung in den Erzählungen der Alten finden will, die in die Gegenwart hineinreicht und mehr ist als die verwirrende Analyse verworrener Geschichts- und Naturbeschreibungen.

Ja, aber ist denn dann nicht «alles» «unhistorisch»? Diese kritische Frage stellt sich immer wieder. Löst sich denn nicht bei einer solchen tiefenpsychologischen Hermeneutik alles in einem psychischen *«Semper et ubique»,* einer nebelhaften Allgegenwart, auf? Wird aus wirklicher Geschichte bei dem hier vorgeschlagenen Deutungsverfahren nicht lediglich eine Realität *in effigie*? Redet man hier nicht einem völlig unhistorischen Panpsychismus, einem traumwandlerischen Idealismus das Wort? Und: zerredet man auf diese Weise nicht die Härte «wirklicher» geschichtlicher Auseinandersetzungen zu einer bloßen Metaphorik der Innerlichkeit?

Wir können auf diese Fragen, die sich dem Leser immer wieder stellen werden, nur antworten: durchaus nicht. – Es dürfte klar geworden sein, daß die tie-

130 Vgl. G. BIBBY: Dilmun, 88–89.

131 C. G. JUNG: Symbole der Wandlung, V 338.

132 A. a. O., V 250–251.

fenpsychologische Interpretationsmethode, wenn sie nach der *Bedeutung* der einzelnen Symbole und ihrer Zusammenordnung für die Gegenwart fragt, über die Art und die mögliche Faktizität bestimmter historischer Anlässe in oder hinter den mythischen Erzählungen der Alten an sich überhaupt nicht, weder positiv noch negativ, urteilen kann und will, – insofern behält unbestreitbar die historische Forschung ihre Berechtigung und Notwendigkeit; nur ist zugleich ebenso deutlich geworden, daß die Ergebnisse einer historischen Untersuchung niemals etwas über die bleibende Bedeutung einer vergangenen Erzählung für die Gegenwart aussagen können, und insofern relativiert sich die Bedeutung der historisch-kritischen Methode erheblich. In der biblischen Exegese wird man sich zwar immer wieder darauf berufen, daß man doch nur mit historischen Mitteln aufzeigen könne und müsse, was im Verlauf einer bestimmten Traditionsgeschichte die einzelnen Tradenten oder Redaktoren in bestimmten Situationen mit gewissen Erzählungen, Geschichtsdarstellungen, Lehrformeln usw. hätten sagen und hervorheben wollen, – auch dies ist unbestreitbar. Aber selbst wenn man sich auf die theologische Aussageabsicht eines biblischen Redaktors beschränkt und etwa feststellt, wie ein Evangelist, z. B. Lukas, von der menschlichen Geschichte gedacht hat, wie er für sich das Problem der «Heilserwartung» und «Eschatologie» löste[133], selbst dann ist es doch nicht möglich, aus solchen *Gedanken* und *Aussageabsichten* etwas Gültiges für die Gegenwart abzuleiten: ein anderer Evangelist, z. B. Markus[134], Matthäus[135]

[133] Vgl. z. B. J. Ernst: Herr der Geschichte, 1978, 111–113: «Lukas hat nicht an die Stelle des futurisch orientierten Zwei-Äonen-Schemas das durch das platonisch-gnostische Welt- und Daseinsverständnis bestimmte ungeschichtliche Zeit-Ewigkeits-Modell gesetzt. Die vertikale Dimension der Eschatologie war vielmehr die notwendige Folge der bewußt reflektierten Erhöhung Christi. Das ‹Jenseits› des Heils hat dessen Zukünftigkeit nicht aufgesogen, die Himmelfahrt Jesu hat die Parusie am Ende der Tage nicht gegenstandslos werden lassen; das ‹Ergehen› Jesu Christi… hat seinen Niederschlag gefunden in der um eine neue Dimension erweiterten Eschatologie.» «Lukas verkündet Christus als den Gekommenen, als den Wiederkommenden und als den in den Himmel Erhöhten, der in der gegenwärtigen Zwischenzeit im Wirken der Kirche und im Pneuma erfahren wird.» Die Rede ist hier wohlgemerkt von einer Hoffnung, die nur der Glaube lehren kann; aber läßt sich in solchen Redensarten irgendetwas «im Pneuma erfahren» und «in der Kirche» «wirken»?

[134] W. Marxsen: Der Evangelist Markus, 1959, 128: «Markus blickt in seinem Evangelium auf den Kommenden, schildert ihn so, wie er gekommen ist, weil der Gegenwärtige es ihm so offenbart hat. Dieser Satz läßt sich auch umkehren. Markus schildert den Gekommenen als den Kommenden; und schließlich so: Markus bezeugt den Gegenwärtigen, indem er ausblickt auf dessen Parusie und die Darstellung mit Mitteln vornimmt, die beim Gekommenen ihren Ursprung haben. – Das alles sind keine Wortspiele.» Gut! Was aber dann?

[135] R. Walker: Die Heilsgeschichte im ersten Evangelium, 1967, 117: «Der irdische Jesus bestimmt nicht nur die Zeit Israels bis zum Kreuz, sondern auch seine nachösterliche Berufungsgeschichte und die letzte Zeit der Heidenberufung und geht dabei… ‹bruchlos› vom einen zum anderen. Als Veranstalter der Heilsgeschichte unterliegt er keiner Diskontinuität… Er ist das Haupt der Geschichte, die er von vornherein als ‹Gott› regiert…» «Hier, auf der menschlichen Seite des Geschehens, weiß die Heilsgeschichte von tiefer, unbegreiflicher Diskontinuität… Das lineare Zeitschema verführt den Evangelisten nicht zu einem linearen

oder Johannes[136], hat zu demselben Thema eine andere Auffassung vertreten, eine jede muß mit der anderen historisch vermittelt und alle zusammen müssen durch den langen Weg ihrer Wirkungsgeschichte in Form der kirchlichen Tradition mit der Gegenwart verbunden werden. Vollends die einzelnen Erzählungen werden in solcher Betrachtung nach wie vor zu bloßen *Aussagemitteln* herabgewürdigt, und die Sprache der Symbole[137], der archetypischen Bedeutungen wird zugunsten scheinbar rationaler Theologumena mit Absicht und Methode vernachlässigt. Lediglich der Umstand, daß auch dann noch alles Sprechen von Messianität, Parusie, Eschatologie usw. rational nicht begreifbarer wird, macht deutlich, daß man mit derartigen Kommentaren die eigentlichen Fragen mehr verdeckt als beantwortet: was denn nun das einzelne Bild, Symbol oder Ereignis über seinen historischen Anlaß hinaus in sich selbst damals wie jetzt bedeutet. Und um *diese* Fragen zu beantworten, kommt man durchaus nicht umhin, das Historische als Ausdruck *innerer* Vorgänge zu lesen und es als *Gleichnis,* als Typos dessen zu verstehen, was den Menschen zu allen Zeiten wesenhaft angeht.

In gewissem Sinne ist zudem die Tiefenpsychologie, so unhistorisch auch immer sie an sich vorgehen mag, doch gegen den Vorwurf gefeit, sie löse «alles» in «Psychologie» auf. Gerade indem die Tiefenpsychologie auch die geschichtlichen Überlieferungen der Alten als Bilder seelischer Zustände und Abläufe interpretiert, zeigt sie zugleich, daß es bestimmte Gefühle und innere Erlebnisse nicht nur jetzt, sondern auch *damals* schon gab und daß diese Gefühle und Erlebnisse in sich selbst auch als historische Fakten hinreichend gewürdigt werden können und müssen. Wohl betont die Tiefenpsychologie, daß die Geschichtsdarstellung des Mythos so wenig zur Rekonstruktion der *äußeren* Fakten taugt wie der Traum einer Nacht zur Analyse des äußeren Ablaufs des vergangenen Tages im Leben eines Träumenden; aber sie ist doch imstande, aus den mythischen Erzählungen die Gefühle, die Erlebnisweise vielleicht auch gewisser äußerer Anlässe selbst in den betroffenen Menschen zu rekonstruieren, und somit leistet sie unzweifelhaft auch in historischem Sinne einen wichtigen Beitrag zur Erforschung der Frage, wie sich bestimmte Menschen der Vergan-

Heilsdenken, das an ekklesiologischen Leitbildern orientiert wäre. Heilsgeschichte ist *Berufungs*geschichte innerhalb der linearen Zeitentwicklung und so ganz und gar die Geschichte der Nicht- oder Noch-Nicht-Kirche, eben die Geschichte Israels und der Heiden.» – Hier soll es offenbar um die Frage gehen, inwieweit jemand das Vertrauen haben kann, mit seinem Leben vor Gott berechtigt zu sein!

136 Vgl. R. BULTMANN: Theologie des Neuen Testamentes, 427–445, mit der These der gegenwärtigen Eschatologie.

137 Besonders die eschatologischen und apokalyptischen Darstellungen bzw. Visionen der Bibel sind voller archetypischer Bilder, deren konkreter Sinn nur auf der Ebene der Traumpsychologie zu erfassen ist; im 2. Bd. der vorliegenden Arbeit werden wir noch ausführlicher darauf zu sprechen kommen.

genheit selbst erfahren und gefühlt haben, wenn sie sich und ihre Geschichte in einer bestimmten mythischen Geschichte auf eine spezifische Weise dargestellt haben. Die Tiefenpsychologie sagt durchaus nicht, daß *nichts* an äußerer Wirklichkeit hinter den archetypischen Bildern der mythischen Überlieferungen stehe, daß also alles nur Schein, nur Rauch sei; sie betrachtet die Mythen im Gegenteil als die adäquaten Erscheinungsformen der «eigentlichen», ewig gültigen Wirklichkeiten in der menschlichen Psyche. Von daher liest sie die Mythen bzw. die mythennahen Erzählungen als typische Darstellungen menschlichen Erlebens; dies freilich tut sie *von innen* heraus, indem sie von der jeweiligen historischen Veranlassung eines Mythos methodisch ganz und gar absieht und voraussetzt, daß die Kenntnis der historischen Wirklichkeit zum Verständnis des Mythos selbst an sich zunächst nichts beiträgt. Die historischen Inhalte eines Mythos verschwimmen als bloße mutmaßliche Anlässe bestimmter archetypischer Bilder stets hinter den Gefühlsbedeutungen, die diese Bilder selbst besitzen.

Es ist nun interessant und äußerst wichtig, daß sich in der individuellen Erfahrung eine exakte Parallele zu diesem Verhältnis von (Urzeit-)Mythos und Historie in den Völkererzählungen findet, und zwar in Gestalt der schon mehrfach erwähnten *«Deckerinnerungen»*. Diese spielen in der Biographie des Einzelnen nicht nur in etwa die gleiche Rolle wie der Mythos im Leben eines Volkes, sondern sie eröffnen zugleich die einzigartige Möglichkeit, das Verhältnis von Erinnerung und historischem Geschehen psychologisch in einer Art Experimentalfall einmal modellartig zu untersuchen. Am Beispiel der seelischen Entwicklung des Einzelnen und der Art, wie diese sich in Form der sog. «Deckerinnerungen» im individuellen Bewußtsein widerspiegelt, läßt sich im folgenden daher am besten erläutern, wie man sich das Verhältnis zwischen den (Ursprungs-)Mythen der Völker zu den historischen Fakten ihrer Herkunft, das Verhältnis von Zeitlichem und Wesentlichem, von Synchronie und Diachronie im Mythos zu denken hat. Die «Deckerinnerungen» als die privaten Urzeitmythen des Einzelnen erlauben es, psychologisch nachzuprüfen, ob das bisher beschriebene Verhältnis von Historie und Mythos in den Völkererzählungen in sich selbst zutreffend und korrekt dargestellt worden ist.

e) Die individuellen Mythen des Anfangs als Modell: Deckerinnerungen und Lieblingsmärchen

In jeder psychoanalytischen Anamnese spielt die Frage nach der frühesten Erinnerung im Leben eines Patienten eine große Rolle; denn die Erfahrung zeigt, daß dieser ersten Erinnerung eine besondere Bedeutung zukommt. Der Patient selbst wird seinem vermeintlich frühesten Erlebnis oft keine weitere Beachtung schenken wollen; trotzdem aber enthält es zumeist den Schlüssel zum Verständnis nicht nur der frühen Abschnitte in seinem Leben, sondern sogar seines Charakters und Verhaltens in der Gegenwart. Darüber hinaus wird der Patient für gewöhnlich die Meinung vertreten, seine Erinnerung, so unbedeutend auch immer, sei objektiv wahr, sie gebe eine bestimmte Szene historisch richtig wieder, und in gewissem Sinne tut sie das vielleicht sogar; gleichwohl ist eben dies jetzt die Frage: in welchem Sinne hat die «Ersterinnerung» eine besondere Bedeutung für das Leben eines Patienten und in welchem Sinne ist sie «objektiv», also «historisch» zutreffend?

Schon zu Beginn seiner psychoanalytischen Entdeckungen hatte S. FREUD bemerkt, daß in den Erinnerungen seiner Patient(inn-)en immer wieder psychisches Material auftauchte, das aus der Zeit zwischen zwei bis vier Jahren stammen mußte und auf merkwürdige Weise isoliert dastand. Während aus dieser Zeit sonst kaum Erinnerungen vorlagen, durchbrachen diese besonders frühen Kindheitserinnerungen die Decke der Amnesie. Dieses Phänomen wäre an sich noch verständlich gewesen, wenn es sich bei solchen Erinnerungen jeweils um besonders wichtige oder als besonders schwerwiegend empfundene Begebenheiten gehandelt hätte, «wie Krankheiten, Todesfälle, Brände, Geburt von Geschwistern usw.»[138]. Aber statt dessen handelte es sich nicht selten um Inhalte, die an sich ziemlich gleichgültig und nebensächlich erschienen und trotzdem «überscharf», «mit allen Details» in der Erinnerung haften geblieben waren[139], während wirklich belangvolle, auch damals bereits (nach dem Zeugnis der Eltern) von dem Kind sehr lebhaft aufgenommene Ereignisse aus jener Zeit völlig in Vergessenheit geraten zu sein schienen. Wenn FREUD indessen mit Hilfe der freien Assoziation das bruchstückhafte Material der frühesten Kindheitserinnerungen ergänzen und vervollständigen ließ, so ergab sich regelmäßig der Eindruck, daß die Belanglosigkeit an der Oberfläche des erinnerten Materials das Ergebnis eines *Widerstandes* gegen bestimmte unterdrückte Inhalte darstellte, die ihrerseits den eigentlich bedeutsamen Kern der frühen Kindheitserinnerungen bildeten. Derartige Erinnerungen, die im Grunde nur den Zweck verfolgten, bestimmte mit ihnen verbundene, aber gerade nicht erinnerte, verdrängte Inhalte zu verdecken, bezeichnete FREUD in der Folgezeit als *«Deckerinnerungen»*. Als ihr Hauptmerkmal erachtete er gerade die «große Gedächtnisfähigkeit bei völlig gleichgültigem Inhalt»[140], und er führte diese

[138] S. FREUD: Über Deckerinnerungen, I 534.
[139] A. a. O., 534.
[140] A. a. O., 551.

Eigentümlichkeit darauf zurück, daß die Deckerinnerungen stets einem bestimmten Konflikt entstammten: ein bestimmtes Erlebnis war so wichtig, daß es sich dem Gedächtnis einprägen wollte, aber sein Inhalt war derart inakzeptabel, daß man es um keinen Preis mehr behalten wollte; zwischen beiden Tendenzen: dem Behaltenwollen und dem Widerstand kam dann ein Kompromiß zustande, indem zwar Teile des Erlebnisses haften blieben, aber die eigentlich wichtigen Anteile ausgeblendet wurden[141].

Näherhin unterschied FREUD zwischen vorgreifenden und rückläufigen Deckerinnerungen[142], insofern das Material der Deckerinnerungen nicht aus ein und der gleichen Szene, sondern aus verschiedenen Zeiten stammen kann und, je nachdem, das Spätere das Frühere verdeckt oder umgekehrt. Manche Deckerinnerungen formen sich aus späteren Erlebnissen, sie stehen aber zu früheren unterdrückten Erlebnissen assoziativ in Beziehung und erhalten von daher ihre Bedeutung; andere Erinnerungen aus späterer Zeit verdecken hingegen nicht etwas Früheres, sondern weichen lediglich in Kindheitserinnerungen aus, um sich dadurch harmloser oder großartiger darzustellen, als sie es in Wahrheit gewesen sind. Die Mechanik der Kompromißbildung selbst, einen bestehenden Konflikt dadurch zu lösen, daß bestimmte Inhalte verdrängt und durch harmlos erscheinendes Material ersetzt werden, ist dabei offenbar die gleiche wie bei der neurotischen Symptombildung oder bei der Symbolbildung des Traumes aus den rezenten Erinnerungen des Vortages; und eben diese Ähnlichkeit der Deckerinnerungen mit der Symbolbildung der Träume und der Entstehung neurotischer Symptome macht gerade den Wert der frühesten Kindheitserinnerungen für die psychoanalytische Anamnese aus. Denn in den Deckerinnerungen spiegeln sich mit Regelmäßigkeit diejenigen Konflikte wider, die im damaligen Erleben ein besonderes Gewicht besaßen; die Art ihrer Verarbeitung in einer bestimmten Kindheitserinnerung gibt daher unmittelbar über die Art und Weise der damaligen Konfliktbewältigung Auskunft. Nimmt man hinzu, daß gerade die Konflikte der ersten Kindheitsjahre den späteren Charakter in Krankheit wie Gesundheit prägen, so scheint es nicht zuviel behauptet, wenn man in den frühen Kindheitserinnerungen in der Tat nicht nur verdichtete Erinnerungsbilder aus den Anfängen der persönlichen Biographie, sondern zugleich Wesensbilder der späteren Persönlichkeit erkennt.

In der Frage der *Historizität der Kindheitserinnerungen* nun gelangte S. FREUD bezüglich der Deckerinnerungen schon sehr früh zu einer ziemlich skeptischen

141 A. a. O., 536.
142 A. a. O., 551.

Auffassung. Die Entscheidung in dieser Frage war bereits dadurch gefallen, daß FREUD den *symbolischen* Charakter der Deckerinnerungen erkannte und sie als Pendant der neurotischen Symptombildung und der Traumsymbolik auslegte; denn falls diese Annahme zutraf, so konnten die Deckerinnerungen stets nur zu einem sehr geringen Teil «historisch» sein, und ihr «historischer» Anteil mußte zudem noch gerade aus den unwesentlichen und nebensächlichen Erinnerungsresten zusammengesetzt sein. In der Tat fehlte das eigentlich historisch (bzw. biographisch) wichtige Material in den Deckerinnerungen entweder gänzlich oder es wurde durch verhüllende Bilder ersetzt.

Man kann die «Deckerinnerungen» daher nur sehr begrenzt als bloße Wiedergabe der biographischen Vergangenheit deuten; besser ist es, sie zu lesen, wie man einen Traum liest, in dem sich gleichermaßen reale Erinnerungsreste (zumeist des Vortages) zu symbolischen Szenen verbinden. Urteilt man von rein biographischem und historischem Standpunkt aus, so handelt es sich bei den Deckerinnerungen offenbar um tendenziöse «Erinnerungsfälschungen, ..., d.h. daß sie den Zwecken der Verdrängung und Ersetzung von anstößigen oder unliebsamen Eindrücken dienen»[143]. Ja, geht man noch einen Schritt weiter, so mag man mit FREUD urteilen, daß es überhaupt zweifelhaft ist, «ob wir bewußte Erinnerungen aus der Kindheit haben, oder nicht vielmehr bloß *an* die Kindheit». Denn, so meinte FREUD, unsere «Kindheitserinnerungen zeigen uns die ersten Lebensjahre, nicht wie sie waren, sondern wie sie späteren Erweckungszeiten erschienen sind... und eine Reihe von Motiven, denen die Absicht historischer Treue fern liegt, hat diese Bildung sowie die Auswahl der Erinnerungen mitbeeinflußt»[144]. Wer mithin die Deckerinnerungen rein äußerlich nach der historischen Elle messen will, der muß dazu verurteilt bleiben, ihnen jede historische Bedeutung abzusprechen und sie lediglich auf die Bedingungen und Tendenzen ihrer Entstehungszeit hin untersuchen zu können.

Indessen wäre eine solche Sicht der Dinge ungerecht und einseitig, und FREUD selbst hat dies später deutlich zu verstehen gegeben. Statt nämlich die symbolischen Verstellungen der biographischen Wirklichkeit in den Deckerinnerungen als bloßes Lügenspiel der Phantasie zu rügen, kann und sollte man in ihnen besser den treffendsten und bestmöglichen Ausdruck bestimmter (einander widerstreitender) Gefühle sehen und sich bei ihrer Analyse nicht anders verhalten als bei der Analyse von Traumbildern, «Fehlleistungen» und Symptombildungen auch. Man wird dann leicht bemerken, daß die Frage, was ein Patient vor vielen Jahren in äußerem Sinne «wirklich» erlebt hat, im Grunde

[143] A. a. O., 553.
[144] A. a. O., 553–554.

nebensächlich ist. Was einen Menschen in der Kindheit geformt bzw. krank gemacht hat, ist ja niemals ein äußeres Ereignis an sich, sondern die Art, wie er es erlebt hat; die subjektive Bedeutung, die man dem Erlebnis *verliehen* hat, stattet es mit der Macht aus, einen nachhaltigen Einfluß auf die psychische Entwicklung zu nehmen[145]; und bei Licht besehen ist dieser subjektive Faktor des Erlebens stets weit wichtiger als das äußere Geschehen selbst.

Um also zu verstehen, was in der Kindheit eines Patienten «wirklich» «passiert» ist, muß man, wie in der Traumanalyse bezüglich der Tagesreste (s. o. S. 113), vor allem auf die *Gefühle* achten, die bei der Erzählung der Deckerinnerungen und bei den entsprechenden Assoziationen auftauchen. Es wird selten möglich sein, das äußere Geschehen in sich selbst historisch korrekt wiederherzustellen, jedenfalls wird man hier, ganz ähnlich wie in der historischen Interpretation der Urzeitmythen der Völker, ohne zusätzliche Quellen kaum jemals über Hypothesen hinaus kommen; aber es sollte doch zumeist möglich sein, die *innere* Wirklichkeit des damaligen Erlebens, die Gefühlsbedeutung der Ereignisse und die Art ihrer Verarbeitung in den Hauptlinien in wünschenswerter Klarheit zu rekonstruieren.

An zwei Beispielen, einem recht einfachen und einem äußerst komplizierten, sei dies erläutert.

Ein Mann versichert, wie es für die Deckerinnerung typisch ist, daß seine erste Erinnerung «ganz unbedeutend» sei: er sitzt als Vierjähriger nachmittags in der Sonne allein auf einem Hügel hinter dem Haus seiner Mutter, – «nichts weiter»; die Assoziationen zu diesem Bild gehen indessen bald schon in bezeichnende Richtung: plötzlich habe die Mutter ihn zu sich ins Haus gerufen, – und sogleich wird deutlich, daß diese eine Szene beschreibt, was für das ganze Leben dieses Patienten gilt und noch heute sein Hauptproblem darstellt: immer, wenn er eigentlich sich über etwas freuen könnte, kommen ihm Selbstzweifel und Vorwürfe, ob das, was er gerade tut, wohl «das Eigentliche» sei, ob *das* sein Lebensinhalt sein könne, ob er damit wohl «vor dem Herrgott bestehen» werde, – und vorbei ist es mit aller Freude; übrig bleibt ein Gefühl, daß im Gegenteil alles, was immer er auch unternehmen möchte, leer, grau und sinnlos sei. – Dem Mann fällt parallel zu der Ersterinnerung ein, wie er eines Sonntags am Dorfteich einmal die Frösche beobachtete; er war damals wohl elf Jahre alt, und er hat diese Begebenheit als sehr glücklich in Erinnerung; aber als er dann nach Hause ging, fiel ihm zentnerschwer auf die Seele, daß am nächsten Tag in der Schule eine Lateinarbeit geschrieben wurde und er seine Vokabeln noch nicht gelernt hatte: *dies* war das «Eigentliche», was seine Mut-

[145] Zum Begriff der Bedeutungsverleihung vgl. J. VON UEXKÜLL: Bedeutungslehre, 1940.

ter von ihm verlangte und was aller kindlichen Freude widersprach: er sollte, um es im Leben einmal besser zu haben, die «Höhere Schule» besuchen, und der Pfarrer im Dorf stellte sogar in Aussicht, daß er einmal Priester werden könne. Aus diesen Erinnerungen, wie sie sich in der einen Deckerinnerung am Anfang seines Lebens bereits verdichteten, formte sich das Grundgefühl und die gesamte Einstellung des Mannes: sein Unvermögen, sich zu freuen, ebenso wie die ständige Angst vor dem Jüngsten Gericht.

In diesem Beispiel legen sich alle wesentlichen Inhalte gewissermaßen unmittelbar nahe. So einfach aber verhält es sich keineswegs immer, und ein zweiter Fall, den wir ausführlicher behandeln müssen, ist in seiner Kompliziertheit eigentlich für den Normalfall eher kennzeichnend.

Eine Patientin schildert als eines ihrer frühesten Kindheitserlebnisse, daß sie einmal «als ganz kleines Mädchen» von ihrem Vater in die Stadt mitgenommen worden sei; ihr Vater habe mit ihr in eine Straßenbahn einsteigen wollen, sie aber habe solch furchtbare Angst gehabt, daß sie entsetzlich geweint und, als alle anderen Mittel versagten, erklärt habe, sie müsse dringend Wasser lassen, – bis daß sie von ihrem Vater auf den Arm genommen worden sei; in diesem Augenblick sei die Straßenbahn angefahren und nach ca. 100 Metern mit einem Auto (einem Lkw?) zusammengestoßen.

Die Frage stellt sich in der Analyse dieser Erinnerung natürlich sofort, was eigentlich der Patientin solche Angst gemacht hat. Sie selbst gibt zunächst beharrlich vor, dies nicht zu wissen, weist auf den Zusammenstoß der Straßenbahn hin und ist eher bereit, an gewisse hellseherische Fähigkeiten zu glauben, als daran, daß es mit ihrer Angst eine besondere Bewandtnis gehabt haben könnte. Dann aber assoziiert sie zu der Straßenbahn «viele Leute» und auf einmal die Angst, daß sie vielleicht ihren Vater nicht wieder nach Hause zurückbringen könne. Wie aber kommt sie als kleines Kind dazu, ihren Vater nach Hause zu bringen? Unter schweren Widerständen (Angst, Ekel, Traurigkeit, ständigen Zweifeln, ob das alles auch die Wahrheit sei) bringt sie im Verlauf mehrerer Stunden zum ersten Mal in ihrem Leben einer anderen Person gegenüber ins Gespräch, daß ihr Vater «manchmal», «öfters», schließlich «immer, wenn er mittags nicht nach Hause kam», betrunken gewesen sei.

Von da an überschlagen sich die Erinnerungsgefühle und formen sich zu folgendem Gesamtbild: die Patientin, die ihr Leben lang unter dem Eindruck gelitten hatte, in den Augen ihrer Mutter im Grunde lästig und unerwünscht zu sein, hatte zu ihrem Vater ein äußerst ambivalentes Verhältnis: teils hing sie an ihm als dem einzigen Menschen, dem sie je so etwas wie Zuneigung und Anerkennung hatte zutrauen mögen, teils fürchtete und haßte sie ihn seiner Alkoholdelirien wegen. Es fiel ihr besonders schwer, sich der Trunksucht ihres

Vaters zu erinnern, weil sie ihr gesamtes Selbstwertgefühl an die erhoffte Liebe ihres Vaters hatte hängen müssen; schon als Mädchen hatte sie daher den Vater vor den Vorwürfen der Mutter und den Anfeindungen der Geschwister in Schutz zu nehmen versucht. Er blieb für sie der liebe und gute Vater, als der er ihr außerhalb seiner delirösen Zustände auch wirklich erschienen war; ihre eigenen Gefühle von Haß, Abscheu und Zorn hingegen richtete sie auf sich selbst, mit dem Erfolg, daß sie schon sehr früh, längst vor der Pubertät, in dem Glauben lebte, zutiefst schuldig und verworfen zu sein.
Diese Schuldgefühle wurden durch die Mutter noch verstärkt, die sich, nach anfänglichen Widerständen, der Trunksucht ihres Mannes nicht anders mehr glaubte erwehren zu können, als indem sie die Tochter beauftragte, ihren Vater anzuflehen, sich doch nicht mehr dem Alkohol hinzugeben. Auf der Patientin lastete also mit etwa fünf Jahren bereits die Verantwortung dafür, ob der Vater trank oder nicht. Aus Angst, dem Vater nach Art ihrer ungeliebten Mutter Vorwürfe machen zu müssen und dadurch auch noch das wenige *seiner* Zuneigung zu verlieren, brachte sie es niemals über sich, den Vater auf die Folgen seiner Trunksucht hinzuweisen; statt dessen schlief sie nächtelang nicht aus Angst um ihren Vater, dessen Tod im Alkoholdelir sie zum Teil fürchtete, zum Teil wünschte – wieder aber natürlich unter den schwersten Vorwürfen, schuldig zu sein und in ihrer wichtigsten Aufgabe, den Vater vom Alkohol zu befreien, vollkommen versagt zu haben.
Auf dem Untergrund derartiger Vorwürfe errichtete sie für sich selber antithetisch das Ideal vollkommener Selbstbeherrschung und äußerster Kontrolle aller Affekte sowie einer absoluten Bedürfnislosigkeit. Freilich konnte sie nicht verhindern, daß ihr unerfülltes Verlangen nach Liebe durch die unglückselige Bindung an den Vater während der ödipalen Phase in ein vollendetes Dilemma geriet. Jede Form sexueller Betätigung rechnete sie sich als schwere Sünde an, und die geringfügigen unfreiwilligen Verfehlungen auf diesem Gebiet galten ihr bereits als Kommunionkind, aber auch späterhin, nach Verdrängung und Verschiebung aller anderen Ursachen, als der Hauptbeweis, ja letztlich als der einzige und wichtigste Grund für die sichere Tatsache, vor Gott und den Menschen total verworfen und für die Hölle bestimmt zu sein. Besonders seit Beginn der Pubertät fühlte sie sich zudem von ihrem Vater tatsächlich sexuell bedroht und fürchtete sich wie panisch vor seinen Umarmungen, zu denen es gelegentlich in alkoholisiertem Zustand kam; allerdings gab sie auch dafür nicht ihrem Vater, sondern sich selbst die Schuld, teils weil sie in der Tat die Nähe ihres Vaters wie nichts anderes herbeisehnte, teils weil sie sich, entsprechend auch den mahnenden Worten der Mutter, die aufblühende Schönheit ihrer Jugend als verführerischen Reiz zum Vorwurf machte. Als den Sinn ihres

Lebens betrachtete sie fortan die Aufgabe, für die Schuld ihres Daseins als heranwachsender Frau soweit als irgend möglich Buße zu tun, in der Hoffnung, vor der als sicher geglaubten Höllenstrafe vielleicht bewahrt zu bleiben, wenn sie sich selbst auf Erden freiwillig von allem Glück ausschlösse und nach und nach in einem Kloster als Frau und Mensch zugrunde richtete.

Man mag von außen her bezweifeln, ob diese mühsam rekonstruierten furchtbaren und äußerst nachhaltigen Eindrücke der Patientin in äußerem Sinne wirklich auf «Wahrheit» beruhen oder ob eine derartige Darstellung der Person ihres Vaters nicht in gewissem Sinne Unrecht tut; tatsächlich äußerte auch die Patientin immer wieder gerade diesen Verdacht oder Selbstvorwurf. Auf der anderen Seite aber legte die übergroße Neigung der Patientin zu Selbstkritik und Selbstanschuldigung wie von selbst den Schluß nahe, daß all ihre depressiven Selbstvorwürfe und Schuldgefühle das Resultat umgelenkter Vorwürfe an die Adresse ihres Vaters (und ihrer Mutter) darstellten, und diese mußten natürlich auch äußerlich irgendeinen Grund gehabt haben.

Nur: verdiente der Vater objektiv wirklich derartige Vorwürfe? – Diese in biographischem Sinne alles entscheidende Frage war (jedenfalls allein auf der Grundlage der Patientenäußerungen) prinzipiell durchaus nicht schlüssig zu beantworten; dafür aber zeigte sich jetzt etwas anderes: daß nämlich diese Frage letztlich belanglos war, wofern man an der Person der Patientin selbst interessiert war und nicht an einer bloßen Faktensammlung biographischer Details. Die im Leben der Patientin *wirksame* geschichtliche Wirklichkeit bestand eben nicht in den objektiven Ereignissen an sich, sondern in der Art, wie sie diese Ereignisse in sich aufgenommen hatte. Die Deckerinnerung der Patientin reflektierte eine Realität, die gewiß nicht in der äußeren Welt der Tatsachen bestand, wohl aber in der Psyche der Patientin selbst von ausschlaggebender Bedeutung war. Was die Patientin als früheste Erinnerung mitteilte, besaß sehr wohl eine «Realität», nur war diese Realität nicht historisch, sondern allein psychisch zu verstehen.

An der Anerkennung dieser *psychischen* Realität hängt also offensichtlich wiederum alles, und die Interpretation auch der persönlichen «Urzeiterinnerungen» kann nicht anders erfolgen, als die vorhin vorgeschlagene Auslegung der (Urzeit-)Mythen der Völker. In den Deckerinnerungen liegen zweifellos Verdrängungen, Kompromißbildungen oder symbolische *Verstellungen* der historischen Gegebenheiten vor, aber es ist offenbar ungleich richtiger und hermeneutisch fruchtbarer, nicht diesen historisch negativen Befund zu bedauern, sondern in den Deckerinnerungen Dokumente zu erblicken, die in sich verschlüsselt über die eigentlichen Faktoren der psychischen Formung und Prägung der Persönlichkeit eines Menschen wahrheitsgemäß Aufschluß geben.

Die Erinnerungen der Patientin z. B. erlaubten in sich keine Rekonstruktion der historischen Gestalt ihres Vaters, und insofern mag man sie rein subjektiv schelten; aber sie umschlossen die Eindrücke und Erlebnisse, die in der Tat den Charakter der Patientin gestaltet hatten. Bezogen auf die Person der Patientin selbst war ihre Deckerinnerung, ergänzt allerdings durch die entsprechenden Assoziationen, absolut objektiv; und es gab durchaus keinen besseren Ausdruck für die Gefühle, Empfindungen und Erlebnisinhalte, aus denen sich ihr Wesen psychisch aufbaute, als eben die privaten «Mythen», die sich ihr von Kindheitstagen an eingeprägt hatten.

Aus dieser Feststellung selbst ergeben sich jetzt schon weitere wichtige Folgerungen, noch ehe wir den konkreten Sinn jener Deckerinnerung von der «Straßenbahnfahrt» im einzelnen verstehen lernen.

Die Deckerinnerungen, wie man sieht, besitzen in der Tat eine Wirklichkeit, die auch historisch gesehen objektiv ist, aber ihre historische Objektivität existiert nicht auf der Ebene der Ereignisse, sondern der Gefühle, nicht auf der Ebene der Fakten, sondern der Erlebnisse. Um *diese* Objektivität aufzusuchen und zu würdigen, ist es mithin notwendig, den Charakter der Person (bzw. der Volksgruppe), die die entsprechenden Geschichten über den gestaltenden Ursprung ihres Wesens erzählt, selber zum Gegenstand der Untersuchung zu machen. Die Frage kann daher nicht sein, *was* irgendwann einmal sich zugetragen hat, sondern *wie* ein Mensch (oder ein Volk) zu dem geworden ist, was er ist. Auf *diese* Frage erteilen die privaten (wie nationalen oder religiösen) Mythen eine absolut korrekte Antwort, und man kann sie mit großem Gewinn als Ausdruck einer *psychologischen* Geschichtsschreibung verstehen und entsprechend anamnestisch verwerten.

Im Leben jener Patientin etwa waren gegenüber ihrem Vater Gefühle von Angst, Haß, Schuld, Verantwortung, Abhängigkeit, Verehrung usw. ohne jeden Zweifel biographisch zu bestimmten Zeiten entscheidend wirksam gewesen, und sie waren ebenso unzweifelhaft an solche Szenen gebunden, wie sie die Erinnerung an die Begebenheit mit der «Straßenbahn» wiedergab; ob es aber «wirklich» auch im äußeren Sinne jemals eine Straßenbahnfahrt wie die geschilderte gegeben hat, ist eine ganz andere und von der Deckerinnerung allein her nicht nur unbeantwortbare, sondern auch zum Verständnis überflüssige Frage.

Akzeptiert man diese Sicht der «Deckerinnerungen», so verschwinden sogleich drei Schwierigkeiten, die in historischer Betrachtung nicht nur nicht gelöst werden können, sondern sogar affirmativ bestätigt werden müssen. Diese drei Schwierigkeiten bestehen

1) in der Mehrzahl möglicher Erinnerungsüberlieferungen,

2) in der synchronen Verschmelzung der Ereignisse und
3) in der symbolischen Ontologie der Erinnerungen.

Alle drei Punkte finden sich, wie wir gleich sehen werden, in den individuellen Deckerinnerungen ebenso wieder wie in den (Urzeit-)Mythen der Völker, und so lassen sich in allen drei Punkten die Einsichten in die Eigenart der Deckerinnerungen ohne weiteres zum Verständnis der historischen Dimensionen auch des Mythos nutzen, – wie wir es in Aussicht gestellt haben.

1) Das Problem der Überlieferungsvarianten

Im Verlauf einer psychoanalytischen Therapie wird es immer wieder vorkommen, daß ein Patient nicht nur eine, sondern mehrere Varianten ein und derselben Begebenheit anbietet. Oft erlaubt erst das wachsende Vertrauen in den Therapeuten eine größere Freimütigkeit in der Schilderung der persönlichen Biographie. Nicht, als ob der Patient wissentlich die Unwahrheit sagen würde; vielmehr gewinnt er selbst erst in den Gesprächen das Maß an Angstfreiheit, das erforderlich ist, um die Verdrängungen des kindlichen Ichs schrittweise aufzulösen. In solchem Falle gleicht die analytische Arbeit dem Vorgehen eines Archäologen, der nacheinander die stratigraphischen Schichten eines Tells freilegt, bis er auf die frühesten Zeugnisse menschlicher Besiedlung stößt. Aber im Unterschied zur archäologischen Schichtenfolge stellt sich die psychische Wirklichkeit zumeist nicht als eine gegeneinander wohlbegrenzte Ablagerung von Entwicklungsstadien dar, sondern sie gleicht eher einem lebendigen Museum, in dem die Relikte aller Zeiten gegenwärtig und nebeneinander, ja zumeist ganz und gar durcheinander aufbewahrt und ausgestellt sind. So kann man vielleicht in gewissem Sinne sagen, daß eine bestimmte Fassung der Deckerinnerungen dem historischen Ursprung näher stehen mag als eine andere, aber in der Regel können sie alle nebeneinander einen gewissen Wahrheitsanspruch geltend machen; *alle sind sie autochthone Zeugnisse des gleichen Ursprungs, und meist bedarf man ihrer aller,* um die Bedeutungsbreite der vergangenen Ereignisse in der Gegenwart wenigstens annähernd abschätzen zu können.

Schon früher haben wir darauf hingewiesen, daß ein archetypisches Motiv in den Überlieferungen der Völker die Tendenz hat, sich fortzuträumen und in einer unendlichen Fülle von Gestaltungen sich selber gegenüberzutreten (s. o. S. 183). Diesem Phänomen, so sagten wir, werde nicht der historische Rekurs, sondern einzig der komplementäre Vergleich psychologisch gerecht. Nicht anders verhält es sich bei den Überlieferungsvarianten der individuellen Biographie. Es ist wenig sinnvoll, die einzelnen Versionen aus Traum, Erinnerung und Assoziation auf der Suche nach einem hypothetischen Hintergrund im Leben des Patienten gegeneinander auszuspielen; eher empfiehlt es sich, herauszuhören, was die einzelnen Varianten für den Betreffenden selbst bedeuten und über ihn aussagen; immer ist dabei zu unterstellen, daß alle Varianten in gerade dem angegebenen Sinne «objektiv» sind, daß sie Momente der *psychischen* Realität des Patienten wiedergeben. – Vielleicht, daß ein literarisches Vorbild diese relative Objektivität mehrerer psychischer Wahrheiten verdeutlichen kann.

In seiner meisterhaften Novelle *«Rashomon»* hat der japanische Schriftsteller R. AKUTAGAWA[146] einmal einen Mordfall aus der Sicht der zwei Opfer sowie des Täters und eines Zeugen so geschildert, daß die verschiedenen Darstellungen des gleichen Ereignisses miteinander in keiner Form zur Deckung zu bringen sind; sie gleichen vier Kreisen, die sich so überschneiden, daß jeder Kreis eine gemeinsame Schnittfläche mit einem anderen besitzt, aber nur ein winziger Teil allen vier Kreisen gemeinsam ist.

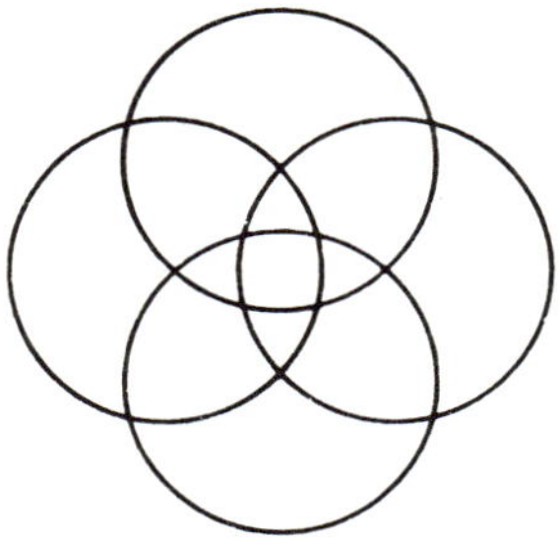

Es gibt dementsprechend keinen gemeinsamen Inhalt, den man als den eigentlichen wahren «Kern» ansprechen könnte; alle vier Erzählungen sind gleichermaßen wahr, oder es ist keine von ihnen wahr. – AKUTAGAWA wollte mit seiner «Erzählung unter dem Regenmond»[147] (die 1950 unter der Regie von

[146] R. AKUTAGAWA: Rashomon (1915). Die Novelle, deren Stoff auf eine Volkserzählung des 12. Jh. zurückgeht, schildert in erschütternder Weise die Unfähigkeit des Menschen zur Wahrheit: jeder der Beteiligten hat bestimmte Motive (Ehrsucht, Angst, Eifersucht, Schamgefühl etc.), die ihn hindern, wahr zu sein.

[147] Unter der Regie von A. KUROSAWA wurde die Novelle AKTUAGAWAS unter dem Titel «Rashomon» (Erzählungen unter dem Regenmond) 1950 verfilmt; der Film beginnt sinngemäß mit den Worten eines Mönches: «Schlimmer als Erdbeben, Feuersbrunst und Krieg ist es, wenn ein Mensch dem anderen nicht mehr vertrauen kann.» Kurosawas berühmte Filmbearbeitung radikalisiert die Aporie der Wahrheitssuche, sie endet aber versöhnlicher als Akutagawas Novelle: ein alter Mann, der einem Kind zuliebe einen Diebstahl beging, schildert schließlich, wie sich der Tathergang (Mord und Raub) «wirklich» zugetragen hat.

A. KUROSAWA verfilmt wurde) offensichtlich sagen, daß es ein aussichtsloses Bemühen ist, eine «Wirklichkeit an sich» hinter den Brechungen des Erlebens auffinden zu wollen, und daß es vielmehr darauf ankommt, die Erlebniswelt des Einzelnen selbst als eine objektive Gegebenheit zu verstehen und als eine «Wahrheit in sich» zu würdigen.
Eine andere Anweisung jedenfalls läßt sich psychoanalytisch auch für den Umgang mit den verschiedenen Varianten der Deckerinnerungen nicht erteilen: man muß sie *parallel* bzw. komplementär zueinander lesen, nicht anders als die verschiedenen Träume einer Nacht – als Offenbarungen ein und desselben Inhaltes und Themas; und man muß die verschiedenen Gefühlszustände und Motive würdigen und verstehen, aus denen sich die jeweiligen Darstellungsweisen ergeben.

2) Die synchrone Verschmelzung der Ereignisse in der Deckerinnerung und das Ritual des Wiederholungszwangs

Indem man also methodisch darauf verzichtet, eine diachrone Entwicklungsreihe der verschiedenen Deckerinnerungen zu rekonstruieren, kann man umgekehrt ihre Bedeutung für die psychische Struktur des Patienten besser verstehen. Die Erinnerungen an die «Vergangenheit» tauchen ja nur mittelbar, aus Anlaß gegenwärtiger Schwierigkeiten auf, und sie haben, wie der Mythos, nur den Sinn, den gegenwärtigen Zustand aus vergangenen Erlebnissen begreifbar zu machen. Die verschiedenen Überlieferungen zeigen zudem sehr korrekt auf, wie unterschiedlich ein und dieselbe traumatische Bedingung bis in die Gegenwart hinein nachwirkt.
Zumeist geben die Deckerinnerungen sich bereits in ihrer einzelnen Gestalt als Konglomerat sehr verschiedener Zeiten zu erkennen, so daß die Unterscheidung S. FREUDS zwischen vorgreifenden und rückgreifenden Deckerinnerungen für gewöhnlich bereits innerhalb ein und desselben Erinnerungsbildes geltend gemacht werden muß. Tatsächlich kann die Deckerinnerung im Grunde psychodynamisch auch nur derart synchron verschmolzen auftreten. Denn immer wieder dringen unter der Macht des *Wiederholungszwangs* frühere Erlebnisse und Reaktionsweisen in die Gegenwart ein, sei es durch Regression aus Angst vor bestimmten Gefahren, sei es durch ein bloßes Überwiegen der Trägheit[148]. Auf ein bloßes Stichwort hin können in der Gegenwart nicht nur die

[148] Zum Wiederholungszwang als Ausdruck der konservativen Natur der Triebe vgl. S. FREUD: Neue Folge der Vorlesungen zur Einführung in die Psychoanalyse, XV 113.

Szenen der Deckerinnerung *erinnert* werden, sondern oft genug drängen sie auch dahin, in ihrem gesamten Bestand ausagiert zu werden. Der Betreffende weiß zumeist nicht, daß er sich oft und immer wieder genau so verhält wie damals als vierjähriges Mädchen oder als Junge gegenüber seinem Vater oder seiner Mutter; es bedarf vielmehr einer genauen Selbstbeobachtung, um zu merken, wie inadäquat das eigene Verhalten in bezug zu den gegebenen Anlässen und Umständen in der Gegenwart heute ausfällt. Die Szenen der Deckerinnerungen bilden ein festes Repertoire immer wiederkehrender relativ starrer *Rituale,* die ihrerseits das Vergangene in der Gegenwart aufs neue aufführen.
Diese Tatsache ist so wichtig, daß J. L. MORENO darauf die psychotherapeutische Technik des Psychodramas gründen konnte[149], indem er feststellte, daß einfache Themenstellungen und Rollenspiele in der Gegenwart es unzweifelhaft erlauben, anhand der «Reaktionen der Schauspieler untereinander... ihre Haltung gegenüber Eltern, Geschwistern und anderen Mitmenschen zu erschließen»[150]. Analytisch betrachtet sind diese «Rollenspiele» sowohl Selbstdarstellungen als auch Rückerinnerungen: man verhält sich gegenüber dem Chef, dem Lehrer usw. unbewußt nicht anders, als wie man sich gegenüber dem eigenen Vater verhalten hat, oder besser: man nimmt ihm gegenüber eine Haltung ein, wie wenn der andere der eigene Vater wäre. Unter dem Druck des *Wiederholungszwangs* und im Sog der entsprechenden *Übertragungen* wird das gegenwärtige Verhalten daher zum Ritual der (Deck-)Erinnerung.
Indem auf diese Weise in Erinnerung und Handeln immer wieder vergangenes Material in die Gegenwart hineindrängt, geht es natürlich neue Verbindungen ein. Neue Materialien lagern sich an, führen das Gewesene weiter, deuten es neu, erweitern es durch Korrektur und Bestätigung, so als bestünde zwischen Vergangenheit und Gegenwart an der Rindenschicht des Bewußtseins ein Ringstrom, der, analog zu den geologischen Vorgängen in der Erdrinde, Magmamaterial aus der Tiefe hervorhebt, es zur Oberfläche drängt und von dort zusammen mit neu gewonnenem Material erkaltet in die Tiefe zurücknimmt, wo es wiederum eingeschmolzen wird, um von neuem an geeigneter Stelle nach oben gepreßt zu werden.
Insofern hat die *strukturalistische* Betrachtung der Mythen im Grunde auch vom psychologischen Standpunkt aus ganz recht, wenn sie gegenüber einer einseitig historischen Betrachtung der Urzeiterzählungen hervorhebt, daß diese niemals bloß Vergangenes erzählen, sondern eine Verbindung von Vergangenheit und Gegenwart (von Diachronie und Synchronie) darstellen, die sich

149 J. L. MORENO: Das Psychodrama, 1946.
150 R. S. SLAVSON: Einführung in die Gruppentherapie, 230.

nur strukturell verstehen lasse[151]. Es macht auch psychoanalytisch wenig Sinn, die Erinnerungen *an* die Vergangenheit als bloße Reflexe *aus* der Vergangenheit zu deuten; vielmehr hat FREUD selber bereits in seinen frühen Schriften den Schlüssel dafür geliefert, *die Deckerinnerungen als symbolische Verschmelzung der Vergangenheit mit der Gegenwart* zu verstehen. Die Deckerinnerungen zeigen, wie jemand sich als Kind mit bestimmten Eindrücken auseinandergesetzt hat, und insofern sind sie auch ein Abbild der Vergangenheit; sie zeigen aber vor allem, wie jemand sich hier und heute unter dem Einfluß der gleichen Eindrücke erlebt und verhält, die er in der Vergangenheit in sich aufgenommen hat. Daher geben die Deckerinnerungen meist ein historisch nur sehr zweifelhaftes Zeugnis von der Vergangenheit ab, wohingegen sie ein absolut zutreffendes Bild von dem gegenwärtigen Charakter der Persönlichkeit vermitteln.
Die Patientin mit der Deckerinnerung von der verunglückten Straßenbahnfahrt z. B., um in diesem konkreten Beispiel fortzufahren, portraitierte anhand ihrer Assoziationen im Grunde sehr genau ihr eigenes Wesen: ihre überaus große Verantwortlichkeit und Angst, ihre ständige Alarmbereitschaft für fremde Not sowie das komplette Unvermögen, an eigene Wünsche zu denken oder dieselben nach außen hin anzumelden und durchzusetzen; ihre verzweifelte Sehnsucht nach Halt und Liebe und die Resignation darüber, beim anderen doch niemals Zuverlässigkeit und Treue finden zu können, – all dies, besonders aber das Gefühl, trotz allen guten Willens schuldig, lästig und strafenswert zu sein, verdichtete sich in der rätselhaften Angst vor der Bahnfahrt. Wohl *schien* die Patientin in Gestalt ihrer Deckerinnerung zu sagen: «Durch jenes Ereignis bzw. durch eine analoge Kette von Ereignissen des gleichen Typs, die sich darin verdichten und jedenfalls endlos vermehren ließen, bin ich das geworden, was ich bin»; aber in Wahrheit sagte sie: «So wie ich heute bin, war ich schon immer, schon damals –, soweit ich überhaupt zurückdenken kann.» In ihrer Deckerinnerung drückte sie insofern nur scheinbar ätiologisches Material aus, tatsächlich stellte sie ihren Charakter als eine unvordenkliche Tatsache hin und beschrieb ihr eigenes Wesen in Fakten, die sich scheinbar vormals ereignet hatten, die aber in Form von Gefühlen zutage traten, die wirklich seit eh und je bestanden hatten und das Wesen der Patientin bis heute nachhaltig bestimmten.
Von daher ergibt sich als ein drittes Moment der Deckerinnerungen:

[151] C. LÉVI-STRAUSS: Die Struktur der Mythen, in: Strukturale Anthropologie, 233, s. o. S. 183.

3) die symbolische Ontologie der Deckerinnerungen

Bisher stellt sich das Bild der Deckerinnerungen folgendermaßen dar: hinter den Deckerinnerungen verbergen sich zwar historische (biographische) Gegebenheiten, diese selbst aber können nicht mehr eindeutig rekonstruiert werden; und umgekehrt: nicht die historische, sondern die psychische Realität teilt sich in den Deckerinnerungen mit und bildet dabei eine gegenwärtige psychische Struktur ab, die sie zugleich mit der Vergangenheit verbindet.

Unter diesen Umständen ist es zweifellos unangemessen und praktisch sinnlos, immer von neuem, nur weil man nicht anders will oder kann, auf einer ausschließlich historischen bzw. biographischen Fragestellung zu beharren und womöglich die Schuld an den mangelhaften oder widersprüchlichen Antworten, die sich bei einem solchen Vorgehen ergeben, einfach der mangelnden Gedächtnistreue, der Emotionalität, der verstandesmäßigen Unreife der Kindertage, der chronischen Neigung des Ichs, sich aus Gründen einer besseren Selbstdarstellung zu belügen, und allen erdenkbaren anderen Faktoren anzulasten, statt in dem Mangel an Schlüssigkeit der eigenen Untersuchungsergebnisse einen Hinweis darauf zu erblicken, daß vermutlich mit der eigenen rein historischen Fragestellung etwas nicht in Ordnung sein wird, wenn sie zu keinen brauchbaren Ergebnissen führt. Kein Naturwissenschaftler, der bei Auswertung seiner Experimente immer wieder nur zu hypothetischen oder sogar widersprüchlichen Resultaten gelangt, wird den Glauben an die Vortrefflichkeit seiner Experimentalbedingungen über längere Zeit aufrecht erhalten oder womöglich die Naturgesetze für verworren halten können; ebenso wenig Grund besteht für die Annahme, die menschliche Psyche sei nun einmal eine durch und durch korrupte Registraturstelle für historische Ereignisse, nur weil man dem menschlichen Gedächtnis zumutet, Dinge zu behalten, die, gemessen an den wirklichen Interessen, Gefühlen und Affekten des Betreffenden, in der Tat ziemlich belanglos sind.

Man muß im Gegenteil zur Kenntnis nehmen, daß die Auswahl und Formung des biographischen Materials in den (Deck-)Erinnerungen sich ganz und gar nach der Eigenart und den Bedürfnissen der Persönlichkeit richtet. Befragt man die Deckerinnerungen danach, wie sie die historische Wirklichkeit beschreiben, so erscheinen sie notgedrungen als «willkürlich»; betrachtet man sie aber als erzählende Ausdrucksgestalten des Charakters, des psychischen Wesens des Erzählers, so erscheinen sie in sich nicht nur als logisch und plausibel, sondern als streng determiniert und absolut wahr: wenn man sie subjektiv, vom Ich, vom Bewußtsein aus «erfinden» wollte, vermöchten sie niemals die Dichte und Stimmigkeit zu erhalten, die ihnen das Unbewußte verleiht. Indem die Deckerinnerungen von den gleichen Kräften geformt werden, die den Charakter, das Wesen der Persönlichkeit geformt haben, sind sie in gewissem Sinne nur der subjektive Reflex dieser Kräfte im Bewußtsein. Sie selbst sind daher nicht weniger objektiv und wirklich wie der Charakter bzw. die psychische Struktur des betreffenden Menschen selbst. Daraus folgt für die Interpretation der Deckerinnerungen als weitere Anweisung: *die Deckerinnerungen sind als bildhafte symbolische Selbstdarstellungen des Wesens des Erzählers zu verstehen;* sie sind *als eine erzählende Ontologie* der Psyche des Erzählers zu lesen.

Um diesen *symbolischen* Gehalt der Deckerinnerung etwas näher zu erläutern, brauchen wir nur das Beispiel von der «Straßenbahnfahrt» weiter zu analysieren, das erst als Symbol wirklich verstehbar ist. Die Angst vor dem Alkoholismus des Vaters und die Folgewirkungen dieser Angst im Charakter der Patientin wären nämlich unvollständig beschrieben, würde man übersehen, daß die «Straßenbahnfahrt» und der «Zusammenstoß» nicht nur das Stichwort für wichtige Assoziationsketten bildeten, sondern in sich selber noch einen zusätzlichen symbolischen Inhalt besaßen.

Relativ leicht ließ sich anhand weiterer Assoziationen der Patientin in zusätzlichen Untersuchungen nachweisen, daß die Angst der Patientin nicht allein in dem Verhältnis zu ihrem Vater begründet war, sondern zu einem erheblichen Teil aus dem drohenden «Zusammenstoß» zwischen Vater und Mutter herrührte: bis der Vater nach Hause kam, vergingen oft Stunden qualvollen Wartens und aggressiv-drohenden bzw. traurig-nervösen Schweigens, und wenn der Vater dann zurückkehrte – oft in einem entsetzlichen Zustand –, brach die Mutter in verzweifelte Angst und hilflose Vorwürfe aus, über die der Vater sich dann mit großtuerischem Geschrei hinwegzusetzen suchte.

Es verdient an dieser Stelle auch Beachtung, daß die Patientin nach dem «Zusammenstoß» der «Straßenbahn» «viele» Leute mit «blutigen» Köpfen gesehen haben wollte, und in der Tat erinnerte sie sich, daß der Vater in einer besonders schrecklichen Szene einmal unter Begleitung von Bekannten nach Hause gebracht werden mußte und in seinem Zimmer am Bett (blutend?) zusammenbrach. Gerade diese Erinnerung machte der Patientin besondere Angst, und dies, wie sich zeigte, zu Recht; denn es verdichteten sich in dieser Erinnerung lang unterdrückte, aber außerordentlich starke Todeswünsche und -absichten gegen ihren zugleich doch über alles geliebten Vater.

Aber auch damit ist das Bild noch nicht vollständig. Unterhalb dieser Erinnerungen nämlich verbarg sich noch ein anderes wichtiges Moment, bei dem der «Zusammenstoß» und die «Straßenbahn» einen rein sexualsymbolischen Inhalt besaßen. Das «Verkehrsmittel», die Straßenbahn, und der «Zusammenstoß» mit dem «Lastwagen» förderten eine Kette von Einfällen darüber zu

Tage, wie der Vater in alkoholisiertem Zustand (aber nicht nur dann) auf alle mögliche Weise der Patientin sexuell nachzustellen suchte. Wir wissen bereits, daß die Patientin vom Beginn der Pubertät an von der ständigen Angst geplagt war, ihr Vater könne sie unsittlich berühren. Insbesondere die Entwicklung ihres Busens verfolgte sie deshalb mit einer Mischung aus Abscheu und Ekel. Da sie indessen in der Tat ein bemerkenswert schönes Mädchen gewesen sein muß, lernte sie in der Folgezeit, alles Schöne und Positive an sich selbst abzuwerten, zu verleugnen, ja sich zum Vorwurf anzurechnen, weil sie dadurch andere (sprich: ihren Vater) in Versuchung führen und sich am Ende als Dirne erweisen werde, wie ihre Mutter bereits mehrfach warnend in Aussicht gestellt hatte. Allerdings dürften die Annäherungsversuche des Vaters ursprünglich wohl gar nicht zunächst der Patientin gegolten haben, vielmehr dürfte der «Zusammenstoß», der gefährliche «Straßenverkehr», sich so zugetragen haben, daß der Vater unter Alkoholeinfluß alles mögliche von der *Mutter* verlangte. Die Angst der Patientin vor dem Vater in der Pubertät rührte offensichtlich zum großen Teil bereits aus Ahnungen oder Erinnerungen an gewisse derartige «Zusammenstöße» zwischen Vater und Mutter her. Die «Straßenbahnfahrt» war auf dieser Ebene der Deutung mithin als ein *Symbol* zu verstehen, das dreierlei bedeutete: den Streit zwischen Vater und Mutter, den erzwungenen Sexualverkehr des Vaters mit der Mutter und schließlich die Annäherungsversuche des Vaters gegenüber der Patientin aus Enttäuschung an der Mutter.

Diese Einsicht in den *symbolischen* Charakter der Deckerinnerungen ist nun methodisch ganz entscheidend. Fortan, wenn die symbolische Deutung zutrifft, spielt es nämlich überhaupt keine Rolle mehr, ob es wirklich einmal eine Straßenbahnfahrt wie die geschilderte gab, – es ist möglich, vielleicht sogar wahrscheinlich, daß sie stattgefunden hat, aber es läßt sich von der Deckerinnerung allein her nicht erschließen und es ist jetzt auch an sich völlig unwichtig. Denn selbst wenn die Straßenbahnfahrt *«nur»* ein Symbol, also überhaupt keine Realerinnerung darstellt, büßt sie dennoch von ihrer Bedeutung und von ihrer Wahrheit durchaus nichts ein, ja, überhaupt nur dann, wenn man sie, unerachtet aller historischen bzw. biographischen Interessen, rein für sich als Symbol nimmt, gelangt man allererst dahin, zu verstehen, was mit der «Straßenbahn» gemeint ist. Und umgekehrt: angenommen selbst, die «Straßenbahnfahrt» habe sich in der äußeren Realität zugetragen, so hat sie sich der Erinnerung der Patientin gleichwohl allein durch die Stärke ihrer symbolischen Bedeutung einzuprägen vermocht; nicht als Straßenbahn an sich, sondern als Symbol spielt die «Straßenbahn» eine Rolle in der Deckerinnerung; ihre Realität basiert allein auf der symbolischen Bedeutung.

Generell ergibt sich auf diese Weise, daß die «Deckerinnungen» nicht nur unabhängig von allen historischen Fragen allein auf die Psychodynamik und Charakterstruktur des Patienten hin analysiert werden müssen, sondern daß auch zur Historie selbst von der Deckerinnerung her durchaus kein anderer Weg als der einer symbolischen Deutung führt. Noch einmal: bleibt man bei der bornierten Frage stehen, ob die Patientin «wirklich» mit ihrem Vater Straßenbahn gefahren ist, so wird man nie etwas anderes herausbekommen, als daß dies wahrscheinlich so war – oder aber auch nicht; fragt man hingegen nicht mehr nach der Entsprechung der Deckerinnerung zu einer äußeren Realität, sondern verbleibt man allein bei der Analyse ihres symbolischen Inhaltes, liest man mithin die Deckerinnerung nicht als das Ergebnis eines äußeren Eindrucks, sondern versteht man sie als Symbolgestalt eines inneren Ausdrucks, so gewinnt man überhaupt erst den Boden einer auch historischen Wirklichkeit. Denn die Gefühle, Affekte, Abwehrmechanismen, Einstellungen, Ersatzbildungen usw., auf die man dann stößt, sind nicht nur in dem Charakter und Verhalten der Patientin nach wie vor gegenwärtig, sondern sie sind natürlich irgendwann einmal auch in historischem Sinne *geworden,* und insofern ist die Deckerinnerung in der Tat beides: sie ist ein objektiver symbolischer Ausdruck der Gegenwart *und* zugleich eine symbolisch verdichtete Erinnerung an Gefühle und Erlebnisse, die es historisch wirklich einmal gegeben haben muß. Angesichts der wirklichen Verhaltensmuster und Charaktereinstellungen der Patientin in der Gegenwart ist es sehr wohl möglich, gewisse biographische Anhaltspunkte für eine begründete Anamnese zu gewinnen. Aber es ist dies eben erst dann möglich, wenn man zunächst die äußere Realität hermeneutisch für etwas an sich Bedeutungsloses nimmt und sich um so mehr der inneren Bedeutung der vermeintlichen oder wirklichen Erinnerungen zuwendet; und zu diesem Zweck muß man die Deckerinnerung so behandeln, daß sie *als bloßes Symbol einer psychischen Wirklichkeit* erscheint, nicht anders als ein Traum oder die Vision eines Psychotikers.

Die Regel muß dabei stets sein, daß nur dasjenige bleibend sich der Erinnerung einprägen kann, was in sich selbst den Wert eines Symbols besitzt, und umgekehrt: daß die symbolische Gestalt zwar ohne äußeren Eindruck (also ohne historisches Pendant), nie aber ohne inneren Ausdruck zustande kommen kann. Das, was als scheinbar «historisch» erinnert wird, ist in den Deckerinnerungen niemals ein Spiegelbild der äußeren Vergangenheit, sondern stets das Konterfei der eigenen Persönlichkeit. M.a.W.: ein jeder ist nicht nur der Sohn, sondern ebenso der Vater seiner eigenen Geschichte, und was er als seine Vergangenheit sieht, richtet sich mehr danach, was für ein Mensch er ist, als danach, was «an sich» damals «passiert» ist. Das, was damals «wirklich» «passiert» ist, ist immer passé; was aber bleibt, ist die symbolische Verdichtung eines Erlebens, das in der Vergangenheit Gefühle und Einstellungen widerspiegelt, die nach wie vor die Gegenwart gestalten und bestimmen.

Die Deckerinnerungen bilden daher innerhalb der individuellen Biographie die gleiche Struktur aus wie die Mythen für die Völkergeschichte. Sie sind ein symbolischer Ausdruck des Wesens der Persönlichkeit, *indem sie als Erzählungen der Vergangenheit eine gegenwärtige Struktur abbilden,* die sie synthetisch als eine immerwährende vermittelnde Konstante zwischen das Damals und das Jetzt schieben.

Die Erfahrungen, die in der psychoanalytischen Interpretation der Deckerinnerungen gewonnen werden konnten, lassen sich folglich mutatis mutandis auch auf die Interpretation archetypischer Erzählungen, vor allem also auf die Auslegung der Mythen, Sagen und Legenden der Völker bzgl. ihrer geschichtlichen Vergangenheit anwenden, und gerade deshalb ist in diesem Zusammenhang die Beschäftigung mit den Deckerinnerungen für uns so wichtig. In ihrer Struktur nämlich sind die Mythen der Völkererzählungen den individuellen Deckerinnerungen vollkommen gleich, so daß man nicht nur, wie wir vorausgesetzt haben, die Deckerinnerungen als individuelle Mythen bezeichnen kann, sondern auch umgekehrt *die Mythen, die Sagen und Legenden als kollektive Deckerinnerungen* betrachten muß.

Wie bei den Deckerinnerungen des Einzelnen, haben wir *auch bei den Mythen* der Völker feststellen können:

a) daß sie nicht die äußere historische Realität widerspiegeln, sondern das innere Erleben von Wirklichkeit;

b) daß sie (vor allem in den Urzeiterzählungen) das Wesen einer Sache, die Grundvoraussetzungen des Daseins, die Eigenart des eigenen Volkes symbolisch darstellen;

c) daß sie als Erzählungen vergangener Ereignisse die Strukturen einer unvergänglichen psychischen bzw. ontischen Struktur sichtbar machen;

d) daß sie das historische Material nach dem Grad seiner psychischen Bedeutung, vornehmlich also nach seinem Symbolgehalt und seiner Fähigkeit, starke Affekte an sich zu binden, auswählen;

e) daß es bei ihrer Auslegung daher auf den symbolischen Gehalt der mythischen Erzählungen selbst ankommt und die Untersuchung sich mehr auf die Übereinstimmung mit der inneren als mit der äußeren Wirklichkeit konzentrieren muß.

Wenn dies so ist, dann kann man von der Beschäftigung mit den individuellen Deckerinnerungen her ohne weiteres auch für die Auslegung der *mythischen Erzählungen der Völker* die These bestätigen, daß sie ihrer ganzen Struktur und Anlage nach zunächst *nicht als historische Dokumente äußerer Realeindrücke, son-*

dern als symbolische Ausdrucksgestalten inneren Erlebens zu verstehen sind. Selbst in den vermeintlich oder nachweislich historischen Teilen des Mythos besteht folglich nicht nur ein Recht, sondern sogar die Pflicht, die einzelnen Elemente der mythischen Erzählungen *symbolisch* zu deuten. Auch für den Mythos gilt uneingeschränkt, was sich eben bei der Deckerinnerung feststellen ließ: niemals wird in den Mythen ein historisches Faktum um seiner selbst willen mitgeteilt, sondern allein aufgrund seiner symbolischen Bedeutung besitzt es innerhalb der mythischen Überlieferung einen Stellenwert.
Zudem versteht man nur, wenn man sich dem Symbolgehalt der Mythen zuwendet, wieso diese die eigentümliche Fähigkeit und Absicht (!) besitzen, in Form bestimmter Erzählungen scheinbar vergangenen Geschehens die Strukturen einer stets gegenwärtigen Wirklichkeit zu beschreiben. Nach dem Beispiel der Deckerinnerungen ist das möglich, insofern in einem bestimmten Zeitraum *innere* Einstellungen und Haltungen in einem Stamm oder in der Volksgemeinschaft entstehen konnten, die sich bis in die Gegenwart hinein als wesentlich durchgehalten haben und die am besten in einer bestimmten symbolischen Szene von scheinbar weit zurückliegenden Begebenheiten ihren adäquaten Ausdruck finden. Die bloße historische Erinnerung hätte demgegenüber keinerlei Bedeutung für die Gegenwart; das historisch Erinnerte bliebe, wie schon oft gesagt, das Einmalig-Vergangene, das allenfalls durch seine Folgen, nicht aber durch sich selbst über sich Hinausweisende. Damit hingegen eine Szene der Vergangenheit eine bleibende Gegenwart besitzen kann, wie in der Deckerinnerung, wie im Mythos, muß das historische Material selbst in ein symbolisches Ausdrucksmittel umgewandelt werden, ganz so, wie auch die Gegenstände und Begebenheiten der äußeren Natur in den Mythen (und Deckerinnerungen) als symbolische Gestalten der inneren Realität apperzipiert werden. Auch die Analyse der Deckerinnerungen zeigt daher, daß in einem Mythus *das Historische nur als ein Gleichnis* zu lesen ist, das beschreibt, wie der Erzählende: kollektiv das Volk, individuell der Einzelne, sich selber (unbewußt) sieht und darstellt.
Freilich bedeutet diese Feststellung für den Mythos so wenig wie für die Deckerinnerung, daß es nun überhaupt keine historischen Inhalte mehr gebe und «alles» «nur» in ein subjektives Spiel verwandelt würde. Die Mythen haben ihre historischen Anlässe ebenso wie die Deckerinnerungen ihre biographischen Auslöser; aber auch an das, was historisch «wirklich» war, kommt man, wie sich gezeigt hat, am ehesten über den Weg der (tiefen-)psychologischen Symboldeutung heran. Die Gefühle und Empfindungen, die emotionalen Konflikte und Lösungsversuche, die ein Mythos oder eine Deckerinnerung symbolisch darstellen, gibt und gab es auch in historischem Sinne «wirklich»;

aber erst im Hintergrund dieser Gefühle und erst durch die Analyse der symbolischen Mitteilungen des Mythos bzw. der Deckerinnerung findet man diese Wirklichkeit.

Die tiefenpsychologische Symboldeutung allein liefert mithin den Leitfaden, um herauszufinden, wie und was in einer Deckerinnerung oder in einem Mythos «damals» «wirklich» erlebt, gefühlt, erhofft wurde; diese *psychische* Historie ist die einzige, die die Mythen und die Deckerinnerungen schildern, indem sie das damals Gewordene als etwas Bleibendes darstellen. Auf Grund von Zusammenhängen und Tatsachen, die anderswoher bekannt sind, mag man als Historiker zusätzlich gewisse Faktoren und Fakten im Hintergrund dieser psychischen Realität annehmen; aber Mythos und Deckerinnerung erlauben von sich her einen Zugang zur Welt der äußeren Wirklichkeit der «Geschichte» nur über die psychische Realität.

Nicht nur also, daß bei der Auslegung von Mythos und Deckerinnerung die äußere Historie als das schlechterdings Unwirkliche und Unbedeutende erscheint, – es ist die äußere Historie überhaupt erst in der Vermittlung der psychischen Wirklichkeit zugänglich. Um diese also muß es primär gehen, oder man versteht nicht, was Mythen und Deckerinnerungen sagen möchten und zu sagen vermögen; bei einer rein historischen Analyse hingegen würde man ihre Mitteilungen nur zu dem Zwecke gebrauchen, gewisse anderweitige, heterogene Befunde zu stützen oder zu verwerfen, die mit den eigentlichen Inhalten der Mythen und Deckerinnerungen kaum etwas zu tun haben.

Ein und dieselben Regeln der Auslegung lassen sich demnach gleichermaßen für die Deckerinnerung wie für den Mythos aufstellen, und diese Übereinstimmung zwischen der individuellen wie kollektiven Mythenbildung ist zweifellos ein weiteres wichtiges Indiz für die Richtigkeit der hier vorgeschlagenen Interpretationsmethode.

Aber die Affinität von Deckerinnerung und Mythos geht sogar noch ein Stück weiter und erstreckt sich keineswegs bloß auf den bisher betrachteten *strukturellen, formalen* Teil sowie auf die Eigenart der symbolischen Verdichtung wesenhafter Inhalte. Vielmehr ergibt vor allem eine Analyse der *Hauptinhalte* der Deckerinnerungen, daß mit großer Regelmäßigkeit in den persönlichen «Erinnerungen» die gleichen Motive und Szenen auftauchen, die auch in den Urzeiterzählungen der Völker eine wesentliche Rolle spielen. Nicht nur sind die Deckerinnerungen «private» Mythen, – sie greifen über das rein persönliche Erinnerungsmaterial hinaus auch archetypische Stoffe auf, wie sie in den kollektiven Mythen immer wieder auftauchen. Freilich muß man, um diese Parallelität im Inhalt der Deckerinnerungen und der Mythen zu bemerken, die FREUDSCHE Einstellung verlassen, daß die Symbole wesentlich einen verhüllenden, nicht so sehr verdichtend offenbarenden Wert besäßen. Man wird dann, wie in den Träumen, auch in den Deckerinnerungen Motive antreffen, die aus den Völkererzählungen bekannt sind und offenbar die archetypische Grundlage zur symbolischen Verdichtung auch der persönlichen Kindheitserinnerungen darstellen. Auch inhaltlich besteht zwischen Mythos und Deckerinnerung daher eine wechselseitige Beziehung.

Der klassische Beleg dafür ist das *Märchen.* – Eine wichtige Frage, wenn man eine psychoanalytische Anamnese erheben will, lautet – neben der Frage nach den frühesten Erinnerungen – immer wieder: «Welches war Ihr Lieblingsmärchen, als Sie ein Kind waren?» Die Antwort, die auf diese Frage gegeben wird, ist zumeist für die Kennzeichnung der damaligen Seelenlage, aber auch für das Verständnis der heutigen Persönlichkeitsstruktur des Patienten ebenso aufschlußreich wie die Analyse der Deckerinnerungen.

Ob sich jemand z. B. für «Die zwei Brüder»[152], für «Schneeweißchen und Rosenrot»[153], für «Brüderchen und Schwesterchen»[154] oder für das «Rotkäppchen»[155] am meisten interessiert hat, sagt natürlich über sein eigenes Erleben als Kind außerordentlich viel aus. «Die zwei Brüder» etwa werden den nachhaltigsten Eindruck bei einem Jungen hinterlassen, der in extremer Widersprüchlichkeit seinem Vater (dem Drachen) wie seiner Mutter (der versteinernden Hexe) gegenübersteht und einen heroischen Kampf gegen und um seine Eltern führen muß; das Märchen von «Schneeweißchen und Rosenrot» hingegen spricht sehr stark die Erfahrung (oder die kompensatorische Phantasie) von Harmonie und Geborgenheit an; die Erzählung von «Brüderchen und Schwesterchen» hinwiederum verrät eine starke Angst und Ambivalenz gegenüber der Mutter und spricht die Hoffnung aus, schließlich doch vom «König», also vom Vater, erlöst zu werden; das «Rotkäppchen» seinerseits weist deutlich auf den Konflikt von sexueller Reife und moralischem Verbot hin.

[152] KHM 60; das Märchen spiegelt nicht nur die weibliche Sexualangst, sondern vor allem die inzestuöse Bruderrivalität wider, die eigentlich dem älteren Bruder gilt, der seinerseits den Vater vertritt; vgl. O. RANK: Psychoanalytische Beiträge zur Mythenforschung, 1919, 355–380; anders B. BETTELHEIM: Kinder brauchen Märchen, 88–93, der das Märchen stärker als Ausdruck divergierender Seelentriebe in ein und derselben Psyche versteht; zum *Drachentötermotiv* im Märchen vgl. M. LÜTHI: Es war einmal..., 31–41, der bes. das «Vertrauen» hervorhebt, das aus dem Gelingen der Handlung, aber auch aus dem Stil ihrer Darstellung erwachse.

[153] KHM 161; das Märchen stellt im Gegensatz zu dem außerordentlich konfliktreichen *«Brüdermärchen»* eine durch und durch harmonische Entwicklungsgeschichte dar; vgl. E. DREWERMANN – I. NEUHAUS: Schneeweißchen und Rosenrot, 1983, 24–29.

[154] KHM 22; das Märchen zeigt die stark angstbesetzte Entwicklung eines Mädchens zur Frau und zur Mutter; vgl. die allerdings nicht sehr gründliche Analyse bei B. BETTELHEIM: Kinder brauchen Märchen, 77–81.

[155] KHM 26; vgl. B. BETTELHEIM: Kinder brauchen Märchen, 158–173, der zu Recht in dem Märchen eine Darstellung «von menschlichen Leidenschaften, von oraler Gier, Aggression und pubertalen sexuellen Wünschen» sieht (a. a. O., 172).

Ähnlich könnte man bei allen Märchen, die in der Biographie eines Patienten eine größere Bedeutung erlangt haben, den Nachweis führen, daß sie – ähnlich wie die Deckerinnerungen und Träume – symbolisch sehr genau die psychische Situation des Patienten ausdrücken, und zwar zumeist weit zutreffender und vielschichtiger, als der Patient selber im Bewußtsein sie zu beschreiben vermöchte.

Auch diese Feststellung ist für die Frage der Interpretation mythischer bzw. mythennaher Texte von großem Belang. Denn sie verweist auf eine unbewußte Art der Mythendeutung, über die ein jeder Mensch als Kind noch in ungebrochener Kraft verfügte; sie zeigt somit, daß alle Interpretationsmethodik und Auslegungskunst gut beraten ist, wenn sie sich an der selbstverständlichen Art der Märchendeutung der Kinder ein verpflichtendes Beispiel nimmt. Die Tiefenpsychologie jedenfalls kann und will nichts anderes erreichen, als im Bewußtsein, mit wissenschaftlichen Mitteln, nachzuzeichnen, was unbewußt ein jedes Kind beim Hören eines Märchens tut: es erfaßt sehr genau, daß die Märchen, die Mythen, die Großen Träume der Völker seine eigenen Stimmungen, Gefühle und Konflikte darstellen und in irgendeiner Form beantworten. Das *Kind* vermag die symbolische Sprache der Märchen und Mythen zu verstehen, weil es noch selber unbewußt in diesen Vorstellungen *lebt;* die *Tiefenpsychologie* kann und muß versuchen, das Bewußtsein für die Inhalte des Unbewußten aufzuschließen und entsprechend die Märchen und Mythen zu *deuten.*

Was die Inhalte der Märchen angeht, die in den Deckerinnerungen wie in den Mythen gleichermaßen eine große Rolle spielen, so hat S. FREUD bereits auf drei Hauptthemen hingewiesen. FREUD wußte, daß zahlreiche Märchen, wie das «Rumpelstilzchen» (KHM 55), das «Rotkäppchen» (KHM 26) oder der «Wolf und die sieben Geißlein» (KHM 5) Kinderschicksale deuten können[156]; aber er sah vor allem auch, daß Kinder von sich aus, und zwar *ohne* Rücksicht auf die äußere Realität, mit großer Regelmäßigkeit gewisse Begebenheiten vorbringen, «die in der Jugendgeschichte ... immer wiederkehren», nämlich insbesondere diese drei: «die Beobachtung des elterlichen Verkehrs, die Verführung durch eine erwachsene Person und die Kastrationsdrohung»[157]. Diese Themen bilden – wenngleich in oft stark abgewandelter Form – einen Hauptgegenstand der individuellen Deckerinnerungen wie der Völkermythen, nicht weil sie von außen, durch historisch-biographische Umstände, an das Kind bzw. an ein Volk herangetragen würden, sondern weil sie *Wunschphantasien* bzw. Angstträume ausdrücken, die in *jedem* Menschen liegen.

[156] S. FREUD: Märchenstoffe in Träumen, X 2–9.

[157] S. FREUD: Vorlesungen zur Einführung in die Psychoanalyse, X 383.

Die *«Urszene»* vom sexuellen Verkehr der Eltern etwa kann in den Mythen und Märchen als die schon mehrfach erwähnte «Liebesgeschichte des Himmels» erzählt werden; in den Umkreis dieser Thematik gehören zusätzlich eine Reihe anderer bekannter Mythen- und Märchenstoffe, wie die orale Konzeptionsphantasie und die «Kloakentheorie» der Geburt[158], wonach die Kinder nach Art der Nahrungsaufnahme und -ausscheidung empfangen werden und zur Welt kommen. Wohl kaum ein mythisches Motiv ist so weit verbreitet wie die orale Konzeptionsvorstellung, daß eine Jungfrau eine Beere, einen Apfel oder dergleichen aß und davon schwanger wurde[159]. In symbolischer Form können gemäß dieser Phantasie auch bestimmte Tiere den Helden verschlingen und wieder aus sich entlassen, wie z. B. in der Jona-Erzählung oder im «Rotkäppchen», – Motive, die in der Sonnen- und Mondmythologie zu den klassischen Topoi zählen[160].

Das *Verführungsmotiv* kann in den Mythen und Märchen alle möglichen Formen der Verzauberung, Verhexung, Tierverwandlung u. ä. annehmen. Oft z. B., wie im Märchen vom «Treuen Johannes» (KHM 6), genügt schon der bloße Anblick eines *Bildes,* um den Königssohn in schicksalhaften Bann zu schlagen, oder es übt bereits die bloße Nachricht von einer wunderschönen Frau am Ende der Welt eine unwiderstehliche Faszination aus, wie in dem Märchen von der «Kristallkugel» (KHM 197) oder dem «Trommler» (KHM 193). Die magische Faszination dieser Frauengestalten, die wir subjektal bereits als anima-Personifikationen beschrieben haben (s. o. S. 198), entstammt auf der Objektstufe der Deutung natürlich dem überragenden Einfluß der Mutter, so daß eigentlich das Bild der Mutter den Helden der Märchen an sich bindet bzw., je nach Betrachtung, zu sich «verführt».

Die *Kastrationsdrohung* schließlich wird außerordentlich dramatisch z. B. in dem Märchen von der «Räuberbraut» geschildert[161], die sich selbst ihrer Haut erwehren muß, indem sie zwölf Männern den Kopf abschlägt, – ein Motiv, das auch in dem Grimmschen Märchen «Der gelernte Jäger» (KHM 111) eine Rolle spielt. In den Naturmythen wird die Kastration mit Vorliebe auf die Sonne bezogen, der die Göttin der Nacht am Abend die *Haare* (ihre Strahlen) raubt[162], wie es explizit in der biblischen Samsonsage erzählt wird (Ri 16,19).

Derartige Stoffe sind in den Mythen und Märchen ubiquitär verbreitet, und sie tauchen nun in der Tat, ohne jede Rücksicht auf die «tatsächliche» Biographie,

[158] S. FREUD: Über infantile Sexualtheorien, VII 182.
[159] Vgl. E. DREWERMANN: Strukturen des Bösen, II 108–115.
[160] Vgl. L. FROBENIUS: Das Zeitalter des Sonnengottes, 224.
[161] P. ZAUNERT: Deutsche Märchen seit Grimm, 102–105.
[162] Vgl. L. FROBENIUS: Das Zeitalter des Sonnengottes, 62.

immer wieder in den Erinnerungen der Patienten auf. Diese *auch inhaltliche* Übereinstimmung zwischen den regelmäßigen Phantasien der Deckerinnerungen und den Hauptmotiven der Märchen, Sagen, Mythen und Legenden ist wohl – neben den strukturellen Gemeinsamkeiten – der beste Beleg für die hier aufgestellte These, daß weder die Deckerinnerungen noch die Mythen unter vorwiegend historischem Gesichtspunkt gelesen werden dürfen. Wenn gerade die am meisten dramatischen, die unheimlichsten «Erinnerungen» der Kindheit immer wieder *nachweislich* nicht äußeren Ereignissen, sondern spontanen inneren Erlebnissen entstammen, dann wird man insgesamt sagen müssen, daß in den Deckerinnerungen wie in den Mythen nicht die historische oder biographische, sondern allein die psychische Realität den Ausgangs- und Zielpunkt aller Betrachtungen bilden muß. Die Deckerinnerungen können als persönliche Mythen in einem nachprüfbaren und überschaubaren Feld der Beobachtung zeigen, was in der Diskussion um das rechte Verständnis der Mythen in der historisch-kritischen Exegese immer noch strittig zu sein scheint: daß die zentralen Inhalte der Mythen wohl ein psychologisches Verstehen, niemals aber eine zureichende historische Erklärung erlauben. Selbst wenn einzelne Bestandteile der Deckerinnerungen und Mythen historische Momente einschließen, so geschieht dies gleichwohl, wie wir jetzt wissen, vorwiegend der symbolischen Bedeutung bestimmter Szenen wegen, fast niemals aber um ihrer selbst willen. Ja, gerade die psychisch schwersten und konfliktreichsten Begebenheiten rufen in der individuellen wie in der kollektiven Überlieferung in Deckerinnerung und Mythos immer wieder *archetypische* Bilder aus den Tiefenschichten der Psyche *zu ihrer Deutung und Bewältigung* auf den Plan, und es kann daher nicht verwundern, daß gerade in den archetypischen Inhalten immer wieder Gemeinsamkeiten zwischen den biographischen «Erinnerungen» des Einzelnen und den Überlieferungen der Völker auftreten.

C) Zusammenfassender Regelkanon zur tiefenpsychologischen Interpretation archetypischer Erzählungen sowie einige praktische Ratschläge und Folgerungen

Mit diesen Erörterungen sind wir an den Beginn der Ausgangsfrage zurückgekehrt, und der Kreis hat sich geschlossen. Wieso, das wollten wir wissen, kann eine einzelne Begebenheit, die erzählt wird, in sicht selbst, also nicht erst durch ihre Wirkungsgeschichte oder durch die Gleichartigkeit der sozialhistorischen Bedingungen ihres Zustandekommens, eine Bedeutung besitzen, die zu allen Zeiten und Zonen gelten soll? Auf dieses Problem stießen wir aus einem theologischen Anliegen; denn vor allem die Religion des Christentums basiert auf der Überzeugung, daß eine einzelne geschichtliche Gestalt bzw. einzelne Szenen der Vergangenheit im Zusammenhang mit dieser Gestalt eine wesentliche und überzeitliche Gültigkeit für jedermann besitzen. Die Antwort darauf lautet: Eine geschichtliche Begebenheit kann in sich selbst nur unter der Bedingung von überzeitlicher Bedeutung sein, daß sie über sich selbst hinaus auf etwas Wesentliches, Typisches, Grundsätzliches im Menschen hinweist. Dann aber muß die einzelne Begebenheit, die einzelne Szene in sich selbst als Typos von etwas allgemein Menschlichem verstanden werden, und gleichzeitig muß vorausgesetzt werden, daß es im Menschen nicht nur ein Wesen an sich, sondern bestimmte Typen des Denkens, Vorstellens und Fühlens gibt, die zu allen Zeiten und Zonen einander gleich sind.

So hat ein theologisches Anliegen, das wir später wieder aufgreifen werden, sich zunächst zu einer tiefenpsychologischen Fragestellung entwickelt. Die Tiefenpsychologie nämlich begann mit der Entdeckung, daß der Mensch in den Tiefenschichten seiner Psyche, im Traum, im spontanen Assoziieren, nicht anders kann, als sich selbst, sein eigenes Wesen, in Form von Szenen und Bildern anzuschauen, die für ihn selbst charakteristisch sind. Die Psychologie des Traumes führte sehr bald dahin, die einzelnen Traumszenen symbolisch auszulegen und in ihnen bildhafte Ausdrucksgestalten psychischer Strebungen und Zustände zu erblicken. Darüberhinaus mußte es auffallen, daß die individuellen Träume den Mythen der Völker sehr ähnlich sehen und die immer wieder gleichen Bilder verwenden wie diese. Das führte zu der Annahme, daß das Unbewußte im Menschen insgesamt nur über eine relativ begrenzte Anzahl typischer Ausdrucksmöglichkeiten verfügt, die im großen und ganzen zu allen Zeiten und an allen Orten die gleichen sind. Diese archetypischen Bilder galt es, mit den Grundantrieben des Menschen in Verbindung zu bringen und von bestimmten bereits im Tierreich grundgelegten Urszenen des Erlebens und den entsprechenden angeborenen Reaktionsweisen, also von den Archetypen des Unbewußten her verständlich zu machen.

Einzelne Begebenheiten, das ist das Ergebnis dieses Gedankenganges, können also dann eine überzeitliche, typische oder wesenhafte Bedeutung besitzen, wenn sie an die Archetypen des Unbewußten anknüpfen, mithin selber archetypisches Material in sich enthalten. Um die überzeitliche Bedeutung derartiger Erzählungen zu verstehen, ist es folglich unerläßlich, sie so zu lesen, wie die Tiefenpsychologie einen Traum oder einen Mythos, ein Märchen, eine Legende oder eine Sage zu lesen pflegt, und das bedeutet nicht mehr und nicht weniger, als die gesamte historisch-kritische Auslegungsweise, die sich in der Bibelwissenschaft im Verlauf der letzten 150 Jahre eine Art Monopolstellung erobern konnte, zumindest zu relativieren und, was die eigentliche Bedeutung derartiger Erzählungen angeht, ihr Interpretationsverfahren sogar in entscheidenden Punkten zu korrigieren. Von der tiefenpsychologischen Interpretationsweise her ergaben sich eine Reihe von Auslegungsregeln, deren wichtigste aus Gründen der praktischen Übersicht an dieser Stelle noch einmal rückblickend zusammengestellt seien, wobei die Anordnung der Einzelpunkte nicht ganz auf die Reihenfolge der bisherigen Erarbeitung, sondern vor allem auf die Erfordernisse eines systematischen Überblicks abgestimmt ist.

a) Regelkanon zur tiefenpsychologischen Interpretation

1. Motivgeschichte und Amplifikation des Materials (s. o. S. 165–169)
Es ist zunächst zu untersuchen, ob einzelne *Elemente* einer Erzählung in den Mythen und Märchen, den Sagen und Legenden der Völker – und zwar womöglich unabhängig voneinander! – *häufiger* vorkommen, also *Motive* darstellen, die sich gegenseitig ergänzen und vervollständigen. Dies ist der erste Schritt, um festzustellen, ob in einer Erzählung mehr enthalten ist als nur geschichtlich bedingtes Material. Lediglich wenn dies nicht der Fall ist, kann die historisch-kritische Methode der Interpretation einsetzen und in gewissem Sinne als ausreichend empfunden werden.

2. Die religionsgeschichtliche Bedeutungsvielfalt der Motive (s. o. S. 169–172)
Erst wenn man die Bedeutungsbreite kennt, die einzelne Motive in den Mythen der Völker besitzen, gewinnt man eine genügende Sicherheit, um zu zeigen, was die entsprechenden Motive symbolisch vom Menschen selbst aussagen, gemäß dem Grundsatz, daß die Mythologie als projektive Psychologie zu verstehen ist.

3. Die symbolische Deutung (s. o. S. 172–177)
Alle äußeren Gegebenheiten und Inhalte sind – mindestens probeweise – so zu interpretieren, daß sie als symbolische Darstellung innerer Kräfte, Zustände und Zusammenhänge verstanden werden können; die Regel muß lauten, daß, wie im Traum der Träumende in allen Gestalten und Dingen letztlich sich selber träumt und anschaut, so auch in den Mythen und archetypischen Erzählungen der Mensch in allem sich selbst erfährt und darstellt; insbesondere ver-

wandtschaftliche oder räumliche Beziehungen sind als innere Beziehungen zu lesen, zeitliche Abfolgen stehen für kausales Nacheinander. Parallel zu einer solchen *subjektalen* Deutung kann und muß – ebenfalls probeweise – die *Deutung auf der Objektstufe* versucht werden, bei der die handelnden Personen – etwa die Eltern, Geschwister, Freunde – als Verkörperungen auch äußerlich realer Gestalten zu betrachten sind, und es müssen dann vor allem die gegenseitigen Einstellungen der Akteure zueinander, die Beziehungen zwischen ihnen, die Bedeutungen, die sie füreinander haben, in der Auslegung thematisiert werden. Gleichwohl darf auch dann nie vergessen werden, daß vor allem die «Eltern» und «Geschwister» stets auch eine rein subjektale Aura besitzen können. Beide Verfahren, die subjektale wie die objektale Deutung, sind nebeneinander komplementär zu handhaben; je mehr eine Erzählung individuellen Charakter trägt, wie etwa der Traum eines Einzelnen, sollte der Akzent zunächst mehr auf der objektalen Deutung liegen, während in dem kollektiven Erzählgut der Völker die subjektale Seite eine vorrangige Rolle spielt; alle Mythen aber sind zunächst die «Grossen Träume» von Einzelnen, und umgekehrt haben alle «kleinen Träume» auch die Kraft zum großen Mythos in sich, analog zur Wahrheit der Dichtung.

4. *Das Weiterdichten archetypischer Motive in den Überlieferungsvarianten und in den Neugestaltungen der Weltliteratur* (s. o. S. 178–187)

Anders als in der historisch-kritischen Methodik kommt es für die tiefenpsychologische Deutung nicht darauf an, eine Urform bestimmter Erzählungen am historischen Anfang einer meist strauchartigen Entwicklung mehrerer sich verzweigender Überlieferungsvarianten des gleichen Themas zu rekonstruieren, sondern die archetypische Bedeutungsbreite bestimmter Motive entsprechend der Amplifikationsregel (s. Nr. 1) gerade aus dem ständigen Weiterwirken gleicher oder verwandter Stoffe zu erschließen. Gerade bei Erzählungen, die in sich selbst eine überzeitliche Bedeutung besitzen, ist es unerläßlich, das Weiterwirken archetypischer Motive durch die Jahrtausende und quer durch die Weltliteratur (und Kunst) bei der Auslegung mitzubetrachten[163].

[163] Eben darin liegt die eigentliche Rechtfertigung für das in Katechetik und Homiletik Gott sei Dank inzwischen selbstverständliche Bemühen, Bibelexegese im Kommentar zeitgenössischer Literatur zu betreiben. Vgl. die ausgezeichneten Lesebücher von O. BETZ: Die Welt meditieren, 1966; DERS.: Das Leben meditieren, 1970; DERS.: Den Menschen meditieren, 1972; alle drei Bände vermeiden es bewußt, explizit die Texte in Beziehung zu bestimmten Bibelstellen zu setzen, aber gerade so sind Wege zum einübenden Hören auf die Botschaft der Schrift entstanden. Stark angefeindet wurde seinerzeit schon von seinem Anliegen her H. HALBFAS: Fundamentalkatechetik, ²1969, der allerdings die eigentliche tiefenpsychologische Begründung seines Vorgehens nicht explizit durchführt.

5. *Der Spiralaufbau der Erzählungen* (s. o. S. 187–200)
Eine große Hilfe bei der Interpretation ist die Beobachtung, daß Märchen, Mythen und Träume häufig auch in sich selbst bereits mehrere Bearbeitungsversuche ein und desselben Themas darstellen, indem ein psychischer Grundkonflikt am Anfang thematisiert und dann auf verschiedenen Bildebenen ausgeglichen und kompromißfähig gemacht wird; daraus ergibt sich, daß dieselben Akteure oder Kräfte der menschlichen Psyche scheinbar ganz verschiedene Rollen annehmen können, die aber dennoch innerlich zusammengehören und sich gegenseitig kommentieren, differenzieren und präzisieren.

6. *Die Entwicklungsgeschichte der Individuation* (s. o. S. 201–204)
So vielfältig die einzelnen Themen der Mythen, Märchen und Träume auch sein mögen, so kreisen sie doch jeweils um ein und dieselbe Grundproblematik: wie ein Mensch zu sich selbst findet oder durch welche Mächte er daran gehindert wird, zu sich zu finden. «Selbstfindung» meint dabei nicht die Durchsetzung des Ichs, sondern gerade im Gegenteil die Erlösung von der Ichhaftigkeit und Bewußtseinseinseitigkeit zugunsten einer erweiterten Persönlichkeit, die mit dem eigenen Unbewußten verbunden ist und darin an der wahren Natur aller Menschen Teil hat. Die einzelnen «Stufen» und «Spiralen» der jeweiligen Erzählung sind daher als Etappen auf dem Weg der Selbstwerdung zu lesen. Dabei gibt es eine psychische Gesetzmäßigkeit in der Aufeinanderfolge der typischen Reifungsschritte, die immer wieder zu beobachten ist und deren Kenntnis für die Interpretation archetypischer Erzählungen eine unschätzbare Hilfe darstellt.

7. *Anfang und Ziel der Erzählung* (s. o. S. 205–212)
Wie bei der Ouvertüre einer Oper ist die spezifische Problematik, der Ausgangspunkt, von dem her der Weg der Individuation beschritten werden muß, meist am Anfang einer Erzählung verdichtet dargestellt; daher kommt der Analyse des Anfangs ein besonderes Gewicht zu, indem sich hier zeigt, um welch ein Problem- bzw. Sinnzentrum die Erzählung gelagert ist. Das richtige Verständnis des Ausgangsproblems und der entsprechenden Zielsetzung erlaubt es, die einzelnen «Spiralen» der Erzählung logisch aufeinander zu beziehen, je nachdem, ob sie, gemessen an der gestellten Aufgabe, einen Lösungsfortschritt darstellen oder nicht. Die Interpretation archetypischer Erzählungen ähnelt daher oft dem Betrachten eines Films, der ohne sichtbare Übergänge mit der Technik von Vor- und Rückblenden arbeitet, und die Schwierigkeit des Verstehens ist ebenso groß wie auch sonst im Umgang mit Menschen, die, ohne es selbst zu merken, mal als Erwachsene sprechen und mal als Kinder,

mal sich infantil geben und mal als gereifte Persönlichkeiten, und dies oft nicht nur übergangslos *nacheinander,* sondern für gewöhnlich sogar in ein und derselben Szene, in ein und demselben Redefluß *ineinander.*

8. *Die zentrale Gestalt* (s. o. S. 212–218)
Ineins mit der thematischen Zentrierung erfolgt auch die Zentrierung einer Erzählung um die Hauptperson der Handlung. Gerade für eine Deutung auf der Subjektstufe ist es sehr wichtig, welche Person man als die zentrale Gestalt ansieht, die alle anderen Figuren und Ereignisse als verschiedene Seiten ihrer selbst im Vollzug ihrer eigenen Wesensgeschichte zur Darstellung kommen läßt. Mitunter können mehrere Personen wechselseitig Vorrang beanspruchen, und es ist dann wichtig, probeweise dieselben Szenen aus der Sicht jedes einzelnen Akteurs zu betrachten. Die Interpretation ähnelt so der Analyse des Zusammenlebens zweier Liebender, die wechselseitig beide ineinander aufgehen und, je nachdem, einer im anderen enthalten sind[164].

9. *Die Vollständigkeitsregel* (s. o. S. 201–204)
Der Eindruck mag zunächst herrschen, daß in der tiefenpsychologischen Deutung ein hohes Maß an Willkür und rein arbiträren Interpretationen herrsche; das trifft jedoch nicht zu, wenn man bedenkt, daß jede andere Art der Betrachtung immer etwas Gewaltsames an sich trägt und vor allem die historische Reduktion der Erzählmotive auf bestimmte geschichtliche Gegebenheiten niemals die gewordene Gestalt einer Erzählung als ganze auszudeuten vermag; die tiefenpsychologische Deutung basiert demgegenüber auf der Überzeugung, daß jedes Detail einer archetypischen Erzählung für das Ganze von Belang ist und unter einem bestimmten Gesichtspunkt *alles,* bis in die Einzelheiten hinein, von der übergreifenden Themenstellung her in Art und Zusammenstellung sinnvoll arrangiert ist. Die Deutung eines einzelnen Symbols, das ist zuzugeben, läßt stets eine Vielfalt von Möglichkeiten zu; im ganzen aber wird es nur einen einzigen passenden Schlüssel geben, der nach Art eines Passepartout den gewaltlosen Zugang zu allen verschlossenen Kammern und Stuben einer Erzählung öffnet. Die Stimmigkeit des Ganzen ist ein wichtiges Indiz für die Richtigkeit einer tiefenpsychologischen Interpretation.

10. *Die Realisierungsregel* (s. o. S. 218–226)
So verhängnisvoll es vor allem in der theologischen Exegese geworden ist, die bloße Wiederholung historischer Termini anhand eines Textes bereits für

[164] Vgl. C. G. Jung: Die Ehe als psychologische Beziehung, XVII 221–223, zur Problematik des Enthaltenden und Enthaltenen.

«Auslegung» zu halten, also bis zum Überdruß sich in erfahrungslosen Phrasen von Gottesreich, Messianität, Parusie, Gottesknechtstypologie u.ä. zu gefallen, so widersinnig wäre es, wenn eine tiefenpsychologische Textauslegung lediglich die Symbolebene einer Erzählung in die psychologische Metasprache der Deutung übersetzen wollte. Alle psychologischen Begriffe sind nichts als Kategorien zur Sammlung und Ordnung von Erfahrung, und sie haben nur Sinn, solange man sich Punkt für Punkt darüber Rechenschaft gibt, welche Bedeutung eine bestimmte Erzählung im wirklichen Leben annimmt. Stets ist daher die einzelne archetypische Erzählung als symbolische Darstellung psychischer Konflikte zu lesen, und die Frage muß Zug um Zug gestellt werden, wie die Realität aussehen kann, deren innere Wirklichkeit sich in der Weise einer gegebenen Erzählung abbilden läßt. Eine archetypische Erzählung kann man nur so auslegen, daß man sie vom Leben her und für das Leben auslegt, – gerade nicht also nach bloßer Schriftgelehrtenmanier.

11. *Die Verdichtungs- und Zeitrafferregel* (s.o. S.226–230)
Bei der Übertragung der Symbolsprache in die Wirklichkeit wird man davon ausgehen müssen, daß in den archetypischen Bildern ganze Lebensabschnitte in einer einzigen Szene verdichtet sind; das bedeutet eine oft erhebliche Raffung der zeitlichen Erstreckung, und dementsprechend muß man Begebenheiten, die in den Erzählungen das Werk eines Augenblicks zu sein scheinen, sich in der Wirklichkeit u.U. als Geschehnisse vorstellen, die Jahrzehnte im Leben eines Einzelnen, Jahrhunderte im Leben eines Volkes und Jahrtausende im Leben der Menschheit umfassen können.

12. *Die Ambivalenz der Symbole und die Einheit von Vergangenheit und Zukunft* (s.o. S.230–250)
Die Zeitraffertechnik der archetypischen Erzählungen basiert auf der Zeitlosigkeit der archetypischen Bilder. Da diese als früheste Niederschläge der psychischen Evolution zu betrachten sind, enthalten sie stets ein starkes Moment der Wiedererinnerung, der Regression zu dem Ursprung der Phylogenese wie der Ontogenese; indem aber die psychischen Antriebe in keiner geschichtlichen Situation vollständig befriedigt werden können, sind sie als Rückerinnerungen zugleich auch Verheißungsbilder eines vollendeten geschichtsjenseitigen Glücks. Daraus erklärt sich die Einheit z.B. der Bilder vom Anfang und Ende sowohl der Menschheitsgeschichte wie des individuellen Lebens in den Urgeschichten und Eschatologien der Völker: das Heil am Ende ist stets die Erneuerung des Anfangszustandes, und umgekehrt: im Anfangszustand reflektiert sich die Sehnsucht nach einem eigentlichen, noch ausstehenden Glück. Es ist

daher bei der Auslegung stets zu beachten, daß das regressive Moment aller archetypischen Bilder ebensowohl die Macht hat, die psychische Energie nach rückwärts zu binden und dort auf psychotische Weise zu verbrauchen, als auch einen wirklichen Neuanfang einzuleiten und die nötige Kraft zur Umgestaltung und Ergänzung des bisherigen Lebens bereitzustellen; was in einer archetypischen Erzählung jeweils Rückschritt und Fortschritt innerhalb des Individuationsprozesses bedeutet, ergibt sich nur selten aus dem einzelnen Symbol, sondern ist zumeist allein aus der Anlage des Ganzen zu ersehen (s. Nr. 7).

13. Die Austauschbarkeit des Individuellen und Kollektiven bei absolutem Vorrang der individuellen Bedeutungsebene (s. o. S. 251–271)
Alle archetypischen Bilder sind Teil der Kollektivpsyche und insofern offen für eine völkerpsychologische wie individualpsychologische Deutung; gleichwohl ist zunächst von der individuellen Bedeutung auszugehen, einmal, um die Funktion der archetypischen Symbole innerhalb des Individuationsprozesses verstehen zu können, und zum anderen, um das Individuum vor dem Versinken in das kollektive Unbewußte zu bewahren; erst sekundär kann das Individuelle als Bild einer kollektiven Freiheitsgeschichte gedeutet werden. Dies gilt insbesondere dort, wo die archetypischen Bilder zunächst zur Auslegung geschichtlicher Völkerschicksale herangezogen wurden: nur im Individuellen läßt sich die überzeitliche symbolische Bedeutung eines archetypischen Bildes aus der historischen Verklammerung an bestimmte Ereignisse im Leben eines Volkes lösen; der eigentliche Ort, an dem archetypische Bilder ihre *kollektive* Bedeutung entfalten können, ist der Ritus, die Nachgestaltung im Sakrament.

14. Die Aufhebung des Geschichtlichen im Wesentlichen (s. o. S. 364–371)
Die archetypischen Bilder sind nicht nur in sich überzeitlich, sie heben auch die eventuellen historischen Anlässe ihres Auftretens aus der Geschichte heraus und verdichten sie zu Bildern einer überzeitlichen, wesenhaften Bedeutung. Diese ihre Bedeutung wird durch die Historizität des Materials weder erweitert noch eingeschränkt; ihr Inhalt ist, ähnlich wie die Welt der Ideen im Deutschen Idealismus, von der äußeren Realisierung durchaus unabhängig. In der Auslegung hat die Frage daher nicht zu lauten: Was geschah zu einer bestimmten Zeit «wirklich»?, sondern: Was bedeutet ein bestimmtes Bild an sich zu jeder Zeit? Wie bei den Deckerinnerungen des Einzelnen sind die Mythen der Völker verdichtete Darstellungen des eigenen (hier noch rein psychologisch verstandenen) Wesens; dieses ist zwar zu einer bestimmten Zeit auch in historischem Sinne *geworden,* aber wie und wodurch dieses Wesen gebildet wurde, ist aus den Mythen und Deckerinnerungen selbst nicht mehr zu erse-

hen; wenn sie historisches Material in sich aufnehmen, dann seiner symbolischen, nicht seiner historischen Bedeutung wegen. Den Zugang zu historischen Fragestellungen gewinnt man vom Mythos (und von der Deckerinnerung) aus am ehesten durch eine gründliche Analyse der Gefühle, die mit den archetypischen (oder jedenfalls symbolischen) Bildern verbunden sind.

15. Die Beziehung zu Ritual, Tanz und jeder Art von szenischer Darstellung
(s. o. S. 302–320)
Ob man mit einer Interpretation auf der richtigen Fährte ist, läßt sich u. a. daran prüfen, inwieweit die Deutung selbst Anregungen zu dramatischen Aktualisierungen bietet. Denn nicht nur, daß die Mythen aus Ritual und Tanz entstanden sind, sie lassen sich letztlich auch nur durch Tanz und Ritual bzw., im individuellen Bereich, durch Techniken des Psychodramas wirklich verstehen[165]. Erst im Ritus erreicht die Interpretation eines Mythos wieder das Niveau ihres Gegenstandes (s. Nr. 13).

In summa bedeuten diese Regeln vor allem in zwei Punkten eine radikale Abkehr von den Grundlagen der historisch-kritischen Auslegungsweise:
Einmal ist die historische Fragestellung selbst zugunsten einer Analyse der überzeitlichen Bedeutungsinhalte archetypischer Erzählungen zu vernachlässigen. Es ist ein für allemal anzuerkennen, daß historisierende Erörterungen der Eigenart des Traumes, des Mythos, des Märchens, der Sage, der Legende nicht gerecht werden und im Grunde nur Auslegungen bieten können, die dem eigentlichen Anliegen und der wirklichen geistigen und psychischen Leistung derartiger Erzählungen geradewegs entgegenstehen.
Sodann ist von der einseitigen Überschätzung des Wortes, der Rationalität, des Bewußtseins vor dem Bildhaften, Irrationalen, Unbewußten entschieden abzurücken. Am Anfang des Traumes, des Mythos, des Märchens steht nicht das Wort, das Denken, die «vernünftige» Realität, sondern die Vision, die innere Anschauung, die psychische Wirklichkeit des Unbewußten. Nicht Philologie und Archäologie (bzw. Soziologie), sondern Tiefenpsychologie, Philosophie und im strengen Sinne Theologie sind die befragbaren Methoden zur Deutung derartiger Erzählungen. Das Wort, die verbale Erzählung selbst, der «Traumtext», darf nicht für etwas Letztes, Irreduzierbares gehalten werden, sondern muß als chiffrierter Niederschlag von Erfahrungen einer ganz anderen, averba-

[165] Hier liegt die Rechtfertigung für die Bemühungen in Homiletik und Katechetik, die Botschaft der Bibel durch Spiel, Theater, Tanz, Musik etc. erfahrbar zu machen. Vgl. R. HÜBNER: Geschichtentheater, in: WPKG 68 (1979), 151–156; G. M. MARTIN: «Bibliodrama» als Spiel, Exegese und Seelsorge, in: WPKG 68 (1979), 135–144; F. ROHRER: Ausschnittsberichte aus einem Bibliodrama, in: WPKG 68 (1979), 144–151.

len Ebene der Wirklichkeitserfassung verstanden werden. Als der Seher der Geheimen Offenbarung vom Geist ergriffen wird, hört er, wie es bezeichnenderweise heißt, hinter sich eine Stimme wie eine Posaune, und er dreht sich um, weil er die Stimme *sehen* will, die mit ihm redet (Offb 1,10.12); «Worte», die aus dieser Wirklichkeit sprechen, stammen stets aus dem «Rückwärts» der Wahrnehmung, aus dem Unbewußten, und um sie zu vernehmen, muß man ihrer Vision teilhaftig werden; ganz folgerichtig ergeht daher an den Seher von Patmos der Befehl, in ein Buch zu *schreiben,* was er *sieht* (Offb 1,11). So ist es bei allen archetypischen, mythischen oder mythennahen Erzählungen: das Wort entstammt dem Bild; als erstes ist die Vision, nicht die Rede; die innere Erfahrung, die Schau rückwärts, steht am Anfang, nicht äußere Erfahrungen und die Kategorien der rationalen Beziehungen. Nach innen muß daher die Auslegung gerichtet sein, und sie darf weder den Worten noch der Historie verhaftet sein, sondern muß selbst die inneren Erfahrungen zur Sprache bringen, aus denen die entsprechenden Visionen und deren erzählende Darstellungen entspringen.

Manchem Leser mögen die gegebenen Regeln, wo nicht zu ungewohnt, so doch trotz ihrer Einfachheit noch immer zu kompliziert erscheinen. Daher sind an dieser Stelle ein paar praktische Ratschläge wohl unerläßlich.

b) Bemerkungen über das praktische und didaktische Vorgehen

Es ist wahr: statt, wie üblich, ein Symbol bloß auf die eine Frage hin zu untersuchen, welche historischen Tatsachen sein Zustandekommen mitveranlaßt haben und welche Besonderheiten der Überlieferungsgeschichte an seiner sprachlichen Formung mitgewirkt haben, dehnt sich das Feld der Untersuchung jetzt scheinbar ins Grenzenlose aus. Wie es bei einem Symbolverständnis nicht anders sein kann, das von der überzeitlichen und allgemeinmenschlichen Bedeutung bestimmter Archetypen der Vorstellung überzeugt ist, kann sich die Nachforschung jetzt nicht mehr auf die Anschauungsweisen eines räumlich und zeitlich wohldefinierten Geschichtsabschnittes beschränken, sondern buchstäblich alles Mögliche in den Überlieferungen der Religionen, Dichtungen und Träume aller Zeiten und Zonen der Menschheitsgeschichte, ja sogar auch kommender Gestaltungen der archetypischen Bilder, kann jetzt von Belang sein, um den Gehalt eines bestimmten Symbols besser zu verstehen. Zu dieser prinzipiellen Unabgeschlossenheit des Materials in quantitativer Hinsicht tritt eine auch inhaltlich weit größere Komplexität und Vielschichtigkeit der Interpretationsmethoden. Neben der historisch-kritischen Methode gibt es jetzt, stufenweise aufeinander fußend und sich gegenseitig ergänzend:

- die naturmythologische Methode (s. Nr. 2)
- die tiefenpsychologische Methode – auf der Objektstufe und
  – auf der Subjektustufe,

und zusätzlich wird noch der eigentlich theologische Gehalt eines Symbols zu erörtern sein. Ein und dasselbe Bild kann auf all diesen verschiedenen Ebenen etwas Unterschiedliches bedeuten, wie es z. B. bei den weltweit verbreiteten Bildern der jahwistischen Urgeschichte von Paradies, Baum, Schlange und Sündenfall, bei der Erzählung von den kämpfenden Brüdern, der Sintflut u. a. m. zu sehen ist[166]; das Symbol legt von einem Geheimnis Zeugnis ab, das sich niemals reflex und adäquat ausdrücken läßt, dem man sich aber von vielen Seiten nähern kann und muß und das sich auf der philosophischen und theologischen Deutungsebene am deutlichsten erschließt; an die theologische Deutung muß daher der Anspruch gestellt werden, integral die verschiedenen Bedeutungsbereiche zusammenzuschließen, und dazu bedarf sie selbst natürlich der Kenntnis und Durcharbeitung der anderen, hilfsweise vorgeschalteten Deutungsverfahren. Die zur Zeit allgemein übliche Einseitigkeit der historisch-kritischen Interpretationsmethode hingegen bringt nicht nur eine inhaltsleere Abstraktheit der theologischen (dogmatischen) Aussagen mit sich, sondern sie beläßt auch die verschiedenen Deutungsmöglichkeiten in den anderen Wissenschaftszweigen in einer beziehungslosen, isolierten Gleichwertigkeit nebeneinander.

Gerade die Vielfalt der Methoden und die unendliche Ausdehnung des Materials, die man fordern muß, wenn man ein archetypisches Symbol wirklich verstehen will, führt aber gewiß zunächst zu einer gewissen Ratlosigkeit und einem gehörigen Schrecken vor dem Umfang und der Weitläufigkeit einer jeden Untersuchung in diesen Bereichen, die mit dem Anspruch der Wissenschaftlichkeit auftreten will. Gleichwohl läuft das hier vorgeschlagene Verfahren in der Praxis überraschenderweise auf eine enorme Vereinfachung, auf eine starke inhaltliche Konzentration und eine lebendige Unmittelbarkeit hinaus. De facto nämlich schiebt sich jetzt von Anfang an nicht mehr, wie in der historisch-kritischen Exegese, der Staub und der Schutt vieler Jahrhunderte zwischen den Text und den Leser, sondern jeder Leser ist nunmehr aufgefordert, den jeweiligen Text von sich selbst her nachzuträumen und nachzuempfinden,

[166] Vgl. die Tabellen bei E. Drewermann: Strukturen des Bösen, I, 2. Aufl., S. LXXV–LXXVI; LXXXIII–LXXXVI.

bis das gleiche Symbol, die gleiche Vision aus seiner eigenen Seele hervorgeht. Nicht mit etwas Fremdem, sondern stets mit dem Eigenen seiner Psyche wird er am Beispiel einer von außen an ihn herangetragenen Erzählung konfrontiert. Der Text wird zur Brücke, zur Vermittlung des Lesers mit sich selbst, und das ist zweifellos unendlich inhalts- und spannungsreicher, als wenn man den Text nur dazu benützt, in die Vergangenheit hinabzusteigen und einen Standpunkt zu gewinnen, der die eigene Existenz gerade nicht meint.
Um einem Text bei der privaten Lektüre oder im Unterricht, in Bibelkreisen oder Märchenarbeitsgemeinschaften, in Traumkolloquien oder Meditationszirkeln näherzukommen, wird man sich natürlich nicht jeweils in die riesigen Arsenale der Bildung und des Wissens aus Religionsgeschichte, Mythologie, Tiefenpsychologie und Theologie einarbeiten können. Dennoch kann man recht weit kommen, wenn man die folgenden Arbeitsschritte nahezu stereotyp einhält:

1. Die Frage nach den unmittelbaren Eindrücken und Gefühlen
Ein Märchen, ein Mythos, eine Bibelstelle wird vorgelesen oder – besser – in freiem Vortrag erzählt, und die Hörer haben zunächst keine andere Aufgabe, als möglichst genau sich selber zu beobachten, in sich hineinzuhören und die Gefühle und Eindrücke zu registrieren, die ihnen beim ersten Hören unmittelbar kommen[167]. Es ist, ganz wie bei der freien Assoziation im Traum, sehr wichtig, auf den Gefühlswert zu achten, den die jeweiligen Symbole besitzen, und die Stimmung zu erfassen, die eine Erzählung vermittelt. Das Grauen, der Ekel, die Unheimlichkeit, die Rätselhaftigkeit, der Abscheu, die Grausamkeit, oder ganz im Gegenteil: die Kindlichkeit, Lieblichkeit, Verträumtheit, Heiterkeit und Leichtigkeit, mit der die Geschehnisse sich zutragen, – all diese Gefühle müssen von den Teilnehmern zusammengetragen werden. Man wird dann zumeist feststellen, daß stets nur ein bestimmtes Spektrum von Gefühlen in einer einzelnen Erzählung zur Sprache kommt, und ferner wird sich zumeist ergeben, daß eine bestimmte Person im Mittelpunkt dieser Gefühle steht; auf diese Weise löst sich die Frage nach der zentralen Person und Thematik (Regel Nr. 8 und 7).

2. Die Frage nach den Auffälligkeiten und Besonderheiten
Märchen, Mythen und Träume lieben es, eine Handlung so zu erzählen, daß sie selbst dann noch unlogisch und widersprüchlich erscheint, wenn man die

[167] Ein Beispiel für die Art dieses Vorgehens bei J. SCHARFENBERG – H. KÄMPFER: Mit Symbolen leben, 1980, 214–221, wo allerdings relativ dirigistisch verfahren und vom Text weit abgewichen wird. Wesentlich gründlicher in Stil und Durchführung ist die Darlegung bei W. WINK: Bibelauslegung als Interaktion, 39–47, wo am Beispiel der Heilung des Gelähmten (Mk 2,1–12) die einzelnen Arbeitsschritte in einem Bibelarbeitskreis erläutert werden.

Welt des Unbewußten, also die Welt von Geistern und Zwergen, sprechenden Tieren und ständigen Verwandlungen, von Zaubermächten und Zauberwesen anerkennt. Mag es z.B. sein, daß der Wolf, der Rotkäppchen begegnet, sprechen kann, – warum aber um alles in der Welt frißt er nicht das Mädchen auf der Stelle, sondern wartet umständlicherweise damit erst, bis er die Gestalt der Großmutter angenommen hat? Oder: warum erkennen die Jünger bei der Erscheinung Jesu am See den Herrn nicht, als sie bei ihm am Ufer sind, wohl aber, als sie auf dem See einen überreichen Fang gemacht haben? – usw. Derartige Merkwürdigkeiten, Brechungen und scheinbare Ungereimtheiten sind zumeist die Knotenpunkte am Leitfaden der Interpretation; sie müssen vorweg möglichst vollständig gesammelt werden, denn erst eine Auslegung, die solche Widersprüche der äußeren Handlungsabfolge innerlich, auf einer tieferen Ebene, als notwendig erweist, wird sich als angemessen und richtig bestätigen.

3. *Die Beachtung des Anfangs* (vgl. Regel Nr. 7)
Erfahrungsgemäß ist es von Vorteil, besonders die *ersten* einleitenden Sätze eines Märchens oder Mythos mit der größten Sorgfalt zu untersuchen, also vor allem die subjektive Bedeutung des Gesagten für die handelnden Personen, ihre Beziehungen zueinander, die Bedeutung der oft dramatischen Veränderungen in den äußeren Bedingungen, kurz: alle Details des Anfangs sich so eindringlich wie möglich bewußtzumachen; nur auf diese Weise gewinnt man Zugang zu der inneren Problematik, die im Verlauf der Erzählung gelöst werden soll. Was am Anfang an analytischer Klarheit nicht erarbeitet wird, versperrt meist das Verständnis zahlreicher Einzelheiten der späteren Erzählung; und umgekehrt wird man den weiteren Erzählverlauf meist fugenlos verstehen, wenn man erst einmal das zentrale Thema der Erzählung in der Einleitung begriffen hat.

4. *Die Hypothese der inneren Entwicklung* (vgl. Regel Nr. 6)
Bei der Mehrheit archetypischer Erzählungen wird man mit dem Vorschlag recht erfolgreich arbeiten können, die jeweilige Geschichte als eine Entwicklungsgeschichte zu lesen, indem die innere Entfaltung der einzelnen Erzählung sich zumeist aus den Stadien der psychischen Entwicklung sowie aus der inneren Differenzierung und Reifung auf dem Wege der Individuation ergibt.

5. *Vorsichtige Symboldeutungen* (vgl. Regel Nr. 9)
Wenn die große Linie der Erzählung verstanden ist, wird man sich den anfangs bereits bemerkten Auffälligkeiten und Merkwürdigkeiten der Darstellung zuwenden können, deren Lösung jetzt oft schon durch einfache Symboldeutun-

gen sich nahelegt. Ein einzelnes Symbol ist stets vieldeutig und, isoliert, schwer zu interpretieren; wenn aber der Kontext im großen und ganzen bereits verstanden worden ist, ordnet sich die Auslegung einzelner Symbole zumeist mühelos in den Gang der Erzählung ein und bestätigt dann noch einmal die Richtigkeit der Zentrierung und Auslegungsrichtung der gesamten Deutung.

6. *Die Realisierung durch den Vergleich mit eigenen Erfahrungen*
(vgl. Regel Nr. 10)
Besonders bei Arbeitskreisen, die bereits länger bestehen, wächst die Gefahr verbaler oder terminologischer Stereotypien in der Auslegung. Dies kann nicht anders sein, da die archetypischen Motive relativ konstant und nicht allzu zahlreich sind. Um so wichtiger ist es, sich bei jedem Schritt der Auslegung zu fragen, welche Personen, Konflikte und Aufgaben des wirklichen Lebens sich in den jeweiligen Bildern der Erzählung darstellen lassen. Dieser Vergleich mit der eigenen Lebenserfahrung ist unerläßlich, denn nur so zeigt sich, ob eine Erzählung wirklich verstanden worden ist; zugleich erweist sich an dieser Stelle, ob man den Bereich der Schriftgelehrsamkeit verläßt und zum wirklichen Leben hinfindet oder nicht. Erst wenn einem bei der Interpretation archetypischer Erzählungen immer wieder bestimmte Personen, eigene Erlebnisse oder mindestens Gestalten der Dichtung einfallen, um sich zu verdeutlichen, wovon im Einzelfall wirklich die Rede ist, kann man sicher sein, daß man mit der Deutung auf der richtigen Spur ist; bleiben solche Einfälle spärlich oder versiegen sie schließlich ganz, so darf dies meist als Indiz dafür gelten, daß man die betreffende Erzählung noch nicht tief genug aufgefaßt hat.

Wenn dies die objektiven Interpretationsregeln sind, so läßt sich leicht erkennen, welche *persönlichen* Eigenschaften ein Interpret subjektiv besitzen sollte und welche Art der Vorbereitung er am besten wählen muß. Die sachlichen Voraussetzungen zur Deutung archetypischer Erzählungen erwirbt man sich zweifellos am günstigsten durch eine möglichst gründliche Kenntnis der verschiedenen tiefenpsychologischen Schulen und ihrer Auslegungsverfahren; aber zu diesem unerläßlichen Handwerkszeug sollte unbedingt eine breite Belesenheit in Religionsgeschichte, Ethnologie und Belletristik, vor allem in den großen Dichtungen der Weltliteratur, hinzutreten. Vorausgesetzt ist daher eine Offenheit und Interessiertheit, wie sie in etwa dem alten humanistischen Bildungsideal HUMBOLDTSCHER Prägung entspricht und dem heute leider bestehenden Ausbildungsdruck zur Spezialisierung und methodischen Einengung des Gesichtsfeldes gerade entgegengesetzt ist. Zur tiefenpsychologischen Interpretation gehört darüber hinaus ein gewisses Maß an Introspektionsfähigkeit, Sensibilität und Einfühlungsvermögen sowie die Fähigkeit, dichterische Gestalten, Figuren des Traumes, für ebenso wirklich zu nehmen wie Personen und Eindrücke der äußeren Realität. Die günstigsten Voraussetzungen dazu bieten natürlich ausgedehnte psychotherapeutische Erfahrungen sowie die Einsichten, die sich aus dem praktischen Umgang mit den Träumen von Patienten, ihren Symbolbildungen, anamnestischen Umgestaltungen, Deckerinnerungen, privaten Mythologien u.a. nach und nach ergeben. Keine Schule der Welt kann die ständige psychotherapeutische Übung im Ausdeuten symbolischer Bilder als Wesensbeschreibungen innerer Zustände ersetzen oder aufwiegen.

Auf der anderen Seite muß man sich vergegenwärtigen, daß es nicht die Frage eines Berufsstandes oder Titels ist, ob man in die Praxis dieser «Schule» eintritt, sondern eine Frage der Menschlichkeit. Alle Tiefenpsychologie ist nichts anderes als eine «humanistische Seelenforschung», wie K. KERÉNYI eines seiner Bücher genannt hat[168]; sie ist keine Geheimwissenschaft, sondern das Ergebnis gelebter Menschlichkeit. Und so bleibt es bei der Feststellung, daß man von den archetypischen Erzählungen der Völker, diesen großen Träumen der Menschheit, ebensoviel verstehen wird, wie man selbst als Mensch von sich und anderen verstanden hat, – nicht mehr, nicht weniger. Kein schriftgelehrtes Großtun, kein akademischer Bienenfleiß und keine professorale Gelehrtendistanz führen daran vorbei: die Auslegung der Mythen, Märchen, Sagen und Legenden, kurz aller großen Menschheitsträume ist die Probe aufs Exempel eigener gelebter Menschlichkeit. Unterhalb dieses Anspruches sollte man sich nicht an solche Texte wagen, – so wie ein Mann wie MARTIN BUBER von sich sagen konnte, er habe bis zu seinem 30. Lebensjahr nur philosophische Schriften verfaßt, – erst dann sei er reif geworden zum Vernehmen heiliger Texte[169].

[168] K. KERÉNYI: Humanistische Seelenforschung, Werke Bd. 1, 1966.

[169] M. BUBER: Vorwort zu: Schriften der Bibel, in: Werke II 7.

IV. Zusätzliche Regeln und Techniken zur Auslegung besonders der Psychodynamik von Sagen und Legenden

Diese Regeln und Hilfestellungen zur Interpretation archetypischer Erzählungen gelten unterschiedslos von allen Überlieferungen, die das Material Großer Träume in sich schließen, also von den Mythen und den Märchen ebenso wie von den Sagen und Legenden. Dennoch haben wir bereits gesehen, daß zwischen den einzelnen Erzählgattungen erhebliche Unterschiede bestehen, je nach der Stellung, die sie zum Traum wie zur Historie hin einnehmen. Zwar ist es unter dem Gesichtspunkt des archetypischen Materials, der symbolischen Sprechweise und des inneren Aufbaus gewiß ganz richtig, all diese Überlieferungen, wie bisher, unter dem Begriff der «archetypischen Erzählungen» zusammenzufassen; aber die unterschiedliche Stellung zum Traum bzw. zur Historie, die bislang mehr von außen her als Unterscheidungsmerkmal dienen mußte, bedingt auch innerlich eine unterschiedliche Auswahl der archetypischen Themen selbst sowie eine verschiedene Art ihrer Verarbeitung, und beides: die thematische wie die psychodynamische Differenzierung der Mythen und der Märchen, der Sagen und Legenden, muß im folgenden noch näher untersucht werden.

Nachdem wir uns bereits eine generelle Vorstellung von dem Verhältnis zwischen Archetypischem und Geschichtlichem verschafft haben, kommt es jetzt darauf an, diese Beziehung gattungsspezifisch zu differenzieren. Während das Märchen gar keinen, der Mythos nur einen unwesentlichen Bezug zum Historischen unterhält, ist für die Sage und die Legende das Historische *subjektiv* entscheidend: die Sagen und Legenden *wollen* Historisches mitteilen, und sie sind nur solange in Geltung, als sie historisch verstanden werden. *Mythen* können sterben, wenn das sie tragende Sozialgefüge stirbt; *Sagen* und *Legenden* indessen verlieren ihre unmittelbare Verbindlichkeit bereits, wenn sie als unhistorisch «entlarvt» werden. Im Grunde genügt es schon, eine Erzählung als Sage und Legende zu bezeichnen, um sie in ihrem eigentlichen Anspruch, Geschichte zu erzählen, Lügen zu strafen. In der historisch-kritischen Exegese geht denn auch oft genug ein großes Rätselraten darum, ob eine Erzählung wie die Befreiung von Paulus und Silas aus dem Gefängnis in Apg 16,23–34[1] oder die Geschichte von der Fußwaschung in Joh 13,1–20[2] wirklich «nur» eine Legende ist oder vielleicht doch eine historische Erzählung. Tatsächlich versteht man die Sagen und Legenden freilich nur so lange unmittelbar, als man das verengte Wirklichkeitsverständnis des neuzeitlichen historischen Bewußtseins noch nicht kennt und Archetypisches und Historisches noch ungetrennt zu jener kohärenten Wirklichkeitsform ineinanderfließen sieht, in der Innen und Außen keine unvereinbaren, voneinander isolierten Gegensätze bilden. Gleichwohl zielt die subjektive Tendenz der Sagen und Legenden viel zu sehr auf Historie hin, als daß diese Erzählgattungen aus dem gewaltigen Vorrat archetypischer Motive stofflich nicht eine Auswahl treffen müßten, die zur Darstellung mythisch überhöhter Gestalten der Geschichte geeignet ist. Insofern werden wir zunächst einmal untersuchen müssen, *welche* Stoffe aus dem Repertoire der Märchen und Mythen in die Gestaltung der Sagen und Legenden Eingang finden; erst dann wird die bisher recht allgemein aufgestellte These eine konkrete Gestalt gewinnen, man könne und müsse auch die Sagen und Legenden, wenn man ihrer bleibenden Wahrheit näherkommen wolle, als archetypische Erzählungen, mithin nicht anders als die Märchen und die Mythen auslegen.

Sodann genügt es jetzt nicht mehr, nur von den *Inhalten* her den *Symbolismus* archetypischer Erzählungen aufzuschlüsseln. Wir haben bereits generell darauf

[1] O. BAUERNFEIND: Kommentar und Studien zur Apostelgeschichte, 1880, 210f., hielt die Erzählung für geschichtlich, also: *keine* Legende; H. E. RUSS: Urkirche auf dem Weg in die Welt, 1967, 176–178, untermauert die Historizität der Erzählung durch den Hinweis auf die architektonische Eigentümlichkeit der Gefängnisse auf dem Balkan, die solcherlei Flucht wahrscheinlich machten; A. WIKENHAUSER: Die Apostelgeschichte, [4]1961, 190, sieht ebenfalls keinen Grund, die Geschichtlichkeit der Perikope anzufechten, und denkt an Erdbeben, die auf dem Balkan häufig sind; H. CONZELMANN: Die Apostelgeschichte, [2]1972, 101 zu V. 25, hingegen sieht in der Geschichte eine vorlukanische *Legende;* G. SCHNEIDER: Die Apostelgeschichte, II (1982) 213, erkennt als Erzählabsicht der Perikope, daß «die christliche Mission» «sich auch – trotz aller Widerstände – mit Gottes Hilfe» durchsetzt. E. HAENCHEN: Die Apostelgeschichte, 1956, 445, schlägt nach langem Hin und Her zwischen historischer und legendärer Einschätzung der Erzählung kurzerhand vor, die Perikope als «ein... Nest von Unwahrscheinlichkeiten» «als unhistorisch» zu «streichen». – Man sollte meinen, ein solcher Überblick, wie ich ihn H.-ST. WANDERS: Die Notwendigkeit der Verinnerlichung auf dem Weg zum Heil (Diplomarbeit 1982) verdanke, müßte in sich bereits die Untauglichkeit der historisch-kritischen Methode bei der Auslegung legendärer Erzählungen hinlänglich unter Beweis stellen. Von einer *inneren* Gefangenschaft womöglich, aus der man, wie Petrus in Apg 12,1–19, nur dadurch befreit werden kann, daß man die Gestalt seines Engels, die Verkörperung seiner eigenen Wesensgestalt zu erblicken vermag, ist in historisch-kritischen Untersuchungen selbst dann nicht die Rede, wenn man das «Legendäre» solcher Erzählungen anerkennt.

[2] Vgl. R. BULTMANN: Das Evangelium des Johannes, 1941, 351–352, sieht in der Fußwaschung «ein relativ spät gebildetes Apophthegma..., da Jesu eigene Aktion hier die Veranlassung zu seinem Worte gibt.» Das zugrunde liegende Herrenwort sieht er in Lk 22,27; vgl. DERS.: Die Geschichte der synoptischen Tradition, 49. Für die frühe Kirche bildete die Szene der Fußwaschung den Einsetzungsbericht eines Sakramentes, – sie bildete also das, was man eine Kultlegende nennen müßte. Vgl. J. BRINKTRINE: Die Lehre von den heiligen Sakramenten der katholischen Kirche, 1961, I 53–54.

hingewiesen, daß *die emotionale Innenseite,* der gefühlsmäßige Bedeutungsgehalt aller Erzählungen aus der Sicht der geschilderten Akteure, für ein wirkliches Verständnis derartiger Erzählungen von größter Wichtigkeit ist (s. o. S. 180). Dieser Hinweis ist jetzt zu präzisieren. Es läßt sich nämlich zeigen, daß die Stellung zum Religiösen oder Profanen, zum Geschichtlichen oder Ungeschichtlichen, nach der wir bisher die archetypischen Erzählungen unterschieden haben (s. o. S. 152), zugleich einer *psychodynamischen Differenzierung* entspricht, indem die einzelnen Erzählgattungen *unterschiedliche Icheinstellungen zum Unbewußten* verraten und in gewissem Sinne daher jeweils ihre eigene Psychologie besitzen. Während von den Motiven her der Mythos und das Märchen eine Einheit gegenüber den Sagen und Legenden bilden, rücken psychodynamisch bzw. von der innerpsychischen Topologie der verschiedenen psychischen Aktionsebenen her das Märchen weit enger mit der Sage und der Mythos weit näher mit der Legende zusammen. Da speziell die Sagen und Legenden aus dem reichen Arsenal märchenhafter und mythischer Motive verständlicherweise nur noch einen gewissen Ausschnitt wiedergeben können, ist es bei ihnen besonders wichtig, die *Gefühlsbedeutung,* die *Psychodynamik* und das *Interaktionsschema* der einzelnen Erzählungen zu erfassen.

Die Tiefenpsychologie selbst hat hier aufgrund der Erfahrungen der Psychotherapie in den letzten Jahrzehnten – mittelbar und oft in scharfem Widerspruch zu ihrer eigenen Theoriebildung – besonders zwei neue Verfahren ins Leben gerufen, die sich gerade zu diesem Zweck vorzüglich eignen: die Methode der *Gesprächspsychotherapie* und die *Transaktionsanalyse.* Beide Verfahren lassen sich in hervorragender Weise auch zur Interpretation literarischer Zeugnisse heranziehen, und dementsprechend werden wir an dieser Stelle ausführlich ihre Eigenart und ihre Verwendungsmöglichkeiten im Rahmen einer tiefenpsychologischen Hermeneutik darzustellen haben. Die daraus sich ergebenden Interpretationsmöglichkeiten und -regeln gelten im Prinzip auch für den Mythos und das Märchen; aber so wie in diesen der archetypische Symbolismus, so überwiegt in den Sagen und Legenden die Person des Helden und des Heiligen – *seine* innere Psychodynamik sowie die Haltungen und Verhaltensweisen derer, die ihm begegnen, stehen also interpretativ im Vordergrund.

Allerdings wird man speziell in der Legende noch einmal differenzieren müssen. Die eigentliche *Heiligenlegende* schwebt gewissermaßen «überirdisch» über allem Zeitlichen; in ihr dienen die archetypischen Vorbilder gerade dazu, durch das Gewand aller weltlichen Verdunklungen das Göttliche so hell hindurchscheinen zu lassen, «daß kein Walker es weißer waschen könnte» (Mk 9,3). Dementsprechend übersteigt die Heiligenlegende – ebenso wie die Kultlegende – von vornherein den Umkreis psychologischer Entwicklungsgeschichten: die Heiligengestalten oder die heiligen Be- und Gegebenheiten *werden* nicht, sie treten als vollendet in Erscheinung, und wären die Heiligen noch, was sie im Mythos waren: recht eigentlich Götter, so wäre die Legende eines Heiligen im Grunde die Epiphaniegeschichte einer Gottheit. Aber neben diesen Legenden der «Fertigen» wissen mancherlei Legenden auch davon zu berichten, wie ein Sünder oder ein vom Schicksal Geschlagener in den Lebenskreis des Heiligen eintritt; und *diese* Geschichten, die wir *«die Legenden der Unfertigen»* nennen wollen, eignen sich am besten zu einer «empathetischen Interpretation» mit Hilfe der gesprächspsychotherapeutischen und transaktionsanalytischen Verfahren.

Das gleiche gilt, wenn auch abgeschwächt, von den *Sagen:* auch sie kennen nicht nur Helden, sondern auch Antihelden, nicht nur Erfolgreiche, sondern auch Gescheiterte, und schon der Weg der Helden zu ihrem späteren Sieg ist in der Sage voller Kampf und Überwindung. Wer diesen Weg der «Helden» seelisch mitzugehen versteht, wird auch die Sage, jenseits ihrer scheinbaren Eingrenzung auf den Quasi-Kontext der Geschichte, als einen unsterblichen Typos menschlicher Erlebnismöglichkeiten kennenlernen. Aber auch hier gilt, daß der Sagenheld, je *unfertiger* er ist, dem einfühlenden Verstehen in der Auslegung um so näher steht, während je vollendeter, «fertiger» er gezeichnet wird, der Archetypus seiner Gestalt um so deutlicher zum Vorschein kommt. Zwischen den «fertigen» Helden der Sage und den göttlichen Heroen der Mythen besteht in letzterem Falle kein sichtbarer Unterschied mehr; und es trifft hier zu, was Heraklit sagte: «Die Menschen sind sterbliche Götter, und die Götter sind unsterbliche Menschen.»[3]

Mithin haben wir im folgenden zunächst *inhaltlich* die Einheit der Sagen und Legenden mit den Stoffen der Mythen und der Märchen thematisch aufzuzeigen, um zu betonen, daß die bisher aufgestellten Interpretationsregeln uneingeschränkt hier wie dort in Gültigkeit sind; sodann werden wir uns der speziellen *Psychodynamik* der einzelnen Erzählgattungen zuwenden, um hernach die Methoden der Gesprächspsychotherapie und der Transaktionalen Analyse

[3] Zitiert nach M. MÜLLER: Essays, II 11. Bei H. DIELS: Fragmente der Vorsokratiker, nicht belegt. – In diesem Sinne konnte F. VON DER LEYEN: Das Märchen, [3]1925, 87, das *Märchen* und die *Sage* einander so gegenüberstellen: «in der Sage ist das Erlebnis, im Märchen der Erleber die Mitte, die Sage sucht das Erlebnis selbst anschaulich und eindrucksvoll vorzutragen, das Märchen wird durch die wechselnden und vielfältigen Schicksale des Erlebenden angezogen. Die Sage ist objektive, das Märchen subjektive Dichtung. In den höheren Gattungen entspricht der Sage die Novelle, dem Märchen der Roman.» – Noch einmal sei betont, daß die inhaltliche Einheit von Mythos, Sage, Märchen und Legende *nicht* als das Ergebnis eines historischen Werdeprozesses gedeutet werden kann, worauf u. a. E. BETHE: Mythus, Sage, Märchen, 7, gegenüber der Romantik zu Recht hingewiesen hat. Aber es zeigt sich, daß all die archetypischen Erzählungen aus den gleichen Tiefenschichten der menschlichen Psyche schöpfen, und die religiöse Orientierung, die der Mythos bietet, ist stets ursprünglicher als das Motiv bloßer Unterhaltung und Erzählfreude.

in der Erfassung der Gefühlsbedeutungen und der Aktionsschemata der einzelnen Akteure für die Interpretation vor allem der Sagen und Legenden der «Unfertigen» darzustellen und nutzbar zu machen.
Als erstes also widmen wir uns der *thematischen Motivauswahl* der Sagen und Legenden und ihrer archetypischen Bezogenheit zum Märchen und zum Mythos.

A) Die inhaltliche Einheit der Sagen und Legenden mit den Stoffen der Mythen und der Märchen

Die inhaltliche Einheit der Sagen und Legenden mit den Erzählungen der Mythen und der Märchen läßt sich leicht daran nachweisen, daß ein und dieselben Motive hier wie dort durchgehend vorkommen können. Allerdings unterliegen, entsprechend der historisierend-biographischen Tendenz der Sagen und Legenden, die Themen einer gewissen Auswahl, die sich auf drei Motivgruppen konzentriert: a) das Motiv der besonderen Geburt, b) das Motiv der besonderen Tat (z. B. der Drachenkampf) und c) das Motiv des besonderen Endes. In diesen drei Punkten zeigt sich daher am deutlichsten, auf welche Weise in den Sagen und Legenden das archetypische Material der Märchen und der Mythen in die Historie hineinprojiziert wird.

a) Das Motiv der besonderen Geburt

Die klassische Art, wie in den *Mythen* die Götter und Halbgötter zur Welt kommen, ist der schon mehrfach erwähnte *Topos der jungfräulichen Geburt.*
DIBELIUS hatte in diesem Punkt eigentlich unrecht, wenn er in bezug zu Christus an dieser Stelle von einer *Legende* sprach; denn bei Matthäus und Lukas geht es in der Tat um die Geburt eines Gottes, nicht eines Menschen, und dies beschreibt der *Mythos:* Die Götter der Natur, Mond und Sonne vor allem, sind nicht nur jungfräulich aus dem Schoße der Urfrau, dem Urwasser, der Urschlange, der prima materia hervorgegangen, sie werden auch wieder und wieder Nacht für Nacht, Monat um Monat, Jahr für Jahr jungfräulich – durch orale Konzeption – empfangen und wiedergeboren[4]; auf ähnliche Weise erneuert sich die Natur, und das Ritual der Heiligen Hochzeit begeht das Mysterium der Lebenserneuerung in allen Naturreligionen.

[4] Vgl. L. FROBENIUS: Das Zeitalter des Sonnengottes, 223–225; 265–267.

Die gleiche Thematik taucht aber nicht nur im Mythos, sondern ebenso in den *Märchen* auf: CHARLES PERRAULTS «Rotkäppchen»[5] etwa ist ein Beispiel für das Verschlungen- und Wiedergeborenwerden des (Sonnen-)Mädchens[6]; andere Kinder wachsen bei einer Nixe im Teich auf und werden durch bestimmte (sexualsymbolische) Tiere zu den Menschen gebracht[7]; und auch der schon erwähnte Brunnenabstieg (s. o. S. 264) ist im Grunde eine solches symbolisches Wiedergeburtmotiv.

In der *Sage* nun ist die «Heldengeburt» mit all ihren Einzelheiten so charakteristisch und ihre Identität mit dem mythischen Ursprung so deutlich, daß O. RANK seine wichtige Untersuchung darüber sogar als «Der Mythus» (statt: «die Sage») «von der Geburt des Helden» benennen konnte[8]. Alexander der Große, Augustus – all diese Helden kamen, wie in zahlreichen Sonnen- und Mondmythen, durch Vermittlung heiliger Tiere zur Welt; sie werden vielleicht zwar, wie der berühmte Lancelot du Lac an König Artus' Tafelrunde, noch «regulär» gezeugt, aber fast immer weisen schon bei ihrer Geburt geheimnisvolle Vorzeichen auf ihr späteres Schicksal hin; fast immer auch werden sie – wie Sonne und Mond nach ihrem Erscheinen – gleich nach der Geburt geraubt, oder sie müssen fliehen, und stets wachsen sie in der Fremde, bei

[5] CH. PERRAULT: Le petit chaperon rouge, 1697; dt.: Märchen aus vergangener Zeit, 1965.

[6] Vgl. L. FROBENIUS: Das Zeitalter des Sonnengottes, 191. S. o. S. 292, Anm. 107.

[7] Vgl. z. B. V. VOLKMANN-LEANDER: Träumereien an französischen Kaminen, 97–101: Das Klapperstorchmärchen; vgl. H. C. ANDERSEN: Sämtliche Märchen, II 5–54: Des Schlammkönigs Tochter. – Die Ähnlichkeit der Märchenstoffe mit den mythischen Erzählungen hat immer wieder dazu geführt, einzelne Märchenhandlungen unmittelbar von bestimmten magischen Riten oder schamanistischen Praktiken her verstehen zu wollen; aber wenn auch gewiß altes mythisches Gut in den Märchen weiterlebt, so ist ein solches kurzschlüssiges Vorgehen doch so falsch, wie wenn man den heutigen Menschen von den heutigen Affenarten her verstehen oder den Urmenschen nach ihnen rekonstruieren wollte. Beide, Märchen wie Mythos, entstammen dem gleichen Wurzelgrund, dem auch der Ritus seine Entstehung verdankt. So sagt richtig J. DE VRIES: Betrachtungen zum Märchen, 30: die «archetypale Struktur sollte uns davor warnen, einen unmittelbaren Zusammenhang zwischen dem Märchen und (z. B., d. V.) primitiven Pubertätsriten zu konstruieren: sie können beide auf eine ähnliche Urerfahrung der Menschheit hinweisen».

[8] O. RANK: Der Mythus von der Geburt des Helden, 1922; vgl. dazu E. DREWERMANN: Strukturen des Bösen, II 322–338; 346. Zur berühmten *Weltelternmythe* als Hintergrund des gesamten Stoffes vgl. O. RANK: Das Inzestmotiv in Dichtung und Sage, 1912, 279–283. – Die geographische Verbreitung der Weltelternmythe bietet die Karte IV bei H. BAUMANN: Das doppelte Geschlecht, 1955, der in dieser Mythe den Ausdruck einer bisexuellen Vorstellung erkennt, die er auch in der *Trinitätslehre* anzutreffen meint (a. a. O., 363–365). – TH. REIK: Probleme der Religionspsychologie, 1. Teil (1919), 47, bringt das Geburtsmotiv auch aus der Sicht des Vaters mit dem Ödipuskomplex in Zusammenhang: «auch ich war ein Kind und habe dem Vater Böses gewünscht; ebenso wird dieses mein Kind mir Böses zufügen wollen. Beide Gedanken gehen ineinander über: Furcht vor Strafe, die vom Vater ausgeht, und Furcht vor Wiedervergeltung, welche vom eigenen Kind droht. Diese beiden Gefühlszüge haben in dem Glauben einen Ausdruck gefunden, der behauptet, das Kind sei eben jener Vater, dessen Rache gefürchtet wird.» So meinte Reik die Lehre von der *Seelenwanderung* sowie die Praxis des Kindesopfers nebst dem Ritual der Couvade (des Mannbettes bei der Geburt) verstehen zu können.

fremden Leuten auf, ehe sie ihre großen Taten vollbringen. Lancelot, der tragische Held der Artussage z. B., wird von König Ban von Benoic und seiner Frau Elaine unter dem Vorzeichen eines geteilten Venusstrahles und entsprechender Träume geboren, aber er wird von dem Zauberer Merlin, einem Teufelssohn, der doch nur Gutes meint, zu Viviane vom See gebracht und von ihr anstelle seiner Mutter inmitten eines vorgespiegelten Sees aufgezogen[9], – ein Motiv, das in ganz ähnlicher Weise ANDERSEN in seinem berühmten Märchen von der «Meerjungfrau» aufgegriffen hat[10].

Ebenso geheimnisvoll sind die Umstände, unter denen König Artus selbst zur Welt kommt: seine Mutter Ygerne empfängt ihn von König Uter Pendragon, der die Gestalt ihres Gatten, des Herzogs Gorlois, angenommen hat; Herzog Gorlois stirbt in der gleichen Nacht, und Merlin, der das Kind für sich erbittet, übergibt es dem Lehensmann Antor[11]. Das Motiv der Mondmythologie von der vertauschten Braut (s. o. S. 175) und der Trennung des Kindes von den Eltern tritt hier in Gestalt einer *Sage* auf. – Ähnlich wunderbar verhält es sich mit der alttestamentlichen Sage von Samson in Ri 13,1–25 und in gewissem Sinne auch mit der Geburt Isaaks in Gen 18,1–15.

All diese Motive: die vertauschte Braut, die Ersetzung des eigenen Vaters durch einen anderen, die gefahrvolle Trennung des Helden von seinen Eltern – all diese immer wiederkehrenden Topoi lesen sich im Sinne der FREUDSCHEN Psychoanalyse natürlich als Ausdruck des Ödipuskomplexes und des «Familienromans»[12]. Man muß zu dieser Ansicht allerdings noch die wichtige Ergänzung der *subjektalen* Deutung hinzufügen, daß der «Ödipuskomplex» selbst als ein Symbol des Individuationsprozesses erscheinen kann (s. o. S. 195); daher muß es in Mythos, Märchen, Sage und Legende durchaus nicht von vornherein so sein, daß die «Jungfrauengeburt» und die verwandten Motive der «Heldengeburt» ein «Phantasieprodukt» verdrängter Sexualtriebe darstellen, – tatsächlich finden sich Motive dieser Art denn auch oft genug in Gesellschaften, die einen Ödipuskomplex oder ausgeprägte Formen institutionalisierter Prüderie nicht kennen.

Demgegenüber läßt sich bei der *Legende* nicht übersehen, daß der Archetyp der jungfräulichen Geburt tatsächlich bevorzugt in den Dienst sexueller Unterdrückung tritt. Die buddhistische Legende erzählt z. B., wie die Mutter des Siddharta, die Königin Maya, mit ihrem Gemahl Suddhodana nur zum Schein

[9] R. SCHIRMER: Lancelot und Ginevra, 54; 147.

[10] H. C. ANDERSEN: Sämtliche Märchen, I 81–107.

[11] R. SCHIRMER: Lancelot und Ginevra, 23–24.

[12] S. FREUD: Der Familienroman der Neurotiker, VII 227–231; O. RANK: Der Mythus von der Geburt des Helden, 79–80; s. o. S. 212.

zusammenlebte, ehe sie eines Nachts im Traum auf einer Wolke in einen himmlischen Palast getragen und von einem Engel in Gestalt eines weißen Elefanten ohne Schmerzen ein Kind empfing, das sie nach zehn Monaten in Lumbini jungfräulich aus der Seite gebar[13]. Auf dem Niveau der *Naturmythologie* kann der weiße Elefant als Verkörperung der Wolken verstanden werden, die in der vertrockneten Mutter Erde die neue Frucht der Felder erwecken[14], und in diesem Kontext mag die Jungfrau mit dem Kind *subjektal* als ein tiefsinniges Symbol für die Hervorbringung des Selbst aus den schlummernden Kräften des Unbewußten, der Welt der anima, gelten. In der Legende aber liegt der erbauliche Akzent gerade nicht auf dem psychologischen Wahrheitsgehalt der Archetypik, sondern auf der moralischen Nutzanwendung des Vorbilds, und so verwandelt sich die Mutter Maya jetzt in ein heiliges Bild unberührter Reinheit und Geschlechtslosigkeit. Desgleichen ist nicht zu leugnen, daß die Lehre von der jungfräulichen Geburt des Erlösers auch im Christentum gerade im Sinne sexueller Verdrängung wirken konnte und sollte: die Mutter Maria als moralisches Vorbild – nicht als bloße archetypische Ausdrucksgestalt – mußte den Gläubigen die Verpflichtung auferlegen, nach Möglichkeit dem Unmöglichen nahezukommen: ein Kind zu zeugen, ohne sexuell «berührt», also mit sexuellen Affekten und Gefühlen infiziert zu werden. Und wenn das Motiv der Jungfrauengeburt selbst auch nicht aus dem Ödipuskomplex entstanden ist, so kann es doch vorzüglich von der Sexualunterdrückung patriarchaler Gesellschaftsverhältnisse und deren Ideologie in Dienst genommen werden. Selbst wenn der Held der Legende nicht bereits von vornherein nach Art eines Gottes jungfräulich zur Welt gekommen ist, so kann es die Legende sich doch auf andere Weise angelegen sein lassen, den Heiligen durch besondere Keuschheit schon am «Anfang» seines Lebens auszuzeichnen. Der hl. Nicolaus z. B., versichert die Legenda aurea, wuchs nicht nur – wie alle Sonnenhelden – schnell heran, so daß er schon am ersten Tag, als man das Kindlein baden wollte, aufrecht im Becken stand, sondern er «wollte auch am Mittwoch und Freitag nicht mehr denn einmal saugen an seiner Mutter Brust». Und seine Eltern, Epiphanius und Johanna, lebten auch sogleich nach der Geburt des Heiligen wieder «keusch, in göttlicher Liebe» – ausgesprochen tugendlich also[15] – miteinander.

Der *moralisierende Effekt* der Legende (und auch der Sage) macht es daher,

[13] M. Percheron: Buddha, 17–18; E. Waldschmidt: Die Legende vom Leben des Buddha, 15–47; E. Drewermann: Strukturen des Bösen II, Abb. 7.

[14] Vgl. H. Zimmer: Indische Mythen und Symbole, 68–69; 117; 122.

[15] J. de Voragine: Legenda aurea, 26. – Vgl. die Züge einer extremen Sexualunterdrückung in der Legende vom «Marienkind» (KHM 3); E. Drewermann – I. Neuhaus: Marienkind, Olten 1984.

wenn man Schaden vermeiden will, weit stärker als im Märchen oder Mythos zur Pflicht, zwischen dem ursprünglichen psychologischen Sinn des archetypischen Bildes selbst und seiner zeitbedingten Nutzanwendung im Rahmen einer bestimmten Gesellschaftsordnung und ihrer spezifischen Psychodynamik zu unterscheiden. Gleichwohl zeigt sich auch so, was hier zu zeigen ist: daß die Thematik der Legende und der Sage *an sich* nicht von den Motiven des Märchens und des Mythos verschieden ist, sondern nur bestimmten Modifikationen unterliegt.

b) Das Motiv der besonderen Tat – zum Beispiel der Drachenkampf

Dies wird noch deutlicher, wenn man neben der Geburt des Helden seine *Taten* betrachtet. Am weitesten verbreitet und daher zur Demonstration am besten geeignet ist in den Sagen und Legenden *die* Heldentat schlechthin: der *Drachenkampf.*

Das Motiv taucht in den *Mythen* als Topos der Weltschöpfung auf: das Nichts, aus dem die Welt entsteht, ist in den Mythen oft ein Schlangenungeheuer, das im Urmeer haust und besiegt werden muß, um aus seinen Teilen die Welt zu formen[16]. In *Mesopotamien* ist es vor allem der sumerische Sturmgott Enlil (bzw. der amoritisch-babylonische Marduk), der gegen die Rebellion der primordialen Elemente unter Führung der Tiamat ankämpft[17], in *Kanaan* der Gott Baal (oder der syrische Hadad), der gegen die Schlange Lotan kämpft[18], in *Ägypten* der Gott Horus, der gegen den typhonischen Seth zu Felde zieht[19]. Der kosmogonische Kampf gegen den Drachen kann sich alljährlich zur *Regenzeit* wiederholen, indem die Mutter Erde (das fruchtbare Land) als eine schöne Jungfrau von dem Drachen der Wasser durch Überschwemmung bedroht wird, während die Gefahr der *Trockenzeit* in den Mythen oft so wiedergegeben wird, daß ein Drache alles Wasser zurückhält oder daß der Geliebte der Muttergöttin (bzw. ihre Tochter, Persephone z. B.) in die Unterwelt entführt wird und erst durch erbitterten Kampf oder mutigen Abstieg in das Reich des Todes befreit werden kann[20]. Vor allem bewachen mit großer Regelmäßigkeit Drachenungeheuer den Eingang zu den verborgenen Gärten und

[16] Vgl. E. DREWERMANN: Strukturen des Bösen I, 2. Aufl., S. LXXIV–LXXVI; II 142–143; III Abb. 9.
[17] Vgl. J. GRAY: Mythologie des Nahen Ostens, 31; B. MEISSNER: Die babylonisch-assyrische Literatur, 1927, 44.
[18] J. GRAY: Mythologie des Nahen Ostens, 78–90.
[19] G. ROEDER: Urkunden zur Religion des Alten Ägypten, 15–21.
[20] Vgl. E. DREWERMANN: Strukturen des Bösen, II 70–73.

Gemächern der (Mond-)Jungfrau[21]: der Drache Ladon z.B. hütet die schöne Medeia, ein Walfisch bewacht die schöne Andromeda, ehe Perseus sie befreit, usw.

Ganz ähnlich müssen in den *Märchen* die Helden oft erst ein wildes Tier oder einen Drachen erlegen, ehe sie die Zauberjungfrau freien dürfen, wie in dem berühmten Grimmschen «Brüdermärchen», in der «Kristallkugel»[22] u.a.m.

In den *Sagen* ist das Motiv vom Kampf mit dem Ungeheuer gleichermaßen beliebt und verbreitet: König Artus tötet den Riesen Frollo[23]; Tristan, ehe er Isolde, die goldhaarige, zu König Marke von Tintajol heimführen darf, muß zunächst den Drachen töten, der die Stadt eingeschlossen hält und Tag um Tag eine Jungfrau zum Opfer fordert[24]. In all diesen Erzählungen bleibt das Drachenkampfmotiv unverändert in sagenhafter Gestalt erhalten. Das Motiv kann jedoch auch variiert werden. Nicht um die Befreiung einer Jungfrau, sondern «nur» um die Rettung seiner Seele, um die Sühnung eigenen Frevels, kämpfte z.B. der Sage nach in Unterwalden beim Dorf Wyler in uralter Zeit der verfemte Winkelried gegen den Lindwurm: er tötete das Ungeheuer, verstarb aber selbst an dem giftigen Blut des Drachen[25]. Der Archetyp des Drachenkampfes kann über einzelne Gestalten hinaus zudem zur Deutung von vielerlei geschichtlicher Not herangezogen werden: Hunger, Pest oder Feindesmacht können eine Stadt oder ein Volk mit furchtbarer Gewalt gefangenhalten, und die Gefahr selbst *erscheint* dann nicht nur wie ein Ungeheuer, aus dessen Hand das Leben der «Jungfrau», der Stadt, gerettet werden muß, sie wird auch so *symbolisiert*. – In dieser Sagen-Form verewigt sich Geschichte dann erneut zur archetypischen Szenerie mythischer, ewig wiederholbarer Urfehde zwischen Gut und Böse, Hell und Dunkel, Bewußtsein und Unbewußtem.

In der *Legende* ist das Drachenkampfmotiv wiederum nur in moralisch abgeschwächter Form greifbar. Wohl gibt es unter den berühmten Drachentötern den hl. Georg, der bei der Stadt Silena in einem See vom Pferde aus den Drachen erlegt und so die Tochter des Stadtkönigs rettet[26], aber in dieser Legende ist ganz deutlich nur das alte Motiv der Mondmythe auf den Heiligen übertra-

[21] Vgl. E. DREWERMANN: Strukturen des Bösen, II 79; E. SIECKE: Drachenkämpfe, 9–11.

[22] KHM 60; 197.

[23] R. SCHIRMER: Lancelot und Ginevra, 89.

[24] J. BÉDIER: Der Roman von Tristan und Isolde, 33. – Bereits A. SCHOPENHAUER: Über Religion, in: Parerga und Paralipomena, 2. Bd., VI 409–411, verwies auf die Einheit von Mythos und Sage und fügte den Beispielen der Artus-Sage noch den Hinweis auf die Roland-Sage des Mittelalters sowie auf den weltberühmten Cid der Spanier hinzu, um pessimistisch zu resümieren: «Wenn es überhaupt mit aller Geschichte viel auf sich haben sollte, müßte unser Geschlecht nicht ein so erzlügenhaftes seyn, wie es leider ist.» (A. a. O., 411.)

[25] J. u. W. GRIMM: Deutsche Sagen, Nr. 218; S. 229.

[26] Vgl. J. DE VORAGINE: Legenda aurea, 301–303.

gen worden[27]. An sich liebt es die Legende, die kämpferische Auseinandersetzung mit dem Tierungeheuer in einen Sieg der Sanftmut umzuwandeln: der Buddha z. B. war der Legende nach von Kindheit an den Nachstellungen seines Vetters Devadatta ausgesetzt, der es zeit seines Lebens nicht verwinden konnte, daß der Buddha einst einen Vogel gesundpflegte, den Devadatta mutwillig angeschossen hatte. Tiefenpsychologisch wird man in dem bösen Vetter gewiß die Gestalt des Schattens, des Hintergängers erblicken müssen, aber um so bezeichnender ist die Art, in der Devadatta versuchte, den Buddha durch mehrere Anschläge zu töten: er hetzte u. a. einen trunkenen Elefantenbullen auf den Erleuchteten, um ihn zertrampeln zu lassen. «Das Volk rundum floh voller Angst. Nur Ananda (der Halbbruder und Lieblingsjünger des Buddhas, d. V.) blieb bei Buddha, der sich langsam dem rasenden Tier näherte. Überwunden durch Buddhas spirituelle Macht, strauchelte der Elefant und legte dann den Kopf vor ihm auf den Boden.»[28] – Ähnlich bekehrte der hl. Franziskus durch die Macht seiner Güte den wilden Wolf von Gubbio, der alle Bewohner in Schrecken versetzte: allein, da niemand es wagte, ihn zu begleiten, ging Franziskus dem Untier entgegen, und als dieser sich offenen Rachens auf ihn stürzen wollte, schlug er über das rasende Tier das Zeichen des Kreuzes, rief es zu sich und sprach: «Komm her, Bruder Wolf, ich gebiete dir im Namen Christi, nimmer Böses zu tun, weder mir noch irgendeinem anderen!» Und tatsächlich geschah das Wunder: der Wolf, sanftmütig wie ein Lamm, legte sich Franziskus zu Füßen[29].

Für die Psychoanalyse FREUDS ist natürlich auch das Motiv der Drachentötung oder der Tierbezwingung eine symbolische Darstellung des Ödipuskomplexes: die «Jungfrau», die der «Drache» besetzt hält und die ihm täglich geopfert werden muß, ist die Mutter, das Untier selbst der Vater; *subjektal* aber ist die Konstellation des «Ödipuskomplexes» selbst erneut nur ein Symbol für eine tiefergehende archetypische Auseinandersetzung mit der eigenen anima und dem Schatten[30], und so gilt der Drachenkampf *subjektal* stets der Auseinandersetzung mit der eigenen Triebhaftigkeit: diese muß besiegt werden, ehe die anima heimgeführt werden kann. Während der Drachenkampf in der Sage jedoch heroisch, äußerlich, stattfindet, geht er in der Legende bezeichnenderweise innerlich und wesentlich friedfertiger vonstatten. Wohl tauchen dieselben

[27] Vgl. E. DREWERMANN: Strukturen des Bösen, II 79. – Zur historischen Entwicklung der Georgs-Legende vgl. A. JOLLES: Einfache Formen, 48–50.

[28] V. IONS: Indische Mythologie, 128; 133. – E. WALDSCHMIDT: Die Legende vom Leben des Buddha, 64–65, erzählt, wie der Bodhisattva einst einen riesigen Elefanten, den Devadatta getötet hatte, aus der Stadt entfernte, um zu verhindern, daß der verwesende Leichnam des Tieres die Stadt verpestete.

[29] Die Blümlein, XXI, in: W. VON DEN STEINEN – M. KIRSCHSTEIN: Franz von Assisi, 93.

[30] Vgl. E. DREWERMANN: Strukturen des Bösen, II 124–137.

Darstellungen hier wie dort auf: die *Sage* von Samson auf dem Weg nach Timna (Ri 14,5–7) berichtet vom Kampf gegen den Löwen, und ähnlich erzählt die *Legende* von Tobias, der am Tigris erst den Fisch töten muß, ehe er Sara heiraten kann (Tob 6,1–5.17; 8,2)[31]. Das Anliegen der Legende ist jedoch an sich nicht der heroische Sieg über die Tiere, sondern die friedliche, geistige Aussöhnung, die Überwindung des Tierhaften im Menschen durch heiligmäßige Güte oder durch Tugendreinheit. Insofern kann unmittelbar an die Stelle des wilden Wolfes von Gubbio auch ein Raubmörder (die Gestalt des «Schattens») treten, den der hl. Franziskus gleichermaßen durch seine Nachsicht besiegte[32]. Entsprechend liebt es die *Sage,* den Sieg über das «Untier» als wirkliche Tötung zu schildern, während die sanftmütigere *Legende* gern davon berichtet, daß die «Tiere» entweder zur Gänze ungefährlich werden, wie in der Erzählung von Daniel in der Löwengrube (Dan 6)[33] bzw. in Ps 91,13, oder aber sich sogar als *dienstbar* erweisen.

Diesen Zug teilt die Legende vor allem mit den dienstbaren Tieren der *Märchen:* Elias, als er seiner Kahlköpfigkeit wegen verhöhnt wird, ruft Bären herbei, die 42 Kinder töten (2 Kön 2,24); friedfertiger dagegen zähmt Franziskus Waldtauben und baut Nester für sie[34]; umgekehrt bewahren Raben den Propheten Elias am Bache Kerit vor dem Hungertod (1 Kön 17,6)[35]. Insbesondere zum messianischen Frieden, in dessen Vorstellung die Mythologie sich zur geschichtlichen Eschatologie erhebt (s. o. S. 249), gehört die *Einheit* des Menschen, des Ichs, mit dem Animalischen, dem Unbewußten (Jes 11,6–9), und entsprechend schildert das Markus-Evangelium am Anfang wie am Ende des Lebens Jesu, daß Tiere dem Messiaskönig dienstbar sind (Mk 1,13; 11,1–11 in Erfüllung der Prophetie von Sach 9,9). H. GUNKEL, der schon 1917 auf «Das Märchen im Alten Testament» hinwies, bemerkte zu Recht, daß die *Bilder des Tierfriedens* auf die Zeit des Paradieses zurückgreifen[36], allerdings blieb auch er,

[31] Zur Tobit-Legende vgl. E. DREWERMANN: Gott heilt – Erfahrungen des Buches Tobit, in: Becker-Kaczynski (Hrsg.): Liturgie und Dichtung, 1983, II 388–392.

[32] Die Blümlein, XXVI, in: W. VON DEN STEINEN – M. KIRSCHSTEIN: Franz von Assisi, 100–106.

[33] Historisch gesehen mögen in den «Tieren» des Danielbuches sonst Anspielungen auf bestimmte politische Gegebenheiten vorliegen; die vier Tiere in dem Traumgesicht von Dan 7,1–28 beziehen sich, wie die Bildnisse in Dan 2, auf das babylonische, medische, persische und griechische Reich; N. W. PORTEOUS: Das Danielbuch, 1962, 84; der Kampf zwischen Widder und Ziegenbock in Dan 8,3–8 bezieht sich offenbar auf das medisch-persische Reich bzw. auf die griechische Macht; N. W. PORTEOUS: a. a. O., 100. In Dan 6 aber scheint es sich um die mythischen Reste einer Hadesfahrt zu handeln; N. W. PORTEOUS: a. a. O., 71. – Tiere als Repräsentanten politischer Machtgebilde finden sich schon in Jes 27,1, wo mit Leviathan, Schlange und Drache offenbar die Meder, Babylonier und Ägypter gemeint sind; W. BELTZ: Gott und die Götter, 223.

[34] Die Blümlein, XXII, in: W. VON DEN STEINEN – M. KIRSCHSTEIN: Franz von Assisi, 95–96.

[35] Zum Sitzen am Bache als magischem Ritus, um den übernatürlichen Kräften nahe zu sein, vgl. A. JIRKU: Materialien zur Volksreligion Israels, 122–128; s. o. S. 176.

[36] H. GUNKEL: Das Märchen im Alten Testament, 1917, 40–41.

wie die gesamte exegetische Literatur der letzten sechs Jahrzehnte nach ihm, bei der reinen Feststellung dieses Tatbestandes stehen, ohne nach der psychologischen Herkunft und Bedeutung derartiger Vorstellungen zu fragen. Auch bei der *Taufe Jesu* wird man die Erscheinung des Hl. Geistes in Gestalt einer Taube (Mt 3,17; Joh 1,32) *psychologisch* als Einswerdung des Ichs mit dem Unbewußten verstehen können und daran erinnern müssen, daß Vögel gern als Seelentiere und Träger geheimer Weisheit auftauchen[37], – so, wenn im *Aschenputtelmärchen*[38] Tauben beim Sortieren des Wertvollen und des Unwerten helfen, oder wenn Vögel dem Aschenputtel die schönen Kleider vom Mutterbaum herabwerfen, und schließlich, wenn Tauben den stolzen – über das Unbewußte sich erhaben dünkenden – «Schwestern» die Augen auspicken, dem König aber die rechte Braut offenbar machen[39].

Daß der rechte König oder die Königin, denen Menschen die Anerkennung verweigern, erst durch das Zeugnis von hilfreichen Tieren zu ihrer wahren Größe geführt werden, ist übrigens ein äußerst beliebtes Märchenmotiv[40]. In dem Grimmschen Märchen von den *«Drei Sprachen»*[41] z. B. wird der angeblich dumme Grafensohn, der die Sprache der Tiere versteht, zwar nicht zum König, aber zum Papst gekrönt; in dem Märchen vom *«Meister Kater»* verdankt ein armer Schlucker alles einer verwunschenen Katze[42]; im kostbarsten aller Grimmschen Märchen, in der Geschichte von den *«Zwei Brüdern»*[43], hängt die ganze Handlung von dem Gegensatz der Tötung und Schonung bestimmter Tiere ab[44]. In dem früher schon erwähnten Märchen vom *«Goldenen Vogel»*[45] wird der rechte Königssohn von einem verzauberten Fuchs durch Dick und Dünn getragen, ähnlich wie Bileams sprechende Eselin den störrischen Propheten auf den eigentlichen König, Jahwe, hinweist (Num 22,22–23)[46]. – Die Beispiele zu dieser Thematik ließen sich schier endlos vermehren, und es wird keinen Leser geben, der nicht sogleich von sich her weiteres Anschauungsma-

[37] Vgl. E. DREWERMANN – I. NEUHAUS: Der goldene Vogel, 1982, 60, Anm. 13.

[38] KHM 21.

[39] Zum Vogelsymbol in den deutschen Mythen und Märchen vgl. J. GRIMM: Deutsche Mythologie, II 557–569; s. o. S. 176.

[40] Vgl. H. GUNKEL: Das Märchen im Alten Testament, 150–151.

[41] KHM 33.

[42] CH. PERRAULT: Märchen aus vergangener Zeit, in: Französische Märchen, 51–59; zur Geschichte und Verbreitung dieses Märchens vgl. J. BOLTE – G. POLIVKA: Anmerkungen zu den Kinder- und Hausmärchen der Brüder Grimm, I 325–334.

[43] KHM 60.

[44] Vgl. zu dem Topos vom Drachentöter im Einklang mit den Waldtieren: J. BOLTE – G. POLIVKA: Anmerkungen, I 547–550.

[45] KHM 57.

[46] Vgl. E. DREWERMANN – I. NEUHAUS: Der goldene Vogel, 60–61, Anm. 23–26.

terial dazu beisteuern und damit bestätigen könnte, wie eng gerade in dem Motiv der besiegten oder gezähmten Tiere die Thematik von Sage und Legende mit dem Stoff der Märchen und Mythen zusammenhängt.

W. ALY[47] hatte deshalb ganz recht, wenn er über den Zusammenhang von Mythos, Märchen, Sage und Legende meinte, der Unterschied zwischen den einzelnen Formen liege nicht in «dem sprachlichen Kleide, der äußeren Form», sondern einzig in der inneren Form, der Motivverkettung. «Gilt es das kosmische Geschehen in persönlichen Göttergestalten anschaulich zu machen», schrieb er des näheren, «so wird aus dem Märchen *Mythus,* dessen einziges Kennzeichen die Größe ist... Das Märchen ist im allgemeinen nicht an Zeit und Ort gebunden... Wird dasselbe an bedeutende historische Namen geknüpft, so nennen wir es Sage... Auch die *Sage* braucht noch das Wunder, aber der Ausgang ist gemeinhin in die historische Wirklichkeit soweit eingegliedert, daß ihr Ausgang im Gegensatz zu den oft optimistischen Märchen vorwiegend pessimistisch ist. So dringt der Sinn für Wirklichkeit langsam vor. Nahe steht die *Legende,* die als religiöse Sage bezeichnet werden darf und dank ihrer Beziehung zu überirdischen Mächten dem Wunder noch unbefangener gegenübersteht als die Sage, die das Wunder sehr bald auf das nach den Anschauungen der Zeit Mögliche einschränkt.» – Wir glauben nicht, daß im Märchen gewissermaßen die Urform dichterischen Erzählens enthalten sei, und neigen vielmehr zu der Ansicht, daß, wie auch sonst in der kulturellen Entwicklung, das *Religiöse* den Ursprung und die treibende Kraft in allem darstellt und dem *Mythos* somit der Vorrang gegenüber dem Märchen gebührt; zudem werden wir noch sehen, daß die unterschiedliche Einstellung zur Wirklichkeit in psychologischem Sinne auch eine zusätzliche innere Differenzierung erlaubt und erfordert; aber die Feststellung der ursprünglichen *Einheit von Märchen, Mythos, Sage und Legende* sowie die Forderung, diese vier großen Erzählformen in der Interpretation methodisch *einheitlich* zu behandeln, trifft durchaus zu und wurde bisher durch die Gleichheit der Themen bei *der Geburt* und *den Taten* der «Helden» und «Heiligen» in den Sagen und Legenden mit den Stoffen der Mythen und Märchen unzweideutig bestätigt.

c) Das Motiv des besonderen Endes

Das gleiche ergibt sich, wenn man schließlich betrachtet, auf welche Weise die Helden und Heiligen der Sagen und Legenden *ihr Ende* finden.

[47] W. ALY: Volksmärchen, Sage und Novelle bei Herodot und seinen Zeitgenossen, 1921, 8–10.

In den *Mythen* wird von der Sonne, dem Mond und bestimmten Gestirnen (dem Planeten Venus[48], dem Orion[49], den Plejaden[50]) immer wieder berichtet, daß sie zwar sterben müssen, aber im Tode zu einem neuen Leben am Himmel zurückkehren. Ebenso sind die Gottheiten der Vegetation imstande, den Tod zu besiegen und wiederaufzuerstehen[51]. Beides: die Auferstehung und die Himmelfahrt, bilden daher das gewöhnliche Finale der mythischen Helden.

Die *Märchen* folgen im Grunde dem gleichen Handlungsschema, wenn sie von Höhlenabstieg, Meerfahrt und Gefangenschaft erzählen, um auf diesem gefahrvollen Hintergrund ein desto strahlenderes Bild von der Hochzeit des Königs und der Königin malen zu können, die zwar nicht im Himmel, wohl aber oft genug auf dessen Pendant: dem *gläsernen oder goldenen Berg,* stattfindet[52].

Dieser Berg würde in den *Mythen* zweifellos als *heiliger* Berg oder als *Weltenberg* beschrieben[53], und auch die Bibel kennt dieses Motiv. So stellte man sich einen Berg «an den Enden des Nordens» vor (Jes 14,12), und sein Sitz, der über die Wolken ragte (Jes 14,13f.), galt, wie der griechische Olymp, als Sitz des höchsten Gottes, des El Eljon (Jes 14,13f.). Auch auf Jerusalem und den

[48] Zur mythischen Vorstellung des Venussterns bes. bei den mittelamerikanischen Indianern vgl. E. SELER: Die Venusperiode in den Bilderschriften der Codex-Borgia-Gruppe, in: Ges. Abhandlungen, I 618–667; Selers Darstellung der überragenden Bedeutung des Venussterns in der mexikanischen Religion kann auch heute noch als zutreffend gelten, seine Interpretation des Codex Borgia (E. SELER: Codex Borgia, 2 Bde., Berlin 1904–1906) hingegen erwies sich als durchaus irrig; vgl. K. A. NOWOTNY: Codex Borgia, Graz 1976, 30 (Unterabschnitt VII 13, p. 45, der Kult des Morgensterns mit dem 584tägigen Zyklus des synodischen Umlaufs). – SELERS Deutung erfolgte unter dem Einfluß der Keilschrifttexte über die «Höllenfahrt der Ischtar» bei ihrer Suche nach dem verstorbenen Gemahl Tammuz; vgl. J. GRAY: Mythologie des Nahen Ostens, 22; 33–37; ähnlich ist in der kanaanäischen Mythologie das Verhältnis von Anat und Mot; in Ägypten galt Isis bei ihrer Suche nach dem toten Osiris als Verkörperung des Fixsterns Sirius (R. DRÖSSLER: Als die Sterne Götter waren, 83; 170–172), dessen Frühlingsaufgang als Vorbote der Nilschwelle gefeiert wurde; auch die Göttin Hathor stand mit der Sothis, dem Sirius, in Verbindung; V. IONS: Ägyptische Mythologie, 78. – H. GRESSMANN: Tod und Auferstehung des Osiris nach Festbräuchen und Umzügen, 21–25, verweist auf den Zusammenhang des Osiris mit der *Verwandlung von Wasser in Wein,* die am 5. Jan., dem Tag der jungfräulichen Geburt des Aion bzw. des Helios, begangen wurde.

[49] Besonders E. STUCKEN: Astralmythen der Hebräer, Babylonier und Ägypter, 1896–1901, deutete, freilich sehr willkürlich, zahlreiche Mythen als Sternsagen des Orion; vgl. a. a. O., I 67–70 (Tammuz, Odin, Ödipus, Jona – alles, was auf- und unterging, galt als Orion).

[50] An das Siebengestirn erinnern viele Märchen von den sieben verzauberten Geschwistern, wie in dem GRIMMSCHEN Märchen von den «Sieben Raben» (KHM 25). Meistens sind die Plejaden verzauberte Mädchen, wie in der griechischen Mythologie. Vgl. W. SCHADEWALDT: Die Sternsagen der Griechen, 1956, 26 – die Mythe von Orion und den Taubenmädchen. Ähnlich gelten die Plejaden in der indianischen Mythologie als sieben tanzende Brüder (vgl. bei den Assiniboines, F. HETMANN: Indianermärchen aus Nordamerika, 1970, 132–134) oder als sieben Schwestern (M. WOOD: Geister und Helden der Indianer, 39–43). – Weiteres Material zu den Plejaden als Mädchen bei L. FROBENIUS: Das Zeitalter des Sonnengottes, 1904, 362–363.

[51] Vgl. K. KERÉNYI: Dionysos, 1976, 78–85, die Gestalt des Dionysos-Zagreus.

[52] Vgl. z. B. das GRIMMSCHE Märchen: Die Rabe, KHM 93, oder die Erzählung: Der König vom goldenen Berge, KHM 92.

[53] Vgl. E. DREWERMANN: Strukturen des Bösen, II 52; 512–513.

Zion konnte diese Vorstellung übertragen werden (Ps 48,3; Mi 4,1 f.). Auf einem solchen Berg in der Mitte der Welt wird man sich auch die Versuchung Jesu vorstellen müssen (Mt 4,9)[54]. Die *Märchen* hingegen wissen am liebsten ohne jeden geographischen Bezug von Bergen zu berichten, die unermeßliche Schätze in ihrem Schoße bergen und nur dem Kundigen ohne Gefahr zugänglich sind. Zumeist bestehen diese «Schätze» aus Gold und Edelsteinen, wie in der arabischen Urform des Märchens vom *«Semeliberg»*[55] in *«Ali Baba und die 40 Räuber»*[56]; als der eigentliche «Schatz» des Weltenberges gilt den Märchen indessen die verborgene Geliebte, von der auch die Mythen gern erzählen. Ein Relief im indischen Ellora z. B. zeigt als Abschluß des typischen Mythen- und Märchenzyklus den Gott Shiva mit seiner Gattin Parvati auf dem Götterberg Kailasha sitzend, wie sie einander in Liebe umarmen; beide haben den Drachenkampf siegreich bestanden, denn gelassen drückt Shiva mit dem rechten Fuß den bösen Dämon Ravana nieder, der vergeblich versucht, den Götterberg ins Wanken zu bringen[57]. – Thematisch sind die Märchen und die Mythen also auf das engste in ihrem Finale auf dem Weltenberge und der Hl. Hochzeit miteinander verwandt.

Gleichwohl besteht zwischen *Mythen* und *Märchen,* was den Abschluß ihrer Helden- und Götterabenteuer angeht, ein wichtiger Unterschied: die *Mythen* suchen die bittere Infragestellung des menschlichen Daseins durch den Tod in rituellen Bildern der Lebenserneuerung und der Regeneration zu beantworten; sie nehmen die Härte des Sterbenmüssens in voller Realität an, wohingegen die *Märchen* den Tod eigentlich nicht kennen (vgl. o. S. 145); der Tod existiert für sie nur, wie er für Kinder existiert: der Held der Erzählung mag zwar seine Feinde enthaupten oder grausam zu Tode quälen, aber er selber ist eigentlich unsterblich. Die *Märchen* führen den Helden auf dem Berg der Welt daher nicht zu einem unsterblichen Glück jenseits des irdischen Lebens, sondern sie schildern den Einzug in einen Himmel auf Erden, in einen zeitlosen Zustand glückseliger Liebe, die auch vom Tod nicht mehr bedroht wird. Der stereotype Abschluß: «Und wenn sie nicht gestorben sind, dann leben sie noch heute», manifestiert überdeutlich dieses Verlangen nach ewigem *irdischem* Glück. Die *Mythen* sind in diesem Punkt viel ernster und strenger als die offenkundigen Wunschphantasien der Märchen. Beachtet man jedoch tiefenpsychologisch, daß das Motiv der Hl. Hochzeit am Ende der Märchen subjektal ein Bild *inne-*

[54] Vgl. H. GUNKEL: Das Märchen im Alten Testament, 50–51.
[55] KHM 142.
[56] E. LITTMANN: Die Erzählungen aus den 1001 Nächten, IV 795 ff.; vgl. J. BOLTE – G. POLIVKA: Anmerkungen zu den Kinder- und Hausmärchen der Brüder Grimm, III 142–145.
[57] Vgl. E. DREWERMANN: Strukturen des Bösen, II, Abb. 5.

rer Harmonie und Gegensatzvereinigung darstellt, so wird man finden, daß auch die Märchen eine psychische Wahrheit beschreiben, deren Tiefe der Weisheit der Mythen in nichts nachsteht: *die Mythen* verlagern den Zustand unserer Einswerdung lediglich *metaphysisch* in ein zeitliches (und räumlich vorgestelltes) Jenseits der erfahrbaren Welt, während *die Märchen,* subjektal gedeutet, den Vorgang der Verschmelzung mit der anima, mit dem Unbewußten, als ein *psychisches* Jenseits des Bewußtseins beschreiben[58].

Ein vergleichbares Finale halten nun auch die Sagen und Legenden für ihre Helden bereit.

Die Versetzung unter die Sterne des Himmels[59], die Rückkehr zum Himmelsberg der Götter bzw. die Hl. Hochzeit auf dem Weltenberg erscheint in den *Sagen* in ähnliche Weise wie in den Mythen als *Apotheose* des Helden. Die Sa-

[58] Von daher stimmt es nur begrenzt, wenn O. RANK: Psychoanalytische Beiträge zur Mythenforschung, 1919, 420, von dem Unterschied zwischen Mythos und Märchen aufgrund einer unterschiedlichen Verarbeitung des Ödipuskomplexes meinte: «Spiegeln die Mythen die Auflehnung des Sohnes wider, so haben in den Märchen die Eltern wieder die Oberhand gewonnen und suchen die ihnen drohende Auflehnung der neuen Generation zu verhindern. Aber nicht mehr mit dem Mittel der familienzerstörenden Aussetzung und Austreibung, sondern ... mittels der abschreckenden Erzählung davon ... Der Glaube an den Mythus stammt daher, daß er die Realität korrigieren und ersetzen soll, der sprichwörtlich gewordene Unglaube an das Märchen daher, weil es von der Realisierung der Urwünsche abschrecken will.» – Der wesentlich religiöse Ernst der Mythen wird mit Hilfe der FREUDSCHEN Theorie von der «Wunscherfüllung» in Traum und traumähnlichen Erzählungen nur sehr vordergründig erfaßt; und zudem geht es den Mythen nicht darum, die Wirklichkeit zu korrigieren, sondern ihre objektiven Widersprüche in einer lebbaren Synthese zu vermitteln, während das Märchen es nur mit den subjektiven, psychischen Widersprüchen und deren Ausgleich zu tun hat. Richtiger meint B. BETTELHEIM: Kinder brauchen Märchen, 40–41, zum Unterschied von Mythos und Märchen: «Der Mythos ist pessimistisch, während das Märchen optimistisch ist.» «Der typische Mythos behandelt Über-Ich-Forderungen im Konflikt mit Es-motivierter Handlung und mit dem Selbsterhaltungstrieb des Ich. Ein bloßer Sterblicher ist zu gebrechlich, als daß er der Herausforderung der Götter gewachsen wäre.» «Wenn der Erwachsene stellvertretend erlebt, was Ödipus zustieß, was er tat und litt, kann er mit gereiftem Verständnis das erfassen, was bis dahin kindliche Angst, in infantiler Form im Unbewußten intakt bewahrt, gewesen war.» Und vor allem (gegenüber O. RANK): «Der Mythos ist keine zur Warnung erfundene Geschichte wie die Fabel, die uns Angst macht und uns dadurch von Handlungsweisen abschreckt, die als verderblich bezeichnet werden.» Das gleiche gilt vom Märchen.

[59] So besingen die ägyptischen Pyramidentexte die Versetzung des Toten an den Himmel: «Wer fliegt, der fliegt! Er fliegt fort von euch, ihr Menschen. Er ist nicht mehr auf Erden, er ist am Himmel. Du sein heimischer Gott, sein Ka ist bei dir. Er ist zum Himmel gestürmt als Reiher, er hat den Himmel geküßt als Falke, er ist zum Himmel gesprungen als Heuschrecke.» A. ERMAN: Die Literatur der Ägypter, 26. «Eine Rampe (sc. die Pyramide, d. V.) wird ihm zum Himmel gebaut, daß er darauf zum Himmel steige. Er steigt auf dem Rauche des großen Duftes auf. Er fliegt als Vogel und läßt sich nieder als Käfer auf einem leeren Sitze, der am Schiffe des Re ist». A. a. O., 27. – Ähnlich war vielleicht die *germanische* Vorstellung vom *Marienkäfer,* der als Seelentier galt und seine Heimat in Engelland, im Haus der Seelen, hatte; so die alte Meinung von W. MANNHARDT: Germanische Mythen, 1858, 346–355. – Allerdings singen z. B. die arabischen Kinder in Jerusalem ein ganz ähnliches Lied auf die Eidechse, deren Mutter und Vater im Backofen sind; G. JACOB: Märchen und Traum mit besonderer Berücksichtigung des Orients, 19. Auch hier geht es um archetypische, nicht historische Parallelen (Backofen = Mutterschoß), die am besten von der Traumpsychologie her zu verstehen sind; es ergeben sich dann Bedeutungen, die diesen Motiven auch bereits in der alten Mythologie zukommen, ohne doch historisch sich aus ihnen herzuleiten.

gen wissen, daß es schwer ist, ein Held zu sein, und selbst wenn ein Heros, wie Achill oder Siegfried, bis auf eine winzige Stelle des Körpers unverwundbar sein mag, – eines Tages ereilt doch auch ihn das Los des bitteren Todes. Allerdings sterben die sieghaften Helden der Sagen selten ohne empfindlichen Schaden für ihre Feinde, ja im Grunde ist ihr Untergang zumeist ein letzter Triumph und Sieg über ihre Widersacher: Samson, als er stirbt, reißt 3000 der verhaßten Philister mit sich in den Abgrund (Ri 16,23–30); der Tod Siegfrieds verursacht durch Kriemhilds Rache die «Nibelungennot»[60], usw. Dieses Finale erinnert sehr an die apokalyptischen Visionen der Mythen, an die Motive der Götterdämmerung, nur daß diese jetzt, statt mit bestimmten Göttern, mit historischen Gestalten verbunden und daher ein Stück weit relativiert sind: die Helden der Sage reißen nicht, wie die Götter, die *ganze* Welt mit sich in das Totenreich hinab, nur wenn ein Gott stirbt, droht der Kosmos zu versinken[61]; als Christus z. B. stirbt, hinterläßt er der Welt eine verfinsterte Sonne und eine bebende Erde (Mk 15,33; Mt 27,45.51). Aber wie der sterbende Gott der Mythen im Untergang den Tod besiegt und eine neue Welt heraufführt, die er selbst durch seine Auferstehung vorbereitet, so dient auch in der historisierenden Form der Sage das dunkle Ende des Helden vor allem seiner Verherrlichung am Himmel und der Erneuerung des Volkes, das er hinterläßt.

Oft tritt der Sagenheros dabei unmittelbar in das Schicksal der solaren und stellaren Gestalten der Mythen ein: Herakles z. B. läßt sich einen Scheiterhaufen errichten, um unter Blitz und Donner durch die Verbrennung in das Reich der Götter einzugehen[62]; Romulus wird in einem Gewittersturm zum Himmel entrückt[63]; der indianische Priesterkönig Quetzalcoatl, als er von Tollan vertrieben wird, verbrennt sich am Golf von Tabasco und verwandelt sich (nach den *Anales de Quauhtitlan*) in den Venusstern[64]. Natürlich ist die Selbstverbrennung des Helden eine Tat, die ihn ipso facto der Sonne und den Gestirnen ebenbürtig macht, die gleichfalls durch Selbstverbrennung sterben und wiedergeboren werden; zugleich aber ist der «Sternentod» des Helden in der Sage ein moralisches Vorbild des Mannesmutes und der Tapferkeit. Alle aztekischen Krieger z. B., die in der Schlacht fielen, bildeten das Sternenheer der «Östli-

[60] K. SIMROCK (Hrsg.): Das Nibelungenlied, 39. Abenteuer, S. 641.

[61] Vgl. z. B. die Unterweltreise der babylonischen Ischtar zur Erlösung ihres verstorbenen Gemahls, des Vegetationsgottes Tammunz, bei dessen Tod die ganze Natur trauert und wehklagt (vgl. S. 403, Anm. 48).

[62] HYGIN: 102, in: MADER: Griechische Sagen, 291–292; R. VON RANKE GRAVES: Griechische Mythologie, II 194. Der Tod des Helden im Verbrennen ist dabei identisch mit der Geburt: Dionysos z. B. entsteht aus dem Feuer der Semele; K. KERÉNYI: Der göttliche Arzt, 1975, S. XII.

[63] LIVIUS: Seit der Gründung Roms, I 16.

[64] E. SELER: Mythus und Religion der alten Mexikaner, in: Gesammelte Abhandlungen, IV 105–106; SAHAGUN, III cap. 4, in: E. SELER: Einige Kapitel aus dem Geschichtswerk des Fray Bernardino de Sahagun, 292.

chen», die am Morgen die Sonne empfingen und zum Zenit trugen[65]. Tiefenpsychologisch ist dieses archetypische Motiv vom «Sternentod» jedoch keinesfalls nur eine quasi sadistische Mannesprobe, sondern ein tiefsinniges Bild, das nichts anderes bedeutet, als die mythisch-märchenhafte Hochzeit auf dem Götterberg: Quetzalcoatl z. B., wie L. SÉJOURNÉ im Einklang mit den mexikanischen Schöpfungsmythen gezeigt hat, verkörperte «das Drama der Vollendung des Menschen, seine Bemühung, sich über das Stückwerk des Wahrnehmbaren zu erheben»[66], er war der Inbegriff für die «leidenschaftliche Verehrung des in Licht verwandelten Menschen»[67], des Menschen, tiefenpsychologisch gesprochen, der seiner selbst *bewußt* geworden ist; Quetzalcoatl verkörperte selbst, wie sein Name «Vogel-Schlange» sagt, die Einheit von Oben und Unten, von Geist und Materie, von Ich und Unbewußtem[68], und von daher versteht man, wie er am Ende seines Lebens (nach der Version SAHAGUNS[69] in einer Parallelüberlieferung von seinem Tode) auf einem Schlangenfloß (dem Symbol der Materialität) über das Meer (des Unbewußten) gleiten konnte, dem Sog der Kräfte des Wassers ausgeliefert und von ihnen, ohne zu versinken, an ein Ziel geleitet, das er selbst nicht kannte. An dieser Stelle geht die Erzählung von Quetzalcoatl, die als Mythos und Sage beginnt, bereits in die *Legende* über, indem sie Profanes und Sakrales, Menschliches und Göttliches in diesem Finale zu einer unauflöslichen Einheit verschmilzt.

Auch die *Legende* kennt den besonderen, buchstäblich «himmlischen» Abschluß des Heiligenlebens, und wenn sie auch oft genug einfach versichert, daß das Leben eines besonders vorbildlichen Menschen über seinen Tod hinaus von Gott «angenommen» sei, so gestaltet sie doch gern bei der Schilderung dieser Tatsache das vorgegebene mythische Bild von der «Aufnahme» in den Himmel nach. Zwar betonen die Legenden der monotheistischen Religionen natürlich den Unterschied, der darin besteht, daß in dem einen Fall der Gottessohn, Christus z. B., zum Himmel auffährt, wohingegen im anderen Fall «bloße» Menschen, «Heilige», von Gott «hinweggenommen» werden, wie es im Alten Testament von Henoch heißt (Gen 5,24); aber die psychologische Bedeutung des archetypischen Bildes von der Himmelfahrt selbst kennt diese theologische Differenzierung (noch) nicht und meint hier wie dort nichts anderes, als daß das Ich, das Bewußtsein, mit dem kollektiven Unbewußten, der bewußtseinsjenseitigen Welt, verschmilzt und so die Gestalt des Urmenschen,

[65] Vgl. SAHAGUN, in: E. SELER: Einige Kapitel, 301–302.
[66] L. SÉJOURNÉ: Altmexikanische Kulturen, 195.
[67] A. a. O., 194.
[68] A. a. O., 201.
[69] SAHAGUN, III 4; E. SELER: Mythus und Religion, in: Ges. Abh., IV 105–106.

des Menschensohnes, des Selbst hervortritt[70]. So etwa wird Elias am Ende seines Lebens nach Art eines Sonnengottes in einem feurigen Wagen zum Himmel entführt (2 Kön 2,1–18)[71]; oder die Gottesmutter kann zufolge einer späten Legende im Grabe nicht belassen werden, sondern sie wird, wie es zum Symbol der Hl. Hochzeit gehört, von ihrem Sohn und Gott in den Himmel erhöht[72]; der heilige Stephanus, wenn er auch nicht physisch zum Himmel entrückt wird, sieht doch, ähnlich wie Christus in Mk 14,62, den Himmel offen und weiß, daß der Menschensohn bereits aufgestanden ist, um für seinen Tod Rache zu nehmen (Apg 7,55–56)[73]; dasselbe Motiv kann in den Legenden weiterwuchern: auch Moses ist in den Apokryphen zum Himmel entrückt worden, starb er doch der jüdisch-haggadischen Vorstellung zufolge nicht «nach dem Munde» des Herrn, sondern *ʿl pj* – «am Munde des Herrn» auf dem Berge Nebo (Dtn 34,5)[74] – so als sei sein Tod eine göttliche Umarmung.

Dieses Material mag genügen, um die These zu rechtfertigen, daß die Legenden und Sagen thematisch entlang der Biographie ihrer Helden und Heiligen in den Hauptteilen *archetypische* Erzählungen sind und trotz ihres ausgesprochen historischen Bezuges innerlich in dieselbe Reihe gehören wie die Mythen

[70] Vgl. C. G. JUNG: Mysterium Conjunctionis, XIV 2, 178–179.

[71] Tiefenpsychologisch ist auch die Himmelfahrt des Elias von den großen Motiven der Wiedergeburtssymbolik geprägt, in der Tod und Auferstehung zu einem einheitlichen Geschehen miteinander verschmelzen. Den Mantel, die mütterliche Hilfe, muß Elias abstreifen, um nackt in das Wasser des Todes, in das mütterliche Element einzutauchen, das ihn zum anderen Ufer führen wird, – ein Geburtsvorgang, wie er der Exoduserzählung von der Begebenheit am Schilfmeer entspricht (Ex 13,17ff.); die Entrückung des Propheten in dem Feuerwagen (des Sonnengottes) ist ein mythisches Bild für die Lichtverwandlung des Sterbenden in Gott. Beide Elemente vereinigte von altersher die ägyptische Mythologie: die Seele des Sterbenden, der Ba-Vogel, erhob sich im Tode zum Himmel, um dort mit dem Licht der Sonne, dem Gott Re, im östlichen Sonnenaufgang unter dem Heer der Sterne zu verschmelzen (s. o. S. 405, Anm. 59); andererseits aber vereinigte sich der Sterbende mit dem wiederauferstehenden Osiris, dem Erstgeborenen der Toten (Kol 1,18), dem Herrscher der «Westlichen». So schrieben die Ägypter das Wort für Sterben (mwt) mit zwei Determinativen: einem Mann mit einem erhobenen Stab sowie einer Darstellung der Statue des Osiris, um die zwei Seiten des Todes auszudeuten: seinen Schmerz und seine Qual, aber auch seine Herrlichkeit; – im Tode wird der Sterbende zu dem lebenden Gott Osiris. – Elisäus übrigens hat teil am Geist und an der Kraft des Propheten, wenn und weil er die Himmelfahrt seines geliebten Lehrers in einer Vision *sieht;* seine eigene Traumvision ist Grund seiner Berufung; s. o. S. 124–126.

[72] Zur Tradition von der Aufnahme Mariens in den Himmel vgl. J. BRINKTRINE: Die Lehre von der Mutter des Erlösers, 81–89; E. DREWERMANN: Die Frage nach Maria im religionswissenschaftlichen Horizont, in: Zeitschrift für Missionswissenschaft und Religionswissenschaft, 1982, 2/96–117.

[73] Vgl. R. PESCH: Die Vision des Stephanus, 62–63; vgl. zu der verwandten jüdischen Moseslegende C. CLEMEN: Die Himmelfahrt Moses, 10,2–3, in: Kautzsch: Die Apokryphen und Pseudepigraphen des Alten Testamentes, II 327.

[74] Vgl. die recht unklare Überlieferung bei C. CLEMEN: Die Himmelfahrt Moses, 10,12–14, in: Kautzsch: Apokryphen, II 328; FL. JOSEPHUS: Jüdische Altertümer, IV 8, 48; S. 249. SCH. BEN CHORIN: Bruder Jesus, 153, meint, das Motiv «Mitha bi-Neschika», des Todes im Kusse (Gottes) gründe in dem Glauben, daß dem Gerechten nicht der Todesengel in der letzten Stunde nahe, sondern Gott sich herabneige, um seinem Getreuen die Seele fortzuküssen; eine Karikatur dazu sei der Kuß des Judas in Gethsemane.

und die Märchen auch. Erst so erklären sich die zahlreichen «Analogien», die GUNKEL im Alten Testament und DIBELIUS im Neuen Testament als Historiker so skeptisch werden ließen (s. o. S. 85). In der Tat können die Sagen und Legenden für den Geschichtsforscher nicht sehr viel vertrauenerweckender wirken als die wesentlich ungeschichtlichen Mythen und Märchen. Aber das Denken hört eigentlich da auf, wo es im Grunde anfangen müßte, wenn man bei einem solchen Negativbefund unhistorischer Typisierungen stehenbleibt. Die zentrale Frage muß lauten, wie sich die zahlreichen «Analogien» zwischen den einzelnen Erzählungen erklären, vor allem dann, wenn sie historisch völlig unabhängig voneinander, aber in außerordentlicher Gleichförmigkeit und Regelmäßigkeit auftauchen, wie z. B. in den buddhistischen *«Jatakas»* und in den christlichen Evangelien. An dieser Stelle kann die ironisch-zynische Antwort nicht genügen, daß die Legenden und Sagen im Grunde «nichts», weil historisch nichts Bedeutendes zu sagen hätten; die Einsicht ist im Gegenteil nicht abzuweisen, daß die Sagen und Legenden, genau wie die Mythen und Märchen, der Menschheit gerade besonders viel Bedeutendes zu sagen haben, eben weil sie nichts Historisches, dafür aber unzweifelhaft viel Allgemeinmenschliches, Ubiquitäres ausdrücken wollen.

Dieses Allgemeinmenschliche herauszufinden, ist allerdings nur auf dem Wege der Tiefenpsychologie, nicht der historisch-kritischen Methode möglich. Historisch-kritisch kann man im Rahmen traditionsgeschichtlicher Untersuchungen lediglich nach dem gesellschaftlichen Interesse und nach den Erzählanlässen fragen, denen die Sagen und Legenden entstammen. Aber statt die formgeschichtliche Methode in der Bibelexegese auf diese Weise mit der *Soziologie* bzw. der Religionsgeschichte zu verbinden, sollte man, wenn es um den inneren Gehalt der Sagen und Legenden geht, im Gegenteil die Brücke weit angemessener zur Tiefenpsychologie hin schlagen. Freilich muß man dabei erneut die gesamte Sichtweise der historisch-kritischen Methode ändern. Man darf die Erzählungen des Neuen und Alten Testamentes, wenn es so steht, zunächst nicht als Glaubenszeugnisse für andere, längst vergangene Zeiten und Menschen auffassen, sondern man muß in ihnen vorrangig Ausdrucksgestalten eigener, gegenwärtiger Glaubenserfahrungen erblicken. Die Frage lautet dann zunächst nicht, unter welchen zeitbedingten Formen man die «Botschaft» Christi z. B. weitergeben wollte, sondern die primäre Frage muß lauten: welche inneren Eindrücke und Erlebnisse sind von solcher Art, daß sie immer wieder eine Mitteilung in Form von Sagen und Legenden geradezu erzwingen. Die Form dieser Erzählungen – so unsere These – ergibt sich nicht aus bestimmten Anschauungen der damaligen Zeit, sondern aus Erlebnisinhalten, die zu allen Zeiten die Form von Sagen und Legenden notwendig machen.

Nicht wie ein bestimmter Glaube in bestimmten Formen der Sagen und Legenden weitergesagt *wurde,* sondern wie er darin bleibend gültig ausgesagt *wird,* sollte Gegenstand der Untersuchung sein.

Wie beim Märchen und beim Mythos kann man daher auch von den Sagen und Legenden behaupten, daß sie ihre Rechtfertigung und Notwendigkeit nicht in der Übereinstimmung mit bestimmten historischen Gegebenheiten haben, sondern allein darin, daß sie etwas vom inneren Wesen des Menschen in der einzigen Form und Weise ausdrücken, die dazu tauglich ist: in der Sprache archetypischer Symbolik. *Alles, was über die tiefenpsychologische Interpretation archetypischer Erzählungen gesagt wurde, gilt mithin jetzt uneingeschränkt auch für die Auslegung von Sagen und Legenden.*

Ein Wort ist dabei noch zu den *Kult- und Ortslegenden* zu sagen. In ihnen tritt die archetypische Symbolik gleichermaßen deutlich zu Tage, nur erscheint sie dort nicht, wie in den bisher erörterten Personallegenden, in Verbindung mit der Biographie und den Taten des Helden oder Heiligen, sondern sie ist in eine heilige Topographie und Dramaturgie hineinverlegt. Oft sind die Kult- und Ortslegenden nur die verobjektivierte Ableitung der Personallegenden: bestimmte Lokalitäten oder Aktivitäten vermitteln das Heilige, weil eine bestimmte heilige Person hier zur Welt kam, zum Himmel erhoben wurde oder einen bestimmten segensreichen Ritus vollzogen hat. Berichtet wird z.B. in der Ortslegende von Bethel (Gen 29,10–22) nicht, wie Jakob in den Himmel erhoben wurde, wohl aber, wie er eine Leiter sah, die zwischen Himmel und Erde vermittelte[75], – also ist Bethel ein Ort, an dem das Göttliche die Erde berührt und die Engel Gottes dem Menschen nahe sind. Oder es sieht Jakob nach seinem nächtlichen Kampf mit dem «Engel» am Morgen die Sonne sich über dem Ort erheben, der den Namen «Gottesantlitz» trägt, also ist dies ein Ort, an dem man Gott schauen kann von Angesicht zu Angesicht[76]. Solche Legenden zeichnen gewissermaßen nur in Gestalt von verfestigten Fußspuren das Leben des Heiligen nach; sie bilden den äußeren Abdruck einer Station seines Lebens, und doch gestalten sie diese «Station» zu einer in sich geschlossenen Szene aus, an der sich im Fragment das Ganze seines Lebens spiegelt. Die eigentliche «Leistung» der Orts- und Kultlegenden liegt dabei wiederum darin, daß sie in der räumlichen oder dramaturgischen Projektion das historisch einmalige Geschehen aus seiner Singularität herauslösen und, ähnlich den Mythen, in eine ewige Geschichte verwandeln. Ein jeder, der nach den Anweisungen der Kultlegende handelt oder sich nach der Topographie der Ortslegende

[75] J.G. FRAZER: Die Arche, 170–193.
[76] J.G. FRAZER: Die Arche, 194–206.

richtet, erhält in alle Zukunft die Chance, in die gleichen Erfahrungen eingeführt zu werden, die dem Heiligen damals zuteil wurden. Darin, daß diese Erfahrungen niemals nur *waren,* sondern jederzeit wieder sein *können* und *sollen,* liegt die eigentliche religiöse Wahrheit auch der Orts- und Kultlegenden.
Gewiß wird an dieser Stelle erneut die besonders im *Protestantismus* lebendige theologische Kritik einsetzen: es sei eine dem Christentum fremde, im Grunde heidnische, womöglich von einem gereinigten Gottesbild her areligiöse Haltung, von bestimmten heiligen Handlungen her die Erfahrung des Heiligen zu erwarten, wird man gegen die Kultlegende einwenden; es zeuge von einem magischen, äußerlich-dinglichen Denken, das Heilige an bestimmte Orte oder Gegenstände zu binden, wird man gegen die Ortslegende vorbringen; statt selbst in seiner Person heiligmäßig zu leben, erspare man sich diese Aufgabe durch einen räumlichen Aufenthalt an vermeintlich heiligen Wallfahrtsorten, lautet der Generalvorwurf. Es handelt sich insgesamt um die gleichen Einwände, die der Protestantismus üblicherweise all den Wallfahrten, Prozessionen, Andachtsbräuchen, Reliquienverehrungen, Gebetsnovenen u. ä. im Katholizismus entgegenbringt, und zweifellos muß man derartigen Bedenken zugestehen, daß, wie alles Archetypische, so auch die Legende zwei Seiten besitzt: nimmt man die Orts- und Kultlegende äußerlich regressiv, so kann sie tatsächlich dazu verführen, das Leben zu veräußerlichen und sich selber zu entfremden, – der Wohnort bzw. der Aufenthalt in der Nähe eines Kultplatzes ist dann u. U. wichtiger als der existentielle Standort im eigenen Leben. Aber wer sagt denn, daß die Legenden äußerlich verstanden sein wollen und zu verstehen sind? Die gesamte Religionsgeschichte beweist *die Tendenz der archetypischen Symbole zur Verinnerlichung*[77], und auch die Orts- und Kultlegenden sind, recht verstanden, keine Anweisungen zur Verdinglichung, sondern ein Leitfaden zur Selbstfindung. Um ihre Wahrheit zu erfassen, darf man sie daher nicht «wörtlich» im Sinne äußerer Faktenmitteilung, sondern man muß sie «wörtlich» im Sinne eines Symbols verstehen, und die Methode dazu bietet wiederum die Tiefenpsychologie.
Um die Orts- und Kultlegenden angemessen auszulegen, braucht man nur im Sinne der subjektalen Deutung der Tiefenpsychologie die Darstellung der jeweiligen Landschaften und Begebenheiten in den Legenden nach innen zu ziehen, indem man darin die Beschreibung von «Seelenlandschaften» und innerpsychischen Prozessen erkennt. Zum «Gottesantlitz» etwa wird *Peniel* erst demjenigen, der selbst wie Vater Jakob in Gen 29,10–22 am «Jabbok», an der

[77] Vgl. H. Silberer: Probleme der Mystik und ihrer Symbolik, 1914, 168, zum Zusammenhang von Introversion, Verinnerlichung und Sublimation.

Grenze zum Unbewußten, sich mit der Nachtgestalt seines «Schattens» auseinandersetzt, bis dieser «lähmende» Widersacher ihn schließlich bei «Morgengrauen», im Frührot einer tieferen Bewußtwerdung, «segnet»[78]. Die *Wallfahrt ins Heilige Land* führt nur zu Gott, wenn man im Terrain der eigenen Psyche zum Mittelpunkt hinfindet[79], usw. *Symbolisch,* indem sie zu innerer Bewahrheitung führen, besitzen die Orts- und Kultlegenden ihre Wahrheit, und die beste Art, sie zu verstehen, stellen, parallel zu den Sakramenten als Interpretationsformen der Mythen, die zahlreichen Sakramentalien dar, die in der katholischen Kirche (noch) lebendig sind, indem die Kirche z. B. die Kultlegende vom Einzug Jesu in Jerusalem (Mk 11,1–11) am Palmsonntag in entsprechenden Prozessionen dramatisiert, oder indem sie die Legende vom hl. *Bischof Blasius,* der den Sohn einer armen Frau von einer verschluckten Fischgräte befreite, in einem eigenen Segen «beim Wort» nimmt. Der heilige Blasius, nebenbei gesagt, ist soweit dem Vf. bekannt, der einzige Heilige, von dem die Kirche berichtet, daß er zu den Tieren *um ihrer selbst willen* gut war: sie ernährten ihn in seiner Einsamkeit wie die Raben den Elias am Bache Kerit, «und das Wild kam einmütiglich zu ihm, und gingen nicht von ihm, er legte denn seine Hand auf sie und gab ihnen seinen Segen. War der Tiere eines krank, so kam es alsbald zu ihm, und er erwarb ihm Gesundheit. Sogar vor den Herren des Landes, die ihre Ritter zur Jagd aussandten, fanden die Tiere des Waldes bei ihm Zuflucht»[80]. Vom heiligen *Franziskus* wird berichtet, daß er den Vögeln predigte; aber wo sonst außer vom heiligen Blasius wird von einem Heiligen berichtet, daß er die Tiere vor dem Mißbrauch der Menschen schützte? Erst die Vertrautheit mit den «Tieren» verleiht dem heiligen Blasius die Macht, daß selbst die Fischgräte noch seinem Wort gehorcht. Versteht man tiefenpsychologisch die «Tiere» wiederum als ein Symbol der unbewußten Triebkräfte, so setzt die Wunderlegende des hl. Blasius und das entsprechende Sakramenta-

[78] Vgl. die tiefenpsychologische Interpretation vom Kampf am Jabbok bei M. KASSEL: Biblische Urbilder, 1980, 258–279, als Auseinandersetzung mit dem Schatten. – W. G. NIEDERLAND: Jakobs Kampf am Jabbok, in: Spiegel: Psychoanalytische Interpretationen biblischer Texte, 128–138, denkt bei dem Flußmotiv an Ängste aus dem Ödipuskomplex sowie an Ängste aus homosexuellen Gefühlen gegenüber Esau.

[79] Sehr schön schildert in diesem Zusammenhang L. TOLSTOI: Die beiden Alten, in: Sämtliche Erzählungen, II 447–474, die Nichtigkeit eines rein räumlichen Verständnisses der «Wallfahrt» ins «Heilige Land»: wahrhaft zur Krippe findet, wer, wie der gütige Jelisej Bodrow, Christus in den Armen wiederfindet, auch wenn er dabei all sein Reisegeld nach Bethlehem verpfändet. Die Wallfahrtsorte sind in den Überlieferungen der Völker die «Orte der Kraft» oder die Relikte der «Traumzeit»; s. o. S. 125. Das Verständnis der «Landschaft» in Traum, Mythos, Märchen, Sage und Legende ähnelt in etwa der Malerei PIETER BRUEGELS, von der H. SCRÉPEL: Bruegel, 1. Bild (Ansicht von Neapel), meint, sie besitze «eine vorwiegend metaphysische Dimension. Sie ist Spiegel der verschiedenen Daseinszustände, die von der unmittelbarsten, spürbarsten Wirklichkeit bis zu den tiefsten Abgründen des Unbewußten reichen, ohne daß es je einen Bruch gäbe zwischen dem, was das Bewußtsein entdeckt, und dem, was der innere Blick erforscht.»

[80] J. DE VORAGINE: Legenda aurea, 194–195; vgl. E. DREWERMANN: Der tödliche Fortschritt, 1983, 206–207.

le der Kirche Einsichten in die Psychosomatik und Heilung auch von körperlichen Krankheiten frei, die wir ausführlich im 2. Band dieser Arbeit bei der Besprechung der eigentlichen Wundererzählungen werden erörtern müssen.
Soviel zur Interpretation der Legenden und der Sagen, insoweit sie *von den archetypischen Motiven her* ihre Zusammengehörigkeit zur Welt der Märchen und der Mythen unter Beweis stellen und dadurch zugleich erkennen lassen, daß die Regeln zu ihrer Interpretation dieselben sind wie für die Märchen und die Mythen auch. Im folgenden müssen wir nun *von der Psychodynamik her* die archetypischen Erzählungen differenzieren und insbesondere für die Legenden aufzeigen, wie ihre Gefühlsbedeutung tiefenpsychologisch erfaßt werden kann.

B) Von der innerpsychischen Topologie archetypischer Erzählungen und von der inneren Wahrheit und Gefahr der Sagen und Legenden

Die psychodynamischen Unterschiede zwischen den archetypischen Erzählungen werden deutlich, wenn man den Mythos, das Märchen, die Sage und die Legende nicht allein in ihrem Verhältnis zur Geschichtlichkeit oder Ungeschichtlichkeit, zum Religiösen oder Profanen betrachtet (s. o. S. 152), sondern sich fragt, wie denn rein intrapsychisch in den einzelnen Erzählformen das Verhältnis zwischen der Sphäre des Unbewußten, des Archetypischen, und der Sphäre des Ichs, des Bewußtseins, beschrieben wird.
Wir haben früher gesagt, es bestehe zwischen *Märchen* und *Mythos* ein wesentlicher Unterschied nur darin, daß die Mythen religiös gebunden seien, während die Märchen als profanisierte, religiös entleerte Mythen verstanden werden müßten[81]; der Unterschied sei also kein thematischer, sondern lediglich ein Unterschied im sozialen Gebrauch der archetypischen Thematik (s.o. S. 143). Diese Feststellung trifft zu, wenn man lediglich die archetypi-

[81] Man kann in gewissem Sinne freilich auch umgekehrt sagen: im Mythos werde die Symbolsprache des Märchens zur religiösen Weltdeutung erweitert; so W. ALY: Volksmärchen, Sage und Novelle bei Herodot und seinen Zeitgenossen, 1921, 9; vgl. auch F. V. D. LEYEN: Das Märchen, 1925, 18, der das Märchen als die ursprüngliche Form volkstümlicher Dichtung betrachtet, aber zustimmend HERDER zitiert: «Die gemeinen Volkssagen, Märchen und Mythologie... sind gewissermaßen Reste des Volksglaubens, seiner sinnlichen Anschauung, Kräfte und Triebe, wo man träumt, weil man nicht weiß, glaubt, weil man nicht siehet, und mit der ganzen unzerteilten und ungebildeten Seele wirket.» A. a. O., 17. – H. VON BEIT: Das Märchen, 235, meint: «Gerade im Anteil, den die magische und die profane Welt am Geschehen des Berichteten haben, unterscheidet sich Mythos, Märchen und Sage.» Der Mythos schildere das Tun der Götter, das Märchen die Auseinandersetzung des Menschen (d. h. des Ichs) mit der magischen Welt (d. h. des Unbewußten).

schen Inhalte selbst betrachtet. Man muß aber beachten, daß es auch innerpsychisch einen erheblichen Unterschied der Einstellung voraussetzt, ob das archetypische Material «profan» oder «sakral» angeeignet wird. Kennzeichnend ist, daß in der *religiösen* Haltung das Ich sich selbst als Stätte der Heimsuchung archetypischer Kräfte erlebt, die es sich in personifizierter Gestalt vorstellt und denen es sich mehr oder minder aufgeschlossen oder widerstrebend unterwirft. Die *Mythen* stellen dieses Erleben ganz treffend in der Weise dar, daß die Götter und Geister, je nachdem, wie gebetene oder ungebetene Gäste in die Welt des Ichs eintreten und es zu bestimmten Taten anhalten. Anders verhält es sich in den *Märchen.* Dort erlebt das Ich sich selbst zumeist in einer Notlage, aus der es sich selbst befreien muß, indem es von sich aus den Kontakt zu den Mächten des Unbewußten aufnimmt[82]. Das Märchen ist insofern nicht erst im soziologischen Gebrauch, sondern bereits in seiner psychologischen Topik «profan»: das Zentrum seiner Aktivität ist nicht die unbewußte Welt der Archetypen, sondern das Ich, während im Mythos das Ich weit ausgelieferter bzw. hingegebener an die Mächte des Unbewußten erscheint. Man kann diesen Unterschied auch so ausdrücken: *im Märchen sucht das Ich die Archetypen auf, im Mythos suchen umgekehrt die Archetypen das Ich heim.* Märchen und Mythos reflektieren daher psychologisch zwei ganz verschiedene spiegelbildliche Einstellungen des Ichs zum Unbewußten, und die Unterschiede dieser Einstellungen bestimmen durch sich selbst, welch ein Gebrauch von den archetypischen Erzählungen auch gesellschaftlich zu machen ist: ob sie der religiösen Hingabe oder der Icherweiterung dienen[83].

[82] Sehr richtig meint deshalb B. BETTELHEIM: Kinder brauchen Märchen, 42, vom Unterschied zwischen Mythos und Märchen: «Mythische Helden geben hervorragende Bilder für die Entwicklung des Über-Ich ab, doch die Forderungen, die sie verkörpern, sind so streng, daß das Kind in seinem unerfahrenen Streben nach Persönlichkeitsentwicklung entmutigt wird.» – «Das Märchen bietet der Phantasie den Stoff, der dem Kind in symbolischer Form zu erkennen gibt, worum es bei dem Kampf um die Selbstverwirklichung geht.» – Zu dem durch und durch *profanen* Charakter des Märchens meint H. VON BEIT: Das Märchen, 221, sehr richtig: der Märchenheld hebe sich aus der profanen Gruppe heraus, er überwinde die passive Dumpfheit der mythischen Gruppe, im Märchen erkenne sich der Mensch als handelndes Individuum, als Träger einer zielbewußten Tat, die freilich im Rückgriff auf die mythischen Wurzeln zustande komme.

[83] Im Sprachgebrauch der FREUDSCHEN Psychoanalyse ist der «Kastrationskomplex» in den religiösen Inhalten der Mythen ausgeprägter: die Götter sind übermächtig, während die Tendenz zur Ichdurchsetzung projektiv ganz an die archetypischen Gestalten abgegeben ist. – M. LÜTHI: Das europäische Volksmärchen, 77, differenziert so: das *Märchen* sei welthaltige Abenteuererzählung in scharfen Linien und Formen, aber ohne dogmatische Klärung; die *Sage* berichte das Außerordentliche, aber ohne endgültige Antworten; die *Legende* ordne das Geschehen in dogmatische Zusammenhänge ein; die *Mythe* führe die wesentlichen Abläufe der Wirklichkeit auf einen Vorgang zurück, der zum Geschick werde; das *Märchen* greife die Motive dieser Erzählformen auf, aber sublimiere und isoliere sie. – Zu Recht weist K. J. OBENAUER: Das Märchen, 1959, 277, darauf hin, daß auch «legendenhafte Motive... die ursprünglichen Märchenformen verändern» können. «Wird das Märchen aus der magisch-zauberhaft, primitiven Sphäre der Vorwelt in die christliche Ideen- und Vorstellungswelt gehoben, dann bedingt dies zuweilen einen ausgesprochen erzieherischen Ton.» Das ist

Dieselbe Differenz in der psychischen Einstellung setzt sich gleichermaßen auch in der *Sage* und in der *Legende* fort. Auch hier genügt es nicht, zu erklären, die Sage sei «weltlich», die Legende aber «erbaulich» ausgerichtet, ohne sich die Frage vorzulegen, was diese Tatsache psychologisch bedeutet. In Wahrheit ergeben sich diese Unterschiede ebenfalls primär aus einem jeweils anderen Verhältnis des Ichs zur Welt der Archetypen. In der *Sage* verlängert sich das Märchen gewissermaßen über die Welt der Archetypen *hinaus* in die Dimension der Geschichte und erweitert sich zur Gestalt des vergöttlichten Helden; dementsprechend verdient der Held der Sage sich, wie im Märchen, durch *eigene* Taten seinen Himmelsaufstieg; es ist *sein* Ich, das den Kampf mit den archetypischen Mächten besteht und gestärkt und erhöht aus diesen gefahrvollen Auseinandersetzungen hervorgeht. Gerade in die entgegengesetzte Richtung zielt indessen die *Legende.* In ihr verlängert sich der Mythos über das Ich hinaus in die Gestalt des begnadeten Heiligen, der von der Sphäre des göttlichen berührt und getragen wird. *Während die Bewegung in der Sage also beim Ich anhebt und die Sphäre der Archetypen als eine notwendige Durchgangsstation durchläuft, erscheint in der Legende die Sphäre der Archetypen als der eigentlich handelnde Ausgangspunkt,* von dem aus sich, wie bei einem Seebeben, die Flutwelle verbreitet, die das Ich zu seiner Bestimmung trägt.
Faßt man diese psychologische Gegenläufigkeit von Sage und Legende, von Mythos und Märchen in eine schematisierte Form, so ergibt sich folgendes Bild:

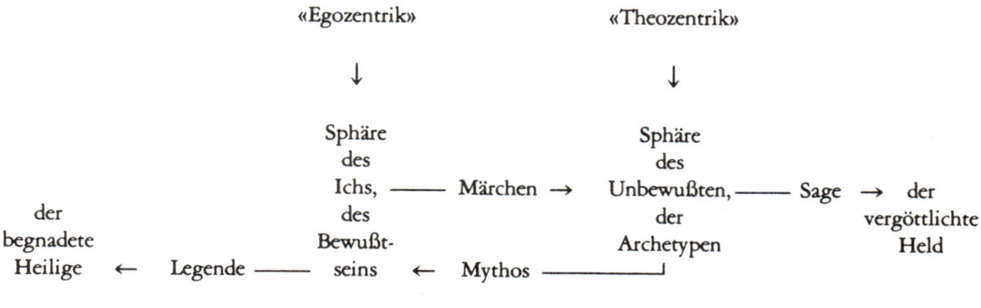

Dieses Schema erklärt vor allem die beiden Arten der *Idealisierung,* die für Sage und Legende charakteristisch sind.

richtig; es verändert aber vor allem die Psychodynamik ins Gewaltlos-Wunderbare: das «Mädchen ohne Hände» (KHM 31) z. B., das Obenauer als legendär überformtes Märchen versteht, erhält ohne Kampf seine Hände zurück; «Hänsel und Gretel» (KHM 15) hingegen, die gleichfalls unter schweren oralen Konflikten aufwachsen, müssen die Hexe *töten,* ehe sie zu ihrem Vater nach Hause zurückfinden.

Daß *die Sage* den Kampf, das Heldentum verherrlicht, erscheint jetzt nicht länger mehr als eine rein willkürliche Zwecksetzung, sondern es ist das Ergebnis der gesamten psychologischen Anlage und Einstellung, die sich in der Sage ausspricht. Die Sage arrangiert nicht künstlich irgendeiner Absicht zuliebe eine bestimmte Handlungsabfolge, sondern sie besteht psychologisch darin, daß sich in ihr eine Icheinstellung verobjektiviert, die zu sich selbst, zur Welt des Unbewußten, eine aktive, sthenisch-kämpferische – im Sinne der Psychoanalyse eine *ödipal*-aktive – Einstellung einnimmt, und sie beginnt an der Stelle, wo der Held die Auseinandersetzungen, die das Märchen schildert, bereits hinter sich hat. Denn obwohl die Stoffe von Sage und Märchen (ebenso wie von Mythos und Legende) in der gezeigten Weise einander thematisch entsprechen, so geht es dem *Märchen* doch vor allem darum, zu berichten, wie sein Held in die Sphäre des Unbewußten eintaucht und darin zur Einheit mit sich selbst gelangt. Die *Sage* setzt dieses Thema der Hl. Hochzeit in gewissem Sinne voraus; der Held entstammt bereits der psychischen Vereinigung der Gegensätze; sein Problem ist eigentlich nicht mehr die Einigung der Psyche; vielmehr als einer, der bereits im Drachenblut gebadet hat, zieht er in mutiger Entschlossenheit hinaus, um eine von Geistern und Dämonen, Riesen und Unholden erfüllte Welt durch die Stärke seines Ichs in Ordnung zu bringen. Alle Bilder der Sage lassen sich zwar, genauso wie im Märchen, auch rein innerpsychisch deuten; aber die Sage hat doch ihren Ort an der Stelle, wo der in sich vereinigte Mensch im Bewußtsein der Stärke seines Ichs in eine zerbrochene, notleidende Welt eintritt. Pointiert gesagt: *Im Märchen leidet das Ich des Helden an sich selbst, in der Sage leidet der Held an der Welt.*
Insofern kann die Aussagerichtung der Sage, so unhistorisch auch ihre Stoffe im einzelnen sein mögen, doch auf eine geschichtliche Dimension abzielen, die man nicht übersehen darf. Die Sage drückt die Hoffnung, ja die Gewißheit aus, daß die Welt in ihrer realen Bedrohtheit durch die *Tat,* durch den Einsatz von Menschen in Ordnung gebracht werden kann, wenn diese nur in sich *ge*schlossen und daher nach außen hin genügend *ent*schlossen sind, um den Kampf mit allem feindlichen Unrecht aufzunehmen. Was die Märchen rein innerlich schildern, transponiert die Sage nach außen. An sich wird die Sage selber dadurch noch nicht geschichtlicher oder realistischer, aber sie *meint* Geschichte und äußere Wirklichkeit, wenngleich in der Weise einer reinen Typik, einer rein *idealen* Geltung. So wie der Held handelt, so *sollte* man handeln; nur weiß man zugleich um die Unerreichbarkeit, um die unendliche Kluft zwischen dem idealen Anspruch und der Wirklichkeit, und so bleibt der Held in der Sage der Einmalige, der Unvergleichliche, dessen Einmaligkeit indessen gerade nicht im Sinne geschichtlicher Individualität, sondern lediglich in der Ex-

klusivität archetypischer Typologie zu verstehen ist. Sollte der Sagenheld tatsächlich in die *wirkliche* Geschichte eintreten, so verdichtet sich das Vorstellungskonglomerat zumeist in der Repräsentanz eines Herrschers oder Königs, eines Menschen also, der durch Titel und Geburt (in dieser Reihenfolge!) mit der Gottheit identisch ist bzw. sich durch heroische Werke zur Gottheit erhebt[84].

Ganz auf die gleiche Weise, nur in die entgegengesetzte Richtung, liest sich die *Legende.* Auch sie beginnt, jedenfalls in Gestalt der Heiligenlegende, dort, wo der Individuationsprozeß bereits abgeschlossen ist und der Heilige einer unheiligen Welt gegenübertritt; auch sie überträgt die psychische Typologie der Selbstfindung in idealtypischer Weise auf das Verhältnis des in sich geläuterten Menschen zu einer ungeläuterten Welt; auch sie meint insofern ein geschichtliches Handeln an sich, das in seinem An-sich-Sein indessen gerade keine wirkliche Geschichte, sondern ein ideales Vorbild jeder Geschichte darstellt. Die Legende unterscheidet sich von der Sage mithin weder formal noch inhaltlich, – die archetypische Thematik und der Aufbau ist hier wie dort der gleiche. Der wesentliche Unterschied besteht jedoch in der psychischen Einstellung des Ichs zu sich selbst und zur Welt der Archetypen. Anders als in der Sage, erlebt der Mensch in der Legende sich selbst nicht als Handelnden, sondern er wird von Mächten jenseits seiner Einflußmöglichkeiten gefördert oder gefährdet, geführt oder verführt, wobei im ganzen freilich der positive Aspekt derartiger Einflüsse deutlich überwiegt. Nicht der Kampf gegen die inneren und äußeren Mächte, sondern das Vertrauen in die innere Vernunft und Güte dieser Kräfte, eine – im Sinne der Psychoanalyse FREUDS resignative, weibliche, ödipal-*kastrative* – Haltung des Sich-Überlassens und Getragenwerdens bestimmt die Legende.

Die Gewaltlosigkeit, die Güte, die sanfte Schwerelosigkeit der legendären Gestalten ist also auch hier nicht einfach Aussageabsicht und künstlich arrangiertes Vorbild, sondern das Ergebnis und der Ausdruck einer inneren Haltung, die durch und durch *religiös* ist, wofern man unter Religion in zunächst rein psychologischem Sinn an dieser Stelle gerade eine solche Einstellung des Vertrauens und der Hingabe des Ichs an die Mächte des kollektiven Unbewußten, an die archetypischen Gestaltungen der menschlichen Psyche versteht. Während in der Sage der Mensch seinen Schicksalsauftrag erfüllt und dadurch zu

[84] Vgl. A. BERTHOLET: Wörterbuch der Religionen, 233, «Herrscherkult». – Als den eigentlichen Unterschied von *Mythos* und *Sage* sucht L. RADERMACHER: Mythos und Sage bei den Griechen, 78, das Kriterium aufzustellen: «Echter Mythos ist symbolisch, Sage dagegen ist geschichtlich.» Aber dieses Kriterium bezieht sich nur auf die subjektive Aussagetendenz der Formen, nicht auf ihren wirklichen Inhalt; psychologisch ist die Sage nicht weniger symbolisch als das Märchen.

den Göttern aufsteigt, steigt in den Legenden die Gottheit zu den Menschen herab und führt sie ihrer Bestimmung zu[85].

Von hier aus ist nun noch einmal, allerdings jetzt von der inneren Einstellung her, die Frage nach dem eigentlichen Anspruch und Wahrheitsgehalt von *Sagen* und *Legenden* zu erörtern.

Die Wahrheit und Notwendigkeit von archetypischen Erzählungen, insbesondere von *Mythen* und *Märchen,* haben wir bisher darin gesehen, daß sich in derartigen Schilderungen Gesetze und Realitäten aussprechen, die zwar nicht zur äußeren Wirklichkeit gehören, aber doch genauso objektiv und real sind wie z. B. die Gesetze der Schwerkraft und der Thermodynamik, die bewirken, daß die Sonne aufgeht, die Wolken am Himmel ziehen oder das Wasser in den Flüssen zum Meer fließt. Die Mythen und Märchen sind nun freilich – jedenfalls in ihrem wesentlichen Inhalt – so deutlich unhistorisch, daß hier die historisch-kritische Auslegung von vornherein die Waffen strecken muß. Mit den Sagen und Legenden aber betritt man ein Feld, das eigentlich bereits zur Domäne der Geschichtswissenschaft zählt: die historischen (oder als solche erscheinenden) Namen, Orte, Zeiträume der Sagen und Legenden sind wie geschaffen, um die historisch-kritische Forschung förmlich dazu einzuladen, die heroische oder erbauliche Verbrämung der Helden- und Heiligengestalten auf

[85] K. Kerényi: Was ist Mythologie? (1939), in: Antike Religion, 22–23, hat sehr zu Recht verlangt, die Bemühungen um das Verständnis der Mythen nicht auf eine «Formenlehre» mythischer Vorstellungen zu konzentrieren, sondern zur «Mythologie als Stoff» vorzudringen. Der Unterschied «zwischen Mythologie im weitesten Sinne (die auch die Heldensage umfaßt) und Märchen» liege «weder im Stoffe noch in der Form, sondern im Verhalten zu ihnen. Geht das Leben in den überlieferten Stoff mit völligem Einsatz seiner Selbst ein und tut dies in großen zeremoniellen Formen: in Kult oder Krieg (denn auch dieser ist bei archaischen Völkern zeremoniell), so hat man mit Mythologie und Heldensagen zu tun. Sind die großen Zeremonien zu einer kaum mehr so zu nennenden: zum Erzählen und Zuhören, zuletzt zum bloßen Lesen geworden, der Einsatz des Lebens zum genießerischen Sich-Vergessen, so steht ein Märchen, im Fall des bloßen Lesens schon eine Art Roman vor uns. In Hinsicht auf den Stoff bedeutet dies keinen Unterschied. Der Übergang von dem einen zum anderen kommt immer einer Weltveränderung gleich.» – Die stoffliche und formale Einheit der Mythen, Sagen und Märchen (sowie der Legenden), auf die es uns hier ankommt, kann man gar nicht genug hervorheben. Auch ist es sehr wahr, daß auf dem Märchen nicht mehr der religiöse Ernst des Mythos ruht; aber das bedeutet doch nur, daß die Märchen nicht mehr rituell in kollektiven, sozial gebundenen Formen des Erlebens angeeignet werden, es bedeutet keinesfalls, daß sie nicht existentiell in gewissem Sinne an Bedeutung sogar gewinnen könnten (s. o. S. 143). Zudem ist die Heldensage doch nur solange eine Art «Kommentar» zum «Ritus» des Krieges, als die Götter selbst noch Krieg führen und zwischen Sage und Mythos kaum eine Trennung möglich ist. Wenn etwa in 2 Sam 23,8–39 die Taten und Namen der Helden Davids verzeichnet werden, so kommt kein Mensch mehr darauf, diese Reste von Heldensagen noch mit den Mythen zusammenzusehen. Wichtig aber ist die Richtung der Selbstvergötterung in den Heldensagen: wenn der römische Feldherr einen bedeutenden Sieg errungen hat und von seinen Soldaten im Triumph gefeiert, später auch vom Senat anerkannt wird, so steht nicht nur seine Qualität als Stratege, sondern wohl auch seine übernatürliche Kraft unter Beweis. J. Bleicken: Imperator, in: Der Kleine Pauly, II 1378. Nur solange die Götter selbst im Kampfe siegen, können die Feldherren selbst zu Göttern werden, und nur solange sind die Verbindungen zwischen Mythos und Heldensage sozial vermittelt. In der Bibel zieht zwar der

ihren «wirklichen», d.h. historischen «Kern» zurückzuführen, also die Sagen und Legenden als tendenzielles Rankenwerk, als mit unklaren Beimischungen durchsetztes Abwasser des großen Überlieferungsstroms der «eigentlichen», «wahren» Geschichte zu «entlarven». Die große Anziehungskraft der Sagen und Legenden für die historische Forschung beruht gerade darauf, daß die Legenden und Sagen ihre Visionen, obwohl sie, wie gesagt, nur eine ideale Gültigkeit an sich besitzen können, in die äußere Geschichte hineinprojizieren, und ihre eigentliche Faszination in der Volksüberlieferung beruht wirklich darauf, daß sie zunächst als geschichtliche Tatsachen geglaubt und in einem naiven Ideal-Realismus äußerlich genommen werden (s.o. S.389). An dieser Stelle bereitet es der historischen Forschung natürlich ein ebenso großes wie leichtes Vergnügen, sich bei dem Nachweis zu verlustieren, daß an all den so heiß und innig geglaubten religiösen oder nationalen Volksüberlieferungen in Sage und Legende eben «nichts dran» ist außer einer üppig wuchernden Phantasie, wie man sie allerorten finden kann, wenn man in die intellektuellen Niederungen der Überlieferung des Volkes nur tief genug hinabsteigt, wo Miasmen dieser Art bekanntlich brodeln.

Aber so nachdrücklich und vernichtend die kritischen Urteile der historisch-kritischen Exegese über die Sagen und Legenden auch vorgetragen werden mö-

Gott der Heerscharen noch selber in den Krieg, aber er ist hier ein eifersüchtiger Gott: die Bibel zerstört zugleich mit dem Mythos auch die Sage (s.o. S.91). – J. de Vries: Betrachtungen zum Märchen, besonders in seinem Verhältnis zu Heldensage und Mythos, 1954, 173, spricht sehr zu Recht von einer radikalen «Lostrennung von der Welt des Numinosen» im Märchen, das er «fast» als «verweltlichten Mythos» bezeichnet. «In der Heldensage ist der Mensch der Kämpfer in einer Welt, in der die göttlichen Mächte und das Schicksal walten, ein Kämpfer zwar, der einem unentrinnbaren Untergang entgegenschreitet, aber trotzdem durch seine menschliche Würde den Sieg davonträgt. Das Märchen wagt es, den Mensch von diesen göttlichen Mächten freizumachen; eine richtige Lebensführung macht sie zu freundlichen und hilfsbereiten Bundesgenossen, die ihm den Weg zum Sieg ebnen.» De Vries erkennt in der Sage wie im Märchen eine aristokratische Lebenshaltung (a.a.O., 175), ein Ausdruck, der sicher zutrifft, wenn man ihn psychologisch und nicht, wie de Vries selber, sozialgeschichtlich versteht. Der Gegensatz aber, den de Vries zwischen Märchen und Sage feststellt, wird von ihm psychologisch nicht weiter begründet, wenn er feststellt: «Die Heldensage strebt danach, die mythische Welt in sich aufzunehmen, das Märchen stößt sie gerade ab. Die Heldensage ist von der Tragik des Lebens erfüllt; das Märchen kennt keine Probleme» (175). Besser sollte man sagen: Märchen wie Sage arbeiten zwar mit Themen und Motiven, die auch in den Mythen bekannt sind, aber ihre Vorstellungswelt ist *wesentlich* profan, auf die Ichdurchsetzung ausgerichtet, nur daß das Märchen in der Welt der Wünsche verbleibt, während die Sage den Raum der Geschichte betritt, ohne ihn, wie die Legende, *wesentlich* zur Transzendenz, zum Wunder hin zu öffnen; daher die Tragik der Sage. Als «Standespoesie» stellt die Sage eine «Heroenwelt» dar, wie de Vries richtig sagt (175), also eben *keine* Götterwelt mehr; das Märchen hingegen zeigt den Menschen an sich. «Der Märchenheld führt ja genau dasselbe Leben wie der eigentliche Heros, aber ohne irgendwelches Pathos» (176). «Der Mythos setzt die Zeit des ungebrochenen, schöpferischen Glaubens voraus, die Heldensage gehört zum Heldenzeitalter, das Märchen lebt in seiner eigenen Welt» (177). Das ist richtig; aber diese «eigene Welt» ist, wie die Sage, *profan* – ein Gegensatz, den erst die *Legende* deutlich macht, auf deren notwendige Einbeziehung in die Untersuchung de Vries leider verzichtet.

gen, – sie erklären das eigentliche Problem überhaupt nicht, sie machen es allenfalls sichtbar: Warum denn, so lautet das wirkliche Problem, werden gerade die phantastischen, die nachweisbar unhistorischen Geschichten der Sagen und Legenden in jedem Volk so leidenschaftlich geglaubt? Was denn ist an ihnen derart faszinierend, daß sie immer wieder und bei allen möglichen Völkern eine solche Macht und Verehrung beanspruchen? Und daraus folgend: wenn die Sagen und Legenden durchaus nicht in historischem Sinne «wahr» sind, zeigt sich dann wirklich schon, daß sie überhaupt keine Wahrheit enthalten können, daß sie also in der Tat nur wohl- oder übelgemeinte Lügen und Tendenzerfindungen sein können?

Die Sachlage ist hier nicht anders als bei den Märchen und den Mythen auch. Der Mythos (und, abgeleitet, auch das Märchen) enthält für den Eingeborenen u. a. eine auch im äußeren Sinne wahre Beschreibung von Ursprung, Funktionsweise und Ziel der Naturvorgänge; die weitgehende Unkenntnis der tatsächlichen Sachverhalte nötigt den «Primitiven» immer wieder, seine eigenen Eindrücke und die unmittelbaren Deutungen, die sich ihm in Analogie zur menschlichen Erfahrung in absoluter Evidenz aufdrängen, für eine auch in naturwissenschaftlichem Sinne zutreffende Wiedergabe der äußeren Gegebenheiten zu halten, und in diesem Punkte irrt er natürlich sehr. Die mit der Aufklärung beginnende exakte Naturwissenschaft konnte deshalb mit großer Genugtuung darlegen, wie ungereimt und absurd, wie anthropomorph und willkürlich die Mythen *als Naturbeschreibungen* waren.

Aber war damit auch bereits bewiesen, daß die Mythen (und Märchen) in sich selbst wertlos und unwahr sind? Mitnichten.

In ihrer auf die Naturgegenstände projizierten Form sind die Inhalte der Mythen gewiß unwahr; aber wenn man die Projektionen rückgängig macht und die Mythen daraufhin befragt, was sie vom Menschen aussagen, so enthüllen sie, wie wir gesehen haben, eine Tiefe und Wahrheit, die so unvergänglich und gültig ist wie der Mensch selber.

Recht hat also die naturwissenschaftliche Kritik gegenüber der projizierten Form, in der die Mythen erscheinen, aber nicht hat sie deshalb schon das Recht, die Inhalte der Mythen selbst für «unwahr» zu erklären.

Nicht anders verhält es sich jetzt bei den Sagen und Legenden. Die Legenden und Sagen, die wir als gegenläufige Verlängerungen von Mythos und Märchen verstehen, treten ihrerseits als Beschreibungen und Deutungen von wirklichen geschichtlichen Begebenheiten auf, indem sie – zumeist in Unkenntnis der eigentlichen Fakten – die archetypischen Inhalte des Unbewußten auf bestimmte historische Persönlichkeiten und Begebenheiten projizieren. Die historisch-kritische Forschung hat natürlich vollkommen recht damit, und ihr bleibendes

Verdienst besteht unzweifelhaft darin, den Volksglauben an die *äußere* Faktizität der Sagen und Legenden ein für allemal zerstört, ja der Lächerlichkeit preisgegeben zu haben. Aber vollkommen falsch ist ihre Meinung, daß die Legenden und Sagen, nur weil sie in ihrer historisch projizierten Form falsch sind, insgesamt keine Wahrheit enthalten könnten; im Gegenteil: gerade die historische Haltlosigkeit der Sagen und Legenden sollte dahin drängen, nach dem *inneren* Gehalt und Wahrheitsanspruch dieser Erzählformen zu forschen. Freilich, wie wir schon oft gesagt haben: zu diesem Zweck müßte nicht nur die Einseitigkeit der historisch-kritischen Methode überwunden werden, es müßte überhaupt die Einseitigkeit einer Bewußtseinseinstellung verlassen werden, die sich gar nicht vorstellen kann, daß es eine andere Wahrheit und Wirklichkeit als die *äußere* Realität (in Natur und Geschichte, in Physik und Soziologie) geben könnte.

Welche *innere* Wahrheit also besitzen die Sagen und Legenden? Das ist die eigentliche, von der historisch-kritischen Exegese konsequent gemiedene, aber einzig wesentliche Frage.

Die Sagen und Legenden sind, das wissen wir inzwischen, insofern wahr, als sie, wie die Mythen und die Märchen, die innere Wirklichkeit der menschlichen Psyche, die Thematik und den Prozeß der Selbstfindung, auf bestmögliche Weise ausdrücken. Aber über Märchen und Mythos hinaus enthalten die Sagen und Legenden spezifische und grundlegende Wahrheiten über das Verhältnis des Menschen zur Welt der Geschichte. Zahlreiche einzelne Motive der Sagen und Legenden, die historisch besonders unglaubwürdig sind, wie die erwähnte Jungfrauengeburt, der Drachenkampf oder die Himmelfahrt, haben wir bereits im Rahmen der anderen archetypischen Erzählungen als Ausdruck psychischer Sachverhalte zu interpretieren versucht, und schon insofern besitzen die Legenden und Sagen den gleichen Wahrheitsanspruch wie die Märchen und die Mythen. Auch wenn nie ein Samson einen Löwen auf dem Weg nach Timna getötet hat, so bleibt doch das sagenhafte Bild und seine Aussage wahr, welch eine Angst (vor seinen Eltern, vor seinen Trieben, vor dem anderen Geschlecht) ein Mann besiegen muß, ehe er zur Liebe fähig wird; auch wenn niemals Magier aus dem Osten nach der Weisung eines Sterns das Königskind zu Bethlehem aufgesucht hätten, so bliebe doch das legendäre Bild wahr, was alles in einem Menschen zusammenkommen muß, ehe «Erlösung» wirklich ist, usw. – Soweit reicht bereits die *inhaltliche* Gültigkeit der großen Themen der Sagen und Legenden.

Indem aber die Sagen und Legenden die Thematik und Abfolge der Selbstfindung in Mythos und Märchen auf das Verhältnis des Menschen zu seiner geschichtlichen Wirklichkeit übertragen, vermitteln beide Erzählformen zudem

etwas Wesentliches davon, wie die Geschichte des Menschen zu ihrem Ursprung und ihrer Ordnung zurückfinden kann. In der Terminologie der HEGELSCHEN Dialektik, die sich zur Wiedergabe dieser geistigen Wechselbeziehungen am besten eignet, kann man sagen, daß Mythos und Märchen den Prozeß darstellen, durch den das Wesen des Menschen seiner selbst bewußt wird und sich in seinem An-und-für-sich-Sein setzt; in der Legende und in der Sage hingegen tritt das Wesen des Menschen, wie es an und für sich existiert, einer ihm fremden und sperrigen Wirklichkeit gegenüber, die *an sich* doch seine eigene sein soll. In der geschichtlichen Wirklichkeit muß daher der innere, rein psychische Prozeß der Selbstfindung zum Vorbild für die äußere Gestaltung werden, und eben dies, daß die Stadien der Selbstfindung noch einmal durch den Menschen, der als Held oder Heiliger mit sich selber bereits eins geworden ist, sich Stufe für Stufe in der geschichtlichen Welt *wiederholen* müssen, daß das, was der Mensch in seinem Wesen an sich und für sich ist, nun eine ideale Geltung des Handelns, der Verwirklichung des Wesens in der geschichtlichen Wirklichkeit besitzt, – dies ist der eigentliche Inhalt und die bleibende Wahrheit der Sagen und Legenden.
Wir haben früher bereits (s. o. S. 252) die tiefenpsychologische Interpretation vor allem der Mythen (und Märchen) gegen den Vorwurf in Schutz genommen, es werde hier die geschichtliche, soziale und politische Dimension der Deutung zu sehr vernachlässigt, und demgegenüber betont, erst der Mensch, der in seinem Inneren zu sich selbst gefunden habe, könne segensreich auch auf seine geschichtliche Umwelt einwirken (s. o. S. 261). Diese Auffassung findet jetzt in der Sinnrichtung der Legenden und Sagen ihre Bestätigung. Denn wir sehen jetzt, daß gerade diejenigen Erzählungen, die ihrer ganzen Form nach beschreiben wollen, wie die *Heilung* und *Befreiung* der geschichtlichen Welt gelingen kann, daß eben die Legenden und Sagen den größten Wert darauf legen, ihre Heiligen und Helden als Menschen einzuführen, die das Feld der Märchen und Mythen in sich bereits durchlaufen haben, ehe sie es im Raum der Geschichte und im Umgang mit dem geschichtlichen Material *wiederholen* und bewähren.
Der Prophet Jona z. B. muß zuerst am eigenen Leibe erfahren, wie sehr ein Leben ohne Gott an sich selbst zugrunde geht, ehe er selbst in Ninive mit dem Drama seines eigenen Versinkens und seiner glücklichen Rettung kollektiv für alle zum Vorbild der Buße und der Rettung wird. Der erste Teil der Jona-Legende entstammt der Sonnenmythologie und schildert den mühevollen Weg der Selbstfindung, der zweite Teil hingegen zeigt, wie der Prophet in die Geschichte, in die sündige Welt von «Ninive» eintritt und dort seine eigenen Erfahrungen auf das Volk überträgt. Ganz ähnlich schildern zahlreiche Sagen

und Legenden die Vorgeschichte der Helden und Heiligen in den vorhin dargestellten mythischen Schemata: im großen und ganzen betreten ihre Akteure als Begnadete oder mit heldenhafter Kraft Begabte, jedenfalls als Fertige, Vollendete, die Bühne der Geschichte. Aber nicht nur knüpfen die Geburtslegenden und -sagen de facto an die archetypischen Stoffe der Mythen und Märchen an, – es wird jetzt vor allem deutlich, was für einen Sinn es hat, daß sie die Stoffe der Mythen und Märchen auf eine einzelne Gestalt der Geschichte übertragen. Die Erfahrung, die sich in den Sagen und Legenden ausdrückt, geht offenbar dahin, daß nur der in sich Vollendete, der im Vertrauen zu Gott oder im Vertrauen zu seiner eigenen Kraft *Angstfreie,* der mit sich in der Tiefe Identische der Welt zum Nutzen gereichen kann: nur ein in sich heiler Mensch vermag anderen Heil zu bringen; nur einer, der alle Kraft in sich gesammelt hat, vermag als Held den Schwachen vor Unrecht zu schützen. In Heil wie Unheil gestaltet sich die geschichtliche Welt aus den Tiefenschichten der menschlichen Psyche, – diese Ahnung oder Einsicht durchzieht die Sagen und Legenden, und in dieser Perspektive muß man sehen lernen, um ihre bleibende gültige Wahrheit und Weisheit zu entdecken.

Man mag daher den Sagen und Legenden nachweisen und vorwerfen, daß sie nur eine verfälschte, unwahre, zurechtgedichtete oder schlicht gar keine Geschichte in sich enthalten, man wird mit dieser Kritik dennoch nicht – sowenig wie bei den Märchen und Mythen bezüglich der äußeren Natur – an der Tatsache vorbeikommen, daß diese «phantastischen» Erzählungen in tiefsinnigen Symbolen beschreiben, welch ein absoluter Vorrang der psychischen Welt des Menschen beizumessen ist und daß das Verhältnis auch zur geschichtlichen Wirklichkeit ganz und gar davon abhängig ist, wie ein Mensch psychisch zu sich selber steht.

Allerdings kann man mit diesen vollkommen allgemeinen und abstrakten Feststellungen sich nicht schon zufriedengeben. Die Frage stellt sich nämlich, in welcher Weise der Held oder der Heilige geschildert wird, *was* also als heilig und heldenhaft gilt. Im Unterschied zu den Mythen und Märchen, die unmittelbar, wie ein Traum, dem Unbewußten entstammen, ehe sie sozial benutzt, geformt und tradiert werden, stehen die Sagen und Legenden, wie sich gezeigt hat, in ihrem Inhalt und in ihrer Form an der Grenzschwelle zwischen psychischer und historischer Wirklichkeit. Daher ist es bei der Interpretation der Sagen und Legenden unerläßlich, weit mehr als bei den Märchen und Mythen über die bloße Interpretation der archetypischen Symbole hinaus die kollektiven und, zugegebenermaßen, zeitbedingten Wertsetzungen zu beachten, die in den Sagen und Legenden zum Ausdruck kommen. Wohl arbeiten die Sagen und Legenden noch mit überzeitlichen, allgemeingültigen Bildern, aber sie malen damit Ideale des Heldischen und Heiligen, die in sich selbst durchaus den Bedingtheiten bestimmter Epochen unterliegen. Sie wollen nicht, wie die Mythen und Märchen, das Wesen des Menschen in den Grundthemen seiner Existenz und seines mühevollen Weges zu sich selbst beschreiben, sondern sie wollen Vorbilder der Lebensführung und Leitbilder des Handelns zu einer bestimmten Zeit vor Augen stellen; sie sind daher *nolentes-volentes* weit abhängiger von den Empfindungen einer bestimmten Zeit als die Mythen und die Märchen. Zwar verschwimmen aufgrund der Gleichheit der archetypischen Motive die Grenzen zwischen den einzelnen Erzählformen, und auch die Sagen und Legenden enthalten in ihrer immer wiederkehrenden Typik Wahrheiten von überzeitlicher Geltung; aber wer oder was in einer einzelnen geschichtlichen Gestalt als vorbildlich verehrt wird, hängt naturgemäß stark von den Gegebenheiten einer bestimmten Zeit ab.

Wenn wir z.B. früher gesagt haben, daß etwa die Geschichten vom Trojanischen Krieg, vom Raub der Helena und der gefahrvollen Heimkehr des Odysseus eine bleibende Wahrheit über die verschlungenen Wege der Individuation enthalten (s.o. S.331), so ist doch auch nicht zu übersehen, daß Heldengestalten wie Achill oder Hektor natürlich *auch* als Gegenbilder *schwindender* politischer Bedeutung und heldenhafter Größe zu verstehen sind (s.o. S.328). Das Idealbild eines Helden oder Heiligen formt sich zumeist als Korrektur bzw. sogar in Antithese zu den wenig erbaulichen Gegebenheiten einer bestimmten Zeit, und man muß daher bei der Auslegung einer Sage oder Legende sich stets die Frage vorlegen, welche Imperative zum eigenen Handeln und Sein in der jeweiligen Geschichte enthalten sind, um dann zu prüfen, welche Gefühle, Widerstände, Übereinstimmungen usw. in einem selbst als Leser oder Hörer solcher Erzählungen ausgelöst werden. Ja, es ist an dieser Stelle auch zum erstenmal in psychologischem Sinne *kritisch* zu prüfen, ob der Anspruch, den eine Sage oder Legende in ihrer Idealbildung stellt, über bestimmte zeitgeschichtliche Beziehungen hinaus berechtigt ist oder nicht, ja ob er womöglich bereits zu einer bestimmten Zeit auf einen epochalen Irrtum hinauslief.

Für die alte psychoanalytische Schule war eine solche Kritik einfach: gemäß ihrem Zentraldogma vom Ödipuskomplex erblickte sie in den *Sagen* eine heroische Wunschphantasie des Ödipuskomplexes[86], während die *Legenden* mit ih-

[86] Vgl. O. RANK: Der Mythus von der Geburt des Helden, 79–80; S. FREUD: Der Familienroman der Neurotiker, VII 230; DERS.: Der Mann Moses und die monotheistische Religion, XVI 109. – Von der *heroisierenden Wirkung und Erzählweise der Sagen* berichtete sehr anschaulich der indianische Tuskarora-Häuptling ELIAS JOHNSON: «An langen Winterabenden versammelten sich die Jäger ums Lagerfeuer, um den alten Sagen, Jagd- und Kriegsgeschichten und Märchen zu lauschen, die von ihren Vätern und Vorvätern auf sie gekom-

rer mehr passiven, ätherischen, geschlechtslosen Einstellung – wie alles Religiöse – der Psychoanalyse als eine Darstellung des Kastrationskomplexes erschienen (s. o. S. 417). Tatsächlich ist die Bildung von Sagen und Legenden indessen keinesfalls auf den Ödipuskomplex und mithin auf den Kontext patriarchalischer Gesellschaften beschränkt, und die alternativischen Grundeinstellungen des Ichs zur Welt der Archetypen, aus denen der Mythos und das Märchen ebenso wie die Legende und die Sage ihre Formung erhalten, sind *früher* und fundamentaler als die sehr spezielle Sonderproblematik des Ödipuskomplexes. Wohl haben wir gesehen, daß zahlreiche Motive, wie z. B. die Thematik der Jungfrauengeburt, zweifellos auch in den Dienst sexualfeindlicher («kastrativer») Normen treten können (s. o. S. 395); ebenso kann das Motiv vom Tod der Gottheit, vom Sterben des Ichs, *gegen* seinen eigentlichen archetypischen Sinn (der Lebenserneuerung und Wiedergeburt) zu einem rein ödipalen masochistischen Gebilde verzerrt werden. Die mögliche Gefahr der Legenden und Sagen liegt aber insgesamt – weit über die ödipale Thematik hinaus – bereits darin begründet, daß in ihnen *psychische* Wahrheiten idealtypisch in *moralische* Ansprüche verwandelt werden können.

Die moralische Idealisierung selbst gehört unablösbar zum Wesensmerkmal der Sagen und Legenden; sie bringt es aber mit sich, daß in einem Einzelfall die moralischen Inhalte einer Sage oder Legende sich so weit von den psychischen Grundlagen lösen können, daß sie in Bildern, die eigentlich der Selbstfindung und Lebenssteigerung dienen, in einer pathogenen Weise auf die menschliche Psyche zurückzuwirken vermögen. Sie verlieren dann endgültig ihren Wert als Bilder der Heilung und verwandeln sich vielmehr in lebensfeindliche Phantasieprodukte, die weder in der inneren noch in der äußeren Realität eine Legitimation und Stütze finden können; sie mögen dann als Indikatoren für den Niedergang einer bestimmten Gesellschaft oder Religion gelten, die ihre eigenen Heilssymbole auf eine rein moralisierende Weise mißversteht. Treten diese Symbole dann in Malerei und darstellender Kunst auf, so beweisen sie zumeist durch ihren Kitsch bereits, wie unecht und lebensfremd sie selbst geworden sind – die Madonnen-, Herz-Jesu- und Heiligen-Bilder der Wallfahrtsorte sprechen dazu eine beredte Sprache. Aus Bildern, die den ganzen Menschen meinen (sollten), werden dann Dressate einer einzigen psychischen Instanz des Menschen: des Überichs, das das Ich entweder zu einer sadi-

men waren, ohne sich im Laufe der Jahrhunderte zu wandeln. Sie entfachten die Begeisterung des Kriegers und weckten im Kinde den Wunsch, eines Tages ähnliche Träume zu verwirklichen und seinen eigenen Namen der Nachwelt zu überliefern wie der Held der gefeierten Taten.» Die Intensität des Erzählens war so groß, daß man manche Sagen, z. B. solche, die von Schlangen erzählten, nicht im Sommer erzählte aus Angst, die Schlangen damit herbeizulocken. CH. HAMILTON: Ruf des Donnervogels, 45.

stischen (heldischen) oder masochistischen (heiligen) Haltung antreibt und es zu einem fanatischen Kreuzritter oder zu einem perversen Flagellanten macht. Statt in Funktion der Psychologie der Individuation stehen die Sagen und Legenden dann in Funktion einer Gegenpsychologie der Selbstzerstörung seitens der Überichs, und die Frage muß dann jeweils kritisch gestellt werden, was an Wahrheit über die archetypischen Bildmotive hinaus noch in einer einzelnen Sage und Legende lebt.

Während die Mythen und die Märchen durch die Ambivalenz des archetypischen Materials (des «Es») selbst gefährlich werden können, je nachdem, ob sie zur Integration oder zur psychotischen Dissoziation hin wirken, können die Idealbildungen der Sagen und Legenden dadurch gefährlich werden, daß sie das Überich auf drakonische Weise gegen das Ich mobilisieren.

Man sollte freilich über den möglichen Mißbrauch der archetypischen Bilder durch eventuell *falsche* Idealisierungen in Sage und Legende bzw. durch eine rein moralisierende Aneignung ihrer Inhalte niemals vergessen, daß die Sagen und Legenden in ihrer psychischen Struktur *an sich* ebenso wie in den Motiven, die sie aufgreifen, eine Wahrheit aussagen, die der menschlichen Psyche weit vor den Relativierungen und Irritationen bestimmter Verwendungszwecke in gewissen sozialen und religiösen Gruppierungen zugrunde liegt und von diesen keinesfalls als ganze in Frage gestellt werden kann. Recht haben Sage wie Legende darin, daß ein Mensch, der in sich mit den Kräften des Unbewußten geeint ist, durch den Widerspruch der Wirklichkeit draußen nicht mehr zerstört werden kann, sondern, in den Worten des Johannes-Evangeliums, «die Welt besiegt» hat (Joh 16,33).

Recht haben Sage und Legende ferner auch darin, daß sie den Sieg des Guten über die «Welt» der Zerrissenheit und Angst mit großer Regelmäßigkeit auf zwei Ebenen: auf einer geistlichen und einer politischen, zu erweisen suchen, indem die Legende zum Selbstausdruck des von Gott berührten Menschen gerät, der durch sein *Sein* die Welt überwindet, während die Sage die *Tat,* den Kampf gegen die äußeren Hindernisse schildert. Immer wieder treffen daher *der König und der Prophet, der Herrscher und der Heilige* aufeinander, und beide scheinen einander zu bedürfen. Fragt man indes, in welcher *Rangordnung* die Wahrheit der Sagen und der Legenden, der Helden und der Heiligen zueinander steht, so wird man ähnlich denken müssen wie die apokalyptischen Visionen der Gemeinde von Qumran, die für die Endzeit einen priesterlichen Messias aus dem Hause Aaron und zugleich einen kriegerischen, davidischen Messias erwartete[87], wohl wissend, daß das letzte Wort dem *Priesterkönig* zusteht.

[87] Vgl. J.M. ALLEGRO: Die Botschaft vom Toten Meer, 129–134, schildert die Erwartung «eines priesterli-

Psychologisch reflektiert die Doppelgestalt von Sage und Legende eine Art Zwei-Reiche-Lehre, in die sich die psychische Einheit angesichts der Wirklichkeit zerlegt: beide stellen stets nur einen Teil der ganzen Wahrheit dar. Und dennoch gibt es eine Rangstufung: final gelesen, ist die Sage im Grunde nur das Vorspiel der Legende, – am Ende allen Kampfes soll ein Reich des Friedens und der reinen Güte stehen.

Statt in der Legende also lediglich eine resignative Variante des Ödipuskomplexes zu sehen, stellt sie sich *anthropologisch* vielmehr als die Zielform der Sage dar, als die endgültigere Form der Überzeugung, daß das Gute die Bosheit dieser Welt besiegen wird und immer schon in jedem Menschen besiegt hat, der mit sich selber eins geworden ist. Sage wie Legende bezeugen auf ihre Weise, daß die Welt nur so in Ordnung kommt, wie der chinesische Weise DSCHUANG DSI es beschrieb, als er dazu aufforderte: «Komm in Übereinstimmung mit dem Uranfang; löse dein Herz; entlaß deinen Geist; kehre zurück ins Unbewußte: dann kehren alle Wesen zurück zu ihrer Wurzel»[88].

chen Messias», den die Qumran-Sekte als «Deuter des Gesetzes» und «Lehrer der Rechtschaffenheit» bezeichnete (a. a. O., 129), und die Ankunft eines Laien, eines Gesalbten, eines Fürsten aus dem Geschlechte Davids (130). Der Messias von Aaron und der von Israel polarisieren die alte Theokratie Israels. SCH. BEN CHORIN: Bruder Jesus, 165–166, verweist wohl zu Recht darauf, daß in der Leidensgeschichte Jesu Herodes Antipas den Herrn in einem weißen Gewand an Pilatus zurückschickt (Lk 23,11), im Kontrast zu dem roten Mantel der Söldner (Mk 15,17) bei der Verspottung, während Jesus vor der Kreuzigung wieder die eigenen Gewänder anlegt; der Kleiderwechsel erinnert, meint BEN CHORIN, an das Ritual des Versöhnungstages (Lev 16,4.24), an dem der Hohepriester, der die Versöhnung vollzieht, den weißen Leinenrock mit den eigenen Gewändern tauscht; in diesem Sinne erweise das weiße Gewand Christus offenbar als den wahren Hohenpriester, und das rote Gewand zeige ihn als den wahren König. «Das ist auch eine Antwort an Qumran», meint Ben Chorin: «Das weiße Gewand des Herodes und der rote Mantel der Legionäre sollen Jesus als den hohenpriesterlichen und königlichen Messias zeigen, sein eigenes, einfaches Gewand aber stellt ihn dann als den leidenden Messias dar» (a. a. O., 166). – Eine sehr tiefsinnige liberale Deutung der jüdischen Messiashoffnung bietet L. FEUCHTWANGER: Die Jüdin von Toledo, 272–273, wo er Don Benjamin sagen läßt: «Wir sehnen uns nach dem Heiligen Land, ... wir beten um die Ankunft des Messias: aber... in Wahrheit wollen wir gar nicht, daß der Messias kommt. Er würde unsere unmittelbare Verknüpfung mit Gott stören, er würde uns einen Teil Gottes wegnehmen. Die anderen haben Staat und Land und Gott, und alles das verehren sie, und alles das ist ihnen vermischt, und Gott ist nur ein Teil dessen, was sie verehren. Wir Juden haben nur Gott, und dadurch haben wir ihn rein und ganz. Wir sind nicht arm im Geiste, wir brauchen keinen Mittler zwischen Gott und uns, keinen Christus und keinen Mohammed, wir wagen es, Gott ohne Mittler zu schauen und zu verehren. Auf Zion zu hoffen, ist besser und macht das Leben reicher, als Zion zu haben. Daß der Messias einmal kommen wird, ist uns ein Ansporn, die Erde für ihn bereitzumachen, es ist ein Traum, keine Wirklichkeit; und das ist gut so. Wir wollen nicht träg und faul werden im Besitz des Guten, wir wollen das Streben, wir wollen den Kampf um das Gute.» Ähnlich vgl. L. FEUCHTWANGER: Der Tag wird kommen, 138–148. Vgl. L. FEUCHTWANGER: Der jüdische Krieg, 129–131, wo die Diskussionen um die Gestalt des zu erwartenden Messias in die Frage münden: «Wird der Erlöser den Ölzweig bringen oder das Schwert?» (A. a. O., 131) Es ist die Kernfrage aller Heilserwartungen: wird Prinz Gautama ein Buddha oder ein Weltherrscher werden? – Zum spätjüdischen Messiasglauben vgl. H. DANIEL-ROPS: Geschichte des Gottesvolkes, 1950, 399–413.

[88] DSCHUANG DSI: Südliches Blütenland, XI 4; S. 124.

Nicht also, um in einer heidnischen Umwelt mit Geschichten fragwürdigen Inhaltes konkurrieren zu können, wie DIBELIUS u.a. meinten (s.o. S.83, 86), sondern um eine im Grunde menschheitliche Wahrheit auszudrücken, bedarf und bedurfte die Bibel ebenso wie die Schriften anderer Völker auch und wesentlich der Erzählformen der Sagen und Legenden. Natürlich ist die Wahrheit der Legenden und Sagen damit an sich nicht *spezifisch* jüdisch oder *spezifisch* christlich, aber ist sie damit auch schon, wie DIBELIUS meinte, «unchristlich»? Die Legenden enthalten Bildausschnitte eines heilgewordenen Menschseins, und selbst da, wo das Alte oder Neue Testament das Sagen- und Legendengut fremder Überlieferungen übernimmt, kann es das nur tun in der Überzeugung, daß ein Prophet wie Elias oder der Messias Jesus durch sich selbst eine Wirklichkeit vermitteln konnte und vermittelt hat, die sich allein in der Weise der Sagen und Legenden ausdrücken läßt und die bei allen Völkern und zu allen Zeiten die gleiche ist und sein muß.
Für die Interpretation derartiger Erzählungen bedeutet diese Feststellung jedoch, den Schritt von der idealen, moralischen, zeitbedingten Ebene wieder zurück in Richtung auf den psychischen, überzeitlichen, archetypischen Ursprung zu tun, dem die Bilder der Sagen und Legenden nebst ihren immanenten Wahrheiten entstammen. Im Grunde ist die Auslegung der Sagen und Legenden erst abgeschlossen, wenn sich zeigt, daß man nicht im Sinne eines fernen Ichideals wie Samson oder der hl. Georg sein *sollte* oder gar sein muß, sondern daß diese Gestalten Momente auch eigener Erfahrung reflektieren und Teile der eigenen Psyche in sich verkörpern. Als Möglichkeiten des Ichs, nicht als Zwänge des Überichs sind die Legenden und die Sagen wahr, und so muß man sie auslegen trotz des jederzeit möglichen Mißbrauchs ihrer Nutzanwendung im Laufe der Geschichte. Und zudem muß man den Glauben mitbringen, daß es die menschliche Geschichte, repräsentiert in ärmlichen Gestalten, trotz allem verdient, mit verklärten Augen gesehen zu werden, wenn man ihre tiefere Würde entdecken will[89].

[89] Natürlich kann man die menschliche Geschichte auch sehen wie ÖDÖN VON HORVÁTH, als «Geschichten aus dem Wiener Wald» (1931), – als Sammelsurium von Verlogenheiten, Dummheiten und Gemeinheiten, als traurige Verkettung nicht endender Geilheiten, scheinheiliger Allüren und moralisierender Rechthabereien. Aber wem hilft eine solche Weltsicht? Und vor allem: wer kann mit ihr leben? Die Verklärung des menschlichen Lebens in den Sagen und Legenden ist u.a. auch eine Mahnung, selbst in den Deformationen und Perversionen des Menschlichen eher ein scheiterndes Suchen als einen Ausfluß angeborener Bosheit zu sehen. FRANZ WERFELS Gedicht: Was ein jeder sogleich nachsprechen soll, in: Das lyrische Werk, Frankfurt 1967, 276–277, gibt diese andere Einstellung wieder, wenn er sagt: «Niemals wieder will ich / Eines Menschen Antlitz verlachen. / Niemals wieder will ich / Eines Menschen Wesen richten. // Wohl gibt es Kannibalen-Stirnen. / Wohl gibt es Kuppler-Augen. / Wohl gibt es Vielfraß-Lippen. // Aber plötzlich / Aus der dumpfen Rede / Des leichthin Gerichteten, / Aus einem hilflosen Schulterzucken / Wehte mir zarter Lindenduft / Unserer fernen seligen Heimat, / Und ich bereute gerissenes Urteil. // Noch im schlam-

a) Die Legenden und Sagen der «Unfertigen» oder: die Notwendigkeit einfühlenden Verstehens

Bislang haben wir die Sagen und Legenden in der Form besprochen, die ihnen als idealtypischen Erzählungen zukommt: es agieren in ihnen «fertige» Helden und «fertige» Heilige, die sich prinzipiell allen Widerfahrnissen des Lebens gegenüber gewachsen zeigen, mag da geschehen, was wolle. Solche Gestalten handeln nicht als Personen, sondern sie personifizieren bestimmte Idealvorstellungen, und so kommt es, daß man sich wohl für ihre Taten bzw. ihr Verhalten interessieren kann und soll, nicht aber für ihre Gefühle. Die Frage, was es subjektiv kostet, ein Held oder ein Heiliger zu sein, kommt den Sagen und Legenden so gut wie nie. Ihre Akteure sind ideale Maskenträger, und es käme geradezu einem Sakrileg gleich, das Außerordentliche in der (Un-)Person des Helden oder Heiligen mit psychoanalytischer Neugier wieder auf das durchschnittliche Menschenmaß herabzuziehen. M.a.W.: die psychische Wahrheit der Sagen und Legenden ist einzig in dem Symbolgehalt ihrer Handlungen, nicht aber in der psychologischen Glaubwürdigkeit ihrer Einzelgestalten gelegen. Wollte jemand ernstlich so zu leben versuchen, wie es der idealisierten Gestalt etwa des hl. Aloisius und des hl. Franziskus entspricht, so müßte alsbald ein exquisit depressiv-zwangsneurotisches Charakterbild entstehen: Menschen dieses Typs tun vorbehaltlos ihre Pflicht, aber sie werden sich jeder Frage verweigern, was für Gefühle, Empfindungen und Motive sie dabei leiten, d.h. sie selber tun stets alles, um ihre eigenen Gefühle erst gar nicht zu bemerken, und die einzigen Motive, die sie sich selber glauben und die sie andere glauben machen wollen, bestehen in der Treue zum Notwendigen bzw. im Willen zum Heiligen.

Es ist in den Sagen dementsprechend gewiß möglich, daß *der Held* furchtbaren Schmerzen und Qualen ausgesetzt wird; aber geschildert wird nicht, wie er sie durchleidet, sondern wie er sie überwindet und seine Größe daran bewährt; es

migsten Antlitz / Harret das Gott-Licht seiner Entfaltung. / Die gierigen Herzen greifen nach Kot – / Aber in jedem / Geborenen Menschen / Ist mir die Heimkunft des Heilands verheißen.» Diese Haltung findet sich am ehesten in der *Legende*. – Was die *Sage* angeht, meinte F. PANZER: Märchen, Sage und Dichtung, der (37) die häufige Herkunft der Sage aus dem Märchen betonte: «Schätzbar ist die Vergangenheit... allein durch den Enthusiasmus, den sie erregt, durch die gefühlsmäßigen Antriebe, die sie liefert, durch ihre Bedeutung für gegenwärtiges und zukünftiges Tun, das dem großen vergangenen möglichst ähnlich zu sehen wünscht. Die Art, wie diese Zeit sich zur Geschichte stellte, ließe sich, wenn wir von einer Einteilung NIETZSCHES Gebrauch machen dürfen, annähernd wohl als monumentalische Geschichtsbetrachtung bezeichnen» (48). Bedauernd fügte F. PANZER hinzu: «Ich dürfte also... sagen, daß jenen Zeiten die Geschichte eben darum zur Sage wurde, weil sie nur mit den Augen der monumentalischen Historie sie betrachten, wo wir als Antiquare und Historiker zusehend der Sagenbildung unfähig geworden sind. Eben darum aber ist die Geschichte auch nicht mehr der gegebene Vorwurf für unsere Künstler, unsere Dichter» (51).

kann sein, daß *ein Heiliger* mit allen Versuchungen des heiligen Antonius zu kämpfen hat, aber das Thema der Legende ist idealistisch, nicht psychologisch: nicht die seelische Reaktion, die menschliche Versuchbarkeit, die Infektion und Inkubationszeit des versucherischen Virus wird geschildert, sondern die nach außen gerichtete Standhaftigkeit des Heiligen, – G. FLAUBERTS psychologisches Drama von der Gestalt des *«Heiligen Antonius»*[90] ist in diesem Sinne eine bewußte Antilegende. Eine psychologische Interpretation der Sagen und Legenden, die sich über die Handlung hinaus noch für die subjektiven Gefühle der Akteure interessieren wollte, wäre mithin an sich nicht weniger unangemessen als die historisierende Auflösung des Wahrheitsgehaltes der Sagen und Legenden. Die Helden und die Heiligen sind sozusagen zu «fertig», um noch menschliche Gefühle und Empfindungen zu kennen, die als Gegenstand einer psychologischen Interpretation in Frage kämen.

Gleichwohl gibt es nicht nur den Typos des fertigen Helden oder Heiligen in den Sagen und Legenden, vielmehr *bricht sich* die ideale Welt des Heroischen oder Heiligen in den Sagen und Legenden an der Wirklichkeit der Geschichte: neben dem Heiligen steht, im Kontrast, der Sünder, neben dem Helden erscheint der Schwächling und Versager. Diese *Brechung an der Wirklichkeit* ist für die psychologische Interpretation der *Sagen* freilich insofern von geringerer Bedeutung, als dort die «Unheldischen» entweder als Widersacher ausgerottet werden oder aber vom Helden gerettet werden – es gibt hier weder eine Läuterung noch eine innerlich reflektierte Entwicklung. Anders jedoch in den *Legenden.*

Indem die Legende zeigt, wie der Heilige oder das Heilige (im Ritus oder Kult) in die Geschichte eingeht und dort sich selbst in einer verklärten Gestalt, in einem reinen An-sich-Sein, verobjektiviert, kann an dieser Berührungsstelle von Heiligem und Profanem, die das Legendäre bestimmt, durchaus noch eine andere Blickrichtung eingenommen werden, in der nicht der Heilige, sondern der (noch) Unheilige im Mittelpunkt der Erzählung steht.

Diesen Typ von Erzählungen, die nicht so sehr den fertigen als vielmehr den unfertigen Menschen in den Mittelpunkt rücken, bezeichnen wir am besten mit einem eigenen Namen als «die Legenden der Unfertigen». Es handelt sich um Geschichten, zu denen die Legenden gehören, weil auch sie erzählen, wie Menschen in den Bereich des Heils eintreten, aber sie sind dennoch keine eigentlichen Heiligenlegenden, weil in ihnen eben nicht der vollendete, sondern der unvollkommene Mensch den Hauptplatz einnimmt; ihr Thema ist eigentlich nicht, wie der Heilige zu den Sündern, sondern wie die Sünder zu dem

[90] G. FLAUBERT: La Tentation de saint Antoine (1874), dt.: Die Versuchung des heiligen Antonius, 1979.

Heiligen hinfinden, und damit stellen sich diese Erzählungen selber eine eminent psychologische Aufgabe.
Für diese «Legenden der Unfertigen» müssen, wie man sofort ersehen kann, eigene Gesetze der Auslegung gelten.
Das Problem ihrer Interpretation nämlich ist näherhin dies: Der Unheilige steht ganz und gar im Raum dieser Welt, er ist ganz und gar ein Kind der Geschichte; seine Gestalt, sein Porträt kann daher an sich nichts Überzeitliches und Archetypisches an sich tragen; und dennoch wollen die Legenden auch die Gestalt etwa der Sünderin, die zu Christus kommt (Lk 7,36–50), oder des Petrus, der über seinen Verrat weint (Mk 14,66–72), oder der Maria und Martha, die der Herr besucht (Lk 10,38–42), als Personen schildern, in denen sich menschliches Schicksal auf grundsätzliche, typische Weise widerspiegelt. Es ist daher jetzt erneut die Frage, die uns in all diesen Untersuchungen Stufe für Stufe begleitet hat, wie es möglich ist, daß etwas Einmaliges zum Spiegel des Immerwiederkehrenden wird. Endgültig aber müssen wir an dieser Stelle von der bisherigen Antwort Abschied nehmen, dies sei möglich, weil es im Menschen bestimmte vorgegebene Bilder, Typen der Anschauung gebe, in denen geschichtliche Szenen oder – besser – szenische Geschichten in ihrem symbolischen, typischen Gehalt zu allen Zeiten und Orten gleichförmig apperzipiert werden könnten. Denn dies gilt jetzt nur noch zur Hälfte.
Wohl steht die Legende, wie wir gesehen haben, noch mit einem Fuß, als Kult- und Heiligenlegende, in dem Raum archetypischer Gestaltung, aber mit dem anderen Fuß, als Legende der Unfertigen, steht sie bereits im Historischen, Zufälligen und Einmaligen, und das Problem lautet jetzt, wie auch dieses an sich historisch Einmalige bei seiner Begegnung mit dem Heiligen in (oder trotz) seiner Einzigartigkeit eine überzeitliche Bedeutung erlangen kann.
Die Legenden werden ja nicht erzählt, um zu sagen, was z. B. mit Petrus *war,* als er den Herrn verriet; sie wollen sagen, daß der Hörer oder Leser, wenn er mit seiner Schuld, wie Petrus, den Herrn verraten hat, in gleicher Weise trauern soll wie dieser, daß er selbst, wie die Sünderin, mit seiner Schuld zu Christus kommen kann und soll, daß er selbst unruhig im Schlafe sein soll über das Leiden Christi wie die Frau des Pilatus (Mt 27,19)[91] usf. Aber was verbindet

[91] Auch dies liegt übrigens als eine nirgendwo bisher gewürdigte Wahrheit in der Episode von der Frau des Pilatus enthalten: daß man zunächst die Botschaft der Träume töten muß, ehe man Christus zu töten fähig ist, – männliche «Logik» steht gegen weibliche Einsicht, und es ist scheinbar immer der wahnsinnige Anteil des männlichen Verstandes, der sich im Menschen und in der menschlichen Geschichte so erfolgreich durchsetzt. Vgl. z. T. die dichterische Nachgestaltung der Szene bei G. von le Fort: Die Frau des Pilatus, in: Die Erzählungen, 452–489, die darin den Konflikt von Macht und Barmherzigkeit dargestellt sieht.

Menschen ganz verschiedener Zeiten und Zonen mit diesen Gestalten antiker Überlieferung? Was erlaubt es, ja was verpflichtet von der Aussageabsicht der Legenden selber her, sich an die Stelle längst vergangener Personen zu begeben und sich mit ihnen identisch zu setzen?

Diese Frage ist jetzt noch einmal ganz neu zu stellen, denn sie ist durch die bisherigen Darlegungen an sich durchaus noch nicht beantwortet. Gleichwohl sind wir jetzt auch nicht mehr gänzlich unvorbereitet für eine Antwort.

Zunächst nämlich gestatten die Einsichten in die Eigenart tiefenpsychologischer Interpretationen in gewissen Grenzbereichen auch noch bei manchen Legenden der Nicht-Heiligen eine Auslegung, die das historische Material als archetypische Konfiguration deutet.

Die Legende von Maria und Martha (Lk 10,38–42) z.B. kann zeigen, wie eine bestimmte Szene über ihren historischen Anlaß hinaus in ein archetypisches Deutungsschema, in diesem Falle in das schon mehrfach erwähnte Schema der verfeindeten oder unterschiedlichen Geschwister (s.o. S. 175), eintritt. Vor dem Hintergrund der typischen psychologischen Problematik einer Spaltung in zwei Seelenteile, verkörpert in einem Geschwisterpaar, erscheinen Maria und Martha in subjektaler Deutung als Repräsentanten von Kräften und Einstellungen der menschlichen Psyche, die einander ausschließen und doch zusammengehören; ihr Auftreten ist demnach, nicht anders als das Motiv der verfeindeten Geschwister in zahlreichen Märchen und Mythen, von der Gegensatzspannung selber her – als Verkörperungen der Introversion und der Extraversion – zu deuten. Erst so versteht man, daß «Maria» und «Martha» in einem jeden Menschen leben und in ihrer Gestalt einen Widerspruch ausdrükken, der auch für die religiöse Einstellung entscheidend ist.

Auch das anscheinend historisch-zufällige Material vieler Legenden kann also u.U. immer noch als Träger einer archetypischen Symbolfigur verstanden werden. Dennoch bleibt es dabei: die Berechtigung der symbolistischen Interpretationsweise endet an der Grenze, an der die Heiligen- und Kultlegende in die Legende der Unheiligen, der erlösungsbedürftigen, irdischen, ganz und gar in die Geschichte verstrickten Menschen übergeht. Wie können diese rein historisch gezeichneten (wenngleich natürlich damit noch nicht als historisch erwiesenen) Gestalten der Legende eine überzeitliche Problematik und Antwort in sich schließen? *Das* ist jetzt die Frage.

Zur Klärung dieses nunmehr entscheidenden Problems müssen wir uns noch einmal vergegenwärtigen, daß die Legende als ihr wesentliches formales Kriterium den Charakter der *Erbaulichkeit* besitzt. Die Legenden aller Religionen möchten das religiöse *Gefühl* ansprechen und zum Heiligen hin erheben. Ihre Auslegung verlangt also *wesentlich*, daß man die *Gefühle* herausarbeitet, die in

den Worten und Handlungen, in der Porträtierung und im Auftreten der einzelnen Personen in der jeweiligen Erzählung sichtbar werden.
Schon vorhin sagten wir, daß die Gefühle, die eine Legende in sich, im Arrangement ihrer Stoffe, in ihrer Handlung beim Hörer auslöst, in der Interpretation mitberücksichtigt werden müssen, um Aufschluß über den Gebrauch zu erhalten, der in den Legenden einer bestimmten Zeit von den immer wiederkehrenden Motiven der Religionen der Völker gemacht wird. Jetzt aber, bei der Auslegung der Legenden der Unfertigen, haben wir es zum erstenmal mit «einfachen Menschen» zu tun. Die Ebene der Untersuchung ist jetzt nicht mehr die des archetypischen Materials, auch nicht mehr die einer typisierten Handlungsabfolge; was jetzt interessieren muß, ist das unmittelbare Erleben der Hauptakteure selbst.
Nicht eine tiefenpsychologische Analyse der auftretenden Motive und ihrer Verarbeitungsweise, sondern eine «einfache» psychologische Einfühlung in das Fühlen und Empfinden der handelnden Personen ist also vorrangig erfordert. Wenn es bei den Legenden der «Unfertigen» innerhalb des historisch Einmaligen etwas überzeitlich Gültiges geben soll, so muß es in der überzeitlichen Übereinstimmung der Gefühle bei den handelnden Personen damals und beim Leser heute liegen. Nicht was geschah, sondern was man fühlte, als es geschah, muß die Basis einer möglichen interpretativen Aneignung über die Jahrtausende hinweg abgeben. Andernfalls wäre uns Heutigen vermutlich der Begriff des Heiligen selber bereits absurd, ein «Anachronismus verschollenen Mittelalters», wie St. Zweig meinte. Allerdings fügte gerade St. Zweig sehr treffend hinzu: «... nur die Embleme und die kultische Umschalung eines jeden seelischen Typs unterliegen der Vergängnis; jeder Typus selbst kehrt folgerichtig und zwanghaft immer wieder zurück in jenem unabsehbaren Spiel der Analogien, das wir Geschichte nennen. Immer und in jeder Epoche werden Menschen ein heiliges Dasein versuchen müssen, weil das religiöse Gefühl der Menschheit diese höchste Seelenform immer wieder neu benötigt und erschafft... nur tut es uns nicht mehr not, diese Wunderbaren und Seltenen als göttlich Unfehlbare und irdisch Unanfechtbare zu betrachten, sondern im Gegenteil: wir lieben diese großartigen Versucher, diese gefährlich Versuchten gerade in ihren Krisen und Kämpfen und am tiefsten nicht trotz, sondern eben in ihrer Fehlbarkeit. Denn unser Geschlecht will seine Heiligen nicht mehr als Gottgesandte eines überirdischen Jenseits verehren, sondern gerade als die allerirdischsten unter den Menschen.»[92] Eben darin haben die «Legenden der Unfertigen» ihre gewissermaßen «moderne» Aktualität, wenn

[92] St. Zweig: Drei Dichter ihres Lebens, 226–227.

man sie tief genug erfühlt und die rein menschlichen Gefühlsbedeutungen analysiert.

Die Interpretationsregel und -anweisung der Einfühlung, auf die wir mithin anläßlich der Legenden jetzt zum erstenmal *in einer gewissen Ausschließlichkeit stoßen,* gilt an sich, wenngleich in unterschiedlicher Weise, natürlich für *alle* erzählenden Texte. Bereits schon für die Mythen, Märchen und Träume galt, daß über die bisher genannten speziellen Regeln zur Interpretation archetypischer Erzählungen hinaus stets die Beobachtung der Gefühle der handelnden Personen selbst von größter Bedeutung ist (s. o. S. 202); an sich lernen wir also jetzt nichts grundsätzlich Neues; nur treffen wir bei den «Legenden der Unfertigen» zum erstenmal auf Erzählungen, die sich überhaupt nur verstehen lassen, wenn man sich entscheidend um das Verständnis der Gefühle der handelnden Personen selbst bemüht.

Der Mythos der Sündenfallerzählung in Gen 3,1–7 z. B. enthält das weltweit verbreitete *archetypische* Motiv der Frau mit der Schlange[93], das als solches bereits eine mehrdimensionale, tiefenpsychologische, religionsgeschichtliche und philosophische Deutung notwendig macht[94]. Gleichwohl versteht man den vollen Gehalt dieses Symbols erst, wenn man nach den *Gefühlen* fragt, die sich im Gespräch mit der Schlange bei der Frau einstellen; zugleich muß man die Motive analysieren, aus denen heraus die «List» in den Einflüsterungen der Schlange ihre Gefährlichkeit erhält. Man merkt dann sehr bald, daß die «Versuchungsgeschichte» in Gen 3,1–7 zentral als eine Geschichte der menschlichen Angst zu verstehen ist[95]. Dieser psychologische Befund wird nicht eingeschränkt oder widerlegt, sondern vielmehr bestätigt, wenn die Tiefenpsychologie ihrerseits zeigt, daß die Schlange als (Sexual-)Symbol das Unbewußte der menschlichen Psyche verkörpert, das gerade in seiner triebhaften Unbewußtheit den Eindruck von Angst und Gefahr verbereitet.

Wie bei dem Traum einer Nacht nicht nur die Symbolsprache selbst, sondern vor allem auch die begleitenden Gefühle und Erlebnisse des Patienten zur Deutung herangezogen werden müssen, so kann demnach auch die Interpretation der Mythen und Märchen auf eine genaue Betrachtung der jeweiligen Gefühlszustände der handelnden Personen nicht verzichten. Desgleichen werden wir noch später, im 2. Band der vorliegenden Arbeit, sehen, wie unentbehrlich

[93] C. G. JUNG: Über die Archetypen des kollektiven Unbewußten, IX 1, 36; E. NEUMANN: Die Große Mutter, 143; 145; 166–169; Tafel 56: die kretische Schlangengöttin.

[94] Vgl. E. DREWERMANN: Strukturen des Bösen, 2. Aufl., S. LXXIV–LXXVI; II, 69–152; DERS.: Von der Ergänzungsbedürftigkeit der historisch-kritischen Exegese am Beispiel der Schlangensymbolik von Gn 3,1–7, in: Bibel und Kirche 3/1983, 91–105.

[95] E. DREWERMANN: Strukturen des Bösen, I 54–68.

die Regel der interpretativen Einfühlung auch bei der Auslegung der «Novellen» und «Paradigmen» werden wird. Jetzt aber, bei der Auseinandersetzung mit den «Legenden der Unfertigen», ergibt sich die Notwendigkeit und Gelegenheit, die Regel der Einfühlung erstmals als ein eigentliches und hauptsächliches Interpretationsmittel in reiner Form kennenzulernen und entsprechend zu würdigen. Die *archetypischen Erzählungen* lassen sich bereits durch die Regeln der Symboldeutung weitgehend verstehen, und die Analyse der Gefühle der Hauptpersonen in den Erzählungen tritt dort lediglich sekundär als ein freilich sehr wichtiges Hilfsmittel der Interpretation hinzu; jetzt aber geht es *vorrangig* um die Gefühle der Akteure der jeweiligen Erzählung, und wir müssen daher an dieser Stelle die Methodik der Einfühlung psychologisch gesondert und ausführlich erläutern.

Daß wir überhaupt zu der Interpretationsweise der Einfühlung so viele Worte machen müssen, liegt an der eigentümlichen Tatsache, daß sogar ein so einfaches und eigentlich selbstverständliches Auslegungsmittel in der zeitgenössischen Exegese hat in Mißkredit, ja in Vergessenheit geraten können. Gegen die bisher vorgeschlagenen Verfahren der tiefenpsychologischen Interpretation können Exegeten historisch-kritischer Provenienz, die sich die psychologischen Auslegungsverfahren vom Halse halten wollen, immerhin einwenden, daß sie in diesen Bereichen selbst nicht kompetent seien; aber bei der Methode, die wir jetzt erörtern, ist ein jeder kompetent, der sein Gefühl und Empfinden nicht gänzlich abgetötet hat. Statt sich vom Staub der Historie und der Langeweile der zeitlichen Entfernung von dem Berichteten in seinem Verständnis von vornherein abschrecken zu lassen, muß der Hörer religiöser Legenden, im Gegensatz zu allen historisierenden Vermittlungsvorschlägen, gerade den unmittelbaren Zugang seines eigenen Gefühls zum Verständnis wählen, um sich in die handelnden Personen der Erzählung hineinzuversetzen, und er muß zu diesem Zweck sich ständig die Frage vorlegen, was denn in ihm selber beim Hören der betreffenden Erzählungen ins Schwingen kommt, wie er sich selbst fühlt, wenn er sich an die Stelle der handelnden Personen versetzt, was in ihm vor sich geht, wenn er sich so verhält wie die Akteure der Erzählung, usw. Ganz entgegen der historisch-kritischen Forderung der Objektivität muß er mithin gerade in seiner eigenen Subjektivität sich mit den handelnden Personen *identifizieren.* Nur so folgt er der eigentlichen Tendenz und Aussageabsicht der Legende, die gerade das Gefühl des jetzigen Hörers durch ihre Gestalten erschüttern und beeindrucken möchte.

Die historisch-kritische Methode steht hier wie allerorten im Grunde mit sich selbst in Widerspruch. Formal stellt sie zwar vollkommen korrekt die «Erbaulichkeit» des Legendenstils fest, aber sie spaltet die Form vom Inhalt ab und gibt sich selbst als ein Verfahren des «Ungehorsams» zu erkennen, wenn sie, der ganzen Aussagerichtung der Legende zuwider, nicht zeigt, wie ein zeitgenössischer Leser von der jeweiligen Erzählung sich selbst betreffen lassen kann, sondern wenn sie die «Erbaulichkeit» der Legende als leeres Stil- oder Propagandamittel in einer fern zurückliegenden Zeit analysiert. Was Wunder dann, daß entsprechend einer solchen Methode – man muß schon sagen: der Verstehensverweigerung – die Legende nur noch als ein bloßes Rührstück zweifelhaften historischen Inhaltes betrachtet wird, das womöglich der «eigentlichen» Religiosität der «Verkündigung» geradezu im Wege stehe (s.o. S.86)? Setzt man indessen voraus, daß man eine Erzählung vom Rang einer Legende nur verstehen kann, wenn man ihrer inneren Bewegung folgt und sie also in sich selber *gefühlsmäßig* nachvollzieht, so gibt es keinen Zweifel, daß gerade die Methode der interpretativen Einfühlung in den Text die rechte Art und Weise darstellt, um sich der «Erbaulichkeit» legendärer (und anderer) Texte verständnisvoll zu nähern.

Wenn wir bisher der historisch-kritischen Methode vorgeworfen haben, daß sie die symbolischen, archetypischen Inhalte zahlreicher mythenhafter oder mythennaher Erzählungen in (und außerhalb) der Bibel nicht in ihrem *objektiven* Inhalt zu würdigen verstehe, so müssen wir also jetzt zum erstenmal feststellen, daß sie außerhalb der mythenähnlichen Erzählungen darin weit in die Irre geht, daß sie den Faktor des *subjektiven* Erlebens so weit als irgend möglich auszuklammern sucht. In Wahrheit ist es offenbar gerade der Faktor der Subjektivität, der auch außerhalb der Archetypik einer Szene die objektive, ewige Bedeutung einer *historischen* Gestalt in ihrer Einmaligkeit für alle Zeiten und Orte *verbindlich* machen kann, wie es die Tendenz der *Erbaulichkeit* verlangt und will. «Jedes vollkommene Gefühl», meinte sehr richtig an anderer Stelle ST. ZWEIG über die Ewigkeitsbedeutung starker Gefühlsintensitäten, «vermag produktiv zu werden. Schamlosigkeit ebenso wie Scham, Charakterlosigkeit wie Charakter, Bosheit wie Güte, Moral wie Unmoral; entscheidend für die Verewigung wird niemals die Seelenform, sondern die Fülle eines Menschen. Nur Intensität verewigt, und je stärker, vitaler, einheitlicher und einmaliger ein Mensch lebt, um so vollkommener bringt er sich zur Erscheinung.»[96] In diesem Sinne ist die Bibel, besonders das Alte Testament, schon in rein psychologischem Sinne ein Buch voll *ewiger* Geschichten; nur muß man das Verbindende dort suchen, wo es liegt: nicht in den Gedanken, sondern den Gefühlen, nicht in den Handlungen, sondern den Motiven, nicht in den Bewertungen, sondern den Antrieben.

[96] ST. ZWEIG: Drei Dichter ihres Lebens, 79.

Freilich ist der Boden des Verbindlichen auf der Ebene einer angenommenen Gleichheit der Gefühle inzwischen ungleich dünner und oberflächlicher geworden als in den vorwiegend archetypischen Erzählungen, mit denen wir uns bislang beschäftigt haben. Gefragt, wie Begebenheiten der Vergangenheit eine Bedeutung für *alle* Zeit, also eine innere Notwendigkeit und Gültigkeit für jedermann besitzen könnten, haben wir bei den archetypischen Erzählungen antworten können, dies sei möglich, wenn und weil bestimmte Szenen in sich selbst als *typisch* für die menschliche Natur gelten könnten; dabei war logisch vorauszusetzen und psychologisch nachzuweisen, daß es in der menschlichen Psyche bestimmte szenische Typen des Vorstellens gibt, die zu allen Zeiten und an allen Orten die gleichen sind und das Material gegebener Erzählungen als symbolischen Ausdruck des gleichbleibenden menschlichen Wesens aufnehmen und deuten. Die überzeitliche, ewig gültige Bedeutung einer bestimmten Szene hing bisher daran, daß sie, obwohl unter zeitlich einmaligen Bedingungen geformt, zum Stichwort für das Auftreten von objektiv vorgegebenen archetypischen Erlebnisinhalten wird, die zu allen Zeiten und Zonen die gleichen sind.

Den Bereich einer solchen archetypischen Symboldeutung aber haben wir jetzt endgültig verlassen. Die Gestalten, mit denen wir es in zahlreichen «Legenden der Unfertigen» zu tun haben, sind in ihrer äußeren Realität nur noch sehr selten durch Typologie und Symbolik nach innen zu ziehen; und doch führt zu ihnen die zu allen Zeiten gleichbleibende Brücke des menschlichen Gefühls; nicht in ihren Handlungen, wohl aber in den Gefühlen ihrer Akteure besitzen Geschichten dieser Art eine überzeitliche Bedeutung und ein zeitloses Interesse. Allerdings ist die Welt der Gefühle nicht so stark und tief wie die Welt der archetypischen Bildinhalte und Symbole, dafür aber ist sie weniger starr und in gewissem Sinne lebendiger, weil weniger stereotyp.

Die Unterschiede zwischen beiden Bereichen sind unübersehbar:

– die Welt der Archetypen ist objektiv vorgegeben – die Gefühle aber sind subjektiv;

– die archetypische Symbolik gehört dem Unbewußten, Kollektiven zu – die Gefühle hingegen gehören dem individuellen Ich zu;

– die archetypischen Erzählungen sind letztlich verbindlich wie ein Ritus, ein Sakrament – die Gefühle hingegen sind verbindlich nur in der jederzeit möglichen, aber im Einzelfall nicht notwendigen emotionalen Koinzidenz.

Gerade dieser letzte Differenzpunkt ist dabei der eigentlich entscheidende. Während die archetypischen Erzählungen, die großen Menschheitsträume, aufgrund des kollektiven Materials *jeden* Menschen in ihre Geltung einbeziehen, ist dies bei den «Legenden der Unfertigen» gerade nicht mehr der Fall.

Ihre Gestalten sind nicht mehr Symbole *des* menschlichen Lebens, sondern es handelt sich bei ihnen um Personen, die eine *bestimmte Individualität,* einen *bestimmten Charakter* besitzen, und dieser kann mit dem Wesen eines einzelnen Menschen, mit dem Charakter eines heutigen Lesers, mehr oder minder übereinstimmen – oder auch nicht. Während die archetypischen Erzählungen generell zu jedem Menschen reden, der sich ihnen öffnet, reden die Gestalten der Legenden mithin nur zu den Menschen, die in ihren Gefühlen mit ihnen verwandt sind bzw. zu ihnen in einem spannungsreichen Widerspruch stehen.
Um diesen Unterschied zwischen einer vorwiegend archetypischen und einer vorwiegend emotionalen Bedeutsamkeit der Legende an einem Beispiel zu verdeutlichen: in der bereits erwähnten Kult-Legende von der *Fußwaschung* in Joh 13,1–11 wird in Form einer Gleichnishandlung den Jüngern ein Zeichen gegeben, das nicht nur in moralischem Sinne (Joh 13,12–17) als Vorbild dienen soll, sondern das in seiner archetypischen Symbolik (Wasser, Waschung, Reinigung) durch sich selbst die reinigende Kraft eines Rituals besitzt (vgl. Joh 13,8); in der Urkirche wurde es deshalb auch zum Teil als Sakrament verstanden (s.o. S. 319)[97]. Ganz anders verhält es sich z. B. in der *Legende von der Sünderin,* die in Lk 7,36–50 Jesus die Füße salbt. Wohl ist auch hier das Zeichen selbst ein Ausdrucksmittel, das einer symbolischen, quasi sakramentalen Anreicherung fähig ist, wie bereits die Parallele in Mk 14,3–9 zeigt; aber innerhalb der Legende von der Sünderin ist die *Fußsalbung* ein rein privates Ausdrucksmittel der Zuneigung und Zärtlichkeit der Frau zu Jesus, das zudem gewiß nur einen schwachen Ersatz für die ursprünglich beabsichtigte Salbung des Hauptes Jesu darstellt. Es ist ein Zeichen, das nichts Archetypisches oder Wesenhaftes bedeutet, sondern nur in dieser einen Szene eine in sich unwiederholbare und einmalige Bedeutung besitzt. Zwar ist in psychoanalytischer Entsymbolisierung die Salbung «der Füße» ebenso wie die zerbrochene «Flasche» gewiß als ein koitales Symbol zu verstehen[98], aber mit einer solchen Erklärung würde man nicht besser verstehen, was man ohnedies von der Geschichte selber her schon weiß: daß die Frau Jesus sehr liebhaben muß. Der

[97] So AMBROSIUS: Über die Mysterien, VI 32; J. E. Niederhuber (Übers.): Ambrosius, III 289; vgl. J. BRINKTRINE: Die Lehre von den heiligen Sakramenten der katholischen Kirche, I 53–54. – Freilich ist auch der Stoff der Kult- und Personallegende fließend: die Kultlegende des Purimfestes z. B. ist eine reine Personallegende der Königin Esther, und diese folgt gänzlich dem ödipalen Archetyp der sich der Vaterambivalenz opfernden Tochter. Eine großartige dichterische Adaption dieses Stoffes findet sich bei L. FEUCHTWANGER: Die Jüdin von Toledo, 253–257. – Um die Esther-Gestalt zu verstehen, muß man Frauengestalten vor Augen haben, die zu allen Zeiten Bewunderung und Liebe finden werden: in ihrem Stolz und ihrer Angst, ihrer Traurigkeit und ihrer Schönheit, ihrer Zähigkeit und Selbstbeherrschung, ihrer Preisgegebenheit und inneren Schamhaftigkeit, in ihrer Größe und in ihrer Armut.

[98] Zum Symbol der «Füße» vgl. S. FREUD: Das Unbewußte, X 299.

Vorgang selbst, den die Legende schildert, ist durchaus von sich her auf keinen anderen Menschen übertragbar und, ob historisch oder nicht, ganz und gar individuell und gewissermaßen rein privat. Gleichwohl hat die Legende recht, wenn sie die Begegnung Jesu mit der Sünderin in Mk 14,3–9 als etwas für alle Zeit «Erbauliches» hinstellt. Sie kann das, weil sie *Gefühle* schildert, die über den einmaligen Anlaß hinaus auf die verschiedensten Lebenssituationen übertragbar sind. Diese Gefühle findet man freilich nicht direkt mitgeteilt, aber sie sind doch im Verhalten der Frau angedeutet: wie sie zu Christus kommt, wie sie von hinten an ihn herantritt, ihm zu Füßen fällt, in Tränen ausbricht, ihre Haare löst, um seine Füße damit zu trocknen, usw., – man muß sich nur möglichst intensiv in all diese Einzelheiten hineinversetzen, um zu spüren, welche Saiten in einem selbst dabei ins Schwingen kommen, an welchen Stellen man selbst so empfindet, ja selbst so *ist* wie diese Frau, und schon verschwindet der Abstand der Zeit, und man tritt selbst an die Stelle, wo die Frau vor 2000 Jahren stand – und auf einmal sind es die eigenen Sünden und ihre verzweifelte Traurigkeit, um deren Vergebung es geht. Wir werden die Gefühlsbedeutungen der einzelnen Elemente in der Erzählung von der Sünderin noch ausführlicher betrachten (s. u. S. 452–454).

Gerade diese Identifikation der Gefühle des Lesers mit den Gefühlen der handelnden Personen in der Erzählung ist es offensichtlich, die sich die Legende zum Ziel gesetzt hat, wenn sie «erbaulich» ist. Sie möchte und verlangt, daß sich der Hörer mit seinen eigenen Gefühlen in die Lage der Akteure hineinversetzt und somit ihr Schicksal auf dem Weg zum Heil zu seinem eigenen macht. Die *Heiligen- und Kultlegenden* richten vor dem Leser ein Ideal auf, dem er nachfolgen soll; die *«Legenden der Unfertigen»* aber möchten, daß der Hörer sich selbst im Spiegel der fremden unfertigen Gestalt in seinem eigenen Suchen und in seiner eigenen Unvollkommenheit wiedererkennt. Indem er sich selbst mit den Menschen von einst identifiziert, wird er selbst in ein Heil einbezogen, an das er selbst von sich her so wenig hätte glauben können wie die Sünderin damals im Angesicht der Pharisäer. Und umgekehrt: indem die Legenden zeigen, welche Menschen damals zu Christus, zu Buddha oder zu dem heiligen Franziskus *kamen,* möchten sie sagen, welche Menschen auch heute noch zu dem Heiligen ihre Zuflucht nehmen können (und sollen).

Ganz und gar ist es deshalb ein Mißverständnis, wenn man von der absurden und sogar gegen die eigene Erkenntnis von der «Erbaulichkeit» der Legenden gerichteten Voraussetzung ausgeht, die Legenden wollten irgendeine religiöse Neugier an der Vergangenheit durch phantastische Überlieferungen befriedigen. Abgesehen davon, daß selbst die Phantasie über das Vergangene bereits keineswegs willkürlich ist, sondern sinnvollen Gesetzen der menschlichen Psyche folgt, so ist das Ziel der Legenden niemals die Vergangenheit, sondern die Gegenwart des Lesers heute. Die Vielzahl der Gestalten, die «Wolke der Zeugen» (Hebr 12,1), mit der sie den Heiligen umkleiden, soll zeigen, auf wie vielen Wegen, mit wie vielerlei Gefühlen, unter wie vielen Konflikten und Schwierigkeiten Menschen auch heute noch dem Heil sich nahen können. Im Unterschied zu Ritus und Sakrament, die in bestimmten Lebenssituationen für *jedermann* gelten, legen die Legenden in ihrer Vielfalt gerade Wert auf ein Vielerlei von Zugangswegen der subjektiven Aneignung. Nicht jede legendäre Erzählung ist die Geschichte eines jeden Menschen; sie tritt ihm nur entgegen *in der Weise einer Einladung oder einer Möglichkeit;* wer jedoch diese Möglichkeit in sich realisiert, für den wird sie zu der bindenden Gültigkeit lebendiger Identität.

Nicht für einen jeden etwa treffen die Gefühle zu, mit denen die Sünderin zu Christus kommt; wer aber entsprechende Gefühle bei sich selber kennt, für den wird diese Legende zu «seiner» eigenen Geschichte, zu *seinem* Zugangsweg zu Christus. Selbst innerhalb des Problemfeldes der Sündenvergebung aber sind dabei in den einzelnen Legenden charakteristische Gefühlsunterschiede festzustellen. So ist die Gestalt der Sünderin etwa grundverschieden von der Person des Petrus, der in scheinbarer Selbstsicherheit Jesus treu zu sein gelobt bis in den Tod und dessen Wesen doch so geartet ist, daß, wer ihn wirklich kennt, mit Sicherheit voraussagen kann, schon wenig später werde ihn wie willenlos die Angst verheeren (Mk 14,66–72). Und wieder anders ist das Problem der Martha und Maria in Lk 10,39–42, usw. – Schon von daher ist die Vielzahl von Legenden, die es in unterschiedlichen Gestalten mit im Grunde gleichen Themenstellungen zu tun haben, wie eine reiche Palette des Angebotes, in dem Verschiedenen das Eigene wiederzuerkennen.

Der entscheidende Brückenschlag von der Vergangenheit in die Gegenwart aber geschieht in jedem Falle allein durch das *Gefühl.* Diese Feststellung ist an dieser Stelle am allerwichtigsten. In den archetypischen Erzählungen waren gerade die Inhalte, die Motive ausschlaggebend, und die Gefühle, die sich mit ihnen verbanden, waren für die Interpretation, wie gesagt, nur wie ein zusätzlicher, wenngleich unentbehrlicher Kommentar; jetzt aber, von den «Legenden der Unfertigen» an und in allen weiteren zu besprechenden Erzählgattungen, stehen die *Gefühle* im Mittelpunkt, und die Handlungen sind nur die an sich austauschbaren Medien ihrer Artikulation und Darstellung. Ganz im Gegensatz zu dem Vorgehen der historisch-kritischen Methode, die sich *bei den Mythen* lediglich für den (sozialen) Gebrauch der Motive interessiert und die Motive selbst darüber vergißt, während sie *bei den Legenden* ausschließlich erforschen will, was an den Inhalten geschichtlich ist – und in beiden Fällen somit

ins Leere greift –, muß man bei den Mythen und Märchen die Stoffe selber analysieren, während man bei den Legenden hinter der Handlungsebene die Gefühlswelt der handelnden Personen erspüren und analysieren muß. Nicht im historischen (oder eben unhistorischen) *Inhalt* der «Legenden der Unfertigen», allein in ihren *Gefühlen* liegt ihre Übertragbarkeit auf Menschen aller Zeiten, ihre bleibende Wahrheit und ihre Gültigkeit.
Wieder also, nur auf einer anderen Ebene, nähert sich die Aufgabe der Interpretation, wie bei den archetypischen Erzählungen, mithin der *Nachdichtung,* wenn darunter nicht ein ästhetisches Spiel, sondern ein existentielles Bemühen um die «Verdichtung» bzw. «Vertiefung» des eigenen Daseins verstanden wird. Das hindert nicht, daß gerade die Legenden immer wieder auch in ästhetischem Sinne zu Vorbildern aller Art von künstlerischer Gestaltung in Malerei, Musik und Dichtung geworden sind.
Wie relativ unwichtig der äußere Inhalt einer Legende gegenüber den Gefühlen ist, die sie mitteilt, läßt sich vielleicht an BERTOLT BRECHTS «Legende von der Entstehung des Buches Taoteking auf dem Weg des Laotse in die Emigration» ein Stück weit verdeutlichen[99]. Scheinbar erzählt BRECHTS Legende ein historisches Ereignis, das als solches zu wissen oder nicht zu wissen im Grunde keinerlei menschliche Bereicherung oder Verarmung darstellen würde. Aber so wie BRECHT die Begebenheit aus dem Leben des chinesischen Weisen erzählt, kommen Gefühle und Einstellungen zum Ausdruck, die auf einen jeden wohltuend und begütigend wirken müssen, der immer fähig ist, sie nachzuempfinden, und gerade so wird die erzählte Geschichte zur Legende: Gefühle der Gelassenheit, des Nicht-Kämpfens, der Ruhe in sich selbst, der Bescheidenheit und Bedürfnislosigkeit, des Nicht-Gelten-Wollens, der Einfachheit und Einfalt des Herzens werden beschworen, und die «Handlung» ist nur als Reflexionsmedium dieser Gefühle von Bedeutung – schließlich weiß man von dem Inhalt des Buches *Taoteking,* dessen historische Entstehung scheinbar erzählt werden soll, am Ende der BRECHTSCHEN Nachdichtung noch gar nichts, und doch hat man in nuce bereits die gesamte Einstellung verstanden, aus der ein so wunderbares Buch wie das *Taoteking* einzig hervorgehen konnte und innerhalb deren allein seine Wahrheit sich aussprechen läßt. Dabei ist es historisch vollkommen gleichgültig, wie das Buch *Taoteking* «wirklich» entstanden ist; absolut wahr und zutreffend ist allein, was das Gefühl als Wirklichkeit vermittelt: nur so, in dieser Geisteshaltung, muß das Buch *Taoteking* entstanden sein, kein Zweifel.
M. a. W.: Die überzeitliche Gültigkeit der Legenden liegt in ihren Gefühlen,

[99] B. BRECHT: Gedichte und Lieder, 137–140.

nicht in ihren Handlungen. Nicht als historische Mitteilungen, sondern als *Dichtungen* sind die Legenden wahr. Darum stellt sich das Problem der Interpretation der Legenden – wie bei den archetypischen Erzählungen sonst – erneut als eine Entgegensetzung der höchsten Objektivität in der Darstellung und der höchsten Subjektivität im Akt des Verstehens dar, nur daß jetzt keine vorgegebene Typologie mehr, sondern nur noch das Allersubjektivste, das am meisten Lyrische: das Gefühl, die Legende und den Leser miteinander verbindet.

Um diese Eigenart der «objektiven» Gefühlswahrheit der Legende zu verstehen, kann man u. U. eine moderne Unterscheidung heranziehen.

In seiner Abhandlung über den «Roman» hat GUY DE MAUPASSANT einmal zwei Formen des Romans, der Dichtung, einander gegenübergestellt, die er als den «analytischen» und den «objektiven» Roman bezeichnete[100]. Macht man sich diese Unterscheidung zu eigen, so kann man die Legende getrost als eine «objektive» Erzählung bezeichnen, und zwar in einem Sinne, der zugleich die Regel ihrer Auslegung angibt. «Die Anhänger der Analyse», schrieb MAUPASSANT, «verlangen, daß der Schriftsteller auf die geringsten geistigen Regungen und die geheimsten Motive eingehe, die unsere Handlungen bestimmen, und dem Ereignis selbst eine ganz sekundäre Rolle zuweise. Dies ist der Endpunkt, einfach ein Grenzstein, der Vorwand zum Roman.»[101] Demgegenüber verlangen die Anhänger der Objektivität nach MAUPASSANT «die exakte Darstellung dessen, was im Leben geschieht, meiden sorgfältig jede umständliche Erklärung, jede Erläuterung der Motive und beschränken sich darauf, Personen und Ereignisse an unseren Augen vorüberziehen zu lassen. Für sie soll das Psychologische im Buch verborgen sein, wie es in Wirklichkeit unter den Ereignissen verborgen ist.»[102] «Statt also die innere Verfassung einer Person lange zu erklären, suchen die objektiven Schriftsteller die Handlung oder die Gebärde, die dieser Mensch in solchem Zustand in einer bestimmten Situation unweigerlich ausführen muß, und sie lassen ihn von Anfang bis Ende des Buches sich so benehmen, daß alle seine Handlungen, alle seine Bewegungen seine innere Natur widerspiegeln, seine Gedanken, sein Wollen oder seine Hemmungen. Das Psychologische wird also verborgen statt ausgebreitet.»[103]

In gerade diesem Sinne sind die «Legenden der Unfertigen» *objektive* Erzählungen, und ihre Auslegung verlangt daher einen Hörer, der in den fremden Per-

[100] G. DE MAUPASSANT: «Der Roman». Vorrede zu: Pierre und Jean, in: Ein Leben. Bel-Ami. Pierre und Jean, 670.

[101] A. a. O., 670.

[102] A. a. O., 670.

[103] A. a. O., 671.

sonen und ihren Handlungen diejenigen Gefühle und Einstellungen wiederfindet, die auch ihn selbst so handeln lassen (würden). Der fremde Stoff wird im Gefühl sein eigener, und was in den Brechungen einer vergangenen Erzählung erscheint, findet seinen Widerschein in der lebendigen Ergriffenheit des gegenwärtigen Lesers. Was ST. ZWEIG einmal von STENDHAL sagte, gilt im Grunde für jedes erzählerische Kunstwerk in seiner Beziehung zum Leser: «Nur, wo er seinen Menschen von seinem eigensten Erlebnis gibt, wird er Künstler über seinen Kunstverstand hinaus: ‹Quand il était sans émotion, il était sans esprit.›»[104]

b) Zwei wesentliche Hilfsmittel der Interpretation von Gefühlsbedeutungen: die Verbalisationstechnik der Gesprächspsychotherapie und die Transaktionsanalyse

Die Legenden der Antike kennen so wenig wie die Mythen oder wie die Novellen, die Paradigmen und die meisten echten Geschichtserzählungen, auf die wir im 2. Bd. der vorliegenden Studie zu sprechen kommen werden, die Form der analytischen Beschreibung. Sie sind in ihrer Psychologie so *objektiv* wie der «Moses» des MICHELANGELO, dessen ganze Gestalt einem versteinerten Gefühlsausbruch gleichkommt, den man indessen, wie S. FREUD gezeigt hat, nur durch Einfühlung in die angehaltene Bewegung der Statue verstehen kann[105]. In dem gleichen Sinne enthalten gerade die Mythen, Märchen und Legenden in der Skizzenhaftigkeit ihrer Darstellung zumeist eine höchst sensible immanente Psychologie, und diese ist in der Legende sogar das Hauptinstrument, um den beabsichtigten «erbaulichen» Effekt beim Hörer zu erreichen. Aber es ist unerläßlich, die dargestellte Handlung sowie die Schilderung der einzelnen Personen immer wieder auf die Gefühlsbedeutung ihrer Verhaltensweisen hin zu reflektieren. Die Methode einer solchen bewußten Gefühlsreflexion ist dabei mittelbar aus den Erfahrungen der psychoanalytischen Therapie entwickelt worden und hat zu zwei recht verschiedenen, aber doch verwandten Interventionsstilen in der psychotherapeutischen Praxis geführt: zu der gesprächspsychotherapeutischen Verbalisationstechnik und zu der transaktionalen Analyse. Beide Verfahren sind zum Verständnis der Gefühlsbedeutungen auch literarischer Erzählungen schier unentbehrlich und müssen deshalb an dieser Stelle

[104] «Gefühllosigkeit ist identisch mit Geistlosigkeit bzw. mit Bedeutungslosigkeit.» ST. ZWEIG: Drei Dichter ihres Lebens, 131.

[105] S. FREUD: Der Moses des Michelangelo, X 172–201.

ausführlich erörtert werden. Da beide Methoden ihre Herkunft der Psychoanalyse verdanken, dieser Umstand in den Lehrbüchern aber gern in polemischen Äußerungen gegen die Psychoanalyse verdeckt wird, sei gerade auf den Zusammenhang dieser Verfahren mit der psychoanalytischen Theoriebildung ein besonderer Wert gelegt.

1) Die gesprächspsychotherapeutische Verbalisationstechnik

α) *Darstellung der Methode*

Die Psychoanalyse FREUDS, der wir die grundlegenden Einsichten in die Symbolsprache des Unbewußten verdanken, wurde als ein therapeutisches Verfahren entwickelt, um den objektiven Gehalt eines Symbols oder Symptoms nach Art einer Kompromißbildung zwischen den verschiedenen Instanzen und Kräften der Persönlichkeit (des Es, des Ich und des Überich) zu erklären. Das legte es nahe, auch den umgekehrten, nicht kausalen, sondern finalen Weg der Deutung zu beschreiten und in dem Traumsymbol oder in einem Symptom einen Ausdruck der Gesamtpersönlichkeit zu sehen. Um zu verstehen, was ein Symbol, ein einzelnes Motiv in Märchen und Mythos, in Sage und Legende bedeutet, haben wir uns dementsprechend stets die Frage vorgelegt, welche Seiten des menschlichen Wesens in dem jeweiligen Bild ihren Ausdruck und ihre Darstellung finden. Was aber ist zu tun, wenn, wie gewöhnlich, ein Patient in der Psychotherapie sich selber nicht in Bildern und Gleichnissen ausspricht, sondern ganz einfach schildert, wie er sich selber *im Bewußtsein* sieht und empfindet? Und was ist, parallel dazu, mit denjenigen Erzählungen anzufangen, die nicht (archetypische) Symbole des Unbewußten, sondern bewußte Verhaltensweisen bestimmter Personen wiedergeben?
Rein praktisch war die analytische Psychotherapie bereits in den dreißiger Jahren vor allem in den USA dazu gekommen, daß es keinesfalls immer angezeigt sei, die Schwierigkeiten der Patienten durch den Aufwand der FREUDSCHEN Verfahren lösen zu wollen. Statt die Patienten in ihr Unbewußtes, in ihre Kindheit zurückzulenken und sie dort die nötigen Einsichten in den Zusammenhang ihrer Symptome gewinnen zu lassen, schien es oft weit praktischer, nicht «das Problem», sondern das Individuum und seine Entwicklung, nicht die intellektuellen, sondern mehr die emotionalen Aspekte, nicht so sehr die Vergangenheit als vielmehr die gegenwärtige Situation des Patienten in den Mittelpunkt der Behandlung zu stellen[106]. Auf diese Weise entwickelte sich

[106] C. R. ROGERS: Die nichtdirektive Beratung, 36–37.

das Verfahren der *Gesprächspsychotherapie*, deren Hauptkennzeichen u.a. in der sog. Verbalisationstechnik besteht.
Mit Verbalisationstechnik ist gemeint, daß der Berater im Verlauf der Behandlung die verbalen und nichtverbalen (körpersprachlichen) Mitteilungen des Klienten jeweils daraufhin reflektiert, was dessen Äußerungen für ihn selbst bedeuten, und daß er diese Bedeutungsinhalte, wann immer er sie klar zu verstehen glaubt, in Worten wiederzugeben versucht[107]. Der Berater fragt sich daher ständig, welche Ängste, Sorgen, Hoffnungen, Wünsche, Erwartungen, Enttäuschungen, Haltungen, Einstellungen usw. der Klient in dem, was er schildert, implizit ausspricht. Es geht bei der Verbalisierungstechnik nicht um eine echohafte Wiederholung dessen, was der Klient gesagt hat; es geht vielmehr darum, daß der Berater miterfaßt, was hinter den Worten und Verhaltensweisen des Patienten «an persönlicher Erlebnis- und Sichtweise und Betroffenheit» steht[108]. «Der Psychotherapeut sucht die innere Welt des Klienten mit ihren Bedeutungen und Gefühlen..., so wie sie der Klient erlebt, wahrzunehmen und zu verstehen, so als ob er sie selber erleben würde, und ... teilt sie dem Klienten in angemessenem sprachlichem Ausdruck mit.»[109]
Der Klient erzählt etwa davon, wie er am gestrigen Abend mit seiner Gattin einen bestimmten Film im Fernsehen angeschaut hat; der äußere (externale) Sachverhalt ist einfach und problemlos, der Therapeut aber legt sich beharrlich die Frage vor, was das Fernsehen am Vortag für den Patienten bedeutet, was er in dieser Mitteilung von sich selber äußert, warum er gerade von diesem Thema an dieser Stelle des Gesprächs und in gerade dieser Weise spricht, und er verbalisiert demgemäß die entsprechenden Gefühle, die er beim Klienten wahrzunehmen glaubt: das Gefühl der Beziehungslosigkeit und Langeweile gegenüber seiner Frau oder gerade das Bemühen um besondere Rücksichtnahme auf den Wunsch seiner Gattin (Peter Frankenfeld statt Fußball), oder die Erschöpfung nach getaner Arbeit, oder die Klage über mangelnde eigene Phantasie und Lebendigkeit usw. Nicht *was* der Patient getan oder erlebt hat, sondern was das Getane oder Erlebte für ihn selber bedeutet, ist Gegenstand der Verbalisierung.
Dabei unterscheidet sich die Verbalisierungstechnik deutlich von der psychoanalytischen Interpretation der Klientenmitteilungen. Die Verbalisierung bleibt bei dem stehen, was der Klient aktuell selbst meint und mitsagt; sie

[107] Vgl. J. SCHWERMER: Psychologische Hilfen für das Seelsorgegespräch, 41; DERS.: Das helfende Gespräch in der Seelsorge, 113–115.
[108] J. SCHWERMER: Psychologische Hilfen für das Seelsorgegespräch, 42; DERS.: Das helfende Gespräch in der Seelsorge, 112–113.
[109] R. TAUSCH: Gesprächspsychotherapie, 81.

klärt ihn nicht über die unbewußte Motivation seines Verhaltens auf. Man sagt ihm also nicht, er habe sich dem Fernsehwunsch seiner Gattin angeschlossen, weil er in ihr die Autorität seiner Mutter wiedersehe oder ähnliches, – man greift lediglich das subjektive Gefühl des Klienten auf: Rücksicht, Gehorsam, Unterlegenheit, Angst vor Auseinandersetzung, Gleichgültigkeit oder was auch immer sonst eine Rolle spielen mag. Auf der anderen Seite sollten die Beraterverbalisierungen weder formal noch inhaltlich mit den Klientenäußerungen austauschbar sein. Nach der von R. R. CARKHUFF entwickelten Beurteilungsskala sollten die Therapeutenäußerungen sichtbar zu dem beitragen, «was der Klient sagt, indem sie gefühlsmäßige Erlebnisinhalte tiefer ausdrükken, als der Klient selbst es konnte»[110]. Es geht also bei der Verbalisierungstechnik darum, den *Hintergrund* des *bewußten* gefühlsmäßigen Erlebens des Klienten bei all seinen Äußerungen zur Sprache zu bringen.
Für das praktische Vorgehen hat es sich als ratsam erwiesen, möglichst dicht in die einzelnen Klientenäußerungen durch die entsprechenden Verbalisierungen der emotionalen Erlebnisinhalte einzugreifen, da bereits eine relativ kurze Reihe von Sätzen derart viele Nuancen und Facetten an Gefühlsmitteilungen enthält, daß es unmöglich ist, eine größere Anzahl von ihnen auf einmal zu erfassen. Die Befürchtung, daß häufige Verbalisierungen den Redefluß des Patienten stören könnten, ist nur berechtigt, wenn der Therapeut mit seinen Verbalisierungen nicht die wesentlichen Gefühlsbedeutungen der Klientenäußerungen erfaßt oder zu sehr an der Oberfläche bleibt oder, was in gewissem Sinne dasselbe ist, wenn er zu intellektuell und unbeteiligt spricht; geht er wirklich tief und genau genug auf den Klienten ein, so beleben und fördern seine häufigen Interventionen gerade die Selbstexploration des Patienten, und umgekehrt setzen Tiefgang und Genauigkeit der Verbalisierungen eben voraus, daß der Therapeut relativ rasch und in dichter Folge in das Gespräch eingreift.
Noch einmal mag an dieser Stelle vielleicht ein Leser sich fragen, wieso die starke Betonung des Gefühls gerechtfertigt sei, ob hier nicht vielleicht doch ein weltanschaulicher Antiintellektualismus oder Irrationalismus sich breitmache oder womöglich ein ideologisch verkürztes Menschenbild zum Tragen komme. Man kann solche skeptischen Frager beruhigen. Der hohe Stellenwert der Gefühlsbedeutungen in der Gesprächspsychotherapie ergibt sich einfach daraus, daß den Patienten de facto niemals «Gedanken an sich» zum Problem werden, sondern allenfalls die Gefühle, die bestimmte Gedanken auslösen, und

[110] J. SCHWERMER: Psychologische Hilfen für das Seelsorgegespräch, 49; DERS.: Das helfende Gespräch in der Seelsorge, 84–88.

daß überhaupt nur diejenigen Gedanken zum Zentrum des Gesprächs werden, die von starken Gefühlen veranlaßt sind. Zudem zeigt sich, wie leicht sich reine Gedanken durch Information und Argumentation verändern lassen, während besonders gefühlsbeladene Theoreme außerordentlich zählebig zu sein pflegen; starke Gefühle selbst können, wie jeder weiß, noch nach Jahren durch einfache assoziative Erinnerungsbrücken wieder in voller Heftigkeit wachgerufen werden, wohingegen selbst zu wiederholtem Male und mit großer Mühe eingeprägte Gedanken und Theorien nur sehr schwach im Gedächtnis haften bleiben, wenn ihnen nicht irgendein stärkeres Gefühl zugeordnet ist. Darüber hinaus ist es natürlich eines, in Theorie und Praxis auf diese einfachen psychologischen Tatsachen Rücksicht zu nehmen, und ein ganz anderes, aus einem solchen Befund ein metaphysisches Weltbild oder ein anthropologisches Wertsystem zu entwickeln, – etwa im Sinne der Spätlehre MAX SCHELERS von «der Verwurzelung aller Menschen, ja alles Lebendigen im gotthaften Drange», die von ihm selbst als «der ‹dionysische› Weg zu Gott» bezeichnet wurde[111].

Für die Interpretation der «objektiven Dichtungen», als welche wir die «Legenden der Unfertigen» charakterisiert haben, gibt die Erfahrung der Gesprächspsychotherapie mit der Verbalisationstechnik uns nun ein außerordentlich wichtiges Hilfsmittel an die Hand. Die Interpretation solcher Erzählungen verlangt im Grunde vom Leser, daß er den gleichen Schritt tut, den ein Therapeut in der Gesprächspsychotherapie tun muß, um die Rede seines Klienten zu verstehen: er muß bei jeder Mitteilung, bei jedem Wort, bei jeder Gebärde der handelnden Personen in der jeweiligen Erzählung sich die Frage vorlegen, warum die betreffende Gestalt an gerade dieser Stelle in gerade dieser Weise agiert, was das, was sie äußert oder von ihr gesagt wird, für sie selbst bedeutet, und er muß versuchen, die jeweiligen Bedeutungen so intensiv und anschaulich wie nur möglich zur Sprache zu bringen.

Dabei kann man von einer Arbeitshypothese Gebrauch machen, die an die frühere «Verdichtungsregel» archetypischer Erzählungen erinnert (s.o. S. 226). Man kann psychologisch voraussetzen, daß Menschen in den entscheidenden Augenblicken ihres Lebens, vor allem also in den Momenten, da für sie alles zum Heil oder Unheil auf dem Spiel steht, sich so verhalten, wie es für ihre gesamte Wesensart charakteristisch ist. Einen Menschen kann und sollte man niemals nach seinen unbedeutenden, durchschnittlichen Lebensaugenblicken beurteilen, sondern nach seinen besonders intensiven Lebensmomenten. In diesen glücklichsten oder traurigsten Stunden seines Lebens zeigt er sein wahres

[111] M. SCHELER: Philosophische Weltanschauung, 14–15.

Gesicht. Der Trott der Gewohnheit und des Alltags mag zeitlich zwar den größten Teil seines Lebens in Anspruch nehmen, sein eigentliches Wesen aber wird darunter eher verborgen als offenbar, während ein einziger Augenblick tiefen Gefühls oder starker Leidenschaft einen Menschen so zu zeigen vermag, wie er wirklich ist, zum Staunen oft für ihn selbst und für alle, die ihn zu kennen glaubten. Deshalb hat man ein Recht, insbesondere die Szenen der Begegnung mit dem Heiligen, die buchstäblich *legendären* Augenblicke im Leben eines Menschen nicht als etwas Zufälliges, sondern gerade als das Wesentliche seines Lebens zu verstehen, und umgekehrt muß man die «Legenden der Unfertigen» so lesen, als ob sich in den einzelnen Verhaltensweisen ihrer Gestalten deren ganzes Wesen verdichtet fände.

Das, was die Gestalten der Sünderlegenden tun und sagen, kann und muß folglich als Teil eines Lebensportraits der betreffenden Personen verstanden werden. Zu unterstellen ist, daß die Personen der Legende sich nicht nur in dieser einen Szene, sondern *immer* so verhalten, wie sie es in der Erzählung tun, daß m. a. W. diese eine Szene für ihr gesamtes Leben typisch ist und sie hinreichend kennzeichnet.

Die Legenden sind daher ähnlich zu betrachten, wie man etwa das Bild El Grecos vom Großinquisitor betrachtet[112]: – es enthält in dem Portrait scheinbar eines einzigen Augenblicks den ganzen Menschen, den ganzen Charakter dieses angstgepeinigten Kardinals; dieses eine Bild von ihm zu sehen, heißt sein ganzes Leben in seinen wesentlichen Zügen vor sich zu sehen: ein Leben wie «Bitterholz, hart, trocken, ohne Wurzel», mit einem Mund ohne Lippen, getaucht in blutrote Farben, bleich das Gesicht, «Kragen und Chorhemd weiß» auf dunklem Grund, ein «Feuer in der Nacht», ein Gesicht, das nur eine Brille ist, und ein Leib, der die Liebe nicht kennt und nur dazu da ist, «den Kopf zu tragen und den Purpur», ein kranker, gichtiger, alter Mann, bei dem man nicht einmal die Traurigkeit malen darf, um ihn nicht den Menschen näher zu rükken[113].

Diese interpretative Einstellung wird noch durch den Umstand mitgetragen, daß die «Legenden der Unfertigen» zwar historisch einmaliges Material überliefern können und in jedem Fall zu überliefern scheinen, aber in ihrer Art doch sehr stark typisieren. Sie sind nicht nur «typisch» für die betreffende handelnde Person, sondern diese selber ist wiederum «typisch» für menschliches Verhalten. Die Gestalten der «Unfertigen» in den Legenden sind zwar keine

[112] Vgl. St. Andres: El Greco malt den Großinquisitor, in: Homo viator, II 11–35; vgl. die Abb. bei G. Diehl: El Greco, 33.

[113] St. Andres: El Greco malt den Großinquisitor, in: Homo viator, II 22; 23; 27; 31; 33.

(negativen) Idealverkörperungen, wie die Gestalten der Heiligenlegenden; aber ihre Züge sind bei aller Individualität doch zugleich charakteristisch für einen bestimmten Typ von Leben. Die *Legenden der Heiligen* typisieren ins Ideelle und greifen oft geradezu klischeehaft bestimmte Vorstellungen des Heiligen auf; die *Legenden der Unfertigen* machen es auf der Gegenseite trotz einer weit stärkeren Individualisierung prinzipiell nicht anders, nur typisieren sie Personen, keine Ideale. Mit einem tiefen Gefühl für die psychologische Wirksamkeit starker Kontraste schildern sie z. B. mit Vorliebe den selbst angesichts des Heiligen noch Unbußfertigen oder den in tiefer Not Reumütigen, den bösen Devadatta oder den verzweifelten Verräter Judas, den bußfertigen Petrus, den Schächer am Kreuz und seinen höhnenden Widersacher usw.

Derartige Schematisierungen und Typisierungen sind, wie in den Märchen und Mythen, das Kennzeichen *einfacher,* primitiver Psychologie; aber innerhalb solcher holzschnittartigen Kontraste verfügen die Legenden zumeist über eine außerordentlich feine Beobachtungsgabe, und ihre Charakterisierungen wollen in jedem Detail beachtet sein. Die Gestalten der Legenden sind nicht mehr archetypisch zu nennen – das, was sie tun, ist, wie wir wissen, in sich selbst nicht mehr symbolisch aufzufassen; aber ihre Charakterisierung folgt in gewissem Umfang einer typischen psychologischen *Schematisierung der Gefühle,* und gerade in dieser Verschmelzung des Individuellen und des Generellen liegt ein großer Anreiz, sich die Personen der Legenden auszumalen und sie in vielerlei Lebensschicksalen wiederzuentdecken.

Die «Volksphantasie» hat daher weit mehr recht als die rationale historische Kritik, wenn sie an der Ausmalung der Legendengestalten schöpferisch weiterdichtet. Statt zu sagen, die Legenden seien das bloße Produkt religiös-historischer Neugier, sollte man vielmehr umgekehrt sagen: die Legendenstoffe sind gerade so geartet, daß sie immer wieder dazu anhalten, sich selbst in ihren Gestalten wiederzuentdecken und daher die Fragen und Erfahrungen des eigenen Lebens mit ihnen zu verbinden; ihre Kunst ist die Weckung ewiger Neugier.

Ganz entsprechend hat deshalb die katholische Kirche, dem Beispiel vieler anderer Religionen folgend, mit großem Recht das Typische in den Legendengestalten sogar zu institutionalisieren gesucht, indem sie die Legendengestalten mit bestimmten Lebensschicksalen oder Berufsgruppen in Verbindung brachte. Der heilige Georg etwa wurde zum Patron der Ritter, der Schächer am Kreuz, der in der *«Legenda aurea»* den Namen St. Dismas trägt, wurde zum Patron der Strafgefangenen usw.[114]. Darin kommt, so fragwürdig im einzelnen derartige Beziehungen u. U. auch ausfallen mögen, doch ein richtiges Gespür

[114] Vgl. J. DE VORAGINE: Legenda aurea, 257; 283.

dafür zum Ausdruck, daß die Legendengestalten gerade in ihren psychologischen Kennzeichnungen Ausschnitte des Lebens wiedergeben wollen, die sie durch sich selbst auf das Heilige oder den Heiligen hin öffnen möchten.

β) *Das Beispiel der «Sünderin» (Lk 7,36–50)*

Besonders eindrucksvoll läßt sich die Einheit von individueller Gefühlskennzeichnung und typisierender Ausgestaltung wiederum an der Gestalt der Sünderin in Lk 7,36–50 zeigen. In der *Legenda aurea* wird sie mit Maria Magdalena identifiziert[115] – eine Gleichung, für die das Evangelium nicht den geringsten Anhaltspunkt bietet; denn nach Lk 8,2 war Maria Magdalena keine «Sünderin», sondern sie wurde von sieben bösen Geistern besessen, ehe der Herr sie heilte[116]. Aber schon der Name «Maria», den die *«Legenda aurea»* als «das bittere Meer» deutet[117], soll die Traurigkeit der Sünde und der Buße symbolisieren, und so bedeute der Name Maria die «Bittere»[118], zugleich aber auch[119] die «Erleuchterin»; all das sind rein etymologische Spekulationen, aber sie zeigen doch die Spannung auf, in der psychologisch die Gestalt der «Sünderin» in der Legende gesehen wird.

Dabei übt natürlich gerade das Thema der sexuellen Versuchbarkeit und Sünde die eigentliche Anziehungskraft des Stoffes aus, denn gerade hier treffen der ungestüme Triebwunsch und das moralische Verbot am heftigsten aufeinander, und es sind vor allem diese Kontraste: der Heilige und die Sünderin, die Versuchung und ihre Überwindung, die immer wieder eine solche Faszination auf das religiöse Gemüt ausüben, indem sie im Extrem die gegensätzlichen Möglichkeiten des Lebens in einer aufs äußerste gespannten Synthese verdichten. Die Frau, die Jesus die Füße salbt, ist aber, der *Legenda aurea* zufolge, nicht nur mit Maria Magdalena identisch, sondern auch mit Maria, der Schwester des Lazarus (Lk 10,38–42), und es geschieht aus Liebe zu ihr, daß Christus den Lazarus von den Toten auferweckt[120]. Wie Liebe und Keuschheit *zugleich* gelebt werden können, wie die scheinbare Verworfenheit sich selbst zum Ort der Heiligkeit läutern kann, diese Gegensätze und Spannungen lassen die Szene der Begegnung zwischen Jesus und der Sünderin in Lk 7,36–50 zu einem Thema unendlicher Variationsfähigkeit im Leben wie in der Dichtung werden. «Die Zöllner und die Huren werden in das Himmelreich kommen, – ihr

[115] J. DE VORAGINE: Legenda aurea, 471.
[116] A. a. O., 472.
[117] A. a. O., 470.
[118] Offenbar von hebräisch mr' abgeleitet; vgl. GESENIUS: Hebräisches und aramäisches Handlexikon, 463.
[119] Abgeleitet von dem Partizip Hiphil von r'h – sehen.
[120] J. DE VORAGINE: Legenda aurea, 472.

nicht»[121] (hebr. *mn* – exklusiv); dieser Satz aus Mt 21,31 scheint hier seine Bestätigung zu finden[122].

Es handelt sich dem Typos nach in der Gestalt Maria Magdalenas um einen Stoff, den gerade in diesem Sinne und auch mit deutlichem Bezug zur Auferweckung des Lazarus F.M. DOSTOJEWSKI in seinem Roman *«Schuld und Sühne»* in der Gestalt der Sonja aufgegriffen hat, eines Mädchens, das auf die Straße gehen muß, um für seinen trunksüchtigen Vater, seine lungenkranke Mutter und seine hungernden Geschwister auf das notdürftigste den Lebensunterhalt zu verdienen; Sonja ist in ihrer Sünde eine Heilige, die weiß, daß sie nichts wäre ohne Gott und den Glauben an die Auferstehung von den Toten, an die Auferweckung des Lazarus[123]. In der Tiefe der psychischen Kontraste leuchtet in der Gestalt der begnadeten Dirne bei DOSTOJEWSKI schließlich das wichtigste aller religiösen Gefühle auf: das Verlangen nach vorbehaltloser Vergebung, nach Verständnis gerade mit den hoffnungslos Schuldigen, gerade mit den an sich Verworfenen, so wie es DOSTOJEWSKI den Vater Sonjas in der Wirtsstube lallen läßt: «... an jenem Tage (des Jüngsten Gerichtes, d. Vf.) wird Er kommen und fragen: ‹Wo ist die Tochter, die sich für ihre böse und schwindsüchtige Stiefmutter und für diese fremden und unmündigen Kinder aufgeopfert hat? Wo ist die Tochter, die mit ihrem irdischen Vater, einem unnützen Säufer, Mitleid gehabt hat, ohne sich vor seiner tierischen Gestalt zu entsetzen?› Und dann wird Er sagen: ‹Komme her! Ich habe dir schon einmal vergeben... Ich habe dir schon einmal vergeben... Und auch jetzt sind dir deine vielen Sünden vergeben... denn du hast viel geliebt...› Und er wird meiner Sonja vergeben, den Guten und den Bösen, den Weisen und Klugen wie den Demütigen... Und wenn Er sie alle gerichtet und ihnen allen vergeben hat, dann wird Er auch uns rufen: ‹Kommt her!› wird Er sagen, ‹kommt auch ihr! Kommt her, ihr Säufer, kommt her, ihr Schwachen, kommt her, ihr Übeltäter!› Und wir werden alle kommen, wir werden uns nicht schämen, wir werden alle vor Ihn treten. Und dann wird Er sagen: ‹Schweine seid ihr! Ihr tragt Gestalt und Stempel des Viehs, aber kommt auch ihr!› Und dann werden die Weisen und Klugen ihre Stimme erheben: ‹Herr, warum willst du auch diese aufnehmen?› Und dann wird Er sagen: ‹Darum nehme ich sie auf, ihr Weisen, darum nehme ich sie auf, ihr Klugen, weil keiner von ihnen je geglaubt hat,

[121] Die Stelle darf gewiß nicht, wie es immer wieder geschieht, so verharmlosend übersetzt werden: «Die Zöllner und die Huren kommen *vor euch* ins Himmelreich», als kämen die Rechthaber, Heuchler und Pharisäer nur zeitlich hinterdrein – eine ganz unsinnige Vorstellung; vielmehr geht die Redewendung sicherlich auf das hebräische *mn* zurück: *mkm* heißt «fernab von euch», «ohne euch» – «ihr nicht!»

[122] J. DE VORAGINE: Legenda aurea, 278.

[123] F. M. DOSTOJEWSKI: Schuld und Sühne, 353–358.

daß er dessen würdig sei...› Und Er wird Seine Hände über uns breiten, und wir werden niederfallen... und werden weinen... und werden alles verstehen... Dann werden wir alles verstehen...! Und alle werden es verstehen... Herr, dein Reich komme!»[124]

Diese Sehnsucht nach allseitigem Verstehen und nach einer grenzenlosen Güte gegenüber der Hilflosigkeit und der Verstrickung des Menschen ins Böse ist der eigentliche Antrieb an der durchaus unhistorischen religiösen «Neugier» der Frommen, die sich in den Legenden der Unfertigen äußert; sie ist wie eine Vergewisserung, trotz eigener Schuld dennoch mit zur Schar der Geretteten gehören zu dürfen, und diese Wahrheit *muß* man wissen, – alles scheinbar Biographische ist, daran gemessen, vordergründig oder nur ein Versuch der Weiterdichtung des Stoffes, der Annäherung an den Text von dem Ausgangspunkt der eigenen Lebenserfahrung her. Dann aber stellt gerade dieses aneignende Weiterdichten, diese sympathetische Identifikation die Art der Interpretation dar, die die Legende ihrem ganzen Wesen nach verlangt. Wenn wir früher sagten, daß ein *Mythos* erst durch ein neues Ritual auf dem Niveau seiner Aussage interpretiert werden könne, so müssen wir jetzt sagen, daß die *Legende,* gerade weil sie in sich «Dichtung» und nicht Historie ist, nur in Form der Nach- und Weiterdichtung adäquat kommentiert und ausgelegt werden kann. Insofern ist DOSTOJEWSKIS Sonja in «Schuld und Sühne» eine gültige Auslegung der «Sünderin» des Evangeliums, selbst wenn die biographischen Details zueinander keinerlei Bezug mehr haben. Im Grunde ist die Methode der Einfühlung, die wir vorschlagen, selbst nur als ein Stück Dichtung möglich, obwohl sie, am Text gebunden, sowenig «frei» und «willkürlich» ist wie die Befolgung der Realisationsregel, die wir für die archetypischen Erzählungen insgesamt aufgestellt haben (s. o. S. 220–226).

Um bei dem Beispiel der «Sünderin» in Lk 7,36–50 zu bleiben und die Art des Vorgehens daran exemplarisch zu verdeutlichen: die «Einfühlung» beginnt bereits damit, sich vorzustellen, was es für einen Menschen bedeutet, wenn von ihm nur gesagt wird: «Es war aber in der Stadt eine Frau, eine Sünderin» (Lk 7,37). In den Legenden herrscht meist ein großes Interesse daran, den Namen der Personen zu kennen, die zu Jesus kommen; hier aber fehlt der Name, und alle Identifikationen mit Magdalena oder der Schwester des Lazarus, wie in der *Legenda aurea,* sind gänzlich arbiträr. Um so mehr aber muß man sich fragen, was es für die Frau selbst bedeutet, gewissermaßen nicht als Person mit einem Namen, sondern nur als Trägerin eines «Berufes», und zwar eines *solchen* Berufes, bekannt zu sein. Wer sie ist, welch ein Schicksal sie zur Außenseiterin ge-

[124] A. a. O., 26–27.

macht hat, was in ihr vor sich geht, – davon kein Wort, nur was sie tut, scheint wichtig, und das genügt anscheinend, um sich ein Urteil über sie zu bilden: eine Sünderin. Nur eine einzige solche Bemerkung reicht hin, und es entsteht vor den Augen des Lesers das Bild der üblichen Doppelmoral, bei der von einer Frau wie dieser nur hinter vorgehaltener Hand die Rede sein darf und man sich zwingt, am Tage zu verurteilen, was man bei Nacht genießt, was man einerseits mit Geld entlohnt und andererseits gerade so als etwas an sich Niedriges weit unter sich gestellt glaubt.

Was aber mag dann in der Frau vor sich gegangen sein, als sie auf den Gedanken kommt, Christus das Haupt zu salben? Wie anders muß sie von Christus gehört haben, um ein solches Vorhaben auch nur für möglich zu halten?

Man wird sich die sehnsüchtige Erwartung dieser Frau vorstellen müssen, wie sie immer wieder daran denkt, zu Christus zu gehen und ihn in aller Öffentlichkeit zu salben, wie einen König, wie einen Priester, wie einen, den man über alles stellt. Es ist ein Traum, in dem sie nur den Herrn selbst vor sich sieht. Aber dann plötzlich, als sie den Raum betritt, in dem Jesus zu Tisch liegt, ändert sich das Bild vollkommen. Mit einemmal reißt die Decke des Wunschbildes auf, und sie steht denen gegenüber, die sie am meisten verachten: Pharisäer! Von diesen wird niemals jemand so selbstvergessen sein, sich mit einer Frau wie dieser abzugeben; von diesen wird keiner des Abends zu Bett gehen, ohne daß er nicht 100 Gesetzeswerke, die er am Tage vollbracht hat, sich in Erinnerung zu rufen vermöchte. Und mit diesen liegt Jesus zu Tisch wie einer von ihnen! Er, den sie salben wollte, umgeben von dem Kreis, der sie am kompromißlosesten verurteilt und verachtet! Scheu wie ein Tier, «von hinten», sagt das Lukasevangelium (7,38), tritt sie auf Jesus zu und fällt ihm zu Füßen. Statt ihm das Haupt zu salben, wie sie wollte, bricht sie in Tränen aus und gießt hilflos das Salböl über seine Füße aus. Alles, was sie jetzt tut, ist irgendwie verkehrt. Als wenn sie den durch ihre Tränen angerichteten Schaden wiedergutmachen müßte, löst sie ihre Haare auf, um Jesus damit die Füße zu trocknen, und bei alldem spricht sie kein Wort. Dieser Eindruck ist wohl der stärkste der ganzen Szene: die vollkommene Wortlosigkeit der Frau. In einem Augenblick, der für sie offenbar unendlich wichtig ist, vermag sie kein Wort zu sagen. Selbst ihr Plan, Jesus zu salben, scheint von da her geprägt zu sein: ein stummes Zeichen, das für all das stehen soll, was sie verbal nicht äußern kann. – Was diese Frau mit Christus verbindet, darüber teilt der Text nichts weiter mit; aber welche Gefühle die Frau bewegen, das schildert er gerade in dieser Stummheit sehr eindringlich.

In der gleichen Weise wird man sich fragen müssen, wie das Tun der Frau auf die Anwesenden wirkt. Tatsächlich findet sich die eben genannte Regel von der Wesensdarstellung eines Menschen in einem bestimmten, besonders intensiven Lebensaugenblick in dieser Erzählung vollauf bestätigt: so wie hier, müssen die anderen denken, ist diese Frau immer; selbst hier, wo sie sich einem Propheten zuwendet, kann sie nur so sein wie auch sonst: geradeso würdelos, so ausgegossen, so zudringlich, so ohne Abstand und Disziplin, wie sie sich jetzt gibt, wird sie immer sein. Wenn man mit «so einer» Kontakt aufnehmen wollte, so müßte sie erst einmal Ordnung und Sitte lernen: z. B. das Gesetz des Talmuds müßte sie lernen, daß eine Frau in Männergesellschaft nicht ihre Haare auflösen darf. Sie müßte überhaupt erst einmal lernen, daß man sich *so* nicht in der Öffentlichkeit und auch sonst gar nicht benehmen darf. Aber diese Frau ist eben, was sie ist: eine Dirne. Und auch Jesus – sieht er nicht, mit wem er es da zu tun hat? Müßte nicht jemand, der als ein Gottesmann auftreten und gelten will, sich in vorbildlicher Weise von solchen Individuen fernhalten? Sollte er wirklich nicht sehen, wen er da vor sich hat? Empfindet er nicht die beleidigende Peinlichkeit der ganzen Szene?

Für Jesus selbst muß dieser Konflikt zwischen Gesetz und Gnade wirklich so bestanden haben, und man wird es für höchst ungewöhnlich und erstaunlich finden müssen, wie freimütig und offen er sich der Frau zuwenden kann, ohne sich von ihr in irgendeiner Weise verunsichert oder bedroht zu fühlen; auch die Gefahr, als ein Freund der Sünder zu gelten (Lk 7,34), scheint ihn nicht im mindesten zu irritieren. Dabei hätte er nur in der allgemeinen Wortlosigkeit der Szene zu verharren brauchen; er hätte den Auftritt jener Frau nur kommentarlos über sich ergehen lassen müssen, – und wenige Minuten später wäre die Frau schon von selber fortgegangen, freilich, wie in einen Abgrund dann, mit dem ganz sicheren Gefühl, alles verkehrt gemacht zu haben und in ihrer ganzen Hoffnung einer Illusion erlegen zu sein. Dahin darf es nicht kommen! Zudem weiß Jesus, daß sich in diesem Moment wirklich alles gebündelt verdichtet: nicht nur das Verhalten der Frau, auch ihre Ablehnung durch die «Frommen» stellt sich in dieser Szene wie in einem Brennglas konzentriert dar; an dieser Stelle auszuweichen, hieße, dem Problem seiner ganzen Mission: «Barmherzigkeit will ich und nicht Opfer» (Mt 19,13), an entscheidendem Punkte auszuweichen. Auf der anderen Seite wäre auch nichts damit gewonnen, im Ton der Anklage gegen den Pharisäer vorzugehen und ihn etwa der Selbstgerechtigkeit, des Hochmutes oder der puren Verständnislosigkeit zu zeihen: – die Frau würde durch ein solches Vorgehen nur noch mehr zur Außenseiterin, und auch Jesus selbst würde damit in eine einseitige Frontstellung gedrängt. Also darf er sich weder von der schweigenden Umarmung der Dirne noch von dem schweigenden Vorwurf des Pharisäers bedroht fühlen; er muß versuchen, eine Brücke über den Graben der Vorurteile und der Erniedrigungen zu schlagen.

Ähnlich wie bei der Interpretation der (archetypischen) Symbole, kann auch hier ein Einwand gegen diese *Methode der Einfühlung* lauten, daß im einzelnen aus dem Verhalten der Frau, des Pharisäers oder Jesu auch vielleicht jeweils eine ganz andere Gefühlsbedeutung herauszulesen wäre. Aber an diesem kurzen Beispiel von der «Sünderin» kann sich doch zeigen, daß es gar nicht möglich ist, einem konkreten Verhalten beliebig viele Deutungen zu unterlegen. Vor allem aber muß auch hier, nur jetzt auf der Ebene des Gefühls, erneut die *Vollständigkeitsregel* (s. o. S. 201) gelten, daß nur diejenige Deutung befriedigen kann, die *alle* Elemente einer bestimmten Szene psychologisch überzeugend mitberücksichtigt. Es kann an sich z. B. natürlich alle möglichen Gründe haben, weswegen eine Frau zu Jesus kommt, um ihn zu salben; aber diese Gründe müssen dazu passen, daß sie eine Dirne ist, daß sie weinend Jesus zu Füßen fällt und daß sie als «Sünderin» von dem Pharisäer abgelehnt wird – und dies alles muß zu ihrer Hilfsbedürftigkeit und Wortlosigkeit passen; dann wird man sicher sagen können, daß diese Frau unter dem Gefühl ihrer Schuld sehr leidet, und zugleich wird man verstehen, daß ihr Verhalten in dieser Szene für sie *kennzeichnend* ist: in ihrer Ausgegossenheit und Selbstvergessenheit, in ihrer Fähigkeit, ebenso leidenschaftlich wie an aller Wirklichkeit vorbei zu lieben und zu träumen, – gerade so wird sie immer sein; und so hat man in wenigen Sätzen ein Porträt vor Augen, in dem kein Detail mehr überflüssig oder störend ist, sondern alles sich zu einem Gesamtbild zusammenschließt. Ja, man wird die Kindlichkeit dieser Frau, ihr verzweifeltes Verlangen, irgendwo geliebt zu werden, ihren enormen Wunsch, für irgend jemanden auf Erden da sein und gut sein zu dürfen, auch in der äußeren Realität mit Regelmäßigkeit im Leben fast all derer wiederfinden, von denen man, wie in der Einleitung der Perikope, auch heute noch so leichthin und gemeinhin sagt: «Es war aber eine Frau in der Stadt, eine Sünderin» (Lk 7,37).

Natürlich erlauben diese Feststellungen durchaus kein Urteil darüber, ob die geschilderte Legendenerzählung von der «Sünderin» nun auch in historischem Sinne «wahr» ist oder nicht; wohl aber kann man sicher sagen, daß an ihrer psychologischen Wahrheit kein Zweifel erlaubt ist. Im Gegenteil: war es bereits bei den Träumen, Mythen und Märchen zu bewundern, wie psychologisch genau und stimmig sie im allgemeinen in ihren Bildern zu erzählen wissen, so wird man eigentlich über die Beobachtungsschärfe und die Treffsicherheit der Darstellung in den Legenden (und ebenso in den Novellen und Paradigmen, wie wir im folgenden 2. Band dieser Abeit noch sehen werden) sich noch weit mehr verwundern müssen. Denn mag schon die dichterische Kraft des Unbewußten mehr als erstaunlich sein, – was eine Legende wie die Erzählung von der «Sünderin» in wenigen Sätzen und Bemerkungen an Lebensnähe und -erfahrung verdichtet, zeugt von einem solchen Maß an unmittelbarem Verständnis, daß man die immanente Psychologie dieser Darstellungsweise nur verstehen kann, wenn man sich in die einzelne Geschichte so intensiv wie nur möglich einzufühlen versucht, sie immer wieder liest und für sich selbst entdeckt: jedesmal wird man etwas Neues an Geschichten dieser Art für sich selber dabei lernen können.

Freilich ist der Grad der dichterischen Kraft auch in den legendären Erzählungen unterschiedlich, und in gewissem Sinne ist die «Sünderinnen»-Perikope schon ein Paradestück der psychologischen Interpretation. Gleichwohl ist an diesem Beispiel doch deutlich zu machen, in welcher Weise und mit welchem Gewinn sich die Regeln der *Gesprächspsychotherapie* zur psychologischen Einfühlung auf die Interpretation der «Legenden der Unfertigen» (und im Prinzip auch auf andere Erzählgattungen) anwenden lassen und wie eine legendäre Erzählung im Gewande des historisch Einmaligen, wenn man nur ihre Gefühlsnuancen deutlich genug herausarbeitet, auf der Stelle über die Zeiten hinweg in die Gegenwart hineinzusprechen vermag.

2) Die Transaktions-Analyse

α) *Darstellung der Methode*

Ein anderes ebenfalls indirekt von der Psychoanalyse stammendes Verfahren, das in der psychotherapeutischen Beratung eine wachsende Bedeutung erhält, ist von ERICH BERNE als *Transaktions-Analyse* entwickelt worden, und wie BERNE selbst gezeigt hat, eignet sich auch dieses Verfahren nicht nur zum Verständnis verbaler Klientenäußerungen, sondern es läßt sich vorzüglich zur Interpretation literarischer Texte, wie Märchen, Mythen, Legenden usw., heranziehen.

Die Transaktions-Analyse besteht vor allem darin, die einzelnen Äußerungen eines Klienten verschiedenen Ich-Zuständen zuzuordnen. Um diesen Gedanken zu verstehen, muß man sich kurz die psychische *Topologie* der Psychoanalyse in Erinnerung rufen.

Der Grundgedanke einer topischen Zergliederung der Psyche hatte sich S. FREUD schon sehr bald aufgedrängt, und sein erster Versuch um 1915 ging dahin, im Menschen drei Systeme: das Unbewußte, Vorbewußte und das Bewußte (Ubw, Vbw, Bw), voneinander zu unterscheiden[125]. Als Inhalt des *Unbewußten* betrachtete er die Triebrepräsentanzen, also die Wunschregungen;

[125] Vgl. S. FREUD: Das Unbewußte, X 264–303.

die Vorgänge dieses Systems fand er gekennzeichnet durch die Widerspruchslosigkeit (keine Negation, kein Zweifel, keine Unsicherheit), durch die Prozesse der Verschiebung und der Verdichtung der Besetzungen (dieselbe psychische Energie kann im «Primärvorgang» auf verschiedene, wechselnde Vorstellungen bezogen sein), durch die Zeitlosigkeit und durch die Ersetzung der äußeren Realität durch die psychische. Die Aufgabe des *Vorbewußten* sah FREUD demgegenüber darin, die «Verkehrsfähigkeit» und die gegenseitige Beeinflußbarkeit der Vorstellungsinhalte zu ermöglichen, sie in eine zeitliche Anordnung zu bringen, eine Zensur einzuführen und das Realitätsprinzip zu sichern; außerdem hing das bewußte Gedächtnis seiner Meinung nach ganz an dem System Vbw[126]. Eine *Zensur* nahm FREUD freilich auch zwischen dem Vorbewußten und dem Bewußten an, und er fand diese Zensur in den Einwänden gegen das Bewußtwerden der vorbewußten Bildungen in der psychoanalytischen Sitzung; aber für die bedeutsamere Differenz hielt er den Gegensatz von Unbewußtem und Vorbewußtem und schrieb: «Das *Ubw* wird an der Grenze des *Vbw* durch die Zensur zurückgewiesen, Abkömmlinge desselben können diese Zensur umgehen, sich hoch organisieren, im *Vbw* bis zu einer gewissen Intensität der Besetzung heranwachsen, werden aber dann, wenn sie diese überschritten haben und sich dem Bewußtsein aufdrängen wollen, als Abkömmlinge des *Ubw* erkannt und an der neuen Zensurgrenze zwischen *Vbw* und *Bw* neuerlich verdrängt. Die erstere Zensur funktioniert so gegen das *Ubw* selbst, die letztere gegen die *vbw* Abkömmlinge desselben.»[127] Als die entscheidende Leistung des *Vbw* betrachtete FREUD die Verknüpfung der Sachvorstellungen im *Ubw* mit den entsprechenden Wortvorstellungen des *Bw* bzw. die Verweigerung dieser Übersetzung in Form der Verdrängung[128].
Mit Hilfe dieser Topologie glaubte FREUD zunächst dem Phänomen der Verdrängung, der Zensur, der neurotischen Symptombildung und der Symbolbildung des Traumes gerecht werden zu können; gleichwohl erkannte er bald, daß es nicht ausreichend sein konnte, die Neurose etwa auf einen «Konflikt zwischen dem Bewußten und dem Unbewußten» zurückzuführen, und meinte: «Wir müssen für diesen Gegensatz aus unserer Einsicht in die strukturellen Verhältnisse des Seelenlebens einen anderen einsetzen: den zwischen dem zusammenhängenden Ich und dem von ihm abgespaltenen Verdrängten.»[129]
An die Stelle der *topischen* Betrachtungsweise tritt jetzt mithin eine *strukturelle* – beide Begriffe aber gehen bei FREUD ineinander über, bzw. er versteht den

[126] A.a.O., X 286–288.
[127] A.a.O., X 291–292.
[128] A.a.O., X 300.
[129] S. FREUD: Das Ich und das Es, XIII 244.

strukturellen Gesichtspunkt lediglich als Erweiterung des topischen[130]. «Die topische Betrachtung», sagt er, «faßt den seelischen Apparat als ein zusammengesetztes Instrument auf und sucht festzustellen, an welchen Stellen desselben sich die verschiedenen seelischen Vorgänge vollziehen. Nach unseren heutigen Einsichten gliedert sich der seelische Apparat in ein ‹Es›... in ein ‹Ich›... und in ein ‹Über-Ich›.»[131] Das Ubw ist dabei nicht identisch mit dem Verdrängten; denn wohl ist alles Verdrängte ubw, «aber nicht alles *Ubw* ist auch verdrängt. Auch ein Teil des Ichs... ist sicherlich *ubw.* Und dies *Ubw* des Ichs ist nicht latent im Sinne des *Vbw,* sonst dürfte... seine Bewußtmachung... nicht so große Schwierigkeiten bereiten.»[132]

Aus der ehemaligen Unterscheidung von Bewußtseinszuständen ist also jetzt eine metapsychologische Instanzenlehre geworden, die nur zum Teil noch mit der alten Differenzierung zusammenhängt. Es gibt Unbewußtes im Es, im Ich wie im Überich, – anders als z. B. in der Terminologie des Deutschen Idealismus ist das Ich also nicht identisch mit dem Bewußtsein, wie es in der Philosophie J. G. FICHTES etwa verstanden wurde[133] oder wie es, ganz analog, auch in der komplexen Psychologie C. G. JUNGS als «Zentrum meines Bewußtseinsfeldes» aufgefaßt wird[134]. Wie sehr das Unbewußte in Wahrheit alle Instanzen durchzieht, hat FREUD in einer Skizze[135] zu verdeutlichen versucht.

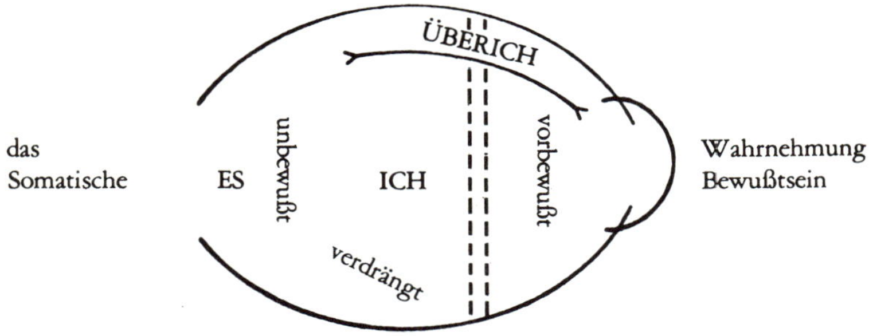

[130] Vgl. S. FREUD: Abriß der Psychoanalyse, XVII 135; H. NAGERA (Hrsg.): Psychoanalytische Grundbegriffe, 357.

[131] S. FREUD: «Psycho-Analysis», XIV 302.

[132] S. FREUD: Das Ich und das Es, XIII 244.

[133] J. G. FICHTE: Grundlage der gesamten Wissenschaftslehre, 1794, I 97; S. 17.

[134] C. G. JUNG: Definitionen, in: Werke VI: Psychologische Typen, 471.

[135] S. FREUD: Neue Folge der Vorlesungen zur Einführung in die Psychoanalyse, XV 85; die Skizze modifiziert und erweitert einen schematischen Darstellungsversuch aus: S. FREUD: Das Ich und das Es, XIII 252.

Das Unbewußte umschließt dieser Skizze zufolge das gesamte Es, das sich rückwärts zum Biologischen hin öffnet; es umfaßt den gesamten Teil des verdrängten Materials; es durchdringt weite Teile des Ichs (besonders seine Abwehrmechanismen und automatisierten Reaktionen); und es umschließt den größten Teil des Überichs. Das Ich seinerseits steht hier zwischen dem Ubw und dem Vbw und geht erst in einer winzigen Ausstülpung zu bewußter Realitätswahrnehmung und bewußter Verarbeitung über.
Dementsprechend definierte FREUD die Aufgabe der einzelnen Instanzen.
Das Ich stellte sich FREUD als ein Organ vor, «das zwischen Es und Außenwelt vermittelt, die Triebansprüche des einen übernimmt, um sie zur Befriedigung zu führen, an dem anderen Wahrnehmungen macht, die es als Erinnerungen verwertet, das, auf seine Selbsterhaltung bedacht, sich gegen überstarke Zumutungen von beiden Seiten her zur Wehr setzt, dabei in all seinen Entscheidungen von den Weisungen eines modifizierten Lustprinzips geleitet wird»[136]. So jedenfalls sah S. FREUD das Ich bis zum 5. Lebensjahr strukturiert. Dann aber tritt durch den Untergang des Ödipuskomplexes eine wichtige Veränderung ein. «Ein Stück der Außenwelt ist als Objekt, wenigstens partiell, aufgegeben und dafür (durch Identifizierung) ins Ich aufgenommen, also ein Bestandteil der Innenwelt geworden. Diese neue psychische Instanz setzt die Funktionen fort, die jene Personen der Außenwelt ausgeübt hatten, sie beobachtet das Ich, gibt ihm Befehle, richtet es und droht ihm mit Strafen, ganz wie die Eltern, deren Stelle es eingenommen hat. Wir heißen diese Instanz das *Überich,* empfinden sie in ihren richterlichen Funktionen als unser *Gewissen.*»[137]
Wichtig ist dabei, daß die Strenge des Überichs nach FREUD häufig *nicht* dem realen Vorbild der Eltern entspricht, «sondern... der Stärke der Abwehr (entspricht), die gegen die Versuchung des Ödipuskomplexes aufgewendet wurde», was die Behauptung der Gläubigen und Philosophen zu rechtfertigen scheint, «daß der moralische Sinn dem Menschen nicht anerzogen oder von ihm im Gemeinschaftsleben erworben wird, sondern ihm von einer ‹höheren Stelle› eingepflanzt worden ist»[138]. Diese «höhere Stelle» ist die Person, als die das Kind seinen Vater erlebt hat und als die es ihn aufgrund des Inzestverbotes und der Kastrationsdrohung fürchten mußte. *Diese* Gestalt, nicht der Vater, wie er «wirklich» war, wird introjiziert und als Überich aufgerichtet. FREUD konnte daher von den Schuldgefühlen auch sagen: «Die Qual der Gewissensvorwürfe entspricht genau der Angst des Kindes vor dem Liebesverlust (syntaktisch richtiger: vor dem Verlust der Liebe, d. Vf.), die ihm die moralische

[136] S. FREUD: Abriß der Psychoanalyse, XVII 136.
[137] A. a. O., XVII 136.
[138] A. a. O., XVII 137.

Instanz ersetzt hatte. Auf der anderen Seite, wenn das Ich einer Versuchung erfolgreich widerstanden hat, etwas zu tun, was dem Überich anstößig war, fühlt es sich in seinem Selbstgefühl gehoben und in seinem Stolz bestärkt, als ob es eine wertvolle Erwerbung gemacht hätte. In solcher Art setzt das Überich fort, die Rolle einer Außenwelt für das Ich zu spielen, obwohl es ein Stück Innenwelt geworden ist.»[139]

Unter der Herrschaft des Überichs ist das Ich also keineswegs freier oder selbständiger als unter der Herrschaft der Eltern, vielmehr wird lediglich die äußere Bindung an die Eltern durch eine innere ersetzt. Die Macht des Überichs ergibt sich indessen aus ursprünglichen Es-Kräften, nämlich aus der Stärke der libidinösen Strebungen, mit denen die ödipalen Objektbesetzungen vorgenommen wurden. Bei der Bildung des Überichs werden die «dem Ödipuskomplex zugehörigen libidinösen Strebungen ... zum Teil desexualisiert und sublimiert, ... zum Teil zielgehemmt und in zärtliche Regungen verwandelt»[140]; ein Teil der Es-Strebungen, die ursprünglich den Eltern gegolten haben, richten sich jetzt gegen das Es; sie perpetuieren das Inzestverbot und versichern «so das Ich gegen die Wiederkehr der libidinösen Objektbesetzung»[141]. Man muß hinzufügen, daß FREUD später infolge der Untersuchungen von K. ABRAHAM die Lehre von der Herkunft des Überichs aus dem Ödipuskomplex stark abgewandelt hat und nunmehr bereits in den oral-sadistischen und anal-sadistischen Konflikten des Kleinkindes Ödipusvorläufer des Schuldgefühls erkannte[142].

So steht das Ich zwischen dem Anspruch des Es, dem Diktat des Überichs und den Forderungen der Außenwelt auf einem außerordentlich schwierigen Posten. Das Es nimmt auf die Realität von vornherein keinerlei Rücksicht, das Überich aber, als Nachfolger ehemals realer Versagungen, tritt wohl als «Vertretung der Realitätsforderung» auf[143], freilich in einer ganz starren, auf die Gegenwart nicht berechneten und völlig mechanischen Weise; die Frage ist daher, wie das Ich mit den Ansprüchen beider Instanzen zurechtkommt, ohne die Realität aus den Augen zu verlieren. «So vom Es getrieben, vom Über-Ich eingeengt, von der Realität zurückgestoßen, ringt das Ich um die Bewältigung seiner ökonomischen Aufgabe, die Harmonie unter den Kräften und Einflüssen herzustellen, die in ihm und auf es wirken, und wir verstehen, warum wir so oft den Ausruf nicht unterdrücken können: Das Leben ist nicht leicht! Wenn das Ich seine Schwäche einbekennen muß, bricht es in Angst aus,

[139] A. a. O., XVII 137.
[140] S. FREUD: Der Untergang des Ödipuskomplexes, XIII 399.
[141] A. a. O., XIII 399.
[142] S. FREUD: Neue Folge der Vorlesungen zur Einführung in die Psychoanalyse, XV 116–117.
[143] S. FREUD: Neurose und Psychose, XIII 390.

Realangst vor der Außenwelt, Gewissensangst vor dem Über-Ich, neurotische Angst vor der Stärke der Leidenschaften im Es.»[144]

Dreierlei Konflikte, aus denen alle Neurosen wie Psychosen entstehen, sind möglich: «Die Übertragungsneurose entspricht dem Konflikt zwischen Ich und Es, die narzißtische Neurose dem zwischen Ich und Über-Ich, die Psychose dem zwischen Ich und Außenwelt.»[145] In allen Formen seelischer Erkrankung ist das Ich außerstande, die Ansprüche von Überich und Es in Schranken zu halten; es ist im Grunde noch ein *kindliches* Ich, das, je nachdem, wie willenlos zum Spielball seiner Triebstrebungen, seiner angstvollen Verdrängungen oder der verinnerten elterlichen Zensur wird.

Das Ziel der psychoanalytischen Therapie läßt sich daher auch so definieren, daß dem Ich die Möglichkeit gegeben wird, *erwachsen* zu werden bzw. den erwachsenen Teil seiner selbst gegen seine kindlichen Anteile und gegen sein Überich zu erweitern und durchzusetzen, entsprechend der berühmten Formel FREUDS: «Wo Es war, soll Ich werden.»[146]

An dieser Stelle beginnt das Konzept und die Praxis der *transaktionalen Analyse,* die eigentlich keine neue Theorie, sondern nur eine praktische Folgerung des FREUDSCHEN Ansatzes darstellt und an die Stelle der oft recht spekulativen, zum Teil auch widersprüchlichen Triebtheorie FREUDS einfache Gegebenheiten und Erfahrungstatsachen der Lernpsychologie setzt. Ohne größeren theoretischen Anspruch versteht sie sich als eine simple Beobachtungsmethode des sprachlichen und nonverbalen Verhaltens der Patienten. «Das grundlegende Ziel der Transaktions-Analyse ist das Studium der verschiedenen Ich-Zustände; bei ihnen handelt es sich um kohärente Gedanken- und Gefühlssysteme, die durch entsprechende Verhaltensmuster zum Ausdruck gebracht werden.»[147]

Auch in der Transaktions-Analyse wird zwischen drei Instanzen unterschieden, aber es wird jetzt deutlich unterteilt zwischen dem kindlichen, beim Erwachsenen also neurotischen Ich und dem realangepaßten, je nach den Umständen flexibel reagierenden Ich des Erwachsenen. Dieser Unterschied konnte im FREUDSCHEN Schema insofern praktisch fehlen, als FREUD eigentlich in all seinen Theoriebildungen den kranken Menschen vor Augen hatte und davon ausging, daß im Grunde alle Menschen irgendwo Kranke seien; die Transaktions-Analyse rechnet umgekehrt mehr mit der gesunden Persönlichkeit, setzt aber voraus, daß ein jeder zum Teil auch noch viel Kindliches, also Neurotisches in sich enthält. Den Bezug der Neurose zu den jeweils verdrängten Trieben, das

[144] S. FREUD: Neue Folgen der Vorlesungen zur Einführung in die Psychoanalyse, XV 84–85.
[145] S. FREUD: Neurose und Psychose, XIII 390.
[146] S. FREUD: Neue Folge der Vorlesungen zur Einführung in die Psychoanalyse, XV 86.
[147] E. BERNE: Was sagen Sie, nachdem sie «Guten Tag» gesagt haben?, 24.

Schicksal der Triebe, die Fixierungen und Regressionen der Libidoentwicklung, die Formen der Angst und der Angstabwehr, die Gegenbesetzungen und Reaktionsbildungen – all dies, im Grunde also die gesamte Genese und innere Psychodynamik, bleibt bei der Transaktions-Analyse unberücksichtigt. Statt des «Es» im Sinne der biologischen Triebausstattung kennt sie nur die «Programmierung durch die Eltern»[148]; das Es FREUDS geht mithin im Begriff des Kinder-Ichs auf[149]. Beides: die Reduktion der psychoanalytischen Theorie auf eine reine Lernpsychologie und die Reduktion der Behandlungsmethodik auf einen praktischen Behaviorismus, mithin die Reduktion der Neurose zur bloßen Verhaltensstörung, hat die Transaktions-Analyse so populär gemacht und sie mancherorts sogar zu einer Gegenbewegung zur Psychoanalyse avancieren lassen; gleichwohl verdankt sie der Psychoanalyse nahezu alles, was sie an theoretischen Einsichten zu vermitteln weiß.

Entsprechend ihrem Ansatz unterscheidet die Transaktions-Analyse drei verschiedene Ich-Zustände: «1) den Ich-Zustand, der sich von den Elternfiguren ableitet, bezeichnet man umgangssprachlich als *Eltern-Ich-Zustand* (in Kurzform: *Eltern-Ich).* In diesem Zustand fühlt, denkt, handelt, spricht und reagiert der Mensch ebenso, wie seine Eltern das getan haben, als er selbst noch klein war.»[150] Das Eltern-Ich (EL) teilt sich näherhin in ein Vater- und Mutter-Ich, je nachdem, von welcher Seite her die jeweiligen Inhalte und Persönlichkeitsanteile in der Kindheit eines Patienten geprägt wurden. Je nach der Art des Elterneinflusses läßt sich auch zwischen einem fürsorglichen bzw. natürlichen Eltern-Ich und einem kontrollierenden Eltern-Ich unterscheiden[151].

Der *fürsorgliche Anteil des Überichs* ist von FREUD tatsächlich sehr gering veranschlagt worden und taucht nur im Zusammenhang mit der vollständigen Hilflosigkeit des Kindes auf[152] sowie in einer einzigen sehr kurzen Abhandlung über den Humor[153], die mit dem Galgenhumor eines Delinquenten beginnt, der am Montag zur Hinrichtung geführt wird und noch die Äußerung tut: «Na, die Woche fängt gut an.»[154] FREUD hat natürlich sehr wohl gewußt, daß das Überich nicht nur strafen und unterdrücken, sondern auch schützen und helfen kann – seine gesamte Religionspsychologie beruht auf der Erfahrung der Vater*ambivalenz*, und selbst die Angst vor dem Verlust des Überichbeistandes, die Strafangst, setzt voraus, daß es zunächst ein großer Vorteil ist, mit

[148] A. a. O., 93–95.
[149] V. F. BIRKENBIHL: Kommunikationstraining, 248.
[150] E. BERNE: Was sagen Sie, nachdem Sie «Guten Tag» gesagt haben?, 24.
[151] A. a. O., 25–26.
[152] S. FREUD: Die Zukunft einer Illusion, XIV 338.
[153] S. FREUD: Der Humor, XIV 381–389.
[154] A. a. O., XIV 383.

dem Überich übereinzustimmen; aber erneut ist hier zu beobachten, daß FREUD seine Theorien vorwiegend aus der Sicht des ärztlichen Behandlungszimmers konzipiert hat und von daher selbstredend den störenden, quälenden, sadistischen Aspekt des Überichs in den Vordergrund stellen mußte. Andererseits leuchtet es gerade deshalb als berechtigt ein, wenn die Transaktions-Analyse den FREUDSCHEN Begriff des «Überichs» gleichwertig in eine fürsorgliche und eine restriktive Hälfte unterteilt.

Der zweite Ich-Zustand wird als *«Erwachsenen-Ich-Zustand»* (ER) oder als *«Erwachsenen-Ich»* bezeichnet. Er repräsentiert den Ich-Zustand, «in dem der Mensch seine Umwelt objektiv abschätzt und in dem er die sich für ihn ergebenden Möglichkeiten und Wahrscheinlichkeiten aufgrund seiner bisher gemachten Erfahrungen berechnet»[155]. Während FREUD seine Theorie der menschlichen Psyche vorwiegend unter triebmäßigen, energetischen Problemen formulierte und dabei (leider!) vor allem elektromagnetische Modelle benutzte, so herrscht (um so schlimmer!) in der theoretischen Sprache der Transaktions-Analyse ein kybernetisches Modell. «Das Erwachsenen-Ich», versichert BERNE in naiv wirkender Unbekümmertheit gegenüber dem Mechanizismus seines Denkens, «arbeitet wie ein Computer.»[156]

Als dritte Instanz ist der *«Kindheits-Ich-Zustand»,* das *«Kindheits-Ich»* (K) zu unterscheiden. «Das Kindheits-Ich gilt keineswegs als ‹kindlich› oder ‹unreif› – Einschätzungen, die von der Eltern-Ebene aus vorgenommen werden –, sondern als ‹kindhaft›, d. h. es verhält sich wie ein Kind in einer ganz bestimmten Lebensphase... etwa zwischen zwei und fünf Lebensjahren... Es ist», meint BERNE, «für jeden einzelnen Menschen sehr wichtig, daß er sein Kindheits-Ich begreift, und zwar nicht deshalb, weil es ihn sein ganzes Leben lang begleitet, sondern auch, weil es ein wesentlicher Bestandteil seiner Persönlichkeit ist.»[157] Gefragt wird innerhalb der Transaktions-Analyse nicht, warum gerade bestimmte Teile der Kindheit beibehalten und als «Skript», als vorbewußter Lebensplan[158], verewigt werden, während andere Teile zu einer Entwicklung im Erwachsenen-Ich fähig sind, – es wird lediglich *unter*stellt oder *fest*gestellt, daß ein jeder Mensch in seinem Inneren «auch einen kleinen Jungen bzw. ein kleines Mädchen» trägt und daß «dieses Wesen fühlt, denkt, handelt und reagiert, genauso wie der betreffende Mensch das getan hat, als er sich in einem ganz bestimmten Kindheitsalter befand»[159].

[155] E. BERNE: Was sagen Sie, nachdem Sie «Guten Tag» gesagt haben?, 24.
[156] A. a. O., 24.
[157] A. a. O., 24–25.
[158] A. a. O., 377; 123; 343.
[159] A. a. O., 24.

Auch hier herrscht methodisch wieder ein reiner Behaviorismus vor, der auf andere als rein lernpsychologische Erklärungen bewußt verzichtet und lediglich das aktuelle Verhalten im Widerspiel früherer Lernprozesse zu beschreiben versucht. Das Kindheits-Ich kann dabei, entsprechend dem Einfluß des Eltern-Ichs, als rebellisches oder natürliches Kindheits-Ich beschrieben werden[160]. Aber trotz solcher Differenzierungen ist es, wie man sieht, nicht möglich, innerhalb dieses Konzeptes Probleme wie die innere Psychogenese und Psychodynamik der Melancholie, des Masochismus, der Homosexualität und ähnliches zu erfassen[161]; immerhin aber sucht BERNE transaktions-analytisch innerhalb des Kindheits-Ichs die Eltern-Ich-Komponenten, die Erwachsenen-Ich-Komponenten und die Kindheits-Ich-Komponenten differenziert zu erfassen[162].

Im Sinne des *Beschreibungsmodells* der Transaktions-Analyse entsteht jetzt also dieses Unterteilungsschema[163]:

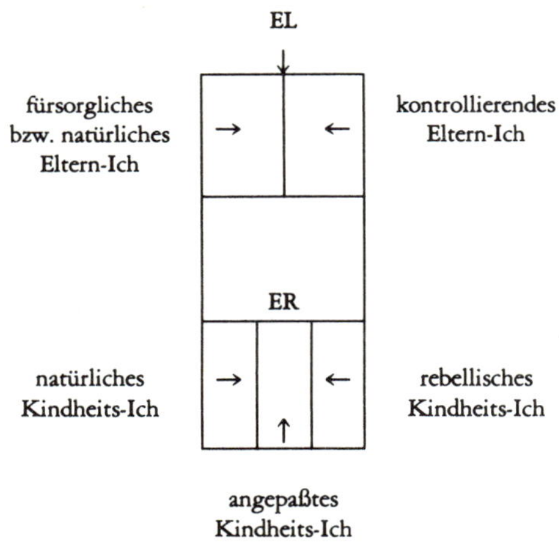

Unterteilt man hingegen *strukturell* nach der Herkunft der einzelnen Ich-Zustände, so ergibt sich dieses Bild[164]:

160 A. a. O., 25.

161 Vgl. S. FREUD: Das ökonomische Problem des Masochismus, XIII 369–383; DERS.: Trauer und Melancholie, X 427–446; oder DERS.: Über einige neurotische Mechanismen bei Eifersucht, Paranoia und Homosexualität, XIII 193–207.

162 E. BERNE: Was sagen Sie, nachdem Sie «Guten Tag» gesagt haben?, 25.

163 A. a. O., 267; 338.

164 A. a. O., 25; 338.

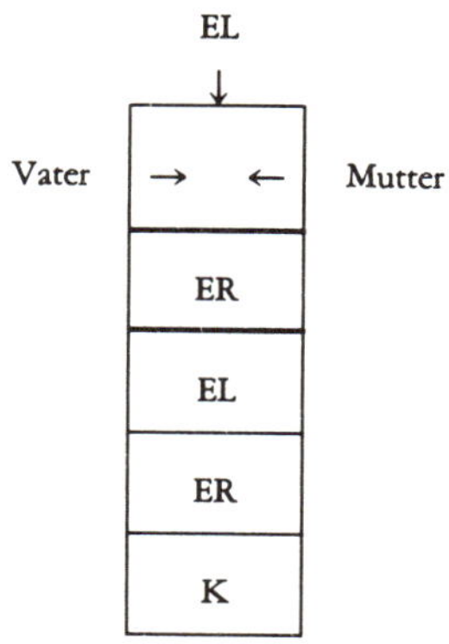

Die einzelnen Ich-Zustände lassen sich relativ leicht anhand der folgenden Merkmale voneinander unterscheiden: Das *Eltern-Ich* äußert sich zumeist in automatischen, reflexhaften, generalisierten Urteilen, die nicht aus der Situation gewonnen werden, sondern diese nur benutzen, um ein Vorurteil zu belegen. Die meisten Pauschalurteile wie: «idiotisch», «unmöglich», «wie kann man nur», «so ein Unfug» usw. sind, jedenfalls dann, wenn sie ohne Nachdenken und mit großer innerer Beteiligung vorgebracht werden, fast immer einfache Reproduktionen von Urteilen des Eltern-Ich. Entsprechend ist meist die Körperhaltung: ein entsetzter Augenaufschlag, ein erhobener Zeigefinger, Seufzen, Händeringen usw. – Als Beispiel eine kurze Dialogpassage, wie ein Einzelfall zum Anlaß eines generalisierten Eltern-Ich-Urteils wird: «Das Fernsehgerät ist kaputt.» – «Das ist immer diese Pfuscharbeit heute.» – «Ja, man kann sich auf nichts mehr verlassen.»

Das *Kindheits-Ich* äußert sich am klarsten in dem körperlichen Ausdruck starker Gemütsbewegungen: Tränen, Schmollen, Wutanfälle, Betteln, Entzücken, Augenniederschlagen, Grimassieren u. ä. sind dafür kennzeichnend. Sprachlich zeigt sich das Kindheits-Ich (neben Wendungen der Babysprache) in Äußerungen der Verantwortungslosigkeit («ist mir ganz egal»), der Willkür («ich mach' doch, was ich will»), der Superlative («unheimlich», «wahnsinnig schick», «Spitze»), der Wunschphantasie («ich stelle mir vor», «ich möchte») und der Scheinsicherheit («wenn ich's dir doch sage», «unbedingt», «absolut», «ganz klar»). Viele dieser Wendungen sind heute vor allem in der Teenagersprache zur modischen Pflicht geworden, – zweifellos auch als Indiz einer kollektiven seelischen Unreife.

Das *Erwachsenen-Ich* zeigt sich beim Gespräch in der Zuwendung des Gesichtes und in seiner Anteilnahme an der gegenwärtigen Situation; es ist sprachlich durch die Vorsicht seiner Behauptungen («wahrscheinlich», «ich glaube»), der Präzision seiner Fragestellungen und Aussagen («wieso», «inwiefern», «in dieser Hinsicht richtig», «bis dahin stimmt's») und dem Bemühen um das Verständnis konkreter Zusammenhänge und Begründungen gekennzeichnet («deshalb», «infolgedessen», «warum»)[165]. – All diese Indizien liefern im Einzelfall natürlich noch keine zwingenden Beweise, aber sie reichen doch aus, um für gewöhnlich sagen zu können, in welch einem Ich-Zustand sich jemand mit seiner jeweiligen Äußerung oder Verhaltensweise gerade befindet.

Die Transaktions-Analyse verfolgt nun zwei Betrachtungsrichtungen. Man kann mit ihrer Hilfe in der angegebenen Weise untersuchen, in welchem Ich-Zustand sich jemand gerade aufhält und wie die Positionen der verschiedenen Ich-Zustände wechseln, wie also sein «ELERK-Trip», seine Reise durch die unterschiedlichen Ich-Zustände, beschaffen ist. Man kann aber vor allem auch untersuchen, wie die Beziehungen, die Transaktionen zwischen zwei und mehr Personen ablaufen, und dies ist der eigentliche Zweck der Transaktions-Analyse. Jede der Personen einer wechselseitigen Beziehung umschließt alle drei Ich-Zustände; versteht man nun die Aktion der einen Person als Stimulus für die Reaktion einer anderen, so kann man verfolgen, von welchem Ich-Zustand der ersten Person der Stimulus ausgeht, in welchem Ich-Zustand die andere Person ihn aufnimmt, von welchem Ich-Zustand deren Reaktion ausgeht und in welchem Ich-Zustand diese Reaktion wiederum aufgenommen wird. – Im ganzen sind zwischen zwei Personen rein rechnerisch 81 einfache Transaktionen möglich, die aber einen sehr unterschiedlichen interpretativen Wert haben können. Relativ problemlos sind eigentlich nur die neun *«Komplementär-Transaktionen»,* bei denen Stimulus und Reaktion parallel laufen[166]. Ein Mann z.B. verhält sich zu seiner Frau wie ein Vater zu seiner Tochter: sein Eltern-Ich richtet sich an das Kinder-Ich seiner Frau (EL/K), und diese erweist sich dafür als seine dankbar ergebene Dienerin (K/EL). Derartige Komplementär-Transaktionen können sehr stabil sein. Problematisch und konfliktreich hingegen sind die möglichen 72 anderen *«Überkreuz-Transaktionen»,* von denen in der Praxis jedoch nur vier eine größere Rolle spielen:

a) Die Übertragungssituation: ER/ER – K/EL[167]; als Beispiel: ein Mann bittet seine Frau um eine sachliche Information: «Weißt du, wo meine Manschettenknöpfe sind?»; sie aber antwortet: «Warum gibst du mir die Schuld an allem?»

b) Die Gegenübertragung: ER/ER – EL/K; als Beispiel: ein Patient sagt zur Krankenschwester: «In einem solchen Krankenhaus würde ich gern arbeiten.»

[165] Vgl. TH. A. HARRIS: Ich bin o. k., Du bist o. k., 84–88.
[166] Vgl. E. BERNE: Was sagen Sie, nachdem Sie «Guten Tag» gesagt haben?, 27.
[167] A. a. O., 28; TH. A. HARRIS: Ich bin o. k., Du bist o. k., 102–103, Abb. 17.

Darauf die Krankenschwester: «Erst mal müssen Sie mit ihren eigenen Problemen fertig werden.»[168]

c) Die irritierende Reaktion: K/EL – ER/ER; als Beispiel: jemand wirbt eigentlich um Sympathie, bekommt aber nur Tatsachen aufgezählt[169]. Die Frau fragt etwa ihren Mann: «Gefalle ich dir?», und er antwortet: «Violett trägt man doch in diesem Sommer.»

d) Die impertinente Reaktion: EL/K – ER/ER: jemand erwartet vom Partner Willfährigkeit, handelt sich aber eine «naseweise» Feststellung als Reaktion ein[170]; z. B.: Der Mann: «In diesem Haushalt findet man aber auch nichts wieder!» Die Frau: «Das ist nun einmal so, wenn die Gartenarbeit wieder anfängt.»

Alle Überkreuz-Transaktionen unterbrechen die Kommunikation, bzw. sie setzen eine Reihe heftiger Auseinandersetzungen in Gang. TH. A. HARRIS meint, daß ein Mensch, der ständig mit seinem Kinder-Ich reagiert, im Grunde sagt: «Ich bin nicht o. k.», und sich damit selber ablehnt, während jemand, der ständig mit dem Eltern-Ich reagiert, dem anderen seine Überlegenheit zeigen will, indem er ihm letztlich sagt: «Du bist nicht o. k.»[171]

Komplementär-Transaktionen und Überkreuz-Transaktionen spielen sich auf nur einer Ebene ab, und insofern sind sie recht einfach aufgebaut und leicht zu analysieren. «Es gibt daneben aber auch noch zwei Arten von verdeckten Transaktionen, die sich auf zwei verschiedenen Ebenen abspielen, die *Angulär-Transaktion* und die *Duplex-Transaktion*.»[172]

In der *Angulär-Transaktion* wendet sich der äußerlich vorgeschobene Stimulus an einen anderen Ich-Zustand des Adressaten als der wirklich beabsichtigte Stimulus; die Reaktion des anderen geht an den Ich-Zustand des ausgesandten Stimulus zurück, aber entweder von dem verdeckt angesprochenen oder dem äußerlich angesprochenen Ich-Zustand aus. Die Angulär-Transaktion ist «erfolgreich», wenn die Reaktion zu dem *verdeckten* Stimulus komplementär ist; sie ist «erfolglos», wenn die Reaktion zu dem offen angesprochenen Stimulus komplementär ist. Man kann leicht errechnen, daß es 18 Arten von erfolgreichen Angulär-Transaktionen gibt, denen ebenso viele erfolglose Angulär-Transaktionen gegenüberstehen.

Z. B.: eine Werbeagentin erklärt, sie werbe für eine besonders lesenswerte Frauenzeitschrift, die alles über die Mode und die Lebensweise einer modernen

[168] TH. A. HARRIS: Ich bin o. k., Du bist o. k., 104, Abb. 18; 106, Abb. 21, 22; 107–109, Abb. 23, 27.

[169] E. BERNE: Was sagen Sie, nachdem Sie «Guten Tag» gesagt haben?, 29.

[170] A. a. O., 29.

[171] TH. A. HARRIS: Ich bin o. k., Du bist o. k., 110–111.

[172] E. BERNE: Was sagen Sie, nachdem Sie «Guten Tag» gesagt haben?, 29.

Frau enthalte. Die Transaktion ist scheinbar rein informativ, also ER/ER, in Wahrheit aber richtet sie sich an das Kinder-Ich des anderen und appelliert an dessen Gefallsucht und Gehorsam, also ER/K. Hat die Werbung mit diesem Appell *Erfolg*, so reagiert die Kundin K/ER, parallel zu dem verdeckten Stimulus; sie kann aber auch erklären, daß sie schon drei Zeitschriften hält und keine mehr braucht, also ER/ER, parallel zu dem verbal gegebenen Stimulus – eine *erfolglose* Angulär-Transaktion.
Im Schema:

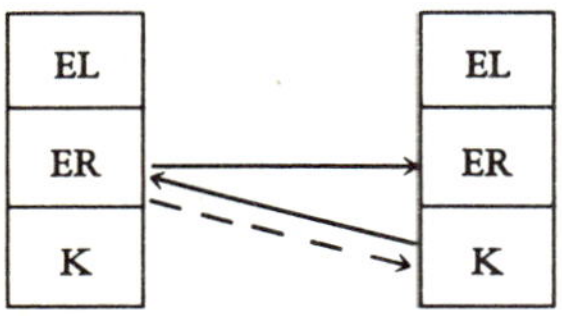

erfolgreiche Angulär-Transaktion

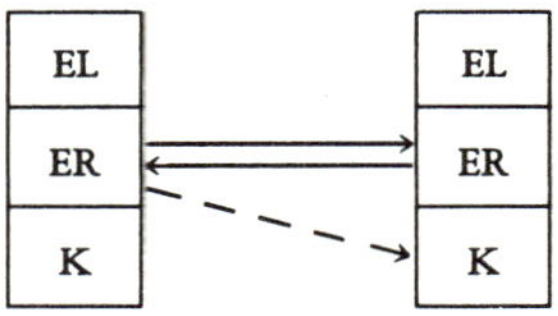

erfolglose Angulär-Transaktion

Die Angulär-Transaktionen sind jedoch im Grunde nur eine Untergruppe der sog. *Duplex-Transaktionen,* d. h. all derjenigen Transaktionen, bei denen wechselseitig die soziale (die offen angesprochene) Ebene eine andere ist als die psychologische (verdeckt angesprochene) Ebene. Jene Werbeagentin mit den Frauenzeitschriften z. B. kann erklären, sie sei eine Strafentlassene, und sie drohe, auf der Straße zu verwahrlosen, wenn man ihr nicht mit einem Abonnement helfe. Auch dies sieht noch wie eine Information aus (ER/ER), es richtet sich aber in Wahrheit vom Kinder-Ich aus an das Eltern-Ich der möglichen Kundin und appelliert an ihr Mitleid und Verantwortungsgefühl mit der eigenen Hilfsbedürftigkeit: also K/EL. Geht die so Angesprochene aus Mitleid auf die Werbung ein, erklärt aber äußerlich ihr Interesse an der Zeitschrift, so ergibt sich dieses Bild:

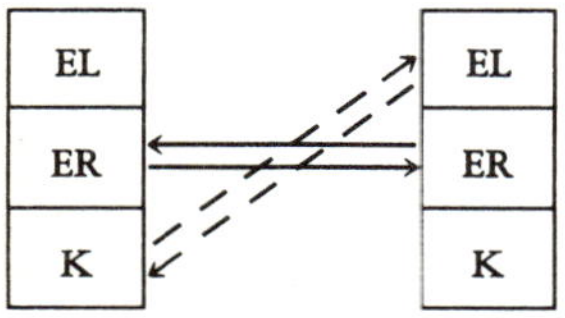

(ER/ER – ER/ER) + (K/EL – EL/K)

Im Unterschied zur bloßen Angulär-Transaktion folgt die Reaktion jetzt sowohl der offenen wie der verdeckten Richtung des Stimulus, ist also selber «doppelt». Rein rechnerisch gibt es (als Quadrat der 9 Komplementär- und der 72 Überkreuz-Transaktionen): $81^2 = 6561$ verschiedene Duplex-Transaktionen, von denen die 81 einfachen Transaktionen abzuziehen sind: also 6480 mögliche Duplex-Transaktionen.

Von diesen sind aber nur die folgenden sechs praktisch und klinisch relevant, die wir etwas ausführlicher erörtern, weil sie bei BERNE ohne Beispiele aufgeführt sind:

1) (ER/ER – ER/ER) + (K/K – K/K); z. B.: Zwei Theologiestudenten tun sich zusammen, um eine Arbeit über die Hexenprozesse zu schreiben; sie tauschen scheinbar eine Menge sachlicher Informationen aus, aber ihr Interesse an gewissen Details der Folterungen, z. B. an der Wirkungsweise der «Eisernen Jungfrau», verrät sadistische und sexualfeindliche Bedürfnisse ihres Kinder-Ichs; im Erwachsenen-Bewußtsein und in ihren moralischen Normen würden sie die Hexenprozesse natürlich verurteilen[173].

2) (ER/ER – ER/ER) + (EL/EL – EL/EL); z. B.: Zwei Promoventen der Theologie treffen sich allmorgendlich zum Frühstück und diskutieren wochenlang über die Unchristlichkeit des Abendlandes, die Verwerflichkeit des Marxismus, über den Deutschen Idealismus und den entscheidenden Durchbruch einer bestimmten Thomas-Interpretation; nach zwei Jahren Gespräch kennen sie sich persönlich gar nicht; sie gehen auseinander und sehen oder schreiben einander nie wieder. Ihre Transaktion bestand scheinbar in sachlichen Gesprächen, in Wahrheit aber bestätigten sie sich einander nur in gewissen angelernten Vorurteilen, und ihre Gespräche waren völlig realitätsfern und unpersönlich.

3) (ER/ER – ER/ER) + (EL/K – K/EL); z. B.: Eine Frau sagt: «Ich möchte ein neues Kleid kaufen, weil es Sommer wird.» Der Mann: «Ich weiß nicht, wie hoch die Steuerrückzahlung ausfällt.» Die scheinbare Sachinformation soll besagen: «Immer muß ich für dich aufkommen; du bist zu anspruchsvoll; ich verurteile deine Anmaßung.» Die Frau: «Vielleicht brauche ich auch noch kein Kleid», was heißen soll: «Ich will wieder gut und nicht anspruchsvoll sein.» – Oder: Zwei Theologen unterhalten sich: Der erste: «Nietzsche hat gesagt, ein freier Mensch könne nicht an Gott glauben.» Der zweite: «Er soll die Syphilis gehabt haben.» Antwort: «Er war bestimmt verrückt.» Scheinbar geht es um eine philosophiegeschichtliche Auseinandersetzung. In Wahrheit trägt die Bemerkung über die angebliche Erkrankung NIETZSCHES nichts zur Lösung des Atheismusproblems bei; sie soll besagen: «Wenn du solche Gedan-

[173] Vgl. ein ähnliches Beispiel für eine Komplementär-Transaktion K/K – K/K bei TH. A. HARRIS: Ich bin o. k., Du bist o. k., 93.

ken ernst nimmst, verurteile ich dich. Du bist ein Schwein.» Der Gesprächspartner fügt sich gehorsam dem unausgesprochenen Verdikt.

4) (EL/EL – EL/EL) + (K/K – K/K); z. B.: Zwei Moraltheologen: A: «Es ist gut, daß der Papst noch einmal auf der USA-Reise darauf hingewiesen hat, daß voreehelicher Geschlechtsverkehr und Homosexualität verboten sind.» B: «Ja, alles das ist widernatürlich und eine bloß egoistische Triebbefriedigung.» – Scheinbar tauschen die beiden nur ihre (Vor-)Urteile des Elternichs aus; in Wahrheit aber haben sie beide mit Homosexuellen niemals wirklich zu tun gehabt; sie sind vielmehr in Lehre und Forschung wissenschaftlich auf ganz anderem Gebiet tätig; ihr Interesse an dem Thema dient nur der gegenseitigen Versicherung, die sie sich schon als Kinder hätten geloben können: daß sie so etwas «Abscheuliches» niemals tun und immer brave Kinder bleiben würden[174].

5) (ER/ER – ER/ER) + (K/ER – K/ER); z. B.: Ein Pfarrer zu seinem Vikar: «Die Beichten gehen in unserer Gemeinde immer mehr zurück.» Der Vikar: «Predigen Sie doch sonntags mal darüber.» Auch dieser Dialog klingt rein sachlich. Tatsächlich aber äußert der Pfarrer: «Ich weiß nicht mehr, was ich tun soll. Wissen Sie keine Lösung?» Und der Vikar sagt: «Ich weiß es auch nicht. Eigentlich müßten Sie es doch wissen.»[175]

6) (ER/ER – ER/ER) + (EL/ER – EL/ER); z. B.: Ein Mann zu seiner Frau, die eine Zigarette raucht: «Hast Du schon die Zeitung gelesen? Sie schreiben, daß Nikotin, vor allem ohne Filter, krebsfördernd ist.» Die Frau antwortet ihrem übergewichtigen Mann, der gerade Erdnüsse ißt: «Ja, sie schreiben viel Richtiges. Dieser Tage stand auch darin, daß vor allem Männer mit Übergewicht infarktgefährdet sind.» Beide sagen durch den scheinbaren Informationsaustausch eigentlich nur: «Ich möchte dich darauf hinweisen, daß du auf dich aufpassen solltest.» Der eine übernimmt Verantwortung für den anderen, aber in Anbetracht sachlicher Argumente, nicht moralischer Verurteilungen; deshalb EL/ER. – Oder: Die Frau sagt: «Ich fahre noch einmal in die Stadt.» Der Mann: «Sie haben gegen Abend Glatteis gemeldet.», was heißen soll: «Ich sorge mich um dich. Sei vorsichtig.» Unter dem Anschein von ER/ER also EL/ER.

Eine bloße Übersicht dieser sechs Duplex-Transaktionen zeigt, daß unter dem Deckmantel scheinbar ganz erwachsener (ER/ER) oder gelehrt wichtiger (EL/EL) Gespräche sich alles Mögliche verstecken kann. Freilich ist für die

[174] Dieses Beispiel mag zugleich beleuchten, auf welch einem menschlichen Niveau die innerkirchliche Diskussion gerade bei Fragen der Sexualmoral zumeist stattfindet und wie hoch ihr Sachbeitrag objektiv einzuschätzen ist; vgl. E. Drewermann: Psychoanalyse und Moraltheologie, II (1983) 12–16.

[175] Zur Komplementär-Transaktion zwischen Kindheits- und Erwachsenen-Ich vgl. Th. A. Harris: Ich bin o. k., Du bist o. k., 99–100.

Analyse der Duplex-Transaktionen wiederum ein gewisses Maß an Einfühlung nötig, und man darf nicht nur hören, was gesagt wird, sondern man muß vor allem die Gefühlsbedeutung des Gesagten für den Sprecher wie für den Adressaten mitreflektieren. Alle ungeprüften und weit über die Situation hinausreichenden Sätze stehen im Verdacht, dem Eltern-Ich zu entstammen; alle als unangemessen erscheinenden Affektausbrüche werden wahrscheinlich dem Kinder-Ich entspringen. «Am besten», mit E. BERNE, «begreift man... den Standpunkt der Transaktionsanalyse, wenn man sich die Frage stellt: ‹Was würde ein ein-, zwei- bzw. dreijähriges Kind tun, das dem Verhalten dieses betreffenden Erwachsenen entspräche?›»[176]

Es bleibt noch anzudeuten, wie in dem ELERK-System auch *psychopathologische Fragen* sich darstellen, wenngleich nur sehr begrenzt wirklich verstehen lassen. Die Einschränkungen des Ich durch Es und Überich, die in der Psychoanalyse FREUDS psychodynamisch außerordentlich verwickelt und differenziert beschrieben wurden, lassen sich in der Transaktionsanalyse scheinbar auf zwei einfache Grundformen zurückführen: das Vorurteil (Einschränkung des Erwachsenen-Ichs durch das Eltern-Ich) und die Einbildungen (Einschränkungen des Erwachsenen-Ichs durch die Wünsche des Kindheits-Ichs)[177]. Darüberhinaus ergeben sich folgende Möglichkeiten:

a) das Erwachsenen-Ich wird durch das Eltern-Ich getrübt unter Blockierung des Kindheits-Ichs: der Typ des freudelosen Pflichtmenschen;

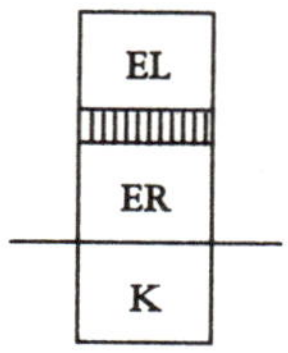

b) das Erwachsenen-Ich wird durch das Kindheits-Ich getrübt unter Blockierung des Eltern-Ichs: der Typ des Menschen ohne Gewissen;

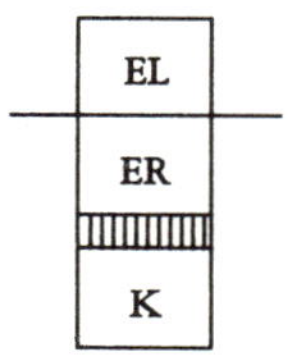

[176] E. BERNE: Was sagen Sie, nachdem sie «Guten Tag» gesagt haben?, 33.
[177] TH. A. HARRIS: Ich bin o. k., Du bist o. k., 120.

c) das blockierte Erwachsenen-Ich: der Fall der Psychose.

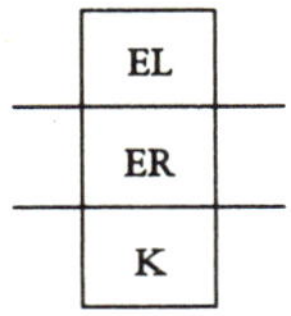

Man sieht und braucht nicht zu erklären, daß dieses Schema nur sehr begrenzt tauglich ist, um die Vielschichtigkeit der einzelnen Neuroseformen bzw. psychotischen Erkrankungen zu beschreiben. Der «Mensch ohne Gewissen» z. B. ist fast niemals eine einfach zum Eltern-Ich hin blockierte Persönlichkeit, sondern der Fall eines solchen «Asozialen» ergibt sich meist aus einer Dekompensation überhöhter Eltern-Ich-Ansprüche; ebensowenig ist der Typus des «Pflichtmenschen» mit dem «Zwangsneurotiker» der Psychoanalyse auf eine Stufe zu stellen, der ja gerade durch seine Ambivalenz zwischen Eltern-Ich und Kinder-Ich gekennzeichnet ist, – anders etwa als die Pflichttreue des Depressiven, bei dem das Erwachsenen-Ich sich völlig mit dem Eltern-Ich identifiziert; und so könnte und müßte man Punkt für Punkt fortfahren.

Aber trotz solcher Einwände und Vorbehalte muß man anerkennen, daß die Methode der Transaktions-Analyse die Vorteile besitzt, die ihre Erfinder an ihr rühmen: sie ist «ein Modell für alle nur denkbaren Formen von sozialen Verhaltensweisen» (also nicht von innerpsychischen Konflikten!), das nur von zwei Voraussetzungen ausgeht: dem möglichen Wechsel von einem Ich-Zustand zu einem anderen und der Feststellbarkeit des Verhältnisses von Stimulus und Reaktion zwischen zwei Personen[178]; im Rahmen dieser Einschränkungen ist sie ein hervorragendes Mittel, um zu beschreiben, was zwischen Menschen abläuft, und es ist klar, daß sie entsprechend auch zur Interpretation von Texten, die, gleich welcher Art, zwischenmenschliches Verhalten schildern, mit großem Gewinn verwandt werden kann.

BERNE selbst bereits hat versucht, am Mythos von Europas Entführung[179] oder am Beispiel des Rotkäppchen-Märchens[180] oder des Aschenputtels[181] zu zeigen, wie eine solche Transaktions-Analyse in literarischen Texten von einem neutralen, «marsischen» Standpunkt aus vorgenommen werden kann. Man hat dabei freilich den Eindruck, daß BERNE gerade den märchenhaften und mythi-

[178] E. BERNE: Was sagen Sie, nachdem Sie «Guten Tag» gesagt haben?, 32–33.

[179] A. a. O., 49–50.

[180] A. a. O., 50–52.

[181] A. a. O., 202–204.

schen Texten mit seinem Vorgehen sehr Unrecht tut, weil er sie behandelt wie realistische Erzählungen, die in eben dieser Form auch in der Zeitung stehen könnten; zahlreiche Fragen, die BERNE an den Text stellt, erklären sich überhaupt nur aus einer völlig unangemessenen Unterschlagung der symbolischen Ausdrucksebene der archetypischen Erzählungen. Dadurch werden aus Spannungen innerhalb einer Persönlichkeit einfache Verhaltensinkongruenzen: Europa etwa spielt nach BERNE ebenso wie das Rotkäppchen das Spiel «Hilfe, Vergewaltigung»[182], – nichts weiter. Die Ausklammerung der subjektalen Deutungsebene macht die Transaktions-Analyse gerade bei traumhaften, symbolischen Erzählungen oft geradezu grotesk, wodurch sich freilich auch für die tatsächliche psychotherapeutische Behandlung noch einmal die offenkundigen Grenzen der Transaktionsanalyse zeigen. Andererseits hat BERNE an sich mit der Überzeugung natürlich sehr recht, daß man Erzählungen von der Art der Märchen, Mythen u.ä. so lesen muß, wie wenn sie reale Biographien wären und dementsprechende «Skripts» in sich enthielten. Die Herakles-Mythe z.B. enthält nach BERNE den Skript-Apparat: «Nach zwölf Jahren harter Arbeit wirst du wieder frei sein!»; das Froschkönig-Märchen sagt: «Du kannst aufhören, weiter ein Frosch zu sein, wenn sie dich gegen die Wand wirft»; das Märchen vom «Schneewittchen» oder vom «Dornröschen» gibt den Befehl: «Fall tot um»; das Märchen von La belle et la bête, von der Schönen und dem wilden Tier[183], erteilt die Anweisung: «Sei lieb und nett, bis sie sagt, daß sie dich liebt», usw.[184]. Derartige Skripts sollen wiedergeben, welch eine Überlebensstrategie der Held einer Erzählung im Hintergrund befolgt; sie werden selten der komplizierten Psychodynamik und inneren Entwicklung der einzelnen Gestalten in Märchen und Mythos gerecht, aber sie liefern doch wichtige Stichworte, um bestimmte literarische Gestalten mit Personen des wirklichen Lebens zu vergleichen.

β) *Noch einmal die Legende der «Sünderin» – transaktionsanalytisch*

Um zu zeigen, wie die Transaktions-Analyse auch zur Interpretation biblischer Texte sich eignet, kommen wir am besten noch einmal auf die Legende von der Sünderin in Lk 7,36–50 zu sprechen.

In den Termini der Transaktions-Analyse liest sich diese Szene als eine Folge von acht Transaktionen:

1) die Frau kommt zu Christus in einer Haltung, die deutlich das Kindheits-

[182] A.a.O., 50.

[183] Bei GRIMM z.B. als «Das singende springende Löweneckerchen», KHM 88.

[184] E. BERNE: Was sagen Sie, nachdem Sie «Guten Tag» gesagt haben?, 103.

Ich verrät: Kniefall, Angst, Weinen, Stummheit – all das weist ihren Ich-Zustand als kindlich aus. In Christus sieht sie offenbar einen Mann, der sie aufnehmen und als berechtigt erweisen soll, – wie ein Vater, König oder Priester. Ihre Transaktion ist also K/EL. Diese Feststellung ist wichtig, denn sie zeigt, daß die Liebe der Frau zu Christus nicht einem erwachsenen Mann gilt, sondern daß sie sich an ihn als an eine Art Autorität oder richtender bzw. begnadigender Instanz wendet. Von Jesus aber wird ihr Tun zunächst nur schweigend hingenommen; er geht auf die Frau zunächst nicht verbal, sondern nur durch sein Verhalten ein (eine komplementäre Transaktion: EL/K auf K/EL).
Es gibt jedoch daneben 2) die Transaktion zwischen der Frau und dem Pharisäer. Man darf unterstellen, daß es die Gegenwart dieses Pharisäers ist, von der die Frau sich so verunsichert, ja von vornherein verurteilt fühlt. Auch zu ihm nimmt die Frau also eine Transaktion K/EL auf, und in der Tat wird diese auch so beantwortet: der Pharisäer findet ihren Auftritt «unmöglich»; also erneut: EL/K. – Es kommt mithin gleich zu Beginn des Auftritts der Frau zu zwei Komplementär-Transaktionen: K/EL – EL/K, beide aber sind ganz und gar verschiedenen Inhalts: die eine gilt und entstammt einem *fürsorglichen,* die andere einem ***kontrollierenden*** Eltern-Ich.
Entscheidend wird nun die Art, in der Jesus sich dem Pharisäer zuwendet. Er spürt die Vorwürfe, die 3) der Pharisäer von seinem Eltern-Ich aus an das Erwachsenen-Ich Jesu, an seinen Selbstanspruch als Gottesmann, richtet (EL/ER).
Aber Jesus versagt es sich, auf diese Vorwürfe direkt einzugehen; er wendet sich nicht unmittelbar an das Eltern-Ich des Pharisäers, sondern er konfrontiert ihn 4) mit einem Gleichnis, fordert ihn zu eigenem Nachdenken über den vorliegenden «Fall» auf, weist auf die Fakten der gegenwärtigen Situation hin, – kurz, er wendet sich mit seinem Erwachsenen-Ich an das Erwachsenen-Ich des Pharisäers (ER/ER). Wir haben es also mit einer Überkreuz-Transaktion zwischen dem Pharisäer und Christus zu tun, nämlich EL/ER – ER/ER. – Deutet man die Ablehnung des Verhaltens Jesu durch den Pharisäer sogar als EL/K, so entspricht die Antwort Jesu der «impertinenten Reaktion»: EL/K – ER/ER. In Wahrheit aber verbirgt sich hinter dem ER/ER der Antwort Jesu natürlich eine Korrektur oder Kritik des starren Eltern-Ichs des Pharisäers, also: ER/EL. – Die Antwort Jesu stellt mithin im Grunde eine Duplex-Transaktion dar: auf der soziologischen Ebene ER/ER, auf der psychologischen Ebene aber ER/EL.
Das nachfolgende Schweigen des Pharisäers 5) wird man als Zustimmung deuten müssen, also als eine Antwort ER/ER (oder, wenn man es negativ bewertet, als beharrendes EL/ER).

Nun wendet sich 6) Jesus der Frau zu, indem er ihr die Vergebung ihrer Sünden zusichert. Das ist ein Urteil, das nicht nur vom Erwachsenen-Ich, sondern von der Moral und Religiosität Jesu gesprochen wird; die Frau kann dieses Urteil annehmen, aber nicht beeinflussen, sie ist ihm auf Gedeih und Verderb wie ein Kind ausgeliefert, also: EL/K.
Dann aber fügt Jesus 7) noch eine Feststellung hinzu, in der er von sich her beurteilt, was die Frau getan hat: ihr *Glaube,* sagt er, hat ihr geholfen; Jesus würdigt also, was die Frau selbst zu der Situation beigetragen hat, und gibt ihr

I) 1–3

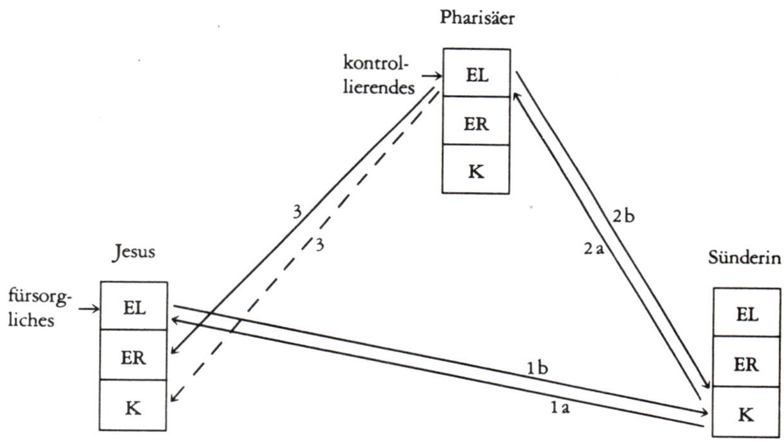

II) 4–8

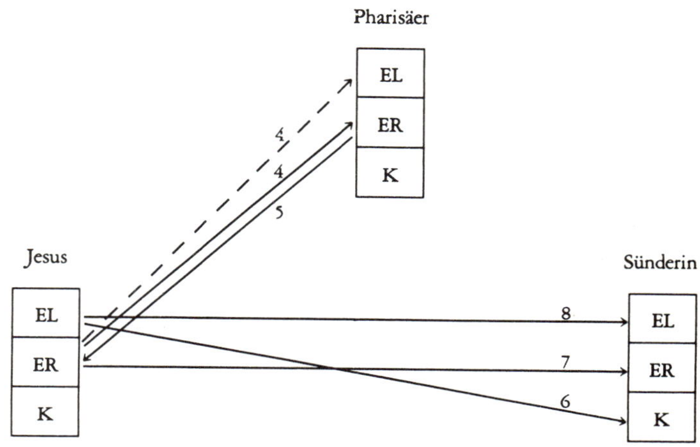

Recht in ihrem Verhalten; außerdem verweist er sie damit an ihr eigenes Denken und Handeln; das Vertrauen, das sie Christus geschenkt hat, darf und soll sie bei sich selbst als etwas Richtiges anerkennen, also: ER/ER.
Mit den Worten: «Geh in Frieden» schickt sie Jesus 8) als eine, die vor Gott und den Menschen sich nicht mehr verurteilen muß (EL/EL) auf den Weg ihres Lebens. In den Worten an die Frau akzeptiert Jesus sie also auf allen drei Ebenen, wobei er lediglich sein eigenes Kinder-Ich nicht ins Spiel bringt.
Rekonstruiert man die acht Transaktionen dieser kurzen Szene schematisch, so erhält man die Bilder auf der vorstehenden Seite.

Wie man sieht, ist die Beschreibung der Transaktions-Analyse weit nüchterner, objektivierender, feststellender als die einfühlende Methode der Gesprächspsychotherapie. Sie ist innerhalb einer Behandlung ein hervorragendes Mittel der *Konfrontation*[185]: sie setzt die Fragestellungen der Verbalisationstechnik der Gesprächspsychotherapie in gewissem Sinne voraus, aber sie versucht nicht so sehr, die Welt aus der Sicht des Patienten zu sehen und von seiner Stelle aus wahrzunehmen, sondern sie möchte ihn mit seinen eigenen unbemerkten Widersprüchen, den Unangemessenheiten seines Verhaltens, der Sinnwidrigkeit seiner Reaktionen usw. bekanntmachen, in der Hoffnung, daß eine solche Bewußtmachung eine entsprechende Verhaltensänderung, eine Überprüfung der alten Skripts ermöglicht und einleitet. Darüber hinaus aber erlaubt die Transaktions-Analyse auch einige grundsätzliche *religionspsychologische* Feststellungen über das, was z. B. in der Szene von Lk 7,36–50 als «Glaube an Gott» und als «Religion» zu bezeichnen ist.
Offensichtlich stehen sich nämlich in dieser Szene von der «Sünderin» zwei psychologisch unterschiedliche Typen von Religion einander gegenüber. Die eine Form der Religiosität ist in der Gestalt des Pharisäers verkörpert und wird durch ein kontrollierendes, verurteilendes, gestrenges Eltern-Ich repräsentiert. In der Sprache von TH. A. HARRIS vermittelt dieses Eltern-Ich stets den Eindruck: «Du bist nicht o. k.» Der Gott dieses Eltern-Ichs verlangt, daß man zu ihm umgekehrt bedingungslos sagt: «*Du* bist o. k.», sich ihm völlig unterwirft und sich möglichst bemüht, trotz allem doch noch ein gewisses positives Ansehen von seiten dieses Tribunals zu gewinnen[186]. Unter den Augen eines solchen allwissenden, stets gegenwärtigen, stets strafbereiten Eltern-Ichs erscheint die Religion als eine Form latenten Selbsthasses. Alles, was FREUD über den Zusammenhang von Vaterautorität, Kastrationsdrohung und Gottesbild ge-

[185] Vgl. E. DREWERMANN: Psychoanalyse und Moraltheologie, II. (1983), 248–249.
[186] TH. A. HARRIS: Ich bin o. k., Du bist o. k., 243–244.

schrieben hat, entspricht diesem Schema eines kontrollierenden Eltern-Ichs: unter «Gott» ist hier die Introjektion einer rächenden, die eigene Liebesfähigkeit und Liebenswürdigkeit zerstörenden Elternautorität zu verstehen, die im Namen bestimmter kultureller Normen den Menschen, das Individuum, von vornherein für seine natürlichen Wünsche und Triebe schuldig spricht. Religion ist unter der Herrschaft dieses Gottes nur eine Form neurotischer Ängste, Gehemmtheiten und Zwänge, ein Gegenprogramm menschlicher Reifung und menschlichen Glücks. Einem solchen Eltern-Ich gegenüber ist das «Ich» FREUDS (das «Erwachsenen-Ich» der Transaktions-Analyse) in masochistischer Weise ausgeliefert[187], und die besten Vertreter dieser Religion wird man aufgrund des Kastrationskomplexes für latent homosexuell halten müssen[188]. Außerdem gibt es kein besseres Mittel, um unter der Knute eines solchen Zwingherrn zu leben, als das Urteil: «Ich bin nicht o. k.», durch den Nachweis zu mildern, daß auch der andere «nicht o. k.», ja womöglich noch weit schlechter ist als man selbst.

Auf diese Weise wird aus der Religion eine einzige moralische Selbstvergewaltigung und Selbstverstümmelung, stets verbunden mit einem latenten oder offen praktizierten Sadismus gegenüber den anderen. Die Frage nach besser oder schlechter, höher oder niedriger spielt jetzt eine große Rolle, und zum Verzweifeln sieht eine solche Religion dem ähnlich, als was FREUD sie beschrieb: einer zwangsneurotischen Veranstaltung voller Tabus, Denkhemmungen, primitiven magischen Ritualen der Angstvermeidung, der Zerstörung insbesondere der Sexualität und Liebe[189], angefüllt mit einer ständig unterdrückten Neigung zu Grausamkeiten aller Art, teils im Widerspruch, teils im Dienste eines kastrierenden «Urvaters»[190].

Im Namen einer solchen Religion, eines solchen Gottes bzw. eines Eltern-Ichs, das dem entspricht, sind – auch und gerade als Beweis eines rechten Christentums – endlose Kriege geführt worden[191], sind ganze Völkerschaften und Kulturen zerstört und entwurzelt worden, hat man Frauen als Hexen gefoltert, Andersdenkende mitsamt ihren Schriften verbrannt, hat man Menschen in Krankheit und Wahnsinn getrieben und insgesamt eine ständige Angst gegen jeden freien Gedanken und gegen jedes starke Gefühl in den Herzen der Menschen

[187] Vgl. S. FREUD: Trauer und Melancholie, X 427–446; DERS.: Das ökonomische Problem des Masochismus, XIII 369; 383.

[188] Vgl. die Darstellung der Homosexualität bei S. FREUD: Drei Abhandlungen zur Sexualtheorie, V 43–47.

[189] Vgl. S. FREUD: Beiträge zur Psychologie des Liebeslebens, II. Teil: Über die allgemeinste Erniedrigung des Liebeslebens, VIII 78–91.

[190] Vgl. S. FREUD: Totem und Tabu, X 183–186.

[191] Zu der latenten Kriegsneigung des Christentums vgl. E. DREWERMANN: Der Krieg und das Christentum, 195–206.

verbreitet. Im Namen einer solchen Religion kann sich die eigene Freiheit nur bewähren in der verachtungsvollen Verurteilung des scheinbar Unreinen und Sündigen.

An dieser einen Frage: ob die Religion eine bloße Angelegenheit des Eltern-Ichs (des «Über-Ichs» FREUDS) ist oder nicht, entscheidet sich daher nicht nur das Wohl und das Wehe der Frau, die in Lk 7,36–50 zu Christus kommt, – es entscheidet sich daran überhaupt, ob die Religion terroristische und inhumane oder befreiende und menschliche Züge trägt. Kein Zweifel: wenn der Atheismus FREUDS den Sinn hatte, den Gott des Über-Ichs, die Gestalt eines wütenden Urvaters psychisch zu zerstören, so kann man seine Meinung und Hoffnung angesichts einer solchen Art von «Christentum» nur teilen: daß «die Religion einer Kindheitsneurose vergleichbar sei, ... (und, d.V.) daß die Menschheit diese neurotische Phase überwinden wird, wie so viele Kinder ihre ähnliche Neurose auswachsen»[192].

Weit über den Anlaß der Szene von Lk 7,36–50 hinaus, verkörpert die Gestalt des Pharisäers, religionspsychologisch gesehen, daher eine Haltung bzw. einen Typ von Religion, dessen Unmenschlichkeit mit Händen zu greifen ist. Trotzdem ist es gerade diese Form von Religion, die sich der weitesten und allgemeinsten Verbreitung erfreut; sie in sich selbst und in ihren scheinbar frömmsten Anhängern zu bekämpfen, stellt offenbar eine Aufgabe dar, die sich zu allen Zeiten gleichermaßen ergibt, – jedenfalls, wenn man in der Gestalt Jesu gerade eine entgegengesetzte Form von Glauben als verpflichtendes Vorbild verkörpert sieht.

Denn es ist kein Zweifel, daß Jesus, entgegen der Haltung des Pharisäers, von einem bejahenden, akzeptierenden Eltern-Ich geprägt ist, das dem Ich das Gefühl vermittelt, angenommen und berechtigt zu sein. Die Religion, die Jesus verkörpert, basiert auf dem Vertrauen, daß ein jeder Mensch die Möglichkeit besitzt, sich selbst anzunehmen «als etwas ewig Bedeutungsvolles, als etwas ewig Geliebtes, als etwas ewig Angenommenes»[193]. Diese Überzeugung macht es ihm möglich, auch die Sünderin anzunehmen und, statt starre Vorurteile des Über-Ichs zu wiederholen, mit seinem Erwachsenen-Ich die Wirklichkeit eines jeden Einzelfalles zu sehen und gesondert wahrzunehmen. Es ermöglicht ihm

192 S. FREUD: Die Zukunft einer Illusion, XIV 377. – Sehr zu Recht betont D. STOLLBERG – D. LÜHRMANN: Tiefenpsychologische oder historisch-kritische Exegese, in: Spiegel: Doppeldeutlich, 215–236, daß alle Aussagen des NTs, vor allem die des hl. Paulus, ohne tiefenpsychologische Vermittlung in der Gefahr stehen, als Prinzipien heteronomer Ich-Auslöschung verstanden zu werden.

193 P. TILLICH: Die neue Wirklichkeit, 93. – Die Forderung an eine angstfreie Form des Glaubens ist von der Psychoanalyse besonders von O. PFISTER: Das Christentum und die Angst, 481–510, zugunsten einer freien Glaubensliebe und eines überzeugenden Liebesglaubens erhoben worden.

auch zugleich, die Gegensätze zwischen den einzelnen Ich-Zuständen in der Frau zu überwinden, und wenn er ihr am Ende sagt, sie möge gehen in «Frieden», so ist mit «Frieden» offensichtlich gerade diese innere Einheit und Versöhntheit mit sich selber gemeint. Eine Religiosität, wie Jesus sie in dieser Szene ausstrahlt, geht von der Überzeugung des Erwachsenen-Ichs aus, im eigenen Dasein gut genug und berechtigt genug zu sein, um im Leben seinen Platz zu finden, und zwar ohne Vorleistungen moralischer oder religiöser Art. Das Grundempfinden, angenommen und berechtigt zu sein, ist nicht das Ergebnis, sondern die Grundlage der Moralität; ohne dieses Empfinden ist der Mensch auch zu dem Guten, das er tun will, außerstande und nur ein hoffnungsloses Opfer seiner Angst[194]. Den langen Weg aber, der von der Knechtung des Über-Ichs zur Freiheit eines Erwachsenen-Ichs führt, das sich selbst als getragen und berechtigt empfindet, mag man mit Recht «Erlösung» nennen und den Schritt dahin als «Bekehrung» bezeichnen[195].

Der große französische Dichter FRANCIS JAMMES z. B., der sich lange Zeit als unwürdig, «gedemütigt, elend, neurasthenisch» empfand, beschreibt, wie das Erlebnis seiner Konversion dem Eindruck eines Kindes glich, «das schwindlig wird, den Halt verliert, und plötzlich vom Ufer her den Zweig erspäht, den es ergreift... Kalte Traurigkeit überkam mich, und eine Art Tod lag auf mir, weil ich nicht einsah, daß man nicht zu gleicher Zeit Böses tun und Gott um das unaussprechliche Gut erneuter Gnade bitten kann...» «An jenem Sonntag erhob ich mich denn, um in der Kathedrale von Bordeaux in der Messe zu weinen. In den Untergründen meines Seins fing eine Freude an, ans Licht zu steigen. Sollte es denn möglich sein, daß der Mensch von solcher Seligkeit ergriffen würde? Zum ersten Mal spürte ich Heide, der ich war – wie soll ich sagen? –, die Bewegung, die Gott in der Verbannung meines Abgrundes ins Werk setzte. – Dich, Vater, habe ich zuerst erkannt! – ... eines Tages kam ich zu der Folgerung: ‹Es ist unmöglich, daß Gott einen Menschen, der sich nach ihm sehnt, hindert, sich ihm zu einen!›» – «Ihr wißt, daß der Heiland von der Hochzeit zu Kana mich gesegnet hat; daß ich mein Zelt aufschlug, ein Haus auftat.[196]» – Im Umkreis solcher Erfahrungen einer bedingungslosen Akzeptation allein ereignen sich die großen Bekehrungen, die in den «Legenden der Unfertigen» immer wieder berichtet werden.

[194] Vgl. E. DREWERMANN: Strukturen des Bösen, III, S. XIV–XXXI; XLI–XLVII; LXIX–LXXXIV; 298–299; 540–562; DERS.: Von Angst und Schuld und ihrer Überwindung, in: Psychoanalyse und Moraltheologie, I (1982) 111–127.

[195] Zur Psychologie der Bekehrung vgl. W. JAMES: Die Vielfalt religiöser Erfahrung, 1979, 185–247, der vor allem die «Glücksekstase» für besonders charakteristisch beim Bekehrungserlebnis ansieht (S. 244).

[196] F. JAMMES: Regung des Herzens, 253–254.

An einem solchen kleinen Beispiel also zeigt sich, zu welchen Betrachtungen eine tiefenpsychologische Untersuchung biblischer Erzählungen führen kann, wenn man nur die entsprechenden Instrumentarien zur Auslegung kennt und anwendet. Die einfühlende Methode der *Gesprächspsychotherapie* vermag die handelnden Personen der Erzählungen mit ihren Nöten und Hoffnungen, Sorgen und Erwartungen mittelbar dem Leser näherzurücken; die *Transaktions-Analyse* hingegen kann aufhellen, auf welch einem Reifegrad menschlichen Verhaltens die Akteure auftreten und was von ihrem Tun unter dem Gesichtspunkt psychischer Integration zu halten ist.

Dabei ist es kein Zufall, daß wir gerade beim Abschluß der Interpretationsmöglichkeiten der *«Legenden der Unfertigen»* erneut auf das Thema des Heils zu sprechen kommen. Im Kern haben sich uns die Legenden der Heiligen ebenso wie die Legenden der Unfertigen als Geschichten der *Gnade* zu erkennen gegeben, und eben darin haben wir neben dem archetypischen Material, das freilich nicht immer psychologisch ganzheitlich verwandt wird, die bleibende Wahrheit der Legenden erkannt, daß sie von der Erfahrung eines derartigen absoluten Getragenwerdens Zeugnis geben.

An dieser Stelle ist es gerade die psychologische Kenntnis von der Macht der Angst und der Notwendigkeit des Glaubens, die eine bloße Ästhetisierung in der Auslegung der Legenden verhindern kann. G. W. F. Hegel z. B. hat in seiner «Ästhetik», als er die religiöse Dichtung und Kunst behandelte, die Wahrheit der Legenden sowohl erfaßt als verfehlt, indem er vom Erlebnis der *Bekehrung* schrieb: «Das Gefühl der Stärke und Ausdauer des eigenen Geistes, der durch Gott, zu dem er sich wendet, das Böse besiegt und, insofern er sich mit ihm vermittelt, sich mit ihm eins weiß, gibt... die Befriedigung und Beseligung, Gott zwar als absolut Anderes gegen die Sünde der Zeitlichkeit anzuschauen, doch dieses Unendliche zugleich identisch mit mir als diesem Subjekt zu wissen, dies Selbstbewußtsein Gottes als mein Ich, mein Selbstbewußtsein, so gewiß, als ich mir selber bin, in mir zu tragen.»[197] Vollkommen recht hat Hegel in diesem Zitat, daß es in der Bekehrung gerade um das Empfinden einer neuen Einheit und Ungetrenntheit mit Gott, um die Entdeckung eines neuen Selbstbewußtseins geht; nur, daß er unter den Voraussetzungen seiner Identitätsphilosophie die Einheit mit Gott nicht als ein personales Geschehen, als ein Angenommensein in Gott versteht, sondern Gott und Mensch geistmetaphysisch miteinander identifiziert, verdirbt die Berechtigung und hermeneutische Fruchtbarkeit seines Ansatzes. Wir haben an anderer Stelle gezeigt, wie durch Hegels Identitätslehre das Böse ebenso wie die Erlösung verharmlost

[197] G. W. F. Hegel: Ästhetik, II 605.

und um ihren Ernst gebracht werden[198], und leider liefert HEGEL selbst an gleicher Stelle dafür den Beweis, wenn er von der Legende der Sünderin sagt: «Weder mit der Sünde noch mit der Heiligkeit wird es dann so ernst genommen; ihr ward viel verziehen, weil sie viel geliebt hatte; ihrer Liebe und Schönheit willen ist ihr verziehen, und das Rührende besteht nun darin, daß sie sich doch ein Gewissen aus ihrem Lieben macht, in empfindungsreicher Schönheit der Seele Tränen des Schmerzes vergießt. Nicht daß sie so viel geliebt hat, ist ihr Irrtum; sondern dies gleichsam ist ihr schöner, rührender Irrtum, daß sie glaubt, eine Sünderin zu sein, denn ihre empfindungsvolle Schönheit selbst gibt nur die Vorstellung, daß sie in ihrer Liebe edel und von tiefem Gemüt gewesen.»[199] So verhält es sich in der Legende von der Sünderin gerade nicht. Im Gegenteil zeigt diese Erzählung, daß erst der zur Liebe fähig wird, der sich von Grund auf angenommen fühlt.
Die Psychologie kann, wie dieses Beispiel der HEGELSCHEN «Ästhetik» zeigt, mithin zugleich davor bewahren, die Gefühle der Angst, der Schuld, der Traurigkeit, der Verzweiflung, der Begnadigung, der Akzeptation, der Hoffnung, der Freude usw. ästhetisch in einen bloßen Anschein zu verflüchtigen; sie lehrt, die Regungen des menschlichen Herzens so ernst zu nehmen, wie sie sind, und bereitet damit die These vor, auf die wir im 2. Band dieser Arbeit *theologisch* das größte Gewicht werden legen müssen: daß die Menschen selber *nicht* mit Gott identisch sind, wohl aber in ihrer Haltlosigkeit und Hilflosigkeit der Gnade Gottes absolut und jederzeit bedürfen und in ihrer Liebe zueinander davon ein Stück verkörpern können.

Damit haben wir den schwierigsten Teil der aufgetragenen Wegstrecke durchmessen – das Terrain der archetypischen Erzählungen, angefangen von seinen Quellgebieten an den Grenzzonen der Träume mit den Mythen und Märchen bis hin zu den Grenzgebieten geschichtlicher Überlieferung in den Sagen und Legenden. Es verbleibt, im 2. Band dieser Untersuchungen zu zeigen, wie sich die Macht der Träume und der Traumsymbole nicht nur an der äußeren Geschichte in Form der Sagen und Legenden reflektiert, sondern, ursprünglicher noch, am eigenen Körper-Ich zur Erscheinung kommt. Der literarische Ort, an dem von der Reflexion des Unbewußten im eigenen Körper berichtet wird, sind die *Wundererzählungen* bzw. die *Novellen;* als ihr eigentliches Thema werden wir demnach die Frage kennenlernen, wie die Symbole des Unbewußten, je nach dem Grad der Angst oder des Vertrauens, sich als Symptome körperli-

[198] E. DREWERMANN: Strukturen des Bösen, III 128–137.
[199] G. W. F. HEGEL: Ästhetik, II 605–606.

cher Krankheit oder als Chiffren der Heilung niederschlagen. Das weite Feld von Schamanismus und Magie werden wir religionsgeschichtlich und tiefenpsychologisch heranziehen müssen, um die ursprüngliche Wahrheit vor allem der neutestamentlichen Wundererzählungen zu verstehen. Hernach werden wir auf die Berichte von *Visionen, Berufungen* und *Prophezeiungen* zu sprechen kommen und zeigen, wie sich in ihnen die Symbolsprache des Unbewußten im Bewußtsein reflektiert. Sodann werden wir sehen, wie umgekehrt in den *Worttraditionen,* vornehmlich in den *Gleichnisreden,* die Symbolik des Unbewußten in den Dienst einer bewußt gestalteten Aussage gestellt wird und welch ein Beitrag zu ihrem Verständnis dabei von seiten der Tiefenpsychologie zu erwarten ist. Schließlich werden wir uns der alles entscheidenden Frage zuwenden müssen, worin der spezifische Unterschied zwischen einer psychologischen und einer theologischen Interpretation liegt, wie sich beide zueinander verhalten, wie sie sich wechselseitig bedingen und wie man eventuelle illegitime Vermischungen beider Interpretationsmethoden vermeiden kann. Nicht zuletzt muß dabei auch die Frage nach dem geistesgeschichtlichen Horizont, mithin der Berechtigung *und Vergänglichkeit* auch der tiefenpsychologischen Deutungsverfahren gestellt werden – alles in allem eine Menge Arbeit, deren Lohn und Wert aber bereits vorausblickend in den Umrissen deutlich sein dürfte. Den vorliegenden 1. Teil der Arbeit möchten wir, im Wissen um die prinzipielle Unvollendetheit und Unvollendbarkeit der dargelegten Problematik, wie wir begonnen haben, mit einem Wort von Novalis beschließen: «Die Kunst, Bücher zu schreiben, ist noch nicht erfunden. Sie ist aber auf dem Punkt, erfunden zu werden. Fragmente dieser Art sind literarische Sämereien. Es mag freilich manches taube Körnchen darunter sein – indes wenn nur einiges aufgeht.»[200]

[200] NOVALIS: «Blütenstaub», Nr. 104, in: Schulz: Novalis Werke, 347–348.

Zwei Beispiele als Nachwort: Die Geschichte vom Auszug aus Ägypten und die Geburtsgeschichte Jesu nach Matthäus

Es empfiehlt sich, in einem Nachtrag an wenigstens zwei Beispielen in der gebotenen Kürze zu zeigen, wie die Interpretationsregeln, die wir in diesem Buch zu begründen versucht haben, praktisch angewandt werden. Zur Auswahl solcher Beispiele eignen sich wohl am besten Texte, die dem Alten *und* dem Neuen Testament entstammen und hier wie dort zu Zentralpunkten des jüdischen wie des christlichen Glaubens geworden sind. Solche Erzählungen sind im Alten Testament die Erzählungen der Exodustradition und im Neuen Testament die Erzählungen von der Geburt Jesu. Beide Beispiele bieten den Vorteil, daß sie in Herkunft und Form sich aus recht verschiedenen Bestandteilen zusammensetzen: es ist innerhalb dieser Erzählungen zwischen Mythos, Sage, Legende und Märchen im Grunde keine Trennung möglich; zudem handelt es sich in beiden Fällen um Überlieferungskomplexe, die, historisch gesehen, als uneinheitlich und widersprüchlich gelten müssen; um so wichtiger ist es für uns, zu sehen, daß die verschiedenen Überlieferungsmotive, psychologisch betrachtet, sich zu einem notwendigen Ganzen zusammenfügen, das eine in sich konsequente Entwicklungsreihe ergibt, bei der kein einzelnes Detail fehlen dürfte. Während die historische Forschung gerade bei Texten dieser Art immer wieder ins Leere greift, werden wir tiefenpsychologisch sehen, daß einzig der archetypische Gesamtaufbau dieser Erzählkomplexe es verständlich macht, daß die Botschaft der Exodustradition und die Erzählungen von der Geburt Jesu eine Bedeutung besitzen, die für alle Zeiten und Zonen Gültigkeit beanspruchen darf. Wir werden sehen, daß sich in diesen Erzählungen exemplarisch Reifungsschritte und Auseinandersetzungen widerspiegeln, wie sie für den Lebensweg eines *jeden* Menschen charakteristisch sind, der aus dem «Land der Knechtschaft» zu sich selber findet. – In der nachfolgenden Darstellung werden wir versuchen, der «Realisierungsregel» (s. S. 379f.) höchstmöglich Rechnung zu tragen und mit Hilfe von *Fallbeispielen* immer wieder die Brücke zum wirklichen Erleben zu schlagen. Zudem ist die Sprache so gewählt, daß die Zielsetzung von Predigt und Verkündigung sichtbar wird, – der Stil ist vorherrschend meditativ, nicht mehr argumentativ. Auf Beispiele aus Literatur und Dichtung haben wir verzichtet, – hier möge jeder selbst nachtragen.

Da es gewiß «Rezensenten» geben wird, die sich sofort und ausschließlich auf die Lektüre dieser «Beispiele» stürzen werden, nur um dann womöglich mit «Bestürzung» festzustellen, in diesem Buch werde alles «willkürlich» «verpsychologisiert», die Theologie, Gott «bleibe auf der Strecke», hier handle es sich um ein besonders abstoßendes Beispiel dafür, was passieren müsse, wenn man den ehernen Pfad historisch-kritischer Tugend verlasse usw., sei auch hier noch einmal angemerkt: die Frage nach dem *spezifisch* Theologischen stellt sich nicht tiefenpsychologisch, sondern nur innerhalb einer theologischen Reflexion des tiefenpsychologischen Befundes, und diese Reflexion wird am Ende des 2. Bandes dieser Arbeit erfolgen. Wohl aber kann man hier schon sagen, daß es erfahrungsgemäß ein und dasselbe ist, die Angst des Daseins zu überwinden und zu Gott hinzufinden, ein ganzer Mensch zu werden und seinem Schöpfer zu begegnen, das unverdiente Glück des Lebens und der Liebe zu erfahren und zu einer frommen Poesie der Dankbarkeit und des Gebetes hinzufinden. Gott hat keine andere Sprache an uns als die Sprache der Seele in uns; wer als Theologe sich weigert, diese Sprache geduldig und bescheiden zu lernen, wird Gott nicht hören können, was immer er auch sonst vom Gehorsam gegenüber Gott behaupten mag.

1. Der Auszug aus Ägypten und das Vermächtnis Israels

All die Szenen, wie Israel zu seiner Freiheit und zum Ort seiner Bestimmung gelangt, sind Bilder und Stationen des Prozesses, den ein jeder von uns durchlaufen muß, um zu sich selbst zu finden. Alles, was Israel in seiner äußeren Geschichte durchgemacht hat, sind typische Marksteine auf dem inneren Weg eines jeden Menschen, der endlich einen eigenen Grund und Boden unter die Füße bekommt.

Das heißt – eigentlich dürfte man so nicht sagen. Eigentlich geht es nicht um Selbstfindung. Eigentlich geht es darum, seinem Gott zu begegnen. Aber damit befinden wir uns schon mitten in der Geschichte und im eigentlichen Kern ihrer Problematik. Denn diese lautet, thesenhaft gefragt: Wie ist es möglich, daß ein Mensch herauskommt aus der Menschenfurcht und nach und nach dahin gelangt, letztlich nur Gott zu fürchten? Wem es gelingt, seine Menschenfurcht in Gottesfurcht umzuwandeln, der findet, so behauptet diese Geschichte vom Auszug aus Ägypten, seine Freiheit und sich selbst. Aber der Weg dahin ist lang. Ihn zu *begehen,* war das Schicksal Israels als Volk; ihn *nachzugehen* ist der Auftrag jedes einzelnen als Mensch. Keine Station kann dabei überschlagen werden; jede für sich ist typisch. In jeder finden wir uns wieder. Und Israel hat uns im Erbe der Jahrtausende dieses Vermächtnis hinterlassen, daß es nicht lohnt, aus Angst an einem dieser Wendepunkte haltzumachen oder nach rückwärts auszuweichen, daß es sich vielmehr lohnt, den Weg bis an sein Ende zu verfolgen: es *gibt* ein Ende und ein Ziel; es gilt nur, durchzuhalten und die Führung Gottes anzunehmen. In dieser Erfahrung liegt die ganze Bedeutung Israels.

a) Zwischen Menschenfurcht und Gottvertrauen

Wenn von Gott die Rede ist, klingt das oft so, als ob es sich dabei um eine bestimmte philosophische Hypothese handelte, und wenn man von Israel spricht, so meist im Sinne des bekannten religionshistorischen Faktums, daß dieses Volk den Monotheismus ins Leben gerufen hat. Aber die Wahrheit ist, daß jeder einzelne von uns dieses Stück Religionsgeschichte, das Israel als Volk durchlebt hat, für sich selbst durchmachen muß, wenn er überhaupt zu einer eigenen Geschichte finden will, daß es also gar nicht um etwas Historisches, sondern um etwas Typisches geht und daß man überhaupt erst dann als Mensch ins Leben gerufen wird, wenn man seinen Gott gefunden hat.

Oder ist es zuviel behauptet, daß jeder von uns, unmittelbar genommen, nach wie vor in einem Felde existiert, das sich von den antiken Mythen, was ihre Angst betrifft, in nichts unterscheidet? Was erzählen denn die Geschichten der Völker? Sie schildern, daß die Menschen aus lauter Angst zu den tragischen Spielbällen irgendwelcher Daseinsmächte werden, die mit ihnen machen, was sie wollen[1]. Es ist eine Welt voller Angst, voller Ohnmacht und voller Unfreiheit. Jederzeit muß man in dieser Welt auf der Hut sein vor den Anschlägen irgendwelcher Götter, Dämonen und Zauberwesen, die einen nach Belieben in einen Bären, in ein Schwein oder in eine Gans verwandeln können[2] und die die Macht haben, das Leben zu versteinern[3] oder zu einer Karikatur seiner selbst zu erniedrigen. Und all dies muß man über sich ergehen lassen ohne Schutz und Gegenwehr.

Jeder von uns kennt diese Welt der Angst und der Abhängigkeit aus eigener Erfahrung zur Genüge. Er braucht nicht erst die Erklärung S. FREUDS, daß die angstgetriebene Erlebnisweise der Neurose auf fatale Weise diesem Weltbild

[1] Vgl. E. DREWERMANN: Das Tragische und das Christliche, in: Psychoanalyse und Moraltheologie, I (1982), 19–78.

[2] Zur Bärenverwandlung vgl. E. DREWERMANN – I. NEUHAUS: Schneeweißchen und Rosenrot, 1982, S. 50, Anm. 41. – Zur Tierverwandlung vgl. HOMER: Odyssee, X 212–220, 237–244, wo die Nymphe Kirke die Gefährten des Odysseus in Schweine verwandelt.

[3] Vgl. die Versteinerung im GRIMMschen Märchen von «Dornröschen» (KHM 50)

der Mythen entspreche; er weiß selbst, wie sehr ihn die Angst daran hindert, innerlich frei zu sein, wie sehr er sich selbst wie verwünscht, wie verflucht vorkommt, ohnmächtig auf der Stelle tretend, ewig auf der Flucht vor anderen, nicht wie ein Mensch, sondern wirklich wie ein Vieh dahinvegetierend, in ewigem Wiederholungszwang bestimmte Erlebnisse der Kindheit repetierend ohne jede Möglichkeit von Korrektur und Fortschritt.

In den Mythen, sagt man, gibt es keine Geschichte, sondern nur den Kreislauf einer ewigen ritualisierten Wiederkehr[4]. Genauso ist das in einem Leben der Angst: vor lauter Hoffnungslosigkeit und Angst fehlt darin jeder Gedanke, daß es so etwas wie eine Zukunft gäbe; einzig wirklich sind bestimmte Gewohnheiten, Erinnerungen und Verfehlungen, von denen wir nicht loskommen und die jeden Ausblick nach vorn verstellen. Was uns beherrscht, ist in der Angst ein Ritual bestimmter grundlegender Eindrücke, an die wir scheinbar auf immer gebunden bleiben.

All diese Erniedrigungen und Verhaftungen an die Fesseln der Angst hat Israel erfahren müssen in «Ägypten», dem «Haus der Knechtschaft»[5], wie es später sagte. Am Anfang, wohlgemerkt, kam ihm das Leben in Ägypten gar nicht wie ein Haus der Knechtschaft vor; es war vielmehr nach Ägypten gegangen, einzig und allein um dort überleben zu können[6]. Was uns abhängig macht, ist ja gerade dieser Eindruck, es gäbe für uns keinen anderen Weg mehr und wir müßten uns beim anderen verkriechen, nur um überhaupt existieren zu können. Allein die Angst, sonst zugrunde zu gehen, bewirkt, daß wir unter die absolute Herrschaft anderer geraten. Aber haben wir diese Herrschaft erst einmal akzeptiert, so ist es mit uns selber aus.

Das Bild dafür ist in der Geschichte Israels die Gestalt des Pharao. Er ist im Erbe Israels zum Inbegriff für alle Sklaverei durch angstbesetzte Menschenvergötterung geworden. Er ist das israelitische Grundsymbol für all das, was Menschen daran hindert, menschlich zu leben[7]. Denn das ist die Erfahrung aller Menschenabhängigkeit: wer sich einmal darein begeben hat, andere Menschen

[4] S. o. S. 248. Dabei ist der Kreislaufgedanke der Mythen in sich ambivalent, wie alle archetypischen Symbole; der Kreislauf, der Kreis, kann auch positiv ein Leben beschreiben, das zwischen Geburt und Tod wie in einem Ring der Geborgenheit zu sich selber findet. Vgl. E. DREWERMANN: Strukturen des Bösen, I, Nachtrag zur 3. Aufl.: Von dem Geschenk des Lebens oder: das Welt- und Menschenbild der Paradieserzählung des Jahwisten, 378–389.

[5] Ex 13,3.14; 20,2; Dtn 6,12; 7,8; 8,14; 13,6.11; Ri 6,8.

[6] Auch dieses Motiv der bedingungslosen Auslieferung verdient psychologisch gewürdigt zu werden: es ist der «Hunger» und die Hoffnung auf das bloße Überleben, vorausgesetzt, daß man buchstäblich die «Entfremdung» der eigenen Existenz akzeptiert und fortan die Unberechtigtheit des Aufenthaltes in einem «fremden» Land mit ständigem Sklavendienst zu rechtfertigen sucht.

[7] Zum Thema der Menschenvergötterung vgl. im Anschluß an Gen 6,1–4 (die «Engelehe») E. DREWERMANN: Strukturen des Bösen, III 310–324.

zu Göttern zu erheben, für den wird das eine Schraube ohne Ende sein. Das gerade kann man am Beispiel Israels für sich lernen: wenn erst einmal ein anderer Mensch aus Angst in eine gottgleiche Stellung erhoben worden ist, dann kann man machen, was man will: nichts gehört einem dann mehr selbst; alles, was man hervorbringt, all die Frucht des eigenen Lebens, die gesamte eigene Zukunft wird dann zerstört[8]. Man arbeitet und arbeitet mit immer höherem Ertrag und immer höherem Einsatz, aber es geschieht stets nur unter dem Druck der Angst, auf fremden Befehl hin, es gilt nie einem selbst. Alles, was man tut, geschieht nur, damit man von den anderen am Leben gelassen wird, um sie zu besänftigen und gnädig zu stimmen. Man mag dabei noch so tüchtig sein, – im Grunde bleibt man dabei, sich selber zu verachten und sich für die eigene Nichtigkeit zu schämen.

Man kann nicht leben, wenn alles, was menschlich ist, einem anderen Menschen als einem Gott abgetreten werden muß. Doch so verhängnisvoll geht es zu, wenn das eigene Leben von Angst aufgefressen wird; man muß dann irgendeinem anderen Menschen zu Füßen fallen und ihm die eigene Freiheit, das eigene Leben, die gesamte eigene Existenz übertragen – und sich selbst dabei als Mensch vernichten, immer in der Sorge, ohne diese Sklaverei geradewegs selbst vernichtet zu werden. Der andere wächst im Zirkel der Angst immer mehr in seiner projizierten Allmacht, man selbst aber fließt darin immer mehr aus und wird immer blutleerer. Man weiß genau, daß alle Menschengötter sich aus Angst in wahre Vampire verwandeln müssen, und trotzdem wird im Umkreis solcher Angst- und Ohnmachtsgefühle jeder Gedanke nur noch in die eine Richtung gelenkt werden, wie man den selbsternannten Gottheiten ringsum noch besser dienen und die Ketten des eigenen Gefängnisses noch fester schmieden kann.

Die Welt, in der wir unmittelbar leben, ist eine Welt solcher ständigen Selbstentwertungen und Selbsterniedrigungen, eine Welt unmenschlicher Götzendienerei unter dem Druck einer unablässigen Angst; unmittelbar werden wir von dem Gefühl beherrscht, nur das zu sein, was andere mit ihren Weisungen und Befehlen in uns hineingelegt haben. Wesentlich ist für uns in der Angst stets nur die Zustimmung des anderen; was er uns sagt, ist unser Wesen: als ob wir nur existieren könnten, wenn, wie F. KAFKA einmal von sich gesagt hat[9],

[8] Das (göttliche) «Kind» ist in den Mythen und Träumen meist ein Symbol des eigentlichen Lebens; vgl. E. DREWERMANN: Strukturen des Bösen, II 352–354; C. G. JUNG: Zur Psychologie des Kindarchetypus, IX 1,178. Die Wegnahme der «Kinder» ist identisch mit der Zerstörung des eigenen Ichs.

[9] Vgl. F. KAFKA: Briefe an Milena, 171–172, wo Kafka selbst sich mit einem verängstigten Waldtier vergleicht, das im Grunde nur in die schmutzige («schmutzig nur infolge meiner Gegenwart, natürlich») Grube gehöre.

wir uns wie eine Maus aufführen müßten, der man gestattet hat, im Zimmer einmal im Jahr quer über den Teppich zu laufen; wie wenn wir jedes Recht, ja, jedes Vermögen zu einem eigenen Leben verloren hätten.

Man mag einwenden, das sei zu extrem gesehen, so sei es doch gewiß nicht überall, das könne man nicht verallgemeinern. Aber doch kann man das verallgemeinern. Man muß nur deutlich sehen, daß Angst nicht unbedingt auch subjektiv erlebt werden muß, um im Leben eines Menschen wirksam zu sein. Jemand, der bis dahin nur im Wind gesegelt hat und stets vorangekommen ist, hat bisher vielleicht tatsächlich noch gar keine Gelegenheit gefunden, auch nur zu merken, wie wenig er selbst existiert, wie seine Tätigkeiten an Marionettenbändern gezogen werden und alles in seinem scheinbar so erfolgreichen Leben nur darum kreist, den anderen zu Gefallen zu sein und ihrer Kritik durch makellose Anpassung zuvorzukommen; er funktioniert so glänzend angepaßt, daß er selbst vielleicht gar nicht empfindet, wie sehr er nur von außen her gelebt wird, bis dahin, daß er alles *tut,* aber nichts selber *ist.* Äußerlich gesehen, lebt ein solcher Mensch womöglich gut und geachtet und sitzt buchstäblich bei den «Fleischtöpfen Ägyptens»; nur er selber existiert gar nicht als Mensch, er hat aus Angst sein eigenes Leben verraten und seine eigene Freiheit abgetreten. Er erreicht auf seine Weise vielleicht die besten Noten und die besten Plätze in der Anerkennung menschlicher Halbgötter, aber er selber bleibt ein Sklave, ein Mensch ohne eigenes Leben, ohne Freiheit, ohne Glück und ohne Selbstvertrauen.

So spitzt sich denn alles auf die Frage zu, wie man aus diesem Gefängnis der Menschenabhängigkeit und Menschenvergötterung herauskommt, wie man die Welt der mythischen Angstrituale verlassen und zu sich selber finden kann. Israel hat darauf seine Antwort in der Geschichte von der Berufung des Moses gefunden[10]. «Du kannst den Einfluß und die absolute Macht anderer Menschen erst dann relativieren, wenn du zu deinem Gott gefunden hast», hat es gesagt. «Du kannst erst dann frei werden, wenn du jenseits der Menschenanbeterei dem Gott begegnest, der deinem eigenen Wesen entspricht.» Das war es, was Israel aus der Begebenheit vom brennenden Dornbusch gelernt hat: «Es gibt nur einen Herrn, der von dir Besitz ergreifen kann, ohne dich zu vernichten; solange du Menschen gehorchst und dir von ihnen vorschreiben läßt, wer du bist, wird es dir gehen wie in der Fabel Jotams (Ri 9,7–15), daß Feuer aus dem Stechdorn hervorbricht und dich verzehrt. Nur Gott ist imstande, von dir Besitz zu ergreifen und dich leben zu lassen, so wie du bist.» Dieses Wun-

[10] Wir werden im 2. Bd. der vorliegenden Untersuchungen die Berufungsgeschichte des Moses in Ex 3–4 ausführlicher erörtern und beschränken uns deshalb an dieser Stelle auf Hinweise.

der vom brennenden Dornbusch ist der Anfang der Freiheit. In ihm liegt das ganze Geheimnis einer eigenen Existenz.

Später, wenn Israel sagen sollte, woran es glaubte, hat es sich stets auf diese Szene berufen; es hat gemeint, daß es nur darauf ankäme, im Leben eine einzige Entdeckung zu machen, die es wie ein Gebot, wie ein Lebensgesetz formulierte: «Höre, Israel, der Herr, unser Gott, ist Herr allein.» Nichts, meinte Israel, sei wichtiger als diese Erfahrung: niemand hat in dem Leben eines Menschen etwas Wesentliches zu sagen und zu bestimmen als nur allein die Macht, von der es stammt und der es sich verdankt. Sie ist die einzig wesentliche Macht, weil sie allein zu uns nicht in fremden, von außen auferlegten Anweisungen spricht, sondern sich uns in den Gesetzen zeigt, die in uns selber liegen[11]. Nur Gott kann uns auf eine Art befehlen, die uns nicht entfremdet, sondern uns entspricht. Nur Gott will von uns niemals etwas anderes als das, wozu er uns gemacht hat. Es gibt nur diese beiden Möglichkeiten: entweder man hört aus Angst nach außen auf das, was andere einem sagen und vorschreiben, dann wird man unweigerlich anfangen, «fremden Göttern zu dienen», wie die Bibel sagt, und das ganze Leben wird dann von Mächten bestimmt sein, die unsere Freiheit zerstören und unser eigenes Wesen vernichten; oder man hat den Mut, auf den Gott zu hören, der sich Israel gezeigt hat als der «Gott deiner Väter», als der Gott, der dem eigenen Wesen, dem eigenen angestammten Sein entspricht; – nur dann wird man aus der Angst und der mythischen Vergötterung der Umwelt heraustreten. Gott spricht in unserem eigenen Wesen; er will uns so, wie er uns selbst gemacht hat; er ist die einzige Macht, die uns vorweg zu allem bejaht und akzeptiert; er ist das einzige, was uns nicht fremd, sondern zuinnerst ist. Und diesen Gott zu lieben aus ganzem Herzen und mit allen Kräften, so daß in uns kein Rest mehr bleibt, der ausgeschlossen werden müßte, – das ist das einzige Gebot und Grundgesetz unseres Daseins, wie Israel es vorgelebt hat.

Wenn wir wissen, daß wir vor Gott sein dürfen und vor Gott gut genug sind, so kann uns keine Macht der Welt mehr daran hindern, zu leben, *selber* zu leben. Wir werden dabei niemals sagen können, warum das so ist. Wir werden dafür keinen Namen, keine Formel anzugeben wissen. Wenn man uns fragen wird wie Israel den Moses: «Wie heißt denn nun dein Gott?», – so werden wir dafür keinen Begriff haben; nur eines werden wir sagen können, und das war für Israel so entscheidend: daß wir Gott erfahren haben als eine Macht, die bei uns ist, wenn wir sie brauchen, die da ist, wo wir sind, die uns begleitet und

[11] Zum existentiellen Gehalt der Vorstellung vom «Gott der Väter» und dem Verbot, «fremden» Göttern zu dienen, vgl. E. DREWERMANN: Strukturen des Bösen, I, Nachw. zur 3. Aufl.: Von dem Geschenk des Lebens, 360–362.

sich in uns selber auslegt, die «dasein wird, als die sie dasein wird» (Ex 3,14), als offener, vertrauensvoller Beistand[12]. Diese Erfahrung einer absoluten Berechtigung unseres Selbst, unseres wahren Wesens, verleiht uns den Mut, die Menschenvergötterung zu durchbrechen. Wer einmal seinem Gott begegnet ist, für den verlieren alle Pharaonen ihre göttergleiche Vormachtstellung; dem wird offenbar, daß Menschen nur Menschen sind und nicht verdienen, aus Angst zu Rettern und Heilanden erhoben zu werden[13].

b) Ausbruch und Aufbruch

Aber mit dieser Einsicht beginnt unser Leben sich in einen langen und schwierigen Weg zu verwandeln; es ist jetzt nicht mehr möglich, im ewigen Einerlei der Sklavenversorgtheit fortzufahren; man muß jetzt einen Ausbruch wagen, – das ist überdeutlich. Nur wie? Das erste, was man versuchen wird, ist der Gang, den Moses und Aaron zum Pharao unternehmen. Zunächst wird man versuchen, gerade von den Mächten, die bis dahin die eigene Gefangenschaft organisierten, so etwas wie eine offizielle Genehmigung zum Ausbruch zu erhalten. Man wird versuchen, einen Kompromiß zu schließen zwischen dem Aufruf zur eigenen Freiheit, zur Rückgewinnung der eigenen Würde, und der Angst vor den Gottkönigen und den Instanzen, die bislang gerade die totale Unterwerfung zu fordern schienen. Man möchte, wenn man einmal gesehen hat, was Gott als ein eigenes Leben für uns will, schon unbedingt dem Weg der Freiheit folgen; aber man wagt es andererseits doch nicht, offen mit der alten Gefangenschaft und Abhängigkeit zu brechen. Denn zu drohend und mächtig erscheinen die alten Autoritäten, zu schwach und erbärmlich erscheint man sich selber; und so möchte man zwar frei sein, aber doch mit dem inneren Einverständnis und der Erlaubnis all derer, an die man sich bisher gebunden fühlte. – Die Erfahrung Israels und die Erfahrung jedes Menschenlebens zeigt jedoch, daß es einen solchen Kompromiß zwischen Menschenfurcht und Gottesfreiheit nicht gibt[14]. Denn solange man um Erlaubnis bittet, solange erkennt man die fremden und verinnerlichten Instanzen der Menschen als ent-

[12] Zur Interpretation und Übersetzung des Gottesnamens in Ex 3,14 vgl. in dieser Bedeutung M. BUBER: Die Schrift und ihre Verdeutschung, in: Werke, II 1128–1129.

[13] Das hindert nicht, daß die Erfahrung der Gnade Gottes gerade an die Begegnung von Menschen gebunden ist, denen wir ihre absichtslose Güte glauben können; aber gerade solche Menschen treten uns nicht wie Herrgötter gegenüber, sondern sie sind in ihrer Bescheidenheit transparent für Gott.

[14] Insbesondere bei dem starren Überich, an dem zwanghafte und besonders depressive Charaktere zu leiden pflegen, bildet es eine Hauptschwierigkeit jeder psychotherapeutischen Behandlung, daß selbst die vernünftigsten Arrangements zwischen Wunsch und Wirklichkeit an der Härte und Intransigenz der Gewissensvorwürfe scheitern; insofern kommt es schießlich zu einem Entweder-Oder zwischen Ich und Überich. Vgl. E. DREWERMANN: Von der Unmoral der Psychotherapie oder: von der Notwendigkeit einer Suspension des Ethischen im Religiösen, in: Psychoanalyse und Moraltheologie, I (1982), 79–104.

scheidend an, obwohl man dabei nur zu immer schwereren Leiden und Verwüstungen gelangt. Aber das ist nun so merkwürdig: man kann genau wissen, was richtig ist, und doch getraut man sich nicht; man weiß genau, wer und was daran hindert, endlich zu sich selbst zu finden; aber man wagt es nicht, diese Hindernisse zu übersteigen. Das einzige, was wir merken, ist der Umstand, daß wir den anderen und uns selber immer mehr zu *Plage* werden, wenn wir in der angstvollen Knechtschaft verharren, daß selbst dann, wenn wir so weiterarbeiten und -leben wollten wie bisher, unsere bloße Anwesenheit schließlich uns selbst und den anderen eine unzumutbare Last werden müßte. Und dieses Wissen ist gut. Denn erst wenn unsere Anwesenheit den Fronvögten Ägyptens und uns selber wirklich unerträglich ist, wenn buchstäblich alle Plagen Ägyptens unser Leben und das unserer Umgebung heimsuchen, werden wir den Aufbruch wagen[15].

D. h., wir *wagen* ihn im Grunde *nicht*. Die ersten Schritte in die Freiheit gleichen immer einer Flucht, und je drückender die vorausgegangene Abhängigkeit war, desto versteckter und fluchtartiger wird dieser erste Gehversuch in die Freiheit ausfallen. Wie denn auch anders! Wer will denn verlangen, daß man es auf einen offenen Machtkampf mit dem eigenen Überich und den es

[15] Man braucht dabei nicht anzustehen, selbst die Details der «Heuschrecken», der «Frösche», des «Bluts im Nil», der «Finsternis» etc. sich als Symbole und Symptome psychoneurotischer und psychosomatischer Erkrankungen vorzustellen; die Rede ist dann von der «Unfruchtbarkeit» aller Bemühungen und von der Zerstörung des Glücks trotz aller Anstrengungen, z. B. infolge schwerer Gewissensbisse (die «Heuschrecken»), oder von (sexuellen) Triebdurchbrüchen, die das ganze Leben zu verekeln und gemein zu machen drohen (analog zur Symbolsprache des Märchens vom «Froschkönig», KHM 1), oder von der sadistischen Durchtönung aller Lebensantriebe (im «Blut im Wasser»), oder von der Aussichtslosigkeit und Seelenverfinsterung eines verzweifelten Lebensgefühls (die «Finsternis»), etc. Das Schlagen der Erstgeburt der Ägypter durch den «Engel Gottes» erweist sich dann als eine Spaltung im Überich: während der «Pharao» die Erstgeburt der Israeliten (das Ich) zu töten sucht, stellt sich ein anderer Teil des Überich kämpferisch auf die Seite des Ich; aber er ist noch unintegriert, fremd, ja fast unheimlich. In der Psychotherapie z. B. kommt es nicht selten vor, daß der Einfluß des Therapeuten zunächst dazu führt, eine Art autoritärer Gegeninstanz gegen die bisherigen grausamen Dressate des Überich zu bilden. In dem Gegenüber des Therapeuten lebt gewissermaßen das genaue Gegenstück zu den Erfahrungen, die der Klient bei seinen eigenen Eltern machen mußte, und beide Hälften, das alte und das neue Überich, geraten nun in einen tödlichen Kampf miteinander um das Ich, – ein Zustand, der (hoffentlich!) vorübergehend schizophrene, meist paranoische Vorstellungen und Ängste mit sich bringt, wie sie dem Vorspiel vom Auszug aus «Ägypten» symbolisch entsprechen. Die «Schizophrenie» ist dann weniger ein Zusammenbruch des Ich, als sein Ausbruch, seine Geburt, und es handelt sich weit weniger um eine «Krankheit» als um einen Prozeß beginnender Gesundung. Eben deshalb ist das Bild vom «Durchgang durch das Rote Meer» ein klassisches Motiv der Wiedergeburt; vgl. C. G. Jung: Symbole der Wandlung, V 276. – Das Motiv der *Plagen*, die einem Exodus vorausgehen, findet sich, völlig unabhängig von der biblischen Tradition, aber in auffälliger archetypischer Entsprechung, in der Überlieferung der Azteken vom Auszug Quetzalcoatls aus Tollan zum Golf von Tabasco; allerdings handelt es sich in der aztekischen Mythe eher um eine Sündenfallerzählung, die mit dem Verlust der paradiesischen Stadt Tollan endet: der Gegenspieler Quetzalcoatls, der Gott Tezcatlipoca, verführt den Priesterkönig und bringt eine Vielzahl von Plagen über Quetzalcoatl und die Stadt; vgl. Sahagun: Einige Kapitel aus dem Geschichtswerk, 274–286.

tragenden Instanzen ankommen läßt, wenn man sein ganzes Leben lang bisher sich nur wie auf Grund völliger Unterwerfung gerade noch geduldet erlebt hat? Wie soll denn jemand, der bisher sich angepaßt hat, nur um gerade noch am Leben gelassen zu werden, jetzt plötzlich aufstehen und die direkte Konfrontation suchen? Er wird vielmehr nur einfach das Gefühl haben, daß es schlechterdings so nicht mehr weitergeht, daß er jetzt irgendwie und unter allen Umständen aus dem Zustand der Angst, der Abhängigkeit und Unmündigkeit herauskommen muß, und er wird froh sein, wenn er bei Nacht und Nebel alles stehen und liegen lassen und einfach verschwinden kann. Unter einem solchen Ausmaß inneren und äußeren Leidens wird es ihm dabei schließlich fast wie egal sein, wohin der Weg geht, und es scheint, als ob zu jedem Aufbruch in die Freiheit eine solche fluchtartige Bereitschaft gehöre, das Getto einer sklavisch geordneten Welt zu verlassen und sich in das Gebiet eines völligen Neulandes, einer Art Wüstenei zu begeben. Jeder Außenstehende muß bei diesem ersten Schritt in die Freiheit den Kopf schütteln und einwenden, daß man hier doch nichts zu gewinnen und nur alles zu verlieren habe, daß man ein Narr sei und bloßen Phantasmagorien folge, und man hat ja auch wirklich nichts vorzuweisen, was, äußerlich gesehen, von Rang und Gewicht wäre. Man hat nur dieses Luftige und Unsichtbare, wofür man doch bereit ist, alles dranzugeben: ein eigenes Leben, eine eigene Würde, das Recht, ein Mensch zu sein. Mag sein, man ist vor langer Zeit nach «Ägypten» gekommen aus Angst, in der «Steppe» zu verhungern; jetzt zieht man eben diese «Steppe» den «Fleischtöpfen» vor.

Wann immer man den Lebensweg eines Menschen bis zu diesem Aufbruch in die Freiheit verfolgt, muß man sich an dieser Stelle jetzt auf das Schlimmste gefaßt machen. Denn man kann ganz sicher sein: kaum sind die ersten Schritte in Richtung auf ein eigenes Leben getan, da nahen sich von hinten übermächtig die alten Unterdrücker und drohen uns wieder einzuholen. Die Streitwagen des Pharao am Schilfmeer – das kann für ein ganzes Arsenal innerer und äußerer Verfolger stehen, die wir zunächst in die Freiheit mitnehmen, z. B. in Form tödlicher Schuldgefühle. Wer einmal gesehen hat, welche inneren Auseinandersetzungen es kostet, auch nur ein paar Schritte aus den Zwangssicherungen einer entfremdeten Moral oder einer rein äußeren Gesetzesfrömmigkeit herauszugehen, wieviel Angst dabei freigesetzt wird und wieviel verinnerlichte Strafen und Vorwürfe es dabei herabregnet, dem wird sich dieses Bild von der verfolgenden Wagenabteilung des Pharao geradezu aufdrängen, um zu beschreiben, was sich da abspielt. Es ist in diesem Moment wirklich, wie wenn jeder eigene Schritt, ja jeder eigene Gedanke sofort blockiert, als verboten hingestellt und als unerlaubtes Aufbegehren unterdrückt würde. Jedes neue Wort, das man im eigenen Interesse, um der eigenen Wahrhaftigkeit willen sich zu sagen getraut, wird sogleich von der inneren Polizei zurückgepfiffen. Jeder Schritt nach vorn wird sogleich von einem Heer innerer Verfolger eingekreist und umzingelt.

Man kann sich diese Widersprüche in der Realität kaum grausam genug denken, aber man braucht sich dabei äußerlich durchaus nichts Besonderes vorzustellen. Ein Schritt nach vorn in die Freiheit, das heißt für den einen, daß er sich mal getraut, in einer Gruppe einen eigenen Gedanken zu äußern und gegen das ewige Selbstbild anzukämpfen, daß er zu dumm und zu schwächlich sei und am besten nur in der Meinung aller untertauchen könne; ein Schritt nach vorn, das heißt für einen anderen, daß er es mal riskiert, sich einen Wunsch zu erfüllen: ein neues Kleid vielleicht, eine Schallplatte, einen Ausflug am Wochenende, – etwas jedenfalls, das nicht sein *muß* und darum von der allgemeinen Notwendigkeit verordnet ist, sondern etwas, das er auf seine eigene Kappe nehmen und für das er geradestehen muß; und kaum riskiert er es, da fallen über ihn die alten Vorwürfe wie Geier her und drohen ihn zu vernichten; nicht nur seine Freiheit suchen sie wieder rückgängig zu machen, sondern es ist, als wollten sie ihn physisch vernichten[16]. Man überschreitet die Welt der Menschengötter und Dämonen nicht ohne die Angst, zur Strafe dafür totgemacht zu werden, und zwar bei jedem Schritt, bei jeder neuen Handlung, bei jedem Wort, bei jedem Anflug eines eigenen Gedankens.

c) Die Rettung am Schilfmeer

Israel hat diese alles entscheidende Phase des Aufbruchs und der Lösung in dem Bild von der Rettung am Schilfmeer erzählt und damit Erfahrungen auf einen Augenblick zusammengedrängt, die im Leben von Menschen Jahre dauern können. Es führt aus der Abhängigkeit ständiger Angst und Schuld nur *ein* Weg heraus, und den hat Israel erfahren: daß man das Wunder erlebt, trockenen Fußes durchs Wasser zu gehen[17]. Genauso wird uns der entscheidende

[16] Selbstmordphantasien und -handlungen stehen oft genug gerade am Anfang eines solchen Weges zu sich selbst, wenn die alten Überichdressate zwar nicht mehr imstande sind, neue Handlungsweisen zu verhindern und gewisse Wunscherfüllungen zu unterdrücken, wohl aber nach wie vor die Macht besitzen, mit unerhörter Gewalt nachträgliche Schuldgefühle oder psychosomatische Symptombildungen von quälender Heftigkeit zu provozieren. Die de facto eingetretene Veränderung gilt dann als *crimen laesae majestatis* und muß an sich mit Hinrichtung gesühnt werden.

[17] Das Symbol des «Wassers» steht für alle möglichen Inhalte des Unbewußten, Ängstigenden, Verdrängten, aber auch Erneuernden und Leben Schenkenden; vgl. am Beispiel der biblischen Sintfluterzählung E. DREWERMANN: Strukturen des Bösen, II 417–430. – Eine Erzählung, die, wiederum unabhängig von der biblischen Tradition, in ganz analoger Weise von einem Durchzug durch das Meer berichtet, das mit einem Stab gespalten wird, enthält die Überlieferung der mittelamerikanischen Cakchiquel vom Ursprung der Kultur und vom Auszug aus Tollan mit seinen verderblichen Plagen und Schrecken; W. KRICKEBERG: Märchen

Schritt jetzt vorkommen, als wenn wir an dieser Stelle uns einfach fallen lassen müßten, – fallen lassen zum Leben oder zum Sterben. Um diesen Eindruck wiederzugeben, wird man etwa sagen: «Ich habe einfach keine Möglichkeit mehr, immer noch weiter wegzulaufen; ich kann nicht nach rückwärts, denn da stehen alle meine Verfolger; ich kann nicht nach vorwärts, denn auch dort wartet die Angst. Und darum ist es egal, wohin ich jetzt gehe. Ich habe wirklich nichts mehr zu verlieren. Ich lasse es einfach drauf ankommen. Ich gehe einfach weiter geradeaus. Ich weiß, daß in dieser Richtung noch nie ein Weg für mich war und ich mich fortan auf nichts Bekanntes mehr verlassen kann. Aber das ist es eben: ich will jetzt glauben, daß ich selber leben darf, es ist mir egal, was die anderen sagen, ich tue einfach das Grundlose, ich gehe einfach ins Haltlose, ich pfeife auf die Angst, denn schlimmer kann es nicht mehr werden.»

So muß man diese Entscheidung auf der menschlichen Ebene psychologisch wohl beschreiben, und so hört man fast jeden sprechen, der bis zur Erfahrungsgrenze des Schilfmeeres gelangt ist. Und doch ist das nur die halbe Wahrheit. Wohl stimmt das Bild: man muß sich sagen, daß es jetzt eine Strecke gibt, durch die man einfach hindurch muß, daß man jetzt ein Element betritt, in dem man keinen Boden mehr unter den Füßen hat und einem die Wasser bis zum Halse stehen[18]. Aber all das würde doch nur weiter Angst machen und es würde dabei bleiben: man kommt nicht vor- noch rückwärts. Man würde die Macht der Verzweiflung überschätzen, wenn man ihr die Kraft selbst über das unmöglich Erscheinende zutrauen wollte; die Verzweiflung selbst führt aus nichts heraus, sie bohrt im Gegenteil nur immer tiefer in den Abgrund. Deshalb ist es so außerordentlich wichtig, wenn Israel meinte, durch das Schilfmeer könne man nur gehen in einem unbedingten Vertrauen auf die Weisung Gottes. Man kann hier nicht denken: ich schaff es schon; man muß vielmehr denken: eigentlich geht es nicht; es nutzt nichts, sich einzureden: Du wirst am Ende schon obenauf schwimmen; man kann sich nur sagen: wenn es so weitergeht, spült es mich wahrscheinlich fort und verschlingt mich. Und doch kann und darf man von Gott her so denken, wie Moses es tut: ich brauche vor Gott keine Angst zu haben; es mag kommen, wie es will, – es wird mir nichts passieren, was vor Gott nicht richtig wäre; Gott hat diesen Weg für mich gewählt, und so wird es denn auch weitergehen.

der Azteken und Inkaperuaner, Maya und Muisca, 123–124. – G. Róheim: Der Durchzug durch das Rote Meer, in: Spiegel: Psychoanalytische Interpretationen biblischer Texte, 257–262, sieht in dem Durchzugsmotiv aufgrund ethnologischer Parallelen wohl zu Recht das Initiationsritual von Tod und Wiedergeburt abgebildet.

[18] Das Bild ist nicht anders als im Neuen Testament die Szene von Petrus auf dem Wasser (Mt 14,22–33).

Nur wenn man dieses Gefühl hat, daß Gott uns hält, kann man einem anderen gegenüber wie Moses die Hand ausstrecken über alles, was ihn umspült und wegzureißen droht, und hoffen, daß er trockenen Fußes hindurchgelangt, daß die Ausweglosigkeiten sich öffnen und eine Gasse freigeben für ihn; und die Wasser stehen links und rechts wie eine Mauer, er aber geht Schritt für Schritt geradeaus weiter, ohne sich um die Spaliere der Angst zu kümmern, denn er weiß an jeder Stelle und in jedem Augenblick, daß nur das Vertrauen ihn hält und daß es so richtig ist. Dabei darf er nicht nach rechts und nicht nach links schauen, nur immer weiter geradeaus; denn sähe er nicht die Hand des Moses vor sich, so flutete das Wasser zurück und müßte ihn begraben. Jeder Mensch braucht inmitten seiner Angst einen anderen, einen «zweiten» Moses, der ihm den Mut macht, gegen alle Widerstände sich auf die Kräfte seines Unbewußten einzulassen, und der, im Bilde gesprochen, die Hand über ihn hält, entgegen allem Zögern. Aber jeder, der sich in dieser Weise zum Weggefährten eines anderen Menschen macht, wird Augenblicke kennen wie diese am Schilfmeer, wo man selber nicht mehr ein noch aus weiß und sich selber fast dafür verwünschen möchte, sich überhaupt auf den Weg gemacht zu haben, wo man alle «vernünftigen» Gründe menschlicher Hoffnung schwinden sieht und nur noch denken kann, daß es, allem Risiko zum Trotz, mindestens der Bestimmung des Menschen vor Gott als seinem Schöpfer entsprechend richtig ist, die eigene Freiheit gewagt zu haben und den andern auf diesen Weg seiner inneren Bestimmung zu führen.

Schließlich ist die Rettung am Schilfmeer immer ein Wunder. Niemand, der diese Zonen der Angst durchschritten hat, wird sagen können, er hätte es geschafft; er wird nur froh sein, gerettet zu sein, und diese Rettung wird er als das größte Geschenk seines Lebens empfinden. Endlich darf er sein. Endlich darf es ihn geben. Er findet sich am anderen Ufer wieder und hat alles hinter sich. Seine Verfolger sind tot. Was ihm von hinten her nachsetzte, die Last der Abhängigkeit und Unselbständigkeit, ist untergegangen und ängstigt nicht mehr.

In diesem Moment erlebt man eine Stunde, in der es scheint, als wäre schon alles gewonnen. Es ist eine Stunde, in der man sich endlich frei fühlt, und das ganze Leben liegt vor einem, und man möchte jubeln und laufen und könnte die ganze Welt umarmen. Man glaubt sich förmlich schon am Ziel und weiß gar nicht, was man noch im Leben wünschen könnte. Dabei steht man in Wahrheit noch ganz am Anfang, und das eigentliche Leben beginnt gerade erst. Abgeschlossen ist lediglich die negative Phase der Auseinandersetzung; was jetzt beginnt, ist ein langsames und mühseliges Sich-Vorantasten in ein unbekanntes Land. Es kann bei dem Jubellied Mirjams nicht bleiben, die am

Ufer des Schilfmeeres die Trommel schlug und Gott pries für die Vernichtung der Angst: «Hoch erhoben ist Gott allein. Roß und Reiter warf er ins Meer.» Wenig später trifft man auf die lange Zeit der Wüste, und die Enttäuschung darüber ist nicht selten sehr groß. Das Land der Bestimmung, eben noch zum Greifen nah, ist wieder fern gerückt und unerreichbar.

d) Der lange Weg der Wüstenwanderung

Wenn man das Bild der «Wüste» symbolisch deutet, beginnen nach dem «Durchzug durch das Meer» bald schon Gefühle von Sinnlosigkeit und Leere. Man hat die Welt der alten, von außen auferlegten Zwangsprogramme hinter sich gelassen; man hat sich dem Sklavenleben, dem von außen gelebten, von fremden Gottkönigen regierten Dasein entzogen. Aber jetzt klafft im eigenen Erleben eine riesige Leere. Wofür soll man jetzt leben, wenn von außen niemand mehr sagt, was man tun muß? Wohin soll man sich jetzt wenden, wonach sich orientieren, wenn der feste Halt von außen entfällt? Was hat jetzt überhaupt noch Sinn? Unweigerlich gehen die Gedanken zurück in die Vergangenheit. War sie wirklich so schlimm? Was gäbe man jetzt um einen Ratschlag von einst, um eine Weisung, wie man sie damals verwarf? Aber jetzt ist die Welt haltlos und leer wie ein Haufen Treibsand, und alle Stimmen darin sind wie das sinnlose Spielen des Windes. Hundertmal überkommt uns der Wunsch, niemals aus Ägypten aufgebrochen zu sein; und wir fühlen uns müde und resigniert, wir möchten nicht weiter.

Erneut werden wir späterhin einem anderen kaum erklären können, was uns geholfen hat, durchzuhalten. Israel sprach von der Wüstenzeit immer wie von einem einzigen Wunder. Und in der Tat: Die eigenen Kräfte reichen nicht aus; und doch geht es Tag für Tag weiter. Man sammelt täglich die Brocken des «Manna» ein, die am Leben halten: flüchtige, hingeworfene Worte, kurze Augenblicke eines Anflugs von Glück, ein kleiner Erfolg, ein Spaziergang zu zweit, – sie werden zu Manna-Stückchen, zu Speisungen Gottes. Als wenn ganz allmählich eine Umwandlung stattfände: nichts «macht» man jetzt an Wesentlichem im eigenen Leben selber; wovon man lebt, ist wie ein unverdientes Geschenk; alles, was stärkt, erweist sich als Gabe. Und es ist, als wenn jetzt gerade dies das Wichtigste wäre: nachdem wir unser ganzes Leben lang bemüht waren, uns unser Leben zu verdienen und unsere Aufenhaltserlaubnis auf Erden durch jede Art von Zwangsarbeit und Sklavendasein zu erkaufen, müssen wir plötzlich lernen, die Geschenke des Alltags zu sammeln, die verborgenen Spalten der Felsen zu öffnen (Num 20,1–3) und das ganze Leben als Gabe zu nehmen, die uns in den Schoß fällt. Nichts Geringeres müssen wir lernen, als buchstäblich gratis zu leben.

Gerade diese Umstellung ist hart. Sie ist im Grunde ein kompletter Umsturz all dessen, was bisher gegolten hat. Bitter kommt uns das an, verbittert wie die Wasser von Meriba[19] (Ex 17,1–7), und oft genug trinken wir davon keinen Schluck, ohne zu schimpfen und zu fluchen. Und doch geht es nicht anders. Das Wesentliche fällt uns in den Schoß; das, was uns leben läßt, ist nicht das, was wir tun. Und es gibt nur die Wahl zwischen dem Egoismus der Angst und der Freiheit des Dankens zwischen dem Sklavenleben Ägyptens und dem Einflug der verirrten Wachteln an den Oasenstätten der Wüste. Gewiß, oft scheint uns gerade in dieser Zeit alles auf der Stelle zu treten; jede Enttäuschung erscheint uns doppelt schlimm; statt geradeaus in klarer Richtung geht es eher verworren kreuz und quer, mal nach Norden, bald nach Süden, ohne erkennbaren Plan, ohne deutliches Konzept, ein undurchsichtiges Herumgeworfenwerden, das man, je länger, desto drückender empfindet. Und doch betritt man in all den Stunden der Ohnmacht und scheinbaren Sinnlosigkeit den Raum, wo das eigene Handeln versiegt und *der Sinn für Gnade* zur Reife gelangt. Jahre mögen damit vergehen, aber die Zeit heilt, und sie muß als ganze durchstanden werden, ehe unsere Person sich der Wahrheit erschließt und wir nur noch sind und zu sein brauchen, als was Gott uns gemacht hat.

e) Der Kampf mit Amalek (Ex 17,8–13)

Man kann nicht sagen, daß es ein Zufall ist, wenn Israel unmittelbar danach vom Kampf im Tale Refidim erzählt. Denn so schließt es sich eigentlich ganz logisch und wie innerlich notwendig an: Kaum haben wir uns selbst ein bißchen wiedergefunden, da erhebt sich unsere Umgebung und engt uns aufs neue ein[20]. Wir müssen, kaum daß wir ein Stück von uns kennengelernt haben, jedes Stück wachsender Selbständigkeit gegen die anderen verteidigen. Wir können nicht damit rechnen, daß die anderen geradezu begeistert sind,

[19] Gerade weil die einzelnen Episoden und Szenen der Exodus-Tradition aus ganz verschiedenen Überlieferungen zusammengewachsen sind, ist es erstaunlich, wie sehr ihre Etappen den typischen Schwierigkeiten und Hindernissen auf dem Wege zu sich selber entsprechen. Isoliert für sich ließe sich die Begebenheit an den Bitterwassern selbst tiefenpsychologisch vielfältig deuten; aber im Kontext der Exodus-Geschichte läßt sie sich doch am besten als ein Beispiel für die Bitterkeit und den Widerwillen deuten, die jeden auf dem langen Wüstenweg hin zu einer eigenen Persönlichkeit überkommen werden.

[20] Die psychosoziale Umwelt erschafft nicht nur durch die Verinnerlichung der frühkindlichen Objektbeziehungen die Strukturen einer neurotischen Persönlichkeit, sie hat auch ein höchstmögliches Interesse an dem Fortbestand dieser Strukturen: der eigene Ehemann ist insgeheim an den Depressionen seiner Gattin interessiert, weil er sie als Schutzbedürftige und Unterlegene besser beherrschen kann; der Chef ist von der zwangsneurotischen Gewissenhaftigkeit seiner Sekretärin geradezu abhängig; der diktatorische Vater *will* unbewußt geradezu, daß die Liebe seiner Tochter scheitert, um sich desto mehr als ihr Herr und Gott aufspielen zu können, usw. Natürlich ist jeder Schritt in die Freiheit unter diesen Umständen zunächst mit relativ schweren Enttäuschungen anderer verbunden.

wenn auch wir plötzlich da sind und einen eigenen Anspruch ans Leben stellen. Aber es ist sehr wichtig, daß wir uns endlich das Recht zuerkennen, einen solchen Anspruch ans Leben zu stellen, und bereit sind, dafür einzutreten, notfalls mit Gewalt.

Wenn man die endlose Folge von Kämpfen aus der Geschichte Israels durchliest und die zahlreichen Psalmen hört, in denen vom Sieg über die Feinde die Rede ist, wird man vermutlich zunächst erschrocken oder angewidert sein und sich fragen, ob hier nicht lediglich eine nationalistische Hoftheologie betrieben werde, die für uns nur noch von historischem Interesse sein könnte und sollte, denn natürlich lassen sich die Erfahrungen der Geschichte Israels – leider oder Gott sei Dank – nicht mehr äußerlich in Raum und Zeit reproduzieren[21]. Aber als innerliche Bilder gelesen, sind sie im Leben eines jeden von einer unvergänglichen Wahrheit und Tiefe. Denn wirklich bleibt es niemandem erspart, um seine Freiheit mit anderen zu kämpfen. Wirklich muß ein jeder lernen, die Ansprüche anderer an sein eigenes Leben zurückzuweisen, wenn er selber existieren will; wirklich muß jeder lernen, einen eigenen Standpunkt, einen eigenen Platz fest zu behaupten und zu vertreten; und jeder muß lernen, seine eigenen Ansprüche durchzusetzen.

Vermutlich klingt das alles zunächst sehr egoistisch und brutal. In Wahrheit aber ist es das nicht. Denn man kann nicht selbstlos sein, wenn man gerade erst dem Hause der Knechtschaft Ägyptens entronnen ist, wenn man noch nie selber gelebt hat. Es kann keinen Verzicht dort geben, wo aus Angst nie ein eigener Wunsch entstehen konnte. Und man muß erst einmal das Recht auf ein eigenes Leben besitzen und geltend machen können, um auf irgend etwas zu verzichten. Sklaven können nicht verzichten; ihnen gehört nichts; sie können nur gehorchen. Aber für ein eigenes Leben darf man den Konflikt und die Auseinandersetzungen nicht scheuen. Man kann ja sicher sein: sobald sich irgendein eigener Wunsch meldet, wird das Gefühl erwachen, alle anderen fielen über uns her und wollten uns totmachen, und gegen dieses Gefühl müssen wir kämpfen. Auch gegen die Menschen, die sich uns dann unvermeidlicherweise tatsächlich in den Weg stellen, müssen wir kämpfen. Es handelt sich hier nicht um einen bloßen Archaismus des Alten Testamentes, – eine solche Auseinandersetzung gehört einfach zu einem Leben, das zu sich selbst gelangt. Und wieder geht es hier nicht um «Mut» oder «Entschlossenheit», sondern um Vertrauen. Sobald wir uns von dem Gefühl trennen, daß Gott hinter uns steht und unser Leben will, werden wir auf der Stelle schwach werden und aus Angst den anderen nachgeben; sobald die Seite des Moses, die eine Hälfte in

[21] S. o. S. 297, Anm. 115.

uns, die auf dem Berge zu Gott betet, nachläßt, wird auch die andere Seite, die kämpfende Seite des Josua, in uns ohnmächtig zusammensinken. Im Kampfe gegen «Amalek» hilft uns nur das Gefühl, vor Gott ein Recht, ja sogar einen Auftrag zu einem eigenen Leben zu besitzen.
Dieser Kampf im Tal von «Refidim» ist jetzt schon nicht mehr so gespenstisch wie die Flucht vor dem Pharao. Es stehen jetzt keine Gottmenschen mehr gegen uns; wir treten jetzt nicht mehr gegen Wesen an, die aus unserer eigenen Angst und unseren eigenen Schuldgefühlen geboren worden sind; der Kampf findet jetzt ganz real gegen Menschen unserer Umgebung statt. Da gibt es z. B. einige, die uns unbedingt in den alten Rollenerwartungen festhalten möchten, und die werden wir enttäuschen müssen; und andere gibt es, deren Machtgefühl zerbricht, wenn sie aufhören müssen, uns zu bevormunden, und denen können wir die Stunden beginnender Einsamkeit und Ohnmacht nicht abnehmen; und andere haben bisher stets sich an den Plätzen aufgehalten, die wir selber zum Leben gebraucht hätten, und die werden wir vertreiben müssen. Um unser Leben zu finden, müssen wir seine eigenen Grenzen finden und anerkennen, und dann müssen wir einen Zaun darum errichten, der von den anderen zu respektieren ist. Und in all dem merkt man: es geht da nicht um Ichsucht und Willkür, sondern um die Verteidigung dessen, was wir vor Gott sind; es geht darum, daß wir uns den Raum erobern, den Gott uns zum Leben zugewiesen hat. Darum ist es möglich zu beten, wie ein Psalm es tut: «Gepriesen sei der Herr, der mein Fels ist, der meine Hände den Kampf lehrte und meine Finger die Kriegskunst.» (Ps 144,1)[22] Diese Worte enthalten nicht die Lehre, daß Gott, wie üblich, auf der Seite der stärkeren Bataillone stehe, sie enthalten die Zuversicht, daß wir, sogar wir, stark sein können, wenn wir Gott an unserer Seite wissen[23].

f) Der goldene Stier

Nach dieser Schlacht gegen «Amalek» ist es mit der «Mäuseexistenz» endgültig vorbei. Vom Tale «Refidim» an lebt «Israel» als Mensch. Von da an ist es fähig, die Lebensregeln aufzunehmen, die für Menschen gelten und an deren Spitze wiederum das Kerngebot der Freiheit steht: «Du sollst keine anderen Götter neben mir haben. Ich bin der Herr, dein Gott, der dich aus Ägypten, dem Hause der Knechtschaft, geführt hat» (Ex 20,3.2). Dies bleibt das oberste

[22] Natürlich haben diese Gebetstexte zunächst historisch eine rohe und blutige Außenseite besessen; vgl. zur Kritik dazu E. DREWERMANN: Der Krieg und das Christentum, 199; aber innerlich verstanden, formen sie sich doch zu Bildern einer Wahrheit, die ihre psychische Gültigkeit um so mehr besitzt, als sie diese im Raum des Politischen (hoffentlich ein für allemal) verloren hat.
[23] S. o. S. 297, Anm. 115, das Gebet des Ramses II in der Schlacht bei Kadesch.

Gebot: nicht wiederum zur alten Knechtschaft abzufallen und die angenommene Freiheit nicht zu verraten.

Aber obwohl wir nun selbst unser eigenes Leben und unsere Freiheit wollen, erwächst sogleich eine Gefahr gewissermaßen vom anderen Ende her. Kaum zu einem eigenen Leben erwacht, liegt die Gefahr überaus bereit, sich vom Goldenen Kalb, vom Apisstier der eigenen Lebenstüchtigkeit und Fruchtbarkeit gefangennehmen zu lassen[24]. Diese Neigung ergibt sich wie von selbst. Wir haben gerade ein eigenes Leben begonnen, und selbstverständlich möchten wir es möglichst fruchtbar und stark werden lassen. Und gerade da stehen wir nun plötzlich in der Versuchung, nur noch uns selbst, unseren Erfolg, unsere eigene Kraft anzubeten. Kaum daß wir selber unsere eigene Energie in den Gliedern spüren, so drängt sich uns der Anschein auf, als ob wir darin selbst das Eigentliche und Richtige erblicken müßten und als wäre das Sprechen von Gott nur etwas Uneigentliches und Infantiles gewesen, auf das wir jetzt verzichten könnten, ja als ginge es jetzt ohne Gott noch viel besser, selbständiger und stärker vorwärts. Statt der Vergötzung anderer Menschen gelangen wir damit zur Vergötzung unserer eigenen natürlichen Lebenskraft und -energie, wie sie von alters her im Stier verkörpert schien.

Verständlich ist es schon, daß wir in der Entdeckung unserer selbst am liebsten jetzt uns selber förmlich zelebrieren möchten. Im Grunde aber sind wir damit nur wieder in «Ägypten». Denn auch die Anbetung der eigenen Lebenskraft ist ein Gefängnis. Sie würde uns abnötigen, fortan nur noch stark, durchsetzungsfähig und siegesgewiß zu sein. Sie würde uns zwingen, nur noch in der Lebensgestalt von Kraft und Stärke für uns selber akzeptabel zu sein. In Wahr-

[24] Religionsgeschichtlich dürfte der Kult des Stierkalbes mit dem ägyptischen Apiskult zusammenhängen, denn das alte Vorderasien kannte keine theriomorphen Götterbilder; dazu und zur Einführung eines Kultes des Goldenen Kalbes in Bethel und Dan unter König Jerobeam vgl. M. NOTH: Geschichte Israels, [2]1954, 212–213; der ägyptische Apis war eine Erscheinungsform des Nil (äg.: Hapi); er war ein Fruchtbarkeitsgott, der in der Dreifaltigkeit Ptah-Sokaris-Osiris, in der sich die Trinität von Schöpfung, Tod und Wiederauferstehung symbolisierte, mit der Gestalt des Osiris verschmolz und als Ka, als Leben des Osiris galt; V. IONS: Ägyptische Mythologie, 119; da im Ägyptischen die Hieroglyphe für *«Stier»* (ka) auch für «Lebenskraft» (Ka) stehen kann, galten die *Widdergötter* Chnum, Harsaphes und Amun in vielen Städten wie Hermopolis, Lykopolis, Mendes und Busiris als Verkörperungen des Ba, der Seele; V. IONS: a. a. O., 122. Wie vielfältig und doch in der Bedeutung gleichsinnig das Stiersymbol in Ägypten sein konnte, zeigt die Gestalt des Stiers *Mnevis,* der in Heliopolis als der lebende Sonnengott Re verehrt wurde; der Stier *Kamephis* (Ka mutef – «Stier seiner Mutter») galt als Inkarnation der Seele oder der Schöpferkraft der Götter; er «begegnet im Zusammenhang mit der täglichen Geburt, dem Tod und der Wiedergeburt des himmlischen Kalbes, der Sonne aus seinem eigenen Samen» (a. a. O., 118–119). – Auch das Goldene Kalb der Israeliten dürfte religionsgeschichtlich ein solches Fruchtbarkeits- und Sonnensymbol gewesen sein. Tiefenpsychologisch läßt sich die Versuchung des Abfalls zum Kult des Goldenen Kalbes an dieser Stelle am ehesten als Versuchung zu einem Denken in Kategorien des reinen Materialismus (im Sinne des Fruchtbarkeitskultes) und der bloßen Ichdurchsetzung (im Sinne des Sonnenkultes) verstehen. Eine grobe Materialskizze zum Stiergott in der Bibel bei W. BELTZ: Gott und die Götter, 1977, 71–73.

heit sind wir nicht immer, ja überhaupt keine Goldenen Stiere, und solche Fabelwesen können nicht unser Vorbild sein, wenn wir als Menschen existieren wollen. Die «Maus» paßt nicht zu uns, aber der «Stier» genauso wenig. Wir brauchen nur Menschen zu sein, nicht mehr und nicht weniger. Freilich, wir halten dieses Gleichgewicht nur, wenn wir es in Gott festmachen und wenn es dabei bleibt, daß wir nicht ohne Schaden Gott durch etwas anderes, das nicht Gott ist, ersetzen können. Wir brauchen Gott, um unser Maß zu finden und uns selber zu ertragen.

g) Die Furcht vor den Riesen (Num 13–14)

So steht denn Israel eines Tages am Ende seiner Wanderung vor den Grenzen des gelobten Landes, und es hat nur noch die Aufgabe, mit dem, was es ist, seßhaft zu werden. Schon schickt es seine Späher aus, das Land in Augenschein zu nehmen (Num 13–14), – da wird es noch einmal, zum letztenmal, herausgefordert[25]. Die Kundschafter kehren zurück und melden von der Fruchtbarkeit und Größe der Erträge dieses Landes. Ein jeder weiß, wie wunderbar es sein muß, dort zu wohnen. Alles erscheint jetzt greifbar nahe. Und dennoch überfällt das Volk erneut Furcht, weil es von «Riesen» hört, die angeblich das Land bewohnen.

Auch darin wird man etwas Typisches erkennen müssen. Gerade wenn wir das eigentlich von uns Gewollte schon dicht vor uns sehen, erscheint es uns zu groß, zu riesenhaft, bekommen wir erneut die Angst, wir wären dem ganz sicherlich nicht ausreichend gewachsen. Den Ort unserer eigentlichen Bestimmung schon dicht vor uns, erleiden wir die Neuauflage der alten Angst, nicht groß, nicht stark, nicht gut genug zu sein. Gehen wir auf diese Befürchtungen ein, so verurteilen wir uns selbst, wie Israel, erneut zu jahrelanger Irrfahrt, so vertun wir sinnlos Zeit mit Sinnlosem. Oder wir trauen es uns endlich zu, d.h. wir vertrauen endlich darauf, daß wir vor Gott keine Angst zu haben brauchen, und dann wird es gehen.

Und wieder wird es, jetzt zum letzten Mal, das Gefühl sein, das Land der eigenen Bestimmung nicht selber zu erobern, sondern geschenkt zu erhalten, die Widerstände dahin nicht mit eigener Kraft zu zerbrechen, sondern von Gott her als unwichtig zusammenbrechen zu sehen, und in all dem zu wissen, wie Israel später immer wieder sagen wird: «Der Herr führt sein Volk mit Jubel heraus, unter Frohlocken seine Erwählten; die Länder der Heiden verleiht er ihnen, daß sie erben der Völker Erworbenes, auf daß sie seine Satzungen halten und seine Gesetze bewahren.» (Ps 105,43–45)

[25] Zu den Kundschaftergeschichten vgl. W. BELTZ: Gott und die Götter, 166–169.

h) Zusammenfassung

So formt sich die Geschichte von der Volkwerdung Israels zu einem Bild der Selbstwerdung eines jeden von uns. Ein jedes Leben beginnt mit Abhängigkeit, Angst und einem Gutteil Götzendienerei; und es ist gerade dieser Weg zurückzulegen, der aus der Welt der Angst und aus dem Haus der Knechtschaft in die Freiheit führt. Israel hat als erstes gezeigt, wie man die Menschenfurcht aufgeben kann in dem Vertrauen zu Gott, seinem Schöpfer, und wie von daher auch die Fähigkeit erwächst, sich selbst ein eigenes Leben zuzutrauen. Es ist ein langer Weg, der aus der Welt der fremden Götter in die Welt der eigenen Heimat führt, und er ist voll von inneren und äußeren Gefahren, von Todesängsten und Verbitterungen, von Rückschlägen, Entmutigungen, Irrwegen und Entbehrungen; nichts ist darin gradlinig, konsequent und planbar. Doch gerade so ist es der Weg unseres Lebens, auf dem wir Gottes Führung lernen und dabei spüren, was es heißt, nicht mehr von unserer Hände Werk und von Gnaden anderer, sondern von Gott zu leben und von ihm her sein zu dürfen. Was immer auch auf diesem Weg geschieht, es zeigt, daß Gott an unserer Seite ist. Und unter Gottes Führung ist es die größte Sehnsucht und das höchste Glück, die schwerste Aufgabe und doch zugleich die größte Gnade, ein Mensch zu sein und als Mensch frei zu werden. Das jedenfalls hat Israel gezeigt: wenn es Gott gibt, dann hat es keinen Sinn mehr, Angst zu haben und aus Angst sich an Menschen zu versklaven. Dann gibt es auch für uns ein Land, das hier auf Erden schon der Anfang einer Heimat ist. Gebe Gott doch einem jeden Menschen einen «Moses» an die Seite!

2. Die jungfräuliche Geburt oder: Die Magier und der König, die Flucht und die Heimkehr

(Mt 1,18–25; 2,1–23)

Wer seine Mannheit kennt
und seine Weibheit wahrt,
der ist die Schlucht der Welt.
Ist er die Schlucht der Welt,
so verläßt ihn nicht das ewige *Leben,*
und er wird wieder wie ein Kind.
Laotse: Tao te king, 28

Die Welt, die wir zu kennen glauben, kennt keine anbetenden Magier und keine wegweisenden Sterne; sie hat nicht Raum für Engel, die im Traum erscheinen, und keinen Ort, wo Rachel weinen kann. Alle Versuche, die Erzählung von der Geburt des Herrn in der sogenannten Wirklichkeit der äußeren Tatsachen heimisch zu machen, führen im Grunde zu nichts. Ob der Stern von Bethlehem der Halleysche Komet war, ob eine Konjunktion von Jupiter und Saturn im Sternbild der Fische eine Rolle für die mesopotamische Astrologie spielte oder nicht[1], mag für eine bestimmte äußere Neugier von Belang sein – ein Stern, der an dem Ort eines Königskindes wacht, ist nicht ein Gegenstand im Raum, sondern eine Vision des Herzens. Desgleichen ist die «jungfräuliche Geburt», als mythisches Symbol[2], ein Wunder der Seele, nicht des Leibes, eine

[1] Vgl. E. STAUFFER: Jesus, 1957, 34–36.

[2] Zu dem mythischen Hintergrund der Kindheitsgeschichte Jesu mit der jungfräulichen Geburt und der Verfolgung bzw. Vertreibung vgl. A. DREWS: Die Christusmythe, 1910, 52–57, der an die «Geburt eines göttlichen Kindes» in Offb 12 erinnert, «das, kaum ans Licht der Welt gebracht, vom Drachen der Finsternis bedroht, aber noch rechtzeitig vor seinem Verfolger in den Himmel entrückt wird, worauf der Erzengel Michael das Ungeheuer unschädlich macht» (a. a. O., 52). Drews vergleicht dieses Motiv, das er auch in der Geburtsmythe Jesu anzutreffen meint, mit der griechischen Sage der Leto, mit dem ägyptischen Mythos von der Geburt des Horus, mit der Geburt von Zeus, Attis, Dionysos, Ödipus, Perseus, Romulus, Augustus usw. Vor allem Bethlehem besaß ein Heiligtum des Adonis, um dessen Tod die Weiber alljährlich klagten (Mt 2,18; Jer 31,15). Neben dem Vegetationsgott Adonis (bzw. dem syrischen Hadad bzw. dem mesopotamischen Tammuz) spielt nach Drews «auch in die Vorstellung dieses vorderasiatischen Jahreszeitengottes der Gedanke an das Schicksal der Sonne mit hinein, die im Winter stirbt, aber im Frühjahr neu geboren wird.» Die (drei) Magier bringt Drews mit den drei Sternen im Gürtel des Orion in Verbindung, «die im Wintersolstiz dem Sternbilde der Jungfrau im Osten westlich gegenübertreten und die auch nach persischer Vorstellung um jene Zeit den Sohn der Himmelskönigin Mihr (Mirjam), d. h. die neuerstarkende Sonne, Mithra, suchten». – (A. a. O., 57) Daraus folgt: «Nach alledem erscheint es naiv, zu glauben, daß die Eltern des ‹historischen› Jesus Joseph und Maria geheißen hätten und sein Vater ein Zimmermann gewesen sei. In Wahrheit spielt sich das ganze Familienleben im Hause des Messias Jesus am Himmel, zwischen Göttern ab» (a. a. O., 79). Tatsächlich wird man nicht sagen können, daß die frühe Kirche jemals von der Geburt Jesu einen astralen oder solaren Mythos erzählt oder in ihm einen Vegetationsgott gesehen hätte, – gerade die Abkehr von der Naturverflochtenheit des Mythos kennzeichnet das jüdisch-christliche Denken von Grund auf. Aber zugeben muß man unbedingt, daß in den Kindheitsgeschichten bei Mt und Lk archetypische Motive, die in der Sonnen- und Mondmythologie der Völker eine überragende Rolle spielen, zur theologischen Deutung der Person Jesu herangezogen und zu einem umfassenden Gesamtbild verschmolzen werden. – H. USENER: Das Weihnachtsfest, 1911, 71–77, nachdem er die sehr späte Entstehungszeit der Geburtserzählungen von den Taufiegenden her begründet hat, erinnert an die jungfräulichen Geburten des Pythagoras, des Platon (aus Ariston und der schönen Periktione), des Alexander (aus Philippos und Olympias), des Seleukos I Nikanor (aus Antiochos und Laodike) u. a. In summa: «Man sieht hinlänglich aus diesen beispielen…, dass der glaube an die liebe von göttern zu menschentöchtern und an die persönliche beiwohnung derselben im alterthum allgemeine verbreitung hatte)» (a. a. O., 75–76). Zu Recht verweist Usener auch auf die babylonischen und ägyptischen Vorstellungen von der Geburt des Herrschers durch die Zeugung eines Gottes (a. a. O., 77). Ähnlich urteilte H. GRESSMANN: Das Weihnachtsevangelium, 37–46, der sehr richtig meinte: «Die Jungfrauengeburt ist in den Kindheitsevangelien kein ‹Dogma›, sondern ein ‹Motiv›, d. h. Bestandteil einer Erzählung» (37). Aber was literaturwissenschaftlich als «Motiv» erscheint, ist tiefenpsychologisch ein Archetyp, und die Archetypen sind gerade die Ursprungsgestalten der großen Symbole des Glaubens. – Besonders die Hirtenlegende der lukanischen Kindheitsgeschichte weist zahlreiche Parallelen zur Mythe von der Geburt des Asklepios auf; vgl. K. KERÉNYI: Der göttliche Arzt, 1956, 28–35; 87–91, während die Vorstellungen von der jungfräulichen Geburt und der Verkündigung durch den Engel sehr an die ägyptische Mythe von der Geburt des Pharao erinnert; vgl. E. BRUNNER-TRAUT: Pharao und Je-

Wandlung und Verjüngung des Bewußtseins[3], keine äußere Begebenheit. Einzig ein König wie Herodes paßt in die Welt der uns bekannten Wirklichkeit; alles, was sonst geschieht: Geburt, Anbetung, Kindermord, Flucht und schließliche Heimkehr wird nicht nur von geheimnisvollen Schriften, Engelerscheinungen und Träumen begleitet und in Gang gebracht, es ist auch in sich selber offenbar Teil einer anderen Ebene der Wirklichkeit, und nur in dieser anderen, fast unwirklichen Wirklichkeit sind wir imstande, die Worte eines Engels zu vernehmen und einem Stern im Dunkeln nachzugehen. Auf dieser Ebene allein also kann man den Sinn der Erzählungen von der jungfräulichen Geburt des Gotteskindes verstehen: auf der Ebene der inneren Wahrnehmung, des Traumes, des Gefühls. Um das Geheimnis der Geburt des Herrn als solches zu erkennen, bedarf es im Matthäusevangelium ja bereits selbst des Engels[4] der Verkündigung, und er muß sich im Traum «Joseph» zeigen, ehe dieser innerlich bejaht, was da geschieht. Alles in der Erzählung spielt sich traumhaft ab; denn wirklich ist der Traum der Ort, an dem sich wohl am besten zeigen läßt, was das Symbol des jungfräulich geborenen Kindes innerlich bedeutet.

a) Von jungfräulichen Geburten und göttlichen Kindern

Oft kommt es vor, daß jemand, der schon viele Jahre, manchmal sein ganzes Leben lang auf seine innere Befreiung warten mußte, nun endlich, wo er sich ihr nahe fühlt, in derartigen Bildern träumt. «Ich sah», erzählte eine Frau, «im Traum einen sehr dunklen Gang, der in einen Keller führte; die Gewölbe schienen feucht und verwittert, und es fiel mir schwer, mich zurechtzufinden. Plötzlich hörte ich in der Ecke ein Kind schreien. Ich nahm es auf meinen Arm, – es war noch ganz klein, wie wenn es eben erst zur Welt gekommen

sus als Söhne Gottes, in: Gelebte Mythen, 1981, 39; 42; 44; 48; J. ASSMANN: Der König als Sonnenpriester, 1970, 65–67; E. DREWERMANN: Religionsgeschichtliche und tiefenpsychologische Bemerkungen zur Trinitätslehre, in: Breuning (Hrsg.): Trinitätslehre, 1984. – Wie hilflos man dem Verständnis der vielfachen archetypischen Details in der Kindheitsgeschichte Jesu in den Evangelien gegenübersteht, wenn man den mythischen Hintergrund der einzelnen Motive nicht berücksichtigt, zeigt J. P. MACKEY: Jesus, 327–328, der es ablehnt, die Zeugung des Sohnes aus dem Geist Gottes bei Lukas mythisch zu verstehen, aber dann gestehen muß, daß er nicht weiß, «was insbesondere Lukas sich dabei dachte». Das ist mindestens ehrlich. – Zum Stoff der jungfräulichen Geburt vgl. im Umkreis der Sonnenmythologie L. FROBENIUS: Das Zeitalter des Sonnengottes, 1904, 223–263; zur Herleitung der jungfräulichen Geburt aus der matriarchalen Gestalt der Großen Göttin vgl. SIR GALAHAD: Mütter und Amazonen, 11–18. – Zu den Bezügen des Weihnachtsfestes zu den Mysterien der Sonne und des Mondes vgl. H. RAHNER: Griechische Mythen in christlicher Deutung, 172–199; 200–215.

[3] Vgl. E. DREWERMANN: Strukturen des Bösen, II 337–354, zur tiefenpsychologischen Deutung des Motivs von der jungfräulichen Geburt.

[4] Zu Engel und Teufel vgl. E. DREWERMANN – I. NEUHAUS: Das Mädchen ohne Hände, 1981, 46. Anm. 31; E. DREWERMANN: Der Teufel im Märchen, in: Archiv für Religionspsychologie, Bd. 15, 1982, 93–128.

wäre, und ich hatte das merkwürdige Gefühl, ich selbst hätte es geboren. Mit dem Kind auf dem Arm tastete ich mich zu der Treppe zurück, an der mehrere Frauen standen, die lachten über mich und fragten, woher ich das Kind hätte. Ich schämte mich, aber zugleich fühlte ich mich sehr glücklich und wußte, daß ich das Kind unbedingt bei mir behalten würde.» Zur Erklärung dieses Traumes fügte die Frau hinzu, sie sehe in dem Kind eigentlich sich selber, all das, was in ihr seit geraumer Zeit zu leben angefangen habe, sei dies Kind, und ebendeshalb sei sie froh, daß sie im Traum ihr Kind auch gegen die Stimmen der anderen Frauen anerkannt habe.

Der Traum dieser Frau erinnert in ganz auffälliger Weise an die Erzählungen der Bibel von der Geburt des «Erlösers». Immer in den Erlösungs- und Heldenmythen der Völker kommt der Retter jungfräulich und gegen schwere Widerstände zur Welt[5]; immer wenn Menschen von ihrer Erlösung träumen, legt sich ihnen im Unbewußten gegen den Protest ihres Ichs das Bild des jungfräulich geborenen göttlichen Kindes nahe; und anders kann es eigentlich auch gar nicht sein. Das Symbol des Kindes ist als Bild des Lebens innerlich dann notwendig, wenn das, wovon man erlöst werden muß, gerade in einem zwanghaften Großseinwollen besteht; wenn man mit der ständigen Forderung, nur ganz erwachsen, ganz fertig, ganz ausgereift, ganz vollkommen sein zu dürfen, schlechthin nicht mehr leben kann, dann verdichtet sich Tag um Tag der Wunsch, es möchte entweder möglichst bald alles vorbei sein oder es möchte buchstäblich alles noch einmal beginnen dürfen, und zwar dann wahrer, unfertiger, gnädiger, im Grunde gütiger. «Kannst du nicht», fragt uns die Gestalt des Kindes, «einmal den Mut bekommen, zu denken, du wärest auch ohne Leistung und Arbeit berechtigt zu leben? Kannst du nicht mal denken, du selber, deine Person, wäre liebenswürdiger und wertvoller als deine vorweisbaren Taten? Kannst du dir nicht einfach mal gestatten, an etwas anderes zu denken als daran, was du tun mußt und was du zu machen hast? Kannst du nicht einfach mal dich dem Empfinden überlassen, daß du berechtigt bist zu sein?»

So lebt ja doch ein Kind, und so fragt es schon durch sein bloßes Dasein. Ein Kind kann man nicht für seine Tüchtigkeit und seine Leistung lieben, es kann ja noch gar nichts, es tut noch gar nichts Nützliches; ein Kind kann man nicht dafür lieben, daß es etwas Besonderes besäße oder vorzuzeigen hätte, – es hat im Gegenteil noch nichts zu eigen; man muß es schon, wenn man es lieben

[5] S. o. S. 393 f.; typisches Material zu diesem Motiv aus dem Umkreis der Sonnenmythologie bei L. FROBENIUS: Das Zeitalter des Sonnengottes, Berlin 1904, 244–248; 264–265. – Zu dem Motiv der besonderen Geburt der Staatengründer vgl. bzgl. der Moseslegende A. JEREMIAS: Das Alte Testament im Lichte des Alten Orients, 256–257.

will, um seiner selbst willen liebhaben. Das ist das ganze Geheimnis eines Kindes, daß es uns durch sein bloßes Dasein nötigt, es zu lieben, und daß es davon lebt, für nichts geliebt zu werden.

Darin, daß wir so von uns selber denken würden, läge unsere Erlösung: daß wir einmal den Mut hätten, gratis zu leben, und uns mal getrauen würden, uns einfach schon durch unser Dasein als berechtigt zu empfinden. Das Wachsen dieses «Kindes» in uns setzt die Kunst voraus, ein inneres, spontanes Leben in uns selber überhaupt erst wahrzunehmen, innere Regungen, Stimmungen, Wünsche, Empfindungen zu bemerken und nicht sofort unter einem fertigen Vorweg-Programm eigener Planungen totzuwalzen, die Sprache unseres Körpers, unserer Träume, unserer unbewußten Reaktionen zu verstehen und in jedem Falle das «innere» Leben, das, was in uns steckt, für wichtiger zu halten als alles, was sich außen abspielt.

Sich auszudenken, wie ein solcher lebenrettender Neuanfang eingeleitet werden könnte, vermag kein Mensch. Der eigene Verstand, der eigene Wille sind es ja, die so verkrampft, so ehrgeizig nach oben streben wollten; für sie ist solch ein neues, ein kindliches Dasein von vornherein undenkbar und nach den ehernen Gesetzen der Natur auch überhaupt nicht möglich. Unser ursprüngliches Empfinden wird angesichts all dessen, was sich «in uns» rührt und leben will, einen gewaltigen Schrecken bekommen. Es wird uns als etwas Illegitimes erscheinen, das nicht hätte zum Leben zugelassen werden dürfen; und folgen wir unserer bewußten Einstellung, so werden wir es bald verwünschen. Die Neigungen, die sich da melden, kommen uns unvernünftig und zwecklos vor, wenn nicht geradezu unmoralisch und verwerflich[6]; die Wünsche, die sich da in uns melden, muten uns sonderbar und oft geradezu widersinnig an. Wir haben tausend Einwände dagegen: daß sich das nicht gehört; daß wir uns vor den anderen lächerlich machen damit; daß wir damit etwas Unnützes tun; daß wir uns am Ende gar blamieren, wenn «das» «rauskommt» und wir das «rauslassen», was da in uns lebt; daß wir fürchten müssen, uns damit geradezu schuldig zu machen usw., usw. Es stimmt ja: die zwei Stunden, die wir uns gönnen, ein Buch zu lesen oder Musik zu hören oder spazierenzugehen oder den Hund zu verwöhnen, – für diese zwei Stunden gibt es keine «Entschuldigung»; gemessen an den Vorstellungen von Pflicht und Leistung sind diese zwei Stunden unverantwortbar; und solange wir «erwachsen» bleiben wollen, müssen wir derartige «zweckfreie», «unverantwortliche», «kindische» Dinge ablehnen und verwerfen.

[6] Vgl. E. Drewermann: Von der Unmoral der Psychotherapie – oder von der Notwendigkeit einer Suspension des Ethischen im Religiösen, in: Psychoanalyse und Moraltheologie, 1982, I, 79–84.

Aber das Symbol des jungfräulichen Kindes besagt gerade nicht so viel wie «infantil». «Kindlich» – das meint hier eine Haltung, die einmal nicht aus lauter Lebensangst und dem Gefühl prinzipieller Unberechtigtheit stets nur «erwachsen» sein muß, sondern die sich getraut, unfertig, nicht-perfekt, spontan und spielerisch, zweckfrei und ohne ständige Berechnung dazusein; die lebt in dem Vertrauen, daß es einen Willen, eine Liebe, einen Grund gibt, für den es sich lohnt zu leben, ohne erst etwas machen zu müssen, um inmitten all der anderen einen Platz zu finden.

Immer tritt dieses Kind auf wunderbare Weise in die Welt, – «jungfräulich», sagt das Evangelium. Denn darauf kommt es gerade an: es geht um etwas, das wir nicht «erzeugen» können, das in uns selber wächst, und doch sind wir es nicht, die es erschaffen haben; buchstäblich «wie von selbst» will etwas in uns leben und reift in uns zu seiner menschlichen Gestalt heran. Jeden Tag mehr gewinnt in uns ein derartiges «unmögliches» Leben Gestalt und Wirklichkeit in unseren Träumen und in unserem Empfinden. Wir selber können es nicht ausdenken, und dennoch ist es wirklicher und wahrer als alles, was wir von uns selber her entwerfen.

Das mythische Symbol für diese nichtgezeugte, nichtgemachte, buchstäblich «jungfräulich» geborene Gestalt ist in den Träumen und in den Mythen stets das göttliche, heilende Kind[7]. Ihm steht die Gestalt des «Mannes», des «Josef» gegenüber, die in der Sprache der Mythen und Träume die Sphäre von «Vernunft» und «Verstand», die Ebene des Bewußtseins bezeichnet[8]. Eigentlich wäre gerade zu schützen und zu unterstützen, was da in der «Frau», im Gemüthaften, Dunklen, Ursprünglichen, im Innern des Unbewußten heranreift. Aber im Gegenteil! Wenn das Erlöserkind zur Welt kommt, sagt das Neue Testament (mit Berufung auf die Weissagung des Jesaja[9]), wird unser Bewußtsein immer wie «Josef» handeln, der aus Angst vor der Schande seine Verlobte mitsamt ihrem Kind in aller Heimlichkeit entlassen möchte (Mt 1,18–24).

In den Mythen und Märchen steht das Bild der heimlichen Geliebten zumeist für das, was C. G. Jung als «anima» bezeichnet hat[10], – für das Gegenbild zu den erwachsenen, männlichen Bemühungen unserer Berufs- und Pflichtmaske, unserer «persona»[11]. Die Gestalt dieser Frau trägt immer die Züge der Madon-

[7] C. G. Jung – K. Kerényi: Das göttliche Kind in mythologischer und psychologischer Beleuchtung, 1940. Vgl. E. Drewermann – I. Neuhaus: Das Eigentliche ist unsichtbar, 1984, 15–20.

[8] Zur psychologischen Differenz von Mann und Frau vgl. E. Drewermann: Der Krieg und das Christentum, 1982, 76–82; 242–251; E. Kloehn: Typisch weiblich? Typisch männlich? 1979, 190–197.

[9] Tiefenpsychologisch müßte Jes 7,10–16 im gleichen Sinne als ein Bild der jungfräulichen Geburt mit den entsprechenden Widerständen seitens des männlichen Königs-Ich gedeutet werden, wobei das Motiv des Bruderkrieges und der eingeschlossenen Stadt noch als Ausgangsbedingung hinzukommen.

[10] S. o. S. 176.

[11] S. o. S. 198.

na, der Großen Mutter; denn wir spüren, daß sie all das verkörpert, was uns leben läßt und uns den Zauber von Anfang, Hoffnung und Lebenserneuerung verleiht; insofern ist sie wirklich die Mutter des Eigentlichen, Göttlichen in uns. Und doch erscheint sie zugleich, in äußerstem Widerspruch dazu, als verachtenswerte Hure; denn in ihr gewinnt ja gerade *das* Gestalt und Leben, was wir bis dahin nie haben sein und leben wollen, wovor wir stets auf der Flucht waren und wofür wir stets meinten uns schämen zu müssen; insofern ist sie das Sammelbecken all dessen, was wir in uns ein Leben lang als minderwertig liegengelassen haben, was uns bis dahin vielleicht sogar als sündhaft und verderblich hingestellt wurde, wovor wir Angst hatten und wofür wir uns selber stets verachtet und mit Dreck beworfen haben. Die Mutter des göttlichen Erlöserkindes vertritt daher zugleich auch die geschändete, in Sünden darniederliegende, erlösungsbedürftige Menschheit; sie steht für all das, was in uns selbst an Menschlichem nur darauf wartet, zur Welt kommen zu dürfen und von seiner Erniedrigung befreit zu werden. So ist die «Frau» auch sogleich die Vertreterin der gefallenen Menschheit und die Mutter unserers Erlösers, eine zweite Eva und zugleich eine Madonna[12].

So widersprüchlich beginnt fast regelmäßig im Menschen das eigentliche Leben: man weiß, daß man es dringend braucht, und sehnt es von Herzen herbei, aber dann, wenn es beginnen könnte, weist man es voller Angst um den guten Ruf zurück und hält es aus Sorge um den bisherigen so vernünftigen Standpunkt sogleich weit von sich fern. In dem Bild des jungfräulich geborenen Kindes lebt alles, was man im Grunde möchte: Freisein und Spielen, Reifen und Träumen, Daseindürfen und Vertrauendürfen, aber gerade davor schreckt man in Wahrheit am meisten zurück. Eher ist man bereit, die Hälfte der eigenen Seele mitsamt der Symbolgestalt eines wahreren Lebens von sich zu weisen, als sich offen zu dem, was in einem leben möchte, gegenüber dem Druck der anderen zu bekennen. Man kann ruhig wissen, daß man sich selbst damit zu einem Leben voller Traurigkeit und «Heimlichkeit» (Mt 1,19) verurteilt, unfähig zur Liebe und überhaupt zu jedem tieferen Gefühl, aber immer noch scheint ein solcher Schritt weit besser, als in den Augen der anderen lächerlich und ohnmächtig dazustehen. Jeder trägt in sich seinen «Josef», der sich, wenn es darauf ankommt, unbemerkt von seiner «Angetrauten» trennen möchte.

Die «Jungfrau» an seiner Seite, die tiefere Schicht der Seele, kann ja tatsächlich nur bestätigen, was der Verstand längst weiß: daß innerlich hier etwas «empfangen» worden ist und Wurzeln geschlagen hat, von dem man im Bewußt-

[12] Vgl. E. DREWERMANN: Die Frage nach Maria im religionswissenschaftlichen Horizont, in: Zeitschrift für Missions- und Religionswissenschaft, 1982/2, 102; 108–109.

sein nicht sagen kann, wie es begonnen hat. Wie in dem soeben geschilderten Traum der Frau hat man wohl ganz deutlich das Gefühl, das «Neugeborene» gehöre unabtrennbar zum eigenen Leben, es sei ein wesentlicher Teil der eigenen Psyche, aber man weiß nicht, woher es stammt; es ist nur einfach da und meldet sich zu Wort. Und gerade so: in dieser ungewollten, ungemachten Art empfindet man dieses neue Leben als empörend, es umgibt sich wie aus Mutwillen mit dem Eindruck des Chaotischen, Unheimlichen, des alle Ordnung Sprengenden, – nichts scheint mehr ausgeschlossen, wenn etwas Derartiges möglich ist.

Dabei ist es in Wahrheit gerade umgekehrt; nicht Willkür ist hier am Werk, sondern es ist lediglich nicht möglich, dieses «Unwillkürliche», das hier heranwächst, im Bewußtsein richtig zu erkennen oder gar anzuerkennen. Der Mann «Josef», das eigene Ich, steht hier vor einem Geschehen, das ihm grundsätzlich wesensfremd und unbegreifbar vorkommt, das zwar irgendwie zu ihm gehört, aber doch auch wieder nicht zu ihm gehört. Gerade die bisherige «Rechtschaffenheit» (Mt 1,19) der bewußten Lebenseinstellung in der Gestalt des «Josef» muß sich gegen das «Kind» wehren, so wie alle Moral sich dagegen verwahren muß, daß es in der menschlichen Seele irgend etwas Spontanes, Unbeherrschtes, Unbezwingbares geben sollte, das sich dem Reglement des Verstandes entzöge. Das Matthäusevangelium hat daher ganz recht: ohne die Erscheinung eines «Engels» im Traum (Mt 1,20) wird sich der «Mann» der «Jungfrau» nie zu seinem «Kind» bekennen.

b) Die Botschaft der Engel und der Träume

Die Gestalt eines solchen Engels oder Geistes in den Märchen und Mythen, das Auftreten einer Katchina z. B. in indianischen Sagen[13], bedeutet psychologisch stets, daß jemand der geheimen Führung seines eigenen Wesens innewird. Der «Engel» ist in den Erzählungen der Alten das Wesensbild, die Urgestalt der eigenen Person, die Form der Existenz, als die der Einzelne geschaffen worden ist; im Bild des «Engels» redet, theologisch ausgedrückt, Gott in der Gestalt des eigenen Wesens zum Menschen; der «Engel» ist, wenn man so will, das Existenzgewissen des Daseins, das Grundbild, auf das hin Gott den Menschen geformt hat. Nur in der Tiefe der Seele, niemals im «Wachzustand», im ausgeklügelten Bewußtsein, nur in den Träumen des Unbewußten tritt diese Gestalt des eigenen Wesens dem Menschen entgegen und mahnt, warnt, deutet, weist zurecht und hält von Schaden fern. Was jemand von sich

[13] Vgl. F. HETMANN: Kindergeschichten der Indianer, 1979, 118; Abbildungen von Katchina-Puppen der Hopi-Indianer bei C. F. FEEST: Indianer Nordamerikas, 1968, Abb. 36a.

her denkt, übertönt zumeist mit seiner selbstgemachten Planung diese nächtliche, sehr leise, für jeden Fremden unhörbare Stimme; nur in der Unverstelltheit, wenn man schläft, wenn jemand einfach da ist, nicht etwas will, sondern nur hört, nicht denkt, sondern nur träumt, vernimmt er diese Botschaft, die Gott aus der Tiefe seines Wesens an ihn richtet. *Traum* heißt hier gerade nicht: willkürlich phantasieren; es heißt: sich ganz nach innen wenden und dem eigenen Wesen lauschen. Wie Blumen nachts die Blütenkelche schließen, um sich ganz in sich selbst zu sammeln, ehe sie am Morgen das Licht, den Wind und die Insekten wieder in sich aufnehmen, so ist der Traum ein Anschauen seiner selbst im Innern vor der Öffnung zur äußeren Realität. Nicht Willkür, sondern Wegweisung, Gehorsam, Offenbarung ist der Traum, eine Sinndeutung und Erklärung des sonst nicht Akzeptablen, ein göttlicher Befehl, um das an sich so Fremde des eigenen Herzens als das Eigene anzuerkennen und vor aller Augen sich zu ihm offen und unzweideutig zu bekennen[14].

Eben deshalb kann das Matthäusevangelium in den Geburtserzählungen Jesu den Träumen eine derart göttliche Bedeutung zumessen, und eben deshalb wird es richtig sein, all jene göttlichen Begebenheiten von der jungfräulichen Geburt des Kindes auch in sich selbst nach Art von traumhaften Ereignissen zu deuten. Der Mann «Josef» selbst ist eine Symbolgestalt des Bewußtseins, und auch er kann alles, was geschieht, nur in Träumen verstehen; wie sollten diese Begebenheiten sich dann in ihrem Sinn anders erschließen als in der Bildsprache von Träumen? – nicht etwa weil sie nur «geträumt» im Sinn von «eingebildet» oder subjektiv «erfunden» wären, sondern weil sie in einem absoluten Sinne objektiv das finden lassen und abbilden, was Gott im Herzen eines jeden Menschen angelegt hat und zur Erlösung bringen will.

Gerade deshalb ist es so wichtig, daß das Bewußtsein die Botschaft des Engels im Traum wirklich annimmt. «Josef» hat zu «gehorchen»[15], und er muß, ob er will oder nicht, um Gottes willen das Kind und die Mutter zu sich nehmen; er muß das, was ohne sein Wollen begonnen hat (vgl. Joh 1,13) und was er sich selbst nicht erklären kann, als etwas annehmen, das von Gott in seiner Seele, in

[14] S. o. S. 223. – SCH. BEN CHORIN: Mutter Mirjam, 63; 107, weist darauf hin, daß in «Josef» sich die Traumtradition des ägyptischen Josef fortsetzt, während sich in Maria eher ein bewahrender, schützender Charakterzug verkörpert findet; Jesus selber sei demgegenüber zwischen Vision und Warten gestellt, ein echter Sohn beider Eltern. Aber da Sch. Ben Chorin selber zu Recht die Geburtserzählungen für Sage und Mythos erklärt, wie will er da ein historisches Bild der Eltern rekonstruieren?

[15] «Gehorsam» ist das rechte Wort für eine angemessene Einstellung zum Unbewußten; vgl. E. DREWERMANN: Von der Unmoral der Psychotherapie, in: Psychoanalyse und Moraltheologie, I 100–101. Wie mühsam dieser «Gehorsam» zu lernen ist, zeigt sehr schön das Märchen vom «Goldenen Vogel» (KHM 57); vgl. E. DREWERMANN – I. NEUHAUS: Der goldene Vogel, 1982, 55–56; der «Gehorsam» nach innen entspricht zugleich einem «Gehorsam» gegenüber den Dingen der Welt, wie ihn das «Frau-Holle»-Märchen schildert (KHM 24); vgl. E. DREWERMANN – I. NEUHAUS: Frau Holle, 1982, 35–38.

der «Jungfrau» an seiner Seite, angelegt ist. Als «Jesus» – als «Retter»[16] soll er dieses Kind betrachten, als das, was von Gott her in ihm leben will und was ihn selber leben läßt.

Es scheint dabei kein Zufall, daß gerade an dieser Stelle der «Engel» seinen Auftrag durch ein altes Bibelwort begründet. Denn immer wird es wohl so sein: das «Kind», das Neue, das zu leben anfängt, ereignet sich scheinbar wie völlig überraschend, ohne jede Vorbereitung; in Wahrheit aber, wenn man auf den «Engel» hört, wird man stets in sich selbst uralte «Texte» finden, in denen längst schon alles aufgezeichnet ist. Gott mutet dem Menschen nie etwas völlig Fremdes zu, nur, daß wir erst von einem ganz bestimmten Augenblick an verstehen, was er mit uns gewollt hat, ehe er uns schuf. Dies ist das Eigentümliche: in dem Moment, wo man sich selbst am meisten verunsichert und gefährdet erlebt, wo man am liebsten voller Angst alles abstoßen möchte, was in Wahrheit retten könnte, da gerade wird man an solche wohlvertrauten, längst bekannten Worte erinnert, die von Ewigkeit her gelten und die man nur niemals den Mut besaß, auf das eigene Leben zu beziehen. «Erlösung» von den «Sünden» ist ein solches ungeheuerliches Wort, das sich gerade mit der Prophezeiung von dem jungfräulich geborenen Kind verbindet – und in der Tat, dies ist der Kern von allem. Der ganze Zwang zum Großsein- und Perfektseinwollen entstammt doch letztlich nur dem Grundgefühl ständiger Schuld[17]; nur aus dem Empfinden, sich stets rechtfertigen und dauernd gegen geheime Vorwürfe ankämpfen zu müssen, ist man gezwungen, in einem fort über sich selbst hinauszuwachsen und ein anderer zu sein, als man in Wahrheit ist. In dem Bild des göttlichen Kindes klingt demgegenüber etwas an von einer neuen Selbstverständlichkeit und Unschuld des Daseins, von dem Gefühl, leben zu dürfen einfach aus Gnade. Wenn irgend etwas erlösen kann, dann dies. Nur ist es schwer, gerade dies zu lernen.

Man hat gemeint, die Formel «Gott mit uns» – Immanuel – sei eine Beistandsformel für die Zeit des heiligen Kriegs[18]; aber der «Krieg», der hier ausbrechen muß, ist gänzlich inwendig. Einerseits sträubt sich alles in der Gnadenlosigkeit

[16] Entsprechend dem hebräischen Wort jšᶜ – retten; jšwᶜ ist eine nachexilische Spätform von jhwšᶜ; vgl. W. GESENIUS: Hebräisches und aramäisches Handwörterbuch, 1962, 324.

[17] Zu dem Zusammenhang von Schuld- und Minderwertigkeitsgefühlen mit dem Bestreben nach Überkompensation und Selbstüberforderung aller Art vgl. E. DREWERMANN: Sünde und Neurose, in: Psychoanalyse und Moraltheologie, I 138–139; 150–152; DERS.: Strukturen des Bösen, II 575.

[18] Vgl. H.W. WOLFF: Immanuel, Biblische Studien Nr. 23, 1959, 34ff., mit Bezug zu Ri 6,36ff. (der Zeichenforderung Gideons im Hl. Krieg) und Ri 13,5 (der Geburt Samsons); vgl. G.v. RAD: Theologie des Alten Testamentes, 2 Bde.; 2. Bd.: Die Theologie der prophetischen Überlieferungen Israels, München 1960, 183–184. – Das Motiv vom «Krieg» auf dem Weg zur Selbstfindung taucht in den Märchen auf im «Mädchen ohne Hände» (KHM 31, wo der König ein Jahr nach seiner Hochzeit in den «Krieg» muß), im Märchen vom «Wasser des Lebens» (KHM 97, wo der jüngste Sohn auf seinem Rückweg zwei Königen im

der Angst, die Bedingungslosigkeit einfachen Daseindürfens anzunehmen[19]; aber auf der anderen Seite ist doch auch wieder ganz klar, daß es nur so überhaupt eine Zukunft gibt; einerseits fürchtet man angesichts des «Kindes», alles an bisheriger Selbstachtung und Würde zu verlieren, andererseits aber weiß man doch, wie hohl, verlogen und wie unlebendig die Staffagen der alten «Größe» waren. Auch Gott kann diesen Kampf uns nicht ersparen; nur daß er in diesem Kampf auf Tod und Leben an unserer Seite stehen wird, hat er verheißen, und schon das bißchen Zukunft, das in der Gestalt des «Kindes» angefangen hat zu leben, ist in sich selbst wie eine Garantie, daß diese Zusicherung Geltung haben wird. Für lange Zeit wird man sie jetzt sehr nötig haben.
Bis hierhin nämlich findet alles nur gewissermaßen im Ansichsein statt; die Frage aber ist nun, wie die Gestalt des jungfräulich geborenen Kindes in die Wirklichkeit eintritt, und hier werden die Widerstände tödlich.

c) Die «Magier» vom «Osten» und der König Herodes

Für die folgende Erzählung hat sich im Volksmund der Name von den «heiligen drei Königen» eingebürgert. Obwohl im Text die Dreizahl nicht erwähnt wird und eigentlich auch nicht von Königen, sondern von «Magiern» die Rede ist, hat die Volksüberlieferung in psychologischer Sicht nicht unrecht, wenn sie legendär von den «drei» «Königen» spricht. Denn nach einem tiefverankerten psychologischen Gesetz sind es in den Märchen und Mythen der Völker stets *drei* Söhne, die im Auftrag ihres Vaters in die Fremde ziehen, um dort ihr Glück und Heil zu finden, – meist indem sie um eine verzauberte oder schwer zu erringende Jungfrau anhalten[20]. Daß der dritte Magier zumeist als «Mohr» dargestellt wird, entspricht diesem Dreierschema, insofern in den Märchen und Mythen der Dritte meist körperlich oder geistig «dunkel» und rätselhaft bleibt; er ist ein Däumling oder Dummling, der aber gerade die entscheidenden Schritte zum Gelingen der gefahrvollen Ausreise in die Wege zu leiten pflegt[21]. Die Dreizahl selbst verkörpert dabei psychologisch diejenigen Kräfte

Kampfe helfen muß) und im Märchen vom «Eisenhans» (KHM 136, wo der Eisenhans seinem Schützling im Kriege mit prächtigen Pferden und Rüstungen aushilft).

[19] Nichts ist so schwierig, als gegen alle Angst an die Berechtigung des eigenen Daseins zu glauben; vgl. E. Drewermann: Heil und Heilung, in: Psychoanalyse und Moraltheologie, I 185–189.

[20] Die «Preisjungfrau» ist ein häufiges Märchen- und Mythenmotiv, das psychoanalytisch zumeist vom Ödipuskomplex her gedeutet wird: der Vater erhebt den alleinigen Besitzanspruch auf seine Tochter, und die «Proben», die jeder Bewerber um die Gunst der Schönen zu bestehen hat, verfolgen im Grunde den Zweck, den unliebsamen Schwiegersohn von vornherein auszuschalten; vgl. O. Rank: Der Mythus von der Geburt des Helden, 79–80; s. o. S. 394.

[21] S. o. S. 193; O. Rank: Das Trauma der Geburt und seine Bedeutung für die Psychoanalyse, 1924, 108–109, deutet das Motiv als heroische Kompensation des Jüngsten und Schwächsten gegenüber den älteren Geschwistern.

der Persönlichkeit, die ausgesandt werden müssen, um zu einer inneren Ergänzung und Einheit (dargestellt in der Vierzahl) zu gelangen[22]. Wenn die Volkslegende des weiteren von drei «Königen» statt von «Magiern» berichtet, so ist sie auch darin nicht schlecht beraten, denn es sind zumeist wirklich drei Königssöhne, die den Weg ins Ungewisse antreten, und «Magier» wird man sich ohnehin als zum Königspalast gehörig denken müssen, nur daß sie, mehr noch als die «Könige», die Botschaften der Nacht, die Bedeutung der «Sterne» zu enträtseln wissen und von verborgenen Dingen Kunde haben.

Ein Unterschied fällt jedoch gerade durch den Vergleich mit dem üblichen Aufbau der Märchen und Mythen in der biblischen Erzählung besonders auf: während für gewöhnlich die drei Fürsten oder Prinzen auf den Befehl des «Königs», also vom Ich selber ausgesandt werden, kommen die Magier der Bibel wie von selbst bzw. auf den Befehl des Sternes nach Jerusalem. Darin ist zweifellos eine besondere Form des Erlebens angedeutet, die noch fremdartiger anmutet, als sie in dem üblichen Märchenmotiv von der Aussendung der Söhne anklingt. Tatsächlich tauchen die Magier aus dem Morgenlande (Mt 2,1) denn auch völlig überraschend und zum Erschrecken des Königs Herodes und ganz Jerusalems auf, um sich nach dem neugeborenen König zu erkundigen.

Auch in «König Herodes» wird man psychologisch die Verkörperung derjenigen Ichkräfte erkennen müssen, die sich im Bewußtsein nach wie vor weigern, das «göttliche Kind» anzuerkennen oder überhaupt nur zur Kenntnis zu nehmen. «König Herodes» ist in diesem Sinne die eigentliche Nachfolgegestalt des «Josef» vor seiner Begegnung mit dem «Engel»; in ihm steigert und verdichtet sich all das, was dem «Kind» im Wege steht; er verkörpert diejenige Seite des Ichs, die «König» ist und bleiben will und die nun fürchtet, ihre Herrschaft zu verlieren. Im Grunde werden hier dieselben Ängste vorliegen, die schon hinter der Abwehr des «Josef» standen; aber der eigentliche «Königsanspruch», der Wille, absolut in der eigenen «Stadt», im Herrschaftsgebiet der eigenen Person schalten und walten zu können, ist jetzt in der Gestalt des Herodes weit deutlicher ausgeprägt als früher bei der «Rechtschaffenheit» des «Josef»; die Gegensätze sind jetzt ungleich dramatischer, und sie *müssen* es sein, denn jetzt, in der Wirklichkeit, brechen die Konflikte zwischen Bewußtsein und Unbewußtem offen aus und gewinnen ihre unversöhnliche Schärfe.

Es ist sehr merkwürdig, was alles im Herzen ein und desselben Menschen nebeneinander Platz hat, und zwar immer wieder und in typischer Weise, wenn es um Heil und Erlösung geht. Es gibt den König Herodes, der um seinen Einfluß, seine Souveränität, seine Selbstverfügung und Geltung ringt und sich zu-

[22] Zur Symbolik von Drei und Vier s. o. S. 199, Anm. 86.

tiefst bedroht fühlt, wenn irgend etwas sich zum Leben meldet, das einer höheren Gesetzmäßigkeit sein Dasein verdankt, als er selber sie in Form von Verordnungen und Befehlen in Gang setzen kann. Aber daneben gibt es auch die «Magier»: es gibt die Fähigkeit, des Nachts den Blick zum Himmel zu erheben und sich von den geheimnisvollen Mächten der ewigen Gestirne erheben und sich von ihnen einen Weg zeigen zu lassen. Die ganze Astrologie der Alten, sagt man, bestand darin, daß Menschen die Gesetze ihrer eigenen Seele, ihres eigenen Unbewußten, an den Himmel projizierten und dann als Schicksal der Götter entgegennahmen, was sie im Grunde in sich trugen[23]. Man mag über die wissenschaftliche Begrenztheit oder den «Aberglauben» der orientalischen Sternendeuter lächeln oder sich verwundert fragen, was gerade solche Leute in dem Haus des «Kindes» zu tun haben; aber die Antwort kann nur lauten, daß es eigentlich *nur* solche Leute sind, die bis nach Bethlehem hinfinden. Nur wer die Botschaft eines «Sternes» vernehmen kann, wer selbst ein Kind der Nächte und der Träume ist, wer selbst als Mensch des Wartens und der Sehnsucht lebt, wird zu der Anbetung des Kindes fähig und berufen sein. Und solche Teile leben *auch* im Menschen. Gewiß, dem Königsich am Hofe des «Herodes» sind derartige Lebenshaltungen vollkommen fremd, verwirrend und bedrohlich; aber doch gibt es sie, und sie sind letztlich älter, weiser und ursprünglicher als alles, was «Herodes» in sich schließt: die «Magier» entstammen stets dem «Orient».

Das «Morgenland» gilt bereits in der biblischen Urgeschichte als das Land der Morgenfrühe[24], als Ort des Welten- und des Menschenanfangs; es ist der Raum, in dem zuerst das Licht aufgeht, der Ort seelischen Ursprungs, die Zone seelischer Ursprünglichkeit, und eben von dorther kommen die (drei) Magier, als Kräfte, die sich jetzt mit der Person des «Josef» verbünden. Sobald sie allerdings den Bereich des Unbewußten, das «Morgenland», verlassen, sobald sie die «Stadt des Königs», «Jerusalem», betreten, begeben sie sich in den Machtbereich des Ichs, das ihnen gegenüber seine Position mit allem Nachdruck glaubt verteidigen zu müssen. Es gibt «Städte» – und «Jerusalem» steht oft dafür! –, die bezeichnen tiefenpsychologisch den ganzen Menschen, sein Selbst, seine gesamte integrierte Persönlichkeit[25]; an dieser Stelle hier aber

[23] Vgl. R. DRÖSSLER: Als die Sterne Götter waren, 11–22; C. G. JUNG: Vorwort zum I Ging, XI 638–640, versuchte den Ansatz der Astrologie durch die Annahme eines «Parallelismus von psychischem und physikalischem Geschehen» zu begründen, aber gerade diese parapsychologischen Hypothesen wurden zur Grundlage von vielerlei Unfug, der therapeutisch heute in kostspieligen Behandlungen von den Adepten C. G. Jungs nicht selten den Klienten zugemutet wird.

[24] Vgl. E. DREWERMANN: Strukturen des Bösen, I 104–106.

[25] *Objektal* ist die «Stadt» ein weibliches Symbol; vgl. O. RANK: Psychoanalytische Beiträge zur Mythenforschung, 164–176 («Um Städte Werben»), wo RANK die zahlreichen Parallelen und Metaphern zwischen der

steht «Jerusalem», die «Stadt des Herodes», ganz und gar für den winzigen Teil der vom bewußten Ich beherrschten und kontrollierten Psyche; hier ist «Jerusalem» eine Stadt, die dem Palast oder «Schloß» in den Märchen gleicht, hinter dem ein großer unbekannter Wald beginnt, der voll geheimnisvoller Wunder und bedrohlicher Gefahren ist[26].

Dem entspricht, daß am Hofe des Herodes, mitten in seiner Stadt, die Hohenpriester und die Schriftgelehrten in alten Weissagungen eine Stelle finden, die nach Bethlehem verweist. Die Szene ist in auffallender Weise der Verkündigung des Engels an Josef parallel: hier wie dort bedarf es gegenüber der Angst und der Abwehr von allem Unbewußten heiliger Texte, die das Wunderbare von alters her bestimmen und erläutern; aber gerade aufgrund dieser Parallelität zwischen Herodes und Josef tritt der Gegensatz zwischen beiden jetzt nur um so schärfer hervor: in «Josef» ist ein Ich verkörpert, das die «Jungfrau» an seiner Seite, die unbewußten Teile seiner Seele, zwar nicht von sich aus verstehen, aber doch leben lassen und bis zu einem gewissen Grade bejahen kann, – das Ich des «Josef» ist fähig, die Botschaft des Engels anzunehmen und sich zu dem neuen, göttlichen Leben trotz aller äußeren Schmach und Schande zu bekennen. In «Herodes» aber lebt ein Ich, das sich nicht entthronen lassen kann und will und das um seiner Selbstbehauptung willen kämpfen muß. *Dieses* Ich ist an sich durchaus fähig, die alten Texte zu verstehen; es ist sogar imstande, sie als im Grunde wahr anzuerkennen, aber anders als «Josef» sieht es sich gerade deshalb auf das äußerste bedroht und herausgefordert, denn wenn das «Kind» von «Bethlehem» groß wird, ist seine Macht zunichte.

Es gibt in der Tat nur eines von beidem: – entweder lebt der «Sohn der Jungfrau», – dann ist das Leben zuinnerst ein Geschenk reiner Gnade, oder es herrscht «König Herodes», – dann ist der Mensch nur das, als was er selber sich erschafft. Dazwischen gilt es nunmehr ein für allemal zu wählen; aber eben: eine «Wahl» ist für das Ich des «Herodes» gar nicht möglich, einfach schon deshalb nicht, weil der «König» zu «Jerusalem» bei der Frage der Magier mitsamt seinen Untertanen von Angst und Schrecken ergriffen wird. Kein Mensch, der Angst hat, vermag das nötige Vertrauen aufzubringen, um sich auf die Demütigungen einzulassen, die es kostet, nur aus dem zu leben, was man sich nicht selbst durch Macht, Erfolg und Leistung nach außen hin er-

Architektur der Stadt und dem Körper der Frau hervorhebt; vgl. E. DREWERMANN: Strukturen des Bösen, II 514; DERS.: Der Krieg und das Christentum, 80–82, wo auf die symbolische Einheit von militärischer Eroberung und Frauenraub verwiesen wird. – *Subjektal* ist die Stadt ein Mandala-Symbol, s. o. S. 199.

[26] Zum Symbol des «Schlosses», dem in den Märchen meist eine Gegenwelt des Unbewußten in Gestalt eines unterirdischen oder fernen, unbekannten Schlosses entspricht, vgl. E. DREWERMANN – I. NEUHAUS: Der goldene Vogel, 61, Anm. 36.

kämpft; und eigentlich erschrickt «Herodes» auch nicht erst jetzt, wo er die Frage der Magier hört, sondern sein ganzes Leben bisher stand im Bannkreis einer solchen Angst, wie sie jetzt manifest wird; die gesamte Machtentfaltung eines Königsichs, wie es die Gestalt des «Herodes» verkörpert, dient ja im Grunde ausschließlich der Beruhigung einer abgründigen Angst; um so verzweifelter muß «Herodes» jetzt um seine Größe und Geltung kämpfen, denn er weiß genau, daß er schon allein durch die Tatsache des «Kindes» zum Untergang verurteilt ist.

Immer wieder scheint dies am meisten rätselhaft, wie es möglich ist, daß Menschen um die ganze Wahrheit ihres Lebens wissen können und dann doch mit Absicht das genaue Gegenteil davon tun. Die Antwort auf dieses Rätsel gibt die Gestalt des «Herodes» sehr klar und einfach: wenn die gesamte Existenz nur aus dem lebt, was eigentlich das Leben erstickt, wenn man aus Angst vor der Wirklichkeit mit dem eigenen Schein- oder Unleben so weit identifiziert ist, daß man sich durch die Wahrheit förmlich vernichtet fühlt, dann wird man gerade gegen diese tödliche Wahrheit mit allen Mitteln zu kämpfen suchen; gerade weil man weiß, wie wenig man wirklich lebt, wird man dann dieses Unleben mit allen Kräften gegen die Wahrheit verteidigen.

An einem Beispiel sei dieser Gegensatz im Ich psychologisch verdeutlicht.

Ein hochgestellter Akademiker litt seit vielen Jahren an einer Vielzahl neurotischer Symptome. In den Vorlesungen überkam ihn oft eine panische Angst; der bloße Gedanke, einer unbekannten Menschengruppe gegenübertreten und 45 Minuten pflichtweise anwesend sein zu müssen, erfüllte ihn mit Schrecken; Herzstiche und Todesangst zermürbten seine Nächte; vor all den anderen lebte er in der ständigen Furcht, als ein ohnmächtiger, untüchtiger Schwächling entdeckt zu werden. Um so wichtiger war es ihm, bei Frauen Zuflucht zu finden. Sein Hauptvergnügen bestand darin, durch sein Entgegenkommen, seine charmante Raffinesse und seine einfühlende Galanterie jeweils die Frau, die er in seine Arme schloß, wie er sich ausdrückte, «in Wachs verwandeln zu können». Nichts suchte dieser ca. 40jährige so sehr wie eine Geborgenheit durch die vollkommene Hingabe einer Geliebten, zugleich aber zeigte er sich außerstande, die Liebe, die er so begierig in sich aufsog, auch nur um ein weniges zu genießen; im Gegenteil, jedes Zusammensein stellte an ihn die höchsten Anforderungen an Konzentration und Selbstbeherrschung, und der Augenblick des höchsten Triumphes beraubte ihn mit größter Regelmäßigkeit schon aufgrund der totalen Überlegenheit, in die er sich hineinsteigerte, der Möglichkeit des Ausruhens und Verweilens, nach welcher er ein derartig gesteigertes Verlangen trug.

Seit Jahren nun war es diesem Manne bewußt, daß er aus purer Angst nach

einer Machtfülle und Vollkommenheit strebte, die ihn zur Liebe ebenso unfähig machte wie zu Genuß und Ruhe. Deutlich erinnerte er sich auch noch an die Anfangsszene seiner zweifelhaften späteren Erfolgslaufbahn als unvergleichlicher Herzensbrecher und Liebhaber – der Rolle eines verschüchterten, kleinwüchsigen Jungen, der mit 17 Jahren an der Zuneigung des anderen Geschlechts schier verzweifelte und nur noch den einen Wunsch in sich erwecken konnte, unter allen Umständen dem Schicksal eines Hagestolzes zuvorzukommen. Stets von dem Gefühl, ein Nichts zu sein, geplagt, erniedrigte er unter Aufbietung all seiner demonstrierten Unwiderstehlichkeit seine Mitmenschen in nur mühsam versteckter Rücksichtslosigkeit zu bloßen Statisten seiner Selbstanbetung, und auf der verzweifelten Suche nach Liebe erreichte er doch niemals etwas anderes als ein vorübergehendes, brüchiges Machtgefühl, das unablässig nach neuen und unerhörten Bestätigungen seiner Jugend und Unvergleichlichkeit lechzte. Natürlich mußte er unter diesen Umständen das Alter, das Schwinden der Kräfte, den Tod als ein dunkles, inakzeptables Faktum empfinden, dem er den unverzichtbaren Traum einer adonisgleichen Lebensverjüngung entgegenzustellen suchte.
Indessen bewohnte dieser hochintelligente, hochbewunderte, hocheinflußreiche Mann, dieser «König Herodes», im Grunde bei vollem Bewußtsein einen Palast in «Jerusalem», eine Residenz der Lüge, der Einsamkeit und der Todverfallenheit. Er wußte genau: ein einziges Gefühl ohne Angst, eine winzige Regung, die ihn hätte glauben lassen, auch als ein nichtvollendeter Mensch noch liebenswert genug zu sein, ein wenig Mut, einmal wie ein Kind tatsächlich das tun zu dürfen, was er zu tun ständig vorgab: sich wirklich in die Arme eines anderen fallen lassen zu können und, statt zu herrschen, sich dem anderen zu übergeben – er wäre sich als Mensch zurückgegeben worden, er hätte an die Stelle der Lebenslüge ewiger Jugend eine wirkliche Kindlichkeit, einen wirklichen Neuanfang seines Lebens setzen können. Aber verbissen hielt er an der Leitlinie seines verwirrten Lebens fest, die da lautete: Macht statt Hingabe, Kälte statt Gefühl, Berechnung statt Spontaneität – in den Bildern der Bibel: ein Herodeskönigtum statt der magischen Sternentreue zu dem jungfräulich geborenen Kinde. Nichts suchte dieser Mann so sehr wie Ruhe und wie Frieden, aber nichts fürchtete er so sehr wie die Voraussetzungen einer inneren Geborgenheit; und lieber quälte er sich Nacht für Nacht in Angst und Unruhe dahin, als sich in seiner Angst von all seinem so pfauenhaft gespreizten Königtum zu trennen.
Derartig schwer ist es, in der Symbolgestalt des «Herodes» die Herrschaft des «Kindes» anzuerkennen. Wie auch sollte «Herodes», der Fertige, ein Werdender werden dürfen? Wie auch sollte er, der Bestimmende, sich auf das Unbe-

stimmte einer unfertigen Zukunft einlassen können? Und wie könnte er, der andere durch seine Macht aus lauter Furcht das Fürchten lehrt, sich selber in die Ungeschütztheit und die Ohnmacht flüchten?

An dieser Stelle mildert das Matthäusevangelium sogar die Härte der Zumutung des Prophetenwortes ein wenig ab: Die alten Texte, die die Schriftgelehrten und die Priester auf die Frage der Magier hin aufzuschlagen wissen, verweisen dem Matthäusevangelium zufolge nach «Bethlehem», das «keineswegs der geringste unter den Fürstensitzen Judas» sei (Mt 2,6). Tatsächlich aber ist das Originalzitat der alten Prophetie weit spannungsreicher und im Grunde wahrer; denn beim Propheten Micha heißt es gerade entgegengesetzt: «Du, Bethlehem in Ephrata, (zu) gering, um zu sein unter den Gauen Judas» (Mi 5,2). Gerade auf diesen Widerspruch legte die alte Verheißung großen Wert: wie unbedeutend die «Stadt» ist, aus der das Heil hervorgeht, wie eigentlich zu wenig, um zum Dasein zugelassen zu sein. Wie allerorten in den Märchen und Mythen der Völker, entstammt die eigentliche Rettergestalt der ursprünglichen Weissagung nach also gerade nicht dem «Königsschloß», der Hauptstadt, den – psychologisch gesehen – wohlbeherrschten und straff durchwalteten Einflußsphären des Bewußtseins, sondern sie kommt gerade aus den unansehnlichen, scheinbar unbedeutenden Teilen des «Reiches»; gerade den Zonen, die man bislang für nebensächlich hielt, verdankt man die Geburt des «Kindes», und nur aus ihnen kann ein gnädigerer, menschlicherer Neubeginn entstehen[27].

Es ist dabei durchaus nicht so, als wenn derartige alte Weissagungen dem «König» oder seinen Hofbeamten bereits all die Zeit über völlig unbekannt gewesen wären. Untergründig weiß man im Gegenteil genau, daß es sich so verhält, man will es nur die ganze Zeit über nicht wissen; man klammert sich verzweifelt an «Jerusalem» und leitet das gesamte öffentliche Leben an dem kleinen «Bethlehem» vorbei. Mag schon ein König David «Bethlehem» entstammen – Urbild und Vorbild auch des künftigen «Messias» –, die eigentliche Königsresidenz wird man trotz allem weiter in den Mauern des selbsterrichteten Palastes zu behaupten suchen, und mit Gewalt wird man die leise Stimme der Verheißung übertönen, die auf «Bethlehem» verweist. Inmitten all der angstgejagten Machtdemonstration hat man am Ende vor der Demütigung

[27] Das «göttliche Kind» gilt auf der Objektstufe der Deutung als Wunschphantasie des kastrierten Mädchens vom Wiederbesitz des Penis durch Verkehr mit dem Vater; S. Freud: Einige psychische Folgen des anatomischen Geschlechtsunterschiedes, XIV 22–23; auf der Subjektstufe der Deutung gilt das «göttliche Kind» als Symbol des integrierten, im psychischen Sinne «unverstümmelten» Daseins; C. G. Jung: Zur Psychologie des Kindarchetypus, IX 1, 178. Vgl. E. Drewermann: Strukturen des Bösen, II 342–348; 352–358.

«Bethlehems», der Kleinen und Geringen, die allergrößte Angst; und diese Angst zwingt nun «Herodes», die Botschaft der «Magier» und der alten Prophezeiungen in einer Weise aufzunehmen, die ihm zwar für eine Zeitlang gewisse Vorteile verschafft, die ihn jedoch auf die Dauer mehr und mehr zerstören muß.

Wie besiegt man die Angst vor der «Kleinheit des Herzens»? Im Grunde, meint Matthäus, nur, indem man auf den «Engel» Gottes hört. Aber, möchte man fragen, sind denn Menschen der Angst überhaupt fähig, einen «Engel» Gottes in sich zu vernehmen? Sie sind es nicht. Das «Königsich» eines «Herodes» ist nur dazu imstande, das «Prophetenwort» äußerlich zu nehmen und es damit in sein Gegenteil zu verkehren. Zu einem solchen Ich redet kein *«Engel»;* ein solches Ich kann sich allein an *Schriftgelehrte* halten; und diese vermögen wohl den Sinn des Textes objektiv zu erfassen, aber ihr Wort vermehrt nur die Angst eines solchen «Königs», statt sie zu beruhigen; ihre Auskunft trägt nicht, sondern sie bedroht; sie führt nicht, sondern leitet vollends in die Irre. Unendlich groß ist der Abstand zwischen dem innerlichen Hören auf den Gottesengel und diesem äußerlichen Begreifen nach der Art der Schriftgelehrten: die Vision des Engels tröstet, wenn sie Gottes Wort auslegt, – ein Ich, das voller Angst um seinen Thron besorgt ist, wird selbst aus Sternenbotschaft und Prophetenwort nur Regeln abzuleiten wissen, wie es sich besser schützen kann; statt Einsicht wird es Schläue produzieren, und an die Stelle träumenden Gehorsams setzt es die List und die Verschlagenheit.

d) Der Kindermord in Bethlehem

Man muß «König Herodes» wohl bescheinigen, daß er aus seiner Sicht den besten Ausweg findet: er läßt unter dem Vorwand der Frömmigkeit sich so weit als möglich *informieren,* um dann nur desto sicherer zupacken zu können. Gewiß ist diese «Frömmigkeit» die pure Heuchelei und Machtbesessenheit; aber statt sich «Herodes» als ein Monstrum vorzustellen[28], sollte man vielmehr darauf achthaben, daß es überhaupt kein Ich gibt, das sich in seiner Angst gegenüber den «Magiern» aus dem «Morgenland», gegenüber den Botschaften seines Unbewußten, anders verhalten würde: es wird sich ihrer zu bemächtigen trachten und sie nur unter der einen Frage anhören, wie es seine bedrohte Herrschaft wiedergewinnen kann. Dem «Königsich» geht es in seiner Angst

[28] Vgl. E. STAUFFER: Jesus, 36–41, der zur Begründung des Kindermordes von Bethlehem als eines historischen Faktums in König Herodes I. einen «der schlimmsten Bluthunde, die wir aus der Antike kennen», erblickt, – nicht ganz zu Unrecht freilich, wenn man bei FL. JOSEPHUS: Altertümer, XIV 11, 7 (432), liest, wie Herodes seine eigenen Söhne umbringen läßt; ganz anders indessen urteilt: G. PRAUSE: Herodes der Große, 345–351.

niemals darum, sich auf das «Kind» in «Bethlehem» innerlich einzulassen und damit die eigene Verjüngung und Erneuerung in einem unbedrohten, freien Leben hinzunehmen, – das «Königsich» möchte im Gegenteil der «Alte» bleiben, nur weiß es, wenn es klug ist, wie Herodes, daß es nach außen hin sich zu diesem Zweck eine Weile lang demütig und gefügig stellen muß, um das «Kind» umbringen zu können. Jener hochgestellte Akademiker z. B. mit seinen Herzbeschwerden, Ängsten und Hingabeschwierigkeiten war eines Tages schlau genug, in aller Form zu versichern, er müsse fortan einfach «alles in sich wachsen lassen», er dürfe jetzt nicht mehr so angestrengt und kontrolliert sein wie bisher, er wolle künftig das Vertrauen haben, daß in ihm selbst die Dinge sich spontan richtig entfalten würden. Dies sagte er in der frömmsten Unschuld zu einem Zeitpunkt, wo er – um des «Kindes» willen! – dringend hätte *handeln* müssen: er hätte seine zweifelhaften Eroberungsbekanntschaften aufgeben und sich der Angst vor einer wirklichen Beziehung aussetzen müssen, er hätte seinen tatsächlichen Gefühlen der Unsicherheit und Hilfsbedürftigkeit Platz verschaffen müssen gegen die ständige Angst, sich zu blamieren, er hätte, statt weiter ehrgeizigen Erfolgen nachzustreben, entschieden mehr der Wahrheit leben müssen; von all diesen Aufgaben aber rührte er keine einzige an unter dem Vorwand, auf alles bewußte Wollen einstweilen zu verzichten und geduldig «alles weiter wachsen zu lassen»; diese Erklärung klang zwar wie ein Bekenntnis zur Unmittelbarkeit, und sie sollte sich auch so anhören, als wenn nunmehr auch er «hinginge, das Kind anzubeten»; aber in Wirklichkeit bedeutete es nur, daß er gewiß alles beim alten belassen und überhaupt nichts tun werde, um desto sicherer unter dem Anschein einer geläuterten Einstellung gerade das töten zu können, was in ihm zum Leben drängte.

Mit derartigen faulen Kompromissen muß man ständig rechnen, wenn die «Botschaft der Magier», wenn die Stimme des Unbewußten das Ich nur äußerlich nach Schriftgelehrtenart erreicht. «Schriftgelehrt» in diesem Sinne ist alles nur theoretisch Gelernte; auch psychoanalytische «Einsichten» können, so verstanden, vordergründig und schriftgelehrt bleiben und sich in Instrumente eines bloßen Herrschaftswissens verwandeln. Sie tragen dann nicht dazu bei, das Ich zu erweitern und gütiger zu stimmen, sondern sie erzeugen lediglich für kurze Zeit den Anschein einer hörbereiten Vernunft, während sich im Hintergrund bereits die Kräfte zum Gegenschlag versammeln. Vielleicht bleibt subjektiv sogar die Heuchelei, die hier getrieben wird, zunächst noch unbewußt, – das Ich handelt womöglich, wie es glaubt, in bester Absicht, und jedenfalls sieht es in seiner Angst gar keinen anderen Ausweg als den der Hinterlist. Gleichwohl müssen an dieser Stelle sich die Wege trennen: die «Magier» müssen jetzt, dem «Stern» folgend, nach «Bethlehem» gehen, während der

«König» in «Jerusalem» auf neue Nachrichten lauern wird, um dann bei Gelegenheit gezielt und entschieden gegen das «Kind» vorzugehen. Zwischen den «Magiern» und dem «König» «Herodes» gilt es nun, sich zu entscheiden; und man kann letztlich stets nur wählen zwischen Anbeten und Töten.
Das Erstaunliche und Unheimliche aber ist gerade auf diesem Hintergrund erneut, daß beide Entscheidungsrichtungen gleichzeitig und parallel in ein und demselben Menschen lebendig sein können, daß die «Magier» und «Herodes» in einer einzigen Person vereinigt sein können, so daß ein Teil des Ichs das «Kind» verehren und sich ihm beugen möchte, während ein anderer Teil sich tödlich bedroht fühlt und mit allen Mitteln um sein Überleben zu kämpfen trachtet. Tatsächlich behält der Herodes-Teil, wie es scheint, zunächst immer für lange Zeit mit Nachdruck die Oberhand. Die «Magier» erscheinen in ihrer «Anbetung» des «Kindes» eine Strecke weit wie mißbrauchte Handlanger des «Königs». Wohl meinen sie selber ihr Anliegen aufrichtig, und ihre Freude beim Anblick des «Sterns» ist groß (Mt 2,10); aber auf Schritt und Tritt folgt ihnen das Auge des Herodes und wartet auf ihre Denunziation.
Diese Abmachung zwischen «Herodes» und den «Magiern» genügt für sich allein schon, um noch einmal zu bestätigen, daß der ganze Vorgang, einschließlich des nachfolgenden «Kindermords», keinesfalls als eine äußere Begebenheit, sondern als ein inneres Ereignis verstanden werden muß. Wie denn! Sollte Herodes aus Höflichkeit und Berechnung nicht imstande gewesen sein, den «Magiern» Begleiter und Kundschafter auf ihren Weg nach Bethlehem mitzugeben? Oder sollte er, wenn schon am Hofe fest mit der Rückkehr der Magier gerechnet worden wäre, nicht mit Leichtigkeit, notfalls unter bloßer Androhung geringfügiger Repressalien, haben feststellen können, wo und bei wem die «Magier» Einzug gehalten hätten? Mußte er also gleich alle Kinder unter zwei Jahren in Bethlehem töten?
All das, was in der äußeren Realität so bizarr in der Geschichte anmutet[29], ist gleichwohl in der inneren Wirklichkeit als wahr und unumgänglich zu erkennen. Es ist innerlich wirklich nicht möglich, zu dem «neugeborenen König der Juden» (Mt 2,2) Kontakt aufzunehmen, ohne sogleich alles durch die drohende Intervention des «Herodes» zu gefährden; es erscheint in der Tat ausgeschlossen, sich mit Verstand und Willen gegen den ungebrochenen Machtanspruch des Königsichs zu wehren. Wirklich bedarf es daher erneut einer Erscheinung des «Engels», um die «Magier» vor «Herodes» zu warnen. Immer

[29] Stets sind es in den Mythen und Märchen, den Sagen und Legenden die scheinbaren Ungereimtheiten, die darauf hinweisen, daß man einer tieferen symbolischen Deutungsebene bedarf, um den Sinn derartiger Erzählungen auf eine Weise zu verstehen, daß die vermeintlichen Widersprüche als die notwendigen Etappen eines innerlich geschlossenen Entwicklungsprozesses erscheinen.

wieder, wenn es um das Leben des «Kindes» geht, ist es mehr eine Stimme inneren Instinktes als ein Akt wirklicher Erkenntnis, der die «Flucht» ermöglicht. Paradoxerweise hängt aber jetzt innerlich beides, die Flucht vor dem König und dessen Wüten, direkt voneinander ab: Würden die «Magier» die Warnung des «Engels» überhören und dem Königsich in Gestalt des Herodes das «Kind» verraten, so bliebe, äußerlich gesehen, der Schaden relativ gering: «nur» das *eine* «Kind» würde getötet; tatsächlich aber steht ja dieses eine «Kind» innerlich für all die neuen spontanen Entwicklungsmöglichkeiten, die sich seelisch geltend machen, und so verstanden wäre der Tod des «Kindes» schlimmer als der ganze «Kindermord in Bethlehem»; er wäre gleichbedeutend mit der Ermordung aller «Kinder» und aller Kindlichkeit, mit dem Tod der Zukunft, mit dem Ende aller Lebendigkeit; König Herodes hätte nach der Tötung des jungfräulich geborenen Kindes zwar seinen Platz behauptet, und nach außen hin hätte sich dann scheinbar womöglich überhaupt nichts verändert, aber dieser «König» bliebe fortan der Herrscher eines Totenreiches. Umgekehrt ist jetzt der «König», als die «Magier» ihn ganz wortwörtlich «hintergehen», förmlich gezwungen, wütend und wahllos um sich zu schlagen, aber er kann mit all seinem grausamen Wüten nicht verhindern, daß ihm das «Kind» entkommt. Lediglich bewirkt sein Toben, daß – wiederum gewarnt, nicht durch die «Magier», sondern erneut ganz innerlich durch einen «Engel» – «Josef», die «Mutter» und das «Kind» des Nachts nach Ägypten fliehen, und zwar für lange Zeit. Diese Vertreibung des Kindes ist der einzige Erfolg des «Herodes», aber es ist ein nachhaltiger und äußerst schmerzlicher Erfolg.

e) Der Aufenthalt in Ägypten

Denn wieder muß man, um das Bild vom «Kindermord» und von der «Flucht» nach «Ägypten» zu verstehen, sich beide Vorgänge in ein und derselben Person zusammen vorstellen, und es ist zu diesem Zweck notwendig, die Trennung von «Herodes» und «Josef», die Aufspaltung in zwei Ich-Hälften, jetzt auf zwei verschiedene Instanzen im Ich zu verteilen; das setzt voraus, daß man in «Josef» diejenigen Teile des Ichs erkennt, die sich auf die Seite des «Kindes», des Unbewußten, der anima stellen, während man die Gestalt des «Herodes» als die Seite des Ichs interpretiert, die sich gerade gegen das Unbewußte, gegen das «Kind», gegen die anima mit Gewalt und Unterdrückung zu wehren versucht. Fanden bisher die Auseinandersetzungen am Hofe des «Herodes» noch immer in einer Weise statt, daß man sie als icheigen, als Facetten ein und desselben Persönlichkeitskerns auffassen mußte, so verwandelt sich «Herodes» jetzt vollends in einen fremden, despotischen Tyrannen, der nur Tod und Unterdrückung zum Zwecke seiner eigenen Machterhaltung um sich herum verbreiten will und kann. Statt vom «Königsich» zu sprechen, sollte man für die Gestalt des Herodes fortan besser die alte psychoanalytische Vokabel «Überich» benutzen, um das langwierige Drama zu beschreiben, das sich jetzt begibt. Man hat dann einen inneren Gegensatz vor Augen, der in der Tat mörderische Züge annimmt und eine ganze Weile lang wohl auch annehmen muß.

Auf der einen Seite nämlich ist unendlich viel damit gewonnen, daß es «Josef» aufgrund des Traumgesichtes gelingt, das «Kind» und die «Mutter» aus der Reichweite des «Herodes» zu schaffen – es kommt also doch dazu, daß das «Kind» leben darf, es ist also doch möglich, das neugeborene Leben zu schützen und gegen alle Widerstände größer und größer werden zu lassen. Aber auf der anderen Seite erreicht «König Herodes» doch, daß man bei allem, was man an Neuem in sich fühlt und an sich selber auch bejaht, dennoch wie ständig auf der Flucht ist und sich wie gejagt und verfolgt empfindet, als werde man doch unausweichlich wie von langer Hand ermordet. Zwar ist es nicht mehr möglich, das, was jetzt zu leben angefangen hat, selbst zu widerrufen, denn im Grunde weiß man, daß das neugeborene Leben viel richtiger und wahrer ist; aber selbst wenn die anfängliche Flucht eines Tages einmal zur Ruhe kommen und das Gefühl ständiger Lebensgefahr sich beruhigen sollte, so erlebt man sich doch immer noch und gerade jetzt wie in der Fremde, wie vertrieben, wie nicht-zugehörig. Man lebt weit wahrhaftiger und intensiver als früher, – das ist überdeutlich, aber man lebt wie auf der Flucht vor «Herodes», vor dem Wüten des Überichs, man lebt wie im Exil und fühlt sich bei sich selber nicht zu Hause; man kennt sich innerlich nicht mehr aus und weiß durchaus nicht, wohin man gefühlsmäßig gehört. So viel vermag die drohende Gewalt des «Herodes», des Überichs oder des Ichideals doch noch, daß man sich bei allem, was man tut, selbst wenn man mit dem eigenen Ich noch so sehr hinter der neuen Lebensform stehen möchte, gleichwohl nicht wirklich berechtigt, nicht wirklich zugehörig und von Grund auf heimisch fühlen kann.

In dem Beispiel von dem hochgestellten Akademiker vorhin ging die Tyrannei gegen die Annahme des «Kindes» von einem Ich aus, das selbst mit seinen hochkompensierten Idealansprüchen völlig identifiziert war, und dieses Beispiel mochte dazu angetan sein, die Gestalt des Königs «Herodes» zu beschreiben, wie sie in sich selber ist. Die Lage nach dem «Kindermord» und der «Flucht» nach «Ägypten» ist jetzt weit komplizierter; sie beruht gerade auf der Zerstörung der Einheit von Ich und Überich, auf dem tödlichen Widerspruch von persönlichem Empfinden und scheinbar objektiver Autorität, von eigenem Denken und verinnerlichter Gewalt. Diesen Zwiespalt mag daher ein anderes Beispiel erläutern.

Ein Mann von etwa 25 Jahren hatte sein ganzes Leben lang «Gott» nur als eine angsteinflößende und strafende Instanz vorgestellt bekommen. Dieser «Gott» hatte ihm schon als Kind jeden Wunsch verboten, z. B. im Sommer die Mutter nach einem Eis für 50 Pfennige zu fragen oder im Winter um eine Möhre für die Nase eines Schneemannes zu bitten. Insbesondere verlangte «Gott» den Verzicht auf sexuelle Begierden und Wunscherfüllungen in jedweder Form, und so war diesem Mann spätestens seit dem Beginn der Pubertät klar, daß er ein von Grund auf schlechter Mensch war. Zwar erlaubte er sich in der Phantasie noch dann und wann die Vorstellung der einen oder anderen wollüstigen Szene, aber das erhöhte nur das Maß seiner Schuldgefühle, die sich in späteren Jahren zunehmend in Form hypochondrischer Krankheitsängste vor allem im Genitalbereich manifestierten. Was dieser Mann «Gott» nannte, war letztlich die absolut gesetzte Gestalt seiner Mutter, die ihren Sohn in betulichem Zwang auf das Amt eines Priesters vorbereiten wollte. Aber weder «Gott» noch die Mutter konnten verhindern, daß der junge Mann nach ein paar Jahren der Theologie den Rücken kehrte und einen anderen Beruf anstrebte.

In dieser Zeit begannen all die Wünsche von neuem, die er seit mehr als 10 Jahren hatte unterdrücken müssen, aber es war gerade deshalb für ihn die Zeit eines furchtbaren Zwiespaltes. Einerseits war er froh, seine ursprüngliche Vitalität von neuem zu spüren, zugleich aber brach in ihm ein mörderischer Streit aus. Nach einem flüchtigen Kontakt zu einem Mädchen etwa warf er sich vor, das Mädchen jetzt ganz sicherlich auf eine nicht wieder gut zu machende Weise moralisch geschädigt zu haben, und die Angst überkam ihn, er selber habe sich bei dieser Gelegenheit womöglich eine ruinöse Infektion zugezogen. Mit ähnlich dramatischen Ängsten ging es in der Folgezeit weiter. Bei allem, was er tat, fühlte er sich innerlich beobachtet, verfolgt, bestraft, wie umgebracht. Immer wieder bestand sein Problem darin, der tödlichen Zensur seines Überichs zu entkommen und seinen unmittelbaren Gefühlen tödlicher Angst und Schuldvorwürfe ein eigenes Denken entgegenzusetzen, mit dem er seine alten kindlichen Wünsche vor der strengen Zensur seines inneren «Königs» als berechtigt verteidigen konnte. Monatelang glich sein Leben innerlich einem wahren Überich-Massaker, und trotzdem gelang es ihm immer wieder, dem tödlichen Zugriff des «Königs» zu entkommen.

Nach Monaten schließlich beruhigte sich scheinbar seine Stimmung; der junge Mann lebte in gewisser Weise jetzt selbstverständlicher seinen Neigungen; auch äußerlich wirkte er reifer und ausgeglichener; die Angst vor Krankheit und Tod hatte sich sehr verringert. Nur beklagte er sich fortan immer häufiger, daß er sich nach wie vor nicht wirklich berechtigt und angenommen fühlen könne. An «Gott» glaubte er eigentlich gar nicht mehr, er ging nur selten zur Kirche, die Beichte, die früher eine überragende Rolle in seinem Leben gespielt hatte, vermied er jetzt geradezu. Aber um so mehr sehnte er sich in der Folgezeit danach, irgendwie wieder zu wissen, wozu sein Leben gut sein sollte, und er litt unter dem Gefühl einer inneren Entfremdung. Sein Überich, die Gestalt des «Herodes« in ihm, war nicht (mehr) mächtig genug, das neu in ihm entstandene Leben zu verhindern, aber sie besaß doch noch die Macht, ihn des Gefühls der Heimat und der Geborgenheit, der inneren Zugehörigkeit zu berauben; sie war, im Bild gesprochen, nicht imstande, das «Kind» in ihm zu töten, also seine Entfaltung zu blockieren, aber sie war doch stark genug, ihn nach «Ägypten»[30] zu verbannen. Fortan blieb es daher auf lange Zeit die entscheidende Frage für ihn: wie er von «Ägypten» wieder nach «Nazareth» gelangen konnte und wie er aus der inneren Entfremdung nach Hause zurückzufinden vermochte.

f) Der Tod des «Herodes» und die Rückkehr nach Nazareth

Auch für diese abschließende Frage gibt die biblische Erzählung eigentlich sehr genau die typischen Momente der notwendigen inneren Entwicklung wieder. Die Zeit, da «Rachel» um die «Kinder» weint (Mt 2, 18), die Zeit, da der weibliche, gütige Teil der Seele entsetzt ist über den «Kindermord» des «Herodes», die Zeit der Traurigkeit und Angst ist jetzt bereits vorüber. «König Herodes» ist an sich in der Ferne nicht weiter mehr lebenbedrohend; aber es beginnt nun eine quälende Zeit des Wartens in der Fremde.

«Ägypten» ist im Alten wie im Neuen Testament ein Raum ebensowohl der Zuflucht vor Not und Gefahr wie ein Ort möglichen Abfalls zu Gottlosigkeit und Götzendienst; so hilfreich auch vorübergehend, ist «Ägypten» letztlich nie ein Daueraufenthalt; man muß daher stets aus «Ägyptenland», dem «Land der Knechtschaft», zurück zur Heimat «Israel». Nur: wie kann das geschehen? *Das* ist jetzt die Frage.

Man kann und muß zunächst nach wie vor unbeirrt an der Vision des Anfangs und des Augenblicks der «Flucht» festhalten – das ist das erste; man muß sich immer wieder sagen: was hier begonnen hat, ist trotz des «heidnischen» Gefühls, trotz des Empfindens, wie ein Ausgestoßener zu sein, letztlich von Gott gewirkt; nicht auf der Seite des «Herodes», sondern auf der Seite des «Kindes» findet man Gott – dabei muß es trotz der inneren Emigration aus «Israel» bleiben. Von daher kommt es vor allem darauf an, nach wie vor in Ausdauer, Geduld und Ruhe all das inwendig weiter reifen zu lassen, was im Grunde gut

[30] Insofern kann die Szene am Schilfmeer, die Flucht *von* Ägypten, auch umgekehrt als Flucht *nach* Ägypten erscheinen, und je nachdem kann der Bedeutungsgehalt beider Szenen ganz ähnlich sein.

begonnen hat. Mag man sich jetzt auch selber in «Ägypten» wie ein Heide vorkommen, man handelt doch in Wahrheit in der Treue Gottes. Zum anderen gilt es, der offenen Konfrontation mit «Herodes» auszuweichen; – ein direkter Kampf gegen das Überich ist meistens zu diesem Zeitpunkt noch nicht möglich, aber auch nicht nötig. Man kann im Gegenteil weit besser Tag um Tag in Ruhe darauf warten, daß «Herodes» nach und nach von selber absterben wird.

Daß auch dieser Vorgang, wie «Herodes» stirbt, im Matthäusevangelium durchaus nicht äußerlich-historisch, sondern innerlich gemeint ist, zeigt sich an dieser Stelle ganz besonders deutlich und beweist noch einmal vom Ende her, daß es vollkommen sachgemäß und richtig ist, *all* die Ereignisse um die Geburt des Gotteskindes innerlich, als Stadien eines seelischen, nicht eines geschichtlichen Prozesses zu lesen. In äußerem Verständnis wäre es nur natürlich und selbstverständlich, daß die befreiende Nachricht vom Tod des Königs Herodes sich wie ein Lauffeuer durch die Karawansereien und Basare zwischen Jerusalem und den Städten am Nildelta verbreitet hätte; «Josef» aber erfährt von dem Tode seines Widersachers erneut durch einen «Engel» (Mt 2,19). Ein jeder «Engel» spricht von innen her zum Menschen, und so ist auch der Tod des Kinder mordenden Tyrannen zweifelsohne innerlich. Zwar könnte auch psychologisch ein «Herodes» in einem äußerlichen Sinne sterben, etwa in der Gestalt des eigenen Vaters oder der eigenen Mutter, aber darum geht es nicht; es kommt im Gegenteil alles darauf an, daß «Herodes» *innerlich* stirbt; erst wenn das Überich sich selber überlebt, ist es dem «Kind» erlaubt, heimisch zu werden, und dies ist immer eine Botschaft, die man nur vernimmt, wenn man, wie bisher, statt nach außen in sich selbst hineinhorcht.

Bisher war dies allein bereits unendlich kostbar: zu wissen, daß alles, was geschah in Geburt, Angst, Anbetung, Gefahr und Flucht, auf Schritt und Tritt von Gott gestaltet und begleitet war; aber ebenso ist es bei der Rückkehr jetzt: bis in das kleinste ist und bleibt sie Fügung Gottes. Selbst noch in dem Gebiet Judäa darf «Josef» nicht auf Dauer bleiben; «Herodes» hat dort seine «Nachfolger»; erneut sagt ihm daher ein Traum, daß er nach Galiläa weiter muß, und erst in Galiläa darf er in Ruhe leben (Mt 2,22.23). Der Weg nach Haus ist also, wie am Anfang, letztlich ein Weg des Wartens und der Treue, ein träumender Gehorsam zu dem Wesensbild des eigenen Inneren, in dem Gott selbst zum Ich des Menschen redet.

g) Zusammenfassung

Der ganze Weg jedoch, mit dem die Bibel die Geburt und Kindheit des Erlösers schildert, malt in sich selbst, wie sich in tiefenpsychologischer Betrachtung zeigt, in allen archetypischen Handlungsabfolgen die Stadien, die in dem Leben eines jeden Menschen notwendig durchlaufen werden müssen, um von Gott her sich selbst in einem wahren Leben wiederzugewinnen. Alle Gestalten und Begebenheiten dieses Weges sind über sich hinaus Symbolträger eines Prozesses, der sich in jedem abspielt, der zu seinem Heil hinfindet. Insofern sind Maria, Josef und das Kind, die Magier, Herodes und der Engel, der Stern, die Stadt Jerusalem, Ägypten, Bethlehem und Nazareth alle gemeinsam die Gestalten und die Zonen *einer* Seele, *einer* Seelenlandschaft. Im Menschen selber liegt, wenn er nur auf sein eigenes Wesen hört, das Wunder der jungfräulichen Geburt begründet; in seiner eigenen Seele liegt die anfangs verachtete, für hurenhaft gehaltene Gestalt der «Mutter», die sich gleichwohl auf die Engelsbotschaft hin am Ende als Madonna zu erkennen gibt; in ihm selbst gibt es den hörbereiten, träumenden, engelverstehenden, mutigen Josef, sowie die Magier, die aus dem Land der Frühe einem Stern nachfolgen; es gibt in ihm aber auch einen Herodes, der selbst dem ausdrücklichen Gotteswort entgegenhandelt und in dem Terror seiner Angst nur Mord und Tod verbreitet; in ihm selbst gibt es die stolze Stadt Jerusalem und das geringfügige Bethlehem, wo alten Prophezeiungen zufolge allein das Heil der Welt geboren werden kann; es gibt in jeder Menschenseele Orte der Flucht und Orte der Bestimmung, – und alles das ineins formt sich am Beispiel der Geschichte Jesu zu der Vorbilderzählung eines jeden Menschen auf dem Weg zu seiner Inkarnation und Menschlichkeit. Ein jeder Mensch trägt vor Gott die Berufung, in sich selber ein «Eingepflanzter» Gottes[31], ein «Mann aus Nazareth» zu werden (Mt 2,23). Immer ist es auch das Bild des Traumes und die Stimme der unbewußten Vernunft unserer Seele, durch die hindurch wir Gottes Stimme hören. In einem Leben, wo wir immer nur selber alles haben machen müssen, kann Gott uns nur erreichen in den Schichten des Nichtmachbaren, des Schlafes und der Ruhe, des unbewußten Seins. Alles, was Gott in uns zu sagen hat, besteht ja gerade darin, daß wir von selber etwas wachsen lassen dürfen. Gott ist uns die Stimme einer solchen absoluten Gnade, vor der wir selber akzeptiert und zugelassen sind. Vor Gott dürfen wir riskieren, was im Getto aller Menschenrollen und -erwartungen nicht möglich ist: wir dürfen einfach sein, wir dürfen wieder Werdende werden, wir brauchen nicht weiter die «Fertigen» zu spielen, wir dürfen das «Kind» in uns adoptieren als das unsere und uns selbst darin anerkennen. Fortan gehört etwas zu uns, das wir nicht selber gezeugt haben, das

[31] Das hebräische Wort nṣr – «Schoß», «Sprößling» gilt in Jes 60,21 als Bild Israels und in Jes 11,1 als Synonym des Messias; Mt 2,23 will ohne Zweifel eine solche etymologische Verbindung zwischen dem Wohnort Jesu und der Messiasweissagung des Jesaja herstellen, eine «*Asmachta*» also, wie sie im jüdischen Midrasch üblich ist; vgl. SCH. BEN CHORIN: Bruder Jesus, 31.

einfach da ist und gerade so ganz und gar nur von Gott herstammt. Indem wir uns zu diesem «Kind» bekennen, werden wir selbst zu Menschen.

So muß uns Gott in dem erscheinen, was noch gar nichts ist, um uns die Chance zu geben, in unserer Unfertigkeit und Unvollkommenheit doch sein zu dürfen; so muß uns Gott als Kind begegnen, damit wir davon lassen können, in einer Welt der gnadenlosen Unbarmherzigkeit von uns nur zu verlangen, daß wir «erwachsen», «fertig» und «vollkommen» sind. Das Bild des Kindes ist für uns die Generalerlaubnis, endlich *anfangen* zu dürfen und selbst von innen her zu leben. Und jede Stunde, die wir wirklich zweckfrei leben, bringt uns dem Bild des jungfräulich geborenen Gotteskindes näher. So eng hängt das zusammen, daß Christus später sagen konnte: «Wenn ihr nicht werdet wie die Kinder, werdet ihr nicht in das Himmelreich eingehen» (Mt 18,3) – Gott ist uns nah, wenn wir den Mut gewinnen, uns auf das Nichtmachbare einzulassen; wir spüren seine Gegenwart, wenn wir uns einfachhin die Freiheit leisten, uns dem ewig gottlosen Leistenmüssen zu verschließen; wenn wir *sein* dürfen, ohne erst durch allerhand Gemache uns diese absolute Existenzerlaubnis zu verdienen, dann sind wir in der Tat der Erfahrung nahe, daß endlich Gott in unseren Herzen seine Herrschaft aufrichtet. Wenn *Gott* ist, ist es uns erlaubt, *Menschen* zu werden und das Gottes*kind* in uns zu akzeptieren. Es liegt dann eine Zukunft vor uns, in der es Freiheit, Spiel und Freude gibt, in der wir zu uns selber finden und mit uns selber einig sind. Es ist dann so, wie wenn wir buchstäblich überhaupt erst anfingen zu leben, in einer zweiten Jugend der Freiheit, der Liebe und des Glücks.

Fortan aber bleibt es nunmehr die Frage unseres Lebens, wer in uns jetzt regieren soll: ob wir, im Bilde des Herodes, wie bisher unsere eigene Willkürherrschaft in uns festigen – mit all den Greueltaten, die sich dann daraus ergeben – oder ob wir jetzt ein für allemal die Herrschaft über uns abtreten dürfen und in der Gestalt des Gotteskindes den Anfang der ersehnten Gottesherrschaft über uns erblicken. Damit wir leben, muß sich unser «Königtum», muß sich unser bewußtes Herrscher-Ich der Armut, der Unfertigkeit, der Unansehnlichkeit des neugeborenen Gotteskindes in uns selber beugen. Dann endlich, wenn wir unser angstbesetztes Groß-sein-Müssen niederlegen können, wenn es uns endlich genügen kann, Menschen zu sein, beginnt die erste Bitte des Gebetes des Herrn sich zu erfüllen: «Gott unser Vater, Du, in Deinem Wesen sei geheiligt.» Denn erst dann werden wir selbst heil in unseren Widersprüchen, wenn die Verheißung nicht mehr trügt: «Gott ist mit uns.»

*

Wenn dieser erste Band der vorliegenden Arbeit einen Weg gezeigt hat, der hinüberführt von der Königsstadt «Jerusalem» zu dem Ort der Kindschaft, nach «Bethlehem», so dürfen wir fürs erste innehalten, ehe wir im zweiten Band uns der Welt der Wunder und Erscheinungen, der Prophetien und Apokalypsen, der Reden und Bekenntnisse zuwenden werden.

Verzeichnis der zitierten Literatur

(zitiert stets nach der letztgenannten Ausgabe)

1) Philosophie, Soziologie und Theologie

AMBROSIUS: Über die Mysterien (ca. 387 n.Chr.), in: J.E. Niederhuber (Übers.): Ambrosius, 3 Bde. (BKV 17; 21; 32), München 1914; 1915; 1917, Bd. 3, 270–303

ATHANASIUS: Leben des heiligen Antonius; aus dem Griech. übers. v. H. Mertel, in: Des hl. Athanasius ausgew. Schriften, II. Bd., München 1917, 677–777 (Bibliothek der Kirchenväter, Bd. 31)

G. BAUDLER: Einführung in symbolisch-erzählende Theologie. Der Messias Jesus als Zentrum der christlichen Glaubenssymbole, Paderborn-München-Wien-Zürich (UTB 1180) 1982

D. BELL: The Cultural Contradictions of Capitalism, New York 1976; dt.: Die Zukunft der westlichen Welt. Kultur und Technologie im Widerstreit; Frankfurt 1976; Neudruck: Frankfurt (Fischer Tb. 3411) 1979

O. BETZ: Die Welt meditieren. Texte für ein Jahr, München 1966

O. BETZ: Das Leben meditieren. Ein Lesebuch, München 1970

O. BETZ: Die Menschen meditieren. Texte zur Selbstbegegnung, München 1972

E. BLOCH: Das Prinzip Hoffnung (geschrieben 1938–1947 in den USA; durchges. 1953–1959); Frankfurt 1959; Neudruck: Frankfurt (stw 3), 3 Bde., 1974

E. BLOCH: Atheismus im Christentum. Zur Religion des Exodus und des Reichs (Frankfurt 1968), Hamburg (rde 347) 1970

J. BRINKTRINE: Die Lehre von der Mutter des Erlösers, Paderborn 1959

J. BRINKTRINE: Die Lehre von den heiligen Sakramenten der katholischen Kirche, 2 Bde., Paderborn 1961–1962

J. BURCKHARDT: Weltgeschichtliche Betrachtungen. Mit einer Biographie J. Burckhardts v. H. Heimpel; Berlin (Ullstein Tb. 79) 1965

E. CASSIRER: Philosophie der symbolischen Formen, 3 Bände, Darmstadt [2]1953–54; 1. Bd.: Die Sprache; 2. Bd.: Das mythische Denken; 3. Bd.: Phänomenologie der Erkenntnis

W. DILTHEY: Dichterische Einbildungskraft und Wahnsinn, Leipzig 1886

W. DILTHEY: Weltanschauung und Analyse des Menschen seit Renaissance und Reformation (1913), Ges. Schriften Bd. 2, hrsg. v. G. Misch, Stuttgart 1957

W. DILTHEY: Ideen über eine beschreibende und zergliedernde Psychologie (1894), Ges. Schriften Bd. 5: Die geistige Welt. Einleitung in die Philosophie des Lebens; 1. Hälfte: Abhandlungen zur Grundlegung der Geisteswissenschaften, hrsg. v. G. Misch, Stuttgart-Göttingen 1957, 139–240

W. DILTHEY: Der Aufbau der geschichtlichen Welt in den Geisteswissenschaften, Ges. Schriften Bd. 7: Der Aufbau der geschichtlichen Welt in den Geisteswissenschaften, hrsg. v. B. Groethuysen, Stuttgart-Göttingen 1958

W. DILTHEY: Weltanschauungslehre. Abhandlungen zur Philosophie der Philosophie, Ges. Schriften Bd. 8, hrsg. v. B. Groethuysen, Stuttgart-Göttingen 1960

E. DREWERMANN: Gott der Natur – Gott der Offenbarung – Gegensätze? Zwischen Shiva und Christus, in: Theologie und Glaube 1971, Heft 2, 320–335

E. DREWERMANN: Strukturen des Bösen. Die jahwistische Urgeschichte in exegetischer, psychoanalytischer und philosophischer Sicht, 3 Bde., Paderborn 1977–78;

1. Bd.: Die jahwistische Urgeschichte in exegetischer Sicht, Paderborn [1]1977; [2]1979, erw. durch ein Vorwort: Zur Ergänzungsbedürftigkeit der historisch-kritischen Exegese; [3]1981, erg. durch ein Nachwort: Von dem Geschenk des Lebens oder: das Welt- und Menschenbild der Paradieserzählung des Jahwisten (Gen 2, 4b–25) S. 356–413; [5]1984

2. Bd.: Die jahwistische Urgeschichte in psychoanalytischer Sicht, Paderborn [1]1977; [2]1980 erw. durch ein Vorw.: Tiefenpsychologie als anthropologische Wissenschaft; [3]1981: Neudruck der 2. Aufl.

3. Bd.: Die jahwistische Urgeschichte in philosophischer Sicht, Paderborn [1]1978; [2]1980, erw. durch ein Vorw.: Das Ende des ethischen Optimismus; [3]1982: Neudruck der 2. Aufl.

E. DREWERMANN: Von der Zerstörung der religiösen Rede. Ein Rascheln ist und ein Zusammenraffen, in: Paderborner Studien, 3–4/1982, 15–23

E. DREWERMANN: Die Frage nach Maria im religionswissenschaftlichen Horizont. Die scheinbare «Grundlosigkeit» der Mariologie, in: Zeitschrift für Missionswissenschaft und Religionswissenschaft, Aachen, 66. Jg., 2/1982, 96–117

E. DREWERMANN: Der Krieg und das Christentum. Von der Ohnmacht und Notwendigkeit des Religiösen, Regensburg 1982

E. DREWERMANN: Der tödliche Fortschritt. Von der Zerstörung der Erde und des Menschen im Erbe des Christentums, Regensburg [3](erw.) 1983

E. DREWERMANN: Religionsgeschichtliche und tiefenpsychologische Bemerkungen zur Trinitätslehre, in: K. Breuning (Hrsg.): Trinitätslehre, Freiburg 1984

K. G. FABER: Zur Instrumentalisierung historischen Wissens in der politischen Diskussion, in: R. Koselleck, W. J. Mommsen, J. Rüsen (Hrsg.): Theorie der Geschichte, 1. Bd.: Objektivität und Parteilichkeit, München (dtv 4281) 1977, 270–316

L. FEUERBACH: Gedanken über Tod und Unsterblichkeit (1830), in: Werke in 6 Bänden, hrsg. v. E. Thies; Bd. 1: Frühe Schriften (1828–1830), Frankfurt 1975, 77–349

L. FEUERBACH: Das Wesen des Christentums (1841), in: Werke in 6 Bänden, hrsg. v. E. Thies, Bd. 5, Frankfurt 1976

L. FEUERBACH: Grundsätze der Philosophie der Zukunft (1843), in: Werke in 6 Bänden, hrsg. v. E. Thies, Bd. 3: Kritiken und Abhandlungen II (1839–1843), Frankfurt 1975, 247–322

J. G. FICHTE: Grundlage der gesamten Wissenschaftslehre (1794); hrsg. v. F. Medicus (1922); Hamburg 1961; Philos. Bibl. 246

H. FLEISCHER: Zur Analytik des Geschichtsprozesses bei Marx, in: K. G. Faber – Ch. Meier (Hrsg.): Historische Prozesse. Theorie der Geschichte, Bd. 2, München (dtv 4304) 1978, 157–185

J. DE FRAINE: Adam et son Lignage, Bruges 1959; dt.: Adam und seine Nachkommen, Köln 1962

P. FÜRSTENAU: Soziologie der Kindheit, in: C. L. Furck, D. Goldschmidt, I. Rübbelen (Hrsg.): Gesellschaft und Erziehung, Bd. 3, Heidelberg 1967

H. G. Gadamer: Wahrheit und Methode. Grundzüge einer philosophischen Hermeneutik, [2](erw.) Tübingen 1960

A. VON HARNACK: Vom Wesen des Christentums (Vorlesungen 1899–1900), mit einem Vorwort von W. Trillhaas, Gütersloh (Siebenstern Tb. 227) 1977

A. VON HARNACK: Die Mission und Ausbreitung des Christentums in den ersten drei Jahrhunderten, [4](verb. u. verm.) Leipzig 1924

G. W. F. HEGEL: Glauben und Wissen oder die Reflexionsphilosophie der Subjektivität in der Vollständigkeit ihrer Formen als Kantische, Jacobische und Fichtesche Philosophie (1802), hrsg. v. G. Lasson, Leipzig 1928; Philos. Bibl. 62b

G. W. F. HEGEL: Die Vernunft in der Geschichte, (Vorlesungen von 1822, 1828, 1830, sowie Zusätze aus dem Wintersemester 1826–27, hrsg. v. J. Hoffmeister), [5]1955; Philos. Bibl. Bd. 171a; Hamburg 1963

G. W. F. HEGEL: Vorlesungen über die Ästhetik (1835), mit einer Einf. hrsg. v. R. Bubner, 3 Teile, Stuttgart 2 Bde., (reclam 7976; 7985) 1971

J. G. HERDER: Abhandlung über den Ursprung der Sprache (1772), Stuttgart (reclam 8729–30) 1966

J. G. HERDER: Älteste Urkunde des Menschengeschlechts, Riga 1774, Teil 1–3; Riga 1776, Teil 4, in: Sämtliche Werke, hrsg. v. B. Suphan, 33 Bde., Berlin 1877–1913; Bde. 6–7; Nachdruck Hildesheim 1967–68

J.G. HERDER: Vom Erkennen und Empfinden der menschlichen Seele. Bemerkungen und Träume, Riga 1778; 2 Bde., hrsg. v. W. Lehmann, Bielefeld 1926

J.G. HERDER: Vom Geist der ebräischen Poesie. Eine Anleitung für die Liebhaber derselben, und der ältesten Geschichte des Menschen, 2 Teile, Dessau 1782–83, in: Sämtliche Werke (s.o.), Bde. 11–12

J.G. HERDER: Zerstreute Blätter. Tithon und Aurora (1792)

A. HEUSS: Zum Problem einer geschichtlichen Anthropologie, in: H.G. Gadamer – P. Vogler (Hrsg.): Neue Anthropologie, Bd. 4: Kulturanthropologie; München-Stuttgart (dtv 4072) 1937, 150–194

M. HORKHEIMER: Geschichte und Psychologie (1932), in: Kritische Theorie. Eine Dokumentation. Hrsg. v. A. Schmidt; 2 Bde.; 1. Bd., Frankfurt [2]1968, 9–30

M. HORKHEIMER: Materialismus und Metaphysik (1933), in: Kritische Theorie, 2 Bde., hrsg. v. A. Schmidt, 1. Bd., Frankfurt [2]1968, 31–66

M. HORKHEIMER: Psychologie und Soziologie im Werk Wilhelm Diltheys (1940), in: Kritische Theorie. Eine Dokumentation, 2. Bde., hrsg. v. A. Schmidt; Bd. 2, Frankfurt [2]1968, 273–291

M. HORKHEIMER: Bedrohungen der Freiheit (1965), in: Zur Kritik der instrumentellen Vernunft. Aus den Vorträgen und Aufzeichnungen seit Kriegsende, hrsg. v. A. Schmidt; Frankfurt (Fischer Tb. 4031) 1974, 335–353

M. HORKHEIMER: Schopenhauers Denken im Verhältnis zu Wissenschaft und Religion (1972) in: Sozialphilosophische Studien. Aufsätze, Reden u. Vorträge 1930–1972. Mit einem Anhang über Universität und Studium, hrsg. v. W. Brede, Frankfurt (Fischer Tb. FAT 4003) 1972, 145–155

E. HUSSERL: Ideen zu einer reinen Phänomenologie (1913), 1950–52, aus dem Nachlaß

G.G. IGGERS: New Directions in European Historiography, Middeletown, Conn. 1975; dt.: Neue Geschichtswissenschaft. Vom Historizismus zur Historischen Sozialwissenschaft. Ein internationaler Vergleich; übers. v. P. Th. Walther u. W. Theimer; München (dtv 4308) 1978

K. JASPERS: Der philosophische Glaube. Gastvorlesung Basel 1947; Frankfurt-Hamburg (Fischer Tb. 249) 1958

K. JASPERS: Vom Ursprung und Ziel der Geschichte, München 1949; Neudruck: Frankfurt (Fischer Tb. 91) 1955

K. JASPERS: Einführung in die Philosophie. 12 Radiovorträge, Neuausgabe: München (Serie Piper, Bd. 13) 1971

F.W. KANTZENBACH: Johann Gottfried Herder in Selbstzeugnissen und Bilddokumenten, Hamburg (rm 164) 1970

S. KIERKEGAARD: Einübung im Christentum, von Anti-Climacus, Kopenhagen 1850, mit Widerruf des Pseudonyms Anti-Climacus von 1855: übers. v. E. Hirsch; in: S. Kierkegaard: Werkausgabe, Bd. II 5–307; Düsseldorf-Köln 1971

S. KIERKEGAARD: Philosophische Brosamen (1844) und Unwissenschaftliche Nachschrift (1846). Unter Mitwirkung v. N. Thulstrup und der Kopenhagener Kierkegaard-Gesellsch. hrsg. v. H. Diem und W. Rest; übers. von B. u. S. Diderichsen; München (dtv 6064) 1976

S. KIERKEGAARD: Furcht und Zittern. Dialektische Lyrik von Joh. de Silentio, Kopenhagen 1843; übers. ins Deutsche von L. Richter, in: Kierkegaards Werke in 5 Bänden, in neuer Übers. u. mit Kommentar vers. v. L. Richter, Hamburg (rk 71; 81; 89; 113; 147) 1960–1964; Bd. 3 (rk 89) 1961

H.D. KITTSTEINER: Objektivität und Totalität. Vier Thesen zur Geschichtstheorie von K. Marx, in: R. Koselleck, W.J. Mommsen, J. Rüsen (Hrsg.): Theorie der Geschichte, 1. Bd.: Objektivität und Parteilichkeit, München (dtv 4281) 1977, 159–170

J. KLEPPER: Unter dem Schatten Deiner Flügel. Aus den Tagebüchern der Jahre 1932–1942, hrsg. v. H. Klepper, gek. v. G. Wirth u. I. Zimmermann, Stuttgart 1972

E. KÜHN: Anmerkungen zum Verhalten des Großstädters, in: H.G. Gadamer – P. Vogler (Hrsg.): Neue Anthropologie, Bd. 3: Sozialanthropologie, München-Stuttgart (dtv 4071) 1972, 255–287

S.K. LANGER: Philosophy in a New Key, Cambridge 1942; dt.: Philosophie auf neuem Wege. Das Symbol im Denken, im Ritus und in der Kunst; Frankfurt 1965; übers. v. A. Löwith

W.I. LENIN: Über das Verhältnis der Arbeiterpartei zur Religion, in: A.W., XI 400–411; Abdruck in: W.I. Lenin: Theorie, Ökonomie, Politik. Ausgew. Texte und Werke, hrsg. u. erl. v. I. Fetscher, Stuttgart (Kröner Tb. 455) 1974

J. LOHMANN: Die Sprache als das Fundament des Menschseins, in: H.G. Gadamer – P. Vogler (Hrsg.): Neue Anthropologie; Bd. 6–7: Philosophische Anthropologie, II 204–234, Stuttgart-München 1975 (dtv 4148)

K. LÖWITH: Weltgeschichte und Heilsgeschehen. Die theologischen Voraussetzungen der Geschichtsphilosophie, Stuttgart, Berlin, Köln, Mainz (Urban Tb. 2) 1953

N. LUHMANN: Funktion der Religion: Frankfurt 1977

G. LUKÁCZ: Die Zerstörung der Vernunft (Budapest 1954); Berlin 1962 (Werkausgabe, Bd. 9); Neudruck: Darmstadt-Neuwied, 3 Bde. (Sammlung Luchterhand SL 133, 138, 146) 1973–1974; 1. Bd.: Irrationalismus zwischen den Revolutionen; 2. Bd.: Irrationalismus und Imperialismus; 3. Bd.: Irrationalismus und Soziologie

K. MARX – F. ENGELS: Die deutsche Ideologie. Kritik der neuesten deutschen Philosophie in ihren Repräsentanten Feuerbach, B. Bauer und Stirner und des deutschen Sozialismus in seinen verschiedenen Propheten (1845–1846); Marx-Engels Werke, Bd. 3, hrsg. v. Institut für Marxismus-Leninismus, Berlin O. 1973, 9–530

K. MARX: Zur Kritik der Politischen Ökonomie (1859); Marx-Engels Werke, Bd. 13, hrsg. v. Institut für Marxismus-Leninismus, Berlin O. 1974, 4–160

K. MARX: 3. Entwurf einer Antwort auf den Brief von V. I. Sassulitsch (1881); Marx-Engels Werke, Bd. 19, hrsg. v. Institut für Marxismus-Leninismus, Berlin O. 1978, 401–406

K. MARX: Thesen über Feuerbach (1888; veröff. v. F. Engels); Marx-Engels-Werke; hrsg. vom Institut für Marxismus-Leninismus, Bd. 3, Berlin O. 1973, 5–7; 533–535

E. MEYER: Ursprung und Anfänge des Christentums, 3 Bde., Stuttgart-Berlin 1921–1923

H. MÜHLEN: Una mystica persona. Die Kirche als das Mysterium der Identität des Heiligen Geistes in Christus und den Christen: Eine Person in vielen Personen, Paderborn 1964

F. NIETZSCHE: Die Geburt der Tragödie aus dem Geist der Musik (1872), mit einem Nachw. von H. Glockner; Stuttgart (reclam 7131–32) 1952

F. NIETZSCHE: Unzeitgemäße Betrachtungen (1873–1876), Ges. Werke in 11 Bden., Bd. 2, München (Goldmann Tb. 1472–1473) 1964

F. NIETZSCHE, Jenseits von Gut und Böse. Vorspiel einer Philosophie der Zukunft (1885), Ges. Werke in 11 Bänden, Bd. 8, München (Goldmann Tb. 990) o. J.

A. NITSCHKE: Heilige in dieser Welt. Persönliche Autorität und politische Wirksamkeit, Stuttgart (Urban Tb. 64) 1962

NOVALIS: Blütenstaub (1797–1798), in: Novalis Werke, hrsg. u. komm. v. G. Schulz, München [2](neubearb.) 1981, 323–352

T. PARSON: Societies. Evolutionary and Comparative Perspectives, Englewood Cliffs 1966; dt.: Gesellschaften. Evolutionäre und komparative Perspektiven, Frankfurt (stw 106) 1975; übers. v. N. Th. Lindquist

H. RAHNER: Griechische Mythen in christlicher Deutung, Zürich 1957

PH. RECH: Inbild des Kosmos. Eine Symbolik der Schöpfung, 2 Bde., Salzburg-Freilassing 1966

P. RICŒUR: Finitude et Culpabilité. I.: L'homme faillible, Paris 1960; dt.: Die Fehlbarkeit des Menschen, übers. v. M. Otto, München-Freiburg 1971; II.: La Symbolique du Mal, Paris 1960; dt.: Symbolik des Bösen, übers. v. M. Otto, München-Freiburg 1971

J. RÜSEN: Die Uhr, die die Stunde schlägt. Geschichte als Prozeß der Kultur bei J. Burckhardt, in: K. G. Faber – Ch. Meier (Hrsg.): Theorie der Geschichte, Bd. 2: Historische Prozesse, München (dtv 4304) 1978, 186–217

H. E. RUSS: Urkirche auf dem Weg in die Welt, Würzburg 1967

M. SCHELER: Vom Ewigen im Menschen ([1]1920), Ges. Werke Bd. 5, hrsg. v. Maria Scheler, Bern-München 1954

M. SCHELER: Philosophische Weltanschauung (1928), in: Philosophische Weltanschauung, München (Dalp Tb. 301) 1954, 5–15

F. W. J. SCHELLING: Philosophie der Offenbarung, 1841–42; hrsg. u. eingel. v. M. Frank; Anhang I: Auszüge aus anderen Vorlesungsnachschriften und Streitschriften; Anhang II: Historische Hintergründe der Berufung Schellings; Anhang III: Dokumente; Frankfurt (stw 781) 1977

F. SCHLEIERMACHER: Über die Religion. Reden an die Gebildeten unter ihren Verächtern (1799), mit einem Nachwort v. C. H. Ratschow, Stuttgart (reclam 8313) 1969

F. SCHLEGEL: Gespräch über die Poesie (1800), in: Werke in 2 Bden., ausgew. u. eingel. v. W. Hecht, 2. Bd., Berlin O-Weimar 1980, 131–195
A. SCHOPENHAUER: Über Religion, in: Parerga und Paralipomena, 2 Bde., Frankfurt 1850; in: A. Schopenhauer: Sämtliche Werke in 7 Bänden, nach der ersten v. J. Frauenstädt besorgten Gesamtausgabe bearb. u. hrsg. v. A. Hübscher, Bde. 5–6; Wiesbaden ²1946–47; Bd. 2, Werke Bd. VI 343–429
M. SECKLER: Das Heil in der Geschichte. Geschichtstheologisches Denken bei Thomas von Aquin; München 1964
O. SPENGLER: Der Untergang des Abendlandes. Umrisse einer Morphologie der Weltgeschichte, 2 Bde.; 1. Bd.: Gestalt und Wirklichkeit; 2. Bd.: Welthistorische Perspektiven; München 1923; Neudruck: München (dtv 838–839) 1972; mit einem Nachw. v. A. M. Koktanek
W. VON DEN STEINEN – M. KIRSCHSTEIN (Übers.): Franz von Assisi: Die Werke. Sonnengesang, Testament, Ordensregel, Briefe. Die Blümlein; Hamburg (rk 34) 1958
P. TILLICH: Die neue Wirklichkeit, Ausw. aus: In der Tiefe ist Wahrheit (The Shaking of the Foundations), übers. v. R. Albrecht u. G. Stöber, und: Das Neue Sein (The New Being), übers. v. M. Rhine u. G. Stöber, München (dtv 70) 1962
E. TOPITSCH: Vom Ursprung und Ende der Metaphysik. Eine Studie zur Weltanschauungskritik, Wien 1958
J. DE VORAGINE: Die Legenda aurea (1263–1273), aus dem Latein. übers. v. R. Benz, Heidelberg ⁸1975
F. WAGNER: Universalgeschichte und Gesamtgeschichte, in: H. G. Gadamer – P. Vogler (Hrsg.): Neue Anthropologie, Bd. 4: Kulturanthropologie, Stuttgart-München (dtv 4072) 1973, 195–224
M. WEBER: Die «Objektivität» sozialwissenschaftlicher und sozialpolitischer Erkenntnis (1904), in: Gesammelte Aufsätze zur Wissenschaftslehre, 4. Aufl., hrsg. v. J. Winckelmann, Tübingen 1973, 146–214
M. WEBER: Asketischer Protestantismus und kapitalistischer Geist (1904–05), in: Gesammelte Aufsätze zur Religionssoziologie, 3 Bde., Tübingen 1920–21; 1. Bd., 17–206
M. WEBER: Über einige Kategorien der verstehenden Soziologie (1913), in: Gesammelte Aufsätze zur Wissenschaftslehre, 4. Aufl., hrsg. v. J. Winckelmann, Tübingen 1973, 427–474
M. WEBER: Die Wirtschaftsethik der Weltreligionen. Vergleichende religionssoziologische Versuche (1915–1919), in: Gesammelte Aufsätze zur Religionssoziologie, 3 Bde., Tübingen 1920–21; 1. Bd., 237–275 (Einleitung)
M. WEBER: Theorie der Stufen und Richtungen religiöser Weltablehnung, in: Die Wirtschaftsethik der Weltreligionen. Vergleichende religionssoziologische Versuche (1915–1919), in: Ges. Aufsätze zur Religionssoziologie, 3 Bde., Tübingen 1920–21; 1. Bd., 536–573 (Zwischenbetrachtung)
M. WEBER: Der Sinn der «Wertfreiheit» der soziologischen und ökonomischen Wissenschaften (1918), in: Ges. Aufsätze zur Wissenschaftslehre, 4. Aufl., hrsg. v. J. Winckelmann, Tübingen 1973, 489–540
L. WITTGENSTEIN: Tractatus logico philosophicus. Logisch-philosophische Abhandlung, London 1922; Frankfurt (sv 12) 1960

2) Exegetisches

A. ALT: Der Gott der Väter (1929), in: Kleine Schriften zur Geschichte des Volkes Israel, 3 Bde., München ³1963, I 1–78
M. ARNDT – H. SCHULZ: Individualpsychologische oder kollektivistische Interpretation? Jahwe – Inthronisation und Ich-Konstitution (Ps 93), in: Y. Spiegel (Hrsg.): Doppeldeutlich. Tiefendimensionen biblischer Texte, München 1978, 189–211
E. BALLA: Das Ich der Psalmen, Göttingen 1912 (Forschungen zur Religion und Literatur des Alten und Neuen Testamentes, hrsg. v. W. Bousset u. H. Gunkel, 16. Heft)
O. BAUERNFEIND: Kommentar und Studien zur Apostelgeschichte, Tübingen 1880
J. BECKER: Israel deutet seine Psalmen. Urform und Neuinterpretation in den Psalmen, Stuttgart (Stuttgarter Bibelstudien 18) 1966
W. BELTZ: Gott und die Götter. Biblische Mythologie, Berlin-Weimar 1975; Neudruck: Düsseldorf 1977
SCH. BEN CHORIN: Bruder Jesus. Der Nazarener in jüdischer Sicht, München 1967; Neudruck: München (dtv 1253) 1977

SCH. BEN CHORIN: Paulus. Der Völkerapostel in jüdischer Sicht, München 1970 / Jerusalem 1978; Neudruck: München (dtv 1550) 1980
SCH. BEN CHORIN: Mutter Mirjam. Maria in jüdischer Sicht, München 1971; Neudruck: München (dtv 1784) 1982
G. BORNKAMM: Jesus von Nazareth, Stuttgart (Urban Tb. 19) 1956
M. BUBER: Der Mensch von heute und die jüdische Bibel (1936), in: Werke in 3 Bden., München-Heidelberg 1962–1964, Bd. 2, 847–869
M. BUBER: Die Schrift und ihre Verdeutschung (Arbeiten zw. 1936–1962), in: Werke in 3 Bden., München-Heidelberg 1962–1964; Bd. 2, 1093–1186
M. BUBER: Vorwort zu: Werke in 3 Bänden, München-Heidelberg 1962–1964, Bd. 2: Schriften zur Bibel, S. 7–8
R. BULTMANN: Jesus, Tübingen 1926; München-Hamburg (Siebenstern Tb. 17) 1964, mit einem Nachwort v. W. Schmithals
R. BULTMANN: Die Geschichte der synoptischen Tradition, Marburg 1931; Göttingen 1957
R. BULTMANN: Das Evangelium des Johannes. Kritisch-exegetischer Kommentar über das Neue Testament, Göttingen 1941
R. BULTMANN: Theologie des Neuen Testamentes, Tübingen 1958
C. CLEMEN: Die Himmelfahrt Moses, in: E. Kautzsch (Hrsg.): Die Apokryphen und Pseudepigraphen des Alten Testamentes, 2 Bde. (1900), Darmstadt 1962, II 311–331
H. CONZELMANN: Die Apostelgeschichte, Handbuch zum Neuen Testament 7, Tübingen 1963
H. DANIEL-ROPS: Histoire Sainte. Le peuple de la Bible, Paris; dt.: Geschichte des Gottesvolkes, übers. v. M. M. v. Nostitz, Freiburg 1950
E. DREWERMANN: Von der Ergänzungsbedürftigkeit der historisch-kritischen Exegese am Beispiel der Schlangensymbolik von Gen 3,1–7, in: Bibel und Kirche, 3/1983, 91–105
A. DREWS: Die Christusmythe; Jena [4](verb. u. erw.) 1910
M. DIBELIUS: Die Formgeschichte des Evangeliums (1919), 4. Aufl. der dritten durchges. Aufl. mit einem Nachtrag von G. Iber, hrsg. v. G. Bornkamm, Tübingen 1961
M. DIBELIUS: Jesus (1939), 3. Aufl. mit einem Nachw. v. W. G. Kümmel, Berlin (Sammlung Göschen 1130) 1960
J. ERNST: Herr der Geschichte. Perspektiven der lukanischen Eschatologie, Stuttgart (Stuttgarter Bibelstudien 88) 1978
F. FENNER: Die Krankheit im Neuen Testament. Eine religions- und medizingeschichtliche Untersuchung, Leipzig 1930 (Untersuchungen zum Neuen Testament, hrsg. v. H. Windisch, Heft 18)
J. G. FRAZER: The Folklore in the Old Testament, London 1913, 3 Bde., dt.: Die Arche. Biblische Geschichten im Lichte der Völkerkunde; abgekürzte Ausgabe, übers. u. hrsg. v. G. Lisowsky, Stuttgart 1960
B. GERHARDSSON: Memory and Manuscript. Oral Tradition and Written Transmission in Rabbinic Judaism and Early Christianity, Acta Seminarii Neotestamentici Upsaliensis 22, Lund-Copenhagen 1961
W. GESENIUS: Hebräisches und aramäisches Handwörterbuch über das Alte Testament, in Verbindung mit H. Zimmern, W. M. Müller, O. Weber, bearb. v. F. Buhl, [17]1915; unveränderter Neudruck: Berlin-Göttingen-Heidelberg 1962
M. GÖRG: Die «Sünde» Salomos. Zeitkritische Aspekte der jahwistischen Sündenfallerzählung, in: Biblische Notizen, 16 (1981), 42–59
M. GÖRG: Das Wort zur Schlange (Gen 3,14f.). Gedanken zum sogenannten Protoevangelium, in: Biblische Notizen, 19 (1982), 121–140
H. GRESSMANN: Das Weihnachtsevangelium auf Ursprung und Geschichte untersucht, Göttingen 1914
H. GRESSMANN (Hrsg.): Altorientalische Texte zum Alten Testament, in Verbindung mit E. Ebeling, H. Ranke u. N. Rhodokanakis, hrsg. von H. Gressmann, Berlin-Leipzig [2](völlig neugestaltet und stark verm.) 1926
H. GUNKEL: Das Märchen im Alten Testament, Tübingen 1917 (Religionsgeschichtliche Volksbücher für die deutsche christliche Gegenwart, hrsg. v. F. M. Schiele; II. Reihe: Die Religion des Alten Testaments, 23./26. Heft)
H. GUNKEL: Genesis, Göttingen [3]1910; [8]1969, eingel. v. W. Baumgartner

E. HAENCHEN: Die Apostelgeschichte, Kritisch-exegetischer Kommentar über das Neue Testament, III, Göttingen 1956
F. HAHN: Christologische Hoheitstitel. Ihre Geschichte im frühen Christentum, Göttingen 1963, [2]1964
H. HALBFAS: Fundamentalkatechetik. Sprache und Erfahrung im Religionsunterricht, Düsseldorf [2]1969
H. HARSCH – R. RIESS: Gottes-Bilder. Jakobs Kampf am Jabbok (Gen 32,22–32), in: Y. Spiegel (Hrsg.): Doppeldeutlich. Tiefendimensionen biblischer Texte, München 1978, 77–98
H. HARSCH: Psychologische Interpretation biblischer Texte?, in: Y. Spiegel (Hrsg.): Psychoanalytische Interpretationen biblischer Texte, München 1972, 49–59
E. HENNECKE: Neutestamentliche Apokryphen in deutscher Übersetzung; 3. völlig neu bearb. Aufl., hrsg. v. W. Schneemelcher; 2 Bde.; 1. Bd.: Evangelien, Tübingen 1959; 2. Bd.: Apostolisches. Apokalypsen und Verwandtes, Tübingen 1964
P. HÜBNER: Geschichtentheater. Bericht über die Arbeit mit biblischen Texten, in: WPKG 68 (1979), 151–156
A. JEREMIAS: Das Alte Testament im Lichte des Alten Orients. Handbuch zur biblisch-orientalischen Altertumskunde, Leipzig 1904
J. JEREMIAS: Die Abendmahlsworte Jesu, Göttingen 1935; [4]1967
J. JEREMIAS: Zwischen Karfreitag und Ostern. Descensus und Ascensus in der Karfreitagstheologie des Neuen Testamentes (1949), in: Abba. Studien zur neutestamentlichen Theologie und Zeitgeschichte, Göttingen 1966, 323–331
A. JIRKU: Die Dämonen und ihre Abwehr im Alten Testament (1912), in: Von Jerusalem nach Ugarit. Ges. Schriften, Graz 1966, I–VIII, 1–99
A. JIRKU: Materialien zur Volksreligion Israels, Leipzig 1914; Nachdruck in: Von Jerusalem nach Ugarit. Ges. Schriften, Graz 1966, 163–318
U. KELLERMANN: Auferstanden in den Himmel. 2 Makkabäer 7 und die Auferstehung der Märtyrer, Stuttgart (Stuttgarter Bibelstudien 95) 1978
W. KÜHNHOLZ – G. JORK: Eine uralte Geschichte (Gen 3), in: Y. Spiegel (Hrsg.): Doppeldeutlich. Tiefendimensionen biblischer Texte, München 1978, 35–55
L. LEVY: Sexualsymbolik in der Simsonsage (1916), in: Y. Spiegel (Hrsg.): Psychoanalytische Interpretationen biblischer Texte, München 1972, 75–93
E. LORENZ: Die Träume des Pharao, des Mundschenken und des Bäckers (1930), in: Y. Spiegel (Hrsg.): Psychoanalytische Interpretationen biblischer Texte, München 1972, 99–111
J. P. MACKEY: Jesus, the Man and the Myth, London 1979; dt.: Jesus. Der Mensch und der Mythos. Eine zeitgemäße Christologie; übers. v. U. Hühne, München 1981
G. M. MARTIN: «Bibliodrama» als Spiel, Exegese und Seelsorge, in: WPKG 68 (1979), 135–144
W. MARXSEN: Der Evangelist Markus. Studien zur Redaktionsgeschichte des Evangeliums, Göttingen 1959
W. G. NIEDERLAND: Jakobs Kampf am Jabbok (Jakob's Dream, 1954). Bemerkungen zur Flußsymbolik, in: Y. Spiegel (Hrsg.): Psychoanalytische Interpretationen biblischer Texte, München 1972, 128–138
M. NOTH: Geschichte Israels, Göttingen 1950
M. NOTH: Das zweite Buch Mose (ATD 5), Göttingen [2]1961
R. PESCH: Die Vision des Stephanus. Apg 7,55–56 im Rahmen der Apostelgeschichte, Stuttgart (Stuttgarter Bibelstudien 12) 1966
N. W. PORTEOUS: Das Daniel-Buch (ATD 23), übers. aus dem Engl. v. W. Beyerlin u. R. Walz, Göttingen 1962
G. VON RAD: Theologie des Alten Testamentes, 2 Bde., München [4]1957/1960
H. W. ROBINSON: The Hebrew Conception of Corporate Personality, BZAW 66, 1936, 49–62
F. ROHRER: Ausschnittsberichte aus einem Bibliodrama, in: WPKG 68 (1979), 144–151
J. SCHARBERT: Solidarität in Segen und Fluch im Alten Testament und in seiner Umwelt, I: Väterfluch und Vätersegen, Bonn 1958; II: Heilsmittler im Alten Testament und im Alten Orient, Freiburg 1964
J. SCHARBERT: Prolegomena eines Alttestamentlers zur Erbsündenlehre (Quaestiones disputatae 37), Freiburg-Basel-Wien 1968
L. SCHENKE: Der gekreuzigte Christus, Stuttgart (Stuttgarter Bibelstudien 69) 1974

H. SCHMIDT: Jona, eine Untersuchung zur vergleichenden Religionsgeschichte (Forschungen zur Religion und Literatur des Alten und Neuen Testaments, Heft 9), Göttingen 1907
G. SCHNEIDER: Die Apostelgeschichte, HThK 5, 2 Teile, Freiburg 1980; 1982
A. SCHWEITZER: Geschichte der Leben-Jesu-Forschung (1913; 1906 unter dem Titel: Von Reimarus zu Wrede); Neudruck: München-Hamburg (Siebenstern Tb. 77–80) 1966, 2 Bde., eingel. v. J. M. Robinson
E. SCHWEIZER: Jesus Christus im vielfältigen Zeugnis des Neuen Testamentes, Hamburg (Siebenstern Tb. 126) 1968
R. SMEND: Über das Ich der Psalmen, Beihefte zur Zeitschrift für die Alttestamentliche Wissenschaft 8, 1888, 49–147
E. STAUFFER: Jesus. Gestalt und Geschichte, Bern (Dalp Tb. 332) 1957
E. STAUFFER: Die Botschaft Jesu damals und heute, Bern-München (Dalp Tb. 333) 1959
E. STAUFFER: Christus und die Caesaren. Historische Skizzen, Hamburg 1952; Neudruck: München-Hamburg (Siebenstern Tb. 83–84) 1966
K. STENDHAL: The School of St. Matthew and its Use of the Old-Testament, Acta Seminarii Neotestamentici Upsaliensis 20, Lund-Copenhagen 1954
D. STOLLBERG – D. LÜHRMANN: Tiefenpsychologische oder historisch-kritische Exegese? Identität und der Tod des Ich (Gal 2,19–20), in: Y. Spiegel (Hrsg.): Doppeldeutlich. Tiefendimensionen biblischer Texte, München 1978, 215–236
H. USENER: Das Weihnachtsfest, Bonn 1888; ²1911
R. DE VAUX: Les Institutions de l'Ancien Testament, Paris 1958–60; dt.: Das Alte Testament und seine Lebensordnungen, 2 Bde.; übers. v. L. Hollerbach; Freiburg-Basel-Wien ²1964
R. DE VAUX: Les Patriarches hébreux et l'histoire (1965); dt.: Die Patriarchenerzählungen und die Geschichte, Stuttgart (Stuttgarter Bibel-Studien 3) 1965
R. WALKER: Die Heilsgeschichte im ersten Evangelium, Göttingen 1967
H. ST. WANDERS: Die Notwendigkeit der Verinnerlichung auf dem Weg zum Heil (Diplomarbeit an der Theologischen Fakultät Paderborn) 1982
G. WEHR: Wege zu religiöser Erfahrung. Analytische Psychologie im Dienste der Bibelauslegung. Eine Anregung (Impulse der Forschung, Bd. 13), Darmstadt 1974
A. WEISER: Die Propheten: Hosea, Joel, Amos, Obadja, Jona, Micha, Göttingen (ATD 24) 1950
C. WESTERMANN: Gott sprach zu Abraham. Die Geschichte des biblischen Volkes und seines Glaubens, Freiburg 1976; Bild v. E. Lessing
A. WIKENHAUSER: Die Apostelgeschichte, Regensburger Neues Testament 5, Regensburg ⁴1961
F.-E. WILMS: Freude vor Gott. Kult und Fest in Israel; Regensburg 1981
W. WINK: The Bible in Human Transformation. Toward a New Paradigm for Biblical Study, Philadelphia 1973; dt.: Bibelauslegung als Interaktion. Über die Grenzen der historisch-kritischen Methode; übers. v. M. Gronwald, Stuttgart-Berlin-Köln-Mainz (Urban Tb. wk 622) 1976; Nachw. v. G. M. Martin
H. W. WOLFF: Immanuel. Eine Auslegung von Jes 7, 1–17. Biblische Studien Nr. 23, 1959
W. WREDE: Das Messiasgeheimnis in den Evangelien, Göttingen 1901
H. ZIMMERMANN: Neutestamentliche Methodenlehre. Darstellung der historisch-kritischen Methode, 7. neubearb. Aufl. v. K. Kliesch, Stuttgart 1982

3) Religionsgeschichte, Völkerkunde, Volkskunde, Kulturgeschichte und Belletristik

A) Religionsgeschichte

A. BERTHOLET: Wörterbuch der Religionen, begr. v. A. Bertholet in Verbindung mit H. v. Campenhausen, 3. Aufl. neu bearb. u. erg. v. K. Goldammer, Stuttgart (Kröner Tb. 125) 1976
V. BROCKHOFF: Botschaft aus Träumen. Auftrag – Anruf – Geschenk. Fünf Traumerzählungen aus der

Weltliteratur mit Einf. u. Komm. v. V. Brockhoff unter Mitarbeit v. H. Lauboeck, Freiburg 1983 (Texte zum Nachdenken, Bd. 1062)

B. BÜCHSENSCHÜTZ: Traum und Traumdeutung im Altertum, Berlin 1861

C. A. BURLAND: Myths of Life and Death, London-Basingstoke 1974

O. DÄHNHARDT (Hrsg.): Natursagen. Eine Sammlung naturdeutender Sagen, Märchen, Fabeln und Legenden, 4 Bde., Leipzig-Berlin 1907–1912

R. DRÖSSLER: Als die Sterne Götter waren (Leipzig 1976), Bergisch-Gladbach (Bastei Lübbe Tb. 64051) 1981

H. EGLI: Das Schlangensymbol. Geschichte, Märchen, Mythos, Olten-Freiburg 1982

M. ELIADE: Le chamanisme et les techniques archaiques de l'exstase, Paris 1951; dt.: Schamanismus und archaische Ekstasetechnik; übers. v. I. Köck; Zürich 1957; Neudruck: Frankfurt (sv stw 126) 1975

M. ELIADE: Le Mythe de l'Éternel Retour. Archétypes et Répétition; dt.: Kosmos und Geschichte. Der Mythos der ewigen Wiederkehr; übers. v. G. Spaltmann; Düsseldorf 1953; Neudruck: Hamburg (rde 260) 1966

M. ELIADE: Mythes, Rêves et Mystères, Paris; dt.: Mythen, Träume und Mysterien, Salzburg 1961, übers. v. M. Benedikt u. M. Vereno (Reihe: Wort u. Antwort, Bd. 25, hrsg. v. M. Vereno)

M. ELIADE: The Quest, Chicago 1969; dt.: Die Sehnsucht nach dem Ursprung. Von den Quellen der Humanität; übers. v. H. Bronold; Wien 1973

M. ELIADE: Histoire des croyances et des idées religieuses. I.: De l'âge de la pierre aux mystères d'Éleusis, Paris 1976; II.: De Gautama Bouddha au triomphe du christianisme, Paris 1978; dt.: Geschichte der religiösen Ideen. 1. Bd.: Von der Steinzeit bis zu den Mysterien von Eleusis; übers. v. E. Dorlap, Freiburg-Basel-Wien 1978; 2. Bd.: Von Gautama Buddha bis zu den Anfängen des Christentums; übers. v. A. Müller-Lissner u. W. Müller; Freiburg-Basel-Wien 1979

H. FINDEISEN – H. GEHRTS: Die Schamanen. Jagdhelfer und Ratgeber, Seelenfahrer, Künder und Heiler, Köln 1983 (Diederichs Gelbe Reihe, 47)

L. FROBENIUS: Das Zeitalter des Sonnengottes, 1. Bd., Berlin 1904 (2. Bd. nicht erschienen)

B. FROLOW: Die magische Sieben in der Altsteinzeit, in: Bild der Wissenschaft 1971, Heft 3, 259–265

H. v. GLASENAPP: Glaube und Ritus der Hochreligionen in vergleichender Übersicht, Frankfurt (Fischer Tb. 346) 1960

G. HÜSING: Die iranische Überlieferung und das arische System, Leipzig 1909; Mythologische Bibliothek, hrsg. v. der Gesellschaft für vergleichende Mythenforschung, 2. Bd., Heft 2

G. VAN DER LEEUW: Phänomenologie der Religion (1933), ^{2}erw. Tübingen 1956

A. LOMMEL: Schamanen und Medizinmänner. Magie und Mystik früher Kulturen (1. Aufl. unter dem Titel: Die Welt der frühen Jäger), ^{2}(überarb. u. erw.) München 1980, hrsg. v. B. S. Myers u. J. Thierry

W. MÜLLER: Die heilige Stadt. Roma quadrata, himmlisches Jerusalem und die Mythe vom Weltnabel, Stuttgart 1961

M. MÜLLER: Essays, 2. Bde.; 1. Bd.: Beiträge zur vergleichenden Religionswissenschaft; 2. Bd.: Beiträge zur vergleichenden Mythologie und Ethologie, Leipzig 1869

E. SIECKE: Die Liebesgeschichte des Himmels. Untersuchungen zur indogermanischen Sagenkunde, Straßburg 1892

E. SIECKE: Drachenkämpfe. Untersuchungen zur indogermanischen Sagenkunde, Leipzig 1907; Mythologische Bibliothek, hrsg. v. d. Gesellschaft für vergleichende Mythenforschung, 1. Bd., 1. Heft

E. STUCKEN: Astralmythen der Hebräer, Babylonier und Ägypter. Religionsgeschichtliche Untersuchungen, 4 Teile, Leipzig 1896–1901

L. O. J. N. SÖDERBLOM: The living God, London 1933; dt.: Der lebendige Gott im Zeugnis der Religionsgeschichte, hrsg. v. F. Heiler, München-Basel ^{2}(verm.) 1966

E. B. TYLOR: Primitive Culture, 2 Bde., London 1871; dt.: Die Anfänge der Kultur, übers. v. J. W. Spengel u. Fr. Poske, Leipzig 1873, 2 Bde.

H. USENER: Götternamen. Versuch einer Lehre von der religiösen Begriffsbildung, Frankfurt ^{3}(unveränderter Neudruck der 1. Aufl. Bonn 1895) 1948, Geleitw. v. M. P. Nilsson u. E. Norden

R. WILL: Le Culte. Etude d'Histoire et de Philosophie religieuses, 2 Bde., Strasbourg-Paris 1925–1929; 1. Bd.: Le caractère religieux du culte; 2. Bd.: Les formes du culte

a) Alter Orient

W.F. ALBRIGHT: From the Stone Age to Christianity. Monotheism and the Historical Process, Baltimore ²(verb.) 1946; dt.: Von der Steinzeit zum Christentum. Monotheismus und geschichtliches Werden; übers. v. I. Lande, Bern 1949

J.M. ALLEGRO: The Dead Sea Scrolls, Harmondsworth; dt.: Die Botschaft vom Toten Meer. Das Geheimnis der Schriftrollen, übers. v. W. Hilsbecher, Frankfurt (Fischer Tb. 183) 1957

J. ASSMANN: Der König als Sonnenpriester. Ein kosmographischer Begleittext zur kultischen Sonnenhymnik in thebanischen Tempeln und Gräbern, Glückstadt 1970; Abhandlungen des Deutschen Archäologischen Instituts Kairo, Ägyptologische Reihe, Band 7

J. ASSMANN: Ägyptische Hymnen und Gebete, eingel., übers. u. erl. v. J. Assmann, Zürich-München 1975

J. ASSMANN: Zeit und Ewigkeit im Alten Ägypten. Ein Beitrag zur Geschichte der Ewigkeit, Heidelberg 1975 (Abhandlungen der Heidelberger Akademie der Wissenschaften. Philosophisch-historische Klasse, Jg. 1975, 1. Abh.)

W.W. GRAF BAUDISSIN: Adonis und Esmun. Eine Untersuchung zur Geschichte des Glaubens an Auferstehungsgötter und an Heilgötter, Leipzig 1911

R. BRIER: Ancient Egyptian Magic, 1980; dt.: Zauber und Magie im alten Ägypten. Das geheime Wissen und die geheimnisvollen Praktiken, die das Leben im Pharaonenreich beherrschten; übers. v. H. Drube, Bern-München 1981

E. BRUNNER-TRAUT: Pharao und Jesus als Söhne Gottes (1961), in: Gelebte Mythen. Beiträge zum altägyptischen Mythos, Darmstadt 1961, 34–54

E. BRUNNER-TRAUT: Altägyptische Märchen, Düsseldorf-Köln 1963

E. BRUNNER-TRAUT: Mythos im Alltag. Zum Loskalender im Alten Ägypten (1971), in: Gelebte Mythen. Beiträge zum altägyptischen Mythos, Darmstadt 1981, 18–33

G. BIBBY: Looking for Dilmun, New York 1969; dt.: Dilmun. Die Entdeckung der vergessenen Hochkultur; übers. v. G. Kilpper; Reinbek 1973; Neudruck: Hamburg (rororo 7090) 1977

G. BIBBY: Four Thousand Years Ago, New York 1961; dt.: Zu Abrahams Zeiten. Mensch und Kultur vor 4000 Jahren; übers. v. K.U. v. Hutten; Hamburg 1964; Neudruck unter dem Titel: Als Troja brannte und Babylon fiel. Das mythische Zeitalter unserer Kultur; Hamburg (rororo 6784) 1972

R.J. BRAIDWOOD – B. HOWE: Prehistoric Investigations in Iraqi Kurdistan, in: Studies in Ancient Oriental Civilization, No. 31, Chicago 1960

E. CASSIN, J. BOTTÉRO, J. VERCOUTTER: Die Altorientalischen Reiche, 3 Bde., (Fischer Weltgeschichte, 2; 3; 4) Frankfurt 1965–1967

I. CLARUS: Du stirbst, damit du lebst. Die Mythologie der alten Ägypter in tiefenpsychologischer Sicht, Fellbach 1980 (Sonderband der Reihe «psychologisch gesehen»)

S. DONADONI: Musei del Mondo: Cairo Museo Egizio, Milano, Tokyo 1969; dt.: Ägyptisches Museum Kairo (Reihe: Berühmte Museen, hrsg. v. C.K. Ragghianti); übers. v. F. Pauli, Vaduz 1978

I. DREECKEN: Tausendundeine Nacht, übers. v. G. Weil nach der Breslauer Handschrift (1838–1841); Neufassung von I. Dreecken, 3 Bde., Wiesbaden o.J.

I.E.S. EDWARDS: Tutankhamun: His Tomb and its Treasures, New York 1976; dt.: Tutanchamun. Das Grab und seine Schätze, übers. u. mit Nachw. vers. v. J. Rehork; Bergisch-Gladbach 1978

A. ERMAN: Die Literatur der Ägypter. Gedichte, Erzählungen und Lehrbücher aus dem 3. und 2. Jahrtausend v. Chr., Leipzig 1923

A. ERMAN: Die Religion der Ägypter. Ihr Werden und Vergehen in vier Jahrtausenden, Berlin-Leipzig 1934

G. FURLANI: Das Gilgamesch-Epos als Hymnus auf die Freundschaft (italien. 1946), in K. Oberhuber (Hrsg.): Das Gilgamesch-Epos, Darmstadt 1977, 219–236.

DAS GILGAMESCH-EPOS; aus dem Akkadischen übers. u. mit Anmerkungen vers. v. A. Schott; durchges. u. erg. v. W. v. Soden; Stuttgart (reclam 7235–7235 a) 1958

I. GOLDZIHER: Der Mythos bei den Hebräern und seine geschichtliche Entwicklung. Untersuchungen zur Mythologie und Religionswissenschaft, Leipzig 1876

J. GRAY: Near Eastern Mythology, London 1969; dt.: Mythologie des Nahen Ostens; übers. v. J. Schlechta, Wiesbaden o.J.

H. Gressmann: Tod und Auferstehung des Osiris nach Festbräuchen und Umzügen, Leipzig 1923 (Der Alte Orient. Gemeinverständliche Darstellungen hrsg. v. der Vorderasiatisch-Ägyptischen Gesellschaft, 23. Bd., Heft 3)
E. Hornung: Geschichte als Fest. Zwei Vorträge zum Geschichtsbild der frühen Menschheit, Darmstadt 1966, 9–29: Vom Geschichtsbild der alten Ägypter
E. Hornung: Der Eine und die Vielen. Ägyptische Gottesvorstellungen, Darmstadt 1971
E. Hornung: Ägyptische Unterweltsbücher, Zürich-München 1972
W. Helck: Die Mythologie der alten Ägypter, in: H. W. Haussig (Hrsg.): Wörterbuch der Mythologie, 2 Bde., Stuttgart 1965; 1973; 1. Bd.: Götter und Mythen im Vorderen Orient, S. 313–406
V. Ions: Egyptian Mythology, London 1968; dt.: Ägyptische Mythologie; übers. v. J. Schlechta, Wiesbaden 1968
T. Jacobson: Mesopotamien. Der Kosmos als Staat. Die Umwelt in Ägypten und Mesopotamien, in: H. Frankfort u. a. (Hrsg.): The Intellectual Adventure of Ancient Man, Chicago 1946; dt.: Frühlicht des Geistes, 1954; Neudruck: Alter Orient – Mythos und Wirklichkeit; übers. v. P. Dülberg; Stuttgart-Berlin-Köln-Mainz (Urban Tb. 9) 1981, 136–241
Fl. Josephus: Antiquitates (94 n. Chr., 20 Bücher); dt.: Jüdische Altertümer, übers. u. mit Einl. u. Anm. vers. v. H. Clementz, Wiesbaden o. J. (Fourier-Verlag)
K. Lange – M. Hirmer: Ägypten. Architektur. Plastik. Malerei in drei Jahrtausenden. Mit Beiträgen von E. Otto u. Chr. Desroches-Noblecourt; Aufnahmen v. M. Hirmer; München 1967; Neudruck: München-Zürich 1978
E. Littmann (Übers.): Die Erzählungen aus den 1001 Nächten, übers. nach dem arabischen Urtext der Calcuttaer Ausgabe aus dem Jahre 1839; Frankfurt (it 224) 1976, 12 Bände
U. Mann: Theogonische Tage. Die Entwicklungsphasen des Gottesbewußtseins in der altorientalischen und biblischen Religion, Stuttgart 1970
B. Meissner: Die babylonisch-assyrische Literatur, Potsdam (Handbuch der Literaturwissenschaft, hrsg. v. O. Walzel, Bd. 5) 1927
Plutarch: Über Isis und Osiris (23 v. Chr.)
G. Posener: Dictionnaire de la Civilisation Égyptienne; dt.: Lexikon der ägyptischen Kultur, in Zusammenarbeit mit S. Sauneron u. J. Yoyotte; Vorw. v. H. W. Müller; übers. v. J. u. I. v. Beckerath, Wiesbaden 1960
G. Prause: Herodes der Große. König der Juden, Hamburg 1977; Neudruck: München (Heyne 980) 1980
G. Roeder (Übers.): Zauberei und Jenseitsglauben im Alten Ägypten. Der Ausklang der ägyptischen Religion mit Reformation, Zauberei und Jenseitsglauben, Zürich-Stuttgart 1961 (Die ägyptische Religion in Text und Bild, Bd. IV)
G. Roeder: Urkunden zur Religion des Alten Ägyptens; übers. u. eingel. v. G. Roeder (1914) Düsseldorf-Köln 1978
A. Ungnad: Die Deutung der Zukunft bei den Babyloniern und Assyrern, Leipzig (Der Alte Orient, 10. Jg., Heft 3) 1909, 1–36
E. E. Vardiman: Nomaden. Schöpfer einer neuen Kultur im Vorderen Orient, bearb. v. W. Roggersdorf, Wien-Düsseldorf 1977
B. van de Walle: Die Mythologie der Ägypter, in: P. Grimal (Ed.): Mythologies, Paris 1963; dt.: Mythen der Völker, 3 Bde., Frankfurt (Fischer 789, 799, 805) 1967, 1. Bd., 35–83; übers. v. L. Voelker
W. Weden – W. Spindler: Ägyptische Einweihung. Erinnerung an ein Leben als ägyptischer Priester, Frankfurt (Fischer Tb. 3371) 1978
H. Zimmer: Beiträge zur Kenntnis der babylonischen Religion. Die Beschwörungstafeln Surpu. Ritualtafeln für den Wahrsager, Beschwörer und Sänger, Leipzig 1901

b) Griechenland und Rom

Aischylos: Oresteia (458 v. Chr.); dt.: Orestie, in: Tragödien und Fragmente, erl. u. übers. v. O. Werner, Hamburg (rowohlts Klassiker 213–215) 1966, 5–110
W. Aly: Volksmärchen, Sage und Novelle bei Herodot und seinen Zeitgenossen, Göttingen 1921
Aristoteles: Über Träume und Traumdeutungen, übers. v. H. Bender, Stuttgart 1855

ARISTOTELES: Schlafen und Wachen, Leipzig 1924
C. W. BLEGEN: Troy an the Trojans, London 1963
J. BLEICKEN: Imperator, in: K. Ziegler – W. Sontheimer (Hrsg.): Der Kleine Pauly. Lexikon der Antike in 5 Bänden, auf der Grundlage von Pauly's Realenzyklopädie der classischen Altertumswissenschaft, München 1975; Neudruck : München (dtv 5963) 1979, II 1378
M. T. CICERO: Staatslehre, Staatsverwaltung (De re publica, 54–51 v. Chr.), München (GGTb. 458) o. J.
M. T. CICERO: Von der Weissagung (De divinatione, 44 v. Chr.), übers. u. erl. v. R. Kühner, München (GG Tb. 871) o. J.
H. DIELS: Die Fragmente der Vorsokratiker; nach der v. W. Kranz hrsg. 8. Aufl.; eingel. v. G. Plamböck; Hamburg (rk 10) 1957
M. A. EDEY: The lost World of the Aegean, New York 1975; dt.: Die verlorene Welt der Ägäis; übers. v. Chr. Wiemken; bearb. v. J. Volbeding; Hamburg (rororo life 81) 1978
EPIKTET: Encheiridion (ca. 115 n. Chr.); Handbüchlein der Ethik; übers. u. eingel. v. E. Neitzke, Stuttgart (reclam 2001) 1958
M. GALL: Die Irrfahrten des Odysseus; aus dem Franz. übers. v. M. Schätzle, in: E. Lessing: Die Odyssee. Homers Epos in Bildern erzählt, Freiburg 1965, 13–43
R. HERZOG: Die Wunderheilungen von Epidauros. Ein Beitrag zur Geschichte der Medizin und der Religion (Philologus, Supplementband XXII, Heft III) Leipzig 1931
HOMER: Ilias; übers. v. R. Hampe; Stuttgart 1979
HOMER: Odyssee; übers. in Prosa von W. Schadewaldt; Hamburg (rk 29–30) 1958
L. HUBER: Helena, in: Lexikon der Antike, 5 Bde., Bd. II: Religion – Mythologie, 2 Bde., München (dtv 3075–3076) 1970, I 291
J. HUNDT: Der Traumglaube bei Homer, Greifswald (Greifswalder Beiträge zur Literatur- und Stilforschung, Heft 9) 1935
JAMBLICHUS (ca. 300 n. Chr.): Über die Geheimlehren. Die Mysterien der Ägypter, Chaldäer und Assyrer, übers. u. eingel. v. T. Hopfner, Leipzig 1922; Neudruck: Schwarzenburg 1978 (Bibliotheca Hermetica II)
K. KERÉNYI – C. G. JUNG: Das göttliche Kind in mythologischer und psychologischer Beleuchtung, Amsterdam-Leipzig (Albae Vigiliae VI–VII) 1940
K. KERÉNYI – C. G. JUNG: Das göttliche Mädchen. Die Hauptgestalt der Mysterien von Eleusis in mythologischer und psychologischer Beleuchtung, Amsterdam-Leipzig 1941; Albae Vigiliae VIII–IX
K. KERÉNYI: Humanistische Seelenforschung, Werke Bd. 1, Wien-München 1966
K. KERÉNYI: Pythagoras und Orpheus (1938), in: Humanistische Seelenforschung, Werke I, München-Wien 1966, 15–51
K. KERÉNYI: Die Geburt der Helena (1939), in: Humanistische Seelenforschung; Werke in Einzelausgaben, hrsg. v. K. Kerényi, Bd. 1; München-Wien 1966, 52–67
K. KERÉNYI: Mensch und Maske (1948), in: Werke I, München-Wien 1966, 340–356
K. KERÉNYI: Ergriffenheit und Wissenschaft (1936), in: Apollon und Niobe, Werke Bd. 4, München-Wien 1980, 56–63
K. KERÉNYI: Landschaft und Geist (1935), in: Apollon und Niobe, Werke 4, München-Wien 1980, 80–92
K. KERÉNYI: Was ist Mythologie? (1939), in: Antike Religion; Werke VII, München-Wien 1971, 13–34
K. KERÉNYI: Der Mythos des Glaubens (1969), Werke VII, München-Wien 1971, 260–273
K. KERÉNYI: Dionysos. Urbild des unzerstörbaren Lebens; Werke Bd. VIII, München-Wien 1976
K. KERÉNYI: Die Mythologie der Griechen; 2 Bde.; 1. Bd.: Die Götter- und Menschheitsgeschichten; 2. Bd.: Die Heroen-Geschichten; München 1958; Neudruck: München (dtv 1345–1346) 1966
K. KERÉNYI: Der göttliche Arzt. Studien über Asklepios und seine Kultstätten; Darmstadt 1975
H. M. KOELBING: Arzt und Patient in der antiken Welt, Zürich-München 1977
J. KOTT: The Eating of the Gods. An Interpretation of Greek Tragedy, New York 1973; dt.: Gott-Essen. Interpretationen griechischer Tragödien; übers. aus dem Polnischen v. P. Lachmann; München-Zürich 1975
H. LEISEGANG: Das Mysterium der Schlange. Ein Beitrag zur Erforschung des griechischen Mysterienkultes und seines Fortlebens in der christlichen Welt; in: O. Fröbe-Kapteyn (Hrsg.): Eranos Jahrbuch 1939 (Bd. 7): Vorträge über die Symbolik der Wiedergeburt in der religiösen Vorstellung der Zeiten und Völker, Zürich 1940, 151–250

TITUS LIVIUS (59 v. – 17 n. Chr.): Römische Geschichte (Ab urbe condita); übertr. u. ausgew. v. J. Feix; 2 Bde., München (GGTb. 675; 831), I [4]1971; II [2]1972

J. V. LUCE: Homer and the heroic Age, London 1975; dt.: Archäologie auf den Spuren Homers; übers. v. D. Rehork, Bergisch-Gladbach (Bastei-Lübbe Tb. 64019) 1978

L. MADER (Übers.): Griechische Sagen (Apollodoros, Parthenios, Antoninus Liberalis, Hyginus), eingel. u. neu übertr. v. L. Mader; aus dem Nachlaß hrsg. u. erg. v. L. Rüegg; Zürich-Stuttgart (Die Bibliothek der alten Welt) 1963

W. MARG: Hesiod. Sämtliche Gedichte. Theogonie, Erga, Frauenkataloge; übers. u. erl. v. W. Marg, Zürich-Stuttgart 1970

S. MARINATOS: Kreta, Thera und das mykenische Hellas, mit Aufnahmen von M. Hirmer, München [3]1976

W. F. OTTO: Die Musen und der göttliche Ursprung des Singens und Sagens, Düsseldorf-Köln 1955

W. F. OTTO: Theophania. Der Geist der altgriechischen Religion, Hamburg (rde 15) 1956

W. F. OTTO: Die Manen oder von den Urformen des Totenglaubens. Eine Untersuchung zur Religion der Griechen, Römer und Semiten und zum Volksglauben überhaupt, Darmstadt 1958

W. F. OTTO: Das Wort der Antike, hrsg. v. K. v. Fritz, Darmstadt 1962

W. F. OTTO: Mythos und Welt, Stuttgart [2]1962

W. F. OTTO: Die Wirklichkeit der Götter. Von der Unzerstörbarkeit griechischer Weltsicht, Hamburg (rde 170) 1963

OVID: Liebeskunst (2 n. Chr.), nach der Übers. v. W. Hertzberg bearb. v. F. Burger-München, München (it 164) 1976

OVID: Metamorphosen (8 n. Chr.), übers. v. R. Suchier, bearb. v. M. Vosseler; München (GGTb. 583–584) o. J.

H. PANITZ: Mythos und Orakel bei Herodot, Greifswald (Greifswalder Beiträge zur Literatur- und Stilforschung, Heft 7) 1935

PLATON: Charmides, in: Sämtliche Werke in 6 Bänden; in der Übers. v. F. Schleiermacher mit der Stephanusnumerierung hrsg. v. W. F. Otto, E. Grassi, G. Plamböck; Hamburg (rk 1; 14; 27; 39; 47; 54) 1957–1959; Bd. I, (rk1,1 a) 1957, 127–150

PLATON: Politeia, in: Platon: Sämtliche Werke in 6 Bänden; in der Übers. v. F. Schleiermacher mit der Stephanus-Numerierung hrsg. v. W. F. Otto, E. Grassi, G. Plamböck, Bd. III, Hamburg (rk 27, 27 a) 1958, 67–312

GAIUS PLINIUS SECUNDUS: Naturalis Historia (102 Bücher, 77 n. Chr.), ed. Ernout-Beaujeu u. a., Paris 1950 ff, fast vollst.

L. RADERMACHER: Mythos und Sage bei den Griechen, Baden bei Wien und Leipzig 1938

R. VON RANKE-GRAVES: The Greek Myths, 1955; dt.: Griechische Mythologie. Quellen und Deutung; übers. v. H. Seinfeld, 2 Bde., Hamburg (rde 113–114; 115–116) 1960

W. SCHADEWALDT: Griechische Sternsagen Frankfurt (Fischer Tb. 129) 1956

H. SCHLIEMANN: Die Goldschätze der Antike, hrsg. u. komm. v. K. Benesch, Wien 1978; Neudruck: München (Goldmann Tb. 11 303) 1981

GAIUS SUETONIUS TRANQUILLUS: De vita Caesarum (8 Bücher, ca. 120 n. Chr.): dt.: Leben der Caesaren, übers. u. hrsg. v. A. Lambert (1955), München (dtv 6005) 1972

THUKYDIDES: Geschichte des Peloponnesischen Krieges (ca. 410 v. Chr.): übers. v. G. P. Landmann; Hamburg (rk 100–102) 1962

VERGIL (29–19 v. Chr.): Aeneis; unter Verwendung der Übertragung von L. Neuffers übers. u. hrsg. v. W. Plankl unter Mitwirkung von K. Vretska; Stuttgart (reclam 221–4) 1976

O. WEINREICH: Antike Heilungswunder. Untersuchungen zum Wunderglauben der Griechen und Römer, Gießen 1909; Religionsgeschichtliche Versuche und Vorarbeiten, hrsg. v. R. Wünsch u. L. Deubner, VIII. Bd., 1. Heft

c) Indien, Tibet, China

TH. BENFEY: Pantschatantra. Fünf Bücher indischer Fabeln, Märchen und Erzählungen, aus dem Sanskrit übers. u. komm., Leipzig 1859

TH. BENFEY (Übers.): Pantschatantra. Die fünf Bücher der Weisheit, aus dem Sanskrit übertragen v. Th. Benfey (1859), bearb. v. K. Fitzenreiter, mit einem Nachw. v. R. Beer, Berlin O. 1978
DSCHUANG DSI: Südliches Blütenland; aus dem Chines. übertr. u. erl. v. R. Wilhelm; Köln-Düsseldorf 1972
A. T. EMBREE – F. WILHELM: Indien. Geschichte des Subkontinents von der Induskultur bis zum Beginn der englischen Herrschaft; Frankfurt (Fischer Weltgeschichte 17) 1967
W.-Y. EVANS-WENTZ (Ed.): The Tibetan Book of the Dead, London 1935; 7. Aufl. neu bearb. u. eingel. v. Lama Anagarika Govinda; dt.: Das Tibetanische Totenbuch oder: Die Nachtoderfahrung auf der Bardo-Stufe; bearb. v. L. A. Govinda; übers. v. L. Göpfert-March, komm. v. C. G. Jung. Olten-Freiburg 1971
H. GEHRTS: Râmayâna. Brüder und Braut im Märchen-Epos, Bonn 1977
H. v. GLASENAPP: Der Jainismus. Eine indische Erlösungsreligion, Berlin 1925
A. HILLEBRANDT: Upanishaden. Altindische Weisheit aus Brahmanas und Upanishaden, Jena 1921; Düsseldorf-Köln 1958
V. IONS: Indian Mythology, London 1967; dt.: Indische Mythologie, übers. v. E. Schindel, Wiesbaden 1967
D. R. KINSLEY: The Sword and the Flute, California 1975; dt.: Flöte und Schwert. Krishna u. Kali. Visionen des Schönen und des Schrecklichen in der altindischen Mythologie, Bern-München-Wien 1979; übers. v. H. Senger
KUNGFUTSE: Gespräche (Lun Yü); aus dem Chines. verdeutscht und erl. v. R. Wilhelm; Düsseldorf-Köln 1955
LAOTSE: Tao te king. Das Buch des Alten vom Sinn und Leben; aus dem Chines. übertr. u. erl. v. R. Wilhelm (1910), Köln-Düsseldorf 1957
LIÄ DSI: Das wahre Buch vom quellenden Urgrund. Die Lehren der Philosophen Liä Yü Kou und Yang Dschou (ca. 350 v. Chr.); übers. v. R. Wilhelm; Köln-Düsseldorf 1972
M. PERCHERON: Boudha, Paris; dt.: Buddha. In Selbstzeugnissen und Bilddokumenten, übers. v. J. Rassat, Hamburg (rm 12) 1958
K. SAGASTER: Grundgedanken des tibetanischen Totenbuches, in: H. J. Klimkeit (Hrsg.): Tod und Jenseits im Glauben der Völker, Wiesbaden 1978, 175–189
E. H. SCHAFER: Ancient China, New York 1967; dt.: China; übers. v. Ch. u. H. Wiemken; bearb. v. J. Volbeding; Hamburg (rororo life 25) 1971
E. WALDSCHMIDT: Die Legende vom Leben des Buddha. In Auszügen aus den heiligen Texten. Aus dem Sanskrit, Pali und Chinesischen übers. u. eingef. v. E. Waldschmidt; Berlin [1]1929; verm. u. verb. Nachdruck Graz 1982
H. ZIMMER: Myths and Symbols in Indian Art and Civilization, New York 1946; dt.: Indische Mythen und Symbole; übers. v. E. W. Eschmann; [1]1951; Neuausgabe: Düsseldorf-Köln 1972

B) Völkerkunde

a) Allgemeines

A. BASTIAN: Die Heilige Sage der Polynesier. Kosmogonie und Theogonie, Leipzig 1881
H. BAUMANN: Das doppelte Geschlecht. Ethnologische Studien zur Bisexualität in Ritus und Mythos, Berlin 1955
H. BAUMANN: Mythos in ethnologischer Sicht. Die Funktionen des Mythos, in: Studium Generale, 12. Jg. 1959, 583–597
E. DURKHEIM: Les formes élémentaires de la vie religieuse, Paris 1925
E. E. EVANS-PRITCHARD: Theories of Primitive Religion, Oxford 1965; dt.: Theorien über primitive Religion. Mit einer Vorlesung «Sozialanthropologie gestern und heute» als Einleitung, übers. v. K. Monte, Frankfurt 1968
F. FELBERMAYER: Sagen und Überlieferungen der Osterinsel, Darmstadt 1971
J. G. FRAZER: The Golden Bough, 3 Bde., London 1890; 12 Bde., London [3]1907–1915; Nachtrag 1936; abgek. Ausg. 1922; danach dt.: Der goldene Zweig. Das Geheimnis von Glauben und Sitten der Völker, übers. v. H. v. Bauer, Leipzig 1928

A. van Gennep: Rites de passage. Etude Systématique des Rites, Paris 1909; Auszüge in: C. A. Schmitz (Hrsg.): Religionsethnologie, Frankfurt 1964, übers. v. C. Bächlin, 374–389

A. van Gennep: Initiationsriten; Auszug aus: Rites de passage, Paris 1909; übers. v. V. Popp; in: V. Popp (Hrsg.): Initiation. Zeremonien der Statusveränderung und des Rollenwechsels. Eine Anthologie, Frankfurt 1969, 13–44

H. Göhring: Generative Grammatik und Kulturanthropologie, Anthropos 62, 1967, 802–814

R. A. Gould: Die Eingeborenen der Gibson-Wüste Australiens, in: E. Evans-Pritchard (Hrsg.): Bild der Völker. Die Brockhaus Völkerkunde in zehn Bänden; Bd. 1: Australien und Ozeanien. Polynesien und Mikronesien; Wiesbaden 1974, 48–53

J. Halifax: Shaman – The Wounded Healer, London 1982, dt.: Schamanen. Zauberer, Medizinmänner, Heiler; übers. v. U. Richter, Frankfurt 1983

Th. Heyerdahl: Die «Großen Steine» der Osterinsel. Von Peru in den Pazifik, in: E. Bacon (Hrsg.): Versunkene Kulturen. Geheimnis und Rätsel früher Welten (London 1963), übers. v. E. Ehm, Zürich 1963, 323–344

Th. Heyerdahl: Expedition Ra. Mit dem Sonnenboot in die Vergangenheit; aus dem Norwegischen übers. v. H. Kulas und J. Mez, Gütersloh-Wien 1971; Neudruck: Hamburg (rororo 6863) 1974

Th. Heyerdahl: Zwischen den Kontinenten. Archäologische Abenteuer, aus dem Engl. übers. v. K. Jettmar, Th. A. und J. Knust, München-Gütersloh-Wien 1975; Neudruck: München (Heyne Tb. 7065) 1978

Th. Heyerdahl: Kon-Tiki Ekspedisjonen; dt.: Kon-Tiki. Ein Floß treibt über den Pazifik, übers. v. K. Jettmar, Frankfurt-Berlin-Wien 1949; Neudruck: Frankfurt-Berlin-Wien (Ullstein Tb. 3276) 1976

A. E. Jensen: Mythos und Kult bei Naturvölkern. Religionswissenschaftliche Betrachtungen (Studien zur Kulturkunde, Bd. 10), Wiesbaden 1951

A. E. Jensen: Die getötete Gottheit. Weltbild einer frühen Kultur, Stuttgart-Berlin-Köln-Mainz (Urban Tb. 90) 1966

C. Lévi-Strauss: Der Zauberer und seine Magie (1949); in: Anthropologie Structurale, Paris 1958; dt.: Strukturale Anthropologie, übers. v. H. Naumann, Frankfurt 1967, 183–203

C. Lévi-Strauss: The Structural Study of Myth (1955), in: Anthropologie Structurale, Paris 1958, dt.: Die Struktur der Mythen, in: Strukturale Anthropologie, übers. v. H. Naumann, Frankfurt 1967, 226–254

C. Lévi-Strauss: La pensée sauvage, Paris 1962; dt.: Das wilde Denken; übers. v. H. Naumann, Frankfurt 1968

C. Lévi-Strauss: Der Weg der Masken (Genève 1975); übers. aus dem Franz. v. E. Moldenhauer, Frankfurt (it 288) 1977

L. Lévy-Bruhl: Les fonctions mentales dans les sociétés inférieures, Paris 1912; dt.: Das Denken der Naturvölker, übers. u. eingel. v. W. Jerusalem, Wien-Leipzig 1921

L. Lévy-Bruhl: La mentalité primitive, Paris 1922; dt.: Die geistige Welt der Primitiven, übers. v. M. Hamburger unter Weglassung der Kapitel X u. XI der franz. Ausg., München 1927

B. Malinowski: Magic, Science and Religion, New York 1948; dt.: Magie, Wissenschaft und Religion, in: Magie, Wissenschaft und Religion. Und andere Schriften, übers. v. E. Krafft-Bassermann, Frankfurt 1973, 1–74

B. Malinowski: Der Mythos in der Psychologie der Primitiven, in: Magic, Science and Religion. And other Essays, New York 1948; dt.: Magie, Wissenschaft und Religion. Und andere Schriften, übers. v. E. Krafft-Bassermann, Frankfurt 1973, 75–129

H. Petri: Kult-Totemismus in Australien (1950), in: C. A. Schmitz (Hrsg.): Religionsethnologie, Frankfurt 1964, 219–237

E. E. Podach: Zum Abschluß von Lévy-Brühls Theorie über die Mentalität der Primitiven; Zeitschrift für Ethnologie, Braunschweig 76, 1951

V. Popp (Hrsg.): Initiation. Zeremonien der Statusveränderung und des Rollenwechsels. Eine Anthologie, Frankfurt 1969, 7–12, Vorwort des Herausgebers

G. Róheim: Der Durchzug durch das Rote Meer (The Passage of the Red Sea, 1923), in: Y. Spiegel (Hrsg.): Psychoanalytische Interpretation biblischer Texte, München 1972, 257–262

A. Schifres: Die Riesen der Osterinsel, in: Die letzten Geheimnisse unserer Welt (Paris 1976, Sélection du Reader's Digest), aus dem Franz. übers. v. S. A. Rott-Illfeld, Stuttgart 1977, 92–105

W. WUNDT: Völkerpsychologie. Eine Untersuchung der Entwicklungsgesetze von Sprache, Mythus und Sitte, 10 Bde.; Bd. 4, 5, 6: Mythus und Religion, 3 Teile, Leipzig 1905; ³1920

b) Indianerkulturen

F. ANDERS: Das Pantheon der Maya, Graz 1963
H. BARÜSKE: Eskimo-Märchen, hrsg. u. übertr. v. H. Barüske, Köln-Düsseldorf 1969
C. BURLAND: North American Indian Mythology, London 1970; dt.: Mythologie der Indianer Nordamerikas; übers. v. E. Schindel, Wiesbaden 1970
C. BURLAND: Peoples of the Sun. The Civilizations of Pre-Columbian America, London 1976; dt.: Völker der Sonne. Azteken, Tolteken, Inka und Maya; übers. v. H. Händler; Bergisch-Gladbach 1977
C. CASTANEDA: Journey to Ixtlan, New York 1972; dt.: Reise nach Ixtlan. Die Lehre des Don Juan, übers. v. N. Lindquist, Frankfurt 1975; Neudruck: Frankfurt (Fischer Tb. 1809) 1976
W. CORDAN: Popol Vuh. Das Buch des Rates. Mythos und Geschichte der Maya. Aus dem Quiché übertragen und erläutert von W. Cordan, Düsseldorf-Köln 1962
TH.W. DANZEL: Mexiko II. Textteil: Kultur und Leben im alten Mexiko. Bildteil: Mexikanische Plastik, Hagen-Darmstadt 1921 (Kulturen der Erde. Material zur Kultur- und Kunstgeschichte alter Völker, Bd. 12)
J. LAME DEER – R. ERDOES: Lame Deer. Seeker of Vision, New York 1972; dt.: Tahca Ushte. Medizinmann der Sioux, übers. v. C. Biegert, München 1979
C. F. FEEST: Indianer Nordamerikas. Museum für Völkerkunde Wien, Wien 1968
CH. HAMILTON (Ed.): Cry of the Thunderbird; dt.: Ruf des Donnervogels. Kultur und Geschichte der Indianer von ihnen selbst erzählt; übers. v. A. Witthoefft, Zürich 1960
F. HETMANN: Indianermärchen aus Nordamerika, Frankfurt (Fischer Tb. 1110), 1970
F. HETMANN: Kindergeschichten der Indianer, Frankfurt (Fischer Tb. 2818), 1979
F. HETMANN: Eulenruf und Geistertanz. Märchen, Lieder und Visionen der Sioux und Cheyenne, Frankfurt (Fischer Tb. 2836) 1982
R. B. HILL: Hanta Yo, New York 1979; dt.: Hanto Yo. Eine Indianer-Saga; nach der amerik. Übers. aus der Dakota-Sprache ins Deutsche übers. v. K. H. Hansen, Hamburg 1980
H. HOHMANN: Das Krötenheiligtum von Copan; in: Antike Welt, 9. Jg., 1. Heft, 59–60
P. HONORE: Ich fand den weißen Gott. Die großen Rätsel der indianischen Hochkulturen, Bergisch-Gladbach (neu bearb., Bastei-Lübbe Tb. 64043) 1980
J. G. KOHL: Kitschi-Gami oder Erzählungen vom Obern See. Ein Beitrag zur Charakteristik der Amerikanischen Indianer, 2 Bde., Bremen 1859; Nachdruck mit einer Einleitung von E. Lips, Graz 1970
W. KRICKEBERG: Märchen der Azteken und Inkaperuaner. Maya und Muisca; hrsg. u. übertr. v. W. Krickeberg (1928), Düsseldorf-Köln 1968
W. KRICKEBERG: Altmexikanische Kulturen. Anhang: G. Kutscher: Zur Kunst Altmexikos; Berlin 1975
G. A. KONITZKY: Nordamerikanische Indianermärchen, Düsseldorf-Köln 1963
O. LA FARGE: A pictorial History of the American Indian, 1956; dt.: Die Welt der Indianer. Kultur, Geschichte und Kampf eines großen Volkes, übers. v. M. Oberndörfer, Ravensburg 1977
W. LEHMANN: Aus den Pyramidenstädten in Alt-Mexiko, Berlin 1933
E. MENGIN: Unos annales históricos de la nacion mexicana. Die Manuscrits Mexicains Nr. 22 und 22 BIS der Bibliothèque nationale de Paris, übers. u. erl. v. E. Mengin. Baessler Archiv. Beiträge zur Völkerkunde, hrsg. aus den Mitteln des Baessler Instituts, red. v. A. Maass, Bd. XXII, Heft 2–3, Berlin 1939
A. G. MILLER: The Codex Nuttall. A picture manuscript from ancient Mexico, edited by Zelia Nuttall, New York 1975
W. MÜLLER: Die Religionen der Waldlandindianer Nordamerikas, Berlin 1956
W. MÜLLER: Glauben und Denken der Sioux. Zur Gestalt archaischer Weltbilder, Berlin ²1970
W. MÜLLER: Geliebte Erde. Naturfrömmigkeit und Naturhaß im indianischen und europäischen Nordamerika, Bonn 1972
W. MÜLLER: Indianische Welterfahrung, Stuttgart 1976
K. A. NOWOTNY: Tlacuilolli. Die mexikanischen Bilderhandschriften, Berlin (Monumenta Americana III) 1961

K. A. Nowotny: Codex Borgia. Biblioteca Apostolica Vaticana. Vollst. Faksimile-Ausgabe des Codex im Originalformat, kommentiert v. K. A. Nowotny, Graz 1976 (Codices Selecti, Vol. XXXIV)
I. A. Otto: Der Traum als religiöse Erfahrung. Untersucht und dargestellt am Beispiel der Irokesen, Wiesbaden 1982 (Arbeiten aus dem Seminar für Völkerkunde der J. W. Goethe-Univ. Frankfurt, Bd. 13)
Fray Bernardino de Sahagun (ca. 1550 n. Chr.): Historia general de las cosas de la Nueva España; daraus dt.: E. Seler: Einige Kapitel aus dem Geschichtswerk des Fray Bernardino de Sahagun, aus dem Aztekischen übers. v. E. Seler; hrsg. v. C. Seler-Sachs; Stuttgart 1927
P. J. Schmidt: Der Sonnenstein der Azteken; Hamburg 1974 (Wegweiser zur Völkerkunde, Heft 6; im Selbstverlag des Hamburgischen Museums für Völkerkunde)
L. Schultze-Jena: Alt-aztekische Gesänge, nach einer in der Biblioteca nacional von Mexiko aufbewahrten Handschrift übers. u. erl. v. L. Schultze-Jena, nach seinem Tode hrsg. v. G. Kutscher, Stuttgart 1957; Quellenwerke zur alten Geschichte Amerikas, aufgezeichnet in den Sprachen der Eingeborenen, hrsg. v. der Ibero-Amerikan. Bibliothek, Berlin; Bd. 6
Schwarzer Hirsch (Black Elk): Black Elk speaks, ed. by J. Neihardt, New York 1932; dt.: Ich rufe mein Volk. Leben, Visionen und Vermächtnis des letzten großen Sehers der Ogalalla-Sioux; übertr. v. S. Lang; Olten-Freiburg 1965
L. Séjourné: Altamerikanische Kulturen; aus dem Franz. übers. v. M. u. Ch. Schneider; Frankfurt (Fischer Weltgeschichte 21) 1971
E. Seler: Codex Vaticanus B. Eine altmexikanische Bilderschrift der Vatikanischen Bibliothek, hrsg. auf Kosten Seiner Excellenz des Herzogs von Loubat, erläutert v. E. Seler, Berlin 1902
E. Seler: Codex Borgia. Eine altmexikanische Bilderschrift der Bibliothek der Congregatio de Propaganda Fide, hrsg. auf Kosten des Herzogs von Loubat, 2 Bde., Berlin 1904–1906
E. Seler: Das Tonalamatl der alten Mexikaner (1898), in: Ges. Abhandlungen zur amerikanischen Sprach- und Altertumskunde, 5 Bde., Bd. 1, Berlin 1902, 600–617; unveränderter Neudruck: Graz 1960
E. Seler: Die Venusperiode in den Bilderschriften der Codex-Borgia-Gruppe (1898), in: Ges. Abhandlungen zur amerikanischen Sprach- und Altertumskunde, 5 Bde., Bd. 1, Berlin 1902, 618–667; unveränderter Neudruck: Graz 1960
E. Seler: Wo lag Aztlan, die Heimath der Azteken? (1894), in: Ges. Abhandlungen zur amerikanischen Sprach- und Altertumskunde, 5 Bde., Bd. 2, Berlin 1904, 31–48; unveränderter Neudruck: Graz 1960
E. Seler: Mythus und Religion der alten Mexikaner, in: Ges. Abhandlungen zur amerikanischen Sprach- und Altertumskunde, 5 Bde., Bd. 4, Berlin 1923, 3–167; unveränderter Neudruck: Graz 1961
D. Sharon: Wizard of the four winds. A Shaman's Story, New York 1978; dt.: Magier der vier Winde. Der Weg eines peruanischen Schamanen, übers. v. D. Türck, Freiburg 1980
H. J. Stammel: Die Indianer. Die Geschichte eines untergegangenen Volkes; Gütersloh 1977; Neudruck: München (GGTb. 11212) 1979
Standhafter Bär: Mein Volk, die Sioux, hrsg. v. E. A. Brinistool, Vorw. v. W. S. Hart; übers. v. K. u. H. M. Ottinger, Stuttgart 1930
M. Wood: Geister und Helden der Indianer (1981), übers. aus dem Amerikanischen von K. Hart, 1982 (Tessloff Verlag)

C) Volkskunde, Märchenkunde, deutsche Mythologie, Literaturwissenschaft

L. Bechstein: Mythe, Sage, Märe und Fabel im Leben und Bewußtsein des deutschen Volkes, Leipzig 1954, 3 Teile
L. Bechstein: Sämtliche Märchen, Zürich 1974; enthaltend: Deutsches Märchenbuch (1857), 5–370; Deutsches Märchenbuch (1845), 371–463; Neues Deutsches Märchenbuch (1856), 465–699; Thüringische Volksmärchen (1823), 701–776
H. von Beit: Das Märchen. Sein Ort in der geistigen Entwicklung, Bern-München 1965
E. Bethe: Mythus, Sage, Märchen (1905, Hessische Blätter für Volkskunde, Bd. IV), Leipzig 1922
J. Bolte – G. Polivka: Anmerkungen zu den Kinder- und Hausmärchen der Brüder Grimm, 5 Bde., Leipzig 1913–1932

R. L. M. DEROLEZ: De Godsdienst der Germanen, Roermond 1959; dt.: Götter und Mythen der Germanen; übers. v. J. v. Wattenwyl, Wiesbaden 1974
R. GEIGER: Märchenkunde. Mensch und Schicksal im Spiegel der Grimmschen Märchen, Stuttgart 1982
BRÜDER GRIMM: Kinder- und Hausmärchen. Ausgabe letzter Hand mit den Originalanmerkungen der Brüder Grimm, mit einem Anhang sämtlicher nicht in allen Auflagen veröffentlichten Märchen und Herkunftsnachweisen, hrsg. v. H. Rölleke, 3 Bde., Stuttgart (reclam 3191, 3192, 3193) 1980
J. u. W. GRIMM: Deutsche Sagen (1816–1818), 2 Bde., vollst. Ausg. nach dem Text der 3. Aufl. von 1891, mit der Vorrede der Brüder Grimm zur ersten Aufl. 1816 und 1818, Vorbemerkung v. H. Grimm, Nachw. v. L. Röhrich, Zürich 1974
J. GRIMM: Deutsche Mythologie (1835), 2 Bde., Frankfurt, Berlin, Wien (Ullstein Tb. 35107, 35108) 1981
J. GRIMM: Deutsche Mythologie, bearb. u. eingel. v. K. H. Strobl, Wien-Leipzig 1943
G. JACOB: Märchen und Traum mit besonderer Berücksichtigung des Orients, Hannover 1923 (Beiträge zur Märchenkunde des Morgenlandes, hrsg. v. G. Jacob u. T. Menzel, 1. Bd.)
A. JOLLES. Einfache Formen. Legende, Sage, Mythe, Rätsel, Spruch, Kasus, Memorabile, Märchen, Witz, Tübingen 1930, Darmstadt [2]1958
W. KAYSER: Die Wahrheit der Dichter. Wandlung eines Begriffs in der deutschen Literatur, Hamburg 1959
F. v. DER LEYEN: Das Märchen in den Göttersagen der Edda, Berlin 1899
F. v. DER LEYEN: Das Märchen. Ein Versuch, Leipzig [3](verm.) 1925 (Wissenschaft und Bildung. Einzeldarstellungen aus allen Gebieten des Wissens, 96)
M. LÜTHI: So leben sie noch heute. Betrachtungen zum Volksmärchen, Göttingen 1969
M. LÜTHI: Es war einmal... Vom Wesen des Volksmärchens (1962), Göttingen [4](durchges.) 1973
M. LÜTHI: Das europäische Volksmärchen. Form und Wesen, München (UTB 312) [4](erw.) 1974
L. MACKENSEN (Hrsg.): Handwörterbuch des deutschen Märchens (Handwörterbuch zur deutschen Volkskunde, hrsg. v. Verband deutscher Vereine für Volkskunde, Abt. II: Märchen), 2 Bde., (Stichworte A-G), Berlin-Leipzig 1930–1933; 1934–1940
M. MAGNUSSON: Hammer of the North, London 1976; dt.: Der Hammer des Nordens. Mythen, Sagas und Heldenlieder der Wikinger, übers. v. U. Stadler; Bilder v. W. Forman; Freiburg-Basel-Wien 1977
W. MANNHARDT: Germanische Mythen, 2 Bde., Berlin 1858
E. MUDRAK: Die Sagen der Germanen. Nordische Götter- und Heldensagen, Reutlingen 1961; Deutsche Heldensagen, Reutlingen 1955
J. K. A. MUSÄUS: Volksmärchen der Deutschen (1782–1786), Zürich 1974
K. J. OBENAUER: Das Märchen. Dichtung und Deutung, Frankfurt 1959
F. PANZER: Märchen, Sage und Dichtung, München 1905
V. PROPP: Morfologija skazki, Moskva 1969; dt.: Morphologie des Märchens, in: V. Propp: Morphologie des Märchens, hrsg. v. K. Eimermacher, Frankfurt (stw 131) 1975; 9–153, übers. v. Ch. Wendt
V. PROPP: Struttura e storia nello studio della favola, in: Morfologia della fiaba, Turin 1966, S. 201–227; dt.: Die Bedeutung von Struktur und Geschichte bei der Untersuchung des Märchens, übers. v. L. Birk, überarb. v. K. Eimermacher, in: V. Propp: Morphologie des Märchens, hrsg. v. K. Eimermacher, Frankfurt (stw 131) 1975, 215–239
O. RANDAK: Das Märchen. Ein Spiegelbild der Grunderfahrungen und der religiösen Dimension des Menschen, Düsseldorf 1980
W. SCHERF: Lexikon der Zaubermärchen, Stuttgart (Kröner Tb. 472) 1982
E. SIECKE: Über die Bedeutung der Grimmschen Märchen für unser Volksthum, Hamburg 1896; Rede, gehalten in der Ortsgruppe Berlin des Alldeutschen Verbandes am 15. 3. 1895
K. SIMROCK: Das Nibelungenlied. Mittelhochdeutsch und Neuhochdeutsch. Auf Grund der Übersetzung von K. Simrock bearb. v. A. Heusler, Berlin-Darmstadt 1964
M. THALMANN: Das Märchen und die Moderne. Zum Begriff der Surrealität im Märchen der Romantik; Stuttgart, Berlin, Köln, Mainz (Urban Tb. 53) 1961
J. DE VRIES: Betrachtungen zum Märchen, besonders in seinem Verhältnis zu Heldensage und Mythos (Folklore Fellows Communications Nr. 150, hrsg. v. M. Haavio), Helsinki 1954
P. ZAUNERT: Deutsche Märchen seit Grimm, neue Ausg. in einem Band, bearb. u. mit Nachweisen versehen von E. Moser-Rath, Düsseldorf-Köln 1964

D) Kulturgeschichte

V. GORDON CHILDE: The Dawn of European Civilization, London 1925, [6]1957
J. C. FEST: Hitler. Eine Biographie, Frankfurt-Berlin-Wien 1973
SIR GALAHAD (d. i. H. Eckstein-Diener): Mütter und Amazonen. Liebe und Macht im Frauenreich (1932); München-Wien 1975; Neudruck: Frankfurt-Berlin-Wien (Ullstein Tb. 34044) 1981
R. K. GOLDSCHMIT-JENTNER: Die Begegnung mit dem Genius. Darstellungen und Betrachtungen, Frankfurt (Fischer Tb. 56) 1954
M. HAMMES: Die Amazonen. Vom Mutterrecht und der Erfindung des gebärenden Mannes, Frankfurt (Fischer Tb. 3043) 1981
H. KÜHN: Der Aufstieg der Menschheit, Frankfurt-Hamburg (Fischer Tb. 82) 1955
P. LAVIOSA-ZAMBOTTI: Origini e Diffusione della Civilità, Mailand 1947; dt.: Ursprung und Ausbreitung der Kultur; übers. v. F. Siebert, Baden-Baden 1950; eingel. v. P. Bosch-Gimpera
H. MÜLLER-KARPE: Geschichte der Steinzeit, [2](durchges. u. erg.) München 1974
E. NIELSEN (Hrsg.): Das Unerkannte auf seinem Weg durch die Jahrtausende. Die merkwürdigsten der guten Glaubens erzählten Fälle aus dem Gebiet des Übersinnlichen im Wortlaut der ersten Berichte. Ohne Deutungsversuche, Ebenhausen 1922; Neudruck unter dem Titel: Die Hexe von Endor. Die merkwürdigsten Fälle aus dem Gebiet des Übersinnlichen von 1200 vor bis 1800 nach Christus; München (dtv 1335) 1978
W. G. SOLDAN – H. HEPPE: Geschichte der Hexenprozesse (1879). Neu bearb. u. hrsg. v. M. Bauer, 2 Bde., Berlin [3]1911; Neudruck: Hanau (Müller u. Kiepenheuer) o. J.
CH. ZENTNER: Der große Bildatlas zur Weltgeschichte, München 1982
F. ZURBONSEN: Die Prozeßaussagen der Jungfrau von Orleans, Düsseldorf 1910

E) Belletristik, Film und Malerei

R. AKUTAGAWA: Rashomon (1915), in: Rashomon, aus d. Japan. übers. v. H. Tsyji u. K. Takahara, bearb. u. hrsg. v. H. Meyer, Frankfurt (Fischer Tb. 314) 1959
H. C. ANDERSEN: Sämtliche Märchen in 2 Bänden, aus dem Dänischen übers. v. Th. Dohrenburg, hrsg. v. E. Nielsen, Zürich 1976 (Kopenhagen 1835–1848: Eventyr, fortalte for Børn)
ST. ANDRES: El Greco malt den Großinquisitor (1936), in: Homo viator. Moderne christliche Erzählungen, 2. Bd., Nachw. v. H. Beckmann, Köln-Olten 1966, 11–35
L. BALDASS: Hieronymus Bosch, unter Mitarbeit von G. Heinz, Wien-München [3]erw. 1968
J. BÉDIER: Der Roman von Tristan und Isolde; übers. v. R. G. Binding; Frankfurt (it 387) 1979
I. BERGMAN: Höstsonaten, Stockholm 1978; dt.: Herbstsonate; übers. v. H. Gimmler, Hamburg 1978
G. BERNANOS: Die neue Geschichte der Mouchette (Nouvelle Histoire de Mouchette, 1937), Nachw. v. G. Maschke, übers. v. J. Hegner, Frankfurt-Berlin-Wien (Ullstein Tb. 30126) 1981
W. BORCHERT: Draußen vor der Tür. Ein Stück, das kein Theater spielen und kein Publikum sehen will (1946), in: Das Gesamtwerk, mit einem biographischen Nachwort v. B. Meyer-Marwitz, Hamburg 1949, 99–165
B. BRECHT: Gedichte und Lieder, ausgew. v. P. Suhrkamp, Frankfurt (sv 33) 1973
C. BRENTANO: Märchen (1846–47), hrsg. v. W. Frühwald u. F. Kemp, mit einem Essay v. J. v. Eichendorff, komm. v. W. Frühwald, München (dtv 2031) 1978
A. CAMUS: Jonas, ou l'Artiste au Travail, 1957; dt.: Jonas oder: Der Künstler bei der Arbeit, übers. v. G. Meister, Hamburg 1966
M. CAMUS (Regisseur): Orfeu Negro, Frankreich 1959
M. DE CERVANTES SAAVEDRA: Don Quijote (El ingenioso hidalgo Don Quijote de la Mancha, 1605; 1615); dt.: Der sinnreiche Junker Don Quijote von la Mancha, übers. v. L. Braunfels, durchges. v. A. Spemann, München 1965
C. CHABROL (Regisseur): Der Schlachter, Frankreich-Italien 1970

A. DANTE: Göttliche Komödie (La Divina Comedia) (1307–1321), 1472; übers. v. I. u. W. von Wartburg, Zürich 1963

G. DIEHL: El Greco, aus dem Franz. übers. v. H. Künzel, München o. J. (Südwest-V.)

O. DOMNICK (Regisseur): Jonas, Deutschland 1957

F. M. DOSTOJEWSKIJ: Prestuplenie i nakazanie (1866), dt.: Schuld und Sühne. Roman in 6 Teilen und einem Epilog; übers. v. W. Bergengruen; München (Droemer V.) o. J.

F. M. DOSTOJEWSKIJ: Idiot (1868); dt.: Der Idiot; übers. v. K. Brauner, München (GGTb. 361–362) 1958

F. M. DOSTOJEWSKIJ: Bratja Karamazovy (1880), dt.: Die Brüder Karamasoff; übers. v. K. Noetzel; München (GGTb. 478–479; 480–481) 1958

F. M. DOSTOJEWSKIJ: Tagebuch eines Schriftstellers (1873; 1876; 1877; 1888); übers. v. E. K. Rahsin; München 1963

F. M. DOSTOJEWSKIJ: Gesammelte Briefe 1833–1881, übers. u. komm. v. F. Hitzer, unter Verwendung der Übertragung von A. Eliasberg, München 1966

A. DE SAINT-EXUPÉRY: La Citadelle, Paris 1948; dt.: Die Stadt in der Wüste, in: Gesammelte Schriften in 3 Bden.; Bd. 2, München 1978; übers. v. O. v. Nostiz; DERS.: Gebete der Einsamkeit, übers. v. O. v. Nostiz, Auswahl, Düsseldorf 1956,23

L. FEUCHTWANGER: Der jüdische Krieg (1932), Berlin-Weimar 1960; Frankfurt (Fischer Tb. 5707) 1982 (1. Bd. der Josephus-Trilogie)

L. FEUCHTWANGER: Die Söhne (Amsterdam, 1935), Frankfurt (Fischer Tb. 5710) 1982 (2. Bd. der Josephus-Trilogie)

L. FEUCHTWANGER: Der Tag wird kommen (London 1942, Stockholm 1945), Frankfurt (Fischer Tb. 5711) 1982 (3. Bd. der Josephus-Trilogie)

L. FEUCHTWANGER: Die Jüdin von Toledo, Berlin-Weimar 1954; Frankfurt (Fischer Tb. 5732) 1983

G. FLAUBERT: La Tentation de saint Antoine. Version définitive, 1874; dt.: Die Versuchung des heiligen Antonius; übers. v. F. P. Greve (1907–1909), rev. v. F. Cavigelli, mit einem Essay v. P. Valéry u. einem Brief v. E. Renan; Zürich (detebe 210/4) 1979

G. VON LE FORT: Die Frau des Pilatus (1955), in: Die Erzählungen, Frankfurt 1968 (Insel-V.), 452–489

K. GIBRAN: The Prophet, New York 1957; dt.: Der Prophet, übers. v. C. Malignon, Olten-Freiburg 1972

G. GREENE: The End of the Affair, London 1951; dt.: Das Ende einer Affäre, übers. v. W. Puchwein, Wien 1951; Neudruck: Hamburg (rororo 1787) 1955

G. GREENE: A Sort of Life, London 1971; dt.: Eine Art Leben, übers. v. M. Felsenreich u. H. W. Polak, Wien 1971; Neudruck: Hamburg (rororo 1671) 1973

G. GREENE: The Honorary Consul, 1973; dt.: Der Honorarkonsul, übers. v. S. Rademacher und H. W. Polak, Wien-Hamburg 1973; Neudruck: Hamburg (rororo 1911) 1976

W. HAUFF: Märchen-Almanach auf das Jahr 1826 für Söhne und Töchter gebildeter Stände, in: W. Hauff: Märchen-Novellen, hrsg. v. S. v. Steinsdorff, Zürich 1976, 5–328

P. HEBBEL: Mein Wort über das Drama, 1843, in: T. Poppe (Hrsg.): Hebbels Werke in 10 Teilen; 8. Teil: Ästhetische und kritische Schriften, Berlin-Leipzig-Wien-Stuttgart (Deutsches Verlagshaus Bong u. Co.) o. J., 35–62 (Eine Erwiderung an Professor Heiberg in Kopenhagen)

E. T. A. HOFFMANN: Doge und Dogaresse, in: Die Serapionsbrüder, 1819–1821; in: Werke in 5 Bänden, hrsg. v. G. Spiekerkötter, auf Grund der v. G. Ellinger besorgten Ausgabe; Bd. 4, Zürich 1965, 127–168

E. T. A. HOFFMANN: Das Fräulein von Scuderi (in: Die Serapionsbrüder, 1819–1821), in: Werke in 5 Bden., auf Grund der Ausg. v. G. Ellinger neu bearb. v. G. Spiekerkötter, Bd. 4, Zürich 1965, 321–377

Ö. VON HORVÁTH: Geschichten aus dem Wiener Wald (1931), Hamburg (Stücke, hrsg. v. T. Krischke, Nachw. v. U. Becher) 1961

F. JAMMES: Regung des Herzens. Eine Auswahl aus seinem Werk, zusammengestellt v. A. Kumpf, Leipzig 1965

E. JÜNGER: Annäherungen. Drogen und Rausch, Stuttgart 1970; Neudruck: Frankfurt-Berlin-Wien (Ullstein 39003) 1980

F. KAFKA: Briefe an Milena; hrsg. u. mit Nachw. vers. v. W. Haas; New York-Frankfurt 1952; Frankfurt (Fischer Tb. 756) 1966

A. KUROSAWA (Regisseur): Rashomon, Japan 1950

J. LAWRIN: Dostojewskij in Selbstzeugnissen und Bilddokumenten, Hamburg (rm 88) 1963
TH. MANN: Der Zauberberg (Berlin 1924), Frankfurt (Fischer Tb. 800, 1–2) 1967
TH. MANN: Doktor Faustus. Das Leben des deutschen Tonsetzers Adrian Leverkühn erzählt von einem Freunde (1947), Frankfurt (Fischer Tb. 1230) 1971
TH. MANN: Joseph und seine Brüder. Roman in 4 Teilen, Stockholm-Amsterdam 1948; Neudruck: Frankfurt- Hamburg (Fischer Tb. 1183, 1184, 1185) 1971
G. DE MAUPASSANT: Pierre et Jean, Paris 1887–1888; dt.: Pierre und Jean, mit der Vorrede «Der Roman», in: G. de Maupassant: Ein Leben. Bel-Ami. Pierre und Jean, übers. v. J. Halperin, München (Winkler-V.) 1974, 659–836
H. MELVILLE: Moby Dick or the Whale (1851); dt.: Moby Dick; übers. v. R. Mummendey, München 1964; übers. v. Th. Mutzenbecher unter Mitwirkung v. E. Schnabel, Hamburg (rororo 173–174) 1956
N. OELLERS: Die Jungfrau von Orleans; in: Kindlers Literatur-Lexikon, 8 Bde., entstanden auf der Grundlage von: V. Bompiani (Ed.): Dizionario delle Opere di tutti i Tempi e di tutte le Letterature, Milano 1964; dt. Ausgabe, red. v. G. Woerner – R. Geisler, Zürich 1965, IV 5081–5082
E. O'NEILL: Mourning Becomes Elektra, 1928–1931; dt.: Trauer muß Elektra tragen, übers. v. M. Wentzel, in: Meisterdramen, Frankfurt 1960, 89–220
CH. PERRAULT: Le petit chaperon rouge, in: Histoires ou contes du temps passé, avec des moralitez, 1697; dt.: Märchen aus vergangener Zeit, übers. v. W. Scherf, Würzburg 1965; Abdruck in: Französische Märchen. Märchen von Ch. Perrault und Madame d'Aulnoy, unter Verwendung der Übers. v. J. Grimm, B. H. Hull u. a., Hanau 1979, 11–93
E. A. POE: Eleonora (1842), dt.: Eleonora, übers. v. A. Schmidt u. H. Wollschläger, in: Werke in 4 Bden., Bd. 1, Olten-Freiburg 1966, 674–683
E. M. REMARQUE: Im Westen nichts Neues, Berlin 1929; Neudruck: Köln-Marienburg 1979; Taschenbuchausgabe: Frankfurt-Berlin-Wien (Ullstein Tb. 56) o. J.
R. M. RILKE: Sämtliche Werke, hrsg. v. Rilke-Archiv; in Verbindung mit R. Sieber-Rilke besorgt durch E. Zinn, 6 Bde., Frankfurt 1955–1966
N. SACHS: Simson fällt durch Jahrtausende. Ein dramatisches Gedicht in 14 Bildern (1955), in: Simson fällt durch Jahrtausende und andere szenische Dichtungen, Frankfurt 1962, 43–74
G. SAUTERMEISTER: Maria Stuart, in: Kindlers Literatur-Lexikon, 8 Bde., entstanden auf der Grundlage von: V. Bompiani (Ed.): Dizionario delle Opere di tutti i Tempi e di tutte le Letterature, Milano 1964; dt. Ausgabe, red. v. G. Woerner – R. Geisler, Zürich 1965, V 6034–6036
F. SCHILLER: Don Carlos. Infant von Spanien (1787), in: Schiller, Werke in 2 Bden., hrsg. v. P. Stapf, Wiesbaden o. J., I 323–549
F. SCHILLER: Maria Stuart. Ein Trauerspiel (1800), in: Schiller, Werke in 2 Bden., hrsg. v. P. Stapf, Wiesbaden o. J., I 801–922
F. SCHILLER: Die Jungfrau von Orleans. Eine romantische Tragödie (1801), in: Schiller, Werke in 2 Bden., hrsg. v. P. Stapf, Wiesbaden o. J., I 923–1036
R. SCHIRMER: Lancelot und Ginevra. Ein Liebesroman am Artushof. Den Dichtern des Mittelalters nacherzählt von R. Schirmer; Zürich 1961
A. SCHNITZLER: Das Schicksal des Freiherrn von Leisenbogh (1903), in: Das erzählerische Werk in 7 Bden., Bd. 3, Frankfurt 1961; Neudruck: Frankfurt (Fischer Tb. 1962) 1978, 58–75
H. SCRÉPEL: Bruegel, eingef. v. C. Mettra, Paris 1976; dt.: Bruegel, übers. v. H. Künzel, Stuttgart (Parkland) o. J.
L. S. SENGHOR: Prière aux Masques (Gebet an die Masken), in: Botschaft und Anruf – Sämtliche Gedichte, französisch und deutsch, München 1963, 49
L. TIECK: Der blonde Eckbert (1796), Stuttgart (reclam 7732) 1952, mit einem Nachwort von K. Nußbächer
L. TIECK: Der gestiefelte Kater (1797), Stuttgart (reclam 8916) 1964
L. TOLSTOI: Die beiden Alten (1885), übers. v. A. Eliasberg, in: Sämtliche Erzählungen, hrsg. v. G. Drohla, 3 Bde.; Frankfurt 1961, II 447–474
R. v. VOLKMANN-LEANDER: Träumereien an französischen Kaminen (1871), Frankfurt (Fischer Tb. 1873) 1978
F. WERFEL: Das lyrische Werk, hrsg. v. A. D. Klarmann, Frankfurt 1967

T.H. WHITE: The Book of Merlyn. The Unpublished Conclusion for «The Once and Future King»; dt.: Das Buch Merlin. Das bisher unveröffentlichte fünfte Buch von «Der König auf Camelot»; übers. v. J. Brender; nebst: F. Hetmann: Merlin. Porträt eines Zauberers; ders.: Über T.H. White; Düsseldorf-Köln 1980

ST. ZWEIG: Drei Dichter ihres Lebens. Casanova. Stendhal. Tolstoi (1928), Frankfurt 1951; Neudruck: Frankfurt (Fischer Tb. 2290) 1981

ST. ZWEIG: Maria Stuart (1935); Frankfurt 1951; Neudruck: Frankfurt (Fischer Tb. 1714) 1959

ST. ZWEIG: Die Welt von Gestern. Erinnerungen eines Europäers, Stockholm 1944; Neudruck: Frankfurt (Fischer Tb. 1152) 1970

4) Anthropologie und Verhaltensforschung

R. BACHMANN: Anthropologische Relevanz der allgemeinen Ontogenie; in: H.-G. Gadamer – P. Vogler (Hrsg.): Neue Anthropologie; 1. Bd.: Biologische Anthropologie, 2 Teile, München-Stuttgart (dtv 4069, 4070) 1972; 1. Teil, 195–229

G.W. BARLOW: Fragen und Begriffe, in: K. Immelmann (Hrsg.); Verhaltensforschung. Grzimeks Tierleben. Enzyklopädie des Tierreichs. Sonderband, Zürich 1974, 205–223

R. BILZ: Biologische Radikale. Eine Untersuchung über analogisch-emotional begründete Erlebens- und Verhaltensweisen des Menschen (1961), in: Paläoanthropologie. Der neue Mensch in der Sicht einer Verhaltensforschung, Frankfurt 1971, 111–122

R. BILZ: Rolle und Szene im menschlichen Dasein (1952), in: Paläoanthropologie. Der neue Mensch in der Sicht einer Verhaltensforschung, Frankfurt 1971, 132–140

R. BILZ: Die Kuckucks-Terz. Eine paläoanthropologische Studie über die Disgregations-Angst (1956), in: Paläoanthropologie. Der neue Mensch in der Sicht einer Verhaltensforschung, Frankfurt 1971, 332–350

R. BILZ: Die Intention zur motorischen Verkürzung und zur Elevation der Extremitäten im Angst-Erleben (1956), in: Paläoanthropologie. Der neue Mensch in der Sicht einer Verhaltensforschung, Frankfurt 1971, 370–378

N. CHOMSKY: Aspects of the Theory of Syntax, Cambridge 1965; dt.: Aspekte der Syntax-Theorie; übers. unter Leitung v. E. Lang, Berlin O. 1969; Frankfurt (stw 42) 1973

E.W. COUNT: Kommunikation zwischen Tieren und die anthropologischen Wissenschaften. Versuch eines Ausblicks, in: I. Schwidetzky (Hrsg.): Über die Evolution der Sprache. Anatomie – Verhaltensforschung – Sprachwissenschaft – Anthropologie, Frankfurt 1973, 165–225

G. CZIHAK – H. LANGER – H. ZIEGLER (Hrsg.): Biologie. Ein Lehrbuch, Berlin-Heidelberg – New York ²(verb. u. erw.) 1978

I. EIBL-EIBESFELDT: Liebe und Hass. Zur Naturgeschichte elementarer Verhaltensweisen; München-Zürich 1970

I. EIBL-EIBESFELDT: Stammesgeschichtliche Anpassungen, in: H.G. Gadamer – P. Vogler (Hrsg.): Neue Anthropologie, 2. Bd.: Biologische Anthropologie, 2 Teile, München-Stuttgart (dtv 4069–4070) 1972, II 3–59

I. EIBL-EIBESFELDT: Der vorprogrammierte Mensch. Das Ererbte als bestimmender Faktor im menschlichen Verhalten; Wien-Zürich-München 1973

I. EIBL-EIBESFELDT: Krieg und Frieden aus der Sicht der Verhaltensforschung; München-Zürich 1973

A. GEHLEN: Urmensch und Spätkultur. Philosophische Ergebnisse und Aussagen, Frankfurt-Bonn ²(neu bearb.) 1964

A. GEHLEN: Der Mensch. Seine Natur und seine Stellung in der Welt, Frankfurt-Bonn ⁸1966

E. HAECKEL: Anthropogenie. Keimes- und Stammesgeschichte des Menschen, Leipzig 1874

J. HUXLEY: A discussion on ritualization of behaviour in animals and man, in: Phil. Trans. Roy. Soc. Lond. 251, 247–526

E. KLOEHN: Typisch weiblich? Typisch männlich? Geschlechterkrieg oder neues Verständnis von Mann und Frau, Hamburg 1979

O. KOENIG: Verhaltensforschung und Kultur, in: G. Altner (Hrsg.): Kreatur Mensch. Moderne Wissenschaft auf der Suche nach dem Humanum, München 1969; Neudruck: München (dtv 892) 1973, 102–159

A. KOESTLER: Janus. A. Summing Up, London 1978; dt.: Der Mensch – Irrläufer der Evolution. Die Kluft zwischen unserem Denken und Handeln – eine Anatomie menschlicher Vernunft und Unvernunft, übers. v. J. Abel, Bern-München (G Tb. 11272) 1981
P. LEYHAUSEN: Biologie von Ausdruck und Eindruck (1967), in: K. Lorenz – P. Leyhausen: Antriebe tierischen und menschlichen Verhaltens. Gesammelte Abhandlungen, München 1968, 297–407.
K. LORENZ: Über die Bildung des Instinktbegriffs (1937), in: Über tierisches und menschliches Verhalten. Aus dem Werdegang der Verhaltenslehre. Gesammelte Abhandlungen, Bd. 1, München 1965, 283–342
P. MARLER: Kommunikation bei Primaten, in: I. Schwidetzky (Hrsg.): Über die Evolution der Sprache, Frankfurt 1973, 39–90
D. MORRIS: The Naked Ape, London 1967; dt.: Der nackte Affe; übers. v. F. Bolle; Zürich 1968
D. MORRIS: The Human Zoo, London 1969; dt.: Der Menschen-Zoo; übers. v. F. Bolle; Zürich 1969
D. MORRIS: Intimate Behaviour, London 1971; dt.: Liebe geht durch die Haut. Die Naturgeschichte des Intimverhaltens, übers. v. H. Fließbach, Zürich (Knaur Tb. 399) 1972
P. OVERHAGE: Der Affe in dir. Vom tierischen zum menschlichen Verhalten; Frankfurt 1972
J. R. PAPPENHEIMER: The Sleep-Factor, in: Scientific American 8/1976, 24–29
D. PLOOG: Kommunikation in Affengesellschaften und deren Bedeutung für die Verständigungsweisen des Menschen, in: H. G. Gadamer – P. Vogler (Hrsg.): Neue Anthropologie, 2. Bd.: Biologische Anthropologie, 2 Teile, München-Stuttgart (dtv 4069–4070) 1972, II 98–178
A. PORTMANN: An den Grenzen des Wissens. Vom Beitrag der Biologie zu einem neuen Weltbild, Wien-Düsseldorf 1974
A. S. ROMER: Entwicklungsgeschichte der Tiere, 2 Bde.: dt. Bearbeitung von J. Niethammer; Anhang v. H. Termier (Enzyklopädie der Natur in 21 Bden., Bd. 2–3), Wiesbaden 1970
L. TIGER – R. FOX: The imperial animal, 1971; dt.: Das Herrentier. Steinzeitjäger im Spätkapitalismus; eingef. v. K. Lorenz; übers. v. S. Schmitz; Wien 1973
J. VON UEXKÜLL: Bedeutungslehre, Leipzig 1940
E. WHITE – D. BROWN: The First Men, New York 1973; dt.: Die ersten Menschen, Die Frühzeit des Menschen, übers. v. K. v. Nostiz, bearb. v. K. Lorenzen, J. Volbeding, Hamburg (life 66) 1977
W. WICKLER: Stammesgeschichte und Ritualisierung. Zur Entstehung tierischer und menschlicher Verhaltensmuster, München 1970; Neudruck: München (dtv wr 4166) 1975
W. WICKLER: Biologie der Zehn Gebote; München 1971; Neuauflage: München (Serie Piper 72) 1975
W. WICKLER: Die Stammesgeschichte des Verhaltens, in: K. Immelmann (Hrsg.): Verhaltensforschung. Grzimeks Tierleben. Enzyklopädie des Tierreichs. Sonderband, Zürich 1974, 571–582

5) Tiefenpsychologie und Psychotherapie

O. BEHAGEL: Bewußtes und Unbewußtes im dichterischen Schaffen, Leipzig 1907
E. BERNE: What do you say after you say Hello?, Beverly Hills 1972; dt.: Was sagen Sie, nachdem Sie «Guten Tag» gesagt haben? Psychologie des menschlichen Verhaltens; übers. v. W. Wagemuth; München (Kindler Tb. 2192) 1975
B. BETTELHEIM: The Uses of Enchantment, New York 1975; dt.: Kinder brauchen Märchen; übers. v. L. Mickel u. B. Weitbrecht; Stuttgart 1977
V. F. BIRKENBIHL: Kommunikationstraining. Zwischenmenschliche Beziehungen erfolgreich gestalten, München (Goldmann Tb. 10559) 1978
E. BLEULER: Die Psychoanalyse Freuds. Verteidigung und kritische Bemerkungen, Jahrbuch für psychoanalytische und psychopathologische Forschungen, Leipzig-Wien 1910, 623ff.
H. P. BORRERO – M. WENCELBLAT DE RASCOVSKY: Schlaf und Traum in funktionellem Zusammenhang mit der Fötalregression, in: A. Rascovsky (Hrsg.): El Psyquismo Fetal-Investigationes psicoanaliticas sobre el desenvolvimiento primitivo del individuo, Buenos Aires 1973; dt.: Die vorgeburtliche Entwicklung. Psychoanalytische Untersuchungen zur pränatalen Psychologie, übers. v. M. Dotzel des Hervás, München (Kindler 2191) 1978, 118–135

M. BOSS: Der Traum und seine Auslegung, München (Kindler Tb. 2137) 1974
M. BOSS: Psychoanalyse und Daseinsanalytik, München (Kindler Tb. 2219) 1980
CH. BÜHLER: Das Märchen und die Phantasie des Kindes, Leipzig 1918, Beihefte zur Zeitschrift für angewandte Psychologie, hrsg. v. W. Stern u. O. Lipmann, Heft 17
T. CRISP: Do You dream? London 1971; dt.: Träume sind mehr als Träume. Symbole, Deutung, Selbsterkenntnis; übers. v. G. Kurz u. S. Summerer, Bergisch-Gladbach (Bastei-Tb. 10069) 1978
E. DIAMOND: The Science of Dreams, 1962; dt.: Schlafen wissenschaftlich. Wie und warum wir träumen; übers. v. E. Ehm, Hamburg-Wien 1964; Neudruck: Hamburg (rororo 6604) 1967
H. DIECKMANN: Träume als Sprache der Seele. Einführung in die Traumdeutung der Analytischen Psychologie C. G. Jungs (Psychologisch gesehen, hrsg. v. H. Fischle-Carl, Bd. 34), Bonn 1978
E. DREWERMANN: Die Symbolik von Baum und Kreuz in religionsgeschichtlicher und tiefenpsychologischer Betrachtung, unter besonderer Berücksichtigung der mittelamerikanischen Bilderhandschriften, Schwerte 1979 (Akademie-Vorträge, Nr. 2, hrsg. v. G. Krems).
E. DREWERMANN: Psychoanalyse und Moraltheologie, 3 Bde.: 1. Bd.: Angst und Schuld, Mainz 1982; 2. Bd.: Wege und Umwege der Liebe, Mainz 1983; 3. Bd.: An den Grenzen des Lebens, Mainz 1984; daraus:
D. DREWERMANN: Das Tragische und das Christliche. Von der Anerkennung des Tragischen oder: gegen eine gewisse Art von Pelagianismus im Christentum; Schwerte 1981; Veröffentlichungen der Kath. Akad. Schwerte, Nr. 5; hrsg. v. G. Krems; Neudruck in: Psychoanalyse und Moraltheologie; 3 Bde., Mainz 1982–1984; 1. Bd.: Angst und Schuld, S. 19–78
E. DREWERMANN: Von der Unmoral der Psychotherapie – oder von der Notwendigkeit einer Suspension des Ethischen im Religiösen, in: Psychoanalyse und Moraltheologie, 3 Bde., Mainz 1982–1984; 1. Bd., 79–104
E. DREWERMANN: Von Angst und Schuld und ihrer Überwindung. Einführung in eine Theologie von Sünde und Erlösung, in: Psychoanalyse und Moraltheologie, 3 Bde., Mainz 1982–1984, Bd. 1, 111–127
E. DREWERMANN: Sünde und Neurose. Versuch einer Synthese von Dogmatik und Psychoanalyse (1980), in: Psychoanalyse und Moraltheologie, 3 Bde., Mainz 1982–1984, 1. Bd., 128–162
E. DREWERMANN: Heil und Heilung. Eine Meditation über das Verhältnis von Psychotherapie und Seelsorge (1979), in: Psychoanalyse und Moraltheologie, 3 Bde., Mainz 1982–1984, 1. Bd., 179–189
E. DREWERMANN: Psychoanalyse und Moraltheologie, 3 Bde., Mainz 1982–1984, 2. Bd.: Wege und Umwege der Liebe, Vorwort, S. 11–16
E. DREWERMANN – INGRITT NEUHAUS: Das Mädchen ohne Hände (Reihe: Grimms Märchen tiefenpsychologisch gedeutet), Olten-Freiburg 1981
E. DREWERMANN – INGRITT NEUHAUS: Der goldene Vogel (gleiche Reihe), Olten-Freiburg 1982
E. DREWERMANN – INGRITT NEUHAUS: Frau Holle (gleiche Reihe), Olten-Freiburg 1982
E. DREWERMANN – INGRITT NEUHAUS: Schneeweißchen und Rosenrot (gleiche Reihe), Olten-Freiburg 1983
E. DREWERMANN – INGRITT NEUHAUS: Marienkind (gleiche Reihe), Olten-Freiburg 1984
E. DREWERMANN – INGRITT NEUHAUS: Das Eigentliche ist unsichtbar. A. de Saint-Exupérys «Der Kleine Prinz» tiefenpsychologisch gedeutet, Freiburg 1984
E. DREWERMANN: Der Teufel im Märchen, in: Archiv für Religionspsychologie, Bd. 15, 1982, 93–128
E. DREWERMANN: Gott heilt – Erfahrungen des Buches Tobit. Eine psychologische Meditation, in: H. Bekker – R. Kaczinsky (Hrsg.): Liturgie und Dichtung. Ein interdisziplinäres Kompendium II, St. Ottilien 1983, 359–404
E. DREWERMANN: Von der Ergänzungsbedürftigkeit der historisch-kritischen Exegese am Beispiel der Schlangensymbole von Gn 3,1–7, in: Bibel und Kirche, 3/1983, 91–105
E. H. ERIKSON: Childhood and Society, New York 1950; 1963; dt.: Kindheit und Gesellschaft; übers. v. M. v. Eckardt-Jaffé, Stuttgart ²(überarb. u. erw.) 1965
H. L. FEHM – K. H. VOIGT: Psychoneuroendokrinologie, in: Th. v. Uexküll (Hrsg.): Lehrbuch der Psychosomatischen Medizin, München-Wien-Baltimore ²(durchges.) 1981, 149–169
S. FERENCZI: Versuch einer Genitaltheorie (1924), in: Schriften zur Psychoanalyse, 2 Bde., hrsg. v. M. Bálint, Frankfurt 1970–72, II 317–400
M.-L. v. FRANZ: Zahl und Zeit. Psychologische Überlegungen zu einer Annäherung von Tiefenpsychologie und Physik, Stuttgart 1970; Neudruck: Frankfurt (st 602) 1980

M. L. VON FRANZ: The Feminine in Fairy Tales, New York 1974; dt.: Das Weibliche im Märchen; übers. v. J. v. Graevenitz, Stuttgart 1977
A. FREUD: Das Ich und die Abwehrmechanismen (1936), München (Kindler Tb. 2001) o. J.
S. FREUD: Über Deckerinnerungen (1899), in: Ges. Werke I, London 1952, 529–554
S. FREUD: Die Traumdeutung (1900), Ges. Werke II–III, 1–642 (mit Zusätzen bis 1935), London 1942
S. FREUD: Zur Psychopathologie des Alltagslebens (1904), Ges. Werke IV, London 1941
S. FREUD: Drei Abhandlungen zur Sexualtheorie (1905), in: Ges. Werke V, London 1942, 27–145
S. FREUD: Über infantile Sexualphantasien (1908), in: Ges. Werke VII, London 1941, 169–188
S. FREUD: Der Familienroman der Neurotiker (1909), Ges. Werke VII, London 1941, 225–231
S. FREUD: Beiträge zur Psychologie des Liebeslebens (1910), Ges. Werke VIII, London 1945, 65–91
S. FREUD: Das Interesse an der Psychoanalyse (1913), Ges. Werke VIII, London 1945, 389–420
S. FREUD: Totem und Tabu (1912); Ges. Werke IX, London 1940
S. FREUD: Märchenstoffe in Träumen (1913), in: Ges. Werke X, London 1946, 2–9
S. FREUD: Zur Geschichte der psychoanalytischen Bewegung (1914), Ges. Werke X, London 1946, 43–113
S. FREUD: Der Moses des Michelangelo (1914), in: Ges. Werke X, London 1946, 171–201
S. FREUD: Das Unbewußte (1913), in: Ges. Werke X, London 1946, 263–303
S. FREUD: Trauer und Melancholie (1910), Ges. Werke X, London 1946, 427–446
S. FREUD: Vorlesungen zur Einführung in die Psychoanalyse (1917), Ges. Werke XI, London 1944
S. FREUD: Das Unheimliche (1919); Ges. Werke XII, London 1947, 227–268
S. FREUD: Jenseits des Lustprinzips (1920), Ges. Werke XIII, London 1940, 1–69
S. FREUD: Massenpsychologie und Ich-Analyse (1921), in: Ges. Werke XIII, London 1940, 71–161
S. FREUD: Über einige neurotische Mechanismen bei Eifersucht, Paranoia und Homosexualität (1922), in: Ges. Werke XIII, London 1940, 193–207
S. FREUD: Das Ich und das Es (1923); Ges. Werke XIII, London 1940, 235–289
S. FREUD: Das ökonomische Problem des Masochismus (1924), in: Ges. Werke XIII, London 1940, 369–383
S. FREUD: Neurose und Psychose (1924), in: Ges. Werke XIII, London 1940, 385–391
S. FREUD: Der Untergang des Ödipuskomplexes (1924), Ges. Werke XIII, London 1940, 393–402
S. FREUD: Einige psychische Folgen des anatomischen Geschlechtsunterschiedes (1925), Ges. Werke XIV, London 1948, 17–30
S. FREUD: Hemmung, Symptom und Angst (1926), Ges. Werke XIV, London 1948, 111–205
S. FREUD: «Psycho-Analysis» (1934), in: Ges. Werke XIV, London 1948, 297–307
S. FREUD: Die Zukunft einer Illusion (1927), in: Ges. Werke XIV, London 1948, 323–380
S. FREUD: Der Humor (1928), in: Ges. Werke XIV, London 1948, 381–389
S. FREUD: Dostojewski und die Vatertötung (1928), Ges. Werke Bd. XIV, London 1948, 397–418
S. FREUD: Neue Folge der Vorlesungen zur Einführung in die Psychoanalyse (1932); Ges. Werke Bd. XV, London 1944
S. FREUD: Der Mann Moses und die monotheistische Religion (1937), Ges. Werke XVI, London 1950, 101–246
S. FREUD: Abriß der Psychoanalyse (1938); Ges. Werke XVII, London 1941, 63–138
E. FROMM: Zum Gefühl der Ohnmacht (1937), in: Gesamtausgabe in 10 Bänden, 1. Bd., Stuttgart 1980, 189–206
E. FROMM: Die Entwicklung des Christusdogmas. Eine psychoanalytische Studie zur sozialpsychologischen Funktion der Religion (1930); in: The Dogma of Christ and other Essays on Religion, Psychology and Culture, New York 1955; dt.: Das Christusdogma und andere Essays: übers. v. C. Dietlmeier; überarb. v. R. Funk; in: Gesamtausgabe in 10 Bden.; Bd. 6, Stuttgart 1980, 11–68
P. GORSEN: Kunst, Literatur und Psychopathologie heute, in: H. G. Gadamer – P. Vogler (Hrsg.): Neue Anthropologie, Bd. 4: Kulturanthropologie, München-Stuttgart (dtv 4072) 1973, 359–445
G. GRODDECK: Vier Lehrbücher der Psychoanalyse (1927): Der Ring des Nibelungen. Peer Gynt. Faust. Der Struwwelpeter, in: Psychoanalytische Schriften zur Literatur und Kunst, neu ausgew. u. hrsg. v. H. Siefert, Wiesbaden 1964; Neudruck: Frankfurt (Fischer Tb. 6362) 1978, 120–219
H. HARK: Der Traum als Gottes vergessene Sprache. Symbolpsychologische Deutung biblischer und heutiger Träume, Olten-Freiburg 1982

TH. A. HARRIS: I'm o.k. – you're o.k.: a practical guide to transactional analysis, New York 1967; dt.: Ich bin o.k. – Du bist o.k. Wie wir uns selbst besser verstehen und unsere Einstellung zu anderen verändern können – Eine Einführung in die Transaktionsanalyse; übers. v. I. Brender; Hamburg 1973; Neudruck: Hamburg (rororo 6916) 1975
J. L. HENDERSON: Der moderne Mensch und die Mythen, in: C. G. Jung – M. L. von Franz: Man and his Symbols, London 1964, dt.: Der Mensch und seine Symbole, übers. v. K. Thiele-Dohrmann, Olten-Freiburg 1968, 106–157
P. R. HOFSTÄTTER: Gruppendynamik. Die Kritik der Massenpsychologie, Hamburg (rde 38) 1957
G. C. HOMANS: The Human Group, New York 1950; dt.: Theorie der sozialen Gruppe; übers. v. R. Gruner; Köln-Opladen 1960
K. HORNEY: Neurosis and Human Growth. The Struggle Toward Self-Realization, New York 1950; dt.: Neurose und menschliches Wachstum. Das Ringen um Selbstverwirklichung, übers. v. U. Joel, München (Kindler Tb. 2143) 1975
J. JACOBY: Die Psychologie von C. G. Jung. Eine Einführung in das Gesamtwerk. Mit einem Geleitwort von C. G. Jung, Olten 1971; Neudruck, Frankfurt (Fischer Tb. 6365) 1977
M. JACOBY: Das Tier im Traum, in: Studium Generale, 20. Jg. 1967, Heft 3, 139–148
W. JAMES: The Varieties of Religious Experience, Edinburgh 1901–1902; dt.: Die Vielfalt religiöser Erfahrung. Eine Studie über die menschliche Natur; übers., hrsg. u. mit Nachw. vers. v. E. Herms, Olten-Freiburg 1979
P. JANET: L'Automatisme psychologique, Paris 1889
C. G. JUNG: Zur Psychologie und Pathologie sogenannter okkulter Phänomene (1902), Werke I, Olten-Freiburg 1971, 1–98
C. G. JUNG: Assoziation, Traum und hysterisches Symptom (1906), Werke II, Olten-Freiburg 1979, 375–428
C. G. JUNG: Der Inhalt der Psychose (1908), Werke III, Olten-Freiburg 1971, 171–215
C. G. JUNG: Versuch einer Darstellung der psychoanalytischen Theorie (1913); Werke IV, Olten-Freiburg 1969, 107–255
C. G. JUNG: Allgemeine Aspekte der Psychoanalyse (1913), Werke IV, Olten-Freiburg 1969, 257–273
C. G. JUNG: Die Bedeutung des Vaters für das Schicksal des Einzelnen (1909); Werke IV, Olten-Freiburg 1969, 345–370
C. G. JUNG: Symbole der Wandlung. Analyse des Vorspiels zu einer Schizophrenie (1952; Neubearbeitung von «Wandlungen und Symbole der Libido», 1912), Werke V, Olten-Freiburg 1973
C. G. JUNG: Psychologische Typen (1921); Werke VI: Psychologische Typen; Olten-Freiburg 1960
C. G. JUNG: Über die Psychologie des Unbewußten (1943), Werke VII, Olten-Freiburg 1964, 1–130
C. G. JUNG: Die Beziehungen zwischen dem Ich und dem Unbewußten (1928), Werke VII, Olten-Freiburg 1964, 131–264
C. G. JUNG: Die transzendente Funktion (1916), Werke VIII, Olten-Freiburg 1971, 75–104
C. G. JUNG: Die Struktur der Seele (1928), Werke VIII, Olten-Freiburg 1967, 161–183
C. G. JUNG: Theoretische Überlegungen zum Wesen des Psychischen (1946, unter dem Titel: Der Geist der Psychologie), Werke VIII, Olten-Freiburg 1967, 185–267
C. G. JUNG: Allgemeine Gesichtspunkte zur Psychologie des Traumes (1928), Werke VIII, Olten-Freiburg 1971, 269–318
C. G. JUNG: Vom Wesen der Träume (1945), Werke VIII, Olten-Freiburg 1971, 319–338
C. G. JUNG: Die psychologischen Grundlagen des Geisterglaubens (1919), Werke VIII, Olten-Freiburg 1971, 339–360
C. G. JUNG: Über die Archetypen des kollektiven Unbewußten (1935), in: Werke IX, 1. Teil, Olten-Freiburg 1976, 11–51
C. G. JUNG: Die psychologischen Aspekte des Mutterarchetypus (1939); Werke IX, 1. Teil, Olten-Freiburg 1976, 89–123
C. G. JUNG – K. KERÉNYI: Das göttliche Kind in mythologischer und psychologischer Beleuchtung, Amsterdam-Leipzig 1940, Albae Vigiliae VI–VII, in: Werke IX, 1. Teil, Olten-Freiburg 1976, 163–195
C. G. JUNG: Über das Unbewußte (1918), Werke X, Olten-Freiburg 1974, 15–42

C. G. JUNG: Die Bedeutung der Psychologie für die Gegenwart (1933), Werke X, 1974, 157–180
C. G. JUNG: Gegenwart und Zukunft (1957/1964), Werke X, Olten-Freiburg 1974, 275–336
C. G. JUNG: Psychologie und Religion (1940), Werke XI, Olten-Freiburg 1971, 1–117
C. G. JUNG: Versuch einer psychologischen Deutung des Trinitätsdogmas (1942), Werke XI, Olten-Freiburg 1971, 119–218
C. G. JUNG: Das Wandlungssymbol in der Messe (1942), Werke XI, Olten-Freiburg 1971, 219–323
C. G. JUNG: Antwort auf Hiob (1952), Werke XI, Olten-Freiburg 1971, 385–506
C. G. JUNG: Kommentar zu: Das Tibetische Buch der Großen Befreiung (1939), Werke XI, Olten-Freiburg 1971, 511–549
C. G. JUNG: Geleitwort und psychologischer Kommentar zum Bardo Thödol, in: W. Y. Evans-Wentz: Das tibetanische Totenbuch (The Tibetan Book of the Dead, London 1960), übers. v. L. Göpfert-March, Olten-Freiburg 1971, 41–56 (Werke XI, Olten-Freiburg 1971, 550–567)
C. G. JUNG: Vorwort zum I Ging (1948), Werke XI, Olten-Freiburg 1971, 633–654
C. G. JUNG: Mysterium Conjunctionis. Untersuchungen über die Trennung und Zusammensetzung der seelischen Gegensätze in der Alchemie, unter Mitarbeit von M.-L. von Franz (1955–1956), Werke XIV, 1. u. 2. Teil, Olten-Freiburg 1968
C. G. JUNG: Picasso (1932), Werke XV, Olten-Freiburg 1971, 151–157
C. G. JUNG: Analytische Psychologie und Erziehung (1926), Werke XVII, Olten-Freiburg 1972, 77–153
C. G. JUNG: Die Ehe als psychologische Beziehung (1925), Werke XVII, Olten-Freiburg 1972, 215–227
L. KAPLAN: Zur Psychologie des Tragischen (1912), in: Psychoanalytische Literaturinterpretation. Aufsätze aus «Imago», Zeitschrift für Anwendung der Psychoanalyse auf die Geisteswissenschaften 1912–1937, hrsg. u. eingel. v. J. Malte Fischer, München (dtv 4363) 1980, 33–63
A. KARDINER: The Individual and his society. The psychodynamics of primitive social organization (1939); New York [7]1961; with a foreword and two ethnological reports by R. Linton
M. KASSEL: Biblische Urbilder. Tiefenpsychologische Auslegung nach C. G. Jung, München 1980
P. C. KUIPER: Tiefenpsychologische Betrachtungen über Wahnformung, in: Studium Generale, 20. Jg., Heft 10 (1967), 660–668
G. LE BON: Psychologie des foules, Paris 1895; dt.: Psychologie der Massen, mit einer Einführung v. H. Dingeldey; Stuttgart (Kröner Tb. 99) 1973
B. D. LEWIN: Sleep, the Mouth and the Dream Screen, Psychoanal. Quart. 15, 1946
A. LORENZER: Die Wahrheit der psychoanalytischen Erkenntnis. Ein historisch-materialistischer Entwurf; Frankfurt 1974; Neudruck: Frankfurt (stw 173) 1976
S. LUSTIG DE FERRER – J. TOMAS: Die Science-fiction-Literatur als Ausdruck der Fötalregression des Psychismus (Psychoanalyse des Buches «Der illustrierte Mann» von Ray Bradbury), in: A. Rascovsky (Ed.): El Psyquismo Fetal – Investigationes psicoanaliticas sobre el desenvolvimiento primitivo del individuo, Buenos Aires 1973; dt.: Die vorgeburtliche Entwicklung. Psychoanalytische Untersuchungen zur pränatalen Psychologie, übers. v. M. Dotzel de Hervás, München (Kindler Tb. 2191) 1978, 223–233
A. MAEDER: Über die Funktion des Traumes (mit Berücksichtigung der Tagesträume, des Spiels usw.), in: Jahrbuch für psychoanalytische und psychopathologische Forschungen, IV (Leipzig und Wien 1912), 692–707
A. MAEDER: Über das Traumproblem, in: Jahrbuch für psychoanalytische und psychopathologische Forschungen, V (Leipzig und Wien 1913), 647–686
C.-H. MALLET: Analyse des Grimmschen Märchens «Der starke Hans» (1953), in: W. Laiblin (Hrsg.): Märchenforschung und Tiefenpsychologie, Darmstadt 1975, 214–234
C. A. MEIER: Antike Inkubation und moderne Psychotherapie, Zürich 1949
C. A. MEIER: Die Bedeutung des Traumes. Lehrbuch der Komplexen Psychologie C. G. Jungs, Bd. II, Olten-Freiburg 1972
CH. MEVES: Die Bibel antwortet uns in Bildern. Tiefenpsychologische Textdeutungen im Hinblick auf Lebensfragen heute, Freiburg (Herder Tb. 461) 1973
R. MEYER ZUR CAPELLEN: Das schöne Mädchen. Psychoanalytische Betrachtungen zur «Formwerdung der Seele» des Mädchens, in: H. Brackert (Hrsg.): Und wenn sie nicht gestorben sind... Perspektiven auf das Märchen, Frankfurt (sv 973) 1980, 89–119

A. MITSCHERLICH: Massenpsychologie und Ich-Analyse – Ein Lebensalter später, in: Das Ich und die Vielen. Parteinahmen eines Psychoanalytikers. Ein Lesebuch, ausgew. u. eingel. v. G. Kalow, München 1978; Neudruck: München (dtv 1647) 1981, 52–75
M. MITSCHERLICH: Das Theater der Seele. Über das Wiederholen und die Auflösung unbewußter Konflikte (1968), in: Müssen wir hassen? Über den Konflikt zwischen innerer und äußerer Realität, München 1972; Neudruck: München (dtv 1147) 1976, 97–121
J. L. MORENO: Gruppenpsychotherapie und Psychodrama, Stuttgart 1959
H. NAGERA (Hrsg.): Basic Psychoanalytic Concepts on the Libido Theory, – on the Theory of Dreams, – on the Theory of Instincts, on Metapsychology Conflicts, Anxiety and other Subjects, Eynsham 1974; dt.: Psychoanalytische Grundbegriffe. Eine Einführung in Sigmund Freuds Terminologie und Theoriebildung, übers. v. F. Herborth, Frankfurt (Fischer Tb. 6331) 1976
E. NEUMANN: Der mystische Mensch (1948), in: Kulturentwicklung und Religion, Zürich 1953; Neudruck: Frankfurt (Fischer Tb. 6388) 1978, 103–144
E. NEUMANN: Die Große Mutter. Eine Phänomenologie der weiblichen Gestaltungen des Unbewußten, Zürich 1956; Neudruck: Olten-Freiburg [5]1981
O. PFISTER: Das Christentum und die Angst. Eine religionspsychologische, historische und religionshygienische Untersuchung, Zürich 1944
C. PLATA MUJICA: Das Phänomen des Doppelgängers und seine Beziehung zum fötalen Psychismus, in: A. Rascovsky (Hrsg.): El Psyquismo Fetal – Investigationes psicoanaliticas sobre el desenvolvimiento primitivo del individuo, Buenos Aires 1973; dt.: Die vorgeburtliche Entwicklung. Psychoanalytische Untersuchungen zur pränatalen Psychologie, übers. v. M. Dotzel de Hervás, München (Kindler 2191) 1978, 136–171
O. RANK: Das Inzestmotiv in Dichtung und Sage. Grundzüge einer Psychologie des dichterischen Schaffens, Leipzig-Wien 1912
O. RANK: Psychoanalytische Beiträge zur Mythenforschung. Gesammelte Studien aus den Jahren 1912–1914, Leipzig-Wien 1919; Internationale Psychoanalytische Bibliothek, Nr. 4
O. RANK: Der Mythus von der Geburt des Helden. Versuch einer psychologischen Mythendeutung, Leipzig-Wien [2](verb.) 1922; Schriften zur angewandten Seelenkunde, hrsg. v. S. Freud, 5. Heft
O. RANK: Das Trauma der Geburt und seine Bedeutung für die Psychoanalyse, Leipzig-Wien-Zürich 1924; Internationale Psychoanalytische Bibliothek, Nr. 14
A. RASCOVSKY: Die primitive Entwicklung des Individuums, in: A. Rascovsky (Ed.): El Psyquismo Fetal – Investigationes psicoanaliticas sobre el desenvolvimiento primitivo del individuo, Buenos Aires 1973; dt.: Die vorgeburtliche Entwicklung. Psychoanalytische Untersuchungen zur pränatalen Psychologie, übers. v. M. Dotzel de Hervás, München (Kindler Tb. 2191) 1978, 31–89
TH: REIK: Probleme der Religionspsychologie, 1. Teil: Das Ritual, mit einer Vorrede von S. Freud, Leipzig-Wien 1919 (Internationale psychoanalytische Bibliothek, Nr. 5)
H. E. RICHTER: Die Gruppe, Hamburg 1972
C. R. ROGERS: Counseling and Psychotherapy. Newer concepts in practice, Boston 1942; dt.: Die nicht-direktive Beratung, übers. v. E. Nosbüsch, München 1972
J. SCHARFENBERG – H. KÄMPFER: Mit Symbolen leben. Soziologische, psychologische und religiöse Konfliktbearbeitung, Olten-Freiburg 1980
W. SCHMIDBAUER: Vom Es zum Ich. Evolution und Psychoanalyse, München 1975; Neudruck: München (dtv 1352) 1978
H. SCHULTZ-HENCKE: Das Problem der Schizophrenie. Analytische Psychotherapie und Psychose, Stuttgart 1952
J. SCHWERMER: Psychologische Hilfen für das Seelsorgegespräche, München 1974
J. SCHWERMER: Das helfende Gespräch in der Seelsorge, Paderborn [2](erw. u. überarb.) 1983
H. SILBERER: Über die Symbolbildung, in: Jahrbuch für psychoanalytische und psychopathologische Forschungen III, 661–723, und IV, 607–683 (Leipzig und Wien 1912)
H. SILBERER: Probleme der Mystik und ihrer Symbolik, Wien 1914; Darmstadt [2]1961
R. S. SLAVSON: An Introduction to Group Therapy, New York 1943; dt.: Einführung in die Gruppentherapie, übers. v. W. Ahlbrecht, Göttingen 1956

R. A. SPITZ: The First Year of Life. A Psychoanalytic Study of Normal and Deviant Development of Object Relations, New York 1965; dt.: Vom Säugling zum Kleinkind. Naturgeschichte der Mutter-Kind-Beziehungen im ersten Lebensjahr; übers. v. G. Theusner-Stampa; Stuttgart 1967; Nachw. v. W. G. Cobliner

W. STEKEL: Die Sprache des Traumes. Eine Darstellung des Traumes in ihren Beziehungen zur kranken und gesunden Seele für Ärzte und Psychologen, München [3]1927

L. SZONDI: Lehrbuch der experimentellen Triebdiagnostik; Bd. 1: Textband; Bern-Stuttgart, 2. völlig umgearb. Aufl. 1960

R. TAUSCH: Gesprächspsychotherapie, Göttingen [4](erg.) 1970

O. GRAF WITTGENSTEIN: Märchen, Träume, Schicksale. Autoritäts-, Partnerschafts- und Sexualprobleme im Spiegel zeitloser Bildersprache, München (Kindler Tb. 2114) 1981; mit einem Vorw. v. B. Bettelheim

Register

Die Hochzahlen hinter den Ziffern bezeichnen die Nummern der Anmerkungen.

1. Autoren

2. Namen aus Geschichte, Mythologie und Dichtung

3. Sachen und Sachverhalte

4. Bibelstellen

Altes Testament

Neues Testament